承德年鉴

2022

承德年鉴编纂委员会　编

方志出版社

图书在版编目（CIP）数据

承德年鉴．2022 / 承德年鉴编纂委员会编．—北京：方志出版社，2022.12

ISBN 978-7-5144-5620-2

Ⅰ．①承… Ⅱ．①承… Ⅲ．①承德－2022－年鉴 Ⅳ．①Z522.23

中国版本图书馆CIP数据核字(2022)第252517号

责任编辑：齐　笑

责任校对：刘玉霞

责任印制：梅中英

出 版 者：方志出版社

地　　址：北京市朝阳区潘家园东里9号（国家方志馆4层）

邮　　编：100021

网　　址：http://www.zgfzcb.cn

发　　行：方志出版社图书营销中心（010-67110500）

印　　刷：承德金鼎源彩色印刷有限公司

开　　本：889毫米×1194毫米　1/16

印　　张：45.75

字　　数：1198千字

版　　次：2022年12月第1版

印　　次：2022年12月第1次印刷

定　　价：296.00元

承德市地方志编纂委员会

马广春　市市场监管局局长

遇建军　市统计局局长

任溧馨　市档案馆馆长

杨　振　承德军分区政治工作处主任

奚晓红　市地方志办公室主任

《承德年鉴(2022)》编辑部人员

主　　　编	奚晓红			
副　主　编	迟卫国	路海红		
编　　　辑	路海红	蔡国栋	兰　岚	袁　芳
	孙　杰	程艳玲	王海琦	
图片设计	王海琦			
摄　　　影	王海琦			
索引编排	袁树森			

编辑说明

一、《承德年鉴（2022）》以马克思列宁主义、毛泽东思想、邓小平理论、“三个代表”重要思想、科学发展观和习近平新时代中国特色社会主义思想为指导，坚持辩证唯物主义和历史唯物主义的立场、观点和方法，记述承德市自然、政治、经济、文化、社会、生态文明建设等方面情况，为各级领导科学决策提供参考资料，为国内外读者了解承德提供年度最新信息，为纂修承德市志积累资料。

二、本年鉴采用分类编纂，分为类目、分目、条目 3 个层次。

三、凡在本年度受中共中央、国务院、全国总工会、国家各部委等表彰的先进集体和个人，重要体育赛事奖牌获得者，对承德发展有突出贡献的人员，获二等功奖励以上的现役军人，被评定的烈士，以简介形式入年鉴。

四、本年鉴数字和标点符号的使用遵循 2011 年发布的国家标准《出版物上数字用法》《标点符号用法》。计量单位以《中华人民共和国法定计量单位》为准，土地面积沿用“亩”。

五、全局性综合数据以市统计局提供的为准，个别采用部门数据。

六、本年鉴各稿均由市直各有关部门及各县（市、区）地方志编纂委员会专人撰写，并经主管领导审定。

七、本年鉴中图片除特邀拍摄外，均为供稿单位提供。

承德市行政区划图

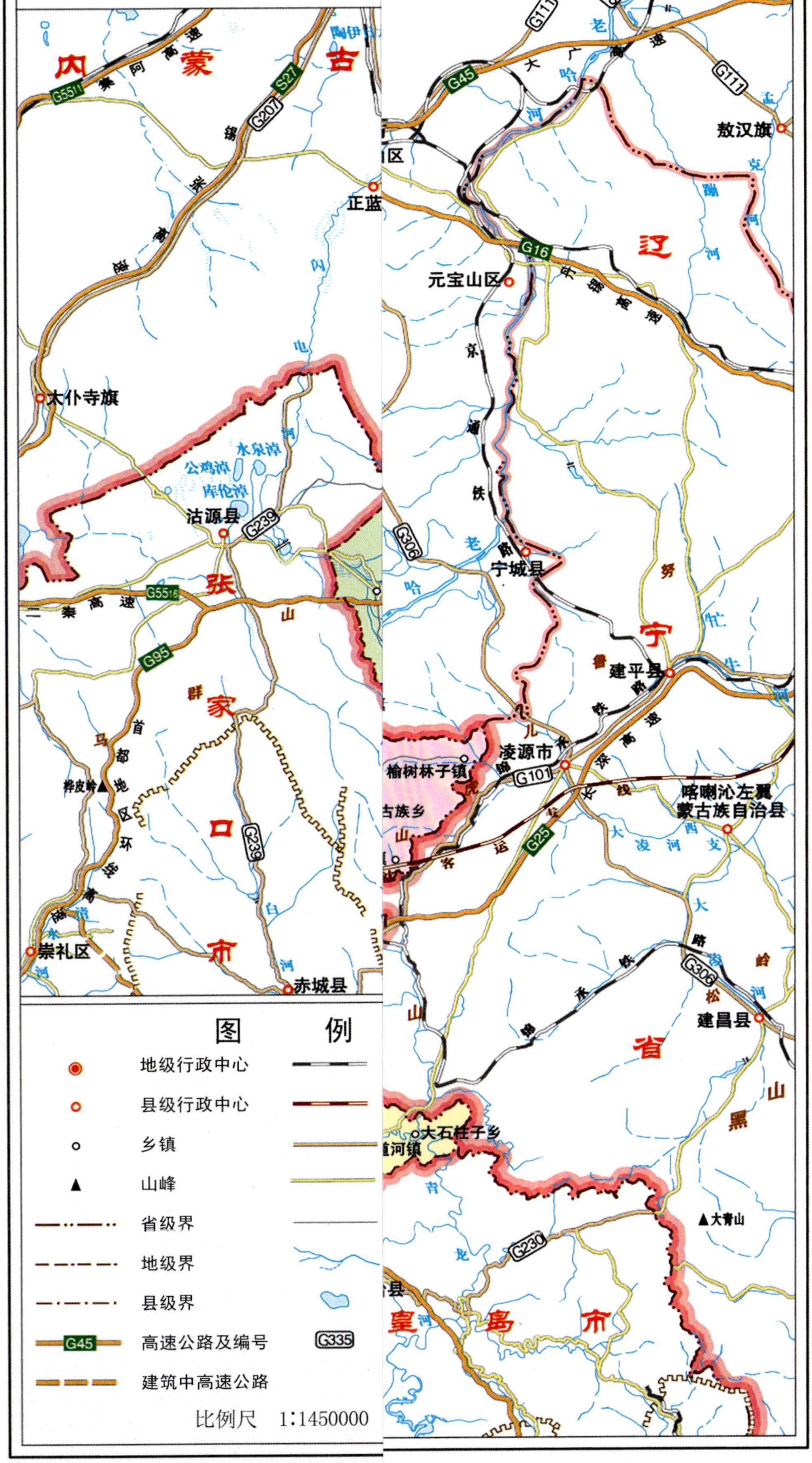

审图号：冀S（2020）067号

河北省制图院 二〇一九年七月

2021 年 4 月 8 日，中共承德市委书记董晓宇（前）在滦平县周台子村调研　（武海波 摄）

2021 年 4 月 26 日，中共承德市委书记董晓宇（右三）在丰宁满族自治县调研抽水蓄能电站项目　（武海波 摄）

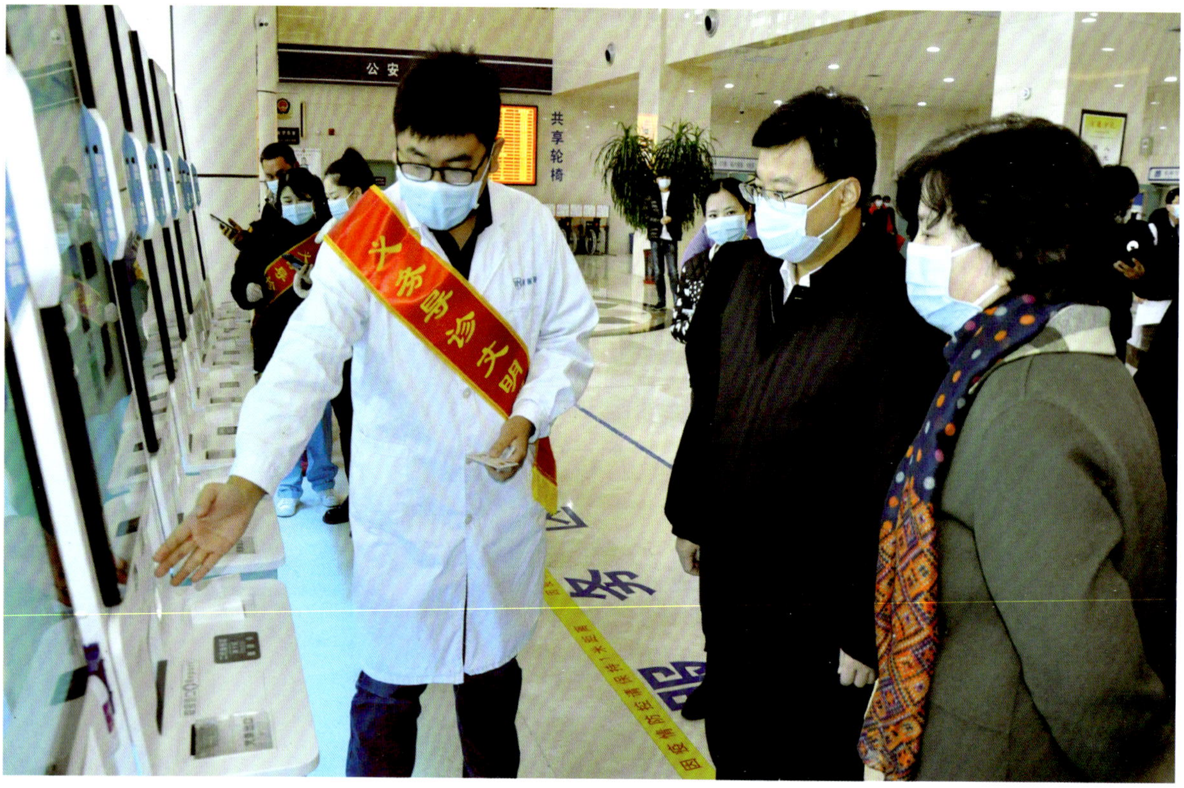

2021 年 11 月 17 日，市长柴宝良（前中）到承德医学院附属医院南院区检查疫情防控和医院建设情况

（董云峰 摄）

2021 年 12 月 19 日，承德市人民政府与北京能源集团签署战略合作协议，市长柴宝良（后排右五）出席签约仪式

（市发改委提供）

2021年，全市实施武烈河沿岸景观照明二期工程以及武烈河下游至滦河交汇段沿岸亮化工程，提升武烈河沿岸周边景观亮化水平，并对新华路过街天桥、承德东高速口隧道及周边、市行政中心、两宫门区域进行景观照明建设，充实城市中心区重要节点亮化水平，达到提档、增亮效果　　（王海琦 摄于2021年2月18日）

2021 年，承德实现了市区到首都及周边城市、市区到县城、县城到乡镇“2 小时交通圈”及“县县通”高速的公路网络　（王海琦 摄于 2021 年 4 月 22 日）

晨雾中的避暑山庄湖区全景　　（王海琦 摄于2021年8月23日）

航拍塞罕坝机械林场月亮山望海楼

（王海琦 摄于2021年9月7日）

承德景观

丰宁功能农业菊苣产业基地　　　　（市农业农村局 提供　摄于 2021 年 8 月 27 日）

承德县熙野合作社稻谷种植基地　　　　（市乡村振兴局　提供　摄于 2021 年 9 月 20 日）

2021 年 10 月 5 日，在承德市围场哈里哈乡 82 号村的田地里，妇女们正在剥玉米

（王海琦 摄）

2021 年 10 月 19 日，在承德市围场新拨镇新拨村，农民正在村边的空旷场地用传统的方式打场收谷子

（王海琦 摄）

坐落在平泉市榆树林子镇的黄瓜交易市场　（市乡村振兴局　提供　摄于2021年2月24日）

2021年9月27日，承德市农林科学院药用动植物研究所的科技人员到中药材主产区考察学习

（王海琦　摄）

2021 年 4 月 1 日，在滦平虎什哈镇，承德市农林科学院的技术人员指导农民进行中药材种植

（王海琦 摄）

2021 年 7 月 19 日，承德市农林科学院蔬菜研究所、药用动植物研究所联合组织该院国家级“三区”科技特派员、农业技术专家进入田间地头指导农民种植

（王海琦 摄）

2021 年 10 月 19 日，围场三义永村的中药材种植大户白景春与村民正在机械化收获北柴胡（王海琦 摄）

2021年9月23日，在宽城满族自治县碾子峪镇艾峪口村，来自浙江福建、安徽的客商正在选购板栗（王海琦 摄）

宽城满族自治县碾子峪镇艾峪口村是宽城核心板栗产区，现有板栗种植面积逾 1 万亩，年产板栗 1100 多吨

（王海琦 摄于 2021 年 9 月 23 日）

坐落在丰宁鱼儿山镇的金地源农业科技有限公司种植园全景　（王海琦　摄于2021年7月16日）

2021年9月18日，丰宁鱼儿山镇的农民正在采收金盏菊　（王海琦 摄）

承德露露、神栗等13家中国驰名商标，平泉食用菌、承德县国光苹果等 25个地理标志农产品全部入驻“承德山水”农产品区域公用品牌运营平台，图为“承德山水”农产品展示展销中心

（市供销社 提供　摄于2021年5月16日）

2021年10月7日，航拍美丽乡村围场新地乡岗子村　（王海琦　摄）

在联合国防治荒漠化领域最高荣誉——土地生命奖颁奖现场，塞罕坝机械林场场长陈智卿（中）上台领奖 （王龙 摄于2021年9月28日）

2021年5月15日，塞罕坝第三代林业人用所学专业扎根坝上植绿 （王海琦 摄）

2021 年 9 月 28 日，河北承德航空护林站工作人员正在演练运用三维地理信息系统进行科学研判

（陈琦嘉 摄）

消防队员每天都在重点林区进行巡防 （王海琦 摄于 2021 年 11 月 1 日）

2021年1月22日，京哈高铁北京至承德段（简称京哈高铁京承段）正式开通运营，至此京哈高铁全线贯通 （王海琦 摄）

2021年11月8日，工务段组织人员除雪，以保障安全 （工务段 提供）

省特色乡村旅游样板村落——丰宁小北沟村 （旅游和文化广电局 提供 摄于2021年7月18日）

省特色乡村旅游样板村落——围场御道口村 （旅游和文化广电局 提供 摄于2021年7月21日）

省级乡村旅游重点村——隆化温泉村　（旅游和文化广电局　提供　摄于2021年7月25日）

省级乡村旅游重点村——滦平花楼沟村　（旅游和文化广电局　提供　摄于2021年7月28日）

2021 年 3 月 5 日，老党员金聚海向梧桐苑幼儿园小朋友讲雷锋生平感人故事　　（杜森　摄）

2021 年 7 月 24 日，“乡村振兴党旗红　文艺创新树先锋”暨“书香门第”双滦区启动仪式在双塔山镇大龙庙村举行，省文联副主席张海英、市文联主席杨勇为“书香门第”村颁发牌匾　　（市文联　提供）

2021 年 6 月 1 日，承德市第三幼儿园组织孩子们庆祝中国共产党成立 100 周年　（杜森　摄）

2021 年 7 月 1 日，由市群众艺术馆承办的庆祝中国共产党成立 100 周年“唱响红色歌曲 点亮幸福生活”主题活动　（郎朗　摄）

体育

2021 年 7 月 27 日，在东京奥运会射击赛场上，承德籍运动员杨皓然携手杨倩夺得 10 米气步枪混合团体金牌。图为杨皓然在比赛中 （市体育局 提供）

2021 年 12 月 31 日，承德市第三届冰雪运动会速度滑冰比赛（青少年组）在避暑山庄水心榭冰场举行，全市共有 13 支代表队、148 名运动员参赛 （王海琦 摄）

2021年9月6日，老年人在承德市高新区滨河社区老年食堂用餐 （杜森 摄）

承德市双桥区丽水社区为老年人营造家的温馨。图为2021年4月13日，丽水社区的老年人在社区活动室开展丰富多彩的文娱活动 （王海琦 摄）

2021 年 1 月 28 日，市区各大超市在做好各项疫情防控工作的同时，年货供应充足　（郎朗　摄）

绷紧防疫安全弦，红红火火迎新春。图为 2021 年 1 月 28 日，市民在超市选购年货　（郎朗　摄）

目录

特 载

专 文

大 事 记

市情概览

目录

特 载

专 文

大 事 记

市情概览

中共承德市委

承德市人大

承德市人民政府

承德市政协

纪检监察

民主党派·工商联

群众团体

法　治

军　事

综合经济管理

农　业

商　务

旅游 文化

文　物

交　通

自然资源和城乡规划

城乡建设与管理

生态环境保护

银 行 业

保 险 业

教 育

科　技

卫健 医保 体育

社会生活

县（市、区）发展概况

集体荣誉

人　物

附　录

政府工作报告

——在承德市第十五届
人民代表大会第二次会议上
承德市人民政府代市长　王亚军
2022年1月23日

各位代表：

现在，我代表市人民政府向大会报告工作，请予审议，并请市政协委员和列席人员提出意见。

一、2021年工作回顾

刚刚过去的2021年，是具有里程碑意义的一年。举国上下隆重庆祝中国共产党成立100周年，中华大地全面建成小康社会。习近平总书记亲临承德视察，发表重要讲话，作出一系列重要指示，为承德高质量发展提供了最强大的思想武器，带来了千载难逢的历史机遇。全市广大干部群众欢欣鼓舞、倍感振奋，汇聚起奋斗新时代、奋进新征程的磅礴力量。

一年来，我们坚持以习近平新时代中国特色社会主义思想为指导，深入学习贯彻习近平总书记视察承德重要讲话指示精神，全面落实党中央、国务院和省委、省政府决策部署，在市委坚强领导下，立足新发展阶段，完整准确全面贯彻新发展理念，服务和融入新发展格局，大力弘扬塞罕坝精神，统筹推进疫情防控和经济社会发展，较好完成年度目标任务，顺利实现“十四五”良好开局。

（一）全力以赴抓运行、稳增长，稳中向好态势更加巩固。沉着应对严峻复杂外部环境和疫情影响，扎实做好“六稳”“六保”工作，多措并举稳投资、扩内需、促消费，推动经济保持平稳健康发展。预计地区生产总值增长6.1%，固定资产投资增长5.2%，一般公共预算收入增长8.5%，社会消费品零售总额增长5.7%，居民人均可支配收入增长10%。组织开展重点项目集中开工和观摩拉练，118个省市重点项目全部开工，完成投资236.4亿元。健全“领导包联＋驻企服务”“百企双向直通”等机制，为企业解决问题4.6万个，减税降费7.75亿元。组织开展银企对接活动218次，落实各类贷款62.85亿元。新增市场主体3.68万户、增长7.6%，新增挂牌上市企业5家，净增规上工业企业35家。举办政府惠民车展、魅力承德欢乐购等促销活动，打造夜经济示范街区23条，鼎盛文化产业园入选第一批国家级夜间文化和旅游消费集聚区。

（二）坚持不懈治污染、优环境，生态强市名片更加靓丽。深入践行“绿水青山就是金山银山”理念，持续推进生态文明建设，塞罕坝机械林场荣获联合国防治荒漠化最高荣誉“土地生命奖”，塞罕坝精神成为中国共产党精神谱系的重要组成部分。统筹推进山水林田湖草沙系统治理，完成营造林142万亩，草地修复21.7万亩，治理水土流失 647 平方公里。出台《承德市滦河潮河保护条例》，大力实施“800 里滦河水质保护”和“潮河 200 里净水廊道”工程，23 个国省考断面水质达标率 100%。建立大气污染综合治理指挥调度平台，全市 PM2.5 平均浓度 26 微克 / 立方米，优良天数占比达 90.1%、全省最高。全面推进国家北方冬季清洁取暖项目试点，完成改造 7.86 万户。积极推进全省生态产品价值实现机制试点建设，在全省率先开展林业碳汇试点，实现降碳产品交易 2032 万元。河湖长制创新经验入选全国典型。8 个县市全部列入《北方防沙带生态保护和修复重大工程建设规划》。滦平获评国家生态文明建设示范区，隆化、围场被命名为国家“两山”实践创新基地，获评数量全省最多。

（三）坚定不移调结构、转动能，产业升级步伐更加坚实。持续用力培育“3+3”主导产业，创新推行链长制，实施绿色主导产业项目 134 个，主导产业增加值占 GDP 比重达 50% 以上。“风光储氢一体化”发展强势开局，成功争列国家第一批大型风电光伏基地，新获批 1100 万千瓦指标、创历史新高。与国家能源、航天投资、启迪控股等央企京企签约一批制氢储能产业链项目，国家级能源创新平台建设全面启动。装机容量世界第一的丰宁抽水蓄能电站两台机组并网发电，保障北京冬奥会所有场馆绿电供应。全市清洁能源新增装机 107 万千瓦、总装机达到 861 万千瓦。钒钛新材料产业扩规提质，与攀枝花市共同推动组建国家钒钛产业联盟，承钢国际领先的亚熔盐清洁提钒生产线实现产业化，高纯氧化钒产量全球最大、成为我省“钢化融合”典范，承德建龙世界首条无缝钢管智能制造示范生产线建成投产，入选国家级智能制造试点示范工厂。文旅康养体育产业提档升级，成功举办第四届全市旅发大会和第三届冰雪运动会，长城国家文化公园等 84 个重点项目加快建设，金山岭国际滑雪场投入运营，国家河北承德塞罕坝体育训练基地建成投用，旅游接待人数和旅游收入分别增长 32.5% 和 9.3%。特色智能制造产业日益壮大，大数据产业加速成长。全市 13 个省级县域特色产业集群实现营业收入 645 亿元、增长 5.6%。

（四）综合施策强三农、促增收，乡村振兴基础更加扎实。严格落实“四个不摘”要求，健全防返贫动态监测和帮扶机制，对 1.2 万户 2.98 万名防贫监测对象实现帮扶全覆盖，脱贫人口人均纯收入 11293 元、增长 12.7%，无一人返贫致贫。加快农业产业结构调整，全力打造 5 条优势特色产业示范带和 8 个绿色食品加工集群，重点建设“盛世 100”民宿经济集中承载村 103 个、国际旅游示范村 12 个，国家和省级龙头企业分别达到 8 家和 105 家，年集体收入 5 万元以上的行政村达到 89.5%。平泉获评国家首批农业现代化示范区，滦平国家农业科技园被科技部评为优秀园区。“承德山水”品牌影响力进一步提升，188 家企业基地、1008 个单品入驻平台。深入实施乡村建设行动，启动大贵口省级乡村振兴示范区创建，打造省级美丽乡村 136 个，完成农村改厕 6.8 万座。围场、隆化列入国家农村环境整治助力乡村振兴试点。

（五）持之以恒抓改革、扩开放，创新发展动力更加强劲。国有企业公司制改革任务全面完成，市级经营性国有资产集中统一监管改革顺利推进，国控集团获评 AA+ 信用等级，国有企业影响力不断提升。营商环境持续优化，城市信用监测排名由 227 位提升到 49 位，承德县获评省优化营商环境推动高质量发展先进县。纵深推进京津冀协同发展，成功列入北京市构建环京产业协同发展三个圈层节点城市，引进协同发展合作项目 32 个、总投资 234 亿元。启动开发区创新发展提升能级五年倍增计划，大力推进园区外工业企业“四个一批”，新增入园工业企业 127 家，双滦经开区获评河北省特色产业示范经济开发区。全市开发区营业收入和税收分别增长 13.9% 和 6.9%。制定出台高质量推进可持续发展议程创新示范区 18 条举措，加快推进“四大行动”83

个重点项目，成功举办"发现承德之美"探访活动，示范区建设实现重要起步。全社会研发投入强度比上年提高0.52个百分点，新增省级以上"专精特新"企业17家，新认定高新技术企业38家、科技型中小企业572家，新增省级创新平台15家。

（六）统筹兼顾补短板、提品质，城乡区域发展更加协调。综合立体交通网络日益完善，承平高速全面开工，承克高速加快推进，承德到北京高铁实现临客变"通勤"，承德机场到省会实现"早出晚归"。中心城市首位度明显增强，承下路、凤凰山大桥等一批道路畅通工程如期完工，启动"城中村"改造项目26个，改造老旧小区169个、燃气供热管网83.9千米，实施武烈河两岸及避暑山庄景观亮化工程，建设"口袋公园"101个，中心城区新改建公交候车亭106个、公厕66座，实现了公交全覆盖和"旱厕清零"。全力推进全国文明城市创建，城乡文明程度显著提升。县城建设提质升级，实施城建项目44个、完成投资48.4亿元，全市县城30千米范围内公交化运行率达到90%以上，新改建农村公路1660千米，隆化获评"四好农村路"全国示范县，金山岭长城旅游公路获评"全国美丽乡村路"。启动农村既有居住建筑节能改造试点工作。新建5G网络基站1540个，实现市县主城区全覆盖。

（七）用情用力办实事、增福祉，民生改善成效更加明显。高质量推进10项民生工程、20件民生实事，民生投入占一般公共预算支出比重80.9%。坚持人民至上、生命至上，守牢疫情防控"承德阵地"，严格落实十个常态化30项防控措施，组建基层防控网格33123个，配备负压救护车236辆、核酸检测车10辆，核酸口检测能力达到省规定要求。积极推进疫苗接种工作，299.2万人完成疫苗接种，构筑起人民健康免疫屏障。城镇新增就业人员4.97万人，城镇登记失业率3.3%，高校毕业生就业率95%，零就业家庭实现动态清零。出台推进基础教育和职业教育高质量发展系列措施，新改建中小学、幼儿园20所，义务教育阶段大班额全部消除。全面提升城乡医疗卫生服务水平，203所乡镇卫生院对2472个村卫生室实现一体化管理，市儿童医院、市妇幼保健院建成投用。城乡居民养老保险参保率96.2%，基本医疗保险参保率保持95%以上，发放各类救助资金8.8亿元。社区居家养老服务走在全省前列，建成居家养老服务中心、社区日间照料服务站198个，打造精品服务机构90个。市殡仪馆新建项目全面启动。有效应对多年未遇的强降雨，实现平安度汛。严格落实《塞罕坝森林草原防火条例》，市县两级森林草原防灭火体制改革全部到位。扎实推进平安承德建设，常态化开展扫黑除恶，建成智慧安防小区1287个，我市获评全国首批、全省唯一禁毒示范城市，丰宁被授予"平安中国示范县"。持续抓好安全生产、食品药品安全、信访稳定、房地产解遗等工作，加强财税金融、政府债务等重点领域风险防控，社会大局保持和谐稳定。

过去的一年，我们深入学习宣传贯彻党的十九大及十九届历次全会精神，扎实开展党史学习教育和"四史"宣传教育，弘扬伟大建党精神，坚决捍卫"两个确立"，自觉增强"四个意识"，坚定"四个自信"，做到"两个维护"。严格落实中央八项规定及其实施细则精神，深化纠正"四风"和作风纪律专项整治，深入开展"三重四创五优化"活动，政府自身建设进一步加强。"12345"政府服务热线办理群众来电来信53.7万件、综合满意率99.9%。坚持依法行政，自觉接受人大法律监督、工作监督和政协民主监督，办理人大代表建议266件、政协委员提案591件，办复率100%、满意率98%以上。国防动员和双拥共建深入开展，退役军人服务保障水平不断提升，省级双拥模范城实现"十连冠"。人口计生、民族、宗教、审计、新闻出版、广电、外事侨务、人民防空、史志档案、统计调查、气象地震、援藏援疆、邮政通信、工会、妇女儿童、青少年、老龄、残疾人、红十字等事业都取得了新进步，人民群众获得感、幸福感、安全感进一步提升。

各位代表，回望过去一年，面对疫情冲击和经济下行的严峻挑战，面对开局“十四五”、开启新征程的艰巨任务，我们一起走过的历程令人难忘，我们共同奋斗的成就来之不易。这是以习近平同志为核心的党中央科学指引、亲切关怀的结果，是省委、省政府坚强领导、关心关注的结果，是市委团结带领全市上下攻坚克难、拼搏进取的结果，是市人大、市政协和社会各界有力监督、大力支持的结果。在此，我代表市人民政府，向全市人民，向人大代表、政协委员，向各民主党派、工商联、无党派人士和人民团体，向驻承人民解放军、武警部队官兵、政法干警和消防救援队伍指战员，向一直以来关心和支持承德经济社会发展的国内外各界朋友，表示衷心感谢并致以崇高敬意！

各位代表，在看到成绩的同时，我们也清醒认识到，经济发展在面临需求收缩、供给冲击、预期转弱等共性压力的同时，还存在不少突出矛盾和问题。主要是：产业结构偏重，产业链条短、层级低，创新能力弱，新旧动能转换亟待加快；疫情对服务业冲击尚未得到有效缓解，部分企业生产经营困难，投资增长乏力；中心城市辐射带动能力弱，城镇化率低于全国、全省平均水平，人口外流问题突出；改革开放仍需加力，营商环境有待进一步改善，开放吸引力不足；教育、医疗、住房等民生领域补短板任务依然较重，财政收支矛盾突出，财源增长后劲不足，城乡基本公共服务水平仍有不小差距。对这些问题，我们要高度重视，采取针对性的措施推动解决。

二、2022 年工作总体要求

今年是党的二十大召开之年，是实施“十四五”规划的关键一年，做好经济社会发展工作意义重大。从外部环境看，全球疫情仍在延续，百年变局加速演进，国际环境更趋复杂。我国保持经济发展和疫情防控全球领先地位，长期向好的基本面没有变。“三件大事”带来的强大发展势能正在加速释放，我省仍处于历史性窗口期和战略性机遇期。从我市发展看，习近平总书记视察承德，为我们带来了千载难逢的发展机遇；生态文明进入新时代，塞罕坝精神唱响全中国，“碳达峰碳中和”引领新一轮能源变革，为我们加速产业重构升级提供了广阔空间；承德对外通道全面打开，城市框架全面拉开，拥有足够的承载能力和巨大的发展潜力，为我们加快实现高质量发展增添了底气和信心。我们要在继承中完善，在创新中突破，以只争朝夕的精神状态和舍我其谁的奋斗姿态，谱写承德高质量发展的崭新篇章。

今年政府工作的总体要求是：坚持以习近平新时代中国特色社会主义思想为指导，深入贯彻党的十九大和十九届历次全会精神，全面落实习近平总书记视察承德重要讲话指示精神，弘扬伟大建党精神，坚持稳中求进工作总基调，立足新发展阶段，完整、准确、全面贯彻新发展理念，加快构建新发展格局，坚持以供给侧结构性改革为主线，牢牢把握“三区两城”发展定位，统筹疫情防控和经济社会发展，统筹发展和安全，统筹城乡发展，统筹当前和长远，有效扩大投资、扩大消费、扩大就业，继续做好“六稳”“六保”工作，加快产业重构升级，全面深化改革开放，坚持创新驱动发展，持续保障改善民生，服务壮大市场主体，大力优化发展环境，保持经济运行在合理区间，保持社会大局和谐稳定，加快建设高质量发展的“生态强市、魅力承德”，以优异成绩迎接党的二十大胜利召开。

今年全市经济社会发展主要预期目标是：地区生产总值增长 6.5%，固定资产投资增长 6.5%，规上工业增加值增长 4%，一般公共预算收入增长 5%，社会消费品零售总额增长 8% 左右，进出口总值增长 5%，实际利用外资增长 5%，居民人均可支配收入增长 8%。这些指标的设定，综合考虑国内外发展环境和我市支撑条件，衔接省市“十四五”规划目标任务，体现了稳字当头、稳中求进要求，有利于推动经济高质量发展和保持社会大局稳定。

落实总体要求，做好今年各项工作，必须坚定不移贯彻落实习近平总书记视察承德重要讲话指示精神，从党的百年奋斗历程中汲取智慧和力量，切实把党中央和省委、省政府决策部署转化为“施工图”“任务书”，踔厉奋发、笃行不怠，坚定沿着总书记指引的方向勇毅前行。必须坚定不移推动经济社会高质量发展，坚持以经济建设为中心，坚持稳字当头、稳中求进，持续深化供给侧结构性改革，更加注重投资和项目，更加注重企业和企业家，更加注重创新和人才，更加注重优化服务和环境，着力推动经济质的稳步提升和量的合理增长。必须坚定不移践行以人民为中心的发展思想，始终牢记“民之所忧、我必念之，民之所盼、我必行之”，从最突出的问题着眼，从最具体的工作抓起，把民生实事一件一件办好，扎实推动共同富裕，让广大人民群众的生活更加幸福美好。必须坚定不移把安全发展贯穿发展各领域和全过程，树牢风险意识和底线思维，把困难和风险估计得充分一些，加强安全风险预警、防控机制和能力建设，抓实抓细常态化疫情防控和应急处置，为高质量发展提供坚实安全保障。

三、2022年重点工作

实现全年工作目标，必须统筹兼顾、把握关键，以重点突破活跃带动全局。着力抓好九个方面工作：

（一）坚持把投资项目建设放在首要位置，着力推动内需潜力充分释放。树牢发展第一要务，集中精力抓投资、上项目、促发展，切实增强发展稳定性和长期动能。

实施项目带动战略。唱响“项目为王”，大力推进重点项目“5256”工程，争列省重点50个以上，实施市重点200个，重点推进超10亿元项目50个左右，谋划储备超亿元项目600个以上。深入实施重点项目建设提质提效行动，分行业、分区域列出项目清单，继续开展重点项目集中开工和观摩活动，实行重点项目月调度机制，全年完成投资180亿元以上。强化项目要素保障，统筹新增建设用地指标、环保能耗指标、政府债券和专项资金向重点项目倾斜。积极支持新财源项目建设，推动10个以上兴市立县产业项目达产达效。

扶持壮大实体经济。企业强，全市经济才能强；实体经济好，全市经济才能好。全面落实减税降费政策，用足用好“财政+金融”政策工具，全力争取中央投资、专项债券等上级支持，持续为市场主体减压力、增活力。制订实施企业梯次培育计划，大力推进市场主体倍增、规上企业培育、企业挂牌上市系列三年行动，实施重点技改升级项目50个，新增市场主体4万户，新增规上工业企业40家。深化领导包联和政府服务代表驻企帮扶，对全市198家重点骨干企业，制定“一企一策”工作方案，完善督导落实机制，推动资金、技术、人才等生产要素向实体经济集聚，确保企业稳定生产经营。

推动消费扩容升级。巩固提升传统消费，充分发挥政府引导作用，开展惠民促销活动，稳定汽车、油品等大宗消费，升级改造元宝街等23条夜经济街区，发展壮大一批夜经济项目和旅游线路，推动传统服务业不断升级。培育壮大新型消费，鼓励发展直播带货等新业态，支持传统商业企业线上线下融合，网络零售额增长10%。深入挖掘乡村消费，加快农贸市场改造升级和农产品冷链物流建设，完善县乡村电子商务和快递物流体系，充分释放农村消费潜力。

（二）坚持把产业重构升级作为重中之重，着力构建现代产业体系。筑牢“强产业”思维，深入实施产业链高质量发展行动和县域特色产业振兴计划，实行主导产业链“链长制”，系统梳理产业链条图、技术路线图、招商合作图，力争主导产业增加值占GDP比重达到53%以上。

文旅康养体育产业。牢固树立“精准旅游”理念，编制实施《承德市旅游业高质量发展规划》，健全完善旅游标准体系，加快打造“一主两重多点”产业布局。加快长城国家文化公园(金山岭段）文旅融合示范区工程建设，推进“盛世100”民宿经济发展，推动御道口森林草原风景区、中国马镇等创建国家AAAAA级景区，支持双桥、滦平争创国家全域旅游示范区，推动塞罕坝建设国家红色旅游融合发展示范区。抢抓后冬奥时代机遇，充分发挥国家河北承德塞罕坝体育训练基地开放运营作用，加快承德高新区国际四季度假滑雪小镇等一批冰雪运动旅游项目建设，举办系列冰雪赛事、温泉度假活动，丰富冰雪产品和冬季旅游业态，打造全国冰雪运动消费目的地。

钒钛新材料产业。坚持“以钒钛定产”，依托承钢、建龙等优势骨干企业，扩大高端钒钛中间合金生产能力，力促钒电池生产应用实现新突破，探索钛材加工新路径，力争建龙年产80万吨钒钛高科棒材、美富途150万吨钒钛高端数字化冷轧等项目竣工。发挥国家钒钛产业联盟优势，举办国际钒钛产业链对接交流会，大力推进钒钛优势企业整合重组。加快开发以尾矿资源利用为主的绿色新型建材产品。力争钒钛新材料产业营业收入突破600亿元。

清洁能源产业。实施清洁能源率先突破战略，加速推进风光电保障性并网项目、市场化并网项目和丰宁百万千瓦风光电大基地项目，再争取3个百万千瓦风光电大基地项目纳入国家计划。加快打造抽水蓄能电站集群，丰宁抽水蓄能电站7台机组并网发电，力促滦平抽水蓄能电站开工建设。全市清洁能源总装机达到1100万千瓦。谋划建设从山西大同—承德—天津的绿电输送大通道，将承德打造成为绿电“能源码头”和新型能源示范城市。加快建设国家级能源创新平台，力促日产30吨液氢工厂开工建设，推动全钒液流电池储能，探索共享储能、集中制氢、集约运行模式，加快由发电上网向绿电制氢转变，全力打造“中国绿氢谷”。

绿色食品及生物医药产业。坚持全市域推进、全产业链打造、全程标准化控制，重点打造板栗、中药材等8个绿色食品加工集群，积极发展“农业嘉年华”、中央厨房等新业态，深化与首农、天津食品集团等京津行业龙头合作，持续叫响“承德山水”品牌，力争销售额增长20%以上。加快热河黄芩、北苍术等道地药材基地标准化建设，支持颈复康集团等龙头企业做大做强，推进制剂药创新研发及产业化。力争绿色食品及生物医药产业营业收入达到970亿元以上。

特色智能制造产业。发挥仪器仪表、输送装备、汽车零部件等产业基础优势，深入实施克罗尼扩建、金龙输送机喷涂中心等重点企业技术改造，加快推进联东U谷、吉成智造、广仪科技等产业园项目建设，积极培育引进仪器仪表产业链企业，打造北方仪器仪表城。加快产业集群集聚发展，积极承接汽车产业上下游配套项目，推动丰宁怀丰、兴隆荣盛等汽车零部件产业园与京津协同发展。力争特色智能制造产业营业收入达到80亿元以上。

大数据产业。围绕打造“京北数谷”，加快推进兴隆大数据基地、中国电信承德数字基地、承德县云联数据中心等项目建设，推动大数据产业向数据存储、清洗、应用、云计算全面拓展。大力发展数字经济，新建5G基站1000个，加快推动市级综合工业互联网、智慧旅游等平台建设，引导支持企业加快数字化转型，全面推动数字产业化和产业数字化。力争大数据产业营业收入达到50亿元以上。

（三）坚持把“两区”建设作为政治责任，着力提升生态文明建设水平。深入贯彻习近平生态文明思想，大力弘扬塞罕坝精神，全力争创国家生态文明建设示范区。

统筹山水林田湖草沙一体化治理。扎实推进北方防沙带生态保护修复、京津风沙源治理等重点工程，完成营造林100万亩、草地修复治理15万亩，力争省级森林城市实现全覆盖，鼓励有条件的县市争创国家森林城市。加快实施大贵口生态清洁小流域治理、滦河和武烈河生态修复等重点工程，治理水土流失面积500平方公里以上，生态修复治理河道100千米以上。深化国有林场“二次创业”，打造塞罕坝生态文明建设基地。

持续打好蓝天碧水净土保卫战。突出水资源、水生态、水环境“三水统筹”，持续推进滦河、潮河“两河共治”，深入实施“800里滦河水质保护”和“潮河200里净水廊道”工程，深化“一断面一策”和季节性差异化管控，确保23个国、省考断面水质达标率保持100%。深入开展大气污染综合整治攻坚，完成冬奥会、冬残奥会空气质量保障任务，持续推进细颗粒物与臭氧协同治理，在重点污染源治理上集中发力，确保空气质量持续改善，完成省定单位GDP二氧化碳排放强度下降指标。统筹推进土壤污染防治，确保受污染耕地和污染地块安全利用率达到95%以上。

积极探索生态产品价值实现路径。扎实推进省级生态产品价值实现机制试点建设，在塞罕坝机械林场、雾灵山自然保护区、小滦河湿地等区域先行开展生态产品价值核算研究，摸清生态产品供给“家底”，探索价值实现的“承德路线”。推动森林降碳产品价值实现，扩大森林固碳量开发交易，探索碳排放权、排污权、用能权、用水权市场化交易路径，在生态价值实现领域达到省内领跑、全国领先。积极争列国家生态综合补偿试点城市，推动横向生态补偿机制常态化。

（四）坚持把乡村振兴作为“三农”工作总抓手，着力推动农业农村现代化。突出农业农村优先发展，夯实“三农”基础，促进农业优质高效、农村宜居宜业、农民富裕富足。

提高现代农业质量效益。坚决遏制耕地“非农化”、防止“非粮化”，落实粮食安全党政同责和“菜篮子”市长负责制，巩固提升粮食综合生产能力，新建高标准农田20万亩以上，良种覆盖率达到98%以上。强力推进农业结构调整，持续打造“一号风景大道”生态休闲、京沈高铁沿线“平泉香菇”等5条优势特色产业示范带，深入开展“扶龙行动”和农业园区崛起行动，实施产业链延伸重点项目160个，农产品加工业产值增长7.5%以上。

大力实施乡村建设行动。坚持全域推进、示范打造、专项整治相结合，深入开展农村人居环境整治提升五年行动，改造农村户厕3.1万座，完成462个行政村生活污水无害化处理，新改建农村公路1225千米，县城30千米范围内农村公交化运行率达到99%。深入开展产业强村、美丽乡村、文明乡村、平安乡村“四村”联创，建立健全村庄环境干净整洁有序长效管护机制，加快建设大贵口省级乡村振兴示范区，新建宜居宜业宜游美丽乡村130个。

持续深化农业农村改革。加快推进农村土地制度改革和集体产权制度改革，土地经营权流转规范率达到92%，年集体收入10万元以上的行政村占比55%以上，力争家庭农场突破9500家，新增农民合作社省级示范社40家。稳步推进平泉宅基地改革国家试点和滦平省级试点，积极探索闲置宅基地和农房盘活利用有效实现形式。

巩固拓展脱贫攻坚成果。继续落实“四个不摘”要求，保持主要帮扶政策稳定，财政投入力度不减，健全完善防返贫监测帮扶机制，坚决守住不发生规模性返贫底线。深化产业、就业、科技帮扶和易地搬迁后续扶持，深入开展“万企兴万村”行动，巩固“两不愁三保障”成果。加强项目资产管理，规范开展确权登记，确保脱贫群众持续稳定增收。

（五）坚持把深化改革创新作为根本动力，着力激发高质量发展新动能。树立强烈的责任意识，以改革的思路和创新的思维破解发展难题，打造一流创新创业生态，推动改革创新实现新突破。

强力推进创新驱动发展。加快建设国家可持续发展议程创新示范区，全面开展示范区建设“五大行动”，确保落地实施重点项目50个以上，形成一批可持续发展标志性成果。举办首届2030可持续发展中国贡献峰会·承德论坛，建设承德国家可持续发展创新中心，打造政校院企联创共建“承德模式”。实施关键核心技术攻坚，探索科技型企业研发投入后补助制度，全社会研发经费投入增长10%。加大科技领军企业培育、储备力度，新认定高新技术企业50家。开展重大平台创新资源集聚行动，加快推进京津研发、承德转化，新建省级以上创新平台15家，技术合同交易额达21亿元。

强力实施人才强市战略。大力推进高端人才引进计划，建立京津人才“资源库”和承德人才“需求库”，全面落实人才创新创业、“假日工程师”等奖补政策，真金白银、真心实意吸引留住人才。加快打造科技领军人才和创新团队，加大专业技术人才、产业工人、现有企业家队伍培训力度，着力培育一批科技创新青年拔尖人才，省级高技能人才培训基地和技能大师工作室分别达到5家和11家，新引进各行业高端人才500人，新培育高技能人才2200名，努力让创新创业的大潮奔流涌动。

强力开展质量提升行动。牢固树立大质量观，实施企业标准“领跑者”制度，主导或参与制订修订国际、国家和行业标准5项以上。开展第四届市政府质量奖评选，争创中国质量奖和省政府质量奖。加强知识产权创造和保护，积极培育中国驰名商标和地理标志保护产品，万人发明专利拥有量增长10%，有效商标注册量增长8%。

强力推进重点领域改革。纵深推进“承德办事一次成”改革，健全“六全”服务、“一次性告知”、预约服务、延时服务等配套制度，完善线上线下融合的政务服务体系，推行“不打烊”“好差评”等机制，提高政务服务效能。发挥“承心办”企业发展服务平台作用，及时精准推送惠企政策。深化国企国资改革，打好国企改革三年行动收官战，“一企一策”推进混合所有制改革，推动国有资本战略性、专业化重组，提高资本运作能力和效益水平。深化金融财税改革，健全预算管理机制，抓好税收征管改革全国试点，稳妥推进城商行、农信社等改革，引导金融机构加大对实体经济的支持力度，提高直接融资比重。

（六）坚持把深化协同发展作为重大机遇，着力拓展对外开放广度深度。立足京津、面向国内、放眼世界，主动参与更大范围的资源配置和市场竞争。

深层次对接协同发展。重点围绕6类重点疏解对象，建立承接平台及承接项目信息库，积极承接非首都功能疏解和产业转移，力争与京津开展对接洽谈活动100场次以上，签订合作协议50项以上，推动落地合作项目30个以上。持续拓展生态保护、教育医疗等领域全方位合作，建立协同保护、协同创新、协同发展沟通机制，与京津合作建立医院协同发展联盟，引导更多优质教育、医疗资源向我市延伸。

全方位扩大对外开放。紧盯长江经济带、粤港澳大湾区、东北老工业基地等重点区域，建立全国“产业招商地图”，完善产业资源库、目标企业库、客商信息库、招商项目库，实行产业链招商、以商招商、专业机构招商，办好四个“百家企业进承德”系列招商活动，引进落地一批体量大、质量高、带动强的产业项目，招商项目履约率达到80%以上，全年引进市外资金增长5%以上。大力开拓“一带一路”等新兴市场，推广“龙头企业＋跨境电商＋海外仓”发展模式，支持平泉食用菌、兴隆板栗2家省级外贸转型示范基地做大做强，外贸出口总值增长5%。

大力度推进园区建设。深入实施开发区创新发展提升能级五年倍增计划，深化“亩均论英雄”改革，探索建立飞地合作、税收分成等合作模式，打造一批重点产业承接平台和合作平台，新增入园企业200家以上。加快开发区基础设施建设，探索市场机制办法破解投入不足问题，推进“九通一平”建设，不断增强园区承载能力。支持双滦打造省级特色产业示范经济开发区，推动营子设立省级经济开发区。

高水平打造营商环境。深入开展“发展环境

优化年”活动，落细落实发展环境6个领域30项举措，深入推进公平竞争政策实施，依法保护各类市场主体合法权益，加强社会信用体系建设，有效治理恶意拖欠账款行为，确保营商环境指数保持全省前列。坚持“两个毫不动摇”，构建亲清政商关系，弘扬企业家精神，严禁乱收费乱摊派，清理与企业性质挂钩的歧视性规定和做法，充分信任、依靠、尊重企业家，让企业家在承德放心投资、安心创业。

（七）坚持把城乡统筹作为重要引擎，着力提升新型城镇化质量水平。积极融入以首都为核心的世界级城市群，加快建设国际生态旅游城市，完善国土空间规划体系，形成中心城市辐射、县城带动、小城镇支撑的城乡融合发展新格局。

加快提升中心城市首位度。以全国文明城市创建为统领，落实《承德市文明行为促进条例》，补齐城市建设管理短板，全面提升全民文明素质。做优老城区，在建设上做减法、在品质上做加法，实施城市更新六大行动，加快城中村、棚户区和老旧小区改造，实施老城区旱河综合整治和城市排水工程，建设武烈河九华山大桥，新改建“口袋公园”20个，完成公交站亭、公厕改造任务。高水平规划建设“滦河新城”，编制完成概念性规划、起步区城市设计，启动实施一批基础设施配套项目，打造生态宜居的高品质生活之城。加强市容市貌管理和交通拥堵治理，改造提升重点街区广告牌匾，实现主要道路“水洗机扫”全覆盖，环城高速公路小型客车免费通行。加快发展总部经济、会展经济、楼宇经济，做大做强城市经济。

加快增强县城小城镇带动力。深入推进县城建设提质升级三年行动，全面提升教育医疗、文化体育、养老托育等公共服务水平，鼓励有条件的县市争创国家园林县城。坚持以产兴城、以业聚人，推动产城融合、互动发展，加快壮大县域经济实力。强化小城镇多点支撑，建设一批以文化旅游、温泉养生、休闲农业为支撑的特色小镇，形成产业关联、功能互补的城镇体系。加快农业转移人口市民化，全市常住人口城镇化率达到58%。

加快基础设施建设补短板。推进承平高速建设，启动承克高速建设，新建京承高速承德南互通项目，续建普通干线公路12条段297千米。开通御道口机场短途运输航线，新开双滦区至承德高铁站公交线路，谋划开通承德至首都机场客运大巴，双滦客运枢纽站建成投用。加快实施丰宁承德北、围场牌楼500千伏变电站等重点项目，推进张家口—承德—唐山、古北口—承德（平泉）天然气长输管道建设，继续实施污水、垃圾处理等重点工程，实现生活垃圾焚烧处理全覆盖。

（八）坚持把实现共同富裕作为根本目的，着力保障和改善民生。江山就是人民，人民就是江山。时刻把群众的安危冷暖放在心上，坚持尽力而为、量力而行，持续办好民生工程、民生实事，推动共同富裕，让人民群众的生活一年更比一年好。

提高就业质量和居民收入水平。强化就业优先，实施高校毕业生就业创业促进和基层成长计划，抓好退役军人、农民工、残疾人等重点群体就业，建设市县两级公共实训基地4家，完成职业技能培训3万人次，城镇新增就业4.56万人，零就业家庭保持动态清零，城镇登记失业率控制在4.5%以内。完善收入持续增长机制，扩大中等收入群体，多渠道增加居民收入。支持有意愿有能力的企业和社会群体积极参与公益慈善事业。

完善多层次社会保障体系。深入实施全民参保计划，推进社保扩面提质，城乡居民养老保险参保率保持在95%以上。健全城乡基本医保、大病保险和医疗救助制度，扩大异地就医结算范围，推进“互联网＋医保”建设，切实减轻群众看病就医负担。深入实施养老服务提质增能工程，引导社会力量和专业机构参与养老服务业，不断提升养老服务水平。落实三孩生育政策和配套措施，推动婴幼儿照护城区全覆盖。强化退役军人服务保障，妥善做好接收安置、就业创业、优待抚恤、褒扬激励等工作。坚持“房住不炒”定位，支持商品房市场更好地满足合理住房需求，促进房地产业平稳健康发展。

促进公共服务优质均衡发展。努力办好人民满意的教育，深入实施教育质量提升三年攻坚行动，全面落实“双减”政策，大力开展“三名一强”工程，进一步推进学前教育普及普惠、义务教育优质均衡、高中教育质量提升和高等教育内涵发展，新改扩建中小学、幼儿园13所，建设首批10所新高考改革实践基地。大力实施“上医工程”，提升基层医疗卫生服务能力，扎实推进公共卫生服务体系建设。推进文化体育惠民，创作一批文化艺术精品，组织文化惠民演出1300场，更新健身设施554处，开展特色冰雪赛事活动400场以上。市殡仪馆新建项目竣工投用。推动承德县国家图书馆文献战略储备库项目建设。

（九）坚持把统筹发展和安全作为前提保障，着力建设更高水平的平安承德。贯彻落实总体国家安全观，树牢底线思维，增强忧患意识，严格落实责任，防范和化解重大风险，坚决当好首都政治“护城河”。

毫不放松抓好疫情防控。坚持“外防输入、内防反弹”总策略，压实“四方责任”，落实“四早要求”，抓实抓细十个常态化30项措施，科学精准高效做好疫情防控工作。强化人物同防，严格落实入境人员全程闭环管理，加强中高风险地区来承返承人员管控，持续做好重点人群检测排查，实施冷链食品物品全链条防控。发挥基层医疗卫生机构“哨点”作用，健全农村和社区疫情防控体系，夯实专群结合、群防群控基础。加快实现疫苗接种人群全覆盖，形成坚固免疫屏障。提高疫情应急处置能力，完善应急预案，开展卫生应急培训演练，提升核酸检测、流调溯源、隔离管控、医疗救治、消毒消杀等能力，确保发现一起、精准高效扑灭一起。

防范化解重点领域风险。坚持稳定大局、统筹协调、分类施策、精准拆弹方针，完善各领域风险常态排查、监测预警和应急处置等机制，强化地方政府债务限额管理，完善风险防控措施，确保不产生新的隐性债务。加强金融领域全链条监管，加大失信企业联合惩戒和公开曝光力度，依法打击各种逃废债行为，规范小额贷款公司、担保公司和农民专业合作社等经营行为，严厉查处非法集资、金融诈骗等违法犯罪，坚决守住不发生区域性系统性风险底线。

维护社会大局和谐稳定。深入开展安全生产整治三年行动，强化危险化学品、矿山、道路交通、食品药品等安全监管，加强县乡基层应急救援能力建设，推动安全形势持续稳定向好。毫不放松抓好防汛抗旱、重大气象灾害防御等工作，加强森林草原防灭火指挥体系建设，全力保障人民群众生命财产安全。加强和创新社会治理，完善社会稳定风险评估机制，强化社会矛盾纠纷预防调处化解，巩固提升全国市域社会治理现代化试点成果。全面深入做好民族宗教工作，强化民族团结进步示范创建，促进各民族交流交往交融。常态化开展扫黑除恶斗争，严厉打击各类违法犯罪行为，完善社会治安防控体系，加快建设更高水平的平安承德。

今天的承德，政通事顺，时势兼备，机遇千载难逢，发展潜力巨大。全市上下对高质量发展寄予厚望，全市人民对高品质生活充满期待。只要我们咬定青山不放松，撸起袖子加油干，一定会把美好的蓝图变成现实。

四、全面加强政府自身建设

各位代表！站在“两个一百年”的历史交汇点，踏上建设高质量发展的“生态强市、魅力承德”新征程，我们深感责任重大，使命光荣。我们一定牢记习近平总书记殷殷嘱托，践行初心使命，忠诚履职尽责，努力建设求真务实、廉洁高效、人民满意的服务型政府。

（一）强化从严治政，把对党忠诚摆在首位。坚持以党的政治建设统领政府各项工作，严守政治纪律和政治规矩，把捍卫“两个确立”、做到“两个维护”落实到行动全过程之中，落实到一言一行之上。不折不扣落实习近平总书记视察承德重要讲话指示精神，推动党中央和省委、市委决策部署落地落实。

（二）严格依法行政，把法治思维贯穿始终。深入贯彻习近平法治思想，严格执行重大行政决策法定程序规定，深入推行行政执法“三项制度”，全面实施“八五”普法规划，持续开展法治政府建设示范创建活动。自觉接受人大法律监督和工作监督、政协民主监督、社会舆论监督，强化审计、统计监督，让权力在阳光下运行。

（三）崇尚实干实政，把使命责任扛在肩上。把抓落实作为政府工作的生命线，推进重点任务项目化、清单化、责任化，实行台账管理、挂图作战、销号交账，一级带着一级干，一级做给一级看，以“宽”的眼界、“钻”的劲头、“实”的作风，努力在贯彻新发展理念、构建新发展格局中展现新作为。

（四）坚持为民施政，把宗旨意识铭心践行。用脚步丈量民情，用真心倾听民意，着力解决人民群众和市场主体堵点痛点难点问题，真正做到思想上亲民、行动上为民、发展上惠民。下大力提升政府服务效能，坚决整治有令不行、有禁不止、消极懈怠、懒政怠政等行为，切实把事关群众切身利益的事办成办好。

（五）恪守清廉为政，把廉洁奉公融入血脉。认真落实全面从严治党主体责任，深入推进政府系统党风廉政建设和反腐败斗争，严格落实中央八项规定及其实施细则精神，持之以恒纠“四风”转作风，力戒形式主义、官僚主义。树牢过“紧日子”思想，进一步压减“三公”经费支出，树立为民、务实、清廉良好形象。

各位代表！使命呼唤担当，实干赢得未来。让我们更加紧密地团结在以习近平同志为核心的党中央周围，全面贯彻落实习近平总书记视察承德重要讲话指示精神，在市委的坚强领导下，牢记嘱托，真抓实干，勇毅前行，奋力开创建设高质量发展的“生态强市、魅力承德”新局面，以优异成绩迎接党的二十大胜利召开！

关于承德市2021年国民经济和社会发展计划执行情况与2022年国民经济和社会发展计划（草案）的报告（书面）

——在承德市第十五届
人民代表大会第二次会议上
承德市发展和改革委员会主任　何元武
2022年1月23日

各位代表：

受市政府委托，现将承德市2021年国民经济和社会发展计划执行情况与2022年国民经济和社会发展计划（草案）提请大会审议，并请市政协委员和列席会议的人员提出意见。

一、2021年经济社会发展计划执行情况

2021年，全市上下深入市十四届人大六次会议工作部署，统筹推进疫情防控和经济社会发展，细化工作举措，强力攻坚克难，各项工作取得积极进展。特别是积极贯彻落实习近平总书记视察承德重要讲话指示精神，成立“1+14”工作专班，开展了新一轮跑省进京、争取支持高潮，在争取重大事项、重点项目、上级资金等方面取得积极成效，为全市创新发展、绿色发展、高质量发展提供了强劲动力，全市经济保持稳定恢复态势，实现了“十四五”良好开局。

（一）经济指标平稳运行。坚持以10项主要经济指标为牵引，找差距、定任务，出举措、抓落实，实施了每月排队通报、日监测日报告等工作举措，确保了主要经济指标平稳运行。初步预计，市十四届人大六次会议确定的26项指标中，大部分指标能够完成或超额完成年初计划，其中约束性指标全部完成。

（二）重点项目加速推进。开展“重大项目建设提升年升级加力”行动，组织2次项目集中开工和2次项目观摩活动，总投资890.8亿元的207个重点项目开工建设。118个市重点项目完成投资236.4亿元，占年计划的123.5%；其中30个省重点项目完成投资81.8亿元，占年计划的128.4%，超额完成年度任务。

（三）主导产业快速发展。实行“3+3”主导产业链长制，实施绿色主导产业项目134个，预计全年实现主营业务收入2100亿元以上，获批风电、光伏发电指标1100万千瓦，创历史新高，为风光储氢一体化预留了发展空间。丰宁风光氢储100万千瓦成为全省唯一一个风光氢储产业协同发展项目，鼎盛文化产业园入选第一批国家级夜间文化和旅游消费集聚区。

（四）生态环境持续改善。23个地表水国、省考断面水质达标率保持100%，完成清洁取暖7.86万户，实现洁净型煤兜底。全市PM2.5平均浓度26微克／立方米，同比下降13.3%，全年新增营造林142万亩，滦平县成功获批国家生态文明建设示范区，围场县、隆化县成功获批“两山”实践创新基地。

（五）居民消费不断提升。举办多场“政府惠民、汽车促销”活动，销售汽车2500余辆，汽车、石油及其制品类限上零售额分别达到22.8亿元、

25.4亿元。打造梦入避暑山庄、鼎盛王朝·康熙大典、隆承大马戏—君临热河三场演出，着力培育金龙酒吧不夜城、鼎盛满蒙风情街等特色商业街区，开辟10条夜游承德线路、5条旅游巴士线路，全年网络零售额突破72亿元。

（六）开放合作成效显著。京津冀协同发展成效显著，与京津开展对接洽谈活动200余场，与航天投资、启迪控股签署“承德启航”战略合作框架协议，成功列入《北京市“十四五”时期高精尖产业发展规划》。出台《关于切实加强招商引资工作的实施意见》，累计签约项目56个，其中落地29个，落地项目总投资159.32亿元。

（七）民生保障有力有效。统筹做好疫情防控，省定33类和市定6类重点人群51.9万人定期进行核酸检测，疫苗接种覆盖率居全省前列。持续办好惠民实事，民生支出占一般公共预算支出比重达到80.9%，28项民生工程全部完成年度目标任务。安全生产、森林草原防火、粮食能源安全保供、信访维稳等工作扎实推进，社会大局和谐稳定。

在经济平稳增长的同时，受国内疫情多点散发和宏观经济持续放缓影响，生产总值、规模以上工业增加值、固定资产投资、社会消费品零售总额、实际利用外资等指标与计划有一定差距，经济运行中的一些问题更加凸显。一是经济下行压力不断增大。受钢铁去产能、粗钢限产等因素影响，减少产值近190亿元；疫情对服务业冲击依然严重，2021年全市接待游客3065万人次，实现旅游收入386亿元，分别仅为正常年份的38.3%和38.6%，受此影响，交通运输、商贸流通、住宿餐饮等服务行业恢复缓慢。二是投资和项目建设支撑乏力。企业投资意愿和能力大幅下降，制约项目建设要素问题尚未得到根本解决，大项目数量少，产业项目占比下降，项目推进缓慢问题依然突出。2021年，新审批（核准、备案）项目共2146个，较2020年减少251个。同时，受外部环境影响，实际利用外资大幅下降。三是实体经济发展依然困难。企业自主创新能力不强，产品科技含量不高，融资渠道不畅，产业链、供应链还存在堵点和断点，部分企业特别是中小微企业经营还比较困难。2021年亏损工业企业105家、亏损额14.55亿元，分别增长7.1%、59.7%。对这些问题，我们将采取有针对性的举措加以解决。

二、2022年经济社会发展主要目标

2022年是党的“二十大”召开之年，是落实省十次党代会和市十五次党代会部署的开局之年，是扎实推进“十四五”规划落地的关键之年，做好经济社会发展工作意义重大。按照市委十五届四次全会安排部署，充分衔接“十四五”目标任务，2022年共设置7方面26项指标，具体如下：

——综合实力类，生产总值增长6.5%左右，固定资产投资增长6.5%，社会消费品零售总额增长8%左右，公共财政预算收入增长5%。

——创新发展类，全社会研发经费投入增长10%，技术合同交易额达到21亿元，每万人口高价值发明专利拥有量达到0.64件。

——协调发展类，规模以上工业增加值增长4%，高新技术产业增加值增长10%，服务业增加值增长8%，常住人口城镇化率提高1.4个百分点。

——绿色发展类，PM2.5平均浓度、城市平均优良天数比例和每万元生产总值能耗、二氧化碳排放量、用水量完成省分解任务。

——开放发展类，进出口总值增长5%，出口总值增长5%，实际利用外资增长5%，开发区营业收入增长10%。

共享发展类，居民人均可支配收入增长8%，城镇新增就业4.56万人，城镇登记失业率4.5%以内，居民消费价格涨幅控制在3%左右。

——安全保障类，粮食综合生产能力保持在28亿斤，能源综合生产能力达到530万吨标煤。

三、2022年重点工作举措

围绕全年经济社会发展目标，重点做好九

个方面工作：

（一）着力强化运行调度，确保经济运行在合理区间。坚持“稳字当头、稳中求进”工作总基调，确保完成年初既定目标。一是强化政策引导。围绕中央提出的“七类政策”和“五个正确认识和把握”，找准与我市的契合点，用足用好“财政＋金融”政策工具，抓住中央加快投放专项债券的机遇，全力争取中央投资、专项债券等上级支持，引导经济平稳健康运行。二是强化运行监测调度。对年度发展目标，逐项制定推进方案，明确职责分工和月度、季度目标，及时制定“开门红”“双过半”“回头看”等政策措施，强化跨周期和逆周期调节，定期开展检查、督导、通报，确保各项年度任务落到实处。三是强化企业精准帮扶。进一步实化企业帮扶，实施精准施策、分类指导。切实发挥企业发展服务中心、政府工作服务站、驻企代表作用，组织开展政策宣讲、银校企对接、企业家培训等主题交流活动，加强政企联动，突出靶向帮扶，对全市重点骨干企业，制定“一企一策”工作方案，确保企业正常生产经营。

（二）着力实施项目攻坚，继续扩大有效投资规模。强化“项目为王”意识，筑牢增长基础，全力挖潜新的经济增长点。一是全面加快项目建设。实施重点项目建设“5256”工程［全年争列省重点项目50个以上（含省重点前期项目），安排市重点项目200个，推动超10亿元项目50个以上，谋划储备超亿元项目600个以上］，加强日常管理和全过程协调调度，对停建、缓建、超期建设的项目，进行动态调整；发挥重点项目建设平台作用，利用“互联网＋”手段，实现对重点项目实时监控调度。二是健全完善管理机制。完善《全市重点项目建设实施方案》《市级领导包联重点项目工作方案》等文件，组织开展2～3次重点项目集中开工和观摩活动，建立重点项目月调度机制，及时解决重点项目推进中存在的问题。强化重点项目用地计划、占补平衡指标优先保障，将符合条件的重点项目纳入生态环境监管正面清单管理；积极引导金融机构加大对省市重点项目的金融支持力度。三是增强谋划储备水平。紧紧围绕国家产业政策，谋划发展一批增强区域和行业竞争力的重大产业项目，全年谋划亿元以上重点项目600个以上。

（三）着力培育主导产业，加快产业转型升级步伐。贯彻高质量发展要求，进一步提高主导产业的经济质量效益和竞争力。一是全面推行链长制。施行全市主导产业“链长制”领导小组和产业链工作专班机制，建立“16612”产业链推进体系，系统梳理产业链条图、技术路线图、招商合作图，通过做强产业链、稳定供应链、强化创新链、畅通物流链、组建招商链、搭建金融链，落实督导、检查、通报、考核各项机制，实现产业推进的系统化、规范化、高效化。二是聚焦重点产业突破。做大做强重点产业，着力推动文化旅游医疗康养、钒钛新材料及制品等优势产业向精品化、优质化、高端化发展。加快清洁能源产业由发电上网向绿电制氢转变，全力推进580万千瓦保障性并网项目、420万千瓦市场化并网项目和丰宁100万千瓦风光电大基地项目加快实施，力争年底全市清洁能源装机达到1100万千瓦；积极向上对接跑办，力争再有3个百万千瓦风光电大基地项目纳入国家计划、滦平抽水蓄能电站开工建设；力争国家级能源创新平台早日获批、日产30吨氢能液化系统研发制造中心尽快启动实施，以国内最优技术引领清洁能源产业发展。钒钛新材料产业实现做大做强，坚持“以钒钛定产”，高标准筹办第二届国际钒钛产业链对接大会，全力打造钒延伸加工、钛延伸加工、钒钛基材装备制造三大产业链，探索建立以绿氢替代化石能源的钒钛新材料生产加工和应用示范基地。三是促进产业集群发展。进一步优化布局、提升能级，形成以承德高新区为龙头、以各县市区特色产业园区为支撑，优势互补、错位发展、辐射延伸、功能协调的开发区建设新格局。围绕

"1+2"县域特色产业体系，全力打造区域品牌，加速培育平泉食用菌、承德高新区大数据等十大特色产业集群；进一步增强"亩均论英雄"意识，提高土地投入产出效率和经济效益；加快推进5G、工业互联网、物联网等新型基建，进一步提升开发区能级，提高辐射带动能力。

（四）着力提振消费信心，进一步释放市场消费潜力。主动融入国内大循环，深入落实扩大内需重要举措，努力扩大消费需求。一是巩固提升传统消费。积极发挥政府引导作用，开展政府惠民展销活动，提升居民汽车、石油、家电等传统大宗消费信心，加快建设承德老街等23条重点特色"夜经济"街区，打造一批精品夜经济项目和旅游路线，深挖传统消费潜力。二是培育壮大新型消费。深入谋划数字经济，完善新型消费的引导政策，放宽市场准入，营造有序环境，引导自有电商平台依托线下资源优势建立网络购物平台，实现线上线下资源互补和应用协同，拓宽营销渠道，力争网络销售额增长10%。三是积极发展热点消费。利用冬奥契机，围绕冰雪项目、体育赛事、休闲养生等培育消费热点，不断完善公共服务基础设施，提供优质的冰雪产品和服务，打造全国冰雪运动消费目的地，促进消费提质升级。着力培育壮大"承德山水""承德好礼"两大品牌，完善线上线下销售渠道，实现两大品牌"百店经营""千种商品""进万家"。

（五）着力抢抓协同机遇，切实提高对外开放水平。紧抓北京非首都功能向外疏解机遇，加快构建开放新格局，努力实现对外开放新突破。一是持续深入推进京津冀协同发展。积极推动国家出台政策继续支持京津两市与我市开展对口帮扶，争列国家生态综合补偿试点城市，推动横向生态补偿机制常态化。围绕6类非首都功能，力求在新能源、医疗康养、新材料、大数据、生态农业等领域取得重大突破。加快推动与中国航天投资控股、国家能源集团、中铁投资集团、中国一汽等一批央企合作项目落地实施。力争与京津开展对接洽谈活动100场次以上，签订合作协议50项以上，推动落地合作项目30个以上，推动一批京津冀协同发展标志性项目启动实施。二是拓展国内重点区域合作。紧盯长江经济带、粤港澳大湾区、东北老工业基地等重点区域，加快构建多层次、宽领域、全方位的开放合作机制。持续办好"百家名企进承德"等系列招商活动，积极参加进博会、广交会、服贸会、经洽会四大展会活动，推介我市优势资源、特色产业及投资环境，提升承德招商知名度和吸引力。三是切实提升招商引资实效。进一步完善"项目库、企业库、土地库"，实行全域、全员、全方位招商，探索建立飞地合作、税收分成等合作模式，实现县域间错位招商，避免同质化竞争。聚焦构建产业链的重要环节、补齐新兴产业链的薄弱环节、强化传统产业链的核心环节，精准开展招商选资工作，力争引进市外到位资金增长5%以上。

（六）着力弘扬塞罕坝精神，全面提升生态环境质量。坚决扛起"两区"建设政治责任，推动生态文明建设迈上新台阶。一是持续强化环境污染治理。聚焦"三区两城"定位，以创建国家生态文明建设示范区为引领，深入打好污染防治攻坚战，推动由末端治理向源头防治转变，聚焦水质稳定达标、大气环境改善、土壤环境安全等环境问题，为建设高质量发展的"生态强市、魅力承德"提供坚实的生态环境保障。二是不折不扣抓好节能减排工作。研究制定"十四五"节能降耗综合性实施方案，科学确定各县市区节能目标，严格实行能耗双控管理制度，千方百计降低能耗强度。以重点用能单位"百千万"行动为抓手，对高耗能行业新增产能严格落实能耗等量或减量置换，严格甄别筛选列入新基建范围，强化重点用能单位节能管理。三是不断完善生态文明机制。加快推进碳达峰碳中和实施方案、实现路径等政策研究编制，积极争取国家将我市列为试点城市。推动降碳试点示范创建，深化森林固碳试点建设，完善森林固碳机制，积极推动试点林场签约交易。

全面开展生态产品基础信息调查，编制《生态产品目录》《生态产品价值核算工作规范》，建立自然资源确权登记数据库。开展生态产品价值核算试点，积极推进塞罕坝机械林场、雾灵山自然保护区等区域开展生态产品实物量和价值量核算研究，形成《生态产品价值核算报告》。

（七）着力深化改革创新，不断增强经济发展动力。全力推进承德国家可持续发展创新议程示范区建设，加大科技创新力度，推进重点领域改革，努力打造更优营商环境。一是强化创新配套体系。深化科技计划管理改革，扩大科研经费管理自主权，完善科技成果转化机制，激发科研人员创新积极性。强化资金导向作用，在关键共性技术研发、重大科技成果引进转化、高端科技人才和团队引进、重大创新平台建设等方面整合资源、集中发力，着力解决资金安排分散、培育亮点不足、创新体系建设滞后等问题。完善人才扶持政策，在户籍、子女入学、住房租赁补贴、人才公寓、配偶就业等方面给予创新人才和团队更大支持和便利。二是建立更优营商环境。细化6个领域30项主要工作任务，建立工作台账，实行“周调度、月通报、季度总结、半年考核”的工作机制，确保主要任务全部落实落地，进一步改善和优化全市发展环境。持续提高“办事一次成”实现率，健全“六全”服务、“一次性告知”、预约服务、延时服务、投诉举报、责任追究等配套制度，创新“好差评”“不打烊”等机制，打造更优营商环境。三是推进重点领域改革。全面落实经营性国有资产集中统一监管改革任务，搭建国资国企在线监管平台，建立横向到边、纵向到底的实时动态监管体系，实现对国有资本的全面有效监管。落实农村产权交易中心农村产权抵押登记职能，依法依规开展农村产权抵押贷款业务。抓好农村土地“三权分置”改革、农村集体产权制度改革成果应用，稳慎推进宅基地改革，大力培育农民专业合作社和家庭农场两类主体，发展农业生产托管服务，全面完成平泉、滦平宅基地改革国家级和省级试点年度改革任务。

（八）着力加快新型城镇化，推进城乡均衡协调发展。全面落实乡村振兴战略和新型城镇化工作部署，推动城乡统筹融合发展。一是提升中心城区带动能力。进一步提高基础服务能力，抢抓习近平总书记视察承德历史机遇，突出抓好“6541”［即实施6项工程建设、开展5项改造提升、推进4项创建工作、抓好1项试点工作］重点工作，提高中心城市首位度和带动力。进一步提高产业支撑能力，大力发展主导产业，不断增强集聚效应，推动产业转型升级，提供就业，创造需求，盘活城市资源。全面提升城市管理水平，强化城市文明建设，推进城市管理体系和治理能力现代化。二是加快县城扩容提质。持续推进县城建设提质升级三年行动，A类县突出抓好品质提升，B类县重点围绕补短板、强弱项抓好提质升级。加快特色小城镇建设，提升小城镇市政基础设施承载力，改善小城镇人居环境；坚持补足短板，积极开展农村房屋建设品质提升，大力推动农村绿色节能建筑推广试点。三是支持农业农村优先发展。大力发展农产品精深加工和产地初加工，发展产业化联合体，实施产业链延伸重点项目160个，农产品加工业产值增长7.5%以上，“两品一标”数量增加6%。稳步推进乡村振兴示范区创建，打造乡村振兴示范样板，力争双滦区大贵口、隆化县七家—茅荆坝乡村振兴示范区创建为省级乡村振兴示范区。

（九）着力保障改善民生，持续提升群众生活品质。坚持把改善民生作为各项工作的出发点和落脚点，不断提高民生福祉。一是持续抓好新冠疫情防控。继续落实“十个常态化”30项具体措施，持续做好中高风险地区来承返承人员排查、管控和核酸检测。加强入境人员和冷链食品、物品的排查管理，当好首都政治“护城河”。继续做好新冠疫苗接种工作，提高疫苗接种覆盖率，保证人民群众生命安全。二是持续实施一批民生工程。围绕群众急难愁盼，谋划实施20项民生工程，集中力量解决好老城区交通拥堵、老旧小区脏乱差、便民市场不完备、城市内涝、停车难等群众反映强烈的热点难点问题。三是确保社会大局和谐稳定。统筹发展与安全，树牢底线思维，着力做好财政金融、安全生产、森林草原防火等领域风险防范化解工作，常态化开展扫黑除恶，强化基层治理，坚决守住不发生系统性区域性风险底线，确保社会大局和谐稳定。

各位代表，做好2022年全市经济社会发展工作，意义重大、使命光荣。让我们更加紧密地团结在以习近平同志为核心的党中央周围，全面贯彻落实市委十五届四次全会决策部署，自觉接受人大的指导和监督，虚心听取政协的意见和建议，坚定信心、奋发作为、锐意进取，奋力开创建设高质量发展的“生态强市、魅力承德”新局面，以优异成绩迎接党的二十大胜利召开。

关于承德市2021年市本级预算和市总预算执行情况与2022年市本级预算和市总预算草案的报告（书面）

——在承德市第十五届
人民代表大会第二次会议上
承德市财政局局长　林国华
2022年1月23日

各位代表：

受市人民政府委托，我向大会报告承德市2021年市本级预算和市总预算执行情况与2022年市本级预算和市总预算草案，请予审议，并请市政协委员和列席会议的人员提出意见。

一、2021年预算执行情况

2021年，面对复杂严峻的宏观经济形势和艰巨繁重的改革发展任务，特别是新冠肺炎疫情的严重冲击，全市各级各部门坚持以习近平新时代中国特色社会主义思想为指导，坚决贯彻落实国家、省市重大决策部署，认真执行市人大各项决议，坚持稳中求进工作总基调，完整准确全面贯彻新发展理念，以供给侧结构性改革为主线，牢牢把握“三区两城”发展定位和建设“生态强市、魅力承德”总目标，全面落实积极财政政策，持续强化预算执行、深化财政改革、防控化解风险，较好地完成了市十四届人大六次会议目标任务。

（一）全市预算执行情况

2021年，全市一般公共预算收入完成126亿元，占预算的103.3%，同比增长8.5%，其中税收收入完成83.8亿元，占一般公共预算收入的比重为66.5%。政府性基金预算收入完成82.2亿元，占预算的41.4%，同比下降25.6%。国有资本经营预算收入完成9.8亿元，占预算的82.7%，同比下降34.6%。社保基金预算收入完成106.3亿元，占预算的104.1%，同比增长7.8%。

全市一般公共预算支出完成419.6亿元，占调整预算的95.2%，同比下降6.6%。政府性基金预算支出完成97.6亿元，占调整预算的73.8%，同比下降29.7%。国有资本经营预算支出完成8.1亿元，占预算的77.3%，同比增长72.2%。社保基金预算支出完成99.7亿元，占预算的104%，同比增长5.2%。

（二）市本级预算执行情况

2021年，市本级一般公共预算收入完成15.5亿元，占预算的100.3%，同比增长12.8%。政府性基金预算收入完成17.5亿元，占调整预算的99.4%，同比下降51.5%。国有资本经营预算收入完成1.5亿元，占预算的72.8%，同比下降20.9%。社保基金预算收入完成26亿元，占预算的97.6%，同比增长6%。

市本级一般公共预算支出完成94.1亿元，占调整预算的95.5%，同比增长11.1%。政府性基金预算支出完成8.6亿元，占调整预算的94%，同比下降45.2%。国有资本经营预算支出完成1.4亿元，占预算的68.7%，同比下降24.4%。社保基金预算支出完成25.8亿元，占预算的105.2%，同比下降10.4%。

回顾过去的一年，全市各级各部门在市委坚强领导和市人大监督下，凝心聚力，锐意进取，推动各项工作取得显著成效。

一是预算执行平稳有力。树牢“保收入就是保大局”意识，密切监测宏观经济运行及重点行业市场变化，加强对财政收入形势的分析研判，建立健全重点时段收入日统计、日分析、日调度工作机制，确保牢牢掌握组织收入工作的主动权。2021年，全市一般公共预算收入连续12个月保持正增长，先后顺利实现首季“开门红”、半年“双过半”、“三季度好于二季度”等工作目标，全年收入增幅居全省第六位，税收占比居全省第二位。同时，围绕财政支出提质增效，持续调整优化支出结构，加快重点领域支出，确保有限的财政资金全部用到“刀刃上”，有力保障各级党委政府的重大决策部署落地落实。

二是向上争取再创新高。抢抓国家、省“十四五”规划编制，以及“碳中和、碳达峰”“乡村振兴”等战略部署实施重大机遇，围绕“三区两城”发展定位，辑印《承德市争取上级资金政策指南》，加大跑省进厅、跑部进京力度，累计争取上级各类转移支付资金234.6亿元，全力支持经济社会发展。其中，争取到位直达资金83.4亿元，更多财政资金直接惠企利民、直达基层；争取引滦入津上下游横向生态补偿资金3.1亿元，占全省的76%，远超唐山市；争列北方地区冬季清洁取暖试点城市，获得国家奖补资金9亿元，取得历史性突破；争取省级特色农业保险专项奖补资金4710万元，占全省的60%，创历史新高；争取省级可持续发展议程示范区奖补资金1.5亿元，比去年增加1亿元。另外，争取到位新增政府债券44.1亿元、再融资债券67.3亿元。

三是支持发展成效明显。认真落实“三重四创五优化”等工作部署，聚焦经济高质量发展大局，统筹政策资金予以保障。一方面，不折不扣落实国家减税降费政策，及时、动态公开56项减税降费政策、44项税费优惠政策，新增减税降费7.8亿元，其中新增减税6.2亿元、降费1.6亿元，企业负担进一步减轻。同时，全力推动大众创业、万众创新，累计发放创业担保贷款9131万元，就业补助资金2.5亿元，支持创业项目844个，扶持自主创业520余人，带动就业2.2万人，市场活力进一步增强。另一方面，坚持“财政保运转、国企促发展”思路，筹集资金超50亿元，重点支持118个省市重点项目建设及“3+3”主导产业发展，划转国有资产7.2亿元，支持“国控、国投”等市属国企做大做强，服务实体经济发展。同时，政府性基金完成股权投资7.6亿元；企业纾困基金应急转续贷22.3亿元，为企业减负2951万元；PPP项目签约落地4个，计划引入社会资本117亿元；实施政府采购项目2129个，资金81.8亿元，78%的资金面向中小微企业采购。全市年纳税500万元以上企业达到498户，同比增加40户，其中纳税亿元以上企业达到26户，同比增加9户，财源建设取得新成效。

四是民生福祉持续增进。坚持民生投入优先保障、只增不减，全市民生支出339.3亿元，占一般公共预算支出比重为80.9%。围绕疫情防控，投入资金11.2亿元，重点保障疫苗接种、物资储备、核酸检测、定点隔离及发热门诊及实验室改造等支出，做到应保尽保。支持全程免疫接种，储备隔离点180个、14710间，新配负压救护车204辆，扩容床位800张，重症救治床位80张。围绕巩固脱贫成果衔接推进乡村振兴，投入资金28.9亿元，实施相关项目1737个，全市土地出让收益用于农业农村比重超33%，全力支持打造五大特色优势产业示范带，脱贫成效得到全面巩固。围绕生态环境建设，筹集资金18.4亿元支持打好“大气、水、土壤”三大攻坚战。特别是成功争列北方清洁取暖试点市，全市新增清洁取暖7.7万户，促进市域生态环境质量持续改善。围绕社会事业发展，投入资金82.8亿元，加快推进城乡教育均等化，小学、初中生均公用经费提高到735元／生、935元／生，教育支出继续实现“两个只增不减”；筹措资金110亿元，落实养老、医疗、失业、特困人员救助、优抚对象待遇等补助政策，提高社会保障、卫生健康等服务能力，农村特困供养基本生活补助年标准从5590元提高到6240元以上，城乡居民基本医疗保险财政补助标准从每人每年550元提高到580元。围绕民生工程建设，筹措资金11亿元，支持老旧小区改造、西区供水、天然气置换管网改造、殡仪馆新建等项目建设，助力民心实事全面完成。

五是财政改革持续深化。推动财政事权和支出责任改革，先后制定出台应急、生态、交通、公共文化等财政事权和支出责任改革文件8个，权责清晰、财力协调、区域均衡的市以下财政关系有效构建；推动预算绩效管理改革，深入开展预算绩效规范提升年活动，健全“1+N”预算绩效管理制度，完善全方位、全过程、全覆盖预算绩效管理体系，建立17个行业领域72个行业类别的绩效指标和标准体系，完成2020年度自评项目1906个、评价金额73亿元，完成重点绩效评价项目170个、评价金额25.4亿元；深化预算评审改革，扩大评审范围，将市属国有企业投资建设的项目纳入评审范围，全年评审项目314个，审核金额25.5亿元，节约2.6亿元，资金节约率超10%；推动市辖区土地出让收入管理体制改革，自2021年7月1日开始，市辖区土地出让收入管理体制实现市级统一管理。

六是财政风险有效防控。强化政府债务风险管理，实行还本付息“年计划、月提醒、日对账”制度，全年按时足额偿还到期债券本息102.4亿元，继续保持“零违约”；加强常态化统计监测，化解隐性债务27.8亿元，全市连续3年超额完成隐性债务化解任务；完善“一案一会两函一报告”制度，严守举债融资负面清单，坚持“开好前门、堵死后门”，全市债务风险可防可控。加大暂付款清理消化力度，全年清理消化2018年锁定暂付款31亿元，累计完成73.8亿元。完善“分区设立、市区共管、资金共筹”的市区两级工资和基本运转共管机制，督促各县市区认真落实“三保”主体责任，确保基层运转不出现重大风险。同时，加强金融风险管控，制发《承德市市级国有金融资本出资人职责暂行规定》，积极推动财通基金风险化解举措落地落实，确保实现国有资本保值增值。

七是财政监管严而有效。坚持厉行节约、勤俭办事，在预算执行上打好“铁算盘”、当好“铁公鸡”，强化预算刚性约束，日常公用经费综合定额压减10%，将节约资金统筹用于经济社会发展急需领域。坚持直达资金常态化管理，全程监控24项、83.4亿元直达资金支付情况、惠企利民补贴发放情况，确保每笔资金直通兑付、流向可控、账目可查，共惠及企业534家，人员139.6万人。及时开展财政监督与绩效监控，根据评价结果，先后调减预算项目100余个，取消未实施项目3个，收回资金近8000万元。严控结转结余，制定出台《承德市市直部门财政拨款结余结转资金管理暂行办法》，加大盘活统筹力度，累计收缴部门结余资金5.2亿元。同时，修订完善管理制度54项、资金管理办法23项，为下年度预算编制、完善政策和改进管理提供科学依据。

在总结成绩的同时，我们也清醒地看到，财政经济运行仍面临着诸多困难和挑战：一是财政收支压力前所未有，财政收入下行压力加大，疫情防控、“三保”等刚性支出大幅增加，加之债券争取受限额管理制度约束，财政运转压力空前。二是偿债压力前所未有，政府债务余额规模偏大，且已进入偿债高峰期，受土地出让不确定性较大、政策空间趋紧等因素影响，化解财政风险任务十分艰巨。三是资金监管压力前所未有，部门“三公两费”超支等违反财经纪律的现象仍时有发生，预算管理主体责任意识还需增强，等等。针对这些问题，我们将高度重视，采取有效举措加以认真解决，推进财政事业行稳致远。

二、2022年预算安排情况

2022年是“十四五”承上启下的关键之年，也是应对财政风险挑战的攻坚之年，编制好2022年预算对全市经济社会高质量发展和“十四五”规划实施具有重要意义。

（一）预算编制的指导思想和基本原则

2022年预算编制的指导思想：高举中国特色社会主义伟大旗帜，深入贯彻党的十九大和十九届历次全会、省委十次党代会、市委十五届四次全会精神，坚持以马克思列宁主义、毛泽东思想、邓小平理论、“三个代表”重要思想、科学发展观、习近平新时代中国特色社会主义思想为指导，全面贯彻党的基本理论、基本路线、基本方略，全面落实习近平总书记对河北对承德工作重要指示批示精神，坚决落实中央和省委决策部署，统筹推进“五位一体”总体布局，协调推进“四个全面”战略布局，立足新发展阶段，完整准确全面贯彻新发展理念，积极构建和融入新发展格局，坚持稳中求进工作总基调，以推动高质量发展为主题，以深化供给侧结构性改革为主线，以改革创新为根本动力，以满足人民日益增长的美好生活需要为根本目的，统筹发展和安全，大力弘扬塞罕坝精神，牢牢把握“三区两城”发展定位，加快推进“四个转化”，提质增效财政政策，扎实推进财税改革，积极防范化解财政风险，努力为全面建设新时代“生态强市、魅力承德”和“十四五”顺利实施提供强有力的财政支撑。

2022年预算编制基本原则：

——依法理财。全面贯彻落实《预算法》及《预算法实施条例》等法律法规，规范预算编制，坚持先预算后支出、无预算不支出，严格预算执行刚性约束。

——优化结构。调整优化支出结构，坚持“三保”支出优先，统筹保障“六稳”“六保”、防范化解风险、各级党委政府重大决策部署等重点领域支出。

——统筹兼顾。坚持尽力而为、量力而行，统筹整合各类资金资产，科学合理配置有限的财政资源，打破财政支出固化格局，集中财力办大事，全面实行综合预算。

——厉行节约。发扬艰苦奋斗优良传统，落实政府过紧日子要求，开源节流、精打细算、细化标准，严格控制各项支出，厉行节约办一切事业。

——深化改革。深入贯彻落实预算管理制度改革，建立健全预算绩效管理和支出标准体系，完善财政资金直达机制，推进财政事权和支出责任划分改革。

（二）全市预算草案

1. 一般公共预算。按照与主要经济指标相适应原则，并结合我市经济发展实际，2022年全市一般公共预算收入安排增长5%，即一般公共预算收入132.3亿元，加上上级补助收入、调入资金等361.8亿元，收入总计494.1亿元。支出预算安排465.2亿元，加上上解支出、债务还本支出等28.9亿元，支出总计494.1亿元。年度预算收支安排平衡。

2. 政府性基金预算。收入预算安排224.9亿元，加上上级补助收入、债务转贷收入等15.7亿元，收入总计240.6亿元。支出预算安排150.9亿元，加上调出资金、债务还本支出等89.7亿元，支出总计240.6亿元。年度预算收支安排平衡。

3. 国有资本经营预算。收入预算安排6123万元，加上上年结转、上级补助收入268万元，收入总计6391万元。支出预算安排6361万元，加上调出资金30万元，支出总计6391万元。年度预算收支安排平衡。

4. 社会保险基金预算。2022年，承德市社保基金预算总收入105亿元；总支出99亿元。年度收支结余6亿元，年末滚存结余74.3亿元。

（三）市本级预算草案

1. 一般公共预算

(1) 收入预算和财力情况。2022年市本级一般公共预算收入安排18.2亿元，加上上级补助收入、下级上解收入和调入资金等51.7亿元，财力总计69.9亿元。

（2）支出预算。2022年共安排支出预算69.9亿元，增长11.3%。其中，民生支出安排57.2亿元，占一般公共预算支出的81.8%。

——基本支出。安排43.6亿元，占一般公共预算支出的62.4%、增长15%。其中，人员经费支出安排41.8亿元，占一般公共预算支出的59.8%、增长15.5%，主要包括：在职人员工资及离退人员补贴15.7亿元，在职人员绩效奖和年终一次性奖励40278万元，离退人员生活补助和年终一次性慰问金22025万元，机关事业单位养老保险财政补助59516万元，行政事业单位医疗保险缴费单位负担部分15279万元，劳务派遣人员经费13868万元，预留在职人员基本工资增资经费11486万元，上解省企业养老保险基金风险统筹金7308万元，死亡抚恤金3300万元，城乡居民基本医疗保险财政补助2077万元，行政事业单位残保金1600万元；公用经费支出安排1.8亿元，占一般公共预算支出的2.6%、增长3.7%。

——运维及政策性补助支出。安排12亿元，占一般公共预算支出的17.2%、增长3.4%。主要包括：市属六所公立医院改革财政补助资金8678万元，机场航线和运营补贴8000万元，学生奖助学资助、中职免学费、义务教育保障机制和生均公用经费市级补助资金6235万元，公交公司运营和天然气公交车燃气补贴5100万元，公安系统运转经费3322万元，各类信息网络运行维护费2458万元，行政中心水电暖等综合运转经费2300万元，高铁客运运营补贴1800万元，清洁取暖、洁净煤取暖、国三及以下柴油货车淘汰补贴市级补助1670万元，自主择业军转干部和义务兵相关政策性补贴1105万元，廉政教育培训中心运营费900万元，行政审批局评审及运维经费844万元，再就业、创业资金810万元，绕城高速免费通行补贴800万元，城乡居民低保、基本养老保险参保缴费和基础养老金补助751万元，消防支队业务费700万元，数字化城管运行经费666万元，特种行业体检经费540万元，大督查工作经费536万元，中小学课后延时补助经费489万元，孕妇脊髓性肌肉萎缩症（SMA）、耳聋、无创和唐氏综合征免费筛查补助资金446万元，基本公共卫生服务市级补助资金432万元，审计委托中介机构服务费及专项业务费400万元，拔尖人才和学术带头人津贴及2021年市直事业单位引进高层次人才租房补贴304万元，等等。

——偿债支出。安排7.2亿元，占一般公共预算支出的10.3%、增长67.4%。主要包括：偿还到期政府一般债券本息57063万元，偿还承德应用技术职业学院使用农业产业基金和国开行贷款本金及利息9333万元，偿还外债转贷本息2957万元，偿还京沈客专项目使用国开发展基金本息1045万元，偿还河北民族师范学院工行贷款本息1300万元，偿还市水务局武烈河工程欠款392万元。

——专项项目支出。安排7.1亿元，占一般公共预算支出的10.1%、下降15.9%。具体为：疫情防控资金8000万元，预备费7000万元，国有企业资本金注入6500万元，承德护理职业学院高职改善办学条件经费4664万元，产业结构调整及重点项目前期工作经费3000万元，文化旅游产业发展专项资金3000万元，市妇幼保健院、康养医院、中医院、第三医院设备采购及发热门诊工程建设资金2929万元，应用技术研究与开发专项资金、科技创新奖补资金2242万元，机关事业单位办公用房维修改造资金2048万元，创建全国文明城市综合经费2000万元，预留信息化项目建设资金2000万元，承德市看守所迁扩建及警务技能训练基地建设二期资金2000万元，春节节日装点资金1835万元，人防“6911”工程1000万元，促进夜经济和后备箱经济发展资金1000万元，电子警察维护、智慧交管、护栏购置费887万元，承德市廉政教育培训中心改扩建工程800万元，森林草原消防支队装备及储备物资购置资金707万元，高中教育质量提升奖励和“三名”工程奖励资金600万元，政府购买公益性文化服务项目资金600万元，普通国省干线公路养护经费591万元，政务云服务费560万元，商务活动、外贸发展和开放经费500万元，信访维稳经费500万元，预留规划编制经费400万元，日报社新闻纸采购项目400万元，武烈河沿岸金丝翠带亮化项目400万元，人才工作经费400万元，市纪委信息化项目建设资金370万元，电视台新闻补助经费318万元，北京冬奥会和冬残奥会张家口赛区签约饭店帮扶经费312万元，干部素质提升经费300万元，预留公车购置经费300万元，贫困户慰问金300万元，农产品冷链物流产业园扶持资金300万元，承德市全域(全季)旅游高质量发展规划编制经费300万元，2022年大型体育赛事运动员教练员奖励300万元，航空护林站塔台设备采购及资质申请经费250万元，戒毒所四区五中心建设项目220万元，安全生产考试中心建设经费200万元，高校征兵工作奖励经费200万元，情系塞罕坝演出经费200万元，市救灾物资储备仓库设备和救灾物资采购经费200万元，武警部队应急救援装备配备200万元，四项隐患排查经费150万元，承德市第四届政府质量奖励资金145万元，博物馆参展交流经费140万元，普宁寺偿还借款利息100万元，等等。

（3）预算平衡情况。一般公共预算收入182000万元，加上上级补助收入、下级上解收入、调入资金等1277933万元，收入总计1459933万元。一般公共预算支出1299288万元（含上级转移支付），加上上解支出、补助下级支出、债务还本支出等160645万元，支出总计1459933万元。年度预算收支安排平衡。

2. 政府性基金预算

（1）收入预算。收入预算安排812057万元，其中国有土地使用权出让收入806748万元、污水处理费收入2039万元、福利彩票公益金收入1230万元、体育彩票公益金收入1690万元、彩票发行机构和彩票销售机构的业务费用收入350万元，加上下级上解收入、上级转移支付收入42322万元，收入总计854379万元。

（2）支出预算。支出预算安排106261万元，主要包括双峰寺水库PPP运营期付费25398万元，偿还政府专项债券利息及支付发行费13251万元，京承高速承德南互通拆迁费8000万元，衔接乡村振兴专项资金7510万元，双峰寺地表水厂运行补贴5000万元，西区供水工程运行补贴3000万元，污水处理厂运营补贴4800万元，天然气价格补贴3262万元，公交公司车辆购置融资付息资金2090万元，绿地养护管理费1150万元，市区露天体育场建设和体育设施购置1000万元，消防灭火救援设备购置经费800万元，养老服务机构建设及运营奖补682万元，生活垃圾处理补贴660万元，污水雨排水设施维护养护经费523万元，山体隐患治理500万元，2021至2022年取暖季提前供暖财政补贴441万元，日间照料服务站建设补贴400万元，佟山公园便民服务设施完善项目376万元，边远地段绿地养护购买服务费200万元，餐厨废弃物处理补贴165万元，特困贫困学生资助100万元，加上补助下级支出、调出资金、债务还本支出748118万元，支出总计854379万元。年度预算收支安排平衡。

3. 国有资本经营预算

（1）收入预算。收入预算安排5324万元，其中承德银行上缴股息股利收入2685万元，矿业集团上缴国有资本经营收入1122万元，金盾公司上缴国有资本经营收入1020万元，市国投电建公司上缴国有资本经营收入231万元，热力集团上缴股利收入201万元，国投集团上缴利润收入65万元。

（2）支出预算。支出预算安排5324万元，其中国有企业资本金注入4000万元，解决历史遗留问题支出450万元（主要用于破产改制企业独生子女费、军转干部遗属补助、改制企业个人补助等)，解决其他历史遗留问题支出874万元。

4.社会保险基金预算

2022年，承德市本级社保基金预算总收入28.8亿元，总支出27.4亿元。年度收支结余1.4亿元，年末滚存结余21.5亿元。

(1)机关事业养老保险基金收支预算。2022年机关事业养老保险基金预算总收入11.6亿元、增长9.8%；总支出11.5亿元、增长12.6%。年度收支结余0.1亿元，年末滚存结余1.7亿元。

(2)职工医疗保险基金(含生育保险)收支预算。2022年职工医保基金预算总收入11.7亿元、增长12.6%;总支出10.6亿元、增长1.2%。年度收支结余1.1亿元,年末滚存结余12.3亿元。

(3)城乡居民基本医疗保险基金收支预算。2022年城乡居民医保基金预算总收入3.9亿元、下降11.2%；总支出3.5亿元、增长22.1%。年度收支结余0.4亿元，年末滚存结余4.9亿元。

(4)失业保险基金收支预算。2022年全市失业保险基金预算总收入1.6亿元、增长21.4%；总支出1.7亿元、增长96.5%。年度收支结余-0.1亿元，年末滚存结余2.6亿元。

(四)高新区2021年预算执行情况与2022年预算草案

1.2021年预算执行情况

2021年，高新区一般公共预算收入完成99858万元，占预算的108.6%，同比增长14.1%，其中税收收入完成79085万元，占一般公共预算收入的79.2%，同比增长6.5%。政府性基金预算收入完成73193万元，占调整预算的103.1%，同比下降52.8%。国有资本经营预算收入完成30700万元，占预算的75.4%。社保基金预算收入完成5271万元，占预算的110.5%，同比增长79.2%。

高新区一般公共预算支出完成86910万元，占调整预算的96.6%，同比增长1.5%。政府性基金预算支出完成124947万元，占调整预算的76.2%，同比增长8.3%。国有资本经营预算支出完成30700万元，占预算的75.4%。社保基金预算支出完成5204万元，占预算的89%，同比下降12.5%。

2.2022年预算草案

按照《河北省预算审查监督条例》第三十七条“各级政府设立的各类开发区(管理区、工业园区等)应当编制预算，并编入本级政府预算，报本级人民代表大会审查批准，接受本级人民代表大会及其常务委员会的监督”要求，高新区编制了2022年预算草案，同时提请市十五届人民代表大会第二次会议审议。

(1)一般公共预算安排。2022年高新区一般公共预算收入安排105850万元，同比增长6.0%，加上上级补助收入、调入资金等107828万元，收入总计213678万元。支出预算安排140398万元，加上上解支出、债务还本支出等73280万元，支出总计213678万元。年度预算收支安排平衡。

(2)政府性基金预算安排。收入预算安排5000万元，加上上级补助收入242029万元，收入总计247029万元。支出预算安排124119万元，主要包括高新区高铁商圈整体提升PPP项目付费31620万元、偿还2022年到期政府债券利息及支付发行费支出19441万元，加上上解支出、调出资金、债务还本支出等122910万元，支出总计247029万元。年度预算收支安排平衡。

(3)社会保险基金预算安排。收入预算安排5802万元，同比增长21.6%；支出预算安排6129万元，同比增长4.9%。年度收支结余-327万元，年末滚存结余20690万元。

(五)御道口牧场管理区2021年预算执行情况与2022年预算草案

1.2021年预算执行情况

2021年，御道口牧场管理区一般公共预算收入完成5826万元，占预算的105.9%，同比增长63.6%；一般公共预算支出完成13095万元，占调整预算的100%，同比下降3%。政府性基金预算收入完成39274万元，政府性基金预算支出完成28107万元。

2.2022年预算草案

按照《河北省预算审查监督条例》第三十七条“各级政府设立的各类开发区（管理区、工业园区等）应当编制预算，并编入本级政府预算，报本级人民代表大会审查批准，接受本级人民代表大会及其常务委员会的监督”要求，御道口牧场管理区编制了2022年预算草案，同时提请市十五届人民代表大会第二次会议审议。

（1）一般公共预算安排。2022年御道口牧场管理区一般公共预算收入安排6200万元，同比增长6.4%，加上上级补助收入、调入资金6541万元，收入总计12741万元。支出预算安排12741万元。年度预算收支安排平衡。

（2）政府性基金预算安排。收入预算安排7340万元，加上上级补助收入18006万元、上年结余11167万元，收入总计36513万元。支出预算安排31950万元，主要包括用于体育事业的彩票公益金支出28929万元、国有土地使用权出让收入安排的支出2272万元、偿还政府债券利息及支付发行费支出749万元，加上债务还本支出、调出资金4563万元，支出总计36513万元。年度预算收支安排平衡。

三、2022年预算执行重点工作

2022年，我们将深入学习贯彻习近平总书记视察承德重要指示精神，坚决落实市委、市政府决策部署，围绕“三区两城”发展定位，按照“四个转化”工作路径，以“四抓四提升”为抓手，努力为全面建设新时代“生态强市、魅力承德”和“十四五”顺利实施提供强有力的财政支撑。

（一）抓财源促发展，提升财政运行质效。树牢“促发展必须强产业”意识，综合运用“财政＋金融”政策，通过财政支持、股权投资、融资担保、纾困基金等手段，重点支持“风光储氢”一体化等“3+3”主导产业发展，力争早投产、早见效，实现本地资源收益本地化，加快形成财源支撑。坚持“财政保运转、国企促发展”理念，统筹整合资源、资产和资金，支持国控集团、国投集团等平台做大做强。同时，树牢过“紧日子”思想，持续压减一般性支出，坚持有保有压、可压尽压，集中资金保重点、保民生，确保财政平稳运行、收支平衡。

（二）抓对接强争取，提升财政保障能力。立足“三区两城”发展定位，抢抓碳达峰、碳中和及深化生态保护补偿改革等政策机遇，紧密与上级有关部门沟通对接，与各行业主管部门密切配合，力争把乡村振兴、生态治理等更多项目纳入全国、全省的“盘子”。特别是要抢抓习近平总书记视察承德重大机遇，全力争取潮河流域、滦河流域横向生态补偿和国家、省设立“京津冀水源涵养功能区和生态环境支撑区”专项转移支付，保障重点生态保护修复项目实施。

（三）抓防范守底线，提升风险应对本领。进一步健全完善“一案一会两函一报告”债务管控机制，压实各县市区和各部门偿债主体责任，强化债券项目全周期管理，确保到期政府债务及时足额偿还、隐性债务只减不增。同时，坚持暂付款“严控新增”和“消化存量”两手抓，采取盘活存量资金、债权依法转让等途径及时消化暂付款，防止边消化边新增现象发生。牢牢守住基层“三保”底线，督促各县市区严格落实基本财力保障主体责任，切实做好“保工资、保运转、保基本民生”工作，坚决守牢不发生财政风险“底线”。

（四）抓改革严绩效，提升财政监管水平。按照国家和省深化财税体制改革要求，集中力量攻坚，重点稳妥推进预算管理改革、财政事权和支出责任划分改革、税制改革、政府采购等改革，加快构建符合承德实际的现代财政制度体系。重点巩固深化预算绩效管理改革成效，完善预算绩效指标和标准体系，健全评价结果应用和整改制度，对财政资金实行全方位、全过程、全覆盖预算绩效管理，切实做到“花钱必问效、无效必问责”。

承德市中级人民法院工作报告

——在承德市第十五届
人民代表大会第二次会议上
承德市中级人民法院院长　李　勇
2022年1月24日

各位代表：

现在，我代表市中级人民法院向大会报告工作，请予审议，并请市政协委员和其他列席人员提出意见。

换届以来的主要工作

全市法院在市委的坚强领导、市人大的有力监督下，在市政府、市政协及社会各界的关心支持下，坚持以习近平新时代中国特色社会主义思想为指导，着眼全市法院工作跨越发展，坚持抓党建带队建促审判、强基础抓规范树形象，团结带领全体干警忠实履行职责使命，提出打赢审判执行质效、司法形象“两场翻身仗”工作目标，明确“定标准、定目标、定节奏、定任务”“提振士气、提高质效、提升形象”“四定三提”工作路径，取得可喜成绩，得到市委、市人大、市政府、市政协等主要领导批示肯定。市中院审判执行质效由去年的全省法院倒数第一，跃居全省领先行列，人民群众对法院工作满意度第三方测评，显著提升。全市法院涌现出全国法院先进集体双桥区法院大石庙法庭等先进典型，一个庭室和一名个人分别荣获全省“人民满意的公务员集体”和“人民满意的公务员”。全市法院共受理各类案件106894件，审执结101917件，同比分别上升30.76%和28.83%。其中，市中院受理9064件，审执结8976件，同比分别上升26.31%和27.32%，中院本级和辖区法院结案率均位居全省第1名。

一、聚焦全市发展大局，着力强化司法服务保障

一是依法维护社会平安和谐。全市法院共受理各类刑事案件4056件，审结3941件，判处罪犯4804人。常态化开展扫黑除恶斗争，依法公开宣判李岩等16人涉黑案件1件，纪某某寻衅滋事等涉恶案件8件。依法审结杀人、故意伤害等暴力犯罪案件433件，守护人民群众人身安全。依法审结①“集圣”等涉众型经济犯罪案件55件，守护人民群众财产安全。依法审结食品药品安全犯罪案件77件，守护人民群众生命健康安全。依法审结网络赌博和电信诈骗犯罪案件212件，守护网络空间安全。

二是依法服务保障经济发展。全市法院共受理民商事案件53423件，审结50728件。出台了《贯彻落实市十五届一次党代会精神，保障高质量发展的“生态强市、魅力承德”建设的实施意见》，开展了“学讲话、悟思想、抓落实、促发展”，着力推进法治化营商环境建设专项活动，以②“十个一”活动为依托，确保专项活动走深走实，得到市委、市人大、市政协等领导批示肯定。围绕农地流转、相邻权、农产品产权保护等，明确30条服务保障举措，为乡村振兴提供司法

支撑。

三是依法助力法治承德进程。全市法院共受理行政案件942件，审结899件，成功化解行政争议160件。助力法治政府建设。通过召开行政执法与行政审判工作联席会议、发布《行政审判白皮书》等形式，督促行政机关依法履行职责。积极推进行政机关负责人出庭应诉制度落实，市长带头出庭，带动行政机关负责人出庭应诉率的提升，全市法院行政机关负责人出庭应诉率87.38%，同比提高8.81个百分点。助力法治社会建设。落实“谁执法谁普法”，加强与主流媒体对接合作，用好自有媒体平台，采取录制短视频、邀请旁听庭审、公开宣判等形式，以案说法、以案释法，讲好法治故事，传递法治声音，着力营造浓厚法治氛围。

四是积极参与社会综合治理。探索建立了“一村一法官、一社区一法官、一校一法官”“三个一”工作机制，构建以“法官＋特邀调解员＋N”的“1＋1＋N”为主导，市、县、乡、村四级联动的多元解纷体系，积极融入基层社会治理大格局。加强诉源治理工作。联合市司法局、侨联、银保监会等部门，成立多元调解组织，全市法院共与53家行政机关、行业协会、社会团体完成对接，成立诉前调解组织71个，诉前调解案件36421件。

二、聚焦民生福祉保障，着力完善司法为民举措

一是着力推进切实解决执行难。全市法院共受理执行案件42635件，执结40595件，执结率95.22%，实际执行到位金额42.99亿元，最大限度兑现胜诉当事人的合法权益。集中利用一个半月时间，开展了长期未结执行案件集中清理专项行动，共清理积案112件，清积率100%，实现了甩掉包袱、轻装上阵冲刺年底考核的目的。有财产可供执行案件法定审限内结案率、终本合格率、执行案件执结率等[③]“3＋1”核心指标由六月份的全省法院倒数第一，跃居全省法院首位。扎实开展集中执行百日攻坚、清晨统一执行等专项行动，综合运用多种手段提升执行效果，集中向215名申请执行人发放执行款2043万余元。加大司法救助力度，积极争取党委、政府支持，申报司法救助案件52件，发放救助金371万元，帮助贫困申请执行人解决实际困难。

二是着力完善司法为民举措。加快[④]“一站式”多元解纷和诉讼服务体系建设，推动诉讼服务中心提档升级，“一站式”建设质效在全省法院持续领跑。深化[⑤]“分调裁审”改革，开展二审案件[⑥]繁简分流工作，加大简易程序适用力度，适用简易程序审理案件43743件，适用率82.27%，实现“简案快审、繁案精审”。加强来承旅游人员的合法权益保障，分别在双桥区、滦平县设立旅游巡回法庭，依法快速解决矛盾纠纷，营造良好旅游环境。

三是着力加强涉民生案件审判。全市法院共审结住房、医疗、养老、教育、就业等涉民生类案件14424件。围绕规范平台用工关系，联合市发改委、人社局、市场监督管理局等8部门出台《关于维护新就业形态劳动者劳动保障权益的实施办法》，有效维护外卖员、网约车司机等新就业形态劳动者的合法权益。围绕促进家庭和谐，强化家事审判对婚姻关系修复作用，共成功调解家事纠纷2976件，1687对夫妻经调解重归于好。

四是着力强化生态环境保护。大力弘扬塞罕坝精神，扛起司法护航“两区”建设政治责任，加大涉环境资源案件的审判力度。全市法院共审结涉环境资源刑事案件104件，判处罪犯177人，判处罚金470万元。对5起涉环境资源刑事案件集中宣判，收到良好效果。在围场县设立生态环境巡回法庭，探索建立以滦河、潮白河、辽河、大凌河四大水系水源地和流经地以及生态环境保护区划分，涉环境资源类案件指定管辖、集中审理制度，得到省法院批准和市委全面深化改革委员会审议通过，着力打造生态环境司法审判“精品工程”和司法保护“承德样板”。

三、聚焦法院主责主业，着力提升司法能力水平

一是强化案件质效管理。实施任务清单管理，构建人工评查和智能评查相结合、常规评查和重点评查相结合、专家评查和院庭长评查相结合的“三结合”工作机制，得到省法院充分肯定。强化⑦“四类案件”监管，全市法院院庭长监管案件2828件。加强案件质效定期调度，利用多媒体等平台，定期通报法官办案绩效指标，倒逼审执质效提升，取得良好激励效果，全市法院审判执行质效跃居全省法院前列，人均结案104.34件（不含执行），突破百件大关，一审服判息诉率由上半年的−28.75%上升到70.15%，提高98.90个百分点，二审发回重审率、网上开庭率、调解率、实际执行到位率等指标进入全省前列。

二是深化综合配套改革。实行法官员额动态管理，严把入口，畅通出口，保障员额法官质量。强化考核导向，对法官、司法行政人员、司法辅助人员进行分类管理、分类考核，进一步明晰岗位职责。圆满完成基层法院领导班子成员跨机关、系统内跨县区交流，优化基层班子结构，激发工作活力。

三是优化智慧法院平台。深入开展跨域立案、远程立案、云端调解、网上开庭、线上执行等工作，积极推进网上诉讼，把疫情对审判的影响降到最低。着力打造“掌上法庭”，让人民群众足不出户感受司法的便捷。全市法院网上立案32539件、网上缴费43696件、网上送达52666件、网上质证25233次、网上调解33957件、网上开庭9843件、网上查控35350件。

四、聚焦司法形象提升，着力加强法院队伍建设

一是不断加强思想政治建设。坚持把学习贯彻习近平总书记“七一”重要讲话和视察承德重要讲话指示以及十九届六中全会精神作为首要政治任务，强化政治引领，筑牢政治忠诚，不断提升政治判断力、政治领悟力、政治执行力。扎实开展党史学习教育，依托机关学习分享、主题党日、读书班等特色党建活动，引导干警继承发扬党的优良传统。

二是不断加强司法能力建设。深入开展审判执行、司法辅助、信息化应用等专题培训，锤炼干警的司法能力。市中院1篇裁判文书入选“全国百篇优秀文书”，也是全省中基层法院唯一一篇文书入选。深入开展“大调研”活动，集中调研时间，全院全员参与，锤炼干警的调研能力。市中院被评为“全省法院调研工作先进集体”，全市法院3篇调研文章荣获“全省法院学术论文优秀奖”。深入开展“我为群众办实事”实践活动，着力解决群众的操心事、烦心事、揪心事，锤炼干警的群众工作能力。承德县法院“80后女法官宣讲团”，荣获全省法院“我为群众做的最满意的一件事”“十佳集体”。

三是不断加强党风廉政建设。扎实做好队伍教育整顿“后半篇”文章，对队伍教育整顿工作开展全面“回头看”，紧盯重点，专班核查。扎实做好风险预警防控。建立案前廉政风险告知、案中节点运行回告、判后答疑解惑机制，公开案件节点信息，回应群众司法关切。开通廉政监督二维码，利用大数据分析，拓展群众监督渠道，人民群众对法院工作的满意度明显提升。

全市法院强化接受监督意识，主动将法院工作置于人大及社会各界的监督之下，积极开展邀请人大代表、政协委员旁听庭审和见证执行活动，积极配合市人大常委会开展民事执行、行政审判专项视察和员额法官评议等活动。认真落实人大代表联络和走访制度，认真办理代表建议和委员提案，通过寄送《法院要讯》、座谈交流等多种形式向代表、委员汇报全市法院工作。同时，自觉接受政协民主监督、检察机关法律监督、新闻媒体舆论监督和广大人民群众社会监督，及时回应社会各界对司法的关切。

各位代表，全市法院取得的成绩，是市委

坚强领导的结果，是市人大及其常委会有力监督的结果，是市政府、市政协和社会各界大力支持的结果，是广大干警奋力拼搏的结果。凝聚着各位代表、委员的关心厚爱。在此，我代表全市法院表示衷心的感谢！

在看到成绩的同时，我们也清醒地认识到全市法院工作与市委的要求和人民的期盼还存在一定差距和不足：一是服务大局的能力和水平还有待进一步提升。就案办案、机械办案现象仍然存在；二是改革创新的力度还有待进一步加强。制约法院高质量发展机制和审判团队架构问题没有得到有效解决；三是队伍监管力度还有待进一步加大。群众对司法作风反映仍比较强烈。对此，我们将以更坚定的决心、更有力的举措、更扎实的作风，着力解决全市法院发展中面临的突出问题。

2022 年主要工作

各位代表，新的一年，全市法院将坚持以习近平新时代中国特色社会主义思想为指导，深入学习贯彻习近平法治思想，认真贯彻落实党的十九大、十九届历次全会和习近平总书记视察承德重要讲话指示精神，坚决执行中央和省、市委以及上级法院的决策部署，聚焦高质量发展主题，围绕“三区两城”发展定位，依法保障“八个聚焦聚力”工作部署落实落地，持续深入抓好司法保障能力提升、便民举措完善、审判质效提高、司法形象培树，着力打造一流队伍、争创一流业绩，为建设高质量发展的“生态强市、魅力承德”作出全市法院新贡献。

一是要抓教育、促养成，确保政治能力与作风“双提升”。常态化开展思想政治教育，着眼政治意识的习惯养成，通过开展政治理论学习研讨、政治轮训等形式，着力提升干警把握方向、把握大势、把握大局、辨别政治是非的能力，进一步增强“四个意识”、坚定“四个自信”、做到“两个维护”。常态化开展廉洁司法教育，着眼纪律规矩的习惯养成，通过开展职业道德教育、正反典型教育等形式，进一步锤炼过硬司法作风。

二是要抓服务、促发展，确保保障能力与水平“双提升”。依法保障平安承德建设，着眼总体国家安全观，常态化开展扫黑除恶斗争，严厉惩处危害社会安全等违法犯罪。依法保障经济高质量发展，着眼重要部署、重点工作、重大工程，强化服务保障的有效性和精准度。依法保障民生福祉，着眼人民群众多元化司法需求，完善为民举措，优化法庭布局，加强涉民生案件审判，切实增强人民群众的获得感、幸福感、安全感。

三是要抓能力、促提高，确保审判质量与效率“双提升”。聚焦法院主责主业，着眼审判执行质效提升，大力开展“大培训、大练兵、大比武”等系列活动，锤炼司法能力，提升司法公信力。聚焦审判能力和审判体系现代化建设，着眼新时期智慧司法需求，坚持问题导向和需求导向，加强智慧法院建设，大力开展网上立案、网上开庭等在线诉讼工作，不断推动科技为审判赋能增效，深入推进现代科技与审判执行工作深度融合。

四是要抓改革、促规范，确保管理效能与效果“双提升”。优化司法职权配置，加强新型办案组织建设，细化司法人员正负面权力清单和履职指引制度，构建科学合理、规范有序、权责一致的司法权运行体系。深化以审判为中心的刑事诉讼制度改革，全面贯彻落实新修订的民事诉讼法，构建科学、有序、有力的制度执行体系。强化人员分类管理，健全法官惩戒机制，构建定责、明责、履责、考责、追责的司法责任体系。

五是要抓党建、促引领，确保队伍素质与形象“双提升”。围绕“抓党建带队建促审判”思路，着眼基层党组织组织力提升，突出党建引领作用，探索构建“党建＋队建＋审判”工作体系，着力推进党建与队建融合发展。围绕“坚持严的主基调不动摇”，着眼人民群众反映强烈的堵点难点痛点问题，持之以恒纠治“四风”，零容忍惩治司法腐败，切实提升人民群众的满意度，着力锤炼忠诚干净担当的新时代法院铁军。

奋楫扬帆正当时，击鼓催征再出发。各位代表，全市法院将始终坚持党对法院工作的绝对领导不动摇，捍卫“两个确立”、胸怀“两个大局”、牢记“国之大者”，团结带领全体干警，乘势而上、顺势而为，踔厉奋发、笃行不怠，努力开拓全市法院工作新局面，为高质量发展的“生态强市、魅力承德”建设做出法院新贡献，以优异成绩迎接党的二十大召开！

报告中部分用语解释

①**“集圣”案件**：2021年，市中院审理的一起集资诈骗、非法吸收公众存款案件。被告人冉某某、徐某某等22人通过设立或实际控制的“集圣公司”等多家企业进行非法集资活动，吸收公众资金1.2291亿元，严重扰乱社会金融秩序，我院以集资诈骗罪，依法判处被告人冉某某无期徒刑，剥夺政治权利终身，没收个人全部财产。以非法吸收公众存款罪，依法分别判处被告人徐某某等21人有期徒刑。

②**“十个一”活动**：是全市法院在“学、悟、抓、促”专项活动中，为充分发挥院庭长“关键少数”示范带动作用开展的活动，即，包联一个法院、蹲点一个法庭、走访一个企业、走访一名代表委员、化解一个信访案件、推出一个典型案例、办理一个涉营商环境案件、与干警开展一次谈心谈话、为企业解决一个难题、为群众办好一件实事。

③**“3+1”核心指标**：包括有财产可供执行案件法定期限内结案率、终本合格率、执行信访办结率、执行案件执结率。

④**“一站式”多元解纷和诉讼服务体系**：是贯彻落实习近平总书记全面依法治国新理念新思想新战略的重要举措，是一项系统性、基础性、全局性工作，是中国特色纠纷解决和诉讼服务模式。以“集约高效、多元解纷、便民利民、智慧精准、开放互动、交融共享”为目标，线上线下融合推进，把更多矛盾纠纷解决力量整合在一起，将送达、保全、司法鉴定、司法拍卖等辅助性、事务性工作集中到一处，为人民群众提供丰富快捷的纠纷解决渠道和一站式高品质的诉讼服务。

⑤**“分调裁审”**：最高院提出的完善和加强案件科学流转的一项重要举措。分，是指分流。立案时对案件进行初步甄别，根据类型分流到不同的审判或诉前调解部门，实现矛盾纠纷的削峰减洪、层级滤化，从源头减量增效。调，是指调解。符合调解条件的案件，整合多方力量，采取多种方式，尽最大努力化解矛盾纠纷。裁，是指速裁。对于符合快审条件案件，积极适用督促程序、特别程序、小额诉讼等速裁程序解决。审，是指审理。对不符合调解和速裁程序的案件，进入审理阶段进行审理。

⑥**繁简分流工作**：是满足人民群众多元司法需求的重要方式，在诉讼过程中将简单案件和复杂案件区分开来，通过科学调配、高效运用审判资源，依法快速审理简单案件，严格规范审理复杂案件，实行简案快审、繁案精审，最大限度提高司法效率、促进司法公正。

⑦**“四类案件”监管**：随着司法责任制各项改革措施全面落地，在突出承办法官、合议庭主体地位的同时，为正确处理放权与监管关系、完善院庭长审判监督管理机制，最高人民法院出台了《关于进一步全面落实司法责任制的实施意见》，对“四类案件”的监管作出概括性规定。这四类案件包括：(1) 重大、疑难、复杂、敏感的；(2) 涉及群体性纠纷或者引发社会广泛关注，可能影响社会稳定的；(3) 与本院或者上级人民法院的类案裁判可能发生冲突的；(4) 有关单位或者个人反映法官有违法审判行为的。

承德市人民检察院工作报告

——在承德市第十五届
人民代表大会第二次会议上
承德市人民检察院检察长　张会杰
2022年1月24日

各位代表：

现在，我代表市人民检察院向大会报告工作，请予审议，并请市政协委员和其他列席人员提出意见。

2021年全市检察工作

2021年，全市检察机关坚持以习近平新时代中国特色社会主义思想为指导，深入贯彻落实党的十九大、十九届历次全会精神，全面贯彻习近平法治思想和习近平总书记视察承德重要讲话指示精神，认真贯彻省委第十次党代会、市委第十五次党代会和市十五届人大一次会议要求，在市委和省院的正确领导下，在人大有力监督和政府、政协的大力支持下，认真实施《中共中央关于加强新时代检察机关法律监督工作的意见》，忠实履行法律监督职责，各项工作取得新进展。全年共办理各类案件9512件。其中，审查逮捕案件1846件2770人，审查起诉案件4054件6174人，刑事、民事、行政申诉案件235件，公益诉讼案件542件，诉讼活动违法监督案件2367件。

一、在保障经济社会高质量发展中贡献检察力量

认真落实习近平总书记视察承德重要讲话指示精神，完整准确全面贯彻新发展理念，围绕中心大局，主动履职尽责。

努力构建法治化营商环境。制定[①]服务打造一流发展环境实施方案，聚焦生产安全、公平竞争、平等保护、政务保障四个方面出台16条举措，推进法治化营商环境建设。坚持审慎办理涉企犯罪案件，依法不捕不诉涉案企业家、企业人员15人。双桥区院针对某民营企业在虚开增值税专用发票后具有及时补缴税款、上交滞纳金和罚款等从轻情节，依法对涉案企业家作出不起诉决定，为民营企业健康发展创造了有利条件，阐释了宽严相济刑事司法政策。依法维护市场公平竞争，批捕破坏市场经济秩序犯罪69件97人，起诉184件397人。注重减轻企业司法诉累，会同公安机关开展涉企[②]刑事“挂案”专项清理活动，清理“挂案”30件。依法保护企业合法权益，严厉打击假冒注册商标、侵犯著作权等侵犯知识产权犯罪，起诉4人。

依法助力环境污染治理。全面建立[③]“河(湖)长＋检察长”“林长＋检察长”协作机制，积极参与“利剑斩污”专项行动，依法起诉破坏环境资源犯罪178人，办理生态环保领域公益诉讼案件262件，共同守好绿水青山，助推承德绿色崛起。积极践行恢复性司法理念，让违法者为受损的公共利益“买单”，追偿各类生态环境损害赔偿金110.44万元。市院与北京市密云区检察院会签密云水库等水源跨界保护协作办法，深入推进京津冀水源涵养功能区建设。

扎实推进反腐败斗争。与监委、法院加强衔接配合，完善协作机制，形成反腐败合力。依法履行职务犯罪案件审查逮捕、审查起诉等职能，办理纪委监委移送案件30件55人，已起诉34人，其中厅级干部1人、科级以上干部8人。根据最高检指定管辖，市院依法对正厅级干部李某某受贿案出庭支持公诉。加大司法工作人员相关职务犯罪查办力度，立案侦查16人。

积极参与社会治理。积极参与拖欠农民工工资专项治理，从快起诉拒不支付劳动报酬犯罪6人，支持农民工起诉56件。开展农村水井设施维护专项整治，彻底消除农村水井安全隐患90余眼，有效保障群众人身安全。开展电动车充电安全专项整治，排查市区14个乡镇、街道，督促相关单位履行监管职责，治理“飞线”“电动车上楼”等问题，维护公共安全。落实八五普法责任制要求，组织开展[4]“法律九进”活动，持续营造浓厚法治氛围。

二、在推进平安建设中体现检察担当

认真落实平安承德建设部署，聚焦危害国家安全、社会安定、人民安宁的犯罪问题，依法履职作为，坚决筑牢首都政治“护城河”。

严格落实疫情防控工作部署。坚持依法防控，从快办理妨害传染病防治、伤医扰医等犯罪，从严起诉涉野生动物犯罪57人。强化疫情防控公益保护，办理医疗废弃物处置、野生动物保护等领域公益诉讼案件27件。加强对监狱、看守所疫情防控的检察监督，保障监管场所安全。积极参与社区联防联控，开展志愿服务1540人次，协助排查4200余人次。严格落实疫情防控相关要求，坚持系统内“疫情安全日报告”“离承人员一把手审批”等制度，筑牢自身安全防线。

切实维护国家安全和社会稳定。牢固树立总体国家安全观，严厉打击危害国家安全、利用邪教组织破坏法律实施等犯罪，严惩重大刑事犯罪，起诉涉枪、故意杀人、抢劫等暴力犯罪54人。坚决遏制网络犯罪高发态势，起诉利用电信网络实施的诈骗、侵犯公民个人信息等犯罪603人，彰显网络空间不是法外之地。坚决惩治以假乱真、以次充好、以不合格冒充合格等食品药品多发问题，依法起诉危害食药安全犯罪78人，立案食药领域公益诉讼86件，向食药监管部门发出检察建议46件，严防问题产品流向市场。

常态化推进扫黑除恶专项斗争。保持扫黑除恶高压态势，批捕涉黑涉恶犯罪46人、起诉90人，一批黑恶势力被依法惩处。对涉黑案件和重大涉恶案件实行省市两级院分级把关机制，市院把关指导办理案件13件，确保案件定性准确、量刑适当。加大“打伞破网”力度，主动向市县纪委监委移送“保护伞”线索，依法处置黑恶犯罪财产，积极推进行业治理，向行业主管部门提出检察建议8件，从源头上遏制黑恶势力滋生。着眼长效常治，制定工作指导意见，先后有9名个人、4个集体获得省级以上表彰。

全面加强金融风险防范。严厉打击非法吸收公众存款、集资诈骗、信用卡诈骗等金融领域犯罪，依法起诉79人。宽城县院在办理孙某某非法吸收公众存款一案中，在审查起诉阶段成功为被害人追赃挽损125.8万元，最大限度地保护群众合法利益。部署开展洗钱犯罪专项监督活动，对95件上游犯罪案件进行全面排查，深挖犯罪线索，及时移送并监督立案，市院第三检察部获评“河北省打击洗钱犯罪工作先进集体”。

三、在促进社会和谐中展现检察作为

坚持以人民为中心的发展思想，聚焦群众急难愁盼问题，将法理情有机融合，努力实现案结事了人和。

强化诉前引导，促进矛盾化解。坚持全面推行[5]认罪认罚从宽制度，全市刑事案件认罪认罚适用率达90.6%，积极促进罪犯改恶向善。认真贯彻“少捕慎诉慎押”理念，不批捕626人、不起诉651人，减少社会对立，促进内生稳定。部署开展信访积案化解活动，化解“骨头案”63件。将心比心办理群众信访，接收来信来访594

件次，全部解决回复到位。承德县院被授予"全国检察机关文明接待室"称号。

强化司法救助，防止因案致贫。对刑事被害人及其家属因案陷入生活困难的，坚持"应救尽救""应救即救"，办理案件171件，救助178人，发放司法救助金250.9万元，解决当事人生活困难，促进社会和谐。兴隆县院对一起故意杀人案中父母双亡的年仅八岁的未成年人发放12万元司法救助金，并与当地村镇、学校和被救助人监护人签订多方监管协议，确保资金能真正发挥救助作用，让孩子重获希望，让司法更加温暖。

守护特殊群体，体现司法关爱。加强妇女、儿童合法权益保障，起诉拐卖妇女儿童犯罪4人，对79名侵害未成年人犯罪嫌疑人提出从重量刑建议。坚持教育为主、惩罚为辅原则，对涉罪未成年人积极进行教育挽救，依法不批捕63人、不起诉79人、附条件不起诉45人，经过跟踪帮教63人重返校园，12人考上大学。深化开展"法治进校园"活动，74名检察官担任中小学法治副校长，举办预防校园欺凌等宣讲50余场次，全面提升法治意识，守护校园安全，2个集体、2名个人被评为河北省维护妇女儿童权益先进集体、先进个人。

四、在维护司法公正中强化检察监督

秉持客观公正立场，加强能动司法，主动履职，有力促进公平正义。

持续做优刑事检察。深化捕诉一体办案机制改革，强化诉前主导，确保办案质效，依法批捕1839人、起诉4579人。强化侦查活动监督，监督立案23人，监督撤案42人，对侦查活动提出监督意见149件。强化刑事审判监督，提出刑事抗诉26件，提出刑事审判活动违法纠正意见44件，有力保障法律统一正确实施。强化刑事执行监督，监督纠正刑事执行活动违法226件，提出财产刑执行监督意见177件，监督纠正监外执行和社区矫正监管活动不当346件；健全指定居所监视居住执行监督机制，纠正执行违法5件；监督应收押未收押犯罪嫌疑人和被告人13人，在全省率先完成清零，监督判实刑应收监未收监罪犯70人；监督纠正减刑、假释、暂予监外执行不当203件，严防"纸面服刑"。

持续做强民事检察。办理民事生效裁判监督案件334件，同比上升52.5%。提升监督精度，提请、提出抗诉28件，提出再审检察建议19件，对审判程序和执行活动提出检察建议166件，采纳率达99.4%。对社会影响较大、疑难复杂的98件案件进行公开听证，促成和解69件，决定不支持监督申请29件，依法化解群众矛盾纠纷。加强民事虚假诉讼监督，监督纠正"假官司""假调解"7件，市院办理的丰宁某矿业公司与某村合同纠纷虚假诉讼监督案等2个案件被评为全省检察机关民事虚假诉讼监督典型案例。

持续做实行政检察。在市人大监督支持下，出台关于加强行政检察工作的决定，保障公正司法，促进依法行政。办理行政诉讼监督案件203件，对审判程序和执行活动提出检察建议152件。平泉市院与当地15个部门建立的[⑥]"依法行政＋检察监督"工作制度被河北法制报报道。部署开展土地执法查处领域行政非诉执行监督专项活动，与市自然资源规划局建立行政执法与行政检察衔接配合机制，对非诉执行活动提出各类检察建议91件，保障土地要素合法流转。常态化开展[⑦]行政争议实质性化解工作，通过公开听证、促成和解等方式化解行政争议15件，营子区院办理的承德某广告公司与营子区城管局行政赔偿纠纷案被省院转发。

持续做好公益诉讼检察。树立双赢多赢共赢理念，依法履行公共利益代表职责，立案538件，发出诉前检察建议319件，磋商结案89件，提起诉讼67件，3个案例入选河北省检察机关公益诉讼典型案例汇编。开展燕赵革命文物等红色资源保护公益诉讼检察专项行动，聚焦英烈纪念设施维护立案21件，督促相关部门履职保护。开展[⑧]长城保护检察公益诉讼专项活动，与唐山、秦皇岛、张家口三市检察机关建立协作意见，立案36件，发出检察建议3件，磋商结案33件，办案数位居全省前列。滦平县院督促有关部门对游客在金山岭长城上随意刻画的行为，给予“行政处罚＋损坏赔偿”双处罚的做法，被河北日报报道；围场县院办理的燕秦长城保护公益诉讼案入选省院典型案例；我市长城保护工作做法被最高检在全国推广。

五、在全面从严治检中锻造检察铁军

落实全面从严治检要求，提升队伍素质能力，夯实基层基础建设，努力建设让党放心、人民满意的检察队伍。

强化思想政治建设。深入学习贯彻习近平新时代中国特色社会主义思想和党的十九届六中全会精神，深刻学习领悟“两个确立”的决定性意义，开展政治轮训，增强“四个意识”，坚定“四个自信”，做到“两个维护”。认真贯彻《中国共产党政法工作条例》，落实重大事项请示报告制度，向党委请示报告44次，始终坚持党对检察工作的绝对领导。落实意识形态责任制，强化舆论引导，精准发布检察信息，被省级以上媒体报刊采用70余篇。扎实开展党史学习教育，组织开展知识竞赛、为群众办实事等系列活动，办理的2件案件被评为全省检察机关“我做的群众最满意的一件事”优秀案例。

强化纪律作风建设。全面落实检察队伍教育整顿部署，按照市委“六查六看六改”要求，开展学习教育47次，自查整改问题18个，整治顽瘴痼疾247个，总结完善工作机制14项。严格执行⑨防止干预司法“三个规定”，记录报告415件。改进检察官业绩考评方式，建立办案质量评价指标体系，开展常态化案件质量评查，倒逼司法能力提升。

强化队伍素能建设。学习《中华人民共和国民法典》等法律法规，围绕检察核心业务素能提升，组织参加培训4582人次，4人获评全省检察机关业务竞赛标兵、能手称号。加强案例指导，31件案件被评为省级以上优秀案例。加强理论研究，申报最高检、省院理论研究课题17个。发挥检察委员会业务决策作用，召开检委会会议386次，讨论案件460件，集中学习36次。

强化基层基础建设。围绕“基层建设落实年”“三基”建设年活动部署，制定实施进一步加强基层院建设的指导意见，建立市院领导包联基层院制度，健全完善基层院领导班子考评、检察业务运行考评等配套机制，承德县院入选高检院“先进典型风采录”，双滦区院“脱薄争先”经验被省院推广。发挥干部协管职能，选好配强基层院领导班子，任免基层院领导79人。实施电子检务工程，大力推进智慧检务建设，全面提升信息化应用能力。

各位代表，过去的一年，我们自觉接受人大监督和政协民主监督，认真落实有关决议和审议意见。加强与人大代表、政协委员的日常联系，邀请各位代表、委员视察检察工作、参加案件听证等活动1047人次，送阅检察日报520份、承德检察刊物3000余份。我们自觉接受社会监督，推行案件听证制度，对367件案件组织听证，让公平正义可触可感可信。持续深化检务公开，邀请各界人士参加检察开放日活动，依法及时公开重要案件信息、法律文书2744件，检务透明度持续提升。

各位代表，过去的一年，全市检察机关把旗帜鲜明讲政治体现在战疫情、防风险、促发展上，把担当尽责精神体现在推动平安承德、法治承德建设的实际行动上，检察工作在履职尽责中稳步发展，检察队伍在经受锤炼中成长进步，全市8个集体、24名个人受到市级以上表彰。人民群众对检察队伍满意度、教育整顿成效满意度，均居全市政法队伍第一。这些成绩的取得，是党委正确领导，人大及其常委会有力监督，政府、政协及社会各界大力支持的结果，是各位人大代表、政协委员关心帮助的结果。在此，我代表全市检察机关表示衷心的感谢！并致以崇高的敬意！

我们也清醒认识到，当前检察工作还存在一些问题和不足，主要是：司法理念更新不到位，领悟、践行习近平法治思想有差距；法律监督职责履行不充分，“四大检察”仍有短板；队伍能力跟不上新形势新要求，高素质专业化人才短缺，纪律作风建设仍需持续发力；基层检察院建设比较薄弱，信息化建设还需进一步加强。我们将在前进中努力解决这些问题，书写好新时代检察答卷。

2022年工作安排

全市检察机关将坚持以习近平新时代中国特色社会主义思想为指导，深入贯彻落实党的十九大、十九届历次全会精神，全面贯彻习近平法治思想和习近平总书记视察承德重要讲话指示精神，认真贯彻省委第十次党代会、市委第十五次党代会和本次人大会议要求，认真落实全国全省政法工作会议、检察长会议工作部署，坚持为大局服务、为人民司法，全面准确履行检察监督职能，为谱写建设高质量发展的“生态强市、魅力承德”新篇章贡献检察力量。

一是主动融入大局，着力服务经济社会高质量发展。坚持“稳字当头”，把政治忠诚担当尽责体现到维护国家安全和社会稳定上。提升防范化解重大风险能力，依法惩治危害金融安全、扰乱市场秩序等犯罪，平等保护民营企业合法权益，持续优化法治化营商环境。发挥检察职能，积极参与污染防治专项治理，强力推进生态优先绿色发展。完善监检衔接机制，依法惩治职务犯罪，深入推进反腐败斗争。聚焦群众涉检诉求，用心用情纾解人民群众急难愁盼，依法推进市域社会治理现代化。

二是守好安全底线，着力推进更高水平平安承德建设。统筹把握发展与安全关系，严厉打击各类刑事犯罪，常态化开展扫黑除恶，保障国家安全、社会安定、人民安宁。全面树牢“少捕慎诉慎押”理念，持续推进认罪认罚从宽制度实施，减少适用羁押措施，提高罪犯改造成效，依法促进社会和谐稳定。

三是聚焦保障民生，着力深化我为群众办实事实践活动。自觉用好检察业务数据“风向标”，着力推进刑事、民事、行政、公益诉讼检察全面协调充分发展，不断提升监督质效，让人民群众感受到公平正义就在身边。用心办好群众身边的“小案”，加强对妇女、儿童等弱势群体的司法保护，加大司法救助力度，杜绝程序了结、机械司法，让人民群众感受更多司法温暖。

四是围绕发展需求，着力打造过硬检察队伍。坚持政治统领检察工作，切实把党的绝对领导贯穿检察工作始终，从党的百年奋斗史中汲取智慧和力量，弘扬伟大建党精神，增强“四个意识”、坚定“四个自信”、做到“两个维护”。巩固提升检察队伍教育整顿成效，持之以恒正风肃纪，积极营造良好政治生态。坚持以追责倒逼司法责任制全面落实，抓实“质量建设年”。加强基层基础建设，用好用足各类帮扶政策，着力破解基层检察工作难题。

各位代表，新的一年，我们将在市委和省院的坚强领导下，认真落实本次会议审议意见，立足新起点、开启新征程，以更高站位、更高水平履行法律监督职责，为高质量发展的“生态强市、魅力承德”建设提供更加有力的司法保障，以优异成绩迎接党的二十大胜利召开！

报告中有关用语说明

①**服务打造一流发展环境实施方案**。2021年10月，市检察院认真贯彻落实习近平总书记视察承德重要讲话指示精神，紧紧围绕市委建设高质量发展的“生态强市、魅力承德”打造一流发展环境工作部署，找准工作结合点和切入点，立足检察职能谋划服务举措，研究制定了《承德市人民检察院关于服务保障建设高质量发展的“生态强市、魅力承德”打造一流发展环境实施方案》，从四个方面提出16项具体要求，着力提高检察机关服务的针对性和实效性，受到市委和市委政法委主要领导的批示肯定。

②**刑事“挂案”**。指对涉及民营企业和民营企业家的刑事案件，有关部门既不依法推进诉讼程序，又不及时依法撤销。

③**“河（湖）长＋检察长”“林长＋检察长”协作机制**。指市检察院为贯彻落实市委关于建设“生态强市、魅力承德”的决策部署，充分发挥检察职能，与市河湖长制办公室、市林长制办公室建立的工作协作机制。

④**“法律九进”活动**。普法宣传教育的一种形式和活动，主要指法律进机关、进乡村、进社区、进学校、进企业、进单位、进监所、进中介、进军营。

⑤**认罪认罚从宽制度**。指对自愿如实供述自己的罪行、承认指控的犯罪事实、愿意接受处罚的犯罪嫌疑人、被告人，可以依法从实体上从宽、程序上从简处理的制度。通过适用认罪认罚从宽制度，可以更有效地惩治犯罪、保障人权，进一步提升诉讼效率、化解社会矛盾、消除社会戾气、促进社会和谐。

⑥**“依法行政＋检察监督”工作制度**。指平泉市检察院2021年提出的，与平泉市公安局、司法局、水务局、林草局、住房和城乡建设局等15个行政机关建立的行政执法与刑事检察、行政检察、公益诉讼检察衔接工作机制。

⑦**行政争议实质性化解**。指检察机关在行政诉讼中，监督法院行政审判工作的同时，积极推动从实体上、从根本上化解行政争议，最大限度地依法维护公民、组织合法权益。

⑧**长城保护检察公益诉讼专项活动**。指河北省人民检察院为更好地保护长城，助推各级人民政府部门依法全面履行监管职责，于2020年6月至2021年5月在全省开展的检察公益诉讼专项活动。

⑨**防止干预司法“三个规定”**。指中办、国办下发的《领导干部干预司法活动、插手具体案件处理的记录、通报和责任追究规定》和中政委颁布的《司法机关内部人员过问案件的记录和责任追究规定》，以及最高法、最高检、公安部、国安部、司法部联合下发的《关于进一步规范司法人员与当事人、律师、特殊关系人中介组织接触交往行为的若干规定》，简称“三个规定”。

习近平总书记到承德考察

8月23日至24日，中共中央总书记、国家主席、中央军委主席习近平在河北省承德市考察，深入国有林场、文物保护单位、农村、社区等进行调研。

23日下午，习近平首先考察位于河北省最北部的塞罕坝机械林场，听取河北省统筹推进山水林田湖草沙系统治理和塞罕坝机械林场情况介绍，对林场打造人防、技防、物防相结合一体化资源管护体系，守护森林资源安全取得的成绩给予肯定。习近平强调，我国人工林面积世界第一，这是非常伟大的成绩。塞罕坝成功营造起百万亩人工林海，创造了世界生态文明建设史上的典型，林场建设者获得联合国环保最高荣誉——地球卫士奖，机械林场荣获全国脱贫攻坚楷模称号。希望你们珍视荣誉、继续奋斗，在深化国有林场改革、推动绿色发展、增强碳汇能力等方面大胆探索，切实筑牢京津生态屏障。习近平看望驻守望海楼13年的护林员刘军、王娟夫妇，并登上望海楼，详细了解他们的日常工作和饮食起居情况，称赞他们默默坚守、无私奉献，守护了塞罕坝生态安全。

习近平来到尚海纪念林，沿木栈道步行察看林木长势，了解动植物保护等情况。习近平对林场的工作给予肯定，并再三叮嘱，防火责任重于泰山，要处理好防火和旅游的关系，坚持安全第一，切实把半个多世纪接续奋斗的重要成果抚育好、管理好、保障好。要加强林业科研，推动林业高质量发展。离开纪念林前，习近平同林场三代职工代表亲切交流，询问他们工作生活情况，共话林场沧桑巨变，共谋林场未来发展。习近平强调，塞罕坝林场建设史是一部可歌可泣的艰苦奋斗史。你们用实际行动铸就了牢记使命、艰苦创业、绿色发展的塞罕坝精神，这对全国生态文明建设具有重要示范意义。抓生态文明建设，既要靠物质，也要靠精神。要传承好塞罕坝精神，深刻理解和落实生态文明理念，再接再厉、二次创业，在实现第二个百年奋斗目标新征程上再建功立业。

24日上午，习近平考察承德避暑山庄，察看山庄主要建筑和旅游服务设施，详细了解山庄历史和文物保护工作。习近平指出，我国是世界文化和自然遗产大国。承德避暑山庄底蕴深厚，在民族交往交流交融、宗教与社会相适应、传统文化保护和传承、人与自然和谐相处等方面具有重要历史价值和时代意义。要保护好、传承好、利用好中华优秀传统文化，挖掘其丰富内涵，以利于更好坚定文化自信、凝聚民族精神。

习近平前往普宁寺考察调研，仔细察看有关历史碑刻以及天王殿、大雄宝殿等建筑，听取宗教工作等情况汇报。习近平强调，要坚持党的宗教工作基本方针，坚持我国宗教的中国化方向，积极引导宗教与社会主义社会相适应，坚持独立自主自办原则，全面贯彻党的宗教信仰自由政策，弘扬爱国爱教优良传统，创建良好宗教环境，依法依规管理宗教事务，促进宗教更好顺应社会、服务社会、履行社会责任。

习近平来到承德博物馆，参观《望长城内外——清盛世民族团结实录》展览，详细了解清代民族关系发展和多措并举维护民族团结、边疆稳定、国家统一等情况。习近平指出，我国是统一的多民族国家，在漫漫历史长河中形成了多元一体的中华民族。经过全党全国各族人民持续奋斗，我们实现了第一个百年奋斗目标，在中华大地上全面建成了包括少数民族和民族地区在内的小康社会。实践充分证明，只有中国共产党才能实现中华民族的大团结，只有中国特色社会主义才能凝聚各民族、发展各民族、繁荣各民族。要坚持中国共产党领导，坚持走中国特色解决民族问题的正确道路，全面贯彻党的民族理论和民族政策，不断巩固和发展平等团结互助和谐的社会主义民族关系。要围绕实现中华民族伟大复兴做好研史学史工作，整合历史研究资源和力量，提高研究水平和创新能力，更好总结历史经验、揭示历史规律、把握历史趋势。

24日下午，习近平乘车来到位于滦河北岸的双滦区偏桥子镇大贵口村考察调研。习近平十分关心当地推进乡村振兴情况，走进村山谷市集、卫生室，了解特色农产品市场销路、品牌打造，以及改善村民医疗卫生条件、做好常态化疫情防控等情况。习近平指出，产业振兴是乡村振兴的重中之重，要坚持精准发力，立足特色资源，关注市场需求，发展优势产业，促进一、二、三产业融合发展，更多更好惠及农村农民。要加强农村基础设施和公共服务体系建设，加快补齐公共卫生服务这块短板，完善基层公共卫生设施，加强乡村精神文明建设，开展健康知识普及，倡导文明健康、绿色环保的生活方式。

习近平来到村民霍金家中看望。习近平强调，民族要复兴，乡村必振兴。即使未来我国城镇化达到很高水平，也还有几亿人在农村就业生活。我们全面建设社会主义现代化国家，既要建设繁华的城市，也要建设繁荣的农村，推动形成工农互促、城乡互补、协调发展、共同繁荣的新型工农城乡关系。这只有在中国共产党领导和我国社会主义制度下才能实现。我们要通过实施乡村建设行动，深入开展农村人居环境整治，因地制宜、实事求是，一件接着一件办，一年接着一年干，把社会主义新农村建设得更加美丽宜居。

傍晚时分，习近平来到承德市高新区滨河社区居家养老服务中心，察看信息化平台、适老化改造等项目，详细询问服务范围、救助方式等事项。习近平指出，满足老年人多方面需求，让老年人能有一个幸福美满的晚年，是各级党委和政府的重要责任。要推动养老事业和养老产业协同发展，发展普惠型养老服务，完善社区居家养老服务网络，构建居家社区机构相协调、医养康养相结合的养老服务体系。要把老有所为同老有所养结合起来，研究完善政策措施，鼓励老年人继续发光发热，充分发挥年纪较轻的老年人作用，推动志愿者在社区治理中有更多作为。要发挥社区作为联防联控、群防群控的第一道防线作用，始终绷紧疫情防控这根弦，全面做好“外防输入、内防反弹”各项工作，坚决克服麻痹思想、厌战情绪、侥幸心理、松懈心态，毫不放松抓好疫情防控。

在社区广场上，习近平指出，在党的领导下，我国56个民族、14亿多人和睦共生。中国共产党人牢记为中国人民谋幸福、为中华民族谋复兴的初心使命，14亿多中国人拧成一股绳，在新时代中国特色社会主义道路上锲而不舍走下去，我们就一定能够实现中华民族伟大复兴。

习近平总书记亲临承德考察，发表重要讲话，作出一系列重要指示，为承德高质量发展提供最强大的思想武器，带来千载难逢的历史机遇。

全市上下深入学习贯彻习近平总书记考察承德重要讲话指示精神，全面落实党中央、国务院和省委、省政府决策部署，明晰了在弘扬塞罕坝精神、推进高水平生态建设、加快高质量发展、创造高品质生活上“四个再建功立业”、实现“二次创业”总体思路，中共承德市委出台《关于全面贯彻落实习近平总书记视察承德重要讲话指示精神全力开创建设高质量发展的“生态强市、魅力承德”新局面的意见》，成立工作专班，半月一调度、一月一汇总，积极争取国家部委、省直厅局支持，深化与央企京企对接合作，一批重大项目落地实施，争创国家文物保护利用示范区、铸牢中华民族共同体意识示范试点市等重大事项加快推进，较好完成年度目标任务，顺利实现“十四五”良好开局。

（此文根据新华社发稿整理。市政府办公室和地方志办公室结合承德市学习贯彻习近平总书记考察承德重要讲话指示精神增加了部分内容）

承德市全力实施民生工程

2021年，市政府着力践行以人民为中心的发展理念，全面提升民生保障和改善民生水平，不断提升人民群众生活品质，增强人民群众获得感、幸福感、安全感，把落实好28项省市民生工程（其中，省定18项，市定10项）放到重要位置，作为一把手工程，抓实抓好。采取“政府主责、部门履职、分级负责、上下联动”原则，加大资金投入、强化保障措施，全面推动省市民生工程建设高质量运行，28项民生工程中，省定18项全部完成或超额完成任务，市定10项中除第21和第24项中的子项经人大审议调整工期外，其他全部完成。

1.棚户区改造工程：全市棚改新开工项目17个，共计4500套，当年建成1033套，完成省定任务。

2.老旧小区改造工程:改造老旧小区169个，改造面积264.13万平方米,涉及居民3.45万户，完成省定任务。

3.“城中村”改造工程：12个“城中村”改造项目于10月底前全部启动，完成省定任务。

4.城市公共停车设施建设工程：全市建成停车场62个、增加泊位14549个，超额完成省定年度目标任务。

5.市政老旧管网改造工程：实施老旧管网改造工程13.8公里，完成省定年度目标任务。

6.生活垃圾焚烧处理设施建设工程：3座生活垃圾焚烧处理设施全部开工建设，10座农村生活垃圾转运站全部建成，完成省市目标年度任务。

7.“空心村”治理工程：按省定任务要求，12个“空心村”治理工作全部完成。

8.农村生活污水无害化处理工程：367个村庄农村生活污水无害化处理覆盖任务全部完成；50个村农村生活污水实现有效治理，按计划完成省市定目标任务。

9.农村厕所改造提升工程：按省定任务，改造户用厕所6.8万座，新建公厕649座，超额完成年度目标任务。

10.“四好农村路”提升工程：按省定任务要求，完成1660公里农村公路建设改造；全市县城30公里范围内农村客运班线公交化运行率达到90%以上。

11.公共文化服务提升及体育设施建设工程：发行“文化旅游惠民卡”14.85万张，发放文化惠民券13.76万张，超额完成省定年度目标任务;完成498处社区、村庄健身设施建设任务。

12.幼儿园建设工程：按省定任务要求，10个幼儿园项目全部竣工；10所普惠园认定工作全部完成，普惠性学前教育覆盖率达到81%，实现农村学前教育全覆盖。

13.基层公共医疗服务惠民工程：乡镇卫生院、社区卫生服务中心标准化建设覆盖率达92%（省定任务90%），村卫生室标准化建设覆盖率达100%；双滦区秀水街社区卫生服务中心和枫林绿洲社区卫生服务站完工；204辆（省定任务201辆）负压救护车和10辆移动核酸检测车全部配备到位；203所乡级卫生院对2472个村卫生室实现“十四统一”管理；组织乡镇卫生院、社区卫生服务中心等参加省、市组织的传染病防控知识、核酸采样系列培训6次，共培训3万余人次；推进医联体建设，二级以上医院专业技术人员下沉帮扶，覆盖所有乡镇卫生院、社区卫生服务中心。有的超额完成省市目标任务，有的达到省、市目标要求。

14. 就业职业培训工程：全市开展各类技能培训5.53万人次（省定任务4.97万人）。其中：开展政府补贴性培训3.26万人次，社会培训2.27万人次；技工院校毕业生736人，全部实现就业，超额完成年度目标任务；全市新增就业4.97万人（市定任务4.3万人），失业人员再就业1.48万人（市定任务1.2万人），就业困难人员再就业7300人（市定任务6000人），城镇登记失业率3.78%（市定任务4.5%以内），优化升级创业孵化基地10个，创业服务6.17万人次（市定任务6万人次）。超额完成省市目标任务。

15. 助残助孤服务工程：为4613名（省定任务4550名）残疾人提供基本康复服务；为180户残疾人家庭提供康复体育进家庭服务；为5304名（省定任务4800名）残疾人适配辅助器具；为1832名（省定任务1769名）残疾人提供就业培训，新增城乡残疾人就业500名（省定任务406名）；为1441名（省定任务1314名）残疾人提供托养服务；为750户（省定任务560户）残疾人家庭无障碍改造，超额完成年度目标任务。全市共核查34365人，纳入保障范围8159人。其中：纳入低保6246人，纳入特困499人，给予临时救助1414人，按省要求完成助孤服务任务。

16. 养老服务提质增能工程：新增养老机构床位732张（省定任务700张），完善改造康复护理型床位1464张（省定任务900张），新（改）建日间照料服务站（点）43个（省定任务33个）；改造提升居家养老服务中心10所，培育星级示范养老机构11家（省定任务5家），超额完成省定目标任务。

17. 智慧平安社区建设工程：完成1287个（省定任务1144个）智慧安防小区建设，超额完成省定目标任务。

18. 村（社区）综合服务站提升工程：全市2459个村、198个社区全部建成综合服务站，实现村（社区）综合服务站全覆盖，达到省定全覆盖要求。

19. 中小学校建设工程：10所中小学校全部竣工，面积8.6万平方米，义务教育学校全部消除“大班额”，完成市定目标任务。

20. 医疗促进工程：培养乡村医生2000名，选派203名（市定任务200名）医师对口帮扶100所乡镇卫生院，提升基层医疗卫生服务能力；县域紧密型医联体覆盖所有乡镇卫生院，市、县、乡三级远程动态诊疗服务实现全覆盖；中心城区6家二级以上医疗机构完成院内受理环境改造，实现跨机构“一码通”，完成市定目标任务。

21. 中心城区道路桥梁建设工程：按市定任务要求，承下路和凤凰山大桥实现通车，闫营子大桥建设完工。会龙山隧道经人大审议将工期调整为2022年通车。

22. 中心城区公交优化工程：高铁站至双峰寺绕城高速等3条公交线路和3条旅游专线全部开通，200辆新能源汽车全部投放，双滦客运枢纽站一期主体完工，各行政村实现公交全覆盖，按计划完成市定目标任务。

23. 交通道路完善工程：中心城区迎宾路、钓鱼台路、冠峰路、车站路、普乐路、双峰寺路段6处路口智能信号灯及主干道机非隔离设施安装完成，实现主干道全覆盖；完成南营子大街、东大街、五条胡同、温家沟等7处路口拓宽微改造，完成市定完善调整目标任务。

24. 市政管网改造工程：铺设天然气管网70.12千米，改造居民用户20053户，完成市定年度目标任务；石洞子沟输变电配套电力管廊工程正在建设中，完工日期调整为2023年。

25. 城市园林绿化提升工程：新建改建提升口袋公园101处，超额完成任务，中心城区鳄鱼山山地公园一期建设完工。

26. 文化体育惠民工程：新图书馆建设启动。

培训乡村（社区）文艺骨干2884名（市定任务1000名），培育乡村基层文艺团体205支（市定任务100支），“高雅艺术进承德”文化惠民演出52场次（市定任务25场次）；开展大型群众体育赛事和活动30次（市定任务20场次），开展冰雪赛事和活动52次（市定任务30场次），打造“一县（市、区）一品”特色赛事活动14项次，超额完成任务。

27. 商业便民服务工程：按市定目标任务完成25个生鲜超市、菜市场、农贸市场和100个社区示范便利店新建改造任务。

28. 食品安全提质工程：食用农产品集中交易市场食品安全整治实现动态全覆盖，食品安全抽样检测达到千人4份以上，培育食品溯源示范超市15家，创建市级校园食品安全标准食堂100家，按计划完成市定目标任务。

（市地方志办公室根据承德市双创双服领导小组办公室、市政府督查室提供资料整理）

大事记

1月

1日

《承德市快递市场管理条例》正式实施。

3日

生态环境部、住房城乡建设部联合公布第四批全国环保设施和城市污水垃圾处理设施向公众开放单位名单，承德市环境监控中心、承德市城市污水处理有限责任公司、承德金隅水泥有限责任公司名列其中。

4日

司法部表彰全国模范人民调解委员会、全国模范人民调解员。平泉市交通事故人民调解委员会主任王顺智、承德市双桥区水泉沟镇人民调解委员会副主任张鹤丹、宽城满族自治县龙须门镇东李杖子村人民调解委员会主任王凤果、隆化县物业纠纷人民调解委员会主任李国祥4人荣获“全国模范人民调解员”荣誉，丰宁满族自治县窟窿山乡人民调解委员会荣获“全国模范人民调解委员会”荣誉。

5日

《中国冰雪旅游发展报告2021》发布，承德市上榜2021年冰雪旅游十大潜力城市。

10日

《最高人民法院关于表彰全国优秀法院全国优秀法官全国法院办案标兵的决定》发布，承德县法院审判委员会委员、刑事审判庭庭长王玉杰被授予“全国优秀法官”称号。

11日

为预防新冠肺炎疫情，避暑山庄及周围寺庙景区实行实名制、分时预约入园制度，按照相关规定，本日起，景区取消窗口售票，所有游客需网上预订门票。

14日

承德市双桥区隆承国际大马戏旅游景区、兴隆县塞罕坝生态酒庄景区被评定为国家AAA级旅游景区。

是日

《承德市市级河湖保护名录》公布，此次被列入《承德市市级河湖保护名录》的河流，从名称、河道长度或湖泊面积、河源地理坐标、河口地理坐标，以及河道流经县（市、区）乡镇等内容都作出详细的说明。

是日

承德市双桥区新冠肺炎疫情防控工作领导小组办公室发布《双桥区新冠肺炎疫情防控工作领导小组办公室关于暂时关停文化娱乐场所、线下培训机构及早夜市、农村大集的通知》。

22日

京哈高铁北京朝阳至承德南段正式开通运营。

是日

教育部党组会议研究决定，同意整合河北工业大学城市学院、承德石油高等专科学校办学资源，设置河北石油职业技术大学，学校标识码为4113013584，同时撤销河北工业大学城市学院、承德石油高等专科学校的建制。河北石油职业技术大学是独立设置的公办本科层次职业学校。

26日

关继高、信祥辞去政协承德市第十四届委员会副主席职务。

27日

中国人民政治协商会议承德市第十四届委员会第五次会议选举赵振清、薛青松为政协承德市第十四届委员会副主席。

28日

承德市第十四届人民代表大会第六次会议选举齐建文为承德市第十四届人民代表大会常务委员会副主任。

2月

1日

承德城建工程项目管理有限公司承担全过程工程咨询的项目——河北承德塞罕坝国家冰上项目训练中心，荣获“中国钢结构金奖”和“北京市结构长城杯”金质奖，本奖为中国建筑钢结构行业工程质量的最高奖。

9日

住房城乡建设部、工业和信息化部、民政部、中国残联和全国老龄办发布《关于表彰全国无障碍环境市县村镇的决定》，承德双滦区双塔山镇入选创建全国无障碍环境达标市县村镇名单。

11日

中央文明办发布2020年12月“中国好人榜”，承德市白俊平、刘艳珍分别当选敬业奉献类、孝老爱亲类“中国好人”。

20日

2020年度中国石油和化学工业联合会科学技术奖及行业专利奖授奖项目揭晓，承德新新钒钛储能科技有限公司和清华大学共同研发的“全钒液流电池的‘离子筛膜’与电堆技术”荣获技术发明奖三等奖。

24日

农业农村部组织对农业农村系统抗击新冠肺炎疫情先进集体、先进个人和抗击新冠肺炎疫情突出贡献农民进行表彰。承德市动物卫生检疫站站长刘力获得先进个人称号，宽城满族自治县化皮溜子镇西岔沟村第三组居民王保荣获抗击新冠肺炎疫情突出贡献农民称号。

25日

全国脱贫攻坚总结表彰大会在北京隆重举行。会上对在打赢脱贫攻坚战中作出突出贡献的先进个人和先进集体进行表彰，承德市有11名个人和8个集体获此殊荣，获得“全国脱贫攻坚先进个人”荣誉称号的11名：市委常委、统战部部长、市政府党组副书记吴清海，市扶贫开发办公室党组书记、主任张志民，丰宁满族自治县南关蒙古族乡党委书记孙志强，围场满族蒙古族自治县黄土坎乡党委书记张国军，围场满族蒙古族自治县扶贫开发办公室党组副书记、主任康海坡，隆化县扶贫开发办公室党组书记、主任刘福，平泉市扶贫开发办公室党组书记、主任鲁文学，承德县财政局党组书记、局长孟凡东，滦平县扶贫开发办公室党组书记、主任张学松，兴隆县扶贫开发办公室党组书记、主任李学申，丰宁满族自治县波罗诺镇官梁村驻村工作队第一书记、国网冀北电力有限公司丰宁供电分公司副经理徐景升；获得“全国脱贫攻坚先进集体”荣誉称号的8个：中共滦平县委员会、丰宁满族自治县扶贫开发办公室、平泉市农业农村局、承德县农业农村局、河北省广播电视局驻围场满族蒙古族自治县城子镇八顷村工作队、国家税务总局承德市税务局驻隆化县茅荆坝乡团瓢村工作队、国家电投集团河北电力有限公司驻丰宁满族自治县波罗诺镇老庙营村工作队、隆化县中关镇北铺子村党支部。

是日

全国脱贫攻坚总结表彰大会在北京举行。塞罕坝机械林场被授予“全国脱贫攻坚楷模”荣誉称号。

3月

1日

《承德市村容村貌管理条例》施行。

3日

中共河北省委宣传部命名河北全省学雷锋活动模范岗，全省岗位学雷锋标兵，承德市4集体、2人获得殊荣。承德市获得河北全省学雷锋活动模范岗的是：承德市双滦区御祥园小区党群服务中心、兴隆县行政审批局、承德市扶贫开发办公室综合科、河钢集团承钢公司亚熔盐作业区；获得全省岗位学雷锋标兵的是：平泉市公安局出入境管理大队教导员任杰、承德市桥东街道办事处劳动保障事务站负责人郜小侠。

5日

承德市通过视频连线方式与河北省科技厅、河北省财政厅召开承德国家可持续发展议程创新示范区建设科技专项2021年实施方案论证会，顺利通过承德国家可持续发展议程创新示范区建设科技专项2021年实施方案论证。

9日

全国妇联发布“2020年度全国三八红旗手”“2020年度全国三八红旗集体”名单，兴隆县蘑菇峪镇党委书记孟庆华榜上有名，被评为“全国三八红旗手”。

17日

司法部、民政部公布第八批“全国民主法治示范村（社区）”名单，兴隆县蓝旗营镇蛇皮村、隆化县郭家屯镇河北村、丰宁满族自治县窟窿山乡冒哈气村、平泉市党坝镇党坝社区上榜。

22日

京哈高铁图定列车全部开行。

25日

地处御道口牧场管理区的承德国家雪上项目训练基地气膜越野滑雪赛道竣工并具备训练条件，这是世界上首条气膜保温越野滑雪赛道，也是国内最长的封闭式越野滑雪赛道。本赛道于2020年6月开始施工建设，总投资5000万元，占地61亩，全长7.5千米，赛道主体以钢结构龙骨为支撑，采用双层保温气膜结构，配置地表制冷和通风系统，可实现非雪季保持廊内积雪不化的效果。该条气膜越野滑雪赛道投用后，可将我国越野滑雪运动员的年度雪上训练时间从5个月提升至少3～4个月。

26日

中共河北省委决定：董晓宇任承德市委委员、常委、书记；周仲明不再担任承德市委书记、常委、委员职务。

是日

由中共承德市委宣传部、市文明办主办，承德广播电视台承办的“奋斗者风采——2020新时代承德榜样”发布暨颁奖典礼在双滦区举行。滦平县孙营村党支部书记兼村委会主任王斌、双桥区西大街街道碧园社区党支部书记支润芳、承德市第七中学八年一班学生刘大鹏、河北振邦农业集团发展有限公司董事长兼平泉市平北镇振邦非公企业党支部书记闫志远、丰宁云雾山国有林场护林员吴志勇、兴隆县国正板栗农民专业合作社理事长陈国正、承德宇航人高山植物应用技术有限责任公司技术质量部经理岳丽华、围场城子镇八顷村驻村第一书记、工作队队长郭安治、承德县法律援助中心主任魏昕9人和承德市援鄂抗疫医疗队1个集体获得2020年“新时代承德榜样”称号。

4月

1日

承德市双滦区“21世纪避暑山庄”文化旅游产业园区被国家版权局授予2020年度“全国版权示范单位”荣誉称号。

7日

承德市第十四届人民代表大会常务委员会第三十三次会议决定：接受常丽虹辞去承德市人民政府市长职务的请求，任命柴宝良为承德市人民政府副市长、代理市长。

是日

2021中国最美乡村百佳县市榜单公布，兴隆县榜上有名。

18日

中国食用菌品牌集群在平泉市成立，该组

织由中国品牌建设促进会批准成立，在国际优势集群品牌联盟的指导下开展工作，属于食用菌产业品牌发展的技术性组织（成员制）。

24 日

马戏盛宴《君临热河》在隆承国际马戏大剧院举行首场公演。2019 年开工并落成的隆承国际马戏大剧院是北方地区最大、全国规模第二的大型马戏剧院，可供 3588 人同时观演。

26 日

冀北地区首座 220 千伏智慧变电站——塞罕坝变电站工程开工建设。该工程总投资 1.45 亿元，开创政府主导出资电网建设、供电公司无偿接收新模式。

27 日

河北石油职业技术大学正式挂牌。

30 日

河北全省脱贫攻坚总结表彰大会在石家庄市举行，承德市发改委荣获“2020 年河北省脱贫攻坚奖先进集体奖”称号。

5 月

1 日

河北丰宁抽水蓄能有限公司、承德职工服务中心获全国“五一劳动奖状”；承德医学院附属医院教育处处长兼感染性疾病科副主任、副主任医师张国民，承德顺天食品有限公司技术总工、高级工程师左爱东，围场满族蒙古族自治县气象局气象台长、工程师吴萍萍获全国“五一劳动奖章”；河钢集团承钢公司板材经营中心连铸工艺乙班、承德金隅水泥有限责任公司生产运行部余热发电生产工序甲班获全国工人先锋号。

2 日

共青团中央下发《关于表彰全国五四红旗团委（团支部）、全国优秀共青团员、全国优秀共青团干部的决定》，国家税务总局承德市税务局团委获评“全国五四红旗团委”；承德医学院临床学院 2016 级临床医学青年突击队第十六团支部获评“全国五四红旗团支部”；承德市鹰手营子矿区北环路消防救援站消防员孟令辉、承德市公安局双桥分局科员李思嫣 2 人获评“全国优秀共青团员”。

8 日

农业农村部办公厅印发《关于认定 2021 年农业国际贸易高质量发展基地的通知》，认定全国 115 个基地为农业国际贸易高质量发展基地，承德市承德神栗食品股份有限公司位列其中。

9 日

中国地级市品牌百强名单出炉，承德跻身全国地级市品牌百强榜。在排名中位列第 80 名，城市品牌影响力指数为 391.8。

10 日

由中共河北省委、河北省政府和国务院国资委共同组织的“中央企业贯彻京津冀协同发展战略支持雄安新区建设暨央地合作座谈会”在雄安新区召开。承德市委副书记、代市长柴宝良代表市政府与中铁投资集团有限公司签署《伊水创新产业新城项目建设合作协议》，该项目计划总投资 42.71 亿元，预计实施周期五年。项目的签约标志着承德市与央企在重大工程领域合作取得新突破。

13 日

承德市农林科学院蔬菜研究所确立的《矮化设施大樱桃＋羊肚菌生态高效立体栽培》研究课题，获得重大突破，实现（亩）普通棚室年收入 10 万元。

15 日

由中国能建葛洲坝二公司参建的世界装机最大的抽水蓄能电站——河北丰宁抽水蓄能电站上水库工程，通过蓄水验收。

18 日

承德市 3 个家庭被评为全国“最美家庭”称号，分别是：鹰手营子矿区人大法工委主任潘越家庭、河北省木兰围场国有林场工会科员程李美家庭、兴隆县蓝旗营学区中心校高级教师管海家庭。7个家庭获评2021年度河北省“最美家庭”，分别是：鹰手营子矿区孙玉兰养老院负责人孙玉兰家庭，市文联退休工人杨炳琴家庭，隆化县张三营镇中心小学教师左志会家庭，河北旅游职业学院艺术设计学院学管干事、专职辅导员包华家庭，市委组织部市委考核办副主任胡光辉家庭，双滦区妇联科员朱晓伶家庭，双桥区中华路街道锤峰社区党支部书记屈鹏鹤家庭。

19日

《承德塞罕坝林海》邮票首发式暨“把塞罕坝精神和魅力承德寄出去”活动启动仪式在围场满族蒙古族自治县举行。本次发行的塞罕坝邮票面值1.20元，主图选用塞罕坝万亩人工林海秋季色彩斑斓的照片。

25日

承德市首个地学类科普研学基地在普宁小镇雾灵石艺术馆成立。

26日

宽城满族自治县碾子峪镇艾峪口村和兴隆县蓝旗营镇均因板栗特色入选河北省第十批全国“一村一品”示范村镇名单。

28日

根据水利部印发的《水利部关于表彰全面推进河长制湖长制先进集体和先进个人的决定》，承德市河长办被授予全国“全面推进河长制湖长制工作先进集体”称号。

是日

由中国文化遗产研究院、承德市文物局联合共建的中国文化遗产研究院石质文物保护科技创新基地暨避暑山庄及周围寺庙文物修复实验室在承德博物馆揭牌成立。

31日

在2021钢铁中国——北京钢铁产业链高峰论坛上，河钢承钢以优质的营销服务，荣获“2020—2021年度京津冀优质钢铁贸易企业”称号。

6月

2日

在成都举行的2021年全国射击锦标赛（步枪项目）的男子10米气步枪项目比赛中，承德籍运动员杨皓然以252.7环获得金牌，打破该项目决赛的全国纪录。

是日

承德市植物负氧离子萃取技术创新中心在平泉揭牌成立。该中心与天津大学、沈阳药科大学、河北科技大学等多所院校进行合作共建，设有植物提取技术研究室、植物负氧离子萜烯类纳米复合材料研究室、植物负氧离子释放液产品开发与应用研究室，拥有专业技术人员29人，国内行业知名专家10余名，获得国家专利12件，开发出森氧加植物负氧离子系列产品，填补纯植物生态级负氧离子行业空白。

是日

中央文明办发布2021年4月“中国好人榜”，承德市第六医院护师杨惠莹入选，获评见义勇为类“中国好人”。

3日

承德市政府将市扶贫开发办公室重组为乡村振兴局，为市政府工作部门，由市农业农村局统一管理和领导。

7日

农业农村部下发通知，公布第三批全国农业综合行政执法示范窗口和全国农业综合行政执法示范单位名单。围场满族蒙古族自治县农业综合行政执法大队获评第三批全国农业综合行政执法示范窗口称号；承德县农业农村局荣获第三批全国农业综合行政执法示范单位称号。

8日

由人力资源社会保障部、国家乡村振兴局召开的全国乡村振兴（扶贫）系统先进集体先进个人表彰大会在北京举行。在会上承德市扶贫开发办公室考核科荣获“全国乡村振兴（扶贫）系统先进集体”称号，承德市新发展扶贫劳务培训基地（承德市扶贫办技工学校）助理讲师姜获荣获“全国乡村振兴（扶贫）系统先进个人”称号。

10 日

由天津大学建筑学院与承德市文物局合作编写的《中国古建筑测绘大系·园林建筑与宗教建筑——承德避暑山庄和外八庙》一书发售。该书是天津大学建筑学院多年测绘的成果，主要收录 1954 年、1962 年和 1963 年对承德避暑山庄和外八庙的手工测绘图，以及 2011 年到 2017 年的部分数字化测绘图，对研究避暑山庄和外八庙的历史，具有重要意义。

是日

国务院公布第五批国家级非物质文化遗产代表性项目名录，承德市申报的腰痛宁组方及其药物炮制工艺位列其中。

12 日

长城国家文化公园金山岭长城保护修缮工程开工仪式在滦平县金山岭长城举行，活动现场还对金山岭长城保护员曹云云、汪亚慧、林长友、白春向、黎凤莲等授予“最美长城守护者”荣誉称号。

16 日

根据《承德市中心城区公交候车亭改造提升方案》规划，承德市区中心城区 102 个公交候车亭进行改造升级，完善候车设施。改建后的候车亭加装防雨棚，安装 LED 发光字体，并配套安装公益宣传栏，进行夜间亮化美化改造。

23 日

滦平县张百湾镇周台子村（农村）、承德市双桥区府城社区入选 2021 年“全国示范性老年友好型社区”。

24 日

承德市司法局人民参与和促进法治处处长尹学超荣获河北省 2021 年“最美政法干警”称号。

28 日

盛世春秋国际控股集团正式在塔吉克斯坦亚洲证券交易所上市，成为该交易所的第一家旅游集团公司，也是承德市首家在亚洲证券交易所主板上市的集团公司，实现承德市旅游行业上市零的突破。

是日

国内权威信用评级机构——大公国际资信评估有限公司发布信用等级公告，将承德市国控集团主体及“G19 承控 1”评级上调至 AA+，评级展望为稳定。这意味着承德市国控集团成为 2021 年全国第 4 家获得 AA+ 主体信用评级的企业。

29 日

中共河北省委宣传部研究决定，命名全省 18 个单位为第六批河北省爱国主义教育基地，丰宁满族自治县烈士陵园、平泉市博物馆位列其中。

是日

河北省 6 月“时代新人·河北好人”榜单发布，承德市兴隆县陡子峪乡西陡峪村农民宋华兴、隆化县联社湾沟门信用社委派会计孙健 2 人上榜。

7 月

1 日

承德市双桥区突降 30 年一遇暴雨（3 小时内降雨量达到 84 毫米，最大时 40 分钟降雨量达到 53.6 毫米），城区部分路段发生内涝。

6 日

承德市第十四届人民代表大会常务委员会第三十五次会议决定免去李晋宇、宁金龙的承德市人民政府副市长职务，杨春武、何军、张华的承德市人民政府副市长（挂职）职务。

是日

中国地质学会公布全国首批地质文化村（镇）名单，兴隆县诗上庄地质文化村入选，获准挂牌筹建全国首批地质文化村。

是日

隆化县七家镇温泉村入选第三批全国乡村旅游重点村，围场哈里哈乡三义号村、滦平县张百湾镇周台子村入选第三批省级乡村旅游重点村。

9日

承德县刘杖子乡孟家庄村接到中国质量认证中心签发的“碳中和”证书，标志着该村摸清去年碳排放家底后，通过注销等量经核证的中国自愿减排量（CCER）方式完成全村2020年度能源消耗引起的3061吨二氧化碳当量排放量的碳中和。这是中国质量认证中心签发的全国首张村集体“碳中和”证书。

11日

11日20时至13日7时，承德全市普降大到暴雨，平均降雨量82.5毫米，其中兴隆、鹰手营子平均降雨量超过130毫米。受强降雨影响，全市普通国省干线及农村公路多处出现塌方、落石、泥石流、路基损毁等情况，部分路段因水毁断交。

12日

承德市政协民族和清史文化研究中心（承德政协文史馆）开馆。

12—13日

承德县白河上游普降大暴雨，白河断面洪峰流量903立方米／秒，发生超10年一遇洪水。13日，该县新杖子镇一行四人排查险情途中遭遇塌方，镇党委书记邢中山、副镇长冀凤学遇难。

19日

承德市审计局职工李铁申、围场满族蒙古族自治县道坝子乡查字上村村民刘艳珍获得第八届河北省道德模范荣誉称号。

21日

中共承德市委决定追授抗洪抢险中牺牲的邢中山、冀凤学为“承德市优秀共产党员”称号，并号召全市上下学习他们的英雄事迹和崇高品格。

25日

在东京奥运会上，承德籍运动员杨皓然在男子10米气步枪比赛中，以229.4环获得铜牌。

27日

承德籍运动员杨皓然携手杨倩夺得东京奥运会10米气步枪混合团体金牌。

31日

“承德市植物负氧离子产业技术创新战略联盟”成立大会在承德市召开。会上通过《承德市植物负氧离子产业技术创新战略联盟协议书（章程）》，介绍联盟筹备情况，表决通过联盟理事单位及理事名单，产生联盟理事会理事长、副理事长、秘书长、副秘书长。

8月

5日

中共河北省委追授抗洪抢险中牺牲的承德县镇干部邢中山、冀凤学“河北省优秀共产党员”称号。

12日

由河北省卫生健康委、省总工会联合组织开展的“最美医护”“美丽医护”推选活动揭晓，承德市滑立伟、彭志男、景卫革3位医护人员榜上有名。

14日

根据国家林业和草原局、国家发展改革委印发的《“十四五”林业草原保护发展规划纲要》，承德市进入国家区域性山水林田湖草沙系统治理示范项目实施范围。

18日

中国共产党承德市第十五届委员会举行第一次全体会议，选举产生中国共产党承德市第十五届委员会常务委员会委员，董晓宇当选市委书记，柴宝良、郭旭涛当选市委副书记，选举董晓宇、柴宝良、郭旭涛、刘宏伟、刘卫平、卢健、傅海旺、赵青英、杜庆勇、刘勇、颜世东为市委常委。

是日

河北省人民政府根据《烈士褒扬条例》第

八条规定，评定邢中山、冀凤学为烈士，其遗属享受烈士遗属待遇。

21 日

承德市高新区凤凰山大桥加固改造项目全面完工，实现通车。凤凰山大桥加固改造工程起点位于武烈河入滦河口的滦河南岸与滨河路平交，终点位于雹神庙居然之家平交口，路线全长 1.25 千米，全桥长 700 米，宽 19.5 米，道路结构为双向 4 车道及两侧 1.75 米的非机动车道。该工程拆除原有大桥两侧人行道，向东侧单幅加宽 8.5 米，总投资 9695 万元。

23 日

承德市第十五届人民代表大会第一次会议在承德大剧院开幕。

24 日

中共中央总书记习近平到河北省承德市视察。他先后来到承德避暑山庄、普宁寺、承德博物馆、双滦区偏桥子镇大贵口村、高新区滨河社区居家养老服务中心，围绕文化遗产保护传承、宗教工作、民族团结、乡村振兴、养老服务等实地察看。

25 日

政协承德市第十五届委员会第一次会议举行大会选举，选举吴清海（满族）为政协承德市第十五届委员会主席，选举王利华（女）、李建华、张富民（满族）、白宝君（满族）、郭靖涛、刘众民（满族）、董旭明、赵振清（满族）、谷宏健、杨宪军（满族）为政协承德市第十五届委员会副主席，选举单化军（满族）为政协承德市第十五届委员会秘书长。

26 日

承德市第十五届人民代表大会第一次会议闭幕，会议选举刘文勤为承德市第十五届人民代表大会常务委员会主任。选举董正国（满族）、郭士刚、李兴臣、方志勇（满族）、齐建文（满族）、甄毓敏（女，满族）、曹佐金为承德市第十五届人民代表大会常务委员会副主任。选举门玉生（满族）为承德市第十五届人民代表大会常务委员会秘书长。选举柴宝良为承德市人民政府市长。选举卢健、崔万峰（满族）、陆文龙、张树国（蒙古族）、刘涛（女）、王广维为承德市人民政府副市长。刘勇当选承德市监察委员会主任。李勇当选承德市中级人民法院院长。

9 月

9 日

水利部印发的《关于表扬全国水利扶贫先进集体和先进个人的通报》中，承德市水务局被评为“全国水利扶贫先进集体”。

是日

省农民工工作领导小组办公室公布 2021 年开展寻找最美农民工活动情况，全省共确定 50 人为“河北省最美农民工”。其中，承德市刘建军、卢秀国两人获此殊荣。

13 日

中共河北省委党史学习教育领导小组办公室、省委宣传部在“最美河北人发布厅”发布并录制河北省“我为群众办实事”最美人物先进事迹，承德市鹰手营子矿区铁北路街道兴煤社区居民娄树存名列其中。

18 日

隆化县林业和草原局工作人员在汤头沟镇进行野外资源调查时，发现零星分布的 20 多株二叶兜被兰。此前，隆化境内还没有这种植物的记录，该物种系国家二级保护植物。

22 日

承德县新杖子镇原党委书记邢中山、原副镇长冀凤学被中共河北省委宣传部追授“燕赵楷模”荣誉称号。

24 日

河北省创新创业大赛乡村振兴专业赛决赛在定州落下帷幕。承德市推荐的平泉市尚泽果业有限公司“现代抗寒苹果产业助力乡村振兴”项目荣获季军。

25 日

在第十四届全国运动会皮划艇项目静水男子 200 米单人皮艇决赛中。承德籍运动员杨晓旭以 36.656 秒的成绩夺得金牌。

26 日

在第十四届全运会男子 500 米四人皮艇决赛 A 组中，承德籍运动员杨晓旭与队友组成的联合队以 1 分 22 秒 839 的成绩夺冠。

27—29 日

在内蒙古自治区鄂尔多斯市召开的第八届库布其国际沙漠论坛上，塞罕坝机械林场荣获联合国防治荒漠化领域最高荣誉——“土地生命奖”。

29 日

承德广播电视大学更名为承德开放大学。

是日

河北省第十三届人民代表大会常务委员会第二十五次会议通过《塞罕坝森林草原防火条例》。

10 月

1 日

国网新源河北丰宁抽水蓄能电站 500 千伏系统倒送电圆满完成，并入华北电网，同时接入世界首个 ±500 千伏柔性直流环网。

1—5 日

山庄皇家窖藏——“承德人买承德货”首届承德农产品展销会在承德市市中心广场举行。

12 日

首届承德市中小学啦啦操比赛在双桥区东园林小学举行。

14 日

在联合国《生物多样性公约》缔约方大会第十五次会议（COP15）生态文明论坛主题四——“基于自然解决方案的生态保护修复”论坛上，自然资源部国土空间生态修复司发布《中国生态修复典型案例集》（含 18 个案例），“塞罕坝机械林场治沙止漠筑牢绿色生态屏障”生态修复案例入选其中。

15 日

河北省肉鸡产业技术研究院和河北省肉鸡标准化生产技术创新中心在承德县成立，上述两单位于 2021 年 8 月获得河北省科技厅批准，由中红三融集团有限公司作为依托单位，联合中国农业科学院饲料研究所、河北省科学院生物研究所、河北省畜牧兽医研究所及北京浩邈汇丰医药科技、承德三融畜禽、河北清旭科技服务等公司共同建设。

21 日

中国林场协会在四川洪雅林场举办全国森林康养年会，丰宁大滩林场被授予“中国林场协会森林康养林场”称号，中国林场协会会长姚昌恬亲自颁发奖牌。

22—29 日

全国第十一届残运会暨第八届特奥会在陕西西安举办。承德籍残疾人运动员闫嘉彤、张凤菊代表河北省队分别参加男子 F36 级标枪、铁饼、铅球，女子 F40 级铅球、F40/41 级铁饼比赛项目，并摘得两枚金牌。

11 月

1 日

《塞罕坝森林草原防火条例》正式施行。

5 日

2021 年中国美丽休闲乡村公示名单出炉，滦平县巴克什营镇古城川村上榜。

10 日

农业农村部发布《关于公布第十一批全国“一村一品”示范村镇及 2021 年全国特色产业十亿元镇亿元村名单的通知》，认定第十一批全国“一村一品”示范村镇，隆化县西阿超满族蒙古族乡砬子沟村（杂粮）名列其中。

15日

国家体育总局表彰2017—2020年度全国群众体育先进单位和先进个人，承德市双滦区教育和体育局荣获“全国群众体育先进单位”称号。

18日

人力资源社会保障部、文化和旅游部印发《关于表彰全国文化和旅游系统先进集体、先进工作者和劳动模范的决定》(人社部发〔2021〕91号)，表彰全国文化和旅游系统先进集体、先进工作者和劳动模范，承德市演艺集团有限责任公司荣获全国文化和旅游系统先进集体荣誉称号。

是日

经中国摄协分党组研究决定，同意续评授予承德市“中国摄影之乡”称号。

22日

在中央文明办和国家卫生健康委员会共同组织的“中国好医生、中国好护士”网上推荐评议活动中，平泉市小寺沟镇黑山口社区南仓子村医林玉才被评为2021年10月“中国好医生”。

23日

围场满族蒙古族自治县第一小学、承德县第二小学、丰宁满族自治县第二小学、隆化县满族小学、平泉市柳溪镇中心小学、承德市南营子小学、承德市第三中学、宽城满族自治县第五中学等8所学校被教育部认定为第三批全国中小学中华优秀传统文化传承学校。

是日

《承德市滦河潮河保护条例》经河北省第十三届人民代表大会常务委员会第二十七次会议批准。

是日

《承德市文明行为促进条例》经河北省第十三届人民代表大会常务委员会第二十七次会议批准通过。

26日

文化和旅游部发布《关于第一批国家级夜间文化和旅游消费集聚区名单的公示》，承德市鼎盛文化产业园名列其中。

是日

河北省（承德）马铃薯种薯产业技术研究院在围场成立。

27日

在武汉举办的2021中国文化和旅游高峰论坛主论坛上，中国旅游研究院生态旅游基地、湖北大学旅游发展研究院共同发布《中国康养旅游城市百强榜单》，承德市上榜，位居第78位。

12月

1日

总投资约1亿元的元雹线东沟至闫营子段拓宽改造工程建成通车。

7日

根据人力资源社会保障部印发《关于表彰全国人力资源和社会保障系统优质服务窗口和优质服务先进个人的决定》，承德市人力资源和社会保障公共服务中心被授予“全国人力资源和社会保障系统优质服务窗口”称号。

8日

中央文明办发布2021年10月“中国好人榜”，塞罕坝机械林场月亮山望海楼瞭望员刘军、王娟夫妇入选。

是日

农业农村部印发《关于公布2021年中国美丽休闲乡村和2010—2017年中国美丽休闲乡村监测合格名单的通知》，滦平县巴克什营镇古城川村入选2021年中国美丽休闲乡村名单。

是日

民政部公布全国村级议事协商创新实验试点单位，承德市双滦区西地镇西地村、兴隆县蘑菇峪镇二道岭村、滦平县火斗山镇孙营村、宽城满族自治县碾子峪镇孤山子村入选。

9日

承德市首次建设的大跨度混凝土异形桥——

闫营子大桥全面完工，并具备通车条件。大桥包括主桥、引桥及两侧引道三部分，总长821米，是承德市跨度最长的桥梁。

14日

承德市档案馆通过“十四五”全国首批“国家级数字档案馆”系统测评，成为“十四五”全国首批、河北省首家基于信创系统的国家级数字档案馆。

是日

第八届河北省“人民满意的公务员”和“人民满意的公务员集体”表彰大会在石家庄市召开，承德市文学艺术界联合会党组书记、主席杨勇，承德市林业和草原局自然保护地管理科科长、一级主任科员杨印聪，承德县人民法院刑事审判庭庭长、四级高级法官王玉杰，围场满族蒙古族自治县哈里哈乡党委书记、一级主任科员张勇成获得河北省“人民满意的公务员”称号；承德市双桥区潘家沟街道党工委、承德市中级人民法院未成年人案件综合审判庭、承德市双滦区行政审批局获得河北省“人民满意的公务员集体”称号。

14—18日

在辽宁省丹东市召开的中国文化信息协会期刊信息专业委员会第一次全体会议上，承德市《承德建设》荣获“全国城市优秀党政期刊”称号。

15日

辽宁省葫芦岛市人民政府公布关于表彰葫芦岛市见义勇为模范的决定，宽城满族自治县东川乡东尖山村村民王佰明（在辽宁省建昌县馨泉山庄务工）因勇救两名溺水者被授予“见义勇为英雄”称号。

是日

平安中国建设表彰大会在北京召开，丰宁满族自治县荣获“平安中国建设示范县”称号。

17日

由承德市科技局主办的第一届承德市创新创业大赛进入决赛阶段，共有涵盖新材料、节能环保、生物医药、乡村振兴等领域的27个企业和团队参赛，经过角逐，承德隆宏生物科技有限公司的“植物生态级负氧离子健康产业”项目和信息管道团队的“高压埋地管道泄漏检测定位技术与装置”项目分别获得企业组和团队组一等奖。

27日

中央文明办发布2021年11月“中国好人榜”，在外不忘家乡父老，归乡二次创业带领群众致富的滦平县西沟满族乡三道沟村丰佳农牧合作社理事长韩锋入选“助人为乐”类“中国好人”。

28日

科技部火炬中心发布的《关于表扬2020年度火炬统计工作先进单位的通报》，承德市高新区被评选为2020年度全国火炬统计工作先进单位。

29日

世界首条集中操作的智能化示范连轧管生产线在承德“北京建龙重工集团承德特殊钢有限公司”建成并正式投产。项目总投资15亿元，年产能60万吨，拥有高精尖制造模块，使用智能机器人10余台，在业内首次全面实现钢管逐支追踪、钢管质量自动判定和预测、智能设备管理和智能安防等功能，实现全流程物料和质量的跟踪与管控。

30日

河北丰宁抽水蓄能电站投产发电，这是当前世界规模最大的抽水蓄能电站。

是日

承德市第十五届人民代表大会常务委员会第三次会议决定免去刘涛的承德市人民政府副市长职务。

是日

承德市二仙居商业步行街荣获首批“河北省示范商业街”称号。

31日

《承德年鉴（2020）》卷获全国地方志优秀成果一等奖，获河北省地方志优秀成果特等奖。

建置区划

【地理位置】 承德市位于北纬 40° 11' 24.75 "—42° 37' 04"，东经 115° 54' 10"—119° 14' 24.71"。地处河北省东北部、华北与东北地区过渡带。东、东南与辽宁省朝阳市、河北省秦皇岛市相邻，南、西南隔长城与北京市、天津市、河北省唐山市毗邻，西与张家口市相连，西北、北、东北与内蒙古自治区锡林郭勒盟、赤峰市接壤。距省会石家庄 540 千米，距首都北京 251 千米。辖区东西最大距离 278 千米，南北最大距离 270 千米，总面积 39489.54 平方千米。

【建置沿革】 **旧石器时代** 承德境内已有人类活动。1988 年，承德市鹰手营子矿区营子镇东北四方洞出土了石器 575 件、动物遗骨 1765 件，这是在河北省境内发现的第一处旧石器时代洞穴遗址，也是在燕山山脉深处首次发现的旧石器时代的遗迹，距今 3 万～ 5 万年。四方洞遗址现为国家级文物保护单位。

新石器时代 丰宁、承德县、平泉、围场等地先后发现了原始人使用过的生产和生活工具。如 2008 年 6 月被发现的凤凰山遗址，位于承德市双桥区冯营子镇冯营子村西北约 700 米的凤凰山坡下，出土了石斧、石刀等磨制石器约 200 件，经专家鉴定，这些石器为约 7000 年前新石器时代赵宝沟文化的器物，这一发现填补了承德新石器时代考古的空白。距今 6660 ～ 4870 年的内蒙古赤峰红山文化已经存在于今承德地区。近年，辽宁省朝阳市、内蒙古赤峰市考古新发现，说明承德境内的辽河流域已经成为中华文明在北方的扩展之地，也是东北渔猎文化和中原农耕文化的接合部。4000 ～ 3400 年前，承德地区的原始人，逐渐从母系氏族过渡到父系氏族，私有制逐渐诞生。

商朝 境内仍然生活着若干氏族部落，在丰宁黄旗镇二道桥子村发现的亚牧鼎，说明亚氏部落已归附于商王朝。经考证，当时承德地域的土方氏族，也从属于商朝，其范围在今丰宁、隆化、承德、平泉一带。

周朝 北方少数民族开始进入今承德地区。春秋战国时期，山戎、东胡逐渐占据了今承德地区。后来，山戎衰落，逐渐被东胡吞并。历史上，山戎曾多次与燕国发生战事，齐桓公也曾多次征伐山戎。山戎战败之后，逐渐依附燕国，承德地区逐渐成为燕国统治地区。因此，战国时期，承德属燕国右北平郡、渔阳郡。此时，东胡逐渐衰落，匈奴逐渐兴盛，并严重威胁燕国的安全。燕国为了抵御匈奴，开始修筑长城。秦始皇二十六年（前 221），秦国消灭了齐、楚、燕、韩、赵、魏六国，今承德地区纳入秦的版图，仍属右北平郡、渔阳郡，为东胡民族生活之地。

秦汉 秦王朝在承德地区继续利用燕北长城防御匈奴，并不断修建新城。在围场发现的 3 件秦代铁权，证明了秦王朝对承德拥有统辖权。秦末汉初，今承德境属匈奴左地。西汉王朝建立以后，今承德境域尽入西汉的版图。西汉元封五年（前 106），境属汉幽州刺史部渔阳郡、右北平郡（塞地）。为防御匈奴，汉朝修建了若干段长城，主要以烽燧为主，穿越今丰宁、滦平、隆化、承德县境域，以丰宁境内最多。西汉末年，承德今境属乌桓民族的势力范围。建武元年（25），东汉建立以后，今承德地区归东汉统治。此时，承德全境被乌桓民族占据。东汉末年，曹操北征乌桓，大获全胜。三国魏时，今承德全境属鲜卑轲比能部。

西晋 今承德境域先后被鲜卑族宇文部、段部、慕容部、拓跋部控制。东晋时期，北方先后建立16国，为匈奴、鲜卑、羯、氐、羌“五胡”控制，今承德境先后为前燕、前秦、后燕等统治。

北魏 太元十一年（386），鲜卑拓跋部建立北魏政权，今承德地区尽归北魏统治，元嘉十五年（438）后，为北魏拓跋鲜卑索头部统治。设立州郡后，今承德属安州广阳郡。北魏诸帝多次沿丰宁、隆化、平泉等地征伐北燕，最终灭掉北燕。

隋唐 隋朝时，北方的少数民族有柔然、契丹、库莫奚等。库莫奚，又称奚族，散居在今丰宁、围场、承德县和兴隆东北、滦平西北部，与汉人和平相处。唐朝，承德地区居住着契丹、库莫奚两个游牧民族。

宋辽金 北宋建隆元年（960），后周大将赵匡胤建立宋朝。唐天祐四年（907），契丹贵族耶律阿保机建立契丹国，清泰三年（936），改称辽国，今承德全境均被辽国统治，为辽中京道北安州兴化县属地。承德地处辽中京（今内蒙古赤峰市宁城县大明城）与南京（今北京）、西京（今山西省大同市）之间，位置重要。辽在此修有驿道，并建有多处驿馆。前后有7位辽帝36次到今丰宁的炭山（今滦河源头猴顶山一带），或避暑游猎，或接见外国使节，处理军政大事。同时，承德也成为当时辽宋两国互访的必经之路。政和五年（1115），女真族完颜部首领阿骨打建立大金国，南宋绍兴二十三年（1153），迁都燕京（今北京），今承德地域为北京路大定府统辖。金国为了防御蒙古族入侵，修建规模宏大的长城，实际上，只是界壕、边堡、堑壕。金代界壕在今丰宁尚存7.5千米，并有边堡1座。金与辽国、北宋战事不断，今承德地域曾发生过数次大型战事。

元朝 南宋开禧二年（1206），成吉思汗于漠北建立蒙古汗国，咸淳七年（1271），改国号为大元，定都燕京（今北京），又称大都。元先后灭掉金和南宋，统一中国，今承德地区尽入元境，属中书省上都路兴州宜兴县、兴化县。当时，在丰宁、滦平、隆化、围场等县，有大批蒙古人集中居住。在承德境域，有两条通往元上都（原名开平，今内蒙古自治区正蓝旗境内）的通道，也是军事要道。元帝曾多次在凉陉（今丰宁滦河上游金莲川）驻跸，以纪念祖宗发迹之地。

明朝 大将常遇春曾率军经承德地区追击元军残余兵力，大败元军。元朝的残余势力被驱逐至漠北（内蒙古高原）。数十年后，承德境域由接受明廷封号的蒙古诸部统治，属大宁都指挥司兴州卫，后改属诺音卫。明迁都北京后，承德直属京师管辖。明中后期，境内大部分为兀良哈三卫中的朵颜部辖地。为了防御元朝蒙古族残余势力南侵，明廷下令重建万里长城，称为明长城。承德境内的明长城位于今宽城、兴隆、承德县、滦平4县，有敌楼860余座、墩台301座、关隘55处，著名的金山岭长城在滦平县境内。明万历四十四年（1616），女真首领努尔哈赤建立后金。崇祯元年（1628），后金占领今承德境域。崇祯九年（1636），后金改为大清。崇祯十七年（1644），清军占领北京后，今承德地区全部纳入清朝版图。

清朝 清代初期，今承德境域属直隶省。雍正元年（1723），以今承德市为中心设立热河厅（今承德市双桥区和承德县），西北设喀喇河屯厅（今双滦区和滦平县），再往西北设四旗厅（今丰宁、隆化县），东设八沟厅（今平泉及兴隆、宽城一部分），再往东设塔子沟厅（今朝阳市凌源、喀左）。雍正十一年（1733），热河厅改设直隶承德州，清廷取“承先祖德泽”之意，命名为承德。乾隆七年（1742），直隶承德州又改为热河厅，后从八沟厅划出乌兰哈达厅（今赤峰市区），从塔子沟厅划出三座塔厅（今朝阳市区）。乾隆四十三年（1778），升热河厅为承德府，下辖的八沟厅改称平泉州，喀喇河屯厅改称滦平县，四旗厅改称丰宁县，乌兰哈达厅改称赤峰县，三座塔厅改称朝阳县，塔子沟厅改称建昌县。嘉庆十五年（1810），设热河都统，驻承德府，治所在今境。光绪二年（1876），设立围场厅。光绪二十九年（1903），升朝阳县为朝阳府，建昌县归属其下。光绪三十一年（1905），围场厅划归宣化府。宣统二年（1910），设立隆化县。宣统三年（1911），围场厅还归承德府。清末，承德府共辖平泉州、滦平县、丰宁县、隆化县、围场厅，计1州、3县、1厅。

民国 1914年，设热河特别行政区，今承德、滦平、隆化、丰宁、围场、平泉归其管辖。1928年，撤区建热河省，省会设于今承德市区，今承德市全境归热河省管辖。1933年3月，日本侵略军侵占承德，热河省所属各县相继沦陷。1945年8月，抗战胜利，人民政权接管热河省，10月，建承德市，为热河省省会。热河省下辖1市、5区。1946年8月，国民党军进攻热河，中共热河省委坚持领导敌后斗争，曾成立中共承德工委。解放战争时期，热河各县属冀察热辽解放区。1948年11月，承德第二次解放后，成立承德市政府，今承德境域隶属热河省。1949年10月1日，中华人民共和国成立，承德仍属于热河省。当时，热河省管辖承德及赤峰2个市、18个县、7个旗，承德市及其下辖的丰宁、滦平、隆化、围场、兴隆（1930年批准设置兴隆县，1933年4月始为抗日联合县；日本投降后兴隆县建制恢复，隶属冀热辽区辖，1949年3月隶属热河省辖），平泉、青龙、承德县均在热河省管辖之内。

中华人民共和国 1955年12月，撤销热河省，承德境域划归河北省管辖。1956年建立承德专区，辖8县、1市。1960年3月承德专区与承德市合并，1961年5月承德专区与承德市分设，恢复承德县建制。1963年，设立宽城县，划归承德专区管辖。1983年5月6日，青龙县划归秦皇岛市管辖。1984年承德市改为省辖市，辖承德县、双桥区、双滦区、鹰手营子矿区。1993年6月，承德地区与承德市合并，设立新的承德市。承德市下辖3区、8县，即双桥区、双滦区、鹰手营子矿区和承德县、兴隆县、平泉县、滦平县、隆化县、丰宁满族自治县、宽城满族自治县、围场满族蒙古族自治县。近年来，经国家及省民政部门陆续批准，先后有承德县冯营子、东西营、双峰寺、上板城划归双桥区；滦平县西地、陈栅子划归双滦区。

【行政区划】 2021年末，承德市辖双桥区、双滦区、鹰手营子矿区3个市辖区，承德、兴隆、滦平、隆化4个县，丰宁满族自治县、宽城满族自治县、围场满族蒙古族自治县3个民族自治县，代管平泉1个县级市。共有14个街道办事处、121个镇、82个乡（其中18个民族乡），2459个村民委员会。

表1　**2021年承德市行政区划一览表**

县(市、区)	所含建置镇	所　含　乡	所含街道办事处
双桥区	水泉沟镇、狮子沟镇、牛圈子沟镇、大石庙镇、冯营子镇、双峰寺镇、上板城镇	—	西大街街道办事处 头道牌楼街道办事处 潘家沟街道办事处 中华路街道办事处 新华路街道办事处 石洞子沟街道办事处 桥东街道办事处

续表 1

县(市、区)	所含建置镇	所 含 乡	所含街道办事处
双滦区	双塔山镇、滦河镇、大庙镇、偏桥子镇、西地镇、陈栅子镇	—	元宝山街道办事处 钢城街道办事处 秀水街道办事处
鹰手营子矿区	鹰手营子镇、北马圈子镇、寿王坟镇、汪家庄镇	—	铁北路街道办事处
承德县	下板城镇、甲山镇、六沟镇、三沟镇、头沟镇、高寺台镇、三家镇、鞍匠镇、上谷镇、磴上镇、新杖子镇、石灰窑镇	东小白旗乡、刘杖子乡、孟家院乡、大营子乡、八家乡、满杖子乡、五道河乡、岔沟乡、岗子满族乡、两家满族乡、仓子乡	—
兴隆县	兴隆镇、半壁山镇、挂兰峪镇、青松岭镇、六道河镇、平安堡镇、北营房镇、孤山子镇、蓝旗营镇、雾灵山镇、李家营镇、大杖子镇、三道河镇、大水泉镇、蘑菇峪镇	南天门满族乡、八卦岭满族乡、陡子峪乡、上石洞乡、安子岭乡	—
滦平县	滦平镇、长山峪镇、红旗镇、金沟屯镇、虎什哈镇、巴克什营镇、张百湾镇、付营子镇、大屯镇、火斗山镇、小营镇、两间房镇、安纯沟门镇	平坊满族乡、西沟满族乡、邓厂满族乡、五道营子满族乡、马营子满族乡、付家店满族乡	中兴路街道办事处
隆化县	韩麻营镇、中关镇、七家镇、汤头沟镇、张三营镇、唐三营镇、蓝旗镇、步古沟镇、郭家屯镇、苔山镇、茅荆坝镇、荒地镇、章吉营镇、偏坡营镇	尹家营满族乡、庙子沟蒙古族满族乡、山湾乡、八达营蒙古族乡、太平庄满族乡、旧屯满族乡、西阿超满族蒙古族乡、碱房乡、韩家店乡、湾沟门乡	安州街道办事处
丰宁满族自治县	大阁镇、大滩镇、鱼儿山镇、土城镇、黄旗镇、凤山镇、波罗诺镇、黑山咀镇、天桥镇、胡麻营镇、将军营镇	万胜永乡、四岔口乡、苏家店乡、外沟门乡、草原乡、窟窿山乡、小坝子乡、五道营乡、选将营乡、西官营乡、王营乡、北头营乡、石人沟乡、汤河乡、杨木栅子乡	新丰路街道办事处
宽城满族自治县	宽城镇、龙须门镇、峪耳崖镇、板城镇、汤道河镇、椁罗台镇、碾子峪镇、亮甲台镇、化皮溜子镇、松岭镇	塌山乡、孟子岭乡、独石沟乡、铧尖乡、东黄花川乡、苇子沟乡、大字沟门乡、大石柱子乡	—

续表 1

县(市、区)	所含建置镇	所　含　乡	所含街道办事处
围场满族蒙古族自治县	围场镇、四合永镇、克勒沟镇、棋盘山镇、半截塔镇、朝阳地镇、朝阳湾镇、腰站镇、新拨镇、龙头山镇、御道口镇、城子镇、新地镇、哈里哈镇	道坝子乡、黄土坎乡、四道沟乡、兰旗卡伦乡、银窝沟乡、广发永乡、育太和乡、郭家湾乡、杨家湾乡、大唤起乡、张家湾乡、宝元栈乡、山湾子乡、三义永乡、姜家店乡、下伙房乡、燕格柏乡、牌楼乡、老窝铺乡、石桌子乡、大头山乡、南山嘴乡、西龙头乡	—
平泉市	平泉镇、黄土梁子镇、榆树林子镇、杨树岭镇、七沟镇、小寺沟镇、党坝镇、卧龙镇、南五十家子镇、北五十家子镇、桲椤树镇、柳溪镇、平北镇、青河镇、台头山镇	王土房乡、七家岱满族乡、茅兰沟满族蒙古族乡、道虎沟乡	—

（靳运维　供稿）

地质地貌

【地质】　区域大地构造位置　承德市区域大地构造位置处于兴蒙地槽和华北地台两个Ⅰ级构造单元内，即以北纬 42° 线的康保—围场—赤峰东西向深大断裂为界，以北为内蒙古—大兴安岭地槽褶皱带，以南是华北地台。华北地台又以丰宁—隆化深断裂及密云—喜峰口深断裂两个东西向断裂为界，进一步分为三个Ⅱ级构造单元，自北向南依次为内蒙古地轴、燕山台褶带和迁西陆块。承德市地域辽阔，区内地质构造复杂，地层出露齐全，岩浆活动强烈，地质条件优越，岩石多样，矿产丰富。

地层　区内地层可以分为变质表壳岩和未变质的沉积地层。从构造演化角度来看可分为两套构造层，下部的变质表壳岩及其中的变质深成侵入体为结晶基底（以吕梁运动为界，距今约 18.5 亿年），上部为沉积盖层，由中—新元古代、古生代、中生代至新生代地层组成，其中中生代主要为火山－沉积岩地层。从老至新为：古老结晶基底。区域结晶基底可以分为两套地层。下部为太古界迁西岩群。上部为元古界单塔子群、红旗营子群地层。沉积盖层。在古老结晶基底之上，依次沉积形成了中—上元古代海相碳酸盐及碎屑岩交互沉积、早古生代稳定的浅海台地碳酸盐岩沉积、晚古生代的稳定海陆交互相－陆相碎屑岩沉积、中生代陆相火山岩、火山沉积岩组合和新生代山前和山间沉积岩夹火山岩组合，构成区域沉积盖层。

构造　承德区域地质构造发育且复杂多样，主要构造表现形式有断裂构造、韧性剪切带、推覆构造、褶皱构造等。

岩浆岩　区内地质历史时期岩浆活动曾剧烈而频繁，持续时间较长，从早前寒武纪岩浆岩侵入体到新时代火山活动均有出露。

【地貌】　承德市为华北平原与内蒙古高原的过渡地带，大马群山脉尾闾的东猴顶山、宜肯坝、豪松坝、塞罕坝从西部伸向东北，把全市分割成两大部分。西北为内蒙古高原的边缘，俗称“坝上”；东北部为七老图岭、努鲁儿虎和杜岭山脉；西南与南部为燕山山脉。从而构成了全市西北高，东南低的地势。就地貌单元而论，全市分为坝上高原与冀北山地两大地貌类型。冀北山地由高到低依次为中山、低山、丘陵和盆地顺序排列。这种由西北向东南阶梯下降的地势，明显地影响了全市的气候、水文、土壤和植被等自然因素，从而形成了土地利用上的地域差异。这种特定的土地资源条件，对农业生产的立体布局，充分和合理利用土地资源具有重要意义。

坝上高原 坝上高原位于丰宁、围场两县的西北部，属于内蒙古高原的一部分。其南缘以东猴顶山、老窝铺、姜家店一线为界，其他部分止于省、市界。总面积663.65万亩，占全市土地总面积的11.2%，占全省坝上高原总面积的25.9%。坝上高原平均海拔为1000～1700米，地势南高北低，坝缘翘起，属典型的波状高原。坝头地带切割较碎，多呈垄状低山，相对高度在200米左右，坡度较陡，一般为20°～40°。坝头以北为低山和缓丘相间分布，丘陵坡度一般为5°～10°，多呈台状分布，相对高度为50～100米。山丘之间有黄土分布，河谷两侧为耕地分布区。其内分布有固定和半固定沙丘，风蚀洼地和花岗岩、变质岩残丘。加之湖泊（泡子）点缀其间，使高原呈现舒缓丘陵散布的景象，不仅具有一般高原的状态，又有多湖淖滩梁的特点。

冀北山地 冀北山地主要由燕山、七老图岭和阴山山脉的余脉构成，总面积5264.04万亩，占全市土地总面积的88.8%。其地貌由中山、中低山、低山及河流谷地、山间盆地组成。其中，中山、低山类型面积较大。境内有海拔1000～2000米的山峰30余座，2000米以上的山峰10座。东猴顶山海拔2293米，为全市最高峰；其次为小梁山，海拔2206.5米，两座高山都分布在丰宁满族自治县的西部。位于兴隆县境内的雾灵山为燕山主峰，海拔2116.2米，居第六位。纵观整个山区，群山环绕，流水切割侵蚀作用强烈，地表支离破碎，沟谷纵横，河流交错，构成了复杂的山区地貌，影响太阳辐射和水热资源的再分配，形成了不同的小气候，使全市土地利用和农业生产呈现多样性的特点。冀北山地又可分为坝下山地和燕山山地两大部分。坝下山地：主要由中山、低山、丘陵、山间盆地和河流谷地组成。包括丰宁、围场两县的坝下地区，以及隆化县、滦平县、承德县、平泉市和双桥区、双滦区的大部分地区，总面积4483.8万亩，占全市土地总面积的75.6%，占坝下地区总面积的85.3%。全区地势自西北向东南呈阶梯式倾斜，海拔1300～1500米，相对高度500～800米，坡度多在25°～35°。北部坝根地区，河谷多为“V”形谷，狭窄，阶地不发育，山体阴坡森林植被保存较多。中南部地势降低，由低山丘陵和较宽的河流谷地组成，耕地多分布在滦河、潮河等干流及其支流的两侧阶地上，是全市农产品的主产区。燕山山地：位于承德市的最南部，长城北侧，包括兴隆、宽城两县和鹰手营子矿区，总面积780.24万亩，占全市总面积的13.2%，占坝下地区总面积的14.7%，属长城以北燕山山脉主脉区。该区山地面积较广，海拔一般为400～1200米，高差多在150～700米之间，坡度在40°以上。山高谷深，沟川并列，地势复杂。燕山山脉主峰雾灵山位于本区西部，海拔2116.2米，为最高控制点。其东部最高峰为都山，海拔1846米。该区耕地较少，且多为坡地，水土流失严重。

（**魏舜煜　供稿**）

【土壤】 承德市土壤类型，按第二次全国土壤普查时的发生学分类，共13个土类，31个亚类。其中地带性土壤5个土类，包括棕壤、褐土、灰色森林土、栗钙土和黑土；隐域性土壤8个亚类，包括潮土、风沙土、粗骨土、新积土、石质土、草甸土、山地草甸土和沼泽土。

棕壤，是承德市分布面积最大的土壤类

型。总面积1917314.6公顷，占全部土类面积的47.6%，广泛分布于坝下地区海拔约700米以上的山地垂直带上，包括典型棕壤、棕壤性土、潮棕壤3个亚类。褐土，是承德市坝下地区的基带土壤，总面积1485216.5公顷，占全部土类面积的36.9%，包括5个亚类：淋溶褐土、典型褐土、石灰性褐土、潮褐土和褐土性土。灰色森林土，呈带状分布于围场、丰宁坝上地区，总面积183867.7公顷，占全部土类面积的4.56%。分典型灰色森林土、暗灰色森林土2个亚类。栗钙土是坝上地区的地带性土壤之一，全部分布在丰宁县北部坝上地区，总面积128148.7公顷，占全部土类面积的3.2%，含暗栗钙土，典型栗钙土、淡栗钙土、草甸栗钙土和栗钙性土，共5个亚类。黑土，是坝上地区的地带性土壤，仅分布于围场坝上红松洼一带的高原面上，仅典型黑土1个亚类，总面积16152.1公顷，占全部土类面积的0.40%，主要分布在围场东北部地区。潮土，广泛分布于坝下地区的河谷低阶地上，总面积77372.7公顷，占全部土类面积的1.92%。分典型潮土、盐化潮土2个亚类。风沙土，分布在围场丰宁两县北部，坝上地区分布较集中。仅草原风沙土1个亚类。总面积49425.6公顷，占全部土类面积的1.23%。粗骨土，分布于坡度较大，侵蚀严重的山地阳坡，中南部分布较多，其他地区呈零星分布。仅中性粗骨土1个亚类。总面积28824.6公顷，占全部土类面积的0.72%。新积土，主要分布在承德中南部河漫滩阶地上，总面积28217.3公顷，占全部土类面积的0.70%。分典型新积土和冲积土2个亚类。石质土，主要分布于中南部的石灰岩、砂砾岩山地。仅中性石质土1个亚类。总面积21647.0公顷，占全部土类面积的0.54%。草甸土，主要分布在围场，丰宁坝上和接坝地区，隆化县西北部有少量呈条状分布。总面积21300.9公顷，占全部土类面积的0.53%。分典型草甸土、石灰性草甸土、潜育草甸土和盐化草甸土4个亚类。山地草甸土，主要分布在围场北部，平泉、隆化、滦平也有少量分布，分布于棕壤以上的山地垂直带上，仅典型山地草甸土1个亚类。总面积20489.6公顷，占全部土类面积的0.51%。沼泽土，分布在围场、丰宁坝上地区的河谷，洼地上，总面积19357.4公顷，占全部土类面积的0.48%。分草甸沼泽土、泥炭沼泽土、腐泥沼泽土3个亚类。

表2　**2021年承德市主要土类面积及占比情况一览表**

土　类	面积（公顷）	占　比	主要分布	其他备注
棕壤	1917314.6	47.6%	全部（除坝上）	主要土类
褐土	1485216.5	36.9%	全部（除坝上）	主要土类
灰色森林土	183867.7	4.56%	围场、丰宁坝上	带状分布
栗钙土	128148.7	3.2%	丰宁北部坝上	
黑土	16152.1	0.40%	围场东北部	
潮土	77372.7	1.92%	河流水域	
风沙土	49425.6	1.23%	围场、丰宁坝上	
粗骨土	28824.6	0.72%	中南部集中	
新积土	28217.3	0.70%	承德中南部	

续表 2

土　类	面积（公顷）	占　比	主要分布	其他备注
石质土	21647.0	0.54%	承德中南部	
草甸土	21300.9	0.53%	围场、丰宁坝上	隆化条状分布
山地草甸土	20489.6	0.51%	围场北部	
沼泽土	19357.4	0.48%	围场、丰宁坝上	
未分类	32088.7	0.71%		

表 3　　**2021 年承德市土壤养分平均值一览表**

养分种类	有机质	全氮	有效磷	速效钾	有效锰	有效铁	有效锌	有效铜	pH
单位	克/千克	克/千克	毫克/千克	毫克/千克	毫克/千克	毫克/千克	毫克/千克	毫克/千克	
平均含量	18.98	0.94	18.73	143.32	21.44	24.59	1.59	1.22	7.02

（王亚军　供稿）

气候气象

【概况】　承德属于暖温带向寒温带、半湿润向半干旱过渡的大陆季风型燕山山地气候，年平均气温 8.0℃，年平均降水量 531.0 毫米，年平均日照时数 2638.1 小时。2021 年，全市年平均气温 8.3℃，较常年偏高 0.3℃，冬季、春季和秋季气温接近常年，夏季气温偏低；全市年平均降水量 851.1 毫米，较常年偏多 6 成，居历史第一位，冬季降水显著偏少，春季降水偏少，秋季降水异常偏多，夏季降水显著偏多；全市年平均日照时数 2381.0 小时，属于日照显著偏少年份，冬季日照时数偏多，春季偏少，夏季和秋季显著偏少。2021 年主要天气气候事件有干旱、强降水、高温、冰雹、大风、沙尘、大雾、寒潮、降雪等。

【气温】　2021 年全市各县（市、区）年平均气温在 5.4 ~ 10.0℃之间，平均为 8.3℃，与常年值（8.0℃）相比偏高 0.3℃，与 2020 年（8.1℃）相比升高了 0.2℃，属于气温正常年份。2021 年全市年平均气温分布为：北部 5.4℃ ~ 7.7℃，中部 8.3℃ ~ 9.6℃，南部 8.7℃ ~ 10.0℃。全市各县（市、区）气温距平在 −0.8℃ ~ 0.9℃之间，除围场、隆化和承德县偏低外，其他县（市、区）均偏高。承德县偏低最多，偏低 0.8℃，兴隆偏高最多，偏高 0.9℃。根据气候异常度划分标准，2021 年，承德县气温偏低，隆化和围场气温正常，其他县（市、区）气温均偏高。

【降水】　2021 年全市年平均降水量 851.1 毫米，较常年（531.0 毫米）偏多 320.1 毫米，降水距平百分率为 60.3%，根据气候异常度的划分标准，属于降水异常偏多年份，年降水量居历史第一位。从全市各县（市、区）年降水量来看，北部 589.3 ~ 685.0 毫米，中部 751.4 ~ 900.5 毫米，南部 1071.8 ~ 1282.1 毫米，各县（市、区）年降水量均超过常年。根据气候异常度的划分标准，2021 年，滦平、市区、兴隆、承德县和宽城降水异常偏多，丰宁、围场、隆化和平泉降水显著偏多。

【日照】 2021年全市年平均日照时数2381.0小时，较常年（2638.1小时）偏少257.1小时，属于日照显著偏少年份。各县（市、区）日照时数在2257.7～2472.4小时之间，丰宁日照时数最多，围场日照时数最少。从各县（市、区）日照时数距平来看，围场、平泉日照异常偏少，丰宁、隆化、滦平、兴隆和承德县显著偏少，市区偏少，宽城接近常年。

【干旱】 2021年承德市气象干旱（轻旱及以上）日数为52.9天，较常年（119天）偏少66.1天，偏少一半以上，主要集中在上半年。各县（市、区）干旱日数分布不均，其中丰宁最多，为72天，承德县最少，为23天。

【强降水】 2021年全市平均降水日数99.6天，较常年偏多26.4%。其中小雨（0.1～9.9毫米）686站次，中雨（10.0～24.9毫米）111站次，大雨（25.0～49.9毫米）72站次，暴雨（≥50.0毫米）27站次，为历史最多。暴雨较常年偏多203.4%，大雨较常年偏多109.3%，中雨较常年偏多22.1%，小雨较常年偏多33.4%。2021年全市共发生暴雨13次：6月14日宽城，6月25日丰宁和滦平，6月29日丰宁，7月1日市区，7月3日市区和宽城，7月8日兴隆，7月12—13日丰宁、平泉、滦平、承德县、兴隆和宽城，7月27日兴隆，7月30日平泉、兴隆和承德县，8月13日宽城，8月15—16日兴隆和宽城，9月20日平泉、市区、兴隆和承德县，9月25日滦平。强降水过程主要出现在7月12—13日、7月30日和9月20日，其中7月12—13日的暴雨过程影响较大。

【高温】 2021年承德市平均高温日数0.6天，较常年（2.5天）偏少1.9天。空间分布上，高温主要集中在中部地区，市区高温日数最多，为2天，其次是丰宁、承德县和宽城，为1天。高温过程出现在6月11—12日。其中6月11日高温影响范围最广，丰宁、市区、承德县和宽城均出现高温。6月11日，市区出现了年内全市最高气温，为36.0℃。

【冰雹】 2021年承德市共出现19站次冰雹，较常年偏少13.6%，全市均出现冰雹，出现时间分别为：6月25日、6月28—29日、7月1日、7月7—8日、8月5日、8月12日、8月16日和9月9日。7月1日市区出现冰雹，最大冰雹直径为2.5厘米。

【大风】 2021年承德市平均大风日数24.2天，较常年值（8.2天）偏多16.0天，已经连续五年偏多一倍以上。丰宁出现大风日数最多，为80天，其次隆化38天，宽城26天，市区20天，围场15天，平泉和兴隆13天，承德县7天，滦平6天。

【沙尘】 2021年承德市平均沙尘日数6.7天，较常年偏多157.7%。全年出现沙尘暴3站次，扬沙52站次，浮尘11站次。沙尘天气主要出现在春季，全市9个国家站均出现沙尘，丰宁、围场和兴隆的沙尘日数最多，为9天。沙尘过程出现日期为：2月23日、3月15—16日、3月22日、3月28日、4月15—16日、5月3—4日、5月6—8日和5月21—23日。3月15日承德市出现2003年以来最强沙尘天气，丰宁和围场出现沙尘暴，其他县（市、区）出现扬沙天气。5月6—8日，全市均出现沙尘天气。其中6—7日全区出现扬沙，与1972年和1991年并列单日沙尘影响范围历史同期第一广。

【大雾】 2021年承德市平均大雾日数20.2天，较常年偏多9.7天，集中出现在夏、秋两季。承德县出现大雾日数最多，为29天，其次宽城27天，兴隆和滦平26天，隆化23天，市区18天，平泉16天，丰宁13天，围场4天。

【寒潮】 2021年全市平均寒潮日数15.4天，较常年（12.1天）偏多3.3天。春末夏初承德市出现罕见的寒潮天气，其中5月24日隆化出现寒潮，5月25日围场、隆化和平泉出现寒潮，6月3日平泉出现寒潮；秋季最早的寒潮出现在10月11日。2月发生寒潮最多。影响范围超过4个县（市、区）的寒潮降温过程共13次，分别为1月5—7日，2月2日、15—17日、22—24日，3月5—7日、29—30日，4月4日、13—14日，5月5日，10月11—12日、16—17日，11月7—8日，12月24—26日，其中1月5—7日、10月16—17日寒潮影响范围广，降温幅度大。

【降雪】 2021年，承德市年平均降雪日数为13.8天，较常年（20.5天）偏少32.7%。全年降雪日数，丰宁最少，为10天，围场最多，为22天。各县（市、区）降雪日数均低于常年值。较强降雪过程主要出现在1月25日、2月14—16日、2月28日—3月1日、3月18—20日、11月6—7日、11月21日、11月29日和12月9日。其中11月6—7日降雪过程影响较大。

（于　超　供稿）

河流水系

【概况】 承德市河流分属三大流域，即滦河流域、潮白蓟运河流域、辽河流域。滦河流域集水面积为28878平方千米，约占全市总面积的72.5%，主要一级支流有小滦河、兴洲河、伊逊河、武烈河、老牛河、柳河、瀑河、瀑河等。潮白蓟运河流域集水面积为6777平方千米，约占全市总面积的17%，主要一级支流有潮河、白河等。辽河流域集水面积4154平方千米，在承德市分为辽河南和辽河北两部分，分别约占全市总面积的7.0%和3.4%，主要一级支流有大凌河、阴河、西路嘎河、老哈河等。

【滦河流域】 滦河流域内流域面积大于1000平方千米的一级支流8条，分别为小滦河、兴洲河、伊逊河、武烈河、老牛河、柳河、瀑河、瀑河；二级支流1条，蚁蚂吐河。

小滦河　小滦河是滦河一级支流，发源于围场坝上陡林子，在隆化县郭家屯镇西屯村汇入滦河。河长152.1千米，流域面积2038平方千米，多年平均径流量1.1亿立方米，实测最大1.39亿立方米，最小0.57亿立方米，年平均流量4.38立方米／秒。1917年调查测算最大洪峰流量达924立方米／秒。

兴洲河　兴洲河是滦河一级支流，发源于丰宁选将营乡杨树底下村北，在滦平县张百湾镇张百湾村汇入滦河。河长125.95千米，流域面积1965平方千米，多年平均径流量1.42亿立方米。1939年调查测算最大洪峰流量为940m立方米／秒。

伊逊河　伊逊河是滦河一级支流，发源于围场哈里哈乡老岭山，在双滦区西地乡下湾子村汇入滦河。河长236.73千米，流域面积6734平方千米，多年平均径流量3.98亿立方米。1958年实测最大洪峰流量为2020立方米／秒。

武烈河　滦河一级支流，发源于围场满族蒙古族自治县道至沟，在双桥区雹神庙村汇入滦河。河长118.63千米，流域面积2606平方千米，多年平均径流量2.63亿立方米。1938年历史调查最大洪峰流量4500立方米／秒。

老牛河　老牛河是滦河一级支流，发源于承德县五道沟乡圣祖庙，在下板城镇中磨村汇入滦河。河长80.94千米，流域面积1686平方千米，多年平均径流量1.75亿立方米。1983年实测历史最大洪峰流量为3570立方米／秒。

柳河 柳河是滦河一级支流，发源于兴隆县南双洞乡八拨子岭，在柳河口村汇入滦河。河长156.23千米，流域面积1195平方千米，多年平均径流量2.54亿立方米。1962年实测历史最大洪峰流量为2740立方米／秒。

瀑河 瀑河是滦河一级支流，发源于平泉市七老图山南麓，在宽城县瀑河口村汇入滦河。河长155.77千米，流域面积1991平方千米，多年平均径流量2.54亿立方米。1962年实测历史最大洪峰流量为3830立方米／秒。

潵河 潵河是滦河一级支流，发源于兴隆县樟帽山林场，在迁西县潵河桥镇北汇入滦河。河长98.3千米，流域面积1136平方千米，多年平均径流量2.47亿立方米。1962年实测历史最大洪峰流量2180立方米／秒。

蚁蚂吐河 蚁蚂吐河是滦河二级支流，又称伊玛图河，发源于围场燕格柏乡大骡马沟，在隆化县山咀村汇入伊逊河。河长143.13千米，流域面积2422平方千米，多年平均径流量1.456亿立方米。1985年调查测算最大洪峰流量为546立方米／秒。

【潮白蓟运河流域】 由潮河、白河及蓟运河三条河流汇聚而成。潮河干流发源于丰宁满族自治县上黄旗哈拉海沟，经过丰宁满族自治县城、滦平县部分乡镇汇入密云水库，干流全长253千米，在承德市境内205.21千米。白河干流发源于张家口市大马群山，其两条支流汤河和天河均发源于丰宁满族自治县西部的东猴顶；蓟运河支流泃河、州河发源于兴隆县南部。潮白河流经承德市丰宁、滦平、兴隆和承德县4个县，境内总面积6776.74平方千米，占密云水库上游流域面积的38.7%，是首都北京的主要水源地。

潮河 潮河是潮白河的上源之一，发源于丰宁哈拉海湾村，经古北口南入密云水库。河长205.21千米，流域面积4787.39平方千米，地处燕山山脉中段，北高南低，年降水量550～650毫米，多年平均径流量3.51亿立方米。1961年实测历史最大洪峰流量484立方米／秒。

汤河 汤河是白河支流，发源于丰宁满族自治县南台子村，于汤河乡大草坪村汇入北京市怀柔区，在汤河口入白河。在丰宁满族自治县境内河长65.99千米，流域面积622平方千米，地处燕山山脉中段，西北高东南低，多年平均径流量0.48亿立方米。

【辽河流域】 发源于平泉和围场，境内流域面积3568.9平方千米，干流全长64.93千米。辽河水系支流大凌河、阴河、西路嘎河及老哈河，西路嘎河和老哈河为辽河水系上源，老哈河为主源，是辽河源头，大凌河属山溪性河流，直接入海。

大凌河 发源于平泉东北部的榆树林子和九神庙分水岭，境内流域面积434.9平方千米，干流全长4.87千米。小凌河（大凌河西支）为大凌河一级支流，在平泉东北部有两支上源，两源汇流后汇入小凌河，于喀喇沁左翼蒙古族自治县汇入大凌河。在平泉境内河长4.87千米，流域面积434.9平方千米，多年平均降水量576毫米，承德市境内多年平均径流量0.38亿立方米。

阴河 发源于围场庙子沟，经围场张家湾乡至内蒙古自治区的蒙古营子汇入赤峰境内，是老哈河二级支流，下游汇入老哈河的一级支流英金河，在围场境内部分又称新拨河，在围场县内河长71.23千米，流域面积1534.8平方千米，源头高程1500米，出境高程990米，流域属半干旱半湿润地区，年降水量490毫米，承德市境内多年平均径流量0.79亿立方米。1958年调查测算最大洪峰流量为415立方米／秒。

西路嘎河 位于围场境内，也称乌拉岱河，发源于围场东部夹皮川漫甸山，于杨家湾乡兴巨德村北汇入内蒙古自治区赤峰市入辽河。在围场满族蒙古族自治县河长61.73千米，流域面积685平方千米，源头高程1300米，出境高程874米，流域属半干旱半湿润地区，年降水量460毫米，承德市境内多年平均径流量 0.23 亿立方米。

老哈河　位于辽河水系西辽河南源，发源于平泉柳溪乡光头山，于内蒙古宁城县甸子乡入西辽河。在平泉境内河长 64.93 千米，流域面积 914.2 平方千米，源头高程 1520 米，出境高程 610 米，流域属中温带丘陵盆地半干旱区，大陆性季风气候，年降水量 550 毫米，年平均径流量 0.84 亿立方米。

表 4　**2021 年承德市主要河流情况一览表**

流域名称	河流名称	河流等级	流域面积（平方千米）	起点	终点	长度（千米）
滦河流域	小滦河	一级支流	2038	围场西北部塞罕坝上	滦河	152.1
	兴洲河	一级支流	1965	丰宁选将营子川	滦河	125.95
	伊逊河	一级支流	6734	围场哈里哈乡	滦河	236.73
	武烈河	一级支流	2606	围场道至沟	滦河	118.63
	老牛河	一级支流	1686	承德县五道沟乡	滦河	80.94
	柳河	一级支流	1195	兴隆南双洞乡	滦河	156.23
	瀑河	一级支流	1991	平泉七老图山南麓	滦河	155.77
	潵河	一级支流	1136	兴隆樟帽山林场	滦河	98.3
	蚁蚂吐河	二级支流	2422	围场燕格柏乡	伊逊河	143.13
潮白蓟运河流域	潮河	一级支流	4787.39	丰宁上黄旗哈拉海沟分水岭	密云水库	205.21
	汤河	一级支流	622	丰宁南台子村	白河	65.99
	安道木河清水河	一级支流	494	承德县、兴隆	密云水库	
	白河	一级支流	820	丰宁	黑河	54
	洵河	一级支流	289	兴隆		
	沙河	一级支流	386	兴隆		
辽河流域	大凌河	一级支流	434.9	平泉榆树林子	辽河	4.87
	阴河	一级支流	1534.8	围场庙子沟	英金河	71.23
	西路嘎河	一级支流	685	围场东部	辽河	61.73
	老哈河	一级支流	914.2	平泉柳溪乡光头山	辽河	64.93

（滕树海　刘玉铭　供稿）

自然资源

【矿产资源】　承德市已发现各类矿产 90 种（能源矿产 6 种，金属矿产 30 种，非金属开采 52 种，水汽矿产 2 种），经勘查并有储量记载的有 59 种，开发利用的 52 种，探明矿产地 353 处。其中，油页岩、钒、钛、钼、银、铅、铂、钯、萤石、磷矿、金、矿泉水 12 种矿产资源储量居全省首位；铁、铜、硫铁、沸石、锌 5 种居全省第二位；地热资源也有一定优势。

矿产资源分布。铁矿资源分布：单一磁铁矿（鞍山式）主要分布在兴隆南部、丰宁的杨营子石灰窑、滦平的周台子、宽城的豆子沟；钒钛磁铁矿（大庙式）主要分布在承德县、双滦区和隆化县的大乌苏沟；超贫钒钛磁铁矿主要分布在滦平的红旗和小营、宽城的孤山子和亮甲台、平泉的娘娘庙和沙坨子。金矿、银矿、铂钯矿主要分布在宽城满族自治县、平泉市、丰宁满族自治县；铜、钼矿主要分布在丰宁满族自治县、平泉市。油页岩分布在丰宁满族自治县、围场满族蒙古族自治县。

优势矿产资源储量。黑色金属矿产储量，钒、钛矿产资源储量居全省首位，铁矿占全省储量的36%，按矿石类型分类，主要分单一磁铁矿（鞍山式），钒钛磁铁矿（大庙式），超贫钒钛磁铁矿3类。

（魏舜煜　供稿）

【水资源】　承德市是首都圈的“水源高地”，东有潘家口和大黑汀水库，西有潮河等流入密云水库，是京津冀首都圈的重要水源区。潘家口水库的93.4%水量和密云水库56.7%的水量来自承德。根据全国水资源综合规划评价结果，承德市多年平均（1956—2000年）地表水资源量为36.0亿立方米，地下水资源量为17.1亿立方米，扣除地表水和地下水资源重复计算量，全市水资源总量为37.6亿立方米，人均水资源量为995立方米。全市水资源具有时空分布不均，年际变化异常悬殊的特点。受降水及地形地貌等因素的影响，水资源量从北向南、从上游向下游递增，北部围场、丰宁径流深在55毫米以下，兴隆、宽城满族自治县南部沿长城一线多年平均年径流深为170～230毫米。由于全年降水量主要集中在7—9月，导致径流在年内分配也不均匀，全年径流近70%集中在汛期，特别是丰水年汛期径流占比高达80%，南部平泉、宽城、兴隆高达90%。全市水资源量的年际变化也很大，天然年径流量特征值都在0.5以上，全市1959年径流量最大为109.06亿立方米，2000年最小为9.23亿立方米。

承德境内包括3个水资源三级区，分别是滦河山区、北三河山区及和西拉木伦河及老哈河区。从境内3个区的水资源量来看，滦河流域平均年径流量26.46亿立方米，水资源量为27.22亿立方米，占全市水资源总量的73.5%。北三河区的潮白蓟运河流域在承德市境内分为两片，一片为西部的潮白河水系，平均年地表径流量为5.25亿立方米，水资源总量为5.37亿立方米，另一片为南部的蓟运河水系，是全市降水量及单位面积产水量最大的地区（单位面积产水量为全区平均值的2.7倍），平均年地表径流量为1.69亿立方米，水资源总量为1.72亿立方米。辽河流域北片的阴河、乌力代河、西路嘎河，平均年径流量为1.42亿立方米，水资源总量为1.45亿立方米；南片的大凌河和老哈河，年径流量为2.22亿立方米，水资源总量为1.25亿立方米。

承德市地下水为典型的浅层地下潜水，含水层为山间河谷盆地极薄含水层类型，含水层厚度多为5～13米，水位埋深多在1～6米，含水层水量调蓄能力极弱。受地下水含水层特性影响，承德市地下水主要为河川基流，地下水与地表水相互转化极其剧烈，其富水程度与地表径流大小密切相关，呈现丰枯同步、多寡一致的特征。

（滕树海　刘玉铭　供稿）

【能源】　截至2021年底，全市电力总装机达到1038.13万千瓦，发电量达到248.54亿千瓦时。其中，火电装机176.8万千瓦，发电量达84.59亿千瓦时；风电装机达到538.2万千瓦，发电量134.84亿千瓦时；光伏发电装机251.88万千瓦，发电量27.05亿千瓦时；水电64.95万千瓦，发电量0.63亿千瓦时；生物质发电6.3万千瓦，发电量1.43亿千瓦时。全市共有500千伏站4座，主变8台，变电容量6900兆伏安；220千伏站21座，主变41台，主变容量6720兆伏安；110千伏站68座，主变138台，主变容量6317.5兆伏安。220千伏线路95条，总长度3155千米。

110千伏线路133条，总长度2928千米。真正实现以500千伏为主供电源、220千伏为网架支撑、110千伏为供电延伸、中低压配电网架结构逐步完善、新能源与电网协调发展的现代化智能电网。全市迄今已探明的地热温泉点有12处，均属低温地热（25℃～90℃），现有丰宁洪汤寺、围场山湾子、隆化七家、茅荆坝、承德县头沟等地8处地热资源被开发利用。主要用于洗浴疗养、养殖及饮用水加工。浅层地热供暖面积达477万平方米，污水源热能供暖面积达19.9万平方米。

（杨　烁　供稿）

人口　民族　宗教

【人口】　截至2021年年末，全市常住人口为333.63万人，较2020年减少1.52万人，减少0.46%，人口总量位居全省第十位。全市经济发展滞后，青壮年人口外流较为严重，出生人口逐年减少，2021年承德市出生人口2.35万人，出生率仅为7.05‰，创下中华人民共和国成立以来的历史新低。2021年全市60岁及以上人口为75.35万人，占全市人口的22.58%，较2020年提高0.59个百分点；65岁及以上人口为50.99万人，占全市人口的15.28%，较2020年提高1.2个百分点，老龄化进一步加重。2021年全市城镇人口192.40万人，城镇化率57.67%，较2020年提高1.09个百分点，城镇化率较高的县（市、区）为双桥区95.96%，营子区为93.77%，双滦区83.83%，高新区79.50%，宽城满族自治县59.06%，平泉市58.05%。

（陈立永　供稿）

【民族】　截至2021年末，除乌孜别克族、撒拉族外，全市共有汉族、满族、蒙古族、回族等54个民族，少数民族人口177.4万人，占全市总人口的53.2%，占全省少数民族人口的47.2%。其中，满族154.3万人，蒙古族18.9万人，回族3.1万人，其他少数民族1.1万人，500人以上的少数民族有5个；10人以下的有17个。有丰宁、宽城、围场3个自治县和滦平、隆化、平泉三个民族县（市），20个民族乡，1772个民族村，是河北省民族自治区划和少数民族人口最多的地级市。除鹰手营子矿区、高新区外，其余县（市、区）均为省民族工作重点县（市、区）。

【宗教】　承德市有佛教、道教、伊斯兰教、天主教、基督教五大宗教，并有相应的5个市级宗教团体，分别是市佛教协会、市道教协会、市伊斯兰教协会、市天主教爱国会、市基督教三自爱国运动委员会（基督教协会），有信教群众21275人，教职人员188人，宗教活动场所145处。兴隆、平泉、双桥、围场、滦平、隆化、承德县为宗教工作重点县（市、区）。

（白　杨　供稿）

中共承德市委

综　述

2021 年，是承德发展历史上极不平凡的一年，是承德备受关注、备受瞩目的一年。中共中央总书记习近平莅临承德视察，全市上下欢欣鼓舞，迎来重大发展机遇。面对百年变局交织、经济下行压力加大、新冠疫情多点散发的严峻形势，面对开局“十四五”、开启新征程繁重任务，中共承德市委始终坚持以习近平新时代中国特色社会主义思想为指导，深入学习贯彻党的十九大和十九届历次全会精神，全面贯彻落实习近平总书记视察承德重要讲话指示精神，落实省委“3689”战略部署，从党的百年奋斗历程中汲取奋进力量，统筹推进疫情防控和经济社会发展，扎实做好“六稳”工作，全面落实“六保”任务，在建党百年、“十四五”开局之年、市县乡村换届之年，有力推动经济稳中有进、稳中向好。全市政治建设、文化建设、社会建设、生态文明建设和党的建设都取得新成就，全面开启建设高质量发展的“生态强市、魅力承德”新征程。

全面加强党的建设

【概况】　市委始终坚持全面加强党的建设，不断提升执政能力和领导水平，坚持党要管党、全面从严治党，不断推进党的建设新的伟大工程，以高质量党建引领高质量发展。以中共党史学习教育为契机，深化党的理论武装，开展“不忘初心、牢记使命”主题教育，加强市委自身建设、基层组织建设、领导班子和干部队伍建设，推进党风廉政建设。

【把政治建设摆在首位】　坚持从市委常委会做起，严守政治纪律和政治规矩，制定《加强市委常委会自身建设的意见》《加强对“一把手”和领导班子监督的意见》，带头贯彻民主集中制，完善市委常委会决策议事机制，健全重大事项请示报告制度，不断增强“四个意识”、坚定“四个自信”、做到“两个维护”，提高政治判断力、政治领悟力、政治执行力，做到“六个走在前、做表率”，始终同以习近平总书记为核心的党中央保持高度一致。全力支持人大、政府、政协和监委、法院、检察院履职尽责，加强党管武装和军民融合工作，巩固发展新时代爱国统一战线，更好发挥群团组织桥梁纽带作用，凝聚起改革发展的强大合力。

【开展中共党史学习教育】　深入开展中共党史学习教育、“四史”（党史、新中国史、改革开放史、社会主义发展史）宣传教育，明确重点任务和推进机制，与“团结就是力量”活动紧密结合，学党史、悟思想、办实事、开新局。对市委管理的县处级干部进行全员轮训，举办各类专题研讨班、培训班、网班。发挥“蒲公英”宣讲队作用，分层次开展“六进”（农村、社区、机关、企业、学校、网络）宣讲。依托董存瑞烈士陵园、王厂沟冀东抗日遗址等红色文化资源，开展重温入党誓词、讲专题党课、“永远跟党走”等红色教育活动。

【领导班子和干部队伍建设】　以换届为契机，坚持党管干部原则和好干部标准，坚持一线识别优劣，重在平时，配强配优干部，大力选拔优秀年轻干部，严肃换届纪律和换届风气，完成换届选举任务，各级领导班子梯次配备，年龄结构和学历结构明显改善，实现“五个好”目标。扎实开展“牢记习总书记嘱托，聚力高质量发展”干部大培训、工作大比拼活动，各级干部在比学赶超中提升创先争优能力和水平。坚持用好“三个区分开来”，形成解放思想、创新创业、干事成事的浓厚氛围。

【全面加强基层组织建设】 牢固树立大抓基层的鲜明导向，深入开展“三基”建设年活动，广泛开展系列“党旗红”活动，全面加强农村、社区、机关、学校、医院、国企、两新等领域党组织建设。加快推进党建示范区（带）建设，组织开展基层党建观摩拉练活动，带动全市基层党建质量实现大提升。深入实施“红色网格全覆盖”，建强村居“六位一体”组织体系，社会组织孵化基地完成建设。

【推进党风廉政建设】 严格履行全面从严治党主体责任和“一岗双责”，定期研究班子成员和下级领导班子履职情况，推动全面从严治党向纵深推进、向基层延伸。自觉执行中央八项规定及其实施细则精神，持之以恒纠治“四风”，深入开展“六治六提”纪律作风专项整顿，查纠整改影响落实的“拖、庸、浮、僵、奢、散”等顽瘴痼疾，形成求真务实、担当作为的新风正气。全面启动市委十五届首轮巡察，高标准开展市委巡察机构在上下联动中更好发挥作用试点工作。始终保持党风廉政建设和反腐败斗争的高压态势，用好用活“四种形态”，一体推进不敢腐、不能腐、不想腐。

明晰发展思路

【概况】 坚持以习近平新时代中国特色社会主义思想领航定向，进一步明晰高质量发展思路。立足新发展阶段、贯彻新发展理念、构建新发展格局，全力推进高质量发展，拥护“两个确立”，做到“两个维护”，始终用中共中央总书记习近平新时代中国特色社会主义思想武装头脑、指导实践、推动工作。

【贯彻中共中央总书记习近平新时代中国特色社会主义思想】 坚持把学习贯彻习近平新时代中国特色社会主义思想作为首要政治任务，着眼于更加深刻认识习近平新时代中国特色社会主义思想的时代意义、理论意义、世界意义，深刻体悟彰显和贯穿其中的坚定理想信念、真挚人民情怀、无畏担当精神、科学思想方法，建立市委常委会“第一议题”政治学习、理论学习中心组定期研讨制度，坚持原原本本学、全面系统学、及时跟进学、笃信笃行学，党的创新理论在广大党员干部心中扎根铸魂。全年市委常委扩大会议学习40次，市委理论学习中心组集中学习14次，带动县处级以上党委（党组）理论学习中心组开展学习1274次，举办专题读书班6225期。

【落实中共中央总书记习近平视察承德讲话指示精神】 坚持把中共中央总书记习近平视察承德重要讲话指示精神作为推进高质量发展的根本遵循。8月23日至24日，中共中央总书记习近平亲临承德视察，作出一系列重要讲话和重要指示，为承德开启新征程、开创新未来提供最根本的政治引领、最强大的思想武器、最难得的发展机遇。市委专门召开十五届二次全会，出台贯彻落实意见，成立高规格领导小组和14个工作专班，坚持一周一总结、半月一调度，领导干部一线推动，全市上下协调联动，以再建功立业的实际成效感恩总书记、感谢党中央。共召开领导小组会议15次，向20个国家部委、41个省直厅局争取到位资金104.2亿元，列入计划支持资金373.16亿元，争取支持事项198个，与60余家央企国企京企对接合作，19 个项目签约落地。

【弘扬塞罕坝精神】 坚持把中共中央总书记习近平亲自倡导亲自批示的塞罕坝精神作为宝贵精神财富和引领高质量发展的持久动力。将大力弘扬塞罕坝精神作为认真践行习近平新时代中国特色社会主义思想的具体化、实践化、承德化，全面植入灵魂血脉、植入高质量发展全过程、植入为人民服务实践中，筑牢“牢记使命、艰苦创业、绿色发展”的思想共识，直面发展中的重点难点堵点问题，勇于在复杂环境中自我完善、自我革新、自我提高，努力走出一条绿色发展、创新发展、高质量发展、绿水青山就是金山银山的发展路径。

【谋划未来发展路径】 坚持以党中央和省委决策部署谋划未来五年乃至更长时期的发展路径，市委常委带队深入县区、企业、基层开展调研座谈，四大班子充分讨论酝酿、反复研究论证，着力用好专家和群众两个“智库”。在市第十五次党代会上，科学研判“七个双重”发展阶段性特征，确定全面建设高质量发展的“生态强市、魅力承德”总目标和“三区两城”发展定位，明晰“四个转化”发展路径。这一思路得到省委、省政府的充分肯定，得到广大人民群众的一致认同。

明确发展战略

【概况】 完整准确全面贯彻新发展理念，以构建现代化产业体系引领经济全面绿色转型。面对能源革命和转型发展双重机遇，始终把高质量发展牢牢抓在手上，坚持供给侧和需求侧双向发力，将新发展理念贯穿发展全过程和各领域，推动实现更高质量、更有效率、更加公平、更可持续、更为安全的发展。

【主导产业升级重构】 牢固树立“强产业”思维，站在产业链高端“掐尖”发展，创新实行主导产业链“链长制”，全力推进清洁能源产业重构、钒钛新材料产业升级、文旅康养体育产业精准发展、绿色食品及生物医药产业做大做强、特色智能制造产业集群发展、大数据产业加速突破，丰宁抽水蓄能电站、建龙钒钛高科无缝钢管智能制造、兴隆大数据创新基地等一大批强链补链延链重点项目落地见效，打造“中国绿氢谷”“中国钒谷”“国家全域旅游示范区”“北方仪器仪表城”“京津绿色有机农产品供应基地”“京北数谷、声谷”，“3+3”主导产业增加值占地区生产总值比重超过 50%。

【项目建设提质增效】 坚持把项目建设作为经济工作主抓手和产业突破主动能，全面开展“重点项目建设提升年升级加力”行动，建立分月调度、联席会商、专班推进、末位表态等常态化推进机制，组织 2 次集中开工和 2 次观摩拉练，全力提速落地、审批、建设、达产等环节，最大程度形成实物工作量和有效投资。

【中心城区管理】 科学编制国土空间总体规划、城市控制性详细规划和各类专项规划，构建“多规合一”的国土空间规划体系。深入开展城市更新行动，以规划建设“滦河新城”疏解老城，先做生态、再选产业，先做规划、再搞建设，推动中心城区由武烈河发展时代快步迈向滦河发展时代。承平高速全线开工，普宁机场开通“过夜航班”，武烈河沿岸景观亮化、重点街区改造提升、主城区旱厕改造、棚户区老旧小区改造等重点工程有序推进，弱电飞线、村居治理、集贸市场、交通秩序、小广告等突出问题有效解决。

【提升县城和小城镇承载力】 深入实施县城建设提质升级三年行动，扎实开展特色风貌塑造、宜居环境打造等“七个专项行动”。培育打造一批中心镇、文化名镇、商贸重镇、旅游强镇和特色小镇。创建国家级园林县城4个、省级园林县城7个、省级森林城市5个，省级卫生县城实现全覆盖。

【全面实施乡村振兴战略】 深入推进巩固脱贫成果后评估，健全防止返贫动态监测和帮扶机制，全市1.2万户、2.98万人全部落实精准帮扶举措。召开乡村振兴现场观摩会，全力打造5大特色优势产业示范带，开展“千企兴千村”行动，实施产业项目80个。启动大贵口片区10个村省级乡村振兴示范区创建，全力打造乡村振兴样板标杆。实施民宿经济“盛世100”项目和“百村示范、千户带动”工程，制定《乡村民宿星级划分与评价标准》等制度，打造精品民宿重点村103个。持续实施农村人居环境整治提升和美丽乡村建设等工程，136个村启动省级美丽乡村创建。实施乡风文明建设六项行动，村风民风更加淳朴和谐。

【精神文明创建】 以全国文明城市创建为龙头，出台三年行动计划和年度工作方案，建立“1+13”指挥体系和6项创建机制，有针对性开展十大专项整治，9512个点位建立动态台账，实行点位出清机制，新一轮文明城市创建首年考评取得好成绩，文明单位、文明村镇、文明社区、文明校园、文明家庭等创建活动成果丰硕。全面推进新时代文明实践中心建设，积极整合基层公共服务阵地资源，广泛开展文明实践活动，有效增强人民群众的获得感和幸福感。

深化改革扩大开放

【概况】 全面深化改革扩大开放，高质量发展内生动力有效激发。着眼破除影响制约经济社会发展的瓶颈和障碍，市委综合运用改革的思路、开放的办法、创新的思维，在危机中育先机，于变局中开新局。

【深化改革激发活力】 面对“十四五”新的改革关头，更加精准地谋划和推动改革，更加注重战略统筹和系统集成，推出一批重大改革举措。“放管服”改革由“办事一次成”向“办事不用跑”提档升级，市县乡村四级贯通的政务服务体系基本构建。社会信用体系建设扎实推进。

【推进京津冀协同发展】 以京津冀协同发展拓展新空间，坚持主动融入京津、“借京强市”，出台《关于加快承接北京非首都功能疏解的若干政策措施》，坚持线上线下相结合，实施精准选资、靶向招商，提高招商引资的目的性、技术性、持久性，组织赴京对接考察等系列活动，创新实施大企业集团信函招商，引进京津协同发展合作项目。

【深化创新驱动】 围绕推进科技自立自强，抓住重点领域实施科技攻关，注重解决“卡脖子”问题。建立市县两级财政科技投入稳步增长和科技成果产业化机制，大力实施科技型中小企业和高新技术企业“双提升”计划，加强与京津高校、科研院所对接，推进京津研发、承德转化。高标准编制国家可持续发展议程创新示范区年度建设方案，组织实施“四大行动”、16项工程，5个典型模式列入科技部可持续发展案例。

【优化发展环境】 以优化发展环境构筑新优势，坚持把营造一流发展环境作为推进高质量发展的重要举措，扎实开展“三重四创五优化”活动，召开全市优化发展环境大会，出台《打造一流发展环境工作实施方案》，制定六大领域30条针对性措施，全力打造廉洁高效的政务环境、公平公正的法治环境、履约践诺的市场环境、开放规范的金融环境、安全稳定的社会环境、阳光向上的创业环境，市场主体和群众满意度大幅提升。

保护和建设生态环境

【概况】 充分认识生态是可持续发展的第一资源和高质量发展的永恒竞争力，坚决践行中共中央总书记习近平生态文明思想，扛起“两区”建设政治责任，全力推动全系统生态保护、全流域生态建设、全要素价值实现，将生态优势转化为发展优势，高品质生态建设迈出坚实步伐。

【高标准生态环境保护】 把生态立法作为最有效的保护，把制度约束作为最严厉的管控，多次召开市委常委会、生态文明建设委员会会议，制定的《承德市滦河潮河保护条例》，7月经河北省人大常委会批准，将于2022年1月实施。在全国率先开展绿色发展战略环评“三线一单”试点建设，把林长制、湖长制、河湖警长制、河湖管理员制上升到法律层面，打好“蓝天、碧水、净土”保卫战。加强多污染物协同控制和区域协调治理，加强细颗粒物和臭氧协同控制，开展土壤污染防治和矿山环境综合整治，查处破坏生态环境违规违法行为59起。全市地表水国省考断面水质100%达标，生态环境质量继续保持京津冀领先。

【高质量生态环境建设】 把生态环境品质作为群众幸福感、获得感最公平的产品，统筹推进山水林田湖草沙系统治理，大力实施林草资源质量精准提升、京津风沙源治理等工程，加快推进塞罕坝等国有林场“二次创业”，全市水源涵养和生态支撑能力持续提升。正确处理防火和旅游的关系，落实《塞罕坝森林草原防火条例》，组织召开第五届“两市一盟”防灭火联席会议，区域联防联控、群防群治、技防同治能力全面提升。

【高层次推进生态价值实现】 全面落实国家“双碳”战略部署，积极开展战略性谋划和整体性规划，加快排污权、用能权、用水权、碳排放权市场化交易。全省生态产品价值实现机制试点建设有力推进，滦河、潮河流域横向生态补偿机制常态化落实，在全省率先开展林业碳汇试点。

重要会议

【市委全体会议】 5月9日，中国共产党承德市第十四届委员会第十一次全体会议召开。全会审议有关事项，决定于2021年8月召开中国共产党承德市第十五次代表大会。出席全会的有，市委委员43人，候补委员3人。全会由市委常委会主持。会议审议通过《关于召开中国共产党承德市第十五次代表大会的决议》。市委书记董晓宇讲话。市委常委、组织部部长杨培苏就《决议（草案）》作说明。全会要求，要精心起草好党代会报告，认真分析研究承德发展的新情况、新特征，找准上级政策与承德实际的结合点，找到发展路径与资源承载力的结合点，蹚出一条绿色发展、高质量发展的道路，全面建设新时代生态强市、经济强市、魅力承德，打造经济发展的“塞罕坝”。完整准确全面贯彻新发展理念，把经济发展的长板做长，把民生和基础设施领域的短板补齐。坚持构建和融入新发展格局，不断提升区域承载力、发展支撑力、文化软实力。广泛调研论证，充分发挥国家部委、京津科研院所专家和承德干部群众、企业家队伍“两个智库”作用。全会要求，要严格程序选举产生各级党代表和委员，要精心组织开好党代会，要统筹兼顾做好当前工作。持续加强经济运行调度，加强常态化疫情防控，全面抓好生态环保工作，组织开展好中共党史学习教育、政法队伍教育整顿、“三重四创五优化”“三基建设年”等活动。要更加紧密地团结在以习近平同志为核心的党中央周围，坚持以习近平新时代中国特色社会主义思想为指导，认真落实省委决策部署，奋力开创承德高质量发展新局面。

8月9日，中国共产党承德市第十四届委员会第十二次全体会议召开。全会决定，中国共产党承德市第十五次代表大会于2021年8月16日召开。出席全会的有市委委员45名，市委候补委员3名。全会由市委常委会主持。市委书记董晓宇讲话。市委副书记郭旭涛作关于《中国共产党承德市第十四届委员会报告（草案）》的说明；市委常委、组织部部长颜世东作关于中国共产党承德市第十五次代表大会有关重要事项的说明。全会审议通过《中国共产党承德市第十四届委员会报告（草案）》《中国共产党承德市第十四届纪律检查委员会工作报告（草案）》和中国共产党承德市第十五次代表大会有关重要事项，决定提交中国共产党承德市第十五次代表大会审议。全会表决通过《中国共产党承德市第十四届委员会第十二次全体会议决议》。与会人员围绕两个《报告（草案）》进行认真审议。全会强调，要始终坚持正确政治方向，全面对标对表中央规定和省委要求，全力以赴做好各项筹备工作，确保党代会开出高质量好效果。要集中力量抓好当前各项重点工作，以实际行动迎接市十五次党代会胜利召开。要强化经济运行调度，确保完成全年目标任务。要全面抓好疫情防控，以实战状态抓紧抓实各项防控举措。全市上下要更加紧密地团结在以习近平同志为核心的党中央周围，深入贯彻落实党中央和省委重大决策部署，以一流的状态、一流的作风、一流的业绩，为市十五次党代会胜利召开营造良好环境。

8月18日，中国共产党承德市第十五届委员会第一次全体会议召开。董晓宇受市第十五次党代会主席团委托主持会议。十五届市委委员、候补委员出席会议。十五届市纪委委员列席会议。会议听取董晓宇所作的关于十五届市委常委和书记、副书记候选人预备人选的说明，讨论通过《中国共产党承德市第十五届委员会第一次全体会议选举办法》，通过监票人名单，酝酿十五届市委常委和书记、副书记候选人预备人选。本次全会应到市委委员55人，实到51人；应到候补市委委员11人，实到10人，符合法定人数。委员们按照选举办法规定的程序，进行无记名投票，选举产生十五届市委常委、书记、副书记，通过市纪委十五届一次全会选举产生的常委和书记、副书记。新当选的市委书记董晓宇在会上讲话。董晓宇强调，要坚定理想信念，满怀赤子之心，作对党忠诚的表率。要把对党忠诚体现在行动上，始终牢记中共中央总书记习近平嘱托，坚决扛起“两区”建设的政治责任。要紧抓第一要务，积极主动作为，作担当实干的表率，确保党代会确定的各项目标任务落到实处、取得实效。要牢记党的宗旨，坚持人民至上，作为民服务的表率。要发挥核心作用，汇聚各方之力，做团结协作的表率。要扛起主体责任，带头遵规守纪，作清正廉洁的表率。要更加紧密地团结在以习近平同志为核心的党中央周围，在省委的坚强领导下，解放思想、振奋精神、改革创新、真抓实干，为实现市第十五次党代会描绘的美好蓝图、奋力开创建设高质量发展的“生态强市、魅力承德”新局面而努力奋斗。

8月29日，中国共产党承德市第十五届委员会第二次全体会议召开。出席全会的市委委员53名，候补市委委员11名。董晓宇受市委常委会委托主持会议。全会坚持以习近平新时代中国特色社会主义思想为指导，全面贯彻落实中共中央总书记习近平视察承德重要讲话指示精神，落实全省领导干部大会精神，立足新发展阶段，全面贯彻新发展理念，融入和构建新发展格局，全力开创建设高质量发展的“生态强市、魅力承德”新局面。会议审议并通过《中共承德市委关于全面贯彻落实习近平总书记视察承德重要讲话指示精神，全力开创建设高质量发展的“生态强市、魅力承德”新局面的意见》（简称《意见》）。董晓宇就《意见》起草情况作了说明并代表市委常委会讲话。全会强调，要深刻领会中共中央总书记习近平视察承德重要讲话指示精神的丰富内涵，全面凝聚高质量发展的精神动力。认真贯彻省委“3689”工作思路，坚持稳中求进工作总基调，实现“十四五”良好开局。要把习近平总书记亲自批示的“牢记使命、艰苦创业、绿色发展”的塞罕坝精神，作为承德的宝贵精神财富和引领高质量发展的持久动力。要认真贯彻落实习近平总书记关于全面加强党的建设的重要指示精神，加强党的政治建设、干部队伍建设、基层组织建设，大力实施人才强市战略，严格落实全面从严治党责任制，加强政治巡察，不断提高领导能力和执政水平。要以永不懈怠的精神状态和一往无前的奋斗姿态，奋力开创建设高质量发展的“生态强市、魅力承德”新局面。

10月25日，中国共产党承德市第十五届委员会举行第三次全体会议。出席全会的市委委员50名、候补市委委员9名。市委书记董晓宇受市委常委会委托主持会议。全会传达《中共河北省委关于中国共产党河北省第十次代表大会代表选举工作的通知》，审议通过召开中国共产党承德市代表会议有关事项，圈选确定承德市出席中国共产党河北省第十次代表大会代表候选人预备人选。全会强调，要履行政治责任，切实做好省党代会代表选举工作，要严肃政治纪律，切实做好市党代会代表各项筹备工作，要强化政治担当，以实际行动迎接省党代会胜利召开。

12月28日，中国共产党承德市第十五届委员会举行第四次全体会议。会议坚持以习近平新时代中国特色社会主义思想为指导，深入学习贯彻党的十九大和十九届二中、三中、四中、五中、六中全会和中央经济工作会议精神，完整准确全面贯彻落实中共中央总书记习近平视察承德重要讲话指示精神，认真落实省委九届十四次全会、省第十次党代会和全省经济工作会议精神，从党的百年奋斗历程中汲取智慧力量，总结2021年全市经济工作，分析经济工作面临形势，部署2022年全市经济工作。出席全会的市委委员50名、候补委员10名。市委常委会主持会议。全会传达学习党的十九届六中全会、中央经济工作会议精神和省委九届十四次全会、省第十次党代会、全省经济工作会议精神。全会审议通过《中共承德市委关于贯彻落实〈中共河北省委贯彻落实中共中央关于党的百年奋斗重大成就和历史经验的决议的意见〉的意见》《中国共产党承德市第十五届委员会第四次全体会议决议》。受市委常委会委托，市委副书记、市长柴宝良代表市委常委会作工作报告，就《意见》作说明并讲话。全会指出，做好明年经济工作的总体要求是：以习近平新时代中国特色社会主义思想为指导，深入贯彻党的十九大和十九届历次全会精神，全面落实习近平总书记视察承德重要讲话指示精神，弘扬伟大建党精神，坚持稳中求进工作总基调，立足新发展阶段，完整、准确、全面贯彻新发展理念，加快构建新发展格局，坚持以供给侧结构性改革为主线，牢牢把握“三区两城”发展定位，统筹疫情防控和经济社会发展，统筹发展和安全，统筹城乡发展，统筹当前和长远，有效扩大投资、扩大消费、扩大就业，继续做好“六稳”“六保”工作，加快产业重构升级，全面深化改革开放，坚持创新驱动发展，持续保障改善民生，服务壮大市场主体，大力优化发展环境，保持经济运行在合理区间，保持社会大局和谐稳定，加快建设高质量发展的“生态强市、魅力承德”，以优异成绩迎接党的二十大胜利召开。

【常委及扩大会议】 1月3日，市委十四届常委会召开第168次（扩大）会议。传达学习中共中央总书记习近平关于疫情防控的重要论述，全面贯彻落实国务院联防联控机制会议、省近期关于新冠肺炎疫情常态化防控相关会议精神，对疫情防控工作进行再安排、再部署。会议强调，要准确把握当前疫情防控的新情况、新形势、新特点，采取针对性措施及时解决出现的新问题，坚持“人物环境同防”，持续深入抓好排查监测预警。要在全面加强常态化防控措施的基础上，在战时状态要突出重点场所，科学精准推进常态化防控措施落地落实。要全面落实“早发现、早报告、早隔离、早治疗”防控措施，保障指挥体系、工作机制高效运行，信息沟通顺畅通达，及时有效预防和处置突发疫情。各县（市、区）、各部门要压实属地责任、部门责任、单位责任、个人责任，抓紧抓实抓细各项常态化疫情防控措施，严格按照全省的统一安排部署，稳妥有序推进重点人群新冠疫苗接种工作。

1月5日，市委十四届常委会召开第170次（扩大）会议。传达学习中共中央总书记习近平近期讲话精神和中央有关会议精神，研究承德市贯彻落实意见；落实国务院联防联控机制会议、全省新冠肺炎疫情防控调度会议精神，对承德市常态化疫情防控工作进行安排部署。河北省人大常委会副主任、中共承德市委书记周仲明主持会议并讲话。市人大常委会党组书记、市政协党组书记列席会议。会议强调，要充分认识当前疫情防控形势的严峻性和复杂性，切实增强疫情防控工作的危机感、紧迫感、责任感，打好承德疫情防控主动仗。要突出重点，全面落实疫情防控各项措施，坚决筑牢“三道防线”，当好首都“护城河”。要开展人、物、环境的排查监测，重点是冷链食品和非冷链物品，做到百分之百检测，防止交叉感染。

1月11日，市委十四届常委会召开第171次（扩大）会议。传达学习中央政治局常务委员会会议、中共中央总书记习近平对政法工作重要指示精神。传达学习孙春兰副总理在河北调研疫情防控工作指示精神，认真落实近期全省疫情防控视频会议精神，对承德市疫情防控工作进行再动员再部署。省人大常委会副主任、市委书记周仲明主持会议并讲话。市人大常委会党组书记、市政协党组书记、河北省第二督查组副组长列席会议。会议强调，要统筹疫情防控和经济社会发展，合力摆布工作力量，确保两手抓、两不误。要认真做好巩固脱贫攻坚成果同乡村振兴有效衔接各方面工作，促进农业高质高效、乡村宜居宜业、农民富裕富足。要保持现有政策的稳定性，落实“四不摘”要求，保持现有政策不变，投入力度不减，帮扶队伍不撤；要巩固拓展脱贫攻坚成果，继续抓好产业扶贫、就业扶贫和消费扶贫，坚决防止发生规模性返贫现象；要深入实施乡村振兴战略，坚持五级书记一起抓，全面推进乡村建设行动，深入实施农村综合改革，推动“三农”工作有力有效开展。

1月22日，市委十四届常委会召开第172次（扩大）会议。传达学习中共中央总书记习近平在省部级主要领导干部学习贯彻党的十九届五中全会精神专题研讨班开班仪式上的重要讲话及调研北京2022年冬奥会筹办情况指示精神。传达学习全国疫情防控工作电视电话会议精神和孙春兰副总理在河北调研指示精神，落实近期全省疫情防控工作会议精神，对承德市疫情防控工作进行再部署，通过《关于切实关心关爱疫情防控一线工作人员的通知》。研究讨论《中共承德市委承德市人民政府关于认真贯彻落实习近平总书记重要讲话精神全面推进乡村振兴加快农业农村现代化的实施意见》《承德南部新城开发建设推进方案》。河北省人大常委会副主任、中共承德市委书记周仲明主持会议并讲话。市人大常委会党组书记、市政协党组书记、省第二督查组组长列席会议。会议强调，要坚决守住脱贫攻坚成果，全面推进乡村振兴。要深入贯彻习近平总书记重要讲话精神，认真落实党中央和省、市委决策部署，坚持把解决好“三农”问题作为重中之重，抢抓机遇，凝聚合力，切实抓好粮食生产和重要农副产品供给，举全市之力推进乡村振兴，促进农业高质高效、乡村宜居宜业、农民富裕富足。要统筹城乡融合发展，加快新型城镇化建设，举全市之力加快建设承德南部新城。要坚持规划引领，坚持产城融合，坚持基础先行，坚持依法推进，进一步强化责任落实，全面拓展城市发展新空间，培育产城融合新平台，创新高铁经济新载体，打造高质量发展新引擎。

1月28日，市委十四届常委会召开第173次（扩大）会议。会议传达学习省近期关于新冠肺炎疫情常态化防控相关会议精神，对全市统筹推进新冠肺炎疫情防控和经济社会发展工作进行安排部署。会议强调，全市上下要坚持以习近平新时代中国特色社会主义思想为指导，深入贯彻中央和省、市委决策部署，统筹推进新冠肺炎疫情防控和经济社会发展，认真落实市“两会”确定的目标任务，进一步细化举措、落实责任，确保“十四五”开好局、起好步。

2月1日，市委十四届常委会召开第174次（扩大）会议。传达学习1月28日中央政治局会议、中共中央总书记习近平在中央政治局第二十七次集体学习时的讲话精神，研究承德市贯彻落实意见。传达学习孙春兰副总理讲话精神和近期省疫情防控工作有关会议精神，安排部署相关工作。省人大常委会副主任、市委书记周仲明主持会议并讲话。市人大常委会党组书记、市政协党组书记、省第二督查组组长列席会议。会议强调，当前疫情防控总体形势依然严峻复杂，必须严阵以待，严防死守，坚决守住承德阵地，当好首都政治“护城河”。要坚持人、物、环境同防，坚决做好外防输入；持续强化重点场所、重点部位、重点人群的排查管控，全面消除疫情隐患。要全面提升应急备战能力，细化应急方案、预案，全力做好医疗物资、人员力量、核酸检测、定点医院、隔离点、流调和消杀等各项工作准备。要加快疫苗接种进度，确保重点人群完成疫苗接种任务。

2月10日，市委十四届常委会召开第176次（扩大）会议。传达学习中共中央总书记习近平在贵州考察调研时的重要讲话精神，研究承德市贯彻落实意见。传达学习近期省疫情防控工作有关会议精神，安排疫情防控工作。审议通过《承德市创建国家生态文明建设示范市工作方案》，部署创建工作。河北省人大常委会副主任、中共承德市委书记周仲明主持会议并讲话。市人大常委会党组书记、市政协党组书记列席会议。会议强调，要落实落细防控举措，保持指挥体系常态化运转，做好返承离承人员动态化排查和境外来承返承人员管理，从严管控冷链食品和非冷链物品。要持续加强重点场所、重点人群的排查管控。要按照《承德市创建国家生态文明建设示范市工作方案》任务要求对标对表查漏补缺。坚持目标导向、问题导向、结果导向，对照考核标准，一项一项补齐短板，一条一条攻坚。

2月24日，市委十四届常委会召开第177次（扩大）会议。传达学习中共中央总书记习近平在二〇二一年春节团拜会及中共党史学习教育动员大会上的重要讲话精神、传达学习王沪宁、黄坤明同志在全国宣传部长会议上的讲话精神，安排部署相关工作。传达学习省十三届人大四次会议精神、省政协十二届四次会议精神，对省“两会”安排部署和市各项重点工作进行细化分工，建立台账，压实责任、强化督导，确保各项任务落地落实。传达学习近期省关于新冠肺炎疫情防控工作相关会议精神，落实落细常态化防控举措，持续加强重点场所、重点人群排查管控，切实强化责任落实，持续加强应急准备，统筹疫情防控和经济社会发展。研究讨论《中共承德市委关于在全市开展党史学习教育的通知（审议稿）》《中共承德市委、承德市人民政府关于深入开展“三重四创五优化”活动，扎实推动“十四五”开好局起好步的实施意见（审议稿）》《中共承德市委、承德市人民政府关于开展“三基”建设年活动的实施方案（审议稿）》《中共承德市委关于深入开展“团结就是力量”专题学习教育活动的通知（审议稿）》，安排部署相关工作。

3月1日，市委十四届常委会召开第178次（扩大）会议。传达学习中共中央政治局会议精神，中共中央总书记习近平在全国脱贫攻坚总结表彰大会、中共中央政治局第二十八次集体学习时的重要讲话精神、传达学习近期省关于新冠肺炎疫情防控相关工作精神，安排部署相关工作。研究分析承德市一季度经济运行情况，听取承德市全国“两会”信访维稳安保工作情况汇报。研究讨论《中共承德市委关于认真做好县乡领导班子换届工作的通知（审议稿）》《中共承德市委办公室关于成立承德市换届工作领导小组的通知（审议稿）》，传达学习全省重点工作大督查推进会议精神、传达学习全省老干部局长工作会议精神，安排部署相关工作。研究并同意市委组织部关于对记功人员进行及时奖励事宜的汇报，由市委组织部按照规定程序办理。

3月12日，市委十四届常委会召开第179次（扩大）会议。传达学习中共中央总书记习近平参加全国两会团组审议讨论时的重要讲话精神和全国两会精神、习近平总书记在中央党校（国家行政学院）中青年干部培训班开班式上的重要讲话精神，研究承德市贯彻落实意见。传达学习全省经济运行暨重大项目建设调度会议、近期省关于新冠肺炎疫情防控工作相关会议、全省宣传部长会议、全省“扫黄打非”工作会议精神，安排部署相关工作。审议通过《中共承德市委关于深入开展“乡村振兴党旗红”活动的实施意见》。河北省人大常委会副主任、中共承德市委书记周仲明主持会议并讲话。市人大常委会党组书记、市政协党组书记列席会议。会议强调，要迅速掀起全国两会精神学习宣传热潮。各级党委(党组)要迅速传达学习，市委党校要组织专题培训，市委宣传部要深入细致解读全国两会精神,开展“六进”活动，切实在承德落地生根、开花结果。

3月26日，市委十四届常委会召开第180次（扩大）会议。传达学习中共中央总书记习近平在福建考察调研时的重要讲话精神，研究承德市贯彻落实意见。传达学习近期省新冠肺炎疫情防控工作相关会议、全省党史工作会议精神，安排部署相关工作。审议通过《中共承德市委常委会2021年工作要点（审议稿）》。河北省人大常委会副主任、中共承德市委书记周仲明主持会议并讲话。市人大常委会党组书记、市政协党组书记列席会议。会议强调，要始终绷紧常态化疫情防控这根弦，坚决杜绝麻痹思想、侥幸心理，要扎实有效推进疫苗接种，全面做好人员摸底、疫苗储备、宣传引导、组织接种等工作，确保完成接种任务。要深入学习贯彻习近平总书记关于党史和文献工作重要论述，认真落实全省党史工作会议精神，高标准筹办好庆祝中国共产党成立100周年活动，高质量开展好中共党史学习教育。

4月7日，市委十四届常委会召开第183次（扩大）会议。传达学习贯彻中共中央总书记习近平近期重要讲话和重要指示精神、传达学习近期省关于新冠肺炎疫情防控相关工作精神、传达学习河北省委副书记廉毅敏在领导干部大会上的讲话精神，安排部署相关工作。研究听取一季度全市经济运行暨重点项目建设工作情况汇报，春季重点项目集中开工要按计划尽快组织实施。传达学习全国、全省扫黑除恶专项斗争总结表彰大会精神，听取全市扫黑除恶专项斗争工作情况汇报、传达学习河北省政法队伍教育整顿领导小组第二次（扩大）会议暨工作推进会精神，听取全市政法队伍教育整顿工作情况汇报，安排部署相关工作。研究听取全市平安建设工作情况汇报、研究听取全市森林草原防灭火工作情况汇报、研究听取全市安全生产工作情况汇报，安排部署相关工作。研究讨论《中共承德市人大常委会党组关于做好市县乡三级人民代表大会换届选举工作的实施意见（审议稿）》，传达学习省委组织部关于开展换届风气巡回督查的有关要求，听取承德市贯彻落实情况汇报，安排部署相关工作。

4月13日，市委十四届常委会召开第185次（扩大）会议。传达学习中共中央总书记习近平近期重要讲话和重要指示精神，传达学习全省扶贫办主任会议精神，听取全市中共党史学习教育开展情况，审议《中共承德市委党史学习教育领导小组工作规则》《中共承德市委党史学习教育领导小组办公室工作细则》《市委党的建设（基层组织建设）工作领导小组2021年工作要点》，安排部署相关工作。中共承德市委书记董晓宇主持会议并讲话。市人大常委会党组书记、市政协党组书记列席会议。省第二督查组组长应邀列席会议。会议强调，要全面落实全省扶贫办主任会议精神，推进巩固脱贫攻坚成果与乡村振兴有效衔接，严格落实“四个不摘”要求，保持帮扶政策总体稳定、工作措施力度不减。要持续做好后续评估准备工作，聚焦脱贫攻坚国考反馈问题，全面彻底整改到位。要健全完善防返贫机制，强化防贫监测和帮扶救助，防止发生规模性返贫。要全面贯彻新时代党的建设总要求，特别要扎实做好市县乡领导班子换届和村（社区）两委换届工作，深入开展“三基”建设年活动，集中整顿软弱涣散党组织，确保以高质量党建推动高质量发展。

4月24日，市委十四届常委会召开第186次会议。会议研究并通过市领导班子换届拟提拔人选考察对象名单、拟新任县（市、区）委书记考察对象人选名单和拟新提名市纪委副书记、常委人选考察对象名单，市委组织部负责向省委组织部换届考察组反馈情况，配合省委组织部换届考察组做好相关工作。

4月27日，市委十四届常委会召开第187次（扩大）会议。传达学习中共中央总书记习近平近期重要讲话和重要指示精神，传达全国政法队伍教育整顿中央第二督导组组长张志军讲话精神、全省经济工作推进会暨开发区和服务贸易高质量发展大会精神，审议《承德市2021—2023年创建全国文明城市三年行动计划》，安排部署相关工作。中共承德市委书记董晓宇主持会议并讲话。市人大常委会党组书记、市政协党组书记列席会议。省第二督查组组长应邀列席会议。会议强调，要推进政法队伍教育整顿升级加力。学习教育要入脑入心，把学习教育贯穿始终，让政法队伍全员受教育、全面受教育、深刻受教育。查纠整改要见人见事，把“自查从宽、被查从严”政策落实好，确保查纠整改环节取得实效。谈心谈话要入情入理，谈深谈透，讲清政策，解除政法干警的思想包袱。落实主体责任要较真碰硬，着力解决突出问题，把教育整顿成果转化为促进高质量发展的实际行动。要认真落实全省经济工作推进会议精神，推动经济社会平稳较快发展。要加强对全市经济指标的监测分析。要建立经济运行月通报、定期调度、项目拉练观摩等机制，形成制度，常态推进，奋战二季度，确保实现“双过半”。要形成“我为人人、人人为我”的良好创建文明城市氛围，市县要联动，汇聚创城合力；沟通要及时，与全国文明办、省文明办及时沟通；责任要落实，全面提高城市的服务水平、管理水平。

5月21日，市委十四届常委会召开第189次（扩大）会议。传达学习中共中央总书记习近平近期重要指示精神和李克强总理关于经济形势、经济工作讲话精神，贯彻落实党中央决策部署。传达学习省委书记王东峰在全省脱贫攻坚总结表彰大会上的讲话精神和全省推进首都“两区”建设工作会议精神，研究承德市贯彻落实意见。中共承德市委书记董晓宇主持会议并讲话。市人大常委会党组书记、市政协党组书记列席会议。省第二督查组组长应邀列席会议。会议强调，要认真学习贯彻李克强总理讲话精神，狠抓项目建设，特别是省级重点项目建设，要认真研究产业政策，发挥责任单位牵头引领作用。要始终把首都“两区”建设作为重大政治任务，突出抓好大气、水、土壤污染治理，不断完善工作推进机制，真正把各项工作抓紧抓实抓好。要大力实施滦河、潮河“两河共治”，明确保障举措、调度机制、进展要求，推动水资源、水生态、水环境“三水共建”，真正发挥承德京津冀水源涵养和生态环境支撑作用。要大力弘扬脱贫攻坚精神和塞罕坝精神，持续推动巩固拓展脱贫攻坚成果和乡村振兴有效衔接，不断完善乡村振兴领导体制和工作体系，走出一条具有承德特色的乡村振兴之路。要全面落实全省疫情防控视频会议精神，完善常态化防控机制，加强疫情防控应急演练，加快疫苗接种进度，坚决守好首都“北大门”。会议审议并原则通过《中共承德市委深入贯彻落实党中央关于加强对“一把手”和领导班子监督意见的实施意见》等文件。

6 月 26 日，市委十四届常委会召开第 193 次（扩大）会议。传达学习中共中央总书记习近平在青海考察调研、在参观“不忘初心、牢记使命”中国共产党历史展览时的重要讲话精神，传达学习习近平总书记对湖北十堰市张湾区艳湖社区集贸市场发生燃气爆炸事故作出的重要指示精神，研究承德市贯彻落实意见。市委书记董晓宇主持会议并讲话。市人大常委会党组书记、市政协党组书记列席会议。会议强调，要完整、全面、准确贯彻新发展理念，树牢“强产业”思维，抢抓“双碳”战略机遇，强力推进风光储氢一体化发展，推动氢能源、氢产业、氢经济高质量发展。要深刻认识保护好生态环境是“国之大者”，认真践行“绿水青山就是金山银山”理念，统筹山水林田湖草沙系统治理，筑牢高质量发展的生态基底。要全面贯彻党的民族政策，强化中华民族共同体意识。要加快推进民生实事、民生工程进度，坚决把好事办实、实事办好。要扎实开展中共党史学习教育，深化“四史”宣传教育，带动广大党员干部群众知史爱党、知史爱国。要深刻汲取湖北十堰燃气爆炸事故教训，聚焦重点领域和重点行业，特别是煤气、天然气、道路交通安全、涉水领域安全等，扎实推进大排查、大整治“回头看”，全面消除安全隐患。要毫不放松抓好常态化疫情防控、食品药品安全、防汛工作，持续巩固和谐安全稳定大局，为庆祝中国共产党成立 100 周年营造良好环境。

7 月 2 日，市委十四届常委会召开第 194 次（扩大）会议。传达学习中共中央总书记习近平在庆祝中国共产党成立 100 周年大会、中国共产党成立 100 周年“七一勋章”颁授仪式、中共中央政治局第三十一次集体学习上的重要讲话精神；传达省委书记王东峰在河北省庆祝中国共产党成立 100 周年大会、省委理论中心组（扩大）学习会议上的讲话精神，省长许勤莅临承德调研指示精神，就相关工作进行安排部署。市委书记董晓宇主持会议并讲话。市人大常委会党组书记、市政协党组书记列席会议。省第二督查组组长应邀列席会议。会议强调，要全面汲取精神力量，再掀中共党史学习教育新高潮。要站位新的历史起点，再创承德高质量发展新局面，统筹抓好首都“两区”建设、产业重构、乡村振兴、维护社会稳定、保障和改善民生等各项工作。要强化经济运行调度，全面总结上半年经济运行情况，做到底数清、政策明、分析透，采取有力有效措施，确保经济持续健康发展。要毫不松懈抓好安全生产，聚焦天然气、危化品、道路交通、涉水安全等重点领域，持续开展大排查大整治“回头看”，把责任落实到位，把隐患问题整改到位。要扎实做好换届工作，始终严肃换届纪律，加强换届风气监督，发挥好各级党组织作用，严防拉帮结派、破坏选举等不正之风，为开好党代会、担当新使命、开创新局面提供坚强保障。

7 月 5 日，市委十四届常委会召开第 195 次（扩大）会议。传达省委书记王东峰在河北省庆“七一”基层党组织和党员代表座谈会上的讲话精神，研究部署承德市贯彻落实意见。市委书记董晓宇主持会议并讲话。市人大常委会党组书记、市政协党组书记列席会议。省第二督查组副组长应邀列席会议。会议强调，要深入开展信访积案攻坚行动，按照“三个清楚”制定方案，健全完善简洁明晰、权责一致、奖功罚过、部门协同的长效机制，全力解决一批时间跨度长、化解难度大的信访积案，坚决维护群众合法权益，确保社会大局和谐稳定，以实际工作成效当好首都政治“护城河”。要持续提升大督查工作质效，聚焦市委、市政府中心工作，紧盯重点问题、重点工作、重点对象，特别是群众反映强烈的突出问题，找准正面和反面典型，强化跟踪督办，推动整改落实，确保中央和省、市委决策部署落地生根。

7月15日，市委十四届常委会召开第197次（扩大）会议。传达学习贯彻中共中央总书记习近平在《求是》杂志发表的重要文章《学史明理、学史增信、学史崇德、学史力行》精神，研究承德市贯彻落实意见；传达学习全省市县换届选举工作调度会议精神，研究审议2021年度上半年市纪委监委履行全面从严治党监督责任情况报告，就相关工作进行安排部署。市委书记董晓宇主持会议并讲话。市人大常委会党组书记、市政协党组书记列席会议。省第二督查组组长应邀列席会议。会议强调，要始终保持严的主基调，持之以恒正风肃纪反腐，推动全面从严治党向纵深发展。要坚定不移深化政治监督，持续强化对习近平总书记重要讲话、重要指示批示精神和党中央决策部署落实的监督检查。要始终保持反腐败高压态势，一体推进不敢腐、不能腐、不想腐。要深入纠治形式主义、官僚主义顽疾，严防“四风”问题反弹回潮。要监督推动全市各级党组织严格落实主体责任、党组织书记第一责任人责任、纪委监委监督责任、班子成员“一岗双责”，推动构建责任明晰、齐抓共管的工作格局。要强化对纪检监察干部的教育管理监督，确保“治权之权”始终在正确的轨道上运行。要认真学习全省市县换届选举工作调度会议精神，紧密结合承德实际，不折不扣抓好贯彻落实。要迅速开展换届选举准备工作“回头看”，确保各项程序依法依规。要进一步严明换届纪律，严格执行“十严禁”要求，确保换届工作风清气正、顺畅有序。要高度关注舆情，发现问题及时妥善处理，为完成市县领导班子换届工作营造良好氛围。

7月20日，市委十四届常委会第198次（扩大）会议。会议研究并同意追授邢中山、冀凤学2人“承德市优秀共产党员”称号，以中共承德市委名义印发《关于追授邢中山、冀凤学2名同志“承德市优秀共产党员”称号的决定》文件，向中共河北省委呈报《关于拟追授邢中山、冀凤学2名同志“河北省优秀共产党员”称号的请示》。会议议定，市委办公室牵头，市委组织部、市委宣传部、承德县委配合，以市委文件形式印发在全市范围内开展向邢中山、冀凤学学习的决定。市委宣传部负责，协调有关媒体单位深度报道2人的先进事迹，全面做好宣传报道工作。市委组织部、市民政局、市人社局、市退役军人事务局、见义勇为基金会等相关单位负责，用足政策、从优抚恤，同时对参与搜救的相关人员提出表扬。按照相关规定，安排相关人员参加承德县组织的告别仪式。

7月23日，市委十四届常委会召开第199次（扩大）会议。传达学习贯彻中共中央总书记习近平对防汛救灾工作作出的重要指示精神和中国共产党成立100周年庆祝活动总结会议精神，研究承德市贯彻落实意见。会议还传达学习全省防汛工作视频会议精神，听取全市安全生产、经济运行、创建全国文明城市、“三基”建设年活动开展等情况汇报，就相关工作进行安排部署。市委书记董晓宇主持会议并讲话。市人大常委会党组书记、市政协党组书记列席会议。省第二督查组组长、省安全生产督导检查组组长应邀列席会议。会议强调，要压紧压实责任，做到“汛期不过，排查整治不停；经营不停，排查整治不停”，全力维护社会大局安全稳定。要树牢“发展是第一要务”意识，强化经济运行分析，确保经济平稳运行。要扎实推进国家文明城市创建工作，确保实现新一轮全国文明城市创建“开门红”。要深入开展“三基”建设年活动，确保各项安排部署落到实处。

8月2日，市委十四届常委会召开第200次（扩大）会议。传达学习贯彻中共中央总书记习近平在西藏考察调研时重要讲话精神、对深入推进农村厕所革命作出的重要指示，传达学习近期中央重要会议精神，研究承德市贯彻落实意见。会议还传达学习省委九届十三次全会第二次全体会议、全省领导干部电视电话会议、全省经济工作推进会暨重点项目投资建设现场会、全省深化改革开放暨沿海经济带建设工作会议精神，听取全市20项省定民生工程“回头看”、全市近期常态化疫情防控和疫苗接种工作汇报，研究审议《关于健全防止返贫动态监测和帮扶机制的实施方案》，安排部署相关工作。市委书记董晓宇主持会议并讲话。会议强调，要对标对表省委全会部署和要求，把严明换届纪律、严肃会风会纪贯穿换届全过程，聚焦重点环节，提高工作标准，认真做好市党代会组织筹备工作。要认真贯彻近期全省有关会议精神，切实抓好疫情防控、防汛、安全生产工作，全力营造安全稳定的社会环境。要强化民生工程和民生实事调度，公开晾晒进度，接受公众监督，层层传导压力，确保把各项民心工程办实办好。要加强流调溯源、采样检测、医疗救治、隔离点救治和服务保障等队伍建设，强化隔离点、发热门诊、定点医院的规范化管理，完善疫情防控应急预案，落细落实工作举措，扎实有序做好疫苗接种工作，全力维护人民群众身体健康和生命安全。

8月6日，市委十四届常委会召开第201次（扩大）会议。市委书记董晓宇传达学习中共中央总书记习近平重要指示、李克强总理批示和孙春兰副总理讲话要求，传达学习国务院联防联控机制全国疫情防控工作电视电话会议精神、省应对新冠肺炎疫情工作领导小组视频调度会议精神，安排部署相关工作。研究审定《承德市全面推进林长制的实施方案（审议稿）》，研究讨论中国共产党承德市第十四届委员会第十二次全体会议方案、中国共产党承德市第十五次代表大会方案、中国共产党承德市第十五次代表大会有关重要事项、《中国共产党承德市第十四届委员会报告（讨论稿）》《中国共产党承德市第十四届纪律检查委员会工作报告（讨论稿）》，研究审议《中共承德市人大常委会党组关于承德市第十五届人民代表大会第一次会议有关具体事项的请示》。听取十四届市委巡察工作情况汇报，安排部署相关工作。传达学习省残联主席团会议和全省残联工作会议精神、传达学习全省规范民办义务教育专项工作推进会议精神，听取承德市贯彻落实意见。

8月14日，市委十四届常委会召开第202次（扩大）会议。传达学习贯彻《关于深化统计管理体制改革提高统计数据真实性的意见》《统计违纪违法责任人处分处理建议办法》《防范和惩治统计造假、弄虚作假督察工作规定》等重要文件精神，研究承德市贯彻落实意见。传达学习全省推进乡村全面振兴工作会议暨农业结构调整工作现场会议精神、全省深化“放管服”改革暨推动民营经济发展工作会议精神，就相关工作进行安排部署。市委书记董晓宇主持并讲话。省第二督查组组长应邀列席会议。会议要求，要全面落实全省推进乡村全面振兴工作会议暨农业结构调整工作现场会议精神，巩固好脱贫攻坚成果，健全防返贫动态监测、排查和长效帮扶机制，坚决守住不发生规模性返贫底线。要积极筹备好全市推进乡村全面振兴工作会议，奋力推动新时期“三农”工作迈上新台阶。持续深化“承德办事一次成”改革，真正把该下放的权力和事项放下去。要高度重视民营经济发展，全力优化营商环境，积极吸引市场主体投资。

8月24日，市委十五届常委会召开第1次（扩大）会议。会议研究贯彻落实中共中央总书记习近平在考察承德时的讲话指示精神，对相关工作进行安排部署。会议强调，要统一思想，激发斗志，充分认识习近平总书记亲临承德考察的重要意义，深刻领会习近平总书记对承德工作的高度重视和承德人民的亲切关怀，增强做好承德各项工作的责任感、使命感，以高质量建设生态强市、魅力承德的新成就来感恩总书记的亲切关怀，感谢党中央、省委、省政府的支持。要将学习总书记讲话指示精神作为全市首要政治任务，带着感恩、带着忠诚、带着使命传达好、学习好、贯彻好，原原本本学、逐字逐句学、入脑入心学，切实学深悟透、弄通做实。要抓紧筹备市委全会，确保传达到位，讨论充分。要站在增强“四个意识”、坚定“四个自信”、做到“两个维护”的高度，狠抓总书记考察成果重要指示的落实。以总书记考察为新起点、为强大动力，切实把习近平总书记对承德的期望变成现实。

8月27日，市委十五届常委会召开第2次（扩大）会议。传达学习贯彻中共中央总书记习近平视察承德讲话指示精神，传达学习全省领导干部电视电话会议精神，研究承德市贯彻落实意见，安排部署相关工作。市委书记董晓宇主持并讲话。继8月24日晚市委常委（扩大）会议迅速传达习近平总书记视察承德重要讲话指示精神后，本次市委常委（扩大）会议再次进行全面传达和深入学习。会议要求，全面贯彻落实习近平总书记重要讲话指示精神，奋力开启承德各项工作新局面。要大力传承和弘扬塞罕坝精神，全面凝聚高质量发展的精神动力。要坚决扛起“两区”建设政治责任，努力建设更高水平的生态文明。要完整准确全面贯彻新发展理念，坚定不移推进高质量发展。要深入实施乡村振兴战略，加快农业农村现代化进程。要坚持以人民为中心的发展思想，不断提高人民群众的获得感、幸福感、安全感。要全面落实党的民族宗教政策，促进民族团结宗教和谐。要认真落实新时代党的建设总要求，坚定不移推进全面从严治党。以习近平总书记考察承德为新起点，承德经济社会发展各方面工作都要进入一个新的历史阶段，全力以赴推动习近平总书记重要讲话指示精神落地见效，奋力开创建设高质量发展的“生态强市、魅力承德”新局面。

9月2日，市委十五届常委会召开第3次（扩大）会议。传达学习中共中央总书记习近平在中央财经委员会第十次会议、中央民族工作会议、中央政治局会议上的重要讲话精神，研究承德市贯彻落实意见。会议还审议通过《承德市推进基础教育高质量发展若干措施》《承德市推进职业教育高质量发展若干措施》等事宜，研究承德市旅游区域共用品牌LOGO设计方案。市委书记董晓宇主持并讲话。市人大常委会党组书记、市政协党组书记列席会议。河北省第二督查组组长应邀列席会议。会议强调，各级各有关部门要深入学习领会习近平总书记关于教育的重要论述，认真贯彻落实党中央、国务院关于深化新时代教育评价改革和“双减”工作的有关部署要求；要加强中、高职业教育发展，不断深化产教融合、校企合作；要深入学习传达贯彻中共中央总书记习近平考察承德重要讲话指示精神，全面贯彻党的教育方针，以实际行动和工作成效，推动承德教育高质量发展。会议指出，旅游区域共用品牌LOGO对于塑造品牌形象、提升旅游品牌影响力具有重要意义。要以游客的视角修改完善设计方案，加强推广应用，有力助推承德市旅游向着品牌化、品质化方向，加快实现高质量发展。

9月13日，市委十五届常委会召开第4次（扩大）会议。传达学习贯彻中共中央总书记习近平在中央党校（国家行政学院）中青年干部培训班开班式上的重要讲话、在中国国际服务贸易交易会全球服务贸易峰会上的视频致辞、在《求是》杂志发表的重要文章和给全国高校黄大年式教师团队代表的回信精神，研究承德市贯彻落实意见。会议深入学习贯彻省委、省政府《关于深入学习贯彻习近平总书记在承德视察时重要讲话精神奋力开创全省经济社会高质量发展新局面的意见》和河北省党政代表团赴北京学习考察工作交流座谈会会议精神，安排部署相关工作。中共承德市委书记董晓宇主持并讲话。市人大常委会党组书记、市政协党组书记列席会议。河北省第二督查组组长应邀列席会议。会议强调，要深入学习领会，站在政治和全局的高度认真抓好落实。要全面对标对表，逐项分解30项具体任务，与市委十五届二次全会通过的《中共承德市委关于全面贯彻落实习近平总书记视察承德重要讲话指示精神，全力开创建设高质量发展的“生态强市·魅力承德”新局面的意见》同安排、同部署、同落实。要全面落实省妇联十四届四次执委会会议精神，推动妇女事业与经济社会同步发展。要认真贯彻河北省党政代表团赴北京学习考察工作交流座谈会会议精神，在服务北京、对接北京中推动承德高质量发展。要借助北京证券交易所成立契机，加快推动企业上市步伐。要持续深化高水平开放，着力营造一流营商环境，抢抓京津冀协同发展重大机遇，推动产业、交通、生态等重点领域合作取得新突破。

9月29日，市委十五届常委会召开第5次（扩大）会议。认真传达学习贯彻中共中央总书记习近平在陕西榆林考察时的重要讲话精神、在中央人才工作会议上的重要讲话精神、在《求是》杂志上发表的重要文章《毫不动摇坚持和加强党的全面领导》和致2021“一带一路”•长城国际民间文化艺术节的贺信等精神，研究承德市贯彻落实意见。传达学习省委理论学习中心组学习会议精神，听取全市政法队伍教育整顿有关制度机制建设等情况汇报，安排部署相关工作。市委书记董晓宇主持并讲话。市人大常委会党组书记、市政协党组书记列席会议。省第二督查组副组长应邀列席会议。会议强调，要深入学习贯彻省委理论学习中心组学习会议精神，持续深化中共党史学习教育、“四史”宣传教育，深入推进民生工程和民生实事，切实将坚持和加强党的全面领导体现到实际行动和工作成效上。制度机制建设是政法教育整顿的规定动作，也是巩固整顿成果的重要举措。全市政法机关和相关部门要带头学习、带头落实“五项制度”，扎实做好政法队伍教育整顿“后半篇文章”，努力打造一支党和人民信得过、靠得住、能放心的高素质政法铁军。国庆节即将来临之际，确保统筹抓好疫情防控和各项安全稳定工作。要切实抓好经济运行调度，确保完成全年目标任务。要全力推动巩固脱贫攻坚成果与乡村振兴有效衔接，确保巩固脱贫攻坚成果后评估取得“好”的成绩。要持续加强环境治理，营造清清爽爽、干干净净的城市环境。要深入推进党风廉政建设，打造一流营商环境，巩固发展风清气正的政治生态。

10月12日，市委十五届常委会召开第6次（扩大）会议。传达学习贯彻中共中央总书记习近平在中央政治局第三十三次集体学习时的重要讲话、在纪念辛亥革命110周年大会上的重要讲话和在《求是》杂志发表的重要文章《用好红色资源、赓续红色血脉，努力创造无愧于历史和人民的新业绩》精神，研究承德市贯彻落实意见。传达学习河北省委民族工作会议精神，听取全市优化发展环境大会筹备情况汇报，研究审议《关于承德市城市更新行动实施意见》，就相关工作进行安排部署。中共承德市委书记董晓宇主持并讲话。市人大常委会党组书记、市政协党组书记列席会议。省第二督查组副组长应邀列席会议。会议强调，要立足多民族聚集地区实际，科学谋划载体，加强跑办对接，积极争取少数民族发展资金和政策支持，加快推动民族地区高质量发展。要着力打造一流发展环境，进一步强化行政审批、招商投资、金融服务、市场监管、人才环境、科技等重点领域的政策支持力度，深入开展干部队伍作风纪律整顿，有效破解制约发展环境瓶颈，全面激发市场主体活力，为推动经济社会高质量发展提供强力支撑。要深入实施城市更新行动，扎实推进居住质量、基础设施、市容环境、城市风貌、道路畅通、城市管理“六大行动”。

10月25日，市委十五届常委会召开第7次（扩大）会议。传达学习贯彻中共中央总书记习近平在中央政治局第三十四次集体学习时的重要讲话精神、在山东省考察时的重要讲话精神、对老龄工作作出重要指示精神和在《求是》杂志发表的重要文章等精神，研究承德市贯彻落实意见。传达学习全省新冠肺炎疫情防控工作暨校园安全专项整顿会议和全省经济工作推进会精神，听取承德市冬季清洁取暖工作情况汇报，安排部署下一步工作。市委书记董晓宇主持并讲话。市人大常委会党组书记、市政协党组书记列席会议。省第二督查组副组长应邀列席会议。会议强调，要切实强化经济运行调度，确保完成全年目标任务，紧盯10项主要经济指标，确保年初确定的各项目标完成。要将项目建设作为经济工作的重要抓手，为全市经济高质量发展提供强力支撑。要毫不松懈抓好常态化疫情防控，规范做好排查、流调、隔离、物资储备、新冠疫苗加强针接种等工作，全力守护人民群众生命安全和身体健康。要扎实做好冬季清洁取暖工作确保人民群众安全过冬、温暖过冬。要深入开展校园安全专项整顿，切实维护学校师生身心健康和生命安全。

11月14日，市委十五届常委会召开第8次（扩大）会议。传达学习贯彻党的十九届六中全会精神、中共中央总书记习近平近期重要讲话指示精神，研究承德市贯彻落实意见。会议还听取全市安全生产工作情况汇报，就下一步工作进行安排部署。市委书记董晓宇主持并讲话。市人大常委会党组书记、市政协党组书记列席会议。省第二督查组副组长应邀列席会议。会议要求，把学习宣传贯彻党的十九届六中全会精神，与学习宣传贯彻习近平总书记系列重要讲话精神贯通起来，与学习宣传贯彻习近平总书记视察承德重要讲话指示精神贯通起来，推动全会精神深入人心。安全生产责任重于泰山，要在思想上真重视、要在行动上真落实、要在安全上真投入，坚决防范遏制重特大事故的发生。会议强调，要坚决抓好贯彻落实，切实把党的十九届六中全会精神转化为推动承德高质量发展的实际成效。把学习宣传贯彻党的十九届六中全会精神与贯彻落实习近平总书记考察承德重要讲话指示精神结合起来，与完成全年目标任务结合起来，与抓好当前重点工作结合起来，推动承德各项事业发展取得新进展。

11月24日，市委十五届常委会召开第9次（扩大）会议。传达学习贯彻中共中央总书记习近平在中央政治局会议上的重要讲话精神和《求是》杂志发表的重要文章等精神，传达学习贯彻省委九届十四次全会精神和省委副书记、代省长王正谱莅临承德调研指示精神，安排部署相关工作。市人大常委会党组书记、市政协党组书记列席会议。省第二督查组副组长应邀列席会议。会议强调，各级各部门要坚决提高政治站位，深刻领会省委九届十四次全会的精神实质，切实把思想和行动统一到中央和省委全会精神上来，迅速兴起学习热潮。要深入汲取奋进力量，贯彻落实中共中央总书记习近平视察承德重要讲话指示精神，推进高质量发展，践行以人民为中心的发展思想，推进全面从严治党，努力交出“十四五”开局优异答卷。会议要求，要把握关键重点，围绕培育壮大中医药产业、加快发展职业教育、优化农业产业布局、文化保护、文旅融合等方面，逐项研究谋划，细化任务、明确责任、加强督导，确保取得实效。

12月1日，市委十五届常委会召开第11次（扩大）会议。传达学习省第十次党代会精神，安排部署承德市贯彻落实工作。市委副书记、市长柴宝良主持会议并讲话。市人大常委会党组书记列席会议。省第二督查组组长应邀列席会议。柴宝良、郭旭涛、刘宏伟、卢健领学党代会报告全文，市四大班子部分领导交流学习体会。会议强调，要迅速掀起学习宣传贯彻省第十次党代会精神的新热潮，持续营造浓厚的政治氛围、学习氛围、舆论氛围和社会氛围。要原原本本学、要广泛发动学、要融会贯通学、要联系实际学，准确把握承德所处的历史方位和发展的阶段性特征，进一步理清思路、把准脉搏，明确方向、谋划出路，从中找到指引承德未来高质量发展的“金钥匙”，把全市各项工作提高到一个新的更高水平。要以省第十次党代会精神为指引，找准承德在全省发展布局中的立足点和突破口，在推动中共中央总书记习近平视察承德重要讲话指示精神落地见效、建设首都“两区”、产业升级重构、京津冀协同发展、城乡融合发展、保障改善民生、维护社会稳定、全面从严治党等方面实现更大作为，以建设高质量发展的“生态强市、魅力承德”实际成效服务全省大局，以优异成绩迎接党的二十大胜利召开。

12月17日，市委十五届常委会召开第12次（扩大）会议。传达学习贯彻12月6日中共中央政治局会议精神，传达学习贯彻中共中央政治局第三十五次集体学习会议精神，传达学习贯彻中共中央总书记习近平在党外人士座谈会上的重要讲话精神，传达学习贯彻中共中央总书记习近平在全国宗教工作会议上的重要讲话精神，传达学习贯彻中共中央总书记习近平致中国人民对外广播事业创建80周年的贺信精神，安排部署相关工作。传达学习中央经济工作会议和全省经济工作会议精神，传达学习中共河北省委人大工作会议精神，传达学习全国、全省拓展新时代文明实践中心建设电视电话会议精神，安排部署承德市贯彻落实工作。研究审议《关于省委第十二巡视组对承德市巡视“回头看”反馈意见的整改落实方案》，部署相关工作。听取全市优化发展环境工作进展情况的汇报，听取全市食品药品安全工作情况汇报，听取关于《进一步加强公共卫生体系建设实施意见》情况汇报，听取关于“六治六提”干部队伍纪律作风整顿工作情况的汇报，安排部署相关工作。

12月24日，市委十五届常委会召开第13次（扩大）会议。传达学习贯彻中共中央总书记习近平在中国文联第十一次全国代表大会、中国作协第十次全国代表大会开幕式上的重要讲话和在《求是》杂志上发表的重要文章等精神，研究承德市贯彻落实意见。研究审议关于召开中国共产党承德市第十五届委员会第四次全体会议有关事项，听取全市平安建设工作情况汇报，安排部署相关工作。市委副书记、市长柴宝良主持会议并讲话。市人大常委会党组书记、市政协党组书记列席会议。省第二督查组组长应邀列席会议。会议决定，中国共产党承德市第十五届委员会第四次全体会议，于2021年12月28日召开。会议强调，要坚持总体国家安全观，把维护政治安全作为首要任务，统筹抓好经济安全、信访维稳、治安防控等工作，有效防范化解各类社会安全风险，全力维护社会大局安全稳定。各级党委（党组）要真正担起“护一方平安、保一方稳定”的政治责任。各级平安建设领导小组及成员单位要各负其责、协调联动，形成整体合力。要持续加大宣传力度，积极构建人人有责、人人尽责、人人享有的平安建设格局，为建设更高水平的平安承德营造良好氛围。会议审议通过《关于在“两节”前开展走访慰问工作的方案》《市委常委民主生活会方案》《关于召开承德市第十五届人民代表大会第二次会议有关事宜的请示》《关于召开政协承德市第十五届委员会第二次会议有关事宜的请示》。

【贯彻中共中央总书记习近平视察承德指示精神会议】 9月9日，中共承德市委书记董晓宇主持召开全面贯彻落实中共中央总书记习近平视察承德重要讲话指示精神领导小组工作推进会议，听取各专项工作组贯彻落实进展情况的汇报，就做好下一阶段工作进行安排部署。市委副书记、市长柴宝良，市人大常委会主任刘文勤，市委副书记郭旭涛，市领导刘宏伟、卢健、傅海旺、赵青英、杜庆勇、刘勇、崔万峰、张树国、刘涛出席会议。会议强调，要把握工作重点，紧紧盯住完成全年经济社会发展主要目标任务、森林防火、大力弘扬塞罕坝精神等工作，集中力量，加大协调跑办力度，不断开创工作新局面。要狠抓工作落实，确保工作部署落到实处、见到实效。要提高工作标准，紧扣中共中央总书记习近平在承德市视察时就推进乡村振兴、提高社区居家养老服务水平等方面指示要求，坚持目标导向，提高标准，拉高标尺，努力打造全省、全国示范试点。

【市委议军会议】 9月29日，市委议军会议暨党管武装述职评议会议召开。中共承德市委书记、承德军分区党委第一书记董晓宇在会上强调，要坚持以习近平新时代中国特色社会主义思想为指导，全面贯彻习近平强军思想，深入学习贯彻中共中央总书记习近平在庆祝中国共产党成立100周年大会上的重要讲话精神和考察承德重要讲话指示精神，进一步深化思想认识、理清目标思路、凝聚军地合力，全面加强和推动承德市国防动员和后备力量建设高质量发展。市委副书记、市长柴宝良讲话。市人大常委会党组书记刘文勤、市政协党组书记吴清海出席。

市委常委、承德军分区政委刘卫平讲评全市党管武装工作，部署下一步党管武装任务。会议传达习近平主席关于国防和军队建设重要讲话精神，以及省委议军会议暨述职评议会议精神；研究审议有关议题。董晓宇肯定全市党管武装工作取得的成绩。他指出，要提高政治站位，认真履行党管武装职责使命。坚持把学习贯彻习近平新时代中国特色社会主义思想和习近平强军思想，作为党管武装工作的首要任务，增强“四个意识”、坚定“四个自信”、做到“两个维护”，坚定不移贯彻执行军委主席负责制，切实履行好党管武装“第一责任人”，以实际行动当好首都政治“护城河”。

会议强调，要聚焦强军目标，全面提升国防动员工作质效。坚持强化底线思维，聚焦主责主业，强力推动练兵备战，全力抓好征兵工作，大力加强基层建设，确保在党和人民需要时拉得出、上得去、打得赢。要赓续双拥传统，推动经济社会和国防建设协调发展。全力支持部队建设，自觉践行人民军队根本宗旨，巩固承德“全国双拥模范城”荣誉，为建设高质量发展的“生态强市、魅力承德”作出新的更大贡献。

会议强调，要聚焦职责使命，高标准抓好民兵建设、动员准备和兵员征集等工作，努力推动国防后备力量建设迈上新台阶。要着眼协同共进，加快军地双向转化，特色集约方向发展。要树牢服务意识，全面做好拥军优属各项保障。希望驻承部队积极服务地方经济社会发展，在乡村振兴、生态建设以及应对急难险重任务和维护社会稳定等方面当先锋、打头阵，切实为地方党委政府和人民群众分忧解难。会上，各县（市、区）人武部党委第一书记进行党管武装工作述职。市委常委、市政府分管副市长，承德军分区党委常委，驻市区部队主官，市直有关部门负责人参加会议。

【经济会议】 1月6日，承德全市企业家座谈会召开，河北省人大常委会副主任、中共承德市委书记周仲明出席会议并讲话。市领导常丽虹、韩福才、刘文勤、吴清海、崔万峰、董旭明出席会议。

周仲明强调，广大民营企业要准确把握中央政策支持，抓住用好国家重大战略深入实施、5G、高铁等重大机遇，在构建新发展格局中实现新更大作为。要强化转型发展、绿色发展意识，坚定不移发展全市“3+3”主导产业和县域“1+2”特色产业，积极参与生态经营，加快调整产业结构，为企业未来发展创造条件。要强化创新发展意识，抓住科技创新这个核心动力，加大研发投入，引进创新人才，建立现代企业制度，持续增强企业发展活力。要强化开放发展意识，立足京津，紧盯国内发达地区和“一带一路”沿线国际市场，积极寻求合作，提升经济合作规模水平。要强化社会责任意识，努力提升吸纳就业能力，坚持诚信守法经营，主动投身乡村振兴，以实际行动回报家乡人民。要大力优化发展环境，为民营企业发展提供最优服务。完善精准有效政策环境，打造配套完善硬环境，打造优质高效政务环境，打造公平公正法治环境，营造亲商安商社会环境，全心全意、全力支持民营企业做大做强。会上，企业代表发言，市直有关部门负责人参加会议。

6月18—20日，市委书记董晓宇，市委副书记、代市长柴宝良带领市四大班子领导参加全市重点项目建设观摩活动，并于6月20日晚召开全市重点项目建设观摩暨经济运行调度会议。董晓宇主持会议并讲话，柴宝良出席会议并讲话。市领导韩福才、刘文勤、武力斌、李晋宇、刘新宇、吴清海、苏铁成出席相关活动。会议通报全市1—5月经济运行和重点项目建设情况，部分县（市、区）进行交流发言。会议强调，要提升高质量发展能力。主动学习借鉴先进地区经验，加速构建以氢能经济为主导低碳、零碳现代经济体系。主动解放思想，在现代金融、高端产业、项目谋划、产品设计、解决问题等方面打破思想禁锢，在更高层面统一思想、推动工作。主动对标协作，树立协同发展、跨越赶超意识，选准对标地区，深入对接合作，加快自身发展。会议强调，要聚焦产业重构谋项目，紧盯政策跑项目，精准招商引项目，优化环境落项目，一抓到底促项目，以项目大发展为承德高质量发展奠定坚实基础。

7月31日，承德市召开全市经济运行暨重点项目建设推进会议。市委书记董晓宇主持会议并讲话，中共承德市委副书记、代市长柴宝良讲话。卢健、崔万峰、陆文龙等市领导出席会议。董晓宇强调，要高质高效高起点推进项目建设。把底数搞清，充分发挥区位优势，积极探索都市型现代农业、现代服务业等产业发展路径。把问题搞准，把产业链招商盯牢，围绕产业上下游加快补链、延链、强链，培育壮大战略性新兴产业，打造特色优势产业集群。把重点搞清，把投入产出算明白，根据自身资源禀赋，明确产业发展重点，引导新落地项目向各地开发区、园区集中，提升投入产出效率。把症结搞清，把营商环境创优，持续深化重要领域和关键环节改革，全力打造优质高效营商环境。要坚决守住生态、用地、防汛、防疫、统计、廉政等方面的底线和红线，为承德市“十四五”开好局、起好步奠定坚实基础。柴宝良强调，要突出扩大有效投资，抓进度、引项目、争支持，进一步掀起项目建设新热潮。

9月17日，承德全市疫情防控和经济运行暨重点项目建设视频调度会议召开。中共承德市委书记董晓宇出席会议。董晓宇强调，要抓住关键环节。认真学习贯彻全省会议精神，全面弄清经济指标体系构成及相互关系，深入掌握经济运行分析调度方法，及时解决经济运行中矛盾问题，强化对比分析、分类施策、统计抽样等工作，把握巩固存量、做大增量和相互转化等重点，加强资金、土地、能源等要素保障，切实增强发展后劲。坚持“项目为王”，落实“亩均论英雄”机制；抓好依法统计，坚决杜绝虚报瞒报漏报；强化效率意识。柴宝良强调，要扎实抓好疫情防控，严格流程标准，坚持网格化管理，切实做到不漏一人。要抓项目增投资，突出“四个一批”、抓好“十项重点”，摸清项目底数，做好有中生新文章，进一步延链、补链、强链，做好无中生有文章，围绕国家政策、特色产业谋划一批大项目好项目，以高质量投资支撑高质量发展。要紧盯十项主要经济指标，加强经济运行调度，进一步细化分解任务，厘清工作职责，强化包联帮扶，主动沟通配合，确保完成全年经济社会发展各项目标任务。会议传达省疫情防控和经济运行暨重点项目建设调度会议精神，通报全市疫情防控和经济运行暨重点项目建设情况，市直相关部门和丰宁满族自治县、承德县、双桥区发言。会议以视频形式召开。各县（市、区）、承德高新区、御道口牧场管理区设分会场。

10月17日，中共承德市委书记董晓宇主持召开抽水蓄能项目推进调度会。市委副书记、承德市政府市长柴宝良，市委常委、统战部部长刘宏伟，市委常委、市委秘书长傅海旺，副市长崔万峰出席会议。会议听取北京大地远通集团有限公司、中国电建集团北方投资公司、中国电建集团昆明勘测设计研究院有限公司关于隆化、滦平抽水蓄能电站项目推进、项目合作、项目勘察设计等方面汇报，就相关工作进行研究部署。会议强调，各级各部门要为项目建设创造良好条件。企业要积极履行社会责任，主动参与地方经济发展。通过企地合作，以清洁能源项目建设为抓手，围绕“补链、强链、延链”做文章，加快产业结构调整，企地双方要以隆化、滦平抽水蓄能电站建设为契机，不断深化对接、强化合作。市政府秘书长，市直有关部门、隆化县、滦平县主要负责人参加会议。

【疫情防控会议】 1月3日，承德市召开全市疫情防控视频调度会议，深入贯彻中共中央总书记习近平关于疫情防控的重要论述，认真落实国务院联防联控机制会议、全省应对新冠肺炎疫情工作会议精神，对全市春节和省市“两会”期间疫情防控及疫苗接种工作进行再安排、再部署。

省人大常委会副主任、市委书记、市新冠肺炎疫情防控工作领导小组组长周仲明主持会议并讲话。中共市委副书记、市长、市新冠肺炎疫情防控工作领导小组组长常丽虹对相关工作进行安排部署。

会议以电视电话会议形式召开。市领导刘文勤、郭士刚、刘宏伟、宁金龙、崔万峰，市委秘书长傅海旺出席会议。会前，周仲明还主持召开市委常委（扩大）会议暨疫情防控工作领导小组工作会议，听取承德市新冠肺炎疫情防控工作情况汇报，研究部署下一阶段重点工作。

7月29日，承德市新冠疫情防控工作领导小组召开调度会议。中共承德市委书记董晓宇出席会议并讲话。市委秘书长傅海旺出席会议，市政府党组成员刘涛主持会议。

董晓宇强调，要充分发挥发热门诊的“哨点”作用，发现发热等可疑病例，要详细登记相关信息，并按相关程序及时报告、收治和转运。成立工作专班，加强分析研判，扎实做好密接、次密接、次密接的密接人员的协查工作。加强流调和核酸检测采样队伍建设，提高工作专业性，有效形成疾控、公安等多部门工作合力。

加强隔离点规范化设置和规范化管理，坚决防止院感和交叉感染。完善应急预案，做好应对极端情况下充分准备，确保关键时刻靠得住、用得上。持续做好疫苗接种工作，做到应接尽接，筑牢防疫安全屏障。

刘涛就全市重点人员排查管控、疫苗接种、常态化疫情防控工作进行部署安排。会议以视频会议形式召开。市卫生健康委等市直有关部门主要负责人在主会场参加会议。各县（市、区）设分会场。

【农业农村会议】 1月20日，承德全市农村工作会议召开。省人大常委会副主任、中共承德市委书记周仲明在会议上讲话，市委副书记、承德市政府市长常丽虹主持会议，市领导韩福才、刘文勤、吴清海、杨培苏出席会议。吴清海传达中央和省农村工作会议精神，相关县市作典型发言。各县（市、区）、承德高新区、御道口牧场管理区设分会场。

9月1日，承德市召开脱贫攻坚总结暨巩固拓展脱贫攻坚成果同乡村振兴有效衔接工作推进会议。中共承德市委书记董晓宇出席并讲话。市委副书记、承德市政府市长柴宝良主持会议，市人大常委会主任刘文勤、市政协主席吴清海，市巩固拓展脱贫攻坚成果领导小组副组长出席会议。会议宣布：承德市如期完成消除绝对贫困的艰巨任务。

会议指出，要准确把握过渡期内面临的新形势新任务，认真落实乡村振兴“二十字”方针，坚持“严的总基调”，贯穿“两条线”，用好“三个导向”，关注“四个方面”，扎实推进巩固拓展脱贫攻坚成果同乡村振兴有效衔接。要完善推进机制、规范识别纳入、精准帮扶救助、严格消除程序，坚决守住防止发生规模性返贫的底线。要处理好“多与强”“产业与企业”“产业带与产业链”的关系，加快建设特色产业集群。要加强产业就业帮扶，组织开展“回头看”，强化扶贫项目管理，坚决巩固拓展脱贫攻坚成果。

会上，市农业农村局、市发改委、丰宁满族自治县、平泉市和市财政局驻滦平县金沟屯镇柳家台村工作队负责人在主会场作大会发言。会议以广电网络视频会议形式召开。各县（市、区）及乡镇设分会场。

9 月 20 日，中共承德市委书记董晓宇主持召开承德市农业优势特色产业带谋划推进调度会议。副市长崔万峰参加会议。董晓宇强调，要把发展目标定精准，统筹考虑全市生态环境、资源禀赋、区位交通、群众意愿等因素，高标准、高质量编制产业发展规划，全力打造全国知名现代农业示范基地、生态观光旅游目的地。要把全产业链设计好，在延链、补链、强链上下功夫，强化科技支撑，大力发展涉农加工业，促进一二三产融合发展。要把支撑要素保障好，推动项目、资金、人才、交通等各方面要素向产业带集中，切实增强示范带动作用。要优化服务保障，及时解决产业带发展中遇到实际困难。要注重统筹协调，有效推进产业兴旺与生态宜居有机结合。会上，市农业农村局汇报农业优势特色产业带推进情况。市直有关部门负责人参加会议。

10 月 9 日，承德市举行“发展民宿经济，助推乡村振兴”大培训大比拼活动，旨在推动工作教方法、晾晒成绩比进步、展示才能比水平，促进全市民宿经济高质量发展，为全面推进乡村振兴提供有力支撑。中共承德市委书记董晓宇，市委副书记、承德市政府市长柴宝良，市政协主席吴清海，市委副书记郭旭涛，市领导赵青英、颜世东、方志勇、张树国出席会议。市委常委、组织部部长颜世东主持会议。活动中，各县（市、区）委副书记、高新区党工委副书记分别在分会场通过网络云视频会议系统，就“发展民宿经济，助推乡村振兴”进行交流发言；与会市领导进行点评，并对该项工作开展情况进行民主评议。会议强调，发展民宿经济要着力做好加强自有资源倾斜、积极争取上级支持、强化域外招商引资三方面工作，以百亿营收目标为导向，以项目化方式进行推进，坚持高起点、高标准，实行政府背书，统一标准、统一推广、统一管理，构建市场化、品牌化、规范化运作模式，切实打好自然牌、文化牌、民族牌、国际牌，全面建立资金、人才、政策、服务、风险防范五项保障措施，加快改善农村基础设施，发挥民宿经济“乘数效应”，带动全域旅游发展，促进实现乡村全面振兴。要强化配套措施，切实解决好制约发展“瓶颈”和“短板”问题。市直有关部门，部分高校、国有企业负责人在主会场参加活动。

【生态环境会议】 3 月 2 日，承德市创建国家生态文明建设示范市工作推进会召开。河北省人大常委会副主任、中共承德市委书记周仲明，河北省生态环境厅监察专员、第二环境监察专员办公室主任赵振兴出席会议并讲话。市领导何军主持会议，崔万峰、薛青松、赵振清出席会议。周仲明强调，要全力推进环境质量提升工程、生态建设提升工程、生态经营提升工程、人居环境提升工程、环境安全提升工程、生态制度提升工程、生态文化提升工程。要聚焦创建指标，全力补短板强弱项。主管市领导逐一包保完成难度较大指标，部门主要领导包保佐证资料不足指标，市统计局限期完成相关调查统计工作。赵振兴指出，要注重增强示范创建整体效果，把握正确的工作策略和方法，坚决做到统筹兼顾、综合施策、两手发力、点面结合、求真务实。要努力实现生态环境保护工作新突破，确保环境空气质量有新改善，水环境质量有新提升，土壤污染防治有新成效，坚决夺取创建国家生态文明建设示范市的新胜利。会上，兴隆、滦平，市生态环境局、市自然资源和规划局作发言。河北省生态环境厅第二环境监察专员办公室监察二处相关人员、市直有关部门负责人在市主会场参加会议，各县（市、区）、承德高新区、御道口牧场管理区设分会场。

3 月 16 日，承德市召开清洁能源产业推进调度会议，河北省人大常委会副主任、市委书记周仲明主持会议并讲话。中共承德市委副书记、市长常丽虹讲话。市委常委、常务副市长李晋宇，市委秘书长傅海旺出席并讲意见。会议听取承德市清洁能源产业发展情况汇报，市发改委、市自然资源和规划局、市林业和草原局、承德供电公司主要负责人及分管负责人围绕清洁能源产业发展、政策要求、存在问题及下一步工作思路进行交流发言。会议强调，要坚持统一规划、统一资源管理。加快修编完善全市清洁能源产业发展规划，严守生态保护红线、环境质量底线、资源利用上线，实现产业发展和生态环境保护相统一。要加强与大企业、大集团对接合作，积极引进战略投资者，集中连片开发。要制定清洁能源产业准入政策，落实项目竞标制度，完善资源管理机制，建立健全利益分配机制，切实提升资源利用率，提高产业发展质量。要坚持全产业链发展，实施好延链补链强链各项工程。要积极谋划建设国家级清洁能源产业发展平台，着力谋划一批重卡、钒电池储能、制氢等项目，积极推进抽水蓄能项目。

5月9日，中共承德市委书记董晓宇主持召开市生态文明建设领导小组暨生态环境保护委员会会议，深入学习贯彻习近平生态文明思想，总结工作成绩，部署重点任务，动员全市上下巩固拓展成果，持续升级加力，齐心协力开创生态文明建设新局面。市委副书记、代市长柴宝良，市委副书记郭旭涛，市领导吴清海、杨春武、郭士刚、刘宏伟、宁金龙，市委秘书长傅海旺出席会议。会议听取有关单位工作汇报，审议通过《承德市2021年生态文明建设工作要点》《承德市2021年生态环境保护委员会工作要点》。会议强调，要强化督导问责，加大对生态环境问题的追责问责力度；强化全民参与，大力倡导节约适度、绿色低碳、文明健康生活方式和消费模式，引导群众养成生态文明习惯。

6月1日，中共承德市委书记、市委弘扬塞罕坝精神领导小组组长董晓宇在河北民族师范学院主持召开市委弘扬塞罕坝精神领导小组第一次会议。他强调，要大力弘扬塞罕坝精神，实现“三个植入”，加快“四个转化”，使之成为推动承德创新发展、绿色发展、高质量发展强大精神动力。市政协主席、市委弘扬塞罕坝精神领导小组副组长刘文勤出席会议并讲话。市委秘书长傅海旺出席会议。董晓宇强调，要牢牢把握“碳达峰、碳中和”机遇，牢固树立强产业思维，大力发展低碳、零碳经济，加快把承德生态优势转化为发展优势，把区位优势转化为承接优势，把文化优势转化为产业优势，把人缘优势转化为竞争优势，全力打造经济发展上的“塞罕坝”。河北民族师范学院领导班子成员，市委政策研究室、市委宣传部负责人参加会议。

7月14日，中共承德市委、承德市政府召开全市水资源保护暨地下水超采综合治理工作会议，对今后做好水污染防治、水生态修复、水资源统筹、水环境治理和全社会节水等工作进行安排部署。市委书记董晓宇出席并讲话。市委副书记、代市长柴宝良主持会议。会议强调，要全面提升管水治水工作水平。严格水资源刚性约束，通过合理规划利用、统筹资源配置、严控地下水超限开采，全面加强水资源监督管理；狠抓水环境综合治理，突出抓好滦河、潮河“两河共治”，着力加强水源地水质保护，常态化开展河湖治理保护，强化水环境精准监管，全面推进水质提升和水系面貌改善；大力推进节水型社会建设，实施农业节水增效，加大工业节水减排，强化城镇节水降损，全面提升水资源利用水平。市领导丁然、崔万峰、董旭明出席会议。会上，崔万峰就全市推进水资源保护、地下水超采综合治理工作进行安排部署；市水务局、市生态环境局主要负责人，分别围绕地下水超采综合治理、水污染防治作发言。会议以视频会议形式召开。市直有关单位主要负责人在主会场参加会议，各县（市、区）、承德高新区、御道口牧场管理区设分会场。

8月14日，承德市召开推进首都“两区”建设工作会议，中共承德市委书记董晓宇出席并讲话。中共承德市委副书记、承德市政府代市长柴宝良主持会议。市政协主席刘文勤、市委副书记郭旭涛，市委常委，市政府、市政协班子成员出席会议。省委第二督查组组长任玉坤受邀出席会议。会议强调，要认真贯彻习近平生态文明思想，高标准推进首都“两区”建设。要加强国土空间管控，深化完善“三区三线”划定，构建生态友好、低碳循环、人与自然和谐共生生态新格局。要加强生态环保领域立法，探索出台系列实体性地方法规，做到依法治理、依法保护。要加强环境污染防治，持续打好蓝天、碧水、净土保卫战，着重解决好人民群众反映强烈突出环境问题。要加强生态保护修复，统筹山水林田湖草沙综合治理，全面提升水源涵养和生态支撑能力。要加强森林草原生态功能提升，精准提升林草资源质量，有序增加林木蓄积量，大力推进水土流失综合治理，不断强化湿地保护和修复。要加强“双碳”工作研究，全面开展战略性规划和整体性规划,科学制定“碳达峰”时间表和“碳中和”路线图。要发挥生态资源优势，大力推进农业大市向农业强市转变、林业大市向林业强市转变、旅游大市向生态旅游强市转变、清洁能源大市向清洁能源强市转变。会上，市生态环境局、市文联、河北民族师范学院、围场满族蒙古族自治县负责人分别结合各自工作进行发言。市水务局、塞罕坝机械林场负责人作书面发言。

10 月 9 日，中共承德市委书记董晓宇主持召开市属林场、牧场“再建功立业”工作调度会议，听取市林业和草原局、市农业农村局以及市属各林场、牧场“再建功立业”情况汇报，围绕完整准确全面贯彻落实中共中央总书记习近平考察承德重要讲话指示精神，对推进全市林业草原事业高质量发展进行研究部署。市委副书记、承德市政府市长柴宝良，市委副书记郭旭涛，市委常委、市委秘书长傅海旺，副市长崔万峰出席会议。会议指出，习近平总书记在考察塞罕坝机械林场期间，提出“要传承好塞罕坝精神，深刻理解和落实生态文明理念，再接再厉、二次创业，在实现第二个百年奋斗目标新征程上再建功立业”要求，我们要以实实在在工作业绩回报习近平总书记关心关怀。会议强调，要牢牢守住森林草原防火安全底线；牢牢把握“碳达峰、碳中和”带来重大机遇，不断提升森林碳汇能力。严格按照全市推进“风光储氢”一体化发展大会部署要求，因地制宜、有序推进风能、太阳能等开发利用，为加快全市以氢能为重点清洁能源产业发展提供有力助推。积极引进重点实验室，加快更多科技成果转化，推动林下经济示范基地建设。市政府秘书长，市直有关部门负责人参加会议。

11 月 10 日，中共承德市委书记董晓宇主持召开承德国家可持续发展议程创新示范区建设推进会议暨领导小组会议，深入学习贯彻中共中央总书记习近平考察承德重要讲话指示精神和关于可持续发展的重要论述，认真落实国务院关于承德国家可持续发展议程创新示范区批复要求，全面总结前期工作，安排部署中期任务，进一步统一思想、提高认识、凝聚合力，高标准、高质量推进承德国家可持续发展议程创新示范区建设。市委副书记、市长柴宝良，市委副书记郭旭涛，市领导卢健、傅海旺、谷宏健出席会议。会议强调，要进一步理清工作重点，全力推进示范区建设各项工作落到实处。思路要开阔，紧紧围绕自身建设主题，认真落实国务院部署要求，聚焦重点，全力突破。结果要可见，把用好省政府各项支持政策同落实市委、市政府相关工作部署结合起来，定期总结、定期调度，解决问题、跟踪问效。工作要跟进，跟进学习政策，跟进落实要求，跟进争取支持，做到环环相扣，推动工作持续深入开展。政策要用实，聚焦绿色产业培育、创新能力提升等关键点，深入研究政策、用好政策，有效破解瓶颈性问题，推进高质量发展。会上，听取承德国家可持续发展议程创新示范区建设工作推进情况汇报，研究审议示范区建设相关工作。市政府秘书长，市直有关部门负责人参加会议。

【城乡建设会议】 1月12日，省人大常委会副主任、中共承德市委书记周仲明，市委副书记、承德市政府市长常丽虹赴高新区现场办公，组织召开工作会议，对承德市南部新城启动建设工作进行安排部署。市领导李晋宇、刘宏伟，市委秘书长傅海旺参加会议。会议强调，要坚持规划引领。注重顶层设计，突出绿色发展、高质量发展，科学完善细化城市规划，确保与全市总体规划相适应、与国土空间规划相衔接。要坚持产城融合，优化城市功能布局，为发展高新技术产业留足空间，形成以城带产、以产促城、产城融合、良性互动城市新区，筑牢财源税源支撑。要坚持基础先行，加强区域水电路讯等基础设施建设，完善综合配套，不断提升城市承载力和服务功能。要坚持依法推进，严格规范工作程序，坚持依法解决遗留问题，严格依法打击城市建设中的各类违法问题，加大扫黑除恶力度，为南部新城建设创造良好环境。市政府规划顾问，市直有关部门负责人、高新区及相关部门负责人参加会议。

2月8日，河北省人大常委会副主任、中共承德市委书记周仲明在主持召开承德南部新城开发建设推进工作会议，市委副书记、市长常丽虹出席会议并讲话。市领导李晋宇、苏铁成、刘宏伟，市委秘书长傅海旺出席会议并分别讲了具体意见。会议强调，要突出规划刚性，确保一张蓝图干到底。要坚持依法依规按政策认真解决问题。逐项摸清底数，查清历史事实，划清遗留问题界限，算好财务审计账，认真解决遗留问题，依法打击违法犯罪，维护社会稳定，平稳有序推进开发建设。要加快基础设施建设，统筹基础设施和公共服务设施建设，同步推进新城绿化和河道治理，统一规划设计，加强包装谋划，着力打造宜居宜业良好发展环境。要突出产城融合，坚持产业与城市功能融合、空间融合，科学布局高新技术产业，大力发展楼宇经济，建设科技企业孵化器，确保产业、城市、居民协同协调、持续健康发展。要突出合力攻坚，各相关单位坚持站位全局、统一指挥、协调联动，形成强大工作合力。市直有关部门负责人参加会议。

4月10日，中共承德市委书记董晓宇主持召开会议，听取全市国土空间规划编制情况汇报，就进一步修改完善规划进行深入研究探讨。市委副书记、代市长柴宝良，副市长刘宏伟，市委秘书长傅海旺出席会议。会上，承德市自然资源和规划局汇报规划编制工作开展情况，规划设计单位汇报承德市国土空间总体规划，与会市领导和市直有关部门负责人分别就进一步完善规划提出意见和建议。会议强调，要突出规划的战略性、科学性、前瞻性，要为未来发展留足空间，确保规划的落地性、适用性，做到多规合一。要高度重视中心城区规划建设。坚持立足承德山城实际，明确中心城区发展方向，统筹考虑历史文化保护、中心城区辐射带动、城市承载能力等要求，在强化产业支撑、完善基础设施、保留历史风貌等方面下功夫，切实提高城市首位度。

8月2日，中共承德市委书记董晓宇主持召开城市建设调度会暨党代会报告征求意见会议。中共承德市委副书记、代市长柴宝良，市委常委、市政府党组副书记卢健，副市长陆文龙出席会议。会议听取市发改委、市自然资源和规划局、市生态环境局、市住建局、市城管局、市水务局，双桥区、双滦区主要负责人关于城市建设工作情况汇报。董晓宇强调，要努力将城市建设过程转化为推动创新发展、绿色发展、高质量发展过程。要坚守红线底线去研究，准确把握政策标准，加强向上沟通对接，争取上级支持。要有顶级一流单位去规划，统筹考虑生态环保、土地利用、给排水、景观打造、产业发展等各方面要求，切实把城市每一寸土地都充分利用起来。柴宝良强调，要坚持高起点规划、高标准设计，科学编制城市规划，加强与高水准设计团队沟通对接，力求体现承德特色。要坚持产城融合发展，强化产业支撑，健全完善基础设施，切实把城市打造成高品质生活未来之城和全市经济发展主要增长极。

同日，中共承德市委、承德市政府召开全市创建全国文明城市工作推进暨培训会议，中共承德市委书记董晓宇出席会议并讲话。市委副书记、代市长柴宝良主持会议。刘文勤、吴清海、卢健、赵青英、杜庆勇、刘勇、颜世东、崔万峰、陆文龙等市领导出席会议。董晓宇强调，要做到“三个清晰”，即创建目的要清晰，深刻认识创城是践行以人民为中心发展思想生动体现，是贯彻落实省委省政府“三重四创五优化”重要抓手，是为让广大市民有更多获得感、幸福感、安全感；创建目标要清晰，坚定“不创则已、创则必成”信心和决心，尤其要确保实现本轮创建首年“开门红”；创建任务要清晰，各级各部门要按照总体工作方案，细化职责分工，加强协调配合，确保工作落细落实。要实现“三个到位”，即发现问题要到位、整改问题要到位、统筹工作要到位。柴宝良强调，要大力推进全民创建、全域创建、全面创建、常态化创建，以更坚决态度时刻绷紧创城这根弦，确保新一轮全国文明城市创建工作开好局、起好步。市委常委、市政府党组副书记卢健通报承德市近期创城工作进展情况；市委常委、宣传部部长赵青英就做好当前创城重点工作进行安排部署。会议还邀请专家就进一步开展好创城工作进行专题辅导培训。市人大、市政府、市政协秘书长，13 个分指挥部召集人，市创城指挥部成员单位主要负责人在主会场参加会议。双桥区、双滦区、营子区设分会场。

9 月 8 日，中共承德市委、市政府召开全市社区居家养老服务现场观摩会。中共承德市委书记董晓宇出席会议并讲话。市委副书记、承德市政府市长柴宝良主持会议。市领导傅海旺、郭士刚、陆文龙、王利华出席会议。与会人员实地观摩双桥区碧园社区、永安社区，高新区梨花社区、滨河社区的日间照料服务站、居家养老服务中心。会议强调，要坚持实事求是、分类施策，通过创新思路、狠抓落实，着重解决服务场所、服务重点、服务主体、服务人员、资金保障等重点难点问题，让“难点”变成“亮点”，推动社区居家养老服务高质量发展。会上，副市长陆文龙宣读《承德市全面提升社区和居家养老服务水平实施意见》；高新区党工委、双桥区西大街街道、双滦区元宝山街道北园社区、高新区滨河社区居家养老服务中心主要负责人作交流发言。市直有关部门、各县（市、区）主要负责人参加会议。

同日，承德市召开创建全国文明城市工作调度推进视频会议。中共承德市委书记董晓宇出席会议。河北省委宣传部部务会成员、河北省文明办专职副主任李秀存就创建全国文明城市作专题辅导。中共承德市委副书记郭旭涛主持会议并通报承德市创建全国文明城市工作情况。市领导刘卫平、卢健、赵青英、陆文龙、刘涛出席会议。会上，集中观看创建文明城市问题视频专题片；市委常委、宣传部部长赵青英就创城重点工作进行安排部署。董晓宇强调，要瞄准视频专题片中揭露的问题下功夫，坚决杜绝类似问题发生。要坚持为民导向，切实提升市民参与文明城市创建积极性和主动性。要坚持目标导向，严格按照创建标准和测评体系对标对表，深入一线工作，落实点位出清制度，强化督导通报，切实提升创建指标体系指导性和实用性。要坚持结果导向，强化阶段评估，落实激励机制和责任追究机制，切实提升督查考核严肃性和权威性，确保创城各项工作精准、高效、扎实推进。会议以视频形式召开。市政府秘书长，创城指挥部成员单位主要负责人在市主会场参加会议。双桥区、双滦区、营子区和承德高新区设分会场。

9 月 28 日，中共承德市委书记董晓宇主持召开全市重点工作谋划推进调度会议，深入研究滦河新城规划建设和老城区街道改造提升等工作。市委副书记、市长柴宝良，市人大常委会主任刘文勤，市政协主席吴清海，市委常委、市委秘书长傅海旺，副市长陆文龙出席会议。会议听取滦河新城规划编制和工作推进情况汇报。会议强调，要准确把握新城规划建设着眼点，进一步明晰滦河新城城市定位、功能定位、产业定位，坚守生态环境保护、水资源保护、国土空间规划等红线底线，丰富城市业态，拓展发展空间，突出产城融合，统筹城乡发展，采用数字化、智慧化新手段，打造山水新城、品质新城、宜居新城、活力新城。要准确把握工作推进着力点，充分借鉴先进地区新城建设经验，认真做好新城规划编制工作。会议研究老城区重点街道改造提升、武烈河沿岸景观亮化工作方案，强调统筹考虑城市历史文脉、现实状况、群众需求。市政府秘书长，双桥区、双滦区、高新区、市直有关部门主要负责人参加会议。

【政法会议】 2月24日，承德全市政法工作会议召开。会议贯彻落实中央和全省政法工作会议精神，总结部署年度政法工作。河北省人大常委会副主任、中共承德市委书记周仲明，省政协副主席、市长常丽虹分别对全市政法工作作出批示。市委常委、政法委书记苏铁成出席会议并讲话。市领导李伟、宁金龙、王利华，市中级人民法院院长刘福明、市检察院检察长白振平出席会议。宁金龙主持会议。周仲明在批示中指出，要深入贯彻习近平法治思想，统筹发展和安全，持续深化市域社会治理现代化试点建设和“四型”政法队伍争创，努力建设更高水平的平安承德、法治承德。常丽虹在批示中指出，全市政法机关要持续深化执法司法供给侧结构性改革，为全市经济社会高质量发展提供强有力法治服务和保障。会议总结回顾2020年政法工作，就当前政法工作形势进行分析，安排部署2021年全市政法工作。苏铁成强调，2021年政法工作要以确保中国共产党成立100周年安全稳定为主线，以高质量政法工作服务经济社会高质量发展为主题，坚持系统理念、法治思维、强基导向，努力建设更高水平平安承德、法治承德。

5月26日，承德市召开全市信访稳定暨安全生产工作会议，迅速贯彻落实全省会议精神，就进一步做好承德市相关工作进行安排部署。中共承德市委书记董晓宇出席会议并讲话。市委副书记、承德市政府代市长柴宝良主持会议。市领导武力斌、刘新宇、苏铁成、宁金龙，市中级人民法院院长刘福明、市人民检察院检察长白振平出席会议。董晓宇强调，要全力确保政治安全，坚持居安思危、精准施策，做到发现在早、防范在先、处置在小。要全力抓好社会稳定，持续加大社会治安综合治理力度，着力营造平安和谐社会环境。要全力抓好安全生产，聚焦高危行业和重点领域，集中开展安全隐患大排查大整治，着力做好森林草原防火、防汛准备、食品药品安全等工作，推动各项安全措施落到实处。要深入开展矛盾纠纷排查，加强领导干部接访，持续化解信访积案，用心用情用力解决问题，维护群众合法权益。会上，市委常委、政法委书记苏铁成宣读相关工作方案，市公安局、滦平县负责人作表态发言。

【政策指导会议】 2月25日，承德全市“三重四创五优化”活动动员部署会议召开，深入贯彻省委“三重四创五优化”暨20项民生工程动员部署会议精神，对承德市“三重四创五优化”活动进行安排部署。河北省人大常委会副主任、中共承德市委书记周仲明出席并讲话。承德市政府市长常丽虹主持会议。市委常委，市人大常委会主任、市政协主席，市政府副市长，市委秘书长出席会议。周仲明强调，要坚持“三重”并举，构筑高质量发展硬支撑。主动服务重大国家战略，借京津冀协同发展、雄安新区加快建设、2022年北京冬奥会大势，加快自身高质量发展。狠抓重大项目建设，抢抓机遇“谋”、内培外引“育”、强化举措“建”。强力推动重大民心工程落地见效，加强就业、教育、医疗、社保等社会事业建设。要坚持“四创联动”，全面激发高质量发展动能。强力推动创新驱动，推进大众创业，强力推进国家森林城市、全国文明城市、国家卫生城市创建，强力推进平安承德、法治承德建设，当好首都政治“护城河”。要扎实推进“五优化”，着力优化政治生态，着力优化经济结构，着力优化自然生态，着力优化营商环境，着力优化基层治理，为高质量发展提供坚强保障。各县（市、区）、承德高新区、御道口牧场管理区设分会场。“三重四创五优化”定义：“三重”，是指抓重大国家战略、重大项目建设、重大民心工程；“四创”，是指创新，创业，创全国文明城市、国家卫生城市、国家森林城市，创平安河北、法治河北；“五优化”，是指优化政治生态、优化经济结构、优化自然生态、优化营商环境、优化基层治理。

6月4日，中共承德市委书记董晓宇主持召开市人力资源和社会保障局、市行政审批局等政府部门座谈会。他强调，要强化发展第一要务，打造一流营商环境，为推动经济社会高质量发展积蓄强劲动能。市委常委、常务副市长李晋宇，市委秘书长傅海旺出席会议。董晓宇指出，要打造廉洁高效政务环境。坚守廉洁底线，严肃查处破坏营商环境典型案例，形成制度性规定，进一步改善政务环境；提升服务效能，注重用好大数据，提高网上办事能力，进一步提高审批效率。要打造公平公正法治环境，完善“两随机、一公开”监督、“互联网＋监管”等方式方法，深化乡镇综合执法改革，全面提高依法行政水平。特别要进一步抓好政法队伍教育整顿，坚决整治“六大顽瘴痼疾”，让每一个市场主体感受到公平正义。董晓宇要求，要打造履约践诺的市场环境。提高社会信誉，推进信用体系建设，坚决兑现承诺，推动项目签约落地；加强质量监管，严厉打击假冒伪劣商品制售行为，维护公平竞争的市场秩序。要打造开放规范金融环境，增强企业直接融资意识和能力，积极引导助推企业上市挂牌。特别要加强金融监管，规范地方金融企业财务行为，合理提高存贷比，为实体经济发展提供资金支持。董晓宇要求，要打造安全稳定的社会环境。做好食品药品安全工作，认真抓好农副产品等地方品牌的质量安全；做好安全生产工作，加大对煤矿、非煤矿山、尾矿库等重点部位的监管，强化道路交通安全管理，坚决避免发生群死群伤事件；做好防火防汛工作，确保人民群众生命和财产安全；做好金融安全工作，坚决守住不发生区域性系统性金融风险的底线。要打造阳光向上创业环境，不断强化争先创优意识，努力在全社会营造干事创业的浓厚氛围。市地方金融监管局、市市场监管局、市应急管理局、市行政审批局、市人社局主要负责人作工作汇报，并对推动承德高质量发展、开好市第十五次党代会提出意见建议。

10月14日，承德市召开优化发展环境大会。中共承德市委书记董晓宇出席会议并讲话，市委副书记、市长柴宝良主持会议，市领导刘文勤、吴清海、郭旭涛等出席。董晓宇强调，要用一流的发展环境构筑竞争新优势，用务实作风激发发展新活力，用高质量发展成效解决前进中新问题。要坚持问题导向，正视思想认识、理念观念、政务服务、法治建设、亲商安商、要素保障上差距，直面思想作风方面问题，全面激发优化发展环境思想自觉、政治自觉和行动自觉，坚决铲除破坏发展环境滋生的土壤，真正把承德打造成优质资本集聚首选地、必选地、优选地，打造成群众工作舒心、生活舒适的城市。要发扬进取精神，进一步提高工作标准、提振工作状态、提速工作过程、提升工作效率、提优工作作风，以发展环境优化助推经济社会高质量发展。柴宝良强调，要深入查找差距不足，突出重点抓落实，在提标政务服务、优化投资生态、打造创新高地上实现新突破，全面构建企业“全生命周期”服务和“管家式”招商安商平台，激发各类人才创新创业源动力，全力推动发展环境优化提升。会议播放警示教育片，听取《建设高质量发展“生态强市、魅力承德”打造一流发展环境工作实施方案（试行）》起草情况说明和《关于企业家代表座谈会反映问题整改情况的报告》《关于5起破坏生态环境典型问题的通报》。会议以视频会形式召开。

市委、市人大常委会、市政府、市政协领导班子成员，市中级人民法院院长、市人民检察院检察长在市主会场参加会议。市行政中心设第一、第二分会场；各县（市、区）、承德高新区、御道口牧场管理区及各乡（镇、街道）设分会场。

【科教卫体会议】 7月4日，中共承德市委书记董晓宇主持召开省市属高校座谈会，就推动地方和高校高质量协同发展进行座谈交流。市委副书记、代市长柴宝良，市委常委、宣传部部长赵青英，市委常委、组织部部长颜世东，市委秘书长傅海旺，市政府党组成员刘涛出席座谈会。会议强调，高校要努力做到与地方“目标同向、责任共担、成果共享”，全面贯彻落实新发展理念，主动服务和融入地方发展战略，为经济社会高质量发展提供强有力的人才支撑和智力支持。会议要求，要加强基层组织建设，夯实高校党建基础。加强师德师风建设，落实“立德树人”根本任务。加大对高校各方面支持力度，推动高校高水平建设与发展。会上，承德医学院、河北石油职业技术大学、河北民族师范学院、河北旅游职业学院、承德护理职业学院、承德应用技术职业学校主要负责人，承德医学院中药学科带头人、河北民族师范学院小学教育国家一流专业建设负责人作交流发言。市政府秘书长，市直有关部门负责人参加会议。

9月9日，在第三十七个教师节即将来临之际，中共承德市召开推进教育高质量发展暨庆祝第三十七个教师节大会。中共承德市委书记董晓宇代表市委、市人大常委会、市政府、市政协和全市人民，向广大教师和教育工作者致以节日问候。市委副书记、市长柴宝良主持会议。市领导刘文勤、郭旭涛、傅海旺、刘涛、王利华出席会议。会上，市委副书记郭旭涛宣读《中共承德市委承德市人民政府关于命名2021年承德名校(园)长、承德教书育人楷模、承德名师、承德优秀教研组、承德师德标兵、承德优秀教师和承德优秀教育工作者的通报》；副市长刘涛就《承德市推进基础教育高质量发展若干措施》和《承德市推进职业教育高质量发展若干措施》作说明。市领导为承德名校（园）长、承德教书育人楷模、承德名师代表颁奖，获奖代表发言。会议强调，要建设一支真正懂教育、重教育党政干部队伍，让学生在家门口就能享受到优质教育，最大限度缩小城乡差距、校际差距、群体差距。建设一支真正把教育事业记在心上、托在手上的教职员工队伍，常怀崇敬之心、奉献之心、仁德之心，全面落实党的教育方针，坚持树立一线导向，加快培育一批名师、名校长，持续调整充实市县两级教研力量。建设一支真正关心教育、支持教育的社会队伍，持续推进民办义务教育规范发展，积极鼓励社会力量捐资助学，共同营造尊师重教、崇文尚学的良好教育环境，构建起齐抓共管、协调联动的教育高质量发展新格局。

重要文件

【经济发展和依法行政类文件】 10月29日，市委、市政府印发关于进一步深化“放管服”改革的实施意见的通知。为深入贯彻党中央、国务院和省委、省政府决策部署，持续深化承德市“放管服”改革，加快转变政府职能，优化营商环境，推动经济社会高质量发展，现结合实际提出实施意见。

9月9日，市委关于印发《承德市法治社会建设实施方案（2021—2025年）》的通知。为全面贯彻习近平法治思想，统筹推进“十四五”时期全市法治社会建设各项工作，根据党中央印发的《法治社会建设实施纲要（2020—2025年）》和河北省委印发的《河北省法治社会建设实施方案（2021—2025年）》文件精神，结合实际制定方案。

10月13日，市委、市政府转发承德市法治宣传教育领导小组关于在全市开展法治宣传教育的第八个五年规划（2021—2025年）的通知。为深入学习贯彻习近平法治思想，按照党中央、省委关于开展法治宣传教育的第八个五年规划部署要求，围绕“三区两城”发展定位和建设高质量“生态强市、魅力承德”总目标，切实做好承德市第八个五年法治宣传教育工作，结合实际制定规划。

【农业农村类文件】 3月17日，市委印发关于深入开展“乡村振兴党旗红”活动的实施意见。为认真贯彻落实党中央、国务院和省委、省政府决策部署，汇聚强大合力，全力推进乡村振兴战略，在全市深入开展“乡村振兴党旗红”活动，提出实施意见。

4月14日，市委、市政府印发关于认真贯彻落实中共中央总书记习近平重要讲话精神全面推进乡村振兴加快农业农村现代化的实施意见分工方案的通知。各地各部门要坚持政治站位，认真贯彻落实习近平总书记在中央农村工作会议上的重要讲话精神和党中央、国务院决策部署以及省、市工作安排部署，强化举措、狠抓落实，着力推动全面推进乡村振兴、加快农业农村现代化各项重点任务落地见效。

8月6日，市委、市政府关于印发关于健全防止返贫动态监测和帮扶机制的实施方案的通知。为贯彻落实中共中央总书记习近平关于防止返贫工作的重要指示精神，进一步健全承德市防止返贫动态监测和帮扶机制，巩固拓展脱贫攻坚成果，坚决守住不发生规模性返贫的底线，根据中央农村工作领导小组《关于健全防止返贫动态监测和帮扶机制的指导意见》和中共河北省委农村工作领导小组《关于健全防止返贫动态监测和帮扶机制的工作方案》，结合承德市实际，制定本方案。

9月16日，市委、市政府印发关于进一步发展壮大农村集体经济的实施意见的通知。为支持村级集体经济发展壮大，进一步拓宽强村富民渠道，加快推进乡村振兴，根据《中共河北省委办公厅、河北省人民政府办公厅印发〈关于进一步发展壮大农村集体经济的若干意见〉的通知》等文件精神，结合承德实际，制定本实施意见。

10月8日，市委、市政府关于印发承德市乡村振兴优势特色产业示范带推进方案（2021—2023）的通知。为推动中共中央总书记习近平考察承德重要讲话指示精神落地落实，进一步调优农业结构和布局，做优做强农业优势特色产业，促进乡村产业兴旺，筑牢乡村全面振兴基础，制定推进方案。

【科技教育文化卫生类文件】 1月25日，市委、市政府印发关于切实关心关爱疫情防控一线工作人员的通知。面对严峻复杂的疫情防控形势，广大防控一线工作人员不忘初心、牢记使命，忠于职守、冲锋在前，不畏艰险、英勇奋战，为全力打赢疫情防控阻击战、歼灭战付出艰苦努力，作出重要贡献。为切实关心关爱疫情防控一线工作人员，提出工作举措。

8月12日，市委、市政府关于印发承德市深化新时代教育督导体制机制改革实施方案的通知。为深入贯彻落实中共中央办公厅、国务院办公厅印发的《关于深化新时代教育督导体制机制改革的意见》和河北省委办公厅、河北省政府办公厅印发的《河北省深化新时代教育督导体制机制改革实施方案》，建立机构健全、制度完备、功能完善、职权匹配，督政、督学、评估监测“三位一体”的教育督导体系，加快全市教育督导现代化，为建设教育强市、办好人民满意的教育发挥重要作用，制定本实施方案。

10月29日，市委、市政府关于印发“十四五”承德市档案事业发展规划的通知。为更好地推动承德市档案事业高质量发展，适应国家治理体系和治理能力现代化要求，根据《“十四五”全国档案事业发展规划》《河北省国民经济和社会发展第十四个五年规划和二〇三五年远景目标纲要》《“十四五”河北省档案事业发展规划》《承德市国民经济和社会发展第十四个五年规划和二〇三五年远景目标纲要》，结合实际制定规划。

11月4日，市委、市政府印发关于加快推进科技强市建设的实施方案的通知。为深入实施创新驱动发展战略，贯彻落实中共河北省委办公厅、河北省人民政府办公厅《关于加快实施科技强省行动的实施意见》精神，加快推进科技强市建设，结合承德市实际，制定本实施方案。

12月29日，市委、市政府印发关于促进人才创新创业加快高质量发展步伐的实施办法的通知。为深入贯彻中共中央总书记习近平考察承德重要讲话指示精神，全面落实中央、省委、市委人才工作会议精神和市十五次党代会精神，立足新发展阶段，贯彻新发展理念，构建新发展格局，结合省委提出的“三重四创五优化”活动要求，围绕全市“3+3”主导产业和县域“1+2”特色产业发展需要，大力实施人才强市战略，加快建设青年友好型城市，通过扶持创新、鼓励创造，打造区域人才高地，持续深入推进国家可持续发展议程创新示范区建设，促进承德市全面绿色转型，为加快建设高质量发展的“生态强市、魅力承德”提供人才智力支撑。结合承德市实际，制定实施办法。

同日，市委、市政府关于印发承德市“假日工程师”柔性引才实施办法（试行）的通知。为深入贯彻中共中央总书记习近平视察承德重要讲话指示精神，全面落实市十五次党代会工作部署，大力弘扬塞罕坝精神，聚焦“三区两城”发展定位和加快“四个转化”发展路径，聚焦全市“3+3”主导产业和县域“1+2”特色产业发展，把握新发展阶段人才流动加快的有利契机，紧盯京津冀、长三角、珠三角等先进地区高端和紧缺人才资源，大力实施人才强市战略，强化产业思维，加大柔性引进力度，聚智聚力倾力打造一流发展环境，持续深入推进国家可持续发展议程创新示范区建设，加快建设新时代高质量发展“生态强市、魅力承德”现代化新征程，制定实施办法。

【生态环境保护和建设类文件】 2月24日，市委、市政府关于印发承德市创建国家生态文明建设示范市工作方案的通知。为加快推进承德市生态文明建设工作，实现国家生态文明建设示范市的创建目标，根据《国家生态文明建设示范市县管理规程》《国家生态文明建设示范市县建设指标》要求，结合承德市实际，制定本方案。

4月9日，市委、市政府关于印发承德市贯彻落实第二轮省生态环境保护督察反馈意见整改方案的通知。为全面贯彻习近平生态文明思想，深入落实党中央、国务院和省委、省政府关于生态环境保护工作的决策部署，经省委、省政府批准，2020年7月10日至8月10日，省第六生态环境保护督察组对承德市开展第二轮生态环境保护督察。2020年11月23日，省第六生态环境保护督察组向承德市反馈《承德市生态环境保护督察反馈意见》，充分肯定承德市生态环境保护工作取得的成效，指出承德市存在问题，提出工作意见建议。为切实抓好省生态环境保护督察反馈意见整改落实，着力解决各项生态环境重点问题，深化整改、统筹兼顾、举一反三，坚决打赢打好污染防治攻坚战，切实推进全市生态文明建设和生态环境保护工作，持续改善生态环境质量，结合承德市实际，制定本方案。

5月14日，市委、市政府关于印发承德市2021—2023年创建全国文明城市三年行动计划的通知。为贯彻落实省、市“三重四创五优化”活动部署，扎实推进全国文明城市创建工作，进一步提升市民文明素质和城市文明程度，根据《全国文明城市（地级以上）测评体系》标准，结合实际，制定承德市2021—2023年创建全国文明城市三年行动计划。

7月2日，市委、市政府关于印发承德市深入实施大气污染综合治理十五条措施的通知。为深入贯彻落实省委、省政府关于打好污染防治攻坚战的决策部署，综合系统推进全市大气污染综合治理工作，持续改善区域环境空气质量，实现减污降碳、绿色发展，根据《河北省深入实施大气污染综合治理十条措施》，结合承德市实际，制定如下措施。

7月28日，市委、市政府关于印发承德市2021年创建全国文明城市重点工作推进方案的通知。为扎实推进创建全国文明城市工作，结合《承德市2021—2023年创建全国文明城市三年行动计划》《承德市2021年创建全国文明城市工作实施方案》，结合实际工作制定《承德市2021年创建全国文明城市重点工作推进方案》，安排部署相关工作。

【应急安全稳定类文件】 4月26日，市委、市政府关于印发承德市“防风险、除隐患、保安全”安全生产大排查大整治行动方案的通知。为深入贯彻落实4月23日全省安全生产大排查大整治行动动员部署会议精神，有效防范化解安全生产领域重大风险，坚决遏制各类生产安全事故，全力为庆祝中国共产党成立100周年营造良好安全生产环境，根据《河北省“防风险、除隐患、保安全”安全生产大排查大整治行动方案》，特制定本方案。

4月29日，市委、市政府关于印发承德市深化应急管理综合行政执法改革实施方案的通知。为深入贯彻落实中央办公厅、国务院办公厅印发的《关于深化应急管理综合行政执法改革的意见》和省委办公厅、省政府办公厅印发的《河北省深化应急管理综合行政执法改革实施方案》精神，推进全市应急管理综合行政执法改革，提升安全防范能力水平，结合承德市实际，制定本实施方案。

【社会民生类文件】 3月19日，市委、市政府关于印发承德市2021年28项省市民生工程实施方案的通知。为深入贯彻中共中央总书记习近平“要抓住人民最关心最直接最现实的利益问题，扭住突出民生难题，一件事情接着一件事情办，一年接着一年干，争取早见成效，让人民群众有更多获得感、幸福感、安全感。”的重要指示精神，落实省委、省政府“三重四创五优化”活动部署，承德市委、市政府决定，2021年在认真实施省定20项民生工程项目的基础上，同步实施20件市定民生实事，归纳合并后，形成省市民生工程项目28项，制定实施方案。

5月27日，市委、市政府印发关于加强新时代工会工作和产业工人队伍建设的工作措施及责任分工的通知。为更好发挥承德市工会组织作用，把广大产业工人和职工群众的智慧力量凝聚到实施“十四五”规划和实现2035年远景目标任务上来，根据《中共河北省委办公厅、河北省人民政府办公厅印发〈关于加强新时代工会工作和产业工人队伍建设的意见〉的通知》，结合承德市实际制定《关于加强新时代工会工作和产业工人队伍建设的具体措施和责任分工》，市直相关部门作为牵头单位和责任单位，协调推进各项工作落地落实。

7月21日，市委印发关于追授邢中山、冀凤学“承德市优秀共产党员”称号的决定。为激励和号召全市各级党组织和广大党员干部深入学习邢中山、冀凤学2人舍生忘死、践行使命的英雄事迹和崇高品格，以英雄精神为激励，更加自觉地树牢以人民为中心的发展思想，以更扎实的举措、更务实的作风，全力做好经济发展、转型升级、乡村振兴，特别是防汛减灾、改善民生等工作，为推动承德高质量发展作出新的贡献。

9月11日，市委、市政府关于印发承德市全面提升社区和居家养老服务水平实施意见的通知。为进一步贯彻中共中央总书记习近平考察承德时的重要指示精神，全面提升承德市社区和居家养老服务水平，切实增强老年人的幸福感、获得感、安全感，根据省委、省政府对社区和居家养老服务工作的安排部署，在前期工作的基础上，结合承德市实际，制定实施意见。

重要活动

【赴县区督导检查调研】 4月17日，中共承德市委书记董晓宇赴兴隆县调研。市政协副主席、兴隆县县委书记薛青松，市委秘书长傅海旺参加调研。董晓宇实地考察安旭新能源汽车产业园建设情况，参观国家天文台兴隆观测站，并召开座谈会，听取兴隆县经济社会发展情况汇报。董晓宇强调，要加快走出一条优化发展环境的路子。当前，经济社会发展已经到从人口聚集带动产业聚集的阶段，向以优质服务促进经济社会发展阶段的转变，谁的环境好谁就能在发展中抢得先机、赢得主动。要对标京津等地，按照“市场化、法治化、国际化”的标准，巩固优化清明的政治环境、稳定的社会环境、优越的生态环境、高效的营商环境，不断提高服务的质量和效率，为企业落地、产业发展提供有力支撑。要加快走出一条基层党建促进乡村振兴的路子，充分发挥农村基层党组织战斗堡垒和党员先锋模范作用，增强发展的可持续性。

同日，中共承德市委书记董晓宇赴鹰手营子矿区调研经济社会发展和重点工作情况。市委秘书长傅海旺参加调研。董晓宇实地考察承德建龙钢铁有限公司、怡达食品集团有限公司生产情况，并召开座谈会，听取营子区经济社会发展情况汇报。董晓宇指出，要加快产业转型，通过完善产业发展规划、加强招商选资，推动产业由“地下”向“地上”转变、由“有色”向“绿色”转变。要加快城乡转型，坚持城乡一体化规划，推动城乡基础设施建设和公共服务共建共享，不断增强人民群众的获得感、幸福感、安全感。要充分发挥优势，擦亮发展名片，树立小城市也有大发展的意识，建设小而强、小而美、小而精、小而全的城市。

4月18日，中共承德市委书记董晓宇赴承德县调研。市人大常委会副主任、承德县县委书记齐建文，市委秘书长傅海旺参加调研。董晓宇实地考察承德华明服务外包产业园和承德板城酒业有限公司，并主持召开座谈会，听取承德县经济社会发展情况汇报。董晓宇强调，要正确处理发展中的各种关系，既要融入承德市主城区，又要强化产业支撑；既要重视既有产业基础，又要培育新增长点，加快新旧动能转换；既要立足服务京津，又要借力京津加快自身发展；既要追求发展实效，又要加强宣传推介，提升自身吸引力；既要加强城区建设，做大做优县城，又要发挥历史文化、旅游资源等优势，全面推进乡村振兴；既要加快建设立县的大项目、好项目，又要结合“三重四创五优化”活动开展，找准富民路径，做好民生工作。要毫不放松做好生态环境保护，不断优化营商环境。

4月20日，中共承德市委书记董晓宇赴隆化县调研。副市长、隆化县县委书记陆文龙，市委秘书长傅海旺参加调研。董晓宇一行在董存瑞烈士陵园瞻仰董存瑞塑像，随后实地考察挪宝中欧装备制造产业园、泰山石膏纸面石膏板等项目，详细了解鸿兆食品中央厨房运营情况，并主持召开座谈会，听取隆化县经济社会发展情况汇报。董晓宇强调，要提升规划层级和发展能级，提升国土空间规划、产业规划、城市建设规划水平，为未来发展谋篇布局。狠抓骨干企业、支柱企业培育壮大，推动上市融资，拓展税源财源；狠抓商标品牌建设，提高特色产品市场影响力；狠抓标准化建设，提升市场竞争力，促进产业增效、群众增收。要提高发展质量；提高工作质量；提高工作效率，树牢为群众服务、为市场主体服务意识。

4月24日，中共承德市委书记董晓宇赴承德高新区调研。市委秘书长傅海旺参加调研。董晓宇实地考察承德天大钒业有限责任公司、承德苏垦银河连杆有限公司、承德科技创新中心、承德市青年创新创业中心，并主持召开座谈会，听取承德高新区工作汇报。董晓宇强调，高新区是项目建设的最前沿，要坚持定量发展，牢固树立大抓项目导向。要坚持定性发展，以高端化、智能化、绿色化为方向，加强新兴产业培育和“两新一重”项目建设，切实提升产业层级，提升经济活跃度。要打造优质高效投资环境、法治环境和市场环境，强化城市精细化管理，增强吸引力和承载力。要围绕筹集资金、吸引人口、创新创业等方面积极探索科学方法和有效路径，为全市改革发展提供有益经验。

4 月 25 日，中共承德市委书记董晓宇赴宽城满族自治县调研。市委秘书长傅海旺参加调研。董晓宇实地考察宽城天海压力容器有限公司、承德神栗食品有限公司，详细了解企业发展运营情况，并主持召开座谈会，听取宽城满族自治县经济社会发展情况汇报。董晓宇指出，充分发挥资源优势，找准绿色发展路径，增强转型发展的坚定性。要准确把握基础原料与高端产品的关系，加快推进绿色矿山建设，积极推进科技创新，延长产业链条，推动向高端、高质、高效方向迈进；要将生态做优；要将风情做美；要将品牌做靓。要将党支部建在产业链上，推动经济社会高质量发展。

同日，中共承德市委书记董晓宇赴平泉市调研。市委常委、平泉市委书记董正国，市委秘书长傅海旺参加调研。董晓宇实地考察河北航研制冷设备有限公司、河北燕赛生物科技有限公司的发展状况，深入到南五十家子村了解党建工作，并主持召开座谈会，听取平泉市经济社会发展情况汇报。董晓宇指出，要争当全市高质量发展的先行区。完善“十四五”发展规划，高标准编制国土空间规划，促进高端产业落地，加速生产要素聚集，优化产业链、供应链、价值链和创新链，推动产业基础高级化、产业链现代化，真正把空间缩短的优势变成加快发展的优势，把特色产业、历史文化优势转化为高质量发展的动力。要争当新型城镇化建设的先行区。要提升规划水平；提升城市魅力；创优城市环境；提升城市活力；要推进城乡统筹，增强带动能力。要争当改革创新的先行区。以宅基地改革试点为突破口，打造城乡一体化发展的平泉模式。以发展循环经济为突破口，打造绿色发展的平泉模式。

4 月 26 日，中共承德市委书记董晓宇赴丰宁满族自治县调研。市人大常委会副主任、丰宁满族自治县县委书记方志勇，市委秘书长傅海旺参加调研。董晓宇实地考察丰宁抽水蓄能电站、潮河治理工程、京北中小企业总部基地、朴诚乳业、恒钏建材发泡陶瓷、远景能源风机制造等项目，并主持召开座谈会，听取丰宁满族自治县经济社会发展情况汇报。他强调，要将清洁能源项目建设作为招商引资的重中之重，充分发挥区位优势、生态优势，制定专项规划，加快推动产业做大做强做高端；要突出民族团结奋进，落实民族政策，振兴民族产业，保护民族文化提升城市的韵味与魅力。

4 月 29 日，中共承德市委书记董晓宇赴双桥区调研。市委秘书长傅海旺参加调研。董晓宇实地考察承德隆承国际大马戏度假区、承德冰上运动中心，并主持召开座谈会，听取双桥区经济社会发展情况汇报。董晓宇强调，要尊重城区自然增长规律，探索城市经济发展有效路径，让有限的土地空间资源发挥出最大经济社会效益。要全面落实以人为本的发展思想，补齐城市发展短板，让群众感受到幸福，让游客感受到城市魅力。要以改革的思路、创新的举措，高效解决城市发展突出问题，探索城市发展新路径。

6 月 13 日，中共承德市委书记董晓宇赴双滦区调研。董晓宇先后来到双滦区御祥园社区、福溪帝苑社区，看望慰问社区一线工作人员，详细了解社区党建、社区服务、网格化治理、社区活动开展等情况。调研过程中，董晓宇指出，要关心关爱社区工作者，落实待遇保障。要落实党员“双报到”制度，有效发挥机关基层党组织和在职党员在推进基层社会治理体系和治理能力建设中的作用。董晓宇强调，要以基层党建为引领，积极完善社区网格化治理，提升社区综合治理能力。通过发挥网格员作用，实现在网格中察民情、访民意、解民忧、促和谐，切实做好民情收集、安全稳定、困难帮扶等工作，努力将矛盾和问题化解在社区、化解在萌芽状态，全力营造安全祥和的氛围，坚决维护社会大局和谐稳定，不断提升社区居民的获得感、幸福感、安全感。

6月22日，中共承德市委书记董晓宇赴围场满族蒙古族自治县调研。董晓宇实地考察围场满族蒙古族自治县钓鱼台湿地恢复和保护项目、塞罕坝生态科普园、河北津垦猎苑农业发展有限责任公司三分厂，详细了解生态保护与修复、绿色产业发展、津承农业产业扶贫协作等情况。董晓宇强调，要将生态保护修复与景观打造相结合，注重整体规划设计，全流域全要素打造，力争建设一处生态保护修复工程，造就一处秀美风景。要将推进生态建设与科技研究、生态产品价值实现有机融合，充分运用现代科学技术，全面提升林木种植的科学化、现代化水平。要大力发展低碳、零碳经济，强化产业支撑，加快把生态优势转化为发展优势。要深化东西部扶贫协作，持续开展与北京、天津的交流合作，积极发展现代农业，切实做好巩固脱贫攻坚成果与乡村振兴有效衔接工作。

9月3日，中共承德市委书记董晓宇在双桥区、高新区调研社区养老服务和基层党建工作。市委常委、市委秘书长傅海旺，副市长陆文龙参加调研。董晓宇先后来到双桥区山庄社区、下二道河子社区和高新区兰苑社区，实地察看日间照料服务场所、服务设施，详细了解日间照料服务和基层党建工作开展情况，叮嘱社区负责人，要用心用情用力做好养老服务工作，让老年人有更多获得感、幸福感、安全感。董晓宇要求，要以扎实的工作作风深入开展调研，全面、精准掌握全市范围内各个社区的实际情况，在此基础上，制定并完善工作方案，有针对性地加强软硬件建设，做到实事求是、精准施策，并形成科学高效的工作机制。各级各有关部门要以实际行动落实中共中央总书记习近平“要把老有所为同老有所养结合起来”的指示要求，确保让全市老年人生活得更加幸福。

9月19日，中共承德市委书记董晓宇在双桥区调研督导全国文明城市创建工作。市委常委、市委秘书长傅海旺，市委常委、宣传部部长赵青英，副市长陆文龙参加调研。董晓宇实地踏查老居宅小区、火车站站前广场、东园林社区、富顺诚小区、桥东便民市场、大石庙镇、汽车东站等部位，督导检查沿街门店环境、弱电飞线、交通秩序等方面整治情况，以及公厕改造、小区内部环境提升、新时代文明实践所建设、车站创建提升等工作进展，现场检查车站等重点部位疫情防控工作，并向创城工作一线人员致以节日的慰问。董晓宇强调，要重“面子”更重“里子”，不仅要注重主要街道的环境整治，更要着力推动农贸市场、老旧小区、背街小巷整改，努力为市民营造更加宜居舒适的生活环境。要加强和创新社区治理，以社区大党委建设为抓手，不断提升基层治理体系和治理能力现代化水平。要坚持问题导向，聚焦群众关心的急难愁盼问题，认真加以解决，将创城过程变成为群众办实事的过程。要强化总体统筹，结合实施城市更新行动，统筹谋划推进产业培育升级、人居环境提升、水景观打造等，持续提升城市品质。

9月21日，中共承德市委书记董晓宇赴平泉市调研。市委常委、市委秘书长傅海旺参加调研。董晓宇实地考察森源绿色食品有限公司、辽河源国家森林公园、柳溪镇薛杖子村，围绕农业产业发展、生态环境保护、森林防火、乡村旅游等工作进行调研。董晓宇强调，要立足特色资源，瞄准市场需求更好发挥龙头企业示范带动作用，助推食用菌等农业优势特色产业高质量发展；要注重挖掘利用当地历史文化资源，促进文旅融合，丰富提升美丽乡村建设的内涵和品质；要持续加强森林资源、生物多样性和现有森林植被的保护，使绿水青山持续发挥生态效益和经济社会效益。

9月26日，中共承德市委书记董晓宇赴兴隆县调研。市委常委、市委秘书长傅海旺参加调研。董晓宇实地考察瀚景绿源环保科技承德有限公司水泥窑协同处置兴隆县生活垃圾分拣中转厂建设项目，雾灵山镇塔前村、眼石村，就垃圾分类和无害化处理、美丽乡村建设、民宿经济发展等情况进行调研。董晓宇强调，要构建“政府引导、市场运作、社会参与”的多元投入机制，全面提高农村垃圾资源化利用率和无害化处理率；要因地制宜、实事求是，扎实做好农村改厕、冬季清洁取暖等工作，真正做精田园、做美家园；要依托雾灵山等优质旅游资源，鼓励社会资本投入，引导农民参与，推动乡村旅游和民宿经济协同发展；要持续提升生态环境质量，统筹推进山水林田湖草沙系统治理。

10月1日，中共承德市委书记董晓宇赴承德县调研。董晓宇先后来到承德县三沟镇平台村、六沟镇河东村，进田园，入农户，实地调研巩固拓展脱贫攻坚成果同乡村振兴有效衔接工作。董晓宇强调，要坚决守住不发生规模性返贫底线，确保巩固脱贫攻坚成果后评估取得“好”的成绩；要做优做强农业产业，推动果品等特色农业产业上层级、提效益；要扎实做好农村改厕、冬季清洁取暖等工作，进一步改善村容村貌；要加强乡村公共基础设施建设，有力助推美丽乡村建设。

10月2日，中共承德市委书记董晓宇赴隆化县调研。董晓宇先后来到隆化县七家镇白杨沟村、茅荆坝镇天义沟村、茅荆坝国家森林公园，就巩固拓展脱贫攻坚成果同乡村振兴有效衔接、森林草原防火、生态环境保护等工作进行调研。董晓宇强调，要对易返贫致贫人口实施常态化监测，做好易地搬迁后续帮扶工作，坚决守住不发生规模性返贫的底线；要全面摸排农村户厕情况，科学比选改厕、取暖的具体方式，努力形成可推广、可复制的经验和模式。

10月5日，中共承德市委书记董晓宇赴滦平县就景区疫情防控、长城国家文化公园金山岭长城保护修缮工程、重点项目建设等工作进行调研。市委常委、市委秘书长傅海旺参加调研。在金山岭长城景区，董晓宇现场检查景区入口测温、验码等疫情防控工作环节，询问旅游接待情况，强调要抓牢抓实疫情防控工作，织密疫情防控网，为广大游客提供安全、健康的旅游环境。长城国家文化公园金山岭长城保护修缮工程正在进行之中，董晓宇来到修缮现场，向一线工作人员表示慰问，勉励他们按照修缮要求，以严谨认真的态度，再接再厉，高标准、高质量进行施工，更好地彰显“万里长城，金山独秀”的魅力。随后，董晓宇来到滦平县博物馆，详细了解山戎民族文化、滦平地域内的沿革变迁、民族交流融合等情况。他指出，历史文化遗产是不可再生、不可替代的宝贵资源，要牢记中共中央总书记习近平嘱托，围绕铸牢中华民族共同体意识，保护利用好历史文化遗产，更好地发挥文物的教育功能和作用。在承德奇滦中药饮片加工有限公司，董晓宇认真听取企业负责人介绍，了解企业运营、产品研发、市场销售、中医药文化保护传承等情况，鼓励企业紧紧把握中医药产业前所未有的发展机遇，不断做优做强，为推动经济社会高质量发展、维护人民群众健康做出新贡献。调研期间，董晓宇强调，要按照精准化的要求，认真做好客源分析、旅游线路设计、利益分享机制研究等工作，推动旅游业高质量发展；要依托金山岭长城等优质旅游资源，提高标准化、规范化水平，积极发展民宿经济；要以建设农业优势特色产业带为抓手，推动道地中药材、绿色食品等产业加快发展，为全面推进乡村振兴提供强有力的产业支撑。

10月13日，中共承德市委书记董晓宇在承德高新区、双滦区就重点项目建设和企业帮扶工作进行调研。市委常委、市委秘书长傅海旺参加调研。董晓宇先后来到承德热河克罗尼仪表有限公司、颈复康药业集团有限公司、承德苏垦银河连杆有限公司、双滦区物恋云仓小镇项目现场，认真听取企业负责人介绍，详细了解企业生产运营、项目建设等情况。董晓宇强调，各级各相关职能部门要在深入研究掌握上级政策的基础上，积极帮助企业争取专精特新“小巨人”企业、技改资金等方面的政策性支持，要高度关注企业和项目建设在用地、用电、运输等方面的现实需求和突出问题，主动联系，积极协调，加快跑办，全力为企业发展和项目建设创造良好条件；要帮助和引导企业紧跟市场需求，加强产品研发，降低生产成本，注重市场营销，不断提高企业效益、增强核心竞争力；企业要遵守环保法律法规，优化生产工艺，提升节约集约用地水平。

10 月 15 日，中共承德市委书记董晓宇赴丰宁满族自治县就营造林和旅游项目建设工作进行调研。市委常委、市委秘书长傅海旺参加调研。董晓宇先后来到千松坝林场、中国马镇、大滩镇小北沟村、七彩森林景区、天马飞行小镇实地调研，认真听取相关负责人介绍，详细了解生态建设、旅游项目建设、民宿经济发展等情况。董晓宇强调，要持续做好营造林工作，强化造林、管护、营林全过程管理，积极探索坝上地区开展营造林的有效途径和成功模式；要统筹推进山水林田湖草沙系统治理，持续保护修复生态系统，增强水源涵养能力；要积极应对疫情对旅游业的影响，围绕“以冬补夏”这一课题，抢抓冬奥会机遇，做好冰雪旅游文章，努力构建特色鲜明的冰雪旅游产业体系，要有效带动群众发展民宿经济。

10 月 16 日，中共承德市委书记董晓宇到双滦区偏桥子镇大贵口村，就乡村振兴项目谋划与建设、人居环境整治等工作进展情况进行调研。市委常委、市委秘书长傅海旺参加调研。董晓宇实地察看大贵口村山谷市集、“五网入地”项目施工现场、乡村及周边道路环境、农业产业项目等，详细听取该村项目谋划及实施进展情况，就下一步工作提出具体意见。董晓宇指出，中共中央总书记习近平在承德视察调研期间，来到大贵口村就全面推进乡村振兴发表重要讲话、作出重要指示，为我们做好下一步工作提供根本遵循。要提高政治站位，深入贯彻落实习近平总书记重要讲话指示精神，立足特色资源，关注市场需求，发展优势产业，深入开展农村人居环境整治，以实际行动和工作成效回报习近平总书记的殷切嘱托和亲切关怀。董晓宇强调，要以山谷市集为核心，完善文旅服务功能，提高信息化服务能力，建设智慧乡村；要大力发展民宿经济，高标准打造精品民宿，引导带动农民广泛参与；要扎实做好垃圾处理、农村改厕、冬季取暖等各项工作，努力建设美丽宜居的社会主义新农村；要抓好农业产业项目，发展错季高端农产品，打造乡村振兴有力支撑。要进一步建强基层党组织，充分发挥基层党支部的引领作用和党员示范带动作用，切实提高工作能力和水平。

11 月 13 日，中共承德市委书记董晓宇到双滦区偏桥子镇大贵口村、承德四中封控区域、双滦汽车小镇等地，就基层党建、项目建设、民宿经济、疫情防控等工作实地调研。市委常委、市委秘书长傅海旺参加调研。董晓宇首先来到大贵口村，实地踏查该村村容村貌、民宿建设、山谷市集、农业产业项目建设、疫情防控情况，随后来到承德四中封控区域，详细了解隔离措施、环境消杀等工作情况及值守人员、隔离人员生活情况，到双滦汽车小镇检查疫情防控情况，并就相关工作提出具体要求。董晓宇指出，党的十九届六中全会刚刚闭幕，全市各级党组织和广大党员要坚决提高政治站位，把学习贯彻党的十九届六中全会精神和贯彻落实中共中央总书记习近平考察承德重要讲话指示精神结合起来，切实做到学懂弄通做实。大贵口村党支部要先学一步、深学一层，将学习成果转化为推动大贵口村加快发展、乡村振兴的不竭动力，以实际成效回报总书记深情厚爱。要加快农业产业发展，规划建设一批产业化项目，大力发展乡村旅游和民宿经济，引导带动农民广泛参与，推动农民持续增收。要以乡村建设行动为抓手，扎实做好小流域治理、基础设施建设、人居环境整治等各项工作，努力建设美丽宜居的社会主义新农村。要充分认清疫情防控的紧迫性、严峻性和复杂性，把抓好疫情防控作为贯彻落实中共中央总书记习近平考察承德重要讲话指示精神的现实检验，要严格落实佩戴口罩、体温检测、“两码”查验等防控措施，切实提高核酸检测能力和水平，认真落实隔离场所“三区两通道”“一人一间”要求，做好各项准备，确保万无一失。

【赴市直部门督导检查调研】 5月23日，中共承德市委书记董晓宇主持召开城建、交通、民政等政府部门座谈会。市委副书记、代市长柴宝良，副市长刘宏伟，市委秘书长傅海旺出席会议。董晓宇指出，要把握承德“山城”和“历史文化名城”两大特点，打造更多经得起历史检验的标志性工程，彰显城市韵味；要提高管理水平，让城市整洁、清爽，更加宜居、宜业、宜游；要研究探索推动城市经济实现高质量发展的方法和路径，积极培育具有自身特色、彰显自身优势的城市经济业态；要积极推进以政企分开为重点的改革，并灵活运用市场化手段，对城市各类资源、资产进行资本化运作与管理，提升城市建设管理水平。刘宏伟讲具体意见。市住建局、市城管综合行政执法局、市自然资源和规划局、市交通运输局、市民政局、市退役军人事务局、市人防办公室、市公积金管理中心主要负责人作工作汇报，并对推动承德高质量发展、开好市第十五次党代会提出意见建议。

5月25日，中共承德市委书记董晓宇主持召开市发改委等政府部门座谈会。市委副书记、代市长柴宝良，市委常委、常务副市长李晋宇，市委秘书长傅海旺出席会议。董晓宇强调，要研究政策，在产业发展上求突破，特别要聚焦清洁能源产业，推动清洁能源产业向风光储一体化、氢能开发应用等领域拓展；要聚焦钒钛新材料产业，做好产业发展规划，不断提升产业层级，推动形成以钒钛为基材的产业。要依法有序化解各级政府债务，防止债务风险转化为金融风险，坚决守住不发生系统性风险的底线；要围绕强链补链延链，制定相应支持政策，强化产业资金投入，引导各类资本投向优先支持的重点领域，有效盘活存量资产；要严格兑现各类支持政策，不断营造良好营商环境；要进一步推动企业上市，鼓励企业充分利用资本市场发展壮大。会上，市发改委、市财政局、市税务局、市国资委、市统计局、市国控集团、市国投集团主要负责人作工作汇报，并对推动承德高质量发展、开好市第十五次党代会提出意见建议。

5月27日，中共承德市委书记董晓宇主持召开教育、卫健等政府部门座谈会。市委副书记、代市长柴宝良，副市长郭士刚，市委秘书长傅海旺出席会议。董晓宇强调，要聚焦社会关注、群众关切的民生问题，用好改革的方法和现代化手段破解难题，加快补齐民生事业短板；要坚持开放带动，全面借助京津人才、技术、市场等方面的优质资源，推动承德市体育事业及产业、教育、卫生等工作取得突破性进展；要坚持以国家可持续发展议程创新示范区建设为统领，围绕“3+3”主导产业，加强对外合作，推动创新，特别是抢抓“碳达峰、碳中和”发展机遇，大力推动清洁能源产业向风光储一体化和清洁能源应用领域拓展，推动钒钛新材料产业向军工、航空航天领域拓展。郭士刚讲了具体意见。市政府秘书长参加会议。市教育局、市科技局、市卫健委、市医保局、市体育局主要负责人作工作汇报，并对推动承德高质量发展、开好市第十五次党代会提出意见建议。

5月29日，中共承德市委书记董晓宇主持召开农业农村等政府部门座谈会。市委常委、统战部部长、市政府党组副书记吴清海，市委秘书长傅海旺出席会议。董晓宇强调，严格落实各项政策机制，坚决防止返贫；要做好转化文章，推进“四个农业”发展。坚持“好生态产出好产品”，把生态优势转化为发展优势；坚持“好产品育出好品牌”，把产品优势转化为品牌优势；坚持“好品牌卖出好价钱”，坚持市场导向，提高产品附加值；要高标准编制农业产业化、水产业和用水、林草产业发展等规划，发挥规划引领作用。完善各项政策，制定完善金融、人才等政策，加强政策兑现落地。坚持借力京津，充分借助京津各种资源，不断开拓京津市场，促进自身发展。吴清海讲具体意见。市政府秘书长参加会议。市农业农村局、市水务局、市林业和草原局、市气象局、市供销社、市扶贫办主要负责人作工作汇报，并对推动承德高质量发展、开好市第十五次党代会提出意见建议。

6 月 4 日，中共承德市委书记董晓宇主持召开市人社局、市行政审批局等政府部门座谈会。市委常委、常务副市长李晋宇，市委秘书长傅海旺出席会议。董晓宇强调，要打造廉洁高效的政务环境，坚守廉洁底线，严肃查处破坏营商环境典型案例，形成制度性规定，进一步改善政务环境；要打造履约践诺的市场环境，提高社会信誉，推进信用体系建设，坚决兑现承诺，推动项目签约落地，积极打造安全稳定的社会环境。

6 月 5 日，中共承德市委书记董晓宇主持召开市工信局、市生态环境局、市旅游和文化广电局等政府部门座谈会。副市长崔万峰，市委秘书长傅海旺出席会议。董晓宇指出，要增强招商的技术性和目的性，不断提升产业层级和城市发展能级；要打通政策兑现“最后一公里”，提高为企业服务的有效性；要深化开发区改革，坚持“轻资产运作”理念，加速释放开发区发展活力；要强化旅游市场、旅游线路、旅游产品设计，吸引京、津、秦、唐等地高端游客；要强化文创产品设计，提升产品附加值；要强化旅游商业模式设计，解决“淡季不淡”问题；要强化产业发展路径设计，加快培育特色产业集群。要用底线的思维夯实基础，坚守生态环保底线，坚守安全生产底线；坚守文物安全底线；要积极培育线上旅游、游戏电竞等新业态；加快发展大数据产业和以氢能为重点的清洁能源产业，积极申报国家级检验检测实验室。市企业发展服务中心、市投资促进局、市文物局、市商务局、市旅游和文化广电局、市生态环境局、市工信局主要负责人作工作汇报，并对推动承德高质量发展、开好市第十五次党代会提出意见建议。

7 月 25 日，中共承德市委书记董晓宇赴承德广播电视台调研。市委常委、宣传部部长赵青英，市委秘书长傅海旺参加调研。董晓宇先后来到电视广告信息中心、新媒体部、广播中心直播间、电视中心制作播出机房、电视高清演播厅、融媒体中心，了解新闻制作、节目录制、广告运营等情况，并主持召开座谈会，听取广播电视台主要负责人工作汇报。董晓宇强调，要坚持向一线、向基层导向，更多地宣传工作一线的先进典型，更多地反映基层的生动实践，把好榜样、好做法、好作风展示出来，并发挥舆论监督作用，传递百姓呼声，促进工作落实，切实凝聚最广泛力量，画出团结奋斗的最大同心圆。要达到出精品、出影响效果，努力打造主旋律精品力作和精品档节目，大力宣传承德最美的山川、最美的文化、最美的产品、最美的人物，助力承德高质量发展。

【赴重点领域督导检查调研】 4 月 21 日，中共承德市委书记董晓宇调研中心城区城建交通项目。市委副书记、代市长柴宝良一同调研。董晓宇、柴宝良一行实地踏查老旧小区改造项目、武烈河两岸环境整治提升和天然气置换燃气管网改造工程、双峰寺交通集散停车区和旅游集散中心、隆承大马戏项目，并深入建设现场，详细了解钓鱼台路拓宽改造、红石砬沟口平改立、会龙山隧道、高铁南站站前广场、南部新城开发建设，以及国道 101 改线、元雹线拓宽、闫营子大桥建设、凤凰山大桥加固拓宽等工程进展情况，并听取环城快速路网体系规划、中心城区周边路网布局规划汇报。董晓宇要求，要提升城市精细化管理水平，加大对城市服务的协调指导和监管力度，在加强统筹规划、注重体制机制建设同时，注重和抓好细节部位，确保城市管理精细精致、城市环境清爽干净。要强化治理责任，理顺各部门职责分工，对于历史遗留的老问题，要找到责任方，落实主体责任，消除问题隐患。要统筹谋划，分步实施，加快推进城市和交通路网建设，带动片区开发，推动城市高质量发展。要营造共建氛围，调动和引导社会各界、广大群众参与环境治理和改造的积极性，汇聚起共建美好城市、共创美好生活强大合力。

4 月 28 日，中共承德市委书记董晓宇赴河钢集团承钢公司调研。市委秘书长傅海旺参加调研。在河钢集团承钢公司，董晓宇参观钒钛主体展馆，并与企业负责人座谈，详细了解企业整体发展及钒钛产业研发利用情况。董晓宇强调，要全力争创国家钒钛新材料产业基地。抢抓京津冀协同发展重大机遇，积极与北京科研院所、技术专家对接，加强与高精尖领域合作，加快钒钛产业链延伸，在产品研发、科技创新等方面实现更快进步。特别要积极争取国家战略支持，全力争创国家钒钛新材料产业基地，不断提升产业层级。要加快建设绿色工厂，推动企业实现绿色低碳发展、高质量发展。

6 月 6 日，中共承德市委书记董晓宇赴河北旅游职业学院、承德应用技术职业学院、河北承德露露股份有限公司、承德热河克罗尼仪表有限公司调研。在河北旅游职业学院、承德应用技术职业学院，董晓宇详细了解学校专业设置、人才培养方向、就业去向、学校软硬件建设等情况。他指出，高等院校要立足建设国际生态旅游城市，大力培养专业高端人才，强化产业人才支撑。要加强合作，积极服务企业、服务社会，实现经济发展与学校建设双赢。要紧盯前沿，既要保持传统学科优势，又要及时调整人才培养方向，积极适应氢能等新兴产业的发展需求。在河北承德露露股份有限公司、承德热河克罗尼仪表有限公司，董晓宇参观生产线，了解生产工艺、产品市场占有率等情况。董晓宇指出，“露露”要适应市场需求，积极开发新产品，提高市场占有率。董晓宇强调，仪器仪表产业要增强品牌意识，不断扩大知名度和影响力，让好产品卖出好价钱。要加强科技创新，突破关键技术，打造专精特新“小巨人”企业。

7 月 8 日，中共承德市委书记董晓宇在河钢集团承钢公司主持召开座谈会，就钒钛新材料产业高质量发展进行专题调研，并对下一步工作进行安排部署。华北理工大学党委书记刘晓平，副校长王书桓应邀出席会议。承德市政府副市长崔万峰，市委秘书长傅海旺出席会议。董晓宇强调，要加速培育钒钛新材料产业发展，实现“八个一”工作目标。培育一个新增长点，推动河钢集团承钢公司由钢铁制造商向钒钛新材料供应商转变，打造新的经济增长点。立足一个新起点，加快组建全新、高端、绿色的钒钛新材料企业，推动产业赶超发展。找到一条新路径，在股权结构、生产工艺、资本运营等方面积极探索，实现产权结构多元、技术路径创新、企业尽早上市。开好一个标志性会议，定期组织召开钒钛新材料产业发展会议，邀请业内专家、企业、科研院所积极参与，搭建企业联合、校企合作、政研企融合发展平台。申报一批新专利，加快钒钛新材料产业高端研发，突破一批“卡脖子”关键核心技术，掌握发展主动权。开发一批新产品，加快钒钛新材料在军工、医疗等高端领域应用，开发高附加值产品。吸纳一批合作伙伴，深化与大企业、研发机构和投资机构合作，加速产业要素集聚，实现产业集群发展，全力打造百亿量级钒钛新材料产业。

10 月 26 日，中共承德市委书记董晓宇先后来到承德银行、省联社承德审计中心调研。市委常委、市委秘书长傅海旺参加调研。董晓宇实地检查承德银行、省联社承德审计中心的常态化疫情防控工作，详细了解金融业务运营情况，并主持召开座谈会，与金融机构负责人进行深入交流。董晓宇强调，要支持发展“前线”。助力文旅康养体育、钒钛新材料、清洁能源三大主导产业做大做强，助力绿色食品及生物医药、大数据、特色智能制造三大优势产业发展壮大，加快形成产业集群，助推发展；要服务民生“热线”，聚焦冬季清洁取暖、乡村振兴、城乡建设等热点、重点工作，深化普惠金融服务，加强对民生领域的金融支持；市委、市政府将积极协调帮助金融业解决现实困难和问题，不断优化营商环境，为金融机构在承发展创造良好条件。

11月1日，中共承德市委书记董晓宇在双桥区就文物消防安全、公厕改造、老旧小区改造、冬季供热等工作进行调研。市委常委、市委秘书长傅海旺参加调研。作为国家历史文化名城，承德市文物古迹众多。董晓宇先后来到魁星楼、热河文庙、热河道署、关帝庙，实地检查文物保护、防火措施落实等情况。城市公厕改造、老旧小区改造与群众生活密切相关。董晓宇先后来到碧峰大街和南兴隆小区实地察看工作落实情况。董晓宇指出，城市公厕改造、老旧小区改造是创建全国文明城市的重要内容，是开展“我为群众办实事”实践活动的具体行动。要深刻认识小厕所关乎大民生，要对标建设国际生态旅游城市，加强城区厕所改造、管理和服务，努力为市民和游客提供更加清洁舒适的环境；要持续推进老旧小区改造，切实做好屋面防水、飞线治理、外墙保温、加装电梯等工作，不断改善人居环境，提升生活品质。供暖首日，董晓宇走进义泰兴小区居民家中，察看供热情况，并到热力集团义泰兴换热站了解企业生产运行状况。董晓宇指出，冬季供热涉及千家万户，关系百姓冷暖。各级各有关部门和供热企业要站在讲政治的高度，切实履行工作职责、担当社会责任，扎实细致做好冬季供热各项工作，确保广大群众温暖舒适过冬。

到承德考察调研领导

【中共中央总书记习近平亲临承德考察】 8月23日至24日，中共中央总书记、国家主席、中央军委主席习近平在中共河北省委书记王东峰、省长许勤陪同下，深入国有林场、文物保护单位、农村、社区等进行调研。23日下午，习近平首先考察位于河北省最北部的塞罕坝机械林场。24日上午，习近平考察承德避暑山庄。习近平察看山庄主要建筑和旅游服务设施，详细了解山庄历史和文物保护工作。24日下午，习近平乘车来到位于滦河北岸的双滦区偏桥子镇大贵口村考察调研。傍晚时分，习近平来到承德市高新区滨河社区居家养老服务中心，察看信息化平台、适老化改造等项目，详细询问服务范围、救助方式等事项。在社区广场上，习近平同社区群众亲切交流。（详细情况见专文）

【国家及部委领导到承考察】 4月10日至12日，国家体育总局局长苟仲文一行来到塞罕坝机械林场开展中共党史学习教育暨冰雪项目国家集训队学习弘扬塞罕坝精神主题活动，并就体育工作开展情况在承德市调研。国家体育总局办公厅主任李辉、竞技司司长刘国永、经济司副司长杨雪鸫，国家体育总局冬季运动管理中心主任倪会忠、副主任洪平，河北省体育局局长张泽峰出席有关活动。中共承德市委书记董晓宇，市委副书记、代市长柴宝良，副市长郭士刚，市委秘书长傅海旺参加调研座谈。苟仲文对承德市体育事业方面取得的成绩给予充分肯定，对承德市在河北承德国家雪上项目训练基地建设、河北承德塞罕坝国家冰上项目训练中心建设等方面的工作予以积极评价，并表示国家体育总局将对承德市提出的建议和诉求给予支持。他希望承德市继续发挥区位、生态环境等优势，全面支持国家体育总局的工作，助力国家体育事业不断发展。董晓宇表示，承德市在承办高水平赛事、发展体育产业方面有着得天独厚的优势，希望国家体育总局一如既往地予以帮助和指导，加快承德体育事业、体育产业发展，承德将全力做好各项服务保障工作。

5月8日，中华全国供销合作总社党组书记、理事会副主任韩立平一行就供销合作深化综合改革、建设为农服务体系、服务乡村振兴到承德市进行专题调研。河北省政府副省长时清霜，河北省供销合作社党组书记、理事会主任丁荣进陪同调研。中共承德市委书记董晓宇、市委副书记郭旭涛参加座谈。韩立平一行深入承德市农产品冷链物流产业园、“承德山水”农产品区域公用品牌展示展销中心，听取情况介绍，并座谈交流。韩立平强调，要深化供销合作社综合改革，切实做好农民群众生产生活服务、重要农资和农副产品供应等重点工作。要主动服务大局，顺应河北省“三农”发展新形势新要求，支持承德冷链物流建设更好服务京津，为全面推进乡村振兴贡献供销力量。时清霜指出，河北全省供销合作社要进一步深化综合改革，不断完善体制机制，在做大做强供销合作平台中促进强村富民。

10月20日至21日，国家林业和草原局副局长李树铭一行到承德市调研并召开座谈会。李树铭出席会议并讲话，承德市政府市长柴宝良出席并介绍承德市相关情况，河北省林业和草原局副局长吴京主持，承德市政府副市长崔万峰出席。李树铭对承德市森林草原防灭火、森林草原资源监督管理、林长制建设、造林绿化等工作予以充分肯定。他指出，要深入学习贯彻中共中央总书记习近平考察承德重要讲话指示精神，全力抓好森林草原防火工作，把村屯、林场、乡镇、城市周边的森林草原防火工作作为重中之重，持续深化防火体制改革，严格落实政府、部门、森林经营主体“三个责任”，健全完善各项预防措施，科学处置火情，确保广大人民群众生命安全。要依法监督、科学管理各类森林和草原资源，依法使用林地，严格审批程序，严厉打击非法占用林地等各类违法行为。要健全完善林长制组织体系、制度体系和考核体系，确保真正发挥作用，推动林草工作再上新台阶。柴宝良介绍承德市森林草原防灭火、林长制建设和森林资源监督管理有关情况。他表示，近年来，承德市委、市政府坚持以习近平生态文明思想为引领，深入践行“两山”理论，坚持“防火第一”，落实政治责任，坚决筑牢首都生态安全“防火墙”；坚持科学管理，推动体制改革，以林长制促“林常治”；坚持保护优先，强化资源管理，厚植生态文明建设底色，推动各项工作取得积极进展。承德市将以此次座谈会为契机，深入贯彻落实中共中央总书记习近平考察承德重要讲话指示精神，持续抓好森林草原防灭火及森林资源管理等工作，切实筑牢京津政治和生态“护城河”。在承期间，李树铭一行前往塞罕坝机械林场、木兰林场、围场满族蒙古族自治县森林草原防火指挥中心、滦平县金山岭长城景区就森林草原防火工作进行实地调研。市政府秘书长杨玉甫，市林业和草原局、市应急管理局主要和主管负责人参加座谈会。

【河北省领导到承调研】 6月27日，河北省政府省长许勤在承德市调研检查。许勤强调，要深入学习贯彻中共中央总书记习近平重要指示精神和党中央、国务院决策部署，按照省委、省政府工作安排，结合中共党史学习教育，扎实做好就业创业服务、防汛备汛、安全生产等工作，巩固拓展脱贫攻坚成果，加快推进乡村振兴，以优异成绩庆祝中国共产党成立100周年。许勤到承德市高新区大学生创业园区检查就业创业政策落实情况，强调就业是民生之本，各地各部门要把高校毕业生就业创业工作摆在突出位置，发挥政策性岗位作用，积极拓宽市场化就业渠道，持续推进大众创业万众创新，推动高校毕业生更加充分更有质量就业。要强化服务指导，搭建成果转化平台，推动地方政府、金融机构、投资公司等加强跟踪扶持。要顺应经济社会发展需求，及时调整全省高校学科专业设置，努力培养更多临床医学、家政养老等应用型人才。许勤来到苏垦银河连杆股份有限公司，深入车间，详细了解企业生产研发、市场营销和安全生产等工作。该企业是我国汽车零部件生产的领军企业。许勤深入车间，详细了解企业生产研发、市场营销和安全生产等工作。他强调，企业要发展、安全是前提，任何时候都不能有丝毫松懈和麻痹大意，企业要认真落实安全生产主体责任，持续加强安全隐患排查整治，确保万无一失。要坚持创新驱动、质量引领，运用技术改造、工业设计等手段，持续推动产品升级，增强企业核心竞争力。许勤来到承德县滦河大堤检查防汛工作，他指出，承德河流密布、山区众多，防汛工作责任重大。各地各部门要立足防大汛、抗大洪，积极落实“预、排、备、抢、避”各环节度汛措施，加强对尾矿库、山洪地质灾害易发区、城市低洼地带等区域的巡查检查，完善抢险应急预案，建立预警信息平台，扎实做好应急演练、人员准备、物资储备等工作，全力保障人民群众生命财产安全。许勤到承德县孟家庄村国家市场监管总局驻村工作队，看望驻村工作队员，检查生猪养殖、易地扶贫搬迁等工作。他强调，要把产业培育同群众就业、乡村振兴更好统筹起来，让好生态产出好产品，好产品育出好品牌，好品牌卖出好价钱。他勉励驻村干部奋发作为，全力推动习近平总书记重要指示精神在基层落地见效，在乡村振兴伟大实践中实现人生价值。许勤要求各地各部门毫不放松抓好常态化疫情防控，加快疫苗接种，结合“我为群众办实事”实践活动，为群众多办实事，不断增加人民群众的获得感、幸福感、安全感。省政府秘书长朱浩文参加调研检查。

8 月 19 日至 21 日，中共河北省委书记、省人大常委会主任王东峰在承德市调研检查。他强调，要深入贯彻习近平生态文明思想和中共中央总书记习近平对塞罕坝林场建设者感人事迹作出的重要指示精神，紧密结合党史学习教育和“四史”宣传教育，大力弘扬塞罕坝精神，全面提升全省生态文明建设水平，坚定不移筑牢首都生态安全屏障。调研检查期间，王东峰再次来到塞罕坝，视察塞罕坝展览馆，他强调，要深刻阐释“牢记使命、艰苦创业、绿色发展”的塞罕坝精神，教育引导广大党员干部群众认真践行习近平生态文明思想，大力弘扬塞罕坝精神，矢志不移推进生态文明建设，为进一步改善京津冀生态环境、推进碳达峰碳中和贡献更大力量。在七星湖生态湿地，王东峰认真了解湿地保护工作。他强调，要坚持山水林田湖草沙系统治理，统筹推进湿地保护与修复工作，常态化开展空气监测，多措并举提升水体质量，切实加强物种保护，根据环境承载能力科学发展旅游产业，不断提升湿地的生态效益、经济效益、社会效益。王东峰来到塞罕坝生态科普园，听取工作汇报，实地查看苗木基地建设情况。他强调，要把生态保护与产业发展科学统筹起来，把环境改善与强市富民有机结合起来，使生态优势转化为发展优势，带动广大群众增收致富。调研检查中，王东峰主持召开座谈会，认真听取围场满族蒙古族自治县、塞罕坝机械林场主要负责人和塞罕坝三代务林人代表发言，向大家作习近平总书记在庆祝中国共产党成立 100 周年大会上的讲话和中共党史学习教育专题宣讲。王东峰提出四点要求。一要始终坚持强化党的创新理论武装，不断把学习宣传贯彻习近平总书记在庆祝中国共产党成立 100 周年大会上的讲话精神引向深入。二要始终坚持绿水青山就是金山银山理念，持续深化塞罕坝生态文明示范基地建设。三要始终坚持牢记使命、艰苦创业，坚定不移推进绿色发展和高质量发展。四要始终坚持弘扬伟大建党精神和塞罕坝精神，充分发挥基层党组织战斗堡垒作用和党员先锋模范作用。省领导高志立、张政参加调研检查。市领导董晓宇、柴宝良等参加有关活动。

8 月 21 日，中共河北省委书记、省人大常委会主任王东峰在承德市调研检查。河北省委副书记、省长许勤参加调研检查。王东峰、许勤首先来到承德市政务服务中心，听取工作汇报，察看服务窗口，与前来办事群众和工作人员深入交流，对近年来承德市大力推进行政审批制度改革，实行市行政审批局“一枚印章管审批”和高效便捷服务企业与群众取得的成绩予以肯定。王东峰指出，要持续加大“放管服”改革力度，进一步优化审批流程，减少审批环节，提升办理效率。要积极构建信息化网络平台，推进网上咨询、网上下载资料、网上受理、网上审批、网上反馈，真正让数据多跑路、让群众少跑腿。要加大执法监管力度，健全社会征信体系和企业诚信体系，切实维护市场秩序，依法保护消费者权益。在承德市双桥区世纪城社区，王东峰、许勤走进社区党群服务中心，询问社区工作人员工作情况。王东峰指出，做好社区工作，要把确保群众安全放在重中之重位置。要认真梳理社区安全风险隐患，聚焦消防器材、楼宇电梯、燃气管道、家庭电器使用等关键环节，加大安全知识宣传，常态化排查化解风险，切实维护群众生命财产安全。要严格落实常态化疫情防控措施，在社区出入口安装自动测温设施，大力推进社区卫生服务站全覆盖，一旦发现发热患者，及时通过负压救护车转送至发热门诊，切实筑牢疫情防控第一道防线。在社区司法援助室，王东峰、许勤与法律志愿者亲切交谈，感谢他们为群众提供司法援助，叮嘱他们积极宣传贯彻习近平法治思想，依法调解矛盾纠纷，切实维护和谐稳定的社会秩序。调研检查后，王东峰主持召开座谈会，听取承德市有关区和部门负责人及社区工作者、老党员、志愿者代表发言，与大家共同交流。王东峰指出，社区处于服务群众的最前沿，广大社区工作者和志愿者认真践行以人民为中心的发展思想，用心用情用力服务社区群众，做了大量富有成效的工作。要以开展中共党史学习教育和“四史”宣传教育为契机，深化“我为群众办实事”实践活动，带着感情和责任进一步做好社区工作，切实增强人民群众的获得感、幸福感、安全感。王东峰强调，要深入学习宣传贯彻中共中央总书记习近平在庆祝中国共产党成立100周年大会上的讲话精神，夯实团结奋斗的共同思想基础。王东峰强调，要深入实施20项民生工程和10件民生实事，以实际工作成效取信于民。各级领导干部要深入基层一线，倾听群众呼声，集中力量解决一批重点难点焦点问题，让发展成果更多更公平地惠及广大群众。王东峰强调，要完善基层社会治理体系，全面提升社区管理服务能力。要强化党建引领，建立健全党组织领导下的社区“六位一体”治理体系，为群众提供优质高效服务。要强化社区工作者和志愿者队伍建设，积极构建科学完备的组织体系、服务体系、管理体系、保障体系，切实提升服务效能。要强化社会治安防控，坚持人防物防技防相结合，大力推进智慧社区建设，超前防范、严厉打击违法犯罪行为，切实维护广大群众合法权益。

11月23日，河北省政府代省长王正谱在承德市调研检查。王正谱来到国家中药50强企业承德颈复康药业集团，参观中医药博物馆，深入车间了解中药研发创新、生产销售等情况，勉励企业创新发展思路，做大做强拳头产品，以标准保质量，靠质量增效益，打造“冀药”品牌。他强调，承德市和省有关部门要深入学习领会中共中央总书记习近平关于中医药工作的重要论述，充分挖掘河北省中医药产业发展潜力，大力引进中医药高端人才和技术团队，发挥龙头企业带动作用，坚持产学研用一体化，培育壮大中医药产业集群。王正谱来到承德应用技术职业学院特种加工实训车间、智能制造车间，与师生深入交流，了解学校教学、学生就业等情况。他指出，职业教育前景广阔、大有可为，要瞄准技术变革和产业优化升级方向，加强与京津优质教育资源对接，开展多元办学，深化校企合作，培养更多高素质技术人才。王正谱走进双滦区大贵口村山谷市集了解产品销路、电商发展等情况。他强调，产业振兴是乡村振兴的重中之重，要坚持精准发力，依托特色资源优势，以市场需求为导向，培育新产业新业态新模式，促进一、二、三产业融合发展。要优化农业产业布局，推动优势产业集中连片发展，加快提升精深加工能力，打造河北农业产品金字招牌。王正谱走进避暑山庄察看古建筑群风貌和园林设施，检查文物保护、文旅融合发展等工作。他强调，要认真学习贯彻习近平总书记在承德考察时的重要讲话精神，坚持生态优先、绿色发展，立足承德山水资源优势，强化精准旅游理念，把各条旅游线路规划好、串起来，加快实现从景区景点游向全域游、观光休闲游、高端体验游的转变，打造人人心向往之的旅游胜地。要保护好、传承好、利用好中华优秀传统文化，加强避暑山庄古建筑群修复和周边环境治理，运用新技术、新手段提升保护水平，让古老的文化遗产焕发新生机。省政府秘书长朱浩文参加调研检查。

2021年中共承德市委领导名录

中国共产党承德市第十四届委员会

（2021年1月1日—2021年8月18日）

市委书记：周仲明（3月免）
董晓宇（3月任，11月免）

市委副书记：常丽虹（女，3月免）
柴宝良（3月任）
郭旭涛（3月任）

市委常委：武力斌（6月免）
李晋宇（6月免）
刘新宇（满族，8月免）
吴清海（满族，6月免）
苏铁成（6月免）
董正国（满族，8月免）
杨培苏（女，6月免）
杨春武（6月免）
何　军（6月免）
张　华（6月免）
刘宏伟（8月任）
刘卫平
卢　健（6月任）
傅海旺（满族，8月任）
赵青英（女，回族，6月任）
杜庆勇（6月任）
刘　勇（6月任）
颜世东（6月任）

中国共产党承德市第十五届委员会

（2021年8月18日—2021年12月31日）

市委书记：董晓宇

市委副书记：柴宝良
郭旭涛

市委常委：刘宏伟
刘卫平
卢　健
傅海旺（满族）
赵青英（女，回族）
杜庆勇
刘　勇
颜世东

中国共产党承德市第十四届委员会委员、候补委员名单（按姓氏笔画为序）：

于　山（满族）
王　江（满族）
王　成
王　毅
王成军（满族）
王国维（满族）
王贺民（满族）
方志勇（满族）
朱守仓（满族）
刘卫平
刘文勤
刘众民（满族）

刘志琦
刘宏伟
刘新宇（满族）
刘福明
齐建文（满族）
关利军（满族）
祁　军
苏铁成
李　东（满族）
李晋宇
杨玉甫（满族）
杨春武
杨宪军（满族）
杨海龙（满族）
杨培苏（女）
吴清海（满族）
佟伊民（满族）
谷宏健
张　华
陆文龙
何　军
武力斌
范振喜（满族）
周仲明
房宝占（满族）
赵春丽（女）
赵振清（满族）
段向东（满族）
秦　涛
袁丽枝（女）
栾志宏
高浚力（蒙古族）
曹佐金
常丽虹（女）
崔万峰（满族）
董正国（满族）
韩福才（满族）
傅海旺（满族）
焦　军
甄毓敏（女，满族）
薛青松（满族）

候补市委委员：李　浩（满族）
高俊虎（满族）
宋清礼
杨宝林（满族）
李桂梅（女，满族）

中国共产党承德市第十五届委员会委员、候补委员名单（按姓氏笔画为序）：

马学敏（女）
马增辉
王　明（满族）
王广维
王国辉
王贺民（满族）
艾　铮
卢　健
刘　洋
刘　勇
刘　涛（女）
刘卫平
刘文勤
刘志琦
刘宏伟
孙　潇（满族）
孙立良（满族）
孙喜明（满族）
杜庆勇
李　东（满族）
李　坚（女，满族）
李　勇
李　勇（满族）
杨　琳（女）
杨　磊

杨玉甫（满族）
杨志勇
杨海龙（满族）
吴清海（满族）
何元武（满族）
何会岭
谷宏健
辛国勇
张　成（满族）
张会杰
张抗震
陆文龙
范振喜（满族）
林国华（满族）
尚晓辉（蒙古族）
房宝占（满族）
赵青英（女，回族）
柳雪松
侯国天
袁丽枝（女）
柴宝良
高春林（满族）
高浚力（蒙古族）
郭旭涛
崔万峰（满族）
傅海旺（满族）
焦　军
曾庆鹏（满族）
颜世东

候补市委委员：于　山（满族）
于景国
王东利（蒙古族）
王泽辉
王荣昌（满族）
刘雁翔（蒙古族）
池大勇（满族）
汪振刚
唐秋华（女）
王成军（满族）
刘宝龙（满族）

市委秘书长：傅海旺（满族）

副秘书长：王泽辉（7 月免）
李　勇
胡　伟（兼，7 月任）
纪正红
孙　立

市委办公室工作

【概况】 2021 年，市委办公室坚持以习近平新时代中国特色社会主义思想为指导，深入学习贯彻党的十九大和十九届历次全会精神，全面贯彻落实中共中央总书记习近平视察承德重要讲话指示精神，从党的百年奋斗历程中汲取奋进力量，不断提高“三服务”工作水平，推动市委各项决策部署贯彻落实。

【以文辅政】 把文稿服务作为发挥职能作用、当好参谋助手的第一政治任务。建立日常学习、文稿研讨、定期交流、资料共享、审核把关等工作机制，坚持重要文稿集体研讨，吸纳有关专家、相关县（市、区）和社会各界意见建议，做到精雕细琢、精益求精，力求每一篇文稿既“通天线”，又“接地气”，与上级政策相一致，与群众意愿相吻合，找准找实上级精神与承德实际的结合点，真正实现指导基层、推动工作的目的。全年围绕中共中央总书记习近平视察承德、市第十五次党代会、市委历次全会等起草重要文稿、领导讲话、汇报材料等 320 余篇、150 余万字，得到领导的一致认可。全年以市委、市委办公室名义印发文件 57 件。特别是着眼于起草好高质量的市第十五次党代会报告，抽调精干力量，独立办公，加班加点，修改完善 30 余稿，得到市委和干部群众的充分肯定。

【调查研究】 坚持理论联系实际，通过书面、电话、走访、座谈等形式开展调查研究，为市委科学决策、精准施策提供有益参考。围绕建设高质量生态强市魅力承德，将调研结果总结提炼形成经验材料，《全面开启建设高质量生态强市魅力承德新征程》署名文章在中央政策研究室《学习与研究》刊发。围绕优化发展环境，通过走访座谈、调查问卷等形式，征求意见建议 110 条，反映市场主体和人民群众意愿，为指导推动优化营商环境工作提供重要依据。全年编发《每日动态》《承德情况》119 期，刊发典型经验、问题建议类文章 47 篇，全面提升信息服务党委决策的整体质效。

【推动决策落地落实】 始终把推动中央、省市委重大决策部署贯彻落实作为重要任务，坚持高度负责、极端认真、一抓到底。围绕全面贯彻落实中共中央总书记习近平考察承德重要讲话指示精神落地，研究制定《关于全面贯彻落实习近平总书记视察承德重要讲话指示精神全力开创建设高质量发展的“生态强市、魅力承德”新局面的意见》，充分发挥领导小组办公室作用，坚持一周一总结、半月一调度，每季一通报制度，组织召开 16 次领导小组会，及时全面掌握 14 个专班工作进展，集中解决问题，取得较好成效。制定出台《关于进一步做好统筹规范督查检查考核工作有关具体事项的通知》，对 2021 年全市重点工作任务分解为 191 项，逐一挂账督办、按时序推进。对大力弘扬塞罕坝精神等市委主要领导调度的 224 项事项跟踪盯办，持续推进各项工作有序开展。认真办理群众给省市委主要领导留言事项，通过现场“点对点”“面对面”调查核实督导，推动 305 项问题得以妥善解决。全年深入整治、严肃查处 75 例“四风”问题。持续做好精文减会工作，全年发文 1071 件，同比减少 32.8%；召开会议 91 次，较 2019 年减少 47%；开展督检考 48 项，同比减少 15.8%。

【办文办会】 坚持收文办理“快”，拟办意见“准”，办件流程“严”，跟踪反馈“实”的原则，做到即到即转、马上就办。制定《市委文件制定工作的具体措施》《党政机关公文运转工作规程》，进一步统筹科学立项、规范报审程序、严格台账管理、提高运转效率，全年分别办理上级、平级来文 1029、406 件，办理请示报告、转呈件 985 件。严格执行党内规范性文件前置审核制度，全年审核公文 263 件，约 221 万字，确保全部合法合规；严格按照“精心筹备、细心组织、尽心服务”的会务组织原则，全面提升会议服务标准和组织水平。研究制定《关于进一步规范市委常委会会议议题提交程序》《关于进一步严肃会风会纪的通知》等文件，进一步规范常委会议题提交程序、请销假程序，持续改善会场秩序，严肃会风会纪，做到会议务实高效、会场井然有序。

【应急值守】 始终绷紧紧急突发事件报告工作这根弦，结合当前值班工作新形势、新要求，持续优化突发事件协调联动机制。研究制定《中共承德市委办公室值班工作规范》《值班工作考核办法》，进一步推进值班值守工作制度化、规范化。不断加强对各县（市、区）和各部门值班培训和检查抽查力度，全面提升重大事件处理能力和应急值守工作水平。全年办理值班报告 780 余期。

【机要保密】 坚持和加强党管保密原则，加快推进保密工作转型升级。在全市开展保密检查，查处 7 起失泄密案件，对 8 人进行党纪处理。为 18 个部门、5 个县（市、区）共 3500 人进行保密安全培训，进一步提升保密安全意识。进一步加强保密科技支撑，投资近 1700 万元，完成市级网络节点结构升级验收、市电子政务内网运行维护、网站建设、密码设备采购等项目和全市安可替代工程。

【落实国家安全责任】 坚决贯彻总体国家安全观，严格落实国家安全责任制，研究制定《关于加强危机管控工作的实施意见》《建立健全重点领域国家安全工作协调机制实施方案》，全面压实政治、经济等10个重点领域责任体系，强化风险评估预警、危机管控、审查监管，扎实开展在缅人员提示、在非企业项目人员排查等工作，有力维护各领域国家安全。全年报送风险研判12期、情报信息284期，外网发布工作信息数量居地市级第一位。高质量组织全民国家安全教育日宣传活动，建立4个国家安全教育基地、1个主题公园，不断提升宣传教育效果。

【推动三重四创五优化开展】 充分发挥市活动办牵头抓总、统筹协调作用，抽调精干力量组成工作专班集中办公，自上而下抓谋划、抓推进、抓落实。研究制定市县两级《实施意见》和《十五个专项工作方案》，建立“1+15”政策体系和横向到边、纵向到底的市、县、乡三级工作推进机制，完善“四清单一台账”机制，持续推动“三重四创五优化”工作高质量开展。在全市发掘培树37个市级典型做法，其中《“六水”共治建设水源涵养功能区》等3个经验做法在全省推广。

2021年中共承德市委办公室领导名录

市委办公室主任：王泽辉（7月免）
　　　　　　　　李　勇（7月任）
市委办公室副主任、市委招待处处长：
　　　　　　　　张宏生
市委保密机要局局长：孙　立
市委保密机要局副局长：宋春生
市委信息中心主任：孙秀军
市委督查室主任：吴小军
市委督查专员：金　鑫

（杨铁瑛　供稿）

组　织

【概况】 2021年，全市组织系统全面贯彻落实全国、全省、全市组织部长会议精神，紧扣“常规工作抓规范、重点工作抓创新、难点工作抓突破”思路，着力抓好选干部配班子、建队伍聚人才、抓基层打基础等各项工作，全面提升组织工作质量，为建设高质量发展的“生态强市、魅力承德”提供坚强组织保证。以贯彻落实党政领导班子建设《规划纲要》为统领，着力建设忠诚干净担当的高素质专业化干部队伍；以大抓基层为鲜明导向，着力完善上下贯通、执行有力的组织体系；以实施积极开放的人才政策为牵引，着力强化人才助力高质量发展支撑作用；以深化体制机制改革为动力，着力推动组织工作改革任务完成。坚持从严从实要求，着力锻造坚强的领导班子和过硬的干部队伍，党建制度改革、信息化建设、组织史征编、干部统计、信访接待、保密和老干部等工作也都取得新成效。同时，充分发挥组织部门和组织工作职能作用，高质量完成党中央和省市委安排部署的庆祝建党百年、市县乡村换届、市县机构改革、职务与职级并行、重点工作大督查、驻村工作队管理等重点工作。

【领导班子和干部队伍建设】 深入贯彻落实《2019—2023年全国党政领导班子建设规划纲要》，综合研判干部特点、班子职数、队伍结构等因素，注重选优配强“一把手”和关键岗位领导干部，注重在经济发展、项目建设、信访稳定、疫情防控等一线识别干部，注重选拔岗位所需、专业急需、业务必需的干部，结合换届统筹推进干部优化配置，全年共调整县处级干部13批578人次，切实做到把合适的人放到适合的岗位上。制定《市县级政法机关领导干部交流工作实施方案》和原则，积极推进第一批政法干部交流工作，全年共交流县（市、区）政法机关科级领导干部 80 名，其他干部 115 名。制发《关于优秀年轻干部、新提拔干部参加巡察工作实施办法》，起草《关于加强新时代年轻干部教育培训的实施意见》，通过完善选育管用全链条机制，助力年轻干部成长成才。强化年轻干部扩源增量，将招考招录作为补充新生力量主渠道，将公开遴选作为上下流通主动脉，多管齐下蓄好年轻干部“源头活水”。2021 年，共招录公务员 361 名、选调生 43 名，遴选公务员 19 名，新调任公务员 84 人、转任公务员 28 人、登记公务员 221 人，为干部队伍注入优质新鲜血液。

【干部教育培训】 深入调研了解干部履职需求，探索建立“领导干部上讲台”机制，完善分级分类培训体系，注重把课堂讲授、现场体验、社会实践深度融合，不断加大培训力度。扎实开展“牢记总书记嘱托、聚力高质量发展”大培训、大比拼活动，依托联通网络云视频会议系统，开通连接市县同步“云课堂”，采取“交流发言 + 领导点评 + 民主评议 + 核查督导”的方式进行，2021 年共举办 6 期培训班，培训 3540 余人次，各级干部在比学赶超中提升创先争优的能力水平，该经验做法被《人民日报》刊发。组织市县两级党委、人大、政府、政协班子成员、法检“两长”、纪委副书记，市县相关部门主要负责人和各乡镇领导班子成员参加全省换届后市县乡领导班子成员培训，累计参训 4300 余人。围绕贯彻新发展理念、园区建设、招商引资、财政金融、污染防治、国土规划等内容，统筹办好各类主体班和网络培训班，共培训干部 4100 余人次，带动各级干部进一步提升“七种能力”“八种本领”。

【干部监督管理】 落实乡科级干部调整预审备案、选人用人“一报告两评议”、干部“带病提拔”倒查等制度，出台市管干部因私出国（境）管理办法，规范经商办企业行为常态化管理，高质量推进档案“三化”建设，进一步筑牢横向到边、纵向到底的干部监督立体防线。在抓好省委巡视“回头看”反馈问题整改基础上，以巡察试点建设为契机，制发《市委组织部与市委巡察机构协作配合工作办法（试行）》，推动组织监督与巡察监督有效对接，不断放大监督效能。积极开展“争做争创”活动，承德市 4 名公务员和 3 个集体荣获全省第八届“人民满意的公务员”和“人民满意的公务员集体”称号，选树全市“争做人民满意的公务员”十佳个人 10 名，“争创人民满意的公务员集体 10 个，进一步激励干部新担当新作为。

【干部考核评价】 完善指标准入机制，聚焦“绿色发展”特色考核重点，调优高质量发展综合评价体系，探索建立生态产品价值考核机制，以契合生态强市建设实际的考核促动工作向优向好。加强省对市考核指标运行情况的预警提醒、跟踪调度，督促各县（市、区）和市直牵头部门高质量抓好指标任务落实。扎实推进重点工作大督查，全年共发现并推动整改问题 5437 个，完成省督查组交办件 89 个。注重督考结果运用，实行“督考问责联动、督考用人联动”，构建起“决策—督办—落实—考核—奖惩—用人”完整链条。承德市先后 2 次在全省大督查工作会议上作交流发言。

【基层党组织建设】 以开展“三基”建设年和“抓抗惠保促”活动为载体，坚持抓创新、育品牌、提质量、争一流，把各领域党组织建设成为坚强的战斗堡垒。在“第五届全国基层党建创新案例”评选中，承德市作为全省唯一获奖市，1 项为抓党建促脱贫攻坚获最佳案例，1 项为“企业驿家”党建服务模式获优秀案例。深化“乡村振兴党旗红”活动。制发《关于持续深化“乡村振兴党旗红”

活动　全力推进抓党建促乡村振兴的若干意见》，充分发挥各级党委（党组）领导核心和村级党组织战斗堡垒、农村党员群众主力军、社会各行业“助推器”作用，创新开展“七大主题实践”活动。在保持936个脱贫村驻村队伍相对稳定基础上，向10个乡村振兴任务重的示范村、2个易地扶贫搬迁安置村、84个党组织软弱涣散村和49个基层治理重点村选派第一书记和工作队，汇聚形成助力乡村振兴的强大合力。

【提升党建引领基层治理效能】　研究制发《关于加强基层治理体系和治理能力现代化建设的若干意见》，引导基层党组织和广大党员全面参与基层治理。完善农村“五位一体”治理体系，建立小微权力清单，落实村级重大事项“四议两公开”，健全村务监督委员会和村规民约，实施“领头羊”工程，推进薄弱村集中攻坚行动，全市年收入5万元以上村达89.5%，超过省定70%要求。推动村级活动场所、组织运转经费和活动经费规范达标，构建县乡村三级便民服务体系，全市2459个村综合服务站全部达到“六有”标准，超过省定60%要求。实现84个软弱涣散村党组织100%转化。巩固城市基层党建示范市创建成果，深化“红色领航共建共享”活动，完善“六位一体”治理架构，全面落实“八化四评”举措，推进街道大工委、社区大党委等制度全覆盖，加快“红色物业”“红色业委会”建设，规范“党组织＋网格化”管理服务体系，建立网格党组织2553个，成立党员志愿服务队7500支，参与党员19万人次，在疫情防控、防汛减灾、文明城市创建中切实发挥战斗堡垒作用。全面推广“时间银行”“四小服务”等养老服务模式，打造承德高新区滨河社区等一批城市党建示范点，带动全市195个社区实现居家养老服务中心、日间料理服务站全覆盖。重新调整市委非公经济和社会组织工委委员和成员单位职责，建立工委成员单位联系点制度，大力开展“两个覆盖”集中攻坚、“千企帮千村”系列活动，推动党支部“标准＋示范”建设，非公企业党组织覆盖率达97.1%，社会组织党组织覆盖率达91.4%。发挥引领效应，承办全省“小个专”党组织书记和党务工作者示范培训班，较好地展示承德两新组织党建工作成效。开展“三级联动破难题、机关党建大提升”活动，着力解决机关党建与中心工作“两张皮”问题。

【党员队伍常态长效教育管理】　严把发展党员政治关、程序关，通过“一表一台账、一月一调度”方式进行常态化督导，全年全市共发展党员9418名，超额完成年度目标任务。创新推行发展党员“黄橙红”预警机制，实现三年以上未发展党员村动态清零。围绕带病入党、弄虚作假等“四类问题”，全面推开农村发展党员违规违纪问题排查整顿，针对发现问题逐项落实整改举措。推广党员“先锋指数”积分制管理，普遍开展党员设岗定责、亮牌示范和农村党员产业链结对帮扶等活动，党员亮身份、当先锋的自觉性更加坚定。

【深化“四联双提”党建责任落实】　全面实行联诺、联述、联评、联考，促进政治功能和组织力双提升。市委常委会坚持以上率下，带头落实常态化听取研究党建工作机制，先后22次专题研究基层党建工作，带动县乡两级实施“书记党建项目”362个，推动解决一批影响基层党建工作质量的突出问题。注重在基层一线检验党建成效，组织开展观摩拉练13次，举办各级党组织书记擂台赛59期，形成互学互促、比学赶超的浓厚氛围。在2021年度全省基层党建工作绩效考核中，承德市位列第一档，被评为好的等次。

【人才队伍建设】　用“好政策”引人才。围绕实施更加积极、更加开放、更加有效的人才政策，健全人才工作目标责任制，完善考核办法，落实述职制度，出台《承德市“假日工程师”柔性引才实施办法（试行）》《关于促进人才创新创业加快高质量发展步伐的实施办法》，实行“揭榜挂帅”制度，创新“产业＋人才”聚才模式，通过开展“双招双引”“进名校引英才”等活动，柔性引进高端人才1919名，招聘事业单位硕博人才50名，认定省院士合作重点单位3家、院士工作站1个，招才引智比较优势逐渐形成。用“好措施”育人才。以深化产教才融合发展为主攻方向，开展人才培育专项行动，加大高新技术企业、科技型中小企业、创新型企业培育力度，落实科技人员创新创业、税收减免等激励政策，重点扶持创新创业人才83人、人才团队24个，人才孵化水平显著提升。谋划实施“双引双培双联”人才战略推动食用菌产业转型升级等5个“人才强冀”项目，其中2个项目在省级验收评比中荣获二等奖，共获经费支持110万元。

【用“好环境”留人才】 落实燕赵英才服务卡制度，设立人才服务绿色通道，开展服务项目满意度调查，有针对性地查找服务短板、研究改进举措、提升服务水平。共发放“燕赵英才服务卡”A卡54张、B卡1015张，较上年分别增长91%和72%，人才服务精细化程度不断增强。采取选考与必考相结合的方式，创新人才专项考核机制，切实压实各级责任。以党委联系服务专家制度为载体，组织开展“访贤问策”活动，充分发挥高层次人才助力发展智囊作用，持续做优人才价值生态。

【庆祝中国共产党成立100周年系列活动】 召开全市建党百年座谈会，开展集体过“政治生日”系列活动，引导党员干部铭记历史、接续奋斗。做好党内表彰工作，承德市4名党员、1个基层党组织荣获全国“两优一先”称号，29名党员、23个基层党组织荣获全省“两优一先”和“优秀基层党组织书记”称号，以市委名义表彰全市“两优一先”各200名（个），河北省委、承德市委、承德县委分别追授承德县抗洪抢险因公牺牲党员邢中山、冀凤学为“河北省优秀共产党员”“承德市优秀共产党员”“承德县优秀共产党员”，并评定为烈士。完成14597名“光荣在党50年”符合条件人员纪念章颁发工作。市级列支党费278.15万元，对获党内功勋荣誉表彰党员、生活困难党员、老党员、老干部和烈士遗属、因公殉职党员干部家属4567人进行慰问。积极宣传先进典型事迹，制作纪念中国共产党成立100周年党员教育电视片47部，拍摄发行的《最美的奋斗》影片被列为全省献礼中国共产党成立100周年重点出版物。承德市在全省庆祝中国共产党成立100周年大会上作交流发言。

【完成市县乡村四级换届任务】 坚持党管换届，落实中央“五个过硬、五个大力选拔、五个坚决不用”和“十严禁”纪律要求，严格执行“凡提四必”规定，开展领导干部个人有关事项报告、党风廉政情况核查、干部人事档案审查，通过建立责任清单、巡回督导检查、签订换届纪律承诺书等形式加强换届风气监督，切实做好干部提名、推荐、考察、公示、选举等重点环节工作，实现“五个好”换届目标。围绕选优配强村（社区）“两委”班子，集中开展“排查整治攻坚”行动，坚持“八项机制”指导、“八套台账”督办、“四个先行”推动，严格“五选”“十不选”标准，实行换届全程纪实管理制度，规范选举程序，完成2459个村、195个社区“两委”换届任务，“一肩挑”比例分别达到99.1%、100%，主要换届指标均达到或超过省定标准。截至2021年6月，完成203个乡镇领导班子换届任务，7月完成11个县（市、区）领导班子换届任务，8月完成市级领导班子换届任务。

2021年中共承德市委组织部领导名录

部　　长：杨培苏（女，6月免）

颜世东（6 月任）
常务副部长：祁　军（7 月免）
房宝占（满族,7 月任常务副部长）
副部长(正处级),市督考办主任,市委副秘书长(挂职)：
王春田（满族）
副部长、市委非公经济和社会组织工委书记：
韩跃华（满族）
副部长、市公务员局局长：
贠福东（7 月免公务员局局长）
副部长(兼)：贺长青（满族，7 月免）
副部长(兼)：胡伟纲（7 月免）
李建侠（女，满族，7 月任）
副　部　长：杨立君（满族）
部务会成员：王泽辉（7 月任）
佟志民（满族）
李新泽（满族）

（连红香　供稿）

宣　传

【概况】　2021 年,全市宣传思想战线坚持以中共中央总书记习近平新时代中国特色社会主义思想为指导，坚持稳中求进、守正创新，扎实履行举旗帜、聚民心、育新人、兴文化、展形象的使命任务，为建设高质量发展的“生态强市、魅力承德”提供强大精神动力。

【理论武装】　将习近平新时代中国特色社会主义思想武装头脑作为首要政治任务，建立常委会“第一议题”学习、理论学习中心组学习研讨机制，确定 15 个重点学习专题，组织市委理论学习中心组学习 13 次。“学习强国”学习平台推广使用向纵深发展,注册用户达到 31 万人，在省平台和总平台发稿 235 余篇。组建各级宣讲团 360 余个，分层次组织各类宣讲 16000 余场次，受众 180 万多人次。组织开展“讲党史、颂党恩、跟党走”理论宣讲大赛活动和“奋斗百年路　启航新征程”微视频评选活动，有 13 部微视频作品参加全省评选获奖。“红船精神永放光芒”荣获全省讲师团系统理论宣讲一等奖。组织开展“学党史强信念、跟党走开新局”主题征文活动，征集 425 篇优秀文稿。组织市委理论学习中心组成员、党员领导干部和广大社科工作者开展思想理论研究和课题调研，完成思想政治工作课题研究成果 40 余项，形成理论成果 500 余篇。成立市委党史学习教育领导小组，组建 5 个工作组、2 个工作专班，6 次召开专题调度会，组织 16 个市委巡回指导组开展两轮集中指导督导，完成党史学习教育中央指导组到承指导，省委党史学习教育巡回指导组 5 次到承检查指导并予以充分肯定，相关经验做法被中央和省委简报采用 39 条次。通过集中交流研讨、实地参观学习、承德党史专题讲座等方式，组织集中学习 1274 次，专题读书班 6225 期次。依托承德特有的红色文化资源，开展系列研讨活动 248 次。组建市委宣讲团、党史专家宣讲团等，深入基层开展宣讲 15200 余场次，受众近 160 万人次。

【抓好意识形态工作】　抓好《党委（党组）意识形态工作责任制实施细则》和“三清单四机制”贯彻落实，完成两轮对 9 个市直单位和承德高新区常规巡察。制定工作协调机制，组织对全市 13 个县（市、区）和 3 个系统单位进行专项督查。建立健全意识形态领域突发事件预测预警、信息报告、应急处置运行机制。加强网上舆论引导工作，从严落实网络意识形态工作责任制。检查各类政治标语 3.2 万余处，确保政治宣传标语严格规范。加强对讲座、讲坛、报告会、研讨会的管理，加强新闻媒体和网络传播阵地建设与管理，深入开展“扫黄打非”，组织“清源”“净网”“护苗”等专项行动，成功侦查“719”贩卖传播淫秽物品案。完成 137 家印刷企业、369家出版物发行单位、25个内部出版物年度审核。

【网络舆论宣传】 精心组织开展主题宣传，围绕疫情防控、三重四创五优化、政法队伍教育整顿等工作，开设重点专栏专题53个，刊发重点稿件3600余篇，推出系列评论90余篇。持续推进媒体融合发展，推出融媒主题宣传报道1300余篇（件）。在重点公路沿线、重点景区景点，市区主要干道等重点部位，新制作大型公益广告30余处，每天播发微电影、微视频、宣传标语等2800余条次。组织全市150多万名党员群众深入爱国主义教育基地开展主题教育3200余场次。成立弘扬塞罕坝精神工作专班，谋划20项具体工作，组织开展系列活动860余场次，参与党员干部130余万人，推出承德市弘扬塞罕坝精神系列报道200余篇次。以塞罕坝精神为引领，加强先进典型培树，邢中山、冀凤学被追授为河北省“燕赵楷模”。组织“聚焦京津冀 见证‘十四五’”等专题报道，在中央媒体推出重点报道830余篇（条）。以中共中央总书记习近平考察承德为契机，在省级以上主流媒体刊播新闻稿件292篇，融媒体作品151件，网络话题阅读量超过4.39亿次。落实新闻发言人制度，组织新闻发布会42场。

【精神文明建设】 创建全国文明城市取得突破性进展。制定下发三年行动计划，建立起总指挥部领导下的1+13指挥体系，大力实施环境卫生整治、老旧小区提升等十大攻坚行动，多年城市管理顽疾得到有效治理，高标准完成全国和省级年度测评工作。全面推开新时代文明实践中心建设。争取中央和省市级财政支持资金502.5万元，累计建成新时代文明实践中心8个、实践所158个、实践站1140个，全年累计开展各类实践活动2460余场次，丰宁满族自治县“小积分兑换大文明”入选河北省优秀案例。全面深化新时代公民思想道德建设。制定出台《承德市文明行为促进条例》，发布月度“承德好人”11期109人，推荐“河北好人”25人、“中国好人”7人，命名市级新时代好少年200名。广泛开展新时代文明实践志愿服务结对帮建活动2000多场次，被省督查组作为正面典型予以通报表扬。围绕建党百年，在未成年人中广泛开展“童心向党”系列主题活动，建成乡村复兴少年宫44所。

5月17日，召开全市精神文明建设表彰暨创建全国文明城市动员会议

【文化事业和产业发展】 强力推进文艺作品创作生产，话剧《又绿青松岭》参演中宣部庆祝中国共产党成立100周年优秀舞台艺术作品展演，大型原创歌舞剧《情系塞罕坝》创排完成，被列为省级文化精品重点推荐扶持对象。电视剧《最美的诺言》剧本创作完成，原创音乐剧《青山谣》实现公演。深入实施文化惠民工程，组织开展庆祝中国共产党成立100周年开展主题歌咏大赛、书法美术摄影作品展等系列活动，放映农村公益电影2.9万场，建成数字化农家书屋30个，红色农家书屋5家。大力推进园区（项目）建设，审核上报项目27个，中国马镇作为国家级文化产业项目库上报中宣部，鼎盛梅园、隆承大马戏入选河北省“文化产业十大项目”。举办“创意承德·2021”文创大赛和第二届承德文化产业发展论坛。组织参展第十七届深圳文博会，有7个

项目、3种特色产品进行现场推介和展示展销。

2021年中共承德市委宣传部领导名录

部　　长：刘新宇（满族，6月免）

赵青英（女，回族，6月任）

常务副部长、市新闻出版局（市版权局）局长、市新闻办公室主任：王　强（7月免）

王亚君（7月任）

副部长、市文明办主任：冉　君（女，蒙古族）

副　部　长：邱亚民

李　坚（女，满族，7月免）

（赵大鹏　供稿）

统　战

【概况】 2021年，承德市统战系统坚持以习近平新时代中国特色社会主义思想为指导，深入学习贯彻中共中央总书记习近平视察承德重要讲话指示精神、党的十九届六中全会精神，积极探索，努力创新，为建设高质量发展的“生态强市、魅力承德”汇聚广泛智慧和磅礴力量。

【凝聚思想共识】 成立全市贯彻落实中共中央总书记习近平视察承德重要讲话指示精神14个工作专班之一的民族宗教工作专班，市委常委、市委统战部部长担任组长，就事关统一战线、民族宗教有关重大事项，积极汇报、争取支持，就一系列重大问题达成意向，推动统一战线成员入脑入心、见实见效，用非常之力、下非常之功，把重要讲话指示精神落实到工作中、体现在行动上。深入开展中共党史学习教育，全面贯彻落实中共中央总书记习近平考察承德重要讲话指示精神，扎实推动统一战线用党的创新理论武装头脑。通过线上交流、线下座谈、主题活动、调查研究等形式，开展统一战线理想教育、政治轮训，进一步增强统一战线听党话、跟党走的政治自觉、思想自觉和行动自觉。统一战线成员把学习贯彻习近平视察承德重要讲话指示精神成效转化为政治成果、思想成果、理论成果、实践成果、制度成果，不断巩固团结奋斗的共同思想基础，得到市委书记的批示和高度肯定。

【夯实组织根基】 高标准完成民主党派工商联换届任务。高质量落实市人大政协换届人事安排。与市委组织部联合召开市级“两代表一委员”推荐选举工作会议，共同安排部署人大、政协换届工作。通过各级党委推荐，经过反复沟通酝酿、综合平衡，提出非中共委员、常委人选，按照干部管理权限和人选管辖权限进行审查考察、征求意见，所有非公有制经济人士进行综合评价，217名非中共委员人选均符合提名要求。高比例完成市县区统战部门人事调整。在市县两级党委换届中，共新任统战部部长10人，留任2人，均由两级党委常委担任。新一届统战部领导班子，熟悉情况快、进入角色快、打开局面快，有效推动全市统战工作取得全新进展。

【服务中心大局】 制定政党协商计划，召开专题协商会、通报会、座谈会，统一战线成员瞄准“高铁时代”新机遇、乡村振兴战略新部署等重大课题，围绕绿色发展、生态环境、改善民生、营商环境、社区养老、文化旅游等开展专题调研，积极促成京冀九三学社到承开展“九承合作”，以实际行动助力承德高质量发展。在“千企帮千村”行动中，组织1064家民营企业帮扶1401个村，惠及33.91万贫困人口，实现936个贫困村结对帮扶、产业帮扶全覆盖，产业帮扶投入11.85亿元、公益帮扶投入4759.18万元，村集体增收2167.66万元、贫困户增收11711.58万元。

【持续推进民族团结进步】 以铸牢中华民族共同体意识为主线，市、县（市、区）两级同时启动民族团结进步宣传月“六个一”活动，着力推进民族交往交流，努力构建共有精神家园。按照一年试点示范，两年全面铺开的工作思路，巩固提升老典型，突出抓好新示范，全力开展民族团结进步创建活动，重点培树2个国家级、33个省级示范单位。

9月10日，“中华民族一家亲 同心共筑中国梦”全市第十二个民族团结进步宣传月活动正式启动，启动仪式在市中心广场举行

【持续推进民族经济发展】 落实省政府现场办公项目347个，资金50.37亿元；争取少数民族发展资金5625万元，为民族乡村基础设施改善和产业项目落地注入活力；协调68家民贸民品企业落实贷款贴息1956万元，有力带动少数民族群众致富增收；纳入国家民委民族乡村振兴试点1个，纳入省级试点12个；被国家民委命名为中国少数民族特色村寨21个。

【持续推进宗教系统治理】 联防联控建立新机制，制发工作方案，明确重点任务，细化部门职责，完善抵御渗透机制；基层治理实现新突破，向49个重点村和社区派驻36个工作队，赋予940个乡村振兴工作队宗教治理职责，将宗教治理与乡村振兴工作一并部署、统筹推进。围场红葫芦村乡村振兴工作队作为全省8000余乡村振兴工作队唯一典型在全省深化宗教领域整治工作推进会暨基层治理工作队工作交流会上交流发言。

【推进实践创新】 紧紧依托各级党委、各级党委统战工作领导小组、各级各方面党组织，确保统一战线姓党，确保统一战线工作的主体责任落地落实，推动形成“党委统一领导、统战部门牵头协调、有关方面各负其责”的强大合力。坚持做到“考核制度化、体系政策化、网格覆盖化、触角链条化”，确保统战工作有组织、有队伍、有保障。市县两级统战部门，围绕中心，找准位置，主题不旁落、职责不缺位，有力推动各领域统战工作形成各具特色、亮点纷呈的良好局面。民主党派参政议政工作成果得到广泛认可；党外知识分子和新的社会阶层人士思想政治工作效能得到普遍提升，实现联席会、联谊会、联络站、联络员“四联体系”全覆盖，并全审批、全注册。推动11个县（市、区）制定联席会制度24项；成立新的社会阶层人士联谊组织11个，共有会员816名；建立联络站82个，联络员223人，有效地将统战工作触角延伸到最基层，基本实现有专班、有专人、有专责、有路径、有保障，为新的社会阶层人士统战工作提供组织保障；社区“统战之家”建设持续深化，港澳台侨统战工作触角得到有效延伸。

2021年中共承德市委统战部领导名录

部　　长：吴清海（满族，7月免）
　　　　　刘宏伟（7月任）
常务副部长：谭玉广（7月免）
　　　　　冯国杰（7月任）
副 部 长：王冰玉
　　　　　郭紫金
　　　　　董鹏普（满族）
　　　　　杨国新（满族）
　　　　　王　义

（刘海宸　供稿）

机关工委

【概况】 2021年，市直机关工委工作始终坚持以政治建设为统领，以机关党的建设高质量发展为目标，牢牢把握“围绕中心、建强队伍、服务群众”职责定位，在建党百年、“十四五”开局之年，推进机关党的建设“走在前、做表率”，圆满完成年初确定的各项目标任务。

【政治建设】 落实机关党建考核评价办法，对82个单位开展基层党建专项督查，印发督查情况通报，逐单位点对点下发问题整改交办函，坚持共性问题和个性问题一体整改；坚持人选政治标准，严格程序规范，完成党的二十大代表、省市党代会代表推荐提名工作；严格市直机关出席市第十五次党代会代表选举过程监督，营造风清气正的换届环境；坚持上下联动、一体发力，推动市直机关党组织学习、宣讲习近平总书记在庆祝中国共产党成立100周年大会上的讲话和党的十九届六中全会精神进机关到支部。建立落实市直机关党组织会议“第一议题”学习对标制度，把学习贯彻中共中央总书记习近平重要讲话和重要指示批示精神，特别是视察承德的重要讲话指示精神作为会议安排第一议题、组织学习第一时间，把“第一议题”学习对标制度融入日常、抓在经常、覆盖到机关党支部。围绕“讲政治、守纪律、负责任、有效率”要求，持续落实《带头践行“三个表率”建设模范机关的实施方案》。“七一”期间表彰“创建模范机关”先进单位33个，并在《承德日报》开辟专栏，陆续刊发典型事迹13期，推动形成对标先进、学习先进、争当先进的浓厚氛围。

【思想建设】 发挥理论学习中心组的龙头作用，以领导干部的“关键少数”带动机关党员“绝大多数”学习热情。年初确定学习专题14个，坚持领学带动、专题辅导与重点发言相结合，全年组织开展集中学习活动15次。推行以讲促学、以研促学、以考促学、以督促学的“四促学”工作法，完成对8个部门党组（党委）理论学习中心组学习“巡学旁听”工作。坚持主题鲜明、形式多样的原则，营造“党的生日、人民的庆典”浓厚氛围。6月29日组织召开市直机关建党百年文艺演出暨“两优一先”表彰大会，表彰市直先进基层党组织50个、优秀共产党员100名、优秀党务工作者50名；组织开展市直机关新党员入党宣誓和老党员重温入党誓词活动，为923名老党员颁发“光荣在党50年”纪念章。坚持抓机关带系统，向市直机关下发各阶段中共党史学习教育重点工作提示4期，对机关党委书记进行3次专题辅导培训；组织市直机关制定“我为群众办实事”项目清单5方面、88项，组织服务活动4236次，组织305名机关党员志愿者参与无偿献血主题党日活动。将意识形态工作纳入基层党建考核目标，纳入市直部门党组（党委）书记、机关党委书记述职评议，纳入专题民主生活会内容；加强意识形态阵地管理和建设，强化机关微信群管理，指导用好“学习强国”学习平台，引导机关党员干部疫情防控期间“不是权威发布的信息不扩散、不传播”，全年共听取4次意识形态工作情况汇报。

【作风建设】 持续抓好专项整治。紧盯纠正“四风”和作风纪律专项整治重点任务，印发《2021年度市直机关深化纠正“四风”和作风纪律专项整治工作推进方案》《2021年度市直窗口单位和重点行业“履职践诺”活动实施方案》《2021年度下半年市直机关作风纪律专项整治重点任务清单》等文件，对2020年群众满意度测评征求到的意见，逐单位进行反馈整改；指导市直机关开展会风会纪专项治理集中行动，对市直80多个单位会风会纪方案进行备案、检查。深入开展“六治六提”专项整治。查纠整改影响发展的“拖、庸、浮、僵、奢、散”等问题，工委会2次研究部署推动“六治六提”干部作风纪律整顿工作，把自己摆进去、把思想摆进去、把职责摆进去、把工作摆进去，自查自纠工作“对号入座”、不遮不掩，班子自查3个方面、3个问题，机关党员干部自查5个方面、32个方面，建立问题清单和整改台账，并坚持边查边改、立行立改，形成求真务实、担当作为的新风正气。常态化抓督查评议。聚焦作风纪律专项整治和疫情防控作风再强化，组成督查组，下沉一线进行明察暗访；“五一”、端午期间集中开展纠“四风”专项检查，中秋、国庆期间组织签订廉洁提示函；研究制定《2021年度市级机关作风评议办法》，印发作风评议票4000张，组织人大代表、政协委员、服务对象、基层群众，围绕服务态度、服务效率、工作作风等6个方面，开展对78个单位的年度作风评议活动，进一步转作风、树新风，提升工作效能，改善营商环境。

【组织建设】 扎实开展“基层党建质量提升年”活动，总结推广基层党建标准化规范化建设经验，印发市直机关党支部建设标准，启动第一届“优秀党支部工作法”评选活动；安排市直部门党组（党委）专题听取党支部年度工作汇报，落实市直部门党组（党委）成员建点联系党支部335个。建立基层党组织换届情况台账，实行基层党组织换届提醒督促制度，全年有32个基层党组织和14个机关纪委按期完成换届任务；严格落实党费收缴、使用和管理办法，开展年度自审自查工作；严把发展党员政治关，不断提高发展质量，全年新发展党员150名；落实《中国共产党党内关怀帮扶办法》，慰问老党员、生活困难党员365人，发放关爱资金25.45万元；落实创先争优制度，开展争创“新时代优秀共产党员”活动，制定《市直机关合格党员的工作标准》，部署基层党组织年度基层党建述职考核评议和支部年会工作。建立新任机关党组织书记谈心谈话制度，与20名新任的机关党组织书记进行集体谈心谈话；创办“机关党建大讲堂”，围绕创新理论、党建政策等内容举办大讲堂5期，举办市直机关党支部书记、党务干部、纪检干部履职能力及党费业务、发展党员培训班4期，790多人参加培训；累计有64个基层党组织的党员活动室达到标准化要求，财政列支基层党组织活动经费和党员教育经费，机关工委返还基层党组织上年度党费135.23万元；实行基层党建重点任务月清单制度，做到一月一提示。

【服务疫情防控】 坚决落实市委安排部署，在疫情防控中当先锋、打头阵。制发《市直机关疫情防控工作的指导意见》等文件，研究落实非必要不外出，持卡、分时段核酸检测，食堂错时就餐等具体举措；报备节假日离承人员1769人次，排查中高风险地区返承人员4800多人次，完成市直机关六类人群疫苗接种情况统计上报工作；精准建立党政群人员台账，1.2万人录入河北省疫情防控信息化平台；督办69个单位落实163台套红外线人脸识别测温设备全部接入政务云平台，链接到公安数据平台，市长给予批示表扬；督促市直机关工作人员疫苗接种应接尽接，全年完成21轮、21.5万人次核酸检测的组织协调工作；研究批复2020年市直机关党员多交纳党费45万余元的使用方案，用于慰问疫情防控一线医护人员和购买防疫物资。

【创建文明城市】 落实党建引领基层治理机制，推动机关党组织与社区党组织共驻共建共融。制发《关于进一步做好新时代“星期六文明实践行动”志愿服务结对帮扶活动的通知》，指导市直机关78支服务队与双桥区73个社区结成“一对一、多对一”共建对子，全年开展志愿服务1100余次，参与活动的党员志愿者18000余名。

【工委建设】 持续推动全面从严治党向纵深发展，坚决履行主体责任。全年13次传达学习党中央、中央纪委、省市委、省市纪委关于全面从严治党的决策部署和会议精神，坚持定期议党建、专题议党建制度，2 次听取纪检监察工委工作汇报，2 次专题研究全面从严治党工作，严格督促并听取班子成员履行“一岗双责”情况汇报；认真学习《加强对“一把手”和领导班子监督的意见》，与班子成员开展政治监督谈话活动；研究制定《市直机关党建责任清单》，协助起草《关于加强市直机关纪委建设的实施意见》，压实“四级八岗”工作责任，形成“四责协同”工作机制；班子成员签订党风廉政建设责任书，科级以下干部签订廉洁自律承诺书，建立科级干部廉政档案。加强对市直机关纪检监察工委的领导，支持纪检监察工委依规依纪履行职责。工委常务副书记定期听取案件审查、审理工作情况，对重要事项过问、盯办，提出意见建议；深化运用“四种形态”，做到“三个区别开来”，不断提升案件审理工作质效，全年审理派驻纪检监察组上报案件 26 件。组织学习省市政治性警示教育会议精神，及时传达反面典型通报；坚持常态化开展“微教育”“微提醒”70 期；以身边发生的案件为反面教材，开展以案说法、以案说纪、以案说德、以案说责“以案四说”警示教育活动 20 场次，起到以案促改、以案促治的作用。

2021 年中共承德市委市直机关工作委员会领导名录

常务副书记：聂红中（满族，7 月免）
汪振刚（7 月任）
副　书　记：苏海玉
刘秀芬（女，满族）
常会友
高永阁（满族）
纪工委书记：孙宝贵

（苏海玉　供稿）

机构编制

【概况】 2021 年，全市编制工作以加强党的全面领导为统领，以贯彻落实《中国共产党机构编制工作条例》《中共河北省委机构编制管理规定》为着力点，紧扣中心、服务大局，积极为推进市域治理体系和治理能力现代化提供体制机制保障，努力为全市经济社会事业高质量发展助力护航。

【党政机构职能体系建设】 认真贯彻落实中共中央总书记习近平关于加强文物保护工作的重要指示精神，突出承德市历史文化名城和文物大市的定位，加强文化遗产保护传承，整合原避暑山庄及周围寺庙景区管理委员会的行政职能，将市文物局列为市政府工作部门，研究审核印发市文物局“三定”规定，在 11 个县（市、区）旅游文化部门统一加挂文物局牌子。将市县两级扶贫开发办公室重组为乡村振兴局，设立市防贫中心，为深化、巩固和拓展脱贫攻坚成果、统筹推进实施乡村振兴战略提供有力体制机制保障。将市森林草原防灭火指挥部办公室有关职责和机构由市林草局调整至市应急局，明确市应急局和市林草局森林草原防灭职责关系，进一步理顺和健全上下贯通的森林草原防灭火指挥体系，切实提升森林草原火灾应急处置能力。积极稳妥治理普宁寺商业化问题，将市普宁寺管理中心由市文物局划归市民宗局管理，调整相关职责并加强宗教团体管理力量，进一步厘清宗教活动与文物保护的职责边界。经市政府常务会议审议通过，以市政府文件印发市政府部门权责清单，并在政府网站、机构编制网、部门网站对 3511 项行政权力及对应的责任事项、追责情形进行全面公开。

【巩固深化乡镇街道改革成果】 通过随机抽查、实地走访、部门座谈等方式，全面掌握乡镇和街道改革后的工作机构运转、综合行政执法工作开展、权责清单和职责准入制度落实等情况，发挥牵头部门作用，联合市委组织部、市司法局、市行政审批局等部门结合职责分工，总结经验，查摆问题，细化举措。解决原“七站八所”的权责不清、管办不分、政事不分、抓党建能力不足、事业干部待遇低等历史遗留问题，“4 办、1 队、2 中心、1 站”的工作机构职能更加清晰。承德市深化乡镇和街道改革工作取得的良好成效得到中央编办、省委编办充分肯定，反映承德市经验做法的《承德探索构建“五新”基层治理体系》一文在中央编办机关刊物《中国机构改革与管理》第 7 期全文刊发，省委编办主任刘修起在全省基层管理体制改革座谈交流会上推介承德市以党建网格化助力基层治理精准化的先进做法。

【开发区管理体制改革】 组织力量认真学习研究党中央关于地方机构改革中清理规范开发区管理机构的要求和中央编办《关于规范开发区管理机构促进开发区创新发展的指导意见》以及省委编办《关于规范开发区管理机构促进开发区创新发展的实施方案》精神，成立工作专班，具体负责统筹协调、牵头落实、推进改革。对全市 12 个开发区（功能区）管理机构进行系统调研摸底，摸清各开发区规划范围、产业布局、功能定位、财税收入等情况，结合机构编制管理实名制台账，建立包含管理机构名称、性质、级别、职能、编制、领导职数、实有人数等内容详尽的管理台账，为科学制定方案奠定工作基础。深入结合承德实际，与省委编办反复汇报沟通，积极向市委市政府主要领导、分管市领导汇报改革政策、工作思路和意见建议，研究制定《承德市整合规范开发区管理机构促进开发区创新发展工作方案》。

【综合行政执法改革】 在市应急管理局加挂市应急管理综合行政执法支队牌子，实行“局队合一”体制，整合非煤矿山、化工、危险化学品、商贸等行业领域安全生产执法工作和地质灾害、水旱灾害、森林草原火灾等有关应急抢险、灾害救助、防震减灾等方面的行政处罚、行政强制职能，合理划分市应急管理局内设机构和执法队伍的权限，通过整合优化全市应急管理系统执法职能，统筹执法资源，强化执法力量，完善执法体系，不断强化应急管理综合行政执法能力，着力防范化解重大安全风险。在组建市生态环境综合行政执法支队的基础上，进一步理顺县级生态环境行政执法职能，8 个县（市）和营子区实行“局队合一”体制并为其生态环境分局机关制发“三定”规定。对文化市场、市场监督管理、生态环境保护、农业、交通运输、城市管理、应急管理七个领域综合行政执法机构成立以来的运行效率、内部协同及人员编制配备情况进行跟踪问效，分析研判执法资源配置情况，充分发挥机构编制使用效益评估作用，切实提升行政执法效能。

【优化配置机构编制资源】 机构编制资源向重点领域、任务繁重部门倾斜，设立市委组织部干部人事档案管理中心、河北承德塞罕坝国家体育训练基地管理中心、市医疗保障基金稽核中心、市公安局高新区分局高铁站前警务大队和政保、网安机构。结合教育发展布局，统筹设立调整承德高新区实验中学、承德一中内设机构等基础教育机构，优化配置教育系统人员编制。重点办理加强审计机构建设、调整市红十字会和贸促会管理体制、完善生态环境体系、规范市属高校机构设置，优化增强深化改革、政府会务、生态园林、妇幼权益、高速建设等职能配置和人员力量。加大中小学教职工编制优化、动态调整和统筹调剂挖潜力度，建立跨县（市、区）统筹周转使用编制资源工作机制，统筹周转调剂 1000 多个事业编制，解决部分县区中小学教职工编制长期短缺问题，如期实现市县两级中小学教职工编制全面达标，经验做法被省委编办宣传推广。发挥职能作用助力全市人才高地建设，建立高层次人才专项编制“周转池”，解决编制紧缺的市直事业单位引进50名高层次人才需求。促进全市社会信用体系建设，推行“一站式”办理全部行政许可业务，研究制发《推进社会信用体系建设实施方案》等5个文件，抓实审核、纠错、提质三个环节，办理事业单位法人登记事项500余件，整改重错码20个，汇集报送社会信用体系建设信息50000余条，助推承德市城市社会信用体系建设。

【机构编制法定化建设】 牢固树立“编制就是法制”的意识，严格按照法定程序、规定步骤、审批权限开展机构编制工作。协调市委组织部、市委党校将《中国共产党机构编制工作条例》《中共河北省委机构编制管理规定》学习纳入县处级领导干部培训主体班次，邀请省委编办领导对全市1124名市管干部和全市机构编制系统工作人员全员培训，凝聚各级各部门支持机构编制工作、严守机构编制纪律的思想共识。同时，认真组织学习《中华人民共和国宪法》《中华人民共和国民法典》等法律法规，不断增强法治观念。

【机构编制实名制管理】 有序推进第二次机构编制核查工作，结合实际研究工作思路、具体措施和制发通知，成立核查工作领导小组，细化任务分工，压实工作责任；及时召开全市动员部署会议，明确此次核查的总体要求、范围、内容、时间和方法步骤；组织全市机关事业单位开展自查，整理提供机构编制文件、干部人事信息、工资发放名册等资料，对实名制信息系统进行完善更新，确保每项核查数据真实、完整、准确；科学选定实地核实机关事业单位309个，明确实地核实工作重点，现场查阅台账及机构编制文件等，查看机构和人员信息公示等情况，全面掌握核查进展情况，及时发现问题，督促落实整改，切实实现“机构清、编制清、领导职数清、实有人员清”。

【人事管理“一网通办”改革】 累计向平台迁移录入文件121件，修改信息21000余条，此项工作得到省委编办电子政务中心肯定。及时办理党政机关、事业单位网站的开办审核、资格复核、挂标及注销工作，全年新增注册域名26个、续费域名537个、更名域名64个、注销域名48个，承德市政务公益域名注册管理工作受到中央编办政务和公益机构域名注册服务中心书面表扬。

2021年中共承德市委机构编制委员会办公室领导名录

主　　任：胡伟纲（7月免）
　　　　　李建侠（女，满族，7月任）
副 主 任：李松华（满族）
　　　　　王　炜
　　　　　陈　旭（满族）

（裘　实　供稿）

政策研究

【概况】 2021年，全市政策研究工作围绕中心，服务大局，共起草市委文件、领导讲话、署名文章等重要文稿51篇，编发《研究与决策》11期，其中5篇调研文章得到市委、市政府领导批示。编发《承德建设》12期，修改、编排稿件240余篇，80余万字。扎实推进166项改革任务，坚持整体推进和协调联动，有力有序推动改革向更深层次挺进，2021年度被市委授予全市先进基层党组织称号。

【文稿起草】 高质量完成市第十五次党代会报告、决议文稿，《市委常委会自身建设意见》文稿，《中共承德市委关于贯彻落实〈中共河北省委贯彻落实中共中央关于党的百年奋斗重大成就和历史经验的决议的意见〉的意见》及说明的起草，市深改委改革工作要点，关于党的十九大以来重要改革任务“回头看”的报告，2021年全面深化改革工作汇报、工作总结等文件起草工作；牵头全市疫情防控指挥部综合材料组工作。全年共完成《工作简报》150余期；撰写领导讲话、汇报材料200余篇；刊发会议纪要109件。

【调查研究】 注重从全市发展大局出发，围绕领导关注、社会关心的重点热点问题，有针对性筛选一批有价值的调研课题进行专题调研，形成“承德推进‘碳达峰、碳中和’工作探析”“乡镇（街道）怎样用好111项执法权”“关于解决中心城区停车难问题的调查与思考”“加快培育壮大特色种业助力承德农业高质量发展”“隆化县智慧城市建设的创新与探索”“充分发挥司法职能作用着力推进法治化营商环境建设”“关于我市养老产业高质量发展的调查及思考”“承德市仪器仪表产业发展情况调研报告”“非遗产业发展大有可为”“大力弘扬塞罕坝精神 加快推进承德绿色发展”“承德发展‘飞地经济’恰逢其时”等一批调研成果，其中“承德推进‘碳达峰、碳中和’工作探析”“关于我市养老产业高质量发展的调查及思考”“非遗产业发展大有可为”“大力弘扬塞罕坝精神 加快推进承德绿色发展”“承德发展‘飞地经济’恰逢其时”5篇调研文章得到市委书记、市长和相关领导签批。全年共完成《研究与决策》11篇，为市委科学决策提供价值参考；同时协助省委政研室围绕“抓住扩大内需和城市更新机遇发展城市经济的政策研究”“河北省第二轮土地承包及到期后再延长30年情况”“氢能产业”“县（市、区）固定资产投资”4个课题进行摸底调查，形成材料被省研究室采纳。

【推进深化改革】 探索实施“五化四径”工作法，166项改革任务稳步推进。全年共召开深改委会议6次，审议改革文件26项，听取汇报39项。推行“督考合一”评价机制，简化考核办法、优化考核流程，有效发挥考核“指挥棒”和“风向标”作用；落实五大督查体系，对重点改革事项进行“三单”制度提示，共下发提示单（函）、督办单45份；落实改革工作领办制度，市、县两级“一把手”累计确认领衔事项98个；落实网络督察、改革进展定期报送通报、督察结果通报备案等制度，累计开展网络督察9次，印发各类督察通报、报告9个，共向省委改革办备案改革文件72个，督察评估文件14个。加强改革宣传，提升承德改革影响力，全年编发改革动态17期，向上级部门推荐改革信息30余篇，改革典型6篇，辑印《2021年改革典型经验》一书。承德加快建设国家可持续发展议程创新示范区、构筑水环境绿色屏障等改革做法被《人民日报》《经济日报》等主流媒体刊载。“三零”企业服务模式、优化行政审批和政府服务“五个一”工作法等改革做法被改革内参、河北改革动态、《河北发展》刊发。规范试点管理，进一步完善试点动态调整、台账管理、试点备案和“一点一档”等制度，推进国家级试点22项、省级试点5项。

【发挥承德建设刊物作用】 全年共编发《承德建设》12期，80余万字。着眼提升办刊质量，紧跟时代形势变化和工作重点，新增“贯彻落实习近平总书记重要讲话精神”“迎接建党100周年”“聚焦党代会”“党史学习教育”等栏目，有效提高刊物质量和可读性，顺利通过全省内部资料性刊物年度评审，被评为“全国城市优秀党政期刊”。充分发挥《承德建设》桥梁纽带作用，全面加强与全国300多个主要地级市的党刊沟通交流。为全面落实中共中央总书记习近平考察承德重要讲话指示精神成果，在《河北发展》刊发市委书记董晓宇、市长柴宝良署名文章和市文物局、塞罕坝机械林场等单位工作举措6篇，在省委研究室、省委改革办《政研与决策》刊发承德《牢记总书记嘱托、弘扬塞罕坝精神、奋力开启建设高质量发展的‘生态强市、魅力承德’新征程》文章。在国家级党刊《学习与研究》刊发市委书记董晓宇关于落实中共中央总书记习近平到承德考察调研精神的署名文章，《承德建设》宣传承德亮点工作的重要平台和载体作用进一步凸显。

2021年市委研究室领导名录

主　　任：李　勇（7月免）
（8—12月空缺）
副 主 任：李晓莉（女）
曹进波
唐士国

（张寒梅　供稿）

信　访

【概况】 2021年，全市信访系统紧紧围绕中共承德市委、市政府中心工作，不断深化信访矛盾源头治理，协调推动接访包联责任落地，跟进落实，做好服务保障工作，信访各项工作取得历史性新突破。2021年，承德市在全省年度信访工作考核中被评为优秀。

【领导包联接访】 先后在全市组织开展两批次领导包联化解活动，并通过每周通报调度，适时向市领导报送提示函，向各县（市、区）和市直有关部门下发督办函等方式，加快推进化解。2021年第一批918件（省领导包联20件、市领导包联265件、县领导包联633件）和第二批1225件（省领导包联18件、市领导包联235件、县领导包联972件）包联事项全部按省时限要求化解上报。市委、市政府高度重视重访治理工作，严格“领导接待日”制度，市级领导带头，通过亲自接访、现场调度、召开协调会等方式，以上率下，推动接访解决问题。

【化解信访矛盾纠纷】 围绕涉房地产、涉资融资、农业农村、土地征占、工资拖欠等12个方面问题，突出“6项重点”，开展矛盾纠纷常态化排查化解，最大限度消除不稳定因素。全年排查重点问题175件，制定《关于严格落实部门和地区责任全力解决当前信访突出问题工作方案》，着力推动解决涉房地产、涉法涉诉、征地拆迁等重点领域和非法集融资、原民办（代课）教师等信访突出的问题。全市自然资源、城乡建设、劳动社保三个领域信访总量同比下降26%、20.7%和10.4%。

针对涉房“办证难”问题，向市委呈报《关于全市涉房“办证难”问题有关情况的报告》，筹备组织“办证难”问题专题调度会议，市委书记董晓宇和市级主要领导多次调度，使全市“办证难”存量问题得到有效破解和深入推进。

【创新信访工作方式】 创新实施“一周一案”。对梳理出174件信访疑难案件，挂账交由各县（市、区）委书记、市直有关部门主要负责人，每周研判调度1件，并实行两周排队通报，化解147件。

实行案件评查督导。协同市纪委监委、组织、政法、司法等部门，对进京赴省上访量较大、问题较为突出县（市、区）开展实地评查督导，维护公平正义和社会稳定。先后对5个县（市、区）共17件信访案件进行评查，对5件有瑕疵、解决不彻底、落实不到位的案件及时进行纠偏指正。

探索建立信访巡察联动机制。按照《巡察机构在上下联动中更好发挥作用试点工作的实施方案》要求，从借力推动信访工作等方面入手，强化信访重点领域综合分析研判，在提升政治巡察针对性和实效性基础上促进信访工作。

在十五届市委第一轮巡察工作中，梳理6个被巡察单位共297件信访线索和省委第十二巡视组交办的634件信访件，全部实行清单化挂账管理，有效促进案件化解。

【完善信访体系建设】 建立奖功罚过的干部使

用体系。组织参加全市以建设高质量发展的“生态强市、魅力承德”提供安全保障为主题的“大培训、大比拼”活动，并介绍承德市信访工作经验做法。

起草《关于评选承德市第一届“平安卫士”的通知》，评选表彰一批基层一线从事信访维稳工作先进典型。同时，加大“三项建议权”（改进工作建议、完善政策解决问题建议和给予行政处分建议）使用力度，对引发群众信访的失职失责干部，精准使用四种形态，既追究属地失责干部的稳控责任，也追究解决信访事项责任人的源头化解责任。对符合容错免责情形的，从轻、减轻或免于追究责任，及时纠偏纠错，树立严管厚爱、赏罚分明的鲜明导向。

2021年全市累计问责处置党员干部138人。建立权责一致的资源支撑体系。建立联合惩戒的信用体系。推动落实市级《关于健全完善守信联合激励和失信联合惩戒机制加快推进社会信用体系建设办法（试行）》《关于对信访人严重失信联合惩戒实施细则》，全面启用社会信用联合惩戒机制，着力构建良好信访生态。

2021年市信访局领导名录

局　　长：庄爱新（7月免）

　　　　　胡　伟（满族，7月任）

副 局 长：张俊东（满族）

　　　　　葛利军

　　　　　杨金松（满族）

（王振峰　供稿）

老干部工作

【概况】　2021年，承德市委老干部系统紧紧围绕市委中心工作，全面落实离退休干部两项待遇，持续转变工作作风，班子向心力和凝聚力得到有效提升。截至2021年年末，承德市共有离退休干部39950人，其中离休干部885人，退休干部39065人。

【中共党史学习教育】　坚持集中学习和自主学习相结合，坚持规定动作和自选动作相结合，创新抓手，鲜活载体，进一步强化理论武装。有效利用师资力量，组织老年大学学员“课前五分钟学党史”，依托学习微信群设立“党史学习课堂”推送学习内容140余条；充分利用一号一刊（“承德市老干部工作”微信公众号和《承德老干部工作》简报）开办“党史学习教育”和“我看建党百年新成就”学习活动专栏，刊载学习内容和活动动态等120余篇。创新自选动作，深化教育成效。

组织开展《中国共产党百年辉煌历程》和《学习“七一”重要讲话精神》《学习贯彻党的十九届六中全会》宣讲报告，组织离退休干部通过“离退休干部工作”微信公众号收看5场中共党史学习教育网上专题报告会，对不便参加集体学习的离退休干部，采取送学、荐学、助学等方式，努力做到学习全覆盖，引导广大党员干部进一步筑牢思想根基，坚定不移听党话，跟党走。鲜活教育载体，凝聚奋进力量。

按照“学党史、悟思想、办实事、开新局”的目标要求，把开展中共党史学习教育与庆祝建党百年系列活动紧密结合，有效利用主题党日、政治生日、观影观展、线上学习、线下培训等时机，通过开展专题调研、颁授纪念章、讲党史故事、办专场演出等方式，使广大党员干部受教育。

【离退休干部党建工作】　全市目前有离退休党员21122名，共建有各类离退休党组织417个。按照“五好”“四有”标准，全市共创建基层党组织示范点20个，有6个被省委老干部局命名为“全省离退休干部基层党组织示范点”。6个离退休干部党支部被评为“全省先进离退休干部基层党组织”，5名个人被评为“全省优秀离退休干部党员”。立足现有条件，投入21万元，打造500

多平米设备齐全、功能完善的老党员驿站（党员活动室），可同时容纳200余人开展活动，已接待市直单位老干部党支部活动80余次。组织开展“重温党的历史”主题征文活动，5位老干部的作品入选省局编印的《“重温党的历史”主题征文作品集》。在全国涉老工作部门庆祝中国共产党成立100周年暨中共党史学习教育宣传工作中获得优秀奖，受到《中国老年报》通报表彰。选送的节目获“365百姓故事汇”群众宣讲三等奖，1人被中组部、人社部评为“全国先进老干部工作者”，打造的“党建＋志愿服务”品牌经验做法被《中国老年报》《河北日报》等媒体刊发推广。充分发挥123名银发人才作用，引导他们在红色文化主题教育、满族文化传承、助力乡村振兴等方面发挥积极作用。坚持“党建＋”思维，精心打造志愿服务队、老党员驿站、老党员之家等党建品牌，助力文明城市创建。

【离退休干部服务管理】 树立精准服务理念，确保离退休干部政治和生活待遇得到全面落实。为5名副市级、55名正处级以下抗日时期离休干部申报提高到享受副省（部）长级医疗待遇。在中国共产党成立100周年之际，为885名离休干部增发生活补贴315.5万元。春节期间，市委、市政府领导采取入户、电话、视频连线等多种形式走访慰问离退休干部，发放慰问金6.7万元。对26名市级离退休干部遗属及13名破产改制无主管部门企业离休干部进行走访慰问，发放慰问金3.25万元。在庆祝中国共产党成立100周年之际，组织各级各部门走访慰问857名离休干部，发放慰问金147.85万元。对18名易地安置离休干部进行走访慰问，发放慰问金3.6万元。对特困离退休干部实行精准帮扶，一户一册，动态管理，认真开展“回头看”和入户核查，准确掌握帮扶对象基本情况，全年共帮扶特困离退休干部及遗属681人，发放帮扶资金125.21万元。

【离退休干部阵地建设】 市关工委出资8万元，争取省关工委资金2.4万元为18个“五老”活动阵地配备青少年读物和活动用品。筹措资金6.6万元对300余名留守儿童和困境青少年进行精准帮扶。积极争取中央美院、中央戏剧学院等高校支持，为承德市中小学校捐赠军训服5000套、图书5万册、桌椅300套、电脑120台。市关工委连续六年获全省关工委信息工作优秀单位。老年大学办学规模和水平进一步提高。市老年大学引进人脸识别门禁和校园管理软件，新购进130多万元的教学设备，全年共开设220个班次，招收学员5500余人次。积极组织学员参加河北省第八届中老年才艺风采大赛，荣获2个金奖，赛事的4个银奖、5个铜奖均由承德市包揽。市老年大学被省教育厅认定为河北省示范性老年教育机构。老干部活动中心条件得到进一步改善。调剂资金17万余元，更新老干部活动室部分设施设备，配齐乒乓球台、台球桌、健身器材等设施，安装电子显示屏，对地下管网进行维修，建立老干部健康咨询室。

2021年市委老干部局领导名录

局　　长：贺长青（满族，7月免）
　　　　　负福东（7月任）
副 局 长：倪进能
　　　　　冯博宇（满族）
　　　　　王建新（满族）

（仉青岭　供稿）

党校教育

【概况】 2021年，市委党校坚持党校姓党根本原则，以实现一流市级党校为目标，充分发挥党校在全市干部教育培训中的主渠道作用和党委科学决策的思想库作用，为生态强市、魅力承德建设提供强大的思想政治保证和人才智力支持。

【抓好主责主业】 全年共举办县处、中青、乡镇等各级各类线上线下培训班11期、培训学员3000余人次。抓好省委党校在职研究生学历教育管理，树立学历教育全省标杆。抽调4名骨干教师参与全市党史学习教育、十九届五中六中全精神等宣讲30余场次，配合电视台做专题访谈节目6人次。成立学习贯彻中共中央总书记习近平考察承德重要讲话指示精神教学专班，在丰富提升近200个教学专题的基础上，调整充实塞罕坝精神、民族团结、生态文明、基础理论、党史党建教学专题组，抓好公开试讲、集体评议和特色专题课打造，《大力弘扬塞罕坝精神》专题课被推入省社会主义学院师资培训课堂，5个精品课、1个教学案例、5位教学名师、3个教学基地入选全省干部教育培训资源“四个一百”工程项目。树立全市党校“一盘棋”的思想，切实增强对业务指导的自觉性和责任心，不断提高教学、科研、智库建设、师资培训、服务保障等方面业务指导工作的针对性和有效性，以全省党校系统办学质量预评估为契机，坚持问题导向，着力改进提升，抓好对县（市、区）党校办学质量预评估和指导督导工作。

【教学科研】 抓好科研立项，特别是中共中央总书记习近平视察承德后，及时调整科研方向重点，争取市社科联相关科研课题立项8个。全年共发表学术论文39篇，完成科研课题20项。举办全市党校系统建党100周年理论研讨会，撰写研讨材料近50篇。编辑出版《求实论坛》4期，刊登调研文章60余篇，交流刊物4000余份。

【新冠肺炎疫情防控】 高度重视疫情常态化防控工作，全年累计派出 80余人次参与双桥区上营房社区疫情防控工作。妥善做好教学生活场所通风消毒工作，保障培训环境安全。作为市、区两级隔离观察点，积极配合市疫情防控领导小组工作，切实担负防疫职责，积极服务全市疫情防控工作大局，全年共接待被隔离观察人员4618人，服务工作人员4726人。

2021年中共承德市委党校领导名录

校　　长：杨培苏（市委组织部部长兼，6月免）
　　　　　颜世东（市委组织部部长兼，6月任）
常务副校长：裴鹏飞（满族）
副 校 长：闫　坤（正处级）
　　　　　聂志信（满族）

（刘艳南　供稿）

党史研究

【概况】 2021年，全市党史工作高质量完成各项目标任务，多项工作取得历史性突破；获得市级文明单位等一系列荣誉，多项工作获市委、省室领导肯定；市委主要领导专题听取全市党史研究工作，市委副书记莅临指导党史工作，党史研究工作再上新水平、新台阶。

【完成上级部署任务】 完成推选参评全国党史和文献部门优秀科研成果和先进个人工作。报送参评优秀科研成果包括著作2部，论文3篇，先进个人1名。其中《讲好党的故事　为改革开放保驾护航——以反对历史虚无主义为例》获全国党史和文献部门科研成果二等奖。开展全省党史界庆祝中国共产党成立100周年征文活动。上报省室论文中，《赓续塞罕坝精神在百年党史中开启奋进新姿态》《浅析江山与人民的辩证统一关系》《浅析在党史研究中如何践行正确党史观》入选河北省党史界庆祝中国共产党成立100周年论文集，其中前2篇在全省获得优秀论文三等奖，三位作者受邀出席河北省党史学界庆祝中国共产党成立100周年学术研讨会。《抗日战争时期冀热辽地区党的群众路线研究》入选河北省社科院和河北科技大学举办的西柏坡精神研讨会。完成申请中央党史和文献研究宣传专项引导基金项目重点项目，《日本鸦片侵华史》被列入中央党史和文献研究院2022年项目库。完成承德市脱贫攻坚口述资料征集工作。全市共征集脱贫攻坚口述材料43篇，其中市直2篇，塞罕坝2篇，县（区）39篇，选送上报28篇，被省室全部选用，并得到高度肯定。组织开展“复兴路上的河北实践”学术论文活动。上报省室论文9篇，其中本单位2篇，院校5篇，县区2篇。

【庆祝中国共产党成立100周年系列活动】 承办“庆祝中国共产党成立100周年承德党史图片档案文献展”。全市征集1500余张图片，从中精选48个板块、472张图片，以及文字说明1.6万字，成功在市博物馆陈展。6月30日，市委、市政府主要领导带领市直部门负责人参观展览并给予充分肯定。展出期间，河北省委党史学习教育巡回指导组、省委党史研究室等领导专程到承参观展览并给出高度评价。《承德日报》以12个版面刊发展览全版内容，“学习强国”平台、省党史网、承德电视台等也进行报道。陈展期间，有106名志愿者主动参与讲解服务，57名少先队员开展“红领巾讲党史”等活动，总参观人数近3万人。

【推动水泉沟“万人坑”遗址保护建设】 对水泉沟“万人坑”遗址历史沿革、保护现状、学术争议等问题进行深入调研，邀请老领导老专家以及市、区、镇、村相关单位在水泉沟召开党史专家座谈会，对进一步保护利用工作提出具体意见；牵头组织活动广场平整、浮雕及宣传栏修建工作；组织“三个100”为民办实事活动（在建党100周年之际，100名党员代表在水泉沟“万人坑”种植100棵松树），以青松祭奠罹难同胞、追思革命英烈、赓续红色血脉。此次活动被新华社客户端、中共中央党史和文献网等国家级媒体报道，在社会上引起热烈反响。

【构建大党史工作格局】 联合市委组织部、宣传部、统战部共同举办“承德市庆祝中国共产党成立100周年征文活动”，对全市80余篇征文进行评选表彰；与市委组织部联合开展发展对象的党史培训考核工作，将党史知识作为发展对象培训的重点内容，由党史研究室提供试题进行考核，有力推动中共党史学习教育在发展党员工作中不断深入；与团市委、市少工委联合开展“学党史　崇英雄　争创英雄中队”活动，在全市评选命名优秀少先队中队集体，让红色基因融入少年血脉，革命薪火代代相传。

【推动党史研究工作向基层延伸】 不断拓展意识形态阵地新维度。深入开展全市革命纪念地展陈内容联审联查活动，赴热河革命烈士纪念馆、董存瑞烈士陵园、兴隆烈士陵园等地进行实地检查并规范指导，此项工作走在全国前列；深入基层开展中共党史学习教育宣讲，领导干部三次赴7个县（区），深入机关、企业、校园、农村、社区等地开展专题宣讲，有力推动党史“六进”工作；大力开展“学史爱党·砥砺青春——党史进校园”活动，走进河北旅游职业学院、承德应用技术职业学院等6所院校开展讲党课、赠书籍活动，教育激励新时代青年知史爱党、奋发有为，受到广大师生热烈欢迎。

【党史编研】 完成《中国共产党承德历史·第二卷（1949—1978)》编写出版发行工作。全书共4编16章61节172目，总共45万字，并附有7张地图，40张历史图片。编撰工作历时13年，于6月正式出版，向党的百年华诞献礼。为切实发挥好地方党史基本著作在中共党史学习教育中的重要作用，向各级党政机关、军分区、大中专院校、党史爱好者发放2000余册，受到一致好评。《承德市志·党史工作志》正式定稿。为确保书籍在年内编撰完成，多次组织协调会议进行研讨，经多次修改完善，最终形成15万字定稿。该书对近30年间全市党史工作进行全面系统梳理总结。《日本鸦片侵华史》编撰完成。经过6年时间反复打磨，已正式定稿。本书意义重大、质量突出，填补国内这一研究领域的空白，被中央党史和文献研究院列入研究宣传专项引导资金项目库。《承德大事记述（2012—2014）》《承德大事记述（2019）》编纂完成。为高标准做好《承德大事记述》撰写工作，重新制定《〈承德市大事记述〉编写方案》，完善细化编写体例、篇目设置、收录标准，65万余字书稿已完成。开展《小康工程大事记》编写工作，系统征集整理1980年至2020年承德市全面建成小康社会大事要事，完成10万余字书稿。认真做好省委组织部“党员教育理论发展和实践历程”课题项目，完成1.6万字的《党在不同历史时期的党员教育》写作任务。对现存党史书籍资料进行全面系统整理，抢救40年前党史工作者抢救的一批重要党史资料，通过专业设备将第一代党史人采访早期革命亲历者口述的120盘录音磁带转换为数字模式存储，确保将珍贵史料保存好、利用好。

【党史宣教】 坚持线下线上相结合，在行政中心布置“知党史、感党恩、跟党走”大型宣传展板和“奋斗百年路、启航新征程”系列宣传栏。积极用好线上媒体，研究室多项活动被人民日报社所属的金台资讯、澎湃新闻等媒体报道，有力扩大承德党史工作影响力。坚持传统媒体与新媒体相结合。在《承德日报》和承德电台开辟“奋斗百年路 启航新征程”党史故事专栏，发布承德早期革命党人、重要历史事件等内容14期，受到干部群众一致好评。用好网络视频等新媒体、新形式，组织全市党史系统制作庆祝中国共产党成立100周年党史故事短视频16部，不断增强中共党史学习教育的吸引力和感染力。坚持官方平台与个人平台相结合。持续加强外宣信息报送，在“学习强国”平台、中国共产党历史和文献网、河北党史网、承德政府网等网站发布信息122篇，数量创历年之最。组织全体党员干部在个人朋友圈发布“讲述承德党史故事”专题30期，以优质凝练的内容传播党史信息，打造喜闻乐见的红色课堂。积极做好党史题材作品审查工作，对热河革命烈士纪念馆图片展、承德电视台纪录电影《人圈》脚本、承德市文物局革命文物名录进行审查，严把作品正确政治观、史实观。

2021年市委党史研究室领导名录

主　　任：杨海涛

副 主 任：李　伟

　　　　　李兴华

（刘占广　供稿）

档案管理

【概况】 全市档案系统以习近平新时代中国特色社会主义思想为指导，真抓实干、守正创新，补短板、强弱项、破难题、提质量，在服务党委和政府中心工作大局上实现新突破，为承德经济社会发展作出档案贡献。

【档案资源建设】 扎实推进脱贫攻坚和疫情防控两类档案的归集工作。按照国家和省市统一部署，在规定时间节点完成两类档案文件资料收集归档和档案目录的移交与接收进馆工作。接收全市扶贫工作38个成员单位档案目录，接收原市扶贫办档案882卷，3914件；疫情防控档案目录16册，档案3200件。“习近平总书记视察承德专题档案”“文物保护和中遗专题档案”“弘扬塞罕坝精神专题档案”“原热河省专题档案”日益丰富；年初的“红色档案征集令”为市档案馆吹响红色档案资源建设号角，南开大学李小芹教授捐赠的个人档案和铁道兵档案，抗战老兵郭连城、郭连福和抗美援朝“独胆英雄”徐申后人、辽沈战役老兵郭丽清的口述史档案为市档案馆再添珍品。

【档案信息化建设】 创建完成国家级数字档案馆，承德市档案馆成为“十四五”全国首批全省首家基于信创系统的国家级数字档案馆，为全省乃至全国建设信创系统下的数字档案馆积累宝贵经验，走出一条经济欠发达地区档案信息化建设之路。12月1日召开的全国数字档案馆建设推进会上，国家档案局副局长解津伟对承德市、上海市长宁区在全国率先建成基于信创系统的国家级数字档案馆给予充分肯定。

【档案安全建设】 牢固树立总体国家安全观，坚决防范化解重大风险，从启用密码防火防盗门保障馆库安全到使用除菌杀毒设备保障档案实体安全，从强化档案网络安全到使用国产化设备保障档案管理系统安全、数据安全和数据载体安全，现代化技术手段为档案安全保驾护航。

【档案编研开发】 编写《1949年以来承德城市定位历史演变》《承德行政区划沿革》，供市领导参阅，市委主要领导做出批示。“用档案讲述承德党史”系列活动，助力全市党史学习教育。贯彻落实中共中央总书记习近平关于在中共党史学习教育中用好红色资源的重要指示精神，“让历史说话、用史实发言”，开展“用档案讲述承德党史”系列活动。与市委办、市委党史研究室共同举办《纪念中国共产党成立100周年承德党史图片档案文献展》，提供馆藏珍贵照片档案及资料近300张（册、卷），展览内容丰富、图文并茂，展览得到市委的充分肯定；创办《兰津阁》微信公众号，连续刊发53期党史文章引起社会各界广泛关注，纷纷点赞留言，宣传效果和政治效果超过预期，部分文章被人民日报微信公众号、今日头条、腾讯、百度及河北《档案天地》多次转载，累计阅读50多万人次。承德海关和国家电网承德供电公司等单位将“兰津阁”微信公众号文章列入中共党史教育学习篇目；联合承德广播电台在“相约在此时”节目推出12期访谈直播节目“‘兰津阁’用档案讲承德党史”，讲述热河承德地方共产党组织、领导承德人民进行革命、建设、改革过程中鲜为人知的故事，听众累计达40余万人。拍摄制作24集微记录片《建党百年 承德记忆》，从《热河最早的中共党员》《承德第一个地方党组织》《热河第一支革命武装力量》讲起，讲述承德百年来党的奋斗历史；与《承德广播电视报》联合推出庆祝中国共产党成立100周年特刊，展示建党百年来承德砥砺奋进，推动经济社会高质量发展所取得的历史性成就；编辑《红色档案印初心》图册，把蕴含我们党初心使命、奋斗历程和光荣传统的档案保管好、留存好，利用好、传承好。

【档案科研成果】 2021年，市档案馆申报河北开发利用档案优秀服务成果18项、档案学术研究成果15项、优秀科技成果2个、馆际共享创新与实践征文3个，展现良好的专业素养。与市行政审批局合作，研究全市“智慧政务”平台行政审批政务服务事项电子文件归档和电子档案管理，通过政务服务事项电子档案的精细管理，发挥政务服务事项的数据化作用。

【档案为民服务】 “我为群众办实事”便民利民，将档案查阅利用中心打造成为便民利民窗口，做到疫情防控与查档利用“双加强”，将人民群众依法利用档案的权利落到实处。截至12月底，接待查档近900人次，查阅档案近3000卷2700件，切实为人民群众解决工作查考、工龄接续、遗属补助、房本办理等切身利益问题，为平安承德建设作出档案贡献。

2021年市档案馆领导名录

馆　　长：任溧馨

副 馆 长：周东来（满族）

　　　　　周书星（满族）

（马炳琨　供稿）

网络安全和信息化

【概况】 2021年，全市网络安全和信息化工作贯彻落实网络意识形态工作责任制，全年编报各类舆情信息348期，市领导批示39次。全省首创覆盖市县乡村的“线上网格员”舆情一体化工作机制，组建联络群1421个，统筹网信、纪检、组织、政法、统战、法院、公安、教育、环保等29个市直部门工作力量，“一事一策一领域一预案”，形成协调联动、优势互补、信息共享的工作格局，完成中国共产党成立100周年、党的十九届六中全会等专项保障任务。

【网络综合治理】 开展“清朗 燕赵净网2021”等专项行动，打击擅自以庆祝政治节日名义利用网络从事商业谋利等行为，整治网络“黑公关”、有偿删帖等违法违规问题。处置违法违规网站118家，上报网络有害信息19.2万余条，依法关停恶意营销公众账号21个、非法传播短视频账号65个，约谈平台账号负责人71次。制作网络辟谣、网络反诈宣传作品130余部，举办讲座1200余场。2021年获评河北省“清朗 燕赵净网2021”网络生态治理专项行动先进集体。

【网络宣传引导】 学习宣传贯彻中共中央总书记习近平重要讲话精神特别是视察承德重要讲话指示精神，开设专题、专栏37个，发布新闻稿件3185条，落实推送指令3010条，多平台发布疫情防控权威信息和科普知识，总阅读量超过900万次。组织“弘扬塞罕坝精神”“风光储氢一体化发展”推进大会系列报道，开展“大国小鲜@新发展理念”等承德系列网络主题活动，累计发稿140篇次，转发8万余次，综合阅读量超过500万次；开展“网络中国节”等主题宣传活动，举办活动350余场，推送稿件4000篇，阅读量720余万次。策划推出短视频、H5、金句集锦、海报、长图等多种融媒体产品，与新华网联合开展的“党史冀忆、百年征程”网络直播活动，在线观看近300万人次。

【网络安全管理】 安全风险预警快速有效处置，共通报处置网络安全事件和风险隐患90起。对全市18个重点行业、53个关键领域的98个网站进行远程检测，发现整改安全漏洞2009个，对运维不到位、长期未更新、管理有漏洞的168个网站、87个僵尸网站进行全面清理。开展具有舆论属性或社会动员能力的互联网新技术新应用安全评估检查专项行动，登记备案应用程序共146个。对全市公共区域LED屏幕全面摸底排查，登记备案LED屏幕722块，明确责任单位和责任人员，加强安全防护。紧扣“网络安全为人民、网络安全靠人民”活动主题，组织国家网络安全周承德活动，全市共举办宣传活动26场，覆盖约10万人次，制作播出普法作品35部，播放量超过50万次，点赞量达25万余次，组织开展网络安全知识问答、网络安全技能竞赛、网络安全直播课等多种活动。

【信息化建设】 制定《承德市2021年度信息化工作考核评价指标体系》，开展全市信息化工作考核评价。对市直部门2022—2024年信息化建设需求进行摸底排查，为编制项目规划提供依据和基础。新建5G网络基站1540个，实现市县主城区全覆盖；持续推进在建数据中心项目承接京津数据转移，延伸数字化应用发展链条。加快推进政务云体系建设，完成7个机房建设，实现专网、视频、公安等9个分区，保障全市60个单位部门、109个信息系统云上服务，涵盖智慧旅游、智慧政务、智慧城管、智慧政协、智慧医疗、智慧教育、智慧交管、人脸识别自动测温系统等多个全市重点平台，上云率超过80%。提高信息化项目初审效率，累计完成49个项目初审，涉及资金1.9亿元。推进数字乡村建设，承德县与移动公司合作推动省级乡村振兴示范县建设，双滦区大贵口村创新“数字化＋网格化”乡村治理模式，成为承德市首个数字乡村。

【政治生态建设】 深入开展全市网信系统中共党史学习教育，举办中共党史学习教育读书班，组织“追随先烈足迹 传承红色精神”“e起学党史 回顾辉煌百年”“理论宣讲进基层、党史教育入人心”等多项活动，开设“网信课堂”，开展“六治六提”作风纪律整顿。持续深化互联网行业党建，新建基层党支部2个，建立市级党建示范点3个，省级互联网党建示范点1个。开展“领导干部素质提升工程”，先后组织“全市网信法律法规政策培训班”“网络安全应急演练”“全省网信系统法律知识考试”等能力培训班。地方网信部门主要负责人双重管理，设立互联网违法和不良信息举报中心。健全一体化网络安全应急指挥体系，推进应急指挥中心（应急指挥办公室）规范化建设。

2021年市委网络安全和信息化委员会办公室领导名录

主　　任：王新生（满族，7月免）
　　　　　李希友（蒙古族，7月任）
副 主 任：吕　婧（满族，女）
　　　　　李欣燃（满族）

（马　硕　供稿）

市直机关事务管理

【概况】 2021年，全市机关事务管理工作按照“管理规范化、保障法治化、服务社会化”总要求，继续坚持机关事务服务保障“无处不精心、无处不精致、无处不精品”总目标，勇于担当，创新求实，廉洁自律，奋力推动机关事务管理工作高质量发展。

【行政中心疫情防控】 加强行政中心人员车辆出入管理，适时调整车辆进出应急管理模式，每日在各办公楼入口严格验码、测温，严格佩戴口罩，严格检查健康码、行程卡、疫苗接种码。配合市直机关工委和市防控办做好行政中心核酸检测工作，设置核酸检测点4个，落实一米线距离，抽调骨干力量维持现场秩序，确保核酸检测工作有序进行。全年共登记检测进出行政中心车辆17.79万辆，人员50.3万人次，查验红码人员35人、黄码8人，协调疫情防控部门带离高风险、中高风险地区返承人员3人次，组织核酸检测28次，参与检测人员累计4万余人次。加强行政中心公共区域日常消杀，在各楼电梯按键处加装电梯按键用纸，生活垃圾收取清理工作由每天2次增加至3次，深入开展爱国卫生运动助力疫情防控。扎实做好会议中心疫情防控工作，严格落实会议管控和消杀机制，有效确保会议安全。全力抓好机关食堂疫情防控工作，严格执行食品安全规定，严格日常消毒，加强卫生清洁，通过加大工作量，采取延时错峰时段就餐措施，达到疫情防控要求。制作张贴提示标语、宣传展板24块，大屏幕、楼宇电视等滚动播放防疫知识，持续加强疫情防控宣传。

【公务用车管理】 建立健全公务用车管理台账，落实“一车一档”要求，严格执行“三定”制度，公开招标采购定点维修企业11家。加强公务用车使用监管，下发督办通知3次，电话督导10次，受理群众举报投诉38起，配合市纪委监委调阅违规用车信息7次，监管作用进一步突显。认真贯彻落实市政府与中国一汽集团签订的“旗E承德 绿色河北”新能源汽车推广及产业布局合作框架协议，稳步推进新能源汽车推广使用工作，加大红旗品牌汽车采购力度。按照省车改办统一部署，快速完成全市公务用车新标识和监督电话更换工作。

【办公用房管理】 市直党政机关办公用房权属登记工作取得新进展，集中收存15家单位房屋产权证及土地证61本，利用一年时间，积极协调市住建、自规局、解遗办等部门，完善有关资料、健全相关手续，终于在年底前办理完行政中心产权证，自2009年未经验收而入驻致使产权证一直未办理问题得到切实解决。市直党政机关大中修项目管理实施办法顺利实施，全年初审批复大中修项目19个，审核确定9家单位2022年度大中修项目计划23个。对市直单位使用占用办公用房面积全面核查，按照“人员进房间”的方式重新绘制办公用房使用示意图。本着“厉行节约、统筹安排、科学配置”的原则，对市卫健委、市工信局等6家单位办公用房进行调配，共涉及363人、1.1万平方米，闲置办公用房得到充分利用。

【安全管理】 全年配合相关单位处置到市行政中心上访人员共230批次、3490人次，处置围堵大门36批次、极端行为23批次，参加市行政中心会议保卫30余次，切实维护行政中心安全稳定；认真研究制定行政中心消防系统升级改造方案，依法合规快速推进实施，确保行政中心消防安全，从而推动历时12年之久的行政中心消防验收工作取得实质性进展；切实加强消防设施检查及安全隐患排查，处理误报火警77起、火警2起，2起火警均在初期阶段被扑救，未造成人员、财产损失。

【公共机构节能】 节约型机关创建工作成效显著，全市计划内385家创建单位全部按时完成创建任务，顺利通过国家验收，其中市人力资源和社会保障局经验做法入选河北省节约型机关示范案例。公共机构生活垃圾分类工作稳步推进，继续向乡镇扩展，实现公共机构全覆盖。率先抓好市行政中心生活垃圾分类工作，印制张贴新标识3854张，设置生活垃圾分类指引牌80个，建设高标准生活垃圾分类投放亭，把市行政中心建成全市公共机构生活垃圾分类工作标杆。积极推进行政中心节水型机关建设，强化废水利用、雨水收集、节水型新产品新技术应用，在全省地市中率先达标，建成全市节水型机关建设标杆，为全市起到示范引领作用。在驻市各高校推广应用“创新型合同节水管理模式”。同时，制作“全民节水、即刻行动”公益广告，在承德广播电视台进行为期一个月的集中宣传，营造浓厚氛围。会同市商务局、市发改委等14个部门联合下发文件，进一步推动全市公共机构制止餐饮浪费工作。

【物业维修保障】 继续坚持“眼中无杂物、资产无破损、卫生无死角”目标要求，先后组织实施楼顶防水、广场地面修整等重点维修项目9个，对行政中心38间办公室、会议室进行维修改造，对南楼和北楼重点楼层楼道更换平板灯335套，进一步改善办公环境；坚持落实“十分钟服务保障到位”品牌化工作机制，加大日常巡查力度，及时发现问题1000多个点位，全部及时维修到位。

【餐饮服务保障】 按照提高就餐标准、降低就餐费用要求，设立分区就餐机制，持续规范食堂就餐管理，午餐免费供应西瓜、苹果等时令水果，增加锅贴、小烧饼、汤饺等特色食品，丰富就餐品种，满足多元化就餐需求，干部职工就餐满意度大幅提升。2021年以来共服务保障就餐人员38.3万人次，比2020年增长30.7%，带头采购安装餐厨油烟净化设备，树立党政机关食堂油烟标准排放标杆。

【会议服务保障】 按时完成人大、政协云视频会议室改造工作，对智能签到引位系统进行优化，设置LED多功能双面电子计时器，科学摆布会议桌椅布局，楼道安装廉政励志书法作品，加强软硬件设施建设，会议环境全面改善，标准化服务水平大幅提升。高效高质地保障省市疫情防控调度会60余场，得到市领导充分认可。2021年以来，共保障会议1213场，总参会人数约11.6万人次。

【医疗服务保障】 为方便离退休老干部就诊需求，在老干部局增设医疗点，返聘经验丰富、受老干部欢迎的临床医生，为离退休老干部进行健康咨询、档案管理等医疗服务，新安装空调21台，进一步优化就诊环境；深入帮扶村开展义诊送医送药活动，为贫困患者免费发放药品6500余元，免费体检78人次。2021年，共为离退休老干部、在职职工及周边居民诊疗服务2.2万余人次，其中离休老干部0.6万人次，为离退休老干部提供上门诊疗服务3000余人次。

【设施设备和周转房保障】 严格落实设施设备日常巡查机制，定期对行政中心空调、电梯、配电室、太阳能光伏、直饮水及二次加压等设施设备进行维护保养；快速完成食堂电梯加装、会议中心安装UPS电源、人大会议室用电线路整改、直饮水机房设备及控制系统升级等工程项目，有效确保设备运行安全。结合市四大班子换届，按照《承德市异地调动市级干部临时周转住房管理使用暂行办法》，及时做好周转住房保障工作，克服时间紧、任务重的困难，专人盯办、快速实施，及时高效保障10多位异地交流市级领导干部周转住房顺利入住。

2021年市机关事务管理局领导名录

党组书记、局长：马浩然

党组成员、副局长：郝瑞凯（满族）

梁晓红（女）

梁　巍

（毕俊奇　供稿）

综　述

2021年，市人大常委会深入贯彻习近平法治思想、中共中央总书记习近平关于坚持和完善人民代表大会制度的重要思想，全面落实中共中央总书记习近平视察承德重要讲话指示精神、党中央决策部署和中共河北省委、中共承德市委部署要求，坚持党的领导、人民当家作主、依法治国有机统一，认真履行宪法和法律赋予的职权，为全市经济社会高质量发展和民主法治建设做出重要贡献。召开主任会议18次、常委会会议11次，开展视察、调研、执法检查等37次，听取审议专项工作报告47项，作出决议决定、审议评议意见37件，任免国家机关工作人员147人次。

重要会议

【人民代表大会】 1月26日至28日，承德市第十四届人民代表大会第六次会议在承德大剧院召开。26日上午9时，大会开幕，肩负380万承德人民的重托，来自全市各条战线上的人大代表满怀豪情地会聚一堂，认真履行宪法和法律赋予的神圣职责，共商全市发展大计。28日下午，市第十四届人民代表大会第六次会议完成各项议程后，在雄壮的国歌声中闭幕。这次大会的指导思想：以习近平新时代中国特色社会主义思想为指导，深入学习贯彻党的十九大和十九届二中、三中、四中、五中全会精神以及省委九届十一次全会、市委十四届八次全会精神，坚持党的领导、人民当家作主、依法治国有机统一，坚持以人民为中心的发展思想，充分发扬民主，依法履行职责，在中共承德市委的领导下，团结和动员全市人民，不忘初心、牢记使命，乘势而上、开拓进取，奋力开创新时代全面建设“生态强市、魅力承德”新局面，全面开启实现“十四五”规划和2035年远景目标新征程，为全面建设社会主义现代化国家、实现中华民族伟大复兴的中国梦而努力奋斗。本次大会应出席代表376人，实到340人，符合法定人数。周仲明、常丽虹、韩福才、李伟、孔庆龙、丁然、李兴臣、方志勇、王素芝、门玉生为主席团常务主席。

大会的主要议程：听取和审议承德市人民政府工作报告；审查和批准承德市国民经济和社会发展第十四个五年规划和2035年远景目标纲要草案；审查承德市2020年国民经济和社会发展计划执行情况的报告与2021年国民经济和社会发展计划草案，批准2020年国民经济和社会发展计划执行情况的报告与2021年国民经济和社会发展计划；审查承德市2020年市本级预算和市总预算执行情况的报告与2021年市本级预算和市总预算草案，批准2020年市本级预算执行情况的报告与2021年市本级预算；听取承德市人民政府2020年民生实事项目完成情况的报告（书面），表决承德市人民政府2021年民生实事候选项目；听取和审议承德市人民代表大会常务委员会工作报告；听取和审议承德市中级人民法院工作报告；听取和审议承德市人民检察院工作报告；选举事项。

大会选举齐建文为承德市第十四届人民代

表大会常务委员会副主任。表决 2021 年承德市人民政府民生实事项目，该项目包括：人居环境改善工程、教育优质均衡工程、医疗康养促进工程、食品安全提质工程、居住条件改善工程、中心城区“治堵”工程、就业创业提升工程、市政管网改造工程、文化体育惠民工程、商业便民服务工程。以举手表决的方式通过关于承德市人民政府工作报告的决议、关于承德市国民经济和社会发展第十四个五年规划和 2035 年远景目标纲要的决议、关于承德市 2020 年国民经济和社会发展计划执行情况与 2021 年国民经济和社会发展计划的决议、关于承德市 2020 年市本级预算和市总预算执行情况与 2021 年市本级预算和市总预算的决议、关于承德市人大常委会工作报告的决议、关于承德市中级人民法院工作报告的决议、关于承德市人民检察院工作报告的决议。市人大常委会主任韩福才在闭幕式上作重要讲话。大会共收到代表联名提出的议案 1 件，即围场满族蒙古族自治县代表团代表、市人大常委会委员、九三学社承德市委员会副主委王会云领衔 17 名代表联名提出的《关于制定〈承德市城镇住宅物业管理条例〉的议案》；共收到代表提出的建议、批评和意见 171 件，会后转交市“一府一委两院”及有关部门单位办理。

8 月 23 日至 26 日，承德市第十五届人民代表大会第一次会议在承德大剧院召开。23 日上午 8 时 30 分，备受全市人民瞩目的承德市第十五届人民代表大会第一次会议在承德大剧院开幕。来自全市各条战线上的人大代表，肩负着全市人民的重托，认真履行宪法和法律赋予的神圣职责，凝心聚智共商全市发展大计。26 日上午，承德市第十五届人民代表大会第一次会议完成各项议程后，在国歌声中闭幕。这次大会的指导思想：以习近平新时代中国特色社会主义思想为指导，深入学习贯彻党的十九大和十九届二中、三中、四中、五中全会精神，全面贯彻落实习近平法治思想和中共中央总书记习近平关于坚持和完善人民代表大会制度的重要思想，坚持党的领导、人民当家作主、依法治国有机统一，认真贯彻落实省委全会精神和市第十五次党代会精神，在市委坚强领导下，团结和动员全市人民大力弘扬伟大建党精神和塞罕坝精神，立足新发展阶段、贯彻新发展理念、构建新发展格局，围绕“三区两城”发展定位，加快推进“四个转化”，充分发扬民主，依法履行职责，推动“十四五”规划和 2035 年远景目标稳步实施，奋力开启建设高质量发展的“生态强市、魅力承德”新征程。本次大会应出席代表 375 人，实到 359 人，符合法定人数。董晓宇、柴宝良、刘文勤、郭旭涛、李伟、孔庆龙、丁然、李兴臣、方志勇、齐建文、王素芝、门玉生为主席团常务主席。

大会的主要议程：听取和审议承德市人民政府工作报告；听取和审议承德市第十四届人民代表大会常务委员会工作报告；听取和审议承德市中级人民法院工作报告；听取和审议承德市人民检察院工作报告；审议关于设立承德市第十五届人民代表大会专门委员会的决定；选举和表决事项。

大会选举刘文勤为承德市第十五届人民代表大会常务委员会主任；柴宝良当选为承德市人民政府市长；董正国、郭士刚、李兴臣、方志勇、齐建文、甄毓敏、曹佐金当选为承德市第十五届人民代表大会常务委员会副主任；卢健、崔万峰、陆文龙、张树国、刘涛、王广维当选为承德市人民政府副市长；刘勇当选为承德市监察委员会主任；李勇当选为承德市中级人民法院院长；张会杰当选为承德市人民检察院检察长（须报经省人民检察院检察长提请省人民代表大会常务委员会批准）；门玉生当选为承德市第十五届人民代表大会常务委员会秘书长；王会云等 31 人当选为承德市第十五届人民代表大会常务委员会委员。大会以举手合并表决的方式分别通过承德市第十五届人民代表大会各专门委员会组成人员人选名单。当选人与代表见面并举行向宪法宣誓仪式。在大会闭幕式上，市委书记董晓宇发表讲话。新当选的承德市人民政府市长柴宝良代表新一届市政府领导班子，向各位代表、向全市人民，表示衷心的感谢并致以崇高的敬意。当选的承德市第十五届人民代表大会常务委员会主任刘文勤作总结讲话，大会以举手表决的方式通过关于承德市人民政府工作报告的决议、关于承德市第十四届人民代表大会常务委员会工作报告的决议、关于承德市中级人民法院工作报告的决议、关于承德市人民检察院工作报告的决议。

【常委会会议】 1月15日，市十四届人大常委会举行第三十次会议。市人大常委会主任韩福才，副主任李伟、孔庆龙、丁然、李兴臣、方志勇，秘书长门玉生和委员共36人出席会议。会议由市人大常委会副主任李兴臣主持。会议通过相关议程后，表决通过市十四届人大六次会议建议议程草案和建议日程草案；表决通过市十四届人大六次会议主席团和秘书长建议名单草案、主席团常务主席建议名单草案、大会执行主席分组建议名单草案、大会副秘书长建议名单草案、议案审查委员会组成人员建议名单草案、列席人员建议名单草案；表决通过市十四届人大六次会议选举办法草案和民生实事项目人大代表票决办法草案；表决通过市人民政府关于2021年民生实事候选项目形成情况的报告草案；表决通过市十四届人大常委会代表资格审查委员会关于个别代表的代表资格审查报告草案；表决通过了市人大常委会工作报告审议稿；补选省人大代表1名。市委常委、市人民政府副市长张华，市监察委员会副主任袁丽枝，市中级人民法院院长刘福明，市人民检察院检察长白振平，驻市人大常委会机关纪检监察组组长，市人民政府有关部门负责人列席会议。

2月15日，市十四届人大常委会举行第三十一次会议。市人大常委会主任韩福才主持会议，副主任李伟、孔庆龙、丁然、李兴臣、方志勇、齐建文，秘书长门玉生和委员共35人出席会议。会议通过相关议程后，表决通过关于调整承德市人民代表大会换届选举时间的决定，报省人大常委会批准。

3月30日，市十四届人大常委会举行第三十二次会议。市人大常委会主任韩福才，副主任李伟、孔庆龙、丁然、方志勇、齐建文，秘书长门玉生和委员共36人出席会议。会议由市人大常委会副主任李伟主持。会议学习传达中共中央总书记习近平参加全国两会团组审议讨论时发表的重要讲话精神和全国两会精神；听取市人民政府关于法治政府建设情况的报告；听取和审议市人大法制委员会关于《承德市武烈河流域水环境保护条例》有关立法事项调整情况的报告，表决通过相关决定；审议表决通过市人大常委会2021年工作要点；审议通过人事任免案，向新任命人员颁发任命书，并举行宪法宣誓仪式。市人民政府副市长崔万峰，市监察委员会副主任袁丽枝，市中级人民法院院长刘福明，市人民检察院检察长白振平，市人民政府有关部门主要负责人，驻市人大常委会机关纪检监察组组长列席会议。

4月7日，市十四届人大常委会举行第三十三次会议。市人大常委会主任韩福才，副主任李伟、孔庆龙、丁然、李兴臣、方志勇、齐建文，秘书长门玉生和委员共40人出席会议。会议由市人大常委会主任韩福才主持。市委常委、组织部部长杨培苏到会作有关人事任免情况说明。会议通过相关议程后，审议并表决通过承德市人大常委会关于接受常丽虹辞去承德市人民政府市长职务的决定；审议通过承德市人大常委会主任会议提请的人事任职案，会议以无记名投票方式决定任命柴宝良为承德市人民政府副市长，以举手表决方式通过关于柴宝良为承德市人民政府代理市长的决定。会上举行宪法宣誓仪式，韩福才主持仪式。市人民政府副市长崔万峰、市监察委员会副主任袁丽枝、市中级人民法院副院长潘洪泉、市人民检察院检察长白振平列席会议。

5月26日，市十四届人大常委会举行第三十四次会议。市人大常委会主任韩福才，副主任李伟、孔庆龙、丁然、李兴臣、方志勇、齐建文，秘书长门玉生和委员共35人出席会议。会议由市人大常委会副主任丁然主持。会议传达学习中共中央总书记习近平在中央政治局第二十九次集体学习时的讲话精神；审议市人民政府贯彻落实《中华人民共和国体育法》《全民健身条例》和《河北省全民健身条例》情况的报告及市人大常委会相应的执法检查报告，并形成审议意见；审议市人民检察院行政检察工作的报告，表决通过《承德市人大常委会关于加强行政检察工作的决定》；听取市人民政府2020年度环境质量状况和环境保护目标完成情况的报告、市人民政府落实市人大常委会关于“6+1”联动监督决议和审议意见情况的报告；表决通过《承德市人大常委会听取和审议专项工作报告并进行工作评议的办法（修订草案）》。市人民政府副市长郭士刚，市监察委员会、市中级人民法院、市人民检察院有关负责人，驻市人大常委会机关纪检监察组组长，市人民政府有关部门主要负责人列席会议。

7月6日，市十四届人大常委会举行第三十五次会议。市人大常委会主任韩福才，副主任孔庆龙、丁然、李兴臣、方志勇、齐建文，秘书长门玉生和委员共36人出席会议。会议由韩福才主持。市委常委、组织部部长颜世东到会就有关人事任免情况进行说明，市政府副市长崔万峰到会作市政府关于有关人员任免职议案的提请。会议通过相关议程后，审议并表决通过承德市人大常委会关于接受武力斌辞去承德市监察委员会主任职务、刘福明辞去承德市中级人民法院院长职务、白振平辞去承德市人民检察院检察长职务的决定；以举手表决的形式决定免去李晋宇、杨春武、何军、张华、宁金龙、刘海峰、高立强等人的相应职务。会议以无记名投票方式决定任命刘勇为承德市监察委员会副主任、李勇为承德市中级人民法院副院长、张会杰为承德市人民检察院副检察长、王广维为承德市公安局局长；以举手表决方式通过关于刘勇为承德市监察委员会代理主任、李勇为承德市中级人民法院代理院长、张会杰为承德市人民检察院代理检察长的决定。会上向有关人员颁发任命书，被任命人员向宪法宣誓，韩福才主持仪式。

7月26日至27日，市十四届人大常委会举行第三十六次会议。市人大常委会主任韩福才出席会议并讲话，副主任李伟、孔庆龙、丁然、李兴臣、方志勇、齐建文，秘书长门玉生和委员共37人出席会议。会议由市人大常委会副主任李兴臣主持。市人民政府副市长崔万峰、市监察委员会副主任袁丽枝、市中级人民法院代理院长李勇、市人民检察院代理检察长张会杰、驻市人大常委会机关纪检监察组组长，市人民政府有关部门主要负责人列席会议。会议审议市人民政府贯彻实施《承德市水源涵养功能区保护条例》情况的报告并开展专题询问，形成相应的审议意见；审议市人大常委会关于检查市人民政府贯彻实施《承德市水源涵养功能区保护条例》情况的报告、市人民政府关于2021年上半年国民经济和社会发展计划执行情况的报告、市人民政府关于2021年上半年市本级预算和市总预算执行情况的报告、市中级人民法院关于行政审判工作情况的报告、《承德市水源涵养功能区保护条例》立法后评估报告；审议通过《承德市人大常委会关于召开承德市十五届人大一次会议的决定》《承德市滦河潮河水环境保护条例（修改稿）》《承德市人大常委会关于加强行政审判工作的决定》；审议市人民政府、市中级人民法院、市人民检察院关于市十四届人大六次会议以来，代表建议、批评和意见办理情况的报告。会议审议通过人事任免案，向新任命人员颁发任命书，被任命人员集体向宪法宣誓。会议议程结束后，结合中共党史学习教育，组织常委会组成人员集中履职学习，邀请省人大专家就“我国人民代表大会制度发展史”进行专题讲座。

8月14日，市十四届人大常委会举行第三十七次会议。市人大常委会主任韩福才主持会议并讲话，副主任李伟、孔庆龙、丁然、李兴臣、方志勇、齐建文，秘书长门玉生和委员共38人出席会议。市人大常委会党组成员王素芝应邀列席会议，驻市人大常委会机关纪检监察组全体成员、市人大常委会机关全体干部列席会议。会议审议通过市十五届人大一次会议建议议程草案和建议日程草案，审议通过市十五届人大一次会议主席团和秘书长建议名单草案、主席团常务主席建议名单草案、大会执行主席分组建议名单草案、大会副秘书长建议名单草案、议案审查委员会组成人员建议名单草案；审议通过市十五届人大一次会议关于设立承德市第十五届人民代表大会专门委员会的决定草案；审议通过市十五届人大一次会议选举办法草案和市十五届人大各专门委员会组成人员人选的表决办法草案；表决通过市十四届人大常委会代表资格审查委员会关于市十五届人大代表的代表资格审查报告；书面听取市人大常委会选举任免代表工作委员会关于市十四届人大六次会议以来代表建议批评和意见办理情况的报告；审议通过市人大常委会工作报告审议稿。会议审议通过人事任免案，向新任命人员颁发任命书，并举行宪法宣誓仪式。

9月18日，市十五届人大常委会举行第一次会议。市委书记董晓宇，市委副书记、市长柴宝良应邀到会并讲话。市人大常委会主任刘文勤主持会议并讲话，副主任董正国、郭士刚、李兴臣、齐建文、甄毓敏、曹佐金，秘书长门玉生和委员共38人出席会议。会议通过相关议程后，深入学习中共中央总书记习近平视察承德重要讲话指示精神，传达学习习近平总书记在2021年秋季学期中央党校中青年干部培训班开班仪式上的重要讲话精神、在中央民族工作会议上的重要讲话精神和在陕西榆林考察时的重要讲话精神，中共中央总书记习近平重要文章《党的伟大精神永远是党和国家的宝贵精神财富》，以及省市有关会议精神；学习市人大常委会议事规则等制度，表决通过市十五届人大常委会代表资格审查委员会组成人员名单；审议通过人事任免案，向新任命人员颁发任命书，举行宪法宣誓仪式。董晓宇代表市委向新任命的人员表示热烈祝贺，并提出五点希望。一是旗帜鲜明讲政治，做对党绝对忠诚的坚定信仰者。二是凝心聚力谋发展，做实干担当尽责的时代奋进者。三是矢志不渝守初心，做情系人民群众的忠实践行者。四是依法行政履好职，做宪法法律法规的模范执行者。五是廉洁勤政树形象，做清正清廉清明的坚定坚守者。柴宝良代表市政府向所有被正式任命的人员表示热烈的祝贺。他指出，政府全体组成人员要坚持忠诚为首，旗帜鲜明讲政治；坚持担当为重，真抓实干促发展；坚持民生为本，尽心竭力解民忧；坚持法治为纲，依法行政树形象；坚持廉洁为基，勤政廉政守底线。全身心投入推动承德改革发展稳定各项事业中去，确保全面完成市十五次党代会和市十五届人大一次会议确定的各项目标任务，以优异成绩回报组织、回报全市人民。刘文勤在讲话中强调，新一届市人大常委会要深学笃行中共中央总书记习近平视察承德重要讲话指示精神，坚决扛起人大政治责任和使命担当。要坚持党的全面领导，把牢人大工作正确方向。要紧扣发展大局谋划人大工作，确保党中央决策部署和中共河北省委、中共承德市委部署要求落实落地。要在市委的坚强领导下，立足法定职责，全力担负起常委会组成人员的崇高使命，努力创造无愧于党和人民、无愧于历史的新业绩。市监察委员会、市中级人民法院、市人民检察院有关负责人列席会议。

10月27日，市十五届人大常委会举行第二次会议。市人大常委会主任刘文勤，副主任董正国、郭士刚、李兴臣、方志勇、齐建文、甄毓敏、曹佐金，秘书长门玉生和委员共33人出席会议。会议由市人大常委会主任刘文勤主持。市委常委、市纪委书记、市监察委员会主任刘勇，市人民政府副市长崔万峰，市中级人民法院院长李勇，市人民检察院检察长张会杰，市人大法制委、城建环资委、民侨外委的组成人员，驻市人大常委会机关纪检监察组组长，市人民政府有关部门主要负责人列席会议。会议学习传达中共中央总书记习近平在中央人大工作会议上的重要讲话精神和栗战书委员长的讲话精神，以及习近平总书记在深入推动黄河流域生态保护和高质量发展座谈会上的重要讲话精神和在中央政治局第三十四次集体学习发表的重要讲话精神。会议审议表决通过市人大常委会关于学习宣传贯彻落实《塞罕坝森林草原防火条例》的决议和关于贯彻落实中共中央总书记习近平视察承德重要讲话指示精神进一步优化发展环境的决议；审议市人民政府关于 2020 年市本级决算和市总决算情况的报告、2020 年度市本级预算执行和其他财政收支情况的审计工作报告以及市人大财经委相关审查报告，并做出相应的决议；审议市人民政府关于优化营商环境、农业结构调整、地下水超采治理、公共医疗卫生服务工作情况的综合报告和市人大常委会四项联动监督工作情况的综合报告；审议市监察委员会关于整治群众身边腐败和作风问题专项工作情况的报告；审议市中级人民法院关于民事执行工作情况的报告和市人大常委会相关视察报告；审议《承德市机动车停车场条例（草案）》《承德市旅游市场管理条例（草案）》；审议表决通过《承德市文明行为促进条例（草案）》；审议通过《市人大常委会对市中级人民法院法官和市人民检察院检察官履职评议办法》修订稿。

12 月 30 日，市十五届人大常委会举行第三次会议。市人大常委会副主任董正国、郭士刚、李兴臣、方志勇、齐建文、甄毓敏、曹佐金，秘书长门玉生和委员共 34 人出席会议。市人民政府副市长陆文龙、市人民检察院检察长张会杰，市监察委员会、市中级人民法院负责人、市人大城建环资委员会组成人员、驻市人大常委会机关纪检监察组、市人民政府有关部门负责人列席会议。会议学习传达党的十九届六中全会、中央经济工作会议、全省经济工作会议、省委人大工作会议以及市委十五届四次全会精神。会议审议市人民政府关于 2021 年市本级预算调整方案（草案）的议案以及市人大常委会相应的审查报告，并作出决议；审议市人民政府关于 2020 年度市本级预算执行和其他财政收支审计查出的突出问题整改情况的报告、2020 年全市国有资产管理情况的报告、2020 年政府性债务风险防范情况的报告以及市十五届人大一次会议以来代表建议批评和意见办理情况的报告；审议市人民政府关于法治宣传教育“七五”规划实施和“八五”规划制定情况的报告，并就推进“八五”法治宣传教育规划实施作出决议；审议市人民政府关于调整 2021 年部分民生实事完成日期的报告，并作出相应的决议；审议市人民政府关于 2021 年民生实事项目完成情况的报告以及市人大常委会相应的监督检查报告，并进行满意度测评，测评结果为满意；审议市人民政府关于提请审议的《承德市城镇住宅物业管理条例（草案）》的议案以及市人大城建环资委相应的审查报告；审议市人大常委会关于 2021 年度“两官”履职评议工作情况的报告，对 18 名法官和检察官进行民主测评；审议市人大常委会法工委关于全市规范性文件备案审查工作情况的报告；审议通过市人大常委会关于加强优化营商环境监督工作的实施意见、市人大常委会关于高质量推进承德国家可持续发展议程创新示范区建设的决议和市人大常委会关于召开承德市十五届人大二次会议的决定。审议通过人事任免案，向新任命人员颁发任命书，举行宪法宣誓仪式。

【常委会主任会议】 1 月 13 日，市人大常委会主任韩福才主持召开市十四届人大常委会第三十六次主任会议。市人大常委会副主任李伟、孔庆龙、丁然、李兴臣，秘书长门玉生出席会议。会议审议通过《承德市人大常委会关于调整承德市第十四届人民代表大会第六次会议召开时间的决定》。驻市人大常委会机关纪检监察组负责人，机关各部门主要负责人及有关人员列席会议。

1月15日，市人大常委会主任韩福才主持召开市十四届人大常委会第三十七次主任会议。市人大常委会副主任李伟、孔庆龙、丁然、李兴臣，秘书长门玉生出席会议。会议决定，市十四届人大常委会第三十次会议于1月15日下午召开，会期半天，建议会议议程为：审议市十四届人大六次会议建议议程草案和建议日程草案；审议市十四届人大六次会议主席团和秘书长建议名单草案、主席团常务主席建议名单草案、大会执行主席分组建议名单草案、大会副秘书长建议名单草案、议案审查委员会组成人员建议名单草案、列席人员建议名单草案；审议市十四届人大六次会议选举办法草案和民生实事项目人大代表票决办法草案；审议市人民政府关于2021年民生实事候选项目形成情况的报告草案；审议市十四届人大常委会代表资格审查委员会关于个别代表的代表资格审查报告草案；审议市人大常委会工作报告审议稿；补选省人大代表事项。会议还研究确定市十四届人大六次会主席台就座人员建议名单草案和列席人员分组审议名单草案。驻市人大常委会机关纪检监察组负责人，机关各部门主要负责人及有关人员列席会议。

2月15日，市人大常委会主任韩福才主持召开市十四届人大常委会第三十八次主任会议。副主任李伟、孔庆龙、丁然、李兴臣、方志勇、齐建文，秘书长门玉生出席会议。会议决定，市十四届人大常委会第三十一次会议于2月15日上午召开，会期半天，建议会议议程为:审议《承德市人大常委会关于调整承德市人民代表大会换届选举时间的决定》(草案)。驻市人大常委会机关纪检监察组负责人，机关各部门主要负责人及有关人员列席会议。

3月23日，市人大常委会主任韩福才主持召开市十四届人大常委会第三十九次主任会议。市人大常委会副主任李伟、孔庆龙、丁然、李兴臣，秘书长门玉生出席会议。会议决定，市十四届人大常委会第三十二次会议于3月30日上午召开，会期半天，建议会议议程为：履职学习，听取市人民政府关于法治政府建设情况的报告（书面），审议市人大常委会2021年工作要点（草案），听取和审议市人大法制委员会关于《承德市武烈河流域水环境保护条例》有关立法事项调整情况的报告，并作出相应的决定，审议人事任免事项。会议传达学习中共中央总书记习近平参加全国“两会”团组审议讨论时的重要讲话精神和全国“两会”精神，传达学习中共党史学习教育用书出版座谈会暨专题宣讲动员会精神，并对机关开展中共党史学习教育相关工作进行安排部署。驻市人大常委会机关纪检监察组负责人、机关各部门主要负责人及有关人员列席会议。

4月7日，市人大常委会主任韩福才主持召开市十四届人大常委会第四十次主任会议。市委常委、组织部部长杨培苏到会并就有关人事任免事项进行说明。市人大常委会副主任李伟、孔庆龙、丁然、李兴臣、方志勇、齐建文，秘书长门玉生出席会议。市人大常委会机关有关部门负责人列席会议。会议决定，市十四届人大常委会第三十三次会议于4月7日召开，会期半天，建议会议议程为审议人事任免事项。

5月20日，市人大常委会主任韩福才主持召开市十四届人大常委会第四十一次主任会议。市人大常委会副主任李伟、孔庆龙、丁然、李兴臣，党组成员王素芝，秘书长门玉生出席会议。会议决定，市十四届人大常委会第三十四次会议于5月26日召开，会期半天。建议会议议程为：履职学习，传达学习中共中央总书记习近平在中央政治局第二十九次集体学习时的讲话精神；审议市人民政府贯彻落实《中华人民共和国体育法》《全民健身条例》和《河北省全民健身条例》情况的报告及市人大常委会执法检查组相关检查报告，并形成审议意见；审议市人民检察院行政检察工作的报告，审议市人大常委会关于加强行政检察工作的决定（草案）；听取市人民政府2020年度环境质量状况和环境保护目标完成情况的报告；听取市人民政府落实市人大常委会关于“6+1”联动监督决议和审议意见情况的报告；审议《承德市人大常委会听取和审议专项工作报告并进行工作评议的办法》（审议稿）。驻市人大常委会机关纪检监察组负责人、机关各部门主要负责人及有关人员列席会议。

7月6日，市人大常委会主任韩福才主持召开市十四届人大常委会第四十二次主任会议。市委组织部副部长、公务员局局长贠福东到会就有关人事任免事项作说明。市人大常委会副主任孔庆龙、丁然、李兴臣、方志勇、齐建文，秘书长门玉生出席会议。市人大常委会机关有关部门负责人列席会议。会议决定，市十四届人大常委会第三十五次会议于7月6日召开，会期半天，建议会议议程为审议人事任免事项。

7月21日，市人大常委会主任韩福才主持召开市十四届人大常委会第四十三次主任会议。市人大常委会副主任李伟、孔庆龙、丁然、李兴臣、方志勇、齐建文，秘书长门玉生出席会议。市委组织部常务副部长房宝占、市人民检察院代理检察长张会杰到会就有关人事任免事项进行说明。会议决定，市十四届人大常委会第三十六次会议于7月26日至27日召开，会期一天半，建议会议议程为：审议市人民政府贯彻实施《承德市水源涵养功能区保护条例》情况的报告，以及市人大常委会相关执法检查报告,开展专题询问，并形成审议意见；听取市人民政府关于2021年上半年国民经济和社会发展计划执行情况的报告；听取市人民政府关于2021年上半年市本级预算和市总预算执行情况的报告；审议市中级人民法院关于行政审判工作情况的报告；审议市人大常委会关于加强行政审判工作的决定（草案）；审议《承德市滦河潮河水环境保护条例（草案）》（修改稿）；审议《承德市水源涵养功能区保护条例》立法后评估报告；听取市“一府两院”关于市十四届人大六次会议以来代表建议批评和意见办理情况的报告；审议市人大常委会关于召开承德市十五届人大一次会议的决定（草案）；审议人事任免事项；履职学习，就“我国人大制度的发展历程”举办专题讲座。驻机关纪检监察组组长、机关各部门主要负责人、驻会专职委员及有关负责人列席会议。

7月26日，市人大常委会主任韩福才主持召开市十四届人大常委会第四十四次主任会议。市人大常委会副主任李伟、孔庆龙、丁然、李兴臣、方志勇、齐建文，秘书长门玉生出席会议。会议听取市人大法制委员会关于《承德市滦河潮河水环境保护条例（修改稿）》审议结果的报告。市人大法制委、办公室相关人员列席会议。

8月14日，市人大常委会主任韩福才主持召开市十四届人大常委会第四十五次主任会议。市人大常委会副主任李伟、孔庆龙、丁然、李兴臣、方志勇、齐建文，秘书长门玉生出席会议。会议决定，市十四届人大常委会第三十七次会议于8月14日召开，会期半天。建议会议议程为：审议市十五届人大一次会议建议议程草案和建议日程草案；审议市十五届人大一次会议主席团和秘书长建议名单草案、主席团常务主席建议名单草案、大会执行主席分组建议名单草案、大会副秘书长建议名单草案、议案审查委员会组成人员建议名单草案；审议市十五届人大一次会议关于设立承德市第十五届人民代表大会专门委员会的决定草案；审议市十五届人大一次会议选举办法草案和各专门委员会组成人员人选的表决办法草案；审议市十四届人大常委会代表资格审查委员会关于市十五届人大代表的代表资格审查报告草案；听取承德市人大常委会选举任免代表工作委员会关于市十四届人大六次会议以来代表建议批评和意见办理情况的报告；审议市人大常委会工作报告审议稿；审议人事任免事项。会议还研究确定市十五届人大一次会议主席台就座人员名单。市委组织部有关负责人、驻市人大常委会机关纪检监察组负责人、机关各部门主要负责人列席会议。

9 月 13 日，市人大常委会主任刘文勤主持召开市十五届人大常委会第一次主任会议。市人大常委会副主任郭士刚、李兴臣、方志勇、齐建文、曹佐金、甄毓敏，秘书长门玉生出席会议，市十四届人大常委会领导李伟应邀列席会议。会议学习传达中共中央总书记习近平在中央民族工作会议上发表的重要讲话精神，审定《承德市人大常委会 2021 年 9 月至 12 月份工作要点》，研究确定迎接省人大常委会“6+1”联动监督“回头看”和四项联动监督第四检查组执法检查工作方案，并就有关事项进行安排部署。驻市人大常委会机关纪检监察组组长、机关各部门主要负责人和有关人员列席会议。

9 月 17 日，市人大常委会主任刘文勤主持召开市十五届人大常委会第二次主任会议。市人大常委会副主任李兴臣、方志勇、齐建文、甄毓敏、曹佐金，秘书长门玉生出席会议。会议决定，市十五届人大常委会第一次会议于 9 月 18 日召开，会期半天。建议会议议程为：传达学习中共中央总书记习近平考察承德重要讲话指示精神；传达学习习近平总书记在 2021 年秋季学期中央党校（国家行政学院）中青年干部培训班开班仪式上的重要讲话和在中央民族工作会议上的重要讲话精神；传达学习习近平总书记重要文章《党的伟大精神永远是党和国家的宝贵精神财富》；传达学习省委、市委有关会议精神；学习《承德市人大常委会议事规则》《承德市人大常委会组成人员守则》；审议市十五届人大常委会代表资格审查委员会组成人员名单（草案）；审议人事任免事项。会议传达学习省人大常委会副主任邢国辉率执法检查组到承开展执法检查及调研工作时的讲话精神，研究确定其他事项。驻市人大常委会机关纪检监察组负责人、机关各部门主要负责人和有关人员列席会议。

10 月 21 日，市人大常委会主任刘文勤主持召开市十五届人大常委会第三次主任会议。市人大常委会副主任李兴臣、方志勇、甄毓敏、曹佐金，秘书长门玉生出席会议。会议首先传达学习中共中央总书记习近平在中央人大工作会议上发表的重要讲话精神和栗战书委员长的讲话精神，习近平总书记在中央政治局第三十四次集体学习发表的重要讲话精神。会议决定，市十五届人大常委会第二次会议于 10 月 27 日至 28 日召开，会期两天。建议会议议程为：履职学习；审议市人民政府关于 2020 年市本级决算和市总决算情况的报告，并作出相应决议，市人民政府关于 2020 年度市本级预算执行和其他财政收支情况的审计工作报告，市人大财经委关于 2020 年市本级决算和全市总决算的审查报告；审议市人民政府关于优化营商环境、农业结构调整、地下水超采治理、公共医疗卫生服务工作情况的综合报告，并分别作出相应的审议意见，市人大常委会关于四项联动监督情况的综合报告；审议市中级人民法院关于民事执行工作情况的报告，并作出相应的审议意见，市人大常委会视察组关于视察全市法院民事执行工作情况的报告；审议市人民政府关于提请审议《承德市机动车停车场条例（草案）》的议案及市人大城建环资委关于《承德市机动车停车场条例（草案）》的审查报告；审议市人民政府关于提请审议《承德市旅游市场管理条例（草案）》的议案及市人大民侨外委关于《承德市旅游市场管理条例（草案）》的审查报告；审议市文明办关于提请审议《承德市文明行为促进条例（草案）》的议案及市人大法制委关于提请审议《承德市文明行为促进条例（草案）》议案的有关情况说明；审议市监察委员会关于整治群众身边腐败和作风问题专项工作情况的报告并作出相应的审议意见；审议《承德市人大常委会对市中级人民法院法官和市人民检察院检察官履职评议暂行办法》（修改稿），审议承德市人大常委会关于贯彻落实习近平总书记视察承德重要讲话指示精神进一步优化发展环境的决议（草案）。会议讨论通过《承德市人大常委会关于全面贯彻落实习近平总书记视察承德重要讲话指示精神进一步做好地方立法工作的意见》《承德市人大常委会组成人员履职学习制度》等6项工作机制制度。驻市人大常委会机关纪检监察组负责人、机关各部门主要负责人及有关人员列席会议。

10月27日，市人大常委会主任刘文勤主持召开市十五届人大常委会第四次主任会议。市人大常委会副主任董正国、郭士刚、李兴臣、方志勇、齐建文、甄毓敏、曹佐金，秘书长门玉生出席会议。机关相关部门主要负责人列席会议。会议研究讨论关于学习贯彻落实《塞罕坝森林草原防火条例》的决议（草案）。

同日，市人大常委会主任刘文勤主持召开市十五届人大常委会第五次主任会议。市人大常委会副主任董正国、郭士刚、李兴臣、方志勇、齐建文、甄毓敏、曹佐金，秘书长门玉生出席会议。机关相关部门主要负责人列席会议。会议听取市人大法制委关于《承德市文明行为促进条例（草案）》审议结果的报告。

12月9日，市人大常委会主任刘文勤主持召开市十五届人大常委会第六次主任会议。市人大常委会副主任董正国、郭士刚、李兴臣、方志勇、齐建文、甄毓敏、曹佐金，秘书长门玉生出席会议。机关相关部门主要负责人列席会议。会议学习十九届六中全会精神，听取机关各部门2021年工作汇报和2022年工作谋划的情况，以及筹备市委人大工作会议的意见，各位副主任对分管工作进行点评；研究讨论《承德市人大常委会任命人员履职监督办法（草案）》;听取“智慧人大”建设情况的汇报；研究深改工作的有关事项。

12月23日，市人大常委会主任刘文勤主持召开市十五届人大常委会第七次主任会议，研究拟提请市十五届人大常委会第三次会议审议的有关议题。会议决定，市十五届人大常委会第三次会议12月30日召开，会期1天。市人大常委会副主任董正国、郭士刚、李兴臣、方志勇、齐建文、甄毓敏、曹佐金，秘书长门玉生出席会议。会议建议市十五届人大常委会第三次会议议程为：传达学习党的十九届六中全会、中央和全省经济工作会议以及省委人大工作会议精神，审议市人民政府关于2021年市本级预算调整方案（草案）的议案，以及市人大常委会相应的审查报告，并作出决议；审议市人民政府关于2020年度市本级预算执行和其他财政收支审计查出的突出问题整改情况的报告、2020年全市国有资产管理情况的报告、2020年政府性债务风险防范情况的报告以及市十五届人大一次会议以来代表建议批评和意见办理情况的报告；审议市人民政府关于法治宣传教育“七五”规划实施和“八五”规划制定情况的报告，并就推进“八五”法治宣传教育规划实施作出决议；审议市人民政府关于调整2021年部分民生实事完成日期的报告，并作出相应的决议；审议市人民政府关于2021年民生实事项目完成情况的报告，以及市人大常委会相应的监督检查报告，并进行满意度测评；审议市人民政府关于提请审议的《承德市城镇住宅物业管理条例（草案）》的议案，以及市人大城建环资委相应的审查报告；审议市人大常委会关于2021年度“两官”履职评议工作情况的报告，对部分法官和检察官进行民主测评；审议市人大常委会关于加强优化营商环境监督工作的实施意见（草案）、市人大常委会法工委关于全市规范性文件备案审查工作情况的报告、市人大常委会关于高质量推进承德国家可持续发展议程创新示范区建设的决议（草案）；审议市人大常委会关于召开承德市十五届人大二次会议的决定（草案）；补选省人大代表；审议人事任免事项。会议讨论通过《承德市人大常委会关于加强“四个机关”建设的实施意见》《承德市人大常委会立法咨询工作管理办法》，会议还研究了其他事项。市委组织部、市监委、市中级人民法院有关负责人，机关各部门主要负责人、驻会专职委员及有关负责人列席会议。

12 月 31 日，市人大常委会主任刘文勤主持召开市十五届人大常委会第八次主任会议。市人大常委会副主任董正国、郭士刚、李兴臣、方志勇、齐建文、甄毓敏、曹佐金，秘书长门玉生出席会议。机关相关部门主要负责人列席会议。会议研究确定市十五届人大常委会第四次会议召开时间及议程，建议议程为补选省十三届人民代表大会代表。

加大立法力度

【概况】 贯彻习近平法治思想，全面推进科学立法、严格执法、公正司法、全民守法，夯实市域治理法治保障，通过立法推动事业发展，让法治成为承德核心竞争力的重要标志。

【明确立法思路】 围绕热点难点重点问题，坚持科学立法、民主立法、依法立法原则，健全完善“党委领导、人大主导、政府依托、各方参与”的立法工作格局。发挥人大在立法中法规立项、起草、审议中的主导作用，按照“服务大局、提质增效、扎实稳妥、务实管用”的新思路，在确保质量前提下加快立法工作步伐。

【健全完善立法机制】 制定出台《关于全面贯彻落实习近平总书记视察承德重要讲话指示精神 进一步做好地方立法工作的意见》；首次召开全市立法工作会议，对地方立法工作作出全面部署；推出以“提高立法质量促发展、提升立法效率促善治”为主题的“双提双促”活动新举措，开启承德立法工作新征程。组建立法咨询专家工作组，扩容立法专家库，增加基层立法联系点，完善《立法咨询工作管理办法》，用好专家和群众两个智库，确保法规立得住、行得通、真管用。

【推进重点领域立法】 紧扣发展所需、群众所盼，谋划和建立立法建议项目库，科学编制立法规划（2021—2025 年），制定 2022 年立法计划。聚焦“两区”建设重大政治责任。《承德市滦河潮河保护条例》，7 月，经市十四届人大常委会第三十六次会议审议通过，同月，经河北省十三届人大常委会第二十七次会议批准，将于 2022 年 1 月起正式实行，并入选“河北省十大法治成果”提名名单。针对承德市停车场、旅游市场管理、物业管理等问题，在有关人员深入调研的基础上，组织起草形成《承德市机动车停车场条例（草案）》《承德市旅游市场管理条例（草案）》，10 月，市十五届人大常委会第二次会议进行第一次审议。组织起草形成《承德市城镇住宅物业管理条例（草案）》，12 月，市十五届人大常委会第三次会议进行第一次审议。围绕创建全国文明城市，监督落实《承德市文明行为促进条例》，为争创全国文明城市提供法治支撑。围绕司法领域依法行政工作开展专题调研，修订完善《承德市人大常委会对中级人民法院法官和市人民检察院检察官履职评议办法》《承德市人大常委会关于加强行政审判工作的决定》，经市人大常委会审议通过实施。

落实监督职能

【概况】 发挥人民代表大会重要制度载体和主渠道作用，把人民依法享有的知情权、参与权、表达权、监督权落实到人大工作各方面各环节，坚持正确监督、有效监督、依法监督，围绕中心、服务大局、突出重点、紧贴民生，寓支持于监督之中，切实用好宪法法律赋予的监督权，助力保障全市经济社会发展，保障人民群众共享改革发展成果，增强幸福感、获得感。

【加强司法执法监督】 对《承德市中级人民法院工作报告》《承德市人民检察院工作报告》进行审议，听取市中级法院关于行政审判工作情况汇报，加强代表对公检法司建议、批评和意见落实情况监督检查。开展对全市行政检察、行政审判、民事执行情况视察，并组织开展2021年度"两官"履职评议工作，对10名法官、8名检察官进行民主测评，扩大评议范围，保障司法公正。加强规范性文件备案审查工作，听取规范性文件备案审查专项工作报告，审查规范性文件9件。听取和审议承德市人民政府关于法治宣传教育"七五"规划实施情况和"八五"规划制定情况的报告并作出决议，推动打造全方位普法格局。市人大常委会首次听取市监察委员会专项工作报告。

【深化财政经济工作监督】 完成对承德市"十四五规划和2035年远景目标纲要"的调研初审；连续开展审计问题整改情况调研和监督。密切关注疫情防控常态化下经济运行态势，专题调研2021年计划完成情况和2022年计划草案。就贯彻落实中共中央总书记习近平视察承德重要讲话指示精神、进一步优化发展环境作出决议，制定《关于加强优化营商环境监督工作的实施意见》。加强对国有企业的监督，把绩效考核、年终审计作为常态化监督重点。开展《中华人民共和国种子法》实施情况调研，组织全市农业结构调整工作情况专项检查，听取和审议农业结构调整情况的报告，促进农业增效、农民致富，推动乡村振兴战略深入实施。听取和审议财政决算、预算执行、审计发现问题整改等专项工作报告，批准本级预算调整方案，确保财政资金聚力增效。首次开展政府性债务风险防范情况专题调研，听取专项工作报告，督促严防债务风险。听取国有资产、自然资源资产管理情况的报告。起草完成《全面推进国家可持续发展议程创新示范区建设支撑引领经济社会高质量发展的决议》。

【力促"三区"建设法律法规实施】 围绕高质量推进承德国家可持续发展议程创新示范区建设作出决议，推动全市上下大力实施"五大行动"，打造可持续发展"承德样板"。第一时间就学习宣传贯彻落实《塞罕坝森林草原防火条例》作出决议，筑牢夯实森林草原"法治防火墙"，得到省人大充分肯定。常态化听取市政府年度环境质量状况和环境保护目标完成情况的报告，开展贯彻实施《承德市水源涵养功能区保护条例》情况的执法检查和专题询问，配合河北省人大常委会开展固体废物污染环境防治"一法一条例"执法检查。聚焦清理规范违法违规占用土地、资源能源项目、矿山综合治理等工作开展"回头看"监督检查，听取和审议地下水超采治理情况专项工作报告，推动解决一些难点堵点问题，确保清理整治任务如期完成。

【开展热点问题专题调研及视察】 深入开展公共卫生、中医药健康服务等领域调研督导检查，听取专项工作报告，推动常态化疫情防控和"四医联动"改革。就人大代表票决的民生实事项目开展常态化监督，听取和审议专项工作报告，进行满意度测评，作出相关决议，确保项目如期完工。就旅游文化产业发展情况进行视察，助推创建全域旅游示范区。就民办教育、冰雪产业、宗教事务等工作和《承德避暑山庄及周围寺庙保护管理条例》实施情况进行调研，推动加快发展、完善治理、造福民生。就《河北省全民健身条例》、冬奥会和冬残奥会筹办工作、冰雪运动与冰雪旅游产业融合发展、医疗保障制度改革、基层社会治理等开展督导检查调研。配合河北省人大开展旅游业发展和旅游管理"一法一条例"贯彻实施情况代表视察及民族团结进步工作调研，围绕促进承德旅游业高质量发展进行专题调研。

【开展社会建设领域"三查"活动】 持续开展对民生实事项目全过程、经常性、常态化工作联系和监督，全年两次专门开展项目实施情况集中监督检查。12月下旬专题听取市政府民生实事项目完成情况报告，并进行满意度测评，结果为“满意”。完成“6+1”联动监督“回头看”和四项联动监督工作任务，发动全市3493名各级人民代表组建代表小组99个、执法检查组53个，实地检查点位448个，召开座谈会182场次，向市、县两级政府转交转办问题189条，指导建立各类长效机制114项。加强信访工作，全年共接待和办理人民群众来信来访案件142件、180人次，省人大批转（交办）来信45件，及时解决化解矛盾纠纷，维护当事人合法权益。

发挥代表作用

【概况】 贯彻中共中央总书记习近平关于发展全过程人民民主的重大理论，切实服务保障人大代表依法高质高效履职。坚持尊重代表、依靠代表、服务代表，创新和完善工作机制，搭建和拓展履职平台，支持和保障代表依法履职、发挥作用。加强代表建议督办落实，把群众诉求落到实处。

【加强对换届工作的指导】 按照中央和省委、市委统一部署，制定市、县（市、区）、乡（镇）三级人大换届选举工作实施意见，加强对换届选举工作的监督指导。严把代表“入口关”，代表素质进一步提升，代表结构进一步优化。首次使用选民登记系统、选举数据统计系统、电子票箱系统，换届选举依法有序进行，完成各级人大换届任务，依法选举产生新一届国家机关工作人员，为全市经济社会发展提供组织保障。

【丰富拓展代表履职平台】 巩固深化代表家站建设成果，支持有条件的村、社区建立代表联络室，构建家、站、室“三位一体”平台体系。加大星级“代表之家”创建力度，年内新评选五星级代表家站20个。邀请代表参加常委会履职活动476人次，召开代表座谈会20次，代表进家入站述职评议3543人。谋划实施“高质量发展惠民生，人大代表展风采”主题系列活动，组织各级人大和广大代表连民心、顺民意、办实事、促发展。

【提高代表履职能力】 制定实施“双联三带”帮联带动、“1122”沟通联系、代表座谈会等制度机制，建好用好立法联系点，推动常委会帮联带动人大代表、人大代表帮联带动基层群众制度化常态化。建立完善代表线上线下培训平台，组织新一届市人大代表履职培训375人，依托全国人大深圳培训中心“网络云课堂”培训1.1万人，代表线下自学培训实现全覆盖。加强代表建议督办工作，建立代表重要建议“直通车”制度，畅通闭会期间人大代表重要建议直呈市委、直达市“一府一委两院”的绿色通道，让代表的“好声音”及时转化为惠民政策、施政举措。加强代表履职管理，健全代表履职档案，让代表履职“成绩单”置于人民监督之下。

【加强代表建议督办落实】 克服代表建议办理时间短、任务重的实际困难，加大督办力度、强化沟通协调，保障人大代表建议件件有着落，事事有回音。市十四届人大六次会议期间代表提出建议173件，全部在规定时间内办结，代表满意率达到98.8%；市十五届人大一次会议期间代表提出建议114件，各承办部门全部进行答复。

加强人大建设

【概况】 坚持“全面从严治党永远在路上”的政治警醒和坚定意志，不断强化党的建设，强化守土有责、守土担责、守土尽责政治担当。强化思想政治引领，确保人大工作正确政治方向。严守政治纪律政治规矩，不断强化履职担当作为。

【强化机关党的建设】 全面贯彻新时代党的建设总要求，召开机关全面从严治党部署推进会，认真落实主体责任、第一责任人责任和“一岗双责”，以机关党委换届为契机，全面提升机关党组织的政治功能和组织力，推进机关党建与业务工作深度融合。加强纪律和作风建设，严守政治纪律和政治规矩，支持和保障派驻纪检监察组履行监督职责，全面完成市委巡察反馈问题整改工作；严格遵守中央八项规定及其实施细则精神，扎实开展“六治六提”干部队伍作风纪律整顿，严防“四风”反弹，弘扬清风正气。确立创建省级文明单位新目标，召开动员部署会，印发实施方案，全面启动创建工作。

【加强政治引领】 始终把思想政治建设摆在首位，坚持把理论学习作为党组会议、法定例会的“第一议题”和“一月两学”制度，坚持线上线下学习制度，推动理论学习制度化常态化。以中共党史学习教育为统领，开展“三重四创五优化”“三基建设年”“团结就是力量”“我为群众办实事”等主题实践活动，与履职工作相贯通。将中共党史学习教育与推进地方立法、开展“四项联动监督”、办好民生实事、落实民心工程紧密结合，有效解决一批群众身边的操心事、烦心事、揪心事。结合履职实践，深入学习研究全国人代会议精神，广泛开展理论研讨和专题调研。全年集中开展“大学习、大调研、大讨论、大宣讲”活动80多次，交流研讨7次，征集研讨文章31篇，主任会议成员带头调研宣讲12人次，召开研讨务虚会谋划新机制新举措52项，在河北省人大相关刊物上发表3篇、报送“新时代河北人大工作创新实践典型案例”8个。人大代表、人大干部自学实现全覆盖。

【遵守履职规范】 制定常委会加强自身建设的意见、加强“四个机关”建设的实施意见。加强宪法法律法规学习教育，确保常委会履职始终走在法治轨道上。坚持集体行使职权、集体决定问题，把民主集中制贯穿依法履职全过程。先后建立健全立法、监督、任免、代表和机关建设等方面制度机制20余项，常委会履职和机关工作规范有序、紧凑高效、充满活力。

【协同联动】 密切与全国人大、省人大、市“一府一委两院”和县（市）乡（镇）人大的工作联系，加强上下协同、内外协作，构建聚焦重点、协调联动、同向发力的工作格局。全力配合做好全国人大、省人大在承德市开展的10项履职活动。注重发挥人大专门委员会的职能作用，支持各专委会各负其责、协调一致开展工作。加强对县级人大的联系。加强与外地人大的横向联系，对标先进理念，借鉴成功经验，推动全市人大工作实现新跃升。

2021年承德市人民代表大会常务委员会组成人员

承德市第十四届人民代表大会常务委员会

(2021年1月1日—2021年8月26日)

主　　任：韩福才

副 主 任：李　伟

孔庆龙

丁　然

李兴臣

方志勇（满族）

齐建文（满族，1月28日至8月26日）

秘 书 长：门玉生（满族）

委　　员：王会云

王志军

王显华

帅五宝

兰德龙

司瑞安

刘雅丽
贠连成
闫永澜
李　悦
李成彦
李建侠
杨国辉
佟伊民
谷雪芬
张　磊
张学军
邵东明
周晓燕
赵　鹏(1 月 1 日至 1 月 15 日)
赵宝军
赵春丽
赵喜萍
赵翠华
相文举
段向东
俞虹霞
秦　涛
徐攀慧
梁荣华
裘长安
潘艳红
魏洪如

承德市第十五届人民代表大会常务委员会
(2021 年 8 月 26 日—2021 年 12 月 31 日)

主　　任：刘文勤
副 主 任：董正国（满族）
郭士刚
李兴臣
方志勇（满族）
齐建文（满族）
甄毓敏（女，满族）
曹佐金
秘 书 长：门玉生（满族）
委　　员：王会云
王冰玉
王显华
艾　铮
白　冰
兰德龙
邢晓冬
刘树新
刘　洋
刘雅丽
刘　鑫
闫永澜
贠连成
李成彦
李志民
李　坚
李素娥
李　悦
杨林立
杨国辉
张　斌
房宝占
赵宝军
赵喜萍
胡颖杰
侯国天
姜皑丰
耿立唐
徐攀慧
黄景超
潘艳红

承德市第十四届人民代表大会常务委员会副秘书长
(2021 年 1 月 1 日—2021 年 8 月 26 日)

贠连成

杨国辉(3 月 30 日—8 月 26 日)

承德市第十五届人民代表大会常务委员会副秘书长

(2021 年 8 月 26 日—2021 年 12 月 31 日)

贠连成

杨国辉

承德市第十四届人民代表大会专门委员会组成人员

(2021 年 1 月 1 日—2021 年 8 月 26 日)

法制委员会

主 任 委 员:李　伟

副主任委员:相文举

胡凤才

委　　员:钟玉清

张守义

洪继瑞

邙光远

徐伟华

监察和司法委员会

主 任 委 员:李　伟

副主任委员:兰德龙

委　　员:邵东明

谷雪芬

魏　昕

财政经济委员会

主 任 委 员:丁　然

副主任委员:司瑞安

周晓燕

委　　员:张　磊

王　平

陈　芳

范国权

项　永

农业和农村委员会

主 任 委 员:丁　然

副主任委员:李成彦

王　江

委　　员:丁明亚

李国刚

李海忠

城乡建设和环境资源委员会

主 任 委 员:丁　然

副主任委员:赵喜萍

王会云

委　　员:王兰华

帅五宝

任　霞

徐攀慧

教育科学文化卫生委员会

主 任 委 员:李兴臣

副主任委员:孔庆龙

潘艳红

委　　员:佟伊民

张学军

赵翠华

民族侨务外事委员会

副主任委员:杨国辉

董　宇

委　　员:马四勇

管丽娟

额利布格仓

社会建设委员会

主 任 委 员:李　伟

副主任委员:赵春丽

关利军

委　　员:王显华

李　悦

秦　涛

承德市第十五届人民代表大会专门委员会组成人员

(2021 年 8 月 26 日—2021 年 12 月 31 日)

法制委员会

主 任 委 员：甄毓敏

副主任委员：兰德龙

胡凤才

委　　员：王鹤松

李春雨

杨玉兴

杨林立

洪继瑞

魏　昕

监察和司法委员会

主 任 委 员：董正国

副主任委员：闫永澜

委　　员：纪君华

李立军

李向滨

李素娥

杨新蕾

赵兴海

彭良军

财政经济委员会

主 任 委 员：曹佐金

副主任委员：李成彦

张　磊

委　　员：邢晓冬

张　丽

岳军茹

郑国民

侯国天

揣艳敏

农业和农村委员会

主 任 委 员：方志勇

副主任委员：刘树新

委　　员：王轶超

牛　杰

尹继民

刘国石

刘宝龙

李世明

姜　武

城乡建设和环境资源委员会

主 任 委 员：方志勇

副主任委员：赵喜萍

委　　员：王兰华

王会云

文昌灏

白　冰

孙喜明

张　莹

徐攀慧

教育科学文化卫生委员会

主 任 委 员：齐建文

副主任委员：潘艳红

委　　员：李云杰

姜皑丰

耿小刚

黄景超

崔海涛

民族侨务外事委员会

主 任 委 员：郭士刚

副主任委员：刘　洋

委　　员：王冰玉

杨　垒

杨凤伟

张　斌

额利布格仓

社会建设委员会

主 任 委 员：郭士刚

副主任委员：佟伊民

委　　员：王显华

艾　铮

李　悦

邵立伟

胡颖杰

承德市第十四届人民代表大会常务委员会内设机构

（2021年1月1日—2021年8月26日）

办公室

主　　任：贠连成

副 主 任：张　斌

刘　洋

王　鹏（3月30日—）

信访室主任：刘英伟

研究室

主　　任：赵宝军

副 主 任：王桂民

选举任免代表工作委员会

主　　任：刘雅丽

副 主 任：杨宝林（1月1日—3月30日）

胡颖杰

监察和司法工作委员会

主　　任：兰德龙（1月1日—7月26日）

闫永澜（7月26日—）

副 主 任：甄丽华

刘　伟

财政经济工作委员会

主　　任：司瑞安（1月1日—8月14日）

李成彦（8月14日—）

副 主 任：韩国祥

杨　柳

农业和农村工作委员会

主　　任：李成彦（1月1日—8月14日）

刘树新（8月14日—8月26日）

副 主 任：湛桂鑫

城乡建设和环境资源工作委员会

主　　任：赵喜萍

副 主 任：韩　楠

教育科学文化卫生工作委员会

主　　任：潘艳红

副 主 任：高立强（1月1日—7月6日）

民族侨务外事工作委员会

主　　任：杨国辉（1月1日—3月30日）

刘　洋（3月30日—8月26日）

副 主 任：王　鹏（1月1日—3月30日）

法制工作委员会

主　　任：相文举

副 主 任：吴从凌

窦紫剑

承德市第十五届人民代表大会常务委员会内设机构

（2021年8月26日—2021年12月31日）

办公室

主　　任：贠连成

副 主 任：张　斌

王　鹏

信访室主任：刘英伟

研究室

主　　任：赵宝军

副 主 任：王桂民

选举任免代表工作委员会

主　　任：刘雅丽

副 主 任：胡颖杰

监察和司法工作委员会

主　　任：闫永澜

副 主 任：甄丽华

刘　伟

财政经济工作委员会

主　　任：李成彦

副 主 任：韩国祥

杨　柳

农业和农村工作委员会

主　　任：刘树新

副 主 任：湛桂鑫

城乡建设和环境资源工作委员会

主　　任：赵喜萍

副 主 任：韩　楠

教育科学文化卫生工作委员会

主　　任：潘艳红

民族侨务外事工作委员会

主　　任：刘　洋

副 主 任：潘晓勇

法制工作委员会

主　　任：兰德龙

副 主 任：吴从凌

　　　　　窦紫剑

（刘英伟　供稿）

承德市人民政府

综　述

2021年，承德市人民政府立足新发展阶段，完整准确全面贯彻新发展理念，服务和融入新发展格局，大力弘扬塞罕坝精神，深入贯彻中共中央十九大以来全会精神，全面落实中共中央总书记习近平视察承德重要讲话指示精神，深入开展党史学习教育、“四史”宣传教育，统筹推进疫情防控和经济社会发展，较好完成年度目标任务，顺利实现“十四五”良好开局。8月23日至24日，中共中央总书记习近平到承德视察指导，在承德发展进程中具有重要里程碑意义，为承德开启新征程、开创新未来，提供最根本的政治引领，带来千载难逢的历史机遇。先后有17个国家部委、60余家央企国企京企和40余个省直厅局到承考察调研，达成一批合作意向和支持事项。市政府围绕落实中共中央总书记习近平重要讲话指示精神10个方面事项，推动成立14个工作专班，积极掌握新政策，跑办对接，定期督导调度，以最高标准、最大力度推进落实。积极抢抓国家、省“十四五”规划编制、“碳达峰、碳中和”、乡村振兴等重要契机，辑印《承德市争取上级资金政策指南》，加大跑省进厅、跑部进京力度，积极争取上级各类转移支付资金。坚持高质量发展为第一要务，推动经济发展，以高品质生态建设筑牢首都生态“护城河”，全面贯彻新发展理念，推动主导产业升级重构，统筹推进城乡一体化融合发展；加快深化改革扩大开放，践行以人民为中心的发展思想，切实解民忧纾民困。

经济发展

【概况】 全力推动经济稳中向好、稳中有进发展态势，面对严峻的外部环境和疫情冲击，围绕市党代会、市人代会确定的各项目标任务，坚持日分析、周调度，推动经济持续平稳健康发展。完整准确全面贯彻新发展理念，全力推动主导产业升级重构。树立“抓发展必须强产业”思想，创新建立主导产业链，绿色产业增加值占地区生产总值比重达到50%以上。

【抓运行稳增长】 多措并举稳投资、扩内需、促消费，推动经济保持平稳健康发展。力促项目建设提速冲刺，实施重点项目“64158”工程，建立项目建设分月调度、联系会商、专班推进、“后进”通报等常态化推进机制，组织集中开工和观摩拉练，118个省市重点项目全部开工，完成投资236.4亿元。力促企业帮扶提质增效，全面落实减税降费等惠企政策，健全“领导包联+驻企服务”“百企双向直通”等机制，在企业设立政府服务站7891家，派驻政府服务代表1664名，服务全市2.76万家企业，累计受理解决企业反映各类问题4.6万件，减税降费7.75亿元。组织开展银企对接活动218次，落实各类贷款62.85亿元。力促消费提档升级，深入挖掘内部外部市场，全面落实扩大内需“两稳一促”举措，打造二仙居美食街、鼎盛满蒙风情街、承德老街等23条夜经济示范街区。举办政府惠民车展、魅力承德欢乐购等促销活动。经过全市人民共同努力，全市实现地区生产总值增长6.1%，固定资产投资增长 5.2%，一般公共预算收入增长 8.5%，社会消费品零售总额增长 5.7%，全市居民人均可支配收入比上年增长 10.5%。新增市场主体 3.68 万户、增长 7.6%，新增市场主体 3.68 万户、增长 7.6%，新增挂牌上市企业 5 家，净增规上工业企业 35 家。

【培育“3+3”主导产业】 做大做强文化旅游及医疗康养、钒钛新材料及制品、清洁能源三大优势产业；培育壮大大数据、绿色食品及生物医药、特色装备制造三大特色产业。创新推行链长制，实施绿色主导产业项目 134 个，主导产业增加值占 GDP 比重达 50% 以上。“风光储氢一体化”发展强势开局，成功争列国家第一批大型风电光伏基地，获批 1100 万千瓦指标、创历史新高。与国家能源、航天投资、启迪控股等央企京企签约一批制氢储能产业链项目，国家级能源创新平台建设全面启动。装机容量世界第一的（360 万千瓦）丰宁抽水蓄能电站两台机组并网发电，保障北京冬奥会所有场馆绿电供应。全市清洁能源新增装机 107 万千瓦、总装机达到 861 万千瓦。钒钛新材料产业扩规模提质量，与攀枝花市共同组建国家钒钛产业联盟，承钢国际领先的亚熔盐清洁提钒生产线实现产业化，高纯氧化钒钛产量全球最大，成为河北省“钢化融合”典范，承德建龙世界首条无缝钢管智能制造示范生产线建成投产，入选国家级智能制造试点示范工厂。文旅康养体育产业提档升级，举办第四届旅发大会和第三届冰雪运动会，长城国家文化公园等 84 个重点项目加快建设，鼎盛王朝文化产业园入选第一批国家级夜间文化和旅游消费集聚区。金山岭国际滑雪场投入运营，国家河北承德塞罕坝体育训练基地建成投入使用。旅游接待人数和旅游收入分别增长 32.5% 和 9.3%。推动绿色食品及生物医药产业创新发展，与中国农业大学、北京农业产业化龙头企业协会深度合作，探索“农业嘉年华”“农业奥特莱斯”等新业态新模式，谋划良种“北繁”基地，努力让好山好水育出好产品、好产品卖出好价钱。全市国家级龙头企业 8 家、省级龙头企业 105 家，通过绿色食品认证企业 63 家。推动特色智能制造产业集群发展，加强企业智能化、数字化改造，打造“仪器仪表城”。引进润顺祥机械制造、美的输送机等 20 个产业项目。大数据产业加速增长，向应用端延伸发展，制定《关于绿电进京、承接北京数据中心疏解工作方案》，加快推进兴隆大数据产业创新基地建设。全市 13 个省级县域特色产业群实现营业收入 645 亿元、增长 5.6%。

【打造“承德山水”公用品牌】 市政府依托承德山水这张名片，策划建立农、林、畜牧产品国内、国际交流平台，打造绿色优质邮寄农产品供应基地，让承德更多优质产品走向全国，走向世界。至 2021 年年底，“承德山水”吸纳全市 188 家企业入住，包含 7 大类 930 种单品、拥有 13 个中国驰名商标的农产品区域公用品牌。建成投入使用“承德山水”网络运营平台，实现基地（企业）、产品、采购合作单位同步显示、分类可查找、全链条可运营的功能，构建起面向京津市场的直供直销模式。承德露露、神栗等驰名商标，平泉食用菌、承德县国光苹果等 25 个地理标志农产品全部入驻公用品牌运营平台。在全市建成“承德山水”农产品展示中心和直销店 40 余个，在北京首农双创中心设立承德馆，在京津地区设立农产品销售专柜 2700 余个，推动北京、天津优先采购。

生态建设

【概况】 践行习近平总书记生态文明思想，以高品质生态建设筑牢首都生态“护城河”，打好“蓝天、碧水、净土”保卫战，加快创建国家生态文明建设示范区和“绿水青山就是金山银山”

实践创新基地，生态质量保持京津冀领先位置。

【生态保护修复提质】 统筹推进山水林田湖草沙系统治理，实施森林质量精准提升、京津风沙源治理等重大工程，严格实行林长制、河长制、河湖警长制、河道管理员等制度。完成营造林142万亩，退化草地修复治理21.7万亩，治理水土流失647平方千米，建成国家级绿色矿山32家，占全省39%。塞罕坝机械林场荣获联合国防治荒漠化最高荣誉“土地生命奖”。河湖长制创新经验入选全国典型。8个县市全部列入《北方防沙带生态保护和修复重大工程建设规划》。

【环境污染防治提升】 突出多种污染物协同控制和区域协调治理，在全省率先建立滦河潮河“一河一图一策”应急响应机制，实施“800里滦河水质保护”“潮河200里净水廊道工程”，实施《承德市滦河潮河保护条例》，23个国、省考断面水质达标率100%。建立大气污染综合治理指挥调度平台，全市PM2.5平均浓度26微克／立方米，全市优良天数占比达90.1%，全省最高。

【生态价值提速】 以建设省级生态产品价值实现机制试点为契机，全面推进国家北方冬季清洁取暖项目试点，谋划市级生态交易中心建设，全市森林碳汇量达到1244万吨，3个国有林场完成首批降碳产品交易2032万元。滦平县获评国家生态文明建设示范区，隆化县、围场满族蒙古族自治县被命名为国家绿水青山就是金山银山实践创新基地。

改革开放

【概况】 加快深化改革扩大开放，全面激发高质量发展活力动力。坚持用改革手段、创新思维破解难题，进一步提升发展活力、动力、竞争力。突出示范建设带动全面创新，突出京津对接招商引资，突出改革攻坚，激发发展动能。

【创新发展】 突出示范建设，带动全面创新，加快国家可持续发展议程创新示范区建设，深入实施开发区创新发展能级提升五年倍增计划，推进园区外工业企业“四个一批”，新增入园企业127家，双滦经济开发区获评河北省特色产业示范经济开发区。全市开发区营业收入和税收分别增长13.6%和6.9%。制定出台高质量推进可持续发展议程创新示范区18条举措，实施“四大行动”83个重点项目。启动筹备承德可持续创新中心和可持续发展研究院成立事宜。举办“发现承德之美”探访活动，示范区建设实现重要起步。实施科技型中小企业和高新技术企业“双提升”计划，全社会研发投入强度比上年提高0.52个百分点，新增国家专精特新“小巨人”企业1家，省级专精特新中小企业17家，新认定高新技术企业38家、科技型中小企业572家，新增省级创新平台15家。

【开放招商】 推进京津冀协同发展，突出京津对接引领开放招商，制定《承德市非首都功能疏解工作方案》及政策措施，成功列入北京市构建环京产业协同发展三个圈层节点城市，引进协同发展合作项目32个、总投资234亿元。面向京津冀、长三角、粤港澳精准招商，实施大企业集团信函招商机制，深入开展“央企津企承德行”，引进落地各类合作项目239个、到位资金586亿元，津冀六沟、丰宁怀丰、兴隆兴谷、平泉西青等园区共建成果显现，引进外迁汽车零部件企业20家，联动U谷仪器仪表城项目加快推进。

【改革攻坚】 持续深化“承德办事一次成”改革，93%的行政权力事项和100%的公共服务事项实现“一次办成”。深化国企国资、财税金融等领域改革，国控集团获评AA+信用等级，国有企业影响力不断增强。持续优化营商环境，城市信用监测排名由227位提升到49位，承德县获评河北省优化营商环境推动质量发展先进县。出台《打造一流发展环境工作实施方案》，制定六大领域30条措施。旅游集团由新三版转主版上市。推进农村重点领域改革，农村集体产权制度改革阶段性任务全面完成，农村集体合作经济组织实现行政村全覆盖。

城乡建设

【概况】 统筹推进城乡一体化融合发展，深入实施乡村振兴战略，立足建设京津冀城市群重要节点城市，坚持统筹规划、多点布局、组团发展，走出一条城乡统筹、互促共赢的发展路子。巩固脱贫攻坚成果后评估通过国家和河北省验收。

【提升交通出行便捷度】 综合交通网络日益完善，全市公路通车里程24557千米，其中高速公路759千米，全年公路客运量615.6万人，公路货运量4700万吨。承平高速全面开工建设，承克高速加快推进，京哈高铁每天经停承德最高100车次以上，承德到北京高铁实现临客变“通勤”，河北航空在承德机场开通过夜航班，到省会实现“早出晚归”。

【新型城镇化建设】 以全国文明城市建设为抓手，深入开展城市更新“六大”行动，实施凤凰山大桥改造加固、承下线拓宽改造、城市应急排水、武烈河两岸及避暑山庄景观亮化等一批重点工程如期完工。启动城中村改造项目26个，改造完成老旧小区169个、燃气供热管网83.9千米，实施建设“口袋公园”101个，中心城区改建公交候车亭106个、公厕66座，实现公交全覆盖和“旱厕清零”。全力推进文明城市创建，城乡文明程度明显提升。

【县城建设提质升级】 实施城建项目44个，完成投资48.4亿元。全市县城30千米范围内公交化运行率达到90%以上，新改建农村公路1660千米。隆化获评“四好农村路”全国示范县，金山岭长城旅游公路获评“全国美丽乡村路”。启动农村既有居住建筑节能改造试点工作。新建5G网络基站1540个，实现市县主城区全覆盖。完成513处社区、村庄健身设施安装使用。常住人口城镇化率达到56.58%。

【乡村特色产业发展】 实施“扶龙行动”，打造“一号风景大道”生态休闲、京沈高铁沿线“平泉香菇”等5大特色优势产业示范带和中药材、马铃薯、山杏等10条龙型经济产业集群，重点建设“盛世100”民宿经济集中承载村103个，国际旅游示范村12个，年集体收入5万元以上的行政村达到89.5%。平泉市获评国家首批农业现代化示范区，滦平国家农业科技园被科技部评为优秀园区。

【巩固脱贫攻坚成果】 持续巩固拓展脱贫攻坚成果，严格落实“四个不摘”，健全防返贫动态监测和帮扶机制，防贫监测对象实现“一户一策”“一人一措”全覆盖帮扶，对1.2万户2.98万名防贫监测对象实现帮扶全覆盖，脱贫人口人均纯收入11293元、增长12.7%，无一人返贫致贫。深入实施乡村建设行动，启动大贵口片区10个村省级乡村振兴示范区创建，持续实施农村人居环境整治提升和美丽乡村建设等工程，打造省级美丽乡村136个，完成户厕改造6.8万座。围场满族蒙古族自治县、隆化县列入国家农村环境整治助力乡村振兴试点。

增进民生福祉

【概况】 践行以人民为中心的发展思想，切实解民忧纾民困利民惠民。始终把改善民生作为政府工作出发点落脚点、推动解决一些久拖不决问题。加强常态化疫情防控，各项举措实施有力，及时阻断疫情。高质量推进 10 项民生工程、20 件民生实事，民生投入占一般公共预算支出的 80.9%，全市棚户区改造等民生工程及民生实事全部得到落实。加强安保、防火、防汛及安全生产，采取有力措施确保一方百姓平安。

【疫情防控常态化】 坚持人民至上、生命至上，守牢疫情防控“承德阵地”，建立“一办十五组”防控指挥体系，严格落实十个常态化 30 项具体举措，组建基层防控网格 33123 个，配备负压救护车 236 辆、核酸检测车 10 辆，核酸日检测能力达到河北省规定要求。积极推进疫苗接种工作，完成 299.2 万人全程免疫接种，构建起人民健康免疫屏障。

【保障社会事业发展】 实施就业创业提升工程，城镇新增就业 4.97 万人，城镇登记失业率 3.3%。高校毕业生就业率 95%，零就业家庭实现动态清零。出台推进基础教育和职业教育高质量发展政策措施，新改建幼儿园 10 所、中小学 10 所，义务教育阶段大班额全部消除。全面提升城乡医疗卫生服务水平，203 所乡镇卫生院对 2472 个村卫生室实现一体化管理，市儿童医院、市妇幼保健院建成投入使用。城乡居民养老保险参保率 96.2%，基本医疗保险参保率保持 95%以上，发放各类救助资金 8.8 亿元。社区居家养老服务走在全省前列，建成居家养老服务中心、社区日间照料服务站 198 个，打造精品服务机构 90 个。

【推进平安承德建设】 常态化开展扫黑除恶，建成智慧安防小区 1287 个，承德市获评全国首批、河北全省唯一禁毒示范城市，丰宁满族自治县被授予“平安中国示范县”。持续抓好安全生产、食品药品安全、信访稳定、房地产解答疑难问题等工作，加强财税金融、政府债务等重点领域风险防控，社会大局保持和谐稳定。

重要会议

【市政府常务会议】 1 月 21 日，市长常丽虹主持召开市政府第十四届第六十八次常务会议，研究讨论修改 2021 年承德市《政府工作报告（讨论稿）》等事项。会议听取 2021 年承德市《政府工作报告（讨论稿）》起草情况汇报。会议强调，要全面客观总结承德市“十三五”发展成就和 2020 年工作亮点，科学谋划部署“十四五”和 2021 年工作，广泛征求意见建议，进一步做好报告的修改调整和充实完善等工作。会议研究并原则通过《2020 年民生工程完成情况的报告》和《2021 年民生实事候选项目形成情况的报告》。会议学习《政府督查工作条例》，传达学习全国巩固拓展脱贫攻坚成果同乡村振兴有效衔接工作会议精神，研究承德市贯彻落实意见。研究并原则通过《承德市国民经济和社会发展第十四个五年规划和 2035 年远景目标纲要草案》《承德市 2020 年国民经济和社会发展计划执行情况与 2021 年国民经济和社会发展计划草案》《承德市 2020 年市本级预算和市总预算执行情况及 2021 年市本级预算和市总预算草案》。会议还研究了其他事项。

3 月 16 日，市长常丽虹主持召开市政府第十四届第六十九次常务会议，认真学习贯彻中共中央总书记习近平重要讲话和全国两会精神及省传达学习贯彻全国两会领导干部会议精神，研究部署经济运行、安全生产等事项。会议强调，全市政府系统要把学习宣传贯彻习近平总书记重要讲话和全国两会精神作为当前和今后一个时期重要政治任务，努力把学习成果转化为讲政治定力、敢担当魄力、促发展的动力。要聚焦重点任务，统筹推进疫情防控和经济社会发展，深入开展“三重四创五优化”活动，切实抓好主导产业培育、乡村振兴战略、科技创新驱动、碳达峰碳中和、重点领域改革等重大任务，为“十四五”开好局起好步奠定更加坚实基础。会议听取当前全市经济运行有关情况汇报，研究部署下一步工作。会议强调，紧盯重点指标抓调度；紧盯重点企业抓帮扶；紧盯扩大内需促消费。会议听取全市安全生产工作情况汇报，安排部署下步工作。会议强调，要确保全市安全生产形势持续稳定，坚决筑牢首都政治“护城河”，全力为庆祝中国共产党成立100周年营造安全稳定社会环境。会议听取《2021年政府投资项目年度计划》编制情况汇报、特种设备安全专项整治三年行动完成情况汇报和《中心城区高污染燃料禁燃区的通告》起草说明。会议还研究了其他事项。

4月22日，市委副书记、代市长柴宝良主持召开市政府第十四届第七十次常务会议，研究部署巩固拓展脱贫成果、食品药品安全、生态文明建设和深入推进农村乱占耕地建房专项整治等事项。会议传达学习全省扶贫办主任会议精神，研究承德市贯彻落实意见。会议强调，要抓好巩固拓展脱贫攻坚成果同乡村振兴有效衔接。要推进防贫监测和帮扶救助联动发力，健全完善防贫大数据监测平台，持续抓好产业就业帮扶、易地搬迁帮扶、政策兜底等工作，建立及时发现、及时帮扶、动态清零、严督实查的响应机制，切实巩固住、拓展好脱贫成果。要抓好国考整改与国家评估统筹结合，确保真整改、真见效。会议听取全市食品药品安全工作情况汇报，研究部署下一步工作。会议强调，要层层压实监管责任，突出日常执法监管和重点时期执法监管两个重点，抓好景区景点、校园和农村食品安全，提升食药安全治理能力和水平，确保广大群众舌尖上的安全。会议研究并原则通过《承德市生态文明示范建设规划（2021—2025年）》。会议听取关于开展农村乱占耕地建房专项整治、土地例行督察问题整改、省委专项巡视反馈意见整改情况的汇报，安排部署下一步工作。会议强调，要站在旗帜鲜明讲政治的高度，把高质高效推进整治整改三项工作摆上更加突出位置，严肃认真抓整改，分类施策抓整改，一盯到底抓整改。会议学习《民法典》继承编，研究并原则通过《关于承德市滦河、潮河“两河共治”工作方案》《关于承德市城乡规划管理若干规定补充规定（暂行）》。会议还研究了其他事项。

5月19日，市委副书记、代市长柴宝良主持召开市政府第十四届第七十一次常务会议，研究部署巩固拓展脱贫攻坚成果同乡村振兴有效衔接、防汛抗旱、经济运行和民生工程等事项。会议研究并原则通过承德市实现巩固拓展脱贫攻坚成果同乡村振兴有效衔接的实施意见和推进方案。会议指出，要深入学习贯彻中共中央总书记习近平重要讲话重要指示精神，持续抓好产业就业帮扶、易地搬迁扶持等工作，坚决防止规模性返贫。要紧盯2020年度国考反馈的13个“点对点”问题和“举一反三”问题，认真抓好整改，确保全部整改、全面清零。要进一步完善细化推进方案，扎实推进乡村振兴战略实施。会议听取全市1—4月份经济运行情况汇报。会议强调，要把5月份作为重要节点，力争主要指标高于全省平均水平。要狠抓经济运行调度，把压力和责任传导到县市区。要加大企业帮扶，实施科技赋能、技改扩能，扶持更多的纳税企业加快发展。要加快项目建设，对已开工项目加大推进力度，最大程度形成实物量，强化项目谋划储备和招商引资，力促更多合作项目落地实施。要扩大消费需求，着力培育文旅消费新热点，加快发展夜经济，积极拓展“承德山水”“承德好礼”全国市场。会议听取全市防汛抗旱工作情况汇报，研究部署相关工作。会议强调，要强化预警预报，加强物资储备和应急体系建设，完善各类应急预案，明确抢险救援线路，扎实开展应急演练，提高抢险救援水平，提高群众避险自救能力。会议听取2021年省市民生工程推进情况汇报。会议强调，要积极向上争取支持，吸引企业集团和社会资本投资，破解资金投入问题。会议传达学习全省新型城镇化工作暨城乡融合发展工作领导小组电视电话会议精神，听取全市森林草原防灭火体系建设、市政工程、清洁能源产业、清洁取暖、生态补偿机制等情况汇报，并对下步工作进行安排部署。会议研究并原则通过《承德国家可持续发展议程创新示范区 2021 年实施方案》。会议还研究了其他事项。

6 月 10 日，市委副书记、代市长柴宝良主持召开市政府第十四届第七十二次常务会议，研究部署安全生产、生态环境保护等事项。会议听取全市安全生产大排查大整治行动情况汇报。会议强调，工作力度要再加大，紧盯重点区域部位，确保绝对安全。安全责任要再压实，加大暗访暗查力度，及时发现问题，督促整改到位，全力推动安全生产形势持续稳定好转。会议听取《加快实施“三线一单”生态环境分区管控的意见》制定情况汇报。会议强调，要加强与国土空间规划、污染防治规划、环境质量目标、监测预警、规划环评等相衔接，加强跟踪评价，强化成果运用，实施科学精准管控。会议听取市政府部门权责基础清单制定情况汇报。会议强调，要及时全面公开，主动接受社会监督。要优化履职服务，进一步优化运行流程，精简办理要件，缩短办理时限，规范自由裁量权，更好服务市场主体和广大群众。会议学习《中华人民共和国民法典》侵权责任编，听取《政府工作报告》起草工作方案的汇报，研究并原则通过《建设高标准市场体系的实施方案》《深化新时代教育督导体制机制改革实施方案》《深化体教融合促进青少年健康发展的实施方案》。会议还研究了其他事项。

7 月 6 日，市委副书记、代市长柴宝良主持召开市政府第十四届第七十三次常务会议，研究部署生态环境保护、防汛防涝、矿山综合治理等事项。会议传达学习河北省大气、水、土壤污染防治工作领导小组会议精神，听取《关于中心城区大气污染综合治理集中攻坚行动方案》制定情况汇报，安排部署相关工作。会议强调，要充分认清形势，深入分析原因，科学精准施治，着力抓好重点行业治理、重点时段管控和重点治理工程推进等工作，层层传导压力，确保大气环境质量持续改善提升。要深入落实“一断面一策”，紧盯受汛期影响较大的河流断面，因地制宜建设固坝拦沙、生态护岸等工程，加强污水处理厂运行监管，确保平稳度汛，确保河流断面持续稳定达标。要扎实开展中高风险耕地调查溯源，加强联动管控，确保实现受污染耕地和建设用地安全利用 100%的目标。要紧盯中央和省环保督察交办问题，逐一进行“回头看”，摸清底数，压实责任，抓好整改和巩固提升。会议听取城市内涝工作相关情况汇报。会议强调，要紧盯主要点位，加快应急工程实施，及早发挥作用。要立足当前，加大科学处置力度，加强管网清掏、河道疏浚、旱河治理，提升排水能力；遇有降雨天气组织应急队伍，严防严守，第一时间采取排沥排涝措施，最大程度降低内涝影响。要着眼长远，加快建立完善防涝治理体系，谋划实施一批防洪防涝工程和配套项目，全面提升城市防涝能力。会议听取全市矿山综合治理工作情况汇报。会议强调，要明确时间节点，加快任务推进，确保如期完成。要督促指导矿山企业“边开采、边治理、边恢复”，加强执法动态巡查，严厉打击各类违法行为。要压实各县（市、区）属地责任和矿山企业主体责任，进一步加大矿山整合、治理力度，严格督导考核，严肃追责问责。会议还研究了其他事项。

7 月 27 日，市委副书记、代市长柴宝良主持召开市政府第十四届第七十四次常务会议，研究部署安全生产、建立防止返贫机制、疫苗接种等事项。会议听取全市安全生产情况汇报，安排部署下步重点工作。会议要求，全面压实安全生产责任，严格督导考核，严肃追责问责。会议研究并原则通过《关于健全防止返贫动态监测和帮扶机制的实施方案》。会议强调，要坚决守住不发生规模性返贫底线。会议听取全市疫苗接种和常态化疫情防控情况汇报。会议强调，要扎实做好市县（市、区）12—17岁群体的接种组织工作，切实摸清适龄人群数量、在承和外出人员信息等底数，确保应种尽种。要精准掌握60岁以上人员的接种情况，推进养老福利机构内人员接种工作，加大对离退休人员疫苗接种的宣传动员力度，做到适种尽种。会议研究并原则通过《全面推行林长制的实施方案》《承德市政府投资项目代建制改革实施细则》《承德市全力推进水资源保护和地下水超采综合治理及全社会节水工作实施方案》《承德市提升基层医疗卫生服务能力“上医工程”实施方案》。会议还研究了其他事项。

8月12日，市委副书记、代市长柴宝良主持召开市政府第十四届第七十五次常务会议，研究部署统计管理、乡村振兴以及《政府工作报告》修改完善等事项。会议传达学习中共中央办公厅、国务院办公厅《关于深化统计管理体制改革提高统计数据真实性的意见》《统计违纪违法责任人处分处理建议办法》《防范和惩治统计造假、弄虚作假督察工作规定》。会议指出，统计是经济社会发展重要的基础性工作，各级各部门要讲学习，加强对统计法律法规以及中央政策精神的学习研读和业务培训，切实提升统计能力水平。要抓执法，坚持依法统计、依法治统，严防统计造假、弄虚作假违法行为在承德市发生。要坚持长效，进一步改进统计调查方法，建立长效机制，确保应统尽统不漏统。会议传达学习全省乡村振兴系统建设和工作推进电视电话会议精神，研究承德市贯彻落实意见。会议强调，各级各部门要明确压实责任，全力推进乡村振兴战略实施。要组织各县（市、区）开展“回头看”，确保“两不愁、三保障”政策措施落实到位，坚决防止返贫。要统筹“三农”发展，尽快摸清农村产业、就业、基础设施和公共服务短板，高度关注扶贫项目资产管理，逐项明确方案，实行台账清单管理，确保工作扎实推进。会议讨论修改《政府工作报告》。会议还研究了其他事项。

8月26日，市长柴宝良主持召开市政府第十五届第一次常务会议，研究部署建立自然保护地体系、深化“证照分离”改革和社会保障体系补短板强弱项等事项。会议听取关于建立国家公园为主体的自然保护地体系落实情况汇报。会议强调，各部门要全力做好自然保护地整合优化后续工作和避暑山庄外八庙国家级风景名胜区调整前期工作，强化协调联动，密切配合，确保如期高质量完成。会议研究并原则通过《关于承德市持续深化“证照分离”改革进一步激发市场主体发展活力实施方案》。会议强调，要严格对照方案要求，逐项制定配套措施，推动“证照分离”改革落地落实。要通过“两台一报”“两微一端”等多种方式做好政策宣传解读，同时要组织开展好系统内专题培训，提高服务窗口工作人员业务水平和操作能力，确保改革工作顺利推进。要严格督导检查，严肃追责问责，真正做到让广大企业和百姓满意。会议研究并原则通过《关于承德市社会保障体系补短板强弱项实施方案》。会议研究并原则通过《关于进一步发展壮大农村集体经济的实施意见》《关于承德市深化河湖长制落实强化河湖保护治理专项行动方案》《关于建立健全绿色低碳循环发展经济体系的落实意见》《关于促进养老托育服务健康发展的实施意见》。会议还研究了其他事项。

9月27日，市长柴宝良主持召开市政府第十五届第二次常务会议，研究部署省市民生工程推进、中心城区公厕建设、城市更新行动等事项。会议听取省市民生工程进展情况汇报。会议听取中心城区公厕建设情况汇报。会议强调，要抢抓施工黄金期，加快施工进度，严把工程质量关，真正打造安全工程、精品工程。要提高管理水平，确保公厕建成后干净卫生、便民实用，做到夏季有空调、冬季有热水。要科学谋划好明年公厕建设，提前布局、精心设计，不断增强广大市民和游客的幸福感和满意度。会议研究并原则通过《关于承德市城市更新行动实施意见》。会议强调，各级各部门要坚持量力而行、适度超前，进一步强化目标管理，抓紧制定专项推进方案，细化分解任务，层层压实责任，切实抓紧抓好抓出成效。要坚持示范引领，认真学习借鉴先进地区经验做法，积极探索方法路径，力争每年打造一批精品项目、精品工程和示范街区，以点带面逐步提升城市规划建设整体水平。要紧密结合文明城市创建，进一步加大城市更新重点项目谋划储备力度，积极向上争取支持，确保按时启动、如期完成。会议听取矿山综合治理、扶贫项目资产后续管理和清洁取暖工作情况汇报。会议还研究了其他事项。

10 月 11 日，市长柴宝良主持召开市政府第十五届第三次常务会议，研究部署推进京津冀协同发展、乡村振兴、加快培育规模以上工业企业、集中供热等事项。会议听取承德市推进京津冀协同发展工作情况汇报。会议指出，要紧盯京津重大规划政策，建立经常性议事协调制度，推动产业对产业、产业对园区、项目对园区、项目对项目之间的精准对接，借势借力发展自己。要突出项目带动，聚焦“3 + 3”主导产业，打造一批基础设施完善、公共服务水平高的重点承接平台和园区，全力优化营商环境，吸引各类高端要素向承德市聚集。会议听取全市乡村振兴产业谋划情况汇报。会议强调，要抢抓机遇，深入谋划包装项目，积极向上争取政策资金支持，力争更多项目列入国家和省项目盘子。要聚焦短板弱项，加快推进优势特色产业示范带、绿色食品加工产业集群和现代农业产业园区建设，大力发展民宿经济，不断放大“承德山水”“承德好礼”品牌效应，以产业兴旺带动乡村振兴。各部门要强化衔接配合，细化工作举措，切实凝聚起推动乡村振兴的强大合力。会议研究并原则通过《承德市加快培育规模以上工业企业三年行动计划》。会议听取全市 2021—2022 年采暖季集中供热保障工作情况汇报。会议强调，要着力解决好煤源、资金、运输等问题，加紧组织采购，确保如期供热。要针对供热管网、供热站等设施进行全面检修，确保不出问题。要统筹做好城区集中供热和农村清洁取暖工作，确保城乡广大居民清洁安全温暖过冬。会议还研究了其他事项。

10 月 26 日，市长柴宝良主持召开市政府第十五届第四次常务会议，研究部署投资项目全程审批管理、安全生产、科技强市等事项。会议学习《河北省人民政府办公厅关于投资项目全程审批管理的实施意见》，研究承德市贯彻落实意见。会议听取全市安全生产工作情况汇报，研究部署四季度安全生产工作。会议强调，要确保不发生各类安全事故，并时刻绷紧森林草原防灭火这根弦，坚决打赢秋冬季森林草原防灭火硬仗。要严格执行安全监管等各项规定，加强应急救援力量、装备保障能力和应急物资储备体系建设，随时做好应对处置突发事件准备。会议研究并原则通过《加快推进科技强市建设的实施方案》。会议学习《中华人民共和国预算法实施条例》，听取脱贫攻坚后评估工作准备情况汇报，研究并原则通过《支持和鼓励商贸流通企业发展的意见》。会议还研究了其他事项。

11 月 19 日，市长柴宝良主持召开市政府第十五届第五次常务会议，研究部署巩固脱贫成果全覆盖检查验收、食品药品安全等事项。会议听取全市组织开展 2021 年巩固脱贫成果全覆盖检查验收情况汇报。会议强调，要紧盯检查验收发现的问题，扎实抓好问题整改，确保高标准高质量整改到位。要抓紧起草全覆盖检查验收报告，做到客观翔实，体现承德市亮点成效。要全面做好省级后评估迎检准备，确保沟通顺畅、服务保障到位。会议听取全市食品药品安全工作汇报，安排部署下一步工作。会议强调，要调高标尺，树牢“管行业就要管食品药品安全”意识，落实“四个最严”要求，突出集贸商超、餐饮、农产品、药品、冷链食品以及线上餐饮等重点部位环节，强化全链条监管，全力保障群众“舌尖上的安全”。要补齐短板，严格对照省考核要求，逐项梳理，及时查漏补缺，争取更好成绩，同时要谋划好明年工作，紧盯人员装备、检验检测能力、信息化智慧化监管等弱项，着力抓好监管能力建设，全面提升承德市食品药品安全水平。要压实责任，各牵头责任单位要加强指导、严格监管，督促企业和市场主体履行责任，畅通投诉举报渠道，强化应急处置保障，严防严控各类风险隐患，确保大事不出、小事也不出。会议研究并原则通过《承德市人民政府工作规则》。会议学习《承德市城市供热条例》，研究并原则通过《关于进一步推进建筑产业现代化发展若干措施》《承德市残疾人运动员教练员奖励办法》《承德市职工基本医疗保险门诊共济保障实施细则》。会议还研究了其他事项。

12月10日，市长柴宝良主持召开市政府第十五届第六次常务会议，研究部署开发区创新发展、市政府质量奖评选、氢能产业发展、残疾人保障和发展等事项。会议研究并原则通过《加快开发区创新发展提升能级五年倍增计划的实施方案》。会议听取关于开展第四届承德市政府质量奖评选工作的汇报。会议强调，要规范评审程序，严格按照有关规定、标准、程序和好中选优的原则进行评审，对评审程序进行全环节全过程监督。要充分发挥市政府质量奖的质量标杆、示范带动作用，聚焦“3 + 3”主导产业等重点领域，加大选树培育力度，推动争创河北省政府质量奖、中国质量奖。要加强宣传发动，在更大范围激发广大企业、组织和个人的参选积极性，促进本行业、本地区质量提升。会议研究并原则通过《承德市氢能产业发展规划》。会议研究并原则通过《承德市“十四五”残疾人保障和发展规划》。会议学习《河北省多元化解纠纷条例》，听取关于命名2021年基础教育承德名师和名校（园）工作情况汇报。会议还研究了其他事项。

12月23日，市长柴宝良主持召开市政府第十五届第七次常务会议，研究部署循环经济发展、科技创新、水安全保障等事项。会议研究并原则通过《承德市“十四五”循环经济发展规划》《承德市科技创新“十四五”规划》《承德市水安全保障“十四五”规划》。会议还研究了其他事项。

【市政府全体会议】 12月9日，承德市政府召开第十五届第一次全体会议暨廉政工作会议。市委副书记、市长柴宝良出席会议并讲话。市委常委、常务副市长卢健主持会议，副市长崔万峰、张树国、王广维出席会议。市人大常委会副主任董正国、市政协副主席王利华、市监委副主任袁丽枝应邀出席会议。柴宝良指出，要讲政治守规矩，增强做好政府工作责任感和使命感。要旗帜鲜明讲政治，坚持党对一切工作领导，不断提升政治判断力、政治领悟力、政治执行力，确保党中央国务院和省委省政府各项决策部署在承德落地见效。要强化理论武装，用党创新理论最新成果武装头脑、指导实践、推动工作。要严守制度规矩，推动政府工作更加科学、高效、规范运转。柴宝良强调，要讲责任重担当，切实激发干事创业热情和动力。要自觉传承共产党人精神谱系，大力弘扬塞罕坝精神，坚定不移扛起推动一方发展、保一方平安、富一方百姓的责任使命，强化“全市一盘棋”思想，确保市委、市政府各项决策部署落地生根。柴宝良强调，要讲实干善作为，掷地有声推动各项工作落实。要对标先进抓落实，向高手对标、向先进看齐、向榜样学习。要改革创新抓落实，在优化政务服务、创新体制机制和促进创新创业上求突破，全力打造一流发展环境。要健全完善任务分解、擂台比拼等机制，层层传导压力推动落实。柴宝良强调，要讲和谐保稳定，统筹做好发展和安全两件大事。要想全想细想万一，全力做好金融风险防范、债务化解以及重点领域清理规范等工作，坚决守住不发生区域性系统性风险底线。要抓早抓小抓苗头，严格落实常态化疫情防控措施，聚焦安全生产、道路交通、森林草原防灭火、信访稳定等重点领域，积极行动排查隐患、消除风险。要高质量推进民生工程民生实事，用情用力惠民生。柴宝良强调，要讲团结聚合力，以上率下抓好班子带好队伍。坚持一级带着一级干、一级做给一级看，以担当带动担当、以作为促进作为，营造互相尊重信任、团结协调配合的良好环境，形成干事创业的强大合力。柴宝良强调，要讲廉洁守底线，严格落实全市“六治六提”干部队伍作风纪律整顿要求，深入查摆梳理各领域廉政“风险点”，拿出有力有效防范机制和举措，严防各类腐败问题发生。要带头依法行政、带头廉洁自律、带头“过紧日子”，保持为民务实清廉政治本色。会上学习《中华人民共和国地方各级人民代表大会和地方各级人民政府组织法》，双桥区、丰宁满族自治县、市发改委、市财政局、市生态环境局、市农业农村局、市城管局负责人发言。市政府秘书长杨玉甫，市委有关工作部门、市政府工作部门和直属机构、部分中省直驻承单位、市属院校和部分市管企业主要负责人在主会场参加会议。各县（市、区）、承德高新区、御道口牧场管理区设分会场。

【全市经济发展类会议】 3月23日，承德市政府市长常丽虹主持召开夜经济、后备箱经济工作调度会议，听取双桥区、双滦区、承德高新区和市直相关部门情况汇报，就下步工作进行安排部署。副市长崔万峰出席会议。常丽虹强调，要紧扣“避暑山庄之夜”主题，围绕“一核一带三个精品片区”，继续加快打造提升夜经济重点示范项目。要大力发展后备箱经济，加快培育壮大“承德山水”“承德好礼”两大品牌，制定准入标准，严把企业入口关，推动品牌企业全面实现“双标”运营，不断提升知名度和美誉度。要深入推进“承德山水”“承德好礼”“八进”工程，全面布局全市各大旅游景区，着力提升配套服务水平，不断增强产品市场占有率和影响力。市政府秘书长杨玉甫，双桥区政府、双滦区政府、承德高新区管委会、市直相关部门主要负责人参加会议。

5月24日，中共承德市委副书记、承德市政府代市长柴宝良主持召开市属国有企业集团座谈会。市委常委、常务副市长李晋宇出席会议。在听取相关情况汇报后，柴宝良强调，要勇于对标先进，积极拓展市场和业务，寻找新经济增长点，全面提升管理水平和运营能力，加快做优做强。要科学规范构建现代企业制度，大胆推进混合所有制改革，积极探索走向资本市场，切实把改革创新贯穿于集团发展全过程。要着力加强企业家培养，积极引进高端专业人才，强化绩效考核，创造良好环境，努力打造一流国企干部队伍。要抓好廉洁自律，规范审计制度，强化企业集团内部管理，严格投资程序，切实绷紧风险防控这根弦，确保持续健康发展。市政府秘书长杨玉甫，市直相关部门、市属国有企业集团主要负责人参加会议。

11月25日，承德市召开市级经营性国有资产集中统一监管改革动员部署会议，市委常委、常务副市长卢健出席会议并讲话，会议宣读《关于进一步深化市级经营性国有资产统一监管改革的实施方案》，市城建局、市水务局、市交警支队分别代表“脱钩划转”“暂时保留”和退出三种改革方式单位作发言。市直有关部门负责人参加会议。会议强调，此次改革旨在盘活挖潜存量资产，促进资本优化布局、高效配置，加快推动国有企业市场化转型，确保国有资产保值增值。“脱钩划转”企业，要在年底前完成改革；“暂不具备改革条件和需要原渠道监管”企业，要进一步梳理细化，抓紧研究解决问题，尽快纳入集中统一监管；“退出”企业，要严格制定退出方案，妥善处理好企业、人员、债权债务等问题，依法依规推进企业退出。

【全市疫情防控类会议】 1月6日，市长、市新冠肺炎疫情防控工作领导小组组长常丽虹主持召开全市疫情防控应急准备工作调度会。市领导李晋宇、杨春武、郭士刚、宁金龙、崔万峰出席会议。在听取相关部门汇报后，常丽虹强调，要切实做到工作方案应急预案、物资储备、人员和资金保障“四个到位”。要加强境外和中高风险地区来承返承人员排查管控，加大冷链食品物品和进口非冷链物品检验检测力度，确保全覆盖。要强化定点医院、发热门诊、隔离场所等规范管理，扎实做好全员核酸检测应急能力准备，备足备齐口罩、防护服、药品等防疫物资，充分满足救治和防护需要。要加强粮油肉蛋奶等生活必需品市场保供，全力稳货源、稳价格、保质量、保安全。要科学精准施策，有力有序做好疫苗接种。要强化机关企事业单位、学校、养老院、福利机构、监所等重点场所疫情防控，严管严控公共场所，严格控制聚集性活动，确保万无一失。市直相关部门主要负责人参加会议。

3 月 26 日，承德市召开全市新冠病毒疫苗接种工作电视电话会议，认真学习贯彻中共中央总书记习近平重要讲话指示精神，深入贯彻落实党中央国务院和省委省政府决策部署，对承德市新冠病毒疫苗接种工作进行再动员、再安排、再部署。市长、市新冠肺炎疫情防控工作领导小组组长常丽虹出席会议并讲话。副市长郭士刚主持会议并传达近期国家和省新冠病毒疫苗接种工作精神。常丽虹强调，要紧盯目标任务，强化工作举措。要全面摸清底数，进一步开展“回头看”，抓紧建立完善台账，做到底数清、进度明。要全面提升接种能力，科学规范管理接种点；要全面做好人员组织工作，加大宣传发动力度；要全面加强应急处置，科学制定实施方案和应急预案，严格落实“四有”要求，强化对疫苗储存、运输、接种等各环节的监督检查，确保万无一失。市政府秘书长杨玉甫，市新冠肺炎疫情防控工作领导小组成员单位主要负责人在主会场参加会议。各县（市、区）、承德高新区、御道口牧场管理区设分会场。

11 月 4 日，承德市政府市长柴宝良主持召开承德市新型冠状病毒肺炎疫情防控工作领导小组会议。市领导卢健、刘勇、崔万峰出席会议。在听取“一办十五组”工作开展情况汇报后，柴宝良强调，要抓严抓实防控措施，强化大数据排查、社区农村基础性排查，切实筑牢疫情防控第一道屏障。要强化入境来承返承人员管理，全面排查摸清底数，切实做到全程闭环管理。要强化基层卫生站所、发热门诊、药店“哨点”作用，确保遇有情况第一时间处置到位。要强化人员密集场所防控，严防发生聚集性疫情。要严格机关企事业单位管控，压紧压实行业和部门责任，确保不出问题。要强化进口冷链食品排查管控，坚持人、物、环境同防，落实定期核酸检测制度。要进一步筑牢“三道防线”，依法依规对入京通道和人员进行管控，全力拱卫首都安全。要做好重点人群定期核酸检测，强化网格化管理，加强流行病学调查，真正把工作落实到位。要强化院感防控，加强发热门诊医务人员和就诊人员管理，坚决杜绝院感事故。卢健、刘勇就做好疫情防控工作讲了具体意见。市政府秘书长杨玉甫，市直相关部门主要负责人参加会议。

【全市农业农村类会议】 4 月 30 日，承德全市易地扶贫搬迁后续扶持暨“空心村”治理工作会议召开。市委常委、市政府常务副市长李晋宇出席会议并讲话。会议强调，各县（市）、各部门要高度重视易地扶贫搬迁后续扶持和“空心村”治理工作，巩固拓展脱贫攻坚成果。加快推进安置住房不动产登记及土地复垦验收，持续开展产业就业帮扶，统筹做好安置区管理和公共服务，高质量、高标准完成各项工作任务，确保搬迁群众稳定增收，尽快融入新生活环境。各县（市）政府，市发改委、市农业农村局等有关部门负责人参加会议。

10 月 13 日，承德市召开全市易地扶贫搬迁后续扶持工作会议，对照国家和省巩固脱贫攻坚成果后评估各项指标任务要求，深入查找问题，加快整改落实，对异地扶贫搬迁后继续扶持工作再安排、再部署。市委常委、常务副市长卢健主持会议并讲话。卢健在会上强调，要坚持问题导向，狠抓工作落实，对照年初工作安排、省评估内容和省市“回头看”检查发现问题，进一步查漏补缺，抓紧整改落实，将产业就业帮扶、配套设施运营维护、社区治理和社区融入、复垦验收和完善土地手续、电梯安装、防返贫检测和信访六项工作安排好、落实好。承德市发改委主要和分管负责人、市乡村振兴局、市自然资源和规划局、市农业农村局、市人社局、市民政局、市住建局分管负责人出席会议，各县（市）设分会场。

10月18日，承德市举行“巩固拓展脱贫攻坚成果，高质量通过国家和省后评估”大培训大比拼活动，旨在加强相关政策、业务学习，增强统筹兼顾能力，切实做好巩固拓展脱贫攻坚成果同乡村振兴有效衔接工作。承德市政府市长柴宝良、市人大常委会主任刘文勤、市政协主席吴清海、市委副书记郭旭涛、市人大常委会副主任方志勇、副市长崔万峰出席会议。市委常委、组织部部长颜世东主持会议。活动中，各县（市、区）、承德高新区主管负责人分别在分会场通过网络云视频会议系统，就“巩固拓展脱贫攻坚成果，高质量通过国家和省后评估”进行交流发言；与会市领导进行点评，并对该项工作开展情况进行民主评议。会议强调，要有效建立防返贫动态监测和帮扶机制、农村低收入人口常态化帮扶机制、责任追究机制，严格落实党委政府主体责任、行业部门职能责任、帮扶单位帮扶责任、监管单位监管责任，切实抓好义务教育、基本医疗、住房安全、饮水安全和兜底保障政策落实，坚决完成易地扶贫搬迁后续扶持、基础设施项目、乡村特色主导产业、脱贫人口稳岗就业、科技帮扶、扶贫资产管理和衔接资金项目六个清单，确保相应成效。市政府秘书长、市直有关部门、部分省属驻承单位负责人在市主会场参加活动，并对各县（市、区）、承德高新区此项工作开展情况进行民主评议。

【全市生态环境类会议】 6月2日，承德市召开全市生态环境保护暨防汛抗旱工作视频会议。市委副书记、代市长柴宝良出席会议并讲话。市委常委、常务副市长李晋宇主持会议，市领导吴清海、李兴臣、崔万峰、董旭明出席会议。柴宝良指出，要紧盯北方地区清洁取暖试点这个关键，牢牢把握中国共产党成立100周年、中央第二轮环保督察、国家生态文明建设示范市现场验收、2022年冬奥会等时间节点，坚持系统治理、科学治理、依法治理，压实责任，确保承德市持续保持生态环境质量京津冀领先水平。柴宝良强调，防汛工作要突出尾矿库、地质灾害点等重点区域部位，严防死守。一旦发生重大事项和突发事件，确保第一时间信息报送、第一时间处置。会上，市生态环境局、市水务局通报相关情况。市政府秘书长杨玉甫，市纪委监委、市委组织部、市委宣传部、市公安局、承德军分区主管负责人，市直相关部门主要负责人参加会议。

6月28日，中共承德市委副书记、承德市政府代市长柴宝良主持召开清洁能源产业推进和清洁取暖调度会议，学习传达国家和省风电、光伏发电最新政策精神，安排部署承德市清洁能源产业推进和清洁取暖工作。市领导吴清海、卢健、方志勇、崔万峰、陆文龙出席会议。会议听取市直相关部门和各县（市、区）清洁能源产业推进和清洁取暖工作情况汇报。柴宝良指出，要进一步摸清各县（市、区）可用资源和空间底数，加大与央企等大企业大集团的对接力度，明确专人负责，为项目落地奠定坚实基础。已核准在建项目要拉出项目清单，明确时间节点，采取切实有力举措，加快推动制氢项目落地落实。柴宝良强调，要认真做好生物质炉具推广、生物质燃料和洁净煤供应、设备安装调试等各项工作，全力以赴保质量、保安全。市政府秘书长杨玉甫，市直相关部门主要负责人，部分县（市、区）政府主要负责人参加会议。

8月9日，承德市召开大气污染综合治理推

进会议。中共承德市委副书记、承德市政府代市长柴宝良出席会议并讲话。市领导卢健、崔万峰、陆文龙出席会议。省第二环境监察专员办公室二处处长牛国新应邀出席会议并讲话，卢健主持。柴宝良指出，2021年是中国共产党成立100周年，是“十四五”开局起步之年，春节期间还将迎来北京冬奥会和冬残奥会，需要承德市做出“承德蓝”贡献，承德市要确保坚决打赢蓝天保卫战。严格管控高排放车辆，切实拉出责任清单，明确责任单位、责任人和完成时限，逐项整改到位。要强化协同管控，健全完善联席会议制度，紧盯企业减排、工业煤窑治理、燃煤锅炉淘汰等工作，定期开展集中会商，深入分析问题症结，加快推动解决。要提前着手做好清洁取暖、供暖企业替代等工作，抓紧完善重污染天气应急响应机制。要从严从重处罚拒不改正的违法企业，严厉打击散煤销售和使用行为，严禁散煤复燃。牛国新强调，要进一步压实地方领导责任、部门监管责任和企业主体责任，真正做到守土有责、守土负责、守土尽责。会上，崔万峰、陆文龙就做好大气污染综合治理工作进行安排部署。市生态环境局、市住建局、市城管局、市交警支队、双桥区、双滦区、承德高新区作表态发言。市政府秘书长杨玉甫，双桥区政府、双滦区政府、承德高新区管委会、市直相关部门主要负责人和部分企业代表在市主会场参加会议。各县（市、区）、承德高新区、御道口牧场管理区设分会场。

9月27日，承德市政府市长柴宝良主持召开全市冬季清洁取暖工作视频会议，听取各县（市、区）、各相关部门工作情况汇报。市委常委、常务副市长卢健出席会议。柴宝良强调，要进一步加快管线建设、电网改造等工程进度，确保“分布式光伏＋电取暖”改造工作如期完成，同步推进既有建筑能效提升改造。要全力做好炉具安装和生物质燃料保供等工作，确保生物质取暖工作扎实完成。要进一步摸清底数，备足货源，确保洁净煤供应。要严把煤源、生物质燃料质量关和炉具、报警器使用安全关，加强隐患排查，强化宣传引导，严格督导检查，严肃追责问责。卢健就做好冬季清洁取暖工作提出具体意见。市政府秘书长杨玉甫，市发改委、市财政局、市农业农村局、市城管局、市住建局、市市场监督管理局、承德供电公司主要负责人，中国建筑研究院专家，市清洁取暖项目推进办公室全体人员在市主会场参加会议。各县（市、区）政府、承德高新区管委会、御道口牧场管理区管委会设分会场。

【全市城乡建设类会议】 7月7日，市委副书记、承德市政府代市长柴宝良主持召开中心城区旱厕改造提升调度会议。市领导卢健、陆文龙出席会议。在听取中心城区旱厕改造提升方案介绍后，柴宝良强调，要科学规划，坚持“一区一特色、一厕一景点”，进一步完善旱厕改造提升方案，将承德厚重历史文化元素融入规划设计中，体现人性化服务，体现节能、安全，切实做到与周边建筑、环境相协调，与现代文明城市相匹配。要加快建设进度，新建厕所抓紧进行选址确认，确保临街地段和具备给排水能力厕所2021年全部完工；背街小巷和暂不具备给排水能力厕所要错开施工时间，加快推进，确保群众方便如厕。市政府秘书长杨玉甫，双桥区、双滦区、市城管局、市自然资源和规划局、市财政局主要负责人参加会议。

12月23日，承德市举行“推动开发区提质升级，助力全市经济高质量发展”干部大培训、工作大比拼活动。市委副书记、市长柴宝良，市政协主席吴清海，市委常委、宣传部部长赵青英，副市长陆文龙、张树国出席会议。市委常委、组织部部长颜世东主持会议。活动中，各县（市、区）政府、承德高新区管委会主要负责人分别在分会场通过网络云视频会议系统，围绕开发区基本情况、指标完成情况、主要工作举措、未来发展前景及下一步工作进行交流发言；与会市领导进行点评；主会场与会人员对各县（市、区）政府、高新区管委会主要负责人进行民主评议。会议强调，要强化领导，形成齐抓共管合力，全力推动开发区各项工作开展。要高点定位，完善优化布局，抢抓国土空间规划编制机遇，加强协调对接力度，高标准修编开发区空间规划，加快推进调区、扩区工作。要聚焦全市“3 + 3”主导产业和县域“1 + 2”特色产业，提升园区综合实力，推动产业向开发区聚集，促进产业链向高端发展。要以科技为引领，增强创新驱动能力，努力将开发区打造成为承接科技成果转移转化、培育壮大专精特新企业及高新技术企业发展主导产业核心载体。同时，实施知识产权保护进园区、进企业、全覆盖。要打造一流营商环境，加快补齐各类开发区生活服务业短板。要引育结合，加强园区人才培养。要勇于探索，深化开发区体制机制改革。市政府秘书长杨玉甫，市直有关部门负责人在市主会场参加活动。各县（市、区）、高新区、御道口牧场管理区设分会场。

【全市安全生产和防汛防火类会议】 5月8日，在集中收听收看河北全省安全生产警示教育视频会议后，承德市衔接召开全市安全生产视频会议。市委副书记、代市长柴宝良出席会议并讲话，市委常委、常务副市长李晋宇主持会议。柴宝良强调，要举一反三，深入开展安全生产大排查大整治行动。要以严而又严的举措，全面加强森林草原防火、旅游景区景点、矿山和尾矿库、民爆物品、建筑施工、道路交通、铁路沿线等重点领域安全管控，确保全市安全生产形势持续稳定向好；要严格督导考核，严肃追责问责，推动安全生产各项措施落实落细落到位，确保大事不出，小事也不出；要强化应急值守，严格执行领导在岗带班和24小时值班制度，确保通信顺畅、报告及时、启动迅速、处置到位，坚决杜绝迟报、漏报、瞒报情况发生。市政府秘书长杨玉甫，市直有关部门主要负责人参加会议。各县（市、区）政府、承德高新区管委会、御道口牧场管理区管委会设分会场。

7月24日，中共承德市委副书记、承德市政府代市长柴宝良主持召开全市防汛工作调度会议，市领导吴清海、卢健、陆文龙、王广维出席会议。在听取市直相关部门近期防汛工作情况汇报后，柴宝良指出，当前全市进入主汛期，要始终绷紧“防大汛、抗大洪、抢大险、救大灾”这根弦。要开展实时监测预警预报，充分运用信息技术手段，加密预报频次，及早开展预警，确保群众第一时间知晓，为避险转移提供精准指导。要按照“汛期不结束、排查不停止，隐患不排除、整治不间断”要求，对水库、尾矿库、山洪灾害易发区、地质灾害危险区、城镇低洼易涝区以及施工企业、工矿企业、旅游景区等重点区域部位，实行专人值守，彻底消除各类风险隐患。要坚决果断转移避险，坚决做到不漏一户、不落一人。要坚持未雨绸缪，进一步强化人防、物防、技防，加强应急演练，全力做好应急队伍、应急物资、交通通信等各项准备工作，以万全之准备应对万一之可能。会上，柴宝良还就做好汛期文物安全、农业减灾救灾、汛后防疫、雨污分流、工矿企业生产自救、养老机构防汛备汛、道路交通安全等工作提出明确要求。市政府秘书长杨玉甫，市防汛成员单位主要负责人参加会议。

7月27日，承德市召开安全生产督导检查工作动员会议暨市安委会全体（扩大）会议。市委副书记、代市长、市安委会主任柴宝良，省安全生产第二督导检查组组长、省工业和信息化厅二级巡视员赵东升出席会议并讲话。省安全生产第二督导检查组全体成员，市领导卢健、王广维出席会议。卢健主持会议。柴宝良强调，要以更严标准抓好矿山、尾矿库、危险化学品、冶金工贸、道路交通、建筑施工、燃气安全、汛期安全等重点行业领域防控，全面加强排查管控，强化人防、物防、技防，切实做到防患于未然、万无一失。赵东升通报此次开展安全生产驻市督导检查背景、目标、重点和要求。他强调，要坚持问题导向和目标导向相结合，坚持突出重点和全面督导相统筹，在推动抓落实上下功夫，进一步树牢安全发展理念，落实安全生产责任，排查治理安全隐患，防范化解重大风险，全面提升安全生产水平。会上，柴宝良与双桥区、市住建局、市城管局代表签订《2021 年安全生产目标管理责任书》。会议宣读《关于加强全省“防风险、除隐患、保安全”安全生产大排查大整治行动责任追究的通知》和《承德市安全生产联系督导和包联督查工作方案》，听取全市安全生产工作情况通报。丰宁满族自治县、市住建局有关负责人发言。市安委会成员单位主要负责人，市应急管理局、市消防支队班子成员在市主会场参加会议。各县（市、区）、承德高新区、御道口牧场管理区设分会场。

9月24日，第五届两市一盟（承德市、赤峰市、锡林郭勒盟）环塞罕坝区域森林草原防灭火联防联控联席会议在塞罕坝机械林场召开。两市一盟环塞罕坝区域森林草原防灭火联防委员会主任委员、市长柴宝良，河北省应急管理厅副厅长王玉洁出席会议并讲话。市委常委、常务副市长卢健主持会议。赤峰市市委常委、常务副市长生效友，锡林郭勒盟副盟长李永胜出席会议。会议认真传达学习中共中央总书记习近平考察塞罕坝机械林场重要讲话指示精神，宣读《两市一盟环塞罕坝区域森林草原防灭火联防联控工作方案》，联防区 7 个县旗单位作发言。会上，柴宝良代表两市一盟环塞罕坝区域森林草原防灭火联防委员会，与塞罕坝机械林场、御道口牧场管理区、木兰林场、围场满族蒙古族自治县、多伦县、克什克腾旗、融通农业发展红山军马场公司筹备组代表签订两市一盟环塞罕坝区域森林草原防灭火协议。柴宝良强调，进一步加强衔接配合，切实形成全覆盖、网格化责任体系，确保森林草原防灭火各项措施落地落实落到位。王玉洁强调，要坚持思想认识再提高、联防联控再加强、应急处置再提升，推动塞罕坝及周边区域森林草原防灭火工作向更高层次迈进。内蒙古自治区赤峰市克什克腾旗、锡林郭勒盟多伦县、融通农业发展红山军马场公司筹备组主管负责人应邀出席会议。市应急管理局、市林草局、河北承德航空护林站、围场满族蒙古族自治县政府、御道口牧场管理区管委会、塞罕坝机械林场、木兰林场、红松洼牧场主要或主管负责人参加会议。

12 月 2 日，在集中收听收看全国、全省城镇燃气安全排查整治动员部署电视电话会议后，承德市衔接召开全市城镇燃气安全排查整治动员部署会议。市委副书记、市长柴宝良主持会议并讲话。市委常委、常务副市长卢健，副市长陆文龙出席会议。柴宝良强调，要全方位开展隐患排查整治。要突出商超、宾馆饭店、用气企业以及居民操作规范等重点部位和薄弱环节，全面抓好燃气长输管线管护、瓶组液化气站取缔入网、中心城区天然气管道改造以及入户安检、加装安全设施等重点工作，持续强化宣传教育，严厉查处各类违法违规行为，守牢安全风险底线。同时，围绕抓好森林草原防灭火、矿山、尾矿库、危险化学品、食品药品等各领域安全，持续开展“拉网式”隐患排查整治。要健全长效监管和应急机制。要严格落实安全生产风险辨识和隐患排查双重预防机制，建立健全常态化检查排查，做到管细管长。卢健就做好燃气安全工作进行安排部署。市安委会成员单位主要负责人在市主会场参加会议。各县（市、区）、承德高新区、御道口牧场管理区设分会场。

【全市行政管理类会议】 5 月 24 日，在集中收听收看 2021 年河北全省普通高校招生考试安全工作电视电话会议后，承德市衔接召开会议，市委副书记、代市长柴宝良主持会议并讲话。副市长郭士刚就做好承德市 2021 年高考工作进行安排部署。柴宝良强调，要立即对高考准备工作开展一次“回头看”，把存在的各类问题隐患找出来、解决好。要全面加强试卷安全、考务安全，严肃考风考纪，为广大考生创造公平公正考试环境。要严格落实登记排查、消毒消杀、备用考场等疫情防控措施，保障广大考生和考试工作人员健康安全。要进一步健全完善应急预案，扎实做好考试期间防雷、防汛、防暑等工作，确保科学应对、有效处置。市政府秘书长杨玉甫，市招生委员会全体成员，市教育局、招生考试机构主要负责人参加会议。各县（市、区）设分会场。

10 月 19 日，承德市全面推进依法行政工作领导小组会议暨行政执法与行政审判工作联席会议在市中级人民法院召开。市长柴宝良出席会议并讲话，副市长王广维主持会议，市中级人民法院院长李勇出席会议并讲话。柴宝良强调，要聚焦关键重点，着力在依法全面履行政府职责、扎实有效推进地方立法、健全完善行政决策机制、严格规范公正文明执法、提高疫情防控应对能力等方面下功夫，加快构建职责明确、依法行政的政府治理体系。要健全完善府院联动机制，依法履行行政应诉职责，加大府院联动力度，有效化解矛盾纠纷，积极探索行政争议化解新途径。要深入开展法治政府建设示范创建活动，积极开展普法宣传教育，全力推进依法行政和法治政府建设工作落地落实。会上，柴宝良还就做好经济运行调度、项目谋划争列、清洁取暖、民生工程、保持社会和谐稳定等工作提出明确要求。李勇就全市行政执法机关和法院做好相关工作提出具体要求。会议传达河北省全面推进依法行政工作领导小组会议精神，通报 2020 年度依法行政工作考核结果和承德市行政复议行政应诉情况。会前，柴宝良在市中级人民法院就一起行政确权案件代表市人民政府出庭应诉。市政府秘书长杨玉甫，市全面推进依法行政工作领导小组成员单位主要负责人，各县（市、区）政府、承德高新区管委会、御道口牧场管理区管委会和市司法局主要负责人参加会议。

12 月 17 日，承德市召开民生工程调度会议，听取 2021 年民生工程总体进展情况和 2022 年民生工程征集、谋划情况汇报，安排部署相关工作。市委副书记、承德市政府市长柴宝良主持会议并讲话。副市长崔万峰、陆文龙、张树国出席会议。柴宝良强调，要按照“以人为本、普遍受益、量力而行、尽力而为”原则，坚持把群众的“急难愁盼”作为政府心事要事，找准找实民生事项，持续加强普惠性、基础性、兜底性民生建设，多办打基础利长远好事实事。要把群众呼声和需求作为决策主要依据，对征集谋划的民生事项进一步梳理整合、丰富拓展，做到应收尽列，让民生工程惠及更多人民群众。要坚持政府主导、市场化运作，切实解决资金难题。市政府秘书长杨玉甫，市直有关部门负责人参加会议。

重要文件

【经济发展类文件】 4 月 7 日，下发承德市人民政府办公室关于印发《承德市推进对外贸易创新发展的若干措施》的通知，旨在加快推进对外贸易“五个优化”和“三项建设”，以新补旧、以质补量、以内补外、以线上补线下，深化科技创新、制度创新、业态和模式创新，解决外贸创新发展愈加受到产品研发投入不足、品牌建设落后、贸易渠道匮乏等因素制约的问题。

7 月 10 日，下发承德市人民政府关于印发《承德市风电、光伏发电资源开发管理办法》的通知，旨在推动承德市风电、光伏发电资源高效开发利用，进一步优化资源配置、规范市场秩序，实现全市清洁能源产业高质量发展。

10 月 15 日，下发承德市人民政府关于印发《承德市加快培育规模以上工业企业三年行动计划》的通知，旨在加快培树一批主业突出、辐射明显、成长良好、竞争力强的规模以上工业企业。

10 月 27 日，下发承德市人民政府关于印发《承德市“211”民营企业评选办法》的通知，旨在加快培育一批大中型民营企业或企业集团，树立承德市优秀民营企业品牌。

11月4日，下发承德市人民政府办公室关于印发《支持和鼓励商贸流通企业发展的意见》的通知，旨在通过支持和鼓励商贸流通企业做大做强，充分发挥骨干商贸企业对消费的引领和支撑作用，进一步扩大企业规模，优化行业结构，推动消费增长。

11月5日，下发承德市人民政府印发《关于加快承接北京非首都功能疏解的若干政策措施》的通知，旨在吸取更多北京非首都功能向承德疏解，加快承德高质量发展步伐。

【依法行政便民利民类文件】 1月28日，下发承德市人民政府办公室关于印发《承德市全面推行证明事项告知承诺制工作实施方案》的通知，旨在针对直接面向企业和群众、依申请办理的行政事项，全面推行证明事项告知承诺制，方便企业和群众生产生活办事创业。

2月8日，下发承德市人民政府办公室关于印发《承德市市级国有金融资本出资人职责暂行规定》的通知，对出资人职责、金融机构国有资本管理与监督、重大事项管理、市属金融机构管理者选择与考核、责任追究等方面作出明确规定。

同日，下发承德市人民政府办公室关于加强行政许可和行政处罚信用信息公示工作的指导意见，旨在优化“双公示”工作流程，理顺数据报送路径，规范公示标准，畅通公开渠道，加强信息应用，建立“双公示”工作第三方评估机制，实现“双公示”数据的“全覆盖、无遗漏”。

3月3日，下发承德市人民政府办公室关于印发《承德市公共信用信息管理办法（试行）》的通知，旨在规范行政机关归集、公布和使用公共信用信息，实现公共信用信息资源共享，推进社会信用体系建设。

同日，下发承德市人民政府办公室关于印发《承德市“双公示”（即行政许可和行政处罚信用信息公示工作，简称“双公示”）工作考核评价办法》的通知，对考评对象、考评内容、考评方式、考评结果运用、工作要求等方面作出明确规定。

4月7日，下发承德市人民政府办公室关于印发《承德市行政审批与监督管理协调联动实施办法（试行）》的通知，对审批部门职责、监管部门职责、事项划转衔接机制、信息推送机制、联席会议与联络员机制、技术评审与审查员机制、责任追究机制等方面作出明确规定。

7月9日，下发承德市人民政府关于印发《承德市规范性文件管理办法》的通知，对规范性文件的制定、规范性文件的备案、规范性文件的评估、规范性文件的清理、法律责任等方面作出明确规定。

8月20日，下发承德市人民政府办公室关于印发《承德市政府投资项目代建制改革实施细则（试行）》的通知，对管理职责、项目的组织实施、资金管理及控制、监督与责任等方面作出明确规定。

8月30日，下发承德市人民政府印发《关于持续深化“证照分离”改革进一步激发市场主体发展活力的实施方案》的通知，旨在进一步深化“证照分离”改革，优化营商环境。

9月18日，下发承德市人民政府关于公布市政府行政规范性文件清理结果的决定，对7件市政府行政规范性文件予以废止，对9件市政府行政规范性文件予以宣布失效，对5件市政府行政规范性文件予以修改，将3件市政府行政规范性文件列入修改计划。

10月19日，下发承德市人民政府办公室关于印发《承德市化工重点监控点认定管理实施办法（试行）》的通知，将认定条件、认定程序、结果运用、监督管理等方面作出明确规定。

11月4日，下发承德市人民政府办公室关于印发《承德市市级政府投资项目概算审批管理办法》的通知，对概算编制与核定、概算控制、概算调整、责任追究等方面作出明确规定。

11月22日，下发承德市人民政府关于印发《承德市人民政府工作规则》的通知，对市政府组成人员职责、全面正确履行政府职能、坚持依法行政、实行科学民主决策、推进政务公开、会议制度、公文审批、工作纪律、廉政和作风建设等方面做出明确规定。

【农业农村类文件】 1月13日，下发承德市人民政府办公室关于印发《承德市"菜篮子"工程三年行动方案（2021—2023年）》的通知，旨在贯彻落实"菜篮子"市长负责制，不断提升蔬菜、畜牧产业高质量发展水平，有效满足人民群众对"菜篮子"产品的多样化需求，实现"产业升级、供需平衡、农民增收"。

1月27日，下发承德市人民政府办公室关于印发《2020年"承德山水"农产品区域公用品牌建设工作考核办法》的通知，旨在进一步推进"承德山水"品牌做大、做强，推动全市农业供给侧结构性改革，将承德市生态资源优势转化为生态产业优势，实现农业农村经济社会高质量发展。

4月7日，下发承德市人民政府办公室关于印发《2021年推进农村厕所革命工作方案》的通知，旨在针对承德市高寒缺水、地质复杂，破解技术难题，全面提升改厕质量，同步配套长效管护机制建设，有力有序推进农村厕所革命深入扎实开展。

5月11日，下发承德市人民政府办公室关于印发《2021年市政府领导包联县（市、区）特色产业工作方案》的通知，旨在努力推动县域特色产业提质量、创品牌、增效益。

5月24日，承德市人民政府办公室印发《关于承德市防止耕地"非粮化"稳定粮食生产实施方案》的通知，旨在实施最严格的耕地保护制度，处理好发展粮食生产和发挥比较效益的关系，科学合理利用耕地资源，把有限的耕地资源优先用于粮食生产，着力稳政策、稳面积、稳产量。

6月11日，下发承德市人民政府办公室关于印发《持续深化"四个农业"促进农业高质量发展的行动方案（2021—2025年）》的通知，旨在确保粮食安全的前提下，启动实施"133"工程（培育10个特色产业集群、建设30个现代农业示范园、打造30个高端精品），着力推动产业培育集群化、产业龙头规模化、产业载体项目化、产业基地标准化、产业创新融合化，全面提高农业质量效益和竞争力。

11月24日，下发承德市人民政府办公室印发《关于加快农村寄递物流体系建设工作方案》的通知，旨在充分激活释放承德"一市连五省（市、区）"独特区位交通优势，加快建成开放惠民、集约共享、安全高效、绿色低碳、双向畅通的农村寄递物流体系。

12月13日，下发承德市人民政府印发《关于持续深化供销合作社综合改革助力全面推进乡村振兴的方案》的通知，旨在通过持续深化供销社综合改革，进一步增强发展活力和内生动力。

【科技文化卫生体育类文件】 4月2日，下发承德市人民政府办公室关于印发《承德市全面深入推行科技特派员制度实施意见》的通知，旨在着力解决科技创新"最后一公里"问题，着力打造一支面向"三农"、面向企业、面向基层的新型科技特派员队伍，形成新型科技特派员服务支撑体系。

4月28日，下发承德市人民政府办公室关于推进人工影响天气工作高质量发展的实施意见，旨在准确把握人工影响天气的基础性、公益性定位，强化责任落实、科技支撑和体制保障，提高作业能力、管理水平和服务效益，服务承德市综合防灾减灾救灾、农业生产、生态修复、水源涵养、森林草原防灭火以及重大应急保障活动。

9月1日，下发承德市人民政府关于印发《承德市提升基层医疗卫生服务能力建设上医工程实施方案》的通知，旨在全面提升基层卫生健康保障水平。

10 月 25 日，下发承德市人民政府办公室关于印发《承德市关于加快推进科技创新的若干措施》的通知，旨在引导企业加大研发投入，着力培育创新发展、绿色发展、高质量发展新动能。

同日，下发承德市人民政府办公室关于印发《承德市基础研究行动实施方案》的通知，旨在进一步加强承德市基础研究工作，培养基础研究队伍，增强创新驱动源头供给。

10 月 26 日，下发承德市人民政府办公室关于印发《承德市全面加强药品监管能力建设工作方案》的通知,旨在确保全市人民用药安全有效。

11 月 22 日，下发承德市人民政府办公室关于印发《承德市残疾人运动员教练员奖励办法》的通知，旨在规范对残疾人运动员、教练员、有功人员奖励，调动运动员、教练员和残疾人体育工作者的积极性、创造性。

12 月 9 日，下发承德市人民政府办公室关于印发《承德市进一步规范文化市场综合行政执法工作实施方案》的通知，旨在明确执法权责，健全执法机制，统筹执法资源，提升执法效能，强化事中事后监管。推动建立权责明晰、上下贯通、指挥顺畅、运行高效、保障有力的文化市场综合行政执法体系。

12 月 29 日，下发承德市人民政府办公室关于印发《承德市科技创新“十四五”规划》的通知，旨在深入实施创新驱动发展战略，加快推进高质量发展的“生态强市、魅力承德”建设。

12 月 30 日，下发承德市人民政府办公室关丁印发《承德市气象事业发展“十四五”规划》的通知，旨在按照“实事求是、适度超前”的原则，全面总结“十三五”时期气象发展成就和不足，明确“十四五”时期气象发展指导思想、发展目标、主要任务和重点工程。

【生态环境保护和建设类文件】 4 月 15 日，下发承德市人民政府办公室印发《关于承德市 2021 年采暖季洁净煤取暖工作实施方案》的通知，对总体要求、目标任务、重点工作、保障措施等方面作出明确规定。

4 月 30 日，下发承德市人民政府办公室关于印发《承德市生态文明示范建设规划（2021—2025 年)》的通知，旨在不断提升生态环境质量，健全生态文明制度，推动经济社会发展和环境保护全面、协调、可持续发展。

5 月 14 日，下发承德市人民政府关于印发《承德市中国天然氧吧城市创建工作实施方案》的通知，旨在充分发掘高质量的旅游憩息资源，积极发展生态旅游、健康旅游、养生旅游，倡导绿色、生态生活理念，叫响“生态强市、魅力承德”生态资源品牌。

9 月 23 日，下发承德市人民政府关于建立健全绿色低碳循环发展经济体系的落实意见，旨在着力调整优化产业结构、能源结构、交通运输结构，全方位全过程推行绿色规划、绿色设计、绿色投资、绿色建设、绿色生产、绿色流通、绿色生活、绿色消费，使发展建立在高效利用资源、严格保护生态环境、有效控制温室气体排放的基础上，统筹推进高质量发展和高水平保护，建立健全绿色低碳循环发展的经济体系，确保实现碳达峰、碳中和目标。

10 月 19 日，下发承德市人民政府办公室关于印发《承德市深化生态保护补偿制度做好九项重点工作实施方案》的通知，旨在以中共中央总书记习近平考察承德为契机，抢抓国、省政策机遇，着力推动生态保护补偿制度改革，加快把承德市生态优势转化为发展优势，积极探索生态保护补偿“承德模式”。

12 月 9 日，下发承德市人民政府办公室关于印发《承德市进一步规范生态环境保护综合行政执法工作实施方案》的通知，旨在严格落实生态环境保护综合行政执法有关事项，扎实推进生态环境保护综合行政执法工作。

【城乡建设类文件】 1月28日，下发承德市人民政府办公室关于印发《承德市重点项目建设提升年升级加力行动实施方案》的通知，旨在以构建新发展格局为统领，聚焦主攻方向，加快构建现代产业体系，着力推进产业振兴和新型城镇化，着力保障和改善民生，加速融入以首都为核心的世界级城市群，以高质量投资和项目建设引领产业优化升级。

4月7日，下发承德市人民政府办公室关于印发《加强应急避难场所建设的意见》的通知，对基本原则、建设任务、建设要求、部门职责分工、保障措施等方面作出明确规定。

5月24日，下发承德市人民政府关于印发《承德市城乡规划管理若干规定补充规定(暂行)》的通知，旨在贯彻落实国土空间规划新理念、新要求，进一步加强和规范新形势下城乡规划管理。

6月21日，下发承德市人民政府办公室关于印发《承德市城市环境容貌整治行动具体实施方案》的通知，旨在进一步打造干净、整洁、有序、安全的城市环境，推动城市管理服务由主街主路向城市支路和背街小巷延伸。

8月4日，下发承德市人民政府关于印发《全力推进水资源保护和地下水超采综合治理及全社会节水工作实施方案》的通知，旨在坚持节水优先，把节水作为水资源开发、利用、保护、配置、调度的前提。

11月3日，下发承德市人民政府办公室关于印发《承德市城市更新行动实施方案》的通知，旨在进一步解决城市发展中的突出问题和短板不足。

【应急安全稳定类文件】 5月10日，下发承德市人民政府办公室关于印发《承德市森林草原消防专业队伍建设方案》的通知，旨在推进全市森林草原消防队伍标准化建设、实战化训练、规范化管理，全面提高森林草原火灾和其他灾害事故应急救援能力。

5月19日，下发承德市人民政府办公室关于印发《承德市通信保障应急预案》的通知，对组织指挥体系及职责、预防与预警、应急响应、后期处置、保障措施等方面做出具体规定。

5月20日，下发承德市人民政府办公室关于印发《承德市农村食品安全整治提升行动方案》的通知，旨在通过3年左右的整治提升工作，使承德市农村食品市场安全管理水平明显提升，长效监管机制更加完善，消费环境进一步优化。

6月2日，下发承德市人民政府办公室《关于全面加强水库除险加固和运行管护工作》的通知，旨在加快推进病险水库除险加固，建立健全水库安全运行长效机制，持续发挥水库综合效益。

7月5日，下发承德市人民政府办公室关于印发《全市迎峰度夏电力保障工作应急预案》的通知，对组织机构与职责、监测与预报、预警、应急响应、工作要求、信息报告和总结评估、应急保障、预案管理等方面做出明确规定。

7月6日，下发承德市人民政府办公室关于印发《承德市城镇既有管道燃气用户加装安全装置工作方案》的通知，旨在切实提高城镇既有管道燃气用户（包括城镇既有住宅、单位燃气用户）室内燃气设施安全水平，从根本上预防和减少事故发生。

7月27日，下发承德市人民政府办公室关于印发《2021年承德市气象防灾减灾绩效管理工作方案》的通知，旨在充分发挥气象防灾减灾第一道防线作用。

9月15日，下发承德市人民政府办公室关于印发《承德市全力推进200km2以上河道防洪达标建设实施意见》的通知，旨在努力提升河道防洪保安能力，逐步完善防洪功能体系，不断改善河道生态环境和河流水质。

10月18日，下发承德市人民政府办公室关于印发《承德市强化危险废物监管和利用处置能力改革行动方案》的通知，旨在切实提升危险废物监管和利用处置能力，有效防控危险废物环境与安全风险。

12月29日，下发承德市人民政府办公室印发承德市贯彻落实《河北省保障农民工工资支付办法》的实施意见，旨在形成市场主体自律、政府依法监管、司法联动惩处、社会共同监督的根治欠薪工作格局，有效解决拖欠农民工工资问题，确保农民工工资按时足额发放。

12月31日，下发承德市人民政府办公室关于印发《承德市水安全保障“十四五”规划》的通知，旨在对“十四五”期间承德市水务发展和改革进行顶层规划，保障水务科学健康发展、促进经济社会发展及现代化建设。

【社会民生类文件】 2月26日，下发承德市人民政府办公室关于做好月度调查失业率统计工作的通知，旨在建立健全城乡就业和失业调查统计体系，完善就业和失业统计及动态分析监测系统，及时准确地反映全市城乡劳动力资源、就业和失业人口的总量及结构，从而准确判断就业形势、正确制定和调整就业政策。

3月22日，下发承德市人民政府办公室关于印发《承德市进一步优化政务服务便民热线工作方案》的通知，旨在加快推进除110、119、120、122等紧急热线外的政务服务便民热线归并工作，至2021年9月底前，对全市各级各部门自行设立的政务服务便民热线以及国务院、省有关部门设立并在承德市接听的政务服务便民热线，按照河北省12345热线归并清单，采取整体并入、双号并行、设分中心三种方式，进行分类分级归并优化，统一名称、统一号码、统一标识、统一全天候在线，实现一个号码服务。

3月24日，下发承德市人民政府办公室关于印发《建立居家和社区基本养老服务清单制度的实施意见》的通知，旨在对现有相关政策进行梳理、集成和完善，重点围绕服务项目、对象、内容及标准等，对老年人应依法享受的基本养老服务项目实施清单管理。

4月23日，下发承德市人民政府办公室印发《关于建立健全养老服务综合监管制度促进养老服务高质量发展的实施方案》的通知，旨在推进形成高效规范、公平竞争的养老服务统一市场，持续优化营商环境，引导激励养老服务机构（包括养老机构、居家社区养老服务机构）诚信守法经营、积极转型升级。

7月14日，下发承德市人民政府办公室关于推进医疗保障基金监管制度体系改革的实施意见，旨在加快推进医疗保障基金（以下简称医保基金）监管制度体系改革，构建全领域、全流程的基金安全防控机制，以“零容忍”态度坚决打击欺诈骗保行为，维护社会公平正义。

9月18日，下发承德市人民政府办公室关于促进养老托育服务健康发展的实施意见，旨在按照中共中央总书记习近平到承德考察调研时对养老服务等方面的重要指示精神和省市相关工作部署，进一步完善政策体系，优化市场环境，健全监管机制，补齐发展短板，提升服务水平，构建具有承德特色的养老托育公共服务体系。

11月24日，下发承德市人民政府办公室关于印发《承德市职工基本医疗保险门诊共济保障实施细则》的通知，对门诊共济制度、个人账户、管理与监督等方面作出明确规定。

12月1日，下发承德市人民政府关于启动社会救助和保障标准与物价上涨挂钩联动机制的通知，旨在全市范围内启动承德市社会救助和保障标准与物价上涨挂钩联动机制，向保障对象发放价格临时补贴。

12月17日，下发承德市人民政府关于印发《承德市“十四五”残疾人保障和发展规划》的通知，旨在进一步保障残疾人民生，加快促进残疾人全面发展和共同富裕，推动残疾人事业高质量发展。

12月30日，下发承德市人民政府关于印发《承德市就业促进“十四五”规划》的通知，旨在实现更加充分更高质量就业。

重要活动

【赴县区督导检查调研】 1月9日，市长常丽虹赴丰宁满族自治县就疫情防控和洁净煤取暖工作进行督导检查。常丽虹一行先后到土城镇洞上村卫生室、县医院、金泽酒店、社区卫生中心和南辛营公安检查站，看望慰问坚守一线的医务工作者和工作人员，仔细检查疫情防控措施落实情况，并就扎实做好当前防控工作提出明确要求。常丽虹强调，要进一步筑牢“三道防线”，坚持一手防疫情输出，一手防疫情输入，全面加强进京车辆、人员、物资检测排查，坚决防止疫情流入北京。要聚焦境外和中高风险地区来承返承人员等重点人群，精准排查管控，严格按要求落实隔离、核酸检测等措施，切实筑牢安全防线。要抓好学校、养老院、福利院、监所等重点场所重点区域防控工作，严管严控公共场所和聚集活动。要坚持“人、物、环境”同防，加强冷链食品和非冷链食品物品管控，最大限度降低疫情风险。要强化定点医院、发热门诊、隔离点等规范管理，扎实做好全员核酸检测应急能力准备，备足备齐防疫物资，以万全之准备应对万一之可能。要加强对广大一线医务工作者和工作人员的关心关爱，加强个人防护，合理调整工作和休息时间，确保身心健康。要充分发挥基层党组织和党员、小组长、网格员作用，全民动员，扎实推进联防联控、群防群控，筑牢疫情防控的人民防线。常丽虹还深入洞上村百姓家中实地查看洁净煤取暖情况，强调要牢固树立以人民为中心的发展思想，严把煤源质量关和炉具、报警器使用安全关，确保广大群众清洁、温暖、安全过冬。丰宁满族自治县政府主要负责人，市发改委、市卫健委负责人参加调研活动。

2月1日，市长常丽虹赴隆化县督导检查疫情防控和安全生产工作。副市长陆文龙参加活动。常丽虹先后来到隆化县景怡大酒店、隆化县医院、韩麻营镇中心卫生院、马虎营村卫生室和汤头沟疫情防控检查点，看望慰问一线医务和工作人员，实地检查集中隔离点管控、医疗机构防控工作和村居卫生室防控措施落实情况。常丽虹强调，要高度重视集中隔离点管控工作，严格落实“三区两通道”“一人一间一卫”等标准，要完善医疗机构工作方案和应急预案，强化物资药品储备，科学设置核酸检测点，严格落实预检分诊，严格规范发热病人管理。在金风电控设备有限公司，常丽虹详细了解企业疫情防控和安全生产工作落实情况。常丽虹叮嘱企业负责人，没有安全就没有发展，要严格落实测温、扫码、通风消杀等防控举措，严格进口物资检验检测，提醒员工节日期间减少流动、避免聚集，确保安全。常丽虹鼓励企业要持续加大研发和技改力度，加快做大做强，并要求驻企政府工作服务站和政府服务代表更好发挥作用，切实为企业发展营造良好环境、创造良好条件。常丽虹来到隆化县森林防火指挥中心，听取相关负责人情况汇报，并就做好森林草原防灭火工作提出明确要求，强调当前正值森林草原防火关键期，要坚决克服松懈麻痹思想，严格网格化监管，坚持人防技防物防相结合，全力以赴做好森林草原防火各项工作，严格落实烟花爆竹禁售禁放。市政府秘书长杨玉甫，隆化县政府主要负责人，市发改委、应急局、卫健委负责人参加活动。

4月17日，代市长柴宝良赴滦平县进行调研。市政协副主席、滦平县委书记赵振清参加调研。柴宝良一行先后来到聚源矿业、信通首承矿业、滦平高新区、中鸿记食品科技公司、创新创业产业园、冀康现代物流总部基地、滦平县第一中学新校区、公交客运枢纽项目和金山岭滑雪度假区项目施工现场，与相关负责人深入交流，实地了解企业生产经营和项目建设进展情况。随后召开座谈会，听取滦平县经济社会发展情况汇报，就做好下一步工作提出明确要求。柴宝良指出，滦平县区位优势独特、生态环境优良、矿产资源丰富、旅游优势突出，要立足发展优势，深入融入协同发展，充分发挥对接北京的桥头堡和主战场作用，瞄准京津需求，主动对接合作，建好园区平台，力促更多大项目好项目落地，切实在服务北京、融入北京、借力北京中加快发展自己。要坚持统筹发展，实施乡村振兴战略，做精做大县城，在巩固拓展脱贫攻坚成果同乡村振兴有效衔接上走在前、做示范。强调要牢牢抓好安全生产，加大对尾矿库、头顶库等重点部位隐患排查力度，加强应急值守，确保安全。要毫不放松抓好疫情防控，全力办好民生工程民生实事，打好森林草原防火硬仗，扎实做好社会治安、信访维稳等工作，确保社会大局和谐稳定。市政府秘书长杨玉甫，滦平县政府主要和分管负责人，市农业农村局、市自然资源和规划局、市应急局主要负责人参加调研。

4 月 29 日，代市长柴宝良赴承德县调研。市人大常委会副主任、承德县县委书记齐建文参加调研。柴宝良一行先后来到六沟园区金龙输送机制造有限公司、万新承德滑雪小镇项目、京沈高铁承德县北站广场、穆勒四通现代农业产业园、承德县县城西区、华明服务外包产业园和承德乾隆醉酒业有限公司，与负责人深入交流，详细了解企业生产经营、项目建设进程和园区建设发展等情况。随后主持召开座谈会，听取承德县经济社会发展情况汇报。柴宝良指出，承德县紧邻中心城区，区位特殊，交通优越，园区基础扎实，发展势头良好。要立足新阶段、贯彻新理念、融入新格局，坚持创新驱动，强化龙头带动，紧盯特色智能制造、文化旅游等特色产业，做好延链补链强链文章。强调要站位大局，搞好城市规划建设管理，以服务业提升城市经济，在畅通城乡道路上集中发力，加快与中心城区同城化发展步伐，力争进入县城建设第一方队。要立足基础，按照“四个一批”要求，大力推进精准招商，强化园区配套改革，做优做强园区经济。要聚力“三农”，做好巩固拓展脱贫攻坚成果同乡村振兴有效衔接，争创一批乡村振兴示范片区和现代农业示范园区，带动更多农民增收致富。要保护生态，全面推进矿山综合治理和生态修复，抓好水和大气污染防治，确保生态环境持续改善。市政府秘书长杨玉甫，承德县政府主要负责人，市教育局、市农业农村局、市交通运输局主要负责人参加调研。

5 月 12 日，代市长柴宝良赴兴隆县调研。市政协副主席、兴隆县委书记薛青松参加调研。柴宝良一行实地踏查兴隆山景区、半壁山镇新杖子村和东闫杖子村、河北思泰嘉业新能源汽车部件有限公司、荣盛安旭新能源产业有限公司，详细了解文旅康养产业发展、乡村振兴、农村人居环境整治、垃圾污水处理、新能源产业发展等情况，随后召开座谈会，听取兴隆县经济社会发展情况汇报。柴宝良指出，兴隆县区位优势独特，森林覆盖率高，旅游业特色鲜明，结构调整卓有成效，农村人居环境持续提升。要全力做好协同发展大文章，充分发挥对接京津桥头堡作用，着力精准招商、做强园区、优化营商环境，力争在承接京津产业转移等方面实现更大作为，加快实现自身高质量发展。强调要全力推进绿色产业高端化发展，在延链条、树品牌、增效益上下功夫，抓好现有产业提档升级，加快培育商务会展等高端服务业，发展全域旅游，打造科技成果转化基地，努力提升产业层级，增加产品附加值。要全力打造环首都特色卫星城，切实把县城规划好、建设好，紧盯水电路讯等基础设施把短板弥补好，进一步增强县城辐射带动力和人才吸引力。要全力打造乡村振兴示范区，抓好巩固拓展脱贫攻坚成果同乡村振兴有效衔接，做大做强乡村产业，持续深化农村人居环境整治，争创环首都乡村振兴示范区。市政府秘书长杨玉甫，兴隆县政府、市住建局、市旅游和文化广电局、市扶贫办主要负责人参加调研。

6 月 4 日，代市长柴宝良赴丰宁满族自治县就经济社会发展、产业发展、“六项重点工作”进行督导调研。柴宝良一行实地踏查京北中小企业总部基地、远景能源公司、平安高科实业公司、宏亭汽车部件公司、大唐国际漫景风电厂、北控新能源集中光伏电站和抽水蓄能电站项目，详细了解企业发展和项目建设情况，并叮嘱企业和项目单位，切实绷紧安全生产这根弦，扎实做好防汛备汛各项工作。随后主持召开座谈会，听取丰宁相关情况汇报。强调要全力推动“六项重点工作”落地落实，坚持把安全稳定作为当前第一位政治任务，抓好政法队伍教育整顿、县乡领导班子换届、中共党史学习教育、常态化疫情防控等重点工作。要紧盯主要指标强化经济运行调度，抓好重点项目建设和现有企业帮扶，加强基层统计队伍建设，做到应统尽统，确保经济稳定健康增长。要做大做强文化旅游、清洁能源等特色优势产业，积极培育旅游新业态，加快发展氢能产业，力争走在全市前列。要更加主动保护生态、建设生态、探索生态，积极探索生态价值实现新路径，努力为全市探索可复制可推广的经验模式。要把北京作为开放主阵地，着力提升园区聚集力和县城美誉度，在深入推进协同发展中加快实现自身高质量发展。要巩固好脱贫成果，壮大一批农业产业化龙头企业，深入实施乡村建设行动，推动脱贫攻坚同乡村振兴有效衔接。要着力保障和改善民生，认真做好保就业、清洁取暖等工作，确保如期高质量完成民生工程。市政府秘书长杨玉甫，丰宁满族自治县党政主要负责人，市直相关部门主要负责人参加调研。

10 月 24 日，市长柴宝良到围场满族蒙古族自治县调研经济运行、乡村振兴、重点项目、清洁取暖等工作，并实地督导检查疫情防控措施落实情况和森林草原防火工作。柴宝良来到围场疫情防控工作领导小组办公室下辖的信息数据小组和指令下达督办小组，实地检查大数据推送等疫情防控措施落实情况。柴宝良指出，要迅速启动应急响应，紧盯中高风险地区来承返承和入境来承人员，全面加强排查管控，扎实做好重点人群核酸检测等准备工作，强化防疫物资储备，层层压实责任，全力维护广大人民群众生命安全和身体健康，坚决当好首都政治“护城河”。在森林草原防火指挥中心，柴宝良听取相关负责人情况汇报，并通过视频监控仔细查看各地防火措施落实情况。强调全力做好塞罕坝及周边区域森林草原防灭火工作，坚持人防物防技防相结合，进一步强化火源管控和隐患排查，健全完善网格化监管体系，加大基础保障和宣传教育力度，强化 24 小时值班值守，严格督导检查，坚决打赢秋冬季森林草原防火硬仗。柴宝良实地调研天原药业有限公司、宇航人高山植物应用技术有限公司、泓辉双合淀粉有限公司和津垦塞彝百万只优质肉羊深加工项目，详细了解企业生产经营和项目进展等情况，鼓励企业要坚定发展信心，克服困难，加快技改升级。强调要以本地特色优质农产品为依托，发挥龙头企业带动作用，围绕农产品精深加工，进一步做好延链补链强链文章，不断提高产品附加值，带动更多农民增收致富。柴宝良深入半截塔镇冯家店村，看望慰问群众并实地查看清洁取暖工作。强调要加快推进“分布式光伏 + 电取暖”改造、生物质取暖和洁净煤取暖等工作，确保广大群众清洁安全温暖过冬。市政府秘书长杨玉甫，市发改委、市农业农村局、市林草局主要负责人参加调研。

11 月 3 日，市长柴宝良到承德高新区调研企业运行情况。柴宝良一行实地调研金建检测仪器有限公司、润韩汽车零部件有限公司、承通机电设备科技有限公司、天大钒业有限责任公司、比亚迪汽车工业有限公司承德分公司和启恒固废资源综合再利用项目，听取企业负责人情况汇报，深入生产一线详细了解企业生产经营情况，鼓励企业要坚定发展信心，在技改升级、环保等方面持续加大投入，不断提升产品附加值和市场占有率。柴宝良指出，高新区是承德对外开放的窗口、招商引资和企业聚集的主阵地，要紧紧围绕全市“3 + 3”主导产业发展，着力在精准招商、产业链条延伸、基础设施建设等方面下功夫，吸引更多大项目、好项目落地生根、开花结果，为全市经济社会高质量发展做出更大贡献。强调要突出创新驱动、科技引领，加快高新技术企业和科技型中小企业发展步伐，提高企业科技含量、技术水平和产业层级，切实做好延链补链强链文章，打造全市“专精特新”企业的样板和示范。要加强园区基础设施建设，完善配套服务，进一步提升园区承载力和辐射带动力。要扎实做好企业帮扶工作，深入落实包联责任，实实在在为企业办实事、解难题，助力企业稳产达产。柴宝良要求，要扎实做好疫情防控各项工作，要扎实做好企业周边环境治理。市政府秘书长杨玉甫，承德高新区管委会、市工信局、市商务局、市科技局主要负责人参加调研。

11 月 4 日，市长柴宝良到双桥区调研经济运行、重点项目建设、文化旅游、社区建设、老旧小区改造等工作，并实地检查供热保障、疫情防控措施落实等情况。柴宝良一行实地察看启迪鸿星（承德）冰雪文体科技项目、承德壹号文化旅游产业园项目，并前往承德热力集团有限责任公司、西大街街道办事处和南兴隆小区，详细了解供热保障、社区建设和老旧小区改造等工作开展情况。随后主持召开座谈会，听取双桥区经济社会发展情况汇报，就做好相关工作提出明确要求。强调要着力盘活现有土地存量、做好增量，实现城市资源配置容量和配置效益的最大化，为经济社会高质量发展提供强有力支撑。要充分发挥中心城区优势抓招商，聚集文化旅游、商贸物流、医疗康养、金融保险等各类高端服务业态，大力发展“总部经济”，推动文旅康养产业提档升级。要强化民生保障，在文化、教育、卫生等民生事业上加大投入，高质量完成好省市民生工程，不断增强广大市民的幸福感、获得感和满意度。要坚持高标准规划建设、精细化管理城市，紧密结合全国文明城市创建，围绕城市建设、基础设施完善提升等方面补短板、强弱项，真正把双桥区打造成承德最靓的名片。要求市直各部门要全力支持双桥区工作，加强对接指导，为双桥区发展营造良好环境。市政府秘书长杨玉甫，市财政局、市住建局、市城管局、市自然资源和规划局、市文物局、市林业和草原局主要负责人参加相关活动。

11 月 7 日，市长柴宝良到双滦区调研重点企业安全生产、大气污染防治等工作，并实地检查疫情防控措施落实情况。来到河钢集团承钢公司，柴宝良实地调研炼铁 4 号高炉、150 吨提钒炼钢系统 1 号转炉和亚熔盐法清洁提钒生产线，听取相关负责人汇报，详细了解生产工艺流程，鼓励企业要把钒钛资源优势、工艺技术优势和装备优势快速转化为产品竞争优势，为市场提供特色精品，为全市经济社会高质量发展作出更大贡献。在河北北汽福田汽车部件有限公司，柴宝良深入生产一线详细了解生产经营情况，询问企业还有什么困难，叮嘱企业要加大研发和技改升级力度，进一步提升产品附加值和市场占有率，加快做大做强。柴宝良指出，安全生产责任重于泰山。要深入学习贯彻中共中央总书记习近平关于安全生产的重要论述，时刻绷紧安全生产这根弦，以更严标准、更实举措，坚决防范遏制各类安全事故发生。要持续深入开展安全生产隐患大排查大整治行动，全面彻底排查，坚决迅速整改，把所有隐患消灭在萌芽状态。要层层压实责任，严格落实企业主体责任、部门监管责任和党政领导责任，严格督导考核，严肃追责问责。柴宝良强调，要严格落实大气污染防治各项措施，紧盯空气质量变化，扎实做好重点工业企业总量减排、建筑工地防尘抑尘、重型机动车和夜间渣土运输车管控等工作，确保全市环境空气质量持续稳定改善。要坚持有法必依，执法必严，加大督导检查和联合执法力度，严厉打击各类破坏环境的违法行为。强调要保持高度警觉，严格落实疫情防控责任，全力维护广大员工生命安全和身体健康。要求各级各部门要扎实做好企业帮扶工作，落实包联责任，真心实意为企业办实事、解难题，切实为企业加快发展营造良好环境。市政府秘书长杨玉甫，双滦区政府、市发改委、市工信局、市生态环境局主要负责人参加调研。

12月4日，市长柴宝良到宽城满族自治县调研重点企业运行、重点项目建设、乡村振兴、清洁取暖等工作，并就安全生产、疫情防控措施落实情况进行现场检查。柴宝良一行实地考察河北东梁黄金矿业、升华压力容器制造、鑫华压力容器制造、鑫满压力容器制造、京宝新材料科技和河北琢酒集团等企业，每到一处，柴宝良都与相关负责人深入交流，深入生产一线详细了解企业生产经营情况，询问企业发展中的难点和问题，并鼓励企业要坚定信心，加大技改升级力度，加快转型发展、做大做强。强调要认真践行“两山”理论，坚定不移转方式调结构，立足现有优势产业，开展延链补链强链，培育特色主导产业，加快构建现代产业体系，为经济社会高质量发展提供长久支撑。要在招商引资上下功夫，发挥压力容器产业优势，围绕产业链精准招商，打造压力容器产业园区，促进产业集约集群发展。要深入实施矿山生态修复工程，加强绿色矿山建设，严厉打击非法采矿、破坏山体行为，全力打造国家级绿色矿业发展示范区。要深入开展安全生产三年专项整治行动，紧盯重点领域和关键环节，持续开展隐患排查整治。要毫不放松抓好疫情防控，坚决维护广大群众生命安全和身体健康。柴宝良来到龙须门镇药王庙村，随机深入普通百姓家中，详细了解乡村振兴、清洁取暖等工作开展情况。强调宽城要充分发挥生态环境优良、农产品特色鲜明等优势，坚定不移推进乡村振兴，大力培育特色富民产业，加快发展农产品精深加工，持续深化人居环境整治，促进农业高质高效、乡村宜居宜业、农民富裕富足。要全力做好“分布式光伏＋电取暖”改造、生物质取暖和洁净煤取暖等工作，严把煤源、生物质燃料质量关和炉具、报警器使用安全关，确保广大群众清洁安全温暖过冬。市政府秘书长杨玉甫，市直相关部门主要负责人参加调研活动。

12月18日，市长柴宝良到鹰手营子矿区调研重点项目建设、文旅康养产业发展、棚户区改造等工作，并实地督导检查清洁取暖、疫情防控措施落实情况。柴宝良一行深入承德建龙特殊钢有限公司生产一线，详细了解钒钛高科无缝管装备项目进展情况。柴宝良指出，要着力提升产业链现代化水平，推进钒钛钢铁向钒钛高端制品方向发展，加强与汽车机械、新能源、高端装备制造等下游企业合作，加快构建“钒钛制品－含钒特钢－装备制造”的产业链条，努力为承德市建设国际一流钒钛产业基地做出贡献。要鼓励引导企业技改扩能，实施科技赋能，加快实现转型发展、绿色发展、高质量发展。要始终绷紧疫情防控这根弦，严格落实各项防控措施，确保广大群众生命安全和身体健康。柴宝良来到北马圈子棚户区改造项目现场，听取相关负责人汇报，详细了解项目进展情况。柴宝良强调，要坚持以人民为中心的发展思想，创新思路举措，破解资金瓶颈制约，加快解决棚改问题。要全力保工期、保质量，着力完善水电路气讯等基础设施配套建设，不断提高广大群众的幸福感和满意度。在鹰手健康小镇文旅项目现场，柴宝良听取项目进展情况汇报，鼓励企业要围绕“一二三产业融合”，继续强化招商引资，既要招来更多的食品加工企业，也要千方百计吸引农产品生产企业、文旅企业、物流企业聚集，整合要素、共享资源、相互带动，走规模化、集约化、集群化发展之路，为未来发展积蓄后劲。柴宝良深入北马圈子镇金扇子村204沟群众家中，实地检查清洁取暖情况。柴宝良强调，要严把煤源、生物质燃料质量关和炉具、报警器使用安全关，确保广大群众清洁安全温暖过冬。市政府秘书长杨玉甫，市委宣传部、市发改委、市住建局、市工信局负责人参加活动。

【赴市直部门督导检查调研】 4月6日，代市长柴宝良到市财政局调研。柴宝良一行先后到市财政局党建工作展厅和承德财政改革发展实绩陈列室，详细了解中共党史学习教育开展和国有资产管理改革等情况，随后召开座谈会，听取全市财政工作情况汇报，并就做好下一步财政工作提出明确要求。柴宝良对市财政局取得的成绩予以肯定。他指出，市财政局班子坚强有力，主动担当作为，为统筹疫情防控和经济社会发展做出重要贡献。强调要聚焦主业，生财育财，下大力做好收入征管和税源培植工作，全面摸清财源底数，建立健全财税定期调度机制，依法征收，应收尽收。要充分发挥牵头作用，认真研究政策，主动对接，提前谋划，积极争取支持。要加强财政预算管理，科学合理安排资金，全力保障民生实事等重点支出，不断增强广大群众的获得感、幸福感。要严守底线、防范风险，确保财政资金安全高效运行，把资金用在刀刃上，最大程度发挥效益。柴宝良勉励财政系统广大干部职工，要勇于担当、善于作为、创先争优，为推动全市经济社会平稳健康发展做出新的更大贡献。

7 月 20 日，代市长柴宝良到河北省联社承德审计中心、市工商银行、承德银行调研。副市长崔万峰参加调研。每到一处，柴宝良都仔细听取相关负责人汇报，详细了解各金融机构支持实体经济发展、发展普惠金融等工作进展情况。柴宝良强调，各金融机构要主动服务全市发展大局，全力支持市委、市政府决策部署实施，在支持实体经济、助力“3 + 3”主导产业发展、加快城市基础设施建设等方面持续加大力度，为推动经济社会高质量发展作出更大贡献。要进一步优化信贷投放结构，简化流程提高效率，努力提升服务实体经济的精准性、直达性、普惠性。要统筹发展与安全，坚决防范和化解金融风险，牢牢守住不发生系统性金融风险底线。要求要高度重视金融工作，加强金融监管机构建设，强化金融人才保障，为金融改革发展稳定营造更加良好环境。市政府秘书长杨玉甫，市地方金融监管局、人民银行承德市中心支行、承德银保监分局主要负责人参加调研。

11 月 10 日，市长柴宝良到市发改委调研并主持召开座谈会，听取市发改委 2021 年工作总结和 2022 年工作谋划情况汇报，并就做好相关工作提出明确要求。柴宝良指出，要进一步吃透上级政策，明确主攻方向，指导各部门、各县（市、区）全力做好项目包装谋划、向上跑办争列等工作，为未来高质量发展赢得更多先机和主动。柴宝良强调，要立足发展实际，牵头抓好经济运行，紧盯主要经济指标加强调度，协调推动各项重点任务落地落实，确保完成全年目标任务；要牵头抓好产业重构，大力发展清洁能源和钒钛新材料等产业，推动全市“3 + 3”主导产业提速提级；要牵头抓好项目建设，加强与央企京企等大企业集团对接力度，力促更多大项目好项目落户承德，开花结果；要牵头抓好开放协同，聚焦北京非首都功能疏解，加快形成一批协同发展的突破口和引爆点；要牵头抓好改革创新，深化经济体制改革，加大企业技改研发帮扶力度，为经济社会高质量发展提供强大动力；要牵头抓好民生改善，不断增强广大群众获得感幸福感。要突出规划引领，组织编制好各项专项规划，认真谋划好明年工作，科学谋划好未来承德高质量发展。市政府秘书长杨玉甫参加调研。

11 月 15 日，市长柴宝良到市工业和信息化局调研并主持召开座谈会，听取市工业和信息化局 2021 年工作及 2022 年谋划情况汇报，就主导产业发展、尾矿综合利用等方面进行深入交流探讨，并对做好下步工作提出具体要求。柴宝良指出，市工业和信息化局要进一步加强调查研究，切实摸清全市工业企业底数，做到心中有数，为市委市政府决策提供第一手资料参考。柴宝良强调，要充分发挥优势，紧紧围绕特色智能制造、钒钛新材料、大数据、绿色新型建材、清洁能源等产业，大力实施延链强链补链行动，做好“有中生新、无中生有”文章。要更加积极主动做好企业服务保障工作，落实包联责任，针对企业面临的困难问题出真招实举，切实营造更加良好的营商环境，为企业加快发展保驾护航。柴宝良强调，打铁还需自身硬。要进一步加强领导班子和干部队伍建设，加强学习培训，全力提升业务素质，努力打造一支“懂经济”的专业队伍。副市长崔万峰，市政府秘书长杨玉甫，市发改委负责人参加调研。

11月17日，市长柴宝良到市卫健系统调研。柴宝良一行先后到市妇幼保健院、市儿童医院、承德医学院附属医院南院区、市中医院、市中心医院、联勤保障部队第981医院、市第三医院，看望慰问一线医护人员，听取市卫健委及各医院工作情况汇报，深入相关科室，详细了解医院建设运行、诊疗流程、核酸检测能力、医疗物资储备等情况，并就疫情防控措施落实情况进行实地检查。柴宝良指出，要坚持深化医改，统筹做好常态化疫情防控，全面抓好服务能力提升、公共卫生安全、重点人群健康、中医药传承、信息化建设、健康促进等重点工作，推动全市卫生健康事业高质量发展。强调要加强各级医疗机构基础设施建设，坚持科学规划，全力加快项目前期跑办，在建项目要加快施工进度，确保施工质量和施工安全，真正做到功能完备，满足群众医疗需求。要进一步强化重点领域医疗卫生合作，加大人才培养和引进力度，推动优质医疗资源均衡布局，确保惠及全市百姓。要充分发挥核酸检测实验室作用，加快检测速度，提升检测能力和水平。要扎实组织好疫苗接种工作，切实做到应种尽种、适种尽种。市政府秘书长杨玉甫，市卫健委、市财政局、市自然资源和规划局主要负责人参加调研。

11月22日，市长柴宝良到市农业农村局、市水务局调研并主持召开座谈会，听取全市农业农村发展和市河流水系及相关工作情况汇报，并就做好相关工作提出具体要求。柴宝良指出，要发挥优势，立足打造环首都周边乡村振兴的示范样板，着力在做优产业、做强品牌、做大市场上下功夫，推动农业经济持续稳定向好。要加大投入，持续改善农村人居环境，深化农村重点领域改革，提升乡村治理能力，不断改善农村生产生活面貌。要强化担当，打造一心为农优秀干部队伍，为全市农业农村高质量发展作出新的更大贡献。柴宝良强调，要加快推进重点水利工程、农村供水工程和水利基础设施建设，加大跑办对接争列力度，在服务承德市经济社会发展的同时全力保障京津地区用水。要加强河道监管，切实摸清承德市河流水系底数，深入实施滦河潮河水质保护工程，扎实做好老城区“一纵五横”河道疏浚治理，常态化开展河湖“四乱”清理整治，确保水质持续稳定达标。要紧密结合中心城区规划，扎实做好旱河治理、水环境治理项目谋划工作，积极向上争取支持，确保早日落地见效。要高度重视做好防汛工作，深入开展隐患排查整治，全面提升水旱灾害防治能力，确保安全度汛。副市长崔万峰，市政府秘书长杨玉甫参加调研。

【赴重点领域检查暗访调研】 5月3日，代市长柴宝良就中心城区节日旅游市场和文化基础设施建设进行检查。柴宝良来到承德博物馆，详细了解博物馆建设和文物保护等情况。柴宝良指出，要深入学习贯彻中共中央总书记习近平关于文物工作重要论述和重要指示批示精神，以承德博物馆为依托，让大量的历史文物和优秀传统文化活起来，为提升全市公共文化服务水平添动力、增活力。在避暑山庄，柴宝良实地查看景区文创产品购物店、承德好礼旅游商品购物旗舰店和避暑山庄博物馆文创展示馆、文创店。柴宝良强调，要深挖承德厚重的历史文化，讲好承德故事，不断增强城市知名度和美誉度。要加快文化旅游产业提档升级，以承德山水、承德好礼两大品牌为依托，从供给端发力，不断满足广大游客和市民多样化消费需求。在听取承德非物质文化遗产展示中心负责人介绍承德市共有丰宁满族剪纸、二贵摔跤等国家级非物质文化遗产9项，承德清音会等省级非物质文化遗产42项后，柴宝良叮嘱相关部门要高度重视非物质文化遗产保护和传承工作，鼓励支持传承人开展传习活动。在承德规划馆，柴宝良强调，要坚持以科学规划为先导，优化城市功能布局和产业布局，传承保护历史文化，为推进经济社会高质量发展奠定坚实基础。强调要牢固树立“以人为本”的理念，紧盯疫情防控、道路交通安全、景区安全、食品安全、消防安全等重点领域和关键环节，努力消除各种安全隐患，确保节日旅游市场安全有序。市政府秘书长杨玉甫，市直相关部门主要负责人参加调研。

同日，代市长柴宝良到京哈高铁承德南站暗访道路交通安全工作。5月3日晚7时05分，两列高铁先后在承德南站停靠，出站乘客在调度员的指挥下有序乘坐各类交通工具离开。柴宝良先后来到承德南站社会车辆停车场、出租车停车场、公交车停车场和旅客临时候车室，仔细查看车流量及道路通行情况。柴宝良指出，“五一”期间出行人多、车流量大，要千方百计做好道路交通安全工作，确保通行顺畅、出行安全。公交车每隔20分钟发出一辆，营运车辆在专门的出租车停车场等候，车站还为私家车增设临时停放点。柴宝良对节日期间承德南站道路交通安全工作表示肯定。强调要时刻绷紧安全生产这根弦，坚决克服松懈麻痹思想和侥幸心理，深入推进道路交通安全整治，进一步查风险、除隐患、防事故，确保不出问题。要充分运用智能化、信息化手段加强调度监管，及时研判高峰流量，切实做到动态监管、精准施策。要着眼细节，进一步做好健全电子地图指引、丰富道路标识提示等工作，不断提升服务质量和水平。要严格执法，严厉打击各类交通违法行为。柴宝良要求，各级各部门要高度重视道路交通安全工作，强化协调联动，切实为广大市民和游客出行营造安全稳定的社会环境。市政府秘书长杨玉甫参加暗访。

5月11日，代市长柴宝良到双峰寺水库、双峰寺地表水厂调研。柴宝良到双峰寺水库和双峰寺地表水厂，听取相关负责人情况汇报，实地了解水库、水厂建设和运行情况，并深入水厂混凝沉淀车间和滤池车间，仔细检查设备运行情况。柴宝良指出，双峰寺水库是国务院确定的172项重大水利工程之一，也是承德市重大民生工程，对于大幅提升区域和流域防洪能力、有效保障城市生产生活、生态用水、改善生态环境等方面具有重要意义。强调安全生产责任重于泰山。汛期即将来临，要保持高度警觉，着力加强水库运行管理，完善应急预案，强化值班值守和管理培训，确保安全度汛，切实维护好广大人民群众的生命财产安全。要加强对水质全过程、全步骤监管，确保出厂水和末端水水质全部达标。要加强对设备的检测检修，确保运行正常。柴宝良实地查看双峰寺水库上游西坎村、甸子村、山湾村、南堂村，听取乡道建设、周边土地规划利用等情况汇报，并就做好相关工作提出明确要求。柴宝良强调，要统筹做好双峰寺水库周边区域规划控制工作，完善提升道路交通等基础设施建设，为全面发挥双峰寺水库综合效益奠定坚实基础。市政府秘书长杨玉甫，双桥区、市水务局、市交通运输局、市自然资源和规划局主要负责人参加调研。

5月12日，代市长柴宝良到中心城区就公交候车站点和殡仪馆基础设施改造提升工作进行调研。副市长刘宏伟参加调研。柴宝良一行先后实地踏查迎宾路、普乐路、狮子园路、万树园小区、武烈路、承德大桥公交站点，听取公交站点候车亭设计方案汇报，叮嘱相关部门要广泛征求意见，严格规范设计，针对不同点位精准施策，更好服务广大群众和游客。随后就市殡仪馆建设运行情况进行调研，并就做好相关工作提出明确要求。强调要坚持以人民满意为标准，高质量做好公交候站点、过街天桥、公厕等基础设施建设，与历史文化和城市风貌相融合，突出智慧智能，切实把好事办好，把实事办实，让人民群众享受到更多城市发展成果。要坚持高起点规划、高标准建设，统筹做好殡仪馆周边道路交通、绿化美化等基础设施配套，同步提升外部整体环境。柴宝良要求，各级各部门要高度重视，层层压实责任，加强协调配合，确保如期高质量完工，为全市人民交上一份满意的答卷。市政府秘书长杨玉甫，双桥区、市直相关部门主要负责人参加调研。

6月11日，代市长柴宝良赴围场满族蒙古族自治县庙宫水库督导检查防汛工作。柴宝良一行实地检查庙宫水库泄洪洞、溢洪道等设施运行情况，详细了解水库防汛备汛情况。柴宝良叮嘱相关部门，要牢固树立“防大汛、抗大洪、抢大险”意识，坚决克服麻痹思想和侥幸心理，扎实做好防汛抗旱、抢险救灾各项准备，确保安全度汛。强调要突出水库、尾矿库、塘坝、重点河道、山洪灾害易发区、城市内涝点等重点区域部位，全面开展风险隐患排查整治，加密检查排查频次，加大督导整治力度，确保不留死角、不留隐患。要加强工程调度，提前做好水库预泄预排、病险水库空库运行等工作，确保上下游防洪绝对安全。要坚持“宁可备而不用，也不可用而无备”，遇有险情要第一时间组织群众避险转移，明确防汛救援抢险线路，确保不落一户、不丢一人，确保人民群众生命财产安全。柴宝良要求，要层层压实责任，主要负责人深入一线、靠前指挥，各部门分兵把口、通力配合，切实形成群防群控合力。围场满族蒙古族自治县党政主要负责人，市水务局主要负责人参加检查。

6月12日，代市长柴宝良到中心城区督导检查排水防涝工作。副市长刘宏伟参加检查。柴宝良一行先后来到高新区高铁南站站前广场和双桥区南园、竹林寺、大老虎沟、旅游桥、狮子沟，详细了解易积水区域整治情况，随后实地检查普乐路铁路泵站、双峰寺承围线下穿泵站运行和维护情况，听取相关负责人情况汇报，并就做好中心城区排水防涝工作提出明确要求。强调要深入推进城市易积水区域整治百日攻坚行动，全面排查问题隐患，建立问题台账，整治一处，销号一处，坚决杜绝死角和盲区。要做好易积水区域整治工作“回头看”，确保高标准、高质量整改到位。要加强预警预报，进一步完善工作方案、应急预案，备足各类防汛抢险物资、器械，强化应急演练，切实提高防汛队伍抢险水平和群众避险自救能力。市政府秘书长杨玉甫，双桥区、承德高新区主要负责人，市直相关部门主要负责人参加检查。

7月9日，代市长柴宝良就中心城区旱河治理工作进行督导调研。副市长崔万峰、陆文龙参加调研。柴宝良一行先后实地检查二仙居旱河、狮子沟旱河、石洞子沟旱河、牛圈子沟旱河和红石砬沟旱河，听取相关负责人情况汇报，详细了解旱河现状、存在问题和治理计划，随后召开调度会，就做好旱河治理工作提出明确要求。强调要立足当前，进一步摸清底数，抓紧制定工作方案，加快推进中心城区旱河清淤、疏浚等治理工作，全面提升旱河行洪能力；充分发挥旱河作用，迅速畅通各小区与旱河相连的排水口，确保安全度汛。要着眼长远，坚持以科学规划为先导，扎实做好河道整治、截污治理、疏浚蓄水等工作，因地制宜打造生态景观，全力做好“水”的文章，推动周边环境同步提升。要求要坚持建管结合，各级各部门要层层压实责任，加强协调联动，切实形成推进中心城区旱河治理工作的强大合力。市政府秘书长杨玉甫，双桥区政府、市水务局、市自然资源和规划局、市城管局、市水务集团主要负责人参加调研。

9月18日，市长柴宝良到中心城区调研公厕建设改造工作。副市长陆文龙参加调研。柴宝良一行先后来到承德高新区四季城椿林苑、河北石油职业技术大学、河北旅游职业学院，双桥区武烈路滨河休闲带、火车站站前广场、桥东便民市场、千斤顶厂和双滦区龙玺御园小区、小元宝山村，实地检查新建、改造公厕施工进展和维护管理等情况，并就进一步做好公厕建设、运行和管理工作提出明确要求。强调要科学规划，多点位合理布局，全力补齐影响群众生活品质的短板，更好惠及广大市民和游客。要精心设计，因地制宜推广装配式公厕，确保公厕美观大方、功能齐全、方便实用，切实做到夏季有空调、冬季有热水。尚未完工的公厕要倒排工期,加快施工进度，确保施工质量，打造全市公厕建设的样板和示范。要把公厕建设改造与创建全国文明城市紧密结合，建管并重，推动周边环境同步提升。市政府秘书长杨玉甫，双桥区政府、双滦区政府、承德高新区管委会、市直相关部门主要负责人参加调研活动。

10月3日，市长柴宝良就“承德山水”区域品牌运营情况进行调研。副市长张树国参加调研。柴宝良一行先后来到承德山水农产品展示展销中心山庄店、邮政店和承德农产品冷链物流产业园，与相关负责人深入交流，详细了解承德山水农产品展示展销中心运营情况，现场观摩线上直播销售，并就加快“承德山水”区域品牌建设提出明确要求。强调要健全完善质量标准、安全监管、认证检测、产品追溯等体系，严格市场准入标准，严把产品质量关，推动产品优质化、高端化，不断提升承德特色优质农产品的市场竞争力。要进一步优化产品结构，着力在产品研发、设计、生产、包装、营销全链条上下功夫，不断提升产品附加值和品牌影响力。要加强宣传推介，深挖承德市厚重的历史文化资源，聚焦重点区域部位和重点人群，充分利用线下实体店营销、线上网红直播带货等多种方式,全面加强品牌宣传，不断提升“承德山水”农产品区域公用品牌的知名度、美誉度和影响力。要加强“承德山水”农产品线下展示展销中心建设，不断提升服务水平和质量。市政府秘书长杨玉甫，市供销集团主要负责人参加调研。

10月27日，市长柴宝良到承德护理职业学院、河北旅游职业学院就高校发展建设情况进行调研。柴宝良一行实地参观承德护理职业学院人体生命科学馆、口腔实训室、外科实训室、妇儿实训室和校园交通消防道路建设工程现场，现场观摩教学，详细了解学校发展、学科建设等情况。柴宝良强调，要全面贯彻落实党的教育方针，落实立德树人根本任务，办好优质高等职业教育，唱响承德医疗卫生品牌，为城乡居民健康水平提升作出更大贡献。要运用多种方式对社会公众开展心肺复苏等急救常识宣传，提高民众的自救互助能力。在河北旅游职业学院，柴宝良参观教育教学成果展、旅游实训中心和畜牧兽医学院实训室,实地查看校门改造及南北两院地穿工程现场，就加快高校建设与相关负责人进行深入交流。柴宝良强调，要充分发挥学科和人才优势，聚焦全市“3 + 3”主导产业，大力推进产教融合，助力经济社会高质量发展、乡村全面振兴。要站在讲政治的高度全力做好冬奥会、冬残奥会服务保障等工作，加强演练，确保无缝对接、高效顺畅。柴宝良强调，各高校要积极适应新时代教育工作面临的新形势新要求，在培树品牌特色专业、培养一流职业技术人才上下功夫。要求要严格落实疫情防控责任，切实维护校园安全。各级各部门要高度重视高校发展建设，及时协调解决问题，为高校加快发展营造良好环境。要扎实做好校园周边治理、道路交通等工作，确保实现校园环境与周边环境同步提升。市政府秘书长杨玉甫，市教育局、市卫健委、市旅游和文化广电局、市住建局、市国控集团主要负责人参加调研。

2021年市政府领导名录

市　　　长：常丽虹（女，4月免）
　　　　　　柴宝良（4月任代理市长，
　　　　　　　8月任市长）
常务副市长：李晋宇（7月免）
　　　　　　卢　健（8月任）
副　市　长：杨春武（7月免）
　　　　　　何　军（7月免）
　　　　　　张　华（7月免）
　　　　　　王　成
　　　　　　郭士刚（8月免）

刘宏伟（8 月免）
崔万峰（满族）
陆文龙
张树国（蒙古族，8 月任）
刘　涛（女，8 月任，12 月免）
宁金龙（7 月免）
王广维（8 月任）
市政府秘书长：杨玉甫（满族）
副 秘 书 长：薛莲蒂（蒙古族，正处级）
赵长智（满族，正处级）
丛云飞（满族，8 月免）
刘英杰（满族，7 月免）
丁贺成（满族，10 月免）
程志忠（满族，7 月免）
孙大光
王江平（6 月任）
张志远（蒙古族，挂职）
许建民（满族，挂职）
邢建军（满族，挂职，6 月免）
刘秉奇（满族，挂职）
高　萍（女，挂职，6 月免）
张立军（回族，挂职）
郭建平（女，满族，挂职，7 月免）

市政府办公室工作

【当好参谋助手】 坚持以完整、准确、全面贯彻新发展理念为引领，加强对重大前沿问题的深层次研究，时刻关注世情、国情、党情、市情的不断变化，为领导提供决策参考。针对碳达峰碳中和、乡村振兴、统筹疫情防控和经济社会发展、做好六稳六保工作、减税降费助企发展等一系列新的战略部署，及时协调市政府部门加强与国家部委和省直厅局的对接，组织有关部门制定推动产业重构升级、企业降本增效、新型城镇化建设、深化“放管服”改革、优化营商环境等一系列政策性文件，针对市政府提出“十四五”时期实现“六个显著提升”和八个方面重点工作的目标任务，从资源优势、发展理念、目标路径、项目支撑等方面进行深入超前研究谋划，协调组织相关部门围绕编制“十四五”规划、培育主导产业、精准开放招商、双创双服等抓好前期调研，制定具体实施方案，为“十四五”开好局、起好步奠定良好基础。始终坚持把增强以文辅政本领，打造精品文稿作为工作之基，保障文稿具备前瞻性、针对性、实效性。全年共起草《政府工作报告》《全市经济工作会议讲话》在内的各类重要综合文稿 500 余篇。

【督察督办】 组织全市政府督查系统深入开展《政府督查工作条例》学习，转发上级相应文件，并就如何学好、用好和贯彻好条例举办专题讲座；积极领会国办督查室对条例的解读，在提高对条例领悟能力基础上深入把握其可操作性，并积极运用指导实践。持续推进督查工作科学化、制度化、规范化。坚持全员参加一线督查，在实践中提升能力素质；实行督查组长负责制、重点工作复核制，确保督查结果真实有效。借鉴省创建电子督查平台做法，研究搭建承德市电子督查系统平台，实现对督查任务的“全程、全员、动态、精细”管理，有效避免多次交办、重复反馈，进一步减轻基层负担。将国务院第八次大督查九个方面督查重点内容进行责任分工，深入推行“督考问用”四位一体工作机制，全力推动扩内需保就业保民生、推动科技创新驱动等国务院决策部署加快落地，完成国务院第八次大督查迎检工作。围绕国务院、省、市《政府工作报告》确定的目标任务，河北省、承德市确定的重点工作细化分解，与政府部门逐一签订“责任书”，砸实责任、准时要账；在市政府举办的重大活动、重要会议、重点工作中，努力做好事前谋划，事中协调，事后盯办落实。各项督办事项全部完成，28 件民生实事亦实现目标任务要求。

【建议提案承办】 统筹工作过程，将建议提案承办工作与政府工作同研究、同督查、同落实，印发办理要求，建立工作台账，规范制度程序，明确质量标准，加强指导协调。针对承办人员变化、政协启用新平台等情况，与市政协提案委联合开展承办工作与政协新平台使用专题培训，加强队伍建设，夯实承办工作基础。压实办理责任，在建议提案办理过程中坚持“勤沟通、优服务、善协调”，努力做到“办好一件、团结一片”“办成一件、受益一片”。通过“承德市人民政府”门户网站将建议提案办理工作动态及答复结果等通过建议提案专栏向社会公开，强化政府公信力。开展开门办案，就代表委员建议提案重点事项邀请代表委员实地调研，互动交流，积极回应所提问题和意见建议。邀请代表委员就滦河、潮河双河共治，潘家口水库库区移民出行难等问题与相关部门开展座谈，有力推动意见建议落实，得到代表委员认可。市政府系统共办理建议提案 957 件，其中省级建议提案主办 82 件、省级建议提案会办 18 件、市级建议 266 件、市级提案 591 件。经组织 47 个承办单位认真研究办理，按时办复率、答复函规范化率、走访率均 100%，代表委员满意率达到 98% 以上。

【公文处理】 推进公文处理改革，印发《公文运转工作规程》《关于进一步提高公文办理质量和效率的若干措施》等 6 个文件，进一步明确公文处理工作各个环节，从审核把关、全程盯办、严肃追责等方面进行规范，统一标准，明确要求，落实责任。提高公文运转效率，建立 AB 岗制度，确保每项工作、每个环节、每个时段“件有人盯、事有人办、无缝衔接”。落实机要保密制度，完善修订保密制度，将保密工作纳入全员年终考核体系。定期全面排查涉密隐患，实施涉密人员管理、保密宣传教育等系列措施；对新进入人员实施严格审查；完成全市保密大检查。

【信息编发】 畅通渠道、创新机制，信息服务优质高效，围绕服务领导决策办信息的思路，坚持把领导关注思考的问题作为切入点，真正把信息材料办成领导决策的“情报源”、掌握进度的“显示屏”、观察态势的“晴雨表”、反映问题的“预警器”。全年共编发各类信息刊物 263 期、2700 余条，13 期长篇信息得到市领导批示；向省政府报送信息 1500 余篇，其中被国务院办公厅采用 7 篇、省政府办公厅采用 170 余篇，9 篇稿件得到省领导批示，省采信息数量实现“翻倍”增长。

【政务信息公开】 主动公开，全年市政府门户网站公开信息 8523 条，政务新媒体发布信息 6317 条，印发政府公报 6 期；公开全国和省人大代表建议、政协委员提案 82 件；公开市人大代表建议 266 件。依申请公开，严格执行新修订《中华人民共和国政府信息公开条例》，全年共受理依申请公开 40 件，全部按规定予以答复。解读回应，设置“政策解读”专栏，对市政府出台的涉及全市经济社会发展和群众关注度较高的政策性文件进行解读。制定印发《承德市人民政府办公室关于进一步规范市政府文件信息公开审查工作的通知》，推动政策性文件“应公开、尽公开、应解读、尽解读”。全年共解读市政府、市政府办公室重大政策文件 77 件，其中《承德市疫苗接种政策解读》获河北省政府 2021 年度政策解读十佳案例。监督保障，开展政务公开工作考核，将政策解读、基层政务公开标准化规范化、政府信息依申请公开、政府网站、政务新媒体等内容纳入考核范畴，对全市政府网站和政务新媒体全覆盖考核，发现问题立即通报，限期整改。

【值班值守】 落实《承德市政府系统值班工作规定》《承德市政府办公室关于加强值班工作的通知》要求，严格执行市领导和办公室领导 24 小时在岗带班、值班人员双人 24 小时在岗值班制度；通过多种形式对全市政府系统的值班工作进行不定期督导检查，全年未发现空岗、漏岗、脱岗现象；严格按照值班室文件办理流程和相关规定办理涉密文件，未发生泄密事故。与市公安局、市应急局、市林草局防火队建立信息互通共享机制，扩大突发事件、重大事项信息来源。严格按照紧急突发事件重大事项报告工作要求，多渠道核实信息真实性和准确性，第一时间报告有关市领导，及时上报省政府，认真办理各级领导重要批示指示，保证事件得到及时有效处理。完成31项突发事件、9项重大事项信息接收上报工作，未出现失误；协助市政府领导及时妥善处置“5•6”承德县鞍匠火灾、“7•12”兴隆强降雨、“围场肺炭疽疑似病例”、“11•6”塞罕坝大巴车侧翻事故等突发事件30余次。建成覆盖13个县（市、区）和15个市直主要部门在线值班系统，实现对政府系统值班单位实时监控、在线视频点名、值班室双向交流、实时开启值班会议等功能。

【政府热线服务】 热线归并，本着“应并尽并”原则，在上年工作基础上进行再归并优化，针对承德市情况专门制定印发工作方案，经过努力完成全市54条非紧急类热线归并优化工作，在全省各市最早实现一号对外。工作制度化规范化。对于热点、难点、重点问题，运用督办单、专题协调、约谈提醒等方式，压实诉求办理单位责任。同时，建立热线全流程督办考核制度和责任追究办法，与纪委监委、组织等职能部门建立协调推动重大民生关切落实机制，对不作为、慢作为、乱作为和推诿扯皮情况实施追责问责。体制系统化标准化建设，热线中心建立热线运行“接、转、办、访”四位一体的闭环机制，现有二级承办单位81个，三级承办单位405个，实现承办单位责任“横向到边、纵向到底”全覆盖。建立全市热线承办单位成员联席会制度，486个各级承办单位全部为联席会议成员单位，每个单位都确定热线承办工作分管领导和联络员，均建立标准统一的热线承办工作闭合流程和责任制度。全年热线中心通过电话、微信、网站等渠道受理群众诉求53万件次，较2020年同期增长65.12%。整体办结率为99.89%，同比增长0.71%。综合满意率为99.94%，同比增长0.77%。其中，直接答复群众347081件次，占66.03%；向承办单位交办129628件次，占24.66%。回访率连续4年均为100%，共收到群众来电来信表扬、赠送锦旗350件次，2021年，政府热线服务中心党支部被中共河北省委授予“先进基层党组织”；政府热线服务中心被河北省创建“青年文明号”活动组织委员会授予“河北省青年文明号”集体；被中国电子学会、北京师范大学政府管理学院服务型政府研究中心、中国电子信息产业发展研究院赛迪呼叫授予“卓越服务能力热线”荣誉称号。

【电子政务工作】 下发《关于落实推进创新网上办公有关工作任务的通知》《关于推进政务安全邮箱管理和使用的通知》《承德市电子政务外网升级方案》《承德市人民政府办公室关于统计电子政务外网连通情况的通知》《关于落实推进创新网上办公有关工作任务的通知》，制定统一的电子政务信息技术规范，为“互联网+政务服务”实现信息网络互连互通和信息资源共享提供支撑。经过技术升级，安全运营设施具备对未知威胁、高级持续攻击等传统安全设备难以发现的威胁的高精度防御、检测能力。通过安全运营中心共发现处理网络攻击事件52728余次，协助市直部门预警处置病毒问题计算机775余台；将12条市到县区骨干链路带宽由2G带宽提升至2.5G，对县区电子政务外网机房核心路由器、市级边界防火墙存储、市级入侵防御存储、市级日志审计设备存储、市级回溯分析系统性能及存储进行升级；按照有线和无线分开管理的原则，开展承德市行政中心电子政务外网无线办公网络建设工作。实现行政中心院内电子政务外网无线网络全覆盖，达到随时随地移动办公标准，提高内部办公效率及网络安全性；依托政府网站监测软件，通过“机器扫描＋人工检测”方式对全市政府网站进行抽查、检查共计22630次。常态化人工检测共发现问题网站31家，按时整改率达到100%；全年市级电子政务外网入网单位达170余家，县区级电子政务外网平台入网单位超过900家，联网终端总数超过30000台。市直入网单位带宽达到100Mbps，县区政府接入带宽达到2000M；牢固坚持“涉密信息不上网，上网信息不涉密”原则，加强检查和督导，全年未发生泄密事件。政府办公平台OA(office automation)系统运行平稳，技术问题全天候能够得到及时解决；办公平台具备流转文件即来即处理能力，通过政府电子公文交换系统随时可发文，手机端App给指定文电人员开通使用权限，方便随时随地查看文件信息，并确保收文单位及时接收到收文短信提醒。

【志鉴督导编纂】 牢固树立精品意识，狠抓志鉴编纂质量效率。以认真负责的工作作风和无怨无悔的奉献精神，尽心竭力、精益求精，有序开展各项工作，《承德年鉴（2020）》获全国地方志优秀成果一等奖、获河北省地方志优秀成果特等奖，编写发布的3篇信息被中国国情网转载，2个县影像志列入中国影像志并在央视10台播出。

编好承德年鉴。本着紧跟时代步伐、高处着眼、精细编纂的原则，开动脑筋、创新思路、明确分工，形成攻关合力，努力出精品佳作。以框架为统领，力求分类科学。由主编副主编提前设计框架结构，认真研究掌握国家年鉴编纂规定和相关政策，虚心学习吸收全国各地好的框架设置，对全市各领域发生的大事要事、取得的主要成就，及年度特点、地方特色进行全方位思考，尽力做到层次分明，编排有序，结构合理；充分考虑机构改革、部门职能变化等多方面情况，一方面修改标题语言，令其符合职能变化后的现状，另一方面做到机构调整随着分类走；同时，设置行政区划图、英语目录、专文等其他多种形式，使全书符合规范、丰富齐备。各责任编辑认真领会框架格局，明确各自任务。以督导为抓手，力求及时上稿。在印发编纂通知、提出编纂原则和要求后，由责任编辑分工对全市129个市直部门和11个县（区）督导上稿，采取电话督导、上门督导、找领导督导，对新建部门指导等方式督导，对一些老大难的部门单位一遍不行就两遍、两遍不行就多遍，不厌其烦耐心督导，并对报来的稿件同步进行审核。以程序促效率，力求节奏合拍。创新工作程序，按照类目完整上交主编副主编、梯次审改、责任编辑互审等方式，提高工作实效；在规定时间应报未报稿件的关键节点及时召开调度会、分析会，确保各环节工作按计划时间完成，全年共召开7次会议；紧要时刻大家加班加点，保障时间任务同节奏。四是以审改保质量，力求编出精品。创新编纂方法，按照“六审六校”机制，保证高质量。规范类目、分目、条目；锤炼句子，准确使用字、词、标点；厘清逻辑关系，对杂乱无章、文不对题、篇幅冗长、重点不突出等稿件进行调整；对有部门痕迹的整体删除。责任编辑按照主编副主编的审改意见进行修改，对有疑问或有问题的事项与承编单位进行核实、校正，质量仍不过关的再次打回重改，再次修改完成后，责任编辑、副主编、主编分别进行校审，完成后责编之间两两互换稿件互审互校，互相提出修改意见。大家目标一致，思路清楚，形成共识，紧密配合，互相监督，使年鉴质量和效率有效提升。《承德年鉴（2021）》出版发行。

推进部门志专业志编纂。统筹编纂市级部门志专业志，全市上下按照统一安排部署已形成盛世修志的良好局面。地方志办按照“三审三校”、召开评审会、进入出版程序流程，对每一部志书从启动到出书全程精细审稿、把关。全年审改志稿13部（每部平均审改6稿以上，最多的达到9稿）、提出修改意见2750余条，其中，《承德市志·教育志》《承德市志·河钢承钢志》《承德市志·文学艺术志》等5部出版发行或成书。《承德市志·金融志》《承德市志·广播电视志》《承德市志·科技志》等一批已开完评稿会进入出版程序，有的即将成书。《承德市志·住建志》《承德市志·农广校志》《承德市志·统战志》等一批分别完成三稿或二稿，有的待开评审会。累计出版或成书24部。协调启动《承德市志·塞罕坝机械林场志》编纂，赴塞罕坝机械林场和御道口牧场管理区协调志书编纂等相关情况，与塞罕坝机械林场达成一致意见，积极为其协调有编纂经验的主编并组建写作班子。协调御道口牧场管理区与牧场确定编纂《承德市志·御道口牧场志》。

在积极参加国家“一体两翼”工程、“中国名村志工程”、完成捐赠志鉴任务等工作的同时，争取上级支持、配合中国地方志指导小组和中央电视台完成中国影像方志宽城篇、兴隆篇的拍摄，分别于2021年3月4日、4月23日在央视十套播出，至此，中央电视台、承德电视台完成并播出除承德县以外的7个县市影像志。

强化信息化建设。把信息化建设作为展示承德地方志事业发展、工作开展、业务指导服务以及地域文化等方面信息交流平台，及时更新维护，全年共发布各类信息33篇。统筹编纂出版并由承德方志网发布的《承德市志·教育志》《承德市志·河钢承钢志》《承德市志·人民防空志》3篇信息被中国国情网转载。同时，开辟中共党史学习栏目，设置重要讲话、百年历程、党史故事、英雄事迹四个二级栏目；学习百年党史，汲取奋进力量，对提升大家的思想境界起到很好的作用。

督导指导县区工作。部署并督导指导各县市区编纂综合年鉴、乡镇村志、部门志专业志、地情书等，取得一批成果。各县市区年鉴按要求编纂出版，围场《金字村志》、隆化《唐三营镇志》《茅荆坝林场志》、《承德县政协志》、兴隆《英雄故里——美丽蘑菇峪》等出版发行。

【金融服务】 对全市重点骨干企业明确领办银行开展精准对接，并引导银行机构为企业“量身定做”信贷品种。对390家重点骨干企业投放贷款余额284.77亿元，新增投放18.98亿元。12个“金融服务团”深入县（市、区）和企业，常态化开展面对面送政策活动。全市组织开展银企对接活动241次，参加企业2213家，意向贷款145.36亿元，实际投放67.02亿元。帮助缓解企业资金压力，全年累计为81家企业倒贷145笔，金额26.02亿元，为企业节约资金使用费3303余万元。开展若干助推乡村振兴贷款、保险业务，助力扶贫与防贫机制，收到良好效果。建立完善推进企业上市工作联席会议、“一对一”包联等制度，制定《承德市扎实做好企业股改挂牌上市融资工作方案》等政策措施，为推动企业挂牌上市提供有力政策支持。将主营业务突出、竞争能力较强、盈利水平较好、具有发展潜力的重点企业及时纳入上市后备企业资源库，动态管理。有针对性组织开展各类培训活动，提振企业挂牌上市信心。落实奖补政策，激发企业股改挂牌上市融资主动性和积极性。全年实现在多层次资本市场挂牌上市企业42家，其中，主板2家（深交所A股1家，港交所1家），新三板挂牌企业4家，河北股权交易所挂牌24家，其他区域股权市场挂牌12家。严格落实《省政府办公厅关于进一步明确职责分工加强地方金融监管的意见》，明确责任，形成监管合力。转发《河北省地方金融监管执法文书参考样式》《河北省地方金融监管行政执法程序规定》等文件，确保各项监管工作有章可循。坚持年度监督检查和“双随机、一公开”抽查常态化，将“双随机”监管与企业信用风险分类有机结合，确保必要抽查覆盖面和工作力度，不断提升监管效能，充分利用专业平台，动态掌握地方金融组织经营情况，提示预警信息。坚持日常排查与专项排查相结合，重点对已销号风险点进行“回头看”，严防已销号风险问题死灰复燃。坚持日常通知与重点提示相结合，随时提示，及时预警。开展学习培训和宣传教育，引导公众增强识别能力，自觉远离非法金融活动。2021

年，全市金融机构人民币各项存款余额 3385.1 亿元，同比增长 5.2%；各项贷款余额 2958.9 亿元，同比增长 9.7%。存量存贷比 87.4%，高于全省 11.05 个百分点，增量存贷比 156.1%，高于全省 65.84 个百分点，全省排第 1 位。

【外事活动交往】 主动担起市疫情防控外事服务组牵头协调工作，制定《关于进一步强化涉外疫情防控工作的通知》《国（境）外来承返承人员防控工作方案》并以市疫情防控指挥部办公室名义下发；同时制定涉外疫情防控工作实施方案、应急预案、工作流程责任分工及流程图，不定期对各县（市、区）外事服务组进行工作提示，确保承德市涉外疫情防控工作有序进行；积极劝导在境外人员避免跨境流动，使其做到“非必要不旅行”；在前期掌握持有护照人员及承德籍在境外人员情况的基础上，各县（市、区）对本辖区现在境外人员情况进行再摸排再清底，完善建档立卡，明确包联责任人，及时掌握境外承德籍人员计划回国信息；严格落实入境返承人员闭环管理，积极推进在承外籍人员疫苗接种工作。加强涉外安全管理，制定《承德市“一带一路”建设境外安全保障工作实施方案》，修订《承德市涉外突发事件应急预案》，强化涉外管理的能力和水平，不定期召集成员单位联络员工作会议，通报境外一些国家案例，评估“一带一路”建设面临安全风险，加强“一带一路”境外安全管理和应急处置工作，构建安全保障工作体系，持续提升海外应急处置能力和风险防范水平；通过召开承德市境外投资企业座谈会，了解其境外经营状况及面临的问题，主动做好风险提示；坚持管理与服务并重，稳妥做好邀请外国人到承相关工作。全年完成 3 批 5 人次邀请工作，全面核查被邀请人的人员信息，严格落实疫情防控具体措施，实施“一对一”跟踪监测机制，并建立相关疫情防范档案资料，有效防范境外疫情输入，保障企业产业链、供应链畅通。积极开展现有友城的友好交往工作。与国际友城日本柏市、日本高崎市政府、友好交流协会等保持沟通联络，探索在更多领域开展务实合作。积极开展承德市“云外事”活动，推动疫情防控常态化下的国际交流合作。积极与韩国庆州市政府国际合作组联系，就两市结好协议书内容进行沟通，双方争取通过云视频的方式举行市长会谈，并签署建立友好城市关系协议书；就遗产保护和利用、旅游项目开发、文化演艺互动、青少年交流等方面同韩国庆州市有关部门和民间组织签署合作意向；同时，推进中美友谊示范农场项目建设，促进承德市与美国地方务实合作。全年接待到承外宾 3 批、11 人次，分别为：俄罗斯驻华使馆一行到承德苏联红军烈士纪念碑举行纪念活动、丹麦驻华使馆官员一行赴围场满族蒙古族自治县考察调研滴水壶风电项目、俄罗斯驻华使馆和摩尔多瓦驻华使馆官到承参加“山庄中国皇家酒 2021 年开窖节”仪式。

【仲裁案件受理】 仲裁工作秉持“合法公正、民生为本、廉洁高效、敬业奉献”的仲裁精神，以“崇法惟公、严谨客观、务实高效、仲裁为民”为核心理念，坚持守正创新，着力打通仲裁服务群众“最后一公里”，实现“变问题清单为满意清单”“公正司法与现代服务业双重功能”，推动调解资源前移，助力“家门口”解纠纷。全年受理仲裁案件 150 件，审结案件 84 件，其中调解和解案件 26 件，案件类型涉及买卖、租赁、民间借贷、工程施工、保险、股权转让、项目投资开发、侵权赔偿等方面。承德市中级人民法院共调取案件 14 件，不存在被撤销和不予执行情况，无群众上访案件发生。严把仲裁案件质量关，为确保当事人选择仲裁结果满意，秉承仲裁庭独立审理、独立裁判办案原则，对仲裁庭（仲裁员）是否按照仲裁法、仲裁员管理办法履行职责和义务进行全过程监督，达到放权与监督统一，避免权力运行失察失序情况发生。建立数字化档案管理平台，实现电子化案件、文书档案管理，便于服务一体化。通过视频会议方式与广州仲裁委员会共同召开“仲裁机构合作发展研讨会”并签署《合作备忘录》，在服务窗口共享、仲裁员名册共享、庭室共享、标准共享等方面展开合作。为企业提供法律服务，为优化营商环境提供法律保障。走访隆化县经济开发区，面向30多家企业开展仲裁知识普及和答疑解惑，参加承德热力集团法律专题培训会议并做仲裁专题讲授，深入承德银行、承德水务集团、滦平工业产业园区等地，宣传仲裁法律知识，推行仲裁法律制度。拍摄承德仲裁宣传片，面向社会公开发布推广，提高仲裁社会知晓率，扩大受众群体。开展“我为群众办实事”活动，参与开展诉讼引导、法律援助、代理申诉、公共服务等工作。助力承德市“4·26”世界知识产权日宣传活动，印发宣传册，设立咨询台，现场答疑解惑。加强仲裁员及仲裁队伍管理和专业培训。组织到河北瀛上嘉、热河、德律、德汇、承天、蓝岛和北京市雨仁（承德）律师事务所及承德市人保财险公司实地调研，应邀参加市政协法律咨询服务小组座谈会、承德市民营经济研究会，开展仲裁法律服务。组织仲裁员及工作人员进行“仲裁理论与实务”“商标”“《中华人民共和国民法典》有关担保问题的解读”“仲裁案件审理”“公司对外担保”“人民法院裁判案例与仲裁裁决”“保险法实务”线上培训7期。

2021年市政府办公室及所属单位领导名录

市政府机关党组书记、秘书长：
杨玉甫（满族）

市政府机关党组副书记、副秘书长、金融监管局局长：
薛莲蒂（蒙古族，正处级）

市政府机关党组成员、副秘书长：
赵长智（满族，正处级）
丛云飞（满族，3月免党组成员，8月免副秘书长）
刘英杰（满族，7月免）
丁贺成（满族，9月免党组成员，10月免副秘书长）
孙大光

市政府机关党组成员、外事办主任：
闫　洋（女，满族，正处级）

市政府副秘书长：程志忠（满族，7月免）
王江平（6月任）
张志远（蒙古族，挂职）

督查室主任：耿鑫华（满族）

地方志办公室主任：奚晓红（女）

经济社会发展研究中心主任：韩永辉

仲裁委秘书长：张晓威（女，3月任）

承德市人民政府驻天津市办事处主任：
陆羽军（满族）

外事办公室副主任：徐树清

（孙　杰　供稿）

承德市政协

综　述

2021 年，在中共承德市委坚强领导下，政协承德市委员会及其常务委员会坚持以习近平新时代中国特色社会主义思想为指导，增强“四个意识”、坚定“四个自信”、做到“两个维护”，坚持团结和民主两大主题，坚持政协性质定位，全面贯彻落实党中央决策部署和省委、市委要求，团结带领全市政协组织、党派团体和各族各界人士，认真履行职责，广聚共识力量，积极担当作为，战疫情、助振兴、促发展、惠民生，为推动建设高质量发展的“生态强市、魅力承德”做出新贡献。政协承德市第十四届委员会共有委员 372 人（2021 年 1 月至 8 月），政协承德市第十五届委员会共有委员 360 人（2021 年 8 月至 12 月）。

重要会议

【全体委员会议】　1 月 25 日至 27 日，政协承德市委员会召开第十四届第五次会议。1 月 25 日上午，政协承德市第十四届委员会第五次会议在承德大剧院开幕。会议应出席会议委员 372 人，因事因病请假 57 人，实际出席委员 315 人，符合政协章程规定。市政协主席刘文勤、副主席关继高、信祥、李建华、张富民、王利华、白宝君、郭靖涛、刘众民、董旭明、秘书长单化军在主席台前排就座。王利华主持会议。河北省人大常委会副主任、市委书记周仲明，市委副书记、市长常丽虹，市人大常委会主任韩福才，市领导武力斌、李晋宇、刘新宇、吴清海、苏铁成、董正国、杨培苏、刘卫平在主席台就座。在主席台就座的还有：孔庆龙、丁然、李兴臣、方志勇、王素芝、郭士刚、刘宏伟、崔万峰、柴山、傅海旺、胡晓红、薛青松、赵振清、刘福明、白振平。大会的主要议程：听取和审议政协承德市第十四届委员会常务委员会工作报告；政协承德市第十四届委员会常务委员会关于第十四届四次会议以来提案工作情况的报告；列席承德市第十四届人民代表大会第六次会议，听取并讨论承德市人民政府工作报告及其他有关报告；审议通过政协承德市第十四届委员会第五次会议政治决议；选举及有关事项表决。1 月 25 日上午 9 时，大会开幕。市政协主席刘文勤作政协承德市第十四届委员会常务委员会工作报告；市政协副主席关继高作政协承德市第十四届委员会常务委员会关于第十四届四次会议以来提案工作情况的报告。选举增补政协承德市第十四届委员会副主席和常务委员。市政协委员分组讨论市政协常委会“两个报告”和市政府工作报告。大会以举手表决的方式通过政协承德市第十四届委员会五次会议关于常务委员会工作报告的决议；政协承德市第十四届委员会提案委员会关于政协承德市第十四届委员会第五次会议提案审查情况的报告；政协承德市第十四届委员会第五次会议政治决议。14 名市政协委员在会上作口头发言，为奋力开启新时代全面建设生态强市、魅力承德现代化新征程建言献策。会议选举赵振清、薛青松为政协承德市第十四届委员会副主席，选举常务委员 1 名。1 月 27 日下午，历时三天的市政协十四届五次会议胜利闭幕，市政协主席刘文勤在闭幕会上作重要讲话。

8 月 22 日至 25 日，政协承德市委员会召开第十五届第一次会议。8 月 22 日上午，政协承德市第十五届委员会一次会议在承德大剧院开幕。来自全市各党派团体、各族各界的政协委员齐聚一堂，以饱满的政治热情，为建设高质量发展的“生态强市、魅力承德”建诤言，谋良策。大会主席团会议主持人吴清海，主席团常务主席王利华、李建华、张富民、白宝君、郭靖涛、刘众民、董旭明、赵振清、谷宏键、杨宪军、单化军在主席台前排就座。吴清海主持大会。出席大会并在主席台就坐的市委、市十四届人大常委会、市政府、十四届市政协、承德军分区、民主党派的领导有董晓宇、柴宝良、韩福才、刘文勤、郭旭涛、刘宏伟、刘卫平、卢健、赵青英、杜庆勇、刘勇、颜世东、刘新宇、董正国、李伟、孔庆龙、丁然、李兴臣、方志勇、齐建文、王素芝、郭士刚、崔万峰、刘涛、关继高、信祥、柴山、张树国。市中级人民法院代理院长李勇、市人民检察院代理检查长张会杰在主席台就座。担任过实职正市级领导职务的老领导刘志兵、郑晓东在主席台就座。大会的议程：听取和审议政协承德市第十四届委员会常务委员会工作报告；政协承德市第十四届委员会常务委员会关于提案工作情况的报告；听取并讨论政府工作报告和其他报告；选举政协承德市第十五届委员会主席、副主席、秘书长、常务委员；有关事项表决。上午9时，吴清海宣布大会开幕，本次大会应出席委员360人，因事因病请假26人，实际出席委员334人，符合政协章程规定。市委书记董晓宇代表中共承德市委对大会的召开表示热烈祝贺并作重要讲话。听取市政协主席刘文勤代表政协承德市第十四届委员会常务委员会向大会作工作报告、张富民受政协承德市第十四届委员会常务委员会委托向大会作关于提案工作情况的报告。大会选举吴清海为承德市政协第十五届委员会常务委员会主席；王利华、李建华、张富民、白宝君、郭靖涛、刘众民、董旭明、赵振清、谷宏键、杨宪军、当选为副主席；单化军当选为秘书长；选举出常务委员会委员63人。市政协委员分组学习讨论市委书记董晓宇讲话、市政协常委会两个报告、市政府工作报告。大会以举手表决的方式审议通过市政协承德市第十四届委员会常务委员会工作报告的决议；审议通过市政协承德市第十五届委员会一次会议提案委员会关于提案审查情况的报告；审议通过政协承德市第十五届委员会第一次会议政治决议。1月25日下午，市政协十五届一次会议胜利闭幕，市政协主席吴清海在闭幕会上作重要讲话。

【常务委员会会议】 1月18日，政协承德市第十四届委员会常务委员会召开第二十三次会议，会议应出席70人，实到55人。市政协主席刘文勤主持会议。会议听取市政府关于2020年提案办理工作情况的汇报；听取市委组织部、市委统战部关于辞去和增补十四届市政协委员、常委有关情况的说明；审议通过增补十四届市政协委员名单（草案）；审议通过关于召开市政协十四届委员会第五次全体会议的决定（草案）；审议通过市政协常务委员会工作报告（草案）、十四届四次会议以来提案工作情况的报告（草案）；审议通过市政协各专门委员会2021年工作报告(草案)；审议通过市政协常委2021年履职工作报告（草案）；审议通过《政协承德市委员会关于常委提交年度履职报告工作的办法（试行）（草案）》；审议通过市政协十四届五次全会议程（草案）日程（草案），大会执行主席，各次全体会议主持人名单（草案），大会秘书长、副秘书长名单（草案），市政协常务委员会工作报告和提案工作情况的报告报告人名单（草案），委员分组安排和各组召集人名单（草案）。

1月26日，政协承德市第十四届委员会常务委员会召开第二十四次会议，会议应出席70人，实到58人。市政协主席刘文勤主持会议。会议听取各组对政协两个报告讨论情况汇报；听取市委关于人事任免事项的说明；通过接受关继高、信祥2人辞去政协承德市第十四届委员会副主席职务的决定（草案）；审议增补选政协承德市第十四届委员会副主席、常委候选人名单（草案）；审议大会选举办法（草案）、总监票人和监票人名单（草案）；审议政协承德市第十四届委员会第五次会议关于常务委员会工作报告的决议（草案）；审议政协承德市第十四届委员会第五次会议政治决议（草案）。

1月27日，政协承德市第十四届委员会常务委员会召开第二十五次会议，会议应出席68人，实到58人。市政协主席刘文勤主持会议。会议听取各组对政协两个报告讨论情况汇报；审议通过增补选政协承德市第十四届委员会副主席、常务委员候选人名单（草案）；审议通过选举办法（草案）、总监票人和监票人名单（草案）；审议通过政协承德市第十四届委员会第五次会议关于常务委员会工作报告的决议（草案）；审议通过政协承德市第十四届委员会提案委员会关于政协承德市第十四届委员会第五次会议提案审查情况的报告（草案）；审议通过政协承德市第十四届委员会第五次会议政治决议（草案）。

同日，政协承德市第十四届委员会常务委员会召开第二十六次会议，会议应出席68人，实到58人。市政协主席刘文勤主持会议。会议听取大会选举情况汇报。

2月28日，政协承德市第十四届委员会常务委员会召开第二十七次会议，会议应出席72人，实到61人。市政协主席刘文勤主持会议。会议传达省十三届人大五次会议和省政协十二届四次会议精神；研究部署召开政协承德市第十五届委员会第一次会议有关工作。

6月10日，政协承德市第十四届委员会常务委员会召开第二十八次会议，会议应出席72人，实到62人。市政协主席刘文勤主持会议。会议传达学习中共中央总书记习近平近期重要讲话精神；听取和审议市政协专题调研组《关于“抢抓北京冬奥会和高铁时代机遇，大力发展冰雪产业，带动我市文化旅游产业提质升级”的调研报告（草案）》；参加专题调研的部分单位和委员代表发言（市政协委员谢汉杰、崔成志、刘晓毅、舒建华、林东旭）；市政府副市长郭士刚讲话；市政协主席刘文勤讲话。

8月9日，政协承德市第十四届委员会常务委员会召开第二十九次会议，会议应出席71人，实到56人。市政协主席刘文勤主持会议。会议听取市政府关于政协十四届五次会议以来提案办理情况汇报；听取市政协2021年“1号提案”办理情况汇报；协商通过政协承德市第十五届委员会界别设置、委员名额、委员人选和十五届一次会议主席团成员名单；审议通过政协承德市第十四届委员会常务委员会工作报告；审议通过政协承德市第十四届委员会提案工作情况的报告；审议通过政协承德市第十四届委员会常务委员会工作报告和提案工作情况的报告；审议通过政协承德市第十四届委员会各专门委员会工作报告；审议通过政协承德市第十四届委员会常务委员会常务委员履职报告；审议通过关于召开政协承德市第十五届委员会第一次会议的决定；审议通过政协承德市第十四届委员会常务委员会关于委托政协承德市第十四届委员会主席会议主持政协承德市第十五届委员会第一次会议预备会议的决定；审议通过政协承德市第十五届委员会第一次会议预备会议议程；协商通过政协承德市第十五届委员会第一次会议大会主席团会议主持人和秘书长名单（草案）；审议通过政协承德市第十五届委员会第一次会议大会主席团常务主席名单（草案）；审议通过政协承德市第十五届委员会第一次会议议程（草案）、日程（草案）；审议通过政协承德市第十五届委员会第一次会议执行主席和各次全体会议主持人名单（草案）；协商通过政协承德市第十五届委员会第一次会议大会副秘书长名单（草案）；审议通过政协承德市第十五届委员会第一次会议大会秘书处机构设置及各组职责分工（草案）；协商通过政协承德市第十五届委员会第一次会议提案审查委员会主任、副主任、委员名单（草案）；审议通过政协承德市第十五届委员会第一次会议分组办法和分组名单（草案）；协商通过政协承德市第十五届委员会第一次会议小组召集人名单（草案）；协商通过政协承德市第十五届委员会第一次会议选举办法（草案）；通过人事任免事项。任命陈卫华为市政协副秘书长、办公室主任，刘立平为市政协提案委主任，贾雷为市政协港澳台侨联络委员会、民族宗教委员会主任，王凤才为市政协文化文史和学习委员会主任。免去毕凤君市政协副秘书长、办公室主任职务，潘宪忠市政协提案委员会主任职务，刘立平市政协港澳台侨联络委员会、民族宗教委员会主任职务，傅庆元文化文史和学习委员会主任职务，贾雷市政协财政经济委员会副主任职务，王凤才市政协文化文史和学习委员会副主任职务；市政协主席刘文勤讲话。

9 月 16 日，政协承德市第十五届委员会常务委员会召开第一次会议，会议应出席 71 人，实到 64 人。市政协主席吴清海主持会议。会议传达学习中共中央总书记习近平考察承德重要讲话指示精神；传达学习全省领导干部电视电话会议和市委十五届二次全会精神；传达学习省政协十二届常委会第二十二次会议，全省政协党的建设工作经验交流会，全省政协秘书长工作交流座谈会精神；审议通过市政协 2021 年第四季度工作要点（草案）和协商民主计划（草案）；审议通过市政协机关机构设置（草案）和有关人事事项（草案）；审议通过政协承德市委员会专门委员会工作通则（草案），政协承德市委员会常务委员会工作规则（草案），政协承德市委员会全体会议工作规则（草案）；市政协主席吴清海讲话。

11 月 25 日，政协承德市第十五届委员会常务委员会召开第二次会议，会议应出席 71 人，实到 64 人。市政协主席吴清海主持。会议传达学习贯彻党的十九届六中全会精神；市农业和农村局局长孙志广介绍承德市食用菌产业发展情况；市政协农业和农村委员会主任胡维俭就专题调研和建议起草情况及《关于建设全国食用菌强市带动乡村产业振兴的建议》主要内容作说明；郭久林、白中龙、秦凤彬、刘岳东、戴元平、吕景东、林文炳、齐艳斌、高树满分别在会上作专题发言；市政协分管副主席赵振清讲话；市政府副市长崔万峰讲话；市政协主席吴清海讲话。

【主席会议】 1 月 13 日，政协承德市第十四届委员会召开第四十六次主席会议，市政协主席刘文勤主持。会议听取市委组织部、统战部关于增补选政协承德市第十四届委员会委员和常委的说明；讨论市政协 2021 年协商民主及相关重点工作计划；通报市政协党组民主生活会征求意见情况的报告；讨论市政协党组民主生活会剖析材料；讨论市政协常委会工作报告和提案工作情况报告；讨论 2020 年各专门委员会工作报告；讨论提交市政协十四届二十三次常委会会议相关文本草案；讨论市政协十四届二十三次常委会会议日程、议程安排。

1 月 26 日，政协承德市第十四届委员会召开第四十七次主席会议，市政协主席刘文勤主持。会议听取各组讨论情况汇报；听取市委组织部关于增补选有关人事事项的说明；通过接受关继高、信祥 2 人辞去政协承德市第十四届委员会副主席职务的决定；审议增补选政协承德市第十四届委员会副主席、常务委员候选人名单（草案）；审议大会选举办法（草案）、总监票人和监票人名单（草案）；审议政协承德市第十四届委员会第五次会议关于常务委员会工作报告的决议（草案）；审议政协承德市第十四届委员会第五次会议政治决议（草案）。

1 月 27 日，政协承德市第十四届委员会召开第四十八次主席会议，市政协主席刘文勤主持。会议听取各组讨论情况汇报；审议通过增补选政协承德市第十四届委员会副主席、常务委员候选人名单（草案）；审议通过政协承德市第十四届委员会第五次会议选举办法（草案）、总监票人和监票人名单（草案）；审议通过政协承德市第十四届委员会第五次会议关于常务委员会工作报告的决议（草案）；审议通过政协承德市第十四届委员会提案委员会关于政协承德市第十四届委员会第五次会议提案审查情况的报告（草案）；审议通过政协承德市第十四届委员会第五次会议政治决议（草案）。

同日，政协承德市第十四届委员会召开第四十九次主席会议，市政协主席刘文勤主持。会议听取大会选举结果。

3月26日，政协承德市第十四届委员会召开第五十次主席会议，市政协主席刘文勤主持。会议学习中共中央总书记习近平在福建考察时重要讲话精神；通报省政协马誉辉副秘书长到承召开政协宣传工作座谈会情况；讨论《关于建立乡镇（街道）协商议政会和村（社区）居民恳谈会制度的实施办法（试行）》。

4月8日，政协承德市第十四届委员会召开第五十一次主席会议，市政协主席刘文勤主持。会议讨论民族和清史文化研究中心关于开展“承德民族团结课题”研究的报告；研究市政协十五届一次会议筹备有关事宜。

6月4日，政协承德市第十四届委员会召开第五十二次主席会议，市政协主席刘文勤主持。会议讨论专题调研组《关于“抢抓北京冬奥会和高铁时代机遇，大力发展冰雪产业，带动我市文化旅游产业提质升级”调研报告（讨论稿）》；研究关于召开市政协十四届二十八次常委会会议有关事宜。

7月6日，政协承德市第十四届委员会召开第五十三次主席会议，市政协主席刘文勤主持。会议传达贯彻全国政协、全省政协宣传思想工作座谈会精神；传达贯彻省政协第二十一次常委会会议精神；研究民族和清史文化研究中心设备采购项目询价采购方案；研究政协文史馆开馆仪式方案。

8月6日，政协承德市第十四届委员会召开第五十四次主席会议，市政协主席刘文勤主持。会议听取市政协秘书长单化军汇报十五届一次全会筹备情况；协商政协承德市第十五届委员会参加单位、委员名额、委员人选和第十五届委员会一次会议主席团成员建议名单；审议政协承德市第十四届委员会常务委员会工作报告（草案）、提案工作情况的报告（草案）和“两个报告”报告人建议名单；审议政协承德市第十四届委员会各专门委员会工作报告（草案）；审议政协承德市第十四届委员会常务委员履职报告（草案）；审议关于召开政协承德市第十五届委员会第一次会议的决定（草案）；审议政协承德市第十四届委员会常务委员会关于委托政协承德市第十四届委员会主席会议主持政协承德市第十五届委员会第一次会议预备会议的决定（草案）；审议政协承德市第十五届委员会第一次会议议程（草案）；审议政协承德市十五届委员会第一次会议大会主席团、主席团会议主持人和秘书长建议名单；研究全会换届有关纪律要求。

8月9日，政协承德市第十四届委员会召开第五十五次主席会议，市政协主席刘文勤主持。会议听取关于十五届一次会议委员人选有关情况的说明。

同日，政协承德市第十四届委员会召开第五十六次主席会议，市政协主席刘文勤主持。会议听取各组关于市政协“两个报告”和人事事项讨论情况汇报。

9月3日，政协承德市第十五届委员会召开第一次主席会议，市政协主席吴清海主持。会议研究确定主席、副主席、秘书长分工；研究全国政协民族宗教委原副主任一行到承调研相关事宜。

9月13日，政协承德市第十五届委员会召开第二次主席会议，市政协主席吴清海主持。会议传达学习全国政协十三届常委会第十八次会议精神、全国政协党的建设工作经验交流会精神；传达学习省政协十三届常委会第二十二次会议精神、全省政协党的建设工作经验交流会精神、全省政协秘书长工作交流座谈会精神；审议通过市政协机关机构设置和有关人事事项(草案)；审议通过市政协 2021 年第四季度“1 号提案”和“双 20”提案安排（草案）；审议通过市政协 2021 年第四季度工作要点和协商民主计划（草案）；审议通过中共政协承德市委员会党组工作规则（草案）、主席会议工作规则（草案）、专门委员会工作通则（草案）、全体会议工作规则（草案）、常务委员会工作规则（草案）；审议通过市政协十五届委员会常务委员会第一次会议议程(草案)。

10 月 11 日，政协承德市第十五届委员会召开第三次主席会议，市政协主席吴清海主持。会议研究十五届市政协主席会议成员联系县（市）区政协、党派团体安排；研究市政协“双五”工作任务分工（贯彻落实中共中央总书记习近平考察承德重要讲话指示精神“五个一”，推动市政协事业高质量发展“五大工程”）；研究市政协十五届二次会议筹备工作；研究市政协重点工作季度汇报制度安排；研究市政协重要工作情况通报制度。

11 月 15 日，政协承德市第十五届委员会召开第四次主席会议，市政协主席吴清海主持。会议听取提案委员会、民族宗教委员会外出考察情况汇报；听取市政协机关“六治六提”干部队伍作风纪律整顿工作进展情况，研究市政协机关工作纪律管理制度，安排部署相关工作；听取市政协十五届二次常委会会议筹备工作安排。

12 月 16 日，政协承德市第十五届委员会召开第五次主席会议，市政协主席吴清海主持。会议研究讨论市政协《文史馆藏品征集办法》《文史资料征集办法》《民族和清史文化研究员聘用办法》；听取各专委会、文史馆 2021 年第四季度工作完成情况和 2022 年工作谋划情况汇报。

建言献策

【概况】 倾力服务中心大局，提升建言资政质效，科学选择议题，不断提升建言质量。组织常委会开展专题议政，季度协商，专题调研和专项视察，向市政府报送建议案、调研报告 19 件，大部分建议直接进入决策或转化为第一要务。

【聚焦高质量发展建言】 坚持把发展作为第一要务，围绕发展冰雪产业，推动建设食用菌强市开展常委会专题议政；围绕推动楼宇经济发展、城市经济发展开展季度协商；聚焦全市森林质量精准提升、市域治理社会现代化、避暑山庄及其周围寺庙保护利用等方面开展专项调研和视察，提出意见建议。积极促成中国航天科技集团氢能工程研发中心、河北建设集团与市政府签署三方战略合作框架协议。为承德市争列第一批国家级能源研发创新平台，在国家级层面率先构建实施以清洁为主题的国家级新型能源示范系统奠定基础，市政府责成有关部门“加快推进，尽快落地”。

【紧扣乡村振兴谋策献力】 围绕助力乡村振兴大局，就推动全国电子商务进农村综合示范县建设、破解农户融资难题、提升少数民族特色村镇建设水平等方面开展专题调研和视察，提出意见建议。围绕深入贯彻中共中央总书记习近平考察双滦区大贵口村重要讲话指示精神，按照市委安排，组织相关部门和单位实地现场观摩、召开调度推进会，助力双滦区大贵口村乡村振兴示范区规划建设。

【紧贴民生真情献策】 聚焦群众急难愁盼问题，倾心助力解决百姓操心事、烦心事、揪心事，引导委员深入基层、深入群众，提出高质量提案，反映社情民意，增进人民福祉。针对“提高承德市基层公共卫生服务能力”开展专题调研，就“儿童青少年近视防控”进行专项视察。围绕《关于进一步加强农村养老服务体系建设大力提升养老服务水平的建议》落实情况进行跟踪视察，提出意见建议。

提案征集办理

【概况】 严把提案征集、办理质量关，强化办理协商，完善“1+2+2+N”提案办理协商工作机制。全年共征集政协委员提案671件，经审查立案648件，并案8件，立案率96.6%。委员提案被各级采用，件件有回音、事事有落实。

【提高提案办理成效】 坚持把协商贯穿提案全过程，政协主席亲自领衔，主席会议重点督办，通过实地调研、专项视察、外出考察、召开提案办理协商推进会议等方式，助推党委政府相关决策部署落地见效。用力抓好“51件重点提案”和“51件实事提案”落实，采取主席会议重点督办和主席会议成员调研督办、现场协商办理、民主评议等多种形式，增强提案建议采纳落实力度。

【经济建设发展类提案】 围绕“3+3”主导产业、科技创新、特色品牌建设、优化营商环境等方面提出提案73件。关于钒钛矿产资源科学有序利用的建议，市发改委等单位认真研究采纳，统筹全市矿产资源，重点建设四个钒钛产业园区，10家钒钛深加工骨干企业，比较完整的钒钛产业体系基本形成。关于加快“风光储氢一体化”发展、全力推进清洁能源产业重构升级方面的建议，助推市发改委等单位打造新型电力系统背景下的绿色能源码头和首都北京的重要清洁能源供应基地取得新进展。关于加强企业科技创新、促进科技企业快速发展的建议，在市科技局出台的《承德市加快推进科技创新的若干措施》等一系列政策中予以体现。针对多名委员提出的关于进一步优化营商环境方面的建议，市发改委、市行政审批局等单位持续深化“放管服”改革，开展优化营商环境十大专项行动，制定出台六大领域30条针对性措施，更好服务市场主体。

【生态文明建设类提案】 围绕水源涵养、清洁取暖、实现“双碳”目标、生态价值转化、创建天然氧吧城市等方面提出提案26件。关于加强承德流域水源涵养研究、提升区域水源涵养功能和生态经济价值的建议，在《承德市滦河潮河保护条例》中得到体现，市水务局、市生态环境局等单位突出科学精准依法治污，全力推进“两河”共治，水源涵养能力持续增强。关于因地制宜合理选择适合承德农村地区冬季清洁取暖方式的建议，在《承德市冬季清洁取暖项目总体实施方案(2021—2023)》中采纳吸收，清洁取暖工作有序推进。关于做好“碳达峰、碳中和”方面的建议，纳入市政府顶层设计，有关部门研究制定规划和工作方案，同步推进全省生态产品价值实现机制试点建设，初步完成10个国有林场固碳量测算，实现降碳产品交易2031.8万元。

【现代农业建设类提案】 围绕农业现代化、农业产业融合发展、农民增收、打造数字乡村、改善农村人居环境等方面提出提案27件。关于推进农业产业发展、助力乡村振兴的建议，为市“两办”出台《承德市乡村振兴优势特色产业示范带推进方案（2021—2023年）》、培树全市乡村产业振兴示范标杆提供参考。关于推动民宿经济高质量发展的建议，市旅游和文化广电局等单位积极采纳，实施“盛世100”项目，打造精品民宿重点村103个。关于加快食用菌产业集群化发展的建议，市政协常委会专题议政，市农业农村局等单位在编制《承德市“十四五”推进农业农村现代化规划》中研究采纳，为打造全国食用菌强市提供规划引领。关于加强农村生态环境建设的建议，市生态环境局等单位在推进农村厕所革命、垃圾污水治理、环保基础设施建设等工作中采纳，农村人居环境和生态环境持续改善。

【社会发展类提案】 围绕城市建设管理、养老服务、基础教育、疫情防控、改善交通环境等方面提出提案129件。认真贯彻落实中共中央总书记习近平视察承德重要讲话指示精神，聚焦养老服务重大民生工程，将全面提升承德市社区和居家养老服务水平的建议确定为“1号提案”，市委、市政府高度重视，主要领导分别作出批示，市民政局等单位和各县市区政府深入研究，认真办理，短短几个月时间，全市社区和居家养老服务工作取得突破性进展。目前，已建成街道居家养老服务中心24个，社区日间照料服务站174个，社区日间照料服务设施217个，实现社区全覆盖。关于提高基础教育质量等方面的建议，推动出台《承德市推进基础教育高质量发展若干措施》，助力办好人民满意的教育。关于中心城区“停车难”“行车难”问题，多名委员持续建言，市政府将“治堵”工程列入十项民心工程，2021年中心城区新建公共停车场10个、新增停车泊位3500个。

【文化建设类提案】 围绕弘扬塞罕坝精神、文旅融合发展、传承发展历史文化、创建文明城市等方面提出提案37件。关于依托塞罕坝建立承德红色旅游培训基地的建议，为市委组织部、宣传部等单位谋划建立“塞罕坝党性教育基地”“党员干部培训基地”“青少年学习基地”提供参考。关于加大长城国家文化公园推进力度的建议，市旅游和文化广电局、滦平县人民政府积极推动市县两级成立专班，编制《长城国家文化公园（承德段）建设保护规划》，列入“十四五”规划有序推进。关于培育“冰雪运动+温泉康养医养”绿色产业、推动承德“四季游”的建议，为编制《承德市文化旅游康养产业融合发展规划》提供有价值的参考。关于“非遗+旅游”融合发展方面的建议，对促进非遗旅游性与旅游文化性有机结合，形成文旅产业发展新优势发挥重要作用。

政治协商民主监督

【概况】 突出政协主责主业，深入推进协商民主，广泛凝聚共识。发挥“智慧政协”信息化协商履职平台作用，畅通委员和群众有序参与，促进线上线下协商有机融合，拓展“掌上协商、网络议政”。发挥宣讲团作用，开展学习宣讲凝聚共识；加强平台建设，广聚共识；加强合作共事，深化共识；密切联络联谊，扩大共识，汇集各方面力量，把推动党中央和省委、市委重大决策部署成为各民主党派、各人民团体和各族各界人士的自觉行动。

【开展学习宣讲】 按照市委统一部署，市政协领导示范带动、深入宣讲，举办13场专题宣讲报告会，900余人次参加；依托委员宣讲团，组织委员面向基层群众广泛开展宣讲活动17次。多维度宽领域宣讲创新理论、解读政策举措，有力有序把党的主张转化为各党派团体、各族各界人士的共识和行动，调动一切积极因素，汇集起奋斗“十四五”、奋进新征程的磅礴力量。

【发挥平台作用】 不断深化政协平台机制，广聚共识。做深做实恳谈会（圆桌会）机制，围绕依法经营和保护企业家权益、儿童青少年近视防控、提升社区治理能力、促进民族宗教和谐等组织召开4次恳谈会，进一步统一思想认识，坦诚协商、增进共识。全国政协副主席巴特尔莅临承德调研座谈时，对市政协探索建立的恳谈会（圆桌会）机制给予高度肯定。制定出台《关于进一步发挥市各民主党派、市工商联和无党派人士在政协工作中作用的意见（试行）》，为其在政协工作中更好发挥作用提供有力支撑。重要活动邀请党派参与，重要协商会议安排党派发言，重要履职活动联合党派开展。

【加强合作共事】 推进“双联双赢”工程，深化政协系统对内对外开放，加强与京津冀政协组织和各民主党派中央的联系沟通交流，与重庆市合川区、山东省济南市、内蒙古自治区乌兰察布市、安徽省亳州市等地政协组织和民革、农工党北京市东城区委等建立友好合作联系，交流碰撞思想、开展协商互动，学习先进理念、提升履职能力，搭建交流平台、促进高质量发展。加强与民族宗教联系，全面贯彻党的民族政策和宗教工作基本方针，切实加强民族宗教界代表人士的思想教育引导，注重密切沟通联系，发挥其独特作用，主动关心、及时反映少数民族同胞和信教群众的建议诉求，不断铸牢中华民族共同体意识，推动宗教与社会主义社会相适应，倾心聚力促进民族和睦、宗教和顺。加强与港澳台侨界委员的联络联谊，推动“新侨工作站”建设，建立邀请海外侨胞代表人士列席市政协全会制度，充分发挥其在对外联络、招商引资、助力抗疫等方面的积极作用。高度重视新的社会阶层人士工作，为其发表意见提供机会和平台，有序扩大政治参与。

【推进民主监督】 落实《关于加强和改进政协民主监督工作的实施办法》，构建起协商、监督、参与、合作于一体的民主监督新格局。成立民主监督小组，采取政协统筹引导、委员领先组织，精准开展协商民主监督活动，围绕“深化承德国家可持续发展议程创新示范区建设”“推进营商环境法治化建设”等开展专项民主监督，进一步提升民主监督实效。

【延伸协商触角】 印发《关于在乡镇（街道）设立委员服务召集人制度的实施意见》并跟进推动，在平泉市组织召开全市政协建立乡镇（街道）协商议政会、村（社区）居民恳谈会制度总结推进会议，在全市普遍推开基层协商恳谈会机制。深入落实乡镇（街道）委员召集人、联络员制度，积极探索委员联系村（社区）、联系群众方式方法，推动协商触角向基层延伸、向群众覆盖。率先在全省落实兼职委员服务召集人 208 名、政协联络员 212 名。

政协建设

【概况】 按照“创一流政协队伍形象”要求，加强机关和政协委员队伍建设，引导委员和机关干部以担当尽职的履职实效，树立新时代政协组织良好形象。开展作风纪律整顿，加强线上线下教育培训，不断提升服务委员履职、服务发展大局的水平，提升委员参政议政能力。推进“智慧政协”建设，组织召开县市区政协主席座谈会，推动政协工作取得新成效、实现新发展。党的建设、宣传思想、提案办理等工作得到河北省政协充分肯定，先后在全省政协系统各专题工作经验交流会上作典型发言，《人民政协报》《河北日报》、“河北政协”微信公众号等新闻媒体分别予以关注报道。推进政协文史馆（民族和清史文化研究中心）品牌建设，把政协文史馆打造成增进承德认同、凝聚各方合力的重要平台。

【政协换届选举】 换届选举工作中，坚持“一个对标、两个立足”。对标市十五次党代会各项工作标准，以党代会为标杆，与人代会相衔接。立足常态化疫情防控，做足做细各种防控措施，确保不出任何问题；立足一次全会的新形势、新特点、新内容、新要求，做到组织严密、纪律严明、程序合法、风清气正。做到换届选举“结果高质量、人选高标准”；做到“严把关、严守纪、严督导”，提高政治站位，始终坚持党的领导；做好思想引领，引导委员讲政治、讲规矩、讲大局、讲团结、讲合作。经过全体委员的共同努力，完成市政协换届选举工作，选举产生出十五届政协领导机构。

【严格正风肃纪】 加强政治引领，开展中共党史学习教育，把学习“四史”与学习人民政协史、统一战线史结合起来。依托红色资源，传承红色精神，开展理论研讨，推动成果转化。落实全面从严治党主体责任，坚持与履职工作同部署、同落实、同考核，每年全会后第一时间召开全面从严治党暨党风廉政建设工作推进会议，制发实施方案和责任分解清单，把各项任务举措落到实处。抓好常态化政治性警示教育，筑牢拒腐防变思想防线。严格执行中共中央八项规定及其实施细则和省市有关规定，持续加强和改进作风，力戒形式主义、官僚主义，营造风清气正的履职政治生态。

【提高委员履职能力】 着眼新时代新要求，树立鲜明履职导向，通过抓学习、抓教育、抓服务，不断提升履职服务能力和水平。常委会带头学习《中华人民共和国宪法》《中华人民共和国民法典》等法律法规和政协章程，严格按法律规范、政协章程开展履职活动，成立委员法律咨询服务小组，提高依法依章履职能力。以专门委员会为基础，以“党员（委员）之家”为载体，加强与委员的联系，组织学习培训，开展协商活动，引导委员做到“懂政协、会协商、善议政”；加强委员教育管理，增强委员的履职责任感和使命感，培塑积极向上的社会公德和个人品德，引导委员真正做到“守纪律、讲规矩、重品行”。用好“学习强国”“政协大讲堂”“承德政协”智慧平台，深入推进委员读书活动，建立委员线上学习群，举办委员读书学习交流会，打造“书香政协”。

【加强制度机制建设】 围绕推动人民政协制度更加成熟更加定型，积极推进制度创新、机制创新。及时修订完善市政协主席会议、常委会工作规则和专委会工作通则，制定全体会议工作规则、协商民主工作规程、民主监督、专委会建设等8个方面32项制度机制，构建覆盖协商履职、组织管理、队伍建设等一系列制度体系，推动履职工作不断实现制度化、程序化和规范化。

【加快信息化建设】 深入推进“智慧政协”建设工程，对云视频会议室进行升级改造，为开展远程协商、网络议政搭建新载体；全面推广“智慧政协”App，通过网上反映情况、发表意见、提交信息、办理提案等方式，着力打造新闻宣传工作新阵地、委员知情明政新平台、反映社情民意新渠道。提案网络信息化系统完善后，实现提、审、办、督一体化网上运行。远程协商网络视频系统建立后，实现全国、省、市、县四级政协并网运行。

2021年政协承德市委员会及工作机构领导名录

政协承德市第十四届委员会
（2021年1月1日—2021年8月27日）

党组书记、主席：刘文勤（6月免党组书记，8月免主席）
吴清海（满族，6月任党组书记，免党组副书记，8月任主席）
党组副书记：刘宏伟（6月任）
党组副书记、副主席：王利华（女，6月任党组副书记）
关继高（满族，1月免副主席，8月免党组副书记）
信　祥（满族，1月免副主席，8月免党组副书记）
党组成员、副主席：刘众民（满族）
赵振清（满族，1月任）
薛青松（满族，1月任，6月免）
谷宏健（8月任）
杨宪军（满族，8月任）
副主席：李建华（不驻会）
张富民（满族）

白宝君（满族，不驻会）
郭靖涛（不驻会）
董旭明（不驻会）
秘 书 长：单化军（满族）

政协承德市第十五届委员会
（2021年8月27日—2021年12月31日）
党组书记、主席：吴清海（满族）
党组副书记：刘宏伟
党组副书记、副主席：王利华（女）
党组成员、副主席：刘众民（满族）
赵振清（满族）
谷宏健
杨宪军（满族）
副 主 席：李建华（不驻会）
张富民（满族）
白宝君（满族，不驻会）
郭靖涛（不驻会）
董旭明（不驻会）
秘 书 长：单化军（满族）

政协承德市第十四届常务委员会委员
（2021年1月1日—2021年8月27日，61人，按姓氏笔画排序）

丁 宁（回族）
于明辉（满族）
马广春
王 强
王文龙（满族）
王冬梅（女）
王志勇
艾 铮
田永卿（满族）
代 林（蒙古族）
冯保中
司志通
邢晓冬
毕凤君（满族）
闫忠民（满族）
刘 丹（女）
刘立平（女，满族）
刘宗旭
刘翠哲（女）
孙立侠（女，满族）
孙国华
孙海丰（满族）
纪春艳（女，满族）
苏艳华（女，满族）
李 莉（女，满族）
李广安
李守山
李国华
李铁柱
李海健
杨玉艳（女，满族）
肖 冰
汪亚东（蒙古族）
张 忠
陆 媛（女，满族）
郑国民
封捷然（满族）
赵 永（满族）
郝长来
胡桂才（女）
胡维俭（满族）
谭玉广
殷明慧
高立国（蒙古族）
高旭升（满族）
高纪辉
黄智冬（满族）
黄新民
曹 静（女）
彭兴怀（女，满族）

葛月龙（满族）
葛曙光（女）
董　昆（女，满族）
董淑琴（女）
蔡　成（满族）
蔡　静（满族）
暴洪颖（蒙古族）
潘宪忠
戴觐忠（回族）
傅庆元
陈卫华

政协承德市第十五届常务委员会委员
（2021 年 8 月 27 日—2021 年 12 月 31 日，59 人，按姓氏笔画排序）

于明辉（满族）
于钧涌
马广春
王　刚
王凤才
王冬梅（女）
王亚君（满族）
王志勇
计德辉（满族）
代　林（蒙古族）
冯国杰（满族）
曲纪双（女）
刘　丹（女）
刘　冰（女）
刘　俊（满族）
刘立平（女，满族）
刘忠云
刘焕勇（满族）
刘智慧（女，满族）
刘媛媛（女，蒙古族）
闫忠民（满族）
孙士河（满族）
苏艳华（女，满族）
李　欢（女，满族）
李　迪（女）
李　莉（女，满族）
李永星
李守山
李秀云（女，满族）
李国华（满族）
李宪琴（女，满族）
李海健
杨立君（满族）
肖　冰
谷雪芬（女）
张艳玲（女，满族）
张雅丽（女，满族）
陈卫华（女，满族）
苗立田（满族）
封捷然（满族）
郝建东
胡维俭（满族）
贾　雷（满族）
高立国（蒙古族）
高纪辉
郭子铖（满族）
郭蕾蕾（女）
黄智冬（满族）
彭　瑛（女）
葛曙光（女，满族）
董　昆（满族）
董淑琴（女）
董瑞琴（女，满族）
韩淑杰（女，蒙古族）
谢汉杰（满族）
路　涛
蔡　成（满族）
蔡　静（满族）
戴觐忠（回族）

市政协第十五届委员会副秘书长及各委办负责人

副　秘　书　长：毕凤君（7 月免）

陈卫华（女，7 月任）

葛曙光（正处级，女）

办　公　室　主　任：毕凤君（7 月免）

陈卫华（女，7 月任）

办公室副主任：刘春晖（7 月免）

办公室研究室主任：孙金红

提案委员会主任：潘宪忠（7 月免）

刘立平（女，8 月任）

提案委员会副主任：陈秀东（女）

财政经济委员会主任：高立国

财政经济委员会副主任：贾　雷（8 月免）

农业和农村委员会主任：胡维俭

农业和农村委员会副主任：刘　峰

人口资源环境委员会主任：于明辉

人口资源环境委员会副主任：王　旭

教科卫体委员会主任：董　昆（女）

教科卫体委员会副主任：杨靖宇

社会和法制委员会主任：高纪辉

社会和法制委员会副主任：王丽英（女）

港澳台侨联络委员会、民族宗教委员会主任：

刘立平（女，7 月免）

贾　雷（8 月任）

港澳台侨联络委员会、民族宗教委员会副主任（主持办公室工作）：郝建东

港澳台侨联络委员会、民族宗教委员会副主任：

王文戈

文化文史和学习委员会主任：傅庆元（7 月免）

王凤才（8 月任）

（王修明　供稿）

纪检监察

综　述

2021年，市纪委常委会和全市各级纪检监察机关坚持以习近平新时代中国特色社会主义思想为指导，深入贯彻落实中共中央总书记习近平视察承德重要讲话指示精神，坚持稳中求进工作总基调，立足新发展阶段，贯彻新发展理念，构建新发展格局，以推动高质量发展为主题，坚定不移全面从严治党，围绕全面建设高质量发展的“生态强市、魅力承德”发挥监督保障执行、促进完善发展作用，一体推进不敢腐、不能腐、不想腐，纪检监察工作在高质量发展上取得新进展新成效。“六治六提”纪律作风整顿、指定管辖案件办理、优化发展环境专项整治、巡察上下联动试点等多项工作得到河北省委、省纪委监委和市委的肯定。

重要会议

【市纪委全体会议】　2月2日，中国共产党承德市第十四届纪律检查委员会第五次全体会议召开。河北省人大常委会副主任、承德市委书记周仲明出席会议并作了题为《充分发挥全面从严治党引领保障作用，确保“十四五”发展开好局起好步》的讲话。承德市委副书记、市长常丽虹，市人大常委会主任韩福才，市政协主席刘文勤出席会议。市委常委、市纪委书记、市监委主任武力斌主持会议。周仲明在讲话中强调，2021年是中国共产党成立100周年，是“十四五”开局之年，要深入学习贯彻中共中央总书记习近平重要讲话精神、中纪委和河北省纪委全会精神，始终保持全面从严治党的战略定力。要准确把握全面从严治党取得的重要成果，准确把握全面从严治党首先要从政治上看的深刻内涵，准确把握充分发挥全面从严治党引领保障作用的核心要义，围绕“三区一城”发展定位和“1266”发展战略等重点任务加强政治监督，要把严的主基调长期坚持下去，推动全面从严治党向纵深发展。党风廉政建设永远在路上，反腐败斗争永远在路上，要坚定政治方向，保持政治定力，坚持态度不变、决心不减、尺度不松，坚决清除影响党的先进性和纯洁性的消极因素，保障“十四五”规划顺利进行。周仲明强调，要坚定不移强化政治监督，确保党中央重大决策部署落实落地。要打造纪检监察铁军，纪检监察机关、纪检监察干部要带头加强党的政治建设，接受最严格的约束和监督，各级党委要加强对纪检监察工作的领导，努力建设高素质纪检监察队伍。会议回顾总结2020年全市纪检监察工作，研究部署2021年工作任务。市委常委、市纪委书记、市监委主任武力斌代表市纪委常委会作题为《推进新时代纪检监察工作高质量发展为生态强市魅力承德现代化建设提供坚强保障》的工作报告，并经大会审议通过。会上对各县（市、区）党委、承德高新区和御道口牧场管理区党工委述责述廉情况进行测评。会议以网络视频形式召开。市委常委、市人大常委会、市政府、市政协领导班子成员，市委秘书长、市法院院长、市检察院检察长，有关方面负责人参加会议。各县（市、区）、承德高新区、御道口牧场管理区设分会场。

8月4日，中国共产党承德市第十四届纪律检查委员会第六次全体会议召开。市委常委、市纪委书记、市监委代主任刘勇主持会议，会议介绍《中国共产党承德市第十四届纪律检查委员会工作报告（审议稿）》起草说明，并组织讨论。市纪委委员，市监委委员，各县（市、区）纪委书记（纪工委书记）参加会议。

8月18日，中国共产党承德市第十五届纪律检查委员会第一次全体会议召开。会议选举并报市委十五届一次全会批准，产生新一届市纪委常委会。出席这次全会的市纪委委员37人，会议选举刘勇、袁丽枝、林国利、王刚、王丽萍、陈金辉、安云成、刘长喜、王孜昌为市纪委常委，选举刘勇为市纪委书记，袁丽枝、林国利、王刚为副书记。

【全市党建暨警示教育大会】 12月28日，全市党建工作暨政治性警示教育大会召开。市委副书记、市长柴宝良出席会议并讲话。市人大常委会主任刘文勤、市政协主席吴清海出席会议，市委副书记郭旭涛主持会议，市委常委、市纪委书记、市监委主任刘勇通报承德市2021年以来违纪违法典型案例。会上集中观看警示教育片。市委常委，市人大常委会、市政府、市政协领导，市法院院长、市检察院检察长在主会场参会。各县（市、区）、承德高新区、御道口牧场管理区设分会场。

【市纪委常委及扩大会议】 1月7日，武力斌主持召开市纪委十四届第一次常委会（扩大）会议。市纪委监委领导班子成员出席会议，市纪委监委各内设机构主要负责人、保障中心主任列席会议。会议传达学习刘爽在全省纪检监察系统疫情防控工作会议上的讲话精神，以及河北省纪委监委《关于疫情防控工作电话通知》《纪检监察干部疫情防控有关要求》《疫情防控监督工作提示》，安排部署承德市纪检监察系统疫情防控和监督检查工作；听取驻村工作队2020年第四季度工作汇报；传达学习河北省委反腐败协调小组会议精神。会议还研究了其他事项。

1月13日，武力斌主持召开十四届市纪委第二次常委会（扩大）会议。市纪委监委领导班子成员出席会议，市纪委监委各内设机构主要负责人、保障中心主任列席会议。会议审议《2020年度市纪委监委派驻机构综合考核评价工作方案》《县级纪检监察机关主要负责人检讨审查调查安全事故责任的工作流程》《关于进一步规范事故（事件）调查处理工作程序的通知》。会议还研究了其他事项。

1月31日，武力斌主持召开十四届市纪委第三次常委会（扩大）会议。市纪委监委领导班子成员出席会议，市纪委监委各内设机构主要负责人、保障中心主任列席会议。会议传达学习十九届中央纪委五次全会和省纪委九届六次全会精神，研究贯彻落实意见。研究《市纪委十四届五次全体会议筹备方案》《市纪委十四届五次全会工作报告》。听取《关于开展“低级红”“高级黑”整治情况的报告》《承德市纪委监委监督检查审查调查统计工作考核办法的报告》《关于市委巡察机构党组织换届改选的请示》。会议还研究了其他事项。

2月2日，武力斌主持召开十四届市纪委第四次常委会会议。市纪委监委领导班子成员出席会议。听取市纪委十四届五次全会分组讨论情况汇报。会议还研究了其他事项。

3月3日，武力斌主持召开十四届市纪委第五次常委会（扩大）会议。市纪委监委领导班子成员出席会议，市纪委监委各内设机构主要负责人、保障中心主任列席会议。会议传达学习《中共承德市委关于深入学习贯彻习近平总书记重要讲话和省部级主要领导干部学习贯彻党的十九届五中全会精神专题研讨班精神的意见》《关于纪检监察系统认真学习贯彻习近平总书记在十九届中央纪委五次全会上重要讲话精神通知》《中共河北省委关于学习贯彻〈中国共产党统一战线工作条例〉的通知》，中共中央、中共河北省委、承德市委党史学习教育动员大会主要精神，《中央纪委、中组部、国家监委关于严肃换届纪律加强换届风气监督的通知》《中央纪委办公厅〈关于加强检举举报平台安全保密管理的意见（试行）〉等三个文件的通知》《中央纪委国家监委关于为受到失实检举控告纪检监察干部予以澄清正名的实施意见》《中央政法委、中央纪委机关、国家监察委员会关于严格执行防止干预司法“三个规定”的工作意见》《中纪委办公厅、中宣部办公厅、国家监委办公厅、应急管理部办公厅关于在特别重大生产安全责任事故追责问责审查调查中加强协作配合的意见（试行）》和《中央纪委国家监委开展特别重大生产安全责任事故追责问责审查调查工作规定（试行）》《国家监委、最高人民法院、最高人民检察院、公安部关于加强和完善监察执法与刑事司法衔接机制的意见（试行）》《纪检监察工作国家秘密范围的规定》，研究贯彻落实意见。研究并原则同意《纪检监察机关案件监督管理工作规则》《承德市纪检监察工作保障中心专案组工作手册》。审议并通过《市纪委监委机关基层党组织换届建议方案》。会议还研究了其他事项。

3 月 17 日，武力斌主持召开十四届市纪委第八次常委会（扩大）会议。市纪委监委领导班子成员出席会议，市纪委监委各内设机构主要负责人列席会议。传达学习《关于开展政法系统违纪违法问题查处的通知》，研究贯彻落实意见。会议还研究了其他事项。

3 月 29 日，武力斌主持召开十四届市纪委第九次常委会（扩大）会议。市纪委监委领导班子成员出席会议，市纪委监委各内设机构主要负责人、保障中心主任列席会议。会议传达学习全国“两会”精神，《关于认真学习贯彻习近平总书记在党史学习教育动员大会上的重要讲话的通知》，全省整治供销合作社系统腐败问题促进改革和治理工作会议精神。研究审议承德市《专项整治工作实施方案》。听取市纪委监委全面学习贯彻《关于加强和完善监察执法与刑事司法衔接机制的意见（试行）》情况报告，通报承德市纪委监委门户网站改版升级情况。传达学习全省信息化建设暨网络安全工作会议精神，研究贯彻落实意见；传达贯彻全省纪检监察系统视频会议精神，围绕深入纠治形式主义、官僚主义，强化营商环境领域监督执纪问责进行研讨交流。会议还研究了其他事项。

4 月 22 日，武力斌主持召开十四届市纪委第十一次常委会（扩大）会议。市纪委监委领导班子成员出席会议，市纪委监委各内设机构主要负责人、保障中心主任列席会议。会议传达学习河北省纪委监委换届风气监督工作“一对一”调度会精神，研究贯彻落实意见，《市纪委监委落实全面从严治党专责监督责任清单》。研究并原则同意《2021 年度市纪委监委党风廉政意见回复办法》。传达学习河北省纪委监委主要领导在《关于对 11 个市监委在办留置案件视频调度会情况报告》《关于进一步加强和完善党纪政务处分决定执行工作衔接办法（试行）》《监察执法与刑事司法衔接机制流程导图》《市纪委监委机关网络安全工作责任制实施办法（试行）》。听取市纪委监委驻村工作队 2021 年第一季度工作情况的报告。会议还研究了其他事项。

5 月 13 日，武力斌主持召开十四届市纪委第十三次常委会（扩大）会议。市纪委监委领导班子成员出席会议，市纪委监委各内设机构主要负责人、保障中心主任列席会议。会议传达学习中共承德市委书记董晓宇到市纪委监委调研指示精神，《党中央关于加强对“一把手”和领导班子监督的意见》，研究讨论协助中共承德市委起草的《深入贯彻落实党中央关于加强对“一把手”和领导班子监督意见的实施意见》及下一步贯彻落实意见。传达学习董晓宇在开展中共党史学习教育、弘扬塞罕坝精神座谈会上的讲话和在承德市委常委（扩大）会议上的讲话精神及全国纪检监察机关审查调查安全工作会议精神。听取通过《关于查办“双管”公职人员案件协作配合有关问题的意见》《市纪委监委派驻机构日常管理办法（试行）》《2021年度全市纪检监察干部培训工作方案》。会议还研究了其他事项。

7月2日，刘勇主持召开十四届市纪委第十七次常委会（扩大）会议。市纪委监委领导班子成员出席会议，市纪委监委各内设机构主要负责人、保障中心主任列席会议。会议传达学习中央纪委办公厅关于印发《地方纪委监委向上级纪委监委报告线索管理立案审查调查处分处置工作指引（试行）》的通知、中共河北省纪委印发《关于贯彻落实〈中央纪委国家监委开展特别重大生产安全责任事故追责问责审查调查工作规定（试行）〉的实施意见》的通知，《全省追逃追赃工作培训班会议精神》《中纪委关于认真学习贯彻〈中共中央关于加强对一把手和领导班子监督的意见〉的通知》，研究市纪委贯彻落实意见。审议并原则通过《关于2021年度上半年履行全面从严治党监督责任情况的报告》《关于驻村工作队被评为2020年度承德市脱贫攻坚先进集体的报告》。会议听取审议《关于严肃换届纪律加强换届风气监督有关情况的汇报》。会议还研究了其他事项。

7月14日，刘勇主持召开十四届市纪委第二十一次常委会（扩大）会议。市纪委监委领导班子成员出席会议，市纪委监委各内设机构主要负责人、保障中心主任列席会议。会议传达学习全国纪检监察系统审查调查安全联络员会议精神，研究承德市贯彻落实意见。会议听取《关于赴贵州、浙江考察学习信息化查询、大数据监督等有关情况的报告》《关于董晓宇同志到市纪委监委机关调研讲话精神贯彻落实情况的汇报》。会议审议并原则通过《关于开展“走进雄安新区，感受雄安速度”主题党史学习教育的建议方案》。会议还研究了其他事项。

7月22日，刘勇主持召开十四届市纪委第二十二次常委会（扩大）会议。市纪委监委领导班子成员出席会议，市纪委监委各内设机构主要负责人、保障中心主任列席会议。会议听取《班子成员结合联县监督开展营商环境综合调研情况及市纪委承担优化营商环境大会工作进展情况的汇报》《关于严肃换届纪律暨查纠“四风”问题专项调研监督工作情况的报告》《关于各承办单位检举控告即时办结率情况的通报》。听取审议并原则通过《关于参与省纪委监委措施使用检查情况的报告》《2021年上半年承德市党风政风监督工作情况的报告》。书面传达学习河北省纪委监委关于市县监委向本级人大常委会报告专项工作部署会议精神、全省纪检监察系统网络安全工作会议精神。会议还研究了其他事项。

7月29日，刘勇主持召开十四届市纪委第二十三次常委会（扩大）会议。市纪委监委领导班子成员出席会议，市纪委监委各内设机构主要负责人、保障中心主任列席会议。会议传达《市纪委监委向河北省纪委监委请示报告重大事项清单》《中共中央办公厅转发中央纪委国家监委等〈查办党员和公职人员涉嫌违纪职务违法职务犯罪案件协作配合工作机制〉的通知》，研究承德市贯彻落实意见。会议审议并原则通过《承德市纪委监委关于对监督检查审查调查措施使用情况进行自查和整改的报告》《承德市纪检监察干部“十个严禁”》《关于廉政专户注销和监委涉案专户启用的情况报告》。会议还研究了其他事项。

8月3日，刘勇主持召开十四届市纪委第二十四次常委会（扩大）会议。市纪委监委领导班子成员出席会议，市纪委监委各内设机构主要负责人、保障中心主任列席会议。会议传达学习中共中央总书记习近平对深入推进农村厕所革命作出的重要指示精神、中共中央总书记习近平7月30日在中央政治局会议上的重要讲话精神和赵乐际在吉林调研时的讲话精神，研究承德市贯彻落实意见。会议审议并原则通过《中国共产党承德市第十四届纪律检查委员会工作报告（征求意见稿)》《中国共产党承德市第十四届纪律检查委员会第六次全体会议筹备方案》《中国共产党承德市第十四届纪律检查委员会向中国共产党承德市第十五次代表大会的工作报告的决议(草案)》《各县(市、区)纪委监委、派驻(派出)机构向市纪委监委报告重大事项的补充清单》《县(市、区)纪委开展工作纪律整治的行动方案》。会议还研究了其他事项。

8月12日,刘勇主持召开十四届市纪委第二十六次常委会(扩大)会议。市纪委监委领导班子成员出席会议,市纪委监委各内设机构主要负责人、保障中心主任列席会议。会议传达学习中共中央总书记习近平在中央政治局第三十一次集体学习和在西藏考察调研时的重要讲话精神,中共中央办公厅关于印发《干部双重管理工作规定(试行)的通知》和中央办公厅、国务院办公厅关于印发《涉密人员保密管理办法》的通知,研究贯彻落实意见。会议审议并原则通过十四届市纪委向市第十五次党代会提交的工作报告(草案)、决议(草案),及市纪委十五届一次全会筹备方案。会议还研究了其他事项。

8月28日,刘勇主持召开十五届市纪委第一次常委会(扩大)会议。市纪委监委领导班子成员出席会议,市纪委监委各内设机构主要负责人、保障中心主任列席会议。会议传达学习中央巡视办、河北省委巡视办领导讲话精神。研究落实《关于“市级巡察机构在上下联动中更好发挥作用”试点工作实施方案》的部署要求,研究审议并原则通过市监委向市人大常委会报告专项工作的《实施方案》和《报告提纲》。会议还研究了其他事项。

9月8日,刘勇主持召开十五届市纪委第二次常委会(扩大)会议。市纪委监委领导班子成员出席会议,市纪委监委各内设机构主要负责人、保障中心主任列席会议。会议传达学习中共承德市委十五届二次全会审议通过的《中共承德市委关于全面贯彻落实习近平总书记视察承德重要讲话指示精神,全力开创建设高质量发展的“生态强市、魅力承德”新局面的意见》及市委书记董晓宇在全会上的讲话精神,审议并原则通过《市纪委监委关于保障推动市委十五届二次全会精神落地见效的监督工作方案》。集体学习《中华人民共和国监察官法》。传达贯彻河北省纪委监委关于组织广大纪检监察干部学习监察官法的通知要求。传达学习中央纪委办公厅《关于今年以来纪检监察工作情况的通报》、中央纪委、中组部、中央统战部、中央政法委、国家监委、最高人民法院、最高人民检察院联合印发的《关于进一步推进受贿行贿一起查的意见》,研究市纪委贯彻落实意见。审议并原则通过《关于认真学习贯彻中央纪委国家监委等〈查办党员和公职人员涉嫌违纪职务违法职务犯罪案件协作配合工作机制〉的通知》《关于在全市集中开展干部队伍纪律作风“五治五提”专项行动的工作方案》《党风廉政建设工作专班组成、职责及工作任务计划》《关于与市广播电视台签订警示教育片制作服务合同的报告》。研究审议《关于承德市纪委监委机关问题线索处置和管理内部工作指引(试行)》。会议还研究了其他事项。

9月28日,刘勇主持召开十五届市纪委第三次常委会(扩大)会议。市纪委监委领导班子成员出席会议,市纪委监委各内设机构主要负责人、保障中心主任列席会议。会议传达学习《中共承德市委关于加强市委常委会自身建设的意见》,全省粮食购销领域腐败问题专项整治工作动员部署会议精神,研究承德市贯彻落实意见。听取近期市纪委干部学习培训测试情况的汇报。会议还研究了其他事项。

10月14日,刘勇主持召开十五届市纪委第五次常委会(扩大)会议。市纪委监委领导班子成员出席会议,市纪委监委各内设机构主要负责人、保障中心主任列席会议。会议传达学习中共中央总书记习近平在中央政治局第三十三次集体学习时的重要讲话精神、在《求是》杂志第19期重要讲话精神、在纪念辛亥革命110周年大会上的重要讲话精神、省纪委监委《关于进一步加强对“一把手”和领导班子监督工作的通知》，研究审议市纪委贯彻落实意见。传达学习《杨晓渡在中共纪检监察学院暨北戴河校区2021年秋季学期开班典礼上的讲话》《傅奎在全国违建别墅问题专项清查整治监督工作调度会议上的讲话》《河北省纪检监察机关留置案件重要措施及安全监管情况报告办法（试行）》《河北省纪检监察机关审查调查安全责任体系（试行）》，研究审议市纪委贯彻落实意见。听取市纪委各领导班子成员2021年前三季度分管工作进展情况和第四季度工作谋划。审议并原则通过设立市监委向市人大常委会报告专项工作专班及《承德市监察委员会关于整治群众身边腐败和作风问题专项工作情况的报告》。会议还研究了其他事项。

10月28日，刘勇主持召开十五届市纪委第七次常委会（扩大）会议。市纪委监委领导班子成员出席会议，市纪委监委各内设机构主要负责人、保障中心主任列席会议。会议传达学习《市委书记董晓宇在全市优化发展环境大会上的讲话》《全国党风政风监督业务骨干培训班精神》《中央纪委办公厅关于切实加强审查调查安全工作的意见》《关于信息查询工作相关制度解读》，研究贯彻落实意见。研究审议并原则通过《中共承德市纪委监委纪检监察工作廉政风险点及防控措施》。通报《承德市纪检监察系统2021年前三季度信访举报总体情况分析》。听取各专项整治工作开展情况，研究部署下一步工作。会议还研究了其他事项。

11月8日，刘勇主持召开十五届市纪委第九次常委会（扩大）会议。市纪委监委领导班子成员出席会议，市纪委监委各内设机构主要负责人、保障中心主任列席会议。会议研究审议并原则通过《关于加强市纪委监委与市委巡察机构协作配合工作的意见（试行）》《关于加强巡视巡察整改日常监督工作的办法（试行）》，市纪委监委领导班子分工、各监督检查室联系单位分工。会议还研究了其他事项。

11月15日，刘勇主持召开十五届市纪委第十次常委会会议。市纪委监委领导班子成员出席会议。会议传达学习中国共产党第十九届中央委员会第六次全体会议精神，以及赵乐际在中央纪委常委会会议、董晓宇在中共承德市委常委会会议上的讲话精神，中共河北省委第十一轮巡视反馈整改工作有关精神，全省纪检监察系统内部疫情防控视频会议精神，研究贯彻落实意见。会议还研究了其他事项。

12月1日，刘勇主持召开十五届市纪委第十二次常委会（扩大）会议。市纪委监委领导班子成员出席会议，市纪委监委各内设机构主要负责人、保障中心主任列席会议。会议传达学习省第十次党代会精神及市委第十五届常委会第十一次（扩大）会议精神，上级保密部门关于开展微信泄密专项整顿行动和切实加强北京2022冬奥会和冬残奥会筹办期间保密工作的相关精神。研究审议并原则通过《关于市纪委专项专班整合及联系分工调整的情况报告》《关于在全市纪检监察系统和巡察系统开展微信泄密专项整顿行动的工作方案》，研究市纪委监委具体贯彻落实意见。会议还研究了其他事项。

12月7日，刘勇主持召开十五届市纪委第十三次常委会（扩大）会议。市纪委监委领导班子成员出席会议，市纪委监委各内设机构主要负责人、保障中心主任列席会议。会议传达学习河北省纪委监委《关于加强对领导干部岗位调动带上家乡工程队问题的监督检查和案件查处工作的通知》。听取《关于全市开展“六治六提”纪律作风整顿工作情况的汇报》，研究部署下一步重点。通报《全市纪检监察机关2021年1至11月监督检查审查调查情况分析》，研究部署下一步工作。听取各室部2021年工作开展情况、存在问题和下一步打算，对相关工作进行部署。听取市纪委监委驻村工作队2021年第四季度工作开展情况，研究下一步帮扶重点。会议还研究了其他事项。

12月20日，刘勇主持召开十五届市纪委第十四次常委会（扩大）会议。市纪委监委领导班子成员出席会议，市纪委监委各内设机构主要负责人、保障中心主任列席会议。会议传达学习中共中央总书记习近平关于“扎实推进共同富裕”重要讲话精神。研究审议并原则通过《承德市纪委监委机关涉案财物管理处置工作暂行办法》《承德市纪委监委2021年履行全面从严治党监督责任情况报告》《关于容错纠错机制实施情况的调研评估报告》。会议还研究了其他事项。

12月27日，刘勇主持召开十五届市纪委第十六次常委会会议。市纪委监委领导班子成员出席会议。会议传达学习中共中央总书记习近平在中共中央政治局第三十五次集体学习、在中央经济工作会议、在中国文联第十一次全国代表大会和中国作协第十次全国代表大会开幕式上的重要讲话精神，以及中共中央总书记习近平重要文章《深入实施新时代人才强国战略 加快建设世界重要人才中心和创新高地》，河北省纪委监委《关于进一步学习贯彻党的十九届六中全会精神的通知》和《关于认真学习贯彻省第十次党代会精神的通知》，研究市纪委贯彻落实意见。审议通过《关于签订专题片制作服务合同并拨付制作费用的报告》《关于进一步深化“六治六提”纪律作风整顿的工作建议》，谋划部署下一步工作重点。会议还研究了其他事项。

12月29日，刘勇主持召开十五届市纪委第十七次常委会（扩大）会议。市纪委监委领导班子成员出席会议，市纪委监委各内设机构主要负责人、保障中心主任列席会议。传达学习刘昌林在十届省纪委常委会第一次会议上的讲话精神，市委十五届四次全会主要精神。研究审议并原则通过《市纪委监委班子党史学习教育专题民主生活会实施方案》。会议还研究了其他事项。

监督执纪

【概况】 围绕党中央决策部署加强政治监督；围绕服务保障全市大局全程监督；围绕优化发展环境强化调研监督；围绕疫情防控常态化跟进监督。压实管党治党政治责任，加强对“一把手”和领导班子监督，严肃换届纪律和风气。促进各类监督融会贯通，高质量高标准推进巡察试点工作，强化巡视巡察上下联动，完成十四届市委巡察工作，十五届市委巡察工作强势开局。

【政治监督】 围绕“三大攻坚战”“十四五”规划实施、“三新一高”破障开局以及河北省委“三六八九”工作部署等落实情况，以监督专报、工作提示、督办提醒等方式，常态化具体化开展政治监督。对上级督查、巡视巡察、专项治理反馈的问题，跟进监督、一盯到底，对问题暴露出党的领导弱化、党的建设缺失、全面从严治党不力的问题，及时纠偏、严肃问责，有力保障全市上下意志统一、步调一致。全市共问责党员领导干部、监察对象170人，给予党纪政务处分25人。明确“四查四看”监督清单，纳入政治监督和首轮巡察范畴，统筹全市纪检监察力量同步跟进监督，每周向市委、省纪委报告进展，以有力监督促进担当履责，相关做法得到省纪委监委和市委肯定。着眼于河北省第十次党代会顺利召开，聚焦办案安全、安全生产、生态环保、信访维稳、意识形态等8个领域工作落实情况精准监督，向市委呈送监督报告7期，推动政治监督具体化常态化。组织市县两级纪委监委班子成员深入企业开展调研监督，召开3个层面企业家座谈会，收集影响企业发展问题25个、意见建议186条，着力纠治党员干部不作为、慢作为、乱作为以及公职人员勾结中介刁难群众、违规办理业务等问题，全部盯办督办、整改到位。协助市委召开全市优化发展环境大会，制发《全市优化发展环境工作方案》，通报典型案例，形成有力震慑。每周组织召开优化发展环境工作推进会，督促相关职能部门制定、优化制度性成果17项。因时因势调整监督重点，紧盯指挥体系运转、大数据排查、隔离点设置、防疫物资储备等重点环节，强化对京津冀联防联控联动和“三道防线”的监督，建立“问题通报—交办整改—整改回头看—整改不力的及时约谈—再盯办到位”的常态化通报和约谈机制，下发工作提醒、监督清单、整改提示45件，向市委呈报《疫情监督报告》51期，对发现的215个问题全部督促整改到位，牢牢掌握疫情防控主动权。相关做法得到上级纪委监委调研检查组的认可。

【监督检查】 协助市委做好全面从严治党形势研判、任务部署、目标分解和考核评价，细化“两个责任”监督清单，定期组织市县（市、区）纪检监察机关对党委（党组）推进“四责协同”一体落实情况进行调度分析，将管党治党政治责任逐级传导压实。对重点线索、重大案件、重要事项主动向市委请示报告，对监督发现的廉政风险及时向市委报告，全年向市委呈报工作报告86项，向市委常委会提交全面从严治党议题23项。

认真落实《中共中央关于加强对“一把手”和领导班子监督的意见》，协助市委制定《深入贯彻落实党中央关于加强对“一把手”和领导班子监督意见的实施意见》，印发贯彻落实《任务分工》，探索开展纪委负责人同下级党委班子成员集体谈话、纪委书记定期同下级“一把手”谈话、述责述廉评议等工作，推动破解对“一把手”监督和同级监督难题。协助市委细化换届方案和负面清单，全覆盖印发《纪律提醒函》，全程实时监测换届风气，加强跟进监督，处置换届方面问题线索128件，给予党纪政务处分12人、组织处理38人。严把党风廉政意见回复关，回复组织人事等部门党风廉政意见1423人次，提出暂缓或否定性意见13人次。制定《关于加强市纪委监委有关部门和市委巡察机构协作配合工作的意见》等制度，健全监督办案贯通、“室组地”联动机制，推动纪律监督、监察监督、派驻监督、巡察监督统筹衔接。强化纪委监委监督协助引导推动功能，与公安、检察院、法院、审计、统计、宣传、网信等部门建立信息沟通、线索移交、协作配合等机制，进一步提升监督合力。

【巡视巡察】 市委主要领导扛牢主体责任，市委常委会多次研究部署试点工作，市纪委监委负责人靠前指挥，6次主持召开座谈会、调度会，推动具体工作落实。制定《试点工作实施方案》，明确35项工作任务，制发《关于深化“六个聚焦”进一步做实巡察试点工作的指导意见》，补充完善相关举措23项，重点在“推动巡察工作主体责任落位、为上下贯通选准核心着力点、做实对村级党组织巡察有形有效覆盖、推动各类监督有效贯通深度融合”等方面探索实践，形成制度成果17项。制发《关于深入推进巡视巡察上下联动的具体措施》，组建6个巡察工作指导督导组，完成第二批对6个县（市、区）党委巡察工作的指导督导，实现对县级党委巡察工作指导督导全覆盖。十四届市委对纳入市委巡察范围的91个党组织开展12轮巡察，对8项重点工作任务落实情况开展专项巡察；对42个乡镇党委、县直部门及村级党组织开展提级巡察；对16个市直部门党组织开展巡察“回头看”，完成十四届市委巡察全覆盖任务。把监督保障中共中央总书记习近平考察承德重要讲话指示精神落地落实作为“首要检视”政治任务，统筹开展十五届市委首轮巡察工作，完成对5个市直部门党组织、承德高新区党工委和全市粮食购销系统的巡察工作，发现问题535个，发现问题线索55件，巡察利剑作用持续彰显。

党风廉政建设

【概况】 引导党员干部在理论学习中坚定政治方向，在解决群众急难愁盼问题中检验初心使命，在管党治党实践中深化政策运用，使不敢腐的震慑持续强化，不能腐的笼子越扎越牢，不想腐的堤坝加快构筑。深入开展“六治六提”纪律作风整顿，驰而不息落实中央八项规定精神，坚持纠“四风”与树新风并举，扎实推进检举控告“增量随清”。开展脱贫攻坚过渡期专项监督，深入整治群众身边腐败和不正之风，常态化惩治涉黑涉恶腐败和“保护伞”。

【政治引领】 以学习党的十九届六中全会精神为重点巩固中共党史学习教育成果，市纪委监委主要领导作专题党课报告，各党支部通过网络课堂、党史读书会、交流心得体会等方式开展学习研讨。赴雄安新区、丰宁满族自治县抽水蓄能电站项目现场感受国之大者，赴塞罕坝展览馆、热河革命烈士纪念馆、李大钊纪念馆接受革命传统教育，观看《长津湖》等红色影视剧感悟初心使命，举办“诵读红色经典·礼赞百年征程”朗诵比赛激发奋斗热情，颁发“光荣在党50年”纪念章强化荣誉感召，推动开展党的优良传统和作风教育。把中共党史学习教育同推动工作、解决实际问题相结合，扎实开展“我为群众办实事”实践活动，市纪委监委班子成员带队下沉一线开展调研监督，推动解决虎丰铁路征迁建设、小区燃气安全通气、城区厕所改造提升、“停车难”“办证难”、小学课后延时服务等群众急难愁盼问题496个。努力把学习成果转化为正确研判形势、精准把握策略的思想武器，坚持惩前毖后、治病救人，精准运用“四种形态”，认真落实“三个区分开来”，积极运用澄清正名、回访教育、容错纠错等激励政策，加大诬告陷害行为查处力度，旗帜鲜明地为实干担当的干部撑腰鼓劲。全市累计运用“四种形态”批评教育帮助和处理4003人次，第一、二、三、四种形态分别占比72.9%、20.6%、1.7%、4.8%。对近年来容错纠错机制落实情况进行评估分析、改进工作举措。对12名受处分的市管干部开展回访教育，相关做法得到市委主要领导肯定。

【深化反腐败斗争】 着重抓好金融、国企、政法、资源等领域腐败和作风问题的系统治理，紧盯粮食系统、供销系统、“影子公司”、开发区建设等领域突出问题深化专项整治，有力保障严管严治震慑常在、管党治党后墙坚固。全年共处置问题线索2808件，立案1090件，给予党纪政务处分1075人，采取留置措施15人，移送检察机关19人，高压震慑下7人主动投案，高质量承办6起上级指定管辖案件。严格执行留置场所疫情防控和安全制度，开展“走读式”谈话4055人次，始终守牢办案安全底线。强化系统观念和一体化思维，坚持办案、整改、治理一体推进，深化以案促改、以案促建、以案促治，对审批监管、公共资源交易、发展环境等重点领域案件和专项整治发现问题，督促整改、完善制度、堵塞漏洞，全市共制发纪检监察建议250份，督促行业主管部门健全完善制度机制178项。组织换届后集体廉政谈话4次，覆盖所有新提拔调整或人才引进的干部。协助市委召开全市政治性警示教育大会，拍摄《群众利益无小事》《发展环境之殇》《全面从严治党就在身边》3部警示教育片，坚持用身边事警示教育身边人。深入挖掘承德本土廉政文化，开展家风家规家训征集活动，在市纪委监委门户网站和微信公众号开设廉政教育专栏，发挥廉政文化教化育人功能，推动党员干部形成知耻知止知畏的自觉性。

【强化作风建设】 市纪委常委会带头常态践行“四边”（边学习、边调研、边工作、边总结）要求，围绕“四项监督”统筹衔接、优化发展环境、新阶段下反腐败斗争形势分析等 8 项课题开展重点调研，推动全市纪检监察系统大兴调查研究之风。为保障新时代新风貌新气象，坚定坚决向“拖、庸、浮、僵、奢、散”等顽瘴痼疾“亮剑”。市纪委监委主要领导亲自点题谋划，市纪委常委会、全市系统调度会、专项整治推进会 8 次研究部署推进，牢牢牵住主体责任“牛鼻子”，督促各级各部门对照六方面 20 个具体问题表现，共查纠整改个人问题 58940 个，班子查改共性问题 7559 个，形成敢于直面问题、勇于自我革命的浓厚氛围。市县纪检监察机关统筹监督力量，联合纠风办、大督查，机动协调公安、财政、审计等部门，强化抽查复核和明察暗访，发现敷衍应付、纠而不改、顶风违纪等问题 339 个，处置问题线索 34 件，处分 31 人，通报典型案例 33 期 124 件，以有力监督推动管党治党责任落于日常，全市党员干部的纪律规矩意识和自觉接受监督意识明显提升。经验做法在全省纪检监察系统交流学习。聚焦中共中央总书记习近平考察承德重要讲话指示精神、“十四五”规划开局起步、省市党代会决策部署落实，严肃查处贯彻落实中的形式主义、官僚主义问题 239 个，批评教育帮助和处理 368 人，给予党纪政务处分 208 人。紧盯重要节点，严查奢靡享乐顶风违纪、隐形变异、餐饮浪费等问题，坚决遏制换届“迎来送往”风，查处享乐主义、奢靡之风问题 119 个，批评教育帮助和处理 161 人，给予党纪政务处分 94 人。健全“四风”问题研判机制，每月分析“四风”问题动向，加强对基层监督工作的指导。建立常态化教育预警机制，点名道姓通报典型案例 77 批 127 件 220 人。督促规范落实领导干部配偶、子女及其配偶经商办企业行为规定，带头反对特权思想和特权行为，加强家庭家教家风建设。

【专项整治】 把化解信访举报作为主动发现问题、维护群众利益的重要抓手，常态化开展检举控告“增量随清”，全年全市共受理信访举报 4349 件、同比下降 26%，检举控告 2232 件、同比下降 33.5%，其中初次检举控告 1577 件、同比下降 21%，重复检举控告同比下降 51.7%。紧盯巩固脱贫摘帽“四个不摘”成果、防返贫动态监测和帮扶机制等政策落实，突出扶持发展壮大扶贫产业、易地搬迁后续扶持等监督重点，推动纪检监察监督与部门监管贯通协同、形成合力，共处置相关问题线索 29 件，给予党纪政务处分 26 人，保障同乡村振兴有效衔接。紧盯教育医疗、养老社保、生态环保、食药安全、执法司法等领域深化专项治理，从减税降费政策落实、违建别墅清查整治、农村乱占耕地、骗取医保基金和养老保险、清洁取暖散煤管控等“小切口”入手，既推动解决具体问题，也督促行业主管部门深化系统治理，共查处群众身边腐败和作风问题 417 个，处理 631 人，处分 314 人，得到群众广泛认可。持续巩固“打伞破网”成果，立案 22 件，处分 25 人，移送 4 人。特别是把政法队伍教育整顿与扫黑除恶常态化有效衔接，对重点案件启动倒查，处置问题线索 261 件，立案 68 件，处分 59 人，移送 7 人，取得较好的政治效果、纪法效果和社会效果，有力维护了社会公平正义。

规范化建设

【概况】 建立健全各项制度，推进规范化制度化建设，锤炼纪检干部政治品格，加强学习交流培训和能力提升，强化自我监督约束，对派驻机构的领导指导，稳步提升信息化保障水平。严格按照换届选举程序完成市纪委换届选举工作，于 8 月 18 日选举产生中国共产党承德市第十五届纪律检查委员会。

【健全重大事项请示报告制度】 认真落实双重领导体制，严格落实《市级纪委监委向省纪委监委请示报告重大事项单》，制发《关于进一步规范重大事项报告工作的通知》《关于准确报告重大事项的补充通知》，强化市纪委监委对下级纪委监委的领导。2021 年市监委首次向市人大常委会报告整治群众身边腐败和作风问题专项工作情况，有序推进县监委向同级人大常委会报告专项工作。

【规范化制度化建设】 制发《关于进一步加强和完善党纪政务处分决定执行工作衔接办法（试行）》，与组织、财政、人社等部门开展处分决定执行情况“回头看”，对检查发现的 148 个问题全部督促整改到位。全面贯彻执行《纪检监察机关案件监督管理工作规则》，建立监督检查、审查调查措施使用监管台账，制发提示函、督办函 11 份，对整改不到位的严肃约谈问责。探索制定《承德市纪委监委涉案财务管理处置工作办法（暂行）》，促进审查调查工作规范有序开展。

【纪检干部队伍建设】 健全完善集体领导议事规则和决策程序，严肃党内政治生活，全面落实意识形态工作、落实党建工作责任制。加强干部选拔任用交流，全面贯彻新时代党的组织路线，突出政治标准选人用人，结合换届工作加强对基层纪检监察干部队伍建设的领导指导，加大干部选任交流力度，做到系统内部上下贯通、机关派驻巡察一体调整、系统内外顺畅交流，实现“一池活水、一池清水”。抓好全员培训和能力建设，突出政治引领、纪法业务、全员覆盖，在全系统开展“大学习、大培训、大提升”活动，市县乡三级一贯到底，组织全员测试，市本级培训纪检监察干部 18 期 3460 人次，推荐 47 人参加中央纪委国家监委和省纪委监委组织的专题业务培训，不断提升纪法贯通、纪法双施能力。制定《问题线索处置和管理内部工作指引》，从登记管理、排查处置、办理时限、督查督办、评查归档等环节，加强对信访举报件和问题线索的全周期闭环管理。完善自身权力监督制约体系，制发《承德市纪委监委纪检监察工作廉政风险点及防控措施》，制定防控举措 79 项、建立完善制度 6 项，筑牢拒腐防变的“防火墙”。处置纪检监察干部问题线索 42 件，立案 2 人，党纪处分和组织处理 10 人。

【加强派驻机构领导指导】 共设有 30 个派驻机构（派驻市直单位纪检监察组名单附后）。出台《市纪委监委派驻机构日常管理办法（试行）》，全面加强对派驻机构日常管理、线索处置、案件查办等情况的领导指导，推进派驻机构规范化建设。制发《关于加强派驻（派出）机构与驻在单位党组（党委）沟通会商工作的意见》，全年各派驻（派出）机构沟通会商 649 余次，处置问题线索 221 件，立案 44 件，给予党纪政务处分 47 人，推动贴身监督融入部门治理、行业治理。

【提升信息化保障水平】 高质量完成纪检监察内网和视频会议系统全覆盖建设目标，市县同步推进纪检监察外网建设。稳步推进安可替代工程，增配审查调查信息化设备，全面提升办案专用技术装备保障水平。完善机关保密工作制度，开展保密检查 3 次、专题培训 1 次，在市委保密检查中获得最优档次。

2021 年中共承德市纪律检查委员会（十四届）承德市监察委员会领导名录

市委常委、市纪委书记、市监委主任：
　　武力斌（5 月免）
　　刘　勇（6—7 月主持工作）
市纪委常务副书记、市监察委员会副主任：
　　袁丽枝（女）
市纪委副书记、市监委副主任：
　　李中东（1 月免）
市纪委常委、市监委委员：
　　王丽萍（女，满族）
　　陈金辉（女，满族）
市纪委常委：安云成（满族）
市监委委员：刘长喜

2021年中共承德市纪律检查委员会（十五届）承德市监察委员会领导名录

市委常委、市纪委书记、市监委主任：

刘　勇（8月任）

市纪委常务副书记、市监察委员会副主任：

袁丽枝（女）

市纪委副书记、市监委副主任：

林国利（8月任副书记，9月任副主任）

王　刚（8月任副书记,11月免；9月任副主任,12月免）

市纪委常委、市监委委员：

王丽萍（女，满族）

陈金辉（女，满族）

刘长喜

市纪委常委：安云成（满族）

王孜昌（满族，8月任）

中国共产党第十四届承德市纪律检查委员会委员

（2021年1月1日—8月18日，38人，按姓名笔画为序）

于卫红（女，满族）

王　刚

王　明（满族）

王　猛（满族）

王云昌（满族）

王东利（满族）

王丽萍（女，满族）

朱铁铮（满族）

刘清海（满族）

那　红（女，满族）

孙宝贵

孙喜明（满族）

安云成（满族）

李中东（满族）

李文江

李玉成

李国志

李铁柱

李海健

杨立君（满族）

杨树国（满族）

杨桂珍（女，满族）

宋汉生（满族）

张友余

张贺龙

陈金辉（女，满族）

武力斌

林国利

赵旭东（满族）

胡　伟（满族

袁丽枝（女）

夏百胜（满族）

徐立新（女，蒙古族）

徐品刚（满族）

郭晓梅（女，满族）

崔雁侯（蒙古族）

惠春林

程中平

中国共产党第十五届承德市纪律检查委员会委员

（2021年8月18日—12月31日，37人，按姓名笔画为序）

王　勃

王　刚（2021年11月免）

王亚君（满）

王丽萍（女，满）

王孜昌（满）

朱凤鸣

刘　勇

刘长喜

刘宪海

关利强（满）
安云成（满）
孙宝贵
孙景源
李长荣
李玉成
李立军
李伟光
李建国（满）
李桂梅（女，满）
李海健
杨桂珍（女，满）
宋汉生（满）
张宏民
张宝伟
张贺龙
张新旭（满）
陈金辉（女，满）
林国利
房宝占（满）
赵兴海
袁丽枝（女）
郭晓梅（女，满）
郭耀东（满）
黄冠毓
梁常稳
韩　俊
程　杨（女）

2021年市纪委监委派驻市直单位纪检监察组组长名录及监督单位

市纪委监委驻市委办公室纪检监察组组长：李玉成

市委办公室｛市保密机要局(市国家保密局、市国家密码管理局)，市委国家安全委员会办公室｝、市委研究室（市委全面深化改革委员会办公室）、市委党史研究室、市档案馆。

市纪委监委驻市委组织部纪检监察组组长：于卫红（女，满族）

市委组织部（市公务员局）、市委机构编制委员会办公室、市委老干部局、市委党校。

市纪委监委驻市委宣传部纪检监察组组长：裴　宏

市委宣传部｛精神文明建设委员会办公室、市政府新闻办公室、市新闻出版局（市版权局）｝、市委网络安全和信息化委员会办公室（市互联网信息办公室）、承德广播电视台、承德日报社、市文学艺术界联合会机关、市社会科学界联合会机关。

市纪委监委驻市委统战部纪检监察组组长：陈再东（满族）

市委统战部｛市委台湾工作办公室（市政府台湾事务办公室）、市政府侨务办公室｝、市民族宗教事务局、市工商业联合会机关、市归国华侨联合会机关。

市纪检委驻市政法委员会机关纪检监察组组长：贾占军（满族）

市政法委员会机关、市信访局、市司法局（市委全面依法治市委员会办公室）。

市纪委驻人大机关纪检监察组组长：刘连祥（回族）

市人大机关。

市纪委驻市政府办公室纪检监察组组长：李建国（满族）

市政府办公室｛市政府外事办公室、地方金融监督管理局（金融工作办公室）、市委外事工作委员会办公室｝、市机关事务服务中心（市机关事务管理局）。

市纪委监委驻市发展和改革委员会纪检监察组组长：何志涛

市发展和改革委员会（市粮食和物资储备局、市委财经委员会办公室）、市统计局、市行政审批局（市政务服务管理办公室）。

市纪委监委驻市教育局纪检监察组组长：凌　龙

市教育局（市教育工作委员会、市委教育工作领导小组秘书组）。

市纪委监委驻市公安局纪检监察组组长：耿云飞（满族）

市公安局。

市纪委监委驻人力资源和社会保障局纪检监察组组长：张绍波

市人力资源和社会保障局、市科学技术局（市外国专家局）、市科学技术学会机关。

市纪委监委驻市财政局纪检监察组组长：许树军（满族）

市财政局、市审计局（市审计委员会办公室）。

市纪委监委驻林业和草原局纪检监察组组长：付清华（3—12 月）

市林业和草原局、市水务局、市森林生态开发集团有限公司。

市纪委监委驻市文物局纪检监察组组长：刘金山（满族）

市文物局、市城市管理局综合行政执法局。

市纪委监委驻市生态环境局纪检监察组组长：高利民

市生态环境局。

市纪委监委驻市住房和城乡建设局纪检监察组组长：张　扬（满族，1—5 月）

市住房和城乡建设局、市人民防空办公室（民防办公室）、市住房公积金管理办公室。

市纪委监委驻市交通运输局纪检监察组组长：常万芳

市交通运输局。

市纪委监委驻市自然资源和规划局纪检监察组组长：倪宝印

市自然资源和规划局。

市纪委监委驻市农业农村局纪检监察组组长：田剑丰（满族）

市农业农村局（市农业农村工作领导办公室）、市扶贫开发办公室（乡村振兴局）、市农林科学院。

市纪委监委驻市商务局纪检监察组组长：邱爱军

市商务局、市供销合作社。

市纪委监委驻市旅游和文化广电局纪检监察组组长：韩立新（女，蒙古族）

市旅游和文化广电局、市体育局。

市纪委监委驻市卫生健康委员会纪检监察组组长：马青龙

市卫生健康委员会（爱国卫生运动委员会办公室）、市医疗保障局、市红十字会机关。

市纪委监委驻市民政局纪检监察组组长：张士德

市民政局、市退役军人事务局、市残疾人联合会机关。

市纪委监委驻市应急管理局纪检监察组组长：佟浩林（满族）

市应急管理局（市地震局）、市工业和信息化管理局。

市纪委监委驻市政府国有资产监督管理委员会纪检监察组组长：武子春

市政府国有资产监督管理委员会。

市纪委监委驻市场监督管理局纪检监察组组长：宫　信（蒙古族）

市场监督管理局（市知识产权局）。

市纪委监委驻市政协机关纪检监察组组长：曾建军（满族）

市政协机关。

市纪委监委驻市中级人民法院纪检监察组组长：刘广林

市中级人民法院。

市纪委监委驻市人民检察院纪检监察组组长：赵喜普（满族）

市人民检察院。

市纪委监委驻市总工会纪检监察组组长：米百波

市总共会机关、共青团承德市委员会、市妇女联合会机关。

（谭　军　供稿）

民主党派·工商联

民革承德市委员会

【概况】 民革承德市委以自身建设和参政议政工作为重点，不断加强参政党能力建设，开展系列教育活动，统一思想认识，履行参政党职责，建言献策，参与社会服务，开展扶贫济困送医助学、文化艺术服务社会等系列活动，加强组织建设，4月，按要求完成民革承德市委员会换届工作，选举出新一届委员会。

【开展教育活动】 开展民革党史和革命传统教育活动。以“六个一”活动为载体，开展“五史”学习教育，不断强化党员参政党意识、多党合作意识和走中国特色社会主义道路意识。市委会集中开展中共党史学习、践行塞罕坝精神、落实中共中央总书记习近平视察承德指示精神三次集体活动；双桥区委、双滦区委、高新区委组织党员赴承德博物馆、大贵口、滨河社区参观、学习，近300余人参加；各支部组织开展“民革河北省委会党史知识问答活动”“开展形式多样学习交流研讨”，有的支部在支部群每日讲党课，党史百年天天读，有的支部开展中共党史知识竞赛，有的支部拍摄微视频、微电影，力争覆盖所有党员；市委会组织以支部为单位，自编自演“庆祝中国共产党成立100周年文艺演出”，参演党员80余人，收到很好效果。民革和声艺术团“五一”期间组织民革党员，“开展红歌唱响武烈河活动”，并参加中共承德市委宣传部举办的庆祝建党百年文艺演出。民革中山书画院联合民革北京东城区委共同举行纪念辛亥革命110周年书画展。组织民革市委委员、区委委员、支部委员赴北京博物馆开展“观故居、走对多党合作之路”主题教育活动。学习中共中央总书记习近平视察承德讲话指示精神，学习中共承德市委《关于全面贯彻落实习近平总书记视察承德重要讲话指示精神　全力开创建设高质量发展的“生态强市、魅力承德”新局面的意见》，要求全体民革党员把思想统一到习近平总书记重要指示精神上来，把行动统一到中共承德市委贯彻落实习近平总书记视察承德重要讲话指示精神，开创建设高质量发展新局面的意见上来。

【提高参政议政能力】 利用21%的党员担任各级人大代表和政协委员优势，使民革议政声音出现在各级议政建言舞台上。全年民革党员中各级人大代表、政协委员共提出建议、提案60余件，大会发言10余份，党员参政议政能力得到培养和锻炼，为民革市委履行参政议政职能奠定基础。不断提升参政议政质量和水平，开展“一支部一调研”活动，开展参政议政能力培训。组织党员参加省民革、市政协、中共承德市委统战部举办的各类培训，民革市委会聘请专家授课；开展民革党史、多党合作、参政议政等方面培训。成立参政议政专委会，并健全工作机制。

【履行参政党职责】 发挥政协平台作用，做好参政议政工作。民革承德市委副主委李俊峰撰写的《关于河北省土壤污染防治及综合修复的建议》被列为政协河北省第十二届委员会第二次会议第39号提案，并得到省领导重要批示。撰写的《强化制度供给，助推县域经济高质量发展》的提案被省政协采用，作为政协十二届二十一次常委会会议书面发言材料，得到与会领导高度赞扬。《推进跨境电商产业高质量发展的建议》的提案被民革河北省委会采用，作为省政协专题协商会会议书面发言材料。主委张富民在第十三届全国人大第四次会议河北省代表团小组会议上围绕“两高”报告提出建议，《关于完善抽水蓄能电价机制的建议》，政协承德市第十四届委员会第五次会议上李俊峰撰写的《“双循环”发展新格局下，关于我市数字贸易发展的建议》《规范提升农民合作社，培育壮大家庭农场等新型经营主体》和《关于我市数字农业发展“十四五”规划的建议》等12件提案，蒋春龙所提《加快实施城市更新行动，全面开启生态强市魅力承德现代化建设新征程的建议》《当前中小诊疗机构医疗废物垃圾转运问题应引起重视》《关于加快推进国家可持续发展议程创新示范区建设的建议》《关于加强农村自建房屋管理的建议》等关注民生建议提案广受赞誉。

民革双滦一支部党员李焕强2019年以来，多次提出水泉沟万人坑遗址命名为市级爱国主义教育基地，得到民革双滦区委支持并逐年推进。所提《在头道牌楼和荣军疗养院路口竖立（万人坑遗址）路牌的建议》《在水泉沟万人坑遗址小广场树立宣传栏的建议》《将水泉沟万人坑遗址命名为市级爱国主义教育基地的建议》得到各级政府采纳并落实。由市党史办牵头，市武警支队等官兵，林草局、水泉沟镇领导及党员100多人在“水泉沟万人坑爱国主义教育基地”开展大规模植树活动，缅怀先烈。

在政协承德市第十四届委员会第五次会议上，民革承德市委会《关于加大对乡镇放权赋能力度打造基层社会治理现代化的桥头堡的建议》被评为优秀集体提案。王翠华、王立平《关于治理承德南站秩序——打造文明城市、国际旅游城市的建议》；孙国华《关于实施“智慧停车”，方便群众出行的建议》；李红梅《关于进一步加强校园周边交通安全管理工作的建议》；李俊峰《关于我市建设乡村振兴人才体系的建议》；邹定东《关于疫情对中小型民营企业的影响及建议》；汪亚东《关于加强城市建设与管理的几点建议》；段金座《关于提升居家养老服务水平的建议》；彭瑛《关于我市“文明城市”建设常态化的建议》8人的提案被评为优秀个人提案。

【开展调研活动】 发挥民革中央、民革河北省委、市委统战部“直通车”优势，开展一系列调研活动，助推政府工作。民革承德市委20余篇调研文章被采纳批示，其中，李俊峰撰写的《关于加快推进医疗废物处置技术体系建设的建议》被中国侨联9月5827期侨情专报采用。《关于“互联网+”背景下农业大数据发展的建议》等20余件提案建议及社情民意信息入选民革河北省委会参政议政成果汇编。

【社会服务活动】 扶贫济困送医活动。发挥民革党员人才优势，开展义诊、送医下乡活动；践行健康中国，服务基层的理念，附属医院支部十余位专家于5月22日在主委张富民带领下到隆化县中共承德市委组织部党建示范点，隆化镇医院开展医疗帮扶活动，专家为300多名患者进行义诊。同时与隆化镇医院管理层进行座谈，为民营医院的发展建言献策，并与隆化镇医院签订《帮扶共建协议》。

助学、助残、助老扶贫活动。党员企业家宋波自2016年起带领承德双桥区爱心志愿者协会致力帮助社会失学儿童、失独老人、残疾人等弱势群体，累计资助资金超过百万，长期资助学生33名；民革党员企业家宋铁军、谢凯泽、王占宝、张玉田、于志强、李桂华等资助多名贫困学生。

文化艺术服务活动。利用承德中山书画院艺术家大多是画院支部党员，在艺术界具有一定知名度和社会影响力优势，组织策划书画展并创作绘画作品，讴歌时代、赞美生活、庆祝中国共产党成立100周年、纪念辛亥革命110周年。开展“庆祝中国共产党成立100周年暨第二届风雨同舟民革全国书画作品展”“薪火相传——纪念辛亥革命110周年民革党员书画作品展”等。为进一步提升承德民革中山画院团队影响力，开展文化交流和文化宣传工作，参加各级书画摄影作品展，用画笔宣传承德、宣传2022冬奥会、推进京津冀一体化建设。老党员葛桂芹带领民革和声艺术团和赵强带领德之声艺术团一直活跃在全市各个领域。并组织参加中共承德市委宣传部组织的庆祝建党百年文艺演出和“红歌唱响武烈河”活动。为丰富群众文化生活，开展走进乡村、走进社区惠民演出活动，全年组织各种演出20余场。

野生动物救助活动。承德民革野生动物保护协会拥有合作性救助基地3个，救助站2个，并建立起公众号。为响应中国野生动物保护协会号召，开展野生动物保护志愿者“护飞行动”，行程1500余公里，取得较好社会效果。开发区支部同时成立野生动物救助志愿者队伍。承德民革协会受到社会赞誉。

法律宣传和援助活动。12月3日，在第八个国家宪法日前夕，民革双桥支部组织党员开展承德民革法律服务中心“弘扬宪法精神、构建和谐社会”宣传活动，向市民普及宪法观念、树立宪法权威。活动中由民革党员孙迪、郭平、李昕颖分别为市民讲解宪法知识，对群众提问现场答疑解惑。民革法律服务中心开展走企业、进学校，入乡村普法教育活动。承德民革法律服务中心副主任徐攀慧、秘书长孙迪、律师党员郭平、李昕颖等接待受访群众100余人，挽回经济损失500余万元，获得锦旗六面。坚持开展普法、维权等法律援助咨询服务，取得良好效果，受到社会各界好评和肯定。

【加强与台胞艺术交流及合作】 民革党员摄影家吉久利以摄影会友，多年来一直与台湾摄影家保持经常性联系，他的作品也多次在台湾和世界各地等展览中获奖，曾荣获香港举办的第五届中华艺术金马奖；陪同台北摄影团共赴围场坝上创作、采风；还曾获得台湾郎静山摄影艺术终身成就奖。利用手中的相机拍摄创作大量反映文化旅游、人文地理、民俗风情优秀作品，为加强两岸及海外文化交流做了大量工作。2021年获第二十三届全国艺术摄影大赛《晨光一瞬》风光类银奖、第十一届《金鹤奖》创意类银奖、“熊猫杯”地球家园四季摄影大赛冬季主题银奖。党员孟智行与台湾许家慈老师合作，在河北省推广大数据志愿填报系统。民革佟山支部为承德籍台胞陈秀玉排忧解难，由于疫情防控要求，陈秀玉不能回到承德，但十分惦记其残疾胞弟陈英男，得知消息后支部第一时间看望，副主委李俊峰电话连线陈秀玉，让其放心，并告知今后会形成长期慰问机制。党员毕刚与台湾亲属保持联系，通过网络、电话等形式交流政策变化、文化传承德发展，并多次邀请、接待回承参观、考察亲属、友人。

2021年民革承德市委员会领导名录

主　　委：张富民（满族，不驻会）
副 主 委：俞虹霞（专职）
　　　　　鞠永才（满族，不驻会，4月免）
　　　　　马广春（满族，不驻会）
　　　　　肖　冰（满族，不驻会，4月免）
　　　　　李俊峰（不驻会，4月任）
　　　　　白　冰（回族，驻会、4月任，兼秘书长）

（白　冰　供稿）

民盟承德市委员会

【概况】 2021年，民盟承德市委践行习近平新时代中国特色社会主义思想，以中国共产党党史学习教育为契机，以中共中央总书记习近平庆祝中国共产党成立100周年讲话及考察承德讲话精神为指引，紧紧围绕民盟河北省委和中共承德市委总体工作部署，履行参政党职能，各项工作稳步提升。

【强化思想政治引领】 开展学习教育活动。坚持以学习贯彻习近平新时代中国特色社会主义思想为首要任务，以中共党史学习教育为宣传思想工作主线，开展集中研讨、主题宣讲、专题学习日、革命教育基地实地巡讲等教育活动。通过举办“庆祝中国共产党成立100周年暨民盟成立80周年大会”“奋斗百年路、翰墨颂党恩书画展”和组织全体盟员观看反应社会主义新农村、新人物、新风尚、新变化现实农村题材话剧《青松岭的好日子》民盟专场演出等活动，引导全体盟员学习领会新时代中国共产党创新理论，用创新理论最新成果武装头脑、指导实践、推动工作，凝聚共识。加强对外宣传。以“内聚人心、外树形象”为目标，发挥“报刊”“电视”等传统媒体和“微信公众号”“网站”等新兴媒体不同优势，增强对盟内重大活动、优秀盟员事迹宣传报道力度。多篇稿件被民盟中央、省、市级媒体刊载。其中，《美丽中国，民盟与您同行》被民盟中央刊载；《深入山村学党史 以史为镜明初心》《反诈知识送家门 乡村振兴路更稳》等11篇稿件被民盟河北省委网站刊载；《胡兴周精神》《塞罕坝，又站在了人民大会堂》《中国好人刘艳珍敬老孝亲故事》3篇稿件被“燕赵文化网”“文明承德”等省、市媒体刊载；18篇反映盟内活动报道在“民盟承德市委”微信公众号、承德民盟微信群等自办宣传平台刊发。民盟承德市委被民盟中央授予“庆祝民盟80周年微视频宣传工作优秀集体”称号；被民盟河北省委授予“思想政治建设和宣传工作”优秀集体称号。

【履行参政党职责】 发挥盟内人大代表、政协委员“桥梁纽带”作用，对盟内宣传理论思想，凝聚共识；对盟外倾听群众声音，对人民群众普遍关注难点、痛点等问题，深入调研，撰写提案，反映社情民意。主动加强与市县（区）两级人大、政协联系，对建议、提案落实情况进行沟通，分赴相关部门了解建议、提案落实成效及存在困难和问题，推动建议、提案由“办理满意”向“落实满意”转变。全年共提交人大建议3篇，政协提案15篇。其中，《别让支付宝们成为电信网络诈骗的提款机》被民盟河北省委采纳，分别报送民盟中央和省委统战部；《推进我市清洁能源供热应用大有可为》被承德市政协十四届五次全会选为口头发言；《关于组建“承德职业教育联盟”的建议》《关于加强互联网金融监管、助力承德“十四五”发展的建议》《关于规范我市共享电动单车管理的建议》3篇提案经承德市政协十五届二次主席会议讨论通过，分别入选承德市政协十五届一次会议重点提案和实事提案。践行习近平总书记视察承德期间系列讲话精神，9月29日，到承德市高新区滨河社区就京津冀协同养老模式可行性进行调研。通过观摩滨河社区服务大厅、智能化信息平台指挥中心、中西医理疗室、老年志愿服务中心、社区老年食堂等设施，对社区居家养老模式有清晰直接认识。通过与社区领导就资金来源渠道、市场化运营方向、养老人才培养、完善考核机制、养老产业链构建以及养老模式创新等问题进行研讨，对如何以京津冀协同养老政策为依托，促进承德市养老事业和康养产业协同发展，有更加深入想法，为下一步撰写调研报告、提交提案建议打下坚实基础。全年向民盟河北省委报送调研报告8篇，报送社情民意25篇；向市政协、中共承德市委统战部报送调研报告4篇，报送《民盟声音》12篇。

【社会服务活动】 巩固和发展现有社会服务品牌，按照“菜单式”需求，开展“黄丝带走进狱园”帮教活动；拓展“烛光行动”实践基地助教内容，聚集更多资源，提升助学质效；各支部参与“乡村振兴党旗红，党外人士同发力”活动。5月29日，民盟经济二支部、财税金融支部走进承德县高寺台镇张营村，开办反诈知识大讲堂，将反诈知识送村入户。9月10日，民盟双滦支部联合民进双滦支部、双滦区糖尿病医院赴陈栅子镇为5名退休教师免费体检并送上节日祝福。9月23日，民盟市中心医院支部、综合一支部、双桥支部、金融财税支部，邀请普外科、眼科、口腔科、儿科、检测科、心血管科、疾病感染科等8名盟内医疗专家赴围场县棋盘山镇金水泉村开展义诊和爱心捐赠活动，总计问诊100余人次，捐赠文具、玩具、食品等爱心物资，总价值2000余元。11月5日，民盟民族师院支部携手承德飞翔鸟足球爱好者俱乐部赴围场县城子镇桃山村幼儿园开展爱心捐助活动，捐赠黑板、桌椅、教具、书籍、玩具及羽绒服、帽子、手套等爱心物资，总价值5200余元。2021年，盟市委被民盟中央授予“脱贫攻坚先进集体”称号，3名盟员被民盟中央分别授予“脱贫攻坚先进个人”“脱贫攻坚民主监督工作先进个人”称号。发挥民盟承德美术院作用，分别于6月30日、9月29日与中华路街道办事处、银领社区共同举办“纪念中国共产党百年华诞书画展”“翰墨丹青迎国庆 文化送福惠居民国庆笔会”活动，让书画作品走进社区，活跃人民群众精神文化生活。同时，选派骨干盟员参加第三届国家首批历史文化名城九城市（大理）民盟书画展，展现承德民盟形象。财税金融支部被民盟河北省委授予2021年度“先进基层组织”称号。

【培树先进典型】 全市盟员继承和发扬“奔走国是、关注民生”的民盟精神，在本职工作中模范带头、示范引领、无私奉献，为推动承德社会经济发展贡献力量。一批盟员脱颖而出，受到中央、省、市及所在单位的表彰，扩大了民盟社会影响力。胡凯娜等多位盟员分别被民盟中央、民盟河北省委授予“组织发展工作先进个人”“河北省优秀盟员”“参政党理论研究先进个人”等称号；韩树军等一批盟员在各自的工作岗位上做出突出贡献，分别被授予“三等功”“省科学技术一等奖”“省地理信息产业优秀应用工程银奖”“省水利学会科技进步一等奖”“第二师铁门关优秀援疆干部”“优秀援疆医生”等称号。

【民盟组织建设】 4月8日，召开中国民主同盟承德市第十次代表大会，通过大会选举，白宝君当选为民盟承德市第十届委员会主任委员，杨林立、杨玉艳、肖冰、张雷当选为副主任委员，任命胡凯娜为秘书长。大会讨论并通过民盟承德市第十次代表大会决议，白宝君、杨林立等7人全票当选出席民盟河北省第十二次代表大会代表，完成换届工作。民盟承德市委贯彻执行《中国民主同盟组织发展条例》和中央、省、市有关精神，实施人才强盟战略，坚持质量标准，严格组织发展程序，坚持把高学历、高职称、高素质和有发展潜力优秀人才作为盟员发展对象，严把入盟质量关，发展5名高素质代表人士加入民盟组织。至年末，民盟承德市委盟员总数为450人，下属29个支部。

【增强组织“凝聚力”】 邀请盟内专家进行“中共党史学习教育宣讲”“中共十九届六中全会精神宣讲”，组织“庆祝中国共产党成立100周年暨民盟成立80周年”文艺演出，以支部为单位开展学习研讨、参观调研，搭建盟员学习平台，畅通盟员间沟通联系渠道，激发盟员为国、为党、为盟奉献热情。进一步巩固、扩展“盟员之家”，推动“盟员之家”成为广大盟员统一思想、提高认识、加深情感的平台，增加“盟味”。全体盟员响应盟中央号召，为中国民主党派历史陈列馆（重庆特园）升级扩建捐款2万余元。组织参加“全省深入学习中共党史专题网络培训班”“全省学习贯彻中共中央总书记习近平在庆祝中国共产党成立100周年重要讲话精神专题培训班”等网络培训；贯彻各民主党派中央关于纪律处分工作座谈会纪要精神，营造团结、高效、廉洁工作氛围。按照“八五”普法规划要求，发挥盟内律师团队作用，通过专题培训、普法宣传等一系列有效举措，加强对“习近平法治思想”、《中华人民共和国民法典》《中华人民共和国行政诉讼法》《中华人民共和国行政复议法》《中华人民共和国行政处罚法》等相关内容的学习，进一步提高机关干部和全体盟员学法、遵法、守法、用法水平和依法履职能力。

2021年民盟承德市委员会领导名录

主　　委：白宝君（不驻会）

副 主 委：杨林立（驻会，专职）

张学军（不驻会，4月免）

刘翠哲（不驻会，4月免）

肖　冰（不驻会）

杨玉艳（不驻会，4月任）

张　雷（不驻会，4月任）

（侯宝泉　供稿）

民建承德市委员会

【概况】　2021年，民建承德市委以中共中央总书记习近平新时代中国特色社会主义思想为统领，全面落实习近平总书记视察承德讲话指示精神，围绕全市发展大局和中心工作，凝心聚力，开拓进取，展现新气象，实现新作为，各项工作取得优异成绩。全年上报各类宣传信息170多篇。其中，人民日报网1篇，中新网3篇，民建中央网15篇，河北新闻网1篇，省政协新闻网63篇，河北民建104篇。《燕赵都市报》2篇，《承德日报》《承德晚报》、电台等8篇，承德政协、承德新鲜事、老家热河等新媒体14篇。承德民建微信公众号共发布170篇民建信息。

【召开民建承德市代表大会】　4月15日，中国民主建国会承德市第十一次代表大会在承德山庄宾馆召开。大会选举王红（女）、赵永、杨建光、王丽（女）、蔡成、温守东、李迪（女）、王萍（女）、郭士刚、邢晓冬、徐伟华（女）、刘俊、张晓东、崔建宇、米来、田野组成民建承德市十一届委员会；同时，选举王丽（女）、王萍（女）、李迪（女）、池红井（女）、邢晓冬、张元元（女）、赵野、赵志成、郭士刚、温守东10名会员为出席中国民主建国会河北省第十次代表大会代表。大会审议并通过决议。在民建承德市十一届一次会议上，选举郭士刚为民建承德市十一届委员会主任委员，王萍、邢晓冬、刘俊、李迪为民建承德市十一届委员会副主任委员。

【创先争优获得荣誉】　12月21日，在民建河北省委召开的庆祝河北民建成立65周年暨2021年总结表彰大会（视频会议）上，民建承德市委被民建河北省委评为2021年度社会服务工作先进单位，2021年度机关工作先进单位，2021年宣传工作先进单位（二等奖），2021年度反映社情民意信息工作先进集体（二等奖），2021年度全省组织管理信息系统工作先进单位，2021年度宣传报道工作先进集体（三等奖）。还荣获庆祝中国共产党成立100周年征文活动先进组织奖，荣获庆祝河北民建成立65周年征文先进组织奖，荣获庆祝中国共产党成立100周年暨河北民建成立65周年艺术作品征集先进组织奖，荣获中国共产党党史暨中国民主建国会会史知识答题活动优秀组织奖。民建承德市委综合二支部荣获2021年度民建河北省委授予的全省先进基层组织奖。民建商贸支部荣获中国共产党党史暨中国民主建国会会史知识答题活动优秀奖。会员王明远被民建中央授予脱贫攻坚先进个人。会员杜家寅荣获中共河北省委、省政府授予的“河北省脱贫攻坚先进个人”称号。杨建光、王冬梅分别获民建河北省委感谢信表扬。韦伟、王彬分别荣获承德市创建文明城市先进个人表彰。唐辉被评为承德好人。民建会员宋立铭摄影作品《展翅》、张晓飞美术作品《抗疫》、摄影作品《幸福家园》、何九伶草书作品《红船破浪千滩过》、李泓甫国画《青山绿水就是金山银山》、张烁摄影作品《老有所养》参加庆祝中国共产党成立100周年暨河北民建成立65周年艺术作品创作征集活动并获证书。王金刚、韦伟、侯蕾、梁久龙、韩静共5名会员，被民建河北省委授予2021年度“全省优秀会员”荣誉称号。机关干部范思捷分别荣获2021年度机关工作先进个人，受到民建河北省委表彰。王丽（女）荣获2021年度机关工作先进个人、优秀会员，受到民建河北省委表彰，荣获全省组织管理信息系统工作先进个人奖。民建会员王冬梅撰写的《弘扬遵义精神 谱写发展新篇章》被评为庆祝中国共产党成立100周年优秀征文。机关干部杨建光撰写的《我与民建廿载情》被评为庆祝河北民建成立65周年优秀征文，还获得2021年度优秀会员、参政议政工作先进个人、2021年度宣传报道工作先进个人（宣传报道工作个人积分全省各市机关第一名）、2021年度反映社情民意信息工作先进个人（反映社情民意工作个人积分全省各市机关第一名）、2021年度宣传工作先进个人、社会服务工作优秀工作者共7项表彰。

【强化政治引领】 加强政治理论学习，先后组织学习中共中央十九届五中、六中全会精神、中共中央总书记习近平在庆祝中国共产党成立100周年大会上的讲话、习近平总书记视察承德讲话指示精神。推进主题教育活动，开展“不忘合作初心，继续携手前进”专题教育活动和“学党史、增信念、跟党走”学习宣讲活动，召开中共党史学习教育动员大会，举办“认真学习党史，牢记初心使命”专题讲座，主委亲自安排部署中共党史学习教育活动，邀请承德市委党校副校长、教授聂志信讲课；组织全体会员参加民建省委庆祝中国共产党成立100周年暨河北民建成立65周年答题活动，10期全部超过80%达标要求；制定《履职能力建设年实施方案》，成立以主委为组长的履职能力领导小组。开展优良传统教育，围绕建党100周年和河北民建成立65周年开展纪念活动，支持综合五支部、企业三支部举办“建党百年 初心如磐”和开展“不忘合作初心 爱国拥军跟党走”主题交流活动。

【加强民建组织建设】 建立健全领导班子民主生活会和述职评议会制度，提升领导班子建设水平。全会共有会员503人，平均年龄51.1岁，其中大专以上学历461人，占会员总数的91.7%；中级以上职称257人，占会员总数51.1%；会员中担任处级以上领导职务16人，担任各级人大代表、政协委员65人次，其中常委16人。加强基层组织建设。推进“会员之家”建设，现已挂牌7个“会员之家”，形成基层组织、会员及会员企业共振发展、和谐建设氛围。妇委会、企业委员会等专委会和企业二支部、企业三支部、综合二支部、综合四支部、综合五支部、双滦支部、双滦二支部等多个民建基层支部以不同方式开展“学党史、增信念、跟党走”主题宣教活动和“知史爱党、知史爱国、知史爱乡”读党史、学党史活动暨民营企业调研活动，乡村义诊活动，开展“把握高质量发展机遇 铺就乡村振兴之路”主题专题调研。

【履职建言献策】 聚焦中心工作，推动建言“两会”。杨建光、范思捷撰写的《谋划新时代河北双翼驱动，建设“云端产业园”和厂直优品基地》提案，杨建光撰写的《破解冬季旅游短板 促进京津冀协同发展》《以可视化农业促进京津冀协同发展》的提案被省民建提交为省政协十二届四次会议大会发言（书面）。民建承德市委全年共提交41件市级提案，市领导批示2次。其中：大会发言3件（书面1件），集体提案3件。市人大十五届一次会议提交建议2件。王冬梅、杨建光撰写的《抢抓高铁时代新机遇 持续推进承德国家可持续发展议程创新示范区建设》的提案分别被时任省人大副主任、中共承德市委书记周仲明、省政协副主席、市长常丽虹批示。通过专题调研，杨建光撰写《破解我省失能老人养老问题的建议》等4篇报省民建调研报告，受民建河北省委参政议政部委托，还撰写《关于反映社情民意工作方面的几点看法》业务培训材料和《呼吁京津冀协同发展过程中应提升“再生水利用”水平》专项建议。向省政协提交专题报告2件，7篇被“省民建成果集”刊登。全年上报切实反映社情民意提案、建议、调研文章50余件，其中20件被民建中央、河北省政协采用，被省民建通报发表5篇。向市委统战部报送民建建言直通车9期共11件，被市领导批示1件。向省政协提交《关于加强农村基层政权建设的建议》等11个征集课题。

【开展社会服务活动】 推动和帮助民建会员企业丰宁元始公司带动2377户农户，种植燕麦11.35万亩，形成中国最大燕麦产业扶贫基地——丰宁40万亩燕麦。9月份，全国人大副委员长、民建中央主席郝明金一行到丰宁元始公司和种植基地考察调研产业扶贫和农民增收情况，民建市委主委陪同考察。为会员企业发展服务。建立会内互帮互助机制，共组织企业家会员交流活动6次，走访会员企业8家，通过座谈会、培训会、交流会等形式，开展企业家会员参观考察活动。推进“引帮”服务活动。会市委在助力发展、支持防疫、帮助脱贫、开展助学、推进乡村振兴工作中，累计捐款捐物总价值35余万元。会员王金刚组织双滦支部赴双滦区拘留所、双塔山派出所开展慰问一线干警活动；会员梁九龙牵头组织部分会员先后走访慰问高新区9个防疫检查点，为一线疫情防控人员送去慰问品；会员唐辉奋战在志愿服务一线，先后赴承德县、河南实施抢险救援，十余次到承德市幼儿园、小学、社区为广大师生和社区居民、物业管理人员进行防溺水、防震安全、紧急逃生和科学避险讲座；会员付耀先后2次向河南省荥阳市汜水镇西邢村捐赠抗灾物资，并走访慰问20多名乡村干部。

2021年民建承德市委员会领导名录

主　　委：郭士刚（不驻会）

副 主 委：邵东明（驻会，专职，4月免）

王　萍（女、驻会、专职，4月任）

付秋杰（女，驻会，专职，4月免）

宋立铭（不驻会，4月免）

邢晓冬（不驻会）

刘　俊（不驻会，4月任）

李　迪（女、不驻会，4月任）

（杨建光　范思捷　供稿）

民进承德市委员会

【概况】 2021年，民进承德市委以中共中央总书记习近平新时代中国特色社会主义思想为指导，以思想政治建设为引领，以组织发展建设为基础，以参政议政能力建设为重点，以服务社会发展为己任，围绕市委、市政府中心工作，凝心聚力、砥砺前行，为建设高质量发展“生态强市、魅力承德”做出新贡献。

【强化思想政治引领】 以中共党史学习教育为契机，强化思想政治引领。带领全会深入学习中共党史、新中国史、改革开放史、社会主义发展史；组织民进市委第十次会员代表大会代表集中开展“党史”学习教育和“团结就是力量”专题学习教育活动；组织市委委员、基层支部主（副）委学习领会《中共中央总书记习近平在庆祝中国共产党成立100周年大会上的讲话》及《中共党史学习教育宣讲提纲》，为承德“十四五”创新发展、绿色发展、高质量发展贡献智慧和力量。民进市委召开市委扩大会议，传达学习中共中央总书记习近平8月23日至24日到承德视察并针对生态文明建设、民族团结、乡村振兴、养老服务等发表讲话指示精神。主委张树国要求广大会员要把学习贯彻中共十九届六中全会精神与中国共产党成立100周年系列学习活动相结合，与学习中共中央总书记习近平视察承德指示精神相结合，与民进会史、会章学习相结合，进一步坚定理想信念，为全面建设社会主义现代化国家凝心聚力。发挥网络平台共享丰富学习资源等优势，创办民进承德市委“微信公众号”，随时发布学习动态和理论信息，有效营造思想政治建设良好氛围。全年发布思想宣传活动信息数十篇。利用微信群传递率高、定位精准优势，主委张树国带头向基层支部主（副）委群推送政治、经济、社会和历史发展等理论学习文章百余篇，民进市委其他班子成员及骨干会员也向基层支部主（副）委群和承德民进之家群转发理论学习文章。多次组织市委委员、支部主（副）委参加民进省委举办的腾讯视频读书会学习。

【开展主题实践活动】 在中国共产党成立100周年之际，为深切缅怀中国共产党的光辉历史，继承和发扬中国共产党的优良传统，坚定政治理想信念，民进市委组织开展一系列实践学习活动。组织基层支部骨干会员赴全省非公党建示范基地——板城酒业参观学习；赴西柏坡开展“重温苦难辉煌，凝聚奋进力量”党史学习教育主题活动；举办“庆祝中国共产党成立100周年”主题演讲比赛暨征文比赛颁奖活动；举办庆“八一”慰问演出活动；举办红色藏品展览活动；开展口述民进会史及收集整理民进基层支部发展沿革资料活动。基层支部和开明书画院开展中共党史学习活动，并将中共党史学习教育与“不忘合作初心，继续携手前进”主题教育相结合，切实提高了活动的教育意义。

【加强民进组织建设】 按要求完成换届任务。民进承德市委于4月10日召开换届选举大会，会上选举产生由16名市委委员组成的民进承德市第十届委员会，推选出7名出席民进河北省第十次代表大会代表。在民进市委十届一次会议上，张树国当选为主任委员，王显华（专职）、薛梅、董瑞琴当选为副主任委员，任命王显华为秘书长（兼）。于2月25日至3月20日完成各基层支部换届工作。选举产生15名支部主委，30名支部副主委。把原民进企业联合支部和民进双滦教育支部合并为民进双滦支部，在市区内新增民进企业联合支部，把民进油专支部更名为民进石油大学支部，把民进电大支部更名为民进开放大学支部。民进市委十届二次会议讨论修改民进市委十项工作制度，即：《民进承德市委员会工作制度》《民进承德市委员会基层支部工作条例》《民进承德市专门工作委员会工作条例》《民进市委主委工作职责》《民进市委专职副主委工作职责》《民进市委分管思想宣传副主委工作职责》《民进市委分管参政议政副主委工作职责》《民进市委分管社会服务副主委工作职责》《民进市委支部主委工作职责》《民进市委支部副主委工作职责》，会议要求相关责任人要各司其职，各尽其责，团结协作，共同把民进市委各项工作做细、做实、做好。此外，还建立会员电子信息管理档案、优秀青年会员数据库、骨干会员数据库。组织发展工作按照《各民主党派中央关于新时代组织发展工作座谈会纪要》要求，主要在教育文化出版传媒以及相关科学技术领域高中级知识分子中遴选人才，进行重点培养和考察，吸纳具有全日制大学本科以上文化程度、有一定代表性优秀人士入会。全年新发展民进会员14人，全部是全日制大学本科以上学历，其中，硕士研究生3人，具有中级以上职称9人。为使新会员认真履行参政党成员职责，会市委对新发展会员进行多党合作、民进会史、会章及参政议政等理论知识培训，有效提高新会员政党意识和履职能力。至年底，民进市委共有基层支部15个，会员324人。

【提升参政议政能力】 民进市委按照“补短板、扩优势、建机制、促提升”要求，开展参政议政理论培训学习。邀请民进省委办公室主任王树英作反映社情民意信息专题讲座；邀请市政协提案委员会主任潘宪忠作关于“如何撰写政协提案”专题讲座；安排分管参政议政工作副主委董瑞琴作“如何撰写社情民意信息”专题讲座。做好调查研究和调研成果转化工作。在新一届市人大、市政协会议召开前，会市委举办民进界别市人大代表、市政协委员专题培训班，要求大家围绕承德市经济社会发展重点问题、突出问题进行调查研究、深入论证，形成高质量、有见地、易操作调研报告。会市委为此还举办教育界骨干会员专题研讨会，围绕“提高普通高中教学质量”和“充分利用公办学校资源，最大限度减少生源流失”这两个重点课题深入研究，经过深入调研和论证，形成《关于提高我市高中教育质量的几点建议》《关于推进我市中心城区公办基础教育发展的建议》两篇调研报告，并将这两篇报告转化为民进市委集体提案提交市政协十五届一次会议。

【深入调研建言献策】 民进市委21名市人大代表和市政协委员深入开展调查研究，撰写建议、提案。在市人大、市政协十五届一次会议上，民进界别共提交建议、提案36份，均得到不同程度采纳和落实。其中，民进市委委员赵红莲提交的《关于发展以居家养老服务为主，社会机构养老为补充的新型社会化养老服务的几点建议》成为市政协“1号提案”，此提案由市政协主席领衔，主席会议重点督办落实。市政协委员赵明提交的《关于大力发展科技型中小企业，提升我市创新活力的建议》被评为重点提案；市政协常委董瑞琴提交的《关于因地制宜，合理选择适合承德农村地区冬季清洁取暖方式的建议》和市政协委员王湜提交的《关于清除市区人行道遗留螺丝头的建议》被评为实事提案；市政协委员张秀玲提交的《关于加强治理二仙居旱河，提高防洪能力的建议》和邵凡提交的《关于深入推进我市农村厕所革命的建议》得到网络媒体的宣传报道。会市委还立足全省社会发展需要，组织骨干成员深入调查研究，形成《关于推动“碳达峰、碳中和”行动方案实施的建议》等9篇调研报告，提交民进省委。按照中共承德市委制定《承德市各民主党派、工商联和无党派人士建言献策“直通车”制度》的要求，全年向中共承德市委统战部报送调研报告13篇。此外，省政协常委孔庆龙在省政协十二届四次会议上提交“关于大力发展我省老年教育的建议”等三份提案得到省教育厅、财政厅督办落实。省人大代表王显华连续三年在省人代会上提交的《关于加快推进宽城满族自治县潘家口水库腹地独石沟乡道路改造升级的建议》引起省政府特别关注，6月17日，省政府督查室副主任孟庆平一行3人专程到承德督导该建议办理落实情况。

【反映社情民意】 健全反映社情民意信息报送制度。经主委会议研究，制定并发布《民进市委关于反映社情民意信息报送情况的通知》，通知明确此项工作由分管参政议政工作副主委董瑞琴负责，通知要求民进界别省市人大代表、省市政协委员，民进市委委员（支部主委除外），全年报送信息被民进省委及以上部门采纳应达到2篇以上；民进基层支部、拟发展会员集体全年报送信息被民进省委及以上部门采纳应达到3篇以上。主委会议还决定，成立由主委任组长，副主委任副组长的民进市委19人信息工作小组。每个副主委负责联系5个支部5名信息员，并要求每名信息员每季度至少报送一篇有价值、易采纳社情民意信息。此外，还建立信息报送及采纳情况数字统计表，定期通报指定人员、民进基层支部、拟发展会员集体信息报送及采纳情况。上述办法和举措推动社情民意信息工作取得较好成效，民进市委全年报送社情民意信息 169 篇。

【助力城乡教育】 助推“同心·彩虹行动”进入承德。民进市委在民进省委的支持帮助下，联系神墨教育集团以“同心·彩虹行动”为载体，秉承“开来而继往，明道不计功”开明精神，将首批价值 8 万元“开明书屋”捐赠给隆化县太平庄乡马栅子村小学。在这次活动中，民进市委还为马栅子村每个学生赠送书包，折合人民币 1500 元。民进机关支部副主委郭相强还带领承德智翔机器人创客中心团队为马栅子小学学生上了一堂机器人科普课。为承德县三沟小学捐资送教。民进双桥教育支部联系滦水源公益爱心微信公共平台，向承德县三沟小学捐助人民币 5000 元，同时为该校作观摩课 2 节，还邀请教育专家针对“农村小学习作教学存在的问题及解决措施”进行培训辅导，有效促进农村教育教学发展。联合开展图书捐赠活动，民进市委委员暴洪颖的汇文书业有限公司与市和合教育发展基金会、北京荣德书业联合开展图书捐赠活动。3 家企业与承德市第十二中学、第十八中学、翠桥学校、围场腰站中学等 42 所学校签订捐赠协议，共捐赠图书折合人民币 41.62 万元。

【助推乡村振兴】 践行“乡村振兴党旗红 文艺创新树先锋”主题活动。中国作家协会民进承德会员王琦、薛梅和张秀玲创作文艺作品，弘扬乡村文化。薛梅副主委为央视热播电视连续剧《最美的乡村》撰写文学评论《让我们更加坚定道路自信》，首发于《诗选刊》，并被多家媒体转载。双滦支部会员王薇薇，组织双滦区文联在大龙庙村举行“乡村振兴党旗红 文艺创新树先锋”暨“书香门第”启动仪式，为双滦区做强乡村文艺主阵地，巩固脱贫攻坚成果、助力乡村振兴凝聚智慧力量，此项活动在学习强国平台上进行报道。民进企业联合支部副主委尹艳杰，定期帮扶滦平县古城川村和花楼沟村，并为村民做短视频培训讲座，还举办第五届刺玫瑰微电影艺术节启动仪式，努力打造承德文旅资源推介影视文化平台。

【参加社会公益活动】 广大民进会员不仅在本职工作和会务工作方面取得突出业绩，还始终坚持以服务社会为己任，新闻出版支部组织会员为做肝脏移植手术平泉市书法艺术家回金华捐款 8200 元；民进医卫支部、石油大学支部、开放大学支部联合慰问双桥区新冠疫苗接种点的医护人员，为医护人员送去价值 1000 余元电暖气、方便面和奶茶。同时，许多会员积极参加社会公益活动，用爱心回报社会，以奉献诠释人生。

2021 年民进承德市委员会领导名录

主　　委：孔庆龙（4 月免）
　　　　　张树国（4 月任）
副 主 委：王　琦（4 月免）
　　　　　刘　丹（4 月免）
　　　　　王显华（女，专职，兼秘书长）
　　　　　薛　梅（女，满族，不驻会）
　　　　　董瑞琴（女，不驻会，4 月任）

（黄莹莹　刘　超　供稿）

农工党承德市委员会

【概况】 2021 年，农工党承德市委认真学习贯彻中国共产党十九大和中共中央十九届六中全会精神，学习中共中央总书记习近平在庆祝中国共产党成立 100 周年大会上的讲话和到承德视察指示精神、中共河北省委第十次党代会精神、中共承德市委第十五次党代会精神，把思想和行动统一到党中央和中共河北省委、承德市委决策部署上来，切实履行政治协商职能，坚定不移推进参政党建设，为承德经济社会发展贡献智慧和力量。

【中共党史学习教育】 参加中共承德市委、市政协中共党史学习动员大会，刘文勤主席专题宣讲党史报告会、政协大讲堂及在贵州遵义举办的“回望伟大转折　凝聚奋进力量”中共党史学习教育暨委员履职能力培训班学习、省政协党组理论学习中心组暨全省政协党史学习教育专题辅导系列报告会；参加承德市委统战部中共党史学习教育报告会，参加中共承德京津冀农工党中共党史宣讲活动视频会议等。6月5—9日，组织新一届农工党市委委员、支部书记和骨干党员赴湖南开展“学党史、谋合作、促发展”中共党史学习教育现场教学活动，到毛泽东故居、毛泽东铜像广场、刘少奇故居、长沙橘子洲头青年毛泽东雕像广场、岳麓书院等地参观学习。6月17日，农工党市委会联合民盟承德市委，举办中共党史学习教育活动。邀请河北民族师范学院马克思主义学院教授左信，从党史学习教育目标要求、中国共产党百年奋斗史、党史学习教育意义和重点等四个方面详细解读。学习中共中央总书记习近平在庆祝中国共产党成立100周年大会上的讲话，学习中共中央总书记习近平视察承德讲话指示精神，学习中共中央十九届六中全会精神。深刻认识《中共中央关于党的百年奋斗重大成就和历史经验的决议》深远意义，发挥农工党的优势作用，有效服务大局，为推动中共中央十九届六中全会精神落地见效，凝聚人心、汇聚智慧与力量。发挥“党员之家”阵地作用，利用机关和颈复康药业集团两个党员之家，开展各类学习教育活动，使农工党“党员之家”真正成为政治建设核心阵地、通过各种教育活动，激发了党员干事创业的积极性。农工党党员王志华《富贵牡丹》作品入选农工党中央庆祝中国共产党成立100周年书画展。

【强化宣传报道】 农工党市委会加强与主流媒体联系，加大对党派直通车、市委会各项重大活动、参政议政重要成果、优秀党员先进事迹宣传报道力度。全年向上级报送信息、新闻稿件、建议等56篇，农工党中央采用2篇；报送理论文章5篇，河北政协新闻网采用2篇；农工党河北省委采用13篇；向市委报送党派直通车12篇，市委、市政府主要领导批示1篇；结合庆祝中国共产党成立100周年和中共党史学习教育活动，开展征文摄影书画展，评选出18篇文章及摄影作品刊登在农工党公众号上。承德农工党微信公众号全年发送信息75条。为市委委员、骨干党员订阅农工党中央机关刊物《前进论坛》65份。

【履行参政党职能】 农工党市委会向市十四届政协五次全会提交《关于对我市医疗康养的建议》大会书面发言1件，提交委员提案17件；参加市人大十五届一次、市政协十五届一次全会，提交个人和联名建议、提案21件。在河北省十三届人大第四次会议上，省人大常委谷雪芬提出的“关于加大对承德市老旧小区改造政策资金支持力度的建议”被列为1490号建议，省住房和城乡建设厅高度重视，支持承德市老旧小区改造工作。全力争取资金支持，共帮助承德市争取到各类老旧小区改造资金30329万元，有力支持推动承德市老旧小区改造工作；参加市（县、区）“两会”，农工界别人大代表、政协委员尽心履职尽责，所提出的建议，均被采纳解决。参加中共承德市委民主协商会、人大、政协的各类会议和活动。做到提前谋划，深入调研，认真参政议政；聚焦党委和政府中心工作，凝聚全体党员智慧和力量，切实推动履职尽责提质增效。开展专题调研，6月17日，农工党河北省委调研组到承德开展中草药种植生产调研，组织人员参与调研活动，形成调研报告，作为在政协承德市十五届二次会议上大会发言材料。

【强化组织建设】 完成农工党第九届委员会换届

工作。4月11日，在承德宾馆召开第九次代表大会，选举出第九届农工党市委会。同时，完成市人大代表、政协委员推荐工作。农工党界别市级代表、委员人选名额，严格按照中共承德市委组织部、统战部换届文件要求，按照规定时间节点推进，换届后，现有市人大常委1人，人大代表2人，县区人大常委4人，人大代表1人；市政协副主席1人,政协常委2人,政协委员10人，县区政协副主席1人，政协常委4人，政协委员10人。同时督促协助各支部在3月底前全部完成支部换届工作。组织发展和党员教育管理工作。按照《各民主党派中央关于新时代组织发展工作座谈会纪要》和农工党河北省委实施办法文件精神，落实中共承德市委统战部对各民主党派关于组织发展政策把握和主要领导指示精神，制定年度发展计划，新发展党员6名，工作中做到严格控制发展规模、严格把握标准条件、严格保持界别特色、严格履行各项程序。至年末，有农工党党员336人。

【开展社会服务】 年初制定社会服务工作计划，按照市委《关于深入开展“乡村振兴党旗红”活动的实施意见》精神，参加中共承德市委统战部“乡村振兴党旗红，党外人士同发力”、市政协“乡村振兴党旗红、政协委员再聚力”等主题实践活动，以实际行动落实习近平总书记视察承德重要讲话精神。开展“环境与健康宣传周”活动。落实农工党中央《关于开展“农工党2021年环境与健康宣传周”活动的通知》精神。6月18日，农工党河北省委、市政协文化文史委、农工党承德市委到隆化县西阿超乡杨家铺村联合开展“环境与健康宣传周”活动，向当地群众捐赠价值1万余元的各类药品，组织市中心医院、附属医院的妇、儿、肿瘤、骨科、中西医结合科七位专家，为群众义诊100多人次。郭靖涛主委走访慰问村里贫困户，并送去日常药品。12月23日，到隆化县韩家店乡西底沟村中共河北省委统战部联系点，开展为百姓义诊服务，并向村小学捐赠价值3000元文体用品。支部开展义诊捐赠活动。9月19日，农工党双滦区第十三支部联合双滦区医院，在农工党市委委员、区政协副主席、工商联主席、双滦区医院院长马玉兵带领下，到双滦区偏桥子镇大贵口村开展大型义诊活动，把医疗服务、药品及节日慰问品等送到村民手中。9月25日，农工党承德医学院两个支部联合附属医院两个支部，副主委高宇、李葵花和市委委员侯瑞田带队，到兴隆县大杖子镇车河口村开展健康扶贫义诊活动。诊治患者100多人，发放宣传单200多份，为10户困难家庭送去价值500多元粮油。10月16日，附属医院支部在高宇副主委带领下，到围场满族蒙古族自治县四合永镇合字村、下界地村开展义诊活动，普及预防和控制慢性病知识。附属医院专家不辞辛苦，对日常保健、常见病、多发病预防和常用药服用等方面进行指导。此次活动把优质医疗服务带到了大山里，为百姓看病260多人次，受到村民欢迎。开展献爱心奉献社会活动。罗士洪资助围场新拨乡大素汰村程玉祥家一对双胞胎姐妹每年5000元，已坚持9年。区政协常委李伟力在9月10日第37个教师节来临之际，向魁星园小学老师送去10万元爱心捐赠。

2021年农工党承德市委员会领导名录

主任委员：郭靖涛（不驻会）
副主任委员：谷雪芬（女，专职）
姜皑丰（不驻会）
高　宇（女，不驻会，4月任）
李葵花（女，不驻会，4月任）
胡桂才（女，不驻会，4月免）
商亚珍（女，不驻会，4月免）
秘书长：李向宝（专职）

（李向宝　供稿）

九三学社承德市委员会

【概况】 2021年，九三学社承德市委坚持把意识形态建设与社务工作统筹安排、同步部署，严格落实意识形态工作责任制。履行参政议政职责，深入一线调研承德市现代农业发展中难点问题，利用九三学社科技密集、联系广泛优势，助力现代农业发展和乡村振兴。完成市社换届和市“两代表一委员”推选工作。加强宣传报道，与主要媒体沟通联系，九三学社中央网站、《承德日报》，长城网、九三冀语等媒体多次对九三学社活动进行宣传报道；及时更新社市委微信公众号信息，每15天更新一次，全年推送消息26篇，宣传报道社市委重要活动和先进事迹，有效扩大社会影响力。履行党风廉政建设主体责任及专职副主委第一责任人和一岗双责责任，坚持把廉政建设与社市委工作同安排、同部署。自觉接受法律监督、组织监督、群众监督和舆论监督。社市委机关工作效率和办事水平得到提高，机关干部关亚丽获九三学社组织信息系统数据维护工作先进个人，受到社中央表彰。

【中共党史学习教育】 按照社中央、省委部署，社市委制定“学党史、忆初心、跟党走”学习教育活动实施方案，成立教育活动领导小组，分工负责抓落实。李建华主委以始终保持同中国共产党同心同德、团结奋斗政治本色，筑牢“不忘合作初心，继续携手前进”思想根基为题为社员上中共党史学习专题党课；特邀市委党校教授授课，坚持把学习中共党史与学习新中国史、改革开放史、社会主义发展史、多党合作史、社章社史相结合贯通为社员开展专题培训。以庆祝纪念活动为载体推动学习。组织社员集体收看庆祝中国共产党成立100周年大会、中共中央十九届六中全会、中共河北省党代会、承德市“两会”直播，深刻领会中国共产党百年奋斗历程取得的重大历史成就。组织社员参加庆祝中国共产党成立100周年中共党史知识竞赛，召开庆祝九三学社创建76周年纪念座谈会，推进“不忘合作初心，继续携手前进”主题教育活动成果。落实中共中央总书记习近平视察承德讲话指示精神，以实践促学习，开展“乡村振兴党旗红、党外人士同发力”和“我为群众办实事”主题教育实践活动。针对乡村振兴中现代农业技术发展缓慢问题，提出实施果园疏花疏果、林下覆草修复土壤性能和种养绿色循环等建议。通过联系九三学社中央，申报引进“同心康福”脑瘫患者救治项目，累计帮助困难家庭18名患者免费手术救治。组织参加社省委举办的九三学社京津冀机关干部培训会；组织机关干部参加市政协“回望伟大转折，凝聚奋进力量”党史学习教育暨提升委员履职能力学习培训班。组织50余名社员参加社中央两期骨干社员线上培训，青年论坛等视频会议，提高青年社员履职尽责能力。

【参政议政建言献策】 社市委主要领导多次参加中共承德市委、市政府、市政协组织的协商会、情况通报会、座谈会，围绕巩固脱贫攻坚成果、助力乡村振兴、加快绿色承德建设、高质量发展等事关承德市经济社会发展重大问题提出意见建议，得到市领导高度重视。社市委班子成员，参加各级人大、政协组织的视察、调研、督查活动，担任各级特邀监察员、特约监督员社员，通过信息交流、情况通报、视察等活动，认真履行职责，发挥民主监督职能。完成“两代表一委员”推选工作。换届后现有省人大代表1名，省政协委员2名；市人大常委1名，市政协副主席1名，政协常委4名，政协委员9名。建言献策，2021年提交市政协集体提案3篇，其中在十五届一次全会上提交的集体提案《关于加强在承德地区“碳达峰、碳中和”目标高质量落地的建议》被列为市政协十五届一次会议26件重点提案之一；提交的《关于充分挖掘承德优秀历史文化资源推进旅游产业实现转型创新发展的建议》被列为26件重点提案之一；提交的《关于加强外卖和快递从业人员道路安全管理的建议》《关于关注青少年视力健康持续推进守护光明未来的建议》2个提案被列为市政协十五届一次会议23件实事提案。提交市政协十五届二次全会《乡村振兴背景下承德市农村职业教育发展的问题与对策》集体提案1件；提交《多措并举减少城区内涝的建议》《关于设立承德历史文化名城保护日的建议》《关于在市区增设篮球场的建议》建言献策建议3件。向社省委提交《关于支持虚拟养老院建设促进社区居家养老服务高质量发展的意见和建议》等2件集体提案。

【深入调研积极帮扶】 深入一线调研承德市现代农业发展中的难点问题，利用九三学社科技密集、联系广泛的优势，联合中国农业大学专家团队对承德市平泉、丰宁、宽城、围场等现代农业企业进行跟踪调研技术帮扶，走出以科技助力现代农业发展和乡村振兴新路子。9月27日至28日，北京市政协副秘书长、九三学社北京市委专职副主委兼秘书长李丽萍，河北省政协副秘书长、九三学社河北省委专职副主委兼秘书长王建民带领中国科学院、中国农业大学、首都师范大学、省农林科学院专家教授一行13人到平泉青盛源农业发展有限公司、承德神栗食品有限公司、塌山乡传统板栗栽培基地等地进行调研。专家团队针对果园综合技术提升开展讲座，针对果园周边养猪场粪便污染问题，提出有机肥与液体肥果园生态高效利用技术为核心，集成并示范新型绿色种养循环模式合理化建议；对宽城板栗产业发展现状及遇到问题和困难等，进行技术指导。12月28日至30日，九三学社中央副主席丛斌率调研组赴承德市双滦区大贵口村、高新区滨河社区、围场满族蒙古族自治县强源水培菜种植基地等进行实地调研，详细了解承德市和围场乡村振兴示范区建设、居家养老服务及农业产业发展等工作情况，重点关注村集体经济固定资产产权归属、组织架构、利益分配等情况，并对乡村振兴中产业振兴问题提出指导性建议。向九三学社中央申报《组建民营股份制林场探讨》和《完善预防老人跌倒硬件设施》调研课题。

【加强组织建设】 完成换届选举工作。成立以李建华主委为组长的换届工作领导小组和由机关干部组成的换届筹备工作小组，制定换届工作方案，社市委领导多次调度协调筹备工作，各基层组织和全体社员全力配合大会筹备工作。4月18日，召开九三学社承德市第八次代表大会，选举产生九三学社承德市第八届委员会委员和出席九三学社河北省第九次代表大会的5名代表。换届后：委员15名（女性5名），平均年龄49岁，博士研究生1名、硕士研究生4名、高级职称13名，副厅1名，正处1名，副处3名。社员发展稳步推进。社市委严格规范入社程序，稳妥地联系发展社员。全年共发展社员4名，其中，高级职称1名，主体界别3名，平均年龄34岁，成员结构进一步优化，保持社组织结构特点。至年底共有社员208名。通过九三学社中央机关规范化建设交叉检查。社市委重视机关规范化建设，先后组织机关干部赴廊坊交流学习，赴天津参与规范化检查，邀请社省委办公室领导来承德市预检。经过九三学社中央检查组2天检查评测，在规章制度建设、规范公文处理标准、档案规范化、数字化管理、社史文化宣传展示等6大项80个小项的检查项目中以99.6的高分通过社中央规范化交叉检查，得到检查组一致好评，展现出承德九三学社的风采。

【开展社会服务】 全年共帮办惠民实事8件、帮扶特困家庭80余户，帮助困难群众700余名。“京冀·九承合作”签约。12月30日，九三学社北京市委、九三学社河北省委、承德市人民政府在本市举办“京冀·九承合作”战略框架协议签约仪式，全国人大常委会委员、宪法和法律委员会副主任，九三学社中央副主席，中国工程院院士丛斌出席签约仪式。九三学社中央调研组等19名领导和专家参加签约仪式。北京市政协副秘书长、九三学社北京市委专职副主委兼秘书长李丽萍，河北省政协副秘书长、九三学社河北省委专职副主委兼秘书长王建民，承德市人民政府副市长张树国共同签署《“京冀·九承合作”战略合作协议》。4月，九三学社中央“同心康福”脑瘫患者救治行动专家团队再次走进围场开展救治，期间共筛查68名脑瘫患者，筛查出手术适应症患者18名，在石家庄脑系医院为18名患者进行手术治疗，共减免医疗费18万元，社市委回访慰问术后患者15人，送去慰问物资价值1000余元。实施现代农业承德研究院关于承德地区果园综合提升关键技术探索与推广应用项目。开展林下覆草实验、疏花疏果试验及对周边种植农户进行主题为“现代果园综合管理栽培技术”培训。现代农业研究院果品保鲜团队赴围场、平泉为当地农业企业实施水果摘后保鲜，为围场农业企业免费保鲜苹果1.5万千克，为平泉农业企业免费保鲜梨2万千克。

2021年九三学社承德市委员会领导名录

主　　委：李建华（兼职）
副 主 委：刘　冰（专职，4月任）
　　　　　王会云（兼职）
　　　　　高立国（兼职）
　　　　　王志勇（兼职）
　　　　　董焕臣（兼职，4月免）

（刘晓民　供稿）

承德市工商业联合会

【概况】　2021年，承德市工商联和所属商协会组织全面落实中共中央总书记习近平视察承德重要讲话指示精神，围绕中心，服务大局，坚持统战性，突出经济性，拓展民间性，真抓实干，积极作为，有力促进非公有制经济健康发展和非公有制经济人士健康成长，工商联影响力、凝聚力、执行力明显增强。完成换届工作，4月16日，承德市工商业联合会召开第十六次会员代表大会，选举产生新一届承德市工商业联合会。

【理想信念教育】　发挥非公经济商协会党委作用，指导商协会党支部开展中共党史学习教育主题活动，引领和促进商协会及会员企业健康发展。深化民营经济人士理想信念教育活动，把以中共党史为重点的四史宣传教育作为深化民营经济人士理想信念教育重要举措，开展中共党史宣讲活动10余次，让民营经济人士了解中国共产党的历史和初心使命，引导民营经济人士知史爱党、知史爱国，推动理想信念教育不断走深走实。在庆祝中国共产党成立100周年之际，组织商协会和企业党员代表赴革命烈士陵园举行红色纪念活动，传承红色基因，增强党员责任感和使命感。推荐2家企业和1家商会参加省工商联庆祝建党100周年民营企业家视频展播活动；在河北省工商联理想信念教育总结交流会议上，推荐1家企业做典型发言，3家企业书面发言；向中共承德市委宣传部推荐2名优秀企业家作为先进典型进行宣传。通过开展系列学习教育和多种活动，引导民营经济人士听党话跟党走，讲正气走正道，投身经济社会发展大潮。加强所属商协会党组织建设，新成立商协会党支部4个，发展预备党员6名，组织部分商协会党支部和党员赴延安、邯郸、承德县、滦平等地参加省委组织部、省工商联和市委组织部开展的系列党建培训班，不断提升工商联所属商协会党建工作水平。七一期间，市非公经济商协会党委表彰商协会优秀共产党员10名，先进党支部4个。

【参政议政建言献策】　围绕全国工商联和省工商

联关于民营企业发展系列调研活动，不断健全市民营经济监测体系，落实民营企业调查点工作，入库企业数量和数据分析质量大幅提升，组织填报调查问卷800余份，隆化县工商联荣获“全国工商联2021年民营企业调查点工作基层先进单位”，丰宁满族自治县工商联魏树山荣获“全国工商联2021年民营企业调查点工作基层先进个人”。围绕全市优化发展环境工作，市工商联加强基层调研，走访会员企业和商协会100余家，详细了解企业和商协会经营发展问题，通过多种渠道向党委政府反映，为党委政府开展优化发展环境工作提供第一手资料。其中，组织召开市级领导包联重点企业座谈会1次，联合有关部门召开企业家座谈会4次，向市委、市政府提交专报2份，聚焦承德市发展环境和民营企业、商协会反映最突出最强烈问题，帮助企业发声，替企业代言，为企业排忧解难。在人大政协换届之际，推荐一大批会员企业家当选市、县人大代表和政协委员，其中市级人大代表和政协委员40余人，提交提案50余件；在省市优化营商环境工作中，推荐省级营商环境监督员3名，市级营商环境监督员25名，通过省级营商环境监督员沟通协调有关部门为84名农民工讨回欠薪180余万元，发挥了企业家参政议政和监督作用。

【服务经济发展】 构建“亲”“清”新型政商关系，推动建立工商联所属商协会、民营企业家与党委、政府直通直联的“绿色通道”，加强与有关部门的联系合作，共同推动各项涉企政策举措落实落地。其中，联合税务部门开展“春雨润苗”专项行动，联合司法部门开展“万所联万会”活动，联合市信用办开展民营企业和商协会诚信体系建设工作，联合人社部门开展“援企稳岗政策进民企”宣传活动，邀请市人社部门在市工商联常委会上进行民营企业减负稳岗惠企利民政策宣讲，为民营企业发展提供政策支持；还利用会议、调研和微信等多渠道深入宣传解读各级党委政府关于民营企业各项政策，增强企业政策获得感。开展银企对接活动，与中信银行签订“支持民营经济战略合作协议”，中信银行行长在市工商联常委会上面向民营企业家做专题发言；会同市地方金融监督管理局、市银保监分局等联合召开全市金融政策解读和金融产品推介活动座谈会，现场发放《打造一流发展环境金融服务领域政策汇编》《承德市银行业金融机构主要信贷产品简介》等资料，为更好助力实体经济发展，切实解决企业“融资难、融资贵”问题奠定坚实基础。维护企业合法权益，帮助协调拖欠工程款，支付企业100余万元；协调税务部门首次通过减免税款形式为受水灾会员企业减负，帮助挽回经济损失近50万元。围绕提升民企发展经营能力，开设工商联大讲堂，对民营企业家进行政策、经营、管理等项培训，首期邀请京东电商平台专家，开展承德特色农产品直播培训。联合省工商联举办“法律三进”承德专场培训班，邀请省内专家为承德市工商联所属商协会和会员企业100余人重点解析《中华人民共和国民法典》颁布和实施重大意义，分析《中华人民共和国民法典》与生活密切相关的热点问题，进一步提升所属商协会组织和民营企业法律意识；同时组织部分企业家代表分批次参加省工商联举办的河北民营企业转型升级高质量发展培训班和河北民营企业对标学习培训班，全面提升企业家素质和能力。注重对民营企

9月3日，市工商联组织农产品电商现场会

业宣传报道和典型培树，在市工商联换届之际，《承德日报》对全市工商联工作和民营经济发展专版报道，推荐承德市6家企业入选河北省民营企业100强、制造业和服务业民营企业100强，通过多渠道讲好承商故事、传播承商声音、打造承商品牌。

【加强对外联络】 注重发挥“联”字作用，在习近平总书记来承考察后，市工商联对接全国工商联，加强与全国工商联直属商协会和会员企业沟通联系，促成中国民间商会副会长、全国工商联执委常委、全国知名商协会企业家等34人到承考察调研项目对接，推介承德市特色资源和主导产业。利用工商联和商协会平台优势，开展对外联络和对内交流工作，组织所属商协会和民营企业代表赴发达地区等地开展考察招商活动，接待北京湘乡企业商会一行到承德交流考察，与唐山市工商联共同举办承唐民营企业家高质量发展研讨座谈会，与山东济南、济宁、德州、菏泽、聊城等地工商联及企业家召开座谈交流会，并缔结友好工商联。联合市民宿协会对接市农业农村局、阿里巴巴集团，围绕联合打造“数字化助力乡村振兴”标杆示范项目进行合作，助力乡村振兴。

10月13日，中国民间商会副会长、全国工商联执常委、全国知名商协会企业家等34人到承考察调研，召开座谈会

【商协会组织建设】 市工商联规范会员发展管理办法和入会流程，完善“会员组织数据库”和“民营企业及民营企业家人才库”，为会员队伍管理打下坚实基础。继续加强工商联执委会、常委会建设，规范企业家副主席、副会长行为方式，落实企业家副主席、副会长年度履职和轮值制度，得到企业家一致认可。注重推进所属商会改革发展，物色和考察条件成熟行业，引导其成立行业商协会，推动成立承德市山东、安徽商会和民营经济研究会等商协会组织，完成医疗器械行业协会、医药商业协会、民宿协会筹备审批等工作，市直属商协会达到24个；指导承德市企业文化促进会和承德市饭店餐饮协会完成换届工作，信用协会、仪器仪表协会、中小企业协会、建筑装饰协会完成变更章程相关事项。组织召开商协会工作会议和组织工作会议，指导各商协会以“四好”商会建设为目标，改进商协会服务管理，发挥好商协会职能作用，组织商协会企业参与疫情防控、脱贫攻坚、文明城市创建等活动。

【巩固脱贫成果】 制定下发2021年承德市工商联“千企帮千村”行动工作要点，成立承德市工商联乡村振兴委员会，动员广大民营企业巩固拓展结对帮扶工作成效和脱贫成果，持续夯实工作基础，巩固提升帮扶质量，有效衔接乡村振兴。开展结对帮扶工作，建立帮扶工作台账，开展企业家回报家乡情况摸底调查和帮扶工作“回头看”等系列工作，完成“万企帮万村”省级评估工作。对接河北省中冀扶贫基金会，实地调研走访承德市部分县域产业扶贫项目，重点推荐10个产业扶贫项目进行帮扶，组织生产扶贫产品企业加入省中冀扶贫馆平台，对承德市扶贫产品进行宣传和销售。同时，联合市农业农村局、市乡村振兴局、农发行承德分行、农行承德分行等四部门召开承德市“万企兴万村”行动启动大会，对“万企兴万村”相关工作进行部署推动；联合市体育局开展推动冰雪运动，推广普及和助力乡村振兴工作，组建15辆“冰雪大篷车”，同时，开展企业扶贫产品销售宣传，扩大企业影响力；联合市妇联开展为承德市贫困女童捐助活动，工商联系统1001人次参加，承德市捐款额度占河北省的41%，承德市工商联受到中国儿童基金会表扬。

2021年市工商业联合会领导名录

主　　　　席：董旭明（驻会）
党　组　书　记：王冰玉（女）
党组副书记、副主席：帅五宝（驻会）
党组成员、副主席：祁文萍（女，驻会）
　　　　　　　　唐楠松（驻会）
副　　主　　席：王贵玉（满族，不驻会，4月免）
　　　　　　　　王景荣（满族，不驻会，4月免）
　　　　　　　　尤文武（不驻会,4月免）
　　　　　　　　卢久友（不驻会,4月免）
　　　　　　　　司瑞军（满族，不驻会，4月免）
　　　　　　　　刘彦华（女，满族，不驻会，4月免）
　　　　　　　　孙士河（不驻会,4月免）
　　　　　　　　李　杰（不驻会,4月免）
　　　　　　　　周印军（满族，不驻会，4月免）
　　　　　　　　王佐林（不驻会，4月任）
　　　　　　　　王福国（满族，不驻会）
　　　　　　　　曲纪双（女，不驻会，4月任）
　　　　　　　　刘焕勇（满族，不驻会）
　　　　　　　　池昌德（不驻会，4月任）
　　　　　　　　许志田（不驻会，4月任）
　　　　　　　　李国刚（不驻会）
　　　　　　　　李树臣（满族，不驻会，4月任）
　　　　　　　　张雅丽（女，满族，不驻会，4月任）
　　　　　　　　张瑞平（满族，4月任）
　　　　　　　　陈珍财（不驻会）
　　　　　　　　陈彦岗（不驻会）
　　　　　　　　赵连杰（不驻会，4月任）
　　　　　　　　翁振伟（满族，不驻会，4月任）
　　　　　　　　蔡　静（满族，不驻会，4月任）

（郑贺巍　供稿）

群 众 团 体

承德市总工会

【概况】 2021年，承德市总工会深入贯彻落实中共中央总书记习近平视察承德讲话指示精神，紧紧围绕全市经济社会发展大局，忠诚履职、担当作为，工会组织的凝聚力、工会工作的影响力显著提升，全市基层工会组织达到6738个，会员总数达到62.6万人。开展中共党史学习教育和“四史”宣传，推出的“空中微课堂——百名劳模讲党史”获中央网信办、全总“网聚职工正能量 争做中国好网民”主题活动网络正能量创意活动二等奖；市职工服务中心被全总评为在城市困难职工解困脱困工作中作出重要贡献集体，并授予“全国五一劳动奖状”。加强对外宣传，不断扩大承德工会影响力，全年在《工人日报》头版发稿2篇，中工网发稿20余篇，《河北工人报》发稿122篇、其中头版头条15篇；开展全市职工演讲比赛等系列活动，《塞罕坝之魂》荣获省职工文化“五个一”精品创作大赛图书类作品一等奖。河北省人大常委会党组副书记、副主任、总工会主席王晓东来承德调研时，对市总工会工作给予充分肯定。市总工会机关党委被评为“全市先进基层党组织”，受到市委表彰。

【基层组织建设】 夯实基层基础，加强基层工会工作，工会领导深入基层蹲点调研，开展“固本强基扩面提质集中攻坚行动”，新建基层工会组织534家，建会率年增长8.2%，全市基层工会组织注册率达到96.2%，受到中共承德市委领导表扬；按照“六有”标准，年内创建市级模范职工之家、市级模范职工小家各60个，位居全省第3位；加强产业工会力量，桥梁纽带作用得到进一步发挥；加大工会经费收缴力度。全年工会经费收入首次突破5000万元，税务代收工会经费同比增长11.28%。

9月7日，市总工会党组书记侯国天（左一）到承德苏垦银河连杆有限公司车间开展基层工会蹲点调研活动

【职工宣传教育】 贯彻落实中共中央总书记习近平考察承德讲话指示精神，撰写的《中共中央总书记习近平视察承德在广大职工和工会干部中引发热烈反响》长篇信息，被中共中央办公厅内刊刊载；结合工会实际，制定出台《关于学习贯彻落实中共中央总书记习近平考察承德讲话指示精神，推动新时代承德工会高质量发展的工作方案》；开展全市职工“牢记习近平总书记嘱托 大力弘扬塞罕坝精神”演讲比赛；举办“学习大课堂·大力弘扬塞罕坝精神”主题读书月等系列活动；把中共党史学习教育和职工“四史”宣传教育落到实处，创新推出的“空中微课堂——百名劳模讲党史”系列节目被“学习强国”、中工网连续转载，覆盖全国听众1000万人次；在全市工会系统开展“我为职工群众办实事”活动，优中选优评出“十大优秀案例”和“十大暖心案例”，

坚定职工群众听党话跟党走的信念；发挥承德劳模馆宣传教育阵地作用，全年共接待职工2100余人次，网上VR展馆观展8000余人次；投资218万元，高标准建设市级劳动公园，以劳动奖章、劳模精神柱、塞罕坝精神雕塑、工业和农业劳动场景等为主要元素，展现新时代奋斗者新风采。

【职工建功立业】 推行“5+3+X”劳动和技能竞赛模式，提升职工技能素质，助力全市3+3产业重构升级，共开展各级各类劳动和技能竞赛2000余项，列入省重点劳动和技能竞赛2项，市重点劳动和技能竞赛39项，市级重点指导的劳动竞赛99项，成功举办市级劳动和技能竞赛现场推进会，《河北工人报》头版头条进行报道；参加省级11项技能大赛，热力公司荣获河北省系列大赛团体第一名，建筑行业1名选手荣获技能大赛个人第一名，承办“河北省第一届城市供热行业职业技能竞赛”并包揽设备检修全省前三名；非公企业劳动和技能竞赛工作走在全省前列，得到省总工会领导的充分肯定，市总工会作为2个发言单位之一在全省非公劳动竞赛试点项目交流会上做典型交流发言。中共承德市委书记柴宝良在《关于全面开展劳动和技能竞赛引导广大职工建功新时代助力高质量发展的报告》上批示：“市总工会工作富有成效，受到全省表彰，值得充分肯定！望再接再厉，再立新功！”

【职工经济技术创新】 支持一线职工创新创造，推进“五小”群众性经济技术创新活动。全年创建市以上各类创新工作室92个，累计408个，群众性创新活动实现数量和质量双提升；开展承德市大数据产业及关联企业业务骨干技能培训，为全市大数据产业创新发展打造高素质人才队伍；落实保市场主体、增市场活力政策，建立小微企业数据库，对121家符合条件的小微企业返还工会经费549万元，为小微企业纾困解困展示工会新担当；开展“乡村振兴党旗红、工会会员齐争先”等活动，受益群众5万人，工会组织直接采购“承德山水”农产品，拉动消费帮扶800万元；组织工会会员参与创城系列活动，产生较大社会影响，市总工会被评为全市“好”的档次。

【普法维权服务】 探索建立“八五”普法职工志愿者队伍，成立承德市总工会雨润职工普法工作室，带动县（市、区）总工会同步成立12个职工普法工作室，完善职工普法联席会议制度，“会＋队＋室”三位一体承德职工普法新模式成效明显，全总办公厅《工作情况交流》刊登承德市创新做法，《工人日报》《河北日报》予以报道，金台资讯进行转载；开展“农民工暖心行动”“尊法守法·携手筑梦职工法律服务行动”等活动，全总确定承德市总工会为农民工维权服务直接联系点；全年办理职工法律援助案件53件，挽回经济损失275万元，管文军、滦平县总工会、兴隆县总工会分别被评为省工会十大法治人物、事件、成果；全面落实“五个坚决”，成立劳动领域政治安全工作领导小组，加强机制建设，多措并举，重在防范，劳动领域政治安全事件零发生；组织全市首届集体协商竞赛暨集体协商培训，召开三方四部门集体协商优秀案例研讨会，培育百家集体协商优秀典型，全年签订集体协商合同企业6800余家，覆盖职工28万余人；开展职代会建设专项提升行动，推动落实《进一步加强职代会建设的意见》和《三年行动计划》，重点在百人以上企业中建立健全民主管理制度，建制率达到96%以上，兴隆希力药业被评为全国厂务公开民主管理先进单位，双桥区总工会被评为全国推动厂务公开民主管理工作先进单位。

【职工服务保障】 开展系列送温暖活动，筹措资金900余万元，在春节、中秋、教师节、警察节等重要时间节点开展慰问活动，传递市委市政府对广大职工群众的关心关爱，赢得社会各界的广泛赞誉和职工群众的充分肯定；开展“职工互助一日捐”“两项免费保障”等帮扶项目，全市救助患病会员 7018 人，发放救助金 1127 余万元；创新开展普惠化服务活动，改造升级“承工惠”微信公众号，开发线上服务平台，拓展法律援助、便民缴费、教育培训、在线商城等服务项目，全市发放工会会员卡 40.41 万张，组织 300 余家签约商户参加普惠主题活动，让全市广大职工通过工会会员卡享受更多实惠和便捷；筹措资金 225.54 万元，慰问疫情防控一线人员和医护工作者；开展“安全生产活动月”和“安康杯”劳动竞赛活动，改善职工工作环境、增强劳动保护意识，提升劳动保护水平；筹措物资 200 余万元,深入一线开展“暑期‘送清凉保安全’活动”。

9 月 8 日，教师节前夕，市总工会主席关继高到承德第一中学慰问

【职工服务阵地建设】 打造“互联网 +”职工服务模式，实现网上入会、网上维权、网上咨询等一站式云上服务；推进新就业形态群体建会入会，将新就业劳动者吸引过来、组织起来、稳固下来；建设完善基层工会服务职工阵地，创建全国职工书屋、便利型职工阅读站点 14 个，省职工书屋 2 个，市职工书屋 19 个；支持建设“爱心妈妈小屋”14 个，培树女职工创新工作室 18 个，丰宁小川公园工人工间休息室和双滦区户外劳动者驿站分别被评为“全国最美工会户外劳动者服务站点”。

9 月 17 日，市总工会、双桥区总工会为美团骑手举行入会仪式

【工会改革创新】 推进产业工人队伍建设改革，市委、市政府办公室印发《关于加强新时代工会工作和产业工人队伍建设的工作措施及责任分工》，形成抓产业工人队伍建设改革工作合力，推进此项工作向纵深发展。在河钢承钢召开全市深化产业工人队伍建设改革现场观摩暨试点工作推进会，推荐市级改革创新特色经验 2 项，推荐省级产业工人队伍建设改革试点项目 2 个，河钢承钢试点做法被省总作为样板在全省推广。

【召开联席会议】 12 月 29 日，副市长崔万峰主持召开市政府与市总工会联席会议，会议听取市总工会 2021 年工作情况汇报和需要联席会议研究解决的问题。会议议定，实施市职工服务中心扩能增效挂装电梯升级改造工程，并同步解决职工就餐问题，要求市发改委、财政局、行政审批局、住建局、城管局、自然资源和规划局、应急局、消防、供电局等有关部门及双桥区政府要在项目手续办理、项目施工建设等方面给予大力支持。要求市总工会科学合理制定升级方案，尽快办理前期手续，加快推动项目建设，争取早日投入使用。

2021 年市总工会领导名录

主　　　　　　席：关继高（满族）
党组书记、常务副主席：佟伊民（满族，7 月免）
　　　　　　　　　　侯国天（7 月任）
党组成员、副主席：司志通

刘忠云
杨淑华（满族）
党 组 成 员：祁雪松（蒙古族）
党组成员、市纪委监委派驻纪检监察组组长：米百波
经 审 委 主 任：张海富（满族）

（刘丹丹 供稿）

共青团承德市委

【概况】 2021年，共青团承德市委员会深入学习贯彻中共中央总书记习近平关于共青团和青年工作的一系列讲话指示精神，团结带领全市团员青年围绕中心、服务大局，推进党团组织建设。加强向上对接联系，共青团团中央领导、团河北省委书记和班子成员多次到承调研指导工作。开展学党史、青春建功等特色活动，落实中长期青年发展规划，推进共青团改革，深化团青学少各领域改革创新，增强团组织的政治性、群众性、先进性。从严加强团组织建设和团员队伍管理，落实党建带团建要求。全市青年在各行业建功立业，涌现出许多先进典型，受到各级表彰。团建工作得到中共承德市委领导的重视和支持，多次给予肯定性批示。经验做法在市级以上媒体报道，

【开展特色主题活动】 引领青少年学党史、强信念、跟党走。实施“热河青年学习大讨论”“开学第一课”“五四、六一团队日”等特色主题活动；邀请120余名领导干部、相关行业专家学者组建青年、红领巾和青年马克思主义骨干宣讲团；开展“团干部上讲台”“党史学习走基层”“骨干宣讲进支部”等宣讲活动745场次，举办主题青年读书班210余期，团市委“学习强国”平台日均积分持续位列市直机关第一位。整合团属资源建设以微信公众号为主体“1+N”新媒体平台矩阵，推动思想政治引领工作24小时全天候、无遗漏，粉丝量累计达100万人，“党史天天学”“党的故事我来讲”等专题专栏发布信息2000余条、浏览量近900万人次，“青年大学习”网上主题团课参与达160万人次，“冀e青春”云平台注册超15万人次，“绿色奇迹塞罕坝”视频作品在全国建队日直播活动中展播。发挥先进典型的示范带动作用，针对基层抗击疫情、“三重四创五优化”、党史学习教育等领域工作选树“向上向善好青年”“冀青之星”“承德好青年”“创城好少年”等典型2600余名，多名青年荣获全国普法先进个人、脱贫攻坚青年先锋、优秀共青团员等荣誉称号，在广大青少年中形成比学赶超浓厚氛围。

6月15日，团市委在承德大剧院举办党史学习教育主题团日活动

【青春建功专项行动】 组织青少年当先锋、展形象、强作为，开展“十项青春建功专项行动”。聚焦服务乡村振兴，突出培育农村致富带头人、发展民宿经济，开展农村青年致富带头人和新型职业农民培训培育工程，为农村青年成长成才搭建有利平台，培树省市级农村青年致富带头人35人，联合开展“网络销售”等技能培训培育新型职业农民700余人，建设助力乡村振兴示范点20个，重点在青年民宿等产业探索突破，搭建大学生返乡创业、创业帮扶伙伴计划、“小青虎”安防就业等载体平台，惠及青年1000余人；整合专业力量组建20人以上乡村振兴突击队33支，开展乡村人居环境整治、乡村文明宣讲等活动168场次，助力乡村全面振兴。聚焦服务产业发展，进一步拓展青年文明号、青年岗位

能手、青创大赛等品牌，开展创优创效主题活动32场次、惠及青年1.5万余人，33名青年获得省级以上岗位（技术）能手，联合举办快递、住建、消防行业专业技能竞赛，承办“振兴杯”全国青年职业技能大赛河北初赛，承德市6名青年脱颖而出代表河北参加国赛。聚焦服务生态文明建设，实施“青春扮靓·三区两城”专项行动，组织青年志愿者2万人次参与开展巡河护河、垃圾分类、彩绘电表箱以及“青春随手拍”等实践活动，提升团组织对社会青年的吸引力，“青春随手拍”活动提供创城有效素材近万张，得到市委书记肯定性批示。聚焦服务社区治理，开展居家养老“春晖行动”和爱老敬老“寸草心”活动585场，参与志愿者超过3.6万人次，志愿服务时长超过16万小时，被评为省学雷锋志愿服务创新项目。聚焦服务急难险重任务，针对北京冬奥会、防汛救灾、疫情防控等重点任务，挑选培训冬奥会志愿者49名，组织志愿服务队、突击队843支，募集捐款物资160余万元。

6月19日，团市委联合护理职业学院到银领社区开展医疗急救技能进万家志愿服务活动

【落实青年发展规划】 全面落实中长期青年发展规划，不断提升青少年的幸福感、安全感、获得感。坚持以规划为牵引，系统谋划、推进青少年工作。强化组织推动。将“建设青年友好型城市”纳入市党代会和市政府工作报告，市、县两级“十四五”规划争列青年发展专章或专节实现全覆盖，团省委、市委领导出席承德市青年发展规划工作推进会议，推动市级青年发展规划编制工作稳步推进。强化难题破解，动员社会力量，搭建“金团助青企”项目平台，累计发放“青扶贷”项目贷款163笔、1405万元。实施助学圆梦行动，依托“冀青筹”平台众筹资金104万元，引进项目资金869.2万元，全年资助困难学生1029人，建设希望微校、科技实验室24个，获市青基会“AAAAA”级评估，全省科技萌娃公益项目大篷车发车仪式在承德市举办。打造“鹊桥会”青年交友联谊品牌，线上线下举办活动50场次，青年婚恋服务得到广泛关注。活动成效在《中国青年报》《河北日报》客户端报道。强化服务提升。健全完善青年联系服务、权益维护、志愿激励支持体系，扩大市县青年教师工委、社会组织团工委、非公企业团工委的覆盖面，通过党建带动、行业推动、活动促动等路径，有效联系服务青年教师837人、新兴产业青年245名，促进49家骨干社会组织健康发展，非公企业建团完成率达110%。依托“12355”青少年服务平台开展“阳光行动”180余期，覆盖全市学生4.1万余名。深化“童心港湾”“亲情小屋”建设，常态化服务农村留守儿童健康成长，两期省“青春守护点对点·亲情小屋（童心港湾）”管理员能力提升活动在承德市举办。建立志愿者驿站168个，志愿汇上线商家800余个，举办志愿服务大赛储备项目36个。

【推进共青团改革】 以县域共青团基层组织改革为重点，将兴隆、承德县列为试点地区，由团市委班子成员分包联系，将试点任务纳入市改革办督查督导范畴，建立“牵头统筹、主体责任、督办落实、交流推广”四项机制，团省委对该工作模式给予充分肯定。中共承德市委印发《承德市加强新时代少先队工作实施意见》，创新成立“四大班子＋两个常委部门”厅级领导为主任的“少工委顾问委员会”，将少先队辅导员职称晋升纳入中小学不占职数破格评聘范围，工作做法在省少工委全会作典型发言。规范提升。以巩固学校共青团为重点，实行县区团委、教育部门双向交叉任职，成立县区教育团工委，高标准完成全市普通高等学校、职业院校、普通中等学校团组织换届工作，中学团校建设完成率100%。团中央、团省委领导先后到承德市调研学校共青团和学生会建设工作。深化“三评议两结合”考核评价机制，在全市共青团各领域中严格落实日常督查、年度述职、打擂晾晒工作机制，分7大行业类别举办“擂台赛”，并将考核结果以感谢信的形式发送至县区党委，表扬先进鞭策后进。

【全面从严治团】 深入开展建“活力团支部”、创“百优团支部”活动，努力提高基层团组织规范化建设水平，“智慧团建”团员回家率位居全省前列。加强团员先进性建设，科学制定团员发展计划，实行“过五关、十步走、三公示”，共发展8044名团员，全市团青比进一步降低。开展市级“争当争创”活动，选树优秀个人306名、优秀集体194个，时隔4年之后，承德市团组织、团员再次获评“全国五四红旗团委”和“全国优秀共青团员”称号。加强团干部队伍建设，团市委团干部专挂比达50%，8个县区团委班子进行调整，8名团干部被选为党代表，14名团干部被选为人大代表或政协委员，县级团委书记常态化列席同级党委会和常委会。

【培树先进典型】 全市青年在各行业建功立业，涌现出许多先进典型，受到各级表彰。李思嫣、孟令辉被评为全国优秀共青团员，受到团中央表彰；高慧颖被评为全国乡村振兴青年先锋，受到团中央、农业农村部表彰；韩雪、范硕被团省委选树为“双十佳”典型；高慧颖、李然、苗向露、吕建伟、李超男、刘海滨、张东伟、周忠兴、张希腾、刘士杰、朴东方、贾腾飞、郝槟、刘大虎被评为河北省农村青年致富带头人，受到团省委、省农业农村厅表彰；于春欢、王凇、闫双航、杨天航、许晓颖、柴瑞嘉、邢通、马跃、李雨时、孙志浩、于天航、张妙然、马子涵、刘晓满、孙宇楠、陈丽娜、赵芷菲、任婉歌、闫诺、成昊、温嘉馨、周秋延、肖文博获团省委争当优秀共青团员奖励；王冠蕾、裴建利获团省委争当优秀共青团干部奖励；杨玉珍、孙凤全、韩亚芝、王春志、郑德富、高艳杰被评为2021年第七届“TCL希望工程烛光奖计划”优秀乡村教师，获得中国少年发展基金会、深圳市TCL公益基金会奖励；王智慧获2020年度团中央、全国学联颁发的“中国大学生自强之星”奖励；周腾飞、宋园、潘鹏飞被团省委评为2021年河北省大中专学生志愿者暑期文化科技卫生“三下乡”社会实践活动优秀个人；刘海斌被省文明办评为2019—2020年度河北省学雷锋志愿服务先进典型——优秀志愿者；王源获评2021年“燕赵好网民百佳故事”——青年好故事，受到河北省委网信办表彰；王玥被团省委评为2021年度河北共青团系统优秀信息工作者。

2021年共青团承德市委员会领导名录

书　　记：（1—7月缺职）

　　　　　艾　铮（7月任书记，免副书记）

副 书 记：刘媛媛（女，蒙古族）

　　　　　吴　磊（满族）

（宁　程　供稿）

承德市妇女联合会

【概况】 2021年，承德市妇女联合会全面贯彻落实中共中央总书记习近平视察承德讲话精神和中共河北省委、中共承德市委决策部署，开展党史学习教育，弘扬伟大建党精神，主动作为，开拓创新，不断推动妇女儿童事业高质量发展。妇联系统三项重点工作网上评议和实地综合重点工作考核获全省双第一，市妇联获评“全国巾帼建功先进集体”“河北省关爱儿童突出贡献先进集体”“河北省老区妇女工作优秀单位”。

【中共党史学习教育】 按照“学党史、悟思想、办实事、开新局”要求，开展中共党史学习教育和“四史”宣传教育。全年组织党史教育学习研讨、知识竞赛等36次，每月上报情况汇报和活动台帐，信息被党史学习教育领导小组办公室简报采用刊发3篇，《河北日报》采用1篇。利用妇联系统新媒体矩阵开设《巾帼大学习》《跟着总书记学党史》《弘扬塞罕坝精神》《“扣子之家”家庭教育微课堂》等专栏，累计发布相关信息2000余条，阅读量超过20万人次。围绕庆祝中国共产党成立100周年，开展“永远跟党走”群众性主题宣传教育活动，开展“童心向党·颂百年辉煌”儿童红色文化教育，组建姐妹合唱团，开展“红歌大家唱”活动，举办“庆祝中国共产党成立100周年 巾帼心向党 奋斗新征程”文艺汇演，营造出共庆百年华诞的浓厚氛围。深化“百万巾帼大宣讲”,组建“紫塞巾帼”塞罕坝精神宣讲团，依托新时代文明实践中心、妇女之家、妇女讲习所等阵地累计开展宣讲520场次，覆盖妇女群众2.6万余人次。加强网上妇联建设，利用承德女性公众号、承德市妇女儿童活动中心公众号、承德妇女网、承德女性抖音号等新媒体平台，发布各类信息350余条，专题报道80余篇，省妇联美丽庭院示范创建“云平台”采用27条，省妇联抖音平台采用7条，“承德女性”公众号连续多次在省妇联公众号榜单月排名中位居前列。

5月20日，市妇联举办“巾帼心向党 奋斗新征程”党史学习教育主题活动

【妇女典型评选推树】 经过层层推荐评选，丰宁满族自治县黄旗镇城根营村党支部书记兼村委会主任刘佩仿被全国妇联授予2021年度全国三八红旗手荣誉称号；承德市双桥区桥东街道世纪城社区党支部书记、居委会主任李悦被河北省妇联授予河北省三八红旗手标兵；承德市妇联副主席闫赛春、承德县医院护士任国荣、宽城满族自治县教体局财政集中支付中心教育分中心副主任鲍景艳、围场满族蒙古族自治县马铃薯产业服务中心副主任王莉莉、隆化县碱房乡党委书记关艳芳、市开发区富泉石油机械有限公司副总经理王淑慧被河北省妇联授予河北省三八红旗手；丰宁满族自治县妇女联合会、平泉市农村信用合作联社、承德市滦平县行政审批局、兴隆县社保局工伤保险管理所、双滦区市场监督管理局被授予河北省三八红旗集体。坚持典型示范引领，借助《巾帼心向党 奋斗新征程——承德市妇女联合会庆“三八”先进典型事迹展》《巾帼心向党 奋斗新征程》《“三八”·致敬巾帼力量》等专版、专题、专栏，宣传报道先进妇女典型245个。同时，建立全市妇女典型工作室，创新构建融表彰、命名、寻找和社会化于一体的多样化工作机制，在全社会形成“学习典型、争当典型”的良好效应。

【巾帼建功活动】 开展“乡村振兴党旗红、巾帼建功在一线”专项行动，实施推进乡村振兴巾帼素质提升工程，搭建女性创业就业平台，举办线上线下专场招聘会、素质提升培训班等，为妇女就业“保驾护航”。开展“魅力巾帼·最美女性”评选活动，马一腾、李静华、董金亚、曲纪双、高媛、王晓颖、王宏、李悦、王又又、盖宗杰10人被评为十佳“魅力巾帼·最美女性”；高媛、王丽美、董金亚、盖宗杰、徐兰丽5人获个人单项奖；市双桥区检察院、承德县办税服务大厅、平泉市女企业家协会3个单位获团体奖。培优选树巾帼建功标兵、巾帼新农人、最美家政人、最美“热河嫂”等各层面典型141人。承德医学院离退休管理处处长王艳丽、承德市图书馆党支部书记、馆长王燕峰、承德市汇水湾学校副校长王又有、承德金航商贸有限公司董事长曲纪双、承德三源生态米业有限公司总经理霍春玉、承德布艺霓虹文化传播有限公司总经理刘海燕、承德市妇联妇女发展部部长刘海东、滦平县第一幼儿园教师常立春、承德县妇联主席姜立军被河北省妇联授予“河北省巾帼建功标兵”。打造巾帼文明岗、巾帼示范基地等各类集体25个。承德市公安局交通警察支队综合业务监管中心、承德陈宏护理职业培训学校被评为“河北省巾帼文明岗”；中国人民银行承德市中心支行、中共承德市双滦区双塔山镇委员会、宽城满族自治县妇联被评为“河北省巾帼建功先进集体”。承德市双桥区检察院、承德县办税服务大厅、平泉市女企业家协会获活动团体奖。加强与市女企业家协会沟通联络和服务力度，召开全市女企业家座谈会，取得很好社会效果。以“紫塞巾帼 爱心助家”行动为载体，推出巾帼志愿服务微电影展播、最美巾帼志愿者短视频征集等系列活动20余期，开展志愿服务活动2万余场次，关爱困难家庭2000余个，发布志愿服务项目42个，录入志愿服务时长78710小时，志愿服务工作温暖全“承”。

12月22日，市妇联举办第五届“魅力巾帼 最美女性”颁奖典礼

【做强“热河嫂”家政品牌】 打造省级巾帼家政基地1家、实训基地1家，市级10家、县级30家，对全市近2000名“热河嫂”实行编码管理。成立巾帼家政宣讲团，开展宣讲213场次，培训妇女19320人，带动妇女就业4961人，受益妇女6万余人次。成功承办河北省“河北福嫂·燕赵家政”素质提升培训班，“热河嫂”品牌被评为河北省首批家政服务品牌；12月，召开全市推进乡村振兴巾帼示范基地观摩暨承德“热河嫂”巾帼家政工作推进会，参加全市“我为群众办实事”——巾帼家政工作新闻发布会，在《人民日报》《河北日报》等各大新闻媒体进行宣传报道，“热河嫂”品牌影响力、美誉度得到全面提升。

【美丽庭院创建】 以“美丽庭院+”的思路挖掘美丽庭院的社会价值、经济价值、文化价值，完成创建美丽庭院5.3万户，精品庭院1.15万户，评选市级“最美巾帼民宿庭院”等各类特色庭院200个，其中8户荣获省级“十佳百优”美丽庭院。打造示范群18个、示范乡镇19个，示范村21个，示范街（组）21个。9月，在双桥区召开全市美丽庭院观摩推进会议，12月，市妇联在河北省妇联乡村振兴巾帼行动推进会上做典型发言，经验做法得到与会领导高度评价，并在中国妇女报等媒体刊发。

【开展妇女维权】 以省级妇女之家为“婚调工作”试点，市县乡三级全部成立婚姻家庭纠纷人民调解委员会（组），实现市县两级婚调委全部在司法行政机关备案，并组建专业人民调解员队伍。将性侵、家暴和婚姻家庭纠纷排查化解工作纳入基层治理任务。联合市中院、市检察院、市公安局、市司法局、市民政局、市教育局共同研究制定《承德市加强家庭暴力案件处置工作联动机制》，为推动解决当前反家庭暴力工作实践中存在的突出问题，常态化做好反家庭暴力工作提供有力保障。组织开展基层维权干部培训班9期，培训1170人。协同处置全国重复访、省信访案件8件，提供12338妇女维权热线服务631次。开展维权解困工作，争取省妇女儿童法律援助案件补贴 6000

元，发放困境妇女维权解困资金 10000 元。规划设计“姐妹谈心室”，为妇女、儿童和妇联姐妹提供心理疏导、权益咨询，打造妇女姐妹的温馨港湾。

【“一村（社区）一主播”培养】 借力互联网经济，发展网络带货直播，为巩固脱贫攻坚成果和乡村振兴有效衔接贡献巾帼力量。联合承德国有资产运营有限公司和承德日报社为妇女创业就业搭建新媒体服务平台，2 个月时间完成线上培训 1400 余人，累计线上培训 3.3 万人次。实体精品班培训 200 余人，并有 75 人与奥体云商签约。承德电视台、《承德日报》先后 6 次专题报道，扩大影响力。

【破难争星行动】 组织各县（市、区）妇联开展破难争星行动。开展“五亮双评”（“五亮”：亮牌服务、亮组织架构、亮工作职责、亮执委身份、亮活动内容，“双评”：妇女群众评妇联、妇女群众评执委，评议乡村妇联 2877 个、乡村妇联执委 21743 人、“四新”（新领域、新业态、新阶层、新群体）组织中妇联组织 159 个、执委（委员）987 人。“亮评”评出妇联组织和妇联干部的新面貌，进一步激励妇联执委履职尽责、干事创业热情。

【筹备妇女代表大会和基层换届】 制定大会预备通知和实施方案，并下发到各县（市）区及各小组，各县（市）区的执委候选人及代表候选人统计表报送市妇联预审。全市 2459 个村、195 个社区、222 个乡镇妇联全部按时完成换届，实现村（社区）妇联主席全部进“两委”，落实村民委员会妇女委员专职专选，村（社区）“两委”中女性比例达到 100%，全省并列第一。换届后全市县级妇联主席全部进入县级“两代表一委员”，较上届有大幅提高。

【妇联组织阵地建设】 建设省级“示范妇女之家”20 个，市级“示范妇女之家”18 个，市级妇女微家 188 个。在四新组织中新建妇联示范点 48 个，打造省级乡镇（街道）妇联组织区域化建设示范点 15 个，其中 5 个被河北省妇联列入省级乡镇（街道）妇联组织区域化建设典型学习名单。

【开展送法到基层活动】 组建“紫塞木兰法律宣传队”15 个，开展送法到基层活动，在《承德日报》《承德晚报》开设“三八”维权周反家暴专版，普及反家暴知识，并对 2017—2019 年度省级以上维权先进集体和个人专版宣传报道。采取线上线下相结合的方式开展“木兰有约”、妇女儿童权益保护工作演讲比赛、妇女维权法律知识微信答题等各类法律宣传宣讲活动，全年全市各级妇联组织反家暴宣传 672 场、宪法宣传 304 场、禁毒防艾宣传 152 场、其他法律宣传 141 场，制发普法短视频 14 个，累计惠及 94801 人次。

【实施“家家幸福安康工程”】 以家庭文明、家庭教育、家庭服务为重点统筹推进妇联家庭工作，以家庭和美促进社会和谐。加强基地建设，高新区梨花社区被省妇联列入第三批家庭家教示范基地，争取物资价值 2.84 万元。丰宁、围场、平泉、承德县 8 所学校申报“小候鸟图书角”项目，每个学校受赠价值 1523.2 元的图书和 1200 元的工作经费。评选市级最美家庭 100 户，推报全国、省级最美家庭 16 户。开展“红色家风故事”征集活动，向省妇联推送“红色家风故事”3 篇。围绕省妇联“颂百年风华传红色基因”主题，组织各县（市、区）妇联开展亲子阅读活动，征集优秀作品 68 个，在 2021 河北省亲子朗读竞赛活动中获二等奖 1 户、三等奖 4 户，市妇联荣获优秀组织奖。面对全市妇女儿童及家庭开展各类有益于家庭、家教、家风的公益讲堂，

【关心关爱妇女儿童】 争取省内外基金会项目，深化拓展公益项目，让妇女儿童感受到社会大家庭的温暖。争取到“完美守护包”“‘春蕾计划’——佑未来护成长”女童关爱行动等项目资金、物资共计152万元。为2359名农村贫困妇女争取中国人寿一年期免费保险，保费9436元。为全市375名农村低收入“两癌”患病妇女争取救助资金375万元。争取福彩爱心助困项目，对高考上线的60多名应届高考生进行筛查，最终资助32名大学生，每人5000元。母亲节前夕，为3名老区革命母亲送去鲜花和1000元慰问金，活动信息在长城网、“学习强国”平台等多家新闻媒体进行宣传报道。联合市民政局到兴隆县看望40名困境留守儿童，为孩子发放防寒服、慰问金，《承德日报》和承德电视台《民声直达》节目专题报道。推动《中国妇女发展纲要》《中国儿童发展纲要》《承德市妇女发展规划》《承德市儿童发展规划》即“两纲两规”落地实施，承德市“两规”成果在省妇联“燕赵女性”专栏展播。创建市级儿童之家30个，基层共建有607个，其中村级439个，社区156个，其他形式12个，儿童之家覆盖面不断扩大。

2021年市妇女联合会领导名录

党组书记、主席：李建侠（女，满族，7月免）
　　　　　　　　李　坚（女，满族，7月任）
党组成员、副主席：郭蕾蕾（女）
　　　　　　　　闫赛春（女，满族）
党组成员、三级调研员：宋晓伟（女）
党组成员、副主席：冯艳秋（女）

（杨家慧　供稿）

承德市科学技术协会

【概况】 2021年，承德市科协围绕中共承德市委、市政府中心工作，全力做好为科技工作者服务、为创新驱动发展服务、为提高全民科学素质服务、为党和政府科学决策服务工作。完成中科协地方科协改革试点项目，开展承德市2021年全国科技工作者日、全国科普日、第二届承德市青少年机器人竞赛，第36届承德市青少年科技创新大赛等一系列科普活动。荣获中科协全国科普日优秀组织奖，2021年全国农民科学素质网络知识竞赛优秀组织奖等六项省级以上集体荣誉。

【中共党史学习教育】 把贯彻落实中共中央总书记习近平视察承德讲话精神作为增强“四个意识”、坚定“四个自信”、做到“两个维护”的具体行动，深入开展党史学习教育和“四史”宣传教育，努力建设学习型党组织。持续深化“模范机关、清廉机关、文明机关”创建工作，市科协党总支被评为市直机关优秀基层党组织。在全省科协系统“庆祝中国共产党成立100周年”文艺创作活动中，市科协获得优秀组织奖。在全市举办的“学党史 强信念 跟党走”党史知识竞赛中市科协荣获优秀组织奖，一人获个人优秀奖。制定落实党风廉政建设主体责任清单，签订目标责任书，开展“会风会纪专项治理”和“六治六提”干部队伍作风纪律整顿，不断增强党员干部自律意识、提高拒腐防变能力。

【服务科技工作者】 组织市属学会20多名科技工作者到承德县朝梁子参观毛主席按语纪念碑、重温入党誓词并深入企业考察调研。做好科技志愿服务工作，建立科技志愿服务组织40家，注册科技志愿者2300名，比2020年翻一番。开展科技志愿服务活动，全年共开展科普讲座11场，发放科普资料2100余份，举办技术培训班2场，开展“乡村振兴·新时代文明”志愿活动5场，在全国科技志愿者服务平台发布承德市科技志愿服务组织活动信息41次。加强科技工作者之家建设，全市建设15个科技工作者之家，其中，12个被省科协命名为省级科技工作者之家示范单位。做好科协个人会员发展和学会规范化管理工作。吸纳众多知名科技专家、行业领军人才和科技工作者加入科协队伍中，全市会员总数达10000人。做好学会年检、指导学会换届、配合学会撤销登记等工作，不断提升学会规范化管理水平。开展“全国科技工作者日”系列活动。围绕“众心向党、自立自强”活动主题，在全市范围内开展各具特色的“全国科技工作者日”系列活动。共张贴主题标语条幅100多个，制作展板200余块，发放宣传资料11000份，设置咨询台14处，现场解答群众咨询600人次。以建党百年为契机，召开科技工作者座谈会、走访慰问科技工作者、为科技工作者提供健康义诊服务等活动。表彰2020年度承德市“最美科技工作者”，并评选出“十佳科普工作者”。郭玉忠、梁晓生、张雅丽荣获河北省“最受关注的科技创新人物”。加大科普宣传力度。全年累计刊发市级以上外宣稿件165篇次，全部被省科协网站采用，每月排名均靠前，其中中科协网站采用14篇、《河北科协》采用7篇、《承德日报》采用3篇。

【服务创新驱动发展】 地方科协改革试点项目完成专报2篇，典型案例1个(附5分钟视频1份)，调研报告1篇，总结报告1篇，制度成果2项，财务报告1份，完成项目全部工作等待验收。投身承德国家可持续发展议程创新示范区建设。按照《承德国家可持续发展议程创新示范区2021年实施方案》要求，报送《市科协关于承德国家可持续发展示范区创建工作开展情况报告》及典型经验材料。参与承德国家可持续发展建设示范区宣传月活动，做好线下科普宣传和相关政策解读，发放科普图书资料5000多册。组织开展形式多样的青少年科技创新竞赛和科普活动。参加第35届全国青少年科技创新大赛等国家、省级竞赛并取得优异成绩，承德市科协多次被评为省级“优秀组织单位”。举办第二届承德市青少年机器人竞赛、第36届承德市青少年科技创新大赛等科技竞赛，不断提升青少年科学素质，为国家储备科技创新后备力量。助力企业科技创新，依托承德鹌鹿春民俗文化发展有限公司探索培育绿色生态产业，综合治理一条川、一片山，打造“山水库林田路湖草沙、产学研农文旅种养加”一体化的乡村振兴新模式。推荐2家企业申报河北省科协“最受关注的企业科技创新团队”。河北北塑管业有限公司、承德智翔机器人文化传播有限公司获批河北省2021年度科技专家企业工作站。举荐科技人才，助力科普基地建设。推荐的承德市护理学院宁艳娇等8人均入选2021年河北省“投身三重四创五优化青春奉献壮美河北”和新时代“冀青之星”。推荐的河北民族师范学院、河北平泉食用菌产业技术研究院等五家单位被省科协认定为河北省科普教育基地。河北平泉食用菌产业技术研究院、承德鹌鹿春民俗文化发展有限公司2家单位被河北省全民科学素质工作领导小组办公室认定为河北省公民科学素质教育示范单位，并给予一定的资金支持。

4月20日，第二届承德市青少年机器人竞赛在承德高新区阳光四季城小学举行，来自全市中小学校的60余名学生参加竞赛。图为开幕式现场，裁判员代表发言

【提升全民科学素质】 提交《关于加强我市全民科学素质工作的建议》政协提案1件、意见建议2件。组织全市科协系统参加2021年全国农民科学素质网络知识竞赛并荣获多项集体和个人奖励。2021年全市争取基层科普行动计划项目9个，

支持资金共89万元，建立农业专家工作站4个，联系专家34人，开展科普活动228次，受益人数27495人。全年完成流动科技馆展出8站、全市12所农村中学科技馆开展各项活动，为提升青少年的科学素质提供保障。全国科普日举办各类科普活动136场次，发放各类科普图书14580多册，展示展板1120块，悬挂横幅221条，服务公众41230人次。其中，科普进机关展览活动，有效提升公务员的科学素质。市科协被中科协评为2021年全国科普日优秀组织单位，2项活动被评为全国科普日优秀活动，11家单位被省科协评为河北省全国科普日优秀组织单位，7项活动被评为河北省全国科普日优秀活动。开展科普讲座进基层系列活动，多次邀请专家为社区居民详细讲解医疗健康知识，广大居民健康意识和水平得到提高。在棋盘山镇29号村开展送科技活动，聘请专家为菜农进行蔬菜技术培训，发放《农民科学素质手册》120本。把科普画廊作为市科协对外科普宣传的前沿阵地，全年共更换四期，内容涉及2020年度"承德市最美科技工作者"先进事迹、党建、疫情防控等内容。在帮扶村加强产业项目扶持，落实杂粮种植补贴、马铃薯储藏窖、肉羊养殖、露地菜种植补贴、圈舍建设补贴等项目。利用楼子山旅游资源，与丰宁七环旅游公司开发天路项目，增加集体收入5万元，郭家屯组风电项目并网发电后，预计可增加集体收入10万元。

9月15日，全国科普日承德主场启动仪式现场

【服务党和政府科学决策】 围绕绿色发展、创新发展、乡村振兴等中心工作，深入学习中国科协关于创新发展新要求，引领广大科技工作者发挥决策咨询的主体作用，开展调查研究，建言献策，为全市经济社会高质量发展提供服务。开展学术活动，联合开展卒中学专科学术委员会学术年会、承德市健康服务业协会年会等重点学术活动，不断提升学术活动影响力。组织各学会、企业科协、高校科协申报河北省科协调研课题10项，其中《企业成为创新主体的环境与条件》课题入选立项。围绕特色产业发展，联合开展承德市中药材产业标准化种植体系构建、承德香菇产业现状及可持续健康发展2项课题研究，并形成科技工作者建议。

2021年市科学技术协会领导名录

党组书记、主 席：李云腾

党 组 成 员：李建华

党组成员、副主席：李宝春（女，满族）

王 飞（满族）

（张 一 供稿）

承德市归国华侨联合会

【概况】 2021年，承德市侨联坚持以中共中央总书记习近平新时代中国特色社会主义思想为统领，切实把中共中央总书记习近平关于侨务工作的论述落实到侨联的全部工作和建设之中，深入学习贯彻习近平总书记视察承德讲话指示精神，落实省、市各项工作部署，最广泛地团结、引导、服务广大归侨侨眷和海外侨胞，围绕全市经济建设开展对内对外交流活动，为新侨创新创业开展服务，组织侨届参政议政建言献策，推进华侨文化交流，开展送温暖献爱心等公益活动，做好意识形态工作。为奋进新时代全面建设生态强市、魅力承德贡献力量。

【中共党史学习教育】 全面加强思想理论武装，教育引导广大侨联党员干部及侨界群众进一步坚定理想信念、筑牢思想根基。开展“习近平总书记关于侨务工作的论述”集中宣讲会，广泛宣传中国共产党海外红色足迹，讲好中共党史中的“侨”故事和侨界典型人物事迹，进一步增强侨界群众对中国共产党的政治认同、思想认同、文化认同和情感认同，坚定侨界群众跟党走的信心和决心。参与省侨联“百年征程忆初心·侨青向党展作为”主题征文，市侨联荣获优秀组织奖，11 篇作品分别荣获一、二、三等奖及优秀奖。组织第五届世界华侨华人摄影展征稿、“亲情中华、百年变迁”书画名家作品征集、省侨联《侨心向党》歌曲歌词征集等活动，彰显侨界群众浓浓家国情怀。

8 月 13 日，市侨联党支部召开党史教育专题生活会

【开展对外交流活动】 “创业中华·创新河北”第二届助推河北高质量发展大会暨京津冀苏闽浙侨商走进承德活动顺利举行。邀请中国侨联、京津冀侨联、省内其他地市相关领导，京津冀苏闽浙等省市海内外侨商嘉宾走进承德深入对接交流，合作意向涵盖文旅康养、节能环保、数字文创、钒钛新材、民宿休闲等多个领域，为凝聚侨心侨力侨智、助推承德高质量发展做出贡献。助力全市对外开放，参与迪拜世博会中国馆活动，围绕中国馆“构建人类命运共同体——创新和机遇”主题，立足承德市“3+3”绿色主导产业和县域“1+2”特色产业，在配合参加好省市相关活动基础上，向迪拜华商推介承德市优势资源、特色产品，进一步助力承德市产品、企业“走出去”，资金、项目“引进来”。

【服务新侨创新创业】 推动河北民族师范学院争创省级新侨工作站，承德医学院成立新侨工作站，团结引领广大侨胞在贯彻落实承德市“十四五”规划和二〇三五年远景目标中展现侨界担当和作为。加强与承德科技创新中心、高新区大学生创业园的合作，利用好“河北省侨联新侨创新创业联盟”“河北省国际华商会”“承德市留学生联合会”等服务平台，帮助更多新侨人才、侨商创新创业。为归国留学人员对接市人社局创业园区、市国有资产运营公司、力海企业港等平台，帮助其解决在创业过程中遇到的实际问题。通过“承德侨之家”微信公众平台发布优秀侨界群众典型事迹，在平台刊登了《爱国奉献勇担当　党建学术齐头并进——记丹麦归侨承德医学院科技处处长任立群》等典型事迹，展现归侨侨眷风采。

【参政议政建言献策】 推荐 5 位侨界人士为十五届市政协委员，切实将侨界的人力智力资源转化为侨联参政议政优势。围绕推进“一带一路”建设、海外人才创新创业、促进国际人文交流、培育壮大“3+3”绿色主导产业、打造冰雪国际旅游城市、加快智慧城市建设等领域，提交提案、会议交流发言等 10 余件。建立健全侨情民意信息“直通车”等联络沟通机制，组织推动省市侨联委员开展建言献策。其中，省侨联委员、市侨联常委李俊峰撰写的《关于加快推进医疗废弃处置技术体系建设》的相关建议被中国侨联《侨情专报》采用，直报侨联中央书记处。

【推进华侨文化交流】 承办第二十一届世界华人

学生作文大赛，市78名教师被评为优秀指导教师、130篇作品获奖，其中，一等奖16人、二等奖42人、三等奖72人。承办"亲情中华·为你讲故事"网上夏令营活动，并组织申报网上夏令营承德营。推进华侨文化交流基地建设，为中国华侨国际文化交流基地金山岭长城揭牌，组织完成滦平县周台子村、隆化县董存瑞烈士陵园中国华侨国际文化交流基地申报工作。做好政策宣传、释疑解惑、传播共识等工作。运用今日头条、省市侨联网站、"侨之家"微信公众号等各类媒体，讲好中国故事、河北故事、承德故事。开展"书香润侨、阅享承德"主题图书推荐活动，推介《最美的青春》"最美系列"三部曲、《塞罕坝之魂》等优秀图书，凝聚侨界同心筑梦的智慧和力量。

【依法维护侨益】 成立全省首家在市中级人民法院挂牌的涉侨纠纷调解工作室，同时发挥"冀时调"平台作用，做好在线调诉工作。推进"连心侨——维护侨益"项目，在宽城满族自治县委统战部"侨胞之家"设立涉侨纠纷调解工作室，在滦平县新建路社区"侨胞之家"建设侨法宣传角。开展侨法知识、国家网络安全周、河北省"八五"普法等系列法治宣传，进一步提升归侨侨眷法治观念。

【送温暖献爱心】 开展"送温暖献爱心"走访慰问活动。用好用足中国侨联、省侨联"送温暖、献爱心"专项资金及困难侨界群众帮扶政策，为107户重大疾病、生活困难及特殊关怀的归侨侨眷发放侨务扶贫救济经费10万元、华侨事务专项经费11万元、送温暖经费0.8万元；针对承德雨情较大的实际，及时了解摸排侨界群众受灾情况，及时向上级侨联组织反馈情况并争取到救济经费9000元。开展"侨胞之家"创建工作，印发《承德市侨联关于开展"侨胞之家"创建活动的通知》，指导县区开展"侨胞之家"创建工作，共建成侨胞之家14个。开展侨爱心——归侨侨眷技能培训项目，争取技能培训项目经费10万元，举办承德市"侨爱心"归侨侨眷技能培训班，提升侨界群众职业技能水平，提高就业创业能力。实施公益助学项目，为平泉一中争取到"珍珠班"助学资金36.25万元，惠及贫困学生145人。帮助隆化县东升村小学、宽城县李家窝铺寄宿小学两所农村小学申报欣欣教育基金会助学助教项目，申请资金10万美元。推进"我为群众办实事"活动，整合侨界资源力量，发挥侨界优势，对接争取中国侨联和省侨联侨界公益项目，以助学、助教、助医、助困为重点，为侨界群众办好事、办实事、解难事。健全完善"侨爱心"志愿服务体系建设，制定《承德市侨联关于构建"侨爱心"志愿服务体系的工作方案》

【志愿服务活动】 开展疫情防控志愿服务活动，组织机关干部下沉社区一线，参与疫情排查及值班值守。参与开展文明城市创建、爱国卫生月等各类文明志愿服务活动，与帮建社区常王府社区共同开展社区周边卫生清理和文明行为引导等志愿服务。

【召开全委扩大会议】 4月28日，市侨联召开六届二次全委（扩大）会议，市委副书记郭旭涛

4月28日，市侨联召开六届二次全委扩大会议暨党史学习教育专题宣讲会

出席会议并讲话，市侨联党组书记、主席徐毅代表委员会做报告。会上传达习近平总书记在党史学习教育动员大会上的重要讲话精神及中国侨联十届四次全委会议精神、河北省侨联十届三次全委会议精神；为第二十一届世界华人学生作文大赛获奖单位及县区进行颁奖；审议通过《市侨联六届二次全委（扩大）会议关于工作报告的决议》和《关于新时代加强承德市侨联委员会建设的暂行办法（试行）》。

【净化优化政治生态】 开展警示教育，紧盯五一、中秋、国庆假期重要时间节点开展党风廉政教育提醒，传达学习各级纪委通报的违反中央八项规定等典型案例，组织观看《群众利益无小事——承德市群众身边腐败和不正之风典型案例启示录》等警示教育片，以案为鉴，净化优化政治生态。开展作风纪律整顿，传达学习全市“六治六提”干部队伍作风纪律整顿工作安排和要求，动员和组织机关党员干部开展好“六治六提”干部队伍作风纪律整顿自查自纠工作，既紧紧抓住领导班子和党员领导干部这个核心和关键少数党员，又覆盖延伸到全体党员干部和重点工作岗位，既注重深查细挖，找准问题，又注重纠正整改，制定整改措施，建立整改台账。

2021年市归国华侨联合会领导名录

党组书记、主席：徐　毅（驻会）
党组成员、副主席、秘书长：马　莉（女，驻会）
党组成员：陈新燕（女）
副主席：王丽英（女，满族，兼职）
任立群（女，满族，兼职）
陈　芳（女，兼职）
单振广（满族，兼职）
赵新生（兼职）
秦冬烨（女，壮族，兼职）
吴晓光（满族，挂职）

（王建飞　供稿）

承德市文学艺术界联合会

【概况】 2021年，承德市文联坚持以中共中央总书记习近平新时代中国特色社会主义思想为指导，贯彻落实中央、省市委决策部署，坚持“二为”方向、“双百”方针，自觉承担起举旗帜、聚民心、育新人、兴文化、展形象的使命任务，团结引领全市文艺工作者扎实开展党史学习教育、深化改革创新、狠抓精品创作、开展文艺志愿活动，为促进高质量发展的“生态强市、魅力承德”建设做出贡献。市文联被市直机关工委评为庆祝中国共产党成立100周年“模范机关创建先进单位”。

【强化政治引领】 推进“中共党史学习教育”，学习中共中央总书记习近平视察承德讲话指示精神，学习贯彻省、市委全会、党代会精神。将机关、协会党建工作同主体责任落实情况列入年度绩效考核内容。重视文艺界意识形态工作，认真落实“三清单四办法”，把文联意识形态工作向县（市、区）文联和市属各文艺家协会延伸，杜绝有害信息、网络谣言、“三观”不正文艺作品，利用主流宣传阵地，不断强化文艺界意识形态工作。全年《热河》专刊刊登有关加强思想建设、党的建设文章300多篇，文联公众号发布主旋律信息348条，阅读量14万人次。常态化推进党风廉政建设，落实主体责任和党风廉政建设“一岗双责”，落实中央八项规定，抵制“四风”，开展“六治六提”纪律作风整顿，开设“机关素质提升大讲堂”。

【聚焦主旋律创作】 围绕庆祝中国共产党成立100周年和“歌唱祖国　礼赞英雄”“十四五”开局之年等重大节点，创作一批文艺精品，开展系列文艺庆祝活动。各艺术门类文艺精品获国家奖项19件（次），省级奖项64件（次），67篇文学作品在省级刊物发表，74篇在国家级刊物发表，50余幅书法、美术、摄影作品入选河北省庆祝建党百年主题展览，出版诗文集《感党恩颂党情》、向全国基层党组织书记致敬的长篇小说《最美的奋斗》，被列为“河北省庆祝中国共产党成立100周年献礼重点出版物”。完成拟向党的二十大献礼主旋律电视剧本《最美的诺言》创作。创作庆祝中国共产党成立100周年歌曲《跟定共产党》《长城》和纪念承德县“7·13”抗洪抢险烈士诗歌和歌曲《记住这个夏天》。《热河》专刊庆祝建党百年刊发主题诗文100篇，举办“百年初心 艺起辉煌”书法美术摄影作品展、“咏百年风华、颂魅力承德”征文咏颂大赛、第十届舞蹈大赛等主题活动，指导各市属文艺家协会、各县（市、区）文联持续组织开展用文学艺术的方式庆祝建党百年系列活动，再次荣获“中国摄影之乡”称号。

【文艺助力乡村振兴】 围绕文艺助力乡村振兴，决定“十四五”期间在全市范围内创新开展“乡村振兴党旗红、文艺创新树先锋”实践活动，这项工作被列入全市2021年度改革重点工作和市委市政府《巩固脱贫攻坚成果衔接开启乡村振兴实施方案》。培树“文艺名村”、打造“书香门第”。全年培树“文艺名村”17个，各类“文艺创作基地”16个，城乡“书香门第”207户，破格发展300名乡土文艺人才加入市属文艺家协会，评选出承德市2021年度“十佳优秀乡村文艺家会员”10人，“优秀乡村文艺家会员”19人。在微信公众号和《热河》期刊开辟“热河乡土文艺作品”专题专栏，集中用于乡土文艺作品宣传推广和乡村农副产品宣传推介，累计刊发乡土文艺作品21篇，宣传推介承德农副产品11种，初步辐射覆盖3个县（市、区）形成“兴文艺、聚民力、促振兴”的新局面。开展文艺金融合作，搭建“文艺＋裕农通”新平台。与市建行联手开展“文艺＋裕农通”活动，打造“裕农学堂”51个，组织开展裕农学堂培训1000人次，为打造“文艺写生基地”“非遗传承产业园”“文艺客栈”“文艺民宿”“文艺休闲养生度假村”，形成文艺和金融惠农的良好局面奠定基础。助力“夜经济”。为繁荣发展承德“夜经济”“后备箱经济”，市文联下发《关于广泛推荐双桥区民间手工艺人才的通知》，挖掘吸纳市县区民间手工艺人才18人并授予证书，为他们走向夜经济市场提高了知名度。同时，协助录制“夜经济”视频，加强对民族优秀传统手工艺的保护和传承。

7月24日，河北省文联副主席张海英（左一）、市文联主席杨勇（右一）在双滦区双塔山镇大龙庙村“乡村振兴党旗红 文艺创新树先锋”启动仪式上为大龙庙村颁发“文艺名村”牌匾

【打造“热河文艺志愿”品牌】 完善“热河文艺志愿五大员”服务品牌建设，健全“市级有文艺志愿服务总队、县（市、区）有文艺志愿服务分队、乡镇（街道）有志愿服务小分队，村有群众文艺团队”四级文艺志愿组织体系，持续引领全市文艺工作者在“生态文明、森林防火、精准扶贫、水源涵养、文明城市”方面开展志愿服务活动。组织引导全市文艺会员和文艺工作者开展“戏曲、书法、音乐等传统文化进校园”“文艺进万家 健康你我他”“我们的节日系列”“到人民中去”“我们的中国梦”等各类文艺志愿服务活动65次，直接服务群众2万余人次。乡镇（街道）村（社区）文联协助乡镇、村两级基层组织开展森林防火、农村卫

生治理、农村河道整治等志愿服务活动，3000余名文艺骨干参与其中。助力全国文明城市创建。文联机关党员志愿服务队参与“文明交通引导”“以文化人 社区赠书”“端午读书会”“探望鳏寡孤独”“清障清污庭院靓起来”“赠送书画作品”“社区演讲”等系列活动。共捐赠图书300余册，购置垃圾箱10个，居民休闲椅20个，赠送居民日用物资1500余元。

5月24日，承德民间文艺家协会主席石俊凤（右站立）为河北石油技术大学学生传授剪纸艺术

【壮大文艺人才队伍】 坚持“以人育人、以艺传艺”，探索创新“一纳二训双平台”文艺“工程师”培养机制，全力引领全市文艺工作者晋档升级。通过举办第六届全市文艺创作暨文艺理论骨干培训班、承德市第四届“青峰计划”培训班，全市文艺骨干理论和艺术水平得到大幅提升。面向基层创作一线、对有发展潜质的新文艺群体，举办各艺术门类公益培训，强化“文艺两新组织”人才的培养。参与举办《何申文学道路》座谈会、《最美的奋斗》线上评论活动、长篇叙事诗《农民铁书记范振喜》《燕山牛》作品研讨会。各文艺家协会新获得国家级会员资格10人，省级会员资格47人，向省文联“千百成峰”工程报送各门类优秀文艺人才34名，1人获评河北省文联系统“争做人民满意公务员”十佳个人，1人获评第五届河北省德艺双馨文艺工作者。指导市美协、市民协、市诗词楹联协会、市传统文化学会依照章程规定完成换届，加强对“文艺两新”队伍建设鼓励和支持力度，重点支持市微电影协会在首批承德市影视创作基地举办小视频大赛、开展专题培训；支持新音乐群体协会开展新音乐演出；指导现代音乐协会举办鼓手节青少年鼓手交流活动等，有力推动“文艺两新”健康有序发展。做好“文艺润疆”工作任务，与新疆巴音郭愣蒙古自治洲尉犁县文联建立线上文艺交流互通机制，承德文联公众号、《热河》共发表巴音郭愣蒙古自治洲尉犁县文艺作品35件。

【文艺界统战工作】 将统战工作纳入市文联重要议事日程，纳入全市文艺界人才和队伍建设总体规划，纳入市文联领导班子成员工作考核内容。成立由市文联党组书记任组长，领导班子成员任副组长，各县（市区）文联书记、主席和市属文艺家协会临时党支部书记、主席为成员的市文联党外知识分子、新的社会阶层人士思想政治工作和无党派代表人士队伍建设工作领导小组，制定并下发《关于进一步加强全市文艺界党外知识分子、新的社会阶层人士思想政治工作和无党派代表人士队伍建设的实施方案》，听取专题工作汇报，召开专题会议研究部署相关工作，定期开展座谈交流和谈心谈话，团结引领全市文艺界党外知识分子和新的社会阶层人士发挥专业艺术特长，围绕构建新发展格局、推动高质量发展和经济社会发展重点难点问题建言献策，为党委政府科学决策提供参考。

2021年市文联领导名录

党组书记、主席：杨　勇（7月免副主席，任主席，兼任省文联副主席）

主　　　　席：王　琦（7月免）

党组成员、副主席：何英华

许建军

（苏志欣　供稿）

承德市社会科学界联合会

【概况】 2021年，承德市社科联围绕中共承德市委、市政府中心工作，为领导决策服务、为承德经济社会发展服务、为基层群众服务、为社科工作者服务，在资政建言、社科研究、社科普及、学会管理等方面履职尽责，发挥“思想库”和“智囊团”作用。承德市社会科学发展研究课题管理办公室、承德市社会科学优秀成果评奖办公室、会刊编委会办公室设在社科联。定期出版会刊《承德社会科学》（季刊），拥有独立网站承德社会科学网站）。

【学党史办实事】 2021年，市社科联班子成员作为市委“走基层”宣讲团成员，先后深入双桥区、营子区、隆化县、承德县、兴隆县等县区开展中共党史学习教育、中共中央总书记习近平在中国共产党成立100周年讲话精神、六中全会精神宣讲报告7次。深入承德医学院、河北石油职业技术大学、河北民族师范学院等高校开展形势政策报告和人文社科知识专题讲座5次。与市图书馆学会共同举办以“重温百年党史 书香浸润初心”为主题的“庆祝建党百年服务社科发展”活动。组织全体党员参观热河革命烈士纪念馆等红色教育基地，组织所属社科组织学习习近平总书记在庆祝中国共产党成立100周年大会上的讲话。开展“我为群众办实事”主题实践活动，全年累计开展志愿服务活动12次。组织29个学会开展“星期六文明实践行动”志愿服务结对帮建活动。

【学术交流活动】 搭建社科学术交流、成果推荐平台，发挥协调作用，强化服务功能。制定发布社会科学发展研究《课题指南》，共批准立项321项，比2020年增长63.7%。全年共发放课题资助资金42.7万元，有效调动社科工作者研究的积极性和主动性。组织、指导、参与出版《和合承德》《塞罕坝之魂》《塞罕坝精神学习教程》等一批体现承德文化底蕴的学术著作，出版社科专著10部以上，有200多篇社科理论文章在各级报刊发表，许多成果得到省市领导批示。会刊《承德社会科学》全年出刊4期，编发稿件110多篇，编辑《社科成果专报》10期。完成《承德市哲学社会科学研究和发展“十四五”规划纲要》编制工作，并印发实施，此项工作走在全国地市社科联工作前列。

【社会科学普及】 举办以“辉煌百年路 启航新征程”为主题的承德市社会科学普及月活动，组织全市社科界以“庆祝中国共产党成立100周年”为主题学术研讨，扩大社科工作影响力。社科普及月活动期间，全市组织开展30多项内容丰富、形式多样的重点活动，滦平县开展中共党史教育“飞入寻常百姓家”等系列活动；平泉市举办“追寻红色记忆 献礼中国共产党成立100周年”等系列活动；中国避暑山庄外八庙保护协会举办“避暑山庄文化论坛”主题活动；郭小川研究会开展“立足承德本土 弘扬地域文化”系列主题活动；市国学研究会开展“红色家书”“写给新中国——革命烈士遗作”朗诵会等活动。

6月23日，市社科联以“辉煌百年路 启航新征程”为主题的社会科学普及月启动仪式在滦平县举行

【社团管理服务】 加强阵地建设，推动社团管理和服务实现新提升。严把学会成立、换届、变更和重大事项报告等环节，督促所属各学会（协会、

研究会）按程序换届并修改章程，增加党建内容，指导社科组织发挥党组织的政治引领作用，定期召开学会工作年会，对社科类社会组织工作进行安排部署，以“党建+”服务形式，引导社团组织构建党群服务体系。指导有关高校完成组建马克思主义学院工作，配合河北省社科联及时对全省第二批、第三批社会科学普及基地进行复评。承德博物馆被河北省社科联授予“第四批河北省社会科学普及基地”称号。2021年，市社科联新批准成立承德市避暑山庄企业家研究会，新命名承德博物馆等10个市级科学普及基地，社科联社团组织已发展到29个，社科普及基地38个，社科研究基地7个，这些社团组织和科普基地成为承德市先进文化建设的有生力量。

12月23日，市社科联在第五届五次扩大会议上为新命名的科学普及基地授牌

2021年市社科联领导名录

党组书记、主　席：王景山

党组成员、副主席：申　奕

（赵　雪　供稿）

承德市贸促会

【概况】 2021年，承德市贸促会认真学习贯彻落实习近平总书记系列讲话精神，特别是在承德视察时重要讲话指示精神，全面盯准“生态强市　魅力承德”总目标，牢牢把握国家深入推进“一带一路”“京津冀一体化”和承德进入高铁新时代重要机遇期，围绕“贸易促进、投资促进”，发挥内引外联，会议会展，商事法律、国际商会在稳外贸稳外资方面的作用，为企业参与境内外经贸交流提供指导和帮助，较好地发挥政府与企业的桥梁纽带作用，为承德对外经济高质量发展做出应有贡献。

【对外联络】 创新对外联络方式，开拓国际经贸合作渠道。落实迪拜世博会中国馆组委会有关要求，做好承德市参加2021年迪拜世博会相关活动筹备工作，制定活动方案，按计划有序推进各项工作。按照组委会要求，组织市发改委、旅文局、商务局等11个市直有关部门及高新区管委会及重点企业代表共计30余人参加“河北活动日”承德分会场活动，并会同相关部门开展世博会常态化经贸活动，组织企业参与河北省出口商品网上展示交易会及河北全球汽车配件线上展览会，通过网上精准配对洽谈，集中对接等，帮助企业开拓国际市场。拓展与境外商协会的经贸合作，加强国际经贸投资交流，探索建立长期有效工作联系机制，不断拓宽国际联络渠道，探索新的对接交流方式，与北京—阿联酋商会、巴西—中国友好合作协会、亚洲国际贸易投资商会、香港投资推广署驻京代表处等开展对接联络，并与

5月6日，承德市贸促会与厦门市贸促会签订友好合作协议（右一为承德市贸促会副会长姚洪涛）

厦门市贸促会、呼和浩特市贸促会和河北厦门商会开展对接交流，签订友好合作协议。通过丰富多样的交流合作活动，与境内外多家商协会及企业建立并保持友好合作关系，推介承德市相关企业与其开展对接合作。

【创新会议会展模式】 利用好国家及省贸促会搭建的线上线下经贸合作平台，组织企业参加参与重点会议会展。先后组织企业参加中东欧国家联合商会第六次会议、海南中国国际消费品博览会、厦门双赢家具行业展、第十四届中国·北方（平乡）国际自行车童车玩具博览会、2021京津冀投资贸易洽谈会、2021中国草原旅游发展大会暨内蒙古国际文化旅游产业发展大会、第十六届中国—欧盟投资贸易科技合作洽谈会、中国（河北）—比利时（东佛兰德省）生命科学产业交流会等16个线上和线下活动，帮助企业长见识、开眼界、补短板、促创新，助力产业转型升级。尤其在“5·18”廊坊洽谈会期间，组织润韩汽车零部件有限公司和苏垦银河连杆两家企业以线上对接形式参加中德经贸合作洽谈会暨河北—勃兰登堡州产业推介对接会”。两家企业在了解到德国汽车业发展现状及先进技术的同时，分别与德国柏林勃兰登堡汽车行业协会及aBB柏林—勃兰登堡汽车商业协会以互换邮箱形式建立联系。经与河北省贸促会沟通和争取，为承德市家居、礼品、食品企业和扶贫企业争取到5个香港贸发网展名额，由河北省财政厅统一出资，企业享受香港贸发网提供的为期一年的免费展销服务。

【创新商事法律方式】 提升服务企业水平，助力企业融入“双循环”。商事法律服务工作是帮助企业降低外贸风险，化解国际贸易纠纷，加强企业在进行国际贸易过程中提高法律意识的主要工作。立足承德市对外贸易实际，加强宣传，在保持签证业务量平稳上升的基础上，在服务企业上下力气。深化“最多跑一次”改革，采取网上申办、快递返回等方式，推行“不见面办理”，全年共出具各类证明书200余份。加强经贸风险防范和摩擦应对，利用河北省“企业跨境法律综合支援平台”，为承德市外贸企业应对疫情风险、开展跨境贸易投资提供咨询服务。强化“一站式”法律服务功能，公布咨询热线、提升办证效率，提升海外预警信息的数量和质量，通过承德贸促会网站、微信群发布经贸预警信息共80余篇，帮助企业增信心降担忧，为企业开展境外贸易保驾护航。

【创新服务企业方式】 加强国际商会指导，引领企业迈向高质量发展。开展访百县走千企调研活动。通过线上问卷调查、电话咨询、函询了解、重点走访相结合的方式向企业宣传推广新理念新政策，听取企业诉求，帮助开展问题分析，推动企业复工复产。利用网站、微信群、承德贸促专刊等方式，向企业推送各类经贸信息。为外贸企业特别是会员企业搭建企业座谈会平台，通过开展“互访交流促合作”主题座谈活动，加强企业交流互鉴，取长补短，相互促进。开展银企对接活动，与承德市邮储银行合作探索为小微企业提供金融服务产品，有效扩大企业融资渠道，切实缓解小微企业融资难、融资贵问题，促进企业健

9月9日，承德国际商会举办会员企业“互访交流促合作”主题座谈活动

康快速发展。组织企业参加线上培训，组织参加包括由中国贸促会主办的“中小企业国际经营能力提升系列线上培训”“企业对外投资经济制裁和国家安全审查风险与应对培训会”和河北省贸促会主办的“出口信用证欺诈风险与防范”线上培训会”“2021全省贸促系统商事认证业务线上培训”等各种商事法律培训会。

【助力乡村振兴】 进一步掌握巩固脱贫攻坚成果及乡村振兴的各项政策。跟踪了解帮扶户脱贫后生产生活情况，对已脱贫的贫困户生活中遇到的实际困难给予慰问帮扶。通过多方对接，争取到一批捐赠物资并通过驻村工作队及村“两委”在“七一”党建活动期间发放给村里老党员、“五保户”、低保户、脱贫户、退伍军人等重点人群。做好各项新政策宣讲工作，帮助帮扶户了解掌握利用好国家和地方各项帮扶政策，助力乡村振兴。

2021年市贸促会领导名录

党组书记、会　长：张庆来（3月免）

丛云飞（满族，3月任）

党组成员、副会长：姜　涛（满族）

姚洪涛（6月免）

（付家鹏　供稿）

承德市残疾人联合会

【概况】 2021年，全市持证残疾人共计14.5万名，其中，视力残疾人12845名，听力残疾人19351名，言语残疾人5958名，肢体残疾人72482名，智力残疾人11852名，精神残疾人8995名，多重残疾人13536名，重度残疾人67918名。市残联围绕贯彻落实习近平总书记重要讲话指示精神，提高政治站位推动工作。深入谋划了村（社区）适应老龄化改造、助力乡村振兴、康复就业等27条举措，联合有关部门出台有关政策性文件。谋划编制“十四五”残疾人保障和发展规划，并于12月10日在市政府常务会上审议通过。不断强化具有承德特色的残疾人社会保障和服务体系建设，使改革发展成果惠及残疾人，残疾人获得感、幸福感、安全感显著提升。

【巩固残疾人脱贫成果】 健全困难残疾人兜底保障制度，巩固残疾人脱贫成果。聚焦“两不愁、三保障”目标，联合乡村振兴局等9部门出台《关于做好承德市巩固拓展残疾人脱贫攻坚成果的实施意见》，保障助残政策和帮扶措施落地落实。建立防返贫预警机制。将全市3956户残疾人“三类监测户”全部纳入“智慧防贫系统”监测预警范围。实施“一人一措施”，协调民政、人社、医保部门落实低保、医保、养老保险、特困供养、临时救助等帮扶政策，针对兜底保障脱贫人口中无劳动能力且无法通过产业就业获得稳定收入的残疾人，做到凡困必帮，有难必救，有64904名残疾人享受低保待遇，使64668名困难残疾人享受生活补贴，让50044名残疾人享受重度护理补贴。全年走访慰问困难残疾人和脱贫户18户，发放慰问金9000元，为有辅具需求的老年人和残疾人发放拄杖、轮椅、坐便器、助听器等辅助器具30余件。市残联教育就业部荣获全省脱贫攻坚先进集体称号。

【助残志愿者社区帮扶】 开展志愿者社区帮扶，助力全市文明城市创建。制定三年志愿者社区帮扶方案，投入资金4万元，帮助社区粉刷墙壁，制作宣传牌匾，建设微型消防站，清运垃圾。推进残疾人无障碍出行，本着“能改尽改，应建尽建”原则，摸排市区无障碍设施点位475个，其中不符合无障碍出行要求点位372个，交市文明办督导整改。多次组织残疾人代表多点位体验城市无障碍设施，从残疾人感受角度出发，向建设部门提出整改意见和建议。联合市文明办举办“文明创建你我他　手指传爱靠大家”2021年手语培训班，78名窗口单位一线工作人员和残疾人工作者参加培训。

【助残服务工程】 助残服务工程是河北省委、省政府实施的20项民心工程之一，经过3年连续实施，承德残疾人公共服务水平明显提升。6项助残服务提前超额完成任务，开展助残服务1.4万人次，投入资金1471万元，超过既定目标1000人。市政府领导重视，常务会多次听取助残服务工程进展情况汇报，统一调度，统一部署。市残联成立工作专班，制定实施方案，召开专题会议进行安排，及时分解任务至县（市、区）。开展助残服务工程“回头看”，7月、11月两次成立督导组赴各县（市、区），采用入户现场查验、电话抽查、检查档案等方法，对助残服务工程完成情况进行督导，确保惠残政策精准到位。全年实施残疾人家庭无障碍改造1060户，超额完成任务的189%；双滦区双塔山镇荣获“全国无障碍建设示范村镇”称号。

【残疾人康复及托养服务】 以“人人享有康复”为目标，联合市卫健等部门印发《推进政府购买精神障碍社区康复服务工作实施方案》，加强残疾人家庭医生签约服务，覆盖16301名残疾人，服务率100%。4793名残疾人接受基本康复服务，完成任务的101%；投资9万元为180户残疾人实施康复体育进家庭服务；装配假肢58例，实施人工耳蜗手术5名，给予5304名残疾人享受免费辅助器具适配服务。采取居家托养与集中托养服务相结合方式，依托全市6家托养服务机构，为1441名残疾人提供了托养服务，完成任务的110%。

【残疾人教育就业维权】 依托全市9所特教学校，吸收适龄残疾儿童少年就学2958名，义务教育入学率达到99.21%。投入资金88万元，资助残疾学生和残疾人家庭子女上大学284名，其中本科132名，专科152名，接受救助人数首创新高。为2332名残疾人提供免费就业培训，完成任务107%；举办就业援助月活动，开展线上招聘会，新增残疾人就业500名；全市盲人按摩机构达到59个，指导48名盲人取得医疗按摩从业资格证书。及时了解残疾人疾苦，听取残疾人心声，全年共接待来电、来访群众36人次，办理案件12件，排查信访隐患案件2件，接省转办案件6件，均办结，残疾人关心关注的涉及证件办理、待遇落实、临时救助等问题得到及时解决。

【助残宣传文体活动】 开展全国助残日、爱眼日、爱耳日等系列宣传活动。举办承德首届残健共融文艺汇演，组织200名残疾人及亲属参与残疾人文化进家庭“五个一”活动。制作交通场站、医院、窗口单位无障碍信息手语短片，在全市窗口单位、新媒体播出。在京津冀残疾人文化交流活动中，2名残疾人分获一等奖和三等奖。依托承德“全国残疾人冰上项目训练基地”，组织完成唐山、秦皇岛和承德120名残疾人参加的河北省残疾人冰雪季东北部片区活动任务。全国第十一届残运会暨第八届特奥会承德市运动员共获4金2银1铜。11月，以市政府办公室文件印发《承德市残疾人运动员教练员奖励办法》，筹资19.2万元用于参加全运会残运会获奖牌运动员的奖励。

【完善残疾人工作机制】 全面摸清残疾人底数，累计调查持证残疾人145321人，入户登记130842人，电话登记5636人，入户采集率95.87%，数据APP采集率99.94%。落实1月在唐山召开的全省残联基层组织建设会议精神，12月，以市委、市政府办公室文件印发《承德市提升村（社区）残疾人协会建设水平实施方案》，加快推进承德市残疾人协会建设从量到质的转变，使残协建设工作融入城乡社区治理，纳入村级“两委”工作范畴，列入“三基建设年”重点规划，制定《关于加强和改进村（社区）残疾人协会工作实施意见》，深化“五有协会”建设标准，强力推进残协建设工作，市残联设有盲人协会、聋人协会、肢残人协会、智力残疾人及亲友协会、精神残疾人及亲友协会5个专门协会。各县（市、区）设残联，乡镇（街道）设专兼职残联理事长，村、社区设专职委员。优化残疾人办证服务，联合卫健等部门为出行困难残疾人上门评定，简化程序，实现“办事一次成”，实施跨省通办，全年完成异地办证39个。建立访视慰问制度，结合全市残联系统开展的“百名干部进千家办实事”活动，全市残联干部职工参加“扶残助残、从我做起”联系残疾人活动，全年共访视慰问残疾人1876户，发放慰问金274万元，为残疾人解决难题314个。

【创建一流群团组织】 制定实施《开展全员政治业务练兵活动方案》，让干部职工自选核心业务专题，吃透上情，把握下情，了解外情，熟悉市情，分期分批向全体职工进行专题解读，当场打分，并以此作为日常考核、年终考核、评先评优、轮岗交流的一项重要依据，不断提高残联干部政治业务水平，激发干事创业热情。宣传落实《重大传染病疫情残疾人防护社会支持服务指南（试行）》《重大传染病疫情残疾人防护指南（试行）》，指导县（市、区）残联和各级残疾人服务机构建立健全疫情之下残疾人保护长效机制，实现残疾人和残疾人服务机构“零传染”。

2021年市残疾人联合会领导名录

党组书记、理事长：祁春艳（女，7月免）
程志忠（满族，7月任）

党组成员、副理事长：沈庆富
李明山

（王　阔　供稿）

承德市红十字会

【概况】 2021年，承德市红十字会贯彻执行《中华人民共和国红十字会法》和《中国红十字会章程》，指导各县（市、区）红十字会开展全市性活动，推动红十字会各项工作开展。聚焦群众急难愁盼，开展人道服务。依法开展筹资活动，提高红十字会人道救助能力，完善城乡红十字人道服务体系，面向困难群体开展人道救助工作；实施生命接力，“三献”工作再上新台阶，为无偿献血、遗体和人体器官捐献、造血干细胞捐献工作提供相关服务，开展艾滋病预防控制宣传和教育，关心爱护艾滋病病毒感染者、患者及其他人道救助工作；发展红十字志愿服务组织，开展红十字志愿者服务活动。筹备全市红十字会第六次代表大会和理事会、监事会换届工作。

【推动改革创新】 深化改革与依法治会同步推进，落实承德市红十字会改革方案，推进红十字会改革落地见效。将理顺县级红十字会管理体制作为一件夯实红十字会发展基础的大事来抓，推动县级红十字会管理体制理顺工作。市本级基本建立健全组织架构，能够依法履行红十字会职责，为进一步完善红十字会建设，确保顺利完成红十字会换届选举工作提供必要条件。

【基层组织建设】 推动红十字基层组织建设，全市新增红十字基层组织269个，累计建立369个，实现县（市、区）全覆盖。兴隆县、滦平县、承德县、丰宁满族自治县通过县政府发文在本级推进，并取得阶段性成效。滦平县红十字会在规范红十字基层组织建设和在基层推动“三救三献”志愿服务，以及组织开展“5·8”世界红十字日博爱周和“9·11”世界急救日宣传等方面，发挥红十字基层组织作用尤为突出。

【人道救助服务】 全市红十字系统抓住突出民生难题，聚焦群众急难愁盼问题，发挥党和政府在人道领域联系群众桥梁纽带作用，在保障和改善民生上发挥特殊作用。全年募集款物1691万元，其中博爱一日捐募集214万元，争取上级人道救助款物172万元，新冠疫情专项募捐217万元，郑州、山西、承德水灾救助募集199万元，教育帮扶定向捐赠500万元，巩固脱贫攻坚和乡村振兴定向募集389万元；落实常态化疫情防控措施，参与常态化疫情防控工作，做好募捐和捐赠物资接受、分配和使用，确保人道援助更加精准、有效；履行人道救助职责，在新冠疫情防控、水灾救助、救护培训、大病救助等方面开展灾害救助、重大疾病人道救助10000余人次，在保民生底线，维护社会稳定方面发挥重要作用。

【应急协调联动】 健全应急预案、备灾物资管理、救援队伍建设等一系列制度。强化与应急管理等部门协调联动机制，实行系统报灾制度。设立应急储备金200万元，组织开展应急救援演练4次。承德县"7·13"水灾发生后，迅速行动，启用30万元应急储备款物援助受灾群众，争取省红十字会12万元物资支援，支持承德县开展募捐帮助受灾乡村和群众尽快恢复生产生活。

5月28日，双滦区红十字会在双滦第一小学开展防溺水宣讲活动

为应对极寒天气，补充优化、合理配置储备备灾救援物资10万元；河南"7·20"水灾、山西"10·2"水灾发生后，累计收到社会各界定向河南捐款22.36万元，定向山西捐款5.20万元，全部捐款在第一时间汇往省红十字会，均由省红十字会统一转汇到灾区用于支援水灾一线；拓宽应急救护培训"五进"路径，将应急救护知识和基本技能向重点行业、重点领域铺开，扩大取得应急救护培训证书人员规模，提高社会公众自救互救能力。

【实施生命接力】 建立无偿献血与造血干细胞捐献、遗体捐献和器官捐献"三献"工作协调共推机制，构建全市各级卫健委、红十字会、医疗机构170名人体器官捐献协调员、信息员系统。发挥志愿团队力量，成立"中国红十字会捐献血液和造血干细胞服务总队承德市分队"，推动无偿献血与成功捐献造血干细胞志愿者享受"三免"政策得到基本落实，提升献血和造血干细胞捐献社会认知率，不断推动捐献事业发展。扩大造血干细胞捐献有效库容，提高管理的科学化水平。全年共完成38239人次无偿献血，全血采集73622.7u；采集入库造血干细胞322人份。坚持问题导向，立足破除制约事业发展的突出矛盾和问题，深入基层开展调查研究，总结成功经验，找准主要原因，制定针对性、操作性强的对策措施，为新形势下推动人体器官捐献工作提供新思路、增添新动力。依法依规、稳步推进遗体和人体器官（角膜）捐献事业，实现遗体和人体器官（角膜）捐献工作新提升。

【红十字特色活动】 扩大人道传播，全市各级红十字会依托医疗卫生机构、学校、社会各级各类爱心组织、博爱家园、博爱救护站，在医疗机构、大中专院校、小学校、团体会员单位、城市社区和农村建立基层红十字组织，组织红十字志愿服务队近两万名会员、志愿者开展红十字特色活动，开展新冠肺炎疫情防控募捐和宣传，普及应急救护培训技能，关爱失能老人，宣传“人道、博爱、奉献”的红十字精神，倡导互帮互助、扶危济困的良好风尚，为民办好事、办实事。全年新增红十字团体会员5个，成人会员909人，青少年会员173人，注册志愿者185人，志愿服务组织3个，志愿服务总时长9120小时。承德市红十字爱心志愿者服务队、红十字蓝天救援志愿服务队、红十字应急通讯志愿服务队、承德医学院和河北民族师范学院“博爱燕赵、火热青春”大学生志愿服务队在救助、救护、红十字青少年等方面做了大量卓有成效的工作，产生良好的社会影响。利用新冠疫情防控专项募捐、世界急救日、“5·8”世界红十字日、世界献血日、防灾减灾日、世界艾滋病日等重要节点，加强与报刊、广播、电视、互联网等媒体合作，市红十字会官网、公众号持续更新，广泛宣传报道，展示红十字事业新成就，让更多人了解红十字运动，让更多人参与红十字志愿者服务，电视、报纸、广播、网站报道红十字工作信息100余条，红十字会官网、微信公众号共发布通讯100余篇，点击数万次，有效宣扬主流价值观，弘扬正能量。

5月12日，市红十字会与市应急局等16个成员单位在市中心广场联合开展“防灾减灾暨红十字博爱周”系列宣传活动

2021年市红十字会领导名录

会　　　长：郭士刚（8月免）
　　　　　　刘　涛（女，8月任）
专职副会长：曾　强
秘　书　长：韩立平

（韩立平　供稿）

法 治

政 法

【概况】 2021年，全市政法工作按照“讲政治、守底线、促发展、抓改革”总体思路，狠抓平安建设、法治建设和过硬政法队伍建设取得显著成效。承德市被国家禁毒委授予首批“全国禁毒示范城市”，是全省唯一获此荣誉的地级市，被评选为河北省“十大法治成果”之一；圆满完成中国共产党建党百年、中共中央总书记习近平视察承德、党的十九届六中全会等一系列重大安保任务，筑牢首都政治“护城河”工作经验在全国政法工作创新会上推广，市域社会治理现代化试点经验被《法治日报》和中共河北省委政法委简报刊发；丰宁满族自治县被中央政法委授予“平安中国示范县”荣誉称号，隆化县、兴隆县、鹰手营子矿区被河北省平安建设领导小组授予“平安河北建设示范县”荣誉称号；全市受理群众来访批次和人次分别下降84.4%和93%，排名全省第一；群众安全感为94.13%，位居全省第一名，续创“七连冠”。

【提升政法工作制度化管理水平】 出台《承德市政法干警政治轮训制度》，将严格执行“三个规定”纳入全市党政干部政治轮训。出台《承德市政法系统执法监督工作制度（修订）》《承德市政法系统正风肃纪问责暂行办法（试行）》《承德市政法系统纪律作风督查巡查工作暂行办法（试行）》，加快构建关系协调、运作顺畅、富于实效的“协管”“协查”工作制度和运行机制，持续加大关系案、人情案、金钱案查办力度。出台《承德市提升政法队伍素质能力若干措施（试行）》《关于关心关爱帮扶政法干警实施办法（试行）》《关于为受到失实检举控告政法干警澄清正名的实施办法（试行）》《关于实施政法干警容错纠错的办法（试行）》《政法干警个人事项申报制度》《政法干警“功劳簿”制度》，切实将严管与厚爱紧密结合，支持保障政法干警依法履行职责。

【落实从严治党主体责任】 出台《市委政法委落实全面从严治党主体责任清单》《机关主要负责人落实全面从严治党“第一责任人”责任清单》《班子成员落实全面从严治党“一岗双责”责任清单》《市纪委监委派驻市委政法委纪检组落实全面从严治党监督责任清单》，层层签订《党风廉政建设责任书》和《廉洁自律承诺书》。将意识形态责任制、党建责任制、党风廉政建设纳入全市政法工作要点，纳入理论学习中心组学习、三会一课、民主评议党员制度。组织理论中心组集中（扩大）学习，将习近平总书记最新重要讲话、批示精神列为“第一议题”。组织市直政法单位全体班子成员在承德监狱开展全市政法系统领导干部现场政治性警示性教育大会，中共承德市委常委、市纪委书记、监委主任武力斌作廉政教育报告。

【开展政法队伍教育整顿】 市委书记挂帅政法队伍教育整顿领导小组，压紧压实政治责任，针对中央督导组和省指导组反馈意见，采取276条措施，先后整改11个方面51个问题，对违纪违法政法干警依法严肃处理。严惩司法腐败。开展“四项教育”1324场次，受教育干警31074人次，召开专题民主生活会、组织生活会243次，全面落实“两率先一覆盖”。省指导组和市教育整顿办公室4个宣讲团，巡回宣讲政策，层层释惑解疑，打消干警顾虑，主动向党组织说明情况。对照“六大顽瘴痼疾”查纠问题734条，全部落实整改，政法领域8项正向指标实现同比上升，逆向指标全部实现同比下降。认真回应群众期待，完善应用性机制16套，落实便民利民举措813项，为群众办实事13146件，群众对教育整顿成效满意度92.02%。建立激励、约束机制。建立《政法干警“功劳簿”制度》《个人重大事项申报制度》，为6963名政法干警全部建立“正负面清单”基础数据库，作为政法机关选人用人、晋职晋级、评先选优基本依据。健全完善政法干警容错纠错、关心关爱、澄清正名等一系列制度机制和办法，累计资助干警及其亲属164人，发放救助金100万元，为100名政法干警澄清正名，容错纠错89人，进一步激发干警干事创业内生动力。

【构建维护国家安全协调机制】 出台《承德市维护国家政治安全工作协调机制》，每月对全市政治安全形势进行研判分析提出对策建议，得到省委政法委领导肯定。建立《重大涉稳风险排查化解工作台账》，共66项具体任务，落实责任清单和全周期监管。构建多部门网络安全通报机制，配套制定研判预警、工作协调、调研咨询、督察督办制度，情报合成作战能力全面提升。开展网评员队伍培训和网络舆情应对处置演练，完善多部门网络安全通报机制，落实24小时网上巡查管控措施。

【筑牢首都政治“护城河”防线】 坚持多元预防、源头治理、基层吸附、内生稳定的管控理念，完成建党百年、北戴河暑期、十九届六中全会等重大安保任务。中共承德市委书记董晓宇连续十天组织召开十次视频调度会议，围绕安全生产、食药安全、房地产遗留等十方面主题，及时调度，研判形势，解决问题；中共中央总书记习近平考察承德安保工作万无一失，得到中央有关部门和省委领导高度认可。高标准部署冬奥会安保工作，完成国家体育总局部署的涉及188人、行程348千米的转运任务。

【守牢平安底线】 加大打击重大刑事犯罪力度，破获八类严重暴力犯罪129起，16起现行命案全部破获，成功侦办部督“8·21”跨境开设赌场案、部督“3·04”网络赌博案等大要案，抓获犯罪嫌疑人96人，查扣赌资3.1亿元。刑事、治安案件发案同比分别下降4.31%和9.91%。推进常态化扫黑除恶斗争。出台《承德市关于常态化开展扫黑除恶斗争的实施意见》，明确6个方面25项具体举措；受理全国和省扫黑办公室转办线索44件，办结38件，线索核查动态办结率保持在90%以上；打掉涉恶组织11个，破案54起，抓获犯罪嫌疑人74人；纪检监察机关共立案审查调查涉黑涉恶腐败和“保护伞”18人，给予党纪政纪处分25人，移送检察机关审查起诉4人；全市涉恶类犯罪同比三年前下降70%，群众安全感持续保持全省第一。强化安全生产专项整治，对251家矿山、261座尾矿库、180家选矿厂、36家爆破作业单位、66座易爆物品储存库、237个爆破作业现场开展隐患排查，共查出隐患5748条，整改完成4367条，未发生有影响的重大安全生产事故。

【守牢生态土地底线】 推进生态领域立法工作，落实水源涵养功能区保护条例、滦河潮河保护条例、塞罕坝及周边生态保护规划，加快推进武烈河流域水环境保护条例、山体生态保护条例立法工作。建立健全司法保护机制。检察机关依法批捕破坏生态资源案件24件37人，提起公诉100件158人，涉环境公益诉讼案件248件；法院系统构建环境资源类刑事、民事、行政案件“三合一”审判模式，共审结涉环境资源类犯罪案件93件，判处127人，判处罚金和生态修复金373.5万元。对5起涉生态安全刑事案件进行集中宣判，收到良好社会效果。打击生态环境领域违法犯罪，公安机关立案侦办涉环保类刑事案件48起、破获59起、抓获犯罪嫌疑人104人；办理环境类案件749起、行政拘留698人。严肃查处6起盗采矿山、滥占耕地和污水直排破坏生态典型案件，对破坏生态环境领域违法犯罪行为起到震慑作用。打击涉土地资源违法犯罪，共查处非法开采矿山、河沙案件5起，抓获犯罪嫌疑人15人；共取缔和停业整顿评估中介机构12家。规范土地资源市场秩序，检法机关发现行政非诉执行监督案件线索230件，审查办结48件，化解行政争议12件。查处非法转让土地资源案件，共查处此类案件10起，依法查处不良开发商5人。

【优化法治化营商环境】 针对在执法司法上存在的5类27个具体问题，出台《关于优化法治化营商环境的整改方案》，对各政法部门办理和正在办理的涉企重大案件进行评查、督办；对本级政府签署的合同进行合法性审查；广泛收集涉企侵权类案件线索，加大核查督办力度。对8起涉食药品安全案件开展评查，提出整改建议28条。打击破坏公平竞争市场秩序违法犯罪，公安机关破获经济犯罪案件116起，抓获142人；检察机关共起诉欺行霸市、合同诈骗、涉民营企业职务侵占等犯罪15人，为企业追赃挽损320万元，开展企业刑事“挂案”专项清理，发现34件，清理30件；法院系统开展“集中执行百日攻坚”活动，执行完毕案件931件，当场履行270件，达成执行和解协议995件，执行到位标的10472.87万元，市中院本级执行质效在全省排名第4位，有财产可供执行案件法定审限内结案率、终本合格率位居全省第一名。整治金融市场秩序，公安机关组织开展以打击非法吸储、集资诈骗、传销和高利贷，以及隐形变异的小额贷、“过桥贷”等金融领域违法犯罪专项行动，取得涉黑恶战果1个，破案6起，抓捕6人，查扣冻结资产3.1亿元。各级政法单位累计为项目落地查处各类案件65起，依法处理19人。

【防控重大行政决策风险】 司法行政部门牵头，对2020—2021年度各行政执法部门出台的规范性文件进行合法性、合规性审查，共梳理规范性文件130件，保留113件，宣布失效1件，废止15件，修改1件，从源头上预防由于行政决策不合法、不合规而诱发的矛盾风险。为企业发展提供直接服务，部署“两个一百”，即市、县两级政法单位组织专班，由副处级领导任班长“包联100个重点项目”和“帮扶100家民营企业”，要求要打破在政法领域帮扶局限思维，统筹各方力量，切实解决好项目和企业发展中遇到的各种问题。建立健全联动协调机制，市平安办公室牵头，组织开展拖欠农民工工资问题，专项解决拖欠农民工工资信访案件52件，清偿工资款1亿余元，惠及3265人。

【推动乡镇综合执法改革】 下放权力112项、配备执法编制2266个；217个乡镇街道1887名执法人员领取了省政府制发的行政执法证件；市全面推进依法行政工作领导小组办公室印发《关于加强乡镇人民政府和街道办事处行政执法规范化建设的指导意见》，提出21项指导性措施，进一步规范乡镇街道行政执法行为，提高乡镇人民政府街道行政执法规范化水平。

【社会治理现代化建设】 完善“1+3+15”领导体系、责任体系、项目体系和督导体系，15项重点工作、88项基本要求、161项分解任务、9项特色工作实现可量化、可评价，全部纳入平安建设考核，治理责任全面落实，阶段目标全部完成；建立动态调整机制，村级重大事项“四议两公开”全覆盖，群众参与度明显增强。深入实施“红色网格全覆盖”，2459个村建立（党组织、村委会、村监会、综合服务站、经济合作社）“五位一体”组织体系，195个社区建立（党组织、居委会、业委会、物业服务企业、楼门长、综合服务站）“六位一体”组织体系。双滦区、滦平县、宽城满族自治县、兴隆县村级议事协商试点建设取得突出成效；完成社会组织孵化基地建设，配备专业社会工作人才5361人，建设社工服务机构8家，实现了“六统一”建设要求（办公场所统一、设备配备统一、牌匾标识统一、人员队伍统一、业务培训统一、信息化建设统一）。依托四级综治中心，建立健全心理卫生专业网络，开展重点对象心理服务和干预。

【推进社会信用体系应用】 推进社会信用体系在社会治理中的应用。印发《关于健全完善守信联合激励和失信联合惩戒机制加快推进社会信用体系建设办法（试行）》和《关于对信访人严重失信联合惩戒实施细则》，建立相关行政部门和跨地区协调联动机制，落实信用信息归集共享、规范信用红黑名单等各项制度，实施正向激励和联合惩戒措施清单，发挥信用体系在社会治理中的作用。

【深化“放管服”改革】 开展政法领域“最多跑一次”提升行动，共下放权力9项，减少办事程序22项，市本级93%的行政审批事项和公共服务事项实现“办事一次成”；70个农村中心派出所实现整合，平均每个中心所警力达到8人，“微户政”平台拓展至每个派出所，治安、交管、出入境等12项业务实现“一条龙”自助办理，30余个审批环节得到精简，网上可办率达98%；推广“互联网＋政务服务”模式，推行双休日办证、入户办证，26项政务服务实现全国通办，最大限度满足群众异地工作生活需要；针对医疗救护、药品研发、物资供应及防疫抗疫、复工复产人员，开通“预约办证”“加急办证”和24小时咨询服务，被人民群众和市场主体广泛称赞。

2021年中共承德市委政法委领导名录

书　　记：苏铁成（6月免）
　　　　　杜庆勇（6月任）
常务副书记：李海建
副 书 记：王　学
　　　　　曹士锋
　　　　　马志文（12月免）
　　　　　齐建坤
政治部主任：张新旭（5月免）

（于　洋　供稿）

公　安

【概况】 2021年，全市公安系统严格落实中央、河北省、承德市党委政府部署要求，以“三个六”发展规划为统领，以庆祝中国共产党成立100周年安保维稳为主线，统筹抓好新冠肺炎疫情防控和维护国家社会安全稳定两件大事，强力推进维护国家政治安全、打击刑事犯罪、基层基础建设、公安科技建设、数据融合发展、规范执法、区域警务协作、服务经济发展、党史学习教育和队伍教育整顿“十大领域”，全市公安工作迈上新台阶。承德市荣获全国41个城市之一、全省唯一首批全国禁毒示范城市。承德县局刑侦大队被荣记全国公安机关扫黑除恶专项斗争集体一等功，3名民警分别被评为“全国公安系统二级英模”“实绩突出青年民警”和先进个人，全国公安系统表彰先进集体1个，先进个人2名；省表彰先进集体8个，先进个人11名；8个单位荣获全省公安机关扫黑除恶专项斗争成绩突出集体、8名民警荣获成绩突出个人，涌现出一大批先进集体和个人。

【谋划“三个六”发展规划】 研究贯彻落实中共中央总书记习近平到承德视察指示讲话精神，立足实际谋划承德公安“三个六”发展规划，打造忠诚、民生、实力、科技、生态、法治“六个公安”；围绕新时期承德公安高质量发展，开展筑盾、暖城、固堤、夯基、铁拳、天平“六个行动”；围绕护航全市经济社会发展，当好忠诚、人民、平安、振兴、环保、护航“六个卫士”。为进一步确保“三个六”发展规划落地落实，研究制定总体实施意见、工作方案、考核方案等一系列举措，持续掀起“擘画‘三个六’护航新发展”主题宣传活动，切实为助推公安高速高效高质量发展提供思路、指明方向。《人民日报》刊发“六六六”发展规划主题文章，介绍推广承德公安先进经验。

【完成重大活动安保任务】 完成党和国家领导人重大专项安保任务25批次，尤其是“8·02”重大专项任务的特殊性属历史首次，抽调警力、干部参加安保工作，周密安排部署，确保万无一失，保障了首长行程安全。立足环京环秦环张区域定位，坚持疫情风险和安全风险“双过滤”，完成全国、省、市两会和暑期、中国共产党成立100周年、党的十九届六中全会以及清明等25次、228天重大安保任务，实现了“五个严防、三个确保”的工作目标，出动警力2.2万余人次，核查车辆23万余辆、核查人员38万余人次。

【打击刑事犯罪】 坚持以打击刑事犯罪为主责，有力当好平安建设“主力军”。开展“燕赵砺剑铸盾2021”系列专项行动，有效维护全市社会治安大局持续稳定。全年共受理行政案件14691起，行政处罚10601人，同比分别下降12.4%、26.1%；立刑事案件9770件，破案4289起，刑拘3275人，批准逮捕2361人，同比分别下降11.7%、12.1%、5.8%、0.6%，移送审查起诉4972人，同比上升2.82%。把电信诈骗防范、打击、宣传工作上升为党政工程、纳入民心工程、平安承德建设，定期召开联席会议、创新战法打法、实时调整应对策略，有力构建了“党政领导、公安主推、部门联动、社会参与、全域覆盖”的反诈宣传大格局，有效遏制电信诈骗案件上升态势，实现了“三升三降两增强”目标。承德市电信诈骗防范问题情况、群众满意度分别排名全省第一，预警劝阻工作排名全省第二。

【扫黑除恶专项行动】 开展扫黑除恶、破案攻坚、缉捕追逃等系列专项行动。共打掉恶势力集团5个、恶势力团伙6个，接上级转办线索46件全部办结。严重暴力案件、两抢案件、涉黑恶案件、现行命案破案率均达到100%。集中攻坚命案积案，强化指纹、足迹、DNA、图像等采集滚动比对，运用Y库家系排查、人像比对、“大数据”筛查等技术手段，全年共破获命案积案5起。严厉查处黄赌毒违法犯罪，破获黄赌刑事案件105起、跨境赌博刑事案件3起，刑事拘留254人，取保候审207人，批准逮捕119人，移送起诉282人。成功侦办部督“8·21”跨境开设赌场案、部督“3·04”网络赌博案等大要案，抓获犯罪嫌疑人96人，打掉网赌、跑分、技术和推广虚拟平台6个，查扣赌资3.1亿元。

【侦办经济行政民事案件】 2021年，7起非法集资案件全部告破，发案率显著下降，共立案侦办各类经济犯罪案件230件，破案91起，抓获犯罪嫌疑人146人，移送起诉案件101件，起诉173人，非法集资案件发案势头得到有效遏制。严厉打击传统类侵财案件，立盗抢骗案件2926件，同比下降17.4%，破案1258起，同比上升2.28%，抓获犯罪嫌疑人875人，批捕430人，同比上升8.3%，移送起诉742人，同比上升10.1%，打掉团伙36个。同时，侦办行政案件811起，行政处罚4975人。

【规范公正文明执法行为】 规范公正文明执法要求，严格规范依法办案行为，有力捍卫公平正义“生命线”，切实让人民群众在每起案件办理、每件事情中都感受到公平正义。开展执法主体培训，先后对《中华人民共和国民法典》《中华人民共和国刑法》《中华人民共和国行政处罚法》修订内容进行培训解读，联合市检察院等相关部门组织召开重大案件取证培训会，共同制定下发《关于进一步规范刑事案件办理有关问题的指导意见》《关于加强指定居所监视居住执行监督工作的意见》，进一步统一了执法思想、执法标准。鼓励民辅警参加国家执法资格考试，全市共有 39 名民警申请公职律师。先后帮助起草、审查各类合同及规范性文件 20 余件，确保重大决策和执法决定的合法性、规范性。做好法律服务保障工作，围绕疫情防控、电信诈骗防范、队伍教育整顿、安保维稳等专项工作，研究制定工作指引、政策法规汇编和应知应会手册，重点对 2018 年以来容易滋生司法腐败、执法不公的特定范围案件开展评查，共排查有效警情 326170 起，核查行政案件 59211 起、刑事案件 36021 起，发现整改问题案件 441 起。

【提升接处警及受立案质量】 先后对执法办案单位 17962 起警情、94 起行政案件、382 起刑事案件进行巡查，接受行政机关移交案件 20 起，开具指定管辖决定书 27 份，通过办案系统发送整改意见 628 次，局属警情清零率为 96.95%。常态化推进“两清一调”工作机制，全市县级公安机关警情清零率 99.85%，行政案件清仓率 72.86%，刑事案件清仓率 98.91%，刑事案件立案后处理率为 21.42%。建立执法办案预警机制，制定《执法风险研判预警机制实施办法》，推行实时考评、个案考评、专项考评“三位一体”动态考评模式，对接处警、受立案、调查取证、量罚幅度等各个环节严格把关，共发现整改执法问题 415 个。深化执法办案集成管理平台使用管理，共发出执法问题报警 2023 次，关闭无效报警 758 次，针对报警问题进行督导 2541 次，有效提高督导率，承德市集成平台应用情况排名全省第一。持续整治执法突出问题，深入开展执法办案场所、电信诈骗立案问题、“接处警”不规范、执法办案风险隐患大排查、行政处罚执行不到位、刑事诉讼涉案财物处置等专项治理行动，制定出台“执法办案安全管理十项规定”。对全市刑事诉讼涉案财物开展全面摸底和整改工作，共发现存在问题涉案财物 1688 件，整改完成 1293 件。

【智慧公安建设】 坚持以实施大数据战略为驱动，强化攻关、狠抓应用，有力打造公安高质量发展“主引擎”。始终把科技兴警作为常抓不懈的重要政治任务强力推进，持续深化“情指勤舆”一体化实战化运行机制，推进智慧公安建设，在战略布局、基础建设、数据汇聚、业务应用等方面取得长足进步。智慧安防小区建设超额完成，争取抗疫国债、建设资金 2.12 亿元，共建设完成 1287 个智慧安防小区；小区前端全部接入市局平台；接入视频 3326 路，人脸抓拍设备 1735 路，车辆抓拍设备 897 路，有效为社区防控、民生安全、疫情防控提供重要支撑。智慧检查站建设全部完成，深入推进“三道防线”建设示范达标活动，全面提高维护国家安全和社会稳定能力水平，全市智慧检查站 3 个示范站，4 个优选站、6 个达标站全部完成。智慧警务站建设不断提升，开展警务站提升活动，通过增配便民服务设施设备、提升见警率、提高主观能动性等一系列措施，最大限度地将平安和服务带到百姓身边。坚持“共享、共建、共用、共通、共赢”的工作理念，建立公安内部大数据资源整合机制，加快整合汇聚公共安全视频图像、“一标五实”信息采集、智慧交管、智慧安防小区、电子围栏、电子卡口等内部平台数据信息，丰富公安数据资源。至 12 月末，市级大数据中心共整合公安、市直政府部门等数据资源 377 类、16.2 亿条，并以数据资源查询接口、脱敏简项数据下发、脱敏数据总线分发等方式向全市公安机关开放共享。公安内部数据资源全部整合完成，共整合接处警、治安管理等 18 类非涉密信息系统资源 145 种，数据总量达 46982.4 万条。加快移动警务系统改造工作，全市共接入省厅移动警务平台并注册使用终端数量为 3409 台，配备率达到 99.67%。持续开展视频图像专项治理，实现全市视频监控前端（含人脸、车辆）在线率、正常率达到95%以上，人脸、车辆卡口数据上传率达到100%，“一机一档”符合率达到100%。

【发挥社会管理职能作用】 坚持以市域社会治理现代化为重点，固本强基、强化管理，有力织密服务经济发展“安全网”。立足“大抓基层、大抓基础”鲜明导向，不断强化综合治理措施，全力营造安全稳定营商环境。全年共接报警694468起，有效警情135013起，同比分别上升2.18%、11.37%；其中刑事警情5337起，同比下降12.57%，治安警情53608起，同比上升4.9%，交通警情63985起，同比上升22.08%。持续深化“放管服”改革，创新推进掌上办、网上办、就近办等服务，确保社会服务更加贴近民生、服务民生。开通12367出入境服务平台，对特别紧急事由需出入境人员提供“预约办证”“加急办证”和24小时咨询服务，共办理出国（境）证件2654件次，有效劝阻570余人次，解答群众咨询2200余人次，共安全保障进出港航班1825次、进出港旅客183392人次、行李501448千克、进出港货物43678千克。完善健全户籍管理制度，扎实开展“一人多证”专项清理工作，发现整改“一人多证”问题线索96条。推进出租房屋排查整治，组织开展流动人口和出租房屋清查整治专项行动，共清查出租房屋2869间，清查流动人口16391人，清查用工单位和房屋中介936家，查处治安案件30起。

【优化车驾管便民服务】 开通2家机动车注册登记业务服务站、1家代办转移登记业务二手车市场、10个小型汽车注册登记服务站所、16家网上车检预约服务，共办理网上车检预约服务110笔。办理网上申请免检合格标志业务269笔。与邮政部门成立警邮中心，依托全市县乡级120家邮政网点，开展车管八项简单业务就近办理，邮寄服务到家。全年共办理机动车业务60056笔、驾驶证业务29289笔。

【道路交通安全管理】 深入推进“减量控大”“协同共治”、农村交通安全综合治理、酒驾醉驾、假牌套牌假证、“三超一疲劳”等系列专项行动。开展道路交通安全隐患大排查大整治，全市共查处各类道路交通违法行为395204起，同比上升12.5%；全年发生一般程序道路交通事故157起，死亡69人，受伤164人，同比分别下降55.9%、9.21%、52.74%，经济损失209.43万元，同比上升59.28%；共排查整治交通隐患689处，治理率95.83%。加大农村交通安全治理力度，强化农村地区重点车辆管理，共建设一级劝导站31个，二级劝导站171个，并全部配备由村干部、村民和保险公司人员组成的劝导员队伍，有效减少农村道路交通事故。强化客货运输企业管理，加强隐患排查和风险防控，全市“三客一危一校”和10辆以上货运企业备案注册率为99.81%；6至9辆货运企业备案注册率为95.03%；3～5辆货运企业备案注册率为86.52%，均处于全省领先位置。

【食品药品生态环境治理】 持续抓好森林保护、野生动物、环境治理、食品药品等重点领域，开展“利剑斩污”“昆仑”“金网、金钺、金剑”等专项行动，有力推动生态环境绿色发展。巩固食品药品安全形势，全年共立案96件，抓获犯罪嫌疑167人。捣毁窝点26个，打掉团伙12个，移送起诉156人，同比上升26%。全市每年净化水质和涵养水源2.74亿立方米，释放氧气57.06万吨。聚焦四大水系、工业废弃物、废旧铅酸蓄电池、生活（建筑）垃圾、医疗废物等重点领域、重点区域、重点行业，常态化推进河务警（队）长制建设，继续拓展视频巡河、空中巡河新模式，共侦办环境资源类刑事案件62起，破案65起，抓获犯罪嫌疑人113人，同比分别上升0.11%、0.57%、4.31%；办理环境类治安案件760起、行政拘留712人，同比分别上升12.79%、23.42%，其中查处违反环保法、固废法、土壤法案件190起189人，同比分别上升397%、512%。严厉打击涉林、涉野生动物和涉非法捕捞水产品犯罪，侦办涉林刑事案件345起，抓获犯罪嫌疑人247人，同比分别上升194.9%、133%；侦办涉野生动物刑事案件201起，同比上升673%，清理野生动物驯养繁育场所210处，收缴野生动物554只。查处林业行政案件21起，截获非法采挖大苗106车1977株（丛），有效促进全市生态环境持续向好。全市森林草原防火形势整体平稳，共发生森林火灾1起，同比下降75%。

【禁种铲毒】 承德市荣获首批全国禁毒示范城市，禁种铲毒工作在全省率先实现连续8年保持零种植。全市共破获涉毒刑事案件29起，涉制毒化学品行政案件27起，抓获涉毒违法犯罪嫌疑人356人，缴获各类毒品共16.88公斤，打掉贩毒团伙24个，摧毁外地流入承德市贩毒通道16条。

【公安队伍教育整顿】 坚持以政治建警全面从严治警为统领，正风肃纪、强化管理，有力锤炼公安铁军“忠诚魂”。把党史学习教育贯穿全年，围绕党史学习教育，贯彻落实“第一议题”制度，出台《关于巩固深化“不忘初心、牢记使命”主题教育成果的若干措施》《落实“第一议题”制度的若干规定》《中共承德市公安局委员会工作规则》，进一步强化主题教育成果，完善党委工作流程。部署开展“六治六提”干部队伍教育整顿，严格执行党风廉政建设要求，先后组织召开全市公安队伍教育整顿警示教育大会、政治性警示教育大会和纪委书记廉政教育报告会，观看警示教育片和全面从严治党纪录片，通报发生在身边的违纪违法典型案例，并拍摄制作警示教育专题片《以身试法、法不容》，编印民警违纪违法《警示录》，教育全警引以为戒，严守法纪底线。开展政治督察活动，制定《关于对各县（市、区）公安局党委班子及成员开展政治督察的工作方案》，开展疫情防控、安保维稳、纪律作风等专项督察行动。

2021年市公安局领导名录

党委书记、局长、督察长：宁金龙（7月免）
王广维（7月任）
党委副书记、副局长：徐品刚（满族）
赵兴海
党委委员、副局长、交通警察支队支队长：
张春华（满族）
党委委员、副局长：徐 爽
白志强（满族）
王文阁
党委委员、派驻纪检监察组组长：
耿云飞（满族）
党委委员：杨 斌
党委委员、国内安全保卫支队支队长：
李 北（满族）
党委委员、政治部主任：张晓东（满族）

（岳超凯 供稿）

检 察

【概况】 2021年，全市检察机关认真实施《中共中央关于加强新时代检察机关法律监督工作的意见》，忠实履行法律监督职责，各项工作取得新进展。全年共办理各类案件9512件，其中，审查逮捕案件1846件2770人，审查起诉案件4054件6174人，刑事、民事、行政申诉案件235件，公益诉讼案件542件，诉讼活动违法监督案件2367件。

【服务中心大局】 构建法治化营商环境，制定服务一流发展环境实施方案，聚焦生产安全、公平竞争、平等保护、政务保障四个方面出台16条举措，推进法治化营商环境建设。依法维护市场公平竞争，批捕破坏市场经济秩序犯罪69件97人，起诉184件397人。注重减轻企业司法诉累，会同公安机关开展涉企刑事“挂案”专项清理活动，清理“挂案”30件。依法保护企业合法权益，严厉打击假冒注册商标，侵犯著作权等侵犯知识产权犯罪。依法助力环境污染治理，全面建立“河（湖）长+检察长”“林长+检察长”协作机制，参与“利剑斩污”专项行动，依法起诉破坏环境资源犯罪178人，办理生态环保领域公益诉讼案件262件，追偿各类生态环境损害赔偿金110.44万元。依法履行职务犯罪案件审查逮捕、审查起诉等职能，办理纪委、监委移送案件。加大司法工作人员相关职务犯罪查办力度，参与拖欠农民工工资专项治理，从快起诉拒不支付劳动报酬犯罪6人，支持农民工起诉56件。开展农村水井设施维护专项整治，消除安全隐患90余眼。开展电动车充电安全专项整治，排查市区14个乡镇、街道，督促相关单位履行监管职责，治理“飞线”“电动车上楼”等问题。落实“八五”普法责任要求，组织开展“法律九进”活动，持续营造浓厚法治氛围。

【落实新冠肺炎疫情防控部署】 坚持依法防控，从快办理妨害传染病防治、伤医扰医等犯罪，从严起诉涉野生动物犯罪嫌疑人57人。强化疫情防控公益保护，办理医疗废弃物处置、野生动物保护等领域公益诉讼案件27件。加强对监狱、看守所疫情防控检察监督，保障监管场所安全。参与社区联防联控，开展志愿服务1540人次，协助排查4200余人次。严格落实疫情防控相关要求，坚持系统内“疫情安全日报告”“离承人员一把手审批”等制度，筑牢自身安全防线。

【维护国家安全和社会稳定】 牢固树立总体国家安全观，严厉打击危害国家安全、社会安全、利用邪教组织破坏法律实施等犯罪。严惩重大刑事犯罪，起诉涉枪、故意杀人、抢劫等暴力犯罪54人。遏制网络犯罪高发态势，起诉利用电信网络实施诈骗、侵犯公民个人信息等犯罪嫌疑人603人，彰显网络空间不是法外之地。常态化推进扫黑除恶专项斗争。保持扫黑除恶高压态势，批捕涉黑涉恶犯罪嫌疑人46人、起诉90人，一批黑恶势力被依法惩处。对涉黑案件和重大涉恶案件实行省市检察院分级把关机制，市检察院把关指导办理案件13件，确保案件定性准确、量刑适当。加大“打伞破网”力度，向市县纪委监委移送“保护伞”线索，依法处置黑恶犯罪财产，推进行业治理，向行业主管部门提出检察建议8件，从源头上遏制黑恶势力滋生。着眼长效常治，制定工作指导意见，先后有9名个人、4个集体获得省级以上表彰。惩治以假乱真、以次充好、以不合格冒充合格等食品药品多发问题，依法起诉危害食药安全犯罪78人，立案食药领域公益诉讼86件，向食药监管部门发出检察建议46件，严防问题产品流向市场。

【金融风险防范】 严厉打击非法吸收公众存款、集资诈骗、信用卡诈骗等金融领域犯罪，依法起诉79人。宽城在办理非法吸收公众存款一案中，在审查起诉阶段成功为被害人追赃挽损125.8万元，最大限度地保护群众合法利益。部署开展洗钱犯罪专项监督活动，对95件上游犯罪案件进行全面排查，深挖犯罪线索，及时移送并监督立案，市检察院第三检察部获评“河北省打击洗钱犯罪工作先进集体”。

【促进社会和谐】 坚持以人民为中心，解决群众急难愁盼问题，体现法理情有机融合，努力实现案结事了人和。强化诉前引导，促进矛盾化解。坚持全面推行认罪认罚从宽制度，全市刑事案件认罪认罚适用率达90.6%，促进罪犯改恶向善。贯彻“少捕慎诉慎押”理念，减少社会对立，促进内生稳定。部署开展信访积案化解活动，化解“骨头案”63件。将心比心办理群众信访，接收来信来访594件次，全部解决回复到位。承德县检察院被授予“全国检察机关文明接待室”称号。

【司法救助关爱】 强化司法救助，防止因案致贫。对刑事被害人及其家属因案陷入生活困难的，坚持“应救尽救”“应救即救”，办理案件171件，救助178人，发放司法救助金250.9万元，解决当事人生活困难，促进社会和谐。守护特殊群体，体现司法关爱。加强妇女、儿童合法权益保障，起诉拐卖妇女儿童犯罪4人，对79名侵害未成年人犯罪嫌疑人提出从重量刑建议。坚持教育为主、惩罚为辅原则，对涉罪未成年人积极进行教育挽救，经过跟踪帮教63人重返校园，12人考上大学。深入开展“法治进校园”活动，74名检察官担任中小学法治副校长，举办预防校园欺凌等宣讲50余场次，全面提升法治意识，守护校园安全，2个集体、2名个人被评为河北省维护妇女儿童权益先进集体、先进个人。

4月20日，市检察院与市民政局、教育局、共青团市委在承德市未成年人法治教育保护基地，联合开展“童心向党扣好人生第一粒扣子”教育实践活动

【做优刑事检察】 深化捕诉一体办案机制改革，强化诉前主导，确保办案质效，全年依法批捕1839人、起诉4579人。强化侦查活动监督，监督立案23人，监督撤案42人，对侦查活动提出监督意见149件。强化刑事审判监督，提出刑事抗诉26件，提出刑事审判活动违法纠正意见44件，有力保障法律统一正确实施。强化刑事执行监督，监督纠正刑事执行活动违法226件，提出财产刑执行监督意见177件，监督纠正监外执行和社区矫正监管活动不当346件；健全指定居所监视居住执行监督机制，纠正执行违法5件；监督应收押未收押犯罪嫌疑人和被告人13人，在全省率先完成清零，监督判实刑应收监未收监罪犯70人；监督正减刑、假释、暂予监外执行不当203件，严防“纸面服刑”。

【做强民事检察】 办理民事生效裁判监督案件334件，同比上升52.5%。提升监督精度，提请、提出抗诉28件，提出再审检察建议19件，对审判程序和执行活动提出检察建议166件，采纳率99.4%。对社会影响较大、疑难复杂的98件案件进行公开听证，促成和解69件，决定不支持监督申请29件，依法化解群众矛盾纠纷。加强民事虚假诉讼监督，监督纠正“假官司”“假调解”7件，市检察院办理的丰宁某矿业公司与某村合同纠纷虚假诉讼监督2个案件被评为全省检察机关民事虚假诉讼监督典型案例。

【做实行政检察】 在市人大监督支持下，出台关于加强行政检察工作的决定，保障公正司法，促进依法行政。办理行政诉讼监督案件203件，对审判程序和执行活动提出检察建议152件。平泉市检察院与当地15个部门建立“依法行政＋检察监督”工作制度被《河北法治报》报道。部署开展土地执法查处领域行政非诉执行监督专项活动，与市自然资源规划局建立行政执法与行政检察衔接配合机制，对非诉执行活动提出各类检察建议91件，保障土地要素合法流转。常态化开展行政争议实质性化解工作，通过公开听证、促

6月8日，市检察院举办主题为“检察听证，让公平正义看得见”检察开放日活动，邀请市人大代表、政协委员、人民监督员走进检察机关现场观摩检察听证并进行座谈，深入了解检察听证工作

成和解等方式化解行政争议15件，营子区检察院办理的承德某广告公司与营子区城管局行政赔偿纠纷案被河北省检察院转发。

【做好公益诉讼检察】 树立双赢多赢共赢理念，依法履行公共利益代表职责，立案538件，发出诉前检察建议319件，磋商结案89件，提起诉讼67件，3个案例入选河北省检察机关公益诉讼典型案例汇编。开展燕赵革命文物等红色资源保护公益诉讼检察专项行动，聚焦英烈纪念设施维护立案21件，督促相关部门履职保护。开展长城保护检察公益诉讼专项活动，与唐山、秦皇岛、张家口三市检察机关协作，立案36件，发出检察建议3件，磋商结案33件，办案数位居全省前列。滦平县法院督促有关部门对游客在金山岭长城随意刻画行为给予“行政处罚＋损坏赔偿”双处罚的做法被《河北日报》报道；围场满族蒙古族自治县法院办理的燕秦长城保护公益诉讼案入选河北省检察院典型案例；承德市长城保护工作做法被最高检在全国推广。

【全面从严治检】 落实全面从严治检要求，提升队伍素质能力，夯实基层基础建设，努力建设让党放心、人民满意的检察队伍。强化思想政治引领。学习贯彻《中国共产党政法工作条例》，坚持党对检察工作绝对领导。落实意识形态责任制，强化舆论引导，精准发布检察信息，被省级以上媒体报刊采用70余篇。开展党史学习教育，组织开展知识竞赛、为群众办实事等系列活动，活动中办理的2件案件被评为全省检察机关“我做的群众最满意的一件事”优秀案例。强化纪律作风建设。落实检察队伍教育整顿部署，按照市委“六查六看六改”要求，开展学习教育47次，自查整改问题18个，整治顽瘴痼疾247个，总结完善工作机制14项。严格执行防止干预司法“三个规定”，记录报告415件。改进检察官业绩考评方式，建立办案质量评价指标体系，开展常态化案件质量评查，倒逼司法能力提升。强化检察核心业务素能提升，组织学习《中华人民共和国民法典》等法律法规，组织参加培训4582人次，4人被评为全省检察机关业务竞赛标兵、能手称号。加强案例指导，31件案件被评为省级以上优秀案例。加强理论研究，申报最高检、河北省检察院理论研究课题17个。发挥检察委员会业务决策作用，召开检委会会议386次，讨论案件460件，集中组织学习36次。强化基层基础建设。围绕“基层建设落实年”“三基”建设年活动部署，制定实施进一步加强基层法院建设指导意见，建立领导包联基层检察院制度，健全完善基层院领导班子考评、检察业务运行考评等配套机制。

5月13日，承德市检察院举行全市检察机关先进人物事迹报告会，以视频形式开至各基层院，全市两级院600余名检察人员聆听报告

2021 年市检察院领导名录

党组书记、检察长：白振平（7 月免）
张会杰（7 月任）
党组副书记、副检察长：崔雁侯
党组成员、副检察长：郑 川
陈焕新（12 月免）
蔡金城（8 月免）
蒲英华
党组成员、政治部主任：侯 宇
党 组 成 员：张宏民

（闫付民 供稿 郭荣华 摄影）

法院

【概况】 2021 年，全市法院系统紧扣“司法为民、公正司法”主线，忠实履行审判职能，为建设高质量发展“生态强市、魅力承德”提供有力司法服务和保障，得到市委、市人大、市政府、市政协、市委政法委主要领导多次批示肯定。市中级人民法院审判执行质效跃居全省领先行列，人民群众对法院工作满意度第三方测评显著提升，未成年人案件综合审判庭获评第八届河北省“人民满意的公务员集体”，双桥区法院大石庙人民法庭被最高院授予“全国法院先进集体”荣誉称号，承德县人民法院刑事审判庭庭长王玉杰被最高院授予“全国优秀法官”荣誉称号。全市法院共受理各类案件 106894 件，审执结 101917 件。其中，市中级人民法院受理 9064 件，审执结 8976 件，市本级和辖区法院结案率均位居全省第一名。

【维护国家政治安全】 全市法院共受理各类刑事案件 4056 件，审结 3941 件，判处罪犯 4804 人。其中市中级人民法院审结一审刑事案件 24 件，判处罪犯 17 人。围绕社会稳定和平安建设，依法惩处各类违法犯罪。保持对严重暴力犯罪高压态势，审结杀人、伤害、抢劫等案件 433 件。加大对非法集资、网络传销、电信诈骗等危害人民群众财产安全犯罪打击力度，依法审结网络赌博和电信诈骗犯罪案件 212 件，依法审理“集圣”等涉众型经济犯罪案件 55 件。推进反腐败斗争，审结贪污贿赂、渎职案件 25 件 36 人。公开宣判国家开发银行原董事长胡怀邦受贿案、商务部原国际经济合作事务局局长李文明受贿案，得到最高院、河北省法院充分肯定。

【维护社会和谐稳定】 围绕常态化疫情防控，市中级人民法院组建党员志愿者先锋队，累计派出干警 1073 人次，深入新园社区、双峰寺高速口等地参加一线疫情防控，受到一致好评。优秀辅警杨明非倒在疫情防控一线，其先进事迹被中央政法委、河北省政法委等官方微博和抖音大量转发，点击量超百万。深入推进行政争议实质性化解，召开行政执法与行政审判工作联席会议，实现行政执法与司法良性互动，发布《行政审判白皮书》、司法建议，督促行政机关依法履行职责。推进行政机关负责人出庭应诉制度落实，市政府主要领导出庭应诉一起行政确权案件，并当庭化解，起到良好带动作用。全市法院行政机关负责人出庭应诉率 87.38%，同比提高 8.81 个百分点。全市法院共受理行政案件 942 件，审结 899 件，成功化解行政争议 160 件。

【参与社会综合治理】 建立健全多元化解纠纷机制，联合市司法局、侨联、银保监会等部门，成立律师行业化解中心、金融纠纷调解中心、涉侨纠纷调解室等多元调解组织，发挥社会资源在矛盾纠纷化解中的作用。全市法院与 53 家行政机关、行业协会、社会团体完成对接，成立诉前调解组织 71 个，诉前调解案件 36421 件，其中市中级人民法院诉前调解 198 件。谋划建立“一村（社区、校）一法官”“三个一”工作机制，构建以“法官 + 特邀调解员 + N”的“1 + 1 + N”为主导的市、县、乡、村四级联动多元解纷体系，法院融入基层社会治理大格局，努力把矛盾化解在基层、消除在萌芽。将涉诉信访专项治理纳入政法队伍教育整顿，领导带头约访、带案下访、包联化解重点信访积案，重大时间节点无一起赴京访。

【服务保障经济高质量发展】 围绕承德“十四五”发展规划，立足“三区两城”发展定位和“四个转化”工作路径，强化审判职能、创新服务举措，提升服务保障经济高质量发展精准度和有效性。全市法院共受理民商事案件53423件，审结50728件。市法院领导分别包联走访企业或重点项目，访企问需，征求对法院工作的意见建议，谋划发展出路，为包联企业或项目解决10余项长期想解决却未能解决的问题，助力企业纾困解难。维护民营企业合法权益，扎实推进党政机关拖欠民营中小企业债务案件执行，努力营造“崇尚创新、守信践诺”的社会氛围。全市两级法院已执结涉党政机关、国有企业拖欠民营企业和中小企业案件338件。出台《关于推进乡村振兴加快农业农村现代化提供司法服务和保障的意见》，围绕农地流转、相邻权、农产品产权保护、婚姻家庭、抚养赡养等纠纷，明确30条具体举措，为乡村振兴提供司法支撑。

【强化案件质效管理】 全市法院把审判质效提升作为“一把手工程”，深入分析审判执行质效面临的问题短板，形成院长、主管院领导、庭室主要负责人齐抓共管的工作格局。出台《案件质量评查管理办法》《案件质量评查评分标准》，构建人工评查和智能评查相结合、常规评查和重点评查相结合、专家评查和院庭长评查相结合的“三结合”工作机制。通过严格案件标识，加强案件办理，严肃考评通报等，强化“四类案件”实质化监管，全市法院监管案件2828件。严格通报制度，利用多媒体播放平台，定期将法官办案绩效指标情况滚动播出，取得良好激励效果。全市审判执行质效跃居全省法院前列，一审服判息诉率提高98.90个百分点，二审发回重审率、网上开庭率、调解率、实际执行到位率等核心指标进入全省前列。

【兑现胜诉当事人合法权益】 巩固基本解决执行难成果，切实推进解决执行难，开展长期未结执行案件清理、集中执行百日攻坚、统一执行专项行动，加大执行力度，建立完善长效机制，最大限度兑现胜诉当事人合法权益。全市共受理执行案件42635件，执结40595件，执结率95.22%。有财产可供执行案件法定审限内结案率、终本合格率、执行案件执结率等“3＋1”核心指标由6月在全省法院倒数第一，到年末跃居全省法院首位。召开执行案款集中发放大会，向215名申请执行人集中发放执行款2043万余元。争取党委政府支持，最大限度帮助贫困申请执行人解决实际困难，全市两级法院申报救助案件52件，发放救助金371万元。

【优化升级诉讼服务体系】 推进诉讼服务中心升级改造工程，突出“集约、聚力、多元”，构建适应时代发展、满足群众需求、符合司法规律的多元解纷和诉讼服务模式，实现诉讼事项一站式办理，更好满足群众诉讼需求。2021年，承德两级法院一站式建设质效评估在全省一直名列前茅。依托一站式诉讼服务平台和“12368”热线，完善调解、第三方参与矛盾化解的多元纠纷解决机制。开展二审案件繁简分流和速裁快审工作，强化速裁团队与专业化审判团队对接机制，增强程序衔接的协同性。深化“分调裁审”改革，开展二审案件繁简分流工作，加大简易程序适用力度，适用简易程序审理案件43743件，适用率82.27%。

【依法服务保障民生权益】 依法审结涉住房、医疗、养老、教育、就业等民生领域案件14424件，解决好老百姓身边的烦心事揪心事操心事。与市总工会、人社局、律师协会等部门，联合开展劳动争议纠纷诉调对接工作，推进劳动争议实质性化解，市中级法院帮助70多名劳动者与用人单位达成调解。联合市发改委、人社局、市场监督管理局等8部门出台《关于维护新就业形态劳动者劳动保障权益的实施办法》，进一步规范平台用工关系，维护外卖员、网约车司机等新就业形态劳动者劳动报酬、合理休息、社会保险、劳动安全等权益。强化家事审判的婚姻关系修复作用，调解家事纠纷2976件。发布家庭暴力维权指南，发出人身安全保护令，为受害者筑牢人身安全“保护墙”。承德两级法院实现少年法庭全覆盖，推进未成年人司法保护事业不断发展。

【护航生态环境保护】 弘扬塞罕坝精神，落实碳中和、碳达峰要求，扛起司法护航“京津冀水源涵养功能区、京津冀西北部生态支撑区”建设责任，全市法院共审结环境资源类刑事案件104件，判处罪犯177人。在围场满族蒙古族自治县法院设立生态环境巡回法庭，服务保障生态环境建设。以承德辖区内滦河、潮白河、辽河、大凌河四大水系水源地和流经地以及生态环境保护区划分，确定围场满族蒙古族自治县法院和鹰手营子矿区法院为环境资源类案件跨区县集中管辖试点法院。对5起涉环境资源类刑事案件进行集中宣判，震慑涉环境资源类犯罪，增强人民群众环保意识，引导全社会形成环境资源保护意识。设立环境修复资金专用账户，加大生态环境司法保护力度，全力打造生态环境司法审判“精品工程”和司法保护“承德样板”。

【深化综合配套改革】 实行法官员额动态管理，严把员额法官入口，畅通出口，保障员额法官质量。全市法院共遴选员额法官15人，因年龄等原因退出员额40人。完善审判权运行体系，健全与案件相适应的审判团队运行机制、法律统一适用机制，杜绝“同案不同判”。强化考核导向，制定目标绩效考核办法，对法官、司法行政人员、司法辅助人员进行分类管理、分类考核，进一步明确岗位职责，员额法官、审判辅助人员、司法行政人员各归其位、各尽其责。完成基层法院领导班子跨机关、法院系统内跨县区交流，优化基层班子结构，激发工作活力。

【拓展智慧法院应用场景】 全市法院建成86个互联网法庭，与监狱、看守所共建89个远程视频提讯室，实现“所有法院都有互联网法庭，所有案件都能在网上审理”。推进“智慧法院”应用。推动电子诉讼平台、执行指挥综合管理平台、移动微法院和云审等信息化平台建设。市法院数据集控中心正式投入使用，集全市法院审判管理系统、数据分析系统、执行指挥系统、安防系统等于一体，有力提升信息化工作水平。开展跨域立案、远程立案、云端调解、网上开庭、线上执行等工作，畅通诉讼服务渠道，把疫情对审判影响降到最低，全市法院网上立案32539件、网上缴费43696件、网上送达52666件、网上质证25233次、网上调解33957件、网上开庭9843件、网上查控35350件。

【加强司法能力提升】 开展审判、执行、司法辅助、信息化应用等专题培训，锤炼干警的司法能力。市中级人民法院1篇裁判文书入选“全国百篇优秀文书”，也是全省中、基层法院唯一1篇入选文书。开展“大调研”活动，全院全员参与，集中进行调研，锤炼干警调研能力。市中级人民法院被评为“全省法院调研工作先进集体”，全市法院3篇调研文章荣获“全省法院学术论文优秀奖”。强化员额法官和司法辅助人员的管理，开展司法辅助、信息化技术应用等专题培训，提升司法能力和水平。

【打造忠诚干净担当法官队伍】 开展党史学习教

育，引导干警继承发扬党的优良传统，牢记初心使命。出台《关于深化党史学习教育和政法队伍教育整顿更好践行司法为民的指导意见》，明确20条具体指导意见，深化“我为群众办实事”成果，解决群众“急难愁盼”问题。承德县法院“80后”女法官普法宣讲团荣获全省法院“我做的群众最满意的一件事”“十佳集体”。开展政法队伍教育整顿,以及教育整顿工作全面“回头看”，做好市委巡察整改“后半篇文章”。对重点案件、问题线索专班核查，集中对全市法院2018年以来115件涉黑涉恶案件和1990年至2020年38356件“减假暂”案件进行倒查。对2018年以来244件“五类重点案件”进行交叉评查。做好风险预警防控。建立案前廉政风险告知、案中节点运行回告、判后答疑解惑机制，公开案件节点信息，回应群众司法关切，不断拓展群众监督渠道，提升人民群众对审判执行工作的满意度。

2021年市中级法院领导名录

党组书记、院长：刘福明（7月免）
　　　　　　　　李　勇（7月任）
党组副书记、副院长：程中平
　　　　　　　　潘洪泉
党组成员、副院长：曲竑图
　　　　　　　　刘宪海
党组成员、执行局局长：李亚平（女）
党组成员、政治部主任：丁　一
党组成员、市纪委派驻纪检监察组组长：
　　　　　　　　刘广林
党组成员：刘宗秀（满族，1月任）
　　　　　　　　王景林

（鲜玉坤　供稿）

司法行政

【概况】 2021年，全市司法行政系统贯彻落实习近平总书记视察承德重要讲话指示精神，聚焦“三区两城”发展定位，立足“一个统筹、四大职能”，高效能保障，高品质服务，为高质量发展的“生态强市、魅力承德”建设提供坚实法治保障和优质法律服务。不断推进政府立法审查修改，合法性文件审核，依法行政监督考核，办理行政复议及应诉案件，开展普法宣传，强制戒毒及开展戒毒知识宣传，健全社区矫正工作机制，发挥人民调解员作用，加强基层司法所规范化建设，强化律师监管及法律援助，优化深化公证便民服务、司法鉴定及法律职业资格管理、干部队伍建设等项工作。在全省群众满意度测评中，市司法局在全省司法行政系统排名第5位，在市直政法机关位居第1。多部门协调联动，完成1501名考生国家统一法律职业资格考试承德考区考务工作。

【法治建设】 深入谋划“十四五”时期法治承德建设规划和法治社会建设工作，推动召开市委依法治市委员会第五次会议，印发《法治承德建设规划（2021—2025年）》《承德市法治社会建设实施方案（2021—2025年）》，为“十四五”时期法治承德、法治社会建设提供遵循。深入开展“三重四创五优化”活动，印发《“法治承德”创建工作方案》，明确创建任务、工作举措。明确年度工作任务、责任要求。市依法治市办制发推动落实党政主要负责人履行推进法治建设第一责任人职责意见、加强党政机关法律顾问工作意见等文件，推动各专项工作进一步落实。组织召开市依法行政工作领导小组会议，对依法行政、法治政府建设作出安排部署。在市直、县、乡确定创建工作示范点，先后召开市直部门法治政府创建推进会议、调度会议4次，到重点县区、部门进行实地督导指导30余次，在各层面树立了创建标杆。在丰宁满族自治县组织召开现场会议，交流观摩，对标对表，推动创建工作整体提升。围场满族蒙古族自治县“以法治建设为支撑，助力生态文明建设”项目已推荐到中央依法治国办，申报全国法治政府建设示范创建项目。法治建设补短板、强弱项、固优势工作进一步落到实处。

【行政立法】 按照《2021年市政府立法工作计划》要求，围绕“停车难”“停车乱”问题，旅游市场管理、被征收房屋所有权人合法权益保障问题，物业住用安全保障问题，牵头做好行政立法工作。《承德市机动车停车场条例》《承德市旅游市场管理条例》《承德市城镇住宅物业管理条例》提请市十五届人大常委会审议，《承德市国有土地上房屋征收与补偿实施办法》完成审查修改工作。

【规范性文件合法性审查】 2021年，共审查市委市政府重大行政决策1件，政府规范性文件10件，审查市政府协议、合同19件，向省政府备案规范性文件12件，审查县（市、区）政府、市直部门报请备案规范性文件27件，共废止规范性文件7件，宣布失效9件，修改5件，列入修改计划3件，清理结果向社会公开。

【提升行政执法监督水平】 围绕生态环境保护、食品药品安全、自然资源保护利用、安全生产、卫生健康、农业农村、道路交通等重点行政执法领域，开展专项执法监督，重点整治行政执法活动中不严格、不规范、不公正、不透明、不廉洁等问题，不断推动行政执法规范公正。对32个市直行政执法机关罚没许可证件进行年检，依法确认执法主体资格，新办理行政执法证件和监督证件13336个。明确35个政府行政执法部门权责清单共3518项，确定市本级保留证明事项119项，实行告知承诺制23项，推动各部门行政处罚自由裁量权基准动态调整并及时公开。推行行政执法公示制度、执法全过程记录制度、重大执法决定法制审核制度全市域覆盖、全执法领域落实，推动执法活动更加公开透明。编发《乡镇和街道综合行政执法适用法律法规汇编》《乡镇和街道综合行政执法指导案例》《乡镇和街道行政执法文书参考样式（2021年版）》，推动各业务主管部门、各级执法人员加强专项法律知识培训，整体执法水平进一步提升。

【行政复议与应诉】 全年各级行政复议机关共受理行政复议案件329件，审结275件，审结案件综合纠错率20%。依法依规办理行政应诉案件713件。行政复议规范化、专业化、信息化建设进一步加强，行政复议解决行政争议便捷高效优势进一步展现。

【开展法治宣传】 启动“八五”普法工作。印发《承德市关于在全市公民中开展法治宣传教育的第八个五年规划（2021—2025年）》，对全市“八五”普法作出安排部署。把宪法、法律和党内法规列入党委（党组）中心组学习内容，列为党校、行政学院必修课，全市40余名厅级领导干部和1500余名县处级干部参加线上宪法等法律知识考试。建设青少年法治宣传教育基地一处，开展法律进校园讲座80余场次，组织《中华人民共和国民法典》进学校暨“我与民法典”“美好生活·民法典相伴”系列征文，提升青少年学习民法典效果。投入资金150余万元建设宪法公园。督导推动县乡村法治宣传广场（公园）全覆盖建设有序推进。拓展新媒体普法渠道，持续打造“老盖普法”品牌，创建“法治承德”公众号、抖音号、快手号，播发民法典、疫情防控等法治宣传原创小视频，“法治承德”公众号在全省普法类公众号影响力排名稳居榜首。聚焦“3·15”“4·15”等节日节点，多形式开展专题普法。“宪法宣传周”期间，组织开展启动仪式、新闻发布会、“宪法八进”等活动，12月4日，避暑山庄作为省厅6个分会场之一，与省厅总会场连线，以网络直播形式，介绍承德人文景观，普及法律常识，在全社会营造了浓厚学法氛围。在全省“宪法宣传周”启动会上，承德市作为3个地市之一作典型发言。

【强制隔离戒毒】 市戒毒所统一戒毒基本模式通过省戒毒局考核验收，获省级优秀所称号。持续开展戒毒知识百场宣讲、学唱教唱共唱百首爱国歌曲、百个法治案例讲堂和讲授百个国学故事等活动，探索文化矫治、法治矫治、精神矫治新举措效果显著。场所安全生产、疫情防控持续稳定。

【社区矫正管理】 成立市、县、乡三级社区矫正委员会，健全社区矫正工作机制，完善社区矫正管理制度，推动形成多部门协调合作抓特殊人员矫治工作格局。启用承德市社区矫正"微管理"平台，3134名社区矫正对象进入平台接受监管，日常管理水平持续提高，年内未发生社区矫正对象脱管漏管问题。开展社区矫正对象"零再犯罪"县（市、区）创建，对社区矫正对象重新犯罪案件进行专项执法检查，8个县（区）实现社区矫正对象"零再犯罪"。贯彻落实《关于进一步加强刑满释放人员安置帮教工作的实施意见》，全年衔接安置刑满释放人员和解除矫正人员1722人。

【人民参与法治建设】 全市各级人民调解组织共调解矛盾纠纷13356件，调解成功13135件，成功率98%，调解疑难复杂纠纷533件，纠纷涉及金额7027.9万元。1个调委会和4名调解员被司法部表彰为全国模范调委会和全国模范人民调解员。人民调解员娄树存获得河北省"我为群众办实事"最美人物称号。至年底，共建成市级人民调解中心1个，县级人民调解中心6个，镇街调委会223个，村居调委会2657个，行专调委会135个。村（居）人民调解委员会换届纳入全市村（居）"两委"换届整体工作，共选配村（居）人民调解员10838人。建立全省首家信用领域人民调解机构。信用纠纷人民调解工作被省司法厅列为改革试点。开展调解员网络培训三期，覆盖1.2万人次。授予市级金牌调解员45个，金牌调委会31个，金牌调解室3个。首创研发"承德智慧调解"平台，为群众提供视频调解、线上咨询、预约调解、机构导航、电话连线"五位一体"全方位人民调解线上服务，畅通人民调解便民惠民服务"最后一公里"。该平台取得国家版权局颁发的计算机软件著作权登记证书，并获得由法治日报社主办的2021全国政法系统政法智能化建设智慧司法创新案例奖。

【基层司法所建设】 专题研究破解司法所规范化建设瓶颈，印发《关于进一步加强新时代司法所建设的通知》，从机构设置、人员配备、职能定位、业务用房等多方面推进司法所建设。司法所规范化建设纳入法治政府示范创建考核指标体系、法治建设考核指标体系，以考核促司法所恢复建设工作全部落实。开展"民主法治示范村"创建活动。宣传推广4个国家级、65个省级民主法治示范村（社区）建设典型经验，深化示范创建，以点带面，推动乡村治理见实效。

【律师监管】 印发《发挥司法行政职能作用，助力打造一流发展环境工作举措》《规范律师与法官、检察官交往"十要十不得"》《规范律师与委托人关系准则"十要十不得"》，修订完善协会监事会工作规则、统一收案收费制度、投诉工作管理办法等7项行业规范管理制度。开展"法治体检""百名律师进千企""百所联万会"等活动，建立"律师事务所＋中小企业"法律共助机制，为广大中小企业、民营企业经营决策提供法律意见、法律文书审查、法律咨询培训等精准服务7000多件。

【法律服务及援助】 为群众提供"一站式"法律服务，在有线电视云平台设置"12348"法律服务板块，印发"12348"法律服务明信片、村（居）法律顾问服务卡，切实提升公共法律服务群众知晓率。将申请法律援助的经济困难标准调整至本市最低工资标准，加大老年人、未成年人、残疾人、农民工等特殊困难群体援助供给，做到应援尽援。代表河北省参加全国法律援助案卷质量评查，取得全国民事案件第一、刑事案件第六的好成绩。2021年，全市共办理法律援助案件4873件，为当事人挽回经济损失3100万元。涌现出全国优秀律师杨常青，律师管文军获评河北省道德模范，律师孙继香等一大批先进典型入围河北省十大法治人物。

【公证服务及司法鉴定】 全市公证机构围绕重大项目开工建设、解决企业融资难题等问题，提供有针对性公证服务648件。优化深化公证便民服务，推行网上远程视频办证、双休日办证、入户办证、一次告知一次办结等便捷服务，全市各级公证机构共办理公证10537件，其中国内公证9178件、涉外公证1359件。持续开展司法鉴定机构能力认证工作，2021年，全市各鉴定机构共出具鉴定意见书2538份。

【加强干部队伍建设】 以党史学习教育为契机，以建立党风廉政责任制、工作目标责任制为抓手，全面加强干部队伍建设。利用河北干部网络学院，组织参加党史、"七一"重要讲话精神、"十四五"规划纲要解读、十九届五中全会精神等专题网班学习。落实习近平总书记视察承德重要讲话指示精神，制发《关于全面贯彻落实习近平总书记视察承德重要讲话指示精神，扎实推进全市司法行政事业高质量发展工作举措》《全面从严治党年度要点》，组织签订《目标责任书》《"一岗双责"承诺书》《廉洁从政承诺书》，修订完善《机关廉政风险防控措施清单》。司法干部良好形象进一步树立，涌现出河北省最美政法干警尹学超、司法部"法律援助惠民生扶贫奔小康"品牌活动表现突出个人王晓颖等一批先进典型。

2021年市司法局领导名录

党组书记、局长：马致文
副局长：白宝君
党组成员、副局长：佟　欣
　　盖宗奇
党组成员、政治部主任：徐　宏（5月免）
　　徐春鹏（7月任）
党组成员、戒毒所所长：杨　阔

（闫振江　刘　伟　供稿）

军 事

承德军分区

【概况】 2021年，承德军分区党委深入贯彻习近平强军思想，紧紧围绕创建一流军分区目标，按照“牢固铸军魂、持续打基础、全面转作风、重点求突破”的工作思路，加强党的建设，聚焦主责主业，瞄准目标抓落实，紧盯弱项补短板，统筹推进常态化疫情防控和年度各项工作任务，党史学习教育“双十项”活动、各级党组织议事清单、“四级书记抓征兵”“三个家长会”等经验做法受到省军区党委首长肯定，军分区全面建设取得优异成绩。大力加强和改进新闻宣传工作，在中央和国家级媒体发表各类稿件100篇。

【重要会议】 1月22日，承德军分区党委召开十届七次全体（扩大）会议，总结2021年工作，部署2022年任务。军分区党委书记、政委作党委工作报告，党委副书记、司令员作讲话，副司令员传达省军区党委全体扩大会议精神，宣读2021年度全区受省级以上表彰奖励情况通报和军分区表彰奖励通令、通报。

9月29日，市委书记、军分区党委第一书记董晓宇主持召开市委议军会议暨述职评议会议。会议主要任务是坚持以习近平新时代中国特色社会主义思想为指导，全面贯彻习近平强军思想，深入学习贯彻中共中央总书记习近平在庆祝中国共产党成立100周年大会上的讲话精神和视察承德讲话指示精神，落实省委议军会议精神，进一步深化思想认识、厘清目标思路、凝聚军地合力，全面加强和推动承德市国防动员和后备力量建设高质量发展。

【思想政治建设】 坚持用中共中央总书记习近平新时代中国特色社会主义思想和习近平强军思想武装头脑，落实党委理论学习中心组学习制度，总结深化“五个一”经验做法，不断增强师、团两级党委政治判断力、政治领悟力、政治执行力。筹划开展党史学习教育，推进“七学”和“双十项”活动，落实军分区党委委员、纪委书记带头讲党课制度，加强荣誉室和营区政治文化氛围建设，部队高举旗帜、听党指挥的思想根基更加牢固。始终坚持把政治纪律和政治规矩挺在前面，打好意识形态领域主动仗。

【牢固树立练兵备战思想】 落实议战议训和战备值勤制度，定期更新重要防卫目标数据，持续完善“1+3+10+N”方案体系，研究编纂《承德市兵要地志》。圆满完成全国两会“庆祝中国共产党成立100周年大会”等重大活动期间环京通道安保值勤任务。常态化开展军事理论辅导授课、指挥作业训练、军事职业教育和“燕山军事论坛”活动，高标准组织军事系列演练，国防动员指挥演练获得全省第三名。推进民兵建设，按照“军地联合督、县乡同步查、随机导调拉、现地抽组考、一个标准评”的思路，编实建强普通民兵和基干民兵队伍，顺利通过省军区两个波次交叉互检，全省排名第五。狠抓按纲施训，广泛开展群众性练兵竞赛活动，扎实组织民兵骨干暨教练员集训，加大无人机、灭火炮等新型装备训练使用力度，圆满完成全市基干民兵年度军事训练任务。围场县人武部加强防火专业力量训练演练、鹰手营子矿区人武部在抗洪抢险中用兵强兵、军地联动加强新质灭火力量使用等做法，分别刊登在《中国国防报》头版头条并在央视新闻栏目报道。广泛开展民兵工作“双争”活动，12 个基层单位和 25 人受到表彰。

【国防动员】 承德军分区精准落实中部战区国防动员需求，制定国防动员实施方案。开展“十四五”时期国防动员建设项目论证工作，撰写省、市经济动员组织领导体系与职能区分构想。组织市、县两级退役军人动员潜力信息数据会审整改，协调推进人武部退役军人纸质档案向退役军人事务局整体移交。围绕实现全省“保二争一”目标，制定出台《关于进一步做好大学生兵员征集工作的意见》《承德市量化审批定兵实施办法》，推行“四级书记抓征兵”，圆满完成男兵、女兵和直招士官征集任务，实现“双合格人数稳步攀升、大学生征集任务超额完成”预期目标，征兵“五率”在全省排名第五。

【安全管理】 持续贯彻军委基层建设会议精神，着力打造“三个过硬”基层。领导分片包干团级单位，定期深入一线了解实情、指导帮带、解决难题。着眼抓规范上层次，进一步提高团级单位“三室两库”建设标准，制定出台《承德市基层武装部规范化建设实施方案》，配套补充基层指挥、应急和保障装备器材，基层武装部建设质量稳步提升。严格落实专武部长资格认证制度，认真组织专武部长任前考核和各级岗前培训，提高基层武装工作人员素质。压实安全管理工作责任，狠抓人、车、枪弹、密网及财务等重点目标管控，扎实组织每季度安全大检查和“百日安全”活动，常态落实日查周讲月评制度，部队安全工作态势良好。

【后勤装备建设】 坚持抓服务强保障，以重点工作落实带动综合保障能力整体提高。组织全区财务人员进行业务培训，开展资产大清查，摸清全区资产底数。预防性开展驾驶员集中整训和军车运行专项整治活动，高标准组织年度审验，规范军车号牌、军队驾驶证和加油卡使用管理。

（尹泽龙　供稿）

武警承德支队

【概况】 2021 年，武警承德支队全体官兵以习近平新时代中国特色社会主义思想和习近平强军思想为引领，践行伟大建党精神，真抓实干，规划攻坚任务如期推进，克服万难的决胜能力持续增强。全体官兵上下同心，奋力进取，部队良好传统得到培护，迈向一流的强军步伐更加坚定。支队全面建设止落回升、起势上扬，呈现稳中有升、持续向好的良好态势，围场中队荣获“河北省民族团结进步模范集体”称号。

【重要会议】 1 月 28 日，武警承德支队召开党委一届地次全体（扩大）会议，党委书记代表党委常委会向全会报告工作，党委常委、党委副书记讲话，纪委书记代表纪委向全会报告工作，其他党委常委分别部署了分管工作。大会讨论审议党委工作报告、纪委工作报告和军事、政治、保障工作要点，表彰先进单位和个人。7 月 30 日，武警承德支队召开党委一届五次全体（扩大）会议，支队党委委员出席会议，基层中队主官、机关股长列席会议。会议传达学习总队党委四届七次全体（扩大）会议精神，党委书记代表党委常委会向全会报告工作，党委常委、党委副书记作重要讲话。全会通报表彰“两优一先”对象、第二季度“四铁”先进单位。

【押解勤务】 10 月 29 日，武警承德支队配合隆化县公安局实施隆化县看守所搬迁押解勤务任务。任务中，执勤官兵始终保持高度戒备，坚持依法执勤、文明执勤，积极与公安民警协同配合、明确责任、划分任务，确保押解勤务的圆满完成，受到目标单位和随行民警高度赞誉。年内，执行环京检查站卡点勤务，全年共完成 5 次，累计执行任务 48 天，累计检查车辆约 17 万辆、人员约 22 万人次。查获各类违禁物品 41 件，查验出涉毒人员和涉恐人员，确保首都北大门安全。

全年执行武装押解勤务 129 次，官兵时刻牢记职责使命，保持高度警惕，坚持依法执勤、文明执勤，以良好的精神面貌和过硬的军政素质安全圆满完成任务。

【应急处置】 4 月，国家粮食和物资储备局一油罐车撞向作业区围栏后翻车，泄漏汽油约 3 吨，导致作业区铁轨损坏，执勤六中队迅速处置，未造成人员伤亡。7 月，承德市上板城监狱内巡逻道护坡出现坍塌开裂，武警承德支队队长、政委现场调整勤务部署，在不影响哨兵正常执勤情况下，对监墙分段排水设计给出指导性建议，并对仍旧存在细小隐患部位督导抓紧整改，对重点要害部位通过大屏显示进行指导调整，确保看押目标绝对安全。

【学习教育】 邀请中国人民解放军一级战斗英雄徐良与河北省爱国拥军模范田金芳为全体官兵作事迹报告。支队政治委员为全体官兵讲党史学习教育第一课，带领全体官兵重温中国共产党发展初期的艰辛历程，在全支队掀起党史学习教育热潮。组织党员代表 50 人到董存瑞烈士陵园敬献花篮，缅怀烈士功绩，弘扬烈士精神。借助世界读书日，开展推荐好书活动，官兵认真学习《论中国共产党党史》《梁家河》《星火燎原》等书籍。为帮助干部进一步拓宽思维视野、强化使命担当，组织机关干部和基层干部骨干到廊坊支队参观见学，加快支队法治化、正规化步伐。为庆祝中国共产党成立 100 周年，引导官兵知晓党的百年伟大奋斗历程，举办“青春心向党，强军担重任”主题演讲比赛。参赛选手来自 18 个单位，最后评选出一等奖、二等奖、三等奖共 6 名。武警部队理论服务分队带着“党的百年厚重历史”和创新理论，到武警承德支队巡回宣讲，全体官兵接受一次红色精神洗礼。

【社会活动】 支队党委常委和机关干部，基层党员、官兵代表赴塞罕坝机械林场，参观展览馆并启动“武警林”植树造林工程。举办“党旗下的忠诚誓言”电视歌咏赛，由 15 个参赛单位制作的共 30 部 MV 经全支队官兵共同投票，选出一等奖 1 个，二等奖 2 个，三等奖 3 个。开展“献礼建党百年 我与党旗同框”活动。

4 月 26 日，“武警林”植树造林工程启动。图为武警战士在种树

（王　武　供稿）

人民防空

【概况】 2021 年，承德市人防系统认真落实中央和省委、市委决策部署，以中共党史学习教育为主线，以推动人民防空高质量发展为主题，按照“坚持以数字人防建设为引领，统筹推进军事斗争人防准备和深化人防系统腐败问题专项治理两大使命任务，全面加强机关‘准军事化’、法治人防和党风廉政三项建设，全力补齐‘疏散地域、重要经济目标防护、平战转换能力和工程质量监督管理”4 个短板的“1234”工作思路，育先机、开新局，各项工作实现新提升，取得新进步。承德市人防工作获省优秀等次。加大对人防工程兼作地震应急避难场所督导检查，抢险队 3 次冒雨抢险抢修，用防灾救灾、应急支援成效检验防

空准备。

【基本建设】 在持续深入开展人防系统腐败问题专项治理的基础上，全员反思、突出主业，依法善治、全力战备，启动实施数字人防建设工程。顺利完成人防基本指挥所概算调整，工程建设快速推进。严把防空地下室“应建必建”关，批建量创历史新高。推动人防警报“补盲续力”行动，警报音响覆盖率100%。将资金统筹管理站更名为人防工程质量服务中心，从根本上解决影响人防工程质量监督的机构问题。积极开展人防安全生产大排查大整治行动，建立“三书三表一账一卡”制度，及时整改存在问题。

【训练演练】 年初，与承德军分区联合开展联演联训活动。贯通全年实践完善“就防疫看防空，以防汛练防空，急难险重抓练兵”思路举措，组织11个县（市、区）人防办开展极端天气下通信演练，同步组织围场、隆化2县开展跨区应急支援演练。多频次参加省市联演练训活动，有针对性开展自主训练，实施“训练令”制度，一训一令，以令治训。

【宣传教育】 深入推进人防宣传教育“五进”工作，开展宣传教育活动14场次。深化“宣传+演练”模式，在开展警报试鸣活动的同时，邀请承德交通广播现场直播，在承德电视台做专题报道。着力强化“互动式”学习交流，与承德医学院等单位在医疗救护组织、人防志愿者队伍建设等方面形成共建机制。

7月7日，市人防办在双滦区开展“7·7”警报试鸣带实兵演练活动

2021年市人防办领导名录

党组书记、主任：吴景新（满族）

党组成员、副主任：任密龙

谢志南（满族）

党组成员：李耘记（满族）

（薛华东 供稿）

国防教育

【概况】 2021年，承德市国防教育工作着眼维护国家主权、安全、发展利益的新形势新要求，按照“突出重点对象、扭住关键抓手、拓展教育领域、创新方式方法”的工作思路，紧紧围绕庆祝中国共产党成立100周年和“永远跟党走”群众性主题宣传教育活动，扎实推进国防教育“五进”工程，增强全民国防观念，营造全民关心国防、热爱国防、建设国防、保卫国防的良好氛围，圆满完成各项工作任务。全市国防教育工作走在全省前列，荣获全省国防教育先进单位。10月，承德市国防教育协会被批准成立，协会主要承担宣传贯彻落实党和国家有关国防教育的法律法规和政策措施、加强国防教育特色实践基地建设、为规范化常态化的国防教育提供平台，开展国防教育专题调研、理论研究，编写国防教育教材，出版国防教育刊物等内容。

【开展活动】 为庆祝中国共产党成立100周年，在全市范围内组织开展“庆百年华诞、颂燕山红嫂”评选活动，以评选不同历史阶段涌现的“最美红嫂”“最美军嫂”“最美双拥女模范”为主，共挖掘、整理、推选出91名“燕山红嫂”候选人。围绕“让军人成为全社会尊崇的职业”的目标定位，挖掘、宣传大学生士兵先进典型，激励当代大学生投身军营。与承德军分区政治工作处、承德市征兵办公室联合开展最美大学生士兵评选活动，评选确定最美大学生士兵10名。与承德县人民武装部、承德县国防教育办公室联合开展第21个全民国防教育日集中宣传活动，通过展板展示、横幅悬挂、发放国防教育宣传册等方式，激发入伍新兵、大学生、有志青年以及广大市民的爱国之情、报国之心、强国之志，共向新战士、大学生及各界群众赠送发放《国防法规宣传手册》3000余册、宣传折页6000余张、《承德英雄谱》50本。平泉、滦平、兴隆、隆化、鹰手营子矿区等县（市、区）同步在城区文化广场举办多种形式宣传活动。

9月18日，承德市国防教育办公室在承德县中心广场举办第21个全民国防教育日宣传教育活动

组织驻市及市属6所高校开展“迈向强国新征程　军民共筑强军梦”大学生主题演讲比赛活动。演讲比赛决赛在河北民族师范学院举行，市委常委、承德军分区政委出席活动，并为获奖选手颁奖。同时，选出优秀选手代表承德市参加全省大学生演讲比赛，选手杨婧荣获二等奖，承德市获优秀组织奖。

【宣传队伍建设】　承德市将领导干部国防教育纳入国家干部教育培训规划，推动各级党校（行政学院）开设全民国防教育课程。举办全市国防教育宣传骨干为期3天培训班，全市国防宣传教育骨干50人参加培训，承德军分区司令员出席开班仪式并作动员讲话。培训采取军事化管理，培训内容包括国防专题辅导、军事体验、收看国防教育片、学习体会交流等形式，并邀请市委党校国家级国防教育师资库专家王明香，市委党校校委委员、特色教育教研室主任李效东授课辅导。通过培训，参训人员的国防观念和忧患意识提升，守土有责、守土负责、守土尽责的责任感和使命感增强。

【国防教育及征兵宣传】　为纪念《中华人民共和国国防教育法》颁布实施20周年，扎实做好高校征兵宣传教育工作，市国防教育办公室与市政府征兵办公室联合举办大学生国防教育暨征兵宣传进高校宣讲会6场。退役士兵优秀代表杨婧等5人结合亲身经历，讲解部队训练和生活，鼓励大学生积极响应祖国号召，携笔从戎报效祖国。宣讲结束后，参会大学生开展“百校万人献身国防签名”活动，现场发放《承德英雄谱》1000册，《国防法规宣传手册》3000册，征兵政策宣传折页5000张。在河北民族师范学院，为2021级新生上国防教育课，以《国家兴亡匹夫有责，爱我国防不负韶华》《青春，加上国防色彩会更美！》为题，从铭记历史、勿忘国耻，崇尚英雄、忘战必危，敢于担当、报效祖国3方面进行宣讲。活动结束后，为学生发放《承德英雄谱》《迈向强国新征程、军心共筑强军梦》等书籍1000册，组织参观国防教育宣传展板。在高新技术产业开发区奥体中心建设“国防教育暨征兵宣传”一条街，全长2千米，共设置国防法规、国防知识、全市国防教育工作概况、征兵宣传政策等多个宣传橱窗。

【创新宣传形式】　为适应互联网时代新需要，推进网聚强军正能量，承德国防教育公众号（以下简称“公众号”）4 月 22 日上线运行。“公众号”共设置国防教育、双拥工作、征兵工作主栏目 3 个，集中宣传国防法律法规、征兵政策、双拥共建、国防知识、国防教育活动。“公众号”开通后，共发布各类信息 500 条，累计关注 2000 人，开展最美大学生士兵评选活动收获点击量 1 万人次，已成为承德市国防教育重要对外展示宣传平台。加强国防教育新闻宣传，在各级各类新闻媒体上发表文章 120 篇。其中，市委书记董晓宇的《扛起国防动员责任　认真履行政治使命》在《国防教育》杂志第 12 期《第一书记话国防》栏目刊发。《永远跟党走 从娃娃抓起》《筑牢坚不可摧的精神长城》分别在第 6 期、第 12 期《国防教育》杂志刊发，《家乡英雄激励我走好从军路》在《中国国防报》刊发，并被《中国军网》等多家媒体转载。滦平县开展《国防教育法》颁布实施 20 周年宣传活动在《人民日报》客户端刊登，《走好“兵之初”之路第一步》在“中国民兵”平台刊发，承德滦平广泛开展全民国防教育日宣传教育活动，滦平县大屯镇三举措凝聚全民国防力量在《河北日报》客户端、河北新闻网刊登。

【国防教育基地建设】　承德市国防教育办公室发挥国防教育基地“立体教科书”作用，切实加强国防教育基地的建设、使用、管理，唱响国防教育红色旅游、爱国主义主旋律。在各级国防教育基地组织开展烈士公祭、参观拜谒等国防教育主题活动，参加活动、接受国防教育人员达到 60 万人次。组织开展第五批省级国防教育基地、第六批市级国防教育基地以及首批省、市级国防教育体验基地的申报工作，承德县承平宁抗战纪念馆等 3 家单位成为第五批省级国防教育基地候选单位，兴隆县山林兵者军事拓展营地成为首批省级国防教育体验基地候选单位，承德县第一个农村支部纪念馆等 12 家单位成为第六批市级国防教育基地候选单位，军创承德创业孵化器双滦区培训基地等 4 家单位成为首批市级国防教育体验基地。截至 2021 年年底，全市已有各级国防教育基地 21 个，实现每个县（市、区）至少有国防教育基地 1 处的目标。

2021 年承德市国防教育办公室领导名录

主　任：梁世芳

（毛继锐　供稿）

综合经济管理

发展改革

【概况】 2021 年，全市发改系统认真贯彻落实中共中央总书记习近平视察承德讲话指示精神，紧紧围绕“三区两城”（“三区”指京津冀水源涵养功能区，国家生态文明建设先行区，国家可持续发展创新示范区；“两城”是指国家历史文化名城，国际生态旅游城市）发展定位，坚决做到“三个植入”（将塞罕坝精神植入灵魂血脉、植入高质量发展全过程、植入为人民服务的实践中），持续推进“四个转化”（生态优势转化为发展优势，区位优势转化为承接优势，文化优势转化为产业优势，人缘优势转化为竞争优势），以“三重四创五优化”（“三重”：即重大国家战略、重大项目建设、重大民生工程；“四创”：即创新，创业，创全国文明城市、国家卫生城市、国家森林城市，创平安河北、法治河北；“五优化”：即优化政治生态、优化经济结构、优化自然生态、优化营商环境、优化基层治理。）活动为载体，综合施策、攻坚克难，发展改革各项工作取得了积极成效。

【经济实现平稳增长】 坚持稳中求进总基调，切实发挥牵头抓总作用，强分析、出措施、抓督导，全市经济进一步企稳回升，生产总值增长 6.1%。加强监测调度，组织各类经济运行调度会议 30 余次，强化规划引领，“十四五”规划纲要于 6 月份正式发布实施，37 个专项规划编制稳步推进。印发《完整准确全面贯彻新发展理念全力推进经济社会高质量发展》《关于加快推进新型城镇化促进城乡融合发展的落实意见》等系列文件，引导经济社会高质量发展。跑办争列成效显著，先后 30 余次赴国家和省发改委跑办对接，与“央”字头、“国”字头大型企业洽谈合作，共争取资金及投资意向 1936.47 亿元。其中，到位资金 45.93 亿元，国家和省发改委承诺资金 203.03 亿元。特别是习近平总书记视察承德后，进一步加大了对接跑办力度，共争取资金及投资意向 1436.62 亿元。其中，到位资金 16.36 亿元，国家和省发改委承诺资金 94.96 亿元。提升要素保障能力。研究制定有序用电、轮停错峰生产工作方案等系列方案，分行业、分企业实施精准有序用电措施，承德市是冀北五市中唯一未出现直接拉路限电和企业轮停限电的市。制定天然气迎峰度冬应急预案，天然气调峰能力达到 9.07 万方，有效保障了用气需求。借力国家增加煤炭中长期合同政策，帮助国能承德（滦河）热电和建投承德热电签订 80 万吨煤炭长协资源，为兴隆、营子 3 个集中供热企业从 45 万吨省应急储备煤中调动 10 万吨资源，及时解决企业燃煤之急。

【推进投资项目建设】 实施重点项目建设升级加力行动，强力推进“64158”工程，重点项目建设成效显著，固定资产投资增长 5.2%。项目建设步伐加快。成功争列省重点项目 59 个（在建 30 个、前期 29 个），创历史新高，提前实现“各县市区省级以上重点项目全覆盖”目标。全市计划开工的 118 个市重点项目全部开工建设，完成投资 234.32 亿元，占年计划的 122.4%。其中，计划开工的 30 个省重点项目全部开工建设，完成投资 80.69 亿元，占年计划的 126.6%。调度机制逐步健全，坚持项目观摩、定期晾晒、排队打分、强化调度等机制，组织两次重点项目集中开工活动，共开工项目207个，完成投资241.7亿元，占年计划的107.7%。开展两次重点项目集中观摩活动，一次实地观摩，一次视频汇报。领导包联推进有力，实行“1234”包联工作机制（“1”每个项目1名包联领导，”2”一个责任单位、一个联系部门，“3”责任单位和联系部门各配备3名以上工作人员，“4”完善协调调度、问题解决、进度通报、年度考核4个工作机制），各包联领导深入项目现场70余次，协调解决问题14个，切实为项目单位出实招、解难题、增信心。重大基础设施进展顺利，京哈高铁承德南—北京朝阳站贯通，津承城际铁路项目列入国家规划，预可研编制工作已经完成；承平高速全面开工建设，承克高速PPP实施方案正在修改完善；机场二期改扩建积极推进，《机场总体规划（2020—2050年）》获得民航华北局批复；全年共安全保障起降飞机2511架次，承德进出港旅客吞吐量29.49万人次，平均客座率70%，围场通用机场已建成通航。

【产业转型升级】 全力推进产业基础高级化和产业链现代化，“3+3”主导产业实现营业收入2000亿元以上。全面推行链长制，成立主导产业链长制领导小组和工作专班，研究推进“16612”产业链体系。《绿色食品及生物医药产业发展规划（2021—2025）》印发实施，推进实施亿元以上主导产业项目134个。清洁能源产业提速，制定印发《承德市风电、光伏发电资源开发管理办法》，编制完成《承德市氢能产业发展规划》，组织召开“风光储氢一体化发展”推进大会、丰宁清洁能源产业高峰论坛，成功争列国家第一批大型风电基地，新获批风电、光伏发电指标超过1100万千瓦，创历史新高。与河北建投、中航科技、京能集团、航天投资、启迪控股等大企业集团签订合作框架协议，推动建设国家级能源创新平台，丰宁抽水蓄能电站2台机组并网发电。全市清洁能源电力总装机达到861.33万千瓦（其中，风电538.2万千瓦，光伏发电251.88万千瓦，常规水电4.95万千瓦，抽水蓄能60万千瓦，生物质发电6.3万千瓦），年发电量163.95亿千瓦时，分别占全市电力总装机和总发电量的82.9%和65.97%。钒钛新材料产业提质，与攀枝花市共同组建国家钒钛产业联盟。一批高端项目加快实施，建龙含钒无缝钢管智能制造一期试生产，承钢国际首条亚熔盐清洁生产提钒实现产业化，承钢99.5%至99.9%航空级高纯钒实现量产，全市形成集钒钛矿采选、冶炼提钒、钒钛产品深加工、产品检测、研发设计为一体的完整的钒钛产业体系。经与河北省发改委、唐山市积极沟通，获得62万吨粗钢产量支持，确保了市钢铁企业稳定生产和周边居民温暖过冬。服务业平稳较快增长，出台制造服务业高质量发展的落实意见，启动“十四五”物流产业发展规划编制，冷链物流产业园356家商户入驻运营，金山岭国际滑雪场投入使用，鼎盛文化产业园入选第一批国家级夜间文化和旅游消费集聚区。国家服务业综合改革试点顺利通过评估验收，在37个试点城市中居第4位。

【生态文明建设】 全面落实中共中央总书记习近平生态文明思想，发挥生态文明建设领导小组办公室职能，推动生态环境持续改善。体制机制不断完善，积极推进碳达峰、碳中和顶层设计，组织召开市生态文明建设领导小组暨生态环境保护委员会会议，聘请专家召开碳达峰专家研讨会，启动碳达峰碳中和政策体系研究工作。印发《生态产品价值实现机制试点方案》，经省政府批复同意后正式印发实施。节能降耗稳步开展。制定印发《2021年全市节能削煤工作要点》等文件通知，将年度和“十四五”节能削煤目标分解到各县（市、区）。开展重点企业能耗对标活动，对11家钢铁、水泥和数据中心企业进行能耗专项监察，2个项目列入省“十四五”投产达产两高清单，7个项目列入国家重大项目能耗单列备选清单（全省共13个），项目数量居全省首位。士凯大数据项目节能审查意见成功获批，是近年来河北省在国家枢纽节点数据中心集群外唯一获批的大数据产业项目。生态工程加快实施。京津风沙源治理工程加快建设，完成造林绿化13.7万亩、草地治理4.5万亩、小流域综合治理217平方千米。55.3万亩坝上造林项目全部完成，实现了“三年任务一年完成”。积极争列《北方防沙带规划（送审稿）》，涉及承德市生态建设总投资190.53亿元，争列4个县（市）（平泉、隆化、滦平、承德县）新增投资82.46亿元。

【改革创新】 推动改革创新和发展深度融合、高效联动，不断激发高质量发展的动力动能。经济体制改革不断深化，对12个方面273项经济体制改革重点任务实施清单化管理，年度目标全面完成。制定下发《关于建设高标准市场体系的实施方案》《推进国有经济布局优化和结构调整》等政策文件，确保国家、省各项改革任务落地落实，争列省国有企业混合所有制改革试点，全省发改系统深化改革考核位列第四位。营商环境持续优化，组织全市优化发展环境大会，召开专项工作调度会6次，新出台相关政策措施方案76项，解决突出问题25个，在承德广播电台、电视台开展系列专题访谈节目12期，选聘55名义务监督员对全市营商环境开展全方位监督，有效保障各项任务落地落实，省对市营商环境评价取得较好成绩。创新驱动能力不断增强，制定战略新产业发展“十四五”推进方案，积极创建各类科技创新平台，全年新增盛乾特种电机制造、隆宏生物科技等3家省级企业技术中心；组织天成印刷、华远自动化2家企业申报省级工程；全市公共安全视频监控联网应用项目顺利通过验收，承德市成为全省第一批完成验收的地级市。

【惠民实事落地落实】 坚持以人为本的发展思想，织密民生保障网，社会事业全面发展。民生工程稳步实施，制发《2021年28项省市民生工程实施方案》，建立工作专班、三灯一旗、定期通报、媒体监督、新闻发布等机制，及时协调调度工程进展，28项民生工程均完成年度目标任务。公共服务均等化持续推进，制定《关于促进基本公共服务均等化的实施方案》《加快构建基本公共服务体系提升和改善民生水平工作方案》，对各项工作实施专班推进、台账管理、量化考核，11项年度目标任务全部提前高质量完成。易地搬迁成果持续巩固。发展壮大155个安置区配套产业园区（项目），实现搬迁脱贫户产业全覆盖。帮助2.5万人实现转移就业，134个安置区实现有效管理（新成立社区4个、纳入当地村、社区管理130个）。

【物价水平保持总体稳定】 完善市场价格异常波动应急预案，建立健全价格异常波动三级管理体系，协调建投热电、国电滦河热电等企业稳定供热价格不涨价。继续执行社会救助和保障标准与物价上涨挂钩联动机制，向保障对象发放价格临时补贴1360万元，惠及群众50万人次。

【清洁取暖】 制定下发《2021年洁净煤取暖实施方案》，洁净煤保供实行招标、生产、配送工作日调度，洁净煤取暖确户40.0375万户，洁净煤配送实现全覆盖，已配送52.2051万吨，完成103%。采暖季前顺利完成“分布式＋电取暖”工程中29042户分布式光伏建设任务，补贴资金1742.52万元全部发放到位。

2021年市发展和改革委员会领导名录

党组书记、主任：刘海峰（7月免）
　　　　　　　　何元武（7月任）
党组副书记、副主任：杨兢城（满族）
党组成员：何志涛
党组成员、副主任：管国富（3月免）
党组成员、副主任：王凤祥（满族）

崔海涛（满族，11 月免）
党　组　成　员：李清玉
党组成员、副主任：刘爱民
　　　　　　　　　尤文祥
党　组　成　员：孙福来
党组成员、副主任：穆素家

（修德军　供稿）

京津冀协同发展

【概况】 2021 年，深入学习贯彻中共中央总书记习近平对承德指示批示精神，抢抓发展机遇，凝聚各方力量，牢牢扭住北京非首都功能疏解"牛鼻子"，紧紧围绕落实功能定位，加快重点领域建设，持续强化与京津两市的对接合作。全年共组织召开京津冀协同发展会议 30 余次，研究解决工作推进中的主要矛盾和突出问题，印发实施《关于进一步做好承接北京非首都功能疏解工作方案》《关于加快承接北京非首都功能疏解的若干政策措施》，进一步提升承接能力，推动京津冀协同发展工作取得积极进展。

【深化与京津对接合作】 与京津两市高频互访、密切交流，多次组织承德市党政代表团主动跑办京津，建立协调联动工作机制。进一步优化市协同发展领导小组组织结构，组建由市级领导牵头、部门和县区协作的 7 个领域工作专班。组织召开"承德市清洁能源产业风光储氢一体化发展推进大会"，与 43 家央企及能源领域龙头企业推进风光储氢一体化发展；与国家能源集团、航天投资、启迪控股、京能集团等央企、京企开展签订协议，推动构建"承德基地、北京市场"的清洁能源发展格局；在天津组织多场推介活动，集中展览展示承德优质产品。全市与京津开展对接活动 341 场次，签署合作协议 79 项，推进合作项目 82 个。积极推动各县区与京津共建园区。与北京市怀柔区打造的"怀丰产业园"成为京北最大的汽车配件生产基地，引进外迁汽车零部件企业 20 家，与天津工信局编制完成《津冀合作产业园发展规划》共同推动"津冀六沟产业园"建设，与北京平谷区、天津西青区共建园区工作均取得积极进展。面对仍然严峻复杂的疫情形势，与京津协同部门守望相助、抱团抗疫，建立了协同防控工作机制，抓紧抓实抓细常态化疫情防控工作，履行好首都"护城河"的责任。

9 月 30 日，中国航天集团、河北建投与承德市政府签署合作协议建设氢能研发中心

【构建与京津一小时交通圈】 立足补齐交通短板，积极推动与京津规划同图、建设同步、运输一体、管理协同。京承高速已实现同标准对接，承平高速承德段已开工建设，津承铁路项目列入国家规划，承克高速列入京津冀协同发展交通一体化规划，一批干线公路与京津实现同标准对接，承德机场二期工程有序推进，平泉、围场通用机场建设完成。

【生态屏障建设】 立足于当好首都绿色安全屏障，加快推进"两区"建设，推动与京津生态环境联防联治联建，与密云、怀柔、延庆区及张家口市建立轮值机制，推进潮河"一河一策一图"应急管理试点。积极推动滦河、潮河横向生态补偿机制落实，累计获得生态补偿资金 26.8 亿元，实施重点项目 189 个。加快京津风沙源治理项目建设，55.3 万亩坝上造林项目全部完成，实现了“三年任务一年完成”。配合启动实施京津冀环境执法联动，开展联动执法、联合检查、信息共享等工作。

【推动重点项目落地实施】 围绕京津产业转移疏解，推动与京津产业链融合发展。承德市成功列入《北京市“十四五”时期高精尖产业发展规划》中“构建环京产业协同发展三个圈层”节点城市之一。利用与北京数据传输、IP地址同城化优势，推动兴隆大数据产业基地、滦平数字经济产业园取得突破进展。推动北宇环境能源科技产业园、北京“不老山庄”康养项目等一批京津产业合作项目落户承德市。累计推进京津冀协同发展项目294个，总投资2430亿元，到位702亿元。

【拓展合作领域】 围绕北京非首都功能疏解，聚焦基本公共服务共建共享，深化拓展与京津合作领域。全市109所学校与京津大学、中学建立联谊院校，天津市教委、天津师范大学在围场实施京津冀教育协同发展教师培训基地项目。全市31所二级以上公立医疗机构与51家京津医疗机构建立起了战略合作关系，14个医疗机构与京津医疗机构协作挂牌旅游知名品牌盛世春秋集团总部由北京迁至承德市，与天津市开展“津承对口合作洽谈和旅游推介”活动，联合打造精品旅游路线。

【推进协同创新】 以创建国家可持续发展议程创新示范区为契机，充分利用京津科技资源，组织“津科帮扶”在线咨询平台推广等各类科技对接活动，与京津院校合作承担省市科技项目24项，组建了一批省级产业技术创新战略联盟、技术创新中心、重点实验室等，新增院士工作站1家，院士合作重点单位3家，引进省级创新创业团队4个。

（姜　雪　供稿）

国有资产监督管理

【概况】 2021年承德国资系统紧紧围绕加快推动国企改革三年行动计划，抓改革、促发展、严监管、防风险、强党建，取得较为明显成效。市国资监管企业资产总额466.50亿元，同比增长3.2%；负债总额284.17亿元，同比增长4.9%；所有者权益182.33亿元，同比增长0.7%；营业收入51.12亿元，同比增长22.7%；利润总额−1.07亿元，同比增长−125.3%；净利−1.98亿元，同比增长−5860.2%，已交税费总额2.20亿元，同比增长−3.2%。

【深化国企改革】 结合《承德市国企改革三年行动实施方案（2020—2022年）》《关于进一步深化市级经营性国有资产集中统一监管改革实施方案》和《承德市市属国有企业投资监督管理办法》，研究制定《承德市市属国有企业领导班子和领导人员综合考核评价办法》《承德市国资委监管企业“三项制度”改革指导意见》和《承德市国资委监管企业工资总额管理办法》，依法依规科学监管的制度基础逐步夯实。国企改革三年行动全面铺开，重点改革任务取得积极进展。集中力量、下大力度推动8家列入改革范围的全民所有制企业全部完成公司制改革；持续做好剥离国有企业办社会职能和解决历史遗留问题及退休人员社会化管理移交各项扫尾工作；下发《关于申报国有企业混合所有制改革试点企业的通知》，矿业集团1家子公司纳入省混改试点；印发《关于在监管企业各级子企业推行经理层成员任期制和契约化管理的工作方案》《监管企业各级子企业推行职业经理人制度操作指引》，监管企业均建立较为规范的董事会，经理层全部实现了任期制和契约化管理，全部实现“党建进章程”，建立企业党组织前置研究讨论重大经营决策管理事项清单；起草完成《承德市国资委监管企业“三项制度”改革指导意见》，推动监管企业逐步建立干部能上能下、收入能增能减、人员能进能出的“三能机制”，完成省定的2021年底前完成改革总任务量70%以上的目标要求。持续推动创新驱动，向改革要效益，把改革的成果转化成增强企业发展活力、实现高质量发展的实际成效。通过改革不断深化，市国资监管企业法人治理结构更加健全完善，产业结构和布局更加合理优化，市场化主体地位进一步确立，党的领导党的建设明显增强，国有企业影响力带动力逐步显现。

【强化监督管理】 加强产权管理，共办理国有企业产权登记17家，完成2家监管企业3项产权整合事项的审核；按照要求完成划转部分国有资本充实社保基金企业上报工作。加强财务监管，完成全市入统国有企业2020年度财务决算和2021年财务快报统计工作，实现全级次、全口径入统，被省国资委评为国有资产统计业绩突出单位。完成人大预算联网监督系统企业财务数据采集和上报工作，组织监管企业开展清理拖欠民营企业中小企业账款“回头看”。积极推进经营性国有资产集中统一监管，出台了《关于进一步深化市级经营性国有资产集中统一监管改革实施方案》，确定5家企业需要脱钩划转、62家企业暂不具备改革条件以及需原渠道监管。召开承德市级经营性国有资产集中统一监管改革动员部署大会，市委常委、常务副市长卢健主持会议并进行动员部署。注重发挥考核指挥棒作用，修改完善《承德市市属国有企业负责人经营业绩考核办法》，完成监管企业2020年度经营业绩考核及2021年经营业绩考核责任书签订工作，2021年监管企业经营业绩考核指标的确定更加突出企业盈利能力，强化资产负债率的刚性要求，并将净资产收益率纳入企业考核目标，以促进监管企业质量效益双提升。完成2019年度市国资委监管企业负责人薪酬备案、披露和2020年度薪酬审核。组织监管企业做好2021年国有资本收益收缴和2022年国有资本收益预算工作，2021年监管企业共上缴国有资本收益6113.9万元。出台《国资监管提示函工作规则》《国资监管通报工作规则》《国资监管责任约谈工作规则》和《关于深化监管企业内部审计监督工作的实施意见》，指导和督促监管企业提高防范化解重大风险能力，保障企业依法合规经营管理。注重依法监管，充分发挥双法律顾问的作用，年度内处理相关法律事务、解答法律问题近百次，审查修订文件、出具尽职调查报告、发出律师函、提交法律建议共计21份，参与诉讼案件共5件。加强企业公司章程管理，完成5家监管企业公司章程的修改。组建国资系统“专家人才库”，提高科学决策水平。联通10家监管企业与省、市国资国企在线监管系统应用，为实施在线监管打下良好基础。

【注重风险防范】 印发了《关于做好2021年监管企业违规经营投资责任追究工作的通知》，对市属国有企业、市国资委监管企业债务风险进行排查，督导监管企业建立健全债务风险控制机制，合理安排债务结构、期限，提高还本付息能力和水平。在监管企业中开展整治国有企业财务会计信息虚假问题专项行动，提高企业财务会计信息质量，防范化解因会计信息虚假导致的潜在风险。原北京铁路局移交到承德市的学校、幼儿园、医院1997年、1998年因病提前退休或退职人员待遇问题得到彻底解决，华富玻璃器皿集团有限公司合同制人员待遇问题，孙久洪、谈渤、魏少明等信访案件得到积极推进。为原涝洼滩煤矿、原麻纺厂等破产改制企业职工解决了特殊工种提前退休、工龄接续、独生子女费一次性奖励等困难。全年共接待群众来访46批次，共计151人次，召开信访调度会议21次，协调处理重大信访案件4件，排查出各类矛盾纠纷42件，化解40件，确保了全国“两会”“七一”等重要时间节点和谐稳定。严格落实企业安全生产主体责任，组织监管企业签订安全生产责任书，持续推进安全生产专项整治“三年行动”，开展“防风险、除隐患、保安全”安全生产大排查大整治行动，督促监管企业建立安全生产风险分级管控和隐患排查治理双重预防机制，抓好重点领域和关键环节的安全隐患排查整治。加强督促检查和安全生产宣传教育，学习新修订的《中华人民共和国安全生产法》，推动国资系统安全生产形势持续保持稳定局面。依法依规推动融投风险化解取得积极进展，及时调整和完善了市、县（市、区）两级融投担保风险处置领导小组人员，细化风险化解措施，组织开展融投担保风险处置“回头看”。

6月17日，市国资委干部职工志愿者参加“安全生产月”宣传活动

【坚持创新发展】 推动监管企业积极融入市“三区两城”建设，以市场为导向，坚持创新发展、科学发展、高质量发展，切实克服疫情影响，主动作为，调结构、转方式，稳生产、稳经营、稳增长，推动经济运行稳中有升，持续向好。2021年监管企业在建项目77项，总投资46.6亿元，实际投入资金29.8亿元，围绕承德市承接北京非首都功能疏解共谋划项目19项。国控集团通过非公开定向债务融资工具、流动资金贷款等形式撬动社会资本20亿元，信用评级提升至AA+，实现承德市国有企业在国内证券市场的历史性重大突破。热力集团“启智”智慧供热平台是住建部新型城市基础设施建设信息化应用成果及优秀案例中唯一的供热企业。旅游集团克服疫情影响，创新经营模式，营业收入达到2020年的147%。金盾保安押运公司总投资1.5亿元的安保服务中心项目获批，有利于推进企业业务转型升级。

【突出党建引领】 把深入扎实开展中共党史学习教育作为重大政治任务，周密部署、精心安排、强力推进。以“十个一”活动为载体，推进中共党史学习教育内容、形式、方法的创新，通过中共党史学习教育活动，国资系统党员干部职工在政治高度分析解决问题的能力明显提升，基层单位和广大党员群众干事创业的积极性主动性明显增强。认真贯彻《中国共产党国有企业基层组织工作条例（试行）》，着力提高企业基层党建工作标准化、规范化水平。完成对2020年度党组织书记抓基层党建工作述职评议考核。全面落实从严治党责任，把国有企业领导班子和领导干部履行从严治党责任情况作为考核重要内容，推动主体责任和“一岗双责”责任落实。召开市国资系统党风廉政建设和反腐败工作会议，传达学习中央、省市纪委全会精神，开展警示教育，对国资系统党风廉政建设工作进行总结部署。通过开展“六治六强化”干部队伍作风纪律整顿，自查问题3276个，均制定了整改措施。严格落实市疫情防控领导小组指示精神及各项防控制度要求，对监管企业落实疫情防控各项要求进行督导检查。发挥国资国企优势，推进巩固拓展脱贫攻坚成果和乡村振兴工作落实。

2021年市国有资产监督管理委员会领导名录

党委书记、主任：李桂梅（女，满族，7月免）
王东利（蒙古族，7月任）
党委委员、副主任：陈　宏
张　岭
张　楠（女）

（陈宏燕　孙　磊　供稿）

财　政

【概况】 2021年，承德市财政系统深入贯彻落实中共中央总书记习近平视察承德重要讲话指示精神，沉着应对经济基础恢复尚不牢固、肺炎疫情不稳定等诸多困难和挑战，以中共党史学习教育、“三重四创五优化”等活动为抓手，着力稳增长、保重点、防风险、促改革、惠民生，财政事业呈现出“稳中向好、稳中提质”的良好态势，实现了“十四五”良好开局。

全面落实“以旬保月、以月保季、以季保年”要求，强化分析研判，狠抓督导调度，全市一般公共预算收入完成126.01亿元，占预算的103.29%，增长8.50%，增幅居全省第6位，高于年初预期3.5个百分点，其中税收收入完成83.82亿元，占比66.52%，收入质量居全省第二位，实现了财政收入进度、增幅、质量“三提升”。全市一般公共预算支出完成421.17亿元，进度达到95%以上，增幅居全省第八位，其中“七项重点”支出完成279.37亿元，占比66.33%，教育、社会保障和就业、卫生健康等民生领域支出进度达到97%以上并实现正增长。

【争取上级资金】 抓牢“碳达峰碳中和”“乡村振兴”等历史机遇窗口期，加大跑省进厅、跑部进京力度，全年争取上级转移支付234.63亿元，同比增加10亿元以上，其中争取引滦入津横向生态补偿资金3.13亿元，占全省的76.34%；成功入围国家北方地区冬季清洁取暖试点市、3年内将获中央奖补资金9亿元；争取国家可持续发展议程创新示范区奖补资金1.50亿元，同比增加1亿元；争取中央彩票公益金3.07亿元支持国家雪上项目训练基地建设，同比增加1.48亿元；争取省级特色农业保险奖励资金5530万元，占全省的69.13%，居全省首位。同时，全市争取到位新增政府债券44.08亿元、再融资债券67.34亿元，有力保障了省市重点项目建设、有效缓解了偿债压力。

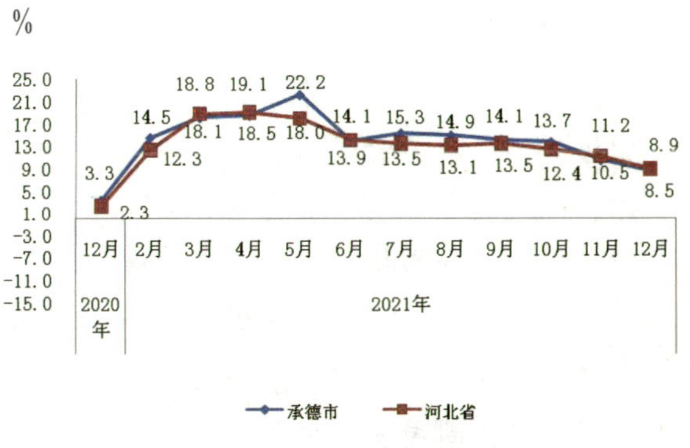

一般公共预算收入累计增速图

【落实财税政策】 主动打好政策资金“组合拳”，全年落实财政资金和政府债券100亿元以上，全力推动产业重构升级，支持118个省市重点项目全部开工建设，“3+3”主导产业增加值占GDP比重达50%以上。深入实施行政事业单位国有资产管理体制改革，盘活优质资产14.82亿元、整合资金14.57亿元支持国控、国投集团做大做强，全方面服务实体经济，全市年纳税亿元以上企业达26家、增加9家，年纳税500万元以上企业达498家、增加40家。严格执行常态化财政资金直达机制，76.37亿元直达资金全部在第一时间分配下达、惠企利民，落实项目1200余个。全年全市完成新增减税降费11.22亿元，助力8万余户市场主体纾困解难。有序推进PPP模式，新增签约PPP项目4个、引入社会资本117.74亿元。

【防控财政风险】 牢牢守住不发生系统性区域性风险底线，及时足额偿还到期政府债务本息102.36亿元、化解隐性债务30.86亿元，未发生法定债务风险事件，隐性债务实现“只减不增”。滦平县退出债务风险提示地区名单。严格落实暂付款5年清理消化方案，年度清理消化暂付款30.33亿元，其中市本级超额完成任务、新增暂付款额度达到省定要求。强化基层运转监管，坚持“三保”支出在财政支出的优先地位，11个县（市、区）“三保”支出190.05亿元、占总需求的121.87%，“三保”底线兜牢兜实。修订完善管理制度54项、资金管理办法23项，完成预算单位自评项目1906个、涉及资金73.02亿元；开展部门和财政重点评价项目170个、涉及资金25.39亿元，规范使用资金8000余万元，财政资金实现规范高效安全使用。

【改善民生福祉】 坚持用“真金白银”办好群众最关切的事，下大力气补齐民生保障短板，全市民生支出344.85亿元，占比81.88%。其中，投入资金28.85亿元支持巩固拓展脱贫攻坚成果与乡村振兴有效衔接，土地出让收入用于农业农村资金比重达33%以上，高质量通过国家省财政扶贫资金绩效评价；投入资金91.49亿元，支持国家可持续发展议程示范区建设、义务教育薄弱环节改善与能力提升、第四届全市旅发大会和第三届冰雪运动会举办等工作顺利开展；投入就业创业补助资金3.53亿元，落实普惠性失业保险稳岗返还政策，城镇新增就业人员近5万人，就业困难家庭实现动态清零；投入资金117.91亿元，保障疫情防控、医疗卫生和社会保障等工作，市儿童医院、市妇幼保健院建成投用；投入资金11.81亿元改造老旧小区169个、新改建公交候车亭106个、中心城区行政村实现公交全覆盖；投入资金21.57亿元支持大气、水、土壤三大攻坚战，生态环境持续向好。

【纵深推进财税改革】 坚持把财税改革作为建立现代财政制度的有力抓手，深入落实国家、省预算管理制度改革实施意见，财政资源统筹、财源资源配置、预算执行约束等机制落地落实。创新实施123（以“规范提升年活动”为载体，实施“绩效工作提示函、预算绩效承诺函”两项机制，强化“培训辅导、示范引领和队伍建设”三个保障）预算绩效管理工作法，财政预算管理水平和政策实施效果明显提升。制定出台自然资源领域市以下财政事权和支出责任划分改革实施方案，调整完善市辖区土地出让管理体制，稳定事权、支出责任和财力相适应的制度不断完善。制定出台《承德市市级国有金融资本出资人职责暂行办法》，累计纳入国有金融资本监管平台19家、总规模1642亿元，实现市级国有资本经营收益2亿元。《中华人民共和国契税法》《中华人民共和国城市维护建设税法》顺利实施，财政电子票据管理改革扩面提质，政府采购、财政投资评审年节约资金分别达到1.73亿元、20.61亿元。

【财政队伍建设】 以开展中共党史学习教育和“四史”宣传教育为主线，全面落实意识形态工作责任制和“第一议题”制度，从中国共产党的百年奋斗历程中汲取智慧和力量，财随政走、政令财行成为财政系统广大干部职工行动自觉。坚决履行党建主体责任，层层拧紧“一岗双责”责任，扎实开展“六治六提”干部队伍作风纪律整顿工作，系统上下政治生态更加清朗、作风建设更加优良。立足财政作为国家治理的基础和重要支柱定位，坚持从大局高度看问题、谋思路、抓工作，市级累计出具资金使用审核意见报告1000余份、提出意见建议2000余条、均被采纳，市委、市政府领导给予肯定性批示26次。

2021年市财政局领导名录

党组书记、局长：栾志宏（7月免）
　　　　　　　　林国华（7月任）
党组成员、副局长：刘德涛
党组成员：王会利（满族）
党组成员、副局长：付延民（满族）
党组成员、非税收入管理局局长：
　　　　　　　　李金华（满族）
党组成员、副局长：朱凤鸣
党组成员、纪检组组长：许树军

副　　局　　长：翟少春

丁福志（蒙古族）

（文　龙　供稿）

税　务

【概况】 2021年，承德市税务系统秉持“四个好”工作理念，推动承德税收事业发展取得新业绩、呈现新气象。全系统1个集体获国家级表彰，17个集体和个人获省部级表彰，101个集体和个人获地厅级表彰，在省税务局绩效考评中获评第三，在市委、市政府各类考核中位于前列，在全省纳税人满意度调查中排名第二。围绕承德绿色发展、创新驱动战略，做优做强税收分析品牌，向党委、政府报送分析报告200余篇，市、县两级领导多次就税收工作作出肯定性批示115次。

2月25日，在全国脱贫攻坚表彰大会上，国家税务总局承德市税务局驻隆化县团瓢村工作队被评为全国脱贫攻坚先进集体

【减税降费】 坚决扛牢减税降费这一政治任务，从政策特点和纳税人需求出发编制政策清单和操作指引，建立税费优惠政策标签体系，开办纳税人讲堂、组建专家服务团队，精准推送辅导。围绕研发费用加计扣除提前享受、煤电和供热企业纾困解难、制造业中小微企业阶段性缓税建立“一竿子到底”指挥机制，组建团队“人盯户、一对一”辅导落实，为煤电和供热企业办理“减、退、缓”税1029万元，为制造业中小微企业办理缓税（费）1亿元，全年累计新增减税降费11.22亿元，有效助力市场主体减负担、增信心、添活力。

【组织税收】 全年累计完成各项税收收入214亿元（含海关代征税收收入，未扣减出口退税），比上年增长16.2%。其中，税务部门组织税收收入214亿元，增加29.8亿元，增长16.2%；海关代征完成4万元，减少26万元，下降86.7%；办理出口退税2.3亿元，减少0.8亿元，下降26.2%。完成四大类7个险种的社会保险费征缴工作，累计入库各类社会保险费收入102.96亿元，比上年增收24.68亿元，增长31.53%。分两批次顺利完成8项非税收入征收职责划转，共征收入库非税收入37.82亿元。

从税种结构看，企业所得税、增值税、个人所得税合计增收24.2亿元，占全年税收增收总额的81.21%，增收幅度较大的地方税种为资源税和契税，分别增长58.7%和7.2%；从收入级次看，中央级增幅高于地方级；从产业结构看，第二产业税收增长23.1%，第三产业税收增长7.4%；从重点企业看，纳税5000万元以上企业纳税集中度达40%，累计纳税亿元以上企业26户，税收占比27.3%，累计纳税5000万元以上企业65户，税收占比40%。

【税务执法】 深入学习贯彻习近平法治思想，全面推行税务执法“三项制度”，公示执法事项9.87万条、执法音像记录412条、法制审核476件。法制审核委员会审核重大执法决定65件次。重大案件审理委员会审结重大案件11件、行政复议案件5件。对870户次符合条件纳税人落实“首违不罚”。实施税务证明事项告知承诺制，累计适用9684户次。深化税务行政审批制度改革，对已取消行政审批项目开展清查。加强法律人才培养，对24名公职律师进行业务技能培训，选派其中6名到律师事务所挂职锻炼。

【纳税服务】 一体推进“纳税服务质效提升年”“便民办税春风行动”和纳税人满意度调查工作，持续深化税务领域“放管服”改革，力推便民之举、惠民之策。搭建“远程帮办”服务体系覆盖全部县市区，“12366”纳税服务热线畅通率高于全省标准。集成“承德办事一次成”、一次性告知、“最多跑一次”优化压缩24项业务环节，顺利实现财产行为税十税合并申报，增值税、消费税与附加税整合申报，平均办税时长节省20%以上，平均出口退税办理时间1.8个工作日。深入开展“春雨润苗”专项行动、开通投诉快速处理热线、聘请外部体验监督，不断提升纳税人缴费人满意度和获得感，获评“全省优化营商环境推动高质量发展先进集体”。

【征收管理】 围绕中办国办《关于进一步深化税收征管改革的意见》组织开展多层次、多轮次宣传培训，成立市县两级《关于进一步深化税收征管改革的意见》落实办，对43个可自主创新项目进行本地化改造，起草并推动全省首个市级《税收征管改革实施方案》及配套制度出台，形成政府主导的“1+21”共促深改格局。围绕“放管服”改革，制发五年工作方案和任务分工。全年共办理税务注销8394户，电子档案采集率99.98%、实名办税采集率99.93%。加强金融、建筑、房地产等重点行业税源企业的风险管理，全年开展纳税评估52户次，督导企业自查补税2100.96万元、调减留抵106.5万元、弥补亏损1197.66万元。持续加大案件查处力度，对290户企业立案检查，对矿采选、房地产、金融等7个行业定向随机抽查，查补入库税款5.22亿元。全面清理稽查积案实现当年结案率86.21%。发挥“黑名单”惩戒作用，对9户违法企业公开曝光。挂牌成立打击涉税违法犯罪数据化合成作战中心，实现数据融合、实体运转、优势互补。部署“打虚打骗专项行动”查处虚开骗税案件3起，极大震慑了涉税违法犯罪，全面营造了公平公正的税收环境。深入推进“信用+风险”监管机制，创新推出“案例+分析”风险讲评会制度，建立“无风险不打扰、有违法要追究、全过程强智控”的税务执法新体系，对建筑业、汽车修理业全税种分析，对所得税贡献率低企业、部分高风险行业专题分析，对增值税电子专用发票、非正常发票、普通发票全环节即时验证监控、精准风险核查，全年风险应对入库税款及滞纳金7.09亿元。紧盯税收业务、干部执法、现金税费征缴等易发风险领域深入排查，分类逐项制定应对措施，风险意识和监管效能大幅提升。

【压紧压实管党治党责任】 建立主体责任、监督责任、意识形态责任制等制度清单，对各县（市、区）及高新区、御道口管理区税务局“一把手”开展党内政治监督谈话，逐级开展“履职集中谈”“班子交互谈”“风险精准谈”“个别提醒谈”263人次，促进“两个责任”相互贯通、联动发力。以深化税务系统纪检监察体制改革试点为突破，统筹推进构建一体化综合监督体系。党委与纪检组专题会商，研究制定纪检监察体制改革试点8个方面重点，梳理确定7方面60项试点任务，有力压实“两个责任”。坚持以案为鉴，强化守廉助廉，严肃执纪问责，加大线索处置和“一案双查”力度，开展纪律作风问题专项整治。落实“纵合横通强党建”机制体系，向地方党委、组织部、纪委监委主动汇报，与公安、人社等部门共学互促，与企业、社区等支部共建互助。打造“一局一品牌”联创模式，构建承德税务党建“六大工程”，擦亮“弘扬塞罕坝精神，做优秀共产党员”承德税务党建品牌。扎实推进党史学习教育，市税务局党委带头开展“第一议题”学习68次、党委理论中心组集中学习研讨16次，推出“党委—支部—党员”三级学习教育体系，组织“行走的红色课堂”“承德税务大讲堂”现场研学，与全国32家中国共产党人的精神谱系发源地税务机关连线共学，与税务总局党建工作局、稽查局，以及省税务局稽查局开展联建联学，与河北经贸大学开展研学合作。推出“我为纳税人缴费人办实事”10类94项具体举措，各级税务部门为群众办实事701件，一大批税务干部、党员志愿者、点对点服务队、驻企服务代表积极行动，生动践行以服务纳税人缴费人为中心的宗旨意识。

【队伍建设】 探索分层分级分类干部培养方式，税务局出台高端人才选拔管理办法和培养方案，启动“精英领航计划”“优秀年轻干部培养领航工程”，不断推进高素质专业化干部队伍建设。通过优先遴选、评优评先等措施，鼓励优秀干部备战练兵比武和考取“三师”资格，全系统5人入选总局、81人入选省局各类人才库，147人取得“三师”资格，提前实现2022年底5%的目标，全系统抓学习、比业务、练本领的氛围更加浓厚。以创新促进绩效管理，以规范抓实数字人事。对照省税务局重点工作逐项优化指标设置，完善“督考合一”工作模式，各级“一把手”主动参与研究指标编审，各部门主动协作推动指标落实，形成工作有方向、目标有导向、操作有指向的考核机制。全面落实数字人事“1+9”制度体系，结合实际制发结果运用办法和平时考核加减分规定，数据累积效应初步显现，数字人事理念渐入人心。

2021年市税务局领导名录

党委书记、局长：赵　波

党委委员、副局长：刘宝如（5月免）

齐宗飞

张　凯

李长山（11月任）

赵　群

党委委员、纪检组组长：王建明

党委委员、总经济师：王　辉

党委委员、总会计师：刘大海

（王占峰　供稿）

审　计

【概况】 2021年，承德市审计机关共审计（调查）单位252个，其中审计234个、专项审计调查18个。审计查出主要问题金额309.86亿元，其中违规金额0.26亿元、损失浪费金额0.02亿元、管理不规范金额309.58亿元；审计发现非金额计量问题1242个；损益（收支）不实金额15.72亿元，审计期间整改金额2.20亿元。出具审计报告和专项审计调查报告318篇。审计处理处罚金额2364万元，其中应上交财政2292万元、应归还原渠道资金71万元；移送纪检监察机关和有关部门处理事项38件，移送处理金额4151万元。审计促进拨付资金到位1.93亿元，核减投资额1261万元，移送处理落实事项4件。审计提出建议655条，被采纳623条；推动被审计单位制定整改措施26项，促进被审计单位建立健全规章制度13项。撰写的《守护“一泓清水”—承德市河长制政策落实情况专项审计调查工作纪实》在《中国审计》作为封面文章刊发。被中国时代经济出版社、《中国审计》编辑部评为全国通联宣传工作先进单位，被省审计厅评为全省审计信息宣传工作先进单位。

组织召开承德市委审计委员会会议，研究审议年度审计项目计划、年度市本级预算执行和其他财政收支审计情况结果报告、领导干部经济责任审计和自然资源资产审计结果报告及制度性文件等19个重大事项。

【跟踪审计】 重点对财政直达资金和基层“三保”、专项债券资金、脱贫攻坚等政策落实情况进行专项审计，促进政令畅通、政策落地。全市审计机关共抽查136个单位、43个项目，审计发现问题35个，涉及资金总额56.88亿元。开展对丰宁满族自治县、平泉市优化营商环境政策措施落实情况跟踪审计，开展2020年新增政府专项债券资金审计调查。

【财政审计】 突出关注预算安排和支出绩效，开展市本级财政、高新区、御道口和18个市直部门及所属29家单位2020年度预算执行审计，共发现问题259个，涉及违规及管理不规范资金13.60亿元，提出审计建议66条。通过大数据分析进行全覆盖审计的基础上，另选取部分单位开展重点事项核查，促进各单位落实过“紧日子”要求，提高预算管理水平。完成丰宁2019—2020年财政收支审计,共发现问题88个，涉及管理不规范资金35.32亿元，向有关部门和纪委监委驻部门纪检组移送处理事项5个，提出审计建议4条。

【国有企业专项审计（调查）】 开展市属重点国有企业财务收支情况专项审计调查，重点调查了12家国有企业集团本部、49家一级子公司、19家二级子公司及集团代管的2家单位，揭示了国有企业在资产负债、国有资产管理等方面存在的问题83个，涉及问题资金48.92亿元，提出改进和完善措施建议35条。《关于对市属12家重点国有企业财务收支情况专项审计调查的情况报告》审计结果和建议得到市政府主要领导、分管领导和各大集团的认可。开展承德市智能停车场开发管理有限公司所属公有停车场资金管理使用情况审计，共发现14个问题，涉及管理不规范资金514.54万元,向有关部门移送处理事项4个。

【重大投资项目审计】 开展对河北承德第一中学操场新建看台工程、南环路提升工程等5个项目竣工决算（结算）审计，审计资金3704.7万元，审计发现超概算、多计工程价款等问题14个，涉及问题资金163.46万元，移送纪委监委及相关部门处理事项3个，提出审计建议11条。对承平高速公路项目2021年度建设情况、承德市殡仪馆新建项目2021年度建设情况、雄安新区郊野公园承德林和承德展园等6个项目开展跟踪审计，审计资金154.08亿元，发现问题16个，涉及问题资金59.47亿元，提出审计建议11条。对市住建局、市交通局、市城管局开展政府投资建设项目专项审计调查，审计资金183.16亿元，发现问题27个，移送纪委监委及相关部门处理事项5个，提出审计建议9条。

【经济责任审计】 高质量完成对18名县区党政主要领导干部经济责任审计，共发现各类问题330个，已全部整改到位，涉及整改金额22.22亿元，追究相关责任人27人，促进被审计单位完善制度70项。按照市委审计委员会第六次会议安排，对15名部门党政主要领导干部开展经济责任审计，加大对权力集中、资金密集、资源富集、资产聚集的重点部门、重点岗位、重点环节的监督力度，审计共发现问题199个，涉及资金1.69亿元，移送相关部门处理事项1个。

【自然资源资产审计】 完成8名县区党政主要领导干部自然资源资产离任（任中）审计，共发现各类问题283个，促进被审计单位制定出台制度措施39项。开展承德市2021年生态环保资金和项目专项审计调查，审计共发现78个问题，涉及违规资金2.48亿元、闲置资金5856.91万元，有针对性地提出加强和改进生态环保项目实施和专项资金使用的建议5条。《关于承德市2021年生态环保项目和资金专项审计调查专题报告》得到市领导的高度认可。

【重点民生项目和资金审计】 对历次扶贫审计发现问题的整改情况进行“回头看”，涉及问题561个，纠正问题金额788.28万元，推动建章立制8项，追责问责7人。对围场、隆化县，平泉市开展乡村振兴专项审计，推动高质量实施乡村振兴战略，审计共发现问题129个，涉及问题资金1.42亿元，提出审计建议11条，向有关部门移送处理事项2个。开展疫情防控资金和物资专项审计调查，健全完善相关制度2项，促进疫情防控款物规范管理、高效使用。开展就业优先政策落实情况审计，发现问题9个，涉及违规及管理不规范资金15.37万元，提出审计建议3条。开展社会保险基金审计，共审计养老保险基金154亿元，延伸调查13个行政机关及事业单位、18家企业，发现3个方面13个问题；审计基本医疗保险基金28.15亿元，延伸调查10个行政机关及事业单位、31家定点医疗机构、4家企业，发现5个方面25个问题。

【审计整改监督】 制定出台《审计整改认定原则和依据（试行）》，建立整改专班推进机制、整改台账和销号机制、整改沟通联动机制、整改分析研判机制，认真履行审计整改督促检查责任。全程跟进承德市党政主要领导干部经济责任审计和自然资源资产审计查出问题整改工作，督促相关县（市、区）和市直有关部门落实整改主体责任，加大整改工作力度，审计发现的94个问题已全部如期完成整改。按照省委审计委员会、市委审计委员会和省审计厅的统一部署，开展省、市两级中共十八大以来审计发现问题整改落实情况“回头看”，省级涉及全市的318个问题已全部整改完成，市级570个审计项目涉及的5710个问题的整改情况已逐一核实。

【内部审计指导监督】 组织开展2020年度全市内部审计工作调查，对重点单位和县市区开展内审调研。印发《承德市审计局关于加强国有企业和国有资本审计监督的通知》，加强对国有企业内审工作的指导和监督，有效发挥内部审计作用。推动全市各级各部门设立内部审计机构288家（其中80家单位独立设立内审机构），配备内部审计人员1154名，各类内审机构完成审计项目740个，发现问题648个，涉及问题金额2989.60万元。

【大数据审计】 以承德市社保基金审计为契机，开展社保基金审计数据分析平台建设工作，率先在全省实现了“省市共建、以市为主”的监督覆盖新模式，经验做法得到省审计厅认可和相关领导批示，并在全省推广使用。开展金审工程三期项目建设，组织召开全市项目部署现场会，加强与省审计厅沟通和对县区审计部门的指导，高效高质完成年度建设任务。加强大数据审计方法的研究，组织申报的《创新研发数据分析平台扎实推进全市预算执行审计全覆盖》案例荣获河北省大数据应用优秀案例；申报的《基层审计机关推进大数据审计面临的问题及思考》被河北省审计厅立项为2021年度审计科研课题，并取得阶段性研究成果；开展信息化建设专项资金审计，共审计21个部门单位，发现7个问题，涉及资金70余万元。

2021年市审计局领导名录

党组书记、局长：王允昌（7月免）
　　　　　　　　李桂梅（7月任）
党组成员、副局长：柳海东
　　　　　　　　刘国锋
党组成员：朱延丽
党组成员、副局长：魏景林
党组成员、总审计师：付德忠

（李冬梅　供稿）

统　计

【概况】 全市统计系统深入落实中共中央总书记习近平重要讲话及对承德重要指示精神，立足统计职责，找准工作定位，围绕统筹疫情防控和全市经济社会发展这个大局，完整准确全面贯彻新发展理念，优化服务手段，拓展服务领域，提升服务质效，为建设高质量的“生态强市、魅力承德”贡献统计力量。市统计局荣获全国第七次人口普查省级先进集体，1 人荣获全国先进个人，5 人荣获省级先进个人。在 2021 年度省统计局专业业务工作考核中，有 6 个专业评为优秀等次，9 个专业评为良好等次。先后评为 2021 年度党委信息优胜单位、模范机关创建先进单位、"双随机、一公开"执法监管市直优秀单位第二名、深化改革工作优秀市直单位等荣誉。

【统计分析研究】 加强经济运行监测预警。每月召开经济形势分析会，紧盯投资、工业、消费、地区生产总值等主要经济指标，强化对经济运行的监测分析和预警预判，努力为科学决策提供高质量的统计服务。完善主要经济指标日监测制度、健全部门联系制度、建立主要数据报送制度、建立月度生产总值预核算制度。组织编印《统计月报》《统计实用手册》《领导咨询手册》等实用资料。加强重大课题研究。组建课题组，形成一批有价值、有前瞻性、有预见性的成果。落实新闻发布数据解读制度。加大统计数据发布解读，积极回应公众关切，正确引导社会舆论。在全市经济形势新闻发布会上，就 2020 年经济形势进行了发布，并就落实"六稳""六保"等相关情况回答了记者提问。

【改革创新】 构建高质量发展绩效评价体系。研究制定《承德市统计局高质量发展综合绩效评价工作实施方案（试行）》，完成 2020 年度评价指标数据的搜集、评价等工作。大力推进绿色 GDP 核算改革。建立《承德市生态系统核算框架体系》《承德市经济生态生产总值核算框架体系》，组织第三方机构开展了地区、行业专题调研，邀请专家对项目进行评审，形成承德市经济生态生产总值（GEEP）核算报告。

【基层基础建设】 严格执行《河北省统计机构和统计人员防范和惩治统计造假弄虚作假责任制》，认真填报《领导干部违规干预统计工作记录台账》，引导统计机构和统计人员依法独立行使统计调查、统计报告、统计监督职权。持续加强统计基层基础工作。大力开展岗位培训，举办全市统计业务培训班和"四上"企业培训班。加强"四上"单位入统管理。严格执行"四上"联网直报单位入统标准和条件，动态监测单位生产经营情况，及时调整入库和退库单位。落实部门协调联动机制，做好业务指导培训。健全完善基层统计台账。加强企业原始资料管理，指导基层报表单位规范填报电子台账，确保数出有源、数出有据，可查询、可追溯。制定《月度数据现场核查制度》《月度数据查询制度》，各专业分 30 多批次开展了数据质量现场核查，检查单位 110 余家。认真执行《承德市统计局专业统计数据质量评估办法及数据生产流程》，加大数据审核评估力度。

7 月 24 日，局长遇建军（后左）在全市统计业务培训班讲话

【法治监督】 全方位开展法治宣传教育，制定《承德市统计法治宣传教育第八个五年规划（2021—2025 年）》，对统计普法工作进行安排。针对领导干部、统计人员、调查对象等不同群体开展普法宣传和警示教育。推进统计法律法规进党校，举办专题培训班，对统计人员进行法律培训，提高依法统计的自觉性。在中国统计开放日集中开展现场宣传，营造人人支持统计、人人理解统计、人人配合统计的社会氛围。强化统计执法检查，制定"双随机、一公开"执法抽查工作方

案，组织开展“双随机”统计执法检查，全年共立案19起，给予行政处罚13起。健全完善统计法治基础，制定了《承德市统计机构负责人和统计人员防范和惩治统计造假弄虚作假责任制实施办法》《承德市统计局关于做好2021年度统计执法检查工作的通知》《统计执法责任制考核评议制度》等系列制度文件，建立健全统计法治制度体系。开展统计督察专项自查自纠，印发《防范和惩治统计造假弄虚作假自查自纠工作方案》《关于举一反三持续深入防范和惩治统计造假弄虚作假的实施意见》，围绕重点领域、重要方面逐项开展自查，制定任务清单、责任清单、整改清单，逐项分解，明确职责。对12个县（市、区）开展统计督察迎检指导，指导做好统计督察各项清单的整改工作。建立健全统计监督协同配合机制。建立与纪委监委的信息互通机制，对统计执法过程中发现的违法案件线索及时向市纪委监委进行移送，依纪依规追责问责。落实派驻纪检监察组沟通会商机制，落实数据质量风险隐患排查化解主体责任。推进社会信用监督体系建设，构建信用联合惩戒机制。

【重大普查和专项调查】 扎实推进重大国情国力调查工作，召开全市人口普查新闻发布会，对主要数据进行解读。开展第七次全国人口普查总结表扬，对在普查工作中表现突出的49个先进集体、162名先进个人进行通报表扬。积极推进社情民意调查工作，组织开展了生态文明建设满意度、生态文明建设参与度调查、基本公共服务满意度、高质量发展知晓度等调查工作，为各级各部门改进工作提供参考依据。

2021年市统计局领导名录

党组书记、局长：遇建军
党组成员、副局长：张秀红（女）
党组成员、副局长：鲍景欣（女，满族）
副局长：宋艳芝（女）
普查中心主任：鞠建茹（女）
城调队队长：徐维军
总统计师：杨旸（女，蒙古族）

（陈立永　供稿）

行政审批和政务服务

【概况】 2021年，承德市行政审批和政务服务工作紧紧围绕全市中心大局，坚持“六线”工作法，即：突出“承德办事一次成”改革一条主线，坚守“依法行政、廉洁从政两条底线”，提升“行政审批效率、政务服务水平、企业群众满意度”三条高线，统筹推进疫情防控和行政审批、政务服务和服务企业发展等工作，推动政务服务环境持续优化，为全市经济社会高质量发展提供有力有效的政务服务保障。

【政务服务标准化建设】 着眼于“以订立标准消除自由裁量，以整章建制倒逼依法行政，以严格管理推动服务增效”，谋划开展“政务服务标准化建设年”活动。全年共受理业务19704件，平均办理时限8.5天，较法定时限平均减少75%。全面规范业务运行，编制完成《承德市市本级行政许可事项目录清单》《承德市市本级行政许可事项核心要素清单》，为打造更加高效便捷的标准化政务服务体系奠定坚实基础。围绕推进服务事项法治化、服务过程规范化、服务管理精细化、服务设施智能化，实施12项重点任务，共编制“现场办”服务指南263个、“网上办”服务指南319个、标准化操作手册263个，为工作人员依法行政提供比较完善的参考依据。全面规范大厅管理，动态完善《规范化管理细则》《政务服务效能监督办法》《窗口工作人员考核办法》《政务服务星级评定办法》等综合管理制度，进一步明确纪律要求、量化工作标准。引进OSM现场管理系统，对政务服务大厅人员、空间、物品等进行合理配置、优化组合，现场管理精细化、可视化、信息化水平显著提升。全面规范配套服务，站在办事人需求角度细化一次性告知、预约服务、限时办结等措施，明确咨询、领办等工作流程和标准。坚持实行政务服务“不打烊”，为企业群众提供“8×365”不间断服务。全面规范依法行政，制定发布《规范行政许可行为实施细则》，对申请、受理、审查等各环节实施全过程标准化管理；制作标准化行政审批文书模板31个，真正实现“把权力关进制度的笼子里”；制定发布《行政审批事项申请要件规范措施》全面取消营业执照复印件、前置申请要件、申请材料真实性承诺等材料，累计取消申请要件850余个，“全面推进行政审批制度改革”被省委全面依法治省委员会命名为第一批全省法治政府建设示范项目，责任科室被评为全市争创人民满意的公务员十佳集体。

【提升行政审批效率】 始终把改革创新作为谋划推动工作的重要理念和基本抓手，以“承德办事一次成”改革统筹行政审批和政务服务领域重点改革任务，制定实施一批高含金量的改革举措，推动服务流程更加简化优化，服务模式更加便民利民。扎实开展“承德办事一次成”改革中期评估。坚持“客观公正、突出重点、以评促建”原则，聘请第三方机构对近3年来

建立“前台综合受理、后台分类审批、综合窗口出件”的全新工作模式。图为10月29日，工作人员在大厅中办理业务

全市“承德办事一次成”改革效果进行全面评估，指出存在的问题和不足，市本级政务服务事项“一次办成”真实实现率达到83.77%，县级达到60.46%。扎实推进政务服务“百事通”改革，精准划分市县两级同办事项权限，梳理编制34个“百事通”套餐事项清单，线上线下深度融合，推动“一个事项一次办成”向“一件事一次成”转变，为全省推进“一件事一次办”提供技术支撑。扎实推进基层政务服务站建设，全面加强村（社区）综合服务站建设，全市2459个行政村、198个社区，共建有2657个村（社区）综合服务站，基层综合服务站覆盖率达到100%，乡镇和街道综合服务站平均配备工作人员8人、承接政务服务事项100项，市县乡村四级贯通、线上线下深度融合的政务服务体系基本构建。扎实推进重点领域审批服务流程再造，把服务项目建设作为重中之重，深化开展工程建设项目审批服务改革，制定出台《承德市市级政府投资项目概算审批管理办法》，下大力度推进重点项目审批领办代办、并联审批、联审联验，省、市、县254个重点项目中，立项194个，完成规划办理119个，发放施工许可证97个，进一步精简审批流程、压缩审批时限、提高审批质效。

【“互联网＋政务服务”】 持续完善提升“满意承德”和“智慧政务”平台功能，着力构建一体化网上服务体系，更广覆盖“一网通办”，推动智慧城市建设迈出坚实步伐。丰富功能便捷应用，推行全流程网办，制定印发《政务服务全流程网办推进工作方案》，完善线上受理、审核、补齐补正、评价、办结等功能，市本级319项、县（市、区）级425项政务服务事项实现“全流程网办”。破除壁垒深度融合，推进政务数据共享，制定印发《关于建立健全政务数据共享协调机制加快推进数据有序共享的实施方案》《承德市政务信息资源开发利用工作方案》等文

件，推动全市信用信息平台、农民工工资支付监管平台、“一码通”平台、“不动产登记”平台实现数据资源共享，有效破除各部门业务系统间的信息壁垒。大力推广电子证照和社会主体电子印章广泛应用，累计归集市、县两级电子证照数据132种、70万余个，备案电子印章1680个，为政务服务“全流程网办”奠定坚实基础。面向基层延伸服务，畅通乡村网上办事渠道。以推进一体化平台向基层群众延伸、优化提升村级政务服务水平为立足点和突破口，在兴隆、围场两县先行试点推进“四办”（网上办、现场办、领代办、上门办）服务机制，重点推进基层政务服务事项“网上办”，梳理公布村级“网上办”服务事项69项，平台累计办件4000余件，实现乡村政务服务事项线上线下无缝衔接、高效办理。建设“好差评”平台，构建“好差评”监督体系。按照“全事项、全渠道、全平台、全流程”的要求，建设完成市级政务服务“好差评”系统，实现二维码、评价器、终端机、电话、线下、手机APP等群众办事多渠道评价，倒逼窗口工作人员转变作风，综合业务能力和服务水平不断提升。

【提高公共资源交易质效】 按照“公开、公平、公正”的交易原则，进一步提升全流程电子化应用水平，着力提高公共资源交易工作质效，市本级共完成公共资源交易项目985宗，成交金额60.30亿元，节约金额7399.79万元，增收资金197.57万元。加大平台整合共享力度，对照《河北省公共资源交易目录》，将依法必须招标的工程建设项目招标投标、政府采购等交易全部纳入承德市公共资源市县一体化交易平台。加大全流程电子化应用推广力度，交易全流程电子化系统完成升级，跨区域全程异地评标顺利推进，有效强化了交易风险防控，降低了招标成本。加大交易监督管理力度，统筹开展公共资源交易领域违法违规问题排查整治，建立自查自纠问题台账，逐项进行自查整改，共发现并整改问题3个，公共资源交易进一步规范，营造了阳光公正的公共资源交易市场环境。

【改善城市综合信用状况】 围绕制约社会信用体系建设的短板和弱项，不断夯实基础、健全机制，有重点、有步骤地推进社会信用体系建设，承德市全国城市信用监测排名由原227位上升至目前的49位，全省第二，城市综合信用状况进一步改善。着力建设支撑有力的网络平台，落实全省信用信息“一张网”建设要求，与省级平台和市级智慧政务、公共资源系统完成对接。开设“信用承德”微信公众号，设置信用信息查询、信用报告出具等功能模块，工作智能化、便利化水平不断提升。行政审批局与市金融办、人行等部门建设“信易贷”平台助力企业融资贷款，212家金融机构和2049家市场主体入驻。着力归集共享全量的信用信息，制定市级信用信息目录，归集行政确认、行政给付、行政监督等公共信用信息数据2.3亿条；归集各级各类职能部门履职过程中产生的“双公示”信息15.78万条；归集水、电、暖、气等特定信用信息58万条；归集主动自愿型、行业自律型、信用修复型承诺书39.5万条，及时通过平台梳理入库，在“信用承德”网站公开公示，实现“一口采集、公用共享”。着力强化覆盖全面的信用应用。成立信用纠纷人民调解委员会、信用服务中心等服务机构，主动靠前服务；实施“信易+”工程，积极推进“信易医”“信易游”等功能开发及应用；大力推进审批服务信用承诺制度改革，联合各相关部门梳理全市397项审批事项，推动诚实守信不断成为各行各业的价值追求。

【服务企业发展】 充分发挥桥梁纽带作用，健全完善调研走访、校企银企合作、“中心吹哨、部门报到”等工作机制，进一步强化服务意识、丰富服务内容、提升服务质量，助力全市市场主体健康快速发展。创新政企沟通机制，建设完善“承心办”企业发展服务平台，广泛征集企业生产经营中的问题困难，有针对性地向企业推介惠企政策。“承心办”企业发展服务平台已注册企业29631家，累计推送惠企政策30万余次，向各行业企业定向推送短信6.9万余条，多渠道受理企业咨询和困难问题4.6万余件。创新精准帮扶机制，在全部“四上”及重点企业、部分中小微企业设立政府工作服务站。共设立政府工作服务站7891家，派驻政府服务代表1664人，服务企业2.7万余家，受理企业反映的各类问题2309个，办结问题2300个，办结率99.6%，企业满意率100%。创新部门协作机制，加强与相关部门协调对接，促进多部门、多领域信息资源共享，组织多层次政企座谈会120场，开展各类惠企助企活动200余次。行政审批局与市金融办、银监局及金融机构，组织农业银行、工商银行等多家金融机构针对100余家中小微企业所面临的融资难题，达成意向融资3.6亿元。行政审批局与河北民族师范学院、河北石油职业技术大学等高校，有针对性的对接50余家相关企业，组织招聘人员进校园现场对接，发布企业就业信息120条，涉及岗位276个，达成初步就业意向300余人，有效促进了校企之间资源共享、优势互补。创新惠企服务机制，组织各级企服中心、政府服务代表开展“进企业、入园区、送政策、解难题”“我为群众办实事”系列服务企业活动，针对企业需求，召开企业路演、座谈会30余场，搭建企业沟通平台，推介企业新产品、新技术，印发惠企政策宣传卡2000余张，惠企政策口袋书7000余册。

2021年市行政审批局领导名录

党组书记、局长：刘秉奇（满族）

党组副书记、副局长：徐立新（女，蒙古族）

邢建军（满族，7月免）

党组成员、副局长：闫景会

于鹏飞（满族）

党组成员：吕新东

刘全立

副局长：唐建国

（王靖斌　供稿）

市场监督管理

【概况】 2021年，全市市场监管系统坚持以中共中央总书记习近平新时代中国特色社会主义思想为指导，聚焦“活力、秩序、质量、安全”目标，优化发展环境，坚守安全底线，推进质量发展，维护市场秩序，助力全市经济社会高质量发展，各项工作均取得了一定成效。

【优化发展环境】 出台市场监管领域优化发展环境具体措施，召开优化发展环境工作会议，明确重点解决10个方面问题，提升7个方面工作。结合全市“六治六提”工作，强化责任担当、改进工作作风，开展明察暗访3次，通报4人。制定了《市场主体轻微违法“首违不罚”事项清单》和《市场主体轻微违法从轻、减轻处罚事项清单》，实施包容审慎监管。建立多部门参与的扶持个体工商户发展联席会议制度。深入开展广告助产、助销、助转型“三助活动”，30余家企业受益。涉企经营许可事项“证照分离”改革实现全覆盖，全市共有外资企业440户，积极引导外资企业“网上办”“掌上办”。推进政务服务向基层延伸，全面推进赋予乡镇和街道个体工商户登记权限工作。全市市场主体达30.38万户，较2020年同期增长7.55%。聚焦民生领域难点热点问题，加大执法办案力度，案件查办领域不断突破。全年共立案61件，结案69件（含2020年立案34件），移送公安8件。

其中某公司经营未取得医疗器械注册证的医用一次性防护服案被列为河北省药品类十大重大案件。持续推进放心消费创建，培育支持“新业态新消费”类型企业纳入示范单位。参与线下无理由退货承诺实体店78家，大型商超53家，覆盖率100%。深入开展民用品维修业专项治理，净化了维修市场环境。12315投诉举报热线受理投诉举报34186件，办结率、反馈率100%。全市消协组织成功调解消费者投诉2192件，挽回经济损失94万元。市消保委被中消协表彰为2020—2021年度消费维权先进集体。

【坚守安全底线】 深入实施食品药品安全工程，群众饮食和用药安全感进一步提升。扎实推进食品生产企业体系检查，开展农村食品安全整治提升、保健食品清理整治、“餐饮安全你我同查”、校园食品安全守护等行动。坚持每月向社会公布食品抽查信息，不合格产品处置率实现100%。全市14家食用农产品集中交易市场全部落实了常态化动态监管机制。完成食品抽检1.74万批次（计划1.5万批次）。培育“食品溯源示范超市”16家。创建省级标准食堂12家，创建市级校园食品安全标准食堂104家。集中开展非法渠道购销药品、中药饮片、医疗美容类和口腔类医疗机构在用医疗器械、儿童化妆品等专项整治，保障了群众用药安全。查办的一起药品案件入选国家药监局典型案例。全市在册特种设备35772台（件）分类建立台账，全面开展特种设备安全专项整治三年行动，扎实推进“双控”机制建设，深入开展隐患排查整治，全市特种设备运行平稳，未发生安全责任事故。市场监督局连续15年被市安委会评为安全生产先进单位。对全市32家获证企业进行全覆盖检查。开展化肥、电动自行车、口罩、危险化学品等工业产品质量安全监管，完成省级监督抽查179批次，市本级抽检79批次，抽检成品油1834批次，及时完成不合格产品处理。多年来，工业产品质量安全零事故。

4月27日，党组书记党国欣（前）到高新区校园食堂进行督导调研

【夯实质量基础】 持续推进质量强市战略，开展“10+2+X”质量提升行动，对“3+3”主导产业开展质量诊断帮扶系列活动。创新载体，举办高质量“质量月”活动。滚动培育50家重点企业争创政府质量奖，累计争创省政府质量奖组织奖7个，个人奖10名。主导或参与制修订国际、国家、行业标准10项，市地方标准16项。获批国家级标准化试点1个，考核评估通过1个，标准自我公开声明企业471家。新建公用社会计量标准3项，广泛开展“计量服务中小企业行”“认证认可检验检测在行动”等活动，促进企业高质量发展。承德知识产权信息公共服务平台上线运行。加入晋冀鲁豫跨地区知识产权保护协作机制。出台《承德市促进专利转化助力中小企业创新发展实施方案》，全市首单专利保险落地，5家企业完成知识产权管理体系贯标认证。“宽城板栗”纳入国家地理标志运用促进重点联系指导名录，“平泉香菇”评为省地理标志商标品牌运用促进工作补助项目。全市有效发明专利885件，万人发明专利拥有量2.64件，同比增长33.33%。有效注册商标24007件，同比增长20.57%。

【规范市场秩序】 推行“双随机、一公开”监管，调整完善“一单两库”，持续推进跨部门联合抽查常态化、全覆盖，做到进一次门、查多项事。

全市共开展部门联合抽查117次，部门内部抽查906次，检查结果公示率100%。规范"异常名录"和"黑名单"管理，依法做好失信企业联合惩戒。全市列入经营异常名录市场主体64276户（次），列入严重违法失信企业名单1162户。强化价格监管，重点开展水电气暖等领域价格收费检查，检查覆盖率100%。开展停车管理领域违法违规问题专项整治，全市现有停车场均更换了统一规格的停车收费标识牌。强化涉企收费检查，查办案件6件，退还价款49.33万元。强化反不正当竞争执法，查办案件39件。强化竞争审查，完成审查抽查420件。规范打传规直，在河北民族师范学院开展打击传销进校园演讲比赛。制定出台《广告监测工作制度》，监测各类广告64.81万条次，条次违法率0.02%；加大虚假违法广告查处力度，全系统共查办案件95件。强化网络交易监管，积极推进网上野生动物交易、口罩价格等事项监测监管工作。

【提升履职能力】 健全法规制度体系，出台《承德市市场监督管理局行政执法责任制》，为行政执法提供了法治保障。编制新版权责清单，权责清单、权力责任流程图和办事指南均对外公示。提升干部素质，加强干部职工教育培训，强化执法人员法律法规学习，提升整体业务能力，全市系统参加（举办）各类培训27期，2434人次参加总局、省局选派培训和网络培训等。

【加强党建工作】 坚定政治立场，把"两个维护"作为最高政治原则和根本政治规矩，贯彻执行市委、市政府决策部署不打折扣、不做选择、不搞变通。增强政治认同、思想认同、理论认同、情感认同，全体党员干部做到忠诚核心、拥戴核心、维护核心、捍卫核心。强化理论武装，党组书记带头进行中共党史学习教育和六中全会学习宣讲。全体党员干部利用"学习强国"、党建微信群、网课教育平台、网络"大培训课堂"等新媒体，开展线上线下学和互动交流学，年度党组理论中心组集中组织学习13次，党员干部参加各类学习时长130小时以上。加强机关党建，调整整合13个基层党支部，选优配强支部班子，全局共有专兼职党务干部55名。认真开展党史学习教育和"四史"宣传教育，参观红色教育基地，举办党史学习教育成果专题文艺汇演等活动，深入开展"三创四建五优化"活动，扎实开展"我为群众办实事"实践活动。推进从严治党，认真落实主体责任和监督责任，落实"一岗双责"，压实党风廉政建设责任。组织召开党风廉政建设专题会议，开展警示教育，一体推进不敢腐不能腐不想腐。全力配合市委巡察和审计监督，狠抓巡察、审计整改。全力支持配合驻局纪检组监督执纪。

【服务疫情防控】 面对疫情持续多点散发的形势，全市系统2400名一线监管人员始终保持应急状态，保冷链、保价格、保质量、保秩序。全面加强冷链物品和各类市场排查整治，持续强化全市零售药店发挥"哨点"作用，从严开展疾控中心和疫苗接种点监管，有力服务了疫情防控大局。

12月8日，市局局长马广春（后右）组织召开承德市疫情防控领导小组市场供应监管组进口冷链食品疫情防控应急演练推演

2021年市市场监督管理局领导名录

党组书记：党国欣

局长：张树国（蒙古族，6月免）
马广春（6月任）

党组成员、副局长：张进宇
吕少斌
任阁兴
张学德
刘佐兵
副　　局　　长：苏立国
吴志峰（满族）

（赵小芳　供稿）

应急管理

【概况】 2021 年，全市应急管理系统全面落实中共中央总书记习近平视察承德讲话指示精神和关于安全生产、应急管理、防灾减灾救灾重要指示批示，牢固树立“人民至上、生命至上”的发展理念，强力推进应急管理、安全生产和防灾减灾救灾责任落实，有效应对了汛期 16 次强降雨过程，实现了两节两会、庆祝建党 100 周年、暑期汛期、中秋国庆、党的十九届六中全会等重点时段“零事故”，全市共发生生产安全事故 23 起（同比减少 17 起、下降 42.5%）、死亡 20 人（同比减少 6 人、下降 23.1%），未发生较大及以上事故，全市安全生产形势持续稳定。高效完成综合行政执法体制和森林草原防火体制改革，组建了市森林草原消防支队，应急管理和防灾减灾救灾水平稳步提升，为建设高质量发展的“生态强市，魅力承德”营造良好的安全环境。由于工作推进有力、成效明显，承德市应急管理局综合风险普查工作被国务院第一次全国自然灾害综合风险普查领导小组办公室通报表彰。被国家机关事务管理局、中共中央直属机关事务管理局、国家发展和改革委员会、财政部联合授予“国家级节约型机关”称号。

【贯彻新发展理念】 在中共中央总书记习近平考察承德后，局党委及时召开党委会研究部署落实措施，制定印发《局关于全面贯彻落实习近平总书记视察承德重要讲话指示精神全力推进应急管理事业高质量发展的实施意见》，明确 27 项重点任务，每月调度督办，逐一推进落实。紧紧围绕省十次党代会和市委市政府确定的发展思路和发展目标，全面贯彻新发展理念，科学谋划了应急管理“十四五”规划，明确今后五年应急管理发展定位和发展战略，在落细落实习近平总书记重要指示讲话精神和中央、省市委决策部署上努力开拓应急管理工作新局面。

【加强组织领导】 重新调整承德市安委会，设立 15 个专业委员会，建立领导干部履职“一档三清单”（履职档案、指示批示清单、会议调度清单、督导检查清单），层层拧紧压实责任。市委市政府主要及分管领导以上率下，带头调研到现场、督导到一线、解决在基层，召开市委常委会 6 次、市政府常务会 6 次、市安委会全体会 6 次、其他各类会议 50 余次、批示 100 余次、检查调研 80 余次，有力推动各项工作落地落实。印发了《重点行业领域安全生产监管责任清单》，明确 11 个行业领域 145 项安全监管职责；印发了《关于加强重点项目安全监管工作的通知》，压实了项目勘查、评价、设计、施工、开车、验收环节的安全监管责任；印发《关于建立生产经营单位和重点部位安全生产网格员公示制度的通知》《关于贯彻落实河北省社区安全管理手册的通知》，实现了基层安全生产网络化管理；印发《关于理顺机制加强安全生产监管的督办函》，解决了高新区安全监管能力不足、监管机制不畅等问题。市安委办创新建立常态化巡查机制，针对县、乡领导换届情况，聚焦重点区域、重点行业“望闻问切”、把脉诊断、开方抓药，指导帮扶各级各部门解决事故多发、基础薄弱等问题，全市累计发现问题 2194 项，已督促整改 2119 项，促进“党政同责、一岗双责”和“三个必须”责任落实，提升各级各部门安全监管的能力。

【关口前移抓防控】 始终秉承“事故可防、可控、可避免”的理念，在防范化解重大风险、消除重大隐患上下功夫。紧盯“双控”建设，持续推动高质量试点和信息化建设，16个行业领域出台风险分级标准，3715家企业完成“双控”机制建设，878家企业建立“双控”信息化系统，培树高质量试点209家，矿山、危化、冶金工贸等领域分别形成了各自模式。紧盯三年行动，制定了各类制度措施文件511项，成立督导检查组7273个，检查企事业单位5.02万家次，行政处罚4664.36万元。紧盯执法检查，坚持“随机、暗访、重处”和“铁面、铁心、铁腕、铁律”理念，深入组织开展了“防风险除隐患保安全”大排查大整治、隐患排查整治和执法检查专项等行动，定向精准除患铸安。国家矿山安全监察局在2次对承德市矿山工作专项监察、督查后，对承德市工作给予高度肯定。

【牢守底线抓治理】 始终坚持以遏制事故为目标，综合施策、精准布控，夯实企业生产安全的基础。煤矿，实行监管人员和专家驻矿监督，2家生产煤矿持续推进标准化建设，采用轻放支架开采，1家煤矿实现机械化采煤。非煤矿山，争取省专项资金2411万元用于70个非煤矿山隐患排查、采空区治理、边坡治理、尾矿库在线监控、选矿厂安全设施改造等项目，撬动企业安全投入8000余万元。开展矿山综合治理，620个矿山系统安全整治达标；开展选矿厂防火治理，投资4305万元更换非阻燃材料厂房115处。冶金工贸，投入2065万元，改造机械防护生产线34条，装备点位防护1971个，建立能源隔离点18323个。危险化学品，针对危化企业生产装置区内，存在中央控制室、交接班室、办公室、休息室、实验室问题，督促企业全部搬迁整改到位。对13家油气储罐化工企业、491家加油站、76家加气站内2470个油气储罐开展全覆盖检查，查改隐患51项；15家烟花爆竹批发企业全部退出、库存清零；19家化工企业制定提升措施208项，全部完成并通过验收。同时，充分发挥综合监管的作用，督促城管部门投入4亿元对市中心城区燃气管网进行更新改造，加装泄漏报警、温度传感和压力监测设施150余台，实时监控燃气管网运行状况；督促住建部门检查工地674家次，整改问题隐患308项，排查城市危房256栋、11万平方米，排查农村房屋68.76万户；督促市场监管部门对全市15167台电梯、3812台压力容器、3401台起重机械、80台大型游乐设施、7条客运索道严格检查，消除事故隐患；其他部门也都按要求开展专项整治行动。

【科技兴安】 全面完成了国家级尾矿库安全风险智能监测系统试点建设任务，统一尾矿库安全在线监测系统设计和建设标准，为下一步推动工作打下坚实基础。14家危化品企业、2家冶金企业、165家尾矿库、96家矿山企业纳入重大危险源安全风险监测预警系统。充分发挥监测预警系统“千里眼”作用，强化网上执法检查，全面提升了监管效率。全市应急指挥中心场所正在进行改造，建设完成后将能够实现全市数据监测、会商、调度等功能。

【安全宣传】 市本级投入约50万元，围绕“5·12”防灾减灾日，“安全生产月”“安全生产承德行”等活动，制播电视专题102期，电台专题55期，报刊发稿1457篇，发布新闻353条，发布微信抖音651条，协调利用公交车载电视、户外电子屏“96121”等常态宣传常识知识。

【安全培训】 组织全市6万余人观看警示教育片。组织“三类岗位人员”取证、复审、换证等考核发证14769人。强化企业培训执法和特种证打假专项行动，抽查企业33家，罚款25.6万元。在安责险推进方面，全市投保企业960家，保费合计2290.8万元，高危行业企业安责险覆盖率

100%。引入第三方参与安全风险评估管控，从安全生产培训、标准化建设、诚信评定、救援演练、科技推广、第三方评估、风险排查等方面开展事故预防服务1005家次。

【突发事件应对体系建设】 全面摸清应急救援装备物资现状，本着“急需先配，有缺必补”的原则，市级财政支持982万元，增购一批森林草原防灭火装备物资，补齐装备物资短板，确保“有急能应、有急必应”。着力优化整合应急救援队伍，统筹抓好专业队伍、企业队伍、社会队伍3支力量建设，加强矿山、危险化学品等重点行业领域救援队伍建设，发挥武警、预备役民兵以及解放军的作用，逐步构建规模适中、专群结合、管理规范、灵敏高效的救援队伍体系。全市建有34支、860人综合消防救援队伍，7支、204人的安全生产救援队伍，584支、9569人森林草原防灭火队伍；2520支、52101人防汛抢险队。重新编制和修订42个市级层面专项应急预案、35个部门预案，编制和修订了273个县（市、区）级层面专项应急预案、322个部门预案，并对1418家企业应急预案进行了备案，逐步建立了总体预案、专项预案和部门预案相结合的突发事件应急预案体系。组织开展了防洪、防震、避险、减灾、救援等多形式、多科目的应急演练活动，人员参与

2月25日，承德市森林草原防灭火工作现场观摩会在丰宁召开

广泛、处置联动性强，全市共投入资金817万元，开展演练5643次，参与人数257550人次。9月18日承办3个县、17个部门参与的2021河北地质灾害综合应急演练，为全省地质灾害救援工作积累了实战经验。2021年12月30日成功举办全市“12·30”森林草原火灾扑救演练活动，20支、800余人森林草原消防队伍参加演练，全面磨合了机制、理顺了流程、锻炼了队伍。

【提升综合防减救灾能力】 组织自然资源、住建、城管、交通、水务、气象、林草、地震等9个部门分别制定各行业领域普查实施方案，明确各项普查任务、部门职责、实施步骤和推进时间表以及具体工作要求。全市应急系统共完成调查数据16749条（其中历史灾害数据8568条，承灾体调查数据5005条，减灾能力调查数据3176条，地下矿石372座，露天矿山229座，尾矿库329座，化工园区2个，危化企业522个）。质检核查工作已基本完成，差错率小于3%，普查数据质量满足国普办的质量要求，为后续风险隐患评估和区划工作奠定了坚实基础。按照习近平总书记视察承德重要讲话指示精神和市委市政府总体部署，全面理顺市、县、乡三级森林草原防灭火组织架构，建立了以应急、林草、公安为主，相关部门为补充的应急指挥体系。按照“市支队—县大队—乡镇中队”三个层级，组建274支（3613人）森林草原防灭火智能化、信息化、标准化专业队伍。以“环京、环塞”的5个县共21个乡镇为中心，在周边各乡镇之间建立协调联动机制，打造半小时扑救圈。实行火灾火情“1分钟双推送、公安机关3分钟出警、扑火队伍5分钟出动”工作机制，及时组织力量对火灾进行扑救，严厉打击违法违规用火行为。组织开展火灾“大排查、大整治”、输配电设施火灾隐患治理和“六清”三大行动。累计排查整改隐患102处；治理隐患线路524.1千米；累计清理地边456.3万米、坟头37.7万个、林边429.9万米、矿边25.1万

米、路边532.1万米、隔离带32.6万米，有效消除了各类火灾隐患。

及时调整市抗震救灾指挥部和地质灾害应急救援指挥部，厘清了各单位职责，建立了电话、传真、邮箱、微信等多渠道联络方式，将全市827处地质灾害隐患点信息逐一标注在电子地图上，全面提高了应急指挥和救援效率。扎实推进国家地震烈度速报与预警工程和河北省区域烈度速报台网建设，新建4个地震台站均已进入试运行阶段，20个学校预警设备已安装完成。全面普查房屋设施抗震能力，审核通过加固房屋3165间，新建3784间，采集信息6949间。加快应急避难场所的建设，《承德市应急避难场所设计专项规划》已处于公示阶段。全年成功处置2次地震应急响应，联合各有关部门处置地质类险情4次，未发生人员伤亡情况。

建立市、县、乡、村四级灾害信息员队伍，构建了反应灵敏、运转高效的灾情信息报送网络。向省厅争取应急救灾资金1137万元（其中，受灾群众生活救助经费887万元，防汛抗旱工作经费250万元），全部用于解决应急救灾期间受灾群众基本生活困难和抗洪抢险工作困难。争取受灾群众冬春生活救助资金3806万元，占全省资金的31.7%，市本级下拨冬春生活救助棉衣被1.1万余件，确保所有因灾生活困难对象得到相应救助，切实帮助群众渡过难关，维护社会稳定。

【强化法治教育】 领导带头学法，局党委采取理论中心组学习、个人自学、网络学习等多种形式，组织全体班子集体学习《中华人民共和国刑法修正案》《中华人民共和国国家安全法》《中华人民共和国安全生产法》《中华人民共和国行政许可法》《中华人民共和国行政处罚法》《中华人民共和国行政复议法》《中华人民共和国行政诉讼法》等法律法规，并利用会议、督导、检查等时机，随机对各县（市、区）、各乡镇（社区）、企业人员进行提问培训，有利提升了各级各部门各单位学法主动性。开展全民普法。结合安全生产月、“4·15”全民国家安全教育日、“7·28”防震减灾科普日、宪法宣传周等专项宣传，通过现场咨询、发放宣传材料、悬挂横幅、制作展板等形式，广泛开展宪法、安全生产、防灾减灾救灾和应急管理法律法规的宣传，真正将法律法规重要意义和内涵传达到千家万户，引导群众自觉遵法守法、履行法定义务。

【严格执法行为】 统筹推进“双随机、一公开”监管工作。认真编制年度计划和实施方案，将“双随机”作为日常监管重要方式，常态化开展各条线业务监管。全市共开展“双随机”检查12次，检查事项数21项，检查市场主体69个，发现问题主体59个，抽查结果公示69条。扎实推进年度监督检查计划。印发了《2021年度安全生产监督检查计划》，明确工矿商贸行业领域重点检查企业和一般检查企业的数量和频次，全年计划监督检查生产经营单位291家次，各科（队）均严格依照现行有效法律、法规、规章，规范监督检查的各个环节，做到程序合法、操作规范、自由裁量权使用得当、文书填写规范。重新修订行政执法权责清单。依据新《中华人民共和国安全生产法》，全面完成了权责清单、行政执法事项清单、罚没事项清单的动态调整工作，并在局网站、市政府网站进行公开公示，进一步规范行政权力的运行。严格执行行政执法3项制度。将所有适用一般程序的行政处罚案件全部纳入法制审核范围，从严把好“法审关”，全年法制审核案件160件，提出审核建议717条。

【加强队伍建设】 落实法律顾问制度，自2011年以来，始终坚持外聘1名律师担任局法律顾问，又在机关明确1名公职律师作为补充，法律顾问全年累计提出法律意见41条，法律顾问和公职律师对所有重大决策进行了审核，有效解决了案件处罚主体界定、证据收集、文书送达、时限要求以及重大决策政策把握不准等诸多疑难问题。做好“两法衔接”。35起行政处罚案件已全部照全市“两法衔接”的要求，将相关案件材料录入“两法衔接”系统平台，推进了行政执法与刑事司法工作的有效衔接，有力促进了依法行政。定期梳理典型案例。每月向省应急厅报送安全生产典型执法案例，全年应报送典型案例38个，系统显示实际报送47个，入选合格典型案例37个，报送率100%，持续保持安全生产执法的高压态势，强化案例的警示作用，营造了尊法、学法、守法的良好氛围。

2021年市应急管理局领导名录

党委书记、局长、地震局局长：姜立新
党委委员：张瑞芹（女）
党委委员、副局长：吕树军（满族，9月免党委委员，10月免副局长）
葛延（满族）
闫洪涛
副局长：曲志清
监察专员：李西昆（满族）
高春学

（王建立　供稿）

消防管理

【概况】　2021年，消防救援支队在省消防救援总队和市委、市政府坚强领导下，深入学习领会中共中央总书记习近平新时代中国特色社会主义思想和重要训词精神，坚持防风险、保稳定、促发展，各项工作成效明显，队伍建设正规有序，发展根基更加牢固。消防员孟令辉荣获共青团中央授予的“全国优秀共青团员”称号，支队团委荣获共青团河北省委授予的“五四红旗团委”称号，承德市消防救援支队荣获市文明办授予的“承德市青年文明号”“2018—2020年度文明单位”“学雷锋志愿服务结对帮建先进单位”等称号；2个单位、7名个人荣获省级表彰。

【装备基础建设】　全市建成实战化训练基地一期工程和丰宁满族自治县大滩消防站、滦平县工业园区消防站，平泉市第二消防站、承德县六沟园区消防站主体竣工，双滦区单塔子消防站完成选址立项。市消防救援支队综合性训练场馆、物资储备中心、基层队站建设等均已纳入《承德市消防救援事业发展“十四五”规划》。购置整车进口双头隧道消防车1部、各类进口底盘消防车6部、战勤保障类车辆6部、搜救灭火无人机4架、卫星通讯组网设备1套，其余高精尖装备1000余套。额外争取政府债券资金2950万元用于购置应急救援装备，追加经费200万元用于购置水域救援器材。

【锤炼应急救援过硬本领】　聘请化工、山岳等领域专家组建灭火救援专家组，聘请国际马拉松冠军孙英杰和市马拉松协会运动专家组成体技能教练团队。先后举办指挥员实战能力培训班、急流水域救援培训班、地震救援培训班、无人机驾驶员培训班；联合中石化承德石油分公司、国电滦河电厂、承德高铁南站、避暑山庄集团、航空护林站等开展大型灭火救援疏散演练21次，修订预案426份。开展全员岗位大练兵考核、装备技师比武考核，以及执勤训练器材装备自主革新评比、典型战例复盘推演、战训大讲堂、作战训练安全形势分析等活动。赴北京密云、怀柔、张家口崇礼等地开展跨区域协同作战接洽交流，签订联勤联战协议。与108家社会单位签订物资保障协议，完善重大灾害事故保障编组预案12份，构建立体化战勤保障体系。2021年，全市消防救援队伍共接警出动3780起，抢救被困人员560人、疏散241人，抢救财产价值7262.63万元，保护财产价值1.07亿元，成功处置“5·2”双滦区游乐设施高空故障、“5·21”双滦区居民楼煤气罐爆炸、“11·29”丰宁满族自治县危化品槽车泄漏、全市汛期抗洪抢险救灾等急难险重任务。

【筑牢平安建设防线】 先后召开2021年消防安全委员会会议暨今冬明春火灾防控工作动员部署会、消防安全委员会暨集中攻坚年行动部署电视电话会议等重要会议；成立考核组5个，对各县（市、区）政府和行业部门2021年度消防工作进行考核验收。推动219个乡镇（街道）应急管理办公室明确消防安全职责，编印《工作指导手册》。扎实推进消防安全专项整治三年行动，先后部署电动自行车、消防车通道、大型商业综合体、革命文物建筑、高层建筑、在建工地等综合治理行动6个，对9家火灾隐患单位实施政府挂牌督办，对大型商业综合体、文物建筑、密室逃脱场所等进行集中约谈和提醒。组织全市消防安全重点单位召开标准化管理推进会，在金龙购物广场召开大型商业综合体消防安全管理达标工作现场会。印发《消防安全集中攻坚年行动实施方案》和《加强农村地区消防工作指导意见》，压实沿街商铺、家庭作坊、仓储物流、农村自建房等领域的消防安全责任。研究制定《关于保障高质量发展“生态强市、魅力承德”建设进一步优化消防执法环境的实施意见》，推进放管服改革和执法规范化建设。2021年，全市消防救援队伍共检查单位7004家次，发现并督促整改火灾隐患5075处。全市共发生火灾1219起，死亡7人，受伤4人，直接经济损失2077.7万元，火灾形势总体平稳。

5月2日，在双滦区成功处置游乐设施高空故障事故

【提高全民消防安全素质】 举办宣传贯彻《高层民用建筑安全管理规定》《消防车通道管理办法》及“119”消防宣传月新闻发布会3场次。先后到市公安局、市应急管理局、市民族宗教局、市戒毒管理所、高速公路集团、避暑山庄旅游集团、市委党校、承德医学院、承德中医院、头道牌楼小学等开展消防安全培训。组织文博系统、教育系统、大型商业综合体、全市涉疫单位线上宣传消防提示教育，开展“探秘”应急消防科普教育基地、“消防员的一天”等网络直播活动。在承德电视台、承德广播电台、承德新闻网等媒体刊播专题节目98期，播出公益广告和安全提示信息2.5万条，在中央电视台等中央级媒体发稿262篇。制作《消防史图馆》、电动自行车等科普新媒体作品136幅。在高新技术产业园区打造全国首家“海底捞”消防主题餐厅，举办“上好一节消防课”“消防作文绘画大赛”等系列宣传教育活动。

2021年市消防救援支队领导名录

党委书记、政治委员：赵洪明
党委副书记、支队长：柏战杰
党委委员、副支队长：李晨亮
党委委员、副支队长兼灭火救援指挥部部长：侯佳男
党委委员、副支队长：左凤传
党委委员、副政治委员兼纪委书记：辛天兵
党委委员、政治部主任：关天琦

（景　辉　供稿）

承德海关

【概况】 2021年，承德海关坚持以中共中央总书记习近平新时代中国特色社会主义为指导，深入学习贯彻中共中央总书记习近平视察调研承德时的重要讲话，认真落实海关总署和石家庄海关重点工作部署，以政治建设为统领，扎实开展中共党史学习教育，严格海关监管，优化海关服务，努力建设新时代海关。

【打击走私】 开展国门利剑2021行动，与秦皇岛海关缉私分局密切配合，全年移交走私违规案件线索5条，其中某企业涉嫌出口非备案种植场蔬菜线索为首次涉检案件线索，黄某某走私手表案件线索为首次查发走私案件线索。深化反走私综合治理，推动地方政府强化反走私综合治理主体责任，牵头制定《关于加强新形势下打击冻肉走私工作的意见》，密切同地方公安、烟草、生态环境保护等部门执法协作，增强打击治理合力。开展跨境电商“断链刨根”专项整治行动，注销3家已备案跨境电商企业，对1家经营异常处理企业实施信息变更。

【提升海关监管效能】 加强检验检疫监管，全年受理检验检疫报检货物3023批，同比增长11.6%，金额1.51亿美元，同比增长35.6%，出具原产地证书713份，同比下降15.7%，金额5883.1万美元，同比增长23.1%，原产地证关税优惠金额为221.9万美元。严格执行进出口货物现场查验规定和抽采样要求，把好进出口货物质量安全关，全年对268批出境货物、12批入境货物进行了现场查验，其中出口查验危险货物包装实施使用鉴定223批，重量6389.98吨，货值3419.5万美元，检出并出具《出境货物不合格通知单》13份，对2家企业进行约谈，对1家企业发出限期整改通知。组织实施出口食品风险监控和疫病监测，抽检出口食品19批次，抽检出口动物源性食品样品45个，监测农兽药、污染物等共45个合集177个检测项目，重点对辖区2家出口禽肉企业开展微生物监控，抽检120个批次，对辖区2家供港禽肉养殖场开展禽流感、新城疫疫病监测，抽检60个样品均为阴性，保障出口食品安全。组织实施外来有害生物监测，在承德辖区设置29个监测点监测检疫性实蝇、在3个进口粮库开展杂草监测共鉴定辨别34种植物，有效防止外来有害生物入境。强化企业日常监管，全年新增报关单位备案49家，注销报关单位21家，首次新增危险货物包装生产企业1家，开展核查作业73起，发现问题40起，核查作业查发率54%。

6月29日，承德海关关员正在查验危化品
（摄影　孟海成）

【严格供港澳活牛监管】 开展供港澳活牛注册育肥场养殖、用药、饲料、疫病防控等日常检查、“瘦肉精”专项排查，指导企业建立健全动物防疫和食品安全管理体系。8月，承德突发人感染肺炭疽病例，承德海关立即采取预防性动物疫情控制措施，禁止企业从疫情风险区域和受威胁区域采购活牛和投入品。实施供港澳活牛检验检疫，包括实施兽药和有毒有害物质监控，抽检9个样品开展129项次监测，实施供港澳活牛疫病监测，抽检血样120份、做皮试40头份监测口蹄疫、布鲁氏菌病、牛结核病、牛副结核病在等6类疫病。积极与香港食环署沟通，指导企业完善硬件设施和申报材料，2021年11月24日企业完成远程探访检查，企业已连续三年顺利通过香港食环署探访检查。全年承德海关检疫监管供港澳活牛93批、3554头、货值1464.65万美元，同比分别下降11.42%、11.61%、1.64%。

【促外贸稳增长】 综合运用统计分析与监测预警、技术性贸易措施等各种政策手段，2021年参与编写《2021年主要贸易伙伴技术性贸易措施研究报告》，开展技术性贸易调查3家、认真提交WPS技术性贸易措施评议，指导帮助企业积极应对破解贸易限制措施对出口的影响。组织辖区企业开展外贸知识RCEP原产地规则和关税减让政策培训、海关加工贸易知识培训，开展"4•15"国家安全教育日、"4•26"知识产权宣传、食品安全宣传周等法制宣传活动，推动关企共治进出口秩序。支持企业扩大出口"一带一路"市场，帮扶辖区某企业首次出口家具产品至莫桑比克、某企业首次出口冷冻禽肉至瓦努阿图。做好稳外贸稳外资问题收集和快速解决，领导班子深入企业走访调研现场办公，撰写专题调研报告《走访调研摸实情、为企服务解难题》受到地方市委市政府双批示。全年承德市实现进出口总值20.5亿元，同比增长23.2%，其中出口总值16.4亿元，同比增长36.8%，进口总值4.1亿元，同比下降11.8%。

2021年承德海关领导名录

党委书记、关长：费更生

党委委员会、副关长：刘　军

（李明杰　供稿）

农村工作

【概况】 2021年，农村工作聚焦中央和省市“三农”各项硬任务，不断深化农村综合改革，把农村统筹管理放到重要位置，持续开展国家农民合作社示范社暨省级农民合作社示范社监测工作。巩固完善农村基本经营制度，以深化农村土地制度改革为统领，围绕妥善处理农民和土地关系主线，努力提升农村承包地管理水平。落实农村洁净煤取暖实施方案，开展摸底调查，建立确村确户台账，开展安全取暖排查整治，完成生物质取暖和洁净煤取暖工作任务。新能源项目建设落地实施，3个县（市）生物质燃料基地建设项目得到河北省农业农村厅和财政厅批复，年内3个项目实施企业均投入生产。加强沼气工程安全生产监管，开展农村新能源设施安全生产大排查、大整治行动。推进农村集体产权制度改革，坚持把巩固农村集体产权制度改革成果、发展新型农村集体经济做为第一要务全力推进，建立起农村宅基地改革和管理体系。完成《承德市“十四五”推进农业农村现代化规划》及《全市民宿经济发展三年行动计划》初稿。

【农民合作社规范化建设】 持续开展国家农民合作社示范社暨省级农民合作社示范社监测工作，全市共监测2018—2019年度国家级合作社32家（其中有30家监测合格，2家监测不合格）；省级示范社117家（110家监测合格，7家监测不合格）。2021年，新获批国家级农民合作示范社9家，累计全市有国家级示范社40家、省级示范社150家、市级示范社351家。承德市15家合作社被评为省级规范化建设试点，以试点为引领争取项目资金2550万元，用于支持101家示范合作社。组织线上、线下培训390余人，通过试点建设全面提升合作社经营管理和带动能力，兴隆县被评为2021年国家农民合作社质量提升试点、国家部级农民合作社办公司观察点；承德县熙野农副产品购销专业合作社被评为2021年度河北省“十佳”农民合作社；丰宁绿原蔬菜种植合作社被指定为2022年北京冬奥会土豆和洋葱专门供货商。按照省市《关于进一步做好防范和处置非法集资有关工作的通知》要求，制定《承德市2021年农民合作社金融风险排查处置工作方案》，成立承德市农民合作社金融风险排查处置工作领导小组，在全市范围内对涉嫌非法集资的农民合作社进行地毯式、拉网式重点排查和回头看，未发生非法集资行为。

【发展新型农村集体经济】 印发《关于进一步发展壮大农村集体经济的实施意见》，明确全市“十四五”时期发展农村集体经济思路举措、工作重点和远景目标，为各县（市、区）提供根本遵循和行动指南。按照规范操作、维护稳定的原则，稳妥做好农村集体经济组织换届选举工作，选举产生新一届农村集体经济组织理事长2469人，农村集体经济组织理事长与村党组织书记“一肩挑”比例达96.7%，为持续发展集体经济提供坚实保障。将农村集体经济组织成员信息、折股量化信息等改革成果纳入全市农村集体产权制度改革综合管理平台。运用大数据手段做好成员资格筛查比对，防止成员身份“两头占”“两头空”

情况。全市农村集体经济组织及成员动态信息实现网络管理全覆盖。引导村集体通过盘活资产资源、发展服务经济、开展股份合作等方式，拓宽增收路径。至2021年年末，全市集体经济年收入5万元以上的村占比达89.5%。双滦区“四种模式”、丰宁满族自治县“四制四化”、围场满族蒙古族自治县“三个一批”等经验做法入选全省发展壮大农村集体经济典型案例。

【巩固完善农村基本经营制度】 以深化农村土地制度改革为统领，围绕妥善处理农民和土地关系主线，提升农村承包地管理水平。引导土地经营权规范有序流转，发展多种形式适度规模经营。全市新增土地流转面积7.6万亩，累计达到184.2万亩，占家庭承包经营土地面积的44.3%。持续开展确权遗留问题整改工作，进一步巩固登记颁证成果。全年共解决承包地暂缓确权、权证未发放到户、确权信息不准等问题217件，涉及承包农户4400户。配合金融机构开展土地经营权抵押贷款，拓展应用承包地确权数据。围场、丰宁、平泉、滦平、隆化5个试点县市累计开展“地押云贷”业务17笔，投放贷款金额780万元。加强农村土地承包经营纠纷调解仲裁体系建设，全面提升调解仲裁工作水平。全市共发生土地承包经营纠纷294件，其中调解268件；裁决26件，调处率100%，农民的合法权益得到有效维护。

【“千村农户增收工程”】 制定2021年千村农户增收工程实施方案，按照年度目标任务，围绕增加农民工资性收入、经营净收入、财产净收入和转移净收入4个主要领域，着力采取10项重点措施，打造了70个农民增收样板村，各项指标任务全部完成。

【农业农村经济监测】 加强同统计局、国调队沟通协调对接，在上报的关键时间节点，根据入统实时情况，及时调度县（市、区）补充完善资料，采取一系列措施做好农业农村经济统计监测工作，农业农村经济主要指标全省名列前茅，全市农林牧渔业总产值576.4亿元，同比增长8.6%。全市一产增加值达到373.7亿元，同比增长7.8%，全省第一；一产固定资产投资同比增长30.4%；农村居民人均可支配收入达到14852元，同比增长12.6%，全省第二。

【农村宅基地改革和管理】 按照“部省指导、市县主导、乡镇主责、村级主体”的宅基地管理机制要求，制定《关于进一步加强农村宅基地审批管理的指导意见》，指导县乡村三级建立农宅管理体系，规范审批流程，2021年，全市共受理审批宅基地1630宗。指导平泉市国家级农村宅基地改革试点和滦平县省级农村宅基地改革试点工作，两试点在省宅基地改革中期评估中被评为优秀档次；承德市宅基地改革和管理工作在省厅两次考核中被评为优秀档次。

【新能源项目建设】 平泉、承德、隆化三个县(市)生物质燃料基地建设项目，得到省农业农村厅和省财政厅的批复，共涉及承德科惠生物质能源有限公司、承德腾化生物质能源有限公司、承德正德生物质材料科技有限公司3家生物质燃料生产企业。项目总投资858万元，其中省级补助资金600万元，用于补助推广生物质成型燃料和加工设备；企业自筹258万元，用于生产厂房、仓库等附属设施建设。至10月，3个项目实施企业均竣工投入生产，为承德市生物质能源化开发利用和农村清洁取暖工作探索出可复制、可推广、可持续路径，特别是为全市实施冬季清洁取暖项目提供强有力的生物质燃料供应保障。

【推广洁净煤和生物质取暖】 按照市委、市政府《承德市冬季清洁取暖项目总体实施方案(2021—2023)》《承德市2021年采暖季洁净煤取暖工作实施方案》要求，通过制定下发具体实施方案，出台相关政策，开展摸底调查，组织招标采购，建立确村确户台账，开展安全取暖排查整治，深入乡村督导检查，协调解决工作难题等一系列举措，完成农村生物质取暖和洁净煤取暖工作任务。全市生物质取暖推广规模达到47680户，其中：农村生物质取暖确户44715户、城区生物质取暖确户2965户，共涉及全市13个县（市、区）、154个乡镇（街道办事处）、1210个村（社区）。做好生物质炉具推广工作，全市生物质炉具中标企业22家（本地2家、外地20家），共推广生物质炉具47680户，完成年度目标任务。全市生物质燃料中标企业24家（本地12家、外地12家），各县（市、区）按照“梯次配送、全覆盖、不断烧、储备足”的原则，有序开展生物质燃料配送，满足群众取暖需求。精准开展洁净煤取暖全覆盖确村确户工作，2021年采暖季，通过组织各县（市、区）摸底调查核实和县（市、区）政府最终确认，全市洁净煤取暖户数40.112万户，洁净煤需求量50.6286万吨，其中，洁净型煤31.9974万户，需求量39.7175万吨；优质无烟煤4.6763万户，需求量6.2147万吨；兰炭3.4383万户，需求量4.6964万吨。落实市、县（市）、乡、村四级包联责任制，全市市级包联干部13人、包联13个县（市、区），县级包联干部292人、包联217个乡镇，乡镇包联干部6705人、包联2517个村，村级包联干部15063人、包联401120户。为确保安全取暖事故零发生，9月中旬开始，针对采暖季不同时段，相继6次下发安全取暖相关文件，组织各县（市、区）开展安全取暖隐患排查整治和宣传推广工作，杜绝取暖安全事故发生。全市累计发布公共通知39.03万份，加挂宣传条幅1.31万条，印发明白纸144.54万份，出动宣传车辆6.33万辆次，农村大喇叭广播98.38万次，电视广播播报0.76万次。排查洁净煤和生物质取暖用户44.88万户，实现了生物质和洁净煤安全取暖排查全覆盖；检查洁净煤和生物质取暖一氧化碳报警器安装户44.88万户，全部正常使用。

【沼气工程安全生产监管】 组织各县（市、区）开展农村新能源设施安全生产大排查大整治行动、沼气工程有限空间作业专项整治以及“安全生产月”活动。严格落实沼气、生物质能源化利用安全生产责任制，通过宣传发动、自查自纠、建章立制、督导检查、安全隐患“回头看”等工作措施，全面排除安全隐患，全市23家沼气有限空间作业企业、13家生物质燃料生产企业均未发生任何安全事故，保持农村新能源设施安全生产形势持续向好。

【农村人居环境整治】 开展厕所革命，全市完成户厕改造67960座、公厕649座，均超额完成省定民生工程任务（省下达户厕改造4.97万座、公厕630座任务）。全市累计改造各类无害化卫生厕所41.7万座，卫生厕所普及率60.1%。完成50个村庄农村生活污水治理，累计完成400个农村生活污水治理村庄任务，农村生活污水治理管控基本实现全覆盖。

农业综合开发

【概况】 加强农业投资项目管理，争取上级资金支持，农业综合开发成效显著。开展国际合作，打开农产品出口和国际市场交流，增强企业出口动力；推进家庭农场高质量发展，将符合条件的专业大户、种养大户等规模农业经营户纳入家庭农场名录系统管理。实施农业生产托管服务，培育农业生产社会化服务组织，重点发展中药材、水果等特色产业生产托管服务组织，推动服务范围从单一作物向多种作物拓展，全市各类社会化服务组织达到1272家。

【农业对外合作】 争取农业对外开放资金235万

元，用于在平泉市举办食用菌出口产销对接会35万元，国际标准农产品生产示范基地及农产品相关认证奖励200万元。累计争取农产品国际贸易奖补资金2000多万元，数量、资金均居全省第一。组织申报国家级国际贸易高质量发展基地。按照省厅要求，组织承德市3家符合条件企业申报国家农业国际贸易高质量发展基地，承德神栗食品股份有限公司入选（全国115家，全省仅5家）。组织承德神栗、长城绿源、承德宇航人、承德锐岳、承德芪志、宽城本家栗家庭农场等6家企业申报省级农业国际贸易高质量发展基地。组织三源鑫宇、河北积慧德、承德隆泉、承德万福等4家公司申报2021年农业企业认证奖补。为促进农产品外贸出口，拓宽企业出口渠道。组织承德神栗、宇航人等外向型企业参加中国国际薯业博览会、意大利果蔬线上展、第六届中国国际食品及配料博览会、第十八届冀台经济合作洽谈会等多项活动。推动中美友谊示范农场建设，争取省厅国际合作处补贴资金200万元，其中滦平县160万元，市本级40万元。组建承德市中美友谊示范农场专家团队，对农场开展有针对性的技术指导。开展马铃薯、叶菜类新品种引进及试验示范工作；完成中药材标准化种植技术示范基地建设及技术培训，病虫害绿色综合防控及水肥一体化技术应用和试验研究；拍摄制作中美友谊示范农场视频宣传片等。

【农业农村投资项目管理】 加强中央预算内投资项目管理（发改委牵头），争取上级资金支持，填报农业建设项目管理平台，指导中央预算内投资项目落地实施。要求各县（市）谋划“十四五”期间重大项目包，建立县级项目库，分类别谋划项目，形成县级储备项目。全市争取省以上项目7大类80个，资金总额13.793亿元，其中，中央资金11.1417亿元，省级资金2.6517亿元，财政渠道转移支付资金12.0227元，发改中央预算内投资1.77亿元。中央省级财政资金项目主要有农业生产发展资金项目、农业资源及生态保护补助资金项目、农产品质量安全及疫病防治专项、高标准农田建设专项、大气污染防治专项、“三员”补助专项、人居环境整治等项目。

【启动实施“盛世100”项目】 把启动实施“盛世100”项目（“盛世”指当前奋斗的新时代，“100”指100亿元营业收入，10万间房、每年100天营业时间、客人在承一天消费1000元，总数达到100亿元），把发展民宿经济作为“推进全域旅游、实现乡村振兴”第一抓手。谋划出“百村示范、千户带动”民宿产业发展工程，在全市选取103个村作为民宿经济发展集中承载村。对承载村所有民宿经营主体、房间进行统一编码，制作分布图，摸清民宿产业底数。

【推进“四个农业”工作】 结合农业结构调整，研究谋划推进“四个农业”（指科技、绿色、品牌、质量）工作。印发《承德市关于持续深化“四个农业”促进农业高质量发展的行动方案（2021—2025年）》和《承德市2021年推进“四个农业”工作实施方案》，落实4个农业专班组织、台账管理和督导考核等项工作，上报省农业结构调整典型案例，2篇典型经验材料被河北省四个农业简报刊登。推进5条优势特色产业带建设。打造“一号风景大道”生态休闲产业示范带、京沈高铁沿线“平泉香菇”产业示范带、“塞罕坝”高寒地区马铃薯产业示范带、滦河潮河流域道地中药材产业示范带、金山岭长城沿线优质果品产业示范带，共谋划重点项目80个、总投资45.3亿元。制定五条优势特色产业带实施方案，印发《承德市乡村振兴优势特色产业示范带推进方案（2021—2023）》，落实“五个一”工作机制，协调推进各产业带建设。对基层产业体系进行考核，按照省市三基建设年活动要求，对全市基层产业体系建设工作进行全面自评，提供完整翔实的佐证材料。

【休闲农业产业融合】 实施“农业＋”战略，构建“文旅农教”融合发展体系，推动全市农业与旅游、教育、文化、健康养老等产业深度融合。突出区域特色和创意创新，挖掘特色农产品生态价值、休闲价值和文化价值，促进全市生态休闲农业和乡村旅游业发展，为农业产业结构升级和农业效益提升带来助推力。全市休闲农业和乡村旅游经营主体包括农家乐、休闲观光农园（庄）、休闲农业专业村2493个，从业人数7.87万人，其中农民就业人数7.02万人，年接待游客701.07万人次，年收入达到73748万元，间接带动37576农户就业。四季休闲农业景点线路征集推介。向省厅推送2条“春观花”、6条“夏纳凉”、4条“秋采摘”、2条“冬农趣”线路，全部在河北新闻网、河北省农业农村厅官网官微等媒体上发布宣传推介。丰宁满族自治县冬季赏冰雕线路入选中国美丽乡村休闲旅游（冬季）精品景点线路，围场满族蒙古族自治县秋采摘线路入选河北省农业农村厅主办的“冀韵乡情·醉美田园”河北省休闲农业精品线路，并在邢台沙河市举办的全省休闲农业精品线路推介活动上进行重点推介。

【美丽休闲乡村申报和监测】 按照“村级自愿、县级审核、市级评估”的程序，推荐滦平县巴克什营镇古城川村、隆化县七家镇温泉村、围场满族蒙古族自治县哈里哈乡八十三号村新申报河北省美丽休闲乡村（其中优选滦平县巴克什营镇古城川村申报2021年中国美丽休闲乡村），9月全部被河北省认定，每个村获奖补资金7万元。兴隆县安子岭乡诗上庄村获评2020年度“中国美丽休闲乡村”称号，争取省级奖励资金25万元。通过对2010—2017年（含2017年）由农业农村部发文推介的4个中国美丽休闲乡村（围场庙宫村、滦平周台子村和小城子村、隆化西道村）进行监测，4个村全部保留中国美丽休闲乡村称号。对2015—2017年由省农业厅发文推介的围场四道沟庙宫村、平泉杖椤树镇杖椤树社区、滦平张百湾镇周台子村、隆化七家镇西道村、丰宁黑山嘴镇八间房村、宽城大石柱子乡大闫杖子村、承德县新杖子镇苇子峪村、宽城化皮溜子镇西岔沟村、围场哈里哈乡镇扣花营村9个河北省美丽休闲乡村进行监测，除丰宁黑山嘴镇八间房村外，其余8个村都保留了河北省美丽休闲乡村称号。至2021年年末，全市中国美丽休闲乡村达到7个，河北省美丽休闲乡村达到11个。

兴隆县雾灵山度假民宿

【推进家庭农场高质量发展】 继续将符合条件专业大户、种养大户等规模农业经营户纳入家庭农场名录系统管理，并引导其到市场监管部门注册成为市场主体。全市纳入名录系统管理的家庭农场数量累计达到9059家，新登记注册家庭农场953家。修订完善《市级示范家庭农场评定管理及监测办法》，评定市级示范家庭农场63家，争创省级示范家庭农场20家。全市市级以上示范家庭农场累计达到329家，其中省级示范155家。争取落实中央和省级财政支持家庭农场项目资金800万元，扶持82家县级以上示范家庭农场在推广新品种、新技术、新装备及绿色集约生产经营等方面投入补贴。隆化县获评全省首批家庭农场示范县创建单位，兴隆县富硒家庭农场入选全国家庭农场发展典型案例。

【功能农业健康有序发展】 全市完成功能农业示范基地24300亩、香菇20万袋，全面推动功能农业＋“承德山水”品牌建设，引导和带动全市农业转型升级和绿色高值发展。凭借得天独厚的自然优势，围场满族蒙古族自治县入选“全国硒资源变硒产业十佳地区”。承德市作为河北省功能农业发展的先行者，为全省功能农业产业发展提供宝贵经验。为加快全市功能农业健康有序发展，增强农产品竞争力，助推农业高质量发展，按照河北省《方案》要求，编制下发《承德市2021年功能农业产业发展实施方案》，督促指导各县（市、区）按照方案要求，做好功能农业产业试验示范。

围场满族蒙古族自治县万亩富硒马铃薯示范基地

【现代农业园区创建】 按照“生产要素集聚、科技装备先进、管理体制科学、经营机制完善、带动效应明显”的总体要求，围绕扶贫攻坚和乡村振兴两大战略，打造一批万亩以上一、二、三产融合、产加销游一体、产业链条完整的现代农业园区。至2021年年末，全市累计创建国家、省、市、县级园区167个，其中国家级现代农业示范区2个（围场、平泉），国家级现代农业产业园2个（平泉、隆化），省级现代农业园区20个，市级现代农业园区53个，县级现代农业园区90个。全市共争取省级以上资金27.451亿元，累计完成投资494.7亿元、园区内主导产业产值达到243亿元，直接带动就业41.65万人，其中带动贫困人口9.03万人。全市建成园区面积达到260万亩，流转土地102万亩，入园企业560家、农业合作社8564个、家庭农场1273个，培育种养大户18827户、培育新型职业农民1.5万人。园区内科技贡献率达到70%，比全市平均值高出10%，园区内农民收入高于当地农民收入30%以上。平泉食用菌、围场马铃薯、滦平肉鸡和中药材、丰宁杂粮、隆化肉牛、承德县肉鸡、宽城和兴隆板栗、营子山楂果品等一批产业基本形成全产业链条经济。

位于平泉市的中国北方食用菌产业园区

农业产业化

【概况】 农业产业化发展取得新成效，龙头企业不断做大做强，争取资金扶持，实施农业产业化项目，农产品加工集群发展水平实现新提升，带动全市农产品加工业产值增速。农村“三产融合”实现新突破，谋划签约农业招商项目，举行“承德山水”优质农产品进津推介对接活动，为承德农业与京津等发达地区产业合作打下基础。

【实施“扶龙行动”】 推动“双30强”企业逐步做大做强。组织龙头企业参加“全省龙头企业挂牌上市培训班”“全省产业化经营主食加工能力提升培训班”。全年共组织召开增信基金贷款审批会议5次，投放增信基金贷款44笔1.81亿元。至年底，市级农业产业化重点龙头企业达到485家，省级龙头企业达到105家，国家级龙头企业达到 8 家。

【推进“三产融合”】 开展市级以上产业化示范联合体监测评选工作，产业化示范联合体总数达到 69 家，其中省级农业产业化示范联合体达到 29 家。在隆化县举办“全省农业产业化联合体发展暨农业全产业链建设现场交流”活动。隆化县西阿超乡红石砬村获批第十一批全国一村一品示范村，全国一村一品示范村镇达到 18 个。组织平泉市天润达公司参加全省第五届“双创”大赛，获得成长组第二名。围场满族蒙古族自治县宇航人“互联网 +”公共服务平台星创天地等 4 家园区被国家农业部列入《2021 年全国农村创业园区（基地）目录》。

【谋划农业产业化重点项目】 全市共谋划实施投资千万元以上农业产业化重点项目 169 个，总投资 440 亿元，全年完成投资 85.5 亿元。其中森源食用菌产业科技园二期、朴诚万头奶牛现代牧场建设项目等 12 个亿元以上项目列为省级农业产业化重点项目。5 月 10 日至 11 日，在滦平县召开“全市农业产业化重点项目集中开工观摩会议”。

【发展农产品加工集群】 做大做强“一号风景大道”生态休闲、滦河潮河流域道地中药材等 5 条特色产业示范带，培育提升食用菌、山楂、板栗、马铃薯、肉牛肉羊 8 个绿色食品精深加工产业集群，不断延链、强链、拓链。平泉市食用菌集群、围场马铃薯加工集群、平泉市山杏加工等 9 个集群被列为省级重点打造的农产品加工集群。兴隆蓝旗营镇成功申报国家级产业强镇项目，围场满族蒙古族自治县半截塔镇、承德县头沟镇、宽城满族自治县碾子峪镇、平泉市卧龙镇 4 个乡镇获批省级农业产业强镇建设项目。

【农业招商项目】 开展农业大招商，全市共争取省以上项目 80 个，资金总额 13.79 亿元。签约农业招商项目 40 个，协议总投资 135.9 亿元，完成投资 32.56 亿元，完成全年任务的 113.3%。为承德农业与京津等发达地区产业合作打下基础。6 月 18 日，承德市“承德山水”优质农产品进津举行推介对接活动，现场签约项目 9 个，总金额超 5 亿元。

种植业

【概况】 全市坚持现代农业发展方向，结合承德农业区域特点，持续推进农业结构调整，全年共完成调整 58.78 万亩，新增特色作物和优质替代作物，按照“稳定面积、优化结构、发挥特色、注重科技、增加总产”的发展思路，通过政策引导、项目支持、园区建设、示范带动、产业升级等多种形式，突出主导产业发展，培育壮大粮食、蔬菜、食用菌、中药材、马铃薯等主导产业，推进现代农业发展步伐，全市种植业生产取得显著成效。

【粮食生产】 全市粮食作物播种面积完成 427.84 万亩（超出省定任务 1.9 万亩），占农作物总播种面积的 71.03%，比 2020 年增加 1.93 万亩，总产量 146.66 万吨，比 2020 年增加 0.13 万吨。其中：玉米播种面积 261.5 万亩，比 2020 年增加 9.67 万亩，产量 95.73 万吨，比 2020 年增加 5.22 万吨；水稻播种面积 8.44 万亩，比 2020 年增加 0.46 万亩，产量 3.66 万吨，比 2020 年增加 0.21 万吨；谷子播种面积 23.54 万亩，比 2020 年增加 0.82 万亩，产量 5.88 万吨，与 2020 年产量持平；大豆播种面积 6.84 万亩，比 2020 年减少 0.17 万亩，产量 1.38 万吨，比 2020 年增加 0.15 万吨；马铃薯播种面积 73.26 万亩，比 2020 年减少 6.51 万亩，产量（折粮）31.99 万吨，比 2020 年减少 6 万吨；杂粮杂豆播种面积 54.26 万亩，比 2020 年减少 2.34 万亩，产量 8.02 万吨，比 2020 年增加 0.59 万吨。

【专用玉米种植】 随着农业供给侧结构性改革和农业种植结构调整，玉米市场由过去的粮食需求转向鲜食、高淀粉及青贮（青饲）多样化需求，促使玉米生产必须由普通产量型向专用质量型转变，发展甜糯玉米、高淀粉加工型专用品种及青贮玉米是促进农业供给侧改革需要。因此，突出专用玉米主导产业发展，扩大专用玉米生产规模，建立重点示范区，推广高产、优质、抗病、抗倒品种。推广配套综合丰产栽培技术，以简化、降耗为主攻方向，研究、开发、建立春播玉米高效丰产简化集成技术体系，综合应用玉米单粒精播技术、缓释肥精准施用技术、地膜覆盖与除草一体化技术。推广 3 种技术模式：即承德地区冷凉早中熟区域地膜全覆盖、半膜覆盖简化栽培模式及中南部简化平种模式。推广玉米全膜覆盖双垄沟栽培，加大机械化作业水平，提高玉米单产和效益，促进加工增值，带动农民增收。全市专用玉米面积 140.4 万亩，其中，高淀粉玉米 124.32 万亩，饲用玉米 14.98 万亩，鲜食玉米 1.1 万亩。建立玉米高产高效生产示范区 8 个，面积 8 万亩。专用玉米品种，中南部无霜期 110 天以上，推广应用先玉 335、承玉 10、农华 887、裕丰 288、京科 968、承玉 33、裕丰 310 等品种。北部无霜期 110 天以下，推广应用佳禾 2 号、元华 116 号、承单 22、豫青贮 23、樱红、巡青 518 等品种。其中，先玉 335、承玉 10、裕丰 288 等为高淀粉玉米品种；佳禾 2 号、豫青贮 23、樱红等为饲用型玉米品种；鲜食型玉米品种有京科糯 2000、万糯 2000、京紫糯 219、彩糯 2 号等。在全市 140.4 万亩专用玉米中，加工型玉米（以高淀粉玉米为主，籽粒中粗淀粉含量 ≥ 72% 的玉米）种植面积 124.32 万亩，平均亩产 440 千克，比常规玉米亩增产 70 千克，销售价格每公斤增加 0.15 元，总增产 8702.4 万千克，总增收 1305.36 万元；青贮（青饲）型玉米种植面积 14.98 万亩，总增产 823.9 万千克；鲜食型玉米种植面积 1.1 万亩，平均亩穗数 4000 个，总穗数 4400 万个。

【蔬菜生产】 全市蔬菜总播种面积 98.71 万亩，蔬菜总产量 362.04 万吨，其中露地蔬菜播种面积 82.51 万亩，设施蔬菜播种面积 16.2 万亩。重视蔬菜生产技术创新与落地应用，重点围绕优新技术引进与示范推广、叶菜类无土栽培技术示范、蔬菜产品品牌打造、蔬菜生产轻简化栽培技术应用等方面内容，继续深入与中国工程院院士李天来教授、国家蔬菜体系岗位专家赵邦宏教授、省体系首席专家申书兴教授、省体系黄瓜岗位专家闫立英教授、省体系坝上岗位专家王明秋研究员、北京市叶菜类蔬菜产业技术体系岗位专家韩莹琰教授等权威专家合作，引进示范甘蓝、菜花类优新品种 10 个、茄果类优新品种 26 个；引进示范水肥一体化施肥、覆膜机、红色棚膜等新成果设备 3 项；在平泉榆树林子镇开展 7 个越夏密刺黄瓜及 120 个黄瓜砧木试验筛选工作；示范推广设施黄瓜省力化栽培技术、病虫害防治“大处方”“生防菌”等病虫害绿色防控技术。市农业农村局组织蔬菜、中药材、果品产业有关专家，赴邢台市考察学习“阳台经济”产业，通过考察论证，确定滦平县绿康园果蔬专业合作社作为承德市首个试验示范基地，推进“阳台经济”产业发展。为贯彻落实习近平总书记承德考察重要讲话指示精神，全面推进乡村振兴，重点谋划京沈高铁沿线“平泉香菇”产业示范带，涉及平泉、承德县、兴隆、宽城 4 个县市，共涵盖蔬菜产业 54 个乡镇，食用菌产业 58 个乡镇。突出区域产业特色，把“平泉香菇”全产业链示范园打造成为国内第一香菇现代化产业示范园、全国乡村产业振兴示范区，把高端精品黄瓜产业园区打造成为中国北方最大黄瓜产业园，引领全市设施菌菜产业向高质量发展。11 月，在滦平县举办首届“承德市高素质农民蔬菜栽培技术培训班”，河北省现代农业产业技术体系孙茜研究员、邸垫平研究员，沈阳农业大学余朝阁研究员等多位资深学者为学员授课。通过开展线上、线下等多种教学形式，首批学员25人结业，为基层输送一批高素质新型职业农民。12月，根据全市职称工作总体安排，开展蔬菜园艺实用技术人才职称评定工作，首批53人获得承德市农村蔬菜园艺实用技术人才农民技师（中级）资格。

【食用菌生产】 全市食用菌生产面积12.1525万亩，其中，香菇9.2万亩、杏鲍菇2.5万亩、黑木耳1725亩、双孢菇2800亩，产量117.8万吨(鲜品)、产值117.8亿元。产地主要分布在平泉、承德县、宽城、兴隆、隆化、围场、丰宁、滦平等县（市）。2021年，全市在受疫情影响、产业发展严重受阻的情况下，食用菌产业仍然处于河北省第一、全国领先地位，承德市越夏香菇在全国享有定价权。

【马铃薯生产】 围场满族蒙古族自治县、丰宁满族自治县成为河北省马铃薯种薯重要研发基地和繁育中心，尤其围场满族蒙古族自治县素有“中国马铃薯之乡”美誉。全市马铃薯种植面积73.26万亩，平均单产2185公斤，总产160万吨，带动农户11.4万户。按照《承德市乡村振兴优势特色产业示范带推进方案》提出的关键环节打造、园区建设、重点项目建设和重要事项等任务目标和工作举措，承德市出台《“塞罕坝”高寒地区马铃薯产业示范带建设推进方案》，围绕马铃薯产业“科研＋种薯＋基地＋加工＋仓储＋销售”产业链条，以马铃薯产业项目为抓手，进一步完善“六大体系”（科技研发体系、种薯繁育体系、马铃薯生产体系、马铃薯加工体系、马铃薯销售体系、马铃薯仓储体系）。全市现有被批准为国家级马铃薯脱毒繁育中心的专业马铃薯研究所1家，种薯生产企业22家，年产微型薯1.5亿粒。品种选育工作成果显著，完成登记自主选育品种10个。全市拥有50吨以上储存库4450个，新建32个，增加库容7万吨，其中储藏能力1000～5000吨存储库108个，5000～10000吨存储库62个，10000吨以上存储库26个，规模一次性储藏能力165万吨，储藏能力基本能够达到本市储藏需求。全市现有以富龙、泓辉、长宏等为龙头的8家深加工企业，年加工能力40万吨。受2020年和2021年春季马铃薯价格下降影响，播种面积较2020年减少6.5万亩。马铃薯种植品种因市场的需求变化较大，更新换代较快，鲜食品种向高端化、营养化方向发展，总体以薯形好、芽眼浅、产量高、黄皮黄肉、抗病强的品种为主，主栽品种为：大丰9（V7）、希森六、黄心2226、大丰10等品种，占总面积的85%。荷兰十五除早熟铺膜种植及以家庭自有土地种植外，播种面积缩减，以冀张薯十二为代表的白皮白肉品种播种面积迅速减少。受疫情影响，原材料大幅涨价，化肥供应相对2020年紧张，运费提高，较2020年同期每吨增加300～500元，增幅15%以上；农药价格增幅达到15%左右；商品薯及种薯清选人工来源困难，相应价格提高，人工成本提高30%左右，大幅度提高了马铃薯生产成本，对马铃薯产业影响较大。春季马铃薯加工企业，因商品销售顺畅，原材料供应明显不足。随着种植水平的提高，种植大户亩产量已达到4～5吨，普通农户2500～3000千克。种植大户亩投入2800～3500元，普通户亩投入2000～2800元。销售市场价格每年都不稳定，秋季地头以质论价，一般1～1.5元／千克，入库后价格稍有提升，一般1.3～1.8元／千克。在种植面积越来越大、产量越来越高、投入越来越高、价格却始终低迷且销售时常出现困难的情况下，河北省薯类产业体系创新团队承德马铃薯高产高效生产综合实验推广站通过引进优质种薯，针对品种特性，集成推广实施增施有机肥、配方施肥、节水滴灌等配套高产、绿色、高效栽培技术，实现节水节肥、节本增效；打造绿色优质马铃薯高效种植示范基地2500亩，辐射带动17万亩。通过基地建设，在投入亩数相应减少的情况下，产量提高，质量提升，亩增效624元。

【发展中药材产业】 全市中药材种植面积94.81万亩，其中道地药材面积32.44万亩，药用山楂面积15.02万亩，苦杏仁面积47.35万亩（其中：黄芩、黄芪、北苍术、桔梗、北柴胡、苦参、连翘、金莲花、射干9个品种面积达到万亩以上）。调整优化产业结构，推进滦河潮河流域道地中药材产业示范带建设。按照市委、市政府《关于承德市乡村振兴优势特色产业示范带推进方案（2021—2023）》的通知，成立工作专班，制定印发《滦河潮河流域道地中药材产业示范带推进方案（2021—2023年）》，扩大滦河潮河流域道地中药材产业示范带种植规模。滦河潮河流域道地中药材产业示范带中药材种植面积新增0.7万亩、达到4.64万亩，其中：滦平县12个乡镇27个村种植面积新增0.25万亩、达到2.1万亩；隆化县11个乡镇33个村种植面积新增0.35万亩、达到1.3万亩；丰宁满族自治县7个乡镇12个村，种植面积新增0.1万亩、达到1.24万亩。创建典型带动发展，在滦平县推进热河黄芩道地中药材产业示范区建设，道地中药材种植面积新增0.15万亩、达到1.23万亩。在隆化县推进北苍术道地中药材产业示范区建设，道地中药材种植面积新增0.32万亩、达到1.02万亩。提高科技支撑能力，联合国家及省中药材产业技术体系专家团队建立科技协同创新平台，在滦平、隆化两个县重点围绕热河黄芩、北苍术两个品种根腐病开展肥料试验、柴胡肥料对比试验、苍术杯苗和大田育苗的对比试验，根据试验对比分析总结，编写《热河黄芩栽培及病虫害防治技术》书籍1部，制定《黄芩种子适时采收机操作规范》《黄芩种子机械化适时采收配套生产技术规范》2个。强化中药材质量追溯体系建设，“河北省道地药材质量追溯及全产业链承德服务中心”启动仪式在滦平县召开，加快推进中药材全产业链大数据服务平台建设，推进中药材产、加、销全过程产品信息可查询、流向可跟踪、质量可追溯管理。建立宽城、围场2个县级中药材质量追溯平台，全市建成4个县级平台。加强技术培训指导。中药材中心组织全市中药材技术骨干、中药材新型经营主体代表等100余人参加中药材种植技术培训，围绕栽培技术、病虫害综合防治、产地初加工、适用农机具等方面开展培训，取得良好效果。深入基层，开展技术指导，以现场观摩、建立试验基地、田间课堂为主要形式，普及推广良种良法，提升标准化种植水平，累计培训指导350余人次。培育中药材品牌，组织隆化县申报“隆化苍术”“隆化柴胡”地理标志证明商标。滦平县、隆化县实施国家级中药材产业集群项目，宽城满族自治县、围场满族蒙古族自治县实施河北省中药材产业集群项目。

【发展水果产业】 全市水果种植面积达到124.75万亩。其中，苹果58.71万亩，梨17.83万亩，桃1.62万亩，葡萄0.56万亩，山楂31万亩。新发展水果种植面积2000亩，对2万亩低产郁闭果园进行树体改造。加强优质果品示范带建设，制定示范带建设实施方案。在承德县、兴隆、宽城3县47 个乡镇623个行政村重点打造“金山岭长城沿线优质果品示范带”，种植面积达到157.17万亩。其中：板栗种植面积稳定在102.83万亩，山楂种植面积稳定在18.35万亩，苹果种植面积稳定在35.99万亩。加强种苗基地建设。在承德县、平泉市等地建设苹果种苗基地500亩，良种供应能力12%以上。收集栽培寒地水果种质资源131株。创建示范基地。创建以寒富、国光、岳艳、锦绣海棠等主要品种的山地苹果示范基地4个，面积1600亩。通过河北省水果体系创新团队首席专家和各岗位老师对水果基地采取多种形式的技术指导，使承德各大基地和合作社技术人员熟练掌握了果园生草、花前复剪、增施有机肥、喷施石硫合剂、花期防霜、反光膜铺设、科学采摘储藏等果树管理技术，推动了承德水果产业快速发展。制定7项承德市水果地方标准，申报1项实用新型专利。

【禁种铲毒】 在省委、省政府和省禁毒委的领导下，配合市禁毒委在禁种铲毒不同时期，严格按照播种季节抓禁种，开花季节抓铲除，发现种植速上报，严格履行禁毒职责。结合科技下乡深入县（市、区）对禁种铲毒工作情况督导检查，利用农业技术指导机会，采取播放光盘、发放资料等形式，广泛深入宣传禁种法律、法规和毒品危害，增强广大群众的法律观念和禁种意识，做到不让毒品原植物种子落地，实现了毒品原植物“零种植”“零产量”任务目标。

种植业经营管理

【概况】 贯彻落实“藏粮于地、藏粮于技”总体战略，以实施乡村振兴战略为总抓手，围绕推进高标准农田建设、“承德山水”区域公用品牌建设、农业标准化生产、“二品一标”认证、测土配方施肥与有机质提升、农药管理、植物保护与绿色生物防控、现代种业发展等项工作，采取质量监管、清理整顿、项目建设、资金保障、示范区带动、品种选育、试验示范、新品种开发等举措增产增效，提高农业综合生产能力。全面履行农业行政执法职能，形成上下贯通、指挥顺畅、运行高效、保障有力的农业综合行政执法体系。

【高标准农田建设三个突破】 项目资金和建设规模实现新突破。全市共争取省级以上农田建设资金3.89亿元，其中：财政渠道农田补助资金2.44亿元，中央预算内农田建设资金1.45亿元。省厅下达承德市高标准农田建设任务26.1万亩，其中财政渠道农田建设项目规模15.1万亩，项目涉及八县（市）一区。中央预算内农田建设项目规模11万亩，项目涉及丰宁、围场、隆化和平泉4个县市。建设进度实现新突破。克服丘陵山区土地碎片化、建设成本高、难度大以及人员力量薄弱等不利影响，抢抓施工季节，掀起“农田建设百日大会战”高潮，至年末，2020年度结转项目全部竣工，2021年度项目完成主体工程，进度全省领先。项目管理实现新突破。贯彻落实国办文件精神，全市农田建设实现统一规划布局、统一建设标准、统一组织实施、统一考核验收、统一上图入库的“五统一”要求。隆化县“四位一体”统筹推进两个渠道农田建设，滦平县“精抓细管打造惠民工程”经验做法得到河北省农业农村厅认可，在全省予以推广。至年底，全市累计建设高标准农田118.2万亩。

【强化耕地保护】 防止耕地“非农化”和“非粮化”取得明显成效。开展“大棚房”问题清理整治“回头看”工作，利用8个月时间，对13个县（市、区）207个乡镇，2271个行政村，近10万个大棚开展四轮排查，对2018—2019年度排查出的201个“大棚房”问题经审查已整改到位，没有死灰复燃，“回头看”中未发现新的“大棚房”问题。对兴隆第一田项目、平泉苍狼农场、承德县唐家湾渔业大棚、隆化宝发农业园区、围场顺鑫合作社等群众举报和检查发现的疑似问题进行科学研判和彻底整改。市县乡村逐级建立常态长效监管机制，日常监管工作步入正常轨道。全面开展“撂荒地”排查整治活动，坚持因地制宜、分类施策，全市2948.52亩撂荒耕地春播前全部复耕复种。全面开展耕地地力补贴发放工作，完成2021年397.65万亩耕地地力补贴调查核实和63.02万户补贴发放数据的统报工作。

【“承德山水”品牌建设】 “承德山水”区域公用品牌是市委、市政府打造的全省首个区域公用品牌。组织企业入驻“承德山水”平台。2021 年，全市累计 201 家企业，7 大类，1200 余种单品入驻“承德山水”平台，比 2020 年新增 35 家企业、200 余种单品。全年组织市级以上龙头企业、合作社等 200 多家参加 30 多场农业品牌展销推介活动，主要有举办“承德山水”区域公用品牌建设培训班、“承德山水”优质农产品进天津推介活动，全国供销合作社主题日河北省 2021 年中国农民丰收节承德分会场暨“承德山水”优质农产品与京津产销对接等活动，在北京高铁朝阳站、高铁北站、北京地铁 10 号线、承德高铁南站等宣传覆盖面广的地方投放“京津水源地、承德好产品”和“承德山水”区域公用品牌公益性广告，进行“承德山水”品牌宣传推介，全年通过各种媒体对“承德山水”区域品牌及活动大量宣传报道。

【农业标准化生产】 按照“十个一”要求，建设“标准化 +”试点典型示范,全市共培树苹果、蔬菜、板栗、食用菌、马铃薯、肉牛、中药材及葡萄共 8 个品类 12 个农业标准化生产示范典型，其中成效最为显著的有三个：分别为平泉市尚泽果业有限公司寒地苹果标准化生产示范典型、承德嘉沃生态农业科技有限公司省级国光苹果栽培农业标准化生产示范典型、承德神栗食品为代表的板栗标准化生产示范典型。按照河北省农业厅部署，逐县（市、区）逐产业进行农业标准化生产覆盖率考核。2021 年，全市农业标准化生产覆盖率为 72.61%，同比增长率 2.6%，超出考核目标任务 0.61 个百分点。其中兴隆县 72.08%、双桥区 72.45%、承德县 72.3%、丰宁满族自治县 72.22%、高新区 72.38%、宽城满族自治县 72.25%、隆化县 72.3%、滦平县 72.91%、平泉市 73.52%、双滦区 72.64%、围场满族蒙古族自治县 74.1%、鹰手营子矿区 72.2%。地方标准数量不断增多，申报省级地方标准 10 项，立项省级标准 1 项；发布市级农业地方标准 14 项。

【“二品一标”检测认证】 加大承德市绿色食品、有机农产品及农产品地理标志检测认证工作力度，搭建基地与认证企业互通平台，多次组织执法部门、质检部门，对全市绿色食品原料标准化基地和绿色食品企业产品及各类台账进行综合检查，至 2021 年年末，全市创建绿色食品原料标准化生产基地面积 86.6 万亩，位居全省首位。兴隆 33 万亩板栗基地及围场 9 万亩马铃薯基地完成组卷工作；为确保全市绿色食品工作稳步推进，先后下发《关于做好 2021 年绿色食品认证工作的通知》《关于做好全市 2021 年绿色食品认证审核和证后监管工作的通知》《关于在国家绿色食品企业内检员网上培训管理系统开展培训的通知》等文件，全年线上培训绿色食品企业内检员 100 余人，纳入国家农产品质量追溯平台企业 60 余家，通过绿色食品认证企业数量达到 63 家，绿色食品产品增长率为 4.8%，产品数量达到 151 个，认证产品数量及企业数量位居全省前列，同时完成 50 家企业 119 个产品的年检工作及 10 家企业 15 个产品续展工作。按照省农产品安全检测中心和国家农产品检测中心要求，配合国家农产品检测机构做好全市绿色食品企业产品抽检和区域环评检测工作，全年累计检测产品 50 批次，环境检测 13 批次，产品检测和环评检测合格率达到 100%。利用打造“承德山水”品牌契机，组织绿色食品企业入驻“承德山水”实体店和线上平台，实现立体化宣传；组织绿色食品企业入驻省级数字电商冀品优选平台，参加绿色食品宣传月暨线上展销网红对接等活动。

【改善提升耕地质量】 制定印发《耕地质量监测评价与保护提升工作推进方案》《化肥减量增效工作推进方案》《农业节水工作推进方案》，对年度任务目标进行分解，对重点工作详细安排部署。发挥土肥体系优势，上下紧密联动，全年围绕提高耕地质量水平、提高肥料利用率、提高农业水资源效率三条主线，加强技术集成创新，因地制宜，综合施策，分区分类开展巡回指导和现场技术服务，通过项目建设和示范区带动，全面完成各项年度目标任务。测土配方施肥工作在确保粮食产量前提下，突出重点，粮食作物“控总量，稳产量”，经济作物“减强度，提品质”。全年完成2个化肥减量示范县、2个基础县创建工作，建设化肥减量增效示范区4万亩，完成肥料田间试验101个，取土化验820个，农户施肥调查420户，完成测土配方施肥技术推广面积588万亩，测土配方施肥技术覆盖率达到96.6%，滦河、潮河、武烈河流域化肥使用量继续保持负增长。全市省级、国家级耕地质量长期监测点达到62个，土壤墒情监测点达到8个，在8个县（市、区）开展耕地质量等级评价工作，建设退化耕地治理示范区6万亩，完成耕地质量保护与提升技术推广面积458万亩，全市耕地质量状况比2020年总体有所改善和提升。

【农药监督管理】 深入贯彻落实《中华人民共和国农药管理条例》，加快推进农药管理体系建设，强化农药产品质量监管，狠抓禁、限用农药专项治理。开展农药包装废弃物回收处置，以宣传贯彻农药管理条例及配套规定、农药包装废弃物回收处理、杜绝禁限用农药禁销禁用、高风险农药告知为重点，全年开展宣传活动44次，印发宣传材料12700份，标语3260条，营造良好社会氛围。各县（市、区）共开展培训28次，培训人员6580人次。全市共办理农药经营许可证907家，其中一般经营许可证830家，限制使用农药许可77家。8个县（市）完成农药经营门店标准化创建工作，力争2022年实现全市农药经营门店标准化。全市共优选出12家诚信门店经销商，起到以点带面的作用。实行经营许可制度后，农药市场经营单位逐步实现规范化。在严查质量的基础上，检查督办农药经营场所必备各项设施建设情况、完善经营档案，农药进销货电子台账、包装废弃物回收台账等相关制度落实。全市全年出动检查人员6951人次，查农药经营户3172个次，农业生产种植园区85个次。按要求将全市近年执法清缴罚没、库存百草枯、高毒禁用及过期农药共3080公斤，于12月24日集中运抵河北赵县祥宇环保科技有限公司进行集中销毁处理，消除了潜在安全隐患。全年共抽查农药标签403个，合格率98.6%；农药样品99个，合格率96.69%，超额完成省下达的抽检任务量。对检测出3个不合格农药样品，移交县（市）执法大队依法依规处理。罚没全部违规药品，处罚总额94975元。全市建立回收点589个，储存站22个，农药包装废弃物共产生63.50吨，回收37.48吨，总回收率63.34%；处理37.48吨，处置率100%。超额完成省下达任务量。

【植物保护与绿色生物防控】 全市农业有害生物偏轻至中等发生，局部地块偏重发生，发生面积2097.15万亩次，防治面积1749.64万亩次。主要农作物病虫害绿色防控覆盖率达到45%以上，主要农作物病虫害专业化统防统治覆盖率达到46%，农田农药使用量较上年减少1.59%。重大农作物病虫害没有出现大面积暴发成灾、重大植物疫情没有出现恶性传播蔓延。实施专业化统防统治，9月3日，举办承德市首届植保员职业技能大赛，15人分别获得一、二、三等奖，并从中选出3名选手，12月，代表承德市参加全省技能大赛，1人获个人一等奖，1人获个人三等奖，承德市获团体三等奖。全市在工商部门（民政）注册的专业化公司、合作社、协会达70个，从业人员达1800余人，使用自走式喷杆喷雾机15台、液泵喷枪喷雾机52台、无人机56台、背负式喷杆喷雾机1200余台。开展绿色防控，在全市建立17个绿色防控示范园区，包含蔬菜、马铃薯、谷子、苹果、水稻、玉米等作物，争取上级补贴80万元。核心示范区绿色防控主推技术到位率95%以上，减少化学农药使用量30%以上，绿色防控覆盖率达到70%以上。做好苹果蠹蛾的监测和防控工作，在全市建立疫情监测点245个。同时，加强红火蚁防治宣传和培训。严格植物检疫，全市共受理调运检疫审批487项，调运合格种子187.5万千克、苗木77.05万株，签发产地检疫合格证124项。由于机构改革，全省统一换发植物检疫员证。按照省站要求对承德市农业专职植物检疫员进行调整，组织新增补的4名检疫员参加全省统一考试，全部通过。有11人被注销检疫员资格证，至12月末，有检疫员56名。

【现代种业发展】 全市有证种子企业63家，其中玉米6家（三北种业被中化集团全资收购，主要业务和科研基地从承德转到西北）、马铃薯24家、食用菌18家、中药材5家、蔬果等其他种子企业10家。全市种子企业全年用于品种选育、试验示范、新品种开发等投资研发经费约2100万元。全市种子企业共有各种作物制种基地9.03万亩，其中市区制种面积3.6万亩。对全市各类农作物种质资源进行全面普查，普查范围涉及全市188个乡镇，征集各类地方品种和作物野生近缘植物种质资源共222份，其中包括野生资源14份、粮食作物86份、经济作物11份、蔬菜27份、果树40份、油料作物6份、杂粮35份、培育品种3份。将收集的样品按《第三次全国农作物种质资源普查与收集行动》技术规范要求，通过整理、晾晒、称重、装袋、填写标签，完成种质资源征集全部程序后，造册登记，全部邮寄至河北省农科院粮油作物研究所。全年建立玉米、马铃薯、大豆新品种展示点各1个，展示品种共计28个，展示面积349亩。按照《河北省特色种业发展推进方案（2019—2022年）》要求承德市负责推动组建河北省食用菌种业创业联盟，联盟于6月组建完成，联盟成员单位15个，均为河北省内技术领先食用菌生产经营企业及科研单位。全年召开两次现场观摩会，展示品种12个，邀请河北省食用菌体系首席专家、相关企业和种植大户共计100多人次参加会议。开展种子市场监督检查，全市共出动种子执法人员1746人次，检查种子企业55个，检查门店1088个，全年无重大种子违法案件。开展转基因检查，对辖区内所有玉米制种田进行检查，对大田玉米进行抽查，未发现转基因玉米制种和大田玉米种植。

【农业面源污染治理】 根据农用地土壤环境质量类别划分结果，全市共有受污染耕地面积12846亩，其中，安全利用类（轻中度污染）耕地面积12557亩；严格管控类（重度污染）耕地面积289亩。各县（市）政府按要求完成农用地土壤环境质量类别划分现场踏勘核实，编制完成《受污染耕地安全利用和风险管控治理推进方案》《受污染耕地安全利用和严格管控措施实施效果评估报告》，并上报省农业农村厅和省土壤污染防治工作领导小组办公室，经过专家论证后批复实施，通过省环保督查组及省审计组检查验收。推进秸秆饲料化利用、肥料化利用、基料化利用（香菇、双孢菇、黑木耳）、原料化利用（非木浆纸、木糖醇、降解膜）、能源化利用。全市年产秸秆121.53万吨，综合利用118.36万吨，综合利用率达到97%以上。承德市现有建成可以生产的地膜回收企业四个，其中依托平泉立国塑料制品有限公司在平泉市黄土梁子镇新建1个废旧地膜专业化回收网点，辐射黄土梁子镇、平北镇、北五十家子镇、茅兰沟乡、柳溪镇、七家岱乡、榆树林子镇等7个乡镇，主要负责将农户捡拾的废旧地膜拉运至回收网点进行分检储存，回收网点覆盖回收面积达到2万亩，使承德市2021年残膜回收率达到90%以上，有效控制农田残膜污染。承德县地膜回收试点项目，支持回收加工企业1家，通过承德县政府网公开遴选实施主体，确定由承德县涵雷废旧物品加工厂为项目承担单位，完成废旧地膜回收525.94吨，回收数量达到目标任务，县级验收工作全部完成，正在申请市级验收。隆化县依托现有农村废品收购形式，通过扶植建设废旧农膜储存库和补贴购置运输车，建设一个集废旧地膜收集、分拣、储存和运输为一体的晓坤废品回收站废旧农膜回收网点，使得全县农田农膜回收率达到90%。围场满族蒙古族自治县以新拨镇金瑞再生资源回收有限公司为依托，扶持建设废旧地膜专业化回收网点一处，以新拨镇为重点，辐射周边乡镇，回收网点覆盖回收面积达到2万亩。主要负责将农户捡拾的废旧地膜拉运到回收网点进行分拣储存。在该企业废旧地膜回收网点已有废旧地膜运输车辆、计量设备及残膜分拣打包设备的基础上，建设面积300平方米，存储能力1000吨的废旧地膜储存棚一处，对废旧地膜储存棚建设补贴财政资金10万元。全市农膜使用量10698.49吨，回收量9665.78吨，回收率达到90%。

【农产品质量安全监管】 落实“四个最严”要求，开展农产品专项整治。为确保承德市农产品质量安全和“百日大排查”行动部署到位，取得实效，及时召开市、县（市、区）、乡镇监管人员及村级协管员参加的农产品质量安全会议，并多次召开调度会议，协调分析解决具体工作中遇到的各类问题。省农业农村厅、市场监管等七部门联合召开的“治违禁 控药残 促提升”三年行动视频会议上，市农业农村局第一个作典型发言。成立督导组，开展联合大排查，县（市、区）和乡镇开展联合检查。对重点区域、重点环节、重点产品严防严控，对发现的问题隐患列出清单，建立台账，限期整改，从严处理。百日大排查中，上报省厅信息54条，采纳49条，采纳数量全省第一。在全省农产品安全县亮点工作中，六个县市区亮点工作被编印刊发，其中：隆化县、平泉市、宽城满族自治县被评为全省前三位，双滦区被评为第五位，这些典型对工作推进起到带动作用。加大“承德农安”微信公众号宣传力度，宣传普及农产品安全消费知识。为集中力量解决农兽药残留超标突出问题，分三期举办农兽药规范使用管理培训班，解读农兽药管理条例，通报典型案例。开展移动监管终端使用培训，将《农业投入品使用规定汇编》和《禁限用农兽药和非法添加物清单》发放到规模生产经营主体，并在显著位置张贴明示。市本级和各县(市、区)通过科技活动周、食品安全周和在《承德日报》、政府网站等媒体对农产品质量安全进行多方位多角度宣传。严格执行挂钩机制，依托省平台实现电子追溯作为农业农村重大创建认定、农业品牌推选、农产品认证、农产品展览展示、省级以上龙头企业（合作社）认定的前置条件，全年依托省平台实现电子追溯的生产主体达到713家，选择部分试点，完善产地准出准入市场衔接机制。

【农业综合执法】 围绕实施食用农产品监管行动，把好食品安全“源头”，开展农资打假、动物卫生监督、畜禽屠宰、农产品质量安全、渔业渔政、动物诊疗六大专项执法行动，执法办案工作和执法体系建设均取得显著成效。全年共查办各类案件300起，同比增长44%，罚款近70万元。完成河北省下达的案件查办任务。其中农资打假案件75起、动物卫生监督案件170起、农产品质量安全案件43起，渔业案件14起，移交司法机关案件9起。承德市获国家级农业综合行政执法示范窗口和示范单位，属全国首例，全省第一。5月，承德县农业农村局获第三批全国农业综合行政执法示范单位荣誉称号（全国30个，河北省唯一一个），围场满族蒙古族自治县农业综合行政执法大队获第三批全国农业综合行政执法示范窗口荣誉称号（全国90个，河北省5个），填补了一直以来承德市无国家级农业综合行政执法示范窗口和示范单位的空白。承德市同时获国家级示范单位和示范窗口，在全省和全国都是首例，省政府重点关注的农产品质量安全案件全省第一。共完成43起，同比增长105%，按县平均数量，承德市全省第一。不仅远远超额完成省下达的任务，同时为全省完成国家下达的任务做出突出贡献。优秀案卷数量全省第一。承德市“围场县采购、销售标签不符合规定的农药案卷”“霍某某等 9 人涉嫌禁渔期违法电鱼案卷”“销售应当审定未经审定的玉米种子案卷”“经营假劣种子案卷”等 4 个案卷分别获得全国和全省优秀执法案卷，是全省数量最多的市。迎接省市对农业农村局“双随机、一公开”“双打工作”的检查考核，得到考核组的肯定，获得优秀等次。

畜牧业发展

【概况】 2021 年，全市草场面积 1199.69 万亩，气候、草原、水资源总量均居全省首位，为发展牛、羊等草食家畜提供优越条件。全市畜牧业发展重点是生猪、肉牛、奶牛、羊、禽类。生猪产业继续向标准化、规模化、生态化快速发展；肉禽产业规模效益显著，成为畜牧业重要产业。注重畜禽品种繁育和改良，全市畜禽产业呈良性发展态势。肉牛产业通过项目实施发展加快，不断向标准化、规模化健康养殖迈进；发展奶牛规模化饲养，提高饲养水平、管理水平，增加奶牛数量，提高奶牛单产水平和乳品质量；全市肉羊产业生产平稳，价格高位运行。良种繁育体系建设稳步推进。

【发展生猪产业】 全市生猪存栏 92.90 万头，其中能繁母猪存栏 7.1 万头，生猪出栏 182.4 万头，良种覆盖率 93.83%。全年多措并举，加大生猪产能恢复，累计新、改扩建猪场 39 家，完工 36 家，完工率 92.3%，楼房养猪 1 处。开展标准化示范场建设，创建 1 个部级、2 个省级生猪示范场。以“四个农业”为总抓手，通过丰宁生猪养殖示范园、满鑫生态黑猪肉等精品带动，全市生猪产业继续向标准化、规模化、生态化快速发展。持续抓好滦平康牧、平泉三元中育两个供精站点建设。强化生猪标准改良点建设，扩大人工授精技术覆盖面，全年共完成生猪标准化改良点建设 250 个，改良生猪 40 万头次。大力发展集约化、设施化、智能化、自动化养殖模式，采用节水、节料、节能养殖工艺。推行清洁养猪模式、种养结合模式，推动养殖废弃物综合利用，全市规模猪场粪污设施配建率 100%，粪污综合利用率 94.23%。

【发展肉禽产业】 全市肉禽产业规模效益显著，是畜牧业支柱产业之一，全年肉禽饲养量 10099 万羽。其中：肉鸡产业围绕华都、三融建设中北部肉鸡产业带，年饲养量 7526 万羽，出栏 6745.5 万羽；肉鸭产业围绕三元金星鸭业等重点龙头企业，年饲养量 620.7 万羽，出栏 482 万羽；肉鹅产业围绕平泉市泉发畜禽有限公司，年饲养量 70.3 万羽，出栏 38.2 万羽。

【发展肉牛产业】 全市肉牛存栏 68.16 万头，能繁母牛存栏 34.5 万头，当年生产犊牛 24.07 万头，当年出栏 71.22 万头。推进全市肉牛品种改良工作，扩大良种覆盖面，提高良种覆盖率，全年全市改良牛 27.8 万头次，良种覆盖率达 95.71%。优化畜牧产业结构，加快良种繁育体系建设，全年共建牛标准化改良站点 175 个，利用西门塔尔牛、夏洛莱、弗莱维赫等优良品种对本地牛进行冷配，同时还引进部分比利时蓝牛优质冻精进行改良冷配；进一步优化产业布局，全力培育壮大以隆化为核心的百万头优质肉牛产业

隆化县国家肉牛核心育种场项目区

带；调整优化品种结构。通过引进优质胚胎或冻精，对现有肉牛进行改良的同时，培育和发展安格斯、和牛、比利时蓝牛等优质肉牛。隆化肉牛现代农业产业园获评2021年“国家现代农业产业园”。

【发展奶牛产业】 鼓励乳品企业参与国家优质乳工程，采用优质奶源、一流设备、先进工艺，生产优质乳品。全市奶牛存栏3.2万头，同比增长25.58%。依托承德市奶牛试验站提升全市奶牛饲养水平，利用科技平台，在全市重点推广青贮压制、牛群选种选配及粗饲料本地化利用技术。围绕智能奶牛场建设，家庭牧场种养加一体化发展和规模奶牛场生态循环等现代养殖模式，组织全市规模奶牛场参加技术培训。4月，丰宁朴诚乳业正式投产，设计日产加工能力330吨，现日产低温选奶、鲜奶100吨，年销售额2.5亿元；丰宁朴诚乳业在鱼儿山牧场投资5亿元万头奶牛牧场正在建设当中，设计存栏16000头，现引进奶牛6000头。争取国家政策扶持。争取奶业振兴项目资金418万元，用于奶牛养殖场（区）标准化、信息化、智能化建设。通过实施奶业振兴项目，现有16家牧场实现家庭牧场升级改造，6家牧场完成智能奶牛场建设，21家奶牛场完成性控冻精项目，奶牛场智能化水平、群体单产水平和养殖效益得到提高，奶业管理信息化能力得到提升，优质高产奶牛扩群速度加快。组织各县（市、区）申报2022年奶业振兴补贴项目，按申报要求，严格把关，确保项目申报真实性。稳定奶业市场，做好生鲜购销协调工作，督促乳品企业按照合同收购生鲜乳，避免出现乳品企业随意执行收奶标准、高价捆绑搭售饲料、兽药、养殖设备等不利于生产行为。打击倒买倒卖、无购销合同收购、无证运输等违法活动，制止恶意争抢奶源等扰乱生鲜乳购销秩序行为，杜绝出现拖欠奶农奶款问题发生。加强生鲜乳日常监管，对辖区内奶牛养殖及生鲜乳生产、收购、销售、运输各环节的常态化管理，对重点区域、关键环节进行联合检查。组织人员针对“两证一单”使用情况进行摸排巡查，“两证”审批合规、录入及时、信息真实，全部纳入生鲜乳收购站监督管理系统并依法有序运行，所有运输车辆全部随车携带生鲜乳交接单。开展生鲜乳专项整治行动，出动60多人次，检查奶站84个次，运输车58车次，促进生鲜乳收购站（车）在生产、销售、运输等环节规范有序。了解掌握《生鲜乳购销合同》签订情况，督促各县（市、区）做好合同续签工作并及时在“生鲜乳收购站运输车管理系统”内进行合同备案。提升乳品质量，坚守质量和安全底线，落实乳品企业质量安全第一责任，全面推行HACCP、IMS、GMP管理体系，实行生产、储存、运输、销售等环节的全过程标准化管理和质量追溯。

【发展肉羊产业】 以围场满族蒙古族自治县为重点区域“百万只羊”项目，带动全市肉羊产业发展。2021年，全市肉羊存栏99.69万只，出栏160.25万只，100只以上羊场994个，500只以上羊场82个，1000只以上羊场19个。在区域布局上，丰宁、围场、隆化三县接坝和坝上地区多以绵羊为主，宽城满族自治县、兴隆县、承德县、滦平县多以山羊为主。加快与天津奥群牧业、天津食品集团合作步伐，建设以围场为核心辐射带动丰宁、隆化、滦平、平泉、宽城等县的百万只肉羊产业带，产业带内肉羊存出栏年分别达到62.39万只和108.07万只，分别占全市62.6%和67.4%，至12月，天津食品集团和围场满族蒙古族自治县共建成投产种羊场2个，年可提供优质种羊2.1万只；建成肉羊育肥场3个，年出栏育肥羊7万只；建成肉羊屠宰厂1个，年可屠宰加工肉羊75万只。在品种特色上，绵羊饲养以乌珠穆沁、河北细毛羊、小尾寒羊为母本，利用萨福克、无角道赛特、杜泊等优良肉用品种为父本进行杂交提高产肉率；山羊则根据不同生产用途，引进辽宁绒山羊和波尔山羊进行杂交，提高产绒量和产肉率。在产品特色上，随着标准化规模养殖场不断增多和畜产品加工企业诞生，“塞彝”“爱尚羊”“六和源”和“溯源”牌手把肉、羊排、羊肉卷和礼品件等产品畅销国内市场。

【畜禽良种繁育】 全市有各类种畜禽场29个，其中种猪场19个，种羊场3个，肉种牛场1个，肉种鸡场(孵化场)4个，种蜂场1家。通过引进优质胚胎或冻精，在对现有肉奶牛进行改良的同时，培育和发展安格斯、和牛等优质肉牛；以杜洛克、长白、大三元种猪为主，积极发展热河民猪等优良地方品种，满足市场多样化需求。引进优质肉用种公羊，对现有山绵羊品种进行改良；引进AA+、海兰、农大三号等蛋肉鸡品种，对蛋肉鸡进行品种更新，利用杂交优势，提高畜禽产品产量和质量。持续加大改良站点建设力度，全市完成生猪标准化改良站点建设122个，改良生猪29.19万头次；完成肉奶牛标准化改良站点建设175个，改良肉牛27.8万头次；完成山绵羊改良站点建设79个，改良山绵羊50.35万只次。

动物卫生监督

【概况】 坚持“稳基础、抓规范、保安全”总体目标，以“三化建设两提升”工作思路为着力点，做到检疫工作规范化、监督检查常态化、官方兽医制度化，不断提升应急指挥能力、信息化监管能力。精心谋划、周密安排，检疫工作稳步推进，监管工作扎实有效，官方兽医履职尽责，全市动物卫生安全得到有效保障。开展动物检疫监督能力提升行动，完成规范动物检疫工作专项行动。按照河北省农业农村厅印发的《全省规范动物检疫工作专项行动方案》要求，制定印发专项行动方案，细化各项工作任务，深入开展对照检查，分类梳理存在的问题，建立问题台账，通过了河北省对承德市的检查。强化检疫宣传，以5月1日起实施新修订的《中华人民共和国动物防疫法》为契机，通过新闻、网络、条幅和宣传日宣传，印制《中华人民共和国动物防疫法》手册1000本，发放给全市官方兽医、屠宰企业和养殖企业学习宣传使用。

【动物产地检疫】 加强痕迹化管理，在检疫操作中做到“八查三记录”，产地检疫规范化水平稳步提高。监督养殖场落实“密罐式”管理，指导健全养殖档案，对调入动物按规定做好隔离，确保无疫后混群饲养。监督养殖场户做好免疫、消毒、无害化处理等工作，严格养殖场户产地检疫申报制度，落实动物疫病风险控制，确保动物卫生源头安全。全市产地检疫生猪90.59万头、牛13.09万头、羊12.43万只、禽11102.32万羽，申报产地检疫率达到100%。

【动物屠宰检疫】 继续实施屠宰企业“高压式”管理和官方兽医“问责式”管理常态化，严格屠宰企业“两项制度”和主体责任落实到位，监督屠宰企业把住生猪入场关，强化瘦肉精、非洲猪瘟自检，健全检疫、检测档案，严格屠宰检疫程序，对检出的病死畜禽及其产品，严格执行“四不准一处理”措施，监督做好无害化处理，做到“生猪入场时健康无疫，产品出场时检疫合格”。按照《河北省农业农村厅关于进一步加强牛羊定点屠宰检疫官方兽医派驻工作的通知》要求，按时完成全市7家牛羊定点屠宰企业的16名官方兽医配置，同时加大对全市58家屠宰场点分级管控力度。严格屠宰检疫，做到“六个必须”、严把“五关”。全年全市屠宰检疫生猪153.26万头、牛0.54万头、羊2.04万只、禽4334.42万羽。

【动物调运监管】 加强生猪运输车辆备案登记和贩运经营者监管，严禁从高风险地区调运生猪。严格对运输工具进行清洗、消毒，防止因调运引入疫情。同时，对跨省备案企业进行资质确认，完善档案，调运日常监管，在监督检查中发现问题按规定及时处理，对不符合推荐备案条件的企业，立即上报，注销备案资格，确保引入的动物健康，调出的产品安全。按照河北省人民政府办公厅和农业农村厅入冀动物及动物产品检疫指定通道建设要求，在丰宁满族自治县土城镇建设河北省际动物卫生监督检查站，完成新建面积196平方米，上下两层共10间业务用房，通过了省厅验收。至12月30日，指定通道检查运输动物车辆42辆，检查猪2960头、牛70头、禽106200羽。

【供奥企业监管】 承德市供冬奥会企业涉及滦平县、兴隆县、承德县生猪养殖及屠宰企业4家，为确保供奥动物和动物产品安全，全面掌握企业供应计划、保障措施、前期准备等情况，严格督促企业落实主体责任，严格生猪和产品检疫，严格督导检查，市县均明确包联人员，责任到人，市级每月督导1次，县级每周督导1次，确实把监管责任落到实处。

【动物检疫信息化建设】 6月1日，承德市全面推行无纸化出具动物检疫合格证明（动物B）工作。以“河北智慧兽医云平台”为依托，研发推行承德动物卫生屠宰检疫信息管理系统，该系统包括动物屠宰检疫申报、动物屠宰检疫日情况统计、无害化处理登记和检疫标志使用登记等功能，驻场官方兽医每天手写繁琐登记表的历史被改写。通过信息化手段切实为基层官方兽医减负，实现了动物从入场到屠宰到出证全程信息化检疫监管。研发推行“承德市官方兽医管理软件”，对官方机构、监管对象、官方兽医进行系统化、信息化管理，避免监管盲点，提升监管效能，增设考核管理功能，创新监督考核模式。

【提高检疫人员技能】 组织两次无纸化出具动物检疫合格证明工作培训班。各县（市、区）动物卫生检疫监督机构负责人、主管业务工作副职、负责智慧兽医云平台系统管理人员、驻屠宰企业官方兽医和基层分站业务骨干200多人参加培训。主要培训平台使用无纸化出具动物检疫合格证明（动物B）、养殖环节病死猪无害化处理信息监管系统、承德市屠宰检疫信息管理系统和平台系统改进与常见问题解析。开展使用市级动物检疫监督应急指挥系统（即官方兽医远程培训系统）视频培训，全市500多人参训。在市站指导下，平泉市举办首届“森源杯”动物检疫技能竞赛。通过线上线下、内培外培相结合的方式，将新技术、新知识传授给官方兽医，在全市范围内掀起官方兽医提素质强学习高潮。

畜牧业管理与服务

【概况】 重点围绕畜禽产品质量安全监测，重大动物疫病防控，畜禽定点屠宰疫情管控，畜禽饲料生产管理，畜禽粪污资源化利用，推进第三轮草原补奖政策落实等项工作，按照省市要求，下发文件，抓排查、抓整治、抓培训、定岗定责，促进各项工作落到实处。为不断提高业务水平，做好技术支撑，加强中心内部工作人员学习培训。

【畜禽产品质量安全监测】 依据河北省农业农村厅关于印发《2021年河北省农产品质量安全监测计划》通知精神，结合承德市实际，制定印发《2021年承德市动物源性产品及投入品质量安全监测计划》，对两级监测工作安排部署，以小养殖户、规模养殖场、定点屠宰场及加工企业、农贸市场、农村大集等为重点监测区域，以风险高、社会普遍关注的大众畜产品为监测重点，结合畜禽当季用药特点进行本辖区内重点监测。通过例行监测、专项监测，掌握全市肉、蛋、奶、水产品质量安全风险，为畜产品质量安全风险评估提供依据。为提高县（市、区）检测水平，加强对县级检测中心工作人员业务培训，采取电话、邮件、跟班学习等形式开展技术指导。进行抽样检测，抽检样品涵盖猪肉、牛肉、羊肉、鸡肉、鸡蛋、鱼肉、生鲜乳、猪尿、牛尿、羊尿10个种类。抽样范围覆盖全市12个县（市、区）养殖场、屠宰场、农贸市场、超市、农业产业化龙头企业、乡村集市及2个供奥基地。开展“百日大排查”专项行动，特别是青县“瘦肉精”被央视曝光后，配合相关科室开展3次“瘦肉精”百日行动飞行检查，抽取猪尿109批、牛尿67批、羊尿122批，共计298批。经实验室检测，所有样品全部符合规定。全年共检测样品1397批次，其中畜禽产品1127批次，生鲜乳198批次，饲料72批次；监督抽检畜禽产品310批次，水产品50批次，总体合格率100%。市畜禽产品质量安全检测中心被河北省兽药饲料工作总站命名为“全省饲料畜产品检验检测先进集体”，3人被省兽药饲料工作总站授予“全省技术推广检验检测先进个人”。

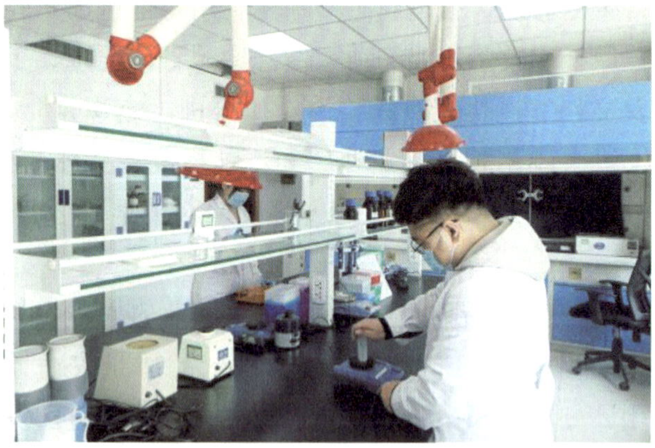

承德市农业农村局畜禽水产品检测实验室

【重大动物疫病防控】 规范动物养殖、运输、屠宰、诊疗和无害化处理环节防疫管理，通过精心谋划，周密部署，强力督导，各项措施得到有效落实。完成畜禽强制免疫、监测工作。全市总体应免畜禽免疫进度达到90%以上，免疫合格率达到70%以上，均达到部省标准。动物产地检疫率、屠宰检疫率达到100%。狠抓非洲猪瘟防控工作，通过深入组织排查、消毒、检测、净化，同时强化饲养环节“封闭式”管理、屠宰环节“高压式”管理及官方兽医“问责式”管理，由于防控措施到位，全年未发生非洲猪瘟疫情。为落实省厅“大清洗大消毒”工作有关要求，下发《关于开展“大清洗大消毒”活动的通知》，要求在养殖、屠宰、运输各环节做到日常、定期和集中消毒相结合。元旦、春节、“五一”、国庆假期开展清理清洗消毒，每月5日、15日、25日为集中消毒日，5月和8月为集中消毒月。全市上下按照部署，进行全面动员，全年累计使用固体消毒药16.6吨，液体消毒药831.2万毫升，消毒生猪养殖场、定点屠宰场及其他场所10.8万个次，总消毒面积7803.4万平方米。狠抓炭疽病防控工作，8月8日，围场满族蒙古族自治县御道口镇发生畜间炭疽疫情，迅速做出应急响应，果断采取封锁、隔离、排查、免疫、监测、消毒等措施，防止疫情扩散。全市动员3200多人，进行六轮排查，排查饲养场、屠宰厂等27.2万家次，排查牛402万头次、羊689万只次；使用消毒药液820件，消毒面积达7900万平方米；对疫区、受威胁区9016头（只）易感牲畜进行紧急免疫；对疫牛及同群牛采取隔离和无害化处理措施。在做好疫点处置的同时，统筹组织全市采取紧急防控措施，由于反应迅速，措施到位，疫情得到及时控制。

【畜禽定点屠宰疫情管控】 全市畜禽屠宰管理工作全力配合做好新冠肺炎疫情防控，做到“应急与预防并重，常态与非常态相结合”，落实工作责任，强化工作措施，防止新冠肺炎疫情对屠宰业造成重大影响。进行摸底排查。排查企业名称、地址、负责人、冷库库存、进口肉等信息，并进行登记造册，及时更新，确保不遗漏，早覆盖。监督企业做好疫情管控。监督做好入场查证验物及信息录入工作，保证证物相符、畜禽标识符合要求，企业进口肉类产品，提前向当地农业农村部门和当地新冠疫情防控指挥部备案，货物到达后立刻通知当地疾控中心及时检测，驻场官方兽医加强管理工作，严格落实准宰杀制度和同步检疫制度。指导企业储备物资，精准防控。指导企业做好人员及场地新冠肺炎疫情防控工作，要求其储备足够数量的疫情防控物资，包括口罩、手套消毒设备及用品非接触式体温计等，要求职工做好自我保护，加强日常健康监测，做好外来人员登记管理和人员出入管理工作。通过以上措施实施，全市屠宰企业防护管理水平进一步得到提升，杜绝在屠宰环节出现新冠肺炎疫情，为全市人民食用放心肉食产品提供安全保障。

【落实粮改饲试点项目】 继续实行以养带种深入推进粮改饲工作，超额完成年度目标，有效推进结构调整和农牧结合。年初，组织有关县（市、区）进行摸底调查和前期谋划，提出需求建议。省级粮改饲项目申报指南下发后，迅速完成粮改饲项目书编报工作，丰宁、围场、隆化3县通过全省评审，列入国家粮改饲试点县范围，争取到位粮改饲项目资金2653万元。及时指导各县(市、区）完成县级实施方案报批和市级省级备案程序。实施中针对政策补贴门槛提高、秋季局部涝灾制约、收购价上涨等现实情况，创新机制，通过鼓励养殖场自建种植基地、建设高标准青贮设施、加强技术指导服务培训、指导排水排涝、增加机械辅助收运等措施，及时完成收储、测量登记、名单公示、县级自验、市级抽验工作，提请财政部门资金兑付。全年共落实实施主体1569家，完成收贮面积38.46万亩、收贮104.91万吨，分别完成年度任务21.5万亩和61万吨的179%、172%。其中完成青贮玉米种植37.27万亩、全株玉米青贮收贮量104.04万吨，燕麦、苜蓿等优质饲草种植面积1.18万亩、收储0.87万吨。按要求及时完成绩效自评、采样送检，在全省青贮饲料质量评鉴大赛上承德市获金奖、铜奖各1个。

【秸秆饲用与饲料生产管理】 全年全市农作物秸秆产量137.65万吨，主要种类为玉米秸、谷草、莜麦秸、小麦秸、稻草及花生秧、豆秸、薯类藤蔓等，通过青贮、黄贮、微贮、压块及直接饲喂等方式，秸秆饲料化利用量91.49万吨，占比66%。饲料质量安全日常监管和饲料检测工作。全年生产浓缩饲料24.54万吨、单一饲料3.98万吨、酶制剂258.8吨。开展饲料和饲料添加剂专项整治工作，制订下发《承德市农业农村局2021年饲料和饲料添加剂专项整治实施方案》，部署开展饲料和饲料添加剂经营大检查，制订下发《承德市农业农村局关于进一步加强饲料和饲料添加剂经营管理的通知》，对饲料企业安全生产工作进行督导检查。全市有持证饲料生产企业12家，其中饲料添加剂企业1家，添加剂预混料企业1家，植物蛋白原料企业1家，动物蛋白饲料企业3家，肉鸡料企业2家，猪料企业2家，精料补充料企业2家。全年累计完成省市饲料检测抽样57批次，未检出不合格样品。

【畜禽粪污资源化利用】 按照《河北省畜禽粪污整治和资源化利用再提升行动实施方案》要求，成立工作专班，确保工作有序推进。至10月末，完成三级提升二级、一级规模养殖场56家，二级提升一级规模养殖场8家，共计66家，全市畜禽粪污资源化利用率达到94.23%，超额完成省下达承德市粪污资源化利用79%以上的目标任务。开展专项大整治行动“回头看”，农业农村部门和生态环境部门联合对全域规模养殖场、特别是畜禽粪污资源化利用专项大整治行动中发现问题的养殖场再次全面排查，巩固深化项大整治行动成效，确保全部整改完成。同时，加大对其余三级水平养殖场核查整改力度，建立养殖场核查台账，对于核实确定需再整改的养殖场，明确整治时限，确保目标任务完成。至10月末，21家问题养殖场粪污处理设施全部达到二级或一级水平。开展整治再提升签字背书工作。在整治再提升行动期间，按照方案提出的应背尽背的要求，承德市畜禽养殖废弃物资源化利用领导小组办公室印发《关于开展畜禽粪污整治和资源化利用再提升行动督导的通知》，组织相关人员成立四个检查组，采取分县包片做法，对各县（市、区）持续性督查指导。对提出整改要求的养殖场之外的333个三级水平养殖场逐一检查并签字背书；县级对提出整改要求之外的一级、二级养殖场逐场实地检查并签字背书。畜禽粪污处理企业排查工作，为避免出现吉林省长春市吉安县集中处理中心闲置的类似事件在承德市发生，按照农业农村部印发的《关于开展畜禽粪污集中处理设施运行问题专项整治行动的通知》和河北省畜禽养殖废弃物资源化利用领导小组办公室印发的《关于开展畜禽粪污处理企业排查的通知》要求，成立专门工作组，对五个项目县开展排查工作。经查，符合排查规模的畜禽粪污处理企业共16家，分别是滦平县5家有机肥厂、隆化县1家有机肥厂、丰宁满族自治县7家有机肥厂、围场满族蒙古族自治县2家有机肥厂、承德县1家有机肥厂。其中除滦平1家有机肥厂因企业经营不善停止运转，现正在与合作企业洽谈运转事宜和围场1家有机肥厂还未完成验收外，其余14家全部正常运行。并按照省文件要求，对五个项目县和相关企业签订责任书。

【推进第三轮草原补奖政策落地】 组织县（市、区）对第二轮政策实施情况进行全面回头看，其中重点对2019年以来农牧民补助奖励政策项目进行自查、完成项目资金扫尾、资料归档。争取政策资金支持。对第三轮补助奖励政策开展建设需求摸底，积极建言献策，财政部、农业农村部、国家林草局《第三轮草原生态保护补助奖励政策实施指导意见》出台后，通过省厅专题调研和呼吁争取，河北省财政厅等三部门《2012—2025年草原生态保护补助奖励政策实施方案》确定将承德市宽城满族自治县纳入（新增）补奖范围、并将鱼儿山牧场单列，承德市补奖政策实施区域从第二轮的5个县（市）扩展到7个县（市）及场，争取到位2021年、2022年资金各5670万元，比第二轮资金额度增长470万元。进一步完善政策机制，依照河北省实施方案要求，及时会同市财政局、林业和草原局制定印发《承德市2021—2025年第三轮草原生态保护补助奖励政策实施方案》，有序组织县(市、区）农业农村部门完善五年规划、实施细则，组织县（市、区）开展政策宣传、申报遴选、制定年度实施方案。

水产业发展与管理服务

【概况】 全市渔业发展以提高产业化、规模化、标准化水平为发展方向，以无公害养殖、冷热水名贵鱼养殖、生态休闲渔业为优势特色产业，调结构、壮基地、创品牌、增效益，实现了渔业提质提效、渔民增产增收。全市渔业总产量3621吨，同比减产4.03%。其中捕捞产量1167吨，同比减少0.77%，养殖产量2454吨，同比减产5.51%，养殖面积1609公顷，增加0.44%公顷。全市渔业总产量同比略有减少主要原因为滦河污染整治、7.13洪水灾害和疫情等影响，养殖场不能正常经营。

【渔政管理】 以落实水生野生动物保护、海河辽河禁渔制度、渔船管理与安全生产、水产养殖产品质量安全等监管工作为重点，对重点县（市、区）、重点水域组织开展渔政监督检查工作。同时，广泛开展渔业法制教育和宣传活动，发挥新闻媒体作用，加强渔业法规、典型案件宣传，增强渔政工作人员和生产经营者知法守法用法意识和能力，提高社会群体对承德市渔业资源保护意识。全市共出动渔政检查员403人次，发放宣传材料13300份，为渔业资源可持续发展提供有力保障。加强水产品质量监管，全年共检测水产品

183 批次，合格率 100%。

【水库渔业养殖经营】 全市水库养殖产量为 784 吨，同比减少 9.36%，水库养殖产量占全市养殖总产量的 31.95%，同期占比减少 1.36%，减少的主要原因是潘家口水库取缔网箱养鱼。2021 年，水库养殖面积 1247 公顷，与 2020 年同期持平，占全市养殖面积的 77.50%，同期占比减少 0.34%。

【休闲渔业养殖经营】 休闲渔业总产值 71630.82 万元，同比减少 1.02%。其中，休闲垂钓及采集营业额 2361.20 万元，同比减少 7.37%；旅游导向型休闲渔业营业额 3660.62 万元，同比减少 0.48%；观赏鱼产业产值 492 万元，同比增加 43.02%，钓具、钓饵、渔药及水族设备等营业额 650 万元，同比减少 2.4%。全市休闲渔业经营主体 196 个，其中营业额在 200 万元以上的规模经营主体 18 个，同比减少 5.26%。休闲渔业从业人员 1788 人，同比减少 3.92%。全年接待人数 432635 人次，同比增加 3.4%。休闲渔业产值因受新冠肺炎疫情影响相对减少。

【渔业品种资源保护及增殖放流】 省农业厅、财政厅下达承德市增殖放流补助资金共计 153 万元，用于潘家口水库池沼公鱼、鲢鳙鱼、草鱼鱼种增殖放流。其中，河北省渔业资源增殖放流资金 50 万元，放流任务为：在潘家口水库放流池沼公鱼受精卵 10 亿粒（投资 30 万元），放流规格为 50 ~ 150 克 / 尾的鲢鳙鱼鱼种 4 万斤（投资 20 万元），至 4 月 20 日，完成放流任务。12 月 24 日，省渔业资源增殖放流指挥部监督组对承德市鲢鳙鱼鱼种放流情况进行现场验收合格，符合增殖放流规定要求。国家拨给水生生物增殖放流资金 103 万元。放流任务为：在潘家口水库放流规格为 50 ~ 150 克 / 尾的鲢鳙鱼鱼种 6 万千克，放流规格为 50 ~ 150 克 / 尾的草鱼鱼种 2 万千克。12 月 23 日至 24 日，由河北省渔政执法总队组织验收组对承德市承担的 2021 年国家增殖放流项目进行现场验收合格，完成国家水生生物增殖放流项目任务。

农业机械化

【概况】 严格落实河北省农业机械化工作部署，持续提升农业全程机械化发展水平，与省沟通为农机产业争取各项政策支持，指导围场满族蒙古族自治县深入开展农业机械示范工作，并成功申报 2021 年“国家级全程机械化示范县”；协调农机相关部门推进项目工作落实，指导县区做好农机改造提升实施项目并完成年度验收等相关工作。加强农机安全监管，防范和遏制农机重特大事故发生。完善农机推广体系建设，在围场满族蒙古族自治县召开农机推广全程机械化玉米、马铃薯机收现场观摩暨推进工作会议。

【提升农机化作业水平】 全市农机总动力达到 277.82 万千瓦，大中型拖拉机 2 万台，小型拖拉机 5.27 万台。机耕、机播、机收面积分别达到 425.70 万亩、381.41 万亩、17.74 万亩。全市农作物耕种收机械化作业水平 57.33%，主要粮食作物（玉米）耕种收机械化作业水平 68.72%。围绕加快农机新机具、新技术推广应用，指导围场满族蒙古族自治县开展玉米、马铃薯示范试验项目实施。因地制宜优选适宜技术路线和农机装备，实现全程机械化突破，通过农机农艺融合，集成坝上马铃薯和玉米全程机械化技术体系，利用物联网、大数据平台、智能控制、卫星定位等信息技术在农机装备和农机作业上的应用，借助省农机装备智能化改造提升项目，以围场满族蒙古族自治县、丰宁满族自治县大型农机合作示范社为重点，在精细整地、精量播种、施药施肥、节水灌溉等作业机具逐步推广安装智能监测设备 250 套，安装差分基站 9 个，安装自动驾驶技术18套，实现与农机管理服务平台无缝对接，开展重点农机作业环节智能监测。

【农机深松深耕作业补贴】 丰宁满族自治县、围场满族蒙古族自治县、平泉市、鱼儿山牧场共实施农机深松深耕作业补贴面积44万亩（其中深松43.5万亩、深耕0.5万亩），获补贴资金1325万元。补贴资金项目区分别是：丰宁18万亩，补贴资金540万元；围场25万亩，补贴资金750万元；平泉市0.5万亩（深耕），补贴资金20万元；鱼儿山牧场0.5万亩，补贴资金15万元。

【农机安全监管】 落实监管责任，制定《2021年承德市农机安全生产工作指南》和《2021年农机安全生产工作要点》，推动落实“党政同责一岗双责”，推行农机安全监管权力清单和责任清单制度，健全行业监管系统内部安全责任体系。开展专项治理，为确保安全生产专项整治工作落实，深入排查治理安全隐患和问题，打击各类违法违规行为，防范和遏制农机安全生产事故发生。在全市范围内与有关部门联合开展农机领域安全隐患排查治理，成立8个调查组，检查农机合作社、农机维修场所48家，发现一般性安全隐患问题60余个，限期内全部完成整改。同时排查拖拉机560余辆，纠正农机违法行为25次，整改隐患15起。检查机具1042台套，纠正违章13起。加大宣传力度，为进一步提升安全意识，市、县农机监理部门开展宣传活动20场次，悬挂标语60余条，发放宣传资料15000余份，发布短信790余条，现场指导农机人员安全操作230人次，受教育驾驶员及农机操作手600余人。

【农机购置补贴政策落实】 按照“2021—2023”农机购置补贴政策相关要求，督导各县（市、区）严格执行农机购置补贴各项制度规定，协调落实中央农机购置补贴专项资金3075万元，补贴各种农机具3528台，受益农户7500户以上。启动新平台信息系统管理运用，通过各项工作督导检查、提升整改等措施，有效保障农机购置补贴惠民政策顺利实施。

现代农业科技

【概况】 按照省、市农业农村工作会议总体部署，把科技创新作为推进现代农业发展重要驱动力量， 抢抓京津冀协同发展战略机遇，围绕农业供给侧结构性改革、特色产业发展、农业产业化、乡村振兴等重点工作，不断激发农业科技创新内生动力，着力打造以政府为主导、企业为主体、产业发展为导向、科研院所和大专院校为依托、科技创新与技术集成示范推广为抓手的科技农业发展模式，取得阶段性成果。

【农业科技推广】 遴选发布主推技术，围绕产业发展，组织专家筛选149个主导品种和21项主推技术在全市予以推广，各项目县也根据省市发布的主推技术、主导品种，结合本地产业发展实际，遴选推介地方年度农业主推技术，全年各项目县共推介发布主导品种238个，示范推广实用技术85项，农技人员对接指导农户18346户。开展送科技下乡活动，送科技下乡，让科技入户，引进新品种、新技术，将先进的农业技术传授给广大农民。活动中发放各类科技书籍2000余册，接受种植、大田作物栽培、配方施肥、畜牧养殖、兽医防疫等方面的咨询200余人次，进一步增强科技人员为农民服务的意识，加深群众对科技的了解。科普宣传活动。开展科技宣传活动，5月24日，在市科技局、宣传部、科协三家主办的科技活动周中，组织科技人员在市中心广场开展农业农村科普知识宣传。9月17日，组织科教、人居环境整治、畜牧、执法支队、农产品质量安全监管、环保等多个相关部门10余名农业农村科技人员，在承德县三家镇前营子村开展“提升农民科学素质”全国科普日宣传活动。共发放科普宣传资料1500余份，接受咨询200多人次，现场解答科学养殖、种植、防疫及农产品安全等问题120多人次，农户遇见的技术难题得到解决，农民科技水平得到提升，取得很好效果。开展技术帮扶服务，全年共推荐选派54名具有中级以上职称的专业技术科技特派员，签订“三区”服务人员三方协议，赴42个村（企业）开展帮扶，对受援地进行先进适用技术推广、技术咨询等服务，为现代农业高质量发展提供有力技术支持。

【高素质农民培育】　争取省级高素质农民培训资金953.5万元，培训任务4527人。组织县（市、区）遴选培养对象信息数据库学员6352人。申报认定省级农民教育培训基地15个、实训基地32个。按时组织市、县（市、区）完成高素质农民培训班79期，培训农民4595人，超额完成全年培训任务。加强农村实用人才培训力度。依托滦平县周台子培训中心农业部新型职业农民培训基地优势，针对创业富民、大学生村官能力建设、乡村发展与治理等主题，承办专题培训7期，共培训各地学员700人。各贫困县贫困村书记及村“两委”成员参加“乡村发展与治理”主题培训，共200多人参加。

【农业科技合作】　加强与大专院校、科研单位协作，打造农业科技成果孵化基地。持续推进农业创新驿站建设。开展2021年省级农业创新驿站申报创建工作，新增创建省级农业创新驿站5个，全市累计创建省级农业创新驿站21个，市级农业创新驿站35个，驿站总数达到56个。创建期间，全市共引进示范优新品种222个，示范推广新技术72项，制定绿色生产标准和技术规程78项，研发引进机具装备228台，驿站内采用生态防控、节水、节肥、节药绿色关键技术达85%以上，物联网覆盖率达98%以上，60%以上农产品实现订单或网上销售。同时，首席专家团队结合产业技术扶贫活动，通过基地示范、专家指导和技术培训等形式开展各类科技培训327次，培训农技人员3419人，培训新型经营主体和农户2189人，辐射带动周边28589户脱贫增收，带动当地产业增收100347万元。发挥创新团队试验站作用。中药材产业体系创新团队试验站围绕品种选育、绿色防控、科学施肥三个关键环节，联合承德医学院中药研究所、国家及省中药材产业技术体系专家团队建立科技协同创新平台，在滦平、隆化两县采集黄芩、北苍术、北柴胡3个品种30余份样品，开展优良品种筛选，提升良种繁育水平。张承坝下设施蔬菜综合试验推广站加强同河北农业大学、沈阳农业大学之间的联系，在平泉益农科技育苗有限公司开展东西垄轻简化栽培试验示范，邀请孙周平教授到承德开展“蔬菜产业发展形势与分析”技术讲授。在李天来院士的支持下，市蔬菜站成功申报成为河北省院士重点合作单位。

【基层农技推广体系建设】　争取省级项目资金1265万元（包含农业创新驿站130万元），用于开展基层农技推广服务、科技创新基地示范展示以及组织专家、农技人员开展技术指导和培训。不断优化产业扶贫技术服务体系建设，组织专人对全市市级专家团队、县级专家团队、乡镇专家服务队及村级产业技术指导员名单进行核查，调整专家组成，充实技术力量，通过调整，全市村级产业技术指导员增至1081人，较之前增加127人，产业扶贫技术服务队伍壮大，产业扶贫效果得到提升。全市全年产业技术服务体系共组织科技培训96190人次，推广新技术新成果115项，带动脱贫人口66747人。实施农技推广特聘计划，全市8个项目县共通过政府购买服务等支持方式，从农业乡土专家、种养能手、新型农业经营主体技术骨干、科研教学单位一线服务人员中招募特聘农技员41名，围绕全市肉牛、蔬菜、水稻、食用菌等特色产业发展，有针对性开展农业技术咨询指导和政策宣传。在11月6日暴雪极端天气过程中，各县特聘农技员通过互联网、微信群和现场指导等方式累计预警、指导种养殖户8000余户，有效减轻和避免极端恶劣天气对农业生产造成的不良影响。不断完善基层农技推广机构建设，在此次机构改革中，全市在保留77个基层区域站的前提下，成立159个具有农技推广职能乡镇综合服务中心，乡镇农业综合服务中心均有固定办公用房，人员配备齐全，工资、经费均由财政负责，管理职责明确，各项制度健全。强化科技示范主体培育，提高主体辐射带动能力，公开遴选106个技术能力较强、帮扶意愿较高的新型农业经营主体带头人、种养大户、乡土专家作为示范主体。实行技术指导员与农业科技示范主体"1+N"对口结对帮扶指导，并签订指导任务书。通过技术指导，示范主体科学种养水平和自我发展能力及对周边农户、特别是脱贫户的辐射带动能力不断提升，累计示范带动超过3000户农民增收增效。加大先进适用技术推广，提升农技推广应用成效。为发挥科技进步对现代农业促进作用，市农业农村局组织专家筛选包含玉米、香菇、马铃薯等149个主导品种和21项主推技术在全市予以示范推广，解决技术难题3265个。加大示范基地建设，推动产学研深度融合，围绕各项目县主导产业发展需要，共创建25个高标准县级农业科技试验示范基地，全年实验推广新品种119个，示范推广成熟适用新技术68项。

【农业信息化建设】 利用各类网络渠道，加强农技推广信息化建设，实时利用中国农技推广App发布局属相关农技推广信息，农技员全年累计上线7006人次，累计发布日志26889条，上报农情8250次，问答总数达28687次。全面推进信息进村入户工程可持续运营。进一步明确"政府修路、企业运营、社会跑车、农民取货"的职责定位，推进公益、便民、电商和培训体验服务，实现益农信息社可持续发展，形成"政府+运营商+服务商"三位一体发展模式。举办线上线下推广活动，宣传信息员面向群众提供"公益服务、便民服务、电商服务、培训体验服务"四大服务，开展"买、卖、推、缴、代、取"六大业务，联合益农信息社信息员共计解答群众咨询100余次，发放各类宣传单3500余份。举办承德市信息进村入户工程市县级运营管理人员及信息员专题培训班。开展一系列"互联网+农业"相关培训。寻求农业和新媒体结合的突破口，开展63场公益直播，卖出农产品的溢价值，得到村民、企业和广大网友的认可。4月24日，周六连续直播10小时线上销售844单，随后经过七天不断发酵，深水河村滞销的7.5万千克苹果销售一空，为果农挽回了损失。5月22日，单场连续15小时直播，线上直接销售1186单，其中小米的价格33.3元1千克，西红柿15.8元1.5千克，都是高价售出。建设"互联网+"农产品出村进城工程，确定承德县为"互联网+"农产品出村进城工程试点县，促进农产品产销衔接、完善农产品仓储物流体系、加强技能培训，最终形成一套打通农产品出村进城模式，符合承德市实际、可复制可推广推进模式和标准规范。通过打造农产品品牌，从设计、包装、推广等各个环节深入创新探索，通过对益农信息社提升，以及运用互联网、自媒体等新手段新技术对试点县优质农产品进行品牌打造和推广，提升农产品品牌影响度，提升农产品溢价能力，从而真正达到农产品出村进城，实现销量突破。农业农村局官网全年无故障运行，日均发布量不断增长，政务特色不断增强，影响力不断攀升，为全市人民提供更为高效便捷农业信息服务。推广微信公众平台。累计实现5700人政务公众号关注量，对重大会议、惠农政策及时宣传、对符合标准的农副产品进行推广销售，收到较好效果。

【智慧农业示范园区建设】　推动全市智慧农业示范园区建设。在全市范围内实施建设两个智慧农业示范园区（丰宁、隆化两县），结合两县农业产业特点，推动智能感知、分析、控制等技术和装备在大田种植和设施园艺领域集成应用，引进、消化、创新水肥一体化、自动喷滴灌、自动采摘等自动化、智能化系统和数字设备，开展工厂化、智能化和标准化生产。引导新型农业经营主体和农户开展节水灌溉、精准施肥、饲料精准投放等精准化作业，打造规模化、网络化、智能化、精细化现代“种养加”生态农业展示、创新、应用示范区。

2021 年市农业农村局领导名录

党　组　书　记：刘宝龙（满族）
党组副书记、局　长：孙志广
党组副书记、副局长：王德林
党组成员、副 局 长：侯光然（满族）
韩立军（满族）
纪　彪
张长青（满族）
刘树新（8 月免）
田雁飞（满族）

（汪玉莹　高建忠　修丽娜　李　兵　张晓波
赵继艳　张　杰　刘娜娜　杜新杰　才凯华
陈浩文　南　洋　张　扬　张秀蕊　黄丽鹏
张宏伟　陈凤莉　刘　波　全凤岗　高　远
付艳慧　于宝海　韩永生　霍宗全　刘艳明
朱今舜　李素霞　韩国伟　刘　南　霍妍明
王青妹　张　欣　郭立斌　孙一函　杜志广
于海雨　黄志龙　夏清华　房庆超　杨　光
郭海燕　张书辉　张　智　王智超　供稿）

林业草原

【概况】　围绕全市“三区两城”发展定位，深入贯彻中共中央总书记习近平生态文明思想和视察承德指示讲话精神，践行“两山”理念，弘扬塞罕坝精神，完成省、市下达的各项工作任务。森林草原防灭火工作取得近十年来最好成绩，丰宁、隆化、宽城三县成功创建为省级森林城市，林长制工作走在全省前列，实现跨地区林业碳汇交易 2032 万元，完成张承坝上造林、雄安“承德林”等重点工程，为开创高质量发展“生态强市、魅力承德”提供强有力生态支撑。2021 年，全市有林地面积 3556 万亩（占全省的 35.7%），森林覆盖率 60.03%（高出全国 36 个百分点、全省 25 个百分点），林木蓄积量 1.02 亿立方米（占全省的 58%）。有草地面积 682.97 万亩（占全省的 23.4%），占国土面积的 11.52%；其中，天然牧草地 238.87 万亩、人工牧草地 0.94 万亩、其他草地 443.16 万亩。划定基本草原 546.37 万亩，占草地总面积 80%，草原综合植被盖度达到 73.5%（高出全省 0.5 个百分点）。拥有各类自然保护地 63 处(其中:国家级 18 处、省级 45 处),总面积 850.65 万亩,占国土面积的 14%，占全省的 40%。其中：自然保护区 11 处（国家级 2 处），森林公园 22 处（国家级 6 处），湿地公园 20 处（国家级 5 处），沙漠公园 2 处（均为国家级），地质公园 3 处（国家级 2 处），风景名胜区 5 个（国家级 1 处）。

【国土绿化美化】　依托张承坝上造林、京津风沙源、再造三个塞罕坝林场等重大生态修复项目，坚持“宜乔则乔、宜苗则苗、宜灌则灌、宜草则草、宜花则花”，一体推进坝上、接坝和中南部地区生态建设进程，全年完成营造林 142 万亩，其中:人工造林 32.9 万亩、封山育林 15.8 万亩、退化林修复 13 万亩、营林 80.3 万亩，占年度任务 103.6%；特别是张承坝上造林项目实现“三年任务一年完成”，通过高标准设计、高质量施工、大兵团作战，高质量完成 55.3 万亩建设任务，其中，精品工程 167 处（万亩以上 10 处、千亩以上 52 处、百亩以上 105 处），打造了“两区”建设新样板，被河北省绿化委员会评为国土绿化突出贡献单位。

8 月 17 日，丰宁满族自治县大滩镇林业建设工程区造林员栽植樟子松

【草原修复治理】 依托草原生态修复和京津风沙源项目，采取封、种、飞并举，草、灌、乔结合等方式，立体推进草地生态综合治理，完成退化草地修复治理 21.7 万亩，建设暖棚 30 万平方米、青贮窖 9.4 万立方米、贮草棚 10.6 万平方米、饲料机械 2200 台套。

【干果经济林产业建设】 围绕“一环六带”产业布局，在兴隆县、宽城满族自治县实施板栗低质园改造项目，在平泉县、滦平县、承德县开展山杏提质增效示范基地建设，通过扩基地、扶龙头、树品牌、延链条等方式，提升特色优势产业综合效益，全年新发展干果经济林 8.7 万亩，完成干果经济林提质增效 20.3 万亩。

【林业碳汇发展】 抢抓“双碳”机遇，依托全省降碳生态产品价值平台，加快全市林业生态产品价值转换步伐。承德市御道口、于营子、狮子沟 3 家林场完成森林固碳量备案，实现省内跨区域降碳交易 2032 万元，大窝铺、平顶山、苏木营等 7 家林场完成森林固碳生态产品项目核证，累计核定降碳产品 366.8 万吨，得到河北省政府充分肯定。

【森林草原防灭火】 将 343 公里环塞沿线、276.7 公里环京沿线和 52 个重点国有林区、63 个自然保护区“两线、两区”作为防火重中之重地带，增加扑火队员，配齐单兵和标准班装备，全力加强防火管控。建立“源头防范、监控推送打击、联合执法、应急处置、责任落实”五项工作机制，创新实施的“火情火灾 1 分钟双推送、公安机关 3 分钟出警、扑火队伍 5 分钟出动”应急模式被全省推广。建设 1854 个防火视频监控点位，国有林场、自然保护区、环塞罕坝机械林场、环首都等重点区域覆盖率达到 85.9%、综合覆盖率达到 81.5%，火情发现及时率和准确率大大提高。2021 年，全市发生森林火灾 1 起，同比下降 75%；累计查处野外违法用火案件 747 起、行政拘留 611 人，违法用火行为得到有效震慑。

2 月 23 日，承德市森林消防大队队员在避暑山庄及周围寺庙风景名胜景区防火巡护巡查

【林草有害生物防治】 扎实开展“林安”专项行动，参与京津冀协同防控，强化林相、草相巡视和苗木产地检疫、调运检疫及调入后复检等工作，有效遏制美国白蛾、栎粉舟蛾等病虫害发展。全年林业有害生物防治面积 104.7 万亩，草原有害生物防治面积 156 万亩；林业有害生物成灾率为 0，无公害防治率达到 98.5%，测报准确率为 94%，种苗产地检疫率为 100%。

【森林质量提升】 河北省林草局将滦平、丰宁、隆化 3 个林管处列为森林经营试点，以近自然森林经营为引领，通过中幼林抚育、退化林修复、疏林封育及补植补造等方式，抓点扩面，稳步提升全市森林质量。同时，推广低质山杏林品种改良及高效栽培技术、京北沿坝沙化区植被恢复造林模式、平欧杂种榛子优质高效栽培综合配套技术等科技成果，不断提高成果转化率，为林草治理体系和治理能力现代化建设提供科技支撑。

【雄安承德林工程】 在项目设计上突出高标准、有特色，在树种选择上突出针阔混交、乔灌花草搭配，在景观效果上突出生态布局与园林风格有机结合，打造集中反映承德生态文明建设水平样板工程，累计栽植树木38种、3.8万株，地被栽植576亩，微地形塑造201亩，水系开挖74亩。承德市人民政府荣获最佳组织大奖，市林业局获先进集体和工程管理质量2个特等奖，"承德林"项目获最佳城市林金奖、城市林建设大奖、城市林设计金奖3项殊荣。

【全面推行林长制】 按照"全省第一、全国一流"工作目标，全面构建市、县、乡、村四级林长组织体系，建立"一长＋三员"网格化管理责任体系，创新"林长＋检察长"协作机制，共设置各级林长13142人，建立网格单元30210个，实现了"山有人看、林有人护、火有人管、责有人担"的机制，工作成效得到河北省林长办公室通报表扬。

【森林城市创建】 以森林城市、森林乡村创建为抓手，统筹推进森林进城、森林进村、花果进院，打造林城相融、绿环相绕、鸟语花香多节点森林城市。2021年，丰宁、隆化、宽城三县成功创建为省级森林城市，累计达到5个，建成比达62.5%，位居全省首位；兴隆、丰宁两县通过国家森林城市创建备案，累计达到3个，省内占比21.4%，全省领先；滦平县《森林城市总体规划》顺利通过国家级评审；建成省级森林乡村25个，累计达到116个。

2021年市林业和草原局领导名录

党组书记、局　长：李　浩
党　组　副　书　记：任树友
党组成员、副局长：牟广泽
　　　　　　　　　段陟鑫
　　　　　　　　　周　满
党组成员、市森林草原防灭火指挥部办公室副主任：马钢利
党组成员、市绿化委员会办公室副主任：
　　　　　　　　　李金鹏
党组成员、副局长：甘路军
党组成员、派驻纪检组组长：
　　　　　　　　　靳传新（4月免）
　　　　　　　　　付清华（4月任）

（曲笑含　供稿）

水　务

【概况】 2021年，全面落实党中央和省市决策部署，创造性开展水务工作，完成水利改革发展各项任务，实现了"十四五"良好开局。全年争取到位省级以上资金7.18亿元，同比增长17.7%，完成水利投资15.84亿元，同比增长10.2%；治理水土流失面积647.3平方千米，占年度任务500平方千米的129.46%；完成河道生态治理110千米，占年度任务100千米的110%；完成河道生态补水1869万立方米，占年度任务1000万立方米的186.9%；小水电累计发电量4572万千瓦时；万元GDP用水量控制在48立方米以内，万元工业增加值用水量控制在32立方米以内。水务多项工作走在全省乃至全国前列。因水利脱贫攻坚工作实绩突出，市水务局被水利部评为"全国水利扶贫先进集体"和

"全国农村饮水安全脱贫攻坚先进集体"，市水务局党组书记、局长张宝生荣获"全省脱贫攻坚贡献奖"，受到中共河北省委省政府表彰。全市河湖长制工作在2021年度河湖长制工作考核中被省委省政府评为"优秀"等次，位列优秀档次第一名。河湖长制体制机制创新经验连续两次入选全国典型案例，市河湖长制办公室被水利部评为"全面推行河长制湖长制工作先进集体"，河湖长制综合考核科被评为全省水利系统"争创人民满意的公务员集体"十佳集体。围场、隆化两县跻身全国第四批县域节水型社会达标建设名录。伊逊河围场哈里哈乡段、瀑河平泉段被评为河北省"秀美河湖"。承德市河湖长制工作专题片被省委大督察办公室作为正面典型，推荐到省委常委会汇报播出。水行政执法案卷质量在2021年度评比中荣获第一名。小型水库管理体制改革、河道防洪达标率提升工作得到省水利厅充分肯定，在全省水利建设座谈会上作典型发言，"承德模式"在全省推行，《中国水利报》对承德市典型经验做法予以报道。精神文明建设、涉水改革、信息宣传、安全生产等多项工作受到省水利厅和市级表彰。开展"百日攻坚行动"，积极跑办水利重点项目和重大事项工作，得到市委市政府主要领导充分肯定，作出重要批示，并将相关做法印发各县（市、区）、市直各单位学习借鉴。

【水利工程建设】 双峰寺水库工程发挥效益，支撑保障能力不断增强。水库尾工建设进展顺利，防洪兴利作用有效发挥，先后拦洪削峰4次，削峰错峰泄洪1.82亿立方米；2020年底竣工验收后7个月即实现389米满蓄目标，连续为下游补水24次，补水总量3.15亿立方米，主城区防洪、生态、生活用水安全得以确保。城市供水工程全部竣工。两个水厂建成投入使用，总投资5.56亿元、日供水规模6万吨，双峰寺地表水厂提前建成平稳运行；总投资7.98亿元、日供水规模8万吨西区供水工程按期并网供水，实现了承德市主城区供水由地下水向地表水转换，城市生产、生活和生态用水需求从根本上得到解决，水源地保护与城市发展的用地制约得以破解，为城市可持续发展提供了基础保障。

双峰寺水库大坝景观

【农村饮水保障工程】 巩固拓展水利扶贫成果同乡村振兴水利保障有效衔接，脱贫地区水利项目稳步推进，整合县级财政资金1.57亿元，建设农村供水保障提升工程467处，10.57万人农村人口供水保障水平得到提升；争取省以上资金1808.80万元，完成390处农村供水工程维修养护，75.17万人受益。全市农村自来水普及率由2020年56.30%提高到79.94%。实施庙宫灌区续建配套与节水改造工程，全年完成投资4426万元，新修渠道65.76千米，动用土石方和混凝土28.15万立方米，超额完成年度任务。为围场满族蒙古族自治县城子镇城子村、桃山村、道坝子乡新合三个村先后投入资金95.35万元，实施乡村道路、饮水提升等工程6项，当地基础设施条件进一步改善，帮扶的三个村送来锦旗以示感谢。移民后扶保障，全年争取上级资金9094.06万元（其中直补资金3126.06万元、项目资金5968万元），276个后期扶持项目顺利实施，宽城、围场两县24个移民村建成美丽家园，库区农田水利、道路交通、文教卫生、生态环境等方面基础设施条件有效改善，移民生活水平稳步提高，全市移民持续保持稳定。

【改善水生态环境】 坚持生态优先、绿色发展，向上级争取资金，吸纳社会资金，加快补齐涉水生态短板，水源涵养保护能力不断提升。加快河道生态治理步伐，宽城满族自治县都阴河等中小河流治理工程全部竣工；以滦河、潮河为重点，全年治理河道110公里，河道行洪能力和水环境质量有效提升。加大水土保持工作力度，水土流失预防监督持续加强，现场复核疑似扰动图斑282个，查处违法违规图斑42个，人为水土流失得到有效遏制。滦、潮河流域和水土流失严重区域治理力度不断加大，国家水土保持重点治理和京津风沙源治理项目顺利实施，治理水土流失面积647平方千米，超额完成年度任务。河湖清理整治取得明显成效，全市流域面积50平方千米以上河道管理范围划定及复核工作全部完成，流域面积1000平方千米以上河道河湖岸线保护与利用规划、17条河道治理与采沙管控规划编制完成，河湖管理基础不断夯实。庙宫、黄土梁、老虎沟三座水库累计向下游伊逊河、兴洲河、横河河道补水1869万立方米，超额完成年度补水任务，水源和水量调度不断优化。常态化开展河湖“四乱”清理整治，排查出161个河湖“四乱”问题全部完成整改，行洪安全得到保障，水生态环境不断优化。

【做好“水经济”文章】 深入贯彻落实习近平总书记视察承德重要讲话指示精神，创新开展六类重点项目、六项重大事项“百日攻坚行动”，跑部进厅争取上级项目、资金支持，一批重点项目、重大事项取得进展。总投资32.446亿元水利项目跻入国家和省“十四五”相关规划盘子，争取到位资金7.18亿元。《承德市“十四五”水安全保障规划》印发实施，《承德市水利基础设施空间布局规划》《承德市防洪规划》编制完成。配合省水利厅完成全市7条流域面积3000平方千米以上河流防洪工程初期规划；丰宁喇嘛山等4座中小型水库前期工作进展顺利。平泉鸽子洞水电站加快建设。水保所承担的“承德市接坝区生态重建及水源涵养能力提升关键技术研究项目”列入承德国家可持续发展议程创新示范区建设科技专项名录。有经营任务单位克服困难，全力做好经营管理，全年实现经营收入32230万元，其中，市防汛抗旱物资储备调运站滦江公司完成经营收入8800万元，水利工程处水建公司完成经营收入11930万元，水电中心北方公司完成经营收入10100万元，水利设计院完成经营收入1400万元，全部完成年度任务，企业知名度、信誉度和市场竞争力不断提升。

【水管理能力提升】 河湖长制工作扎实开展，幸福河湖建设取得实效。创新“1+1+7”（抓好工作部署、搞好试点示范、突出七项重点）工作举措，制定实施《承德市深化河湖长制落实强化河湖保护治理专项行动方案》，开展河湖水生态修复、全社会节水、水资源统筹利用、水污染防治、岸线空间管控等“五大行动”；全面推进河湖视频监控系统建设，728个复用点位、415个新增监控摄像头、219个新站及摄像头全部投用，实现全市229条7328公里主要河流重点区域监控全覆盖。深入落实“河务警（队）长制”和“河湖管理员制”，全市河务警（队）长共巡查大小河流5000余条、水库塘坝200余座、湖泊13处、涉污企业200余家、排污口20余处，取缔河流沿岸烧烤摊位8个、拆除烧烤设备8处，为全市河流水系及生态环境安全提供有力保障。河湖管护网格化包保责任严格落实，8056名河湖管理员认真履职，全市河湖实现常态巡查、动态监控，河湖巡查管护“最后一公里”问题得到解决。涉水改革任务全面完成。市级和滦平县“创新河湖长制体制机制先行省级试点”工作任务全面完成，形成经验在全省推广，全市河湖长制创新做法入选全国典型案例。85座小型水库管理体制改革任务全部完成，宽城满族自治县争列2022年全国小型水库管理体制改革示范县。隆化县、围场满族蒙古族自治县跻身“全国第四批县域节水型社会达标建设”名录，节水型社会建设改革任务提前完成。水事执法力度不断加大。深入贯彻实施《河北省节约用水条例》《承德市水源涵养功能区保护条例》，配合制定《承德市滦河潮河保护条例》，水利依法行政监督检查制度进一步健全，各类水事纠纷得到妥善解决，依法治水管水能力进一步提升。深入开展涉水扫黑除恶和“双随机”检查，开展河湖联合执法、水资源综合执法、水土保持专项执法、河道采沙飓风行动、非法取水整治亮剑行动、水利工程安全生产巡查暨执法检查等专项行动，全年共巡查河道 80289 公里，检查处理问题企业（单位）127 家、核处市长热线交办及群众举报案件 7 件，查处水事违法案件 18 起，有效打击、震慑了涉水违法行为，全市水事秩序进一步规范。

5 月，承德市水务局获水利部“全面推行河长制湖长制工作先进集体”

【规范取节水行为】 贯彻落实《地下水管理条例》和《河北省取水许可管理办法》，全力做好取水井审核监管，全年配合省水利厅开展取水许可审查 1056 件，审核水量 1.22 亿立方米，全市取水行为进一步规范。全市跨县（市、区）河流水量分配工作全面开展，《承德市河流水量分配方案编制项目工作方案》编制完成。配合市人大常委会开展“四项联动监督”，制定印发《全力推进水资源保护和地下水超采综合治理及全社会节水工作实施方案》《承德市节水行动实施计划》和《承德市推进全社会节水工作十项措施》，依法有序关停取水井 166 眼，完成年度任务的 106%；严控 2021 年度计划用水指标，全市用水总量控制在 8 亿立方米以内，地下水开采总量控制在 5.95 亿立方米以内，地下水超采治理任务全面完成。以《河北省节约用水条例》“进校园、进企业”等宣传活动为载体，强力推进县域节水型社会达标建设。承德县、滦平县按期完成年度节水型社会达标建设巩固提升，丰宁、兴隆、营子三个县区顺利通过省级验收，节水型社会建设任务全面完成。

【确保水防御安全】 严守生命“红线”，做到“防汛组织、抢险队伍、责任落实、演练培训、物资储备、隐患排查、工程调度、监测预警、应急处置、避险转移”十个到位，创新建立实行“联合值守会商及指挥调度机制”，实行防汛成员单位进驻市防汛指挥部联合办公。先后启动防汛Ⅳ级（四级）应急响应和水旱灾害防御Ⅳ级（四级）应急响应各 2 次，成立各类防汛抢险队伍 2541 支、5.84 万人，储备防汛抢险物资 2283 万元，建成自动雨量站 508 处、自动水位站 120 处，安装村级预警广播 5708 处，发放卫星电话 333 部，安全转移安置群众 2.36 万人，有效应对 15 轮强降雨和 121 次河道涨水过程，人民群众生命财产安全得到最大限度保障，为此，承德县委县政府专门赠送锦旗致谢。全年应急抗旱浇地 50.13 万亩、58.97 万亩次；临时解决 3.95 万人、4.04 万头大牲畜饮水困难；累计增收粮食 2.45 万吨，减少经济损失 0.24 亿元，旱灾损失最大限度减少。落实安全生产各项责任制，压实行业监管责任和水利生产经营单位主体责任，水利行业安全监管持续深化，全市 94 座水库、在建水利工程项目实现行业监督检查全覆盖，行业管理能力有效提升。开展水利行业领域安全生产大排查大整治以及“回头看”行动，491 项问题隐患全部整改完成，水利系统风险隐患整改实现“大起底、大清零”，全市水利行业安全生产形势持续保持稳定。

市水务局采取应急响应和水旱灾防御措施，严守生命"红线"，最大限度保障人民群众生命财产安全，为此，2021年9月，承德县委县政府专门为市水务局赠送锦旗致谢

【水利资金投入监管】 争取水利资金投入，落实部门预算资金46624万元，为西区供水工程和橡胶坝工程争取专项债12300万元、一般债1100万元；化解水利工程历史欠债767万元；水务局本级新增国有资产451万元。配合省审计厅、市审计局开展十八大以来问题整改"回头看"工作及预算执行、决算草案、财政财务收支情况审计工作，"乱收费、乱罚款、乱摊派"等四个专项治理工作全部完成；严守财经纪律红线，强化财务监管，深入推进水利发展资金绩效管理，优化资产管理。

【提升政务服务效能】 以深入开展"三重四创五优化""六治六提"干部队伍作风纪律整顿自查自纠为抓手，持之以恒纠正"四风"，水务系统行风建设进一步加强。把党史学习教育与"我为群众办实事"实践活动紧密结合，全面完成武烈河第二、三、五、六道橡胶坝坝袋更换及橡胶坝维修，确保武烈河橡胶坝群安全稳定运行。国务院互联网大督查、省市重点工作大督查交办的68件督办件全部按期完成。全年主动公开权责清单、财务预决算、提案建议办理、疫情防控等事项82条。各类信访矛盾纠纷得到有效化解，182起信访案件全部办结，案件接收率、办结率和信访参评率均达100%，省信访信息系统平台满意率100%，水库移民持续保持无进京赴省集体访和移民群体性事件发生。水务信息平台及时更新，高度关注网络舆情，网络安全得到有力保障。加大外宣力度，先后在《中国水利报》《长城新媒体》《河北水利》等重要报刊媒体发布信息300余篇，水务系统影响力持续提升。

2021年市水务局领导名录

党组书记、局长、移民办主任：
张宝生（满族）

党组成员、双峰寺水库工程建设管理中心主任：
周作军（满族）

党组成员、副局长：刘剑锋（满族）
闫锡杰（蒙古族）
王淑国
王永良
王大鹏（3月任）

二级调研员、移民办副主任：白　峰

二级调研员：邢　晨（满族）
刘志远（满族）

三级调研员、移民办副主任：彭九敏（满族）

三级调研员：李海东
赵　刚（7月任）

市武烈河河道与橡胶坝管理中心主任：
王　权

市庙宫水库管理中心党总支书记、局办公室主任：
滕树海（3月任）

（滕树海　刘玉铭　王子成　供稿）

乡村振兴

【概况】 2021年，全市脱贫攻坚及乡村振兴工作，按照市委市政府《关于实现巩固拓展脱贫攻坚成果同乡村振兴有效衔接的实施意见》，严格落实“四个不摘”要求，健全防返贫动态监测和帮扶机制，细化行业部门职责任务，开展防返贫监测帮扶，建立起“四级联动、全域覆盖”工作体系。加大产业发展支持力度，促进群众增收，全面推进乡村振兴工作。承德市扶贫开发办公室荣获河北省脱贫攻坚先进集体荣誉称号。5月31日，市扶贫开发办公室经市编制委员会批复，重组为市乡村振兴局。县（市、区）扶贫办也相继平稳有序重组为乡村振兴局，班子成员全部配备到位。承德市成立由中共承德市委书记、市政府市长任组长的巩固拓展脱贫攻坚成果领导小组，下设11个专项工作办公室，在行业部门成立工作专班，形成上下贯通、部门协同、一抓到底的组织领导体系。

【制定政策体系】 2021年6月4日，中共承德市委、市政府制定印发《关于实现巩固拓展脱贫攻坚成果同乡村振兴有效衔接的实施意见》，编制《承德市巩固脱贫成果“十四五”规划》，创新实施“1+8”专项行动，明确工作目标、重点和举措。系统梳理国家和省衔接政策，组织各部门制定配套政策文件40个，编印《巩固拓展脱贫攻坚成果政策汇编》，指导各级推进落实。

【建立保障制度】 实行“月对标季对表年对账”制度，细化行业部门职责任务，定期督办工作推进情况，按月对标抓进度、按季对表找差距、全年对账保落实。建立“行业部门联席会议”制度，全年召开联席会议7次，分析研判持续稳定增收、“3+1”保障、防返贫监测帮扶等方面风险形势，会商解决重点难点问题，有力推动工作落实。推行巩固拓展脱贫攻坚成果“擂台赛”制度，开展“大培训大比拼”活动，党委政府分管人员比武打擂，比工作、晒成绩、找差距，与会领导现场点评、与会人员民主评议，会后持续跟踪问效，营造“比学赶超”浓厚氛围。

【防返贫监测帮扶】 强化防返贫队伍建设，构建起市有防返贫指挥部、县（市、区）有防返贫中心、乡有防返贫工作站、村有防返贫网格员组织架构，建立起“四级联动、全域覆盖”工作体系。升级完善“智慧防贫系统”，开发八项功能，设置五级账号，搭建“一码申报、三方预警、四级联动、多方协同、八步防贫”管理平台，实现横向互联、纵向贯通，全过程线上办公。健全监测发现机制，搭建农户自主申报、乡村走访排查、部门筛查预警“三位一体”监测网络，开发“一码申报”微信小程序，医保、人社、农业农村等12个行业部门定期全覆盖排查、常态化监管，全年共推送风险预警信息37.8万条，全市共纳入防返贫监测对象1.2万户、2.97万人。健全数据比对机制，采取上下结合查、部门联动核、综合判定的方式，统筹交警、财政、人社、自然规划、行政审批、市场监管等6部门，综合比对车辆、公职、房产、经商办企业等信息，提高识别精准度，防止纳入不符合条件对象。健全精准帮扶机制，细化12类返贫致贫风险，分类实施30余项帮扶措施，精准研判返贫致贫风险，逐户制定帮扶措施，做到“一户一方案、一人一措施”。健全风险消除机制，按照“怎么进怎么出”的原则，对达到风险消除标准的监测对象履行入户核实、村级评议、乡级审核、县级审定、告知农户“五步工作法”，按程序及时标注风险消除，确保程序规范。全市有0.8万户、1.97万人经帮扶消除风险，无一户一人致贫返贫。

【促进群众增收】 加大产业发展支持力度，发展特色优势产业，打造5大特色优势产业示范带和8个绿色食品精深加工产业集群，重点培育30个现代农业示范园，实施各类产业帮扶项目865个，受益人口16.79万户次。重点抓好42个脱贫村民宿经济发展，支持项目97个、涉及资金9639.30万元，让脱贫人口共享民宿经济发展红利。加大稳岗就业帮扶力度，针对疫情影响等导致务工不稳定等问题，制定风险防范化解应对举措，落实好就业奖补政策，强化技能培训和劳务输出，依托京津劳动力市场深化劳务协作，延续支持帮扶车间优惠政策，统筹用好乡村公益岗位，促进脱贫群众就近就地就业，全年18.31万脱贫人口实现稳岗就业，超额完成省定任务。加大科技帮扶力度，健全农业科技服务体系建设，涉农科技创新平台达到70家，省级以上“星创天地”41家，团、站、员持续发挥作用，选派125名国家“三区”科技人才、280名市级科技特派员赴基层开展帮扶工作。加大易地搬迁后续扶持力度，完善134个集中安置区设施和服务，发挥155个配套产业园区和项目作用，带动0.85万户参与发展产业、2.45万人转移就业，安置区中新成立社区4个，其余全部纳入当地村（社区）管理，有效促进社会融入，实现了“稳得住、有就业、逐步能致富”的目标。

【巩固脱贫成果】 落实控辍保学机制和“七长”责任制，无适龄儿童失学辍学，全面落实各项资助政策，发放2021年生活补助6411万元，惠及14.3万名学生，实现精准资助、应助尽助。继续落实基本医疗保险、大病保险、医疗救助“三重保障”和“先诊疗后付费”“一站式”结算等政策措施，脱贫人口参保率和个人缴费资助率均达到100%。加强动态监测，对住房安全保障情况逐户排查，建立工作台账，实施动态管理，完成农村房屋安全隐患排查71.3万户，实施危房改造908户，住房安全问题“增量随清”，实现所有农户不住危房。逐村、逐户、逐人排查饮水安全状况，持续关注重点区域、重点人群，加强农村饮水安全工程管护，完善农村供水应急预案，实现农村饮水安全有保障。强化农村低收入人口常态化帮扶，加强对特困人员、易返贫致贫人口、重病重残人员等特殊群体重点排查监测，对符合条件的脱贫人口落实最低生活保障。累计为17.55万农村低保对象发放低保金5.43亿元，为2.62万农村特困供养人员发放生活费和照料护理费2.28亿元。

【凝聚帮扶合力】 做好京津帮扶项目后续管理和跟踪服务，与原结对帮扶区签署友好县区合作协议，进一步深化交流合作。协调推动4家中央定点帮扶单位，加大对各帮扶县（市）支持力度，围绕产业就业、教育培训、农产品销售等方面直接投入帮扶资金1.69亿元，引进帮扶资金17.73亿元，引进企业和帮扶项目达26个。落实“三包一”“五包一”机制，推进省内定点帮扶和县际结对帮扶。实施“万企兴万村”行动，在所有脱贫村结对帮扶全覆盖基础上，组织动员更多企业向乡村振兴重点村延伸，进一步巩固帮扶成效、提升帮扶质量。全面推进驻村帮扶，市委组织部牵头，坚持“大稳定、小调整”原则，在充实调整原有936个工作队基础上，向2个集中安置社区、10个乡村振兴任务重的村加派工作队，实现脱贫不脱帮扶，发挥了帮建作用。动员社会力量，深化“乡村振兴党旗红”活动，实施“五大工程”，开展“七项主题实践”活动，凝聚社会帮扶强大合力。

2021年市扶贫开发办公室及重组后乡村振兴局领导名录

扶贫开发办公室党组书记、主任：
　　张志民（满族，7月免）
乡村振兴局党组书记、局长：
　　刘海丽（满族，7月任，同时免扶贫开发办公室党组副书记、副主任职务）
党组成员、副局长：
　　刘俊杰（7月任，同时免扶贫开发办公室党组成员、副主任职务）
　　王常续（7月任，同时免扶贫开发办公室党组成员、副主任职务）
副局长：孙岚丽（7月任，同时免扶贫开发办公室副主任职务）

党组成员：

王庆民（蒙古族，7月任，同时免扶贫开发办公室党组成员职务）

白晓华（满族，7月任，同时免扶贫开发办公室党组成员职务）

魏文丽（7月任，同时免扶贫开发办公室党组成员职务）

（宋云童　供稿）

农林科学研究

【概况】 2021年，市农科院以“科技创新”与“科技服务”为重点，围绕“创新、开放、严谨、务实、兴农”的发展理念，全力推进各项科研工作。高质量完成20个科研项目科研任务。围绕全市农业产业发展需要建立科研项目库，持续滚动储备项目80个。全年共开展科研项目45项，项目经费1264万元。其中2021年新争取项目27个（省级5项，市级10项，院自主12项），新增项目资金556万元。

针对各县区产业发展制定“一县一策”精准服务方案，为全市农业产业发展提供有力科技支撑。“承德地区野生艾蒿作为景观草引种栽培试验及园林应用”合作获得河北省林学会二等奖；“冀北地区四种野生景观草的引种栽培试验及园林应用”合作、“寒富苹果矮化密植栽培技术规程”合作获河北省林学会三等奖；获授权实用新型专利5项；获授权软件著作权4项；制定市级地方标准5项；发表论文34篇；创新种质523份；引进筛选新品种、新技术32项；备审品种9个；集成农业新技术20套。

【科技服务与推广】 与市内32家企业及合作社建立了合作关系，广泛建立大田作物、畜牧、蔬菜、林果、中药材、植保、园艺花卉、杂粮等新品种、新技术示范区，示范点遍布全市各县区。示范品种、新技术200余项，示范基地49个，核心示范面积5.4万亩。推广优质种植蔬菜10万亩；建立中药材示范基地1000余亩；累计推广玉米、大豆、高粱、水稻、谷子等农作物23万亩。推广畜牧健康养殖技术，应用生猪24万头。研究和示范无害化处理及资源化利用技术处理牛粪12万吨，秸秆2万吨，生产生物有机肥26万吨。组织开展培训会42场，培训技术骨干及农户2542人次，有效促进了农民增收。开展“三区”服务，选派国家、省、市级科技特派员37名开展科技帮扶工作。进行种植技术、轻简化栽培技术、病虫害防治、食品安全意识和绿色防控意识等方面的技术指导。全年共培育示范户129户，培训农民732人次，引进新品种137个、新技术26项，累计带动增收140.7万元。

【参与示范区建设】 参与承德国家可持续发展议程创新示范建设。与天津市农业科学院合作，争取可持续发展议程创新示范区建设专项项目“中、小型肉牛场健康养殖技术集成及带动乡村振兴模式研究与示范”，同时做好“潮河流域水源涵养及农业面源污染控制技术研究与示范工程”“小滦河上游生态保护修复一体化关键技术研究与示范”“承德道地药材高质量发展技术集成示范与推广”3个可持续发展议程创新示范区项目的延续实施。有针对性地解决制约承德市主导产业发展的关键技术问题。

【科技交流合作】 与国内19家高校、科研院所签订合作协议并开展实质性合作，开展线上线下合作交流21次，合作申报、实施项目12项。重点围绕菌菜种植业、林果产业、中药材产业及草食畜牧业四大主导产业与相关科研院所共同开展重大科研课题联合攻关。与北京农科院联合申报项目2项，与天津农科院联合申报项目4项，与河北民族师范学院联合申报项目1项，与河北农大联合申报项目2项，与河北科技师范学院联合申报项目 1 项。

【发挥科研平台作用】 建有国家农作物品种区域试验站、国家谷子高粱现代农业产业技术体系承德综合试验站、冀北春播区综合试验推广站、承德冷凉区春玉米综合试验站；河北省奶牛产业创新团队建设任务高效养殖岗位专家 1 人；在原主导成立 1 个省级产业创新联盟、参与 6 个产业创新联盟的基础上，新加入承德市植物负氧离子产业技术创新战略联盟；加入河北省中药材学会，并担任常务理事职位；承担国家农业基础性长期性科技工作观测监测任务 4 项，建设基地及良种繁育中心 6 个。

【科研基地建设】 科技创新基地建设累计投入 2000 多万元，已建成集农业科研、新品种展示、试验示范、品种选育、种苗繁育、培训学习于一体的综合性科研基地。基本满足了承德市农林科学院和吸引国内外科研院校开展科研合作的需求，对科研工作的开展、科研实力的提高、科技成果的转化起到了重要作用。

【助推乡村振兴】 定期召开专题会议，对乡村振兴工作进行专题部署。在宽城满族自治县金杖子村建设的“千亩花椰菜规模化、标准化试验示范基地”，示范面积 4500 亩，平均亩效益超 8000 元，创造经济效益 3600 余万元；在偏桥子镇大贵口村实施的“设施矮化大樱桃 + 羊肚菌生态高效立体栽培”技术，使每个棚室（亩）收入达到 10 万元。科研项目的开展与示范工作，助力农企、农户实现产业增收，有力推动了乡村振兴。选派 3 名高水平的科研技术人员驻张三营镇东风村开展乡村振兴帮扶，组织 16 名帮扶责任人开展 4 次结对帮扶。充分利用自身科技优势，精准制定帮扶措施，引进新品种、新技术推动帮扶村产业发展。发展水稻种植大户 8 户，种植水稻 1000 多亩；蔬菜种植大户 6 户，种植差季蔬菜 600 余亩；养殖户 21 户，养牛 310 头，养猪 1000 余头。引进祥和粮农有机农场、宁基尚盈农业发展有限公司、恒通合作社、瑞民合作社，为脱贫户提供就业岗位 40 余人，人均年增收 6000 多元。

2021 年承德市农林科学院领导名录

党委书记、院长：郭久林
党委副书记、常务副院长：范庆杰（女）
党委委员、副院长：邱殿锐
王占廷（3 月免）
任自忠
赵共鹏
韩建国

（胡展森　丁贵江　供稿）

塞罕坝机械林场

【概况】 2021 年，塞罕坝机械林场面对全面开启二次创业新征程的艰巨任务，全场干部职工勇于干事，敢于担当，重点任务目标实现新跨越。全年实现经济收入 1.63 亿元，超计划 1800 万元，超利润 1356 万元；通过公开竞价，木材产品增收 2000 余万元；完成营林作业 12.5 万亩、造林 4600 亩，造林平均成活率超 99%；展馆改陈、生态安全隔离网建设项目、生产生活基础设施等一批重大项目高质量完成；松材线虫病等重大林草有害生物防控能力提升、自然保护区保护及监测设施建设项目稳步有序推进；安全生产专项整治三年行动有效推进，河湖长制发挥了重大作用，印发《山洪灾害防御预案》，开展安全警示教育 5 次、联合检查 3 次，签订安全生产责任书 480 份；环境整治和常态化疫情防控也取得了显著成效；全面开启“二次创业”新征程，创新、绿色、高质量发展呈现良好开局。8 月 23 日，中共中央总书记习近平考察塞罕坝，对林场的工作给予肯定，塞罕坝成功营造起百万亩人工林海，创造了世界生态文明建设史上的典型，对全国生态文明建设具有重要示范意义。2021年2月，被中共中央、国务院授予全国脱贫攻坚楷模荣誉称号，在全国脱贫攻坚总结表彰大会上，习近平总书记亲自为塞罕坝颁发奖牌；6月28日，被中共中央授予“全国先进基层党组织”荣誉称号；9月，荣获联合国防治荒漠化领域最高荣誉——“土地生命奖”。

【荣获“土地生命奖”】 “土地生命奖”是联合国防治荒漠化公约设立的联合国防治荒漠化最高级别奖项，旨在表彰、激励在荒漠化与土地退化治理方面作出杰出贡献、发挥模范作用的个人、集体或项目。该奖每两年评选一次，在库布其国际沙漠论坛上授奖。9月27日至29日，在内蒙古自治区鄂尔多斯市召开的第八届库布其国际沙漠论坛上，河北塞罕坝机械林场荣获联合国防治荒漠化领域最高荣誉“土地生命奖”。塞罕坝机械林场建场59年来，三代塞罕坝人持续开展造林绿化，攻克了荒漠沙地治理的技术难关，森林覆盖率达到82%，林木总蓄积达1036.8万立方米，每年涵养水源2.84亿立方米、固碳86.03万吨，创造了荒原变林海的人间奇迹，构筑了“为首都阻沙源、为京津涵水源”的绿色生态屏障，铸就了“牢记使命、艰苦创业、绿色发展”的塞罕坝精神。

在联合国防治沙漠化领域最高荣誉——“土地生命奖”

【争取省部支持】 9月22日，河北省政府办公厅印发《推进塞罕坝机械林场“二次创业”的实施方案》《塞罕坝机械林场基础设施优化提升方案》，为塞罕坝今后发展提供政策支持，规划路线图，制定任务表。国家林草局和河北省政府合作共建塞罕坝生态文明示范区有序推进，开启省部共建塞罕坝的新篇章。国家林草局局长关志鸥把塞罕坝林场确定为联系点，带领党组成员到林场开展党日活动，出台6项举措，实施6大措施，安排资金3000万元，支持塞罕坝二次创业，推动林场高质量发展；11月1日，河北省人大出台《塞罕坝森林草原防火条例》，为塞罕坝森林防火筑起了法治“防火墙”。 11月2日，在林场设立国家林草局党校塞罕坝分校，为大力弘扬塞罕坝精神，提高干部职工队伍整体素质，开展生态文明宣传教育打下基础。

【防火安全保障】 实行全年、全域、全员防火制度，通过创新管理举措，层层落实责任，全面宣传教育，严格火源管控，强化隐患排查，实现无火情、无火灾、无防扑火安全事故的目标，全年签订责任书2500余份，机关人员下沉1.4万人次；突出《塞罕坝森林草原防火条例》宣传贯彻，深入开展宣传教育，悬挂警旗、条幅10000余条（面），发放宣传单15.7万张，制作小视频53个，发送实时短信80万条；全面排查整治火灾隐患，高质量完成“六清”任务，开展两级防火督导检查1300余次；8支专业化扑火队实现带装巡护，全场13个检查站“防火码”登记8.3万车次；内蒙古呼伦贝尔森林消防支队100名指战员到场驻防；新建隔离网230公里，新建拓宽防火隔离带、以路带线308公里，安装电子监控智能语音提示杆100根，新建13个林火视频监控点，森林防火综合防控能力明显提升。加强有害生物区域联防联控，完成有害生物防治面积11万亩次，大力开展红脂大小蠹综合防治，扎实做好松材线虫病检疫预防和红火蚁监测，荣获首届全国林业有害生物防治员职业技能竞赛团体三等奖，个人获得二等奖和三等奖。完成自然保护地整合优化成果复核及专家论证；完成边界矢量数据收集，重新区划界定林场国家级公益林，面积由63.48万亩增至81.58万亩。

【经营管理】 通过加强后备资源培育，完成石质阳坡攻坚造林2750亩，培育白桦、柞树等良种30万株；实施林业生产精准提升年活动，推行林业生产负面清单管理模式，扎实推进“抚育盲区”清零，林场被确定为全国森林经营重点试点单位，塞罕坝生态范例示范带动作用进一步彰显；全面实行预算管理，加强资金绩效考核，加大内审力度，严格问题整改，全部清零；完成全场资产清查工作，并逐一核实、登记，建立台账；制定出台《工程建设项目管理办法》《法人授权委托管理办法》，完善工程项目审批、报账等流程，财务管理进一步规范；推行木材产品联合检查验收，坚持100%复核和100%公开竞价，杜绝了跑冒滴漏。

【民生保障】 在河北省林草局大力支持下，克服重重困难，顺利完成357套坝上危旧房改造楼房分配工作，稳妥解决了困扰多年的历史遗留问题；实施3000平方米、5栋职工宿舍新建、改造；完成坝上场区供水、供暖管网改造2200延长米、十字街铺砖2100平方米，完成基层林场饮水安全工程等民生工程，建设4G基站13处，5G基站2处，努力改善基层职工生产生活条件。

【林场改革】 全面落实林长制，建立了林场、分场、营林区三级林长体系，设各级林长70名，林长制网格化管理实现全覆盖。积极推进国有林场改革步伐，撤销、注销苗圃及有关单位，撤销合并相关科室，职工分流转岗，科级干部交流轮岗，管理层级得到优化，管理机构精简高效；按照国有林场改革要求，森林旅游开发公司成功实现剥离，分流转岗公司职工66名；通过劳务派遣，招聘森林消防专业队员30名，分流原队员26名。全年共积极稳妥分流职工111名。

【科技创新】 在国家林草局的支持下，与国家林草局科技司等部门共建塞罕坝林草科学研究院；与国家林科院、北京林业大学等多家院校合作开展12项科研课题和推广项目；与生态环境部环境发展中心签署《关于共同推进绿色低碳发展推动实现碳达峰碳中和战略合作备忘录》，为落实“碳中和”目标做出贡献；完成为冬奥会崇礼赛区提供技术援助、绿化苗木和防虫药品任务；完成塞罕坝森林与湿地资源价值评估，为从一棵树到百万林算了一笔经济大账，为塞罕坝践行“绿水青山就是金山银山”提供了有力的数据支撑。

【弘扬塞罕坝精神】 塞罕坝精神成为中国共产党精神谱系的组成部分，作为发源地和铸就者，在弘扬和践行上不懈努力，扛起新的历史使命和责任。按照河北省委的要求，高质量按期完成展馆改陈工作，为展示60年塞罕坝建设成就和生态范例作用提供有力平台。全年累计接待参观人员2.3万人次，其中团队讲解396场次，11148人次。《生物多样性公约》第十五次缔约方大会中国馆专版展出塞罕坝生态建设成果，林场入选“生物多样性100+全球特别典型案例”；中国共产党与世界政党领导人峰会现场暖场大片——《携手，为人民》，开篇展示了塞罕坝感人事迹；参加中宣部举办的“传承红色基因 践行绿色使命”中外记者见面会，对塞罕坝的生态成就进行阐述介绍；录制了央台《开讲啦》《红色财经 信物百年》；组织塞罕坝先进事迹报告团宣讲4次，新华社、《人民日报》、中央广播电视总台、凤凰卫视等各级媒体到场开展专题采访71批次，发表稿件、视频300余篇（条）。

全国人大副委员长沈跃跃、丁仲礼、国家林草局局长关志欧到塞罕坝考察。全国有510批、8600人到场考察。

2021年河北省塞罕坝机械林场
(河北塞罕坝国家级自然保护中心)领导名录

党　委　书　记：安长明（满族）
党委副书记、场长：陈智卿（满族）
党委副书记、纪委书记：张向忠（满族）
党委委员、副场长：于士涛
李永东（满族）
张建华（满族）
党委委员、场长助理、办公室主任：
房利民（满族）
总　工　程　师：崔　岩（满族，12月任）

（张　磊　供稿）

工业和信息化

综　　述

2021年，全市规模以上工业增加值增速2.6%，规上工业实现营业收入1880.6亿元，同比增长23.8%，实现利润总额142.4亿元，同比增长30.2%。实现新增规上企业53家、净增35家，超额完成省定目标任务。

围绕“3+3”主导产业和县域“1+2”特色产业谋划一批重大产业支撑项目，打造工业经济发展新增长点。研究印发《承德市2021年工业重点项目工作方案》，对全年纳入“项目库”续建、新开工的233个重点项目，实行分级台账管理。充分利用产业优势和区位优势，大力招商引资，抓好项目建设协调、服务工作，确保项目落地和尽早竣工投产见效，为经济社会发展添动力增后劲。谋划储备一批带动力强、有发展潜力的项目，加快推进速度，提高储备质量。深入研究当前国家、省在工业技改提升、数字赋能、中小企业培育等领域出台的一系列政策，抓住机遇，及早储备一批能够拿得出、报得上的好项目，提高争取政策资金精准性和成功率。实施产业基础再造工程，提升优势产业关键基础材料、核心基础零部件（元器件）性能，提高基础工艺和产业技术基础能力、延伸优势产业链条，以智能化、绿色化、服务化、产品高端化为方向，着力提高产品技术、工艺装备、能效环保等水平，实现内涵式扩大再生产。大力实施“百项技改”工程，全市76个项目列入省“千项技改”项目库，承德建龙特殊钢、颈复康药业集团、东伟新材料科技、北汽福田汽车部件等28个项目，获得省级以上工业转型升级技改专项资金4279.8万元。2021年，累计完成工业投资180.2亿元，增速15.2%，居全省第二位，占全市固投比例30.4%，为全市发展提供强力支撑。

围绕特色装备制造、大数据、绿色食品、生物医药、绿色新型建材等主导产业，推进全市优势行业向链条式、特色化、集群化、配套化方向发展。

组织开展“工业互联网创新发展试点示范项目”申报工作。其中，承德金隅水泥有限责任公司生产设备在线监测与智能诊断网络平台、河钢股份有限公司承钢分公司园区智能安防、承德莹科精细化工股份有限公司高端化学供应与生产管理平台、承德晨林食品有限公司速冻果干加工数字化管理系统、青云创元云计算服务承德有限公司承德混合云平台、宽城宝丰矿业有限公司数字化改造、宽城压力容器制造责任有限公司压力容器生产过程信息化建设、承德永宏活性炭有限责任公司活性炭生产过程管理系统8个项目列入2021年省级工业互联网创新发展项目库。推介30家企业和产品参加首批“冀优千品”河北制造网上行活动，承德市创造科技信息有限公司、承德创新时代网络科技有限公司、承德多克多网络科技有限公司3家企业入选首批工业电子商务直播支撑单位。持续开展融合评估工作，对规模以上工业企业、3个重点特色产业集群龙头企业进行两化融合评估，已有360家企业完成评估。

对化工重点监控点概念进行明确界定，对重点化工企业认定条件、认定程序、结果运用、监督管理做详细规定。指导电动汽车行业开展《电动客车安全要求》等强制性标准宣贯工作，进一步提升了新能源汽车安全水平。进一步完善市、县两级工控系统信息安全应急预案体系，强化敏感时期工控信息安全保障。推进承德市应急产业发展行动方案落地落实，研究制定《承德市应急产业2021年工作要点》。

发挥承德市高等院校资源优势，深化校企合作，在河北石油职业技术大学联合设立承德市工业创新中心，借力高校院所科技资源助力企业不断提升技术创新能力。持续推进工业企业研发机构建设工作，共认定研发机构27家。其中，新建承德热河克罗尼仪表有限公司等17家工业企业研发机构和河北承大环保科技有限公司技术研发中心等11家工业企业研发机构完成升级。全市工业企业建立研发机构总数达到183家。其中，省级37家，市级92家，县级54家。规上工业企业研发机构134家，占全部研发机构的76%。发挥骨干企业创新示范带动作用，承德天大钒业有限责任公司被认定为“2021年度河北省技术创新示范企业”，全市获评省级以上技术创新示范企业数量达到8家。组织申报“2021年人工智能产业创新任务揭榜挂帅”项目和“2021年人工智能医疗器械揭榜挂帅”项目，推荐河北石油职业技术大学与承德众恒科技有限公司、承德嘉和科技有限公司等合作项目，申报人工智能产业创新任务揭榜挂帅项目1项，人工智能医疗器械揭榜挂帅项目2项。

在全省率先出台《化工重点监控点认定管理实施办法》，认定4家化工重点监控点企业，破解承钢总投资14.6亿元的钒钛新材料产业园、总投资7.45亿元的史丹利磷复合肥资源综合利用等重点项目的落地签约。组织上报省被动式超低能耗建筑产业发展项目资金申报企业7家，争取支持资金940万元。

发挥风光水等资源优势，推进钒储能技术、风电装备等清洁能源产业发展，支持远景能源、特变电工、金风电控等企业，提升风机整机、SVG、逆变器等系列产品制造能力，加快特变电工新能源装备制造产业基地、金风电控迁建等项目建设，引进国内一流的发电机、齿轮箱等关键零部件制造厂商，提升风机配套能力。加强氢能战略研究和布局，培育引进氢能装备制造项目，形成清洁能源全产业链发展格局。河钢承德钒钛新材料公司获评“国家级绿色工厂”，建龙特钢、承大环保等8家企业获评“省级绿色工厂”。

截至2021年年底，全市民营经济单位22.1万个，同步增长1.6%。实现增加值1050.45亿元，同比增长6.5%；营业收入3755.8亿元，同比增长11%；利润总额272.6亿元，同比增长18.8%；上缴税金179.4亿元，同比增长13.89%。从业人员93.5万人。打造优势区域品牌，“5·18”中国·廊坊国际经济贸易洽谈会召开期间，承德市68家重点企业产品参展，其中民营企业占比90%以上，展示企业数量居全省前列。培育壮大龙头企业，加大对承德苏垦银河链杆有限公司、承德天大钒业有限公司、承德神栗食品有限公司等骨干企业在产品研发、人才储备等方面扶持力；在仪器仪表、智能输送设备、能源装备、绿色食品、新型建材等优势领域，全力打造行业标杆企业。巩固提升10个绿色食品“龙型”经济产业集群，开展杏仁油、栗蓉、山楂黄酮、山楂普朗原液、山楂原花色素、沙棘果酸、沙棘油、沙棘黄酮等功能性新产品的研发和市场开拓。截至2021年年底，全市累计研发新品种、新技术、新产品146个，各项专利48个。

钒钛业

【概况】 2021年，承德市生产铁矿石原矿33290.8万吨，生铁900.9万吨，粗钢889.3万吨，钢材796.8万吨。钒钛产业实现税收67.6亿元，占全市一般公共预算税收的79.7%，占全市税收收入的31.6%。其中，铁选行业完成50.9亿元，钢铁行业完成16.7亿元。

【推动钒钛新材料产业发展】 研究制定《钒钛新材料及制品产业2021年重点工作任务》，梳理报送2021年度主导产业重点推进项目及龙头企业。实施一批重大钒钛产业项目，有9个重点项目已竣工投产，完成投资76.21亿元。承德建龙含钒无缝钢管智能制造项目一期直径258无缝钢管生产线建成投产，成为河北省仅有的3家示范工厂之一。新钒钛储能与河北建投合作，在丰宁森吉图风电场建设规模为12兆瓦时的钒电池储能电站1座，打造河北省首台（套）全钒液流电池项目。加快钒钛新材料研发技术创新，钒钛新材料产业取得重大创新成果22项。其中，获省科技进步二等奖3项，省技术发明三等奖3项，省科技进步三等奖3项。获授权专利1632项，其中发明专利412项。

【冶金压延及矿山采选】 积极推进矿业采选绿色集约、高质量发展，协调破解难题，力促全市112家矿山企业稳定运行，提质增效。谋划58家企业60个产能100万吨以上铁矿整合扩建项目，计划新增投资161亿元。培育壮大钒钛规上企业14家，着力推进河钢承德钢铁公司、承德建龙特殊钢有限公司、承德天大钒业有限公司、承德锦科科技股份有限公司等重点企业重大技术改造项目建设。顺利实施承德建龙特殊钢有限公司钒钛新材料改造升级项目、河钢承德钢铁公司7号风机提效改造项目，启动承德锦科科技股份有限公司燃烧合成氮化钒铁等3项新技术新产品工艺应用。被动式超低能耗项目争取支持资金940万元。

全市上报省厅推荐被动式超低能耗建筑产业发展项目资金申报企业7家。其中，河北恒钏建筑材料有限公司（丰宁）、承德鸿城节能科技有限公司（承德县）和承德新通源新型环保材料有限公司（宽城）3家企业项目获得通过，3家企业共获得转型升级专项资金940万元。

承钢钒钛冷轧薄板有限公司，是河钢承德钢铁公司全资子公司。公司借助世界先进的装备优势和成熟的生产工艺，实现智能化生产和环保零排放，主要产品为钒钛高强酸洗板和热基镀锌板。2021年，酸洗产品累计产量41.1万吨，镀锌产品累计产量53.2万吨，总产值49.89亿元，共实现净利润8982万元。

承钢钒钛冷轧薄板有限公司生产线

【落实钢铁去产能】 贯彻落实中共河北省委、省政府决策部署，做好钢铁去产能巡视整改、“回头看”自查自纠工作，制定下发《承德市落实省委专项巡视去产能反馈意见整改工作方案》，去产能专项巡视整改工作取得阶段性成效，完成《中共承德市发展和改革委员会党组关于市委去产能专项巡察组反馈意见整改进展情况的报告》。

【河钢集团承钢公司】 承钢公司是河钢集团一级骨干子公司，始建于1954年，是国家“一五”期间苏联援建的156个项目之一，中国钒钛磁铁矿高炉冶炼和钒提取加工技术的发祥地，世界最著名的三大钒钛钢铁工业基地之一，钒钛资源综合开发利用产业化技术处于世界领先水平，被誉为中国“北方钒都”。

2021年，落实省、市和集团的各项决策部署，开启“低库存、低成本、高效率、高效益”的“两低双高”生产经营新模式，提升“两个高端”，优化“两个结构”，营业收入不断提高。全年，铁、钢、材、钒产品产量分别完成703万吨、

691 万吨、682 万吨和 1.9 万吨，较 2020 年分别提升 3.27%、4.63%、4.84% 和 3.68%。全年实现营业收入 397 亿元，工业总产值达到 390 亿元，分别同比增长 50% 和 47%。实现利税 7.62 亿元，挖潜增效 16.6 亿元。

高端钒钛新材料产业园区新增阿瑟恩国际、中国宝武、中船重工等高端客户 29 家，实现与德国科莱恩、湖南钒谷新能源、天津先导颜料等国际、国内知名企业合作，每吨钒售价提升 1.5 万元。成功实施"新三步法"五氧化二钒制备技术，产品质量满足航空领域应用需求。深入落实股份公司"营销一体化"改革部署，全年开发新客户 32 家，战略客户销量同比提升 5.5 万吨，每吨钢综合售价提升 100 元。

高端客户群进一步扩大，酸洗产品稳定供货德国舍弗勒、LG 等国际知名企业，上海大众、长城汽车、吉利汽车供货量持续上扬。镀锌产品供货美的、格力等家电品牌，厚锌层产品打入览讯科技等高新企业，销量较 2020 年增长 1 倍。集装箱耐候钢直供中集集团、东方国际等行业领军企业，高强铁路用耐候钢批量供货中国中车，销量同比提升 41%。与无锡法斯特等客户深入合作，汽车轴管用钢应用于红旗 H5 至 H9 系列、林肯冒险家等高端车型。建材产品有力保障了中国共产党党史展览馆、香山革命纪念馆等国内 115 个重点工程建设。建立重点工程保供体系，打造"雄安容东三号地"工程的直供样板。支持

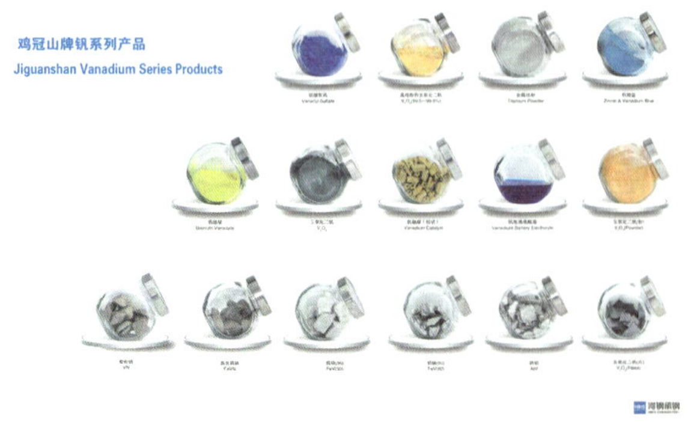

河钢集团承钢公司生产的鸡冠山牌钒系列产品

15 个国家"一带一路"项目建设，产品出口合同完成年计划 237.8%。以构建供应链生态圈为抓手，融合供应链贸易金融，形成共建共享供应链服务和创效体系，非钢产业全年对外经营收入同比增长 2.7 亿元，每吨钢创效 26.06 元。

特色智能制造产业

【概况】 2021 年，继续落实推进特色装备制造业工作专班，坚持抓项目、抓发展，积极引导全市装备制造业重点企业早开工、早投产，推进特色装备制造产业健康发展。重点打造以具备较好产业基础的承德高新产业开发园区、双滦区、承德县为核心，以丰宁、平泉、隆化、兴隆等产业聚集区为重点的"一核四组团"的产业布局，全市 59 家规模以上装备制造企业实现营业收入 87.8 亿元。

【加快构筑新格局】 聚焦智能装备制造产业发展新技术、新业态、新模式，完成《承德市智能装备制造产业"十四五"发展规划》招标及签订合同。坚持以产业园区、研发中心等项目为基础，构建产学研一体化智能装备制造产业新格局，提升园区和研发科研中心的辐射带动作用，增强其引领智能装备产业的聚焦效应。打造承德高新技术产业园区微智园、承德县六沟园、平泉市装备园、丰宁怀丰园、兴隆荣盛园 5 大特色装备制造产业园区，入驻企业 41 家。其中，丰宁怀丰园和兴隆荣盛园全力承接京津装备制造产业转移。从"拉企业转移"到"引产业聚集"，丰宁怀丰科技产业园积极承接雁栖经济开发区机械制造等产业转移，共引进外迁企业 16 家，其中以宏亭汽车零部件、雁阳汽车零部件、领锐汽车零部件为龙头的汽车零部件企业 9 家；兴隆荣盛产业新城主要承接北京地区外溢产业，共引进荣盛兴城新能源发展有限公司、北京思泰嘉业汽车零部件等外迁

企业11家。

【打造北方仪器仪表城】 围绕中共承德市委确定的打造北方“仪器仪表城”战略目标，完成《关于承德市仪器仪表产业发展情况的调研报告》。不断加快广仪科技、浙江吉成、北京联东U谷3个仪器仪表专业园区建设，重点推进承德克罗尼公司总投资2000万元生产新产品雷达液位仪生产线、金建检测智能化材料试验机技术研发及年产试验机及检测仪器4500台、五岳测控公司年产300台（套）大型工业衡器和4000件衡器配件等项目建设。

【推进企业智能化改造】 充分运用先进适用技术，通过改技术、改工艺、改装备、改产品、改管理等方式，以国内外智能制造先进水平为标杆，推动智能制造核心技术攻关和产品装备研发，推动企业普遍实施智能改造，企业智能化改造进程不断加快，已认定省级数字化车间13家。企业在降低运营成本、缩短产品研制周期、提高生产效率、降低不良产品率、提高能源利用率5个方面取得明显成效。

承德鼎信自动化工程股份有限公司成为5家省级智能制造集成商之一，成功申报国家级承德建龙钒钛高科无缝钢管智能工厂项目和国家级承德承钢钒钛冷轧薄板有限公司精益生产管理、智能仓储、基于数字孪生的智能制造典型场景项目。通过实施智能化改造升级，装备制造企业的数字化、网络化和智能化水平进一步提升，特别是苏垦银河年产145万件连杆数字化车间、北汽福田核心工序全部实现机器人自动控制、光人输送机有限公司输送设备数字化车间、金建检测高分子材料试验机数字化车间，实现产品从设计、加工、装配、检测、质控、物流、服务全数字化贯通，推动企业从自动化生产向数字化、智能化、网络化生产转变。

【金建检测仪器有限公司】 金建检测仪器有限公司是一家集研发、生产和销售为一体的河北省专精特新中小企业及高新技术企业，全国唯一的“国家化学建材检测仪器科技示范工程产业化基地”，河北省首家主持国际标准制修订的民营企业。主要生产智能化、微机化、机电一体化的材料试验机及化学建材检测仪器。公司于2000年2月28日在承德高新区注册，注册资本620万元。截至2021年年底，有员工111人，年收入4000万元。其中，出口创汇占总收入的15%以上。产品遍及全国各地，并远销美国、意大利、新加坡、澳大利亚、伊朗等50多个国家和地区。

主要产品：非金属材料试验机，包括熔体流动速率仪、万能试验机、摆锤冲击试验机等50个种类，100个型号。其中，复合式摆锤冲击试验机为国内外首创，获得国家发明专利权。

【承德华远自动化设备有限公司】 公司2002年1月成立，注册资本3000万元，占地79.48亩。2019年列入“河北省制造业单项冠军企业”。2021年，有员工130人。其中，科技人员66人。大专以上学历的科技人员56人，占企业职工总数的50%；科技研发人员40人，占企业职工总数的30%。是一汽大众等多家大型汽车制造企业优秀供应商，产品已出口到欧洲。

承德华远自动化设备有限公司生产车间

主要产品：自主研发的汽车总装柔性立体储运装配系统，获得河北省科技进步二等奖，产品技术在国内领先，替代进口，打破国外企业的垄断。

科技研发：公司拥有产学研技术创新平台“河北省工业智能化装配系统技术创新中心”“河北省企业技术中心”。拥有发明专利和实用新型专利共13项。智能化运输和集散控制系统属于自主知识产权，填补国内空白，达到国内领先水平，科技部等4部委将其列为国家重点新产品。

【承德苏垦银河连杆有限公司】 2004年3月成立，注册资金1.55亿元。2016年，并入中国兵器装备集团公司控股的云南西仪工业股份有限公司，成为央企控股上市公司。率先在国内实现裂解连杆批量加工与销售，成为国内裂解连杆加工技术的龙头企业。开发研究粉末冶金材料及工艺，实现高端粉末冶金裂解连杆批量生产，填补国内空白。公司是发动机连杆专业化生产行业领军企业，有连杆产品100种，配套厂家50家。主要为北京现代、东风悦达起亚、现代威亚、上海通用、东风神龙、雷诺、沃尔沃、广汽菲亚特等合资品牌及长城汽车、吉利等国产领军品牌主机厂配套，并直接或间接出口德国、韩国、印度、土耳其等国家。拥有盐城、昆明、柳州、重庆连杆生产基地4个。2021年总产能已达2928万件，连杆生产线26条。其中，裂解生产线18条。2021年，实现营业收入6.3亿元，上缴税金0.24亿元。

绿色食品产业

【概况】 在巩固绿色食品生产企业产业链、供应链稳定的基础上，结合“走千企、帮万家”活动，重点调度生产企业在用工、原料供应、流动资金紧张等方面的困难，确保绿色食品产业的生产供应。谋划绿色食品生产企业项目，对项目建设强化服务支持，全力保运行保运转。2021年全市特色食品工业实现营业收入120.3亿元，同比增长15.5%。全市规模以上食品企业51家，食品产业亿元以上重点企业11家。其中，营业收入10亿元以上企业5家。植物蛋白饮料、肉类加工、休闲食品、酒类等细分行业形成食品工业的重要支撑。

【推动重点项目建设】 面对新冠肺炎疫情常态化的形势，推进食品工业企业加强制定品牌建设战略，提升品牌影响力，开拓国内外市场，河北怡达食品集团有限公司、承德神栗食品有限公司等23家企业申报食品特色品牌提升项目。按照《河北省以创建食品产业强县（市、区）促进食品产业高质量发展工作方案》要求，推荐兴隆县、平泉市、丰宁满族自治县申报《食品产业强县（市、区）项目》，丰宁满族自治县食品产业列入省工业和信息产业厅2021《关于支持承德市重点事项的批复》项目，获省支持资金500万元。

【河北承德露露有限公司】 前身是承德市罐头食品厂，始建于1950年。公司基于市场需求导向，依托丰富的山杏仁资源，开发生产拥有自主知识产权的植物蛋白饮料——杏仁露。1997年11月，在深交所上市，成为国内植物蛋白饮料唯一上市公司，技术装备国内领先。2006年经过国企改制，万向集团（国内五百强企业）持有公司40.68%股份，为公司第一大股东。

承德露露有限公司是全国最大的杏仁露生产企业，年生产能力50万吨，市场占有率90%。先后获得“农业产业化国家重点龙头企业”“改革开放30年中国饮料行业突出贡献奖企业”“中国饮料业30年常青藤企业”“全国信息化500强企业”“全国质量诚信标杆典型企业”“河北省政府质量奖”等荣誉。“露露”商标被国家工商行业管理总局评为“中国驰名商标”，露露产品被国家技术监督局授予“中国名牌”产品称号，在全国形成以26个省会城市、4个直辖市为中心、覆盖213个地级市、包括1000多个经销商的销售网络。2021年,全年营收19.8亿元,利税1.27亿元，利润5.62亿元。

【河北怡达食品集团公司】 始建于1989年，是国内最大的山楂食品民营企业集团，国家级农业产业化重点龙头企业。注册资金11847万元，总资产2.5亿元，产品主要有山楂休闲食品、罐头食品等，市场占有率国内排名第一，山楂食品国内同行业排名第一。“怡达”商标为“中国驰名商标”“河北省著名商标”，怡达产品也多次被评选为“中国食品市场产品过硬，消费者首选第一品牌”“河北省名牌产品”“消费者信得过产品”“河北省优质产品”。

公司总体占地面积500余亩，园区内建有“国内最大的山楂食品生产车间”“中国山楂博物馆”“中国山楂研发检验中心”“承德特色产品仓储物流配送中心”“电子商务运营中心”“电子商务创业孵化基地”，总体建筑面积10万平方米，怡达集团下属子公司6家，在山东、山西等地设有分厂8家，年综合生产能力可达20万吨，主要经营山楂休闲食品、罐头食品、干果蜜饯类200余种产品，怡达产品市场覆盖全国10万余家终端卖场，出口亚、欧、美、非18个国家和地区。2021年，全年营收9.96亿元，利税9400万元。

【朴诚乳业承德有限公司】 朴诚乳业承德有限公司由朴诚乳业（集团）有限公司投资建设，2020年开工建设，2021年5月20日正式生产，总投资3.64亿元，生产加工车间18000平方米，日处理鲜奶50万千克。主要业务为鲜奶收购及销售、乳制品、果汁蔬菜汁及特殊医学用途配方产品的生产、进出口、销售，销售渠道有盒马鲜生、ole精品超市及绿地精品超市等。公司依托丰宁位于世界黄金奶牛带的区位优势和优越的气候条件以及丰宁奶业发展的良好基础，实现从奶牛养殖到乳制品深加工全产业链条。日处理鲜奶500吨，年产值20亿元，利税6000万元。

朴诚乳业承德有限公司生产的乳制品

【承德宇航人高山植物应用技术有限责任公司】 公司成立于2003年，注册资本1881.3万元，占地4.75公顷，建筑面积30000平方米。有员工210人。其中，科研技术人员63人。拥有先进的全自动、全封闭加工生产线和高精端现代化产品研发中心和检测中心。公司主要以沙棘原料为主，生产沙棘原果浆、沙棘浓缩清汁、沙棘果油软胶囊、沙棘功能性饮品、沙棘冰酒、沙棘化妆品，另有以苹果等为原料生产的浓缩苹果汁、干粉等，共7大类170个品种。产品远销德国、美国、俄罗斯、韩国、新加坡、斯洛文

承德宇航人高山植物应用技术有限责任公司生产的沙棘饮料

尼亚、土耳其、意大利、印度、蒙古等国家，国内销售市场覆盖 20 个省（直辖市、自治区）。“宇璐”沙棘果饮和“棘维康”牌沙棘果油被河北省技术监督局评为名牌产品和优质产品。

公司拥有生物酶解技术、超临界 CO_2 萃取技术、大孔树脂吸附技术、膜过滤等多项沙棘果及其他果蔬加工的专利技术和专有技术，年处理沙棘果及其他果蔬能力 13 万吨。

特色生物医药

【概况】 全市生物医药产业现有颈复康药业、天原药业、希力药业、御史金丹药业、燕峰药业 5 家规模以上企业。2021 年全市生物医药产业实现产值 100 亿元。其中，规模以上医药制造业实现营业收入 13.3 亿元，同比增长 8.7%。中药材种植实现产值 50 亿元，医药工业实现产值 20 亿元，医药流通销售额 30 亿元。

【产业项目建设】 重点推进颈复康药业集团抗感冒系列颗粒剂升级改造、酊剂藿香正气水等系列产品升级改造 2 个续建项目。总投资 2300 万元的颈复康药业集团雾灵事业部固体制剂工段、前处理工段及消防外网改造，总投资 2000 万元的颈复康药业集团污水处理设施升级改造等新开工项目正在建设实施中。

【产业链现代化建设】 上游：以奇滦中药饮片加工有限公司、国药集团承德药材有限公司为重点，推动发展道地药材的种植、中药饮片生产深加工和销售。2021 年，种植面积 36.9 万亩。中游：鼓励医药生产企业提高生产过程自动化和信息化水平，改进制药设备的自动化、数字化、智能化水平，增强信息上传下控和网通互联功能。依托颈复康药业、天原药业等重点企业发展中药制造、植物药提取、中药保健品等高端中药产品，做大做强颈复康颗粒、腰痛宁贴剂、金莲花颗粒、金莲花片等承德市中医药优势保护品种，推进中药产品标准化。支持颈复康药业等龙头企业开展计算机辅助药物设计、结构分析和对比、模拟筛选、成药性评价研究，提升药物研发水平和效率。下游：以国药乐仁堂药材公司、国药集团承德药材有限公司等企业为重点，推广物联网等信息技术在零售企业的应用，提升药店管理水平，促进生物医药市场的开拓。

【颈复康药业集团有限公司】 公司始建于 1952 年，是一家工商结合以研究、开发、生产和销售中成药、中药提取物、西药、中药原料药、保健食品为主的现代化药业集团，主要股东包括颈复康医药产业投资公司、上海复星医药集团、中国药材公司、石药集团公司、辽宁朝阳人民康泰连锁公司。除集团本部外，还有承德石药颈复康医药公司（商业）、赤峰颈复康医药公司（商业）、赤峰丹龙药业公司（工业）、颈复康药业集团保定东方中药有限公司（工业）、承德颈复康大药房连锁公司（宽城、商业）成员企业 6 家。是北京中医药大学、上海华东理工大学、承德医学院的硕士生培养基地、河北省博士后创新实践基地。拥有颗粒剂、硬胶囊剂、软胶囊剂等多种剂型生产线，主导产品有颈复康颗粒、腰痛宁胶囊、北豆根胶囊、普罗布考片。其中，颈复康颗粒还被评为国家秘密技术项目，有着

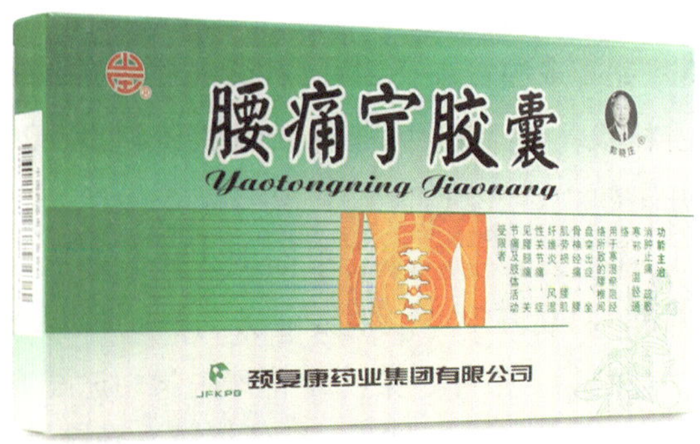

颈复康药业集团有限公司生产的腰痛宁胶囊

极高的科技含量。公司拥有自营进出口权，营销网络遍布全国31个省、自治区和直辖市，远销东南亚、欧美等国家。

【承德天原药业股份有限公司】 前身是国有企业承德地区制药厂，始建于1970年。2000年，由国企转制为民营企业。2014年，实行股份制改革。公司注册资本5100万元，总资产3.9亿元。2011年，在围场四合永工业园区建设新厂区，一期工程总投资1.3亿元，厂房等主要建筑20000平方米，新上生产线5条，新购进各种先进制药设备及精密检验仪器上百台（套）。新厂区设计生产能力为2500吨。共有片剂、丸剂、散剂、胶囊剂、颗粒剂5个剂型、6大类（感冒类、胃肠类、清热解毒类、活血止痛类、镇静安神类、补肾强身类）64个品种中成药。主导产品金莲花片、金莲花颗粒，为国家医保品种和国家中药保护品种，其中金莲花颗粒为公司自行研制开发的国家级新药，全国独家生产。产品畅销全国各地。

【河北兴隆希力药业有限公司】 公司的前身是河北省兴隆制药厂，始建于1969年，属地方国营企业。1996年10月兴隆制药厂以部分资产与山东枣庄希力药业有限公司合资成立"河北兴隆希力药业有限公司"。1997年8月山东枣庄希力药业有限公司将兴隆制药厂以承担债务式兼并。1999年12月，河北兴隆希力药业有限公司吸收香港丰金国际财务有限公司股金250万元，北京现代医学交流中心股金45万元，共注册资本1000万元。2014年1月通过了国家GMP三次认证。

2012年9月，在兴隆县大友经济开发区新征土地30亩，投资3000万元，新建符合GMP标准的生产厂区，于2013年11月底完工。新厂区总建筑面积8400平方米，其中制剂车间2940平方米，提取车间1740平方米，仓库2640平方米，化验楼360平方米，附属设施720平方米。全部彩钢板隔断，中央空调净化。公司现有产品为四种剂型6个品种，其中胶囊剂1种，乳膏剂1种，片剂2种，颗粒剂2种，设计年生产能力为：胶囊2亿粒、片剂4亿片、乳膏500万支、颗粒剂300吨，年产值可达4亿元。重点产品为丹参和山楂两个系列，丹参系列药品的4个产品中有3个是全国独家产品，2个是国家中药保护品种。2004年，丹参酮胶囊被选入全国医保产品目录。

绿色建材产业

【概况】 截至2021年年末，全市累计实施尾矿制备新型建材项目130个，尾矿制备砂石骨料项目60个，累计投资120亿元，带动就业6000人，年消纳尾矿5000多万吨。产品已形成涵盖路面材料、墙体材料、保温材料、装饰材料、砂石骨料等10大系列50种产品，远销天津、北京、河北、辽宁、内蒙古等省、市、自治区建筑市场，成为承德市新型建材主体。尤其是承德新通源微晶装饰板材、宽城嘉瑞德低碳板材、金隅干混砂浆等中高端产品还出口日本、巴西、委内瑞拉等国家。承德宝通矿业有限公司成为全省第一家挂牌的环京绿色砂石骨料基地。

【环京绿色砂石基地建设】 积极推进落实承德市与北京市住建委签署的《绿色砂石骨料基地建设合作备忘录》，合作在承德建设2～3个大型环京绿色砂石骨料基地。承德宝通矿业有限公司成为河北省第一家挂牌的环京绿色砂石骨料基地，滦平聚源矿业、伟源矿业、丰宁钼矿、承德县建龙、承德县金盈矿业、承德县路和矿业、隆化金谷矿业砂石骨料基地正在积极筹划建设中。

【尾矿综合开发利用】 以项目落地为核心，以投产见效为根本，全力推进尾矿综合开发利用项目建设。抓好已投产企业的正常生产经营，实时推进在建项目、续建项目施工进度，突出抓好丰宁恒钏、宽城新通源、宽城绿标、围场振龙、隆华泰山石膏、宽城新通源、承德德厦等附加值高、科技含量高的龙头企业生产经营和产品销售推广活动。滦平县远通矿业砂石骨料项目已竣工投产，总投资1500万元。河北建龙丽砂宝建材有限公司年产200万吨干混砂浆、60万吨干选固废项目完工投产，累计完成投资1亿元。

【培育龙头企业】 根据有关县（市）区的区位优势、资源特点和产业基础，重点培育扶持龙头企业，发挥龙头企业在带动产业化发展方面的重要引领作用。通过加强项目引进，培育优势骨干和龙头企业，推动小规模低端利用企业整合重组和技术改造，促进企业上规模、上水平，提高产业集中度和竞争优势。加大对承德德厦、承德新通源、平泉天罡、河北恒钏、围场兴源、承德振龙、承德绿建、隆化金富达、隆华泰山石膏、承德金隅10家龙头企业的支持力度，通过龙头引领，带动产业发展。

【平泉天罡建材制造有限公司】 成立于2012年9月，位于平泉市卧龙镇二十家子村，占地100.74亩，注册资金3000万元，已投资14850万元。利用当地铁选尾矿渣、废弃蘑菇菌棒、农村面源污染物、工农业固体废物生产古建产品、透水砖、雕塑、装配式房屋等系列产品。拥有厂房23000平方米，年产量5500万块；古建瓦生产设备11台，年生产量200万块；木塑生产线2条，生产各种规格古建青瓦、勾头、滴水瓦、脊瓦、青砖、古建面砖、大小古建地砖及各种仿古建筑配件。

【承德绿建建筑节能科技有限公司】 位于双桥区大石庙镇，成立于2015年8月，占地面积78亩，注册资本金5000万元，承德市唯一一家装配式构件的生产企业。前身为承德平安建材有限公司，经过十几年发展，以新型建筑结构节能产品研发、制造及混凝土预制构件制造、销售、安装为一体，有员工300人。2016年，投资10273.4万元建河北省装配式建筑生产基地，占地20000平方米，生产车间10000平方米、搅拌站400平方米、原料库4400平方米、产品库4000平方米、员工宿舍1200平方米。引进全自动化生产线，年产量达6万立方米。自主研发实用新型、外观专利、发明专利150项。主要产品有：预制PC叠合楼板、预制PC内外墙板、预制PC楼梯、预制PC叠合阳台、预制PC梁、预制PC柱、预制装配式检查井等。

【河北恒钏建筑材料有限公司】 位于丰宁满族自治县开发区，2018年1月注册成立，注册资本金5000万元，是集绿色、环保、新型建筑材料研发、生产、销售为一体的高科技企业，公司研发的微晶发泡板材是一种性能稳定、保温、隔热、隔音、防水等多功能理想材料。

主要产品：微晶发泡板材利用本地的钼尾矿、加以少量页岩，是通过粉磨、称重、配料、造粒、烧结、加工而成的高气孔率的闭孔陶瓷材料，产品具有防火、阻燃、强度高、抗老化、抗冻融、吸水率低、性能稳定等优点，是一种绿色环保节能与建筑物同寿命的无机保温材料和新型墙体材料。截至2021年，公司以装配式轻质墙板、

河北恒钏建筑材料有限公司生产的产品

保温结构一体化板、A 级保温板、保温装饰一体化板为主，适用于建筑内隔墙、外墙保温、屋面、室内外装饰。同年，筹建隔墙板生产线、保温装饰一体化板生产线、保温结构一体化外墙体系生产线、室内外装饰线条加工线，完成砂浆、彩砂、ALC 板材建设。

能源工业

【概况】 截至 2021 年年底，全市电力总装机 1038.15 万千瓦，发电量 213.88 亿千瓦时。其中，火电装机 176.8 万千瓦，发电量 84.59 亿千瓦时；风电装机 538.2 万千瓦，发电量 134.84 亿千瓦时；光伏发电装机 251.88 万千瓦，发电量 27.05 亿千瓦时；水电 64.95 万千瓦，发电量 0.63 亿千瓦时；生物质发电 6.3 万千瓦，发电量 1.43 亿千瓦时。全市共有 500 千伏站 4 座，主变 8 台，变电容量 6900 兆瓦特；220 千伏站 21 座，主变 41 台，主变容量 6720 兆瓦特；110 千伏站 68 座，主变 138 台，容量 6317.5 兆瓦特。220 千伏线路 95 条，总长度 3155 千米；110 千伏线路 133 条，总长度 2928 千米。真正实现以 500 千伏为主供电源、220 千伏为网架支撑、110 千伏为供电延伸、中低压配电网架结构逐步完善、新能源与电网协调发展的现代化智能电网。

2021 年，承德供电公司售电量 197.07 亿千瓦时，同比增长 11.65%。拥有过境 1000 千伏、±800 千伏特高压线路 4 条 856 千米。境内拥有 500 千伏变电站 4 座、输电线路 20 条、2134 千米，形成 500 千伏“一横三纵三通道”网架结构，成为地区电网的重要电源支撑和新能源输送通道。世界首个 ±500 千伏柔性直流电网工程阜康换流站，建于承德丰宁。220 千伏变电站 21 座、输电线路 95 条，形成 220 千伏“三环三射”区域电网主网架。110 千伏变电站 68 座、输电线路 133 条，形成 110 千伏及以下“分层分区”供电的电网结构。

8 月 26 日，承德供电公司员工向葡萄种植大户宣传推广“网上国电”

完成 220 千伏新甸等 2 项工程完成项目核准，110 千伏石洞子沟等 4 项工程取得可研批复。丰宁抽水蓄能发电站二期丰宁电厂送出工程顺利投运。220 千伏五道营—明桂沟风电送出等 2 项工程、494 项配网工程如期竣工。老窝铺 35 千伏主变增容和 10 千伏联络线工程按期投产，保证塞罕坝国家冰上、雪上项目训练基地供电无忧。精准实施森林草原防火项目 84 项。3 项工程荣获冀北公司配网优质工程称号。

推动塞罕坝国家冰上、雪上项目训练基地实现绿电交易，用电成本降低 20%。双创生态体系基本建成，塞罕坝创新实践基地实施科技创新项目 18 项，创新成果转化实现“零”的突破。获评全国“2021 年度实施卓越绩效先进组织”。

【火力发电】 全市火电装机总规模 176.8 万千瓦。其中，调峰火电厂 2 座，国电滦河电厂 3 台 33 万千瓦机组，建投承德热电有限责任公司 2 台 35 万千瓦机组。其余为背压式机组，兴隆县鹏生热力有限公司 2 台机组，1 台 2.4 万千瓦，1 台 1.2 万千瓦；兴隆县兴隆热力有限责任公司 1 台机组，1.2 万千瓦；承德东晟热力有限公司（营子区）1 台机组，3 万千瓦。

【风力发电】 全市投产、在建及开展前期的风电项目总规模1209.7万千瓦，已完成装机并网538.2万千瓦，完成核准及在建项目51.5万千瓦；开展前期工作项目420万千瓦，为2021年获批的保障性、市场化并网项目以及大基地项目；另外，2021年获批源网荷储一体化和多能互补项目弹性指标100万千瓦。

【光伏发电】 全市投产、在建及推进前期的光伏发电项目总规模1183.88万千瓦，累计完成装机251.88万千瓦；完成备案及推进前期项目688万千瓦，为2021年获批的保障性、市场化并网项目以及大基地项目。另外，2021年获批源网荷储一体化和多能互补项目弹性指标244万千瓦。

【水力发电】 全市已建成常规水电站31座，总装机规模4.95万千瓦。全市共有在建及谋划推进的抽水蓄能电站8座，总规模1660万千瓦。其中，在建项目1个，为世界规模最大、装机360万千瓦的丰宁抽水蓄能电站项目；推进前期项目1个，为装机120万千瓦的滦平抽水蓄能电站一期工程，项目已列入国家《抽水蓄能中长期发展规划（2021—2035年）》的“十四五”重点实施项目；谋划推动项目6个，总规模1180万千瓦。其中，隆化抽水蓄能电站项目中已有280万千瓦规模列入国家《抽水蓄能中长期发展规划》，“十四五”和“十五五”实施规模均为140万千瓦。

【生物质发电】 全市建成、在建及推进前期工作的生物质发电项目共4个，总规模9.3万千瓦。其中，承德环能3万千瓦垃圾发电项目、平泉华净生物质气化发电项目、兴隆3万千瓦生物质热电联产项目已并网投运，中博国能平泉3万千瓦生物质发电项目已完成核准。

【新能源装备】 全市新能源装备制造企业主要从事风机制造、光伏组件制造和储能电池生产等。其中，隆化县金风电控具备年产兆瓦级机舱和轮毂1200台（套）能力，丰宁远景能源具备年产兆瓦级风机主机500台（套）能力，高新技术产业开发区特变电工具备年产500兆瓦光伏逆变器和500兆瓦光伏无功补偿器的生产能力，双滦区新新钒钛液流储能公司具备年产20兆瓦电堆、3万平米钒电池质子膜、3000立方米钒电解液生产能力。

【滦河电厂】 2021年，在役3台330兆瓦热电联产机组。其中，滦河电厂1#、2#机组属国电承德热电有限公司，由国家能源集团全资子公司——国电华北电力有限公司控股，河北建投能源投资股份有限公司参股建设。3#机组属国电滦河热电有限公司，由国电华北电力有限公司控股，平泉杨树岭矿业有限责任公司参股建设。滦河发电厂、承德热电有限公司、滦河热电有限公司实行“一套人员，三块牌子”的管理模式，实行火电风电一体化管理。

大数据与电子信息产业

【概况】 2021年，重点围绕加快承德高新技术产业开发园区、承德县两个大数据产业聚集区发展，加强绿色数据中心、5G网络、工业互联网三项新型基础设施建设，全面发展基础支撑、数据服务、融合应用三层业态，着力在科技创新、企业培育、项目建设、招商引资、人才培引五方面实现新突破，不断加快国家新型工业化（大数据）产业示范基地建设，全力打造数据存储、分析、应用等全产业链。2021年，实现大数据及电子信息产业营业收入45.6亿元。

【持续增加投入】 设立5亿元的大数据发展基金，用于产业项目。做好大数据产业发展试点示范、信息消费体验中心等项目申报工作。其中，荣智人工智能体验中心项目荣获省级信息消费体验中心，5G+ 智慧旅游项目荣获“绽放杯”5G 应用大赛京津冀赛区三等奖。加快推进数据中心、5G 基站等项目建设，新建 5G 网络基站 1540 个，县主城区已实现网络全覆盖。延伸大数据产业链条，重点支持软件信息服务、互联网平台等企业发展壮大，承德智慧旅游大数据平台上线运行，融入 32 个国家 A 级景区、4 万家住宿餐饮场所等信息；天乾地坤本地化生活服务平台“赛罕云”实现上线运行，“小门神”疫情防控智能化预警系统销售 6 万余套。

【规划引领招商】 科学有序地发展大数据产业，聘请中国电子长城网际公司编制《承德市大数据产业发展规划》，制定《承德市大数据产业推进方案》。将大数据产业列入承德市战略性新兴产业，出台《承德市战略性新兴产业发展三年行动计划》及《大数据与物联网产业发展专项实施方案》。

积极深化招商合作，在 2021 中国国际数字经济博览会上，以“绿色引领 数聚承德”为主题搭建承德展馆，围绕数字山庄、数字产业、数字能源，通过体验互动、视频播放、图文展板等展示方式，充分展现承德在数字经济领域发展优势和区域特色，荣获优秀组织奖。

【博彦科技承德有限公司】 位于承德高新技术产业开发区，成立于 1995 年，总部位于中国北京。主要从事信息技术开发、服务，计算机及设备软件的开发、设计、制作、测试、销售，提供技术咨询和技术服务，计算机系统集成的设计、安装、调试、维护，从事数据处理服务，企业管理咨询，信息技术培训，从事货物及技术的进出口业务。其母公司博彦科技股份有限公司是一家面向全球的 IT 咨询、解决方案与服务提供商。

2021 年市工业和信息化局领导名录

党组书记：冯国杰（满族，7 月免）
杨玉兴（满族，7 月任）
局长：刘俊（满族）
党组成员、副局长：赵雪岗（满族）
郑志民
吴建馨

（杨硕 供稿）

通信网络服务

【移动服务】 2021 年，承德移动 5G 基站建成 1131 个，实现市区核心城区和县城主城区全覆盖、乡镇与农村加速覆盖、重点景区有覆盖的目标。积极推进 5G 应用探索，《承德市 5G+ 智慧旅游项目》荣获工信部“绽放杯”5G 应用征集大赛组委会颁发的《第四届“绽放杯”5G 应用征集大赛京津冀区域赛》三等奖，为 5G 应用“绽放”筑牢基础。持续打造千兆宽带 + 智能组网 + 大视频 + 智能家居硬件的家庭市场高端产品生态体系，累计新建家宽小区 1415 个、千兆小区 272 个，家宽覆盖率从 87.1% 提升至 93.5%，宽带份额区域持续领先。2021 年，中国移动通信集团河北有限公司承德分公司实现运营收入 11.86 亿元，缴纳税金 2580 万元，移动个人用户达 205.7 万户，家庭宽带用户达 45.43 万户，物联网连接数达 42.97 万户。

聚焦承德创新发展战略要求和行业信息化需求，累计投入信息化建设资金超 1 亿元，广泛拓展 ICT 和“云 +5G+DICT”技术应用，围绕党政军、公检法、医疗、教育、金融等行业打造政法网三级平台、智慧社区、120 调度平台等标杆项目，持续优化、迭代大数据位置短信、智慧安防等信息化产品百余种，完成双桥、丰宁等 7 个县（区）的智慧社区项目，涉及专线点位 1700 个。助力 11 个县（市、区）125 个基层单位推进平安乡村建设，使信息化服务惠及千行百业、进入千家万户。焕新三大移动品牌体系，打造本地权益超市，涵盖百乐超市、双百购物广场、智慧旅游等，让惠于民。

提供全区核酸检测平台，面向省、市一线防疫人员中的1742名移动客户，无偿提供通信服务。积极响应“双碳”战略，完成风光替代机房节能项目创新试点建设5个。圆满完成塞罕坝机械林场省内首例北斗三号短报文测试、冀北电力塞罕坝变电站5G无人机巡检等通信和信息服务保障任务；全力做好汛期和强降雪天气应对和通信应急保障工作，全年累计出动保障车次3350次，抢修人员7600余人次，应急保障发电270次，抢修光缆260公里，网络整体运行稳定。

推动“初心工程”“领先工程”“阳光行动”“削峰行动”落地实施，举办“总经理接待日”“讲服务故事”等活动130余场，开展主动服务1.78万次，千兆宽带快装快修及时率均保持在98%以上，客户满意度总体保持省内领先。

将党建优势转化为发展优势，新增和创对象66个，和创签约项目53个，累计签约额达5000万元，基层党组织战斗堡垒作用进一步发挥。深入开展“共筑百年梦 融合创未来”庆祝中国共产党成立100周年主题活动，开展“进社区、进校园、进单位、进家庭、进乡村”志愿服务活动，助力文明城市创建。

12月28日，系统集成中心、承德移动政企客户部信息化拓展中心组成联合测试团队，深入塞罕坝林区，在无人、空旷、无线信号等多种场景，成功完成北斗三号位置报、短报文等测试工作

2021年中国移动承德分公司领导名录

党党委书记、总经理：王晓宇

党委委员、副总经理：李继业（蒙古族）

李亚梅（女，满族）

李经伟（女）

王　贺

（李云鹤　供稿）

【联通服务】 推进用手机、互联网充值、缴费、业务办理等客户需求，用户足不出户办理业务。建立114宽带服务绿色通道，快速服务客户修障需求。“末梢沃掌通”“沃乐售合伙人”“一人一码”拓展业务受理触点。开展“我为群众办实事”实践活动，推进防范治理电信网络诈骗工作，打造多种金融产品、自研产品和平台建设，构建新型营销服务体系，全市率先召开“三千兆”“畅听王卡”发布会，开展“银发无忧”活动，以信息化新举措不断提升客户服务品质和满意度。

顺利完成“两会”、中国共产党成立100周年、习近平视察承德等重要通信保障，调配技术骨干人员参与冬奥通信保障。加大简网、绿网力度，通过各项简网、绿网举措，节约电费。扎实推进共建共享，联通公司为电信公司开通共享基站6015个小区、861个室分小区；电信公司为联通公司开通共享基站4661个小区、932个室分网点室分小区。完成兴隆、宽城、承德县、滦平、平泉、隆化和鹰首营子矿区7个县（市、区）全量共享，以及其他县（区）农村区域全量共享工作。完成842个5G宏站、37处5G室分建设工作，及10GPON端口4928个开通工作。5G网络规模、用户上下行感知速率、5G驻留比等感知指标领先移动。打造千兆宽带网络，市区及县城区域实现千兆全覆盖。

7月15日，联通公司员工在承德县东小白旗乡抢修被洪水冲坏的通信线路

推进产品创新、技术创新，充分发挥“云+网+X”优势，树立品牌形象，聚焦工业互联网、物联网、大数据、AI、区块链等，围绕市县智慧城市、数字政府、生态环保、智慧文旅等领域，全面推进互联网化转型。成功中标政务云项目，系统已平稳运行，截至2021年年底，政务云平台承载单位60家，系统109套。

2021年中国联合网络通信有限公司承德市分公司领导人名录

党委书记、总经理：韩玉清（7月免）
党委委员、纪检组组长：曹喜顺（12月免）
田　儆（12月任）
党委委员、副总经理：冯树楷（满族）
石　岩（蒙古族，7月免）
焦力仕（满族）
付艳春（蒙古族，9月任）
罗织绮（女，5月任）

（胡　娜　供稿）

【电信服务】 2021年，宽带网业务新增FTTH布线7.4万户，总覆盖用户138.9万户，覆盖率70.89%。完成千兆网络改造59万户。完成枢纽楼IDC机房配套建设，为云网业务规模发展提供基础保障。移动网业务新增5G基站539套，累计建基站862套，开通4G共享小区7953个，覆盖率90.31%。完成承钢5G－2B专网项目建设。积极服务新型冠状病毒感染肺炎疫情防控工作，全力保障通信及各项服务畅通，全年采购防疫物资21.3万元；发送疫情防控提醒通知短信809万条，覆盖承德全域。全年业务收入完成4.39亿元。共建设移动网C网基站1717个。其中，室外宏站1418个，室分站址299个。行政村移动网C网覆盖率87.2%，城区覆盖率98.91%。移动网LTE网络（800Mbps+1.8G）共有室外系统3467个，室分系统站址656个。LTE城区覆盖率96.88%，全区LTE覆盖率91.25%。

拥有本地网核心层光缆908.47千米，主要承载市到县、县到县间的汇聚层业务。同时为落实省委省政府及省公司关于京沈客运专线网络建设的相关要求，布放光缆114皮长千米，建设基站室外站63个，隧道49条，共享联通室外站19个，隧道25条，高铁开通前率先实现全覆盖。

响应国家“宽带中国·光网城市·提速降费”发展战略，全力推进基础网络建设，大力发展高速光纤网络。截至2021年年底，光宽用户41.94万户，全市普及百兆。推进提速降费体系，移动网业务在套餐资费不变情况下，不同程度的增加套餐内使用流量。套餐外流量降低使用资费，99元以上套餐套外流量收费标准降为3元/GB，99元以下套餐套外流量收费标准降为5元/GB，为用户提供实质性优惠。优化主副卡之间通话，实现互拨免费功能，降低通话费用。宽带业务大力推进千兆网络建设，打造千兆智慧家庭小区。结合现行5G政策，以千兆宽带、千兆路由、5G网络为提速工作重点，更多电信用户享受极速网络。

打造数字化开放平台，实现政府办公自动化。落地金山岭国际滑雪旅游度假区双营水湾返迁新区智慧社区，打造“一标六实”社区体系化治理标杆。安装“人脸识别测温一体机”300台。完成全市一县一平台智慧养老信息化云平台部署，促进承德电信在承德养老系统信息化发展布局，为全省第一个覆盖至全市的智能养老信息化云平台，为省内养老行业项目推广复制奠定基础。自研乡村振兴平台，按照产业兴旺、生态宜居、乡风文明、治理有效、生活富裕总要求，对接乡村摄像头6000路。协同推进山水电商平台建设，为“承德山水”定制开发线上销售平台，助力农业品牌产品线上销售。推广5G专网应用场景在钢铁行业应用，河钢集团旗下承钢物流有限公司就铁路信息化、天车集控、无线高清视频5G应用场景已与电信公司达成合作意向，为企业降本增效，助力安全生产。

推进数字乡村建设，全年建设数字乡村188个，稳步推进乡村5G基站建设，5G基站建设并共享开通514个。整治老旧小区飞线问题，配合完成市区92个老旧小区、158条背街小巷、3条主次干道现场勘查。先后投入318余人次，累计投入资金468万元，整治光缆1278条，整治道路67.83千米，完成弱电线缆整改。持续开展志愿服务，共派出29批次计169人次志愿者参与对口帮建单位帮扶活动及文明创城活动，累计服务时长415小时。针对全网27个中继段，启动干线保护OLP建设。7月13日，承德市突遇特大暴雨，全系统出动抢修人员400人次、车辆150辆，紧急开通应急通信车1辆，抢修受损杆路约88千米、抢通A设备51台、OLT26台、基站98个。

8月9日，承德电信公司在市区主街道开展飞线整治专项行动

2021年中国电信股份有限公司
承德分公司领导名录

党委书记、总经理：胡尽诚（10月免）
党委副书记、副总经理（主持公司工作）：
梁博文（10月任）
党委委员、副总经理：牛青山（满族，11月免）
党委委员、纪委书记：黄天浩
党委委员、副总经理：肖兴华（11月免）
郭　旻（女，满族，11月任）
谢中天（满族，11月任）
杜静轩
副　总　经　理：王　健（12月任）

（周　硕　供稿）

【铁塔运营】 2021年，承德铁塔公司积极发挥通信基础设施建设“国家队”和“主力军”作用，统筹3家电信运营5G基站及重要场景网络规划建设工作，协同电信企业为人民群众提供优质可靠的通信服务。推进完成京承高铁大项目建设，1月22日，京哈高铁京承段正式开通，京哈高铁承德境内全线铁路公网实现全覆盖，达成“高铁开通之日，通信畅通之时”的预期目标。新建基站159个，减少运营重复建设基站56个，基站共享率达到34.67%，节省投资445万元，节省土地资源16.70亩。全年实现营业收入2.78亿元。

推进5G基础设施共建共享，支撑5G网络加快发展，成立5G建设“党员突击队”，实施中层及以上管理人员包站制度，市县协同解决重点站址；因地制宜、创新方案，通过RRU下塔、天线整合、4/5G替换等改造方案，灵活、快速解决运营商5G需求；与县（市、区）政府签订“关于推进5G发展”框架合作协议，推动5G网络发展。截至2021年年底，全市县城主城区基本实现5G网络全覆盖。围绕承德“三区两城”区域定位与“山水林田湖草沙”综合治理，开展“党建＋项目”专项攻坚行动。通过整合覆盖承德地域近80%的2600余套高清视频监控网络视频资源，整合林草、环保、河湖、护路、国土、乡镇等6大平台，打造“前端共享、平台整合、功能复用、多位一体”的承德市可视化综合监管平台，全方位提升全市各行业视频监管水平，支撑生态文明建设，实现“数据互通、资源共享、节约投资”目标。

全市林草防火、河湖智能视频监控、政法护路等重大项目交付使用，完成国电投、避暑山庄防火、双滦区智慧园区、千松坝林场等10个中小项目支撑服务，为政府监管部门提供优秀的、先进的信息化解决方案，解决各部门信息化监管实际困难。瞄准新能源应用定位，聚焦换电、备电、发电、充电等重点业务，盯紧石油石化、邮政邮储、疫苗冷链、教育等行业，关注民生切实需求，扩大惠民工程覆盖面。实施换电民生工程，在热点区域加快换电网络部署，为外卖和快递小哥提供优质、便捷换电服务；实施充电惠民工程，在317个居民小区推动部署、集中规范智能低速电动车充电桩，低速充电业务注册用户数达到6.4万个。成功落地避暑山庄环湖游动力电池租赁与滦平县政务中心会议室备电等项目，切实解决客户疑难问题。

以“小单元网格化维护”和“智能调度”为载体，提质量、降费用，提升运维服务能力，全量实现基站“零”退服，提升客户服务感知，获得通信运营商认可。维护人员执行全年7×24小时调度值班制度，确保通信基站不间断供电，保障基站通信畅通运行。在“7·13”暴雨救灾中，与3家运营商在最短时间内抢修通信基础设施，为政府抢险救灾和百姓通信提供保障。圆满完成新冠疫情防控、极端天气通信保障、中国共产党成立100周年庆祝活动等应急通信保障任务。

6月，铁塔公司组织员工开展保障汛期通信畅通应急演练

2021年中国铁塔承德市分公司领导名录

党委书记、总经理：崔培欣

党委委员、副总经理：李　华（满族）

党委委员、纪委书记、副总经理：徐志群

（李如楠　供稿）

邮政快递

【概况】　2021年，全市邮政快递行业主动适应经济发展新常态，统筹发展和安全两件大事，兼顾事业与产业双轮驱动，在抓好疫情防控同时，全力促进新时代全市邮政快递业安全健康发展，全市邮政行业业务收入完成7.57亿元，同比增长12.06%；业务总量完成6.27亿元，同比增长13.42%。其中，全市快递服务企业业务量完成2312.87万件，同比增长31.78%；业务收入完成5.14亿元，同比增长20.32%。

【强化安全监管】　做好行业疫情防控工作，积极为一线快递小哥协调解决防疫物资。组织核酸检测和疫苗接种，全市邮政快递业符合接种条件的从业人员全部接种疫苗，按要求每3天一线人员需核酸检测1次。加强国际件业务管控，对涉疫件第一时间调查处理。

全市寄递渠道领导小组成员单位落实责任制，认真做好重要节假日和重大活动期间寄递渠道安保工作。开展全市快递市场经营秩序整顿、扫黑除恶等专项行动，排查整治消除各类问题隐患。做好邮票发行监督管理和社会监督组织工作，加大“扫黄打非”工作力度。落实邮政机要通信和保密相关法律法规，落实机要通信“一把手”责任。督促企业做好人防、物防、技防，保证全市邮政机要通信安全运行。

【做好民生实事】 通过“邮快合作”“快快合作”等方式推动“快递进村”，邮政EMS、顺丰、京东和四通一达等主要品牌建制村快递服务已实现全覆盖，完成全省下达的任务。指导邮政公司打造7个“一市一品”项目，农产品交易额525.51万元，带动邮政农产品业务量21.72万件，指导邮政企业直播销售农产品，开展邮乐直播销售34场，累计线上线下销售农特产品70万元。推动邮政综合服务平台建设，全市11家县（市、区）邮政分公司均入驻县（市、区）政务服务大厅，开展警邮、税邮等多种代办合作。联合承德医学院附属医院推出“病案复印 快递到家”服务，减少疫情防控期间人员聚集，让快递多跑路，患者少跑腿。开展“邮来已久、绿动未来”主题宣传活动，全行业一联电子运单率达99.8%，采购符合标准的包装材料应用率97.4%；按照规范封装操作率91.5%，可循环快递箱（盒）使用量达5475个；电商快件不再二次包装率95.75%；邮政快递营业网点包装废弃物回收装置设置率保持100%。召开《邮件快件包装管理办法》培训会，开展重金属和特定物质超标包装袋与过度包装专项治理。开展邮政快递业生态环保专项检查和快递车辆绿色安全用电培训。

【快递员（投递员）权益保护】 联合市交通局、市发展改革委员会等9部门印发《关于做好快递员群体合法权益保障工作的实施方案》。开展慰问快递小哥和行业劳动模范活动，争取市总工会专项资金2.5万元，为邮政快递小哥购置保障物资。广泛建立“小蜜蜂”关爱站，全市已设立快递员爱心驿站358个。全市主要快递企业落实0.1元派费补贴政策，快递小哥工伤或商业保险100%全覆盖。与德美体检中心开展“‘我为群众办实事’关爱快递小哥 免费体检暖人心”活动，平安保险赠送价值3000元意外险。开展“最美快递员”“青年文明号”等推荐活动，全市4家快递企业荣获2020—2021年度承德市青年文明号荣誉称号。承德天昊快递有限公司付志强荣获2021年度河北省优秀共青团员、承德市战疫先锋好青年荣誉称号。

【优化发展环境】 快递园区建设成果显著，改变从前散、小、乱粗放型发展状态，通过发挥快递产业集群效应，整合资源共享优势，向集约方向发展，降低人员和物流成本25%以上。联合市发展改革委员会、市交通运输局联合发布《承德市邮政快递业发展“十四五”规划》。学习宣贯《河北省邮政条例》《承德市快递市场管理条例》，做好人大代表建议、政协委员提案办理工作。

4月28日，联合市快递行业工会委员会开展“我为群众办实事 关爱快递小哥 免费体检暖人心”活动

2012年承德市邮政管理局领导名录

党组书记、局长：付铁柱

党组成员、副局长、纪检组组长：赵铁政

党组成员：杨超（女）

（刘敏 供稿）

【邮政集团】 2021年，邮政集团累计实现收入26069万元，完成省定目标的95.57%，同比增

长3.23%。其中，邮政公司实现收入21279万元，完成省定目标的99.26%，同比增长5.63%；寄递事业部实现收入4789万元，完成省定目标的80.77%，同比下降5.82%。有邮政普遍服务自营网点175个，普遍服务代办网点51个，合计226个。代理金融营业网点73个。108处普遍服务网点完成整治达标，网点建档备案率和电子版台账报备率100%；64个代办网点完成转自办手续，完成省定目标114%。

惠农合作项目，走访合作社1.26万家，走访覆盖率100.04%，信息完整率76.02%，个体农户会员发展1.72万人，一级白名单新增399人，完成率125%；农产品交易额2554万元，农产品寄递124.82万元；加快三级物流体系建设，着力建设县级共配中心，建成1420个邮政驿站，累计代投邮政及社会快递邮件1262.8万件。

优化存款结构，全市代理金融实现收入11436万元，同比增长6.24%。其中，一年定期存款新增7.93亿元，较2020年同期多增2.1亿元，新增价值存款占比145.65%，列全省第一位。新增收单商户5647户，完成省定目标的116%，结存商户9786户，结存联动月日均11560万元。全年余额活比37.5%，列全省第一位。代理保险实现收入2669万元，完成省定目标的106%；新增中邮保险总保费4301万元，中邮期交保费3117万元，中邮健康险保费73万元，三项指标均超额完成省定目标。全年销售基金1.41亿元，完成省定目标的105.26%；客户AUM值新增5.93亿元，同比增长6.5%，非储蓄收入占比34.45%，高于省公司1.35%。

完善项目制管理办法，配备项目经理4人，全年法院项目收入592.46万元，增幅42.13%。其中，全市集约送达签约率100%，集约送达量2.28万件，收入63.98万元。身份证项目收入208.88万元，增幅31.9%。商企项目收入220.91万元，增幅52.95%。现费收入146.63万元，增幅37.21%。快包项目收入794万元，增幅41.4%。成功中标承德市附属医院病例寄递服务，10月项目正式上线，完成特快收入0.83万元。与中心医院、中医院达成合作意向，成功签约全市最大的体检机构——德美体检中心寄递项目。开通平安银行车辆解抵押业务，全年完成收入0.81万元。同城特快业务实现收入18.37万元，日均235件，双滦、中心城区、隆化、丰宁、承德县均已启动此项业务。

与宽广集团开展合作，丰富邮政分销商品，实现分销业务收入800万元，全市26个超市卖场开通邮政积分兑换业务。全年直播和集单70场，销售核心商品518.17万元。全市8个网点开办烟草零售业务，实现收入50.1万元。集邮业务实现收入1389万元，完成省定目标的101%，增幅12%；函件业务实现收入606.7万元，完成省定目标的100.3%，增幅7.3%；报刊业务完成收入1730万元，实现省定目标的99.45%，增幅2.03%。

提升网点形象，6个省级标杆网点全部开业运营，138个转型网点收入增幅30%。全市226个网点中，收入1万元以上网点占比96%，收入5万元以上网点占比83%，均达省公司考核要求。收、分、运、投、管件均成本分别比年初下降2.45元、0.08元、0.33元、0.21元和0.06元，除投递环节外，其他4大环节均完成省分公司下达

6月30日，承德邮政集团公司召开庆祝中国共产党成立100周年暨“两优一先”表彰大会

的管控目标。部分环节件均成本在全省实现进位，其中内部处理环节进1位、运输环节进2位。

2021年中国邮政集团公司
承德市分公司领导名录
党委书记、总经理：朱　进
纪委书记、副总经理：董　丽（女）
工会主席、副总经理：孔俊林（满族）
党委委员、副总经理：曹海峰
　　　　　　　　　　黄　河（女）

（贾雯晴　供稿）

无线电管理

【概况】 截至2021年年末，全市共有各类无线电台站20767座。其中，广播电视台站89座，4G基站9695座，5G基站1569座。全市手机用户已达4559345人。其中，4G用户达到3106030人，5G用户达到615328人。全市无线电业务稳步提升。同时无线电事业已在公安、武警、通信、广电、铁路、交通、气象、林业、水利、减灾及重大活动中广泛使用，涉及政治、经济、国防、文化建设等领域。在防汛、防火和反恐应急等政府中心工作中以及工业、交通运输、气象、旅游等重点项目和重要企业中发挥积极作用，保障社会经济的快速发展。特别是在京沈高铁、丰宁抽水蓄能电站、承德机场、围场御道口牧场等国家大型雷达站、避暑山庄和承钢"一园一企"5G应用等重点项目建设中，提供技术支撑。

【参与地方重大项目建设】 围绕全省开展的"三重四创五优化"活动，全面落实2021年承德市重点项目和重要企业的用频需求。扎实推进5G应用，制定《关于进一步推进5G业务应用的实施意见》，成立领导小组，分别到三大通信运营商、承德博冠电控设备公司、金山岭国际滑雪场等重点企业调研11次，组织召开5G建设推进会6次，进一步推动5G建设应用和台站规范管理等重点工作落实。全年完成移动、联通公司825座5G基站的审批工作。服务重点项目建设，组织人员到围场御道口机场开展电磁环境兼容分析，共监测时长6小时，分析比对信号13个，并将有关情况及台站审批建议上报省无线电管理厅，为保障航空通信安全提供技术依据，为机场顺利通航打下坚实基础。

【频率台站管理】 组织三大通信运营商、承德机场、北京铁路局承德通信车间、河钢承德钢铁公司、市气象局等12家单位召开电磁环境专项清理整治及无线电台站核查动员部署会，组织人员对承德机场、河钢承德钢铁公司、市气象局、华北空管局、〇五转播台、承德供电公司、北京通信段及丰宁、围场、平泉、兴隆4个县（市）相关设台单位开展台站核查和设备检测，实地核查台站175座，设备273台(套)，留存频谱图184张。积极协调统筹保障民航、铁路、水利、气象、电力等重要行业或部门的频率使用需求，全年受理行政许可事项103起，审批各类台站1569座，无线电频率使用许可延续24起，注销2起；无线电台站设置、使用许可核发4起，变更2起，注销5起，延续28起；换发电台执照26个。组织开展了2021年度A、B类业余无线电台操作能力验证考试，共核发业余电台操作证书22个，指配呼号8个，核发电台执照8个。出台2021年"双随机"监管工作实施方案，补充双随机名录库，完善流程，全年开展"双随机"监管8次，监管8家单位的台站34座。

组织人员到丰宁、滦平、兴隆3县开展调研，与广播电视台台长、副台长以及技术人员交流村级调频广播电台的分布规模和业务应用情况，到乡村实地查看村级调频广播电台的参数设置和运行情况，开展现场监测，掌握村级调频广播设置使用情况，探索规范管理方式方法。

【行政执法】 联合市住房和城乡建设局印发《关于开展建筑工地和物业行业无线电台（站）清理整顿专项工作的通知》，组织企业自查自纠，开展集中执法检查。开展电磁环境清理整治、“五个一批”专项执法行动，全年共开展执法检查36次，检查88家单位300部设备，约谈违章单位3家，查处擅自设台案件5起，没收违章设备20套。开展无线电发射设备销售市场检查6次，检查38家销售单位的274部无线电发射设备。累计发放宣传资料3000份，解答问题200次，在媒介刊发信息42篇。做好春节、重要会议以及重大活动期间无线电安全保障工作，保障高考、公务员四级联考等各类考试7场次，出动监测保障人员80人次，动用固定监测站105次，移动监测车24辆次，监测设备48件（套）。

针对《河北省工业和信息化厅行政处罚裁量权基准制度（2021年修订）》中无线电管理相关内容，向3个管理对象征求意见建议。组织召开保障航空飞行安全专项行动工作对接会，与市纪委、市公安局、市场监督管理局等部门对接，建立工作协调机制，明确部门职责。联合市公安局下发《关于涉嫌使用无线电发射设备实施违法犯罪活动案件移送协作机制的通知》，进一步加强公安机关、无线电行政主管部门在相关案件移送中的协作配合，完善无线电管理行政执法与刑事司法衔接工作机制。

【技术管理】 选派5人组成保障团队，配合省无线电管理厅圆满完成冬季体育赛事张家口赛区测试活动无线电安全保障任务。选派 4人参加北京冬奥会张家口赛区无线电重点频率台站专项核查工作，完成京张高铁沿线及场馆电磁环境测试和无线电台站核查工作。落实承德辖区保障工作，印发《北京冬奥会无线电安全联防联控机制》，加强对北京、张家口周边县（区）电磁环境监测，充分利用小型固定监测站对调频广播、民航、铁路等频率开展保护性监测，全年累计监

2月，承德无线电监督执法局工作人员在对“相约北京”系列冬季体育赛事张家口赛区的无线电安全保障工作进行测试

测12万小时。全年启动辖区内15座固定站监测工作，监测分析无线电信号200个，查找不明信号定位10次，全面掌握承德地区电磁环境状况，为台站审批和行政执法提供数据支持，特别加大对重点区域、重要频段、重要台网的保护力度，防火、防汛关键时期开展多次保护性监测。

【法规宣传工作】 结合台站监管、频占费收缴、核验电台执照、台站审批、无线电安全保障等项工作开展宣传，积极对120余家设台单位开展《中华人民共和国无线电管理条例》《河北省无线电管理规定》宣传。利用主流媒体宣传，积极协调广播电视台和党报记者跟踪报道无线电管理各项工作，累计在《承德日报》《承德新闻》等播发相关信息报道16次。积极向工信部无线电管理局、省工信厅和市委、市政府报送宣传稿件，《中国无线电》杂志、中国无线电管理网站、省无线电管理厅网站及“公众号”、长城网、市政府《要情快报》等采用信息80篇。组织三大通信运营商、铁塔公司、市气象局、市广播电视台、市防汛办、市防火办、承德机场、承德车务段、河钢承德钢铁公司等12家单位在市中心广场开展大型宣传活动，设置宣传展台12个，发放宣传材料2000份。联合中金财富证券、市妇幼保健院、市人社局、市乡村振兴局入社区宣传，普及无线电法律法规

和科普知识，发放宣传单、《河北省无线电管理规定》漫画宣传册和环保宣传袋400份,发放《国家反诈中心宣传手册》、市反诈宣传资料350份。

2021年承德无线电监督执法局领导名录

局　　长：赵东升

副 局 长：王本周

（孙　静　供稿）

商 务

商务管理

【概况】 2021年，全市完成社会消费品零售总额500.9亿元，增速5.7%，全省排名第五位。其中，城镇消费品零售额412.6亿元，增长7.4%；乡村消费品零售额88.4亿元，下降1.9%。在限额以上批发零售企业零售额中，粮油、食品类23.0亿元，增长2.0%；烟酒类10.5亿元，增长15.3%；服装、鞋帽、针织品类7.2亿元，下降7.2%；日用品类3.9亿元，增长6.4%；金银珠宝类1.4亿元，增长9.7%；家用电器和音像器材类3.7亿元，增长11.0%；中西药品类4.4亿元，下降3.4 %；文化办公用品类2.4亿元，增长8%；石油及制品类25.4亿元，增长18.6%；汽车类22.8亿元，增长1.0%。

推进品牌连锁便利店发展，共新增品牌连锁便利店50家，超额完成全年任务。全市实际利用外资完成1.2亿美元，完成省定任务的54.4%，同比下降44.1%，居全省末位。其中，外商直接投资9513万美元，同比下降42.5%。对外借款2513万美元，同比下降49.6%。全年新设外商投资企业9个，合同外资额10348万美元，同比下降13.9%，千万美元以上项目1个。对外投资1350万美元，有境外投资企业24家。进出口完成20.5亿元，同比增长23.2%，高于全省平均水平1.7个百分点，全省排名第七。其中，外贸出口完成16.4亿元，同比增长36.8%，高于全省平均水平16.6个百分点，全省排名第五。进口完成4.1亿元，同比下降11.8%，低于全省平均水平35个百分点。全市新增备案企业51家。神栗食品股份有限公司、宇航人高山植物科技有限公司被评为河北省外贸品牌培育项目。

组织18家企业参加第四届中国国际进口博览会，达成意向交易437万美元，较2020年增长3.2%。其间，对接商协会2家，洽谈企业14家，达成意向合作项目9个，力促河北英曼卡科技有限公司与上海交大科研团队就共同开发医疗仿生3D打印产品项目完成签约。积极推荐避暑山庄旅游集团等4家企业参展首届中国国际消费品博览会，重点推介“承德山水”“承德好礼”两大品牌，承德“三珍吉祥”三宝礼盒和“鸿运当头”冰糖山楂果，达成意向成交额60万元。动员宽广超市集团等4家重点商贸流通企业参会采购，直接采购金额3910万元，占全省采购金额的50%，为承德消费市场注入新鲜活力。

【举办车展活动】 全市举办大型车展活动10场，其中，市场化运营车展9场，政府主办惠民车展1场，共计成交车辆3318辆，成交额4.2亿元。

11月13—14日，“双11”政府惠民车展在双滦鼎盛王朝广场成功举办

利用“双 11”成功举办政府惠民车展，意向成交车辆总计 735 辆，成交金额 1.1 亿元，相当于往届市场化运营车展的 3 倍，开创河北省先河。此次车展活动品牌最全、规模最大、优惠最多、服务最优，首次实现线上线下同步开展。免费为 64 家汽车销售企业提供展位，为车企节约展位费近 200 万元，为老百姓让利 300 余万元。

【纾困惠企政策引导】 深入开展“暖企促贸”等系列精准帮扶行动，帮助企业纾困。全面落实《关于推进贸易高质量发展的若干措施》《关于进一步做好稳外贸稳外资的若干措施》《承德市支持出口产品转内销的若干措施》《新型冠状病毒感染的肺炎疫情防控期间开展对外贸易工作指南》及“十个一”稳外贸举措。组织各县（市、区）外贸工作具体分管负责人和 62 家外贸进出口企业负责人参加外贸新业态、国际市场开拓、用好出口退税政策、外贸行业风险防控等 20 个专场线上培训活动。向各县（市、区）商务主管部门、外贸进出口企业发放《河北省外贸政策业务大培训选编》150 册。结合省外贸政策线上培训活动，指导企业用足用好外贸政策，降低新冠肺炎疫情及经贸摩擦给企业带来的不利影响。

【精准帮扶企业】 建立商务、海关、税务、金融等部门联合帮扶机制，对重点企业逐个走访，及时了解企业生产、在手订单和新增量等，梳理外贸企业反映的问题和诉求，加强联动协调、强化服务，千方百计帮助外贸企业稳订单、稳客户、稳物流、稳履约、稳市场。

【开启零障碍服务模式】 开启商务＋海关＋税务零障碍服务模式，协调各部门疏通瓶颈环节，缩短企业出口退税申报办理时间，在数据审核无误情况下，由原来平均 6 个工作日缩短至平均 5 个工作日，截至 2021 年年底，共办理申请出口退税 1.2 亿元，办理申请出口退税率 100%。依托“12360”海关服务热线和门户网站等多媒体服务平台，直接有效为企业答疑解难。

经贸合作

【概况】 2021 年，全市实际利用外资降幅较大，合同外资降幅较小，外资项目储备不足。除滦平、围场、鹰手营子矿区完成全年目标外，其余县（市、区）均未完成任务。全市注册资本金（商务部口径）到位 5586 万美元，占外商直接投资总额的 58.72%，高于全省 45 个百分点。其中，华润新能源（木兰围场）风能有限公司累计到位外资 3893 万美元，占全市注册资本金到位总量的 69.7%。合同外资除高新技术产业开发区超额完成任务外，其他县（市、区）均未完成。全年新设外商投资企业 9 个。其中，双桥区 2 个、双滦区 2 个、承德县 2 个、营子区 1 个、高新技术产业开发区 1 个、隆化县 1 个，其余县（市、区）均无新设立外资企业。稳步推进对外经济合作，河北创远集团有限公司在新加坡成立创远投资（新加坡）有限公司，并完成增资 1350 万美元。利用中国—东盟博览会、中非经贸博览会等平台，引导承德市意向企业“走出去”，鼓励有实力企业以项目为载体投资有资源、有市场、政局稳定、投资环境好的重点国家。

【发展外贸新业态】 扶持优势外贸企业，加大舒适家用有限公司、河钢承钢钒钛新材料有限公司、华都食品有限公司、苏垦银河连杆有限公司有发展后劲的外贸企业扶持力度，争取发展资金。推动 2 家省级外贸转型示范基地（平泉食用菌、兴隆板栗）做大做强。组成项目洽谈组赴大龙网重庆总部考察洽谈，根据大龙网企业特点推动其与高新技术产业开发区对接洽谈，截至 2021 年年底，承德龙工厂项目已签约，承德跨境电商实现新突破。在外贸品牌优势企业基础上，组织承德神栗食品股份有限公司、承德宇航人高山植物应用技术有限责任公司申报外贸品牌培育项目，争取资金20万元。

【用好政策支持企业】 对2021年已投保出口信用保险的8家外贸出口企业，给予出口信用保险保费补贴11.7万元。为帮助企业抵御风险，鼓励企业开拓国际市场、扩大出口，搭建承德市小微企业统保平台即采取政府购买服务的方式，按照“谁支持谁受益”的原则由投保企业属地政府全额出资，向中国信保采购信用保险服务，全市各县（市、区）已与中国出口信用保险公司河北分公司第三营业部合作，推进小微企业出口信用保险工作。

鼓励企业拓展国际市场，通过与大型商超合作，在卖场内设置承德市外贸出口转内销专柜，集中销售外贸出口产品。引导外贸企业研发适销对路产品，创建自有品牌，加强线上线下融合发展。10月，组织7家外贸企业20多种商品在宽广、百乐、福满家等大型商超举办“出口优品、嗨购到家”出口产品转内销活动，设置优质外贸产品集中展示和销售专区8个，累计销售商品价值200万元，实现稳外贸与促消费工作互促推动。

【拓渠道促贸易】 充分利用国内国际重大商贸活动，组织企业参加第一百三十届中国进出口商品交易会（广交会），42名境内采购商代表和9名外资企业代表赴会采购，完成采购和意向采购金额2742万元。其中，采购金额2000万元、意向采购金额742万元。参展期间，10家参展商线上线下参展，参展企业共计完成意向签约订单108.66万美元。充分利用国家及省各类经济贸易合作平台，线上线下组织企业参与重点经贸活动，帮助企业长见识、补短板、促创新，助力产业转型升级。协助润韩汽车零部件有限公司和苏垦银河连杆有限公司2家企业以线上对接形式，参加中德经贸合作洽谈会暨河北—勃兰登堡州产业推介对接会，分别与德国柏林勃兰登堡汽车行业协会及aBB柏林—勃兰登堡汽车商业协会建立初步合作关系。

经济开发区

【概况】 2021年，全面贯彻落实国家、省、市关于开发区相关政策，围绕市政府工作报告提出的目标要求，着力推进开发区改革开放工作，开发区创新发展再上新台阶，全市11个经济开发区主要指标实现较大增长，营业收入完成1506.24亿元，同比增长18.28%；税收收入53.55亿元，同比增长15.31%。

【财税产出率提升】 截至2021年年底，全市11个经济开发区呈现出经济总量快速增长、经济增幅逐步放大的良好态势，对区域经济贡献度不断提升。规模以上工业总产值、税收收入、“四上”企业（规模以上工业企业、资质等级建筑业企业、限额以上批零住餐企业、规模以上服务业企业）营收、固定资产投资等主要指标占全市比重

2021年承德市经济开发区注册企业情况统计表

表5　　　　单位：个

开发区名称	注册企业	“四上”企业				
		工　业	服务业	建筑业	批零住餐	合　计
双滦经开区	2240	25	20	37	18	100
宽城经开区	96	23	0	0	0	23

续表 5

开发区名称	注册企业	"四上"企业				
		工　业	服务业	建筑业	批零住餐	合　计
兴隆经开区	150	28	3	0	3	34
平泉经开区	289	39	12	6	11	68
丰宁经开区	412	4	0	0	0	4
隆化经开区	121	26	1	0	0	27
围场经开区	174	34	2	14	10	60
合　计	3482	179	38	57	42	316

已过半。其中，规模以上工业总产值1265.85亿元，占全市（不含双桥区、营子区、御道口牧场管理区，下同）比重85.76%；税收收入92.32亿元，占全市比重56.34%；"四上"企业营业收入1703.73亿元，占全市比重79.21%；固定资产投资占全市比重41.34%。全市经济开发区注册企业3482家。其中，"四上"企业316家。

【产业链招商初见成效】 各县（市、区）以"建链、补链、延链、强链"为导向，大力开展园区自主招商活动，通过产业链招商、以商招商等创新模式，聚产业、上项目、强主体。2021年，新进驻企业326家，项目关联度、产业聚集度得到增强。宽城经济开发区依托宽城升华压力容器制造有限公司、宽城天海压力容器制造有限公司、宽城鑫华压力容器制造有限公司等企业全力打造压力容器产业园，宽城升华压力容器制造有限公司和宽城天海压力容器制造有限公司的压力容器产品"219瓶"产能已占全国市场份额的60%以上。随着宽城鑫华压力容器制造有限公司压力低温储罐、鑫满新能源瓶套、颈圈等配套产业项目入驻开发区，压力容器品类进一步丰富，产业链条延伸，为打造全国最大压力容器产业基地奠定基础。滦平高新区依托双创产业园大力引进中药提取、营养健康套餐、功能性食品、食品深加工等项目，打造以中鸿记产业园为龙头的食品医药产业集群，入园食品医药企业17家，实现产值23.42亿元。双滦经开区围绕钒钛优势产业，全力打造绿色提钒、钛材加工及特色装备制造三大产业链，连续2年获评全省10家特色产业示范经开区。

【提升园区软实力】 全市开发区均建立全程代办制，组建专业化全程代办队伍，建立健全企业包联机制，为入园企业提供全天候、"保姆式"政务服务，打造高质量营商环境。兴隆经开区出台《关于社会投资工业项目"拿地即开工"审批改革实施方案》《关于工程建设项目审批改革的若干措施》《开发区项目代办制工作方案》《开发区领导班子成员包联重点企业、项目方案》等规范性文件，成立项目代办服务中心，对重点企业、项目实行"一对一"包联，每半个月调度1次，每月通报1次，对落地项目从立项到竣工验收所涉及的全部行政审批事项实行"代办制"，进一步营造利企高效的政务服务环境。承德高新技术产业开发区推行"拿地即开工"改革，采取入场通知书、施工准备函、施工许可证递进式审批，实现企业签约拿地即进场，构建项目签约落地、手续办理、开工建设、达产达效全流程服务体系，全年办理各类政务服务保持零投诉、零差评。

服务业

【概况】 坚持“疫情防控、经济发展”两不误，在统筹做好常态化新冠肺炎疫情防控基础上，依托特色文化旅游和绿色农产品资源优势，采取线上线下融合促销、直播带货等多种新零售模式，开展“迎双节·悦冬冀”第十九届“幸福河北·魅力承德欢乐购”活动，119家大型商场、连锁超市及餐饮、汽车、家居家电、成品油经销等企业参加活动，发放各类消费券7915万元，实现营业收入9.28亿元，同比增长2.9%。联合建行承德分行开展“暖冬欢购，惠动全承”消费券投放活动，共向市民发放商超消费券200万元。引导企业通过发放红包、补贴、消费券、礼品等形式让利于民、优惠于民，累计发放企业消费券折合人民币7715万元，撬动10亿级消费市场，市场消费活力进一步释放。多措并举确保特殊时段、重大活动、突发状况时市场供应不脱销、不断档，粮油供应满足1个月以上，肉类供应满足10～15天，蔬菜供应满足3～7天，确保生活必需品无脱销。

【发展夜经济和后备箱经济】 不断壮大夜经济体系，开辟夜游承德线路10条、旅游巴士线路5条，延长武烈河景观亮化带夜景照明时长，对市民和游客开放“夜游避暑山庄”活动。主城区打造《梦入避暑山庄》《鼎盛王朝·康熙大典》《隆承大马戏——君临热河》精彩演出3场，启动二仙居美食街、金龙酒吧不夜城、鼎盛元宝街、承德老街等夜经济精品示范项目。县（市、区）通过开展“一县一品”活动拉动经济，宽城花溪城《满秀》、丰宁中国马镇《草原丝路》《舞马传奇》、兴隆塞外江南水镇民俗非遗巡演、平泉欢乐谷马戏杂技街演等，积极助推企业加快“八进”步伐。“承德好礼”品牌已推出32个系列、1435款产品，金山亭3D雪糕成为网红爆款。“承德山水”品牌已推出188家企业（基地）的7大品类、953个单品，拉动消费40亿元，带动商业旅游业文化产业融合发展。全市“夜经济和后备箱经济”每晚增加收入100万元，增加就业岗位近8000个。

【保障市场供应】 组织各大商超、农贸市场实行多方向、多渠道、多企业、多元化采购，派出采购人员常驻北京新发地、保定高碑店、唐山等周边以及内蒙古自治区赤峰市、辽宁省凌源市、山东省寿光县等外省市的大型批发市场施行驻点采购；加强与市内平泉、围场、隆化等蔬菜产区，以及玉田、宁城、昌黎等产地对接，实施产地直采。与农副产品生产企业、加工企业签订长期合作协议、预付应急提货订金，每种商品至少与2至3家企业建立稳固可持续供求关系，根据市场需求随时调整采购量，确保生活必需品采购不断档。全年落实省级冻肉储备150吨、生猪活体储备15000头；市级成品粮储备2500吨，食用植物油储备820吨；市级蔬菜储备1000吨。不断提升自有设施蔬菜供应能力，全市14.6万亩设施蔬菜年度供应量63.8万吨。在营生猪屠宰厂（点）37个、月均屠宰15万头；牛羊屠宰厂（点）13个、月均屠宰1000头；禽类屠宰厂（点）7个、月均屠宰450万只。筛选大型商超60家、农产品批发农贸市场17家作为全市重点保供企业，稳定库存数量。

对宽广、百乐等5大连锁超市和柳树底果蔬批发市场、上板城冷链物流园、滦平万泽、平泉榆树林子等重点农产品批发市场，实施米面粮油、肉蛋蔬果进销库存动态监测制度，及时了解市场运行态势，研判走势。指导县（市、区）及相关企业完善细化生活必需品保供应急预案，对关乎民生商品的供应实施网格化管理，密切与市场监督、农业农村、交通运输等部门互通信息，协调配合，突发状况下及时启动应急预案，及时通过新闻发布、电视广播、报刊等媒体，向社会通报市场供求情况，消除消费者心理恐慌，确保突发状况下市场供应有保障。

【开展厉行节约】 严格落实《2021年度创建全国文明城市推进方案》，倡导餐饮行业开展文明餐桌行动，营造“节约用餐，文明消费”良好氛围。召开全市餐饮行业厉行节约、反对浪费动员会，督导城区大型酒店设置健康教育宣传栏，普及文明卫生、健康生活常识。利用酒店和沿街店铺的LED显示屏进行宣传，通过图片、标语等多种形式，进一步提升“文明餐桌”行动知晓率。投入印制、发放“厉行节约、杜绝浪费”等餐桌提示牌和粘贴画等3千余份，指导酒店、餐饮企业在店内大堂、大厅或电梯、楼层通道等醒目位置张贴“珍惜粮食、文明用餐”“珍惜生命、拒绝野味”等文明餐桌提示标语，在餐厅、包间餐桌上摆放“不剩饭、不剩菜”“文明用餐、节俭惜福”“请使用公勺公筷”等提示牌，提升百姓节俭意识。组织餐饮企业开展“反对浪费、崇尚节约”宣传教育活动4次，组织15家酒家饭店签订“文明餐桌行动”承诺书。

【便民市场建设】 全市新建和改造生鲜超市、菜市场、农贸市场25家，共计投资1700万元。其中，省商贸流通资金支持270万元，撬动社会资本投资1430万元，新增生鲜销售面积6500平方米，服务周边居民10万人。2018年以来，连续4年把便民市场建设工程作为保障百姓“菜篮子”的民生工程重点推进，累计新建改造生鲜超市、菜市场、农贸市场86家，争取省级资金支持850万元，为市民提供“干净、有序、安心”的一站式采购服务。

【“冀菜·崇礼菜单”品牌推广】 双桥区御品宴饭店、宫廷满汉全席大酒楼、御晟福宴饭店、河北紫御国际假日酒店有限公司、河北长承假日酒店有限公司等5家餐饮企业纷纷推出“崇礼菜单”套系，并利用新闻媒体、自媒体广泛宣传推广“崇礼菜单”菜点，创建“冀菜•崇礼菜单”示范店，经过省饭店烹饪餐饮协会抽查验收，被省商务厅确定为“冀菜·崇礼菜单”品牌推广示范店，每家企业获得品牌推广资金10万元。

【禁塑限塑】 为认真做好一次性塑料制品使用、回收报告工作，快速将《商务部办公厅关于做好一次性塑料制品使用、回收报告工作有关事项的通知》转发各县（市、区）商务系统，指导商品零售场所登录统一平台填报数据，提交一次性塑料制品使用、回收情况报告。截至2021年年底，承德市上报一次性塑料制品使用情况的企业3家，即承德宽广超市集团有限公司、福满家集团有限公司、承德百乐优鲜商贸有限公司。组织承德饭店餐饮行业协会、承德烹饪协会发布联合倡议书，组织宽广超市、百乐超市、福满家超市利用LED屏、游走字幕、海报等进一步宣传禁塑限塑要求，倡导简约适度、绿色低碳的生活理念和生活方式，全市商务系统共督导检查2270人次，发放宣传单5万余份，开展集中宣传活动10次。

物流业

【概况】 2021年，承德市凭借“公路、铁路、机场为一体”的现代立体综合交通网络体系和“一市连五省通三港”的区位优势，积极推进“京北通港枢纽”建设，打造京津冀与东北、内蒙古连接的重要物流枢纽型城市。坚持以优势产业为依托，以市场需求为导向，大力调整优化区域布局，着力提升物流园区承载能力，强力推动工业物流、商贸物流、农产品物流迅猛发展，逐步形成结构合理，适应经济发展需求的现代化物流服务体系。全市快递累计业务量2000万件，同比增长31.8%；累计业务收入5.1亿元，同比增长20.3%。物流场站和各类物流配送网点达到5480

个，基本实现县乡村全覆盖。全市物流企业突破660家，普货运输业户15000户，营运车辆24400辆。全市公路货运量4700.0万吨，货物周转量123.26亿吨千米。

【推动绿色流通方式】　积极开展绿色商场创建活动，促进企业节能降耗、创新转型，推动社会资源循环利用和环境保护的标准化。开展节能绿色消费进商超活动，宽广超市嘉和店、福满家超市围场凤凰广场店获批全国绿色超市，隆化县千润超市成功申报绿色超市。在宽广超市集团有限公司、福满家超市等大型商超，采取挂横幅、用大型屏幕播放节能字幕、张贴节能海报、小标语等形式宣传节能理念。开展“减塑”宣传，引导商超工作人员和消费者养成科学健康的绿色消费习惯，倡导节能低碳生活方式，以实际行动践行“绿水青山、节能增效”理念。指导河北长承假日酒店、金滦国际酒店、平泉润华商务酒店等饭店申报全国绿色饭店，推动全市商贸流通业绿色发展。

【加强冷链物流建设】　2021年，按照《农业农村部关于加快农产品仓储保鲜冷链设施建设的实施意见》文件要求，为提高全市农产品仓储保鲜冷链设施水平，从源头加快解决农产品出村进城“最后一公里”问题，积极争取项目资金4974万元，资金总额占全省第一。争取全国鲜活农产品冷藏保鲜设施建设试点县2个，占全省总数的50%，每个试点县争取建设资金2000万元。针对2020年度项目资金拨付力度缓慢问题，多次下发项目资金兑付督办函，截至11月，2020年度项目计划补贴3331.46万元资金全部拨付到位。采取强化责任主体、强化宣传培训、强化检查监督“三强化”措施，顺利推进项目实施，截至2021年年底，已立项主体167个，超出项目任务数69个；完工设施数113个，培训人员588人次，开展线上线下活动18次。

【加强重点领域物流发展】　大力发展工业物流，围绕钒钛钢铁、清洁能源、装备制造、新型材料、食品医药等工业主导产业，重点推进相关物流项目建设，以承钢、建龙等大型企业和工业基地为主要对象，发展第三方物流，建设一体化现代物流配送中心。将“交通优势”转化为“物流优势”，将“物流优势”转化为“产业优势”，整合农产品生产加工资源，加快农产品物流发展，着力发展适应现代农业要求的物流产业。加强冷链物流技术、规范、标准体系建设，完善冷链物流基础设施，培育冷链物流企业，建成布局合理、设施先进、上下游衔接、功能完善、管理规范、标准健全的农产品冷链物流服务体系。依托具有较强竞争力的绿色农副产品生产加工基地，发展农产品交易，加工、配送体系，重点建设承德市农产品冷链物流园、承德县果品保鲜存储科技物流园和丰宁丰鑫冷链物流等项目。

加快构建现代商贸物流体系，以全国农产品冷链物流标准化试点城市和城乡高效配送专项行动试点城市建设为抓手，建设全国现代商贸物流重要基地，推进环京津一小时现代商贸物流圈建设。重点围绕标准托盘及循环共用体系建设、物流设施设备及服务流程标准化、物流信息标准化、城市共同配送体系建设、物流标准化基础项目等5大领域建设承德市供应链体系。围绕扩大内需，拉动消费，满足城乡居民消费需求，面向超市和各大商场等商业设施、商业企业提供专业性或综合性的物流服务，逐步提高连锁企业配送中心的技术含量。

【推进重点项目建设】　大力推进物流产业聚集区（园区）由规模扩张向质量提升转变，支持园区企业发展“互联网+”高效物流，积极向智能配送、快捷物流、精益物流、绿色物流等新领域拓展。推动园区公共信息平台建设，提升重点大型物流产业聚集区功能。谋划在建兴隆县汇建物流有限公司物流仓储基地项目、围场联瑞畅合智慧物流平台建设项目、鼎诚物流仓储配送服务中心项目等10个物流项目，总投资18.2亿元。截至2021年年底，全市投入运营的物流园区6个，入驻企业2400家，园区年吞吐量874万吨，年营业收入243.33亿元。

改组改造现有物流企业，重点培育包括承德宽广物流有限公司、承德天运物流有限公司、兴隆汇丰物流配送有限公司、平泉县华北物流有限公司、承德市农产品冷链物流有限公司等。截至2021年年底,全市规上物流企业34家。其中，兴隆县汇丰物流配送有限公司被评为2020年全国先进物流企业。

电子商务

【概况】 2021年，全市电子商务规模和质量水平不断提高，电子商务发展环境不断优化。全市电子商务网络零售额完成70亿元，同比增速39.7%，增速位列全省第一位。共培育年销售额超百万的本地电子商务平台10个，完成销售额1.48亿元。农村电商网点2474个，全市从事网络运营或销售人员达5万人。积极探索电子商务产业聚集发展新模式，全市已开工建设电子商务产业园、电子商务孵化园10个。其中，围场、隆化、宽城、平泉、滦平、兴隆、双桥、双滦、丰宁9个园区已建成。

【网络销售】 在全市范围内组织电商企业、商贸流通企业参与全国“网上年货节”活动，通过直播带货、优惠券、平台让利促销等多样化形式，确保全市消费者度过一个安全健康、欢乐祥和的新春佳节。福满家超市集团推出“掌上福满家，直播年货节”活动，宽广超市集团利用自建“慧云”App推出秒杀优惠券活动。市内传统销售企业“网上年货节”期间实现销售额333.71万元。兴隆县电子商务公共服务中心携手瑞泰食品等7家企业，助推县域产品进入“超级原产地年货节”活动；承德县电子商务公共服务中心携承德县农特产品及品牌，亮相“春节农产品食品年货选品大会”；围场鑫达商贸有限公司通过线上京东店铺，举行坑位竞拍、挑客助力销售活动，实现销售金额60余万元。

【打造电商品牌】 为提高承德市电商企业知名度和影响力，连续3年在全市范围内举办电商产品设计大赛活动，帮助参赛产品高效转化销售。积极组织符合条件的企业参加省级电子商务示范基地和电子商务示范企业创建工作，培育河北物恋云仓科技有限公司、承德怡达食品股份有限公司、承德县无界电子商务有限公司等创建省级示范企业。截至2021年年底，本地注册并开展电商业务的电商企业及个体户共203个。

贯彻落实习近平“绿水青山就是金山银山”的发展理念，加快京津冀水源涵养功能区和国家可持续发展议程创新示范区建设，创建“承德山水”农产品区域公用品牌，重点对13个“中国驰名商标”、28个中国地理标识产品和265个绿色有机认证产品进行整合，入驻企业166家、特色产品871个，市内的中国驰名商标、国家级龙头企业全部入驻，“双30强企业”符合入驻条件的全部入驻。“承德好礼”针对非遗产品、文创产品和工业消费品，梳理首批32家企业、874种产品列入“好礼”名录。

发挥示范带动作用，围绕“一县一业一品”差异化发展思路，重点培育“丰宁格格”“塞宴御品”“平泉八珍”“木兰围场”“画木兰”“滦平七品”等县级区域公共品牌，设立产品线上线下展示中心。在宽广、福满家等大型商超设立“承德山水”特色农产品专区75个，推动特色农产品销售。

推动巴龙集团食品产业互联网集成化“5.0”共享平台落地承德，让世界优质食材走进承德，让承德安全食品、优质农产品走向国内外，实现承德企业在线协同发展、上下游全链条一体化共赢的新经济产业共同体。2021 年年底，巴龙集团已在高新技术产业开发区注册万贸城（承德）生态化食品产业平台有限公司，50 家承德市优质食品生产企业加入平台。

【加强电商企业人才培训】 研究制定《承德市商务局关于推进电子商务培训工作的实施方案》，以县级电子商务公共服务中心为平台，整合电商示范县、电商企业的各类资源，邀请国内农村电商方面知名专家，针对电子商务领导小组成员、各级党政干部、各运营项目主体负责人、大学生村官、贫困残疾人、农村电子商务公共服务站站长、合作社代表、涉农企业代表等，进行农村电商思维转变及体系建设培训。采取线下培训、宣讲和线上直播相结合的形式，讲授电子商务运营、操作等方面知识，培养和带动一批农村电子商务人才。培育双滦区 21 世纪电商学院、承德市电商产业孵化基地，打造新媒体电商主播培训、产品展览展示。2021 年，全市开展电商培训 2 万人次，建成网络主播培训机构 7 个，拥有师资 42 人，培育网络主播 604 人。

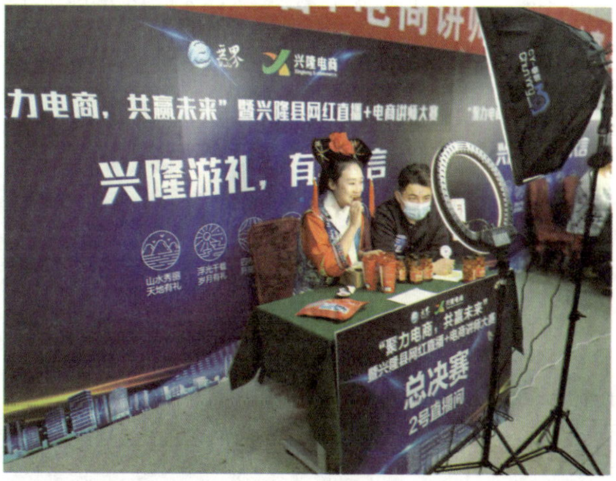

9 月 24 日，在兴隆县集荣生态酒店举行“聚力电商，共赢未来”暨兴隆县网红直播＋电商讲师大赛总决赛。图为 2 号直播间主播带货

【电商扶贫及项目建设】 开展电商扶贫工作，推进电子商务进农村，开展电商培训 6 万人次，带动近 3 万建档立卡贫困户增收受益。截至 2021 年年底，全市 8 个县（市）先后 10 次被列为国家级电子商务进农村综合示范县，其中滦平县、围场满族蒙古族自治县均在完成国家级电子商务进农村综合示范县项目建设后被列为升级县，累计争取资金 1.7 亿元。

参与河北省电子商务建设项目、省级电商示范企业评选。依据《河北省电子商务建设专项资金管理办法》和 2021 年河北省电子商务建设专项资金对市县转移支付资金管理使用细则的相关规定，承德市“全承游”智慧旅游电商平台建设项目、围场画木兰有机电商平台项目被省商务厅评为河北省电子商务建设项目，承德县无界电子商务有限公司被评为省级电商示范企业，共获奖励资金 111 万元。

2021 年承德市商务局领导名录

党组书记、局长：梁世杰（7 月免）
　　　　　　　　桑爱民（7 月任）
党组副书记、副局长：褚瑞成
党组成员、副局长：张　健
　　　　　　　　孙永阁（女）
　　　　　　　　许建民
副　局　长：董　亮

（丁　岩　刘婵婵　申　畅　苏东岳　徐　冉　王　雪　苗茜茜　供稿）

招商服务

【概况】 2021 年，面对疫情防控常态化等诸多复杂因素影响，做好投资促进工作，组织相关部门赴北京、深圳、邢台等地学习借鉴招商工作经验，并多次深入县（市、区）、重点企业调研，广泛征求意见建议，制定出台《关于切实加强招商选资工作的实施意见》“1+7”系列文件和《招商选资中介服务机构认定和奖励办法》，提出全市招商工作目标任务、措施保障。推动《承德市招商选资企业目录库》《承德市招商选资专家顾问库》和承德招商选资地图规范化管理，企业目录库动态更新企业378家、新入库氢能企业32家，入库专家顾问255位，为招商选资工作提供专业知识保障。启动“承德招商网”建设工作，提高招商选资工作信息化、智能化水平。开展全市招商选资政府承诺事项兑现落实排查行动，全面排查全市2018年以来新签约项目和省市重点项目开展承诺事项及兑现情况，梳理政府承诺事项69项、已兑现57项、分步兑现12项。集中对外发布21项惠企招商政策，涉及非首都功能疏解、产业发展和县市区等领域，做到惠企招商政策公布及时、公开透明；及时解决山西商会反映问题，协助京津承德会、深圳河北承德商会、承德山东商会等举办推介活动，树立承德开放招商良好形象。

【平台招商】 持续搭建招商选资平台。北京方面，继续落实2年常态化深度合作机制，向下拓展到通州区、朝阳区、海淀区、西城区，与区级投资促进部门建立沟通联络机制。天津方面，继续落实与天津市合作交流办的协作机制，实行产业差别互补，与天津市河北承德商会联合举办招商活动，与天士力、融城等5家企业深度对接。深圳、广州方面，重点拜访深圳市企业家联合会、深圳市河北承德商会、广东省河北商会等商协会组织，考察对接深圳盐田港集团、深圳微漾发展有限公司、深圳筑梦之星加速器等重点企业。上海方面，发挥小团组招商的精准性、靶向性优势，赴上海市开展“扣门”招商，推介承德优势资源，为在长三角开拓招商选资工作新局面打好基础。

【招大引强】 注重产业链提质延伸，以建链、延链、补链、强链为抓手，与北京电子城高科、中基云大数据、360、腾讯、万国数据、隐身科技、深圳盐田港集团、北京联东U谷集团、中广核集团、中国电子科技集团、航天投资控股有限公司、万达集团等重点企业对接交流。先后引进北京联东U谷集团、深圳湾（承德）科创加速器、重庆大龙网跨境电商平台、广承联合（承德）智能机械有限公司项目等一批重点合作项目落户承德市，全年签约项目56个，意向投资额共391亿元。全力推动区域公用品牌，按“住承德民宿、品承德山水、享承德好礼”思路，推动“承德山水、承德好礼”产品打开全国销售市场，围绕全市103个“承德民宿”集中承载村，谋划招商工作，重点突出12个国际旅游示范村、10个标杆村和1个启动村，谋划重点民宿招商项目51个。制作“山水、好礼”品牌产品介绍和“民宿”项目招商相结合的宣传推介手册，推动承德区域公用品牌发展。

【组织参加招商会】 “5·18”廊坊经贸洽谈会期间，共组织参加各级举办的活动17场，设市级分会场1个、县级分会场12个，500余人通过视频连线参加省开幕式和省重点项目网络签约仪式。建设线上虚拟承德馆，同步向海内外推介发布全市6大主导产业、县域“1+2”特色产业招商项目91个。建设河北省重点产业链实体展，重点展示避暑山庄、外八庙、金山岭长城、木兰围场，以文字和实物形式展示承德市情、荣誉桂冠、塞罕坝精神、六大主导产业、“承德山水”

8月29日，在天津开展招商推介活动的宣传海报图

农产品区域公用品牌等内容，在线上全年展示。

组织参加第十八届中国—东盟博览会，重点参加河北省商务厅举办的“机遇共享 冀不可失”河北•东盟合作发展发布会，围绕“生态优先、绿色发展”主题，发布文化旅游、食品医药、能源环保类招商选资项目3个。举办承德·东盟合作对接会，推介承德区位、资源、生态优势，介绍“3+3”主导产业招商方向，重点对接中国－东盟商务理事会、北京承德商会广西分会。组织参加中国进口博览会，与上海市河北商会及部分商会会员企业座谈交流，考察上海中芬电力集团、华电通用轻型燃机设备有限公司和上海伯季文化集团，在文化旅游、体育、生命医学大健康、清洁能源开发、氢能储能利用、文化创意、影视演艺、高端旅游民宿建设等方面沟通交流。

2021年承德市招商服务中心、投资促进局领导名录

党组书记、局长（主任）：郭建平（女，6月免）
桑爱民（7月任）
党组副书记、副局长：丛艳臣
党组成员、副局长：石 玲

（李 楠 供稿）

供销合作

【概况】 2021年，全市供销系统持续深化综合改革，在基层组织体系、农产品流通体系、金融服务体系、社会化服务体系、内部治理体系等方面不断探索创新。全系统实现销售总额263.6亿元，同比增长20.3%；社有企业实现利润1200万元，同比增长135%；资产总额19亿元，同比增长121%。主要经济指标均保持平稳增长态势。2021年度，承德市供销合作社在全省供销合作系统综合业绩考核评比中获一等奖，10项重点工作全省排名第五名；荣获中共河北省委、省政府授予的河北省脱贫攻坚先进集体称号、模范机关创建先进单位称号，承德市农村产权交易中心获年度突出贡献奖。

【“政银企户保”金融服务】 进一步完善制度，实现平台转型升级，“政银企户保”平台工作重心逐渐由金融扶贫转向金融支农、助农，面向有发展前景的农民专业合作社、家庭农场和农业企业，做产业贷款，在严格落实金融扶贫政策的同时，提升产业贷款发放力度，助力乡村振兴，推动“政银企户保”平台转型发展。2021年，全市发放担保贷款4330笔、5.17亿元，带动农户4972户；发放产业发展贷款2.6亿元，支持农业企业、农民专业合作社160家。按照谁主管谁负责和属地为主的原则，层层压实风险防控责任，开展横到边、竖到底无死角隐患排查，下发《承德市供销合作社2021年度全市供销社系统金融风险排查化解工作方案》，狠抓风险防控，确保资金安全。

6月21日，承德市供销社与农业银行承德分行有关人员到宽城满族自治县基层社为社员提供融资服务

【农村产权流转交易】 围绕“村有服务网点和经纪人，乡镇有服务站”，构建“1+9+N”的农村产权流转交易服务体系，形成以1个市级中心、9个县（区）级平台为中心、N个乡（村）级服

务站为骨架覆盖全市服务体系，全市已建成乡镇服务站207个，覆盖率100%；建成村级服务站2454家，覆盖率100%。

全市开展农村产权交易业务632宗，交易品种7类，累计交易额2.49亿元，同比增长373%，比2016年至2020年5年交易总额超出1.37亿元，农村产权流转交易业务实现跨越式突破。通过公开挂牌、公平竞价方式，提高交易效率，提升村务公开透明度，实现集体资产价值最大化，暗箱操作等违法违规行为受到遏制。这些经验做法在中华全国供销合作总社、《中华合作时报》、河北省供销合作、《承德日报》等网站和新闻媒体刊登。

落实各级农村产权交易中心农村产权抵押登记职能，以土地承包经营权为重点，创新抵押担保方式，与承德农业银行合作开展农村产权抵押贷款业务，签署战略合作协议，研究制定《农村产权抵押贷款实施方案》，联合推出农权抵押贷款业务。12月10日，全市第一笔农村承包土地经营权抵押贷款在丰宁发放。丰宁农村产权交易中心发出全市第一份农村产权抵押登记证书。截至12月底，全市已发放抵押贷款5笔、114万元。农村产权交易中心逐步由单一开展产权交易，走向综合开展信息发布、产权交易和抵押融资为一体的为农服务综合平台。承德市开展农村产权抵押贷款的做法在省、市新闻联播及《承德日报》等媒体播发。

【农产品流通服务】 2021年5月，承德农产品冷链物流产业园一期于投入运营后，在保障蔬菜果品供应和提高农产品流通效率方面，发挥积极作用。承德山水商贸有限公司正式运营，公司由承德山水生态农业集团有限公司与天津食品集团商贸公司合资共同成立，在促进承德和天津的农副产品相互流通方面发挥积极作用。推荐符合条件的农产品供应商积极申报入驻“832平台”。全市农产品在“832”平台实现销售额1.17亿元。

【基层组织建设】 全市供销系统按照自筹资金改造一批、寻求合作建设一批、争取项目新建一批原则，加大基层社改造提升力度，建成乡镇为农服务综合体16个，改造薄弱基层社16个，新增基层社社员4.5万人，获评国家级农民专业合作社示范社3家，省级农民专业合作社示范社5家。围场满族蒙古族自治县姜家店供销社投资146万元改造老旧基层社，改建冷库420平方米，改造肉类分割车间390平方米，新建杂粮加工厂1处，联合德润科技发展有限公司，带动周边农民发展特色养殖业和特色杂粮种植业，发展特色杂粮产业基地5000亩，助农增收效果显著。宽城满族自治县板城供销社自筹资金50万元，对经营服务设施进行改造升级，打造集农资供应、农产品销售、便民超市、金融保险、农村电商、快递物流等为一体的乡镇为农服务综合体，满足全县80%以上日用消费品和农资消费需求。

【“三位一体”综合合作】 印发《关于推进生产、供销、信用“三位一体”综合合作助力乡村振兴的实施意见》，充分发挥全市供销合作社系统组织优势、“承德山水”区域品牌流通优势、“政银企户保”金融平台信用优势，打造以流通为主导、生产为基础、金融为支撑，优势互补、联系紧密、协同发展的为农服务综合平台。市供销合作社及平泉、丰宁、宽城、承德县4个县（市）社确定为“三位一体”综合合作改革工作省级试点。平泉市依托万隆食用菌专业合作社联合社，组织9家农民合作社从事食用菌生产，涵盖从原材料供应、菌种生产、菌棒生产、干鲜菇销售整个生产销售链条，提供供销、信用服务，食用菌生产面积达4000多亩，年生产出菇菌棒1.2亿棒，生产销售各种食用菌3万吨，营业额3亿元，带动农户6000余户。

【农业社会化服务】 不断创新农业生产服务方式和手段，构建以社有企业为骨干、基层社为基础、入社企业为支撑的服务体系，推动土地托管服务规模化，服务手段向全产业链拓展。扩大土地流转、农产品收购、农机农技等服务规模，着力做强农产品收储、加工、销售等“后半程”服务，推动农业适度规模经营。2021年，土地托管面积47.61万亩，农业社会化服务面积221.3万亩次。宽城满族自治县板城供销社通过建立微信群服务群众，助力农民销售板栗、山楂、中药材等3000吨，户均增收9100元。隆化县郭家屯供销社利用拖拉机、播种机等农机具，开展农资配送、农机服务、青储饲料加工等农业社会化服务，服务全镇21个行政村4万亩土地。

2021年承德市供销合作社领导名录

党组书记、主任：刘玉铁（满族，7月免）
　　　　　　　　刘英杰（满族，7月任）
党组副书记、监事会主任：张立军（回族）
党组成员、副主任：郑建丰（满族）
　　　　　　　　于雪梅（女）

（孟韫思　供稿）

烟草专卖

【概况】 2021年，全市烟草专卖工作面对严峻的发展环境和诸多风险挑战，坚持以习近平新时代中国特色社会主义思想为指导，立足新发展格局，围绕高质量发展主线，统筹疫情防控和生产经营，深入推进全面从严治党，狠抓运行提质增效，提升基础管理，各项目标任务圆满完成，“十四五”实现良好开局。

【打假破网】 持续加强市场监管，结合专项行动和日常监管，全年累计查办案件388起，查获违法卷烟506.66万支，案值454.47万元。其中，办理5万元以上案件27起，刑拘14人、逮捕12人、判刑19人。注重在制假贩私、物流寄递等重点领域持续发力，破获二级重大案件2起，有力打击制假贩私违法行为。持续深化“放管服”改革，采取“互联网+行政许可”形式，畅通网上办理渠道，精简许可环节，行政服务效率和水平明显提高。着力优化内部监管基础工作，强力推进卷烟经营全链条监管，内部规范经营秩序趋稳向好发展。

4月23日，承德市烟草专卖局成功破获“12•1”跨省销售假烟、走私烟案件。图为工作人员正在清点收缴的卷烟

【卷烟经营】 始终盯紧年度工作目标，防范化解影响经济发展的重大风险，加强常态化疫情防控形势下经济运行调控，确保经济运行保持在合理区间。主要经济指标实现稳中有进，重点品牌销售集中度稳步提升，优质品牌与卷烟销售双向提升互动效果良好，省产卷烟销售稳步发展。有序推进零售客户信用体系建设，开展“我与客户共成长”主题营销活动，城农网终端布局持续优化，积极发挥诚信互助小组作用，营销基础工作均获得稳健发展。

【基础管理】 推进对标管理和标准化建设，着力加强科技创新和精细管理，“零死角”“全覆盖”的绩效考核体系应用效果明显。持续加强规范管理，积极探索招标代理机构共享使用新模式，不断提升重点领域和关键环节监管能力，招标采购管理进一步规范。积极加强物流运行管控，深挖降本增效潜能，物流建设持续优化，物流技改稳步推进，整体运行水平进一步提升。持续加强财务风险防控和成本控制，积极推进定额标准体系建设，财务基础进一步扎实。推进审计监督职能全覆盖，发挥监督职能，认真完成审计整改任务。严格落实安全生产责任制，不断优化安全管理，落实常态化疫情防控各项举措。深入推进法规体改工作，及时开展规范性文件审查和管理规章制度清理，积极落实案卷、合同双评查，深入开展各类普法活动。

2021 年承德市烟草专卖局（公司）领导名录
党组书记、局长、经理：徐　立
党组成员、副局长：李兴东（11 月免）
任宝峰（12 月任）
党组成员、副经理：杨大庆（12 月任）
党组成员、纪检组组长：吴月江（1 月免）

（于腾飞　供稿）

石油天然气

【概况】 2021 年，中国石油承德销售分公司坚决落实省公司决策部署，深化“转观念、勇担当、高质量、创一流”主题教育，狠抓营销，助推打好、打赢提质增效持久战。严守疫情防控底线，制定“两方案一预案”，严格员工离返驻地审批及就医备案，常态化开展风险排查、监督检查和场所消杀，疫苗接种覆盖率 99.23%，全年实现零疫情、零感染。

【销售与安全生产】 精准策划营销方案，分县域、分品号、分客群，科学制定月、季度营销计划，紧盯节假日、中高考等契机，组织油品、非油品营销活动 37 场次。客户开发实现新突破，建立以结果为导向的客户开发管理办法，落实全员客户开发“揭榜挂帅”活动，鼓励全员参与。突出汽油单位客户，灵活制定“一客一策”“一企一策”，与邮储银行、中国铁塔公司等优质单位客户实现

9 月，承德公司员工在河北塞罕坝机械林场门口销售点向过往行人推荐非油商品

合作。持续深化体系运行，强化新《安全生产法》贯彻落实，量化 HSE 工作标准，明确考核指标，顺利通过河北公司 HSE 体系第三方审核，完成加油站安全生产标准化复审。

【党员及员工教育】 不断深化中共党史学习教育活动，举办党史学习教育专题读书班 8 期，组织岗位讲述、青年讲党史、主题观影、参观红色教育基地等系列活动。深化践行“我为员工群众办实事”，聚焦加油站“急难愁盼”问题，为基层加油站配备生活设施，解决加油站实际问题。党建与经营融合发展，稳步推动“互联共建”竞赛活动，相继与承德银行、热力公司、人保公司等多家单位成功签约，促进经营管理。不断强化员工教育，在抓好思想政治教育的同时，根据中心工作需要和人才成长需求，依托“昆仑学院”及“钉钉”系统平台，组织相关人员参加线上线下、内外部培训 65 期，培训 1663 人次，促进干部员工开拓思路眼界、提升素质能力。

【营造企业文化】 营造和谐“家”文化，抓住重点节日，举办“魅力女性、快乐巾帼”“520”表白日、植树绿油站、EAP 员工帮助计划等活动 16 次，基层参与近百人次，营造和谐企业氛围。常态化开展“冬送温暖、夏送清凉”，帮扶

慰问100余人次，将组织的关怀温暖送到员工心上。不断提升品牌形象，加强宣传队伍建设，成立读书、摄影、文体等协会5个。

2021年中国石油承德销售分公司领导名录

党委副书记、经理：杨海强

党委书记、纪委书记：张银元（3月免）

佐红菊（3月任）

党委委员、总会计师：王　英（1月免）

杜青春（1月任）

党委委员、副经理：赵忠阳（6月免）

高凤霞（6月任）

（杨　华　供稿）

石油化工

【概况】 2021年，全公司市、县区域经营部12个，加油站148座，配送油库2座。受新冠肺炎疫情和市场因素影响，灵活调整经营策略，统一标准制定管理措施，夯实基础管理，持续攻坚创效，深化党政融合，不断汇聚企业发展动能，推动企业转型可持续性发展。全年销售轻油38.2万吨，完成计划的78.64%；直分销量完成11.11万吨，完成计划的83.7%；非油品基础品类营业额完成7541万元，完成计划的80.47%；开发新客户18733人，会员加油带动销量6824吨。

【统筹优化精准施策】 不断挖掘企业攻坚创效潜能，以“量价兼顾、量效双收”为引领，统一标准提升硬件，打造核心示范站33座，按照新形象、新零售统一标准，对8座小站实施新形象整体改造，48座加油站的厨房、卫生间、檐口亮化实施微改造，对148座加油站统一制作安装即时绩效公开栏。建立健全HSE组织机构，每季度召开HSE委员会会议。开展各类专业检查和综合检查，全年安全检查875站次，应急演练2151次，检查施工现场160站次。完成2座加油站新增LNG加气功能改造项目并投营，完成6座加油站、2座油库光伏发电项目。

4月7日，油库工作人员正在对设备进行安全检查

【客户营销】 秉持“时机服务于算账，算账来自于时机”工作思路，实施区域差异化营销。及时收紧无效、低效降价优惠政策，使零售价格达到比较合理的水平。利用企业微信视频推广“油滴平台”，逐步扩大会员群体，带动零售促销不断增长。打造标准化综合服务门店，结合门店商圈特点，重新布局“一店一品”地堆商品，抽调人员组成陈列帮扶队到加油站就现场陈列培训70次，提升门店形象。打造冬奥门店2座，推出加油站洗车业务，截至2021年年底，共设自动洗车在营站点18座。每周定期召开机构和重卡客户开发调度会，围绕客户开发数量和质量，查找不足，发现亮点，向全区推广好的经验和做法，通过“树标杆、立典型”激发干部员工开发客户的积极性。成立15支以党支部为单位的“党员服务队”，公司党委负责人带头“走基层、访客户、察实情、解难题”，开展“我为群众办实事”活动，完成解难题办实事任务34项。营造“司机之家”3家，“爱心驿站”10座。

【市场风险稽查】 加强企业和地方联合检查力度，全员出动打非治违，联合商务、市场监督、公安等职能部门清理整顿成品油市场。制定资金安全管理专项提升方案，夯实资金基础管理。加强资产管理，成立闲置资产盘活领导小组，推进闲置资产盘活，充分利用资产分类评价结果，建立资产管理台账，分类施策，实现低效变高效，无效变有效。

2021 年中国石化销售股份有限公司河北承德石油分公司领导名录

党委书记、经理：王卫东

副　经　理：谢立国

许海涛

刘佳伟（6 月任）

（文　静　供稿）

旅游文化

综　述

2021年，全市旅游文化系统紧紧围绕中国共产党成立百年主线，打造一批新业态、新项目、新景区，文化旅游品牌影响力进一步提升，文化旅游产业持续做大做强做优，全市共接待游客3605.12万人次，同比增长28.65%；实现旅游收入386.77亿元，同比增长28.72%，全年未发生重大旅游投诉和安全生产事故，文旅场所未发生聚集性新冠肺炎疫情传播情形。

推出全市首部原创音乐剧《青山谣》，入选河北省建党百年20部优秀剧目和河北省“一带一路”优秀调演剧目；拍摄MV《百年红船》，在央视媒体央视频播出。《范振喜》《红色百年》入围全国群众歌曲征集百首优秀作品；《党旗下》作为承德市唯一入选作品获河北省朗诵大赛一等奖；《塞罕坝上建奇观》4次代表承德市在全省巡演;《承诺》《葡萄熟了》《塞罕坝上见奇观》《我是满乡一枝花》获河北省第五届少数民族文艺调演奖；丰宁满族自治县、双滦区元宝山街道等8个县、乡镇（街道）被评为河北省民间文化艺术之乡。推出原创作品集《百年芳华》庆祝建党百年，《幸福面馆》《中国军人》《承诺》等3部文艺作品参加全省庆祝建党百年群众文艺展演活动。

腰痛宁组方及其药物炮制工艺入围国家级“非遗”项目名录，承德市国家级项目已达10项。“非遗”文创产品参加雄安新区河北省首届绿化博览会、2021年“一带一路”·长城国际民间文化艺术节、武汉文博会，冬奥会崇礼滑雪场设立承德文创产品和非遗产品专属售卖区。丰宁满族自治县成功创建“非遗”助力乡村振兴省级试点。开展“非遗过大年　文化进万家”“2021牛年云上年货大集”等活动，销售各类产品3800余件110余万元。完成记录片《风情中国》“满族寿宴”拍摄工作。深入开展“非遗”进社区、进景区、进学校等活动，举办非遗公开课30节。开展2021年承德市“文化和自然遗产日”暨太极拳世界纪录认证挑战赛。

7月，承德市非遗文创产品在雄安新区举办的河北省首届绿化博览会上参展

依托“全承游”智慧旅游平台，发行承德文化旅游惠民卡14.85万张，惠民资金达3.3亿元，全市持卡出行80万人次，拉动经济4亿元，成为省示范性工作，多次受到省文旅厅表扬。全市所有文旅场所在全省率先实现“无预约、不入园”；中国马镇、兴隆山成功创建省级智慧景区示范点；双桥、丰宁、隆化、围场等4个县（区）建成智慧旅游大数据中心。河北海航乐游之旅国际旅行社有限公司创建第一批省级旅游标准化示范单位。建设停车场、服务驿站、游客服务中心20余个；新建改建旅游厕所15座；开通总长64.5千米的

“一纵两环两专线”5条旅游线路。建有乡镇文化站218个、基层文化服务中心2584个，覆盖率达100%，新建文津书房4家、图书馆外流通站5家。“承德市健康快乐大家舞”入选第四批国家公共文化服务体系示范项目。全市培训乡村（社区）文艺骨干2884名，培育乡村基层文艺团体205支，开展各类文化演出活动1976场，“高雅艺术进承德”演出52场，超额完成民生工程。

各类新闻媒体发挥自身优势，突出主题宣传，全面展示魅力承德形象，取得良好宣传效果。

旅游产业

【概况】 2021年，成功举办第四届承德市旅游产业发展大会，邀请文旅部、省文旅厅、省广电局以及携程、字节跳动等重点旅游企业嘉宾150余人。投资78.7亿元建设重点项目7个，推出“滦河百里画廊文旅产业带”品牌，形成“一带、三板块”（“一带”即“滦河百里画廊文旅产业带”，“三板块”即宽城满族自治县“文融山水”板块、承德县“工旅融合”板块、鹰手营子矿区“农旅融合”板块）的全域旅游发展新格局，辐射带动20余万人增收。投资3700万元建设集文创、研学、康养、民宿等多种业态的鹰手健康小镇，与世纪明德等15家国内知名的研学、旅游机构达成合作意向，承接京津冀研学团队40余批7000余人次，销售收入100余万元。宽城联合中国文保基金会、腾讯公司拍摄潘家口长城现状修整纪录片《长城砖故事》，积极参加迪拜世博会；水下水上长城风光被德国、法国、比利时、西班牙等欧洲国家邮票采用，全面提升承德品牌国际影响力。

2021年拍摄的滦河百里画廊文旅产业带景观

【酒店帮扶】 北京2022年冬奥会前，承德市积极争取承担张家口崇礼五星级翠云山皇冠假日度假酒店和三星级智选假日酒店帮扶。市领导对帮扶工作作出指示批示，副市长张树国、市旅游和文化广电局局长唐秋华3次带队赴张家口市商洽帮扶事宜。为圆满完成冬奥帮扶任务，制定《承德市对北京2022年冬奥会和冬残奥会张家口赛区签约饭店帮扶工作方案》、“一店一策”、赛时帮扶等方案，明确帮扶责任。组织市内部分高校教师、星级饭店精英与张家口帮扶酒店人员交互实训学习，累计培训6000余人次，服务人员整体服务水平显著提升。组建143人的服务保障队伍，70人出征冬奥会帮扶，其他人员随时待命。11月30日，市政府举行承德市服务保障团队北京2022年冬奥会张家口赛区出征仪式，帮扶工作受到省文旅厅和帮扶单位的肯定。

11月30日，市政府举行承德市服务保障团队北京2022年冬奥会张家口赛区出征仪式

【实施“文旅+”战略】 加快推进文旅业与一二三产业融合发展，推动承德隆承国际大马戏度假区、永太兴疏林草原生态旅游度假区项目、中国马镇旅游度假区、鼎盛文化产业园等重点项目63个落地。长城国家文化公园（承德段）6个重点项目已基本完工。抢抓北京2022年冬奥会机遇，开展“燃承德冰雪激情、赏避暑山庄冬韵”文化旅游主题活动，谋划冬季旅游项目19个，金山岭国家滑雪场已经营业，推动国家河北承德塞罕坝体育训练基地、承德冰上运动中心冬奥会

结束后向游客开放。

【争创文旅品牌】 “艰苦奋斗路·绿色塞罕坝”红色旅游线路入选文化和旅游部、中央宣传部、中央党史和文献研究院、国家发展改革委联合发布的“全国建党百年红色旅游百条精品线路”。鼎盛文化产业园成功创建第一批国家级夜间文化和旅游消费聚集区，元宝街、金龙皇家购物街成功创建省级旅游休闲街区，金龙皇家购物街以排名第一的资格申报国家级旅游休闲街区。《鼎盛王朝·康熙大典》《君临热河·隆承大马戏》《梦入避暑山庄》《承德剧场·演艺之夜》四台文化大戏点燃承德夜经济。新增钓鱼台湿地公园、塞罕坝生态科普园景区、诗上庄3家国家AAA级旅游景区。壮大“承德好礼”文创品牌，全市

2021年，鼎盛文化产业园成功创建第一批国家级夜间文化和旅游消费聚集区

2021年，双桥区金龙皇家购街区获评省级旅游休闲街区

13家AAAA级及以上景区全部建设文创购物店，承德市6件文创产品在省文创大赛中荣获佳绩。举办“乘高铁游承德”“‘遇见金秋·承意相送’亿元红包馈赠京津冀”等推介活动，大幅提升承德文旅影响力。

【助力乡村振兴】 2021年，全市培育国家及省级乡村旅游重点村24个、省特色乡村旅游样板村落4个、市级乡村旅游重点村50个，打造精品线路近30条，倾力打造2条串联精品民宿与景区的示范路线。全年乡村旅游收入31亿元。建设“盛世100”民宿项目。成立乡村振兴民宿经济发展工作专班和承德市乡村星级民宿评定委员会，制定出台《承德市乡村民宿等级划分与评价办法》，完善管理制度、团体标准、配套体系。引进首旅寒舍、星宿等民宿品牌，培育打造雾灵山居、雄库鲁帐篷酒店、村山秀墅、方圆居、山中小筑等83家既有“国际范”，又有“乡土味”的精品民宿品牌和12个国际民宿村，将“承德民宿”品牌打造成与“承德山水”“承德好礼”齐名的带动乡村振兴的主力军；叁时壹宿民宿获评全省星级旅游民宿。全市共建成民宿（乡村酒店、农家乐）2153家，床位8.2万张，人均消费500元。

实行政府背书，统一标准、统一推广、统一管理，为每家民宿及其房间制作二维码，为千余家民宿设计电子标签及特色LOGO墙，编制了承德民宿百度词条，收录相关信息8类。促进“旅游＋农业＋互联网”融合发展，搭建乡村旅游数据中台，鼓励和引导乡村旅游与互联网等现代信息技术相结合，精准掌握乡村旅游情况，利用信息化手段实现“城乡一体化”。

旅游市场开发

【概况】 依托中央、省市宣传平台，开展特色文

旅资源宣传推介活动，面向广大来承游客宣传文旅资源，展现承德文旅形象。完成年度央视《朝闻天下》旅游形象宣传广告投放工作，进一步提升全市文旅品牌形象和影响力。积极参加由省文旅厅和河北广播电视台联合推出的迎新春特别栏目“我的家乡在河北”，与河北广播电台《有多远 走多远》栏目电话连线直播访谈，介绍承德市避暑山庄及周围寺庙、金山岭长城等旅游资源及抡花、剪纸等民俗技艺，生动展示文化、生态、民俗等文旅资源。

【联合举办各类活动】 联合市联通公司、承德市智慧旅游发展服务有限公司举办“承德市文化旅游惠民卡发放仪式”，开展“第九届金山岭长城杏花节”宣传活动、隆承国际大马戏旅游景区的推介会、“5·19”中国旅游日百人自驾游等系列活动，有效拉动文旅市场复苏。联合九里文化传媒有限公司开展“金牌导游说承德”抖音宣传活动，拓宽新媒体营销渠道，发挥“金牌导游”队伍功能，全面宣传推介承德市核心型、代表性的文旅要素资源，扩大承德文旅品牌知名度和影响力。联合《中国推介》栏目组，举办“家乡推介大赛 ”活动，借助其平台资源优势，在全市范围内广泛征集宣传视频，传递家乡声音。

【“高铁时代”文旅活动】 充分利用京哈高铁首次全线通车的焦点效应，对接协调北京铁路集团、中铁世纪传媒公司，于高铁开通当日起在承德南站出站口 LED 屏刊播为期半个月的承德文旅宣传片，联合沈阳市、北京市、朝阳市、阜新市开展五城联动活动，推出跨区域旅游精品线路，网易、抖音、承德日报、承德文旅等平台于开通当日同步发布。推出“迈入高铁时代，承德文旅‘不得不’系列”，通过承德日报、承德广播电视报“承德文旅”官方公众平台发布。同时，在京哈高铁列车上专属杂志《高铁指南》上专版宣传介绍承德市文旅资源，《环球旅游周刊》公众平台专门推送承德文旅相关资讯。

7 月 22 日至 26 日，市旅游和文化广电局、市文物局联合举办“乘着高铁游承德”文化旅游宣传推介会在沈阳举行

【文旅宣传推介活动】 9 月 3—7 日，承德市组织市内 10 家重点文旅企业赴京津及省内重点客源城市，举办“‘遇见金秋·承意相送’亿元红包馈赠京津冀”文化旅游宣传推介活动，活动反响热烈，进一步活跃秋季旅游市场，为“十一”国庆假期市场预热升温。

3 月 1 日，中央电视台第一频道《朝闻天下》栏目播出承德市文旅资源宣传片

9 月 3—7 日，承德市在石家庄市举办“‘遇见金秋·承意相送’亿元红包馈赠京津冀”推介活动

文旅行业监督管理

【概况】 截至2021年12月31日，全市共有星级饭店24家，其中五星级2家，四星级13家，三星级9家。注销3家三星级饭店。共有旅行社150家，分社42家，服务网点237家。2021年新设立旅行社2家，注销3家；新设立分社1家，注销2家；注销服务网点3家。

【文旅市场服务质量提升行动】 印发《2021年文化和旅游业服务质量提升工作方案》，积极开展服务质量提升培训工作。累计培训旅行社从业人员2000余人次，星级饭店从业人员2200余人次，培训效果显著。充分利用"全国旅游监管服务平台""全国文化市场技术监管服务平台"加强对旅行社、星级饭店、各文化企事业单位的事中事后监管，服务质量有效提升。

【文旅市场执法】 深入推进文旅市场联合执法，采取定点蹲守与巡查监督相结合、定向检查与随机抽查相结合等方式，开展旅游秩序综合执法工作。全年，出动执法人员1.9万人次，检查经营单位8036家次，行政处罚立案37件，罚没金额18.3万元，受理各类文旅投诉203件，办结率100%。检查景区196家次，检查带团导游356名，驱离景区周边流动商贩116人，移交社会闲散人员拦截外地车辆等问题线索6件。

【完善监督机制】 发挥文旅市场红黑榜督促机制作用，深入开展文明旅游创建活动，对诚信经营、文明服务及文明旅游行为的表扬和对诚信缺失企业、从业人员及不文明旅游行为的游客曝光。鼓励并培育具有发展潜力的饭店参加星级评定，建立星级饭店、A级景区动态管理机制，提升发展层次和品质。针对城市发展和景区建设，重新编写《承德旅游导游词》，开展业务培训，提升导游员素质。

【狠抓安全生产】 坚持把意识形态工作作为党的重要内容，列入年度工作重点，纳入领导班子、领导干部考核中，与中心工作同部署、同落实、同检查、同考核。牢牢抓住群艺馆、文图两馆、文旅市场等文旅阵地意识形态主动权，全市文旅系统没有发现有意识形态问题。推进文旅行业信用体系、红黑榜制度、"互联网＋监管""政务服务事项好差评"工作，规范景区景点预约程序。印发《关于开展全市A级景区指导检查的通知》《疫情防控及安全生产提示函》《春节前指导检查局属各单位疫情防控和安全生产工作安排的通知》《关于切实做好全市文娱场所疫苗接种工作的通知》《2021年消防安全整治量化清单和2020年遗留突出风险隐患整改计划的报告》等文件，切实做好文旅市场安全生产工作，坚决遏制各类旅游安全生产事故发生。狠抓"两会""五一""两节"等假日期间文旅市场安全工作，开展大排查大整治安全生产工作专项行动，组织开展抽查检查单位54家次，确保全市文旅市场平稳有序、疫情防控措施落实到位，旅游市场秩序井然。

表6　**2021年星级宾馆饭店一览表**

星　级	数量（个）	名　　称	地　　址
五星级饭店	2	嘉和国际饭店	承德市迎宾路23号
		滦平庄普酒店	滦平县中兴路街道滦阳东路125号
四星级饭店	13	云山饭店	承德市武烈路41号
		盛华大酒店	承德市武烈路22号

续表 6

星 级	数量（个）	名 称	地 址
四星级饭店	13	承德宾馆	承德市南营子大街19号
		文冠饭店	承德市环城南路僧冠峰景区
		京承大酒店	承德市半壁山路12号
		喜来佳大酒店	承德市普乐北路8号
		宽城天宝酒店	宽城满族自治县民族街359号
		东杉坝上草原假日酒店	丰宁满族自治县大滩镇
		平泉客官国际饭店	平泉县兴平南路
		平泉泽州大酒店	平泉县渝州中路
		紫御国际假日酒店	承德市武烈路6号
		山庄宾馆	承德市丽正门127号
		丰宁宾馆	丰宁满族自治县新风路86号
三星级饭店	9	承钢宾馆	承德市双滦区宾馆路1号
		白楼宾馆	承德市开发区西区13号
		龙骧大酒店	隆化县建设街中段
		宽城京城宾馆	宽城满族自治县行政中心西侧
		滦平新区大酒店	滦平县北山新区1号
		广兴宾馆	兴隆县兴开街
		围场太阳湖度假村	围场满族蒙古族自治县御道口牧场
		不倒翁酒店	滦平县三地沟门
		路源商务宾馆	承德县下板城镇站前路

表 7

2021 年 A 级景区一览表

等 级	数量（处）	景区名称	隶属部门或单位
AAAAA	2	避暑山庄及周围寺庙景区	承德市文物局
		金山岭长城景区	滦平县政府
AAAA	12	塞罕坝森林公园景区	围场满族蒙古族自治县塞罕坝机械林场
		京北第一草原	丰宁满族自治县政府
		御道口草原森林风景区	围场满族蒙古族自治县御道口牧场管理区
		马镇旅游区	马镇文旅集团有限公司
		双塔山风景区	承德市双塔山风景区旅游有限责任公司
		董存瑞纪念馆	隆化县退役军人事务局
		山庄老酒文化产业园景区	承德避暑山庄企业集团股份有限公司
		兴隆山景点	承德市兴隆山旅游开发有限公司
		七彩森林景区	承德市金诺旅游开发有限责任公司
		磬锤峰森林公园景区	承德市文物局

续表 7

等　级	数量（处）	景区名称	隶属部门或单位
AAAA	12	兴隆溶洞景区	兴隆县千华旅游开发有限公司
		大汗行宫旅游景区	大汗行宫旅游景区
AAA	25	白云古洞	丰宁满族自治县旅文广电局
		魁星楼景区	承德魁星楼旅游有限责任公司
		天马飞行小镇	承德汇天旅游开发有限公司
		热河中药花海小镇景区	承德久财文化传媒有限公司
		小滦河湿地公园景区	承德御濡源旅游开发有限公司
		板城酒博园景区	承德乾隆醉酒业有限责任公司
		南山公园景区	南山公园景区
		隆承国际大马戏旅游景区	承德市万众国际旅行社有限责任公司
		塞罕坝生态酒庄景区	兴隆县青松岭镇
		钓鱼台湿地公园景区	围场满族蒙古族自治县哈里哈乡
		塞罕坝生态科普园景区	围场满族蒙古族自治县塞罕坝机械林场
		诗上庄景区	承德澈河谷现代农业园区
		花溪梨园景区	滦平县槐香果树种植专业合作社
		山戎文化森林公园景区	滦平县旅游和文化广电局/滦平山戎博物馆
		九龙潭景区	兴隆县九龙潭旅游有限公司
		辽河源森林公园景区	平泉市林业和草原局
		泽州园景区	平泉市旅游和文化广电局
		蟠龙湖风景区	宽城京城文化旅游发展有限公司
		大清猎苑景区	承德大清猎苑酒业有限责任公司
		白草洼森林公园景区	承德盛景旅游发展有限责任公司
		联玉生态园景区	承德联玉体育文化发展有限公司
		茅荆坝森林公园	隆化县国有林场管理处
		九龙醉酒文化产业园	承德九龙醉文化产业园有限责任公司
		青松岭文化旅游度假区	荣盛（兴隆）旅游发展有限公司
		天子山风景区	兴隆县天子山旅游开发有限公司
AA	12	关帝庙景区	承德宏基旅行社有限公司
		九龙松景区	丰宁满族自治县旅游开发总公司
		千松坝森林公园景区	丰宁满族自治县国有林场管理处
		朝阳洞景区	承德县文物保护所
		苇子峪景区	承德县新杖子乡苇子峪村响洞子果品专业合作社
		喇嘛山冰臼景区	丰宁满族自治县旅游和文化广电局
		顺鑫生态康养产业园	承德顺鑫生态康养产业园
		神龙山风景区	鹰城旅游开发有限公司
		紫玉蓝莓庄园景区	承德紫玉科技发展有限公司

续表 7

等　级	数量（处）	景区名称	隶属部门或单位
AA	12	非物质文化遗产传承基地	中旗林电子商务有限公司
		奇石谷风景区	兴隆县奇石谷旅游开发有限公司
		六里坪森林公园景区	兴隆县六里坪旅游开发有限公司
A	1	城隍庙景区	承德城隍庙旅游发展有限公司

图书管理和利用

【概况】　2021 年，图书馆在做好疫情防控措施常态化的基础上，坚持开放，按不同时期的要求调整开放座席，尽最大努力满足读者需求。每日安排志愿者把好入门关，对读者继续采取预约、限流、测温的常态化防控措施。全年图书馆共采购报纸 62 种，成人杂志 358 种，儿童杂志 90 种；截至 9 月 25 日，图书馆共接待读者约 3.6 万人次，办理读者证 1523 个，借阅图书 45318 册次，接受社会捐赠图书 137 种 181 册，收集地方文献 41 种 65 册，接待咨询读者 211 人次，提供文献查阅 1000 余册，接待来访交流团体 5 次。

【全民阅读推广】　图书馆以“阅光辉历程 传精神力量”为主题，共开展讲座、展览、竞赛、展演、读书沙龙等全民阅读推广活动 56 场，其中线上活动 41 场，线下活动 15 场，主要包括：“文化·春节”系列活动、“我们的节日”传统文化在身边、“正月十五猜灯谜”、承图讲堂、承图国学堂、“4·23”世界读书日启动仪式、“快乐阅读助成长”六一走进围场慰问贫困儿童、“翰墨童心 放飞梦想”喜迎 2022 北京冬奥会首届河北省少儿书画作品征集活动、“阅学堂”益智读书会等一系列全民阅读活动，还积极与市社科联、市科技局合作开展社科普及周、科技活动周大型宣传活动等，共计 3 万余人参与到图书馆组织的各项活动中来。线上阅读特色活动“码上阅读”“每天一本书”“党史上的今天”等便捷丰富的数字阅读体验更是深受读者喜爱。

【主题教育活动】　为庆祝建党百年，发挥图书馆传递信息的社会职能，利用纸质和数字文献资源开展丰富多彩的“四史”学习、弘扬建党精神的主题活动，如：建立“红色记忆”专题书架，提供图书 2000 册、儿童连环画 150 册，开通“党建云”数字阅读平台，提供红色专题电子文献，组织社会各界人士开展清明诗会、“我与图书馆的故事”有奖征文、毛主席诗词书法作品评选、中共党史上的今天、“中国共产党党史上的第一”主题展览、“童心向党”绘画作品展评、“党史知多少”亲子手抄报制作、“踏寻革命之路”连环画阅读打卡活动等，尤其是与市群艺馆联合开展的“承德颂”诗文创作朗诵大赛，将本土作家原创的 200 余篇优秀诗歌作品汇聚成册收录入地方文献，并通过广大诗歌爱好者最美的声音展现给承德人民。

【完善特色资源库】　为积极响应中共中央总书记习近平号召，展现塞罕坝精神内涵，图书馆在中央补助地方专项建设资金的有力支持下，建成塞罕坝精神特色资源库。广泛收集文字、图片、视频等资料，不断丰富充盈特色库，使其持续焕发力量。8 月，习近平总书记在考察塞罕坝时，强调“抓生态文明建设，既要靠物质，也要靠精神”。承德是塞罕坝精神的发源地，塞罕坝精神是承德宝贵的精神财富和引领高质量发展的持久动力。图书馆作为公共文化服务的窗口，以及公共文化服务体系建设的重要组成部分，已明确目标和重任，不断补充完善与“塞罕坝精神”有关的资料，为大众提供内容丰富、方便快捷、资源共享的特色库平台。

【服务特殊群体】 注重细化老年人群体服务，以“关爱老年人、服务老年人”为宗旨，深入了解老年人的需求，通过举办公益讲座、开通特殊服务通道等方式，切实解决老年人运用职能技术困难的问题；通过广泛设立文津书房和书刊流通站，与各个社区建立长效服务机制，扩大图书馆服务半径，解决老年人及广大市民阅读“最后一公里”的问题。在2021年承德市第二届“中老年健康之星”遴选活动中，承德市图书馆被评为“敬老模范单位”。加强与市、区残联、盲协等部门的紧密联系，充分发挥视障人士阅览室及其资源的有利条件，不但将盲文书籍、电子听书机送到有需求的视障朋友手中，还与社区合作，将盲文图书放置在社会阅览室更加便于阅读学习，每逢传统节日和助残日，就组织残障人士举办诗歌朗诵会、心灵交流会、听书分享会等活动；派专人系统学习“手语”，方便为聋哑人士提供顺畅贴心的服务；图书馆门前广场还设有专门的残障人士停车位，为残障人士来馆学习提供便利条件，增强特殊群体的获得感、幸福感和安全感。

【图书信息传播】 利用新媒体平台，助推图书馆营销。将微信公众号作为传播信息的主要途径之一，关注者近7000人，推文浏览量约2500次。8月图书馆官方抖音平台正式推出，用影像和声音宣传图书馆服务功能、引领阅读方向、弘扬传统文化等。截至年底，成功发布承德市图书馆各窗口推介、全民阅读推广活动宣传片、“承小图”有话说、“承小图”看连环画、承德作家眼中的家乡、文学作家笔下的温暖浪漫、文津图书奖好书推荐等多个专题作品，获得读者的广泛关注。

【构建服务体系】 增加服务空间和时间。未成年人阅读区扩大200平方米，增设书法桌、棋艺桌等科普设备；首次开放夜馆至晚8点半，共促承德市夜经济发展。增购多种文献资源。争取财政拨款70万元，用于采购纸质新书3400种，1万余册，公众号新增开放文化讲堂、数字音乐、百科知识库等10个数字资源共享平台，另采购报刊510种，打破图书馆多年无经费采新书的困难局面。增建4家文津书房。设在承德博物馆、承德宾馆、洲豪酒店、宜家旺五叶书店，分别配备图书3000册，期刊2000册，数字阅读设备各1台，对外免费开放，圆满完成省文旅厅部署的年度任务指标；增建5家书刊流通站。使馆外服务进社区、进军营、进企业，定期更新图书，举办读者沙龙，解决市民阅读“最后一公里”的问题。

群众艺术

【概况】 艺术创作是一种精神劳动，属于个人劳动成果，承德市艺术研究所十分重视艺术人员创作创新，多年来一直鼓励支持年青骨干人员从事创作工作，2021年承德市艺术研究所不负使命，再创佳绩。

【艺术创作】 编辑出版《百年芳华——庆祝中国共产党成立100周年优秀原创作品集》，其中收录多首由市群众艺术研究所人员参与创作的歌曲：《满乡嫁女》《英雄》《伸出手有温度》《好日子都有了》《和合承德》《你是一本红色的书》《你在我心里种下了光》《梦，与你同行》《山河大地》《信赖》《问》《镰刀和铁锤的诺言》《绿色梦想》《请叫我中国》《寻梦的太阳》《回眸》《党旗最红》《只为这美丽的家园》《党旗下的人》等。撰写论文《祭祀仪式中的承德皮影戏——以宽城都山三霄娘娘庙会为例》参评第七届河北省非遗保护理论成果评选活动。担任残疾人歌曲《有你在身旁》的作词；担任歌曲《童心不老》的作词；创作原创歌曲《心中一面旗》《长城的问候》《一纸墨香》《秀美江西》《泓辉之歌》《党旗下的人》《不忘初心》《青松》等作品。

【获奖艺术作品】 参与承德首部原创音乐剧《青山谣》剧本创作、音乐创作、歌词创作、主要演员、LED背景视频制作等重要工作，该原创音乐剧被列入河北省庆祝中国共产党成立100周年优秀剧目展演；担任主演的音乐电视《枫叶之恋》在人民日报客户端、腾讯新闻网展播。摄影作品《普乐寺》入选“21届平遥国际摄影大展”，《避暑山庄》《普乐寺》《雾》《画》入围北京国际建筑文化摄影大展；作品《冲刺》入选河北省摄影家协会“第三十三届中国华北摄影展”；《志在千里》入选河北省自然资源厅脱贫攻坚成效集锦；《雪上芭蕾》入选河北省文联2021年“迎冬奥·庆新春”文艺作品展；摄影作品集锦《承德风光》入选河北省文联《燕赵文化》4月期刊。作词作曲《好日子都有了》在河北省文联公众号、河北音乐家协会公众号发表；歌词《一路暖阳》发表于燕赵词作家公众号；歌曲《伸出手有温度》入选中宣部“学习强国”平台、中国音乐家协会主办的《全国优秀战“疫”公益歌曲展播系列》，在省音协、省学习强国平台主办的《战“疫”赞歌》——原创音乐作品征集活动中被评为优秀作品，入选河北省抗疫优秀歌曲选《抗疫战歌》；《好日子都有了》发表在河北省《扶贫路上 最美的歌》“决胜全面小康 决战脱贫攻坚”主题歌曲创作优秀作品辑；《你在我心里种下了光》在河北省文联公众号、河北省音乐家协会公众号上发表；创作歌词《一路暖阳》《你在我心里种下了光》发表在2021年第四期《燕赵词作家》，获河北省文联原创歌曲二等奖，原创歌词二等奖；为奥运创作歌曲《北京时间》（作词），在河北新闻网发表。

【获市级奖艺术作品】 作词作曲《好日子都有了》、歌曲《你在我心里种下了光》在承德市音乐家协会公众号展播；为奥运创作歌曲《北京时间》（作词），在承德新闻联播、承德文联公众号、承德新闻网、承德音协公众号、承德艺术研究所公众号、承德手机台展播；原创歌曲《美丽眼睛》在承德市战“疫”公益歌曲征集活动中被评为优秀公益作品，并在承德好人网播发；歌曲《梦回长城》在承德市艺术研究所公众号展播；在承德市音乐家协会首届合唱比赛中，担任避暑山庄合唱团和承德爱乐童声合唱团节目编导，指导演唱曲目《夜夜的晚夕里梦见》《没有共产党就没有新中国》获一等奖，指导演唱曲目《童心向党》《卢沟谣》获“最美和声奖”；摄影作品《火》荣获承德市委宣传部“承德市琢酒杯夜景大赛”优秀奖，入选承德市夜景摄影大赛作品集。

【艺术活动】 参加“永远跟党走”承德市庆祝中国共产党成立100周年歌咏大赛；参加“奋斗百年守初心，砥砺前行当先锋”市直机关庆祝中国共产党成立100周年文艺演出；参加“传承红色精神 劳动创造幸福”全市职工庆祝中国共产党成立100周年演出活动；参加“恰是百年风华”承德矿业集团庆祝中国共产党成立100周年活动；参加“咏百年风华 颂魅力承德”承德市庆祝中国共产党成立100周年诗歌朗诵演唱会等合唱演出比赛活动。

【社会服务】 积极参与各项活动，为社会服务、为人民服务，以专业艺术工作者为表率，不断发挥文化志愿者作用。2021年承德市旅发大会开幕式展演剧目《青山谣》舞台、演出；为承德市彩色周末提供摄影、演唱服务，担任承德市“六一”儿童节联欢文艺演出节目编导；为承德市旅游宣传片拍摄提供演出服务；辅导残联选送歌曲演唱及录制参赛，录制多首“百年红船”庆祝中国共产党成立100周年文艺演出歌曲，参加承德市钢琴艺术节；为承德空军辅导小品《今天是你的生日》；义务管理承德市音乐家协会公众号，常年为公众号供稿；参加文旅创城巡逻小队，市艺术研究所积极参与活动，全力提供服务保障，在取得良好的社会效益的同时也锻炼培养人才队伍，进一步提升业务水准和专业水平。

2021年市旅游和文化广电局领导名录

党组书记、局长：唐秋华

党组成员、纪检组组长：韩立新

副局长：冯保中

党组成员、副局长：祝好勇

韩中山

甘彦秋

胡汉波

（李 想 供稿）

广播电视台

【概况】 制定《承德市迎接中国共产党成立100周年广播电视和网络视听安全播出保障专项工作方案》，明确工作任务，组织广播电视播出和传输单位开展建党100周年广电行业安全播出大检查动员会议，对承德广播电视台、河北广电集团承德有限公司、〇五转播台、兴隆县广播电视台等单位安全播出工作进行检查，圆满完成“春节”“两会”“建党百年”等重要节点广播电视和网络视听安全播出、安全传输任务。

提升市级广播电视监测监管能力，设立市级广播电视监测中心，充分发挥安全调度指挥职能，强化日常监听、监看、监测管理工作。推进平泉市、滦平县、承德县应急广播体系建设；完成8个县市地面数字电视700Mbps频率迁移，建成C频段广播电视卫星接收站52个。

积极推进河北省民族自治县有线高清交互数字电视机顶盒推广普及项目建设，其中围场满族蒙古族自治县升级用户4000户，丰宁满族自治县升级用户3000户，切实保障民族地区人民群众实现由“看电视”向“用电视”的新跨越。推进融媒体建设，双滦区中视微传承德网络科技有限公司中国承德微电影短视频产业孵化园成功创建河北省网络视听协同创新基地，全力打造特色的网络视听协同发展项目集群。

持续开展“两节”“两会”期间广播电视播出和传送秩序专项整治工作、2021年度非法卫星电视接收设施专项整治工作和京津冀地区调频广播秩序整治专项行动。对辖区内擅自使用广播电视专用频率、乱播、乱放等违规行为进行全面排查，对未经批准，擅自发射的频率坚决关停，及时消除隐患。与承德市无线电管理局、承德市市场监督管理局等部门多次就全国两会等重要保障期间，对市广播电视台、广播电视发射台、一〇八四转播台等单位安全播出和安全传输工作进行联合检查，未发生安全播出事故。

【服务群众】 制定《中共承德广播电视台委员会“我为群众办实事”实践活动实施方案》，确定11项任务，进一步在开展实事项目、加强新闻宣传、深入党员志愿活动等3个方面下功夫。在落实实事项目方面，争取资金1000多万元，有效解决一批重点、难点问题。在新闻宣传方面，广播、电视、冀云融媒体平台均开设《我为群众办实事》专题专栏，对全市优秀党员、优秀基层党组织的先进事迹进行展播。新媒体启动“我为群众办实事”进社区系列活动，足迹遍布承德市区各个社区，策划“普法律师进社区”“义诊医生进社区”“防火消防进社区”“防盗民警进社区”等活动主题，推出一系列贴近群众的民生报道，充分发挥主流媒体的使命担当。在党员志愿活动方面，与畅园社区共开展“我为群众办实事”志愿活动6次，参与党员达60余人次，服务群众300人以上。

【聚焦重大报道】 及时深入宣传贯彻落实中共中央总书记习近平在承德考察调研时重要讲话指示精神。圆满完成习近平总书记来承德考察调研期间宣传报道任务。协助中央台、新华社、《人民日报》和省广播电视台等媒体，做好前期拍摄和后期追踪报道；及时向中央级和省级媒体报送稿件。在中央电视台发稿9篇（新闻联播2篇），央视新闻客户端发稿14篇，新华社发稿7篇，《人民日报》客户端发稿4篇，在河北电视台新闻联播发稿12篇。中央人民广播台发稿11篇，河北电台发稿17篇。创新形式，全面做好中共中央总书记习近平重要讲话指示精神解读。通过开设《牢记总书记嘱托奋力开启建设高质量发展的生态强市魅力承德新征程》等系列专栏，迅速报道承德市各级各界反响，展现全市干部群众进一步激发干事创业、改革创新的工作热情和落实情况。同时《承德新闻》节目“十一”期间制作播出《牢记总书记嘱托　开启新征程再创新业绩》特别节目，播出7期，回访习近平总书记考察调研过的地方，充分展现承德市各级干部群众认真贯彻落实习近平总书记重要讲话指示精神，激发起全面建设高质量生态强市魅力承德新征程的信心与决心；发挥新媒体优势多角度报道。新媒体开设《总书记到我家》等列表专栏，运用长图、短视频、H5（新一代电脑和手机端网页形式）、电子海报、微视频等形式转发103篇，对金句集锦、反响等内容进行多角度报道，共发稿30余篇，迅速掀起学习习近平总书记重要讲话指示精神热潮。

【聚焦宣传引导】　及时做好习近平新时代中国特色社会主义思想宣传解读，彰显新时代主流媒体引导力。进行深入解读和权威报道。成立专门采访报道组，抽调骨干记者编辑，沿着中共中央总书记习近平在承德考察调研路线做深度回访报道。从生态文明、文化遗产保护与传承、宗教工作和民族团结、乡村振兴、养老服务等几个方面策划推出《牢记总书记嘱托》等10个系列报道，播发稿件近30篇，把落实总书记调研重要指示精神的宣传进一步推向高潮。大力弘扬塞罕坝精

10月18日至21日，《“聚焦京津冀　见证十四五”——追循习近平总书记的足迹，踏寻承德绿色发展》协同宣传活动开幕式在承德嘉和国际饭店举行

神。围绕贯彻落实总书记对承德批示指示精神，大力弘扬塞罕坝精神。开设《大力推进生态文明建设》《弘扬塞罕坝精神》等长线主题和生态专栏，重点播出《承德：弘扬塞罕坝精神厚植生态底色》《百万亩林海构筑“绿色长城”》等大量重点稿件。其中，《人工林海的55年成绩单》《塞罕坝：北方林场里的青春史诗》等多篇新闻报道在中央台和省广播电视台播发；《民声直达》栏目策划并推出一系列关注民生节目，《我心中的塞罕坝精神》系列，《今日聚焦》栏目策划推出《接续奋斗开启高质量发展新征程》贴近民生、抓落实、办实事的系列节目。拍摄了《用生命接力、为信仰坚守》等多部宣传短片、公益广告和短视频。

【主题宣传】　突出庆祝中国共产党成立100周年主线，营造共庆百年华诞、共创历史伟业的浓厚氛围。做亮主题宣传。聚焦主题主线，各媒体纷纷开设专题专栏，全面践行中共中央总书记习近平“七一”讲话精神，全方位多角度宣传全市上下开展的中共党史学习教育。《承德新闻》开设贯穿全年的《奋斗百年路　启航新征程：永远跟党走》专栏，形成全方位、多角度、立体化的报道态势，为建党100周年营造浓厚的舆论氛围。《民声直达》推出有深度、影响大的主题报道，《学习百年党史、汲取奋进力量》专栏，播发《学党史践初心　办实事暖民心》《昔日抗日根据地　如今

红色旅游村》《总书记牵挂的“社区老年食堂”》等百余篇稿件，《今日聚焦》推出《从百年党史中汲取奋进的力量》《人民满意的公务员》系列专题，全年共播发稿件1250余篇；做强全媒体宣传。电视《今日视点》开设《我为群众办实事》专栏和“弘扬塞罕坝精神　推动高质量发展”主题策划，展播承德市优秀党员、优秀基层党组织的先进事迹；广播新闻综合频道推出《兰津阁　用档案讲述承德党史》专栏，挖掘承德馆藏红色档案资源，生动展现承德地方党组织带领承德人民践行初心使命的奋斗历程，以史育人；承德新闻网和冀云知承德App推出《空中微课堂　百名劳模讲党史》《奋斗百年路　启航新征程》《光荣在党50年，峥嵘岁月守初心》等10个专栏，全方位营造开展党史学习教育的浓郁氛围。承德广播电视报与承德市档案馆合作推出“不忘初心、牢记使命——庆祝中国共产党成立100周年”特刊，开设8个版面，用档案讲述承德党史，重温百年奋斗史诗。

【舆论引导】　做好疫情常态化宣传和舆论引导。充分发挥广播、电视、新媒体的优势，做到移动优先、融合传播、多点推送，多视角、多平台、多渠道、多手段，全景式、全方位、全媒体发布疫情权威信息，全面疏导百姓心理，及时回应社会关切和舆论关注，全力做好舆论引导工作，全面提高防疫信息的覆盖面和到达率。围绕市委、市政府中心工作增强宣传态势。围绕市委、市政府中心工作、重点工作部署和重大事件，把握主动权，在“两区”建设，弘扬塞罕坝精神、中共党史学习教育、“三重四创五优化”“三基”建设年活动、乡村振兴、承德高质量发展、疫情常态化经济社会发展等重点工作中，通过连续报道、系列报道、经验性报道等多种形式，多侧面、多角度、全方位展现承德市全面开启建设新时代经济强市魅力承德进程中好的经验与做法。高质量完成市党代会、市两会宣传工作。将《民声直达》《今日聚焦》两档节目打通，策划统一栏目《党代会特别报道》及《两会特别报道》，各新媒体运用网络、客户端、微信、抖音、视频号等平台，以不同形式对承德市党代会和市两会进行全方位报道。第一时间发布市党代会和市两会期间重大时政报道，向网民及时传播会议精神，取得良好的传播效果。

【上宣外宣】　全面展示魅力承德形象。上宣外宣工作取得新成绩。在新华社、《人民日报》客户端、央视频、央视客户端、中国新闻网等中央级新媒体平台发稿87篇，在中央广播电视总台发稿238篇，河北广播电视台发稿983篇，超额完成全年目标任务；在中国黄河电视台播出纪录片9部，在美国斯科拉电视网播出10部。《中国影像方志》——《宽城篇》和《兴隆篇》分别在中央电视台顺利播出，广播电视台获得2021年度省台联盟协作金奖。主动外联，对接京津冀，外宣工作取得新突破。2021年10月，主动谋划对接，成功举办“聚焦京津冀 见证‘十四五’——追循总书记的足迹，踏寻承德绿色发展”采访宣传活动，邀请京津冀三地广播电视台和融媒体共19家媒体的记者，沿着中共中央总书记习近平考察的重要点位进行集中采访，制作的电视节目和新媒体作品在三地各家媒体的主要频道和主要新媒体平台播出和推送，截至年底，参加此次活动的各媒体制作、播发电视新闻、电视专题、新媒体作品共63篇。全面展现承德人民牢记中共中央总书记习近平视察承德时的讲话和指示精神，并将其转化为全市上下在“十四五”开局之年干事创业的热情和干劲，让习近平总书记重要讲话、指示精神落地生根、开花结果，推动加快建设高质量发展的“生态强市、魅力承德”新局面。加快媒体融合，壮大主流声音。在1月22日高铁承德至北京段开通当天，集中各传播媒介20多个近百名记者、编辑进行2个小时的全程、全线、全媒体直播，全景呈现高铁首发盛况，并与央视

《新闻直播间》进行4分50秒的现场连线直播；积极整合新媒体资源，构建全媒体传播格局。广播、电视、报纸、新媒体等部位实现平台共享、内容共享，极大提升各新媒体平台的影响力和关注度，形成强大传播态势："承德融媒"抖音号共制作发布短视频732条，单条最高浏览量达666.7万次，"10万+"作品23件，粉丝1.1万人；承德新闻网微博和承德新闻网微信公众号共发布消息600余条，单条最高点击量为840.8万次，获赞105.5万个；承德广播电视报抖音官方号0314社区粉丝20.1万人，单条最高点赞73万个、单条最高浏览量1700万次。

10月，承德市邀请京津冀三地广播电视台和融媒体共19家媒体，成功举办"聚焦京津冀见证'十四五'——追循习近平总书记的足迹，踏寻承德绿色发展"采访宣传活动

【安全保障】 圆满完成全年安全优质播出工作和重要安全保障期的安全播出保障工作。积极开展应急模拟演练，通过演练提高工作人员的应急处置能力。加强问题排查，按照责任管理流程，明确分工，并对供电系统安全、网管安全、转播和播出安全、人员管理安全和突发事件安全等进行自查自纠，确保播出安全无事故。

2021年市广播电视台领导名录

党委书记、台长：苏永民

党委副书记、总编辑：杨正义

党委委员、〇五转播台台长：伊志山

党委委员、副台长：赵德强

计卫泽

李新华

党委委员、一〇八五转播台台长：杨润中

（刘学梅　供稿）

承德日报

【概况】 《承德日报》坚持"新闻立社、经营强社、人才兴社、团结旺社"，不断提升政治判断力、政治领悟力、政治执行力，在中共党史学习教育中坚定理想信念"根基"，筑牢疫情防控"思想防线"、坚定主题宣传"工作主线"、巩固融媒体建设和生产经营"发展前线"，持续把《承德日报》打造成为全市最具影响力和竞争力的现代主流媒体。

【新闻宣传】 坚持"新闻立社"，以习近平新时代中国特色社会主义思想为指导，新闻宣传实现新突破。学习好、报道好党和国家重大决策部署，持续推动习近平新时代中国特色社会主义思想入脑入心。始终牢牢坚持党报的党性原则，将及时、准确、全面传播党和国家重大决策部署以及展现好新时代、新理念、新成就作为讲政治的现实检验。2021年，两报充分利用头版、头条、报眼、要闻版、国内国际时政新闻版等最重要的版面和最重要位置，以最醒目的标题、最好的版式、最突出的视觉效果，对新华社、人民日报关于中共中央总书记习近平的重大时政活动、重要讲话、重要文章以及党和国家重大决策部署的新华社新闻通稿进行及时转发；对新华社近8000篇有关贯彻落实习近平新时代中国特色社会主义思想、中共十九大和历次全会精神的重大举措、重大成就、重要法律法规、重要文件、重要决议和国际新闻进行及时转发，精心编辑出版国内、国际时政新闻版400余个。

【推出建党百年专版】 及时刊发转载新华社、人民日报等央媒的重要稿件、图片，并通过开设《奋斗百年路 启航新征程——共产党人在承德》等专栏、组织庆祝中国共产党成立百年专版等方式，深入宣传报道中国共产党百年来的奋斗历程和辉煌成就，深入宣传报道承德市在中国共产党的领导下，发生的翻天覆地变化，引导广大读者坚定不移地团结在以习近平同志为核心的党中央周围，为实现中华民族伟大复兴的中国梦而努力奋斗。特别是7月1日，统筹出版32个版的“百年风华启新程——庆祝中国共产党成立100周年典藏特刊”，通过“党的盛典、人民祝愿、百年大事、承德印记”四个部分，回望历史、展望未来，激发全市人民为实现第二个百年奋斗目标而努力拼搏的昂扬斗志。

【中共中央总书记习近平莅临承德视察宣传】 作为全年宣传重中之重，策划3个整版，以超大图片为主，对总书记承德视察再做深入、细致、全面的宣传报道。《承德日报》在头版头条位置强势推出“牢记习近平总书记嘱托 奋力开启建设高质量发展的生态强市魅力承德新征程”通栏，同时连续刊发《习总书记点赞的“时间银行”》等5篇系列回访。进入12月，日报又策划《沿着习总书记考察承德的足迹看变化听心声》系列，推出《 请总书记放心，我们一定守护好这片林海！》等系列重磅文章，各有关媒体纷纷转载，在社会上产生强烈反响。

《承德晚报》针对习近平总书记就生态文明建设、民族团结、乡村振兴、养老服务等发表的重要讲话内容，推出6个版的《本报记者循着总书记的脚步感受日新月异的承德系列报道》，全方位展现承德人民牢记总书记嘱托，开拓进取，二次创业，迈向高质量发展新征程的坚实脚步。晚报系列报道，省委宣传部第73期《新闻阅评专报》给予高度评价，市委常委、宣传部部长赵青英对此进行批示，予以肯定。

【新冠肺炎疫情防控宣传】 坚决贯彻落实中共中央决策部署和省、市委要求，切实把疫情防控宣传作为最重要的工作抓紧抓好。疫情防控常态下，坚持以高度的政治责任感和强烈的使命感，及时把防控措施、防控要求、防控经验、防控典型传到千家万户，充分发挥主流媒体“定盘星”“压舱石”“风向标”的职能，为全市统筹疫情防控和经济社会发展提供强大的舆论支持。

【主题报道】 为深入推进“中共党史学习教育”“落实省、市党代会精神”“承德产业发展”“实事记者现场直击”等20余个专栏，刊发大量稿件、图片，为全市高质量发展做出应有的贡献。同时紧盯重点、热点事件，精心策划，组织精干力量，深入采访，采写推出先进典型报道《把洪水挡在前面，把群众护在身后——追记在“7·13”抗洪抢险中因公殉职的承德县新杖子镇党委书记邢中山、副镇长冀凤学》以及《“一切才刚刚开始！”——记承德籍东京奥运会射击冠军杨皓然》《两山理论的承德实践——我市大力推进生态文明纪实》等重点报道。全年撰写刊发10大系列50多篇社论和本报评论员文章，对推动中央和省、市委重大决策部署，发挥巨大的舆论引导作用。

【办好副刊专版】 两报强化副刊的政治性与艺术性的完美统一，在贴近群众、贴近实际、贴近生活上下功夫，突出“通过讲好承德故事，展现厚重人文，弘扬时代精神，提升文化品位，增强文化自信”的办刊宗旨。《热河周末》《百花园》《文化视野》《新视觉》《经济周刊》先后推出倡导绿色生活方式、传播生态文明理念、疫情防控等一批可圈可点的版面和稿件，成为地方党报利用副刊弘扬社会主义核心价值观、以优秀作品鼓舞人的践行者。两报全方位加大民生新闻报道力度，将满足群众需求、回应群众关切、维护群众利益作为整个民生新闻的出发点和落脚点，通过《民生关注》专刊以及《内参》来畅通民意。全年采写刊发民生新闻500多篇，对城市建设、养老体系建设、食品安全、消防安全等方面进行深入调查，推出深受读者好评的民生稿件。《水泉沟抗日志士万人坑亟待保护》等内参稿件得到有关市领导批示。因曝光报道而推动解决、整改的不文明现象和有关工作达50多项，为党委、政府提供卓有成效的决策参考。在习近平总书记考察承德之际，《承德日报》推出《"三农"在线》，既是对脱贫攻坚宣传报道的接续，更是为乡村振兴鼓掌与欢呼。全新的版面设计，全新的栏目设计，全新的表达方式，得到社会的广泛赞誉。《承德晚报》专刊突出阶段性人物和事件，亮点纷呈。特别是邀请市委党史研究室原副研究员郝洪喜，每周在《文化版》《郝洪喜讲党史》专栏为读者讲述承德百年党史知识和重大历史事件、人物，深受读者喜爱。

【上宣外宣】 将精品带动战略作为打造《承德日报》社品牌和提升舆论引导能力的重要途径，涌现出一大批新闻精品力作和体现全市主基调的好文稿、好图片、好版面和一批宣传承德市委、市政府中心、重点工作的重头稿件，同时为新华网、中国政府网提供大量原创新闻稿件，在网媒上形成强大的宣传承德攻势。《承德日报》记者采写，在《人民日报》刊发的《承德大比武贯彻大落实》《承德生态至上　力促高质量发展》、《经济日报》刊发的《河北承德：农业产业化项目建设掀起高潮》等十多篇重大稿件得到市委主要领导的高度肯定和批示。

【公益宣传】 两报刊登经过精心设计的有关社会主义核心价值观、讲文明树新风、抗击新冠肺炎疫情、垃圾分类、护林防火、关爱未成年人、全国道德模范提名奖获得者等公益广告，特别是7月奥运会期间，按照市委、市政府的统一安排，连续发布"河北奥运健儿出征奥运"公益宣传广告，重点在醒目版面连续发布承德籍选手杨浩然夺冠祝贺广告，鼓舞和凝聚干部群众士气。截至年末，共计出版150余个整版。

【人才培养】 坚持"兴社"，以推进深度融合为突破口，增强干事创业的精气神，进一步凝聚新力量。与第三方合作，采取"请进来"的方式，邀请网络技术专家为全体采编人员进行技术指导服务，组织抖音、快手、微信制作、短视频拍摄等技术讲座20余场。深化"青蓝工程"，着力提升结对帮带效果，加强后续力量，推进马克思主义新闻观的培训学习，重点启动"四力"教育、"三比三争"以及"走转改"活动。逐步建立以融媒体中心为龙头的调度机制和适应新传播格局的采编流程，据不完全统计，原创新闻发布量、阅读量大幅提升，仅抖音视频号粉丝量就突破10万，首次实现千万播放量，百万播放量成为常态。

2021年《承德日报》社领导名录

党委书记、社长：王立功
党委副书记、总编辑：周　易（蒙古族）
党委委员、副社长：叶振杰（蒙古族）
李全江
张　强（满族）
党委委员、副总编辑：李小玉（女，满族）
宋子健（女，满族）
苏建辉（满族）
张青龙（满族）

（李佳宁　供稿）

综 述

2021 年，中共中央总书记习近平到承德视察提出“要保护好、传承好、利用好中华优秀传统文化，挖掘其丰富内涵，以利于更好坚定文化自信、凝聚民族精神”重要指示要求，为文物事业发展提供强大动力，指明方向。按照市委全会“加强承德文化资源保护挖掘利用，推进文化事业和文化产业繁荣发展”的安排部署和“高标准、快行动、见实效”的工作要求，在新时代新征程中，承德市牢固树立一盘棋意识，开展“创新产业建设、创新收入模式、提高服务质量、提高景区品质”的“双创双提”活动，各项工作现生机。受疫情影响，景区接待人次 183.2 万人次，门票收入 1.4 亿元，同比 2019 年正常年份游客接待量降低 53%，门票收入降低 51%。

贯彻落实习近平总书记重要指示精神。制定《大力加强文物资源保护挖掘利用扎实推进文化事业和文化产业繁荣发展工作推进方案》，并成立专项推进专班。经多次跑办，获得多方支持。国家文物局对承德市落实中共中央总书记习近平考察承德对文物保护的重要讲话指示精神表示认可和支持，并就今后的工作方向和思路进行指导，同意承德地区申报“国家文物保护利用示范区”。与故宫博物院在加强承德地区历史文化研究，在展览、讲座、文创等方面达成合作共识。对标国家文物局“十四五”文物保护和科技创新规划相关内容，对承德市文物保护项目库进行重新调整梳理，并积极上报省文物局。

严格遵守各项疫情防控工作要求，科学防治、精准施策，对全系统干部职工建档立卡，实行全系统疫情防控日报告制度。组织旅游景区及配套服务设施从业人员 3200 余人开展核酸检测 40 余次，实现文物系统和管辖景区“零感染、零确诊”。

加强精神文明建设，完成各类创城工作任务，顺利通过全国文明城市国测、省测。被评为河北省文明单位、继续保留全国文明单位荣誉、承德市创建文明城市工作先进单位、市直模范机关称号。

文物保护与利用

【概况】 为提升文物保护利用水平，争取省级专项资金 42.5 万元，用于制作文物安全告示牌，全市 480 处文博单位已制作公告牌 519 个。完成全市 29 处不可移动革命文物、5 处石窟寺文物的公布工作。编制完成《承德市文物保护“十四五”规划》，为承德市“十四五”时期文博事业健康科学发展提供保障。加快《避暑山庄及周围寺庙文物保护总体规划（2021—2040）》的修编工作，组织专家对市直相关部门和双桥区政府反馈的意见进行论证。

【古建筑预防性保护】 充分利用好古建筑预防性保护调查与评估系统，定期组织专业技术人员对避暑山庄及周围寺庙所有古建筑进行详细的勘察和评估，实现从古建筑的传统的被动修缮逐步向主动的预防性修缮转变。至年末已完成 50 余项古建筑预防性保护工程。

【文保项目建设】 加大文保项目的争列和监管力

度。对全市文物保护项目,每半月进行一次调度,及时掌握项目的实施情况。督导长城国家文化公园建设项目顺利实施。至年末,金山岭长城保护展示、涝洼长城五道梁抢险加固2个项目均已完工。不断提升山庄馆藏文物保护利用水平。重点推进实施避暑山庄博物馆可移动文物保护修复项目、避暑山庄博物馆数字化保护项目、避暑山庄博物馆预防性保护项目。稳步推进石窟寺保护利用工作。经调查统计,全市共有石窟寺5处,现已制定印发《承德市关于加强石窟寺保护利用工作方案》,为工作开展提供保障。

【革命文物保护】 承德市共有29处不可移动文物被公布为革命文物,现已制定印发《承德市贯彻落实习近平总书记对革命文物工作重要指示及全国革命文物工作会议精神实施方案》,并抓好贯彻落实。

【考古工作有序开展】 有序开展各项考古调研勘探工作,已完成热河道台衙署保护修缮一期工程考古工作,并配合省考古研究院完成承德地区红山文化调查前期准备工作,至年底,已对隆化县七家镇白杨沟墓地进行考古发掘。

景区建设与文物安全保障

【概况】 景区建设是景区持续高速发展的原动力,通过提升避暑山庄及周围寺庙景区软硬件水平,加强对外交流合作,扩大知名度,提升景区影响力,带动地区经济发展,共建"生态强市,魅力承德"。全年较好完成各项管理工作,避暑山庄及周围寺庙景区荣获"河北省首批智慧景区示范点""省级文明旅游示范单位"。加大对各县区文物执法监管力度,实行市与县区季度工作对接联系及季度执法抽查工作机制。完成景区内高清摄像头安装工作。

【提升服务质量】 高标准、高质量建设游客中心。为更好保护避暑山庄历史格局、整治景区周边景观环境、完善旅游服务功能、提升城市整体形象,在避暑山庄德汇门东侧建设避暑山庄及周围寺庙集中管理用房(兼游客服务接待中心),规划建筑用地面积3993平方米,总建筑面积1041平方米。至年末,工程主体施工、室内地采暖、室外绿化等工程已完工,室内展示装修设计方案已通过专家论证,计划2022年"五一"开业运营。

【山庄亮化】 打造"避暑山庄之夜"核心品牌。为提升山庄景区夜间的安防水平并积极配合促进承德夜经济发展,实施"夜游山庄"亮化工程,夜游路线共约5.9千米,打亮古建筑25处,打造承德旅游新亮点。

【文物安全监管】 开展文物执法巡查及安全督查1000余次,检查文物单位2345处,发现并整改安全隐患30余项,整改率100%,配合公安机关侦办倒卖文物案3起,收缴文物88件。进一步推进安全生产风险分级管控与隐患排查治理双重预防机制建设工作,在全系统形成"双控"工作运行模式,全力确保避暑山庄及周围寺庙景区安全生产无事故;同时,在景区开展安全生产(消防安全)专项整治三年行动、安全素质提升工程三年行动等专项活动,强化督导检查和宣传教育,提高景区的安全风险预防和隐患治理能力。与中国铁塔集团合作,在景区原有监控系统基础上,完成景区内18个点位的高清摄像头安装工作,相关实时监控数据已连接到市森防指监控平台和市文物局仓房监控,已基本建成景区高清智能监控系统,极大地提升景区的监控能力。

文创产业及活动

【概况】 2021年,与中国文化遗产研究院联合共建的“中国文化遗产研究院石质文物保护与科技创新基地”“避暑山庄及周围寺庙文物修复实验室”在承德博物馆正式揭牌成立，做好文化遗产保护工作。与天津大学合作成立“避暑山庄及周围寺庙天津大学研究中心”“天津大学建筑教学实践基地”“文物建筑测绘研究国家文物局重点科研基地——承德文物局工作站”，开展避暑山庄及周围寺庙学术研究。与中国文物保护基金会罗哲文基金管理委员会联合举办召开“古建美中华魂”——中国古建筑文化匠心传承公益行动遗产地保护与发展学术研讨会。与中国人民大学联合共建的“中国人民大学历史学院实践教学基地”在中国人民大学正式挂牌成立。与中央美术学院联合共建的“教学实践基地”“复原研究与艺术创作中心”“文创产品研发基地”在承德市挂牌成立。与中国青旅集团融媒体中心签订战略合作协议，将在全国4000家影院的4万块大屏幕免费宣传推介承德避暑山庄及周围寺庙景区，文物局直播团队可作为中青旅旗下的学习强国直播团队分站，对重要活动热点信息进行推介。与中国“一汽”集团合作的避暑山庄红旗文创体验店在避暑山庄蒙古包正式落成，“一汽”提供的无人驾驶小巴士在景区内首次亮相。

【文化学术研究】　组织专人对《河北省志·避暑山庄及周围寺庙志》《承德市志·文物志》（1989年至2015年）、《中国文物志·行政管理与事业单位发展篇》《承德文物志》部分内容的修撰和数据进行完善。上报社科联《2021年度承德市社会科学发展重点研究课题》4篇重点课题，3篇完成立项。对避暑山庄、外八庙楹联匾额进行校对、补充整合，为宣传景区、深化文创产业打好基础。

【文化传播】　结合“5·18”国际博物馆日，充分展示承德传统文化和丰富历史资源，推出“庄外那些山”和“苍松不语古意浓”两大主题展览，并同步上线数字展厅。联合沈阳故宫博物院在承德博物馆举行“玉”寓吉祥——玉器精品展，取得良好社会反响。完善基础设施建设，为公众提供阅读空间。承德博物馆与湖南宏瑞文博集团合作建设的学史研史阅览室、与市图书馆合作建设的“文津书房”均已投入使用。

【文创产品研发】　新研发落地避暑山庄御花园椴树蜜、须弥福寿平安珠、烟雨楼雪糕、清宫团扇等60余款文创产品。推进知识产权保护工作，维护景区专属品牌。共有15个类别中的部分商品名称注册成功，阻止后续抢注商标12件。积极组织参加文创赛事和展会，传承景区文化，其中吉祥八宝书签获省级铜奖。

【媒体营销】　在各类自媒体发稿362次，总阅读量539.2万人次，加强与主流媒体的沟通联系，各媒体报道信息106次。开展门票促销。实行旅行社和导游员推广、“乘着高铁游承德”东北三省文旅宣传推介会等6项促销政策，促销售门票4117张。开展“最美避暑山庄·皇家园林半程马拉松赛及全民健身跑”活动，打造“避暑山庄＋体育”旅游品牌。举行“清代二百年装束演变复原展示活动”,打造“避暑山庄＋服饰”旅游品牌。

2021年市文物局领导名录

党组书记、局长：高永海（7月免）
　　　　　　　　王荣昌（7月任）
党组成员、副局长：高士堂（挂职）
　　　　　　　　相　阳
　　　　　　　　单洪斌（蒙古族）
　　　　　　　　杨延平
　　　　　　　　李建来
党　组　成　员：乔治海
党组成员、纪检组组长：刘金山

（叶子烨　供稿）

承德博物馆展览

【概况】 2021年，承德博物馆深入贯彻中共中央总书记习近平视察承德时提出的相关文化遗产保护的重要论述和指示精神，大力加强文物资源保护挖掘与利用，扎实推进文博事业繁荣发展。文物安全工作措施有力，博物馆活力不断焕发，管理能力和综合治理水平不断提高，文创开发工作持续升温，让文物活起来得到创新发展，各项工作取得新进展，文物展览方面取得新突破，为推动事业发展作出积极贡献。

【助推陈列展览】 完成现有展厅常态化定期巡查及日常管理工作。制定展览部工作制度、岗位职责及日常巡查制度，对指定重点文物进行重点巡查、对温湿度及其他情况做好监测，做到跟进式观察记录，做好汛期雨后、地震等环境下展厅文物及展板脱落、移动、破损等情况的巡查，保证展厅的文物安全；完成通史、山庄、帝后生活现有展厅纠错改陈工作，主要对通史展厅30处展板、说明牌进行更正，对所有地图重新进行考证，规范行政区名称标注、完善补配图例等内容，重点突出承德地域特定的文化特征，完善文字标注。对山庄展厅大纲进行修订，经过专家论证进一步完善，根据展厅大纲变动，对85处展板、说明牌等进行重新喷绘，重新设计制作，并在原位进行装裱，对展厅建筑模型补配树木和点缀物。对帝后生活展厅“天籁书屋”进行改造，对场景进行重新设计，布展改名为“经畬书屋”，达到最佳观感效果；提升策展理念与展览模式融合，积极推出《承德十大名山专题展》浓墨重彩的概述市区的诸多名山，这些奇峰峻岭不仅是康熙皇帝择址修建山庄的重要元素，同时也是山庄景观意趣的重要组成部分；《刘爱民绘画艺术专题展》展出刘爱民先生多年积攒的数百幅作品，这些记述已成为山庄文化研究的重要佐证；“玉”寓吉祥展览，集中展示来自沈阳故宫博物院与承德博物馆清代宫廷玉器70余件展品，这些精美、奢华的藏品，让观众穿越时空感受清代玉器制作和发展的最高水平。

7月30日，承德博物馆与沈阳故宫博物院共同举办“玉”寓吉祥展览开幕式

【文物藏品保护】 为规范文物藏品征集工作，参照《中华人民共和国文物保护法》《国有博物馆藏品征集规程》等国家文物政策、法规，制订《承德博物馆文物藏品征集管理办法》，该管理办法自2021年10月13日起试行。为充实馆藏文物数量，丰富文物类别体系，切实从馆藏现状实际出发，严格遵循《中华人民共和国文物保护法》《国有博物馆藏品征集规程》等相关国家文物政策法规，开展文物征集工作。现已征集与承德地域文化、博物馆山庄文化、民族团结、佛教艺术、清代帝后生活展览主题相契合的文物藏品共计51件。接收刘爱民先生捐赠“仓古长歌”松树画卷1件、夏天捐赠战国青铜箭镞等21件、崔廷玉先生捐赠《世界和平富贵图》百米牡丹长卷（副本）1件，为感谢捐赠者对博物馆事业的支持，特向捐赠者颁发捐赠证书。做好借展文物归还及文物续借工作，归还避暑山庄博物馆和外八庙管理中心借展期满的文物藏品20余件（套），与6个县（市、区）博物馆签订文物续借手续。展览期间，科学、规范的保护与管理文物藏品。

【文物藏品管理】 按照《河北省文物局关于开展国有可移动文物收藏保管情况专项调查的通知》的要求，对承德博物馆展线展出的可移动文物保管情况进行认真、全面、准确的调查核实工作，撰写《承德博物馆可移动文物收藏保管情况调查报告》。并在“河北数博”微信公众号在线填写《国有可移动文物收藏情况调查问卷》。按照《河北省文物局关于基层单位文物库房安全状况调查的通知》的要求，对库房安全状况进行检查，撰写《承德博物馆文物库房安全状况调查报告》，并从文物库房技术防范设施、物理防护设施、消防设施、人防措施、出入库监管、安全管理责任落实等方面如实填报《基层单位文物库房安全状况调查表》。承德博物馆无馆藏文物，面向社会开放36个月后，确保其可持续发展必须参加博物馆定级工作。为完成博物馆定级评估和高质量举办展览工作，根据承德博物馆的定位，从避暑山庄博物馆、外八庙管理中心选取与承德地域文化、山庄文化、民族团结、佛教艺术、清代帝后生活等内容相契合的部分文物，申请调拨至承德博物馆收藏展示，解决文物藏品来源问题。根据实际需求采购2间存放陶瓷器库房的专用储藏设备，以便于文物藏品的科学存储，从而提升藏品安全保护管理工作，完善文物库房配套设施。

【宣传教育】 2021年，世界博物馆日的主题是“博物馆的未来——恢复与重塑。”围绕主题承德博物馆开展系列宣传活动。共同探讨在世界范围内疫情常态化防控的背景下，博物馆面向未来应如何应对多重挑战，积极探索博物馆发展的新方向、新模式、新方案。5月18日博物馆举办“国际博物馆日”活动，官方公众号撰写与发送并拍摄宣传视频进行网络宣传。新展览“庄外那些山”“苍松不语古意浓——刘爱民先生御苑松歌艺术展”开幕，配合宣传LED大屏以及官方网站和公众号进行发送。承德博物馆与沈阳故宫博物院携手举办“‘玉’寓吉祥——馆藏玉器精品展”，并正式建立战略合作伙伴关系，悬挂横幅及主题展板，因疫情原因承德博物馆选择线上线下相结合的宣传方式进行展览及宣传。8月24日习近平总书记来到承德博物馆，参观《望长城内外——清盛世民族团结实录》展览，为全面落实习近平总书记重要讲话指示精神，开办“鹿鸣讲堂”，延请国内著名国学者与本系统专业人员开展学术讲座23场；成功举办“红领巾讲党史”“总书记我们想对你说”“吾家春联自己写”等社教活动10场；建立专职讲解、专家义务讲解、志愿者讲解、语音导览系统和智能机器人讲解五个层次组成的多元化讲解模式，并举行讲解培训5次；更新宣传模式，扩大传播途径，采用线上线下相结合的方式开展宣传工作，利用微信公众号、抖音平台等数字媒体与公众建立连接关系，并拍摄相关宣传视频28个；完成省电视台

5月18日，承德博物馆在多功能厅举办“世界博物馆日”系列活动。上图：承德博物馆馆长孙继新致辞；下图：承德市特殊教育学校师生表演《大爱》歌伴舞

策划的“行走的博物馆”“长城纪录片”等节目的录制工作，同时配合央视、省视和地方电视台的讲解工作。

【安全保障】 2021 年，承德博物馆根据实际情况不断修改、完善安全生产制度、各项应急处置预案；每月检查、组织研究两次安全生产工作；落实“党政同责、一岗双责”业务工作与安全工作同时部署、安排 实施、监督检查；在两会、建党一百周年、节假日等重要时间做好安排部署；组织开展双控机制创建辨识评估工作、推广全员知晓双控机制创建工作、规范建立双控机制工作档案、协调各部门完善记录双控四级运行记录；根据 2021 年度学习培训计划，定期开展安全生产知识、技能专项培训，组织应急演练和宣传教育；建立三年行动工作推进台帐和“一表三清单”明确具体任务；完善消防重点单位档案和标识化建设、消防控制室标准化管理、落实“三自主两公开一承诺”；制定规范微型消防站备勤、学习培训、训练、防火检查制度；签订消防、特种设备维保合同、全年完成建筑消防设施、电梯检测等，积极推进安全工作有序化。

3 月 30 日，承德博物馆与承德消防支队召开“防消联勤”现场会

2021 年承德博物馆领导名录

党组书记、馆长：孙继新（满族）
党组成员、副馆长：韩　利（女，满族）
张　炜（满族）
副书记：丁　磊（回族）

（王　萱　宋冠华　张　静　霍文蕊　供稿）

交 通

公路建设

【概况】 2021年，高速公路、普通公路、农村公路建设步伐加快，质量提升。承平高速公路全面开工建设，承克高速前期工作扎实推进。普通国省干线公路新建及续建工程项目正在加快推进,有的竣工通车。农村公路围绕“四好农村路”建设，实施新改建工程、拆除重建桥梁工程、村道生命安全工程，全市新建农村公路1660千米。

【高速公路建设】 承平高速公路（G95）全长59千米，总投资146.08亿元，2020年年末开工，计划2024年建成通车,2021年完成投资30亿元。作为承德市首条PPP高速公路项目，建设后承德市将实现“县县通高速”目标，为京津冀协同发展提供有力助推。承克高速前期扎实推进，承克高速公路全长106千米，估算总投资140.4亿元，2020年年底交通运输部按“十三五”补助政策批复补助资金33.53亿元，计划2022年开工建设。2021年12月5日，市政府市长办公会议专题研究承克高速前期工作，会议确定道路开发中心为项目实施机构，承德高等级公路建设管理集团为项目政府指定出资人。12月28日，项目顺利通过省发改委可行性研究报告评审，为下一步取得可研批复奠定基础。该项目建设对完善河北省国家高速公路网，推进京津冀协同发展交通一体化，促进沿线地区旅游资源开发和经济社会发展具有重要意义。

【普通公路建设】 全年完成基础设施建设投资82.5亿元，建成各等级公路1922千米，超额完成年度计划任务。普通国省干线公路完成投资18.6亿元，新建续建16条段392千米，其中续建项目274千米/12条段，计划开工项目118千米/4条段，建成通车4条段95千米，约占全省通车总任务的1/3。6月30日，承德机场备用路双峰寺至张营互通段新建路段工程竣工。7月16日,塞罕坝山门至棋盘山段复线工程竣工。8月30日，围场首条一级公路国道G233棋盘山至围场北段改建工程，较计划工期提前两个月实现全线贯通。9月7日，国道111线槽子沟门至祁家营段改建工程完成10.483公里交工验收。9月10日，元雹线东沟至闫营子段拓宽改造工程开工建设，11月20日建成通车。年内，省道S303榆大线榆树林子至黄土梁子段改造工程完成7.528千米交工验收。

8月30日，围场首条一级公路国道G233棋盘山至围场北段改建工程提前两个月实现全线贯通

【农村公路建设】 农村公路完成投资22.2亿元，占计划的130.6%。其中新改建1827千米，占计划的110%；拆除重建桥梁工程完成20座，占计划的100%；村道生命安防工程完成109千米，

占计划的 113.5%。全市全部行政村和 90% 以上的自然村通达硬化路。承德市农村公路建设里程全省第一，规模创历史新高。2021 年，隆化县获评“四好农村路”全国示范县，兴隆县、双桥区获评“四好农村路”省级示范县、区，平泉市台头山镇等 8 个乡镇获评“四好农村路”省级示范乡（镇）；滦平县金山岭长城旅游公路被评为“第二届全国美丽乡村路”，双滦区乡道大王线等 6 条段 68.2 千米路线被评为“省美丽农村精品示范路”，滦平县金山岭长城旅游路、宽城县红色旅游廉政路、平泉市契丹风情路和兴隆县雾灵旅游路 4 条路线被河北省交通运输厅命名为省级美丽农村精品示范路。

公共交通

【概况】 2021 年，不断提升城乡公共交通运输管理服务能力，高标准完成汽车东站、北站地面、外观等基础设施更新改造，重新规划布设公益广告、提（警）示标语。新开通公交枢纽站和公交线路、旅游专线。加强出租汽车营运管理，采取督导巡查、联合执法、宣传教育等方式，开展出租汽车客运市场秩序专项整治行动。城乡客运一体化建设加快推进，全市县城 30 千米范围内公交化运行率达到 90% 以上。

【城市公交运行】 新开通卉原中学至双峰寺公交枢纽站等 3 条公交线路和承德高铁南站至火神庙等 3 条旅游公交专线，增开对接鼎盛王朝与福成大马戏 2 条季节性旅游公交专线。4 月 28 日，承德旅游巴士正式开通运营，共开通 5 条中心城区旅游巴士专线，全部采用纯电动公交车。新能源公交车投放 200 台，106 个新建公交站亭亮化工程和公益广告宣传栏按时完成任务，南互通 2 号纯电动公交车充电站建设、闫营子纯电动公交车充电站改扩建工程按时完工并投入使用。全市公交车一卡通刷卡设备安装全部完成。

【出租客运管理】 深入开展打击整治非法营运“百日攻坚”等专项行动，严厉查处扰乱客运市场秩序的违法违规行为，始终保持对非法运营行为严厉打击的高压态势。全年共出动执法人员 4200 余人次，纠正违规车辆 900 余台次，查扣非法营运车辆 135 台。同时，积极编制网约车发展规划，推进网约车合规化进程。6 月 7 日至 9 日高考期间，连续 11 年组织出租车开展“学雷锋——爱心送考”活动。

【城乡客运一体化建设】 全市中心城区 154 个行政村实现公交通达全覆盖。双滦客运枢纽站一期主体工程完工。新开通市区至隆化、至滦平城际公交。3 月 31 日，承德市首条市县公交线路滦平至承德 10 路公交开通运营；7 月 9 日，隆化至承德城际公交线路开通运营。9 月 30 日，承德市汽车西站至双滦区莲花山谷的 59 路公交车试运行。物流场站和各类物流配送网点达到 5480 个，基本实现县乡村全覆盖。平泉市被交通运输部命名为全国首批城乡交通运输一体化示范县。丰宁满族自治县、围场满族蒙古族自治县和平泉市被河北省交通运输厅确定为县级城乡客运一体化试点，共争取城乡客运一体化试点奖补资金 4700 万元。

交通运输管理服务

【概况】 开展路政专项整治行动，严查超限超载车辆，与市公安局在全市范围内联合开展严厉打击整治非法营运“百日攻坚”专项行动；开展全市交通运输行政执法人员线上法律知识培训考试；在全市范围内创建完成“卡友驿站”建设；加强信访工作，妥善化解各类信访案件；

筑牢疫情防控屏障，市交通运输局、公安局、卫健委三部门启动重点场所派驻人员开展疫情防控工作。与双桥区总工会、市汽车维修协会、技师学院联合举办第二届双桥区汽车维修竞赛。

【公路路政管理】　开展路政专项整治行动。共查处路政案件291起，收缴赔偿费202万元，破案、索赔率均达到98%以上；公路超限超载治理不断强化，完成违法限高限宽设施专项整治任务，全市共检测车辆193万辆次，处理超限超载车辆2954辆，卸载货物13万余吨，超限率控制在2%以下。7月份，滦平县与北京市密云区联合开展治超和法制宣传行动。在全市开展“迎冬奥、优服务、保畅通”京津冀联合治超专项行动。12月29日，实施环城高速小型客车差异化收费政策并召开新闻发布会。

【提升执法环境】　开展交通运输系统执法领域突出问题专项整治行动，查摆整改突出问题50个，整改率达到100%；开展“我为群众办实事”实践活动，“承德道路运输一网通办”App上线运行，实现道路运输普通货运车辆网上年审和道路运输从业人员从业资格证补发、换发、诚信考核线上业务受理，有效解决从业人员异地办事费时费力“多地跑”“折返跑”问题；“三检合一”“上门年审”“卡友驿站”等“执法力度”和“服务温度”有机结合，解决群众“急难愁盼”问题，共获赠锦旗8面。同时，配合市行政审批局完成30余项许可权划转衔接过渡工作，推进6项处罚权向双桥区移交。全年行政许可和行政处罚案件，未发生行政复议和行政诉讼及因执法程序问题被追责情况。9月25日，由市交通运输局综合行政执法支队、市文明办、市公安交警支队、承德广播电视台主办的FM97.6承德交通文艺广播联合承办的“文明交通·绿色出行”琢酒杯第五届“百日零违法”表彰活动和第六届“百日零违法”活动正式启动。11月16日，交通运输局综合行政执法人员深入道路客运企业提供上门审验便民服务。

【解决群众信访诉求】　全年共接待信访人员790余人次，妥善化解各类信访案件28件。召开协调调度会议30余次，主要及分管领导多次约见案件信访人，坚持走访约访下访、重大敏感时期领导信访日接待等工作机制常态化。河北省阳光信访工作平台录入案件20件，按期受理率100%，按期答复率100%。12月21日，市交通运输局联合市财政局、民政局、人力资源和社会保障局印发《关于妥善解决“三线”铁路建设民兵问题的通知》，明确化解问题责任主体、方式及补贴标准、时间等事宜，为彻底解决“三线”铁路建设民兵生活困难问题提供遵循和依据。20余位“三线”铁路建设民兵代表全市近5万名老民兵向交通运输局赠送4面锦旗，表示感谢。

【常态化疫情防控】　全系统严格落实疫情防控常态化要求，全面推行交通运输从业人员疫苗接种和每周核酸检测制度，全局和全市从业人员疫苗接种率分别达到98.3%、96.2%。客货场站和运输工具防控措施全面升级，安装自动测温设备28台，应急运力、物资按两个月标准

8月2日，交通运输局党组书记、局长于山（左二）到汽车东站部署疫情防控和创城工作

全面备足，同时加强来承离承旅客、冷链运输等检测甄别，构筑起交通运输疫情防控前沿防线，经受住春运及节假日客流高峰、周边城市疫情反弹等重重考验，守好“承德门户”。因受石家庄疫情影响，承德籍在石就读学生放假不能按时返乡，1月29日和2月1日，按照市委、市政府要求，交通运输局协同市教育局组织车辆两次赴石家庄接回承德籍初高中学生共2086名。8月底，制定《“点对点”包车返校闭环管理工作预案》助力返承学生安全返校。

公路管养

【概况】 推进新技术应用，提高养护工程质量，抓小修挖补、路面病害处置日常养护，实施重点难点路面养护、绿化、抢修工程，全年新开工50多项养护工程，大气污染防治等日常养护取得良好成效。交通运输局代表队在河北省交通运输工会和河北省交通运输厅公路管理局举办的“河北省普通干线公路养护知识竞赛”中荣获河北省普通干线公路养护知识竞赛团体一等奖。交通运输局荣获“河北省国土绿化突出贡献单位”。

【提升公路管养水平】 继续推行施工标准化、首件工程样板制等成熟做法，推进“四新技术”应用，全面提升养护工程质量和科技水平，在省道京承线大修工程中首次应用水泥稳定碎石再生基层和厂拌热再生沥青面层技术，并取得成功。11月10日至15日，承德市代表河北省交通运输厅完成2021年度国家公路网技术状况监测任务，得到国家交通运输部、省交通运输厅的肯定。

【公路日常养护】 重点抓好小修保养、桥隧安全管理、应急保畅、路域环境综合治理、服务区规范化运营、公路绿化美化等涉及群众平安出行日常养护工作,打造了“畅安舒美”的公路通行环境。至12月末,全市普通干线公路技术状况指数(MQI)达93.2，较2020年提高0.4，一、二类桥梁比例97.3%，一、二类隧道比例98.9%，现有四、五类桥梁（隧道）改造加固率100%，新发现四、五类桥梁（隧道）当年处置率100%。

【公路养护工程】 全年新开工项目共七类58项，完成投资2.8亿元，其中，路面养护工程19项183.86千米，完成投资1.43亿元。桥梁维修加固工程5座221.3延米，完成投资399万元；灾害治理及排水整治工程6项1.8千米，完成投资711万元；绿化工程15项125.66千米，完成投资2044万元；水毁应急工程4项1.142千米，完成投资469万元；交调站建设工程9项，完成投资136万元。3月24日至26日，承德市省道张隆线S257桥头至小西营段等5项大修工程顺利通过省厅公路局竣工验收且全部被评定为优良工程。8月21日，按时保质完成鹜窝梁隧道照明系统安装及相关路段安全隐患排查、路域环境整治等任务，确保习近平总书记视察承德期间行经公路安全畅通。高效妥善应对“7·13”强降雨等水毁路段应急抢通，16处水毁断交路段36小时内抢通，县乡道73处水毁断交路段84小时内抢通，创造出全省罕有的“承德速度”，得到市委、市政府和省厅充分肯定。9月2日，省道S255承栗线受水毁断交路段恢复通车。

【大气污染防治】 围绕交通运输“碳达峰、碳中和”目标，深化减尘、降耗、治污、增绿，持续推进公路“绕城通道”“绿色廊道”建设，“水泥混凝土+高韧超薄沥青混合料路面”“厂拌热再生沥青面层”等环保节能新技术、新材料、新工艺得到推广应用；长效保持交通环保执法力度，加强超限超载、危废排放、路面污染、施工扬尘、路域环境等治理。国三及以下营运柴油货车治理全面完成,有效巩固。新投放纯电动公交车200台，中心城区新能源公交车占比达到80%。

2021 年市交通运输局领导名录

党组书记：寇占武（3 月免）
党组副书记、书记、局长：
房国民（3 月免党组副书记、任书记；7 月免党组书记、局长）
党组书记、局长：于　山（7 月任）
机关党委书记：张立新
党组成员、副局长：李月武
臧志福
杨春东
杨文利（7 月任）
付铁柱

（杨文静　供稿）

铁　路

【承德车务段概况】 2021 年，承德车务段加强管理，发挥职能作用，树立大局意识、安全意识，担当作为，全力做好旅客列车客运乘务工作、安全保障工作新冠肺炎疫情常态化防控工作。实现连续安全生产，完成生产与经营指标任务。

【设备管辖】 承德车务段管辖一等站 1 个、二等站 3 个、三等站 7 个、四等站 39 个，乘降所 1 个，高铁站 5 个，乘务车间 1 个，乘务员公寓 1 个。其中京承线自 127 千米至 254.308 千米，计 14 个站，1 个乘降所；锦承线自 335 千米至 417.294 千米，计 8 个站；承隆线自 0 千米至 57.019 千米，计 5 个站;京通线自 115.708 千米至 244.565 千米，计 16 个站;唐包线自 179.339 千米至 377.03 千米，计 7 个站（其中 3 个站无人值守）；京哈高速线自 123.189 千米至 259.931 千米，计 5 个站。管内有专用线 20 条、专用铁道 2 条。

【任务担当】 管内客运乘务车间担当承德至通州西 6420/6419 次，承德至兴隆县 6434/6433 次，承德至平泉 6435/6436、6455/6456 次，承德至隆化 57041/57044 次，计 5 对旅客列车客运乘务工作。非在编集体工担当承德至昌平北 4473/4472/4471/4474 计 1 对旅客列车客运乘务工作。固定资产原值 13968.2 万元。

【生产与经营指标完成】 年内，承德车务段运输收入 78776.3 万元，运输总支出 43572.8 万元，旅客发送量 209.9 万人，货物发送量 715.7 万吨，日均卸 373 车，中转时间 6.7 小时，停站时间 28.1 小时。至 12 月 31 日,实现连续安全生产 3731 天。

2021 年承德车务段领导名录

段长：彭兴山
党委书记：刘金硬
党委副书记兼纪委书记：刘洪涛
工会主席：李士军
副段长：叶晓虎
韩志明
穆利国
王冬云
李　伟

（于长水　供稿）

【承德工务段概况】 2021 年，承德工务段在集团公司的领导下，坚守京铁员工岗位准则，发扬

9 月 14 日，北京铁路集团公司在隆化站区召开标准化、规范化现场会，公司领导及与会人员参观隆化站规范化建设

"勤奋、爱岗、务实、创新"承工精神，开启承德工务段各项工作高质量发展新征程。把安全生产放到重要位置，采取有力措施提升安全意识，实现承德公务段第9个安全年。提高管理水平，加强标准化规范化建设，与车务、电务、供电等部门合力打造隆化站区一体化建设，配合集团公司召开标准化规范化建设现场会，为段标准化规范化建设工作积累经验。

【设备管辖及担当任务】 承德工务段管辖10条正线，唐包线、京通线、京承线、锦承线、承隆线、唐包京承联线、唐包京通联线、京锦联络线、多丰线、虎丰线。线路总延长1174.837千米，其中正线949.941千米、站段岔特线224.896千米（到发线140.596千米）；道岔755组，其中正线357组、站段岔特线398组（到发线道岔183组）。管辖桥梁547座/57279延长米、隧道190座/227070延长米、涵渠1134座/34413延长米；管辖道口22处，其中有人看守道口10处、地方监护道口5处、无人客监道口7处；人行过道16处，站内平过道17处。担负锦承线与沈阳铁路局赤峰工务段分界335.000千米至417.770千米；承隆线里程0.183千米，终点57.771千米；京通线与北京工务段分界61.5千米至与沈阳铁路局分界244.565千米；京承线与北京工务段分界127千米至254.293千米；唐包线（上、下行）与唐山工务段分界158.800千米至与张家口工务段分界395.585千米；京锦联络线0千米至1.095千米；唐包京通联络线274.261千米至285.061千米；唐包京承联络线208.683千米至216.939千米；多丰线上行−1.379千米至1.399千米，下行−1.231千米至1.399千米；虎丰线−0.028千米至0.128千米。

【确保安全生产持续稳定】 全年未发生安全事故，责任故障和人身伤害问题总数较2020年减少1件。全年检查发现并解决各类安全问题1.4638万件，安全奖励108.6万元、同比增长39%。确保安全消灭在隐患状态，实施职工安全自控意识提升方案，通过清单管理，干部履职更加清晰规范，一线职工安全意识得到提升。全年受集团公司发牌100张，受牌数量同比下降14%，经受住上级各种检查验收。面对2021年34场强降雨考验，克服困难，坚持以雨为令、严防死守，严格落实防洪预警响应制度和各项安全措施，连续实现工务段第9个防洪安全年，获得国铁集团级2021年防汛救灾先进集体荣誉。

【确保设备常态稳定】 克服疫情、天窗、季节变化影响，保质保量完成线桥设备大中维修、三个阶段集中修以及唐包线病害专项整治等重点生产任务。设备大维修，连续2年对京通线进行清筛34.873千米，换枕3012根，进一步强化线路基础；利用3次集中修，投入机力12组，增加83%，完成线捣231.14千米、岔捣88组、打磨195千米、铣磨25.7千米、岔磨35组，进一步保障了线路设备稳定。桥遂大维修、防洪方面，投入2103.5万元完成防洪复旧和预抢工程45项，投入483万元完成桥遂大修36座，实现了桥隧设备常态稳定。提升设备质量，全年数字化测量250千米，精调精捣线路231.14千米、道岔88组，实现各线检测优良率99.92%，TQI均值下降0.19。

6月13日，隆化站进行站改，工人在更换枕木

【确保经营管理目标实现】 经营工作逆势而上，其他业务收入3191.53万元，超额完成292.47万元，创效工资完成130万元。全年安全投入875.55万元，较2020年增长120%。生产投入3213.71万元，较2020年增长6.5%，其中投入875.1万元购买生产机械。全年投入122.32万元，解决37处一线职工生产生活设施困难问题。

2021年承德工务段领导名录

段　长、党委副书记：赵继华（3月免）
　　　　　　　　　　杨　君（3月任）
党委书记、副段长：申　伟（1月免）
　　　　　　　　　高　磊（1月任）
党委副书记、纪委书记：董海臣（满族）
党委委员、工会主席：苏志光
党委委员、副段长：刘　东（满族）
　　　　　　　　　韩树柏
　　　　　　　　　黄建国（蒙古族）
　　　　　　　　　崔　冬（5月免）
　　　　　　　　　宋威武（5月任）
党委委员、总工程师：赵世佳（9月免）
党委委员、总会计师：孙炳卫（3月免）
　　　　　　　　　　王青松（3月任）

（吴海玲　供稿）

【高铁及地方铁路建设概况】 承德地方铁路局配合国家审计署做好项目审计工作，做好张唐铁路征地拆迁费用清理工作，确保各项费用合理合法；推进京通铁路工程及电气化项目，启动筹备征地拆迁相关准备工作；推进宽城至青龙铁路项目前期调研、汇通物流专用线初步勘察设计、梁底下站物流园专用线接轨方案、冀东水泥厂专用线编制科研报告等项工作；强化协调督导、消除铁路安全隐患；营造舆论氛围，做好宣传推介。

【京沈客专开通及资金审计清理】 2021年1月22日，京沈客专全线开通运营，实现了承德与沈阳、大连、哈尔滨、吉林、北京等城市的通达。协调做好项目资金清理审计工作。按照项目安排开展征地拆迁费用清理工作，4月，京冀段初步完成补偿款清理工作，清理补偿费用29.1亿元，并提交审价公司审核。配合审计署专项审计组对京沈客专项目进行审计，历时4个月，顺利通过国家审计。推进张唐铁路征地拆迁费用清理工作，督促各县征拆办规范资金使用管理，完善费用支出凭证，对费用清理审核问题限时整改，确保各项费用支出依法合规，为迎审工作做好准备。

【增开京哈高铁承德南始发车】 为提升承德市铁路运输服务水平，进一步为北京至承德间旅客提供便利，协调跑办对接国铁集团，申请增开京哈高铁承德南始发车。经市政府领导及市地铁局多次协调国铁北京局集团，就开行始发终到列车事宜达成共识，在“五一”期间增开7对北京朝阳至承德南高铁列车，6月25日起，增开了2对承德南至北京高铁始发终到列车，承德南站“G”字头动车组直达北京站，增强了两地人员交流的便利性。

【京通铁路电气化改造项目】 启动筹备征地拆迁相关工作，对征地拆迁补偿办法经多轮修改完善，具备提交市政府常务会议审议条件，完成征地拆迁通告、工作方案等相关文件起草工作。协调沿线3个县对征地拆迁组织机构进行明确，为征地拆迁工作实施奠定基础。在沈阳局管段征地拆迁协议尚未签订的情况下，协调沿线3个县全力配合施工单位开展用地界内工程建设，用地界内工程完成路基土石方11.95万立方米，桥墩加固104个，接触网支柱安装4299根，通信光电缆敷设155.425千米，信号电缆敷设422.197千米，累计完成投资13.1亿元。

【高铁安全运营管理】 按照市委市政府统一安排

部署，市地铁局强化协调督导，完成外部环境安全隐患问题整治 1063 项，基本消除铁路运营安全隐患，确保京哈高铁的安全运营。按照国家、省、市疫情防控工作要求，对承德市域内承德高铁南站及承德火车站疫情防控工作开展常态化督导检查工作，建立与承德车务段疫情防控常态化沟通联络机制，加强内控管理，筑牢疫情防控网。

【营造良好舆论氛围】 为更好宣传承德，抢抓京哈高铁全线贯通运营发展新机遇，1 月 21 日，就京哈高铁北京朝阳至承德南段开通运营河北（承德）段有关情况召开新闻发布会，并播放宣传推介承德视频短片，及时回应社会对高铁何时通车的关切。开展“走进高铁新时代、感知魅力新承德”系列活动。有奖征文活动，6 月完成评选，优秀作品在《承德日报》刊载 60 篇，作品从每个人的不同角度歌颂新中国成立以来承德市铁路建设发展辉煌历史，弘扬新时代生态强市、魅力承德现代化建设正能量。《中国承德 · 走进高铁新时代》画册于 7 月正式出版。画册以承德铁路发展为主线，图文并茂地向读者展示承德市历史、文化、科普及风物等，展现魅力承德的风物人情之美。

【地方铁路项目前期工作】 委托设计单位完成《宽城至青龙铁路方案研究》，会同宽城满族自治县围绕项目建设政策契机、货源运量保障、国铁运输能力保障、港口机械能力保障、尾矿砂终端市场价格情况等方面进行深入调查研究，就宽青铁路与迁青铁路接轨方案、后方通道设计能力提升等事宜开展研究工作。推进相关铁路专用线谋划建设工作。汇通物流专用线完成可研报告鉴修评审工作，进行初步设计勘察；上板城热电厂专用线设站接轨方案于 6 月份获国铁集团同意，现开展征地拆迁工作；梁底下站物流园专用线接轨方案于 7 月份获北京局同意，开始编制可研报告；冀东水泥厂专用线由铁六院编制可研报告。

2021 年市地方铁路建设管理局领导名录

局长，分党组书记：崔海涛（满族，7 月免）

分党组成员、副局长：李贺兵（蒙古族）

吴卫东

（冷立民　供稿）

航　空

【概况】 2021 年，承德机场管理局在疫情防控、航线调整、设施完善、通用航空、安全生产、资金保障等方面完成年初各项目标任务。承德普宁机场全年共安全保障起降飞机 2511 架次，完成旅客吞吐量 294901 人次，比 2020 年同期下降 10%；平均客座率 70%，比 2020 年同期下降 8 个百分点。协调资金保运转。市财政拨付承德普宁机场运营补贴资金、航线补贴资金、设施设备维修维护资金、航空油料供应服务补贴资金、保障用房建设资金全部到位，基本保障了航线畅通。

【新冠肺炎疫情常态化防控】 明确职责，落实防控要求。执行 24 小时值班制度，建立值班日志，领导带班，深入机场一线，随时解决出现的问题，保证发生紧急情况能够及时处置。严格交接班制度，保证工作的连续性。做好常态下疫情防控工作。落实防控举措，做到不松懈、不麻痹、不厌战，严防疫情反弹。牵头成立承德机场防疫工作专班，开展疫情防控相关演习、演练及推演，每周两次防疫督导检查，整理完善机场疫情防控应急预案等工作。同各级防控部门建立密切联系沟通机制，主动服务机场、航空公司等一线单位，协调解决疫情防控中发生的各种实际问题。就承德机场防疫物资短缺的情况，及时协调有关部门，补充疫情防控物资。

【完善优化航线网络布局】 调整航班，降低疫情损失。根据疫情形势，对部分涉疫地区航班进行调整，最大限度控制疫情传播，减少补贴亏损。投放过夜运力，5月19日，开通过夜航班并与河北航空签署战略合作协议，成为省内第一家拥有过夜运力的支线机场，承德“早出晚归”的出行需求得到解决，对承德吸引周边地区客源、促进文化旅游产业发展、对外开放起到极大促进作用。开通暑运旅游包机，与各大旅行社、包机商、航空公司对接沟通需求、协调运力、洽商价格，通过多渠道寻找资源，与大连华远包机航空服务有限公司达成协议，7月10日起执行大连⇌承德旅游包机航班，计划执行期限为7月10日至8月31日，每周三班（周二、四、六），预计执行23班，但由于天气及疫情影响，该航线仅执行7班后取消。构建多层次航线网络，强化与成渝等主要城市群之间的航空运输网络，结合周边同类机场同时开通成都和重庆航线的经验，参照成都⇌石家庄⇌承德航线保底加定额上限的合作模式，与华夏航空公司达成协议，春运期间开通重庆⇌石家庄⇌承德航线（班期周一、三、五、日），既满足加密石家庄⇌承德航线的需求，又可以争取石家庄机场补贴支持，减少承德市财政补贴压力。

5月19日，举行市政府与河北航空有限公司战略合作协议签约仪式

【机场服务保障工程】 为满足公务用餐需要，组织实施机场保障房餐厅改造工程；为满足机组人员过夜住宿需要，组织实施机组过夜用房改造工程。餐厅改造及过夜用房改造工程于2021年9月24日通过竣工验收交付使用。机场排水系统改造工程。委托第三方造价单位编制完成工程招标控制价，并报财政局进行工程预算评审，但评审金额低于民航发展基金补助金额，正在协调设计单位进行图纸优化设计。旅游服务站项目工程。与承德避暑山庄旅游集团有限责任公司及承德福成旅游开发有限公司签订了三方合作协议，共同建设游客集散中心，经主管部门协调同意由建变购，委托评估机构对目标楼进行成本价审计，编制完成《承德旅游服务站建设项目购置可行性研究报告》，5月13日获市审批局批复，待资金到位后实施。机场北侧区域边坡沉降治理工程。为保障机场安全稳定运营，实施机场北侧区域边坡沉降治理工程，工程概算601.76万元。设计单位已完成施工方案设计及工程概算编制，经市政府批复同意。

【机场规划评审及编制】 《河北承德普宁机场总体规划（2021版）》经民航华北地区管理局组织专家进行评审，于10月29日获得批复。推进承德市民航“十四五”规划编制工作。提出承德市民航“十四五”发展规划意见，配合完成省民航办“十四五”规划调研、“十四五”规划民航发展重点项目筛选，将改扩建项目分别列入华北地区民用航空发展第十四个五年发展规划、《河北省民航发展“十四五”规划》和《承德市国土空

4月28日，召开承德普宁机场总体规划评审会，民航华北地区管理局组织专家进行评审

间总体规划》，实现了多规同列，有效衔接。

【安全生产管理】 建立健全安全生产管理机制，根据“管行业必须管安全、管业务必须管安全、管生产经营必须管安全”的要求，履行监管职责，制定印发安全生产工作要点，会同机场公司及驻场单位按要求统一部署。与中航油承德供应站、中石化承德机场加油站签订安全生产目标责任书，落实安全生产责任考核工作。按照全国安全生产专项整治三年行动计划和“防风险、除隐患、保安全”安全生产大排查大整治工作有关部署和要求，协调组织机场公司等驻场单位进行安全生产大排查，全年8次进行检查督导。学习贯彻落实习近平总书记关于安全生产重要论述、中央、省、市有关文件精神，学习新修订的《中华人民共和国安全生产法》，观看安全生产专题片，做到学法、知法、懂法，严格依法办事。

【推动通用航空发展】 推进围场通用机场升级为运输机场相关工作。根据国家发改委和民航局联合下发的《关于促进通用机场有序发展的意见》，研究升级条件和升级程序，并与民航对接，奠定推进升级实施基础。推动围场通用机场开展通航业务，开航以来至2021年完成飞行1787架次，飞行总时长701小时。协调河北省发改委将丰宁通用机场列入省通用机场布局规划，推进开展选址工作。推进承德航空护林站设立塞罕坝分站，落实习近平总书记调研承德时对塞罕坝机械林场防火指示精神。推进低空飞行服务站建设，先后赴张家口、石家庄及民航华北局实地考察和政策咨询。

2021年承德机场建设管理局领导名录

局　　长：孙福来

副 局 长：蒋晓松

　　　　　王贺国（满族）

（夏琦宇　供稿）

自然资源和城乡规划

综　述

“多规合一”国土空间规划体系。完善市、县、乡、村4个层级规划体系。市级国土空间总体规划完成城市发展定位论证、县区指标分解、人口和用地规模研究、三条控制线试划等规划核心内容，统一规范县级国土空间规划内容、指标传导、成果标准，已完成175个乡镇规划初步方案。其中，5个乡镇国土空间规划作为典型上报省自然资源和城乡规划厅。编制完成12个县域村庄布局规划，并通过审查验收。编制完成1646个村庄规划，选取体现承德冀北山区特征、贫困山区特点、满族蒙古族民族文化特色的3个代表性村庄（隆化县白虎沟乡榆树营村、丰宁满族自治县南关蒙古族乡两间房村、围场县哈里哈乡扣花营村）作为试点。启动滦河新城概念性规划邀请赛，开展起步区城市设计和控制性详细规划编制工作。编制完成北部新城城市设计和控制性详细规划，完成冯营子、闫营子、上二道河子、双塔山周边、下湾5个地段控规初步方案。配合国土空间总体规划编制，推进《矿产资源总体规划（2021—2025年）》《历史文化名城保护规划》等29个专项规划编制工作。

全力保障重点项目用地。2021年共呈报首都地区环线高速公路（G95）承德（李家营）至平谷（冀京界）段项目（承德段）、国道G508峪耳崖至大地改建工程项目用地、丰宁新隆鱼儿山60兆瓦风电场项目、滦平县长山峪镇黄木局子村拦蓄供水工程、丰宁大河西二期风电场省重点单独选址项目5个。经批准建设用地批次和项目103个、2个单独选址项目已报自然资源部审核。坚持土地要素跟着项目走，合理配置计划指标，保障项目用地需求。2021年，共使用新增建设用地指标772公顷。优先保障乡村振兴建设项目用地指标，国定脱贫县继续实行计划指标单列，保障巩固脱贫攻坚成果和乡村振兴用地。做好耕地占补平衡，完成省级补充耕地备案任务1328.53公顷。各县（市）完成补充耕地项目验收任务850.8公顷。采取“以用为先”原则，加大批而未供和闲置土地处置力度。

持续保护自然资源。全面实行永久基本农田保护，从严管控巩固划定成果，确保永久基本农田数量不减、质量不降、布局稳定。扎实开展违规占用耕地“非农化”问题再排查再整治行动，聚焦违规占用耕地绿化造林、违规超标准建设绿色通道、违规占用耕地挖湖造景等6项重点，利用最新卫星遥感影像、卫片执法图斑对全域耕地“非农化”行为全面核实。持续深化土地矿产卫片执法检查，违法占用耕地比例始终保持全省较低水平，实现5年“零问责”，耕地保护督察限期整改问题全部整改到位。深入开展乱占耕地建房专项整治，聘请第三方对未纳入问题台账宗地进行内业检查，夯实数据质量。对有明确政策的违法问题同步推进整改。汲取保定易县和邢台临城县等有关问题教训，开展矿山综合治理“回头看”和再次“回头看”工作，巩固拓展矿山综合治理成果，及时发现并整治存在的问题和不足，确保治理成果经得起历史检验。持续打击矿产资源违法违规行为，维护全市矿业正常生产经营秩序。

优化提升营商环境。制定《建设高质量发展“生态强市、魅力承德”打造一流发展环境工作实施方案（试行）》，推进审批效率提高、政务服务提标。深化“证照分离”改革，取消城乡规划编制单位丙级资质认定等行政许可2项，及时更新行政许可事项目录清单并对社会公布。推进工程建设项目审批增速提效，建设用地规划许可审批时限压减1个工作日，建设工程规划许可与建设工程方案审查合并办理，工程建设许可阶段由15个工作日压减至12个工作日。

自然资源管理

【国土空间总体规划】 明确“三区两城”发展定位和建立高质量发展的“生态强市、魅力承德”发展目标，以滦河新城为试点，启动重点地段城市设计和控制性详细规划编制，探索总体规划、重点地段城市设计和详细规划同步推进、相互反馈校核的规划编制机制。基本完成国土空间规划基础信息平台和“一张图”实施监督信息系统建设。同时，严格生态保护红线划定，划定面积1543946公顷。积极争取建设用地规模，全市现状建设用地总规模116501公顷，国土空间开发强度2.95%，2035年预下达规划建设用地总体规模123700公顷，增加7200公顷；现状城镇建设用地规模17792公顷，2035年预下达城镇建设用地规模34800公顷，增加17000公顷；中心城区现状建设用地总规模11500公顷，到2035年规划总建设用地17100公顷，增加5600公顷。

【矿山综合治理】 全力推进“四个一批”，在全部完成省下达19个矿山关闭取缔任务基础上，提前完成2022年关闭任务8个；稳步开展整合重组，省下达整合区块任务138个，方案编制任务全部完成；完成省下达责任主体灭失矿山迹地治理任务30处，治理面积216.6公顷。督促企业编制《矿山地质环境保护与土地复垦方案》，全市矿山缴存治理恢复基金7.77亿元。8个县（市）矿山修复工作全部列入《北方防沙带生态保护和修复重大工程建设规划》；采取有力措施规范管控，499个倒逼整改矿山达标453个，剩余46个矿山24个参与整合重组，2个已经关闭，20个列入2022年度关闭范围。打击矿产资源开发中违法违规行为，累计排查发现违法违规勘查、开采17宗，已全部整改到位。

【用地要素保障】 使用新增建设用地指标772.2公顷。其中，省级以上指标488.3公顷、国家单列农村村民住宅指标21.6公顷、市级指标262.3公顷。对省市重点项目、乡村振兴重点项目、民生重点项目用地应保尽保，成功申报列入国家重大项目9个、省重大项目3个。合理运用国土空间规划编制过渡期政策，全力保障全市经济社会发展用地需求。严格落实建设用地“增存挂钩”机制，持续强化批而未供和闲置土地处置，2021年处置批而未供土地5466.7公顷，处置闲置土地64.7公顷，完成省下达目标。

有序开展土地供应工作，全市共供应国有建设用地使用权461宗、954.8公顷。其中，出让265宗、456.9公顷，出让总价款62.70亿元。市中心城区供应国有建设用地使用权42宗、178.4公顷。其中，出让29宗、83.8公顷，出让总价款20.28亿元。土地整治大力推进，加大占补平衡工作力度，完成补充耕地备案1326.7公顷，超额完成省下达任务。

【自然资源调查监测】 编制完成全市自然资源资产负债表，全面掌握各类自然资源资产的基本信息、分布、结构类型、年度变化等内容。开展塞罕坝机械林场、雾灵山国家级自然保护区、木兰围场国有林场自然资源统一确权登记试点工作。开展自然资源评价评估工作，完善资源等级分等定级价格评估与监测，促进资源保护和合理开发利用。评价建设用地利用效率和节约集约程度，全面、动态掌握建设用地节约集约利用整体状况。

【严守耕地保护红线】 坚持落实最严格的耕地保护制度，推进耕地数量、质量、生态“三位一体”保护。全面实行永久基本农田保护，从严管控巩固划定成果，确保永久基本农田数量不减、质量不降、布局稳定，划定全域永久基本农田面积27.8万公顷，超额完成省下达的任务。“十三五”时期市级政府耕地保护目标责任考核位列全省第二名。开展土地征收成片开发方案编制、设施农业用地上图入库等工作，特别是通过积极争取，将自然资源部耕地后备资源调查评价工作图斑面积从4个县5453公顷增加至10个县（市、区）65720公顷，全市可开发后备资源将达到6666.7公顷至1万公顷。持续深化土地矿产卫片执法检查等工作，违法占用耕地比例保持全省较低水平。

【地质灾害防治】 排查核查全市各类地质灾害隐患点827处，完成双桥区中心城区挡墙护坝风险隐患排查工作。加快推进围场西山特大泥石流治理项目等重大地质灾害治理工程进度，完善市、县、乡、村、监测员5级群测群防网络，做好汛前排查、汛中巡查、汛后复查“三查”工作，明确重点防范区域和防治重点。

7月9日，市自然资源和规划局工作人员到宽城满族自治县化皮乡偏桥子村检查地质灾害防治工作

【安全生产监管】 以矿山实测图纸、卫片执法疑似图斑为依托，常态化打击各类非法勘查开采矿产资源行为。加强特殊时期监管力度，确保安全生产监管工作落实到位、打击到位、查处到位。开展安全生产隐患大排查大整治专项行动，完成全市654家固体矿山企业和以往关闭矿山（非法采点）全面梳理排查工作。开展安全生产隐患排查和执法检查专项行动，重点对安全生产责任清单明确的矿产资源勘查开采安全监督管理、油气输送管道方面安全管理、国土空间规划管理和地质勘查及测绘行业等监管事项开展排查整治。以打非治违源头管控为重点，推进安全生产专项整治3年行动，累计排查发现违法违规勘查开采14宗，已全部整改到位，整改到位率100%。取缔非法采矿点14个，立案查处14宗，没收矿产品0.14万吨，收缴罚没款29.97万元，移送公安机关追究刑事责任2人。

利民举措

【不动产登记】 提升不动产登记便民度，一般登记、抵押登记办理时间压缩至3个工作日，特别是一手房、二手房转移登记实现立等可取（40分钟办理），企业间房屋买卖办理时间压缩至1个工作日，查封登记、异议登记、注销登记即时办结。探索实施“交地即交证”“交房即交证”和不动产抵押登记“同城通办”模式，在全省营商环境考评中，承德市不动产抵押登记“同城通办”模式被评为不动产登记领域改革亮点。

【打造一流营商环境】 推进行政审批制度改革，大力推进工程建设项目审批增速提效，将建设用地规划许可审批时限压减1个工作日，将建设工程规划许可与建设工程方案审查合并办理，压减3个工作日。组织建设房地产开发项目规划方案网络审查“内控机制”，实现建设单位上报规划方案一次录入，多部门联合审查，为建设单位

11月，承德市自然资源和规划局不动产登记中心办实事解民忧，为世纪城六区业主办理“交房领证”手续

节约时间成本，审批效率提高。深化“承德办事一次成”改革，提升不动产登记信息化水平。在对接“满意承德App”实现手机端“掌上服务”基础上，开通“互联网+PC端”的“双通道”服务，拓宽服务通道，实现大部分登记事项外网申请、内网审核、现场核验、一次办结。构建部门数据互联、互通、互认信息共享网络，在不动产交易纳税登记“一窗受理”基础上，实现“一窗通办”，做到税务、住建、不动产部门之间相互授权委托、人员集成使用、同步提交分审，群众排队等待时间显著减少，登记效能得到最大限度提高。

【维护自然资源资产所有者权益】 有序开展自然资源统一确权登记，配合省厅开展塞罕坝机械林场、雾灵山国家级自然保护区、木兰围场国有林场自然资源统一确权登记试点工作。市本级组织实施的8个自然保护地、3个水流、7个湿地草原、8个国有林场等市级自然资源确权登记工作，已完成资料收集、底图编制、内业核实等主体工作。组织开展年度国土变更调查工作，查清承德市各类自然资源变化情况，为逐步实现山水林田湖草的整体保护、系统修复和综合治理，保障国家生态安全提供重要基础支撑。

【推进法治建设】 强化法治工作部署，制定印发推动落实党政主要负责人履行推进法治建设第一责任人职责的实施方案，明确任务内容和责任分工，确保法治建设各项工作落地见效。持续深化业务部门组织起草、法制机构合法性审核的工作机制，对自然资源和规划领域的12件政府规范性文件进行集中清理。建立法制机构及法律顾问对重大合同、协议等重大决策合法性审查机制。2021年，聘请法律顾问累计代理行政复议、行政诉讼案件50多件，出具法律意见60余件。组织开展行政执法三项制度整改提升，制定《行政执法公示实施办法》《行政执法全过程记录实施办法》《重大执法决定法制审核实施办法》3项制度和行政执法事项清单、罚没事项清单、行政执法人员清单、随机抽查事项清单、音像记录清单、重大执法决定法制审核事项清单、行政执法主体清单等7个清单以及服务指南开展再梳理，及时整改存在的问题，全面促进自然资源和规划执法水平的再提升。组织开展行政执法人员网上培训和考试，全年为80人换发新证。对全市自然资源系统行政处罚案卷开展质量评查，累计评查案卷30余卷。

城乡规划

【规划编制】 为加强国土空间规划管理，协调城乡空间布局，改善人居环境，促进城乡经济社会全面协调发展，与国土空间总体规划同步启动编制中心城区重点地段控制性详细规划10项，包括《双峰寺地段控制性详细规划》《老西营地段控制性详细规划》《双峰寺水库上游地段控制性详细规划》《冯营子地段控制性详细规划》《闫营子地段控制性详细规划》《双塔山周边地段控制性详细规划》《下湾地段控制性详细规划》《上二道河子地段控制性详细规划》《秋窝砖瓦窑地段控制性详细规划》《上下栅子地段控制性详细规划》，目前已完成阶段性成果，待国土空间总体规划批准后，报市政府审批。组织编制专项规划2项，包括《承德市老城区旱河综合整治规划》《承德市中心城区应急避难场所建设规划》，已经市政府批准执行。

【历史文化名城保护】 完成住房和城乡建设部建筑节能与科技司组织专家对国家历史文化名城保护工作调研评估工作。根据2020年承德市人民政府重点工作目标任务分解方案要求，制定二道牌楼和滦河老街历史文化街区保护工作实施方案。完成对已公布历史建筑挂牌工作和历史文化街区、历史建筑数据平台的录入工作。积极协调推进二道牌楼历史文化街区文庙片区环境整治与改造和滦河老街历史文化街区改造提升工程。组织编制历史文化名城保护规划（2020—2035年）、二道牌楼和滦河老街历史文化街区保护规划修编及承德市第二批历史建筑保护规划。

【城建档案管理】 严格按照《建设工程文件归档规范》要求，共签订《建设工程档案报送责任书》76份；接收进馆68个建设项目工程档案，审核、著录、入库纸质、电子档案11682卷；工程照片4608张，录像视频54700秒，载体光盘105张，数据量约210GB；整理、扫描、著录入库历史遗留积压档案资料8790卷。积极主动的联系建设单位，做好建设项目工程开工前、施工中、竣工后的监督检查指导工作，力争做到“三指导”“四把关”，进一步提高工程档案的移交的规范性、准确性、完整性。全年组织现场监督检查指导160余次，业务指导38个建设项目、636个单位工程。现场答疑培训单位60余个、人员200人次。全年接待查阅人员1752人次，调档3163卷，出具不动产证明32份、竣工备案23份、复印档案资料1万多张，取得较好的社会效益和经济效益。

2021年承德市自然资源和规划局
党组书记：王鹤松
党组副书记、局长：白晓峰
党组副书记、副局长：于明东
党组成员、副局长、土地收购储备供应中心主任：
朱绍强
党组成员、副局长：杜振学
范明杰
方青春
刘东达
张志远

（孙敬遥　供稿）

城乡建设与管理

城市道路建设

【概况】 2021年，城区道路和市政建设方面，城市道路改造工程实施3项，总长6227米；对人行道缺损之处实施补建，增设照明设施，总投资23755.87万元。凤凰山大桥拓宽工程及时完工交付使用，会龙山隧道工程已完成总工程量的48%。海绵城市建设完成6片区，城市地下综合管廊建设如期按计划完成。

【城区道路及市政建设】 碧峰门路鹿栅子沟至水泉沟断头路工程，西起水泉沟路，东至碧峰门路，道路全长160米，平均路宽16米，总投资1564万元，资金来源为市财政投资，2021年6月通车。承下路拓宽改造及横向支路工程，红石砬沟旱河桥至东南山大桥，全长5408米，3条支路，冀东花园北侧道路120米，汽车东站北侧道路152米，乾正家园北侧道路387米。总投资20808.87万元，资金来源为财政投资。3条支路2020年10月通车，主路2021年11月全线通车。市区主干路功能提升工程，对半壁山路、丹霞路、石洞子沟路、安远路、承围路（市区段）、狮子园路、山庄西路、广仁大街等20处无人行道路、路灯照明设施不全的地段补建人行道和增设路灯。共补建人行道路51788平方米、增设路灯222盏。总投资1383万元，资金来源为财政投资，2021年6月完工。

2021年，施工中的承下路拓宽改造工程

【桥梁隧道改造】 凤凰山大桥拓宽工程。拆除原有大桥两侧人行道，向东侧单幅加宽8.5米，桥梁全长700米，将该桥改造为双向4车道，总投资9876万元，资金来源为财政投资，2021年8月通车。会龙山隧道工程，起点为小老虎沟会龙街，终点与红石砬沟路相接，全长1095米，宽15米。其中，路基段115米，隧道段长度为915米。总投资15611万元，资金来源为财政投资。2021年完成隧道掘进570米，配建桥梁建设完成，计划2022年内完工。

【海绵城市及综合管廊建设】 海绵城市建设。截至2021年年底，全市建成区22%面积达到海绵城市标准，其中包含大学城片区、避暑山庄片区、滨河公园片区、世纪城片区、雹神庙片区、外八庙片区6个排水分区，总面积16.32平方公里。城市地下综合管廊建设，全市启动建设高新区综合管廊、滦平县北部新城综合管廊等项目，共建设地下综合管廊及管沟74.62公里。

建筑业及管理

【概况】 截至2021年12月底，全市注册建筑业企业975家。其中，特级企业1家，一级资质企业24家，二级资质企业151家，三级资质企业677家。专业承包一级资质企业29家，二级资质企业173家，三级资质企业220家，不分等级企业362家,劳务分包资质445家。受疫情影响，据市统计局统计数据，2021年全市建筑业总产值170.10亿元，增长率4.3%，处于全省建筑行业中下游水平。平均从业人员5.5万人。

【建筑工程质量管理】 全市工程监督覆盖率100%，住宅工程分户验收实施率达到100%，工程质量验收合格率100%。全年未发生重大工程质量事故。全市建设工程质量处于可控状态，整体质量水平较往年有所提升。解决住宅小区配套设施工程在建设过程中质量监管不规范问题，研究制定住宅小区配套设施工程监督管理办法，加强住宅小区配套设施工程质量监管工作。在全市在建工程项目中推行隐蔽工程举牌验收（隐蔽工程影像记录）制度，并在分部分项和竣工验收资料的核查中加强对该部分影像资料的检查核验工作，确保隐蔽工程施工不留隐患。在全市推广业主预验房制度，要求所有在建住宅类项目在竣工验收前必须制定业主预验房工作计划，并在实施过程中跟踪检查。

【建筑市场管理】 全市住建系统进一步统一思想，提高认识，采取有效措施，确保建筑业高质量发展工作有序开展。北旺建设集团有限公司和宽城盛通市政建设集团有限公司分别获批特级企业和一级企业资质。全市共成立中科宏泰项目管理有限公司等6家BIM技术研发中心（实验室）。河北民族师范学院宿舍楼等11个项目应用BIM技术，指导工程项目全过程施工建设。双桥区、隆化县等45个项目全部实行工程总承包模式，缩短招投标时间。在全市范围内集中开展房屋建筑和市政基础设施工程质量巡查、农民工工资保障机制建设、建筑节能、绿色建筑和建筑市场秩序重点工作综合督导检查，严厉打击建筑市场各种违法违规行为，确保各方责任主体责任得到落实。

【工程监理管理】 监理法规体系框架已基本形成，监理制度逐步完善，基本形成建设监理体制。规范建筑市场行为，指导工程监理企业提高服务质量，形成特色服务品牌，打造良好的品牌形象。加强对项目监理机构人员的管理，实行备案登记制度。施工现场监理基本实现程序化，制度化。全市监理企业共19家。其中，甲级8家、乙级9家、丙级2家。从业人员1320 人，签订工程监理合同额约1.7亿元。

【清理拖欠】 积极配合人社部门开展“冬病夏治”等专项治理活动。移交城市执法管理局违法分包案件13起。全市在建工程项目实名制覆盖率达到90%以上，累计在建工程注册项目363家，在建工程人员62741人。全市累计支付农民工工资11.1亿元。

房地产住房保障

【概况】 围绕“房住不炒”定位和稳地价、稳房价、稳预期目标，着力防止房价大起大落，防范和化解房地产风险，全面落实“一城一策”各项措施，按照省政府要求，对全市“一城一策”方案修改完善并上报全市房地产市场运行情况自评报告。全年全市新批商品房预售面积320.9万平方米，成交面积269万平方米，成交均价7327元／平方米。其中，市中心区新批商品房预售面积113.8万平方米，成交面积75万平方米，成交均价8892元／平方米。根据河北省生态环境保护厅要求，开展全市房地产开发项目排查工作，共排查新建房地产开发项目、存量房地产开发项目、单位集资建房项目和公有住房项目2186个、

684367套，发现问题项目9个、9219套，按时间节点要求全部整改完成。

为确保省政府下达的年度住房保障各项责任目标全面完成，坚持以目标为导向，采取科学谋划、强化督导、严格考核等工作做法，推动工作有序开展。2021年，全市棚改开工目标任务4500套；棚改安置房基本建成1033套。棚改项目开工4508套；棚户区改造基本建成住房1207套。棚改项目开工率、基本建成率分别为100%、117%。全市住房租赁补贴计划发放4106户，实际完成住房补贴户数4505户。省政府下达城中村改造任务15个项目，6月底前15个城中村项目均已启动，启动率为100%。

【规范房地产市场秩序】 严格落实《承德市商品房预售资金监管办法》，对全市商品房预售项目所售资金重点监管，规范开发企业预售资金的收存、支取、使用等环节，约束房地产开发企业将商品房预售资金专项用于项目监管范围的工程建设，监督指导开发企业树立良好的营销理念，保证购房人和其他当事人的合法权益，同时根据市场实际情况，优化商品房预售资金监管工作。为有效支持房地产开发企业在做好"新冠肺炎疫情"防控工作的同时复工复产，缓解企业项目建设资金压力，下发《关于调整商品房预售监管资金支取节点的通知》，房地产开发企业可提前一个节点支取项目的重点监管资金，以保障商品房预售资金优先用于工程建设，防范工程烂尾风险。加强商品房现售管理，根据《承德市住房和城乡建设局关于规范商品房现房销售管理的通知》，加强现房销售信息备案工作，全年办理17宗商品房现售备案。

按照住建部和河北省住房和城乡建设厅要求，起草《关于持续整治规范房地产市场秩序专项行动方案》和《承德市住房和城乡建设局等九部门关于建立我市房地产市场整治规范工作专班的通知》，部署全市整治规范房地产市场秩序专项行动。注重加强市场风险防范，针对志和馨居、亢龙东郡、恒大悦府等问题项目，提出切实可行解决方案，协调各相关部门积极推进，避免项目出现烂尾情况，确保房地产市场稳定。加强市场运行监测分析，对房地产市场运行情况实行月监测、季分析、年总结，为领导决策提供数据研判。

【落实住房保障任务】 4月初，编制印发《2021年承德市城镇保障性安居工程、城中村改造工程工作要点》，明确年度棚改项目开工、基本建成、城中村改造启动、住房租赁补贴发放、公租房智能化建设及保障性安居工程质量等9项主要工作目标。严格考核问责，确保年度责任目标完成；加大棚户区改造力度，结合实际情况做好棚改安置工作；稳步扩大住房保障范围、简化公租房保障申请材料和程序；强化公租房后期管理，推进小区智能化建设；加强组织调度，强化督导考核等九项重点工作。

【强化住房保障管理】 全市进一步完善联审联查工作机制，强化对保障对象的家庭收入、财产情况审查认定工作。各县（市、区）全部建立住房保障信息公开专栏，项目铭牌和公示牌制度得到较好落实，住房建设信息及住房分配工作信息实现全公开。继续强化目标责任制管理，加强对住房保障工作的日常监督检查，全年组织召开全市部门专项调度会议3次，现场督促检查11次。

村镇建设

【概况】 印发《关于做好农村低收入群体等重点对象住房安全保障工作的实施方案》，对现行农村住房安全保障政策全面梳理，开展相关培训。各县（市、区）根据农村低收入群体名单，重点对农村防贫监测户住房安全保障情况逐户复查，对于监测发现的住房安全问题逐户建立工作台账，实行销号制度，农村危房实现住房安全有保障。

开展农村工匠技能培训教育，提升农村建筑工匠技术水平，全市共培训各类合格乡村建设工匠573人。全面完成农村房屋安全隐患排查整治任务，受到国家和省的肯定。4月30日，国务院办公厅下发《关于对2020年落实有关重大政策措施真抓实干成效明显地方予以督查激励的通报》，滦平县被确定为全国20个“农村危房改造工作积极主动、成效明显的地方”之一，予以督查激励，这是承德市第二次受到国务院办公厅督查激励，成为全省唯一受到2次督查激励的市。大力开展农村积存生活垃圾清理专项行动，农村生活垃圾收集转运处置体系建设取得阶段性成效。制定《农村住房建设品质提升工程实施方案》《农村住房建设技术要点》和《农村住房建筑特色和乡土风貌建设指引》等政策和技术文件，组织编制农村住房建设通用图集和施工构造大样图，开展绿色节能建筑推广试点，共完成EPS模块住房建设试点53户，农村住房建设品质提升工作走在全省先进行列。为进一步提升全市农村住房建设品质，推广应用建筑节能技术，开展农村既有居住建筑节能改造试点工作，计划利用3年时间，改造农村建筑12.17万平方米，改造后的建筑节能水平较改造前提升30%以上。丰宁、围场、隆化及滦平4县圆满完成全年度3.97万平方米改造任务。强化示范带动，以兴隆县为试点县，开展以源头减量化为重点的农村生活垃圾分类试点，通过规范农户分类投放、保洁员二次分拣、分拣厂终端前分拣的方法，从源头和终端处理前就地对农村垃圾进行分类，按照可回收利用垃圾、有毒有害垃圾、建筑垃圾和不能回收垃圾进行初步分类、转运、处理，逐步实现农村生活垃圾减量化、资源化和无害化，为全市开展农村生活垃圾分类积累经验。

【农村房屋安全隐患排查】 完成用于经营的农村自建房安全隐患排查整治，共排查用于经营的农村自建房26709户，初判存在安全隐患18户，完成安全鉴定18户，经鉴定存在安全隐患房屋13户，已全部整治完成。共排查其他农村房屋687781户，全部录入《农村房屋综合信息管理平台》。

【农村危房改造】 建立住房安全保障动态监测机制，以纳入防贫机制监测的农户为重点，开展住房安全全面排查，对于监测发现的住房安全问题逐户建立工作台账，继续实行农村危房改造等住房安全保障政策，实行销号制度，确保“增量随清”，实现低收入家庭住房安全保障率100%。截至2021年年底，全市动态新增农村危房1080户，已全部开工，开工率为100%。其中，已完工1047户，完工率为96.9%。剩余33户也得到妥善安置。扎实推进兴隆县、鹰手营子矿区2个7度抗震设防地区抗震改造工作，在全部完成2020年164户农房抗震改造任务的基础上，兴隆县2021年新增农房抗震改造任务14户，已全部完工。

【农村垃圾清理】 4月，以河湖周边、湿地周边等村庄为重点，组织各县（市、区）开展农村积存生活垃圾清理专项行动，对所辖范围农村积存生活垃圾彻底清理。加强日常巡检，发现问题及时清理。全市共排查并清理农村生活垃圾问题67个，排查并清理各类农村垃圾杂物1093.5立方米。7月，再次在全市集中开展农村生活垃圾举一反三、排查整治的专项行动，重点对日产日清保洁机制落实、积存生活垃圾的清理进行排查整改。2021年，谋划实施农村生活垃圾转运站10座。其中，丰宁6座，隆化3座，滦平1座。总投资3000万元。日新增转运能力464吨，已全部完工投入使用。全市新增收集转运车辆30辆。其中，大中型转运车21辆。更换和新增垃圾箱（桶）5.7万个。农村生活垃圾治理体系覆盖率99.3%，基本实现全覆盖。对2020年整治并完成销号的56处非正规垃圾堆放点，组织相关县（市、区）再次进行现场核查，防止出现反弹反复。同时为防止出现新增非正规垃圾堆放点，要求各县（市、区）农村生活垃圾治理牵头部门，定期对环境敏感区域附近村庄督导检查，形成常态化排查监测机制，确保不再出现新增非正规垃圾堆放现象。

2021年，兴隆县半壁山镇生活垃圾转运站投入使用

【特色小城镇建设】 2021年，全市省重点培育的8个特色小城镇市政基础设施、公共服务设施和民居建设进一步加快，人居环境和风貌特色建设水平不断提高。共实施基础设施、公共服务设施和人居环境建设项目8个（含结转），总投资8.91亿元。4月，省住房和城乡建设厅、省文物局组织开展第五批河北省历史文化名镇名村申报评审工作，丰宁凤山镇成为承德市2021年唯一申报河北省第五批历史文化名镇名村的乡镇。经积极推荐、现场调查和专家评审，丰宁凤山镇已被列入第五批河北省历史文化名镇名村候选名单。

2021年承德市住房和城乡建设局领导名录

党组书记、局长：池大勇（满）

党组副书记、副局长：罗士学

党组成员、副局长：李国富

常庆新

党组成员、建安总公司党委书记兼总经理：

刘福东

党组成员、副局长：刘庆珍（满）

党组成员、派驻纪检组组长：张　杨（5月调离）

建安总公司副总经理：刘炳瑞（满）

于希龙（满）

李振国（4月任）

（解　元　刘　威　张悦新　牛　杰　杨建波　供稿）

城市管理

【概况】 2021年，城市管理治理体系进一步完善，城市管理水平再上新台阶。全年完成中心城区旱厕“清零”，提前4年完成“十四五”任务。主干道路基本实现“飞线入地”，“空中蛛网”成为过去。推进总投资7.75亿元的承德县、丰宁、围场3座生活垃圾焚烧处理项目开工建设，推动全域垃圾焚烧全覆盖进程；加快易积水区域治理，确保安全度汛；完成农村电代煤2.9万户、取缔生活燃煤锅炉61台、更新改造燃气管网70千米、惠及居民2万多户，助推“碳达峰”“碳中和”。市区主供水水源地地表水替代和秋窝水源地撤销工作完成，城市发展空间得到扩展。完成河北省第五届（唐山）园林博览会承德展园建设，荣获造园艺术综合奖金奖、优秀施工奖、优秀设计奖全部奖项，全省排名第一。

作为全国供热新型城市基础设施建设专项试点城市，“启智”智慧供热管理平台已在河北、北京、山西等省市部分供热企业推广应用。平泉市获得河北省人居环境进步奖，隆化县获得省级“洁净城市”荣誉称号。创建河北省精品街道2条。创建省星级公园、省市级园林式单位、小区、街道17个；参加2021年“中国技能大赛·河北省园林技能竞赛决赛”，取得一等奖1人、二等奖3人的优异成绩。

【文明城创建】 新建和改造山庄、老城区、市政府及大学城周边公交亭106个。中心城区工地围挡提标，高标准完成工地围挡整改89处。全市新建改建公厕107座，其中，中心城区新建改建水冲公厕85座。整治占道经营1.8万余处，清理乱停车辆3.4万余次，规范共享单车停放2万余次、通过上牌管控压减至5320辆，清理小广告5万余张，修复市区路面2.3万平方米，城市道路设施完好率95%以上；维修更换破损灯具5500余处，亮灯率达98%。累计清除卫生死角6300多处，更新垃圾桶、果皮箱5200多个。市区4个街道、231个小区、373个公共机构、121个公共场所、1387个经营性区域全部实施垃圾分类，鹰手营子矿区提前实现城市生活垃圾分类全覆盖。完成2021年春节、国庆期间中心城区节日亮化装点和庆祝中国共产党成立100周年装点工作，整治“两路一街”（狮子园路、水泉沟路、广仁大街）门店牌匾，规范门店牌匾1060块、8200平方米。绿地亮化府前路大桥至偏岭大桥段武烈河坝体，实施新华路过街天桥和承德东高速口亮化工程。亮化武烈河沿岸景观，2022年春节前完成“三山”（罗汉山、磬锤峰、九华山）、“四桥”（旅游桥、承德大桥、府前桥、凤凰山大桥）和两宫门区域亮化项目建设。启动承下路绿化改造工程（二期）和东山山地绿化建设项目；实施“立体鲜花造景”，市区摆放鲜花100万盆，

6月2日，双滦区欢乐江山小区对生活垃圾开始实施分类管理

补植人行道树180株，补栽绿篱、花卉8000余平方米、应季草花20万余株，建成专类花园3个、花境5个。对所属23条主干道（20万平方米）、71座桥涵、15座隧道实施维护维修，累计维修更换人行道板5400平方米、沥青路面1.8万平方米。实施飞线入地工程，中心城区已入地敷设线缆6.9千米，拆除线杆327个，拆除通信设备33个，治理总里程177.6千米。

【方便群众出行】 实施城市公共停车设施建设和老城区路口微改造工程。累计建成停车场62个，新增停车泊位14549个，占省定任务103.9%。其中，中心城区建成停车场16个、增加停车泊位7141个，超额完成3641个，占市定任务204%；顺利完成南营子大街、温家沟等10处路口拓宽微改造，以及商城节点、东大街节点2处公交港湾改造。启动石洞子沟输变电配套电力管廊工程，实施市政老旧管网改造和天然气置换燃气管网改造工程，改造供热老旧管网13.8千米；铺设天然气管网70.12千米，改造居民用户20053户，超额完成年度任务。

【打造绿色生活】 实施生活垃圾焚烧处理设施建设工程和城市园林绿化提升工程，承德县绿源热电建设、丰宁满族自治县生活垃圾焚烧发电和围场满族蒙古族自治县生活垃圾焚烧项目分别完成总工程量的55%、30%和15%。建成“口袋公园”101个，完成鳄鱼山山地公园建设一期工程，推进宽城满族自治县省级生态园林县城试点创建工作。提升居民宜居生活环境，全市共有71个社区初验达标并申请市级复验，60个社区通过市级复验，创建数量占全部城市社区总量的36%，超额完成省定30%的任务。

【燃气行业安全运行监管】 完成全市93家燃气企业经营许可证的年度监督检查工作，抽查46个液化气场站，发现并督促整改隐患348个。强

化燃气安全技防水平，建设天然气管网信息化系统和燃气巡检管理系统；实施城镇既有管道燃气用户加装安全装置工作，已完成21.5万户。完成供热设备大修技改9个热源、583所换热站及阀门、水泵等，供热期排查整治隐患26处。城区清洁取暖完成5010户，完成率103.19%；农村电取暖完成29042户，完成率100.08%。督导供水企业建立健全水质检测制度，强化供水管线及附属设施巡检维护，城市供水水质合格率100%；全市改造供水管网12.64千米。

【公共安全监管】 城市排水防涝设施安全运行监管，汛前全面开展排水设施清淤工作，累计清挖雨水检查井2400余座、雨水收水口5300余个、沟渠1300米，维修雨水检查井、泵站20座。完成全市46处易积水区域整治工作和五云桥、新华路等重要点位应急排水工程，发放防汛沙袋3500多个。全力抓好市区游园绿地尤其是佟山公园防火监管，与相关单位建立联防联护防火工作机制，重点时间、重点地段加强防火看守，确保无火情发生。重点抓好汛期树木倒伏等突发事件，处理老弱树木271棵，处理风雨后倒伏大树13棵、树木断枝断杈230余处。开展市区户外广告牌匾安全隐患排查，全年整改存在安全隐患的广告牌匾6000余处。做好极端天气应对措施，督导产权单位及时加固，严防广告设施脱落伤人事件发生。巡查亮化设施，及时修复问题灯具4000余盏。建筑市场安全监管，确保不发生各类建筑市场安全生产事故。开展全市违规违建项目清理规范“回头看”工作，全面排查102个新增建设项目，未发现新增违规违建项目。

【确保生态安全】 抓好扬尘管控、渣土运输车辆管理和餐饮油烟管控工作，常态化洗城，全市水洗清扫面积达1671万平方米，实现城区主要道路水洗机扫全覆盖，城市建成区道路机械化清扫率达100%。加强治理建筑施工工地扬尘污染，查处扬尘污染违法案件18件，收缴罚款113万元。严格渣土运输管理，开展联合执法320次，查处违法违规运输行为70件。各县（市、区）建立3000家餐饮企业油烟污染治理台账，督导检查中心城区重点区域13次，发现整改问题10个。开展黑臭水体专项整治行动，对城市建成区范围内存在黑臭水体的风险点开展“回头看”，及时解决苗头性问题，取得良好效果，成为全省唯一一个没有黑臭水体的地级市。实行污水处理厂考核评价制度，全市14家污水处理厂均实行第三方考核评价，确保城市污水处理设施平稳运行。完成港湾花园小区至技师学院污水管网应急抢修，按时序推进太平庄污水处理厂三期工程(一标段)和双峰寺至太平庄污水主干管道三期工程，完成工程总量的80%以上。

按照“一场一方案”原则，聘请省环境卫生协会专家，对全市43座生活垃圾焚烧处理设施、生活垃圾填埋场、水泥窑协同处置生活垃圾处理设施、建筑垃圾消纳或资源化利用处理设施、餐厨废弃物处理设施、城市粪便无害化处理设施等运行或在建的垃圾处理设施开展2轮安全环保评估检查，下发36期督办单，督办整改问题200个。

【依法行政管理】 在《承德市城市市容和环境卫生管理条例》《承德市供热管理条例》两部城市管理立法基础上，补充完善《承德市养犬管理条例》《承德市机动车停车场管理条例》。其中，《承德市机动车停车场管理条例》市人大常委会一审审议通过。严格规划执法，对新发生违法违规建设项目坚持“零容忍”。打击变相收取预订、预付款违法销售行为，维护房地产市场秩序。全年共查处违法案件129件，作出行政处罚决定92件，收缴罚款1167.45万元。整治停车管理领域违法违规问题，重点从设施建设、信息公开、收费管理、文明服务、环境维护5方面，逐一排查中心城区583个停车场（117个经营性停车场、13001个停车泊位和466个专用停车场、73053个停车泊位），整改问题126个，完善设施113处，取缔停车场4个。重新修订全过程记录、法制审核、执法公示“三项制度”，实现事前事后公示两个100%，即行政处罚案件、双随机抽查结果公示率达100%、行政处罚文书全文公示率100%。建立健全行政执法数据统计分析制度，提升执法水平和办案质量。落实重大行政执法决定法制审核制度，全年共提出审核意见300余条。

8月17日，创建全国文明城市期间，市城管人员在西大街整治马路两边乱停乱放的车辆

2021年承德市城市管理综合行政执法局领导名录

党组书记、局长：颜振乾（7月免）
于景国（7月任）

党组副书记：（空缺）

党组成员、副局长：万忠然（满族）
周占成
董晓霞
丛培洲（3月任）

（郭　健　韩　平　供稿）

住房公积金管理

【概况】　2021年，全市住房公积金新开户单位448家，净增单位184家；新开户职工2.08万人，净增职工1.04万人；实缴单位4402家，实缴职工23.84万人，缴存额36.43亿元，分别同比增长4.93%、4.47%、4.09%。至年末，缴存总额330.66亿元，比2020年年末增加12.38%；缴存余额140.72亿元，同比增长11.20%。6.43万名缴存职工提取住房公积金；提取额22.26亿元，同比下降7.52%；提取额占当年缴存额的61.10%，比2020年减少7.67个百分点。年末提取总额189.94亿元，比上年末增加13.27%。发放个人住房贷款0.46万笔18.26亿元，同比分别增长9.52%、12.02%。其中，2021年，回收个人住房贷款9.44亿元。累计发放个人住房贷款6.55万笔167.49亿元，贷款余额93.35亿元，分别比2020年年末增加7.55%、12.24%和10.43%。个人住房贷款余额占缴存余额的66.34%，比2020年年末减少0.45个百分点。受委托办理住房公积金个人住房贷款业务的银行9家，2021年发放异地贷款629笔25112.90万元。发放异地贷款总额91952.90万元，异地贷款余额75017.10万元。增值收益23784.14万元，同比增长6.91%。其中，增值收益率1.78%，比2020年减少0.04个百分点。个人住房贷款逾期额120.65万元，逾期率0.129‰。其中，个人贷款风险准备金余额9334.78万元。无挤占挪用住房公积金等违法、违纪问题发生。

6月11日，市住房公积金管理中心工作人员在为客户办理住房贷款业务

【归集扩面做大规模】　印发《2021年全省住房公积金监管工作任务分解》，对省住建厅通报排名内容、重点工作内容细化分解，做到任务落实

到位、责任落实到位。坚持以使用促归集，以服务促归集，以执法促归集，瞄准目标群体，做到应缴尽缴，携手扩大公积金的缴存范围，让所有符合政策要求的职工尽早享受红利。深挖住房公积金政策潜力，充分发挥公积金低息、互助作用，加大对住房消费市场个人住房贷款的投放规模，加快投放速度，通过降低准入门槛、简化办理流程、压缩贷款时限、创新个性服务等方式，做到应贷尽贷，保障个人贷款利息收入稳定增长。

【深挖潜力增加收益】 密切关注政策走向，科学高效安排资金使用，着力提升综合效益，确保公积金储金保值增值。将日常业务中银行账户留存的活期，与银行重新协商签订协定存款协议，确保资金的流动性和在高息率水平下运行，提高收益性。认真分析、研判利率走向，合理确定存款组合，形成以三年大额存单存款为主，二年、一年短期存款为辅，协定存款为基础的阶梯型存款结构，有针对性地调整存款时间，做到到期时间相对均匀，保证业务正常开展，防止资金出现流动性风险带来的利息损失。综合运用大数据、云计算等先进技术，在管好、用好“8+3”住房公积金综合服务平台基础上，扎实推动“跨省通办”业务开展，全面实现8个住房公积金高频服务事项“跨省通办”，实现住房公积金缴存使用证明、住房公积金贷款全部还清证明在个人网厅上自助打印及电子签章，满足缴存单位和职工异地办事需求。

【规范管理防控风险】 进一步强化“自我监督、自我约束”工作机制，建立健全风险预警机制，加强公积金运行风险点分析研究，堵塞各种漏洞。集中完善和修订80项制度，做到用制度管人管事，为中心规范开展各项工作增强约束力、提升执行力。统一业务流程，讲解业务知识，业务工作中发现疑难案例，共同会商、研判，形成统一的、有操作性的工作指南，为基层业务操作提供根本遵循。为最大限度减少企业因疫情带来的影响，及时调整工作着力点和应对举措，按照“六稳”“六保”工作要求，建立定期走访、台账管理、联合办公3项机制，全力帮助企业纾困解难、复工复产。特别是加大对有信访隐患的房地产项目的支持力度，坚持主动服务、超前服务、精细服务，及时解决房地产企业涉及公积金方面的难题。

深入开展常态化扫黑除恶斗争，充分利用公积金门户网站、营业大厅和委托银行游走字幕等媒体手段宣传打击骗提骗贷行为的法律依据和惩治措施，在公积金门户网站显著位置公布扫黑除恶斗争举报电话和举报邮箱，便于广大缴存职工、社会群众投诉举报。与市中级人民法院协调，在强制执行程序中将公积金执行列为末位执行项，从根本上杜绝运用合法手段骗提套取公积金问题发生。

2021年承德市住房公积金管理中心领导名录

党组书记、主任：牛立杰（女）

党组副书记、副主任：魏　民

党组成员、副主任：张晓辉（满族，3月任）

（袁　浩　供稿）

生态环境保护

综　述

【概况】　2021年，承德市生态环境保护工作以中共中央总书记习近平新时代中国特色社会主义思想为指导，深入贯彻习近平生态文明思想和习近平在承德考察时的讲话精神，全面加强生态环境保护工作，深入打好污染防治攻坚战，着力推进承德高质量发展与生态环境高水平保护。

【环境执法监督】　强化日常监管，聚焦重点区域、重点时段、重点行业和重点问题，开展危险废物“回头看”、秋冬季第五轮大气环境执法、打击自动监测数据造假等各类专项执法行动16项。全市累计出动执法人员26229人次，检查企业11818家次，发现问题1583个，发现问题率13.39%。行政处罚245件，罚款金额1182.95万元，移送公安机关行政拘留案件11件，查封扣押案件7件，停产限产1件。其中，市级办理行政处罚案件50件，罚款金额282.29万元，查封扣押案件1件。全年共受理生态环境信访举报2029件，同比下降9.8%，案件处理率达到100%。省生态环境保护厅厅级领导第一批、第二批包联化解重点环境信访事项涉及承德市4件，均按期办结。通过梳理排查，将161件环境信访矛盾纠纷问题列入领导干部包联督访事项，159件已化解，131件做到息诉罢访。

【党风廉政建设】　在全市生态环境系统开展党史学习教育活动，发放指定学习书籍211套。组织全系统党员参加省委党校专家和省厅领导党史宣讲会议，邀请市委常委副市长何军宣讲党史。开展“学讲话、担使命、聚会合力、做贡献”学习实践活动。结合中国共产党成立100周年，到热河革命烈士纪念馆、宽城县王厂沟爱国主义教育基地、承德县朝梁子教育基地、承德博物馆开展红色革命传统教育活动。召开团青年代表座谈会，举办老中青三代环保人“学党史、颂党恩、跟党走”活动，推动全市生态环境事业高质量发展座谈会。采取专题测试和现场竞赛形式在全系统组织“学党史、知党情、跟党走”党史知识竞赛活动，以考促学、以学促干。开展“文明创建党旗红”活动，以创建全国文明城市为契机，建立三年社区帮建计划，与社区开展“结对共建”。开展党员进社区活动，推进卫生清洁、文明交通引领、文明环保宣传等各项志愿服务。

【环境宣传教育】　组织开展“3·22”世界水日、“4·15”全民国家安全教育日和“5·22”生物多样性日宣传教育活动，累计发放宣传单5000

6月5日，围绕第50个世界环境日“人与自然和谐共生”这一主题，市生态环境局在滨河湿地公园举办“全国全民骑行总动员 助力减污降碳——承德站”自行车环城骑行活动

余份、环保袋700个，制作展出《核安全法篇》《雾霾篇》《垃圾回收与利用篇》等宣传展板10块。世界环境日期间，开展“人与自然和谐共生”——第50个世界环境日主题宣传活动暨“十佳生态环保公众参与案例”“十佳生态环保志愿者”颁奖典礼。在滨河湿地公园举行“全国全民骑行总动员 助力减污降碳——承德站”自行车环城骑行活动。

9月29日，在围场举办“生态文旅与乡村振兴实践创新论坛”暨中国国家地理·承德自然生态营地战略合作签约仪式。与市教育局联合开展“深入打好污染防治攻坚战 我是行动者”系列主题教育活动，征集大中小院校生态文明主题课件累计70余个。

指导环保社会组织开展垃圾分类进社区、“我是小河长”等环保公益活动，引导鼓励环保社会组织积极参与生态环境保护宣传教育。与北京市密云区联合开展生态环境联建联防联治宣传教育交流合作，共同成立“绿水青山 有为少年”宣讲团，通过线上、线下开展宣讲活动，倡导全民保护水源、保护生态环境。组织承德环能热电有限责任公司、市污水处理厂、承德金隅水泥有限责任公司、承德市环境监控中心4家市级开放单位开展线上线下公众开放日活动，累计开展20次，参与人数2000余人次。

提升环境质量

【大气治理】 以打造京津冀最优空气质量为目标，充分发挥自动监控和远程执法科技手段、“12369”环境信访举报热线、网格化环境监管体系等综合措施，加大惩治力度，全力推进大气污染综合治理，全市环境空气质量实现持续改善。有效应对重污染天气污染过程，开展每日会商、“一厂一策”回头看等。编制完成《承德市2020年度PM2.5源解析报告》《承德市2021年一季度PM2.5源解析报告》，进一步明确扬尘、机动车、工业企业、燃煤等污染源比重，找准问题症结，为精准治污提供决策依据。全力保障冬奥会期间空气质量，编制冬奥会空气质量保障方案，突出赛前、赛时2个时段，分行业、领域、区域实施精准管控措施。

全年，市中心城区达标天数329天，优良天数占比90.1%，高于全省平均达标天数（269天）60天，PM2.5平均浓度为30微克／立方米，低于全省平均浓度（38.8微克／立方米）8.8微克／立方米。全市PM2.5平均浓度为26微克／立方米，同比下降13.3%。

【水环境质量达标】 全市23个地表水国考、省考断面水质达标率保持100%，全部达到优良水质标准。其中，Ⅰ类断面6个，Ⅱ类断面10个，Ⅲ类断面7个。11个断面较考核目标实现升类。14个县级及以上城市集中式饮用水水源地水质达标率100%。严格按照全省重点生态保护区违规违建问题排查整治工作要求，完成涉及饮用水源保护区问题整改。

12月底，市生态环境局化验分析人员正在对水样中的粪大肠菌群进行监测

【提升声环境质量】 全年对14个功能区噪声点位、54个道路交通噪声点位、116个区域噪声点位开展监测，各类功能区全年声环境质量均达到国家功能区标准。与2020年相比，除2类区夜间噪声、4类区夜间噪声等效声级均值有所下降，1类区昼夜、2类区昼间、3类区昼夜、4类区昼间噪声等效声级均值均有所上升；区域环境噪声昼间噪声平均等效声级为51.3dB(A)，质量等级为较好，与2020年相比，昼间噪声下降了6.2dB(A)；城市道路交通噪声昼间噪声平均等效声级为67.0dB(A),车流量为439.4辆／小时，质量等级为好，与2020年相比，昼间噪声上升0.8dB(A)，超过70分贝路段长度占总道路长度的24.2%。

【辐射环境质量安全】 全市使用放射源单位15家，使用放射源114枚。其中，Ⅲ类源2枚、Ⅳ类源76枚、Ⅴ类源36枚。利用非密封放射性物质单位3家，在线使用射线装置506台。其中，Ⅱ类射线装置53台，Ⅲ类射线装置453 台。放射源使用单位均能做到操作人员持证上岗、制度健全、管理规范。全年未发生辐射安全事件。

【固体废物污染防治】 截至2021年年底，有工业危险废物处置单位1家（承德金隅），医疗废物处置单位2家,废铅蓄电池收集试点单位2家，危险废物综合收集试点单位2家。基本实现全市危险废物和废铅蓄电池的收集处置全覆盖。

【土壤、地下水、农业农村环境管控】 全面落实受污染耕地风险管控措施，受污染耕地和污染地块安全利用率100%。严格建设用地准入管理，污染地块安全利用率100%。地下水国控点位Ⅴ类水比例保持稳定，全市测土配方施肥技术覆盖率达到96.6%，全市化肥使用量减少739吨。秸秆综合利用率97.3%，农膜回收率90%。全市规模化以上畜禽养殖场粪污处置设施装备配套率100%，畜禽粪污综合利用率达到94.23%。累计实现全市1987个村农村生活污水无害化处理设施能力覆盖，无害化设施能力覆盖率达到81.14%，全域农村黑臭水体常态化排查整治动态清零。

【自然生态环境保护】 强化自然保护区和生态保护红线监管，与市林业草原局等5部门联合开展“绿盾2021”专项行动，严格落实《河北省生态保护红线生态破坏问题监管试点工作实施方案》，全年共完成遥感监测点位现场核查722处，发现生态环境破坏问题34处。通过强化督导、持续盯办，完成年度整改任务。全市现有省级以上自然保护区14个。其中，国家级5个，省级9个。总面积达到3140.44平方千米，自然保护区数量和面积分别占全省的34.1%和45.9%，均为全省首位。

污染防治

【控制企业排放行为】 探索实施工业企业“双控”制度。对中心城区8家高架源企业在全面实施超低排放改造基础上，实施总量和排放浓度双重控制制度。截至年底，累计减排烟尘24.1吨、$SO_2$148吨，$NO_2$252.8吨，减排比例分别达到43.5%、38.8%、35.9%。带动PM2.5、SO_2、NO_2浓度分别下降3.1微克／立方米、1.8微克／立方米、4.8微克／立方米，三项污染物全部达到国家二级标准，污染减排取得积极成效。推进重点企业治理工程，完成河钢承德钢铁公司、承德建龙特色钢有限公司2家钢铁企业超低排放改造监测评估。开展工业炉窑专项整治，全面提升砖瓦、石灰、耐火材料等行业工业窑炉的治污设施处理能力。省下达的72家工业炉窑(24座砖瓦窑、48座石灰窑）均按照既定计划提标改造。大力开展挥发性有机物治理，对全市68家涉挥发性有机物企业编制“一厂一策”工作方案，通过源头替代、综合治理，减少工业源、生活源、移动源挥发性有机物污染。全年累计完成15家挥发性有机物企业源头替代，实施3家企业泄漏检测与修复（LDAR）工作。

【城市扬尘攻坚】 开展春季城市大清洗、扬尘集中攻坚行动，推进建筑施工工地、城市道路等污染防治举措落实。建筑施工，线性工程建立管控清单，落实防尘举措，裸露土堆非硬即绿，城市道路常态化洒水抑尘。全年累计整治建筑施工工地260个，责任主体灭失矿山30个。强化科技支撑，开展道路积尘负荷走航6次、卫星遥感监测1次，对城市扬尘污染源进行全面分析，结合监测结果，采取分时段洒水作业、湿度低于60%常态化洒水作业、单位门前卫生包保责任制，全面提升全市扬尘管控精细化水平，PM10平均浓度持续收窄，城市降尘量完成省下达8吨／平方公里·月的阶段性管控任务。

【全面治理散煤污染】 对不能清洁取暖改造的40万户居民采用洁净型煤取暖。推进散煤整治，综合运用红外报警、视频监控、无人机飞检等科技手段，严厉打击非法储存销售劣质散煤和散煤复燃，出动检查39488人次，出动车辆8682车次，成立乡镇散煤管控队伍209支，管控人员3318余人，出动检查134071人次，出动车辆32931车次；村级网格员22442人，参与管控活动348395人次。查处散煤案件174件，查扣散煤2079.45余吨，罚没收入149.36余万元。取消煤炭经营网点11户，查处无照经营33户，吊销、注销3户，变更经营范围8户，抽检率达到100%，做到了经营户数只减不增。推进煤质监管，实施重点用煤大户炉前煤质监测制度，对电厂、钢铁、水泥等企业炉前煤质监测和管控，安装炉前视频监控系统，持续开展炉前煤质监测监管，煤质全部符合使用要求。

【治理机动车尾气】 禁止不符合国家排放标准车辆的销售和注册登记，管控区域内禁止使用高排放非道路移动机械。大力引导货运车辆远端绕行，严厉查处闯禁和使用超标排放的非道路移动机械行为。累计查处柴油货车闯禁限行6245起，罚款62.45万元；渣土运输车未苫盖724起，罚款14.48万元。严格成品油、机动车检验机构、路检路查、非道路移动机械、重点用车单位5个领域监管，共检查加油站504家次，抽检加油站504家，抽检1923批次，发现不合格29批次，罚款73.23万余元，对全市26家机动车排放检验机构检查160余次，路检路查车辆1.5万余辆，检测非道路移动机械900余台，完成环保标识发放2130台。完成9464辆国三及以下排放标准中、重型营运柴油货车淘汰收尾工作，整治重型柴油货车超标排放577辆，对承德鸿吉德利汽车销售有限公司等6个车辆销售企业开展执法检查。组织开展柴油货车“违规进城”、机动车排放检验机构联合专项执法检查、建筑施工单位大气污染防治联合专项执法检查等行动，推进机动车管控举措落实。

【禁止露天焚烧和烧烤】 开展生态环境和森林公安联合执法，将露天禁烧纳入全市森林草原防火工作统一指挥、统一调度、统一开展。围绕林边、地边、矿边、坟边和隔离带开展“五项清理”，并成立联合督查组，实现督导检查全覆盖。设立工作专栏，在各级乡镇政府设立秸秆垃圾露天焚烧工作专栏，对全市秸秆垃圾露天焚烧视频监控系统和红外报警系统发现的火情和典型案例进行公开曝光，全年在“公众网”曝光典型案例6起。通过秸秆垃圾露天焚烧视频监控和红外报警系统共推送核实火情118起。其中，处罚89起，罚款金额4.115万元；移交公安41起，拘留14人，约谈问责21人。对中心城区餐饮油烟经营单位进行全面排查，开展油气排放监测，对油烟治理效率低下的单位，责令更换油烟净化设施。对露天烧烤开展专项整治行动，严厉打击露天烧烤行为。

【禁售禁放烟花爆竹】 春节期间，对重点时段和重点区域实施全域全时段禁售禁放。全市累计出动执法人员5万余人次、召开会议131场，查处341起，拘留137人，罚款9.48万元。2021年春节期间，市区PM2.5平均浓度较2020年同期下降14.7%。

【水环境综合整治】 深入实施《潮河流域生态环境保护综合规划》，研究制定《承德市2021年水生态环境保护工作方案》，修订《承德市主要河流跨界断面水质生态补偿实施方案》《承德市城市地表水环境质量达标情况通报排名和奖惩问责办法（试行）》。

制定《承德市滦河、潮河“两河共治”工作方案》，全面实施“河湖综合整治、排污口整治、工业企业达标提升、城乡污染治理、打击违法排污”5大攻坚行动，推进“800里滦河水质保护工程”和“潮河200里净水廊道工程”，开展河道生态护岸和河流缓冲带建设、侵蚀沟整治、岸线和河道生态修复等工程。截至2021年年底，实施重点工程75项，已完工29项。制定《围场满族蒙古族自治县阴河流域水环境调研报告及断面达标治理措施方案》，统筹推进阴河流域环境综合整治，取缔关停违法建设企业。承德市政府与北京密云、怀柔、延庆区及张家口市签订《密云水库流域“两市三区”“十四五”时期生态环境保护和协同发展工作要点》。与有关区、市开展联合监测4次，并组织潮河流域突发环境事件应急演练。创新建立承德市水环境综合监管平台及流域水量调度和快速反应系统，对全市23个国考、省考断面实施“一断面一策”和季节性差异化保水措施。组建潮河、滦河等重点流域市、县两级治理专班，开展涉水企业全面排查和水环境综合治理，确保河流水质达标。

印发《承德市2021年集中式饮用水水源环境保护工作方案》，统筹年度饮用水源地保护工作。完成2020年市、县两级饮用水源地基础信息调查评估，以及双峰寺水库水源地规范化建设、西区供水工程水源保护区划分和二水厂水源保护区撤销。

实施工业园区污染治理工程，推进10个省级以上园区及20个重点镇污水处理设施建设，全域全面禁批涉水高污染项目，对重点排污单位全部安装自动在线监控设施，并建立驻厂监管机制，确保企业治污设施稳定运行、污水达标排放。7个园区新建独立污水处理厂及配套管网，3个园区依托县城污水处理厂进行处理。全面排查入河排污口，建立“一口一策”档案，完成全市27个入河排污口规范化建设。推进流域横向生态补偿机制，《密云水库上游潮白河水源涵养区横向生态保护补偿第二期协议》取得初步成果。累计获得滦、潮河流域横向生态补偿资金27.78亿元。其中，滦河流域14.68亿元、潮河流域13.1亿元。

【土壤污染防治】 实施耕地分类管控，全市所有受污染耕地已全部落实风险管控措施，受污染耕地安全利用率100%。严格建设用地准入管理，截至年底，全市累计对263个关闭搬迁重点行业企业等用地实施重点监管，经调查评估255个地块可以安全利用，污染地块安全利用率100%。强化重点行业企业监管，各县（市、区）有26家企业纳入土壤污染重点监管单位名录，较2020年增加10家。有序推进地下水污染防治，完成市级地下水污染防治分区划分工作，为逐步提升承德市地下水污染防治管理水平，提供技术支撑。深化农业面源污染防治，全市测土配方施肥技术覆盖率达到96.6%，全市化肥使用量减少739吨；秸秆综合利用率97.3%，农膜回收率达90%，农村生活垃圾收集转运体系基本实现全覆盖。

【固体废物污染防治】 印发《关于进一步加强固体废物监督管理工作的通知》《关于开展工业固体废物环境排查整治的紧急通知》，对全市工业固体废物堆存场所开展环境排查整治。印发《承德市生态环境局关于加强固体废物跨省转移管理工作的通知》，调查核实跨省转移固废事项，累计核查10家预接收省外工业固废企业。提升危险废物环境监管水平，以危废经营单位、工业园区、化工行业、涉酸企业等行业为重点，加强对涉危险废物企业检查整改力度。全市危险废物重点监管单位全部纳入平台管理，642家涉危废企业全部实现“一企一档”管理。全市危险废物产生单位和经营单位平台申报率100%，一般工业固体废物申报率为96%，高于省考核“不低于90%”的目标。建立健全危险废物源头严防、过程严管、后果严惩的监管体制。市生态环境局、市交通运输局、市卫生和健康委员会、市公安局等部门多次召开危废专题联席会议，对日常监管中各类问题实行联防联控联治，建立“一长三员”的“四位一体”监管机制，网格化监管全覆盖。将首批危废重点监管单位全部纳入“双随机一公开”，推进危废智能化监管体系建设。强化医疗废物监管，依托乡镇卫生院建设医废暂存点，全市形成“镇收集、县周转、无害化处置”模式，从医废产生、收储、转运、处置等环节实现医疗废物的有效管控和规范化管理。全市现有专业医废处置机构2家、医疗废物集中储运中心9家、医废应急处置备选单位2家。全年共处置医疗废物3123.69吨，日均8.56吨，负荷率57.07%。强化重金属环境风险防范，按照国家确定的6个涉重金属重点行业，将全市27家企业纳入全口径统计，超额完成省下达的“十三五”减排目标。

【核与辐射应急管理】 持续开展“核与辐射安全隐患排查三年”行动，结合中国共产党成立100周年及《河北省2022年北京冬奥会和冬残会核与辐射安全保障工作方案》要求，开展辐射安全隐患排查专项行动，对市域内16家放射源应用单位和5家省发证医疗单位开展全覆盖监督检查。对2020年度颁发许可证的部分核技术利用单位开展“回头看”专项检查。与市通信发展管理办公室联合检查承德移动、承德电信、承德网通3个运营公司2020年度落实《通信基站环境保护工作备忘录》实施情况。10月19日，在承德市第三医院开展辐射事故应急演练。联合双滦区政府在承德钢铁集团有限公司举行承德市“核安——20”辐射事故应急演习。全面开展核技术利用、通信基站、废旧金属回收熔炼企业监测设备辐射安全核查监管工作。

环境管理

【生态文明建设】 争创国家生态文明建设示范区和“两山”实践创新基地取得突破性进展。成立以市委书记、市长任组长的示范创建工作领导小组，组织编制《承德市生态文明示范建设规划（2021—2025)》，印发《承德市创建国家生态文明建设示范市工作方案》，围绕规划编制、指标攻坚和资料建档等，召开专家答疑会和项目对接会，指导、推动申报县（区）和市直单位开展工作。2021年，滦平县获评第五批国家生态文明建设示范区称号，围场、隆化2个县获评第五批“绿水青山就是金山银山”实践创新基地称号。截至2021年年底，已创成国家生态文明建设示范区2个（全省共5个)，“绿水青山就是金山”实践创建基地3个（全省共4个）。成立由市委副书记郭旭涛任组长、副市长崔万峰任常务副组长的全市生态文明体制改革专项小组。全年共承担改革事项54项，完成20项，推进实施26项，待省政策尚未启动8项。积极推进国家可持续发展议程创新示范区建设，谋划生态环境项目，争取省财政创新示范区转移支付资金支持1亿元（2022—2024年）。向市科技局申报支持项目

4项（承德市生态环境综合管理平台2650万元；滦河流域上游林草恢复对流域水源涵养及面源污染控制研究200万元；重点行业企业高风险地块周边土壤污染状况调查项目786万元；承德市滦河流域水生生物调查监测评估项目222.6万元。

【固定污染源排污许可审核】 围绕污染防治攻坚战主要任务和目标，重点开展新增固定污染源排污许可发证登记工作。全年对涉危废106家企业进行排污许可证发证前现场核查。对排污许可证执行报告提交率进行审核，完成全市631家持证企业2020年度排污许可证执行报告提价率审核，提交率100%。完成24家火电、污水处理及其再生利用等2个行业所有持证企业2020年度执行报告内容规范性审核，抽取其他行业总数的7%共44家排污单位进行审核，共发现核查存在问题企业31家，依法要求其进行整改。完成排污许可证核查200家，完成率80%。

【环保项目管理】 对重点项目实施"五加五"环评审批服务措施（即告知承诺＋豁免管理、建立台账＋专班服务、前期介入＋"一对一"服务、绿色通道＋限时办结、互联网申报＋不见面审批），特别是对丰宁和围场2个垃圾焚烧发电项目、张承承德丰宁风光氢储100万千瓦项目、隆化抽水蓄能电站等重点项目、滦平县鑫利源矿业集团公司20万吨年地下铁矿石开采项目，明确专人实施全程跟踪服务。持续推进疫情防控期间"三类项目"环评审批应急保障措施，对8个"三类项目"提供"一对一"服务。全年全市共审批项目291个，建立重点项目台账39个，为省厅审批项目出具环境影响评价执行标准28个。协助隆化、丰宁2个省级经济开发区完成规划环评审查工作，为采矿项目建设单位办理采矿证延续相关手续23个。

落实"两高"项目生态环境源头防控工作。对拟建、在建和建成投产的项目摸底排查和分类梳理，共排查出47个项目，并建立管理台账。结合环评复核工作安排，对新批复的"两高"项目开展环评报告复核工作，摸清全市拟建、在建、存量"两高"项目清单。全市存量"两高"项目共24家、在建1家。推进"三线一单"成果发布和应用，印发《承德市人民政府关于实施"三线一单"生态环境分区管控的意见》，督促和指导全市各县（区）落实管控要求，发挥"三线一单"在承德产业发展、资源开发利用、重大项目布局选址等的指导支撑作用。印发《关于开展承德市省级园区规划环评落实情况专项检查的通知》，对全市10个省级经济开发区实施专项检查。对列入全省开展钢铁行业建设项目碳排放环境影响评价试点企业的河北钢铁股份有限公司承德分公司和承德建龙特殊钢有限公司，开展碳排放基准值测算基础工作。推进规划新建、拟建的承德县、丰宁、围场3个县垃圾焚烧项目环境社会风险防范与化解工作，完成对承德县绿源热电建设项目环境社会风险调查评估。落实强制性清洁生产审核，全年共推进省级强制性清洁生产审核企业27家，1家长期停产、其余企业有序推进。其中，承德县乾隆醉酒业有限责任公司被列为全省唯一一家白酒行业清洁生产审核指南编制试点，配合省厅完成审核及有关技术指南编制工作。

【环保资金投入】 全年共争取省以上生态环保专项资金84175万元。其中，中央大气污染治理资金27707万元，省级大气污染防治专项资金800万元，中央水污染治理资金710万元，中央农村环境综合整治资金12360万元，省级水污染治理资金790万元。引滦入津上下游横向生态补偿支持资金31273万元。其中，中央14940万元，天津 8863万元，河北省7470万元。中央土壤污染防治专项资金849万元，密云水库上游潮白河流域水源涵养区横向生态保护补偿北京市资金9686万元。

【环保督察整改落实】 印发《关于对第一轮中央生态环境保护督察及“回头看”交办问题整改情况再次进行排查的紧急通知》，对平泉水源地违规项目、滦平和兴隆生活垃圾填埋场管理等问题现场检查，对散煤管理、地热井管理问题以及矿山修复等问题完成整改后建立的长期坚持制度进行检查，补充和完善销号以后台账和相关文件，确保上级督察反馈意见举一反三，整改到位无反弹。经排查，反馈涉及承德22项问题全部整改完成，并完成验收销号；移交的345件群众举报问题属实259件全部整改完成无反弹。对第一轮省环保督察交办问题整改逾期的承德县六沟污水处理厂建设问题重点督办和现场盯办，并向承德县政府下达督办通知，促进问题整改完成。对省水污染防治专项督察交办问题整改逾期的尾水湿地、环境敏感区小镇未建成污水处理设施、机械林场污水处理设施和大滩污水处理站4个项目进行调度和督办。截至2021年年底，除机械林场污水处理设施项目外，其他项目建设均完成整改并组织验收销号。

对第二轮省环保督察反馈问题进行督办整改。截至2021年年底，省第二轮督察反馈36项问题，整改完成34项，经查属实的1494件群众举报问题，全部完成整改。省生态环境厅和市政府共批转国务院“互联网＋督查”问题线索11件，市生态环境局第一时间将案件转交至相关县(区)进行查处，并联合相关部门，核实举报问题查处情况，确保问题线索查处及时，处理结果公正和群众满意。2020年10月28日至12月25日，省委专项巡视组对承德市生态环境治理任务落实情况开展专项巡视，并于2021年4月1日向承德市移交《反馈意见》。召开省委专项巡视生态环境治理任务落实情况反馈意见整改工作调度会，专题研究反馈承德的9项问题，确定20项整改措施。6月30日，将《承德市生态环境治理任务落实情况专项巡视反馈意见整改方案》印发至各县（市、区）、自治县党委和政府，高新区和御道口党工委和管委会以及市直有关部门，并对整改进展情况实行挂账督办。截至2021年年底，反馈的9个问题全部整改完成。此外，对省厅指出的关于“抓城乡协同治理有差距，农村生活污水和垃圾处理设施建设滞后”问题，向第二专员办报送9期进度报告。

【环境监测】 全年投资1000万元完成实验室升级改造，全面改善环境监测工作条件。拓展环境监测领域，环境监测项目从207项增加到221项。全年新增重点污染源自动监控设备和应急监测仪器设备及装备34台（套）。2020年着手建设的4座市控水站（磷矿上游、26# 大桥、偏桥子大桥、天桥），截至2021年年末，已完成设备安装和试运行，并通过验收。全市建成各级环境空气质量自动监测站229个。其中，国控空气站5个、省控空气站19个、省级以上开发区站14个、乡镇空气站191个。实现全市所有重点区域、所有乡镇和省级以上开发区国标六参数空气自动监测站全覆盖。建成各级地表水水质自动监测站21个。其中，国控水站14个、省控水站3个、市控水站4个。

【环境信息化建设】 承德生态环境大数据平台（一期工程），主要以数据中心为核心建设内容，数据中心于2020年年底开始建设，2021年10月建设完成并投入使用。2020年年底，与承德电信公司签订云服务合同，2021年初完成云机房的建设工作。截至年底，有半数以上信息化系统完成上云工作。承德市移动污染源监管系统(二期)工程，于2020年年底完成软件建设及试运行。承德市大气环境指挥调度中心平台建设工作已完成，截至2021年年底，第一批任务清单中要求的17类数据联网工作，完成16项。

2021年承德市生态环境局领导名录

党组书记、局长：孙　雷（12月免）

尹　崧（12 月任）
党组成员、副局长：孙宝顺
隋永新
邱晓宇
罗爱民
张铁军（12 月免）

（王思力　刘丽萍　苑秋菊　王小生　高兴野　张童鑫　供稿）

银行业

综　述

2021年，面对错综复杂的国内外发展环境，全市金融系统认真践行新发展理念，在疫情常态化背景下，承德市金融运行总体平稳，服务能力稳步增强，存贷款结构进一步优化，资金运用效率稳步提升。但同时工业和服务业恢复进程放缓，房地产市场走弱，银行业金融机构资产配置有待进一步优化。

截至年末，承德市金融机构人民币各项存款余额3380.7亿元，同比增长5.2%，增速比2020年回落5.3个百分点，增速居全省第11位。从存款结构看，住户存款增速保持平稳，存款余额2619.7亿元，同比增长10.6%，比2020年回落3个百分点，受疫情影响居民预防性动机提升，定期化趋势明显，定期及其他存款较年初增加254.2亿元，同比多增26.9亿元；非金融企业存款增速持续下滑，其存款余额367亿元，同比下降10.7%，比2020年回落19.5个百分点，原因是受疫情多点散发影响，住宿餐饮、文化旅游等接触型、聚集型行业受到冲击，存款规模有所收缩。

3月26日，承德市金融管理工作会议召开，总结了2020年金融管理工作，并安排部署2021年重点工作任务

承德市金融机构人民币各项贷款余额2958.9亿元，同比增长9.7%，增速较上年提升0.5个百分点，增速居全省第8位。从贷款结构看，住户贷款增速稳中趋缓，贷款余额1238.4亿元，同比增长8.9%，比2020年回落4.1个百分点。受房地产调控政策影响，中长期消费贷款较年初增加45.7亿元，同比少增11.7亿元。非金融企业及机关团体贷款增速提升，其贷款余额1715.5亿元，同比增长10%，比2020年提升3.4个百分点。分机构看，全年城市商业银行、国有商业银行、农村合作金融机构贷款增加较多，较年初分别增加89亿元、86亿元、79.2亿元。

信贷调控精准有效。按照“稳健的货币政策更加灵活适度”的要求，充分发挥MPA政策工具的激励约束作用，引导地方法人金融机构新增贷款平稳增长。通过信贷调剂计划的精细化管理，严格控制好月度间的均衡投放，做到总量适度、节奏合理。全年累计为辖区增加信贷调控计划36亿元，有力地支持了地方法人金融机构的信贷投放。

贷款结构持续优化。企业贷款增速呈现“小微稳，中大型升”的特征。全市小微型企业贷款拉动力较强，同比增长10.1%，全年增加72.8亿元，增量规模占企业贷款增量的59.2%；中型企业贷款余额456.7亿元，同比增长7.4%；大型企业贷款余额277.6亿元，同比增长6.6%。传统优势行业信贷支持力度进一步加强。存量贷款集中于制造业、电力热力燃气及水生产和供应业、交通运输仓储和邮政业，余额分别占全部贷款的10.6%、8.2%和8%。增量贷款集中于制造业、交通运输仓储和邮政业、电力热力燃气及水生产和供应业，分别占全部新增贷款的14.5%、9.2%和7.5%。房地产开发贷款增速延续负增长态势。全市金融机构房地产开发贷款同比下降1.9%，较2020年降幅收窄2.3个百分点；个人住房贷款同比增长7.1%，较2020年回落3.2个百分点。

（鲁　迪　供稿）

中国人民银行承德市中心支行

【概况】　2021年，承德市中心支行切实贯彻执行上级行工作部署，认真贯彻落实稳健的货币政策，积极维护辖区金融稳定，不断提高金融管理与服务水平，推进地方经济金融持续健康发展。中国人民银行承德市中心支行获2018—2020年度河北省文明单位荣誉称号，先后获得河北省打击虚开骗税违法犯罪专项行动工作成绩突出先进集体，河北省打击洗钱犯罪工作先进集体，承德市文明单位荣誉称号，承德市模范职工之家称号。

【落实稳健货币政策】　精准有效做好信贷调控工作。做到总量适度、节奏合理，全市金融机构本外币各项贷款余额2958.9亿元，同比增长9.7%，比年初增加262亿元，同比多增35.4亿元。积极落实稳企业保就业各项政策，指导金融机构用足用好两项政策直达工具，保证了政策的连续性和有效性。全市办理普惠小微企业贷款延期业务47.4亿元。抓好“重点企业信息库”平台建设，提前超额完成平台基本账户录入工作，实现数据采集全覆盖，涉及贷款636.8亿元。积极开展“千银万企大走访”“贷动小生意 服务大民生”等活动，面对面宣传金融政策，为企业纾危解困。用足用好再贷款再贴现政策，引导金融机构增加对涉农、小微企业和民营企业的信贷投放，各项货币政策工具作用充分发挥。支农再贷款余额居全省第一位，支小再贷款余额居全省第二位，累计为承德银行、邮储银行、中信银行办理再贴现金额9.3亿元。不断加强跨境人民币业务管理与宣传，新激活企业8家，跨境人民币收支总量11.8亿元，同比增长16.8%。

【金融管理】　组织召开防范挤兑事件专题工作会和座谈会，制定《承德市防控挤兑风险行动方案》，严防挤兑风险事件发生。牵头组织市政府系统12个部门，制定《承德市防范化解重大金融风险问责机制》，采取“三评四查”方式强化对金融机构的监管，压实各方责任，风险防范化解能力进一步增强。召开金融管理工作会议，优化“两管理、两综合”工作机制，高质量完成综合评价、稳健性评估和央行评级工作。开展风险排查，对金融机构重大事项情况报告进行巡查，实现了城商行、农信系统和村镇银行全覆盖。有序开展金融机构存款保险和资产质量核查，进一步掌握机构不良资产真实性状况。扎实做好金融消费权益保护工作，联合成立承德市金融纠纷调解室，出台《金融纠纷多元化解机制建设的实施意见》。认真开展反洗钱分类评级和洗钱风险自评估工作，完成对辖内245家非法人义务机构的分类评级，反洗钱监管水平不断提升。“断卡”行动有效开展，组织对辖内10家银行机构开展倒查工作，对65个银行网点进行现场核查，保持了打击电信网络违法犯罪活动的高压态势。组织召开银行外汇管理重点工作推进会，指导银行为企业提供区块链贸易融资290万美元，提供流动资金支持近40亿元。强化外汇业务监管，实施“抓准三道关口、运用五项辅助”检查方法，有效防控跨境资金流动风险，外汇管理水平进一步提升。

【金融服务】　积极开展金融业综合统计工作，有效推进地方金融组织统计制度落地实施。支付结算工作水平有效提升，适应疫情防控新形势，探索通过远程视频方式举办线上 ACS 业务竞赛。制定《承德市优化企业账户服务考核实施细则》，银行机构账户服务与管理水平不断加强。制定《承德市提升老年人支付服务便利化工作实施方案》，相关做法在全省推广。小微企业降费让利工作取得实效，累计为小微企业和个体工商户节约成本 40 万元。科技引领能力不断增强，指导金融机构开展金融科技创新应用，成功申报金融科创监管项目 1 个。落实金融科技赋能乡村振兴工作要求，指导金融机构搭建云上服务厅等项目，实现便民网上远程业务办理。全年制定金融企业标准 32 个，积极争做金融企业标准“领跑者”。国库监督管理力度不断加强，建立《县（市）支行新任国库部门负责人、会计主管谈话制度》，完善了国库管理链条，各县（市）支行日常核算平均差错率继续走低。启动征信服务标准化建设，在服务窗口增配高拍仪、广告机等设备，推动金融机构开通线上信用报告查询功能，征信查询服务效能日益增强。

4 月 17 日，行长夏俊峰（左二）参加“稳企业、保就业、金融助企、服务惠民”走访企业活动

2021 年人民银行承德市中心支行领导名录

党委书记、行长：夏俊峰

党委委员、副行长：宋　耐（满族）

杨风华（12 月免）

刘世奇（8 月免）

党委委员、纪委书记：付正娇（女，11 月免）

党委委员、副行长：王惠民（满族）

党委委员、工会主任：张海旭（12 月任）

（鲁　迪　供稿）

金融监管

【概况】 认真贯彻落实党的十九大、十九届历次全会和中央经济工作会议精神，深入落实银保监会、河北银保监局各项决策部署，坚持稳中求进工作总基调，持续深化金融供给侧结构性改革，着力提升服务实体经济质效，防范化解金融风险，较好地完成了年度工作任务。

【发挥党建引领作用】 做好“我为群众办实事”工作，制定重点民生项目清单，并针对实践活动中发现的新问题、新情况进一步完善，重新确定重点民生项目 18 项，推进活动向深入开展。

【强化对实体经济金融支持】 扎实做好贯彻落实金融支持经济持续恢复和高质量发展工作。全面梳理中小微企业金融服务、减费让利等 6 大类 34 项政策文件，组织召开专题政策培训会议，为专项工作开展提供了精准政策依据。制定了专项督查方案，区分机构类型细化督查内容，开展实地督查，累计走访机构 32 家，实地调研企业 9 家，开展督查 81 人次，推动金融支持经济恢复和高质量发展各项政策措施落到实处。强化重点、薄弱领域金融支持。引导辖内银行业机构围绕承德在京津冀协同发展中的战略定位，全面对接实体经济和民生保障等项目。不断督促银行机构持续加大普惠型小微企业支持，整体完成了“两增”考核目标，较好落实了普惠型小微企业临时性延期还本付息政策。做好高质量服务乡村振兴工作。督促银行业机构持续加大涉农信贷投放，做好过渡期脱贫人口小额信贷工作。

4 月 1 日，承德银保监分局局长赵亮（左二）调研建设银行承德分行营业网点劳动者港湾便民设施建设情况

【夯实消保工作基础】 进一步，制定《承德银保监分局承办部门举报事项调查工作操作流程》《消费投诉、信访、举报来访人员面谈接待规范用语》，开展规范应答情景模拟演练，进一步规范接访工作。全年共处理办结消保投诉事项 16 件，办理举报 90 件。继续推进落实银行业机构、保险业机构消费者权益保护联席会议制度，压实银行保险机构消保工作主体责任。组织开展“3·15”宣传周、防范非法集资宣传月、金融知识进万家等宣教活动，提升公众使用正规金融服务的意识和风险识别能力。

【防范化解金融风险】 有序化解信用风险。督导银行业机构严格执行信贷资产质量分类标准，做好不良贷款处置工作，完成了不良贷款处置序时进度目标。

有效防控房地产贷款风险。组织开展经营用途贷款违规流入房地产领域风险排查，对承德银行、热河农商行、平泉恒升村镇银行开展房地产相关业务专项检查，并就发现问题督促落实整改。

持续监测房地产贷款集中度。开展内控合规管理建设年活动。制定教育宣导和督导整治方案，对全辖银行保险机构进行现场督导。组织召开银行保险机构“内控合规管理建设年”经验交流会，为构建内控合规管理长效机制打下基础。对 9 家银行保险机构开展安全保卫稽核调查、阳光寿险全面现场检查、承德银行同业业务现场检查等 6 项现场检查。

积极防控流动性风险和舆情风险。督促法人银行机构定期组织开展流动性风险压力测试，制定流动性风险化解预案，优化流动性互助机制。承德银行、农村中小金融机构主要流动性指标符合监管要求，未发生流动性风险事件。制定舆情工作暂行管理办法及应急预案，发挥全辖机构合力，做好舆情监测和处置工作。

做好案防安保工作。制定《承德银保监分局银行保险机构涉刑案件处置操作规程》，提升案件处置规范性。开展案件集中专项清理，2021 年辖内新发生和清查出的案件 5 件，其中清查出银行业内案件 2 件、保险业外案件 1 件，新发生保险业外案件 2 件；新发生风险事件 1 件。

制定《银行保险机构案防工作必知必会手册》学习和执行效果抽查检查机制，对机构网点负责人进行电话抽查，已抽查银行保险机构 39 家 116 人。扎实组织开展春节期间安全大检查、银行业金融机构安全评估、枪弹管理专项排查等工作。

【强化保险行业监管】 持续关注车险综合改革后的市场情况，重新梳理设计财险公司月度报表模板，提高车险非现场监管针对性、有效性。根据非现场检测数据和市场反映，约谈人保财险、平安财险、太平财险，要求其科学测算各项指标，依法合规经营，维护辖内车险市场秩序。扎实开展人身险营销员分级管理工作。平泉市人身险营销员分级管理试点工作取得阶段性进展，在平泉市组织 8 家试点保险公司定期开展中级和高级销售资质考核、考试工作，销售队伍素质整体提升。在此基础上，印发《在承德市开展人身保险行业保险销售从业人员分级管理的指导意见》，组织召开启动会议，在全市人身险行业开展营销员分级管理工作。强化对保险行业协会的指导和监督。印发《关于加强对承德市保险行业协会指导和监督的意见》，明确了加强党建、优化组织设置、加强人员管理、严格财务管理等要求，推动其成为“依法设立、自主办会、服务为本、治理规范、行为自律”的社团组织。

【推进法人机构改革发展】 推动法人城商行稳健发展。指导承德银行规范有序做好董事会监事会换届工作。开展承德银行公司治理非现场监管评估，督促其对发现问题落实整改，提升公司治理效果。农村中小银行改革发展持续推进。组织开展农村中小银行公司治理评估，督促其提升公司治理水平。推动农合机构“四级行社”治理，指导其结合自身实际制定3年发展提升规划，建立工作推进台账，实时监测各项指标完成进度，改善各项监管指标，按照“成熟一家、组建一家”原则，稳步推进改制工作。

【加强监管能力建设】 着力提升监管效能。开展学习型机关创建活动，利用半年时间完成了130余个基础性文件学习，组织答题130余次、月度竞赛7次。按季召开非现场分析例会，邀请银行保险机构和分局业务骨干讲解金融行业重点、热点知识，分析研判重点领域风险。规范高管考察谈话工作，制定工作规范和谈话提纲，为高质量开展高管人员考察谈话提供有效指导。开展数据质量专项治理，督导机构加大问题整改力度，提升数据治理质量。制定分局监管数据安全管理细则，开展安全问题隐患排查和整改，确保数据安全。

坚持依法依规监管。依法合规办理许可法律审核，已审核行政许可事项129项，召开行政许可委员会会议10次。落实强化监管处罚要求，依法依规进行行政处罚，2021年对2家银行机构罚款合计55万元，对1名责任人给予“警告”，责令机构对4名责任人给予纪律处分。加强信息系统管理，做好网络安全防护，维护信息系统安全稳定运行，为监管工作提供科技支撑。

2021年承德银监分局领导名录

党委书记、局长：高中田（2月免）
赵　亮（2月任党委委员、副局长，6月任党委书记、局长）
党委委员、副局长：杨明东（满族，9月免）
党委委员、纪委书记：杨　海
党委委员、副局长：杨　宽
张　英（9月任）

（刘　唱　供稿）

中国工商银行股份有限公司承德分行

【概况】 2021年，中国工商银行股份有限公司承德分行（简称工商银行承德分行）面对严峻复杂的经营环境，践行“实施高质量提升工程，打造新时代优秀分行”发展战略，遵循“五争四强”发展思路，取得了好于预期、优于往期的成绩。2021年4月3日，在承德市银行业金融机构2020年执行人民银行金融管理政策情况综合评价中，被中国人民银行承德市中心支行授予“2020年执行人行金融管理政策综合评价中等级A级”。

【拓展增收创效双渠道】 在加大让利、拨备多提、利差收窄等多重压力下，继续在对公、个人和国际结算、实物贵金属、账户交易、资产托管等产品上巩固产品优势，树立起优势明显、贡献突出的产品品牌。坚持量价协调发展，深挖客户价值，坚持营业收入导向，深化绩效合约，营业收入、拨备前利润、中间业务收入三项指标均完成省行计划。存贷利差2.85%，高于系统平均值41基点；存款付息率1.56%，低于系统平均值29基点；新发放贷款收益率4.49%，高于系统均值12基点。

【拓展客户】 持续推进“765”工程，树立以客户为中心的服务发展理念，坚持高标引领，完善机制建设，强化过程管理，将“客户质量提升年”活动推向深入，在省行考核中排名第五位。开展君子伙伴活动，抓高端客户拓展，新签约私银客户46户，系统排名第2位，获得省行“君子伙伴”私人银行客户拓展活动“分行优胜奖”。加大对工商注册、专业市场、产业园区等客户聚集区的营销挖掘，对公账户新开3465户。国际业务实现多项突破，围场支行入账170万美元资本项下外债资金，实现首单突破；太平桥支行跨境汇划外资企业2200万元人民币利润，实现首笔突破；隆化支行为企业实现跨境人民币入账，填补业务空白。以“百户拔旗”行动为契机，13个消防救援账户全部落地，实现辖内全覆盖；太平桥支行依托财政局子账户，统筹3.3亿元职工医保基金系统内运转，巩固市场份额。

【服务实体】 按照承德市“十四五”规划的区域定位和产业布局，工商银行承德分行明确信贷投放以文旅康养、清洁能源、绿色矿山、先进制造4大板块为重点。抢先抓早，奋力攻坚，争做政府满意和客户首选银行，全年提供融资支持103亿元。主动对接重点企业和重点项目，为27家大中型企业发放贷款40.77亿元。统筹推进京津冀协同发展战略，积极支持风光水电等清洁能源产业，向抽水蓄能、华润新能源、御景新能源、汇勇光伏发电、环能热电、朗诚风电、御源风能等10个项目投放信贷资金，融资余额29.1亿元。普惠贷款围绕乡村振兴战略，打造“兴农通”平台品牌，推动“兴农撮合”活动，重点服务民营企业行业龙头、“专精特新”小巨人、拟上市公司和农业产业化集群，重点支持“五条特色产业示范带”，适度支持民宿旅游、健康养老的“盛世100”建设，全面完成监管任务，发放全行首笔个人版“畜牧贷”、全省首笔“e企快贷”、全省首笔个人版“畜牧贷”、承德首笔“电e贷”和首笔“私银尊享贷”。

10月19日，工商银行河北省分行召开乡村振兴工作推动会，研议乡村振兴战略实施路径、农担产品、乡村振兴信贷产品等

【完善机制】 深化作风效能提升年，本部服务职能下沉，部室主动自查自改与意见征集相结合，总结归纳经营服务问题78个，整改落实成效73个，整改率超过94%。开展部室与网点一对一帮扶，深入网点进行帮扶178人次，征集支行问题132个，列出帮扶措施及解决方案145个，已解决问题108个。将分行本部建设成经营创效中心和运营服务中心，围绕存贷款重点客户、国际业务客户、专精特新客户等10大重点客户，明确分行直营客户名单和支行重点目标名单，构建分支行营销体系。落实省行科级干部管理办法，建设高素质干部队伍，资源向基层、向县域、向重点岗位倾斜，用数字说话，以业绩论英雄，突出人尽其才、才尽其用。全面推行绩效合约，持续推动科学实用的全员绩效考核体系建设，分解落实各级经营管理者责任目标，将经营目标细化到网点、责任到员工，将年目标细化为季目标、月目标、日目标，不断激励

员工工作积极性。

2021年中国工商银行股份有限公司承德分行领导名录

党委书记、行长：赵洪瑕（女，7 月免）
　　　　　　　　隋辰雨（7 月任）
党委副书记、副行长：赵　飞（4 月任）
党委委员、纪委书记：侯志坤
党委委员、副行长：刘少宁
　　　　　　　　李保军（11 月任）
　　　　　　　　冯　帆
行　长　助　理：常玉国（11 月免）

（赵家旺　供稿）

中国农业银行股份有限公司承德分行

【概况】 2021年，中国农业银行股份有限公司承德分行（简称农行承德分行），围绕年初、年中工作会议精神，倡导“四个融合”，抓实“五项工程”，以打造县域领军银行为目标，以支持乡村振兴为主线，聚焦特色产业发展，巩固脱贫攻坚成果，对接乡村经济振兴，增强业务发展后劲。全行各项贷款301.47亿元，较年初增加17.02亿元，增速5.98%，其中法人贷款173.03亿元，较年初增加8.57亿元；个人贷款128.44亿元，较年初增加8.45亿元。县域贷款203.21亿元，较年初增加16.19亿元，其中县域法人贷款106.57亿元，较年初增加8.21亿元，县域个人贷款96.64亿元，较年初增加7.98亿元。

【助力实体经济发展】 以“两新一重”“制造业”客户为抓手，做好抽水蓄能、华能吉上、华润新能源、建投丰宁东梁储能、西大线、围口光伏等存量客户维护工作，抓好承平高速、承德县盛源供水等新客户拓展营销，法人实体贷款投向电力、热力、燃气及水生产和供应、交通运输、仓储和邮政业、制造业、水利、环境和公共设施管理等行业。支持疫情企业复工复产，落实疫情企业无还本续贷、期限调整等差异化政策，保持信贷支持连续稳定，提高审贷效率，优化业务流程，确保实体经济持续有效发展。

【做强农户贷款】 落实总、分行“一号工程”，强化业务创新、营销推广和支持保障，推动惠农e贷客户数、覆盖面、业务量全面提升，确保农户贷款增量提质，将惠农e贷打造成叫得响、立得住的数字化产品。实行小户大户一起抓、种养加贸全覆盖、农村城郊一齐推，将农户贷款目标客户向多业态广覆盖延伸，向乡镇沿街商业业态、各类专业市场、旅游景区商户、农家乐、民宿、田园综合经营体等领域扩展，按照“农户建档开路、惠农e贷敲门、综合营销跟进”要求，借助村两委、产行业协会、农业产业化龙头企业、惠农通服务点等社会力量，推进以公带私、以私促公一体化营销，实现由做业务向做客户转变。全行农户贷款余额12.52亿元，较年初增加3.23亿元，创历史最高。

2月23日，农行承德分行食用菌产业集群调研小组，深入平泉市食用菌经营主体调查摸底，研究差别化授信方案，进行代发工资、公务报销、单位POS等综合营销

【持续深度营销】 依托省分行107个重点产业集群集中授信及乡村客群营销工作安排，坚持“依托产业找客户”工作思路，对目标行业及客户群体从业年限、经营规模、盈利能力、信用状况、还款来源等全面调查梳理，确定产行业准入标准，确定客户准入条件及整体授信规模，制订整体服务方案，持续推进平泉市食用菌产业集群、兴隆县果品产业集群、承德县装备制造产业集群等省分行107个重点产业集群项目落地，加大贷款投放力度，实现特色产行业贷款全覆盖。

【推动业务创新】 制定“食用菌特色产业贷”“花岗岩石材特色产业贷”“板栗特色产业贷”“民宿餐饮e贷”“光伏e贷”等整体服务方案，深化与省农担公司业务合作，挖掘合作潜力，抓住政策优惠、支农力度加大有利时机，提升合作效率，扩大合作规模；加强与重点旅游公司合作，通过对接政府部门、行业协会，自主获得乡村旅游民宿餐饮经营客户数据，创新推广“民宿餐饮e贷”等新模式，为惠农e贷提升发展注入活力；落实国家“碳达峰”“碳中和”发展绿色金融系列政策，通过惠农e贷，做好户用分布式光伏发电项目农户信贷支持。

【巩固脱贫成果】 按照习近平“四个不摘”总要求，落实省委省政府、监管部门和总行党委决策部署，做好脱贫攻坚与乡村振兴有效衔接。积极获取脱贫人口、边缘易致贫人口名单，落实分片包干责任，对有贷款意愿且符合贷款条件的脱贫户，满足信贷需求，做好贷款支持；对前景良好脱贫户继续通过惠农e贷、农户小额贷款、农村个人生产经营贷款等产品，支持扩大生产，助力致富奔小康；开展特色种养业提升行动，支持发展农产品加工和生产性服务，为脱贫人口自主发展产业提供良好环境。年末，全行精准扶贫贷款余额59.13亿元，较年初增加9.92亿元，带动服务贫困人口37.42万人次，较上年增加0.58万人次。7个脱贫县贷款余额182.17亿元，增量16.48亿元，增速9.95%。

【推广普惠贷款】 落实普惠金融政策，引导、指导产品研发，因地制宜开展模式创新，依托产业行业特色，紧盯农村新主体，加大县域小微企业营销和拓展力度，做好县域小微企业主、个体工商户信贷支持，提升普惠贷款贡献度。全行小微企业贷款587户43.54亿元，其中1000万元(含)以下普惠小微企业贷款559户12.03亿元，较年初增加116户4.46亿元。

【发挥平台效能】 跟踪乡村政经分离、账户分设步伐，加快数据导入，促进结算和存款逐步归行，年末开立农村集体经济组织账户1498户，乡级资金日均余额0.74亿元，村级资金日均余额1.08亿元；以《河北省分行涉农代理项目营销指引》为抓手，积极对接民政、财政、教育、农业农村局等主管部门，全年新增涉农代理项目49个，代发资金7204万元，新增7010万元；开展“三农”县域重点场景营销竞赛活动，抓好产业链、民生缴费、消费服务等场景推广，丰富K12、幼儿园、医院、市场、旅游等场景，全年县域新增有效场景22个。

2021年中国农业银行股份有限公司
承德分行领导名录

党委书记、行长：马　韬（1月免）
王东生（1月任党委副书记、主持全面工作；6月任党委书记、行长）
党委副书记、纪委书记：刘建宁（8月免）
党委委员、副行长：侯晓东
刘　峰（11月免）
曹　力
党委委员、纪委书记：王　娟（8月任）
党委委员：耿祝业（11月任）

（胡宪义　供稿）

中国银行股份有限公司承德分行

【概况】 2021年，中国银行承德分行积极服务全市经济社会发展大局，持续做好"六稳""六保"等民生工作，坚持以改革激发活力，以创新驱动发展，以管理强化执行，走高质量发展之路，实现各项工作稳步推进。截至12月末，承德分行实现净收入6.63亿元，拨备前利润4.44亿元，净利润2.47亿元。人民币各项存款余额214.25亿元，其中个人存款134.36亿元，公司存款59.87亿元，非存款类金融机构存款20.02亿元；各项贷款224.74亿元，其中公司贷款143.43亿元，票据融资8287万元，个人贷款69.30亿元，卡透支11.18亿元。外币各项存款余额4814万美元，外币各项贷款余额7万美元。

【业务发展】 紧抓存款业务不放松。坚持"存款立行"，通过抓代发、抓项目、抓热点、抓行政事业单位、抓中高端客户，实现日均存款快速增长。充分利用授信业务对存款的带动作用，深入挖掘客户资源，及时掌握重点资金信息，强化重点产品推广，攻坚克难，市场份额不断增长。年末全行本外币日均存款较年初增长19.61亿元，新增额四行占比29.15%，排名第一。其中，公司存款日均新增12.38亿元，个人存款日均新增7.22亿元。

紧跟承德市"十四五"发展规划，聚焦"3+3"主导产业和县域"1+2"特色产业，抓营销、抓储备、抓投放。加强省、分、支行三级联动，提高信贷投放效率；强化兄弟行、同业之间协同配合，实现贷款投放稳步增长。人民币各项贷款新增13.61亿元，增幅6.45%。其中，个人贷款较年初新增2.55亿元，公司贷款（含贸易融资）较年初新增13.88亿元，票据贴现余额下降2.82亿元。

推进教育、医疗场景建设，成功搭建承德医学院附属医院、围场满族蒙古族自治县医院等"智慧医院"和卉原中学、福环学校等"智慧校园"场景。持续开展"双户双基"竞赛活动，客户基础不断夯实。全年新增公司基础客户1904户，新开结算账户3087户，净增2552户，净增量4行排名第一。坚持手机银行"一号工程"不动摇，全年手机银行月活动客户92.67万户，较年初增长30.73%。

强化净值型理财、代理保险、基金、贵金属等投资类产品销售，加强厅堂主阵地营销与白名单客户精准营销有机结合，实现对私条线非息收入增长新突破。对私条线实现非息收入8843万元，其中，银行卡非息收入5463万元，同比增长5.44%；财富私行非息收入1512万元，同比增长17.87%。依托重点客户，深挖潜力客户，通过开展票据贴现、分销债券、银行承兑汇票、银团贷款等业务，实现对公条线非息收入6335万元，同比增长20.43%。其中，债券分销量全省排名第三。

【服务实体经济】 坚定不移支持制造业发展。为承钢钒钛冷轧薄板、苏垦银河连杆、华远自动化、承德实泰科技、金风电控设备等一批高端装备制造业投放超过3亿元贷款。同时，通过贷款、贴现、保函、信用证等全方位产品，累计为制造业提供了超过35亿元的授信支持。结合"确保民营企业贷款在新发放公司类贷款中的比重进一步提高，并将融资成本保持在合理水平"的监管要求，设定民营企业授信支持目标，坚持做到同业领先，并将融资成本保持在合理水平内。民营企业贷款余额13.47亿元，较年初新增2.37亿元，全年民营贷款累计投放19.41亿元，投放占比25.4%，较年初增加9.2%。紧抓项目机遇期，支持重点领域建设。先后为省高速公路集团、京沈高铁客运专线京冀段项目、承平高速项目、双桥卉原中学、双滦区兴业热力、建投承德热电等重点行业投放贷款超过15亿元；利用中国银行广阔的融资平台及丰富的银行间债券市场运作经验，以债券主承销商身份牵头为承德市国控集团发行定向债务融资工具15亿元，创河北省近三年AA+发债主体PPN最大发行规模。全力支持钢铁企业转型升级，不断优化授信产品结构，为河钢集团承德分公司累计投放各类贷款近50亿元。

围绕“绿色金融示范行”的发展定位，设立信贷结构优化白名单，运用上级行给予的专项FTP和差异化利率授权，积极支持围场、丰宁地区的清洁能源开发。为承德大元新能源有限公司发放中长期固定资产贷款2.95亿元，是该行首笔光伏发电项目贷款；为新天绿色能源有限公司发放1亿元再生能源补贴确权贷款，用于绿色产业发展；为河北大唐国际丰宁风电有限责任公司申请的5.4亿元信用总量和为建投承德热电有限责任公司铁路专线项目申请的2亿元信用总量均已获批。绿色信贷余额13.74亿元，增长3.53亿元。

依托各类白名单，围绕特色市场、专业园区、核心商圈等开展定向营销。以快抵贷、烟商贷、小微易贷、企E贷、税易贷等基础产品为抓手，对存量房贷客户、中高端客户、对公结算客户实施精准营销。以承担评估费、抵押登记费、保险费、强制执行公证费等费用为主要举措，为小微企业减费让利325万元。在小微企业延期还本付息方面，依托“接力通宝”产品，为7家小微企业无还本续贷9笔，累计4200万元。普惠金融贷款余额为9.34亿元，较年初增长2.91亿元，完成全年任务的107.84%，增幅45.26%。

支持养老金融。在获悉习近平总书记到承德市高新区滨河社区居家养老服务中心调研消息后敏捷反应、快速行动，第一时间走访营销。邀请中总行养老金融部产品经理、中益善源、中银金科等技术顾问亲赴现场，多次与高新区管委会对接，成功签署“互助养老平台”合作协议。

支持消费金融。陆续推出“致敬白衣天使”“致敬最美教师”“惠享新春”“约会盛夏”等专项活动，为承德地区的行政事业单位人员、国企员工、金融同业人员、医生、教师等优质客户提供无抵押担保、纯信用的分期贷款。同时，进一步加大对汽车重点品牌及高端品牌4S店营销走访力度，为客户提供“多车型、多期限”的贴息、零息政策，在政策允许范围内降低客户分期手续费费率，缓解客户购车资金压力，提高消费意愿。汽车分期1.57亿元，同比增长130.66%。优客分期1.49亿元，账单分期5.38亿元。

【风险防控】 突出抓好资产质量管控。为夯实授信资产质量，摸清授信客户信用风险底数，组织全辖所有机构开展风险排查，对出现风险征兆的客户及时开展过程管理。确定重点机构、重点产品，抓好三类清单客户管理，有效压降关注类贷款。严格落实“一户一策、责任到人、分层清收”措施，通过现金清收、呆账核销等方式，多措并举开展清收化解工作。全年累计完成表内不良清收化解3334万元，完成表外不良清收1194.94万元。不良资产余额2649万元，较年初减少1716万元，不良率0.12%，较年初下降0.09个百分点，不良指标实现双降。

强化内控合规管理。认真履行案件防控、内控检查、问题整改职责。组织开展“夯基础、强基层”活动、“内控合规管理建设年”活动，在全行营造“合规从我做起、人人合规、主动合规”的文化氛围。在上级行“夯基础、强基层”合规知识竞赛决赛中，获优秀分行一等奖；在中总行组织的“内控合规管理建设年”警示教育活动合规知识竞赛中，被评为“优秀组织集体”。

落实全面风险管理。按照全面风险管理体系建设的工作要求，强化一道防线风险管理直接责任和二道防线监控管理职责。

2021年中国银行股份有限公司
承德分行领导名录

党委书记、行长：张拥军

党委委员、副行长：孙瑞稳
王　刚（满族）
张瑞军（满族）
秦树安（蒙古族,12 月调离）
梁春惠（满族，8 月任）
党委委员、纪委书记：祁瑞博（8 月任）

（曾朋飞　供稿）

中国建设银行股份有限公司承德分行

【概况】 2021 年，建行承德分行以新金融理念为指引，结合区域资源禀赋，深化落实河北省分行“7135”工程，加快“三大生态”建设，主营业务多项指标同业领先，利润、EVA 等效益指标提升明显。主营余额指标 3 项进位，全面消除同业第 3、第 4，其中各项贷款余额、中间业务收入由同业第 2 提升至第 1，个人贷款日均余额由第 3 提升至第 2；一般性存款时点新增、对公存款时点新增、个人存款时点新增、个人存款日均新增、各项贷款新增、对公贷款新增、中间业务收入、拨备前利润等 8 项增量及效益指标同业第 1，同比增加 6 项。价值创造能力提升明显。各项贷款新增系统占比持续提升，中间业务收入增速 11%。

【推进十项行动方案】 贯彻新发展理念，“三大战略”推进有亮点。普惠金融：普惠贷款较年初新增 7.62 亿元，计划完成率系统排名第 2。住房租赁：实现公租房运营全流程管理和医院模式、旅游存房模式和工业园区模式突破。数字化经营（平台获客转化）：外部平台方面推动冀时办特色场景建设，实现 36 万满意承德用户与冀时办用户共享，政融支付笔数和交易额系统首位；内部平台方面以数字化经营赋能内部生态建设，全方位支持网点经营管理，切实为基层减负赋能。强化模式引领，乡村振兴有成效。完成 7 家“文化＋裕农通”精品点、40 家普通点打造工作，落成 1061 个“综合服务站＋裕农通”共建点建设。实现“龙头农户贷”全省首笔投放。完成平泉香菇、围场马铃薯、承德民宿等 22 个农业特色产业及客群准入，申报授信规模 13.3 亿元，投放 1.7 亿元，覆盖农户 1600 户。

两大客群经营有突破。对公客群经营方面：大客户客群有突破，年度内实现承平高速基本户和总包户落地，授信 36 亿元、投放 8 亿元，市场份额占比超 50%。河北建远新能源国内最大抽水蓄能项目基本户落户本行。绿色金融客群累计投放同比新增 3.7 亿元，绿色信贷客户授信新增 15.1 亿元。承钢钒钛新材料公司 3 亿元授信突破。零售客群方面：社保客群全面开通县域空白区域社保卡承办资格。代工客群代发工资同比新增、代发客群日均存款沉淀率均列全省前三。

客户经理队伍和体制机制建设有成效。探索推进“敏捷团队”经营管理体制建设，组建承平高速攻坚团队、基金投资团队等，落实产品精准配置、重点客群直打直营、数字化经营引导职能。完善考核激励机制，建立“部门 KPI+ 目标责任清单”“支行 KPI+ 买单绩效”考核体系，引导全行紧盯责任，聚焦短板和考核指标，把握重点。

精细化管理有提升。精细化综合考评全省

9 月 24 日，建行承德分行在大贵口村举办“庆丰收，感党恩”暨“文艺＋裕农通”试点启动仪式

第 4，经济资本回报率、个人活期存款日均新增四行占比、普惠金融贷款新增三项指标位列系统前列，在公安系统和银监局联合组织开展的第七轮安全评估工作中，建行承德支行获得第一名。

【风控合规建设】 截至年末，不良和逾期均控制在省行计划内。推进内控合规建设年工作，在全辖开展信贷大整顿、大教育活动，彻底整治信贷领域存在的突出问题。细化 7 个层次内控案防体系在信贷领域的落实。2021 年度银行外汇业务合规与审慎评估考核继续保持 A 类。

【提升服务质效】 作为唯一受邀金融机构参加市委发展民宿经济推进会 25 次，全面讲解乡村振兴政策及专属信贷产品。年内向省分行报送的 6 个“办实事”案例被采用并报送省银监局和总行。以网点“1+6”生态场景建设为契机，着力提升网点客户服务能力，年内打造 12 家特色劳动者港湾 4 个升级版“老兵驿站”，完成私行中心及五家县域支行高端沙龙专区建设，共开展各类公益活动 214 场次。

2021 年中国建设银行股份有限公司承德分行领导名录

党委书记、行长：葛国锋
党委委员、副行长：许经涛（8 月免）
张秋丽
李海霞（女，7 月免）
王　锰（8 月任党委委员，10 月任副行长）
党委委员、派驻纪检组组长：杨同岗
党委委员、副行长：马助国（4 月任党委委员，6 月任副行长）
高级客户经理：池景明（7 月免）
高级专员：马魁卿

（王文志　供稿）

中国邮政储蓄银行承德分行

【概况】 2021 年，中国邮政储蓄银行承德市分行妥善应对疫情冲击、经济下行等严峻考验，实现了稳健发展。年末实现收入 3.77 亿元，利润 0.8 亿元。各项存款结余 98.87 亿元；各项贷款结余 109.89 亿元。

【落实重大决策部署】 落实乡村振兴战略。涉农贷款实现净增 6.72 亿元，计划完成比 281%；普惠型涉农贷款净增 1.35 亿元，计划完成比 155%；评定信用村 654 个，信用户 1.64 万户，超额完成省行计划。服务小微民营企业。首贷户放款 32 户，完成监管及上级行 27 户考核目标。小微企业户数净增 50 户，金额净增 2.44 亿元，完成监管计划指标。推进绿色银行建设。绿色贷款结余 17.49 亿元，同比增幅 13.79%，结余列全省第 1 位。推动邮银协同发展。电商协同贷款净增 75 万元，计划完成比 251%。超额完成全年中邮保险协同项目目标。发放退役军人服务保障卡 1023 张，计划完成比 134.6%。

【各项业务加速转型发展】 个人金融抓项目、抓中收、抓客户，持续推进理财团队建设和网点转型工作，发展质量持续提升。个人存款余额 28.23 亿元，同比增长 2.55 亿元，月日均余额净增 2.04 亿元，年日均净增 0.61 亿元。保费收入 648.05 万元，同比增幅 241.52%。有效客户数 54.22 万户，新增 1.96 万户。网络金融以“金融＋生活”“网点＋商圈”“线上＋线下”为主线，以结算市场建设为重点，以“商户引流＋技术对接”为支撑，交易笔数及交易金额实现大幅提升。条码收单业务当年有效商户 4172 户，完成比列全省第 5 位；收单资产 AUM 贡献 7.08%，列全省第 5 位；邮储食堂会员客户新增 7.36 万户，完成比列全省第 3 位。新增发卡 1.17 万张，同比增幅14.91%；消费金额22.08亿元，同比增幅5.33%；分期交易金额1.35亿元，同比增幅9.75%。三农金融以城乡双轮驱动、客户增长为核心，巩固线下优势，加快线上转型，强化平台搭建，实现净增3.79亿元，同比增长26%；完成省行计划的106%，列全省第6位；市场占有率由年初的4.69%提升至5.64%，列国有银行第1位。消费信贷以优质单位客户批量开发为重点，深耕开发商、二手房中介、车辆经销商等平台，强化线上线下联动开发，实现快速发展。房贷业务净增3.43亿元，额度类业务净增1.22亿元，车贷业务净增1.22亿元。紧紧围绕“7+N”“8+N”“9+N”重点项目推进，依托公积金专项活动、大城建“筑基”活动、三资项目“惠农”政策的支撑，加快业务发展。年日均余额18.66亿元，净增1.51亿元，增长8.8%，列全省第5位。公司资产余额31.67亿元，净增2.1亿元，计划完成比211%，列全省第1位。公司理财年日均保有量5027万元，净增2384万元，计划完成比198.71%，列全省第1位。小企业金融加速推进业务下沉，加快线上转型，加大重点名单客户走访营销，实行内部预审制度，全力推进业务发展。贷款结余5.39亿元，净增5039万元。票据及同业业务着力推进线上邮e贴业务拓展，积极构建同业生态圈。票据库存余额3.88亿元，列国有银行第1位。累计销售同业理财9.4亿元，实现净值型同业理财产品百分百转型。落地全省唯一存单融入业务，营销丰宁农商行购买总行存单1笔，金额1亿元。交易银行以开放式缴费平台业务为抓手，打造“产品＋平台＋服务”场景营销模式，促进企业网银和现金管理业务发展。开放式缴费平台有效客户177户，新增系统对接热力行业客户2户，交易金额8.22亿元；企业网银客户2142户，开通率87.93%，列全省第2位；现金管理账户877户，覆盖率29%，关联存款年日均余额6.59亿元。

【提高风控案防水平】 强化风委会决策和协调作用，累计组织召开风控会议14次，审议议题55项。实施授信业务经营主责任人制，健全授信风险监测预警制，对于风险隐患早发现、早预警、早解决。不良贷款结余7273.35万元，同比减少2030.87万元；不良率0.64%，同比下降0.28个百分点，列全省第3位。全年清收贷款3426万元；核销入账2809万元，完成全年计划的100.31%，列全省第2位。逐级签订案防责任书522份，开展尽职检查项目26个，组织一把手案防述职会议2次。发挥问责警示作用，完成不良贷款管理责任认定及544笔不良资产认定；全年召开26次审委会，纪律处分24人。

【管理支撑持续增强】 实施重点业务激励政策，出台宣传活动指引，印发重点项目奖励办法，成本向高效业务倾斜，强化预算管控的引领作用。按照上级行战略目标优化调整经营管理绩效考核指标，发挥绩效考核的导向作用。

11月13日，召开2022年业绩“摘牌会”

2021年中国邮政储蓄银行
承德市分行领导名录
党委书记、行长：吕延伟（1月任行长）
党委委员、副行长：高永超
熊　燕（女，满族）
党委委员、纪委书记、副行长：
张会斌（4月任副行长）

（梁寒雪　供稿）

中国农业发展银行股份有限公司承德分行

【概况】 2021年，中国农业发展银行承德分行坚持稳中求进工作总基调，学党史、庆华诞、战疫情、夯根基、促发展、助振兴，踔厉奋发、笃行不待，各项工作平稳有序、稳中有进，高质量发展和高水平管理取得阶段性成效。截至年末，累计获批中长期贷款项目14个、金额22.01亿元；累放各类贷款24.72亿元，贷款余额126.7亿元，较年初增加4.42亿元，贷款余额创历史最高水平。各项存款余额16.13亿元，贷大于存110.57亿元，有效引导了社会资金回流“三农”领域。

【服务信贷支农】 紧跟国家战略和政策导向，持续加大信贷支农力度，奋力开创高质量发展新局面。保障国家粮食安全。累放粮油贷款2.84亿元，统筹支持政策性收购、市场化收购和粮食全产业链发展，支持粮食收购市场份额占比达40.74%，“粮食银行”品牌更加稳固。持续巩固脱贫攻坚成果。投放有效衔接贷款17.33亿元，帮扶贷款余额61.39亿元，持续保持全市同业领先；做好定点帮扶和消费帮扶工作，推动购买、助销脱贫地区农产品18.70万元。全力服务农业农村建设和农业现代化。累放贷款15.83亿元，助力农业农村生产生活条件改善；累放贷款6.06亿元，不断提升农业质量效益。积极探索支持县域全域乡村振兴建设，累计营销项目逾80亿元，调查金额15.28亿元。积极服务生态文明建设。累放绿色贷款14.94亿元，较年初增长4.71亿元，增幅46.04%，高于全部贷款增速42.42个百分点。

12月17日，承德分行与丰宁满族自治县人民政府签订《推动乡村振兴合作框架协议》 摄影 卜振三

【提高管理水平】 坚持合规为先、风控为要，落实监管要求，狠抓精细化、科学化管理，高质量发展根基有效夯实。持续筑牢风险底线。坚持防控新增风险和化解存量风险并重，压实风险防控责任，因企施策，精准防控。全年现金清收不良贷款973.28万元，收回关注类贷款逾期本息2813万元，不良贷款实现“双降”。加强重点领域风险排查和动态监测，累计排查集团客户18家、涉及贷款余额72.97亿元，摸清集团客户风险底数，密切关注集团关联风险。持续扎紧合规“篱笆”。深入开展“内控合规管理建设年”、合规管理“标杆单位”创建、“信贷合规管理推进年”和“案防专项治理”活动，严格落实反洗钱规定，推进风险合规文化建设，引导全员增强风险合规意识，屡查屡犯问题逐年递减，全年未发生洗钱风险事件。持续加强重点领域基础管理。加强信贷全流程管理，把好调查、审查、放款、贷后“四个关口”，落实“三直三员五个一”要求，提高办贷管贷专业化水平。强化数据治理工作，数据质量大幅提升。加强财务和运营管理，合理合规配置财务资源，改进结算服务，全辖电子支付替代率提高至99.46%，存量网银客户达到352家，银联收单业务交易额达到1532万元。

2021年中国农业发展银行
承德分行领导名录

党委书记、行长：徐泽湖（5月免）
黄剑利（5月任）
党委委员、纪委书记、副行长：马旭辉

党委委员、副行长：王俊臣
薄国梅（女，4 月免）
（薄国梅　吴利国　王　爽　供稿）

河北省农村信用社联合社承德审计中心

【概况】　2021 年，承德审计中心积极应对复杂的经济形势和疫情形势，坚决贯彻国家经济金融监管政策和省联社工作部署，主动对接承德“生态强市、魅力承德”总目标，扎实做好“五个坚持”，努力实现“五个提升”，各项工作取得显著成效。截至年末，全辖资产总额 1306 亿元，较上年增加 120 亿元，其中各项贷款 718 亿元，较上年增加 79 亿元；负债总额 1214 亿元，较上年增加 112 亿元，其中各项存款 1112 亿元，较上年增加 118 亿元；所有者权益 91.83 亿元，较上年增加 7.64 亿元。实现净利润 8.2 亿元，同比增加 1.61 亿元，纳税金额 6.1 亿元，同比增加 1.28 亿元。

【提升服务质效】　主动担当政治责任，积极助力乡村振兴。省、市、县 3 级机构分别与市政府、市县（市、区）两级乡村振兴局（农业农村局）签订《金融助力乡村振兴战略合作协议》；打造标杆样板乡村振兴金融服务综合体 63 家；主动对接新型农业主体、专业合作社示范社、“米袋子”“菜篮子”等名单企业 195 家，符合条件且有融资需求的企业获贷率 100%；积极推进“金团助青企”活动，累计支持青年创业者 4490 人，贷款 6.57 亿元，支持青创企业 54 户，贷款 8.03 亿元；推动脱贫攻坚与乡村振兴有效衔接，脱贫人口小额信贷余额 1.64 亿元。涉农贷款增加 66.73 亿元，占全部贷款增量的 84.21%；小微企业贷款余额 485.29 亿元，比年初增加 72.95 亿元，普惠型小微企业贷款余额 88.04 亿元，比年初增加 14.51 亿元，增速 19.73%，高于贷款平均增速 8.91 个百分点，完成“两增”目标；落实小微企业纾困政策，落实延期还本付息 3631 笔、170.8 亿元，落实无还本续贷 556 笔、45.41 亿元，办理贷款展期 225 笔、19.31 亿元，申请免计入征信不良 4643 笔、83.75 亿元，减免罚息 2392 笔、6146.79 万元，落实利率优惠政策 2191 笔、50.82 亿元；投放绿色贷款 12.33 亿元，支持社区养老贷款 5259 万元，支持文旅产业贷款 11.87 亿元。大力发展普惠金融，全面提升服务质效。做实做细“双基”共建工作，2021 年新增用信余额 35.05 亿元，授信、用信比例均位居全省前列；做好社保卡使卡、发卡、补卡及后续管理等工作，共发卡 168.77 万张、激活 141.56 万张，激活率 83.88%，卡内活期存款余额 22.05 亿元，发卡数和激活数均排全市银行业首位；加强智慧场景建设，共建成“智慧校园”30 家，6 家县级行社上线代收生活缴费项目，5 家县级行社开通公交项目，9 家县级行社新开通农民工工资预储金账户。

【调整业务结构】　坚持调整信贷结构。严格控制大额贷款增长，开展“小额贷款”百日营销等活动，重点营销优质小微客户和中型客户，小贷

9 月 2 日，承德农信社工作人员在学校现场指导学生及家长办理“校园一卡通”业务

分中心贷款净增22.2亿元，全辖小额贷款占比20.36%，较年初上升1.15个百分点，大额贷款占比31.35%，较年初下降12.65个百分点，辖内大额贷款占比超30%的县级行社全部清零。深入调整存款结构。坚持推进全员业务综合营销战略，加大低成本存款考核力度，在县级行社经营指标考核中增加低成本存款考核项，提升营销低成本存款积极性；坚决维护地方金融秩序，继续推动存款利率公约，实现资金成本稳步下降。全辖存款付息率2.83%，较年初下降0.09个百分点。持续调整收入结构。抓好贷款收息工作，把资金营运业务作为利润增长点，着力增加利息收入和非信贷资金收益，实现利息收入51.02亿元，较上年同期增加1.89亿元，非信贷资金收益16.18亿元，实现非信贷资金年化收益率（剔除非生息资金）3.38%，高于全省0.29个百分点。

【风险防控】 加快不良贷款清收处置工作。在全面巩固多渠道多措施清收不良贷款“擂台赛”成效基础上，开展不良贷款“短击长打”攻坚战，加大表外四类不良贷款清收力度，进一步夯实信贷资产质量，有效化解不良贷款反弹压力，累计清收处置不良贷款95.44亿元，清收四类表外贷款15.86亿元。做好高风险机构化解工作。综合运用增资扩股搭售不良、多渠道补充资本金等化解各类风险，原有高风险机构均已摘帽出列。做好四级行社“一行一策”发展提升规划，逐级签订“一行一策”发展提升规划责任状，坚持重点督导和跟踪问效，不断优化提升辖内5家四级行社监管指标。开展突出问题专项整治。启动贷款抵押物估值虚高、购建固定资产价格虚高、违规核销贷款造成实质损失专项治理行动，出台系列指导意见，大力整治重点领域违规违纪和侵害农信社利益行为。开展彻底整治根除顶（冒）名贷款专项行动，出台《关于彻底整治存量顶（冒）名和根除新增顶（冒）名贷款的指导意见》，构建严密的顶（冒）名贷款防范制度体系。

【完善合规建设】 聚焦重点领域，开展风险排查。开展信用风险等8个领域风险排查处置、冒用农信机构名义开展非法活动、存款代办点风险排查、清理银行保险机构员工违规持股等系列排查活动、案件集中清理专项行动，加大员工异常行为排查力度，增加一对一谈心谈话、网点互查、员工互查、公检法部门走访等排查手段，精准定位异常人员，提前介入干预引导。发挥内审作用，提高审计质效。继续完善内控制度，指导辖内县级行社修订完善各类规章制度67个，废止各类制度14个，推动审计工作科学化、制度化、规范化开展；发挥县级行社内部审计职能，精准选取表外不良贷款、资金营运业务等47个项目进行专项审计，为经营决策提供了重要参考；强化审计成果运用，建立审计成果运用领导小组，定期向条线部门移交审计问题，推动审计成果运用落地，共召开成果运用会议10次、县级行社工作督导会议2次，修订规章制度和工作流程17个。

【推动合规经营】 聚焦信贷、财务、柜面、股权管理等重点领域，加强业务管理，防范风险隐患。开展房地产贷款专项检查，督导存量问题整改，促进房地产贷款业务合规发展；加强延期还本付息贷款管理，落实县级行社班子包户包社清收制度，加大延期还本付息贷款处置力度，顺利完成压降计划；规范股权质押和入股社员诚信贷款管理，下发《规范股权质押贷款和入股社员诚信贷款的通知》，有效降低“两类”贷款风险；做好动产和权利担保统一登记工作，开展动产和权利担保统一登记制度以及动产融资统一登记平台专题培训，完成9家县级行社统一登记平台的注册和应用；开展闲置固定资产、在建工程和应收账款集中清理；加强股权管理，对3家县级行社开展股东股权风险排查，存在问题全部整改到位；严控柜面业务风险，开展柜面业务突击检查；组织开展全辖柜面业务全面审计，组织对52个网点进行现金及重要空白凭证的专项检查。加强机制建设，打造合规文化。制定《合规检查管理办法》《合规审查管理办法》，组建合规专员队伍，建立合规检查和审查工作机制，开展合规审查 89 次，合规检查 55 次；搭建业务连续性组织架构，集中对各行社面临的难点问题靶向施策，解决了合规方向模糊、管理手段滞后等 6 类问题，提升合规工作质效；开展“案防警示教育课月月讲”活动，共举办 9 期，受训人员 9949 人次；加强合规制度建设，共梳理规章制度 1970 条，新增 187 条，废止 199 条，完善修订 240 条，沿用 1344 条，为各项业务高质量发展提供制度保障。

2021 年河北省农村信用社联合社
承德审计中心领导名录
党委书记、主任：侯　刚
党委委员、副主任：冯　琦
党委委员、纪委书记、副主任：蔡保根

（迟　楠　供稿）

承德银行股份有限公司

【概况】 2021 年，承德银行股份有限公司（简称承德银行）坚持“高质量”发展主线不动摇，坚定实施“集约型内涵式发展、数字银行、普惠银行”三大战略，着力打造“公司治理、内控合规、授信管理、流程银行、金融科技”五大体系，成功抵御住了疫情冲击和风险考验，实现了稳健、高质量发展。年末，全行资产总额 1669.54 亿元，比年初增加 107.38 亿元，增幅 6.87%；负债总额 1574.66 亿元，比年初增加 95.75 亿元，增幅 6.47%，资产负债规模均位于全省 11 家法人城商行第 7 位。其中：承德辖区（双桥区和高新区）各项存款余额 414.19 亿元，各项贷款余额 422.11 亿元。资产收益率 0.83%，资本收益率 15.03%；资本充足率 13.95%，核心一级资本充足率 10.46%，流动性比例 157.45%，拨备覆盖率 232.65%，不良贷款率 1.72%，各项监管指标全面达标。银行业监管评级继续保持 2C 级，主体信用评级保持 AA+；创税总额达 7 亿元以上，连续多年位列承德市市属企业第一位；位列“全球千家大银行”榜单第 698 位，继续蝉联全国文明单位国家级荣誉；连续十一年稳居全国同规模城商行综合竞争力排名前五位；荣获年度十佳城商行、中国金融十佳智能风控创新奖、最佳普惠金融中小银行、最佳文化建设城商行等荣誉。

全行分支机构总数达到 101 家，控股的围场华商村镇银行机构总数 22 家，对部分网点进行了迁址、升级、功能调整、装修改造，机构建设从追求规模效应向优化区域布局、完善服务功能、提升网点贡献度和客户体验度的模式转变，综合服务水平与贡献能力得到提升。全行员工总数达到 1650 人，平均年龄 33.6 岁，本科以上学历人数占比 90.3%，员工整体素质不断提升。

【管理改革】 制定了《2021—2023 年三年战略发展规划》，明确了未来三年乃至下一阶段的改革方向、实现路径，三大战略和五大体系扎实起步并取得阶段性成果，为全行稳健持续发展夯实了基础。完善党委前置研究事项清单、议事规则、

4 月 12 日，承德银行股份有限公司“两会一层”换届选举大会成功召开，大会选举产生承德银行第五届董事会董事、监事会监事、新一届董事会董事长、副董事长，表决聘任了新一届经营管理层行长、副行长等

工作流程，健全党组织的运行机制，推动党的领导与公司治理深度融合。稳步推进和落实公司治理三年行动方案，完善股东、董事、监事沟通交流和运行保障机制，加强“两会”专门委员会建设，强化董事、监事、高管人员的履职评价与考核评估，保证决策合理、执行高效、监督有效。强化股东、股权、关联交易的规范化管理，建立股东常态化资质评估机制和风险隔离机制，对股东的准入资质、行为管理、履职要求、权利义务等进行穿透式监测，提升合规运营能力。

【转型发展】 数字银行战略。启动“数字化转型＋数据治理＋数据应用”综合咨询项目，基础数据报送、利率监测分析、机器人流程自动化、管理驾驶舱等系统上线运行；建立数据治理与责任体系，提升数据流转的质量和效率，数据资产在管理、经营中发挥的作用不断增强。普惠银行战略。零售转型的顶层设计、政策支持、考核机制、风控模式、产品功能、科技手段等进一步完善。全口径零售贷款余额373.04亿元，较年初增加47.33亿元，增长14.53%，零售贷款占全行贷款总额的48.9%。零售不良贷款率1.81%，信用风险可控。

【风险管控】 强化内控合规建设。完善风险合规考核评价办法，细化、量化案防合规考核指标；开展制度健全性专项排查，制定案防重点任务清单，对内外部检查问题、监管重点和整改情况进行“回头看”。提高以技术为支撑的风险防控能力。启动内控合规管理系统建设，将各项流程、环节和风险节点纳入合规系统控制中；基于真实场景的核心系统切换演练按计划完成，风险控制和应急处置能力得到充分验证。持续营造守法合规的文化氛围。举办合规知识竞赛、警示教育、法规速递等活动，开展案防合规督导调研与各层级一对一“把脉问诊”，提升支行案防合规工作质效。

【承担社会责任】 面对疫情，始终坚持“不断贷、不压贷、不撤贷”的授信政策。截至2021年年末，累计发放授信资金1914.63亿元，重点支持民营小微和普惠金融领域；利用再贷款、转贷款政策为2389户普惠型小微企业发放贷款53.81亿元；通过展期、续贷、延期还本付息、免除罚息等方式，最大限度减轻企业融资成本，涉及贷款户数3935户，贷款本金21.48亿元；针对社区工作人员、一线执勤交警和医护人员开展慰问活动110余次，筹集和捐赠各类防疫款项400余万元。

2021年承德银行股份有限公司领导名录

党委书记、董事长：王振廷（4月免）
张　磊（4月任）
党委副书记、副董事长、行长：
汪　泳（4月任）
党 委 副 书 记：史文浩（满族）
党委委员、市纪委监委驻承德银行纪检监察组组长：
马君慧（女）
党委委员、副行长：张建军（满族）
师文生（满族，4月免）
党委委员、监事长：姜　鹏（4月免）
党委委员、副行长、董事会秘书：
赵广树（4月任副行长）
党委委员、监事长：丁德民（满族，4月免副行长任监事长）

（徐世龙　供稿）

交通银行股份有限公司承德分行

【概况】 2021年，交通银行股份有限公司承德分行（简称交通银行承德分行）以“增规模、拓客户、强队伍”为总体要求，围绕“4个5”全员行动，解放思想、实干担当，各项工作稳步推进。年末，全行共有营业网点3个，正式员工68人。

人民币各项存款26.49亿元，人民币各项贷款25.48亿元，实现经营利润4645万元。

【业务发展】 以绩效考核和高质量发展为指挥棒，高质量发展指标全部达标。在老户稳存增存方面，深化与五大户合作，增存3.30亿元，日均存款增量在全辖排第4位。在拓新方面，多次拜访各县市区、市内相关各局以及市属企业主要领导，加强沟通联系，寻求业务合作机会。年初制定的5个重点项目中承平高速、建投热电、建龙钢铁和承德中医院4个重点项目已经落地，申报授信39亿元，批复授信33.70亿元。信用卡活户3882户，实现建行以来历史性突破；个金资产全年净增3亿元，实现了个贷经理人均1亿元目标，再创历史新高；公私联动卓有成效，代发个人户超额完成任务、首笔基金托管业务顺利落地、社保卡完成签约、公积金组合贷项目成功获批。积极落实省分行大普惠和大零售理念，广泛开展全员营销活动，累计营销定期储蓄存款3432万元，信用卡活户265张，新增普惠E贷575万元，对公新开户31户。

6月1日，交通银行河北省分行党委委员、副行长徐志弘（左边上数第四位）走访建投承德热电有限责任公司

【合规经营】 秉承平安是福，合规创利的理念，自上而下开展“全员讲合规”活动，积极配合并顺利完成当地银保监局和人行组织的征信宣传年、内控合规建设年、整治重大信息虚假问题、消保服务等专项工作。履行国有大行责任，树立交行品牌。2021年获得承德市政府颁发的金融支持承德市经济发展优秀单位奖。双滦支行升格改造，顺利开业，进一步延伸了服务触角，确立了3家支行“三足鼎立”的基本构架。

【员工关爱】 交通银行承德分行党委突出“以人为本”理念。持续推动“我为群众办实事”活动。针对4方面19项急难愁盼问题，已经全部办结；针对分行班子成员下基层调研梳理汇总的51条意见建议，进行逐一反馈。强化基层和业绩导向，高度重视员工对薪酬福利和考核等第以及经济收入的期盼，完成基础工资优化、绩效奖金分配办法调整，持续激发经营发展动力，力争让广大员工经济收入稳中有升，努力提升员工幸福感和获得感。

2021年交通银行股份有限公司
承德分行领导名录
党委书记、行长：孙跃武（7月任书记、行长，免党委委员、副行长）
党委委员、副行长：薛明慧
党委委员、行长助理：李　静（女）

（殷健凯　供稿）

河北银行承德分行

【概况】 2021年，河北银行承德分行以“服务地方经济”为己任，紧紧围绕承德市“3+3”战略新兴产业发展和各类大中小微企业融资需求，取得了一定的工作成效。各项存款日均规模70.48亿元，较年初增加13.54亿元，增长23.76%。贷款总额67.96亿元，较年初增长15.85亿元，增长30.42%。全年实现中间业务收入3097.37万元，全年任务完成率133.51%。不良贷款余额4931.84万元，比年初增加4390.01万元，不良贷款率0.73%，比年初上升0.62个百分点。年度缴纳各项税款2589万元。

【对公授信投放】 紧紧围绕承德市发展定位，定期走访河钢承德分公司、国控集团等行内重点战略客户，全年累计为重点企业信贷投放14.56亿元，同时为客户量身定制服务方案，科学合理设计产品，有效降低融资成本。此外，通过下放业务审批权和方案激励等方式，利用银承、信用证等低风险产品满足优质企业需求，2021年累计办理表外业务8.8亿元，票据贴现和信用证议付20.63亿元。

【重点项目对接】 对接当地政府和主管部门，深入了解发展方向和融资需求，针对梳理出的重点项目与总行进行沟通，争取政策支持。积极关注绿色金融产业发展。通过市发改、金融办等部门获取全市重点项目以及拟申报的风电、光伏等新能源项目清单，安排公司业务团队逐项进行对接，年度内审批完成风力发电项目1个，授信金额2.6亿元。多措并举助力乡村振兴发展。借助农村产权交易改革契机，持续跟踪乡村振兴重点项目，提供资金监管服务，为深度业务合作打好基础。邀请总行政务融资部、乡村振兴部等相关条线人员到县域支行实地调研，与当地政府、城投公司等进行座谈，研究探讨政府城投企业改制、乡村振兴等业务发展模式，获得了政府和企业的充分肯定。加大银医项目投资建设。累计投资近300万元，免费为3家县域医院建设“智慧医院”，有效缓解患者“排队难”问题，提升就医体验。

【小微贷款投放】 充分运用快速贷、年审贷、循环贷、接续贷、防疫贷等特色产品，全面解决小微企业在快速获取融资、有效降低资金成本和及时方便续贷等方面的迫切需求。年末小微贷款余额10.52亿元，较年初增加1.64亿元。

【普惠金融推进】 年末个贷余额35.52亿元，较年初增加8.06亿元。全年投放房E贷1071笔，金额5.17亿元。实现在手机银行、网上银行、微信银行以及营业网点智能设备等端口开通暖气费、水费、燃气费、通信费和山庄及周围景区门票缴费功能，基本实现全市范围内便民缴费全覆盖，为广大居民带来方便快捷的服务。积极进行村村通助农网点建设，兴隆县已成功开业5家助农网点，宽城县开业2家。

【严控资产劣变】 继续加大不良贷款的清收力度，多措并举化解不良资产。加大考核力度，按季制定《风险管理条线活动方案》，对当季清收及防劣变任务进行部署，重点业务成立专门战斗小组进行清收。全年累计清收不良资产本息765.36万元，核销贷款7笔、90.86万元，核销信用卡33笔、94万元。

2021年河北银行承德分行领导名录

党委书记、行长：徐晓晨（满族）
党委委员、副行长：张宏斌（8月免）
习鸿健
金　璞（满族，7月任）
燕　燕（女，满族，8月任）
李　波（8月免）
党委委员、纪委书记：张阅春（满族，8月任）

（李长龙　供稿）

张家口银行股份有限公司承德分行

【概况】 2021年，张家口银行股份有限公司承德分行围绕总行“降本提质增效”和“务实求真规范”两大主题，紧密结合承德地区和本行实际，创新经营思路，强化工作措施，有效拓宽发展空间，持续增强竞争实力。截至年末，各项存款余额59.21亿元，较年初增加1.36亿元；其中对公存款余额7.2亿元，负增长0.51亿元；储蓄存款余额52.00亿元，增加1.87亿元。手机银行存量客户93738户，较年初增加15873户；累计开卡169709张，较年初增加11795张。各项贷款余额15.59亿元，综合收息率80.66%。其中公司类贷款余额9.32亿元，公司类贷款实现利息收入3494.42万元；个人类贷款余额6.27亿元，实现利息收入2623.98万元。

【业务发展】 加大创新力度，支持实体经济发展。零售信贷业务在总行零售转型政策引导下全年增幅近50%。其中，普惠型小微企业贷款增长7858万元，一手、二手房按揭贷款业务在全辖8个网点全面开办，全年增幅超过60%，在方便快捷高效服务当地居民的同时，有力地支持了本地小微企业发展，为地方经济发展提供了助力。同时通过广泛的调查和营销，储备了一批零售信贷项目，其中住房按揭项目已审批通过7个、储备3个，合计3.5亿元，审批通过“批量惠农贷”项目1个，金额1000万元。

【风险防控】 坚持底线思维，把牢做实内控管理基础。按照总行“降本提质增效，务实求真规范”年工作精神及工作要求，通过法律合规培训、警示教育、合规宣传等方式拓宽合规文化活动范围，压实各层级责任。全年接受案防管理培训、组织案防警示教育、新员工入职案防培训、牵头对分支条线人员开展案防培训等等，并制定详细的案防培训计划，组织支行全年开展案防培训工作。规范完善内控制度，组织开展制度梳理工作，对现行的制度按照“过时的废止、适用的保留、需健全的修订或重新制定”的宗旨进行全面梳理，对现行有效的规章制度是否符合法律法规、监管要求、总行管理要求和达到业务控制标准进行梳理评估，共计修订3项管理办法，废止一项工作规程。同时以查促管充分利用好覆盖所有业务风险的监控、评估和预警系统，以现场与非现场检查相结合的方式先后开展内外部检查23次，并针对存在问题较多或较严重的行部进行二次抽卷检查。

【素质提升】 紧抓培训，着力提升员工素质。在疫情防控常态化条件下，培训工作由线下转移到线上，全年参与总行“周周有培训”以及分行自行组织的营销类、风险类、法律类等线上线下培训课程共110次，参训人次3000人次，为保证培训成果检测，做到有培训必有检测，使员工日常学习、测试成果数据化、效果化。并针对测试结果进行检验，全年共组织线上考试测试12次，共800余人次参加测试，及格率均达到96.6%。同时，开展了“网点效能提升”工作，根据网点厅堂实际情况及各方面需求，在厅堂物理动线布局、晨会夕会、标准化服务流程、CRM系统使用、BETA理财师系统使用、微信朋友圈人设打造及全品类零售产品营销话术等各方面，强化员工营销能力，固化培训成果，提升分行整体软实力。

8月29日，张家口银行承德分行开展网点效能提升专项培训

【普惠服务】 下沉农村，拓宽金融服务半径。进一步落实普惠金融政策，积极推动乡村经济振兴，拓展县域金融市场。为老年客群“量体裁衣”，提升服务。制定《关于老年人支付服务便利化实施方案》，开通了厅堂内和厅堂外的“绿色通道”，

厅堂内提供“一对一”专人服务，厅堂外利用移动展业 MSP 深入社区、乡村为老年客户提供上门服务。同时厅堂设施配备了老花镜、放大镜、速效救心丸等便民设施，建立了“老年客户爱心专册”，登记亲属等联系方式，如遇突发状况，方便及时联系，推出了“银行卡定期对账簿”“银行卡活期对账簿”，方便老年人查询资金明细。

2021 年张家口银行股份有限公司
承德分行领导名录
党委书记、行长：姚力余
党委委员、纪检书记、副行长：
李　明（4 月任纪检书记）
党委委员、副行长：单煜峰（4 月免）
王　玉（满族）
乔海艳（女）
王志宇（4 月任）

（栾文皓　供稿）

中信银行承德分行

【概况】　2021 年，面对各种风险挑战和经济下行压力，中信银行股份有限公司承德分行（简称中信银行承德分行）全面落实总分行党委决策部署，提升内部管理，优化发展结构，强合规，控风险，全力推动各项业务发展。截至年末，一般性存款时点余额 22.10 亿元；贷款余额 21.88 亿元；对公有效客户 90 户，较年初新增 16 户；对公基础户 172 户，较年初新增 31 户；零售客户 26289 户，增量 1399 户。

【公司业务】　依托综合金融服务优势以及商票贷、交易银行等拳头产品，广泛开展客户走访，实现新增对公客户 147 户，新增基础客户 31 户，新增有效客户 16 户。充分发挥集团协同优势，推介中信泰富新力能源与承德市对接风能、光能、氢能储存项目；推介中汇信碳资产管理有限公司与承德市对接“碳中和”“碳达峰”相关项目；推介中信旅游、中信建投与承德市国控集团对接旅游项目，并签署战略合作协议；推介中信证券与围场农商行对接投顾项目，落地系统内首笔账内投资顾问业务；推介中信国际经济咨询有限公司与承德市政府进行交流咨询。根据承德区域特点，以重点龙头企业、大型国有企业、“专精特新”企业作为重点营销目标，上报授信项目 9 笔（含普惠）获批 9 笔，批复总金额 5.37 亿元，实现投放 1.76 亿元。履行社会责任，超额完成普惠金融贷款投放。综合运用考核机制和纪委监督机制，出台专项竞赛方案，全员营销，全年累计投放公司普惠贷款 21437 万元。机构业务取得突破。持续营销走访财政、社保、卫健委等机构，落地了承德市康养医院项目、双桥区社保资金专户，包装拟发债项目 4 个，实现了机构业务医疗板块、社保板块以及专项债包装业务的突破。

6 月 8 日，中信旅游集团有限公司、中信证券有限公司、中信银行承德分行与承德市国控投资集团有限责任公司在承德签署战略合作协议

【零售业务】　持之以恒，推动新零售转型。优化个贷结构，响应分行价值个贷导向，将辖区内合作方的场景贷款、车位贷合作全覆盖，签约场景贷 3 家。履行国企政治责任、社会责任，上线住房公积金管理中心线上提取、商贷数据交互、“信秒贷”直联三项功能，成为承德市唯一一家上线

此功能的商业银行，极大提升了品牌影响力。坚持锐前台、敏中台、强后台，每周进行业务培训，全员统一业务学习，建立以客户为中心的一体化的综合金融服务团队。进一步完善考核激励政策，弘扬竞赛文化，组织百余场客户活动，增加走访频次，加深客户关系。

【风险合规】 积极开展行业研究，新能源行业研究项目获得中信银行石家庄分行讲标大赛二等奖。风险前置，广泛开展平行做业，对新增授信项目、科创 e 贷投放企业开展前期调研，把好授信风险关口。深入推进案件风险滚动排查工作。坚持以案件风险滚动排查为抓手，进一步提升案防合规工作水平。以“回头看”验收发现问题整改为契机，从严要求，狠抓滚动排查质效。组织召开整改专题会议，讨论反思日常合规检查发现的问题，列明清单，明确整改措施和责任人，深挖问题根源，从制度学习、人员执行力、责任意识等方面深刻剖析问题成因。

2021 年中信银行承德分行领导名录

党委书记、行长：徐　毅（女，4 月免）
　　　　　　　　孙　鹏（4 月任）
党委副书记、风险主管：谢　铁（满族）
党委委员、行长助理：徐凤飞（7 月免）
　　　　　　　　张海飞（女，1 月任）
　　　　　　　　韩　彬（12 月任）

（卢大千　供稿）

农村中小金融机构

【概况】 承德市共设立 6 家村镇银行，分别为河北丰宁中银富登村镇银行、滦平盛阳村镇银行、围场华商村镇银行、宽城融兴村镇银行、平泉恒升村镇银行、承德县恒升村镇银行。银行网点数量 36 家，从业人员 385 人。截至 2021 年年末，全市村镇银行资产总额 88.57 亿元，负债总额 79.98 亿元，实现净利润 1.28 亿元。各项存款余额 70.59 亿元，比年初增加 4.42 亿元，增长 6.68 %。各项贷款余额 42.41 亿元，比年初增加 1.90 亿元，增长 4.68%。

【河北丰宁中银富登村镇银行】 截至 2021 年年末，贷款余额 37635.15 万元，较年初增加 12859.86 万元。小微企业贷款 20364.89 万元，占比 54.11%；涉农贷款余额为 31272.81 万元，占贷款总额 83.09%。当年累计投放贷款 2287 笔、35953 万元。不良贷款余额为 670.97 万元，不良贷款率 1.78%；存款余额 36629.69 万元，较年初增加 2231.88 万元。其中，对公存款余额 18993.26 万元，占比 51.85%，个人存款余额 17636.43 万元，占比 48.15%。全年营业收入 2233.56 万元，净利润 668.92 万元。各项监管指标全部达标。资本充足率 30.76%，拨备覆盖率 205.31%，流动性比率 73.08%，核心负债依存度 72.15% ，不良率 1.78%。

积极谋划，解决金融服务“最后一公里”的问题。为促进业务发展，在大滩镇和凤山镇建立了两个普惠金融服务点，扩大了服务半径，缓解因网点少导致的服务覆盖面低的问题。加大科技投入，实现了移动终端办理业务。客户经理手持移动 Pad 工具，可以上门办理开卡、贷款等业务，缓解因网点较少导致服务辐射面小的问题；同时开发了线上贷款产品，使客户足不出户即可完成贷款申请、发放等流程。

全力以赴开拓市场。为快速、有效解决农户资金短缺的问题，与政府合作举办了多场“送贷到场”对接会活动，受到了县乡政府和农户的一致好评，既解决了农户的资金需求，又扩大了知名度，树立了良好的口碑，实现了政银企三方共赢。

2021 年，根据监管要求，完成了股权托管工作，上线关联交易管理系统和股权管理监测系统，夯实了公司治理基础。上线征信系统，降低风险隐患的同时，给客户带来了便利。成功举办村镇银行联盟会议，加强与监管和同业的沟通交流。开展操作风险自查、员工异常行为排查工作，并接受总部审计部关于反洗钱等业务专项审计，对发现的问题及时分析原因，制定整改措施，开展党建引领合规主题活动，全面风险排查。

6月6日，河北丰宁中银富登村镇银行组织全体员工瞻仰董存瑞烈士陵园、攀登了苔山战斗遗址

【滦平盛阳村镇银行】 截至2021年年末，资产总额为142362.15万元，较年初增加2026.88万元；贷款余额为98339.6万元，较年初增加2239.79万元；负债总额为130659.65万元，较年初增加1484.73万元，其中各项存款108695.74万元，较年初增加2982万元。实现拨备后利润总额为593.38万元，实现净利润542.15万元，实现营业收入4133.99万元，资产利润率为0.77%，资本利润率为9.49%，成本收入比41.11%，拨备覆盖率195.3%。各项总收入为4135.27万元，其中贷款利息收入为3814.87万元，占比为92.25%；金融机构往来收入313.92万元，占比为7.59%；中间业务收入4.07万元，占比0.1%；其他业务收入1.13万元，占比0.03%；营业外收入1.27，占比0.03%。各项总支出为3540.53万元，其中存款利息支出2084.85万元，手续费支出0.35万元，业务管理费及折旧费用支出842.31万元，附加税金等支出11.37万元。

2021年，完成新一届董事会换届工作，新一届董事会对公司治理情况进行了全面梳理，根据《银行保险金融机构公司治理准则》，全面对照查找在公司治理方面存在的问题和不足，结合监管要求，制定应对措施。一季度召开了第四届董事会第二次会议，对消费者权益保护工作进行了总结和规划，确保此项工作落到实处，达到监管要求；二季度召开了第四届董事会第三次会议，会议审议通过《董事会2021年工作报告》《2021年经营管理工作报告》《2021年财务决算报告》《2022年财务预算报告》《2021年利润分配方案》等7项议案。

5月27日，滦平盛阳村镇银行组织全体员工开展“寻访光辉足迹，增强事业信心”主题党日活动

【围场华商村镇银行】 截至2021年年末，资产总额58.10亿元，比年初增长5.71亿元，增幅10.9%；负债总额52.98亿元，比年初增加5.02亿元，增幅10.47%，经营规模与增长速度稳定；各项存款余额47.22亿元，较年初增加2.54亿元，增长5.68%；各项贷款余额21.2亿元，账面不良贷款余额3628.32万元，不良贷款率为1.71%，资产质量保持基本稳定；实现拨备前利润1.39亿元，实现净利润1.09亿元，较同期增加1120万元，资本利润率22.78%，资产利润率1.97%，保持较为稳定的盈利水平；全行资本充

足率 25.33%，核心一级资本充足率 24.31%，流动性比例 141.94%，拨备覆盖率 275.12%。践行“支农支小”理念，助力县域经济发展，获得围场县税务局授予“A 级纳税人”奖牌；在“全国村镇银行综合业务发展情况排名暨全国村镇银行品牌价值排行榜”中，从 1640 家村镇银行中脱颖而出，荣获“全国 AAAAA 级优秀村镇银行”“全国百强村镇银行”双项荣誉，经全国村镇银行品牌价值评估专家委员会评审，2020 年度品牌价值 18.96 亿元，荣获“全国村镇银行品牌价值排行典型代表单位”称号。

深化管理改革，综合运营能力显著增强。加大业务创新力度，提高支农报务水平。继续坚持“服务三农，支持小微”的市场定位，紧紧围绕全县产业布局创新贷款产品，加大投放力度，创新推出“家装贷”“商户贷”以及“应收账款质押担保授信”等贷款产品。加强智能柜台运用，提升服务质效。共有 70 台银行自助设备，其中 55 台 ATM，11 台智能柜面，4 台大额循环机。通过强化厅堂服务，提高智能柜面的使用效率，充分发挥大堂经理的引导分流作用，主动询问客户需求，有效减少客户等候时间，提升服务质效。单独设立客服中心，公开招聘 4 名客服人员，为完善服务功能打下基础。承担社会责任，加强金融知识宣传。相继开展了“3·15”消费者权益保护教育系列宣传、防范电信网络诈骗、存款保险、防范非法集资、金融知识宣传月等宣教活动，在宣传方式上，各支行充分发挥主观能动性，积极开展了进校园、进社区、进集市、进商户、进农户等活动，宣传效果更为明显；同时，十周年宣传片、围场新闻前 30s 形象广告、天气预报节目前 30s 存款保险宣传等视频共同发力，营造了浓厚的宣传氛围。

加强风险防范，确保经营稳健运行。严格控制信贷风险。严格执行“三查”制度，严把贷款质量关，做到贷前、贷中、贷后调查细致、详实。积极组织信贷员对贷款操作、审批、管理流程进行系统培训。同时，建立贷款欠息、逾期催收机制，对不良贷款加大考核问责力度，狠抓不良贷款压降工作，强力开展清收攻坚，积极与法院执行局保持沟通、联动。建立多维度的操作风险防控机制。扎实推进各条线全面风险排查，对合规经营、制度执行、规范管理、风险防范等条线进行了排查整改。充分发挥稽核部门的监督作用，加强稽核检查工作力度，严格强化各项制度和责任的落实，有效杜绝了各种违规违纪行为的发生。建立常态化声誉风险防控机制。严格执行网络舆情管理值班工作制度，指定专人负责，持续做好每日舆情监测工作。加强对柜员、保安等一线服务人员在消保、舆情方面的培训，提升业务水平，筑牢合规防线。

加大金融服务力度。主动联系受疫情影响严重的批发零售、住宿餐饮、物流运输、文化旅游等行业，以及有发展前景但暂时受困的企业，掌握近期其生产经营情况，建立受困企业台账，通过降低利率、增加授信、调整还款期限和展期等方式，支持企业复工复产，并积极落实银保监会、人民银行、延期还本付息政策，对申请的客户做到应延尽延。

在 10 月 16 日召开的第十四届中国村镇银行发展论坛暨中国县镇经济交流促进会年会上，围场华商村镇银行荣获“全国 AAAAA 级优秀村镇银行”“全国百强村镇银行”称号

【宽城融兴村镇银行】 截至 2021 年年末，资产

总额6.21亿元，负债总额5.59亿元，各项存款余额5.32亿元，各项贷款余额4.17亿元。

积极组织存款。采取多种措施保证各项存款的稳定增长。做好第一季度“开门红”吸收存款工作。将存款年度任务目标细化到人，奖罚分明。充分调动了全体员工组织资金的工作积极性，做到了存款工作早安排、目标早明确，措施早落实，成效早实现。发动全体员工下乡营销，到周边的个体商户区和周围的居民小区进行宣传。

大力拓展贷款。坚持“支农支小”的市场定位，所有贷款均投放在本县域内，客户主要为县域农户、小微企业等。积极走村进户，建立客户信息档案，了解、掌握客户贷款需求。对征信良好、信用优良的客户及时给予高效、便捷、优惠的贷款服务。对已借贷户进行贷款资金用途、经营情况等贷后跟踪服务，把控贷款风险，避免出现损失。

加大科技支持，大力发展业务。按照监管部门要求，结合自身实际，完成了适老化改造，金融IC卡国密改造，金融App备案，IPV6部署，金融基础设施平台建设工作，有效提升了科技水平，为客户带来了极大的便利。

宽城融兴村镇银行组织开展消费者保护宣传活动

【承德县恒升村镇银行】 截至2021年年末，资产总额14894.09万元，比年初增加892.73万元；负债总额11832.64万元，比年初增加1711.19万元；各项存款余额8186.34万元，比年初下降139.08万元。其中，个人存款余额6023.03万元，较年初增加365.46万元，对公存款余额2173.31万元，较年初下降504.54万元。各项贷款余额11219.06万元，比年初增加1836.38万元。不良贷款余额279.8万元，较年初增加28.41万元。核心资本充足率24.09%、最大单户贷款集中度5.62%、前十户贷款集中度34.25%、存贷比137.05%、流动性比例38.13%、不良贷款率3.04%、贷款损失准备充足率155.22%、核心负债依存度61.1%。

坚持贯彻“小额、流动、分散、本土化”的经营方针，继续调整信贷结构，退出抵押贷款43户，贷款户均下降5.68万元，下降至9.19万元。优化信贷业务授信、审批流程，提高放款速度，强化客户服务及体验感，修订《承德县恒升村镇银行信贷业务审批管理规定》《承德县恒升村镇银行授信准入审批管理规定》；经过走访调研对“精英贷”“两委贷”“家庭贷”贷款产品进行优化调整，针对有社保人群，推出“社保贷”，在把控风险的前提下，简化放贷流程。绿色放贷、手续便捷及放款速度快都成为最有利的竞争手段。

5月22日，承德县恒升村镇银行开展普惠金融下村镇活动

【平泉恒升村镇银行】 截至2021年年末，各项存款余额29998.71万元，比年初增加6342.39万元；各项贷款余额25445.45万元，比年初增加6308.47万元。贷款户数2244户，比年初增

加1050户。存贷比例为84.82%；五级不良贷款余额161.29万元，比年初减少153.71万元，占比为0.63%，比年初下降1.02个百分点。账面利润266.2万元。各项监管指标基本符合要求。

多措并举，推进存贷款业务稳步增长。面对激烈的市场竞争，采取多种措施，大力拓展业务。强化活动载体，提早谋划部署。"开门红""红五月""决胜金秋"等劳动竞赛活动，进一步夯实基础客户群体。营造氛围，做好宣传工作。利用微信公众号、员工朋友圈、折页、送春联、送金融知识进企业、进农村（社区）等多种渠道，加大业务营销宣传力度。利用"线上线下"营销体系，实现联动营销。以"恒升快贷"等上线契机，大力推广小额循环贷款业务。抓住村两委换届契机，做好村级业务拓展工作。把服务挺在最前面。树立后台服务前台，前台服务客户和没有服务就没有市场的理念，尽力为客户提供优质高效的服务。荣获了发起行"开门红"综合业务奖二等奖、存款争先奖三等奖、贷款争先奖三等奖、普惠金融争先奖二等奖，"红五月"主题营销活动人均增户第一名的荣誉。

坚守定位，促进信贷结构转型升级。面对各大银行对农村市场拓展力度的加大，审时度势，回归本源，把业务发展的着眼点放在"三农"和小微上，坚持做小、做散、做基础。统一思想，做好发放信用贷款顶层设置机制。坚守"支农、支小"市场定位，实行"三做三不做"，即"做小不做大、做土不做洋、做实不做虚"经营理念，以小额、流动、分散、本土化的信贷投放原则，开展"调结构、促转型"，主动退出50万元以上大额贷款，大力拓展30万元以下免抵押免担保纯信用贷款业务，在经营方向上实施以"做大户数、做小客户"为经营战略。推陈出新，丰富切合当地实际的金融产品。通过市场调研，及时细分市场，推出符合本土化的金融产品。对蔬菜大棚种植户、畜牧业养殖、食用菌产业集聚区的农户及小微企业主，推出纯信用无抵押"一次授信、随借随还、循环使用"的个人小额信用循环贷款，满足农户、小微个体工商户资金需求的"生产经营贷"；为村干部量身定制的"村两委贷"；面向工薪族的"小额消费贷"等信贷产品。提高效率，优化贷款办理流程。积极主动开展上门服务，做好"客户最多跑一次"的服务要求，对申请5万元以下授信客户，可提供简版征信报告，取消提供资产证明类基础材料；同时充分发挥决策链条短、平、快优势，提高审批效率，树立良好的金融品牌，拉近了与客户的距离，有效满足客户融资需求。落实阳光信贷。公开贷款条件，实行"首问负责制""一次性告知制""服务承诺制"，提高办贷效率和透明度。利用贷款利率手段，对大额贷款实行差异化利率管理，引导大额贷款客户主动退出。

筑牢防线，提升风险管控水平。始终绷紧风控这根弦，坚持守土有责，守土尽责，牢牢把控风险红线。严把贷款准入关，守住风险底线。强化信贷客户的准入管理，做到有所为、有所不为，严格把控客户准入条件，把风险阻隔在第一道防线外。强化贷后管理。加强信贷资金跟踪，规范资金流向，确保用途真实；每月对到期贷款动态进行监测分析，做到心中有数。强化监督检查，及时发现风险隐患。围绕公司治理、信贷业务、财会管理、员工行为动态等方面进行专项排查，分析原因，及时整改反馈。强化不良贷款管理，狠抓不良贷款的处置。定期不定期召开不良贷款分析会，开展走访排摸，及时动态掌握债务人行踪去向，了解经营现状及财产线索，全面收集相关信息，并对每一笔不良贷款进行综合风险分析，积极应对，做到"一户一法、一笔一策、一户多方"，有目标、有重点的予以清收。加强流动性管理。制订了流动性应急预案，开展资金运用的监测管理，进行流动性压力测试。强化舆情监测和消费者权益保护工作。制订了声誉风险管理实施细则、消费者权益保护管理办法及信访应急预案，加大宣传力度，及时消除负面影响。

根据银保监部门的统一部署，在全行开展内控合规管理建设年活动，进一步强化内控合规管理建设，推进反洗钱工作。加强反洗钱领导，健全组织架构；完善反洗钱制度建设；细化反洗钱岗位职责到人；做好反洗钱知识的宣传工作；建立健全反洗钱信息补录；做好对反洗钱审计问题整改及人员问责工作。加强资金监测。对清算资金实行专人每日监控、预警；专人每日负责人行 ACS 系统对账；每旬核算存款准备金，密切关注存款准备金率；每月清算备付金对账、同业账户对账，换人复核。加强存款保险宣传和人民币现金管理工作以及科技网络管理工作。持续做好存款保险宣传工作，取得较好成果，获得了人行石家庄中心支行短视频大赛二等奖；同时做好人民币现金及反假币管理，降低假币浓度；切实加强科技网络管理，确保安全运行。

平泉恒升村镇银行开展征信宣传活动

（刘　唱　供稿）

保险业

综 述

2021年度全市保险经营主体市级机构40家，其中产险20家，寿险20家。市区营业部21家；县区级四级机构130家，其中财险机构75家，寿险机构55家；乡镇级五级机构155家，其中财险机构39家，寿险机构116家。业务总计收入77.04亿元，同比下降3.11%，占全省3.61%的份额。其中，财产保险业务总收入为23.56亿元，同比下降1.97%，占全省3.77%的份额；人身保险业务总收入为53.47亿元，同比下降3.69%，占全省3.55%的市场份额。全市农业保险保障金额359.21亿元，承保玉米250.58万亩，马铃薯、水稻、蔬菜瓜果、西红柿、向日葵、设施农业等113.03万亩，食用菌780万株，能繁母猪、育肥猪、奶牛、肉牛等牲畜246.21万头；实现保费收入4.24亿元，同比上升4.7%，赔付金额2.52亿元，同比上升65.79%，受益农户26万户，减少了农业生产意外损失。林木保险承保3450.28万亩，保险金额231.78亿元，保费收入7397.53万元，同比下降18.99%；支付赔款848.77万元，同比下降43.68%。保险业缴纳增值税及附加6742.89万元，同比增加11.91%；缴纳个人所得税1354.12万元。产险公司代收车船税1.92亿元，同比增加14.97%。

截至2021年年末，财产保险公司共承担风险保额42055.26亿元，同比增加41.88%；保险业赔款与给付支出25.83亿元，同比增长12.84%，其中财产险赔付14.53亿元，同比上升23.34%；寿险赔款及满期给付等11.30亿元，与2020年同比上升1.71%。

6月17日，承德保险协会组织全市19家财险公司进行车险理赔服务现场查勘测试评比。

2021年度保险公司缴纳及代收代缴税费2.73亿元，同比增长14.97%，其中，保险公司、保险从业人员直接缴纳税费0.81亿元；保险公司代收代缴车船税1.92亿元。截至2021年12月底，保险业为承德市提供就业岗位1.04万人，同比下降41.24%。保险业缴纳增值税及附加6742.89万元，同比负增长11.91%；缴纳个人所得税1354.12万元。产险公司代收车船税1.92亿元，同比增加14.97%。保险业吸纳就业人员1.04万人，同比下降41.24%。保险业为承德经济社会发展建设、民生保障做出了突出的贡献。

2021年市保险协会领导名录

会　　长：张立春（满族）

副 会 长：任宝林

秘 书 长：吴静云（女，满族）

（赵　璇　供稿）

中国人寿保险股份有限公司承德分公司

【概况】 2021年，中国人寿保险承德分公司，深入贯彻落实各级决策部署，扎实践行“强作风、讲实干、重价值、促升级”的企业文化理念，推进各项工作不断向前发展。切实发挥党建引领作用、深入推进人力资源改革、全力以赴推动业务发展、增强依法合规和风险防范意识、不断提升消保工作水平、突出抓好重点工作、深入推进营销员分级管理试点工作。截至2021年末，全市系统共有正式员工393人，在全市各县市区设立4级机构11家。

【业务发展】 全年累计实现首年期交1.99亿元，达成比全省第九；全年累计实现10年期8151万元，达成比全省第九；全年累计实现短期险1.14亿元，达成比全省第九。中标“城乡居民大病保险”“城镇职工长期护理保险”“城乡居民医保意外伤害认定调查外包服务项目”。个险代理人全年月均持证人力2683人，银保客户经理实动人力达成省定目标。团险渠道全面达成各项队伍考核指标，综合排名全省第四。保持市场领先地位，总体市场份额65.6%，全市寿险行业第一。客服工作水平稳固提升。理赔时效45天，死亡重疾率0.27，新单犹豫期电话回访成功率100%，客户电子化回访替代率98.03%，亿元保费投诉量1.36件/亿元，监管转办有效投诉发生量23件；投诉撤诉率17.4%；保险理赔情况，2021年短期意外险赔付3112件，金额1739.72万元；长期寿险给付4212件，金额8102.28万元 。

【服务地方经济】 贯彻落实国家支农惠农政策，通过业务拓展，服务延伸，把保险送进千家万户，不断提高人民群众的保险保障水平，为各级政府分忧解难，积极构建民生保障安全网。搭建政企协作平台，积极贯彻落实国家支农惠农政策，通过与当地政府沟通协作，取得政府相关部门的支持和配合，大力发展惠农小额保险业务，积极服务当地民生。“农村小额保险”专门针对农村家庭设计，按户计收保费，每户100～200元，保险期限1年。保险金额按全家人口数平均分摊，意外伤害及伤残保额36000～72000元，意外医疗保险金额18000元，另外还有定期寿险1000元/人。中国人寿为出险农民减轻了医疗费用压力，发挥了家庭“稳定器”的作用。

【提供减轻风险保障】 借助金融机构平台，积极为贷款人提供风险保障。通过与金融机构建立兼业代理协作关系，由金融机构代办“国寿安心贷借款人意外伤害保险”。以在国家正式金融机构借款的借款人为被保险人，按照借款金额的3.5‰收取保险费，以借款金额作为保险金额，保期一年，被保险人一旦遭遇意外伤害而致死亡或残疾，公司将向贷款金融机构支付保险赔偿金（死亡的按保额赔付，伤残的根据伤残评级程度赔付），既减轻了借款人及家庭在借款人遭遇重大意外伤害后的还贷压力，还在一定程度上为金融机构按时回收信贷资金提供保驾护航作用，对推动实体经济特别是小微企业发展发挥了积极促进作用。

【开展普惠型民生保险】 积极参与社会保障体系建设，通过参与政府招标工作，成功中标承德市政府2021年“城乡居民大病保险”“城镇职工长期护理保险”“城乡居民医保意外伤害认定调查外包服务项目”业务，进一步推动政保业务持续稳定发展。

【开展党建活动】 通过落实开展特色示范党支部、共产党员示范先锋、先进基层党组织、优秀党支部书记、优秀共产党员、国寿奋斗者、抗疫先锋等推荐评选工作，党支部的创造力、战斗力、凝聚力进一步提升。9人获得省级表彰，1人获得总公司授予的优秀共产党员荣誉称号。

5月25日，中国人寿承德分公司开展“健步向前迈向新征程，向中国共产党建党100周年献礼”登山健走活动

2021年中国人寿保险承德分公司领导名录

党委书记、总经理：张立春

党委委员、纪委书记、副总经理：李晋生（6月免）

党委委员、总经理助理：芦佳傲（8月免），

党委委员、副总经理：夏景坤（9月免总经理助理，任副总经理）

总经理助理：赵颖慧（10月任）

党委委员、纪委书记、总经理助理：张春英（女，4月任纪委书记，总经理助理）

（鞠嘉宝　供稿）

中国太平洋人寿保险股份有限公司承德中心支公司

【概况】 2021年，太保寿险承德中支将基础管理落到实处，严抓过程管控，在培训上强化“太热爱”项目组功能，多层级、多角度、多方向展开赋能，打造专业制胜的营销队伍；借助“太高端”项目组资源，进行多频次的客户经营平台搭建；借力“芯”法引导外勤行为规范、行为转型、行为再塑。执行“四段论”工作节奏，通过队伍内、外勤深耕细作，严格落实总公司“三化五最”要求，加快转型，做到快人一步，在同业内引领争先，在公司内作出应有贡献，全员为一线作战服务，以解决问题为唯一标准，以赢得胜利为唯一目的。通过共同努力拼搏，基本实现了预期目标。

截至2021年12月31日，规模保费174653.2万元，当地市场排名第二；个险期缴17763.71万元，市场份额占比32.66%，排名第二；10年期及以上期缴10249.04万元，市场份额占比39.9%，当地市场排名第一。对标市场份额，长险期缴保费16202万元，市场份额排名第二位，较2020年上升5pt（point），达到28.0%，10年期及以上期缴9793万元，连续多年市场份额排名第一位，同时较2020年上升4.4pt（point），达到39.7%。

【团险业务服务】 2021年，团体业务一线承保利润497万元，全省贡献排名第四；团险业务部一线承保利润265万元，达成率99%，全省排名第二；金融合作部一线承保利润24万元，达成率33%，政保合作部一线承保利润208万元，达成率110%，全省排名第三。2020年7月中标市城乡居民意外伤害保险认定调查服务项目B包，项目周期3年，覆盖滦平、隆化、兴隆、宽城和平泉5个县（市），服务148万人群。服务方式为“调查外包式”，该方式为全省居民意外合作首创，调查服务费300元／件。截至2021年12月31日，年度累计已查件数10059件，调查服务费规模301.77万元。年度拒赔913件，调查阳性率9%，规避了基金风险。

【营运业务服务】 2021年，承德营运指标全省排名第二，大机构中排名第一。受疫情、监管环境、黑产代理等因素影响，投诉件增长迅猛，全量及越级投诉分别增长175.9%、194.8%。加强源头治理，强化主体责任，依托“闪电行动”迅速降量全量投诉优化29.86%，越级投诉优化73.33%。亿元保费投诉量同比增长172.88%，环比优化112.46%。重复投诉率改善较明显，环比优化率分别为2.12%、0.84%，优于全省均值。个人理赔案6577件，赔款1.45亿元，调查工作量3239件，同比持平，仍压力较大，人均工作量达809.7件/人。理赔时效持续优化，出险—支付时效39.17天，同比优化1.08天，位居全省前三。申请—支付时效1.17天，获赔率为98.71%，均达监管要求。调查减损2072万元，占分公司减损总金额的16.7%，累计减损率18.76%，在把住公司出口关的同时，也震慑了诈保等违法行为，对提升业务品质起到积极作用。加强基础管理组织内勤专业培训，提升专业能力及服务水平。强宣传、重协同，常态化早会报案宣导，理赔进基层政策讲解，未决清理与条线协同常态化作业，全年上门服务78笔。抗辩期调查转变为全天候自动触发430件。移动应用作业进一步强化，理赔太e赔案件3567笔，赔款9078.77万元，云调查、语音反欺诈识别系统上线，客户体验极速理赔，获得业务条线及客户赞誉，取得良好市场口碑。投诉1960件，其中监管转办及线下转办92件，正式越级件76件，控制在序时管控额度内，全年结余13件。投诉主要集中在职业营销，占比达72%，其中销售误导原因导致投诉达62.6%，其次为续收服务达13.7%。

【服务客户】 2021年，保全业务总量为64万件，居全省首位，新技术占比加大，其中机器人操作业务12933件，云柜面（包含接听和发起）共计17511件，移动端业务（包含微信、App等）共计477492件。从保全支付的金额约7.4亿元，其中退保类1.6亿元，给付类1.5亿元，贷款类4.1亿元。

全年个险承保件数7.2万件，15日保单送达整体签收率为99.98%。电子保单推广变革，公司短险业务保单逐渐电子化，客户换发需求降低，对长险保单电子化推广起到关键作用，电子保单替代率达57%。承德官微新增关注客户7.5万人，成功绑定7.2万人，官微平台回执签收率约为100%。当月新保绑定官微客户控制在99.5%以上。

2021年，满期给付共1608件，金额8599.66万元，累计实付1461件，实付金额8381.52万元，实付率96.31%，1—12月份未付147件，未付金额218.1万余元。面对“满期给付高峰年”积极开展主动式服务，变客户“被动领取”，为公司“主动给付”，严格按照预防为主、快速响应、分级管理的原则，深入推动满期给付工作平稳落地，切实维护客户权益。设有专项处置资金和快处机制，对快速化解矛盾纠纷提供保障，为化解满期给付与退保纠纷，有专项的处置基金做支持。多措并举寻找失联客户，上门查找、与村委会、派出所配合查找、与第三方公司合作筛查客户联系方式积极寻找客户。建立三支队伍，不断完善风险应急预案与分解动作指引，强化预案演练防范满期给付与退保风险。为提高给付时效，及时化解客户矛盾纠纷，建立了维稳队伍、上门队伍、沟通队伍3支队伍日常运转处理。为提高客户领取的便捷性，开通公司柜面、银行代办、太平洋保险App、微信、服务人员移动端保全代办、机器人等多种给付服务渠道。

【合规经营管理】 促进业务品质的提升，开展“假保单”违法违规行为专项排查、互联网保险乱象专项整治、保险市场乱象整治、“内控合规管理建设年”专项行动、非法集资风险排查整治、风险排查和处置等10余个专项排查工作，工作开展情况及工作结果均按要求报告当地监管部门。

【提升内控管理水平】 开展2021年内控自查与风险识别评估工作、全面风险排查、“春雷行动”“利剑回头看”、2021年度合同大检查、中支分管总及四级机构负责人离任检查等工作。严密关注非法集资、销售误导、电信网络诈骗等敏感事项和屡查屡犯问题，将合规风险控制在源头。加强法务工作，处理诉讼案件50件，诉讼金额677.26万元，减损金额440.18万元，减损率65%，排名全省第一。接待外部执法机构163次，审核各类合同69件，避免经营风险。

【反洗钱管控】 公司各级机构反洗钱组织架构及时更新完善；开展反洗钱自查工作两次，开展反洗钱专题培训4次，反洗钱户外宣传13场次，反洗钱管控水平得到提升。2021年初，公司反洗钱工作被人民银行评为3B级（承德保险行业最高级）；执行人民银行金融管理政策综合评价工作被评为A级（承德保险行业最高级）；参加承德市金融系统反洗钱知识竞赛，荣获团体二等奖。被分公司评为2021年度“反洗钱工作优秀中支”。

【优化合规培训举措】 加强合规文化建设，年初制订合规培训工作计划，每月组织专兼职合规员现场+视频培训，提升专业技能、传达监管最新政策及导向、提示风险，落实风险防范责任。“每训必考”，通过考试提升培训效果，巩固培训内容；不定期到四级机构参加早会宣讲合规知识；创新合规宣传交流方式，充分利用公司内部网络、微信群等手段，定期开展防范与打击非法集资、反洗钱、警示教育及《中华人民共和国民法典》宣传、“反保险欺诈”宣传视频展播等活动，强化全员合规意识。组织全员参加“长合规·航万里”2021年合规知识竞赛活动，被分公司评为“合规知识竞赛活动优秀组织单位”。

2021年太平洋人寿保险承德中心支公司领导名录

党委书记、总经理：任翔州

党委书记、资深副总经理：张艳艳（4月免）

党委委员、纪委书记、高级副总经理：王楠勋

党委委员、副总经理：刘春阳

个人业务总监：王淳哲（4月任）

（王 娟 供稿）

中国平安人寿保险股份有限公司承德中心支公司

【概况】 平安人寿保险承德中心支公司下辖滦平支公司、隆化支公司、滦河营销服务部、承德县营销服务部4个营业网点。截至2021年年末有在职代理人186人，全年累计承保保费15042.64万元，其中长险新单保费累计实现收入2389.36万元，同比下降29.72%；长险续期保费累计实现收入12044.31万元，同比下降0.95%。累计退保金支出2275.19万元，同比增长70.72%；满期给付404.12万元，同比增长3.61%；赔款金额141.22万元，同比增长228.34%。2021年实现全年纳税总额70.98万元。

【综合治理】 组织开展“扫黑除恶”“关于借新旧重疾险新规炒作停售等误导销售违规行为自查活动”“合规文化建设年活动”“案件集中清理专项行动”等多项风险排查活动，取得了较好成效。满期给付保持了总体平稳。全年未发生司法案件、监管处罚和重大违法违规问题。通过不定

5月12日，召开群诉风险处置宣导会

期开展合规宣传培训，有力提升内勤、外勤人员合规意识，树立合规经营理念；2021 年共组织 4 次风控例会、4 场学习宣导会议，始终坚守合规经营原则，合规工作有条不紊地开展，合规管理框架明确、内控建设更加完善，责任体系完整、各部门合规管理工作有效落实。通过建立内控管理、制度管理、督察防控管理等体系机制，致力于打造以诚信为基础的公司合规文化，防范可能出现的违法违规问题。

【助力有效客户经营】 始终以客户需求为目标，持续推动以“金管家”为核心工具的线上主拓活动，并创造丰富的线下触客场景。通过线上话题与线下场景的有效结合，助力实现有效的客户经营。

2021 年平安人寿保险承德中心支公司
领导名录
党支部书记、副总经理：蒋海涛（主持工作）

（胡　然　供稿）

中国人民财产保险股份有限公司承德分公司

【概况】 中国人民财产保险承德分公司在全市共设立机构 56 个，在职员工 565 人，保险服务网络实现市、县、乡、村全覆盖，保险保障服务覆盖机动车辆保险、家庭和企业财产保险、农业保险、责任信用保险、意外健康保险、船舶和货运保险等各个领域。全年累计为承德市经济社会发展提供风险保障 18054.32 亿元，同比增长 2.40%；累计处理各类赔案 7.16 万件，支付赔款 5.82 亿元，同比增长 28.13%；缴纳和代缴税款 1.03 亿元。其中，车险共计承担风险保障金额 4138.87 亿元，处理交通事故 4.75 万起，支付交通事故赔款 3.71 亿元。非车非农险、中财产险、责任险、意外健康险等险种共计承担风险保障金额 1.37 万亿元。农险开办险种 49 个，覆盖全市农、林、牧领域主要农作物和畜禽的主要品种，共为 26.04 万户农户、171.44 万亩农田、2534.96 万头（只、羽）牲畜家禽、1677.01 万亩森林提供风险保障 143.17 亿元，保险赔付农户近 9.82 万户。

【健全保险保障体系】 创新服务模式，服务生态文明建设。立足森林覆盖优势，聚焦碳汇资源保障。累计承保森林 1677.01 万亩，承担风险保障 111.89 亿元。推进绿色环保战略，推动建立重点行业、重点领域环境污染强制责任保险制度，累计为“高碳”行业提供风险保障 4510 万元。聚焦绿色兴农，复制推广农业保险理赔与病死牲畜无害化处理联动模式，保障百姓“舌尖上的安全”。推动新能源汽车保险产品供给，累计为 1500 多辆新能源汽车提供风险保障。

【服务乡村振兴战略】 落地金融扶贫特色农业保险。为 10 个县（市、区）近 60 万名临贫、易贫人群提供包括医疗救助、教育救助、自然灾害救助、意外事故救助在内的防贫保险，累计提供风险保障 1343 万元。推出涵盖乡村干部、村民公共安全，产业发展，疫情防控等多项保障内容的“乡村振兴保”综合保险服务方案，2021 年承保行政村 60 个，累计提供风险保障 3 亿元，为有效解决乡村振兴推进过程中各类问题提供保险保障。建立多元化的农险业务体系，推动农业保险“提标、扩面、增品”。承保玉米 126.52 万亩，马铃薯、水稻、蔬菜瓜果、中药材、设施农业等 44.92 万亩，能繁母猪、育肥猪、奶牛、肉牛等牲畜（家禽）96.04 万头（只、羽）。为农业、农村、农民提供农业全产业链的保险和综合金融服务，解决农户融资难、融资贵的问题，让保险资金真正直达农户，增强农户“造血能力”。落实承德市委、市政府加快推进乡村振兴民宿经济发展工作要求，走访调研兴隆、鹰手营子等多个县（市、区）的20多家民宿，推出民宿保险这一满足政府规划和民宿经营者需求的风险解决方案。

【拓宽社保系列业务】 拓展公共卫生应急救助保险，提升公共卫生保障水平。作为承德市新型冠状病毒肺炎疫情防控工作领导小组办公室指定的新冠病毒疫苗异常反应补偿保险和接种点责任保险承保单位，为32.44万人提供1.1亿元风险保障。发挥公司品牌、服务和业务规模经营优势，加快拓展城市“惠民保”，提高居民健康保障水平。2020年11月至2021年12月，“冀惠保”保险产品为全市12.25万人提供了3675亿元的风险保障。主动扩大民生保障范围，提高人民保险“温度”。“一元民生”保险覆盖9个区县，提供风险保障1亿元；煤气中毒保险覆盖7个区县，提供风险保障8500万元；精神患者监护人责任保险覆盖10个区县，提供风险保障2.2亿元；养老机构责任险为1379位老人提供了2255万元的风险保障；意外身故残疾和意外伤害医疗保险为近800名老年人提供了700多万元的风险保障。

【构建“保险＋科技＋服务”新模式】 车险，利用车联网大数据技术，通过设置电子围栏，识别、干预、纠正高风险驾驶行为等方式，引导客户主动改善驾驶行为，安全出行。非车非农险，利用“人保财险风控”App工具、安责险事故预防风控管理平台、“电梯卫士”监控系统，提升安全管理水平。农险，拓展无人机、新式温衰仪、畜脸识别等新设备、新技术的应用场景，提高承保理赔工作效率，提升保险服务水平。理赔，向市应急局、市行业协会提交《关于进一步加强汛期防灾救灾建设的建议》和承德市双桥区、开发区风险标识地图；与承德交警支队事故大队联合共建“警保联动快处中心”，依托数字化平台，实现道路交通事故快处、快赔，全力保障市民出行安全。坚定不移推行行业自律，为构建最优保险营商环境贡献人保力量。

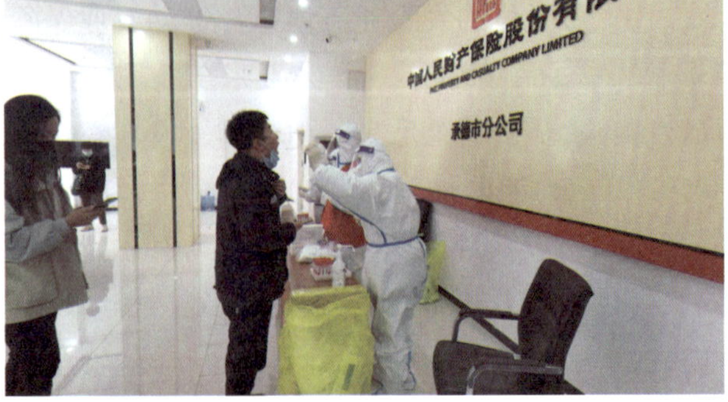

12月1日，协助市金融办组织双桥区辖内各家财险主体每周进行核酸检测

2021年中国人民财产保险承德市分公司领导名录

党委书记、总经理：杨延波
党委委员、副总经理：鲁振申（满族，9月免）
党委委员、总经理助理：马存军
石光磊（12月任）
总经理助理：于灵江（女，满族）

（姚松松　供稿）

中国太平洋财产保险股份有限公司承德中心支公司

【概况】 2021年，认真贯彻落实分公司发展目标，坚持“对标一流、看齐先进”，不断提升“精准经营、精确管理”能力，全力推动各阶段核心工作有效落地，全险种保费收入39887万元，受三大条线遇到的经营瓶颈共同影响，保费增速同比负增6.4个百分点，与主要竞争对手存在一定的差距，预算达成率89.53%，市场份额16.89%，同比下降0.8pt。综合成本率95.02%，优于全省中支平均96.35%的1.33个百分点，优于行业和主要同业。其中车险实现保费收入21271万元，综合成本率104.93%；非车

险（不含涉农）实现保费7877万元，综合成本率83.62%；农险（含涉农）实现保费10740万元，综合成本率79.68%。整体实现承保利润1741万元，完成了既定经营发展目标。

【个人客户业务发展】　条线整体布局，全盘考虑，主动调整业务节奏，改善业务品质，不断优化车险经营结果，在车险综改的经营压力下，主动研究市场，不同阶段适时调整发展策略，提升资源配置效能，确保与行业相协调的发展节奏。积极践行以服务促发展的理念，坚持以客户为中心，全力应对灾害性天气以及重大案件带来的影响。续保率、线上化率、客户数量不断提升，业务结构得以改善。大力提升交叉销售、个人营销、电网销等自有渠道业务占比，发挥自有渠道优势，提升经营能力，确保了车险经营平稳，有效地支撑了车险条线业务发展。注重车非融合发展，认真分析销售队伍的优势和短板，引导培养业务人员开单新险种，切实提升销售展业能力。努力打破融合产品单一现状，切实提升车非融合的深度和广度。车商渠道紧跟公司发展节奏，上下同欲、齐心协力，形成互相促进的发展优势。个人客户数，私家车续保率等主要指标位居全省车商渠道首位。非车业务客户渗透率，保费渗透率也有很大的提升，为提升新车占比、提高客户数量，助力车险业务发展奠定了一定的基础。团体业务车险渠道提前谋划部署，积极拓展新业务，全年中标多家企事业单位招标业务，业务规模、领域不断扩大，提高了公司的社会影响力。

【法人客户业务】　截至2021年年末，全口径入账保费7877万元，预算达成81.6%，同比增长9.2%。剔除个信保，入账保费7338万元，预算达成率92.9%，同比增长30.9%。综合成本率83.62%，实现考核利润1225万元，非车险“顶梁柱”作用显现。按照条线年度经营目标，进一步明确了非车险发展方向和工作重点，强化客群经营理念，不断探索新发展路径，持续推动传统业务和创新型业务开展。从客群角度出发，重点发展常规险种业务，高度关注企客、政保渠道发展。

【农险业务拓展创新】　实现保费收入10740万元，完成全年任务目标的74.58%，同比负增长13.5个百分点，市场占比23.08%，行业排名第二位。综合成本率79.68%，优于分公司平均水平7.89pt。在业务拓展方面，紧紧围绕分公司业务发展战略部署，坚定发展信心、明确发展目标，加大公关力度，抢抓农险遴选机遇，积极拓展业务，缩小招标冲击影响。在业务结构方面，传统优势的种植险业务缩水严重，业务占比由51.28%降至16.38%，市场份额由58.8%降至31.98%。在险种创新上，取得突破性进展，弥补了种植险业务的亏空，尤其是特色肉牛保险在多个县域的开展，钢葱、肉驴、肉羊、禽类、蜜蜂、价格指数保险等10个创新险种的开办，成为公司农险保费新的增长点，为后遴选时代业务发展奠定了基础。

【做好理赔业务】　为助力前端销售、协同展业不断增强动力。车险理赔，精准送返修。从精准送返修、优质综修厂拓展、主动协同销售走访、联合风勘等方面探索可行路径、采取有效举措，强化管理，进一步扩大综修厂合作面，完善送返修考核办法，充分发挥资源优势，为前端业务发展助力。通过科技赋能提升服务，以“太好赔5.0”为抓手，立足科技赋能、资源共享，开展多种形式的客户服务互动，通过多种途径，宣传特色服务，不断突出“责任、智慧、温度”的太保服务亮点，进一步增强车险经营的触客能力，持续提升公司社会形象，助推公司业务发展。非车险理赔，在全面做好各项基础工作的同时，以“专享赔”服务品牌为抓手，持续在保赔联动上发力，风险查勘有成效，业务发展理赔全程跟进，有效融合销售前端。在防灾防损上，定期与业务人员对各承保企业进行风险走访，积极开展保前、保中初勘服务，实现了非车险的“触”“销”协同。协助业务前端分析业务品质，形成“全面风险查勘”的工作机制，助力非车险业务高质量发展。

【合规管理】 将严守系统性风险和严防重大案件作为内控管理的底线，不断强化合规经营意识，有效防范经营风险，全力推进合规工作。组织开展非法集资宣传、打击治理网络诈骗活动、涉刑案件培训宣导、“零处罚”创建活动、返保险欺诈宣传、“风控合规月”主题活动。同时以开展“内控合规管理建设年”活动为契机，做好加强补短板、治顽疾、夯根基工作，建立领导班子对各级机构的联系点制度，班子成员结合年度工作分工的对口联系单位，到各联系点开展实地督导。深入开展内控合规文化宣导，把合规文化的宣导与典型违规案例、常见违规行为的深入剖析结合起来，与日常的风险警示教育结合起来，与保险监管政策结合起来，与合规知识技能的普及培训结合起来，不断提高合规宣导深度和广度。切实加大合规检查力度，专项性检查与综合性检查相结合，部门自查与排查相结合，整合资源，上下联动，针对屡查屡犯问题深入开展自查自纠，从销售、承保、理赔等多个环节，深挖细查薄弱环节，全面整改，为推进公司高质量、有效益、可持续发展提供了重要保障。在承德市银保监分局、保险行业协会组织开展的保险合规文化作品征集评选中，承德中心支公司荣获二等奖。

【加强反洗钱组织建设】 建立健全反洗钱内部控制制度，认真履行反洗钱客户身份识别义务，按时上报大额和可疑交易报告，认真组织开展反洗钱宣传培训，坚持依法合规经营，带头维护正常的保险秩序。承德中心支公司被人行承德中心支行评为2020年非法人义务机构反洗钱分类评级考核BBB级（承德市人行最高评级），保险业金融机构2020年度执行人民银行金融管理政策综合评价A级。

【落实企业社会责任】 2021年，积极响应承德市委、市政府号召，在不折不扣地落实滦平县平坊乡东山村帮扶工作的同时，勇挑重担，又向承德县三沟镇平台村、隆化县庙子沟蒙古族满族乡十间房村派出2名工作队员，扎根基层开展帮扶工作。在落实企业帮扶责任方面，公司定期召开党委会，研究脱贫攻坚成果巩固，帮扶政策落实，稳定结对帮扶群众生产生活等工作，同时定期到帮扶村开展结对帮扶走访，帮扶人深入帮扶农户家中，实地了解农户的教育、医疗、住房、人居环境、年度收入等情况。积极宣传党的扶贫脱贫政策，重点就教育扶贫、医疗扶贫、产业扶贫、就业扶贫相关政策和“五个过渡期”内严格执行“四个不摘”政策等，宣传讲解到户到人，确保新调整、新变化的各项帮扶政策以及国家精准脱贫和乡村振兴系列惠民政策宣传到位，进一步提高帮扶群众的满意度，通过多种方式进一步密切与困难群众的联系，继续保持结对帮扶不松懈，坚持做到脱贫不脱政策、脱贫不脱帮扶。结合工作实际，充分发挥保险保障职能作用，全面做好巩固脱贫攻坚成果同乡村振兴的有效衔接。

【抓党建促业务】 落实组织管理SOP流程及相关要求，推进党建工作不断向纵深发展。切实将党风廉政建设与公司业务发展紧密结合起来，通过党员领导干部深入基层调研、召开业务分析会、业务调度会和专项业务培训相结合的方式，以“我为群众办实事”重点发展项目为抓手，多措并举，深入分析各单位业务发展现状，明确业务发展方向，制定改进措施，不断提升业务发展能力。

2021年太平洋财产保险承德中心支公司领导名录

党委书记、总经理：贾　梅（满族，女）

党委委员、副总经理：黄五一（12月免）

副　总　经　理：张　杨（女，6月免总经理助理，任副总经理）
党委委员、总经理助理：夏　超（7月任总经理助理）
付　鹏（12月任）
党委委员、见习总经理助理：
于大鹏（满族，12月任）

（于大鹏　供稿）

中国平安财产保险股份有限公司承德中心支公司

【概况】　平安财产保险承德中心支公司在承德市8县（市）3区设有9家支公司和双桥区营销服务部。经营范围涵盖车险、财产险、工程险、货运险、责任险及意外健康险等。2021年实现保费收入24696.72万元，其中车险保费收入20944.51万元，非车险保费收入3752.21万元。累计缴纳税款3208万元，同比上升12.8%，其中代扣车船税2664万元，同比增长15.7%。

【平安农险】　2021年6月平安产险承德中心支公司获批农险保险经营资质，积极探索推进特色农业保险开发及落地，助力乡村振兴，签单农业保险保费546笔，承保保费82.65万元，保障范围覆盖养殖、种植及林险，其中养殖险理赔16笔，赔款金额10500元。

【服务小微企业】　为进一步发挥经济“减震器”和社会“稳定器”功能作用，服务实体经济，助力小微企业发展。2021年为人约1900家小微企业提供了风险保障，服务企业数量较同期增长15%，保险金额同比增长96%。

【合规经营】　高度重视各级管理部门人员的合法合规问题，在严格遵守各监管部门各项规定要求的前提下，认真落实河北分公司的问责制度，包括确保合规经营、提升客户服务质量、持续高质量发展等内容。以多种形式开展干部风纪专项学习，增强干部自律意识，牢固树立正确的人生观、价值观和世界观，不断提高自身的政治素质及高度责任感。为进一步贯彻落实党中央、国务院关于金融工作的决策部署，巩固拓展乱象整治成果，强化内控合规管理建设，根据《关于开展银行业保险业“内控合规管理建设年”活动的通知》文件以及承德保监分局专项会议部署要求，组织深入学习，制定“内控合规管理建设年”活动工作方案，以强化“主动合规”“内控优先、合规为本”的合规理念，引领自觉合规，深化内控合规常态管理机制，成立工作小组，各部门、各级机构围绕“内控合规管理建设年”活动要点，开展各项培训教育工作，促进各条线人员深刻认识开展内控合规管理建设活动的重要意义，增强合规意识，培养合规能力，深化内控合规文化建设。

【消费者权益保护宣传】　响应银保监分局“3·15”消费者权益保护教育宣传周活动，统一部署、上下联动，成立21人的专属活动服务小组，结合新型冠状病毒肺炎疫情期间情况，采取线上教育为主，通过官微推文、宣传短片、平安好车主App车圈发文等活动宣传。线下宣传教育为辅，通过入社区、门店张贴海报、发放宣传页等宣传形式。线上＋线下宣传教育普及保险知识，提高群众风险防范意识增强保险消费者的自我保护意识和风险防范能力。

【实施绿色理赔】　积极应对灾害天气，重大节日高速护航，开通绿色理赔通道。针对6—7月极端降水天气造成的洪灾、雹灾，第一时间启动大灾响应机制，建立专项工作小组，对车辆损失事故建立快速理赔通道，市区及县城易积水路段派驻专人进行巡视，对停放低洼区域车辆通过电话联系车主，进行车辆转移提示，对风险区域街道的商户进行现场防灾提示。同时利用公司内部APP

客户端、公众号等线上手段及时进行灾害预警信息发布，对市区重点区域承保客户发送灾害预警手机短信1万条以上。受灾集中区域成立专项处置小组，建立现场处置和车主服务中心定损点，加大定损人力补充，快速定损，全力确保人民群众生命财产安全，为建设平安承德贡献保险力量。重大节假日安排理赔人员在高速收费站、大型高速服务区、高考考点开展护航活动，"'十一'护航""春节护航""高考护航"，快速解决客户突发情况，承担保险公司社会责任。

【金融知识普及月】 平安产险承德中心支公司于9月开展2021年度金融知识普及月线上线下活动。线下举行"平安守护者行动"，积极促进金融知识进社区、进学校、进农村、进企业，并重点关注"一老一少"金融知识普及，对老年人、在校学生等特殊群体开展有针对性的公益宣传活动。在承德各门店做好金融知识普及月宣传部署，采取门店内设置消费者教育宣传专区，张贴统一宣传海报，网点内电子屏宣传投放金融知识，设立适老化专区或柜台等措施，使金融知识科普宣传惠及更多社会公众。借助公司平台对金融知识进行线上宣传。通过微信朋友圈、公众号、抖音等线上平台宣传科普金融知识，宣传红色金融史，有效提升社会公众的金融素养。积极开展原创公益性教育宣传，通过官网、APP、官方微信账号、抖音等各类线上平台发布"风险提示"等多样化的教育宣传信息，积极引导社会公众点击阅读。通过宣传金融知识引导金融消费者和投资者自觉抵制网络金融谣言和金融负能量，切实增强了社会公众的风险防范意识和责任意识，履行社会责任。

6至7月，针对极端降水天气造成的洪灾、雹灾，平安财产保险股份有限公司承德中心支公司第一时间启动大灾响应机制

2021年平安财产保险承德中心支公司领导名录

总 经 理：贾 音

党支部书记、副总经理：封立伟（3月任）

副 总 经 理：薛 彬（回族，1月任）

（单志佳 供稿）

教 育

综 述

2021 年，全市教育系统深入学习贯彻中共中央总书记习近平关于教育工作的重要论述，全面贯彻落实习近平总书记视察承德重要讲话指示精神，不折不扣落实党中央和省、市决策部署，从党的百年奋斗历程中汲取奋进力量。召开承德教育高质量发展大会、高校座谈会和高校党建座谈会，制定出台推进基础教育、职业教育高质量发展若干措施和加快普惠性幼儿园发展实施方案，加强顶层设计，集中力量突破制约承德教育改革发展的根本性问题和关键性环节，加快推动承德教育高质量发展。市委教育工委、市教育局坚决贯彻落实市委、市政府对承德教育事业发展作出的重大部署，对各项任务逐项进行盯办，定期要账，一年一年抓下去，一件一件干出来，努力办好人民满意教育。市教育局统筹推进教育系统常态化疫情防控和教育改革发展，全面完成年初确定的目标任务。

坚持把师德师风作为第一标准，完善师德考核负面清单制度，全年考核教师 3.8 万人。实施校长培养计划，建立校长后备队伍人才库，分学段、多渠道加强培养培训，加快储备学校管理优秀人才。实施教育高层次人才引进计划，优化教师队伍结构。

向教师职称待遇重点发力，深化基础教育教师绩效工资改革，奖励性绩效工资提高部分全部用于一线教师，实行职称评聘政策倾斜和教师优待政策，全面落实督查检查考核评比事项清单管理，切实减轻教师负担，真正让坚守在一线默默奉献的广大教师有更多、更直接、更实在的获得感、幸福感。

2021 年，先后获评市模范机关创建先进单位，市消防工作优秀单位，市“双拥”工作先进集体，承德国家可持续发展议程创新示范区创建工作先进集体，市创建文明城市工作先进单位，市脱贫攻坚先进集体，全省绿色学校创建优秀组织单位，全省教育系统“争创人民满意的公务员集体”十佳集体，全国教育系统关心下一代工作先进集体，连续 2 年被河北日报报业集团、河北新闻网授予“我为群众办实事”阳光理政网民留言办理工作先进单位，连续 18 年未出现安全责任事故，在省脱贫攻坚后评估考核中教育系统继续保持“零问题”的优异成绩。

基础教育

【概况】 至 2021 年底，全市基础教育共有学校 1647 所，其中，幼儿园 1055 所，小学 456 所，中学 136 所。在校生 560024 人，其中，幼儿 85303 人，小学生 258003 人，中学生 216718 人。教职员工 49248 人，其中，幼儿园 9032 人，小学 20433 人，中学 19783 人。专任教师 41440 人，其中，幼儿园 6149 人，小学 19367 人，中学 15924 人。

【提升学校承载能力】 加快中小学幼儿园建设，将中小学、幼儿园建设工程纳入 2021 年“民生工程”，成立工作专班，逐一倒排工期，累计投入资金 2.86 亿元，新建、改扩建中小学校 10

所、幼儿园10所，恢复学前教育服务点46所，认定普惠性民办园90所，新增教师1017人、学位4870个，义务教育阶段大班额全部消除，普惠性学前教育覆盖率达到85.7%，超过省定82%的目标3.7个百分点，农村学前教育实现全覆盖，通过省级示范园验收7所、全市达到34所，2021年教育“民生工程”全部如期兑现。

【教育教学】 深入实施教育质量提升三年攻坚行动，全面推行教育局长、校长直管教研教学制度，加快建设高校强基计划培优基地，实现每年都有质量新提升，让学生在家门口就能享受到优质教育。深入实施“三名工程”，加大名校长、名师梯次培养和名校创建力度，培育一批，成熟一批，命名一批，在全市教育系统优中选优，命名承德名校长10名、名师50名、名校16所。充分发挥辐射示范作用，组建覆盖全市的16个校长协作体、20个教研协作体、30个名师工作室和52个学科教师精英团队，建立责任和考评保障机制，围绕学校管理、教育教学研究，带动全市107所学校、115个教研组、1730名骨干教师整体提升。大力推进名师线上培训平台建设，每日名师线上录课示范、全市教师线下共享学习，累计录课分享达到190节，受益教师4.6万人。以“434”目标任务为主要抓手，以教师、学生成长，学校课程体系构建和有效课堂建设为重点，强力推进全员“岗位大练兵、教学大比武”活动，主要领导亲自盯，分管领导具体抓，带领专家教研团队深入学校督促指导，组织2.26万名教师参加教材教法考试，新高考改革、“山庄大课堂”等教科研活动达到66次，评选出优质课463节，注重挖掘先进典型，刊发优秀成果43期，及时总结经验，提高活动整体效能。

【实施“双减”政策】 制定《进一步减轻义务教育阶段学生作业负担和校外培训负担的实施方案》，建立工作专班，健全学生作业管理机制，实行周报、半月通报制度和网络平台监测，全面压减作业总量和时长。优化教育服务功能，全市投入课后延时服务资金6724万元，义务教育阶段学校和有需求学生实现两个100%全覆盖，在全省一直处于领先；积极打造示范样板，遴选6所课后服务试点校；完善课后服务校外社会资源网络，公布首批45个校外免费活动资源名单，实现校内与校外课后服务“点对点”对接。加大校外培训机构治理，严格校外培训机构审批准入和执法检查，规范培训服务行为，全面推进学科类校外培训机构“营转非”工作，查处违规培训机构313个，学科类培训机构从201个降至2个，且全部登记为非营利性机构，压减率达到99%。强化经营活动监管，将全面落实学科类校外培训收费纳入政府指导价，实行预收费管理办法，坚决遏制过高收费和过度逐利行为。全市“双减”工作典型经验在《河北教育工作》专版刊登，教育部基础教育管理监测平台监测显示，22.5万名学生及家长参加满意度测评，满意度达到99%。

【教育改革】 制定全面加强和改进新时代学校体育美育和劳动教育3个若干措施，深入实施体育固本行动，坚持“健康知识＋基本运动技能＋专项运动技能”的教学模式，创建“一校一品”“一校多品”特色学校，组织举办各项大型体育赛事10余场，加快推进冰雪运动进校园，47.9万名学生、78.4万名家长广泛参与，为助力冬奥会筹备、实现“河北省3000万人上冰雪”目标做出了应有的贡献。2021年3所学校被命名为“省级校园冰雪运动特色学校”，12所学校被命名为“省级奥林匹克教育示范学校”，6所学校被教育部命名为“全国青少年校园足球特色学校”。深入实施美育提升行动，大力发展艺术社团，普及开展适合学生身心特点的艺术课程和艺术游戏，全市共组建声乐、舞蹈等各类型兴趣小组、社团5131个，开展传统文化、戏曲进校园活动40场，开发学校地方艺术特色校本教材60余种，创建市级“优秀传统文化传承学校”23所。13所学校被命名为“省级美育特色示范学校”，8所学校被教育部命名为“全国中小学中华优秀传统文化传承学校”。全面深化劳动教育改革创新，成立劳动教育指导委员会，各级各类学校全部开设劳动教育课程，创建省级劳动实践教育试点学校10所、实践教育基地5个。

高等教育和职业教育

【概况】 至2021年底，全市共有高等教育院校6所，在校生61246人，教职员工4305人，专任教师3285人。4月11日，承德市第三次教师教育协同发展会议暨聚焦基础教育需求培养高素质师资研讨会在河北民族师范学院隆重召开。教育部基础教育司司长吕玉刚出席会议并作题为《深化基础教育综合改革 全面推进基础教育高质量发展》专题报告。4月27日，河北石油职业技术大学产教融合大会在承德市召开，会上，河北石油职业大学举行揭牌仪式，并与相关部门、企业分别签订了相关战略合作框架协议。2020年6月，河北工业大学城市学院与承德石油高等专科学校以合并方式实现转设。2021年1月，经教育部批准，两校正式合并转设为河北石油职业技术大学。这对两校来说是一件具有里程碑意义的大事，也是河北省高等教育界的一件喜事，对于优化河北省本科层次学校布局、提升高等教育整体实力具有重要的意义。

至2021年底，全市共有中等职业类学校24所，在校生42681人，教职员工3558人，专任教师2768人。 围绕“三区两城”“3+3”主导产业和县域特色产业发展需要，建立9部门协调配合的产教融合推进机制，加快建设一批高水平职业院校和专业。紧盯“产业思维”，面向高端产业和产业高端积极调整专业结构，驻承高校新增、调整专业29个，获批石油工程技术、网络工程技术、新能源汽车工程技术等9个职业教育本科专业。

深化产教融合、校企合作，新建实验实训室14个，走访对接企业（包括行业、科研机构）150多家，与华为技术有限公司、长城汽车股份有限公司等企业合作共建产业学院5个。代省长王正谱来承德调研，给予承德应用职业技术学院高度评价。

【承德医学院】 承德医学院，现有本科专业18个、国家级特色专业建设点2个、专业综合改革试点1个、卓越医生教育培养计划改革试点项目2个；拥有国家级及省级一流本科专业建设点7个（临床医学专业为国家级一流本科专业），本科教育创新高地2个、品牌特色专业2个，省级专业综合改革试点3个，省级精品课程9门、精品资源共享课程1门、省级一流课程13门，省级实验教学示范中心4个，省级优秀教学团队3个，省级大学生校外实践教育基地1个，省虚拟仿真实验教学项目2个。有硕士授权一级学科4个，涵盖25个二级学科；硕士专业学位授权点5个，涵盖39个专业领域。有省级重点（发展）学科8个，省级医学重点（发展）学科4个，国家重点中医专科1个，省级临床重点专科建设（培育）单位17个，省级中医重点专科建设单位2个。有省级重点实验室2个，建有中药药理实验室等4个中医药（二级）科研实验室；省级产业技术研究院1个，省级科普示范基地1个，河北省高校应用技术研发中心1个、河北省中医药重点研究室1个、市级研究所（工程技术研究中心）22个、校级研究所（研究室）19个。承德医学院院士工作站于2019年通过全国院士专家工作站建设认证，同年被河北省科协遴选为模范院士工作站。现有教职工2195人（含直属附属医院），其中专业技术人员1835人，正高职称225人、副高职称535人，博士和硕士人员1403人。全日制在校生11130人，其中本科在校生9518人、专科在校生 131 人、研究生在校生 1287 人、留学生 194 人。

2021 年，学校坚持落实疫情防控常态化措施，调整新型冠状病毒感染的肺炎疫情防控工作领导小组，坚持“防”“控”结合，抓好常态化疫情防控工作。实施校园封闭管理，严格执行校门出入登记制度，认真落实“六个一律”要求。学校书记、校长牵头，及时召开防控领导小组会、工作协调推进会，疫情防控专题党委常委会、校长办公会，贯彻落实疫情防控文件及时下发防疫通知、制定文件制度，组织开展模拟应急演练。大力推进新冠病毒肺炎疫苗接种。坚持“应种尽种”原则，组织师生员工完成全剂次新冠病毒肺炎疫苗接种并及时推进加强针接种进度。严格做好全员核酸检测，自秋季学期开学以后，每周进行一次在校师生全员核酸检测，累计检测 10.75 余万人次，众志成城，实现师生零感染的目标。

10 月 12 日，全市高校党的建设工作会议在承德医学院召开，时任承德市委书记董晓宇（主席台左三）出席会议并讲话

2021 年，组织开展中共中央总书记习近平“七一”重要讲话精神、习近平总书记在承德考察时讲话重要精神学习研讨。以学习党史教育为主题，做好各项宣传报道，组织、撰写、编辑、审核新闻 1000 余篇，传播承医好故事，传递承医好声音。11 月 17 日《光明日报》刊发《承德医学院办实事解难题、党史学习教育见实效》、12 月 8 日《中国教育报》刊发《承德医学院传承红色基因 弘扬红医精神》，对学校进行报道。

组织校级文明单位评选工作。完成校级文明单位、十件大事、十件好事评选工作，配合承德市文明办做好文明城市创建工作，落实创建帮扶计划，完成对双峰寺社区的帮建工作，并共同参与迎接省级、国家级文明城市创建检查组暗访考核。对校园整体进行自查整改。

完成《承德医学院报》出版发行工作，全年出版校报 15 期及迎新特刊一期八版。录制播出承德医学院新学期第一课，制作党史教育视频课程《延安整风与党的团结统一》，组织拍摄“红色经典快闪《歌唱祖国》”MV 视频，并在“学习强国”刊播。组织学校师生参加 2021 年河北省大学生网络文化节和高校网络教育优秀作品推选展示活动。积极参与 2021 年河北省大学生网络文化节和高校网络教育优秀作品推选展示活动，获新媒体类三等奖一项、摄影类一等奖一项。

4 月 12 日，承德医学院师生齐聚学校体育场参加“开学第一课”，举行“传红色基因 颂百年党史”主题升旗仪式

严格遵守高校招生“六不准”和“十公开”的要求，圆满完成 2021 年普通本科、第二学士学位教育和专接本招生计划。成功获批助产学、药学、医学信息工程、应用生物科学 4 个本科专业。口腔医学等 6 个本科专业成功获批为学士学位授权专业。

10 月 22 日，时任承德市市长柴宝良（左二）、时任承德市副市长刘涛（左五）到承德医学院调研走访。承德医学院领导及相关部门负责人陪同调研

不断创新科学研究与学科建设工作方式方法。起草《承德医学院“十四五”科学研究发展规划》《承德医学院“十四五”学科建设发展规划》《承德医学院科技合同管理办法》。先后到 7 所高校和 2 家企业对 19 个校级科研平台、学科分布、新入职博士情况、分子生物学实验中心进行调研，完成“承德医学院科技成果信息库工程”和“承德医学院对外科技合作信息库工程”。完成 467 个项目的申报和 69 个科研项目的结题工作。立项各级各类课题 328 项，获批科研经费总计 3112.23 万元，同比增长 115.96%。申报河北省科学技术奖 7 项，中国民族医药学会奖 3 项，中华中医药学会奖 1 项；获得中华中医药学学会科学技术二等奖 1 项，获得厅局级奖励 43 项。学校“医学增材制造创新中心”获承德市科技局批准成立。河北省“国际科技合作基地”获批省级科研平台建设。完成“河北省高校特产桑蚕应用技术研发中心”绩效评估工作。“河北省（承德）中药材产业技术研究院”通过验收，正式进入省级产业技术研究院序列。新增三个市级科普基地和四个校级研究室（中心）。2021 年度，学校投入 1000 多万元用于科研平台建设。完成中药学、临床医学和基础医学 3 个硕士学位授权一级学科全国第五轮学科评估工作。2 个学科申报并成功获批河北省首批中医药重点学科。遴选 4 支青年 PI 科技创新团队。举办承德医学院—燕山大学“医工结合”科研合作交流会。承办“首届承德国际药膳康养文化节”“河北省 2021 年中药材产业技术培训会”，组织“河北省神经损伤与修复重点实验室工作会议”和“河北省（承德）中药材产业技术研究院建设工作推进会”。举办“承德医学院第一届神经损伤与修复学术论坛”。组织开展 6 次校内学术沙龙、博士论坛等活动。推出“科学大师事迹宣传、共和国脊梁——科学大师名校宣传工程”系列活动。组织教师参加系列科研诚信与作风学风建设学习活动。邀请国内科研专家进行诚信讲座。中药团队通过举办培训班和深入田间地头等方式，指导培训近 1000 人，实地指导中药材种植 20 多万亩。蚕业研究所科技服务队进村入户 120 人次，面对面进行技术培训、线上指导 850 人次，开展咨询服务 2000 余人次，示范推广新技术面积 10000 余亩，技术服务覆盖全省及周边区域近 100 个县、区，累积服务时长超过 720 小时。

（吴卫波　供稿）

【河北民族师范学院】　学校设 17 个二级院系，有本科专业 54 个，其中师范类专业 18 个，涵盖教育学、文学、历史学、管理学、理学、艺术学、工学、法学、经济学 9 个学科门类。2021 年，专业调整，其中秘书学等 10 个专业暂停招生。43 个本科专业招生 2860 人，其中师范类专业 18 个，录取 1190 人（含“优师计划”258 人）。

坚持党对意识形态工作的领导权、主导权，开展中华民族共同体意识教育；坚持构建“大思政”格局，运用抗击疫情、党史学习教育、“七一”讲话重要节点，公开编辑出版学生文集 4 本，打造品牌项目“红色基因传承工作室”，“课前 5 分钟”实现全覆盖，实施援疆“星火计划”，66 名学生扎根新疆建功立业。大力支持美丽乡村建设，2021 年学校拨付帮扶 6.5 万元对青河镇营子村文化广场进行基础设施建设，为改善村内党群服务中心硬件设施，驻村干部经多方联系，借用原营子村农村信用社办公楼免费作为新的党群服务中心，同时争取村部党建和文化建设专项经费 10 万元。

按照从严从细的总体要求，把疫情防控作为重大政治任务抓紧抓实，9 个工作组履职尽责，强化管理，疫苗接种工作做到“应接尽接”。人员管控工作做到“人数查清、人头查清、位置查清、管控情况查清”。做细隔离点师生管理、线上教学、心理疏导、物质保障对接工作。坚守全校师生非必要不离承，确需外出，严格履行流动报备制度。坚持 24 小时双人双岗值班值守制度。全校师生零感染、零阳性病例、零密接，确保校园净土不失。

2021 年，学院全面开展党史学习教育、“四史”宣传教育。扎实推进巡视整改工作。召开党员代表大会通过新时期学校顶层设计。学校自编自创党建和思想政治教育实体教材——歌舞剧《情系塞罕坝》，得到省市领导的高度重视，市政府给予 500 万元的经费支持，在社会举行多场巡演，引起社会广泛关注。河北省高校思想政治理论课质量评估专家组对河北民族师范学院思想政治理论课进行质量评估。物理学、数学与应用数学、学前教育专业接受教育部师范类专业二级认证。汉语言文学、英语、化学、生物科学通过河北省师范专业认证遴选。

2 名教师参加由北京市铸牢中华民族共同体意识研究中心、中国社会科学院铸牢中华民族共同体意识研究基地主办的“北京铸牢中华民族共同体意识研讨会”。获批 2021 年度国家民委民族研究项目招标课题立项 1 项，获全国民族工作优秀调研报告优秀奖 1 项。

获批国家级一流专业建设点 1 个和国家级新文科项目立项，实现教学方面国家级项目零的突破。获批省级一流专业建设点 7 个，省级新文科教改项目 1 项，省级教改项目 16 项，省级一流建设课程通过验收 1 门，教育部产学合作协同育人项目 4 项，省级教学名师 1 名，省级教学团队 1 个，省级课程思政教学研究中心，省级课程思政示范课程、教学名师和团队 3 个。成为河北省教师教育学会理事长单位，列入教育部地方“优师计划”。获批国家职业资格社会体育指导员滑雪教练员培训基地。熊英教授领办的漆艺教学实践工作室授予市级技能大师工作室。第三届马兰花全国创业培训讲师大赛，学校获得“优秀组织奖”和“突出贡献奖”。全年共获得省部级以上学科竞赛奖 412 项，其中国家级 168 项，省部级 244 项；文艺、体育竞赛获奖 155 项，其中国际级 18 项，国家级 37 项，省部级 100 项。“挑战杯”“创青春”两项赛事，获得国赛三等奖 1 个、省赛特等奖 2 个、一等奖 7 个、二等奖 16 个、三等奖 23 个。

全年，获批各级各类科研项目 151 项，其中国家自然基金项目 2 项，省部级项目 13 项，市厅级项目 95 项，科研项目经费合计 507.5 万元。获得河北省科技计划项目资助经费 108 万元。建设有 16 个省部级研究平台，16 个市级研究平台，37 个校级研究平台，年内获批省级平台 2 个、市级平台 1 个。汇智领创空间，入驻企业和团队 54 家，第二批科技创新项目批准 22 个项目立项，批准经费 75 万元。发表学术论文 120 余篇，其中核心期刊及三大索引论文 10 余篇。获得授权专利 28 项，获得市级以上科研奖励 2 项。与承德市企业合作共建科研平台，以第二共建单位获批省级平台 2 个。制定《河北民族师范学院科技特派员工作实施方案》，派出科技特派员 16 位服务企业发展。

2021 届毕业生就业去向落实率 90.69%，在河北省就业去向落实率位于前列。在第十九届河北省高校思想政治工作成果评选中，获河北省高校思想政治创新案例三等奖 1 个；获河北省高校辅导员工作精品项目三等奖 1 个；获河北省第六届高校辅导员职业技能大赛一等奖，1 名老师获单项奖。教师教育学院团总支获评“全省五四红旗团总支”称号，马克思主义学院1名同学获评“全省优秀共青团员”称号。2021年河北省大学生网络文化节——学习“四史”践使命，传播青春正能量，争做校园好网民主题活动和“高校网络教育优秀作品推选展示活动”获一等奖2个、二等奖14个、三等奖21个，学校被评为优秀组织高校。第三届全国商务秘书专业知识竞赛中1名同学获一等奖，22名同学获二等奖，29名同学获三等奖。第九届中国TRIZ杯大学生创新方法大赛获奖项14个。“正大杯”第十一届全国大学生市场调查与分析大赛总决赛，获奖项14个。第十二届“格致杯”全国物理师范生教学技能展评大赛9项，学校获“优秀团体奖”。第十四届“高教杯”全国大学生先进成图技术与产品信息建模创新大赛获个人全能三等奖。第十届华北五省市（区）舞蹈大赛获业余青年组一等奖。河北省第六届大学生艺术展演12项作品获得一等奖；11项作品获得二等奖；11项作品获得三等奖。

争取资金支持1.5亿元建设产教融合创新实验基地项目完成竣工验收并投入使用，已引进校政企合作项目14个，协议投资1.4亿元，使之成为校政企合作、产学研创融合的大平台；争取市政府支持2000余万元建设两栋宿舍楼即将竣工投入使用；引进工商银行2500万元资金开始建设智慧校园；与河北移动签订协议投资3500万元在全省率先建设5G校园网络。承德“国家可持续发展创新中心”即将入驻。

（黄连娜　供稿）

【河北石油职业技术大学】　2021年1月，经教育部批复，整合河北工业大学城市学院与承德石油高等专科学校办学资源，转设为河北石油职业技术大学，现为中央与地方共建、以河北省人民政府管理为主的公办本科职业学校。学校现设有10个系（机械工程系、电气与电子工程系、热能工程系、化学工程系、计算机与信息工程系、汽车工程系、石油工程系、建筑工程系、管理工程系、外语与旅游系）、4部（思想政治教学部、数理部、体育健康与艺术教育部、成人教育与培训部）、4中心（信息中心、工业中心、仪器仪表工程技术研究中心、国际交流中心）。开设职业技术本科专业14个、工程教育本科专业7个、专科专业46个，与德国安哈尔特大学合作开办中德合作专业4个，与韩国新罗大学合作开办中韩合作专业3个，建有多个国内领先的特色高水平专业群，如围绕现代数字化油气田生产产业链的石油工程专业群（国家“双高计划”高水平专业群）、围绕智能化石油化工生产产业链的石油化工专业群（河北省高水平专业群）、围绕区域支柱产业智能装备制造的仪器仪表产业群等。学校有3个国家高工专示范专业，5个国家示范重点建设专业，5个河北省高职高专教改示范专业，5个创新发展行动计划骨干专业，2个高等职业学校提升专业服务产业发展能力重点建设专业，1个中国特色高水平建设专业群，2个河北省特色高水平建设专业群，23个“1+X”证书制度试点。学校有省级以上精品课程25门，其中国家精品课程10门、国家精品资源共享课程10门。主持国家级专业教学资源库2项。学校教师主编出版国家级规划教材114部，获得国家级教学成果奖2项、国家优秀教材奖3项。学校面向27个省（自治区、直辖市）招生，现有全日制在校生12000余人，成人学历教育学生3000余人，年承担各类培训2.2万余人次。学校师资力量雄厚，现有教职工830人，其中高级职称教师306人（教授68人），硕士以上学位教师603人（博士51人）。学校有国家级教学团队3个，全国石油化工行业优秀教学团队2个，有全国优秀教师2人，全国教育系统先进工作者1人，全国高校优秀辅导员1人，河北省模范教师3人，河北省优秀教师4人，河北省教学名师3人，河北省教育系统先进工作者2人，河北省省管优秀专家1人，河北省“三三三人才工程”第三层次人选30人，承德市专业技术拔尖人才17人，入选第二轮河北省高职院校人才培养工作评估专家库4人，教育部高职高专专业教学指导委员会委员13人，获评河北省技术能手、省突出贡献技师等称号的技能大师6人。

2021年，进一步推进“双高”建设，不断完善专业群动态调整机制，出台《专业设置与调整办法》《专业建设标准》等制度，面向高端产业和产业高端积极调整专业结构。“应用化工技术”“机械设计与制造”2个国家级专业教学资源库建设稳步推进，9门课程获评河北省精品在线开放课程。投入2200余万元加强实训基地建设，新增实验实训室14个，实习工位700余个。“三进三延伸”人才培养模式获得河北省教学成果特等奖，受到新华网宣传报道，两次在中国教育电视台《职教中国》栏目播出。“醒山环保——工业废水零排放专家”创业项目获得第七届中国国际“互联网+”创新创业大赛金奖，创河北省高校历史最好成绩。10名教师、20名学生获评省级以上技术能手称号，340余名学生在各类竞赛中获得奖励127项。获首届全国优秀教材评选一等奖2项，二等奖2项。获得2021年河北省大学生校园足球联赛高职组冠军、河北省第二十一届大学生运动会男子排球高职组冠军。

制定《河北石油职业技术大学章程》《河北石油职业技术大学“十四五”发展规划》。适应职业本科办学，完成机构调整。推进两级管理改革，谋划二级学院设置。新立项纵向课题项目83项，横向课题75项，省部级以上科技计划项目立项再创新高。全年获批专利授权130余项，其中发明专利10项。组织召开产教融合大会，60余家合作企业、14所兄弟院校的200余名代表参会，进行产教融合论坛、校企合作座谈等一系列活动，与承德市工信局、河钢集团承德公司等签署战略合作协议。与华为技术有限公司、长城汽车、万华化学、荣盛发展等企业合作共建产业学院取得实质性进展，合作共建实践教学基地8个。制定《现代学徒制实施计划》，与冀东油田、大港油田、中油工程建设公司、戴姆勒汽车、承德颈复康药业集团有限公司等60家骨干企业签署合作协议，深入推进全方位合作育人。制定《国家级石油石化职教集团建设方案》，积极推进职教集团与联盟单位的实质性合作。学校全年实际科研到校经费1688万元。

（供稿　蔡谋全）

【河北旅游职业学院】 学校建有中央财政支持的具有国内领先水平的综合性旅游实训中心；中央财政支持的提升专业服务产业发展能力项目2个；河北省“双高计划”旅游管理高水平专业群1个；河北省高等职业教育创新发展行动计划（2015—2018年）骨干建设专业4个；河北省职业教育创新发展行动计划（2019—2021年）旅游类建设项目5个；拥有满足教学需要的156个校内实训室和159个校外实践教学基地。学校建有1门国家精品资源共享课，5门省级精品资源共享课，3门高职高专教育指导委员会精品课程。截至2021年，学校全日制在校生近万人，教授48人，副高级职称以上教师近300人，“双师型”专任教师占比63%；享受国务院政府特殊津贴专家1人，全国优秀教师3人，全国职业教育名师3人，全国行业指导委员会、教育指导委员会委员5人，河北省教学名师1人，省教师教学创新培育团队5个；管理期内河北省“三三三人才工程”二层次人选1人、三层次人选2人；44名教师被省、市各行业主管部门聘为技术专家。学校是河北省唯一以旅游命名的综合性公办全日制高职院校，主要培养旅游、现代农业、新商科和设计与信息技术等特色专业的高素质复合型专门人才，是河北省重点建设的示范性高等职业院校和优质专科高等职业院校。学校是全国唯一一家中央国家机关工作人员定点培训单位，河北省高技能人才培训基地、河北省文化和旅游人才培训基地、中国旅游教育协会常务理事单位、河北省旅游职业教育集团理事长单位、全国高职院校国际影响力50强单位。

2021年，学校在全国高职院校教师教学发展指数中排名第299位，并位居全国旅游类院校第5名；在全国2021—2022年高职院校总排名中位列第237位；获评“2021年度河北省最受考生青睐高职院校”荣誉称号，新生报到率创历史新高；作为理事长单位的河北旅游职业教育集团成功入选教育部第二批示范性职业教育集团（联盟）培育单位；学校再次获评中国旅游协会旅游教育分会优秀会员单位学校，再次获评承德市创建文明城市工作先进单位荣誉称号，并再次被河北省委、省政府授予省级文明校园（文明单位）称号；学校被授予“全国高校心理委员研究协作组理事单位”，获评河北省高校辅导员2021年暑期“大家访”活动先进单位，获评承德市教育系统安全工作先进集体称号，获评承德市职工“大学习”活动优秀“大学习”课堂称号。

成立教材选用委员会、新一届专业建设委员会，建设校级专业群7个，新设“研学旅行管理与服务”专业，新修订41个专业（方向）人才培养方案，新制订3个专业群课程体系，新申办“民宿管理与运营”“智慧旅游技术应用”两个专业；双高和创新发展行动计划共21个项目稳步推进，“提质培优计划（2020—2023年）”共38项任务（项目）全部获得省教育厅确认，中标河北省国培项目2个。建设各级精品课10余门、市思政示范课程2门，建设国家级资源库1个。

学校成立新一届学术委员会。科研立项方面，市厅级以上课题共立项82项，其中，省级及以上高水平立项8项、市级74项；结项30项，其中，省级6项、市级24项；农业类核心期刊发文量进入全国前十名，是河北省农业类专业唯一上榜院校。同时，启动2个技能大师工作室建设项目和4个研究院建设项目。

学校制定《“31050工程”人才与团队评选管理办法》，选送10名青年教师在职攻读博士学位，公开引进博士、硕士研究生近30名，新晋升教授2人、副教授10名，新认定具备双师素质资格教师8人。开展“旅院师匠”师资培训46场，累计培训3030人次；同时，累计开展各级各类日常培训50余场，1500余人次参加。

持续推进“双立双成”育人模式，制发《河北旅游职业学院“双立双成”教育行动计划》，努力打造形成“四个思政”“旅院书香”“旅院十艺”等一批独具特色的育人品牌。在思政课教学中选用最新版“马工程”教材，出版发行《塞罕坝精神学习教程》，将塞罕坝精神融入教学，探索旅游思政与思政旅游有机融合新模式，全面提升“三全育人”效果。学校顺利通过河北省第二批高校思想政治理论课质量评估。获评河北省高校辅导员2021年暑期“大家访”活动先进单位。

根据专业布局，对各专业招生计划统筹安排、科学分配，2021年录取新生4070人。完善“一主线四结合”的职业指导、创业指导教育体系，提升学生就业能力；精准对接学生和企业双方需求，举办中、小型线上线下双选会21场，覆盖学校全部专业，为毕业生提供岗位11203个，在旅游业受疫情影响较大的情况下，学校2021届毕业生就业率达95.38%，在全省职校中位于前列。

学校被承德市教育局评为“2020年承德市教育系统安全工作先进集体”，1名老师被河北省教育厅授予学校安全工作先进个人。制发《河北旅游职业学院常态化疫情防控人员出入校园暂行规定（试行）》《河北旅游职业学院机动车辆出入校园管理办法》等安全管理制度文件，加强“人防、物防、技防”建设，组织各部门签订安全生产责任状，完成双控建设，组织开展师生参与的消防培训和疏散演练2次，完成规划验收与消防验收。

积极对接冬（残）奥会，派出近千名学生承担2022年冬（残）奥会张家口赛区住宿及餐饮的服务保障工作。与雄安新区签署战略合作协议，在雄安新区设立培训基地，举办2期培训，累计培训学员1400余人次。主动参与援疆、援藏工作，成功举办第三期西藏阿里地区讲解员培训班，并赴新疆巴音郭楞州开展对口援建工作。主动服务乡村振兴战略，为承德民宿设计LOGO并主笔《承德市民宿服务文明公约》，为相关县（市、区）536人开展民宿行业经营管理人员专题培训和指导；与承德县六沟镇开展乡校合作，先后派遣约60名师生服务于承德盛凯农业发展公司。学校2个乡村振兴帮扶点顺利通过国检。

学校坚持产教融合、协同创新，不断建设合作育人大平台。作为理事长单位的河北旅游职业教育集团成功入选教育部第二批示范性职业教育集团（联盟）培育单位。全年联系企业327家，新增就业单位86家，其中世界500强企业、上市公司、注册资金1000万元以上的中高端企业占71%。与承德避暑山庄旅游集团等多家企业签署战略合作协议，新建产教融合实训基地5家。新获校友和企业捐赠200余万元，为埃及开罗大学孔子学院开设1门在线课程，选派1名教师赴波兰华沙大学从事“一带一路”中华语言文化传播工作，积极参与河北省教育厅主持的燕赵文化体验推广基地项目建设。

学校党委始终站在高处谋发展、学在深处强根本、干在实处抓落实。举办庆祝建党100周年系列活动，扎实开展党史学习教育，组织各类党建专题活动520余次；投资100万元专项资金打造标准化党建阵地。设计开发系党总支获评“省级先进基层党组织”称号；党务支部获评“市级先进基层党组织”称号；老干部党总支被河北省委老干部局评为先进基层党组织。

（闫国兴　供稿）

【承德护理职业学院】 承德护理职业学院实施专科层次高等职业技术教育，保留中专教育职能，是一所以培养医疗卫生人才为主的高等职业院校。现有教职工370人，其中专任教师285人，高级职务教师130人（其中教授22人）。学院设有“四系一部一中心”，包括护理系、涉外护理系、医学系、药学检验系、思想政治理论课教学部以及国际护士培训中心。开设护理、临床医学、口腔医学、助产、药学、医学检验技术、医学影像技术、医学美容技术、口腔医学技术、中医康复技术、老年保健与管理等10余个专业，全日制在校专科学生7130人。学院现有非直属附属医院1家，省内外实习就业基地66家；院内建有临床护理、口腔、药检、医学基础4个实训中心以及人体生命科学馆和心理咨询中心。学校先后被授予河北省文明校园和承德市文明校园，学校团委被确定为河北省争创“五四红旗团委”单位。2021年，招录专科新生2368人，其中：普通高考1091人，单招600人，联合办学转段677人。年内，安排实习学生3128人，举办3场网络招聘会，提供就业岗位7352个，390名毕业生专接本被河北医科大、承德医学院等高校录取。毕业生4097人，就业率96%。

2021年，学院完善各专业人才培养方案，实施学历证书、执业资格证书、“1+X”职业技能证书“三证融通教学”。深入实施课堂教学质量提升工程，推进“信息技术＋教学”课堂革命，打造智慧学习空间，立项建设10门校级在线开放课程。制定并实施《教研室管理办法》，加大实践性教学课时占比，组织开展“人人一堂精品课”活动。改革考试制度，实现教考分离。组织学生参加各级各类职业技能大赛、创新创业大赛，获得省、市级奖项22项。大力加强“双师型”教师队伍建设，组织教师参加各类学习培训、到医院和企业进修实践420人次，参加省、市职业技能大赛获奖12项。助产专业和口腔医学专业教师教学创新团队入选省级职业教育教师教学创新团队。研究制定博士培养方案，选派8名优秀教师攻读博士学位。深化师德师风建设，制定《教师师德失范行为负面清单及处理暂行办法》，1名教师被授予河北省师德标兵称号，5名教师受到市级表彰。

11月7日，学院党委书记高中卫（左）、颈复康药业集团董事长李沈明（右）签署校企合作框架协议

与承德颈复康药业集团建立战略合作关系，签署校企深度合作协议，设立订单培养班、开设“颈复康药业英才奖学金”；组织开展首期承德健康产业职教集团养老护理师资培训班；与菲律宾亚洲圣多米尼克学院、德国莱茵护理健康学院签订合作办学协议。全年组织课题立项56项。获得省级教学成果奖二等奖1项、三等奖3项，市教育科研优秀成果一等奖3项。助力“健康河北承德行动”，开展基层医疗机构从业人员专业培训。培养680名乡村医生。对全市各县（市、区）养老机构的养老护理员开展职业培训，500余人获得养老护理职业证书。积极参与文明城市创建，与属地9个社区结对，投入6万多元制作文明宣传栏和公益广告140余个（幅）。有序衔接乡村振兴，投入18万元支持平泉市小茅兰沟村、承德县椁椤台村开展乡村振兴项目建设。深入开展建言献策“十四五”大学习、大调研、大讨论，科学编制并制定印发《承德护理职业学院“十四五”发展规划》，确立建设高质量有特色的一流护理职业学院目标。扎实开展党史学习教育，建立党委示范领学、强化指导督学、结合实际深学、激发能动自学、创新活动促学的“五学联动”机制，重点开展“十个一”活动。

（王佳颖　供稿）

7月9日，全国卫生职业教育教学指导委员会秘书长杨文秀教授到校作“十四五”规划专题讲座

【承德应用技术职业学院】 学院设有南、北两校区，南校区位于承德市高新区，北校区位于承德市双桥区原承德技师学院（承德工业学校）。2021年，学院两校区有教职员工人738人，其中博士、硕士学历325人，正、副高级职称教师151人，享受国务院特殊津贴专家1名，市管专家3名。学院以服务京津冀地方产业升级、经济发展、社会需求为导向，充分体现科学性、前沿性、应用性的办学定位，培养高等应用技术专业人才，重点建设面向二、三产业发展的高等学历教育、职业培训、继续教育、科学研究、技术开发与服务、学术交流与服务工作，基本形成高职3年制培养、校内5年制贯通培养、校外“3+2”联合培养、提升培养并存的多层次的人才培养结构。2021年招生计划中高职总计录取3567人。

对照“双高”标准，推进专业群建设。按照“以群建院”组群模式，制定《高水平专业群建设方案》，完成8个专业群组群任务和“底层相同、中层分立、高层互选”专业群课程体系调整。对照“双高”标准，对接承德“3+3”主导产业及京津冀协同发展需要，2021年新增人工智能技术应用、信息安全技术应用、网络营销与直播电商3个专业。筹建氢能、智慧康养两个专业群组群，逐步打造“1030”专业群整体布局。

坚持立德树人、五育并举，构建专业学科

课程体系框架；有机融入课程思政、1+X证书、劳动教育等内容，初步完成“岗课赛证”融通育人方案（“岗”是课程学习标准，以企业具体岗位需求为目标；“课”是课程体系，以对接职业标准和工程过程的岗位核心职业能力培养；“赛”是职业院校技能大赛，以赛促练、以赛促学提升课程教学水平；“证”是职业技能等级证书，以职业技能等级证书评价课程学习）。全面启动课程建设、信息化资源建设和教学资源库建设，全年立项建设活页式（指导手册）课程26门；统筹学院优势资源，跨系部（专业）组成在线开放课程团队19个；申报课程思政教学团队19个，立项课程思政案例建设19项，逐步打造院级、省级、国家级三级在线精品课程资源体系。强力推进“1+X”证书试点工作，2021年申报“1+X”试点证书19个。按照“突出重点、均衡发展、资源共享、贴近生产”的建设原则，建立贴合行业企业生产要求、满足“1+X”证书考核的校内实训基地、148个实训室，覆盖开设的25个专业，学院实训室按专业群特点进行设置，突出教学资源的共享性。2021年度新建实训室15个，能够满足专业实习实训和“1+X”考证要求。积极推进以“双证融通”为主要形式的人才培养模式，大力实施“教学做”一体化教学；加大实习实训、一体化课程的比例，延伸专业内容，提升学生的综合职业能力；满足学生升学愿望，组建专升本提升班。学院2021届毕业生共有226名，其中32名被河北师范大学等本科院校录取，录取率14.2%。

2021年，双创孵化基地顺利启动。建成特色鲜明的1500平方米创新创业孵化基地，基地孵化功能齐全，至年末有15家创办企业入驻；成立大学生创新创业协会，学生在河北省高校文创大赛初赛中取得优异成绩并入围决赛；推进高校众创空间市场化建设，着力建设产教融合、市场运作、特色鲜明的高校众创空间运营模式。

学院重视师生教科研能力培养与提升，启动“10+5”重大科研项目培育工程，设定专项培育资金，对“课证融合”“课程思政”“钒钛合金制品”“智能康养设备”等一批具有研究价值的项目加强指导和培育，且成果丰硕。年内立项市级以上课题81项，其中省级课题31项，市厅级课题50项。

参加省级以上教师能力大赛等赛事，荣获国家团体二等奖1个，省级一等奖1个、二等奖1个、三等奖4个，省级团体三等奖1个。学院举办首届科技技能节，彰显“以赛促学、以赛促教、以赛扬名”办学特色和大赛文化。年内学生获得国家级赛事第一名5个，第二名1个；获得河北省级赛事团体一等奖1个，二等奖4个，三等奖5个；个人第一名3个；个人一等奖2个，二等奖9个，三等奖9个，优秀奖2个。

加强校企合作。学院与41家企业开展校企合作“冠名”培养；校企联合建设产业学院、实践基地、实训室，开展现代学徒制培养，形成校企双方“八共”人才培养模式。校企双方在人才培养、基地建设、技术服务、人才选聘等方面开展多种形式的深度合作，促进共同发展。开展多样化职业培训。完成年度毕业生SYB创业培训1200人；开展新型学徒制培训500人；完成职工技能提升培训、建筑特种工培训、企业办公室人员培训等3000余人。做好成人继续教育，承接多类别考试任务。完成继续教育182人线上学习、考试和毕业证发放等相关工作；完成25次社会考试，共计20000余人次。

2021年，就业质量实现新高。开展大型就业指导20余场次，克服疫情困难，开拓就业市场，累计考察企业300多家，建立企业资源库单位180多家，提供就业岗位3000余个，为毕业生人均推荐就业岗位13个以上。学院21届中高职部毕业生800余人，除拟参加专升本及参军入伍等同学以外，实现就业率100%。

中专部（承德工业学校）是全国首批中等职业教育改革发展示范学校、全国首批职业训练建设试点院校、全国高技能人才培养示范基地、人社部一体化课改骨干师资培训基地、“3+4”中职本科贯通培养试点校、教育部现代学徒制试点校、全国职业院校教学管理50强案例院校，近年来获评全国职业教育先进单位、全国五一劳动奖状等荣誉。中专部办学质量和影响力在中职教育和技工教育层面居于全省一流、全国优秀行列。现设有电气工程技术、汽车工程技术、建筑工程与艺术设计、现代装备制造、经济管理与现代服务、学前教育6个系部，28个专业，在校生4000余人。

（朱亚涛　供稿）

【承德开放大学】 2021年，学校以发展为第一要务，以提质增优为主线，努力扩大办学规模；强化管理和服务，坚持质量立校，提升内涵素质和水平；以更名为契机，创新办学模式，促电大转型发展。6月27日，经省教育厅批示承德广播电视大学正式更名为承德开放大学，9月29日，学校隆重举办承德开放大学揭牌仪式。《河北日报》、《承德日报》、承德广播电视台、长城网、承德新闻网、承德市政府网站等多家新闻媒体对学校转型发展和揭牌仪式进行报道；专题召开承德开放大学体系转型发展工作推进会，推进县级电大更名工作进程，10月27日，经省教育厅批示平泉市电大分校和兴隆县电大分校正式更名为开放大学；11月19日召开第二批县级广播电视大学更名工作部署视频会议，推进第二批县级电大更名工作，积极组织筹备第二批县级电大更名材料。系统更名转型标志着远程开放教育迈进新的发展阶段，实现从“电大”到“开大”的完美嬗变。

开放教育严把招生“入口关”，提升开放生源质量。全年招生2626人，再创历史新高；网络教育突破困境，稳定招生规模，服务至上重信誉，全年网络教育招生399人；成人单招 2021年招生数量在全省开大系统处于前列，全年招生426人，数据有大幅增长；职业教育招生人数连年攀升，2021年注册新生数330人；按照省电大乡村振兴学院工作要求，面向农村基层干部等群体的学历提升（中职教育）工程项目，录取成人中专生246人。各类学历教育圆满完成招生任务，稳定学校办学规模。

认真落实思政教学。按照《河北广播电视大学关于深化教学改革完善“课程思政”建设的实施意见》，将“课程思政”理念融入教学育人全过程，系统联动，全员参与，构建“专业育人、课程育人和课堂育人”相统一的“课程思政”育人体系。重视教师思政教学能力的培养，选拔县级电大优秀教师充实思政教师队伍，多次组织思政课教师进行教学研讨活动，在教学检查中重点突出思政要素，提高思政教学质量。

深化教学改革。网上教学工作取得新进展；认真落实思政教学，坚持课程思政和思政课程建设并举，提高思政教学质量；直播教学普遍受到学生欢迎；公共课程导学群发挥重要作用；教学团队工作有新推进；同时完成学籍管理和考务管理工作。

积极组织教师、学生参加各类教学比赛和学生活动。2021年，学校教师在河北开放大学课程思政教学案例大赛中获二等奖1人、三等奖3人，再获“优秀组织奖”。根据省校安排，依托冀云平台开展7次“直播带学”活动，累计观看人数近5000人次，在学生中获得较好反响;参加“讲党史故事，做奋进青年”办学体系青年大联学，参与纪念建党百年红歌、朗诵活动，参加国开和省校的“思政大讲堂”等各类活动数千人次。

加强教研，提升教育教学水平，依托优质学校帮扶、借助诊改工作平台，稳固招生、提升办学质量；加强师德师风建设，加强“双师型”教师队伍建设；以赛促教，强化学生素质教育，把第二课堂纳入教学课程，成立8个兴趣小组。深入开展三大节活动，丰富学生的文化生活，提高学生的学习兴趣；通过量化管理、德育积分管理强化学生行为规范，通过周评、月比、学期总评促进班级的班风和学风建设。

利用电工实训室、钳工实训室、测量实训室和电梯实训室实验设备，结合专业教学需要，增加实验实训课次数，不断提高学生的操作技能。

积极主动与上级主管部门和业务部门进行沟通和联系，积极组织教师申报各类课题，对申报材料进行把关，做好审查与指导，教师积极申报各级各类课题，全年完成课题立项共 17 项。其中承德市社会科学发展研究一般课题 12 项，重点课题 2 项；承德市科技局软科学课题 4 项；河北开放大学校级课题1项。完成课题结项24项。校内期刊学报收集文章 50 篇，编印学报 4 期。

学校老年开放大学积极谋划适老教育，通过承德市教育局市级示范校的评选，受到市教育局、老干部局“起点高，进步快”的评价。规范老年开放大学管理，完善老年开放大学相关规章制度；关注老年人需求，举办丰富多彩的学习活动，开展智慧助老活动两期；与社区联动，积极发动招生宣传，进行名额分配，共计招收学员 152 人；在全市范围内精心选聘优秀的专业教师，并编写教师信息管理手册，完善教师信息。老年开放大学已正式开课，意味着学校老年教育工作掀开新的篇章，为推动承德老年教育事业的发展做出新的贡献！为助力河北老年教育事业的发展增色添彩！

举办 2021 年承德市全民学习活动周事宜；针对充分发挥社区学院的作用，力图通过各种活动形式和工作渠道，把学校的社区教育理念宣传到广大社区成员之中，不断提高社区教育的知晓率，提高社区教育的工作质量；加强文明宣讲力度，丰富群众教育形式，提升居民素质；加强实地调研，全力推进市、县、乡、村（社区）四级网络建设。充分发挥社区教育指导中心的作用，加强县（市、区）社区教育分院的建设，形成“党政统筹领导，教育部门主管，有关部门配合，社会积极支持，社区自主活动，群众广泛参与”的社区教育管理体制和运行机制；全力推进县（市、区）的机制建设，已有 9 个县（市、区）经政府正式批示成立挂牌承德社区教育学院（分校）；积极参与省里举办的“百年荣光 百姓百展”两期活动，联合下辖县（市、区）电大上报 404 件优秀作品，取得可喜的成绩；积极参与省校组织开展的 2021 年度社区教育老年教育品牌项目评选活动，作品“百师进千家 育万人心”项目成功入围。

2021 年，学校荣获中共承德市委宣传部颁发的“永远跟党走”承德市 2021 年 365 百姓故事汇群众宣讲活动展演优秀组织奖；荣获中共承德市委党史学习教育领导小组办公室组织的承德市“学党史 强信念 跟党走”党史知识竞赛优秀组织奖；获评 2021 年度网络教育先进集体；2021 年承德市中等职业学校班主任能力大赛业务能力组比赛团体三等奖；被共青团承德市委员会评为 2021 年度“五四红旗团委”。

（高胜楠 供稿）

【承德体育运动学校】 承德体育运动学校是承德市唯一一所全日制中等体育专业学校。有校本部和体教融合 2 个校区，设有国际班、3+2 大专、中专、初中和小学部，以及业训网点 19 个，在训人数 1000 人。开设有射击、射箭、田径、滑冰、足球、轮滑、举重、摔跤、乒乓球等近 20 个项目，形成以射击、射箭、滑冰、举重、田径为优势特色项目的体育后备人才培养体系。学校现有在编教职工 80 人，政府购买服务教师 12 人，副高级教师教练 29 人、中级教师教练 30 人。

7 月，学校培养输送的运动员杨皓然在东京奥运会上获得 10 米气步枪混合团体项目金牌、男子 10 米气步枪项目季军，这是他在获得世界杯、世锦赛冠军后的第一枚奥运金牌，实现个人“大满贯”。他在这一届奥运会上获得一金一铜 2 枚奖牌，创校史最好成绩和承德市历史最好成绩。学校成为省内唯一一所培养出两个奥运冠军的体校。同年 9 月，杨皓然在第十四届全国运动会上为河北队再夺 2 金 1 银，为家乡赢得荣誉。

学校在体教融合校区承办 2021 年河北省青

少年射箭个人锦标赛（室外），来自全省9个城市的代表队参加本次比赛。学校还承接天津北辰区射箭队、张家口射箭队、保定博成足球队等多支外训队伍集训。体教融合校区为外训和比赛运动员提供舒适干净的住宿环境，卫生健康的饮食，标准完备的训练场地，受到河北省射击射箭运动管理中心领导及各单位的好评。

2021年，学校代表承德市组队参加河北省各项赛事，共计获得金牌39枚，银牌47枚，铜牌47枚，取得4～8名144人次。在2021年河北省青少年射箭锦标赛上，学校运动员获得全部33枚金牌中的11枚。在第十四届全国运动会上，河北射箭队共4人参赛，其中3人为学校输送队员；学校举重运动员在省锦标赛上喜获5金，打破六项省纪录；冬季项目运动员在第三届河北省冰雪运动会上获得12金、8银、10铜的成绩，该项赛事成绩直接被带入2022年的河北省第十六届运动会上，为承德市取得良好开局。

学校引进国际优质教育资源，开拓运动员国外升学途径，与俄罗斯国立体育大学签署联合办学协议，运动员可以完成俄罗斯国立体育大学本硕连读，学校为运动员的学历教育提供了保障，为体校学生开辟一条体育特长生上高校的通道，从而解除家长、学生的后顾之忧，实现体教一体化，让体育与教育更深层次的融合，得到社会和家长的认可。5月31日，学校作为全省唯一一所体校在河北省体教融合大会上作典型发言，学校的体教融合做法被国家体育总局青少司领导称为“承德体教融合模式”，得到省体育局、省教育厅领导的高度评价和充分肯定，被大会确定为全省体教融合示范推广范例。

（柳　旭　撰稿）

教育管理

【概况】 对照中共中央、国务院《深化新时代教育评价改革总体方案》的“十个不得、一个严禁”事项清单，全面清查清理规章制度，坚决扫除制度性障碍。制发全市落实工作清单，明确19个部门责任任务，推进科学履职，形成改革合力。加大培训解读力度，组织市、县（市、区）教育行政部门和基层学校两级培训交流99场次，总结提炼典型做法44个。布局教育评价改革试点，设立试点县2个、试点校8个、试点项目10个，统筹推进党委政府工作评价、学校评价、教师评价、学生评价、用人评价五类重点任务，积极探索，大胆创新，全面推进育人方式、办学模式、管理体制、保障机制改革，坚决破除“五唯”顽瘴痼疾。31项重点工作全部完成。对国务院“互联网＋督查”“三重四创五优化”、常态化疫情防控、民生工程、安全生产、意识形态等重大工作定期调度，成立领导小组，组建工作专班，紧盯不放，做到坚定坚决、不折不扣并努力高质量落细落位。

【教育督导】 制定《承德市新时代教育督导体制机制改革实施方案》，建立完善教育督导管理体制，发挥督政、督学、评估监测三项核心职能，落实督导专项经费，全面启动市、县、学校三级督学网络，完成12个县（市、区）政府2019—2020年教育履职评价，开展综合督导、专项督导等各类督导57次。严格执行督导公告、奖惩和限期整改制度，市政府根据督导结果对承德县、兴隆县、宽城满族自治县和高新区进行通报表彰，同时对存在的问题下发督办函10个，限期整改，努力推进县级政府履行教育职责，各级各类学校依法办学、依规治校。

【依法行政】 坚持依法行政，推进依法治校，努力建设法治校园、构建平安校园。深入学习宣传贯彻习近平法治思想，进一步提高运用法治思维和法治方式深化改革、推动发展、化解矛盾、维护稳定的能力，全面推进依法行政、依法治校。

建立健全领导干部带头学法、用法、守法常态化制度，坚持学法制度，制定学法计划，将习近平法治思想和《中华人民共和国宪法》《中华人民共和国民法典》《塞罕坝森林草原防火条例》《中华人民共和国家庭教育促进法》等15项法律条例作为学习的重要内容，积极组织法律培训、开展学法活动，培养领导干部法治思维和依法行政能力。成立依法行政工作领导小组，履行决策法定程序，进一步完善《“三重一大”事项集体决策实施细则》《重大行政执法决定法制审核实施细则》，建立重大决策终身责任追究制度和责任倒查机制，提升依法科学民主决策水平，聘用常年法律顾问，提高专家论证质量。巩固和深化“三项制度”建设成果，严格行政执法人员教育和管理，扎实推进教育系统“双随机、一公开”监管，全年完成5次抽查。

【普法教育】 坚持以创建“依法治校示范校”为载体，认真落实“谁执法谁普法”普法责任制，普遍推行检察官、法官担任法治副校长制度，全面启动“八五”普法工作，建设未成年人法治教育保护基地，持续开展宪法法律进校园活动。实施青少年学生“学宪法、讲宪法”网上学习和“宪法小卫士”行动计划，学生参与率达到37.1%，超过教育部35%的标准，110名师生荣获省级奖励，省级“依法治校示范校”达到50所。

【平安校园建设】 建立重大风险预警、排查机制，围绕政治安全、信访保障、网络安全、舆情管控等方面，深入开展重大风险隐患排查，建立台账，坚决做到隐患风险、重点人员、责任措施三个清楚。依法有效排查化解信访积案和重点群体矛盾。深入开展校园安全专项整顿，严格落实属地责任，对校园及周边安全隐患进行彻底排查，排查食堂燃气、实验室、水电气汛暖等设备设施一般隐患3310处，火灾隐患170处，整改率100%，对消防、校车、溺水、扫黑除恶、校园欺凌等重点领域进行综合治理。校内校外和网络媒体持续开展安全警示教育，24节安全教育课入选全省公共安全优质课例，市教育局获省级优秀组织奖。紧盯教育部、公安部校园安全防范建设4个100%交账任务，建立工作台账，实行日报告、月调度制度，提速建设进度，全市中小学、幼儿园校园封闭化管理达到100%，专职保安配备达到100%，一键报警系统和视频监控系统与公安机关110平台联网达到双100%，校园“护学岗”和“警校家”联合护学实现全覆盖，校园安全防范建设三年达标行动圆满收官，真正把学校建成让孩子安全看得见、让家长放下心的平安校园。

【疫情防控】 始终坚持学校防控严于其他单位，师生防控严于其他人员，建立1办9组防控体系和包联责任机制，全面做到新冠肺炎疫情形势日研判、重大事项立即报、突发事件快反应，全年共召开专题部署会150余次，承办上级相关来文500余件，制定出台或转发相关文件220余件，统计各类报表2700余份。精准掌握全体师生信息和活动轨迹，逐校、逐人建立台账，第一时间落实落细各项疫情防控要求，12个督导包联组全年实地督导6次，坚持将列入重点人群的34万名师生员工每周核酸检测，5.28万名教职员工和31.38万名3～11岁学生全程免疫接种，实现应接尽接，确保70余万名师生员工健康安全，守好疫情防控的教育阵地。

【招生制度规范化】 坚持义务教育公益属性，依法规范民办义务教育学校办学行为，严格执行就近划片招生规定，全市义务教育阶段民办学校一律摇号招生。高中阶段全市统一录取，严防违规招生，市外民办学校在全市招生减少55%，进城务工人员随迁子女入学在公办学校就读比例一直保持在96%以上，公开公正、阳光透明的招生方式得到社会一致好评。严格落实教育扶贫政策，推行义务教育“双线目标责任制”控辍保学机制，对4.8万名脱贫家庭和防贫监测家庭学生动态跟踪监测，精准发放义务教育阶段生活补助6411万元、惠及学生14.3万人次，19.76万名学生享受农村义务教育营养改善计划，不让一名学生因家庭经济困难而失学。用心用情办好老年教育、特殊教育，全市老年教育学校达到960所，学员3.38万人，建成19所、省市级老年示范校；投资1.23亿元的市特教学校建成投入使用，义务教育阶段适龄残疾儿童入学率一直保持在96%以上，努力做到“一个都不能少”。

抓党建促党风

【概况】 始终坚守为党育人、为国育才的初心和使命，自觉用党的创新理论武装头脑、指导实践、铸魂育人。牢牢抓住教师和学生两个群体，与落实立德树人根本任务以及庆祝中国共产党成立100周年、“团结就是力量”和“塞罕坝精神进校园”等系列活动紧密结合，持续推动党史学习教育见行见效。依托红色文化资源和红色研学路线，开展重温入党誓词、祭奠英烈、“童心向党”等活动30余项、5000余场次。用心用力办好实事，建立任务责任清单，市教育局机关23个、市属学校402个实事全部完成。

【抢抓机遇快发展】 把学习贯彻落实中共中央总书记习近平考察承德重要讲话精神作为重大政治任务，积极抢抓这一重大历史机遇，加大向省跑办政策资金支持力度，努力把机遇转化为措施、转化为项目、转化为高质量发展的实际成效。成立工作专班，深度开展调研，直面发展的重点难点问题，用系统的思维制定实施基础教育高质量发展18条措施和职业教育高质量发展15条措施，用新思想引领新征程，以新担当开创承德教育高质量发展新局面。

【大力弘扬塞罕坝精神】 成立塞罕坝精神研究院，编写《塞罕坝精神学习教程》，开发系列讲座和慕课，推出大型歌舞剧《心系党魂，情系塞罕坝》，“塞罕坝高校思政研究基地”被列为国家民委人文社会科学重点研究基地，“塞罕坝精神与高校思想政治教育研究”被列入全国高校思想政治工作队伍培训研修中心重点课题。

【思想政治工作】 深化思想政治理论课改革创新，建立完善高校及教育部门带头抓思政课机制，为学生免费配发《习近平新时代中国特色社会主义思想学生读本》17万册。抓紧抓实思政课和“课程思政”建设，成立42个德育共同体，建立51个名师工作室，培训思政课程教师3000余人，推出精品课程60节，打造思政课、“微课”、“慕课”、公众号，让思想政治工作联网上线，立体式推进“三进”工作，让习近平新时代中国特色社会主义思想更加深入生动进课堂、刻骨铭心进头脑。严格落实意识形态工作责任制，召开全市未成年人思想道德建设暨文明校园创建工作推进会议，全力打造“社会主义核心价值观进校园”系统工程，不断完善定期分析、风险情况预测预警月报机制，部署开展学校扫黄打非、宗教治理8个专项排查整治，全面加强学校阵地和网络阵地建设管理，牢牢把握教育系统意识形态工作主动权，全市大中小学校没有发生一起意识形态及涉疆、涉藏、涉宗教领域的重大影响案事件。

【作风纪律建设】 全面开展“六治六提”干部队伍作风纪律整顿，制发《实施方案》，聚焦“拖、庸、浮、僵、奢、散”六方面20个具体问题表现，市属各级各类学校共自查单位问题61个，个人问题769个、涉及442人。部署以7个专项行动为主要内容的纠正“四风”和作风纪律专项整治，对风险点提前发布廉政提醒，持续加大监管力度，保持对违规参加“谢师宴”“升学宴”，违规有偿补课等问题整治的高压态势，持之以恒纠“四风”、树新风。自觉接受人大及其常委会的法律监督、工作监督和政协民主监督，坚持把党内监督、民主监督、法律监督、舆论监督和群众监督等贯穿于工作全过程。积极推行政务公开，主动接受群众监督，办理反馈人民网网民留言、国务院“互联网＋督查”、“12345”市长热线、河北新闻网阳光理政网民留言、河北政务网“网民互动平台”、长城网“问政河北”等群众诉求541件，承办人大代表建议23件、政协提案56件，答复率、满意度均达到100%。

2021年市教育局领导名录

工委书记、党组书记、局长：王成军（满族）
党组副书记、副局长：刘科军
工委副书记、党组成员：史荣军
姜小博（女）
党组成员、纪检组组长：凌　龙（1月任党组成员）
副　局　长：杨玉艳（女、满族）
党组成员、副局长：樊文广
雒文悦
党　组　成　员：郑　冰

（焦廷勤　供稿）

科　技

综　述

2021年，全市科技系统坚定不移贯彻新发展理念，大力实施创新驱动发展战略，扎实开展“三重四创五优化”活动，深入落实科技创新“1155”工作思路，新认定高新技术企业38家、科技型中小企业572家；新建省级以上创新平台15家；全年完成技术合同成交额24.07亿元；全社会研发投入增速排名跃升全省第二名，位次跃升到全省第8位，圆满完成全年目标任务，实现“十四五”良好开局，为建设高质量发展的“生态强市、魅力承德”提供强力科技支撑。市科技局农村科技科被省委、省政府授予全省脱贫攻坚先进集体，市科技局被市委、市政府授予承德国家可持续发展议程创新示范区创建先进集体。

2021年，地质矿产勘查工作累计在承德地区探明大庙式钒钛磁铁矿10余亿吨，为承德市打造国家级钒钛产业基地提供资源与技术保障；查明御道口等盆地油页岩2亿多吨，初步查明凤山等地油气资源100亿立方米、地热资源每年可开采量490万立方米，为实现承德地区清洁能源开发利用，助力生态文明建设提供支撑；在平泉市、滦平县，先后探明多个富锶矿泉水、山泉水水源地，为进一步开发承德市富锶矿泉水资源提供保障；先后主导参与矿山恢复治理、地质灾害防治等项目150多个，为承德转型升级、绿色发展，资源开发、经济发展提供地质智慧和技术支撑，连年荣获“全国五一劳动奖状”“全国文明单位”“全国模范地勘单位”“河北省地质找矿成果特别突出单位”“中国百强地质队”等荣誉称号。

气象观测、气象预报、气象服务、气象科技取得新的成就。

示范区建设

【概况】 2021年，市委、市政府紧扣“城市群水源涵养功能区可持续发展”建设主题，聚焦破解水源涵养功能不稳固等瓶颈问题，以科技创新为支撑，深入实施五大行动，创新体制机制，开展政策先行先试，打造可持续发展的“承德样板”，推动承德国家可持续发展议程创新示范区建设取得积极成效。

12月30日，承德市召开高质量推进承德国家可持续发展议程创新示范区建设新闻发布会，就承德国家可持续发展议程创新示范区建设有关情况进行发布

【机制建设】 调整市级领导小组及下设“一办五组”成员单位，修订领导小组工作规则，全年组织召开省市领导小组、专题会议7次，构建责任明确、协调有序、运行高效、落实有力的工作机制，

制发创新示范区年度实施方案，启动编制五年建设方案，开展年度考核和监测评估，推动省、市“30+36”条政策中32条取得实质性进展，示范区186个重大事项纳入国家和京津冀协同发展规划，省级财政年下达转移支付资金200亿元以上；出台《关于高质量推进承德国家可持续发展议程创新示范区建设的若干工作措施》，补强科技创新投入不足等问题短板，明确“两线两区”重点布局（“两线”即承德市区—双滦—滦平—丰宁—御道口牧场管理区—塞罕坝和承德市区—隆化—围场—塞罕坝；“两区”即省级以上高新区、可持续发展示范县市区），强力保障可持续发展战略有效落实。

【专项行动】 以科技创新为支撑，大力组织实施水源涵养能力提升、主导产业转型升级、乡村振兴战略推进、绿色低碳循环发展、创新驱动能力提升五大行动，推进16项工程和83个重点项目建设，年度完成投资152亿元。组织实施示范区科技专项项目32项，其中探索“揭榜挂帅”项目3项。启动建设承德国家可持续发展创新中心、河北承德可持续发展研究院，打造综合性创新服务平台。

【典型培树】 组织开展可持续发展示范区创建先进个人和先进集体表彰活动，共表彰先进集体20个，先进个人80名，起到学先进、树榜样的作用。生态建设、循环经济等领域培树打造可持续发展典型案例11个，形成《承德市可持续发展典型案例集》。将“通过机制创新实现产业发展与脱贫攻坚协同耦合的承德平泉市精准扶贫‘三零模式’”案例等5个案例推荐列入科技部《2021可持续发展案例集》，丰宁满族自治县“母亲水窖”案例列入《中国城市人居蓝皮书（2021）：中国落实2030年可持续发展议程目标11评估报告》，面向国内外发布，为落实2030年可持续发展议程提供中国做法、承德经验。

【宣传引导】 持续加大国家、省、市主流媒体宣传推介力度，《人民日报》《经济日报》等省级以上媒体刊发示范区建设专题文章240余篇。组织创新示范区建设成果展、社区志愿者服务等“可持续发展宣传月”系列活动8项，市、县（市、区）两级230余个单位、1400余名志愿者参与，发放宣传资料9万余份，推动可持续发展理念深入人心。与新华社、《经济参考报》社等联合举办落实2030年可持续发展议程中国行动之“发现承德之美”探访活动，示范区的知名度和影响力大幅提升。

12月12日，由市科学技术局、市卫生健康委员会、市科学技术协会联合举办，市科学技术情报研究所承办的2021年承德市疫情防控科学知识竞答大赛（决赛）在承德护理职业学院举行

创新主体培育和载体建设

【概况】 深入实施创新驱动发展战略，着力在创新主体培育方面持续发力，通过企业培育认定，办好创新创业大赛，培树承德创新创业品牌，营造浓厚社会氛围，打造创新创业的承德沃土。围绕承德市“3+3”主导产业和县域特色产业发展，统筹推进园区、基地和科技创新平台建设，不断强化创新载体辐射带动作用，为推动全市产业发展提供技术支撑。

【开展主体培育活动】 坚持分类指导、梯度培育、差异扶持，大力实施科技型中小企业和高新技术企业“双提升”计划，开展政策解读集中培训活动19次，培训企业400余家，开展入企服务指导60余次。全年新认定高新技术企业40家、科技型中小企业572家，高新技术企业和科技型中小企业分别达到230家、2262家。承德建龙特殊钢有限公司等被列入省科技领军企业后备培育库。

【创新创业大赛】 成功举办承德市首届创新创业大赛，并组织承德市159个参赛队伍参加省创新创业大赛，30个晋级行业赛和专业赛，获奖23项，其中一等奖5项、二等奖3项、三等奖15项，参赛和晋级项目数量创历史“双高”。承德隆宏生物科技有限公司获得全省总决赛第5名，承德市连续四届入围全省总决赛前十。

【农业高新区建设】 按照《国家农业高新技术产业示范区建设工作指引》和科技部要求，进一步完善建设发展规划和实施方案，积极推动完善园区基础设施建设，集科技研发、创业孵化等于一体的农业高新技术创新城（双创大厦）一期工程基本完工，中鸿记农产品加工项目建设进度加快。

【农业科技园区建设】 组织滦平县、丰宁满族自治县2个国家农业科技园区顺利通过国家综合评估，河北滦平国家农业科技园区在第7批77家国家农业科技园区评比中荣获优秀等次，名列全省第一，河北丰宁国家农业科技园区成绩达标，共获得支持资金300万元。平泉市、围场满族蒙古族自治县、承德县等5家省级农业科技园区参加省级评估，3家获优秀等次，获省资金支持400万元，承德县省级农业科技园区在全省51个园区评估中排名第1位，省级农业科技园区实现县域全覆盖。

【高新区提能升级】 研究制定加快高新区发展的政策举措，加快高新区改革创新提升能级，实现高质量发展。印发《关于加快开发区创新发展提升能级五年倍增计划的实施方案》，支持承德高新区争创河北省创新型园区建设试点，指导创合时代众创空间和汇智领创空间参加国家级众创空间备案。

【研发平台建设】 聚焦特色产业发展，统筹推进省级重点实验室、技术创新中心、产业技术研究院等创新研发平台建设。全年新建省级创新平台15家，其中，省级重点实验室1家、省级技术创新中心10家、省级产业技术研究院4家。省级科技创新研发平台共计68家，其中重点实验室5家，产业技术研究院14家，技术创新中心49家；市级技术创新中心共计133家。2021年承德市省级科技创新平台通过数量创历史新高，其中学科重点实验室实现市属单位申报零的突破，产业技术研究院通过率达100%。

【基地建设】 进一步发挥“四个一”基地示范带动作用。重点打造一批区域特色鲜明、产学研结合紧密、产业链条完整、引领带动作用显著的科技示范基地，推动山区特色产业高质量发展。“宽城满族自治县板栗产业科技示范基地”等12个基地获省科技厅备案，占全省获批总数的五分之一，获得省财政支持资金440万元。

科技改革开放

【概况】 围绕承德市科技创新发展需求，不断在科技体制改革、科技计划项目上加大工作力度，在争取上级资金、完善科技创新政策体系、提升县域科技创新水平上取得瞩目成绩，为打造良好创新环境奠定基础。立足承德市资源优势和特色产业发展的需要，积极拓宽对外交流渠道，加强京津冀协同创新和国际科技合作交流，推动科技合作工作有序开展。

【谋划专项科技计划】 争取国家和省科技资金实现历史性突破。2021年争取上级科技领域资金1.3亿元，同比增长25%，实施各类科研项目126项。其中，“京津冀水源涵养功能区典型固废协同利用集成示范”项目被列入科技部重点研发计划专项，获得资金支持2844万元；争取省级科技计划项目44项，获得资金支持2161万元，省级自然科学基金（基础研究）项目22项，获得资金支持205万元；河北省大学、中学在校生科技创新能力培育计划项目27项，获得资金支持69万元；获得2020年省奖励研发投入增长奖励资金1200万元；立项市级科技计划项目39项，支持资金767万元；立项承德国家可持续发展议程创新示范区建设科技专项32项，支持资金4690万元。推进科技项目管理规范化。针对科技计划项目管理新要求，积极与省信息产业技术研究院对接，优化升级市级科技计划项目管理平台，开发项目变更、项目备案、诚信管理等模块。

【修订出台政策】 深入开展“三重四创五优化”活动，扎实推进科技体制机制改革。首次探索实施重点项目攻关“揭榜挂帅”工作。完善“1+9+N”科技创新政策。深度谋划并高标准编制以创新示范区为引领的全市科技创新“十四五”规划，为“十四五”期间科技创新提供基本遵循。修订出台《承德市基础研究行动实施方案》《关于加快推进科技强市建设的实施方案》等14个政策文件，推出一系列重磅创新措施。强化科技计划项目制度建设。积极落实扩大科研人员自主权政策，制定出台《承德市市级科技计划项目变更工作规程》《承德市市级科技计划项目验收规程》《承德市市级科技计划项目科研诚信管理办法》，对涉及市级科技计划项目验收流程、变更类型、变更内容和科研诚信管理等进行明确规定。全面落实税收减免等优惠政策。全面落实研发费用加计扣除、高新技术企业所得税减免等优惠政策。优化财政资金支持方式，强化金融支撑，联合市财政、基金公司和金融机构优化科技型中小企业技术创新增信基金使用方式，为科技型中小企业提供贷款支持1250万元。

【成果与奖励】 2021年共完成市级成果登记184项，其中医疗卫生91项、工业7项、农业38项、其他48项；省级成果登记131项，其中医疗卫生50项、工业13项、农业58项、其他10项。研究制订《承德市2021年度省奖提名项目遴选方案》，广泛征集和遴选全市优质项目，并向省科技厅推荐提名省科学技术进步奖15项，企业技术创新奖1项。最终，承德市林业和草原技术推广总站“瘠旱山地山楂优良品种选育及提质增效综合配套技术创新与应用”项目获省科学技术进步奖三等奖。此外，由省金属学会、省教育厅、省卫健委等提名单位推荐，承德钢铁集团有限公司、承德医学院等单位参与完成的4个项目也获得省科学技术进步奖。其中，一等奖1项，二等奖1项，三等奖2项。

【县域科技创新】 县域科技创新能力跃升工作取得新进展，承德县、围场满族蒙古族自治县县域科技创新能力由C类跃升为B类，丰宁满族自治县、隆化县在全省排名较2020年实现提升进位，获得奖励资金500万元。全市县域科技创新能力B类县数量达到3个（平泉市、承德县、围场满族蒙古族自治县）。

【京津冀协同创新】 以京津冀科技创新资源为切入点，组织开展院（校）企合作对接活动。成功组织京津承合作对接活动3次。承德北巡农业旅游开发有限公司与北京农林科学院初步达成合作意向；平泉市益农科技育苗有限公司与中国农业科学院农业资源与农业区划研究所、中国林业科学研究院 ABT 研究开发中心达成合作，签约成立平泉蔬菜产业高质量发展（院企）联合体；承办“河北 •2021 年科技成果直通车仪器仪表及先进装备制造领域承德专场活动”，组织全市科技管理部门业务骨干、企业代表、高校专家共计 150 余人参加活动。

【国际科技合作】 在北京科博会上，承德浦生泰科技有限公司在展厅布展，山楂膳食纤维和浓缩清汁联产关键技术、炭热肥气化多联产、航空航天级钛合金领域用铝钼钒中间合金等 10 个项目由省科技厅编入《2021 年中国 • 河北企业信息及合作项目推介手册》进行宣传。不断加强国际科技合作基地建设。河北燕塞生物科技有限公司被认定为国际科技合作示范企业，获得资金支持 30 万元。截至 2021 年年末，承德市建有省级国际科技合作基地 7 家，研究方向包括能源、环境保护、农产品加工、生物技术等多个领域。

【引才引智】 深入实施创新人才推进计划和高端人才“千人计划”，新增省级国际科技合作基地 1 家，院士工作站 1 家，院士合作重点单位 3 家。引进省级创新创业团队 4 个，认定科技型中小企业创新英才 10 名。积极开展引进国外智力工作，为 7 名外国专家办理外国人来华工作许可证，为 6 名外国专家办理许可证延期，2 个项目列入省级引才引智项目计划。承德市技术转移人才队伍建设不断加强。2021 年，组织市、县科技管理部门和技术转移服务机构相关人员参加河北省技术经理人培训班 3 期，培训人员 50 余人次。

科普与科技帮扶

【概况】 市科技系统以提高市民科学文化素质，以有形、有声、有影的形式，开展科普活动，扩大科普工作的影响力，努力构建承德具有自身特色的科普示范体系，不断开创科普工作的新局面。全面贯彻落实党中央、国务院、省市关于巩固拓展脱贫攻坚成果同乡村振兴有效衔接的决策部署，制定科技帮扶相关政策、深入推行科技特派员制度，为实施乡村振兴战略提供科技支撑。

【科普宣传】 组成政策法规宣传工作组深入各县（市、区）、企业、高校、科研院所等开展政策巡讲。赴承德县、承德医学院、承德应用技术职业学院和华北地质勘查局五一四地质大队等宣讲科技创新政策 6 次，培训科技管理和科研人员 650 人次，积极营造良好政策环境。创办交流资料《承德科技》与承德市科学技术局微信公众号，形成线上线下相互支撑的科技宣传主阵地，践行弘扬科学精神、普及传播科技知识、展示交流先进经验。积极推荐申报省级科普示范基地，全年新增省级科普示范基地 6 家，全市省级科普示范基地达 10 家。

【科普活动】 围绕“百年回望：中国共产党领导科技发展”主题，举办“承德市第二十一届科技活动周”，市科技局联合市委宣传部、市科

5 月 24 日，市科技局联合市委宣传部、市科协、农业农村局、林草局、生态环境局、卫健委等 11 家单位在市中心广场开展科技活动周集中宣传活动

协等18个市直部门，举办各类科普宣传服务活动68项，其中重点活动18项，全市近200家单位、社团组织积极参与，取得良好成效。成功举办2021年承德市疫情防控科学知识竞答大赛和2021年承德市科普讲解大赛。组织市内中小学生参加第二届青少年科普作品精品评选活动，各县（市、区）中小学生244件作品获奖，其中一等奖20件，二等奖78件，三等奖146件。

【科技帮扶】 印发《承德市科学技术局巩固脱贫攻坚成果有效衔接乡村振兴的工作方案》《承德市关于加强农业科技社会化服务体系建设的实施方案》，圆满完成省巩固脱贫攻坚成果后评估工作。全面推行国家、省、市三级科技特派员制度，制定《承德市全面深入推行科技特派员制度的实施意见》，形成上下衔接、左右贯通的科技特派员工作服务体系，建成科技特派员工作站79个，国家、省、市特派员分别达到125人、105人和385人。各级科技特派员围绕食用菌、蔬菜、畜牧、林果等农业主导产业，组织开展各类培训120余场，培训农民1.04万余人次，为持续巩固拓展脱贫攻坚成果发挥积极作用。

【包联企业】 按照省市“三重四创五优化”活动安排，重点做好省市领导包联重点企业和重点项目帮扶活动，成立市科技局省市级领导包联企业活动专班，制定市级领导包联重点企业的工作方案，并严格按照任务要求，深入了解企业发展需求，已帮助各包联企业协调解决问题12项。

2021年市科技局领导名录

党组书记、局长：李　威（7月免）
党　组　书　记：崔海涛（满族，7月任）
局　　　　　长：苏艳华（满族，7月任）
党组成员、副局长：王亚洲（满族）
钱绍福（满族）
刘承军（满族）
李长杉（满族）

（刘可心　张　哲　韩　菡　黄　敬　供稿）

地质矿产勘查

【概况】 承德地质矿产勘查依托人才和技术优势，具备地质勘查、地质测绘、地灾防治、水利钻井、实验测试等11项甲级资质，2项乙级资质；拥有YDX−5型号全液压钻机，最大钻进深度2000米，可有效支撑矿产勘查项目和深部找矿项目；拥有WD−680型号固定翼无人机，最大巡航里程100千米，可有力支撑地质测绘、矿山环境调查等项目；拥有波长色散光谱仪、电感耦合等离子体质谱仪等先进检测设备，可对有机污染物、无机污染物进行详细检测，有力支撑土壤污染状况检测等项目；同承德市应急管理局建立深度合作关系，以人才技术支撑，形成技术设备联动机制，依托应急管理局T685WS−C型“雪姆”救援钻机，可快速对矿山事故、地质灾害进行紧急救援处理，打通生命通道。

【改革创新】 不断探索党建与业务融合新举措。揭牌地质四队“科普研学基地”并开展系列科普宣传活动，汲取党史力量，赋能地学科普。开展红色引智，助力特色扶贫，实现红色旅游、地质文化与脱贫攻坚的精准对接。积极推进省级国有资产集中统一监管改革。高度重视省级国有资产集中统一监管改革推进，成立领导小组，定期举行联席会议，畅通事企沟通渠道。地勘公司全年完成产值2424.76万元，签订合同额2228.66万元，完成资金清欠440.91万元，并与有关单位共同承揽“河北省非重点行业企业用地土壤污染状况调查”项目，资金127.4万元，彰显事企分体、互为支撑的地矿发展新模式作用。在原有省级院士工作站的基础上成功申请“河北省山区地质环境重点实验室”和“河北省地矿局第四地质大队院士重点合作单位”2个省级科研平台，现拥有3个省级科研平台和1个市级科研平台。不断深化拓展“地质+”协同发展新机制。通过与地方主管部门深度对接，积极谋划“承德市雾灵石标准研究制定”项目。完成《承德市自然资源环境图集》推送工作，并就共同推动河北地矿局与承德市政府签订的框架合作协议的落实落细进行深入探讨并形成共识。通过汛期巡查驻守及时发现地质灾害灾情险情，协助县（市、区）级自然资源部门做好汛期地质灾害防治工作，加强同当地政府及应急部门的联系。

【服务经济】 联合中国地质环境监测院开展“承德生态文明示范区综合地质调查工程”项目，是唯一一个参与该项目的地方地勘单位，同时参与该工程“承德地区资源环境承载能力评价”和“承德地区水文地质调查”两个二级项目。开展承德地区典型城区及农村浅层地热能评价与开发利用研究，对缓解冀北山区冬季清洁能源供暖，降低山区内碳排放，为碳达峰、碳中和作出地矿贡献。开展2021年全市的地质灾害巡查驻守、围场满族蒙古族自治县坝缘地带特大泥石流群地质灾害勘查，为当地人民生命财产安全提供保障。完成7个县的地质灾害防治“十四五”规划的基础研究报告的编制，为“十四五”期间地质灾害防治工作提供指导性基础。开展《河北省燕山地区典型矿山生态修复示范》项目，初步形成系统的矿山露天采场边坡生态修复方法，成果集成一套技术可行、经济合理、可推广应用的矿山生态修复技术，为河北省北部燕山地区矿山生态修复工作提供技术支撑。承担省生态环境厅重点项目《河北省地市级地下水型集中式生活饮用水水源地地下水环境状况调查评估》，为保障地下水型饮用水源环境安全，严控地下水污染源提供技术支撑。实施《河北省非重点行业企业用地土壤污染状况调查实施方案项目技术协作（F包）》，为全省非重点行业企业用地土壤污染状况调查工作提供支撑，助力打好污染防治攻坚战。积极承揽《平泉市南五十家子西水泉地下水水源地水文地质勘查》并建立工作区地下水系统三维模型，为日后承德地区地下水的开采和研究提供数据支撑。成功申报全国首批地质文化村（挂牌筹建），以“地质+旅游”新模式，改善村庄旅游发展方向，促进地方发展，为地方生态文明建设和乡村振兴战略做出贡献。开展承德市2021年土地卫片（上半年）图斑核查项目。对承德市卫片违法图斑进行全面调查并上报，助力国家耕地保护。开展承德市鹰手营子矿区地质灾害“十四五”防治规划（2021—2025年）编制工作。为鹰手营子矿区人民政府各职能部门开展地质灾害防治工作提供重要依据。承担市级自然资源调查承德市市域内滦河自然资源调查项目，积极推进承德市建立和实施自然资源统一确权登记制度，推进自然资源确权登记法治化。持续推进开展页岩油气勘查评价研究，助力承德推进清洁能源开发利用及生态文明建设。完成宣化区84处责任主体灭失矿山迹地地质环境综合治理EPC项目，为2022年冬奥会举办贡献地质成果。

【地质信息平台建设和数据运用】 积极参与开展河北省国土空间基础信息平台地质分中心建设，完成地质数据资料目录和地质云管理与服务平台建设，同时，积极抽调技术人员开展地质成果资料的数字化工作，提前谋划资料修复抢救工作，完成既有地质报告数字化50余份。

【完善管理制度】 成立第四地质大队制度修订工作领导小组，形成“用制度规范行为、按制度办事、严格遵规守纪”的工作机制。制定并下发《河北省地矿局第四地质大队制度汇编修订实施方案》《第四地质大队关于组织修订制度汇编的通知》，强化组织领导，落实工作责任，明确活动步骤，制定工作措施。进一步修订和完善了《地质四队安全管理制度汇编》《地质四队奖励性绩效工资管理办法》等制度，并不断跟进监督制度的规范执行和有效落实。

【提升全面能力】 提升应急处突能力。开展全市地质灾害巡查驻守，做好汛期地质灾害防治工作，提高基层地质灾害防治技术水平。完成围场满族蒙古族自治县坝缘地带特大泥石流群地质灾害勘查项目，减少坝缘地带受威胁群众生命财产损失，为防灾减灾提供有力科技支撑，为消除灾害隐患提供科学依据。组织开展消防应急疏散演练，提升全体职工安全防火意识。提升改革攻坚能力。通过计划招聘选聘不断加强高层次人才引进，打造高素质专业人才队伍。建立健全人才培养计划，坚持吸引、培养和使用并重的原则，完善四队人才库。提升团队攻坚创新能力。做好局专家团队成员的科研保障工作，积极推进技术研讨、项目审查及交流培训等活动。积极组织队内专家、科研创新团队、青年技术人员，不定期召开技术研讨培训活动，促进全队技术能力提升。组织对外技术交流培训10余次，全面提升队伍科研创新水平。鼓励自由申报创新课题，积极引导青年科技人员形成良好创新意识。其中“非常规油气资源科技研究团队”成功申报“河北省丰宁满族自治县凤山盆地页岩油气预普查（续作）——ZK02井直井压裂试油气”项目，“山区地热清洁能源勘查及开发利用研究团队”开展实施“承德市城市规划区河谷地带浅层地热能调查评价与应用示范”等多个项目。提升项目质量竞争力。严格落实项目专家负责制，严格把关各阶段工作成果质量。严格落实项目报备制，落实立项研讨制，在立项、设计、施工、报告编写、送审工作中，组织专项研讨，保障成果和材料的质量。落实检查督导通报制，对每个项目进行督导、检查打分，年底通报。提升项目影响力。《河北省隆化县大乌苏南沟铁矿区（M24）普查找矿成果》获评自然资源部找矿突破战略行动优秀找矿成果。《河北省滦平县金沟屯镇滦河沿——荒地铸造用硅砂矿详查》获得市科技局2020年度地质科技成果奖二等奖。在市科技局、省科技厅、省科技基金账户，申报各级科研项目10项，获批4项。正在申请国家自然科学基金账户，为申报国家自然科学基金项目做好保障。

2021年河北省地质矿产勘查开发局
第四地质大队领导名录

党委副书记、队长：曹　磊
党　委　书　记：王　朝
纪　委　书　记：闫国红
总　工　程　师：刘剑波
副　　队　　长：王　伟
　　　　　　　　马利涛
工　会　主　席：徐晓岚
副 总 会 计 师：贾春东

（石绍君　供稿）

气　象

【概况】 全面履行市、县气象灾害防御指挥工作职能，更新7471名相关责任人和气象信息员信息，与市防汛办联合开展2021年军地联合防汛应急暨超标准洪水防御演练。全年制作《气象灾害风险预警服务快报》25期，发布内部明电19期，启动重大气象灾害应急响应2次。

【气象观测和预报】 建设塞罕坝地区生态气象观测系统。建设御道口森林、草原两种下垫面生态气象观测站，在生态涵养核心区、接坝区增补建设13部自动气象站，在御道口建成X波段双偏振雷达站。全面梳理市县观测保障业务流程，部署“天元”平台本地化应用。制定《承德市气象局气象观测保障队伍建设实施方案》，组建全市气象装备保障团队，建设标准化装备保障实训平台和装备储备库。探索市县统筹气象装备社会化保障工作，细化社会化保障工作内容、流程和标准，并制定考核评价细则。全面提高县级综合业务人员素质和能力。荣获第四届河北省气象技术装备保障业务技能竞赛团体第一名和2021年全省综合气象观测业务统考团体第一名的优异成绩。联合省气象台开展山地气象科学研究，引进冬奥团队综合分析集成临近预报系统（INCA），形成预报业务应用产品。发展智能网格预报区域业务应用订正技术，推动灾害性天气预报预警融入网格预报业务。

【气象服务】 开展智慧旅游气象服务。实现景区预报、预警、实况信息靶向发布查询，开拓红叶景观及冰雪运动预报服务。开发城市气象服务平台，优化生活指数预报产品和专业气象服务产品制作流程。推进公众气象服务集约发展，实现影视制作向省局集约，微信公众号向市级集约化管理。开展手机气象视频彩铃业务，共发布手机视频彩铃10余期，受众人数600余万人。拓展新能源气象服务和特色产业专业气象服务，针对丰宁抽水蓄能电站、潘家口水库开展入库水量预报服务，研发了承德地区热源点遥感系统以及承德市电力气象大数据展示平台，开展输电线路火险等级预报。印发《关于推进人工影响天气工作高质量发展的实施意见》（承市政办〔2021〕4号）。充分利用承德御道口机场，常态化开展空地联合人工增雨（雪）作业。高标准完成了中国共产党成立100周年系列庆祝活动的人工影响天气服务保障工作。

【气象科技】 组建生态气象科技创新和旅游康养气象创新团队。和中国气象科学研究院、中科院大气所、北京大学、承德民族师范学院、承德市高分卫星数据应用中心等单位联合开展通量观测理论和应用技术研究，申报科研项目“双碳战略下基层气象部门生态气象服务对策和技术应用研究”和“承德市生态气象综合应用保障技术研究”。启动燕山地区开展暴雨观测试验和迎风坡降水人影试验。围场满族蒙古族自治县气象台台长、工程师吴萍萍被授予全国“五一劳动奖章”，围场满族蒙古族自治县气象局局长朱国良获评全国优秀县（市）气象局局长。

【气象事业发展规划】 12月30日，承德市人民政府办公室印发《承德市气象事业发展“十四五”规划》（承市办字〔2021〕127号）。明确到2025年，建成趋利避害并举的气象服务体系，智慧精准的气象业务体系，开放协同的科技创新体系，气象监测分辨率和气象预报准确率显著提高，气象综合实力显著增强。气象在承德市防灾减灾救灾中发挥先导作用，承德生态气象科技创新示范区建设形成可复制可推广的承德模式，实现“在全国有影响、在全省有引领、在全市有作为、在全民有口碑”的“四有”目标，气象科技服务“生态强市、魅力承德”高质量发展支撑和贡献率显著提升。为实现规划目标，提出在“十四五”时期，承德市将推动“气象防灾减灾工程、生态文明建设气象保障工程、现代产业气象保障工程、气象业务核心能力提升工程、气象设施综合提升工程”五大工程建设。

【“中国天然氧吧”城市创建】 5月14日，市政府印发《承德市“中国天然氧吧”城市创建工作实施方案》（承市政字〔2021〕14号），启动“中国天然氧吧”城市创建工作。围场满族蒙古族自治县成功保持“中国天然氧吧”县称号，丰宁、兴隆、滦平等县已启动天然氧吧县建设。

【生态气象科技创新示范区建设】 河北省气象局印发《支持建设承德生态气象科技创新示范区实施方案》，提出到2025年，围绕承德创建国家可持续发展议程创新示范区和国家生态文明建设示范市，助力区域生态文明建设，加强省市上下联动，凝聚全省力量，统筹建设承德生态气象科技创新示范区，提升生态气象服务的质量效益，探索可移植、可复制、可推广的生态文明气象服务模式。方案明确完善区域生态气象观测站网、支持核心预报业务系统推广应用、加强气候资源合理开发利用、提升人工增雨作业的能力和效益、提高气象保障生态文明建设能力、发展特色产业专业气象服务6项重点任务。3月30日，承德市政府和河北省气象局联合召开承德生态气象科技创新示范区建设启动会。

2021年气象局领导名录

党组书记、局长：王建恒

党组成员、副局长：曹丽华（女，满族）
艾黎明

党组成员、纪检组组长：张曙光（满族）

（于　超　供稿）

卫健 医保 体育

综　述

2021年，全市共有各级各类医疗机构4506家。医院88家，其中，综合医院53家（公立20家），中医院14家（公立10家），专科医院21家（公立6家）；基层医疗卫生机构4380家，其中，社区卫生服务中心（站）137家，乡镇卫生院203家，村卫生室2719家，门诊部（诊所）1321家；专业公共卫生机构38家，其中，疾控中心12家，妇幼保健机构12家，卫生监督机构12家，采供血机构2家。全市各级各类医疗卫生机构编制床位22941张。医疗机构拥有万元以上设备28315台，总价值441744万元。全市医疗卫生机构在岗职工34719人。拥有专业卫生技术人员27271人，其中，执业（助理）医师11752人，注册护士11079人；在岗公共卫生人员 2555人；乡镇卫生院和社区卫生服务中心实际在岗4504人；村卫生室注册村医4229人，实际在岗4036人（其中纳入一体化管理3176人）；注册为全科医生的1121人。全年全市各级各类医疗卫生机构总诊疗2099.72万人次，住院52.07万人次。全市医疗卫生机构医疗总收入102.76亿元。截至2021年底，全市基本医疗保险参保337.42万人，其中，职工参保50万人，居民参保287.42万人，参保率95.3%。承德市体育系统深入贯彻落实党的十九大与十九届五中、六中全会和习近平总书记关于体育工作的重要论述精神，扎实开展国家基地建设、冰雪运动、全民健身、竞技体育、体育产业等各项工作，取得可喜成绩，使承德体育工作迈上新台阶。

医疗卫生

【概况】　全年共争取地方政府专项债券1.1亿元，申报项目为承德市第三医院业务用房改扩建项目，专项债券资金已全部到位。市儿童医院、妇幼保健院已全部搬迁并投用，资金缺口问题已通过拍卖原有土地房屋和列入财政预算等方式予以解决。市康养医院已完工工程占工程总量的70%。承德市第三医院业务用房扩建项目取得工程规划许可证和概算的批复，已编制工程预算及工程招标文件，12月开工建设。印发《2021年全市卫生健康法治宣传和依法治理工作要点》，制定承德市卫生健康委普法责任清单和2021年普法学法计划，严格落实“谁执法谁普法”责任制，组织对习近平法治思想、《基本医疗卫生与健康促进法》等知识的学习宣传，提高对普法学法的针对性和时效性。强化权责清单制度。对照政务服务事项、行政执法事项等清单，共梳理权责事项74项，其中行政确认6项、行政奖励1项，其他类3项、行政检查21项、行政强制11项、行政处罚32项。逐项编制服务指南及办事流程图，在市政府网站进行公示，实时更新，动态调整。修订行政执法公示等三项制度实施办法，健全落实行政执法与刑事司法衔接机制。深入开展卫生健康执法监督检查，投诉举报处理率达100%，涉嫌犯罪移送案件一件。继续推行“法治医院”建设工作，进一步压实医疗卫生机构自我管理主体责任，提升“法治医院”建设质量。优化行政审批制度改革，在河北省政务服务平台认领、完善政务服务事项14项，对政务服务事项名称、编码、依据、类型进行统一规范，推动实现事项的统一录入审核、统一管理发布、统一动态更新。

【新冠肺炎疫情防控】 严防疫情反弹扩散。坚持把拱卫首都安全作为首要政治任务，严守“三道防线”，常态化防控38个检查点、高峰74个检查点，做到“必查必测必核必验健康码和行程卡”，严防疫情从承德市入京，坚决当好首都政治“护城河”。全面落实入境人员闭环转运和十项流程管理要求，严格执行“14天入境口岸集中隔离+14天到承后集中隔离+30天健康监测”管理措施，闭环管理入境人员1687人。及时调查核实追踪涉疫风险人员，累计流调密接、次密接及三代密接6939人，集中隔离中高风险地区及阳性病例所在县（市、区）3504人，居家健康监测6.03万人。组织各县（市、区）开展重点领域、重点场所、重点环节疫情风险监测，开展进口冷链食品新冠病毒传播风险分析研判50期，全年共采集冷链食品及环境样品检测5.10万份，结果均为阴性。累计开展人群核酸检测2008.6万人，结果均为阴性。加强基层防控能力建设。全市核酸检测实验室43个，移动核酸检测车10辆，日最大检测能力达到22.6万人份。按照10混1检测，两天共计可完成452万人份，确保2天内自主完成全员检测。市、县（市、区）疾控中心均完成核酸检测实验室建设并投入使用，实现试剂配置和样本核酸提取的机械化操作，新冠病毒核酸日检测能力单管20000人份。全面完成新冠病毒疫苗接种任务。310个接种点加班加点，3810名接种人员、6310名服务保障人员、658名急诊急救人员连续作战，如期完成3月份省定10.17万人重点人群的首针接种和5月份环京三县43.35万人的首针接种任务。提前超额完成6月份省定211.2万人第一剂次任务。强力破解全市常住人口在外省接种17.39万人、河北省外市接种8.22万人的瓶颈。9月2日18时，完成首针接种268.36万人（占第七次全市普查总人口数的80%，占第七次全市普查12岁以上人口的92.57%），成为全省第五个全人口接种覆盖率达到80%的地级市。11月3日15时，全市累计完成266.76万人全程免疫接种，接种率为99.24%，居全省第二。截至12月13日14时，3至11岁儿童首针接种完成率90.48%，二剂次接种完成率为90.99%；60岁以上人群首针累计完成接种63.41万人，完成率为85.95%，加强免疫累计接种13.78万人，完成率为85.71%。全力做好医疗救治。加强发热门诊、定点医院、康复定点医院规范化建设，严格发热患者全流程闭环管理，完善定点医院应急处置预案，按照《新冠肺炎定点救治医院设置管理规范》要求，在市级定点医院原有500张救治床位的基础上，对救治床位进行扩容调整，调整后有救治床位800张（附属医院南院区560张，传染病区240张），其中重症床位80张。推行预约诊疗，规范就诊患者诊疗流程，做到“一人一诊一室”，防止人员聚集。强化医疗机构感控力量，按照《关于进一步加强医疗机构感控人员配备管理相关工作的通知》要求，全市共配备感控专兼职人员6027名（其中，专职感控人员411名，兼职感控人员5616名）。全市共设重点人群核酸检测点885个，配备采样人员5480人，管理人员5163人。按照“分区包片”原则，组织二级以上综合医院对口承担责任区域内接种点的医疗救治保障工作，配备有经验的急诊急救人员携带必要的医疗设备、药品驻点保障，并派出120急救车现场值班值守，保证接种安全，接种人员3810人，接种服务保障人员6310人，急诊急救人员658人，救护车265辆。

【医药卫生体制改革】 推进公立医院高质量发展。落实公立医院党委领导下的院长负责制，加强绩效考核与管理。继续开展样板争创和县级公立医院综合改革示范创建活动，培树丰宁满族自治县医院、滦平县中医院为市级建设样板，推荐参加省级建设样板争创。宽城满族自治县、滦平县、承德县、隆化县公立医院综合改革示范创建通过省医改办中期评估。实施“上医工程”。在“雨润工程”运行3年取得一定成效的基础上，经过广泛调研，制定出台《提升基层医疗卫生服务能力上医工程》，选派214名医师下基层帮扶200所基层医疗卫生机构，招录乡村医生52名到承德护理职业学院学习，开展“名医名护”评选活动，组织2021年度农村订单定向就业签约，已签约23人，组织200名全科医生进行转岗培训。强化医联体网格化布局。全市组建县域医联体16个，实现全市乡镇卫生院全覆盖，城市医联体3个，专科联盟30个（其中，二级以上医疗机构与京津医疗机构组建的专科联盟20个）。城市医联体和县域医联体所在县（市、区）成立医管委，牵头单位制定医联体章程，明确牵头医院与成员单位的责任、权利、义务等。对人、财、物进行统一核算，落实医保资金打包付费，建立人力资源、财务等管理中心，统一由牵头医院管理。通过全市远程医疗服务网络建设工程，完善县、乡两级信息系统，建立影像、心电等资源共享中心，实现远程会诊。初步建立医联体内部管理、药品配备使用一体化管理、绩效考核等运行机制，明确不同级别医疗机构收治诊疗病种目录，积极落实分级诊疗。各县域紧密型医联体、城市医联体根据基层群众诊疗实际需求，二级以上医疗机构选派的214名医师进驻基层医疗卫生机构开展工作，覆盖所有乡镇卫生院和社区卫生服务中心。健全药品供应保障制度。全市235个监测点，通过国家短缺药品平台解决短缺药品42种，其中市级层面解决13种、县级层面解决23种，上报省级6种。全市医疗机构短缺药品预警机制逐步健全，应对的灵敏度和及时性不断提高。严格按照《医疗机构短缺药品分类与替代使用技术指南》上报短缺药品，组织药学专家对上报的短缺药品进行分析，并结合河北省药品集中采购平台调取药品采购明细，做到应急药品、常用药、妇儿专科等易短缺的药品有2至3个月的储备量。

【基层医疗服务能力建设】 实施基层公共医疗服务惠民工程。双滦区秀水街道社区卫生服务中心已完工。除乡镇卫生院所在行政村外，全市所有行政村均建有1所以上村卫生室，基层医疗机构实现全覆盖。全市乡镇卫生院、社区卫生服务中心标准化建设覆盖率达到92%，村卫生室、社区卫生服务站标准化建设覆盖率达到100%。全市203所乡级卫生院对2472个村卫生室实现法人、命名、人员、管理、财务、工资、药械、培训教育、业务、准入退出、绩效考核、奖惩、档案标准、工作制度“十四统一”管理。组织召开全市推进会、调度会，开展督导指导，印发《关于乡村一体化管理工作有关事项规定的通知》《关于开展乡村一体化管理“回头看”的通知》《关于进一步规范村医定向培养毕业生实习工作的通知》等系列政策文件，围绕优化村医队伍、规范签订村医劳动合同、健全村医绩效考核、落实村医待遇等方面进行再安排再部署，提高乡村一体化管理水平。204辆负压救护车和10辆移动核酸检测车已经全部配备到位。先后组织乡镇卫生院、社区卫生服务中心（站）、村卫生室全体医务人员，参加省、市组织的传染病防控知识、核酸采样、医院感染控制等系列培训6次，共培训3万余人次。推进优质医疗资源下沉基层。共选派214名二级以上医疗机构的医师进驻基层医疗卫生机构工作，实现所有乡镇卫生院和社区卫生服务中心全覆盖。

【公共卫生服务】 推进基本公共卫生服务均等化。会同市财政局印发《关于加快推进2021年度基本公共卫生服务项目（12类）实施的通知》《开展2020年基本公共卫生服务项目绩效考核工作的通知》，通过实地考核和线上考核相结合的方式，组织完成各县（市、区）2020年度基本公共卫生服务项目绩效考核工作。抽调有关专家组成两个督导组，在全市范围内，对基层卫生重点工作进行综合性督导检查。通过市电视台、市中心广场大屏幕、微信公众号、印制宣传资料等多种形式大力开展公共卫生项目宣传，居民知晓率明显提高，满意度显著提升。全市辖区内常住居民3582700人，建立健康档案3336482人，健康档案建档率93.13%，建立电子健康档案3324075人，建立电子健康档案建档率为92.78%；儿童健康管理率90.71%，0～6岁儿童眼保健和视力检查覆盖率90.01%；早孕建册率96.86%，产后访视率97.25%。

【家庭医生签约服务】 做实做细家庭医生签约服务。会同市医保局印发《关于印发深化城乡居民高血压、糖尿病门诊用药保障和健康管理专项行动方案的通知》。第11个“世界家庭医生日”，在全市范围内组织开展宣传活动，指导签约居民开展自我健康管理与个人防护。与市残联联合印发《关于做好2021年残疾人家庭医生签约个性化服务工作的通知》，明确任务目标及落实经费管理，为全市12700名残疾人享受家庭医生签约续约服务提供保障。全市组建963个家庭医生团队，36万余名建档立卡脱贫人口“应签尽签”，重点人群个性化签约服务包相继推出，签约服务筹资、医保、价格等配套政策逐步跟进，长期处方、延伸处方、转诊绿色通道、医保报销优惠等举措日趋完善，群众在基层看病就医的获得感日益增强。

【医政医管】 加强医疗质量管理。成立市级医疗质量管理与控制中心41个，覆盖36个医学专业，拥有各级各类专家932名，重症医学、急诊急救、麻醉、医院感染、护理、骨科、康复、妇科肿瘤、产科、感染性疾病、内镜、检验、药学、影像、口腔、肿瘤、健康体检、病案、院感等质控中心，实现市、县（市、区）两级全覆盖。各质控中心共开展各类培训、学术交流80余次，累计培训基层医务人员3670余人次。开展专项督导检查15余次。全市医疗机构开展限制类技术共计862例，其中造血干细胞移植技术类15例，放射性粒子植入治疗技术131例，肿瘤深部热疗和全身热疗技术589例，肿瘤消融治疗技术125例，心室辅助技术2例。院感质控中心在省级质控工作会议上进行经验交流。规范开展医院评审。继续组织开展医院周期性评审工作。加强国家单病种质量监测、全国医院质量监测系统（HQMS）、市全民健康信息平台等数据上报，推动医院评审工作由以现场检查、主观定性、集中检查为主的评审形式，转变为将大型医院巡查与医院等级评审深度融合。在医院管理、医疗、医技、护理、院感、病案、后勤、财务、药学等9个专业56人的基础上，增加党建、行风、审计、法制4个专业共计12人，评审专家库人员达到68人。完成2所综合医院新一轮评审，再次确定为二级甲等综合医院，1所初评不达标，整改中。持续加强医疗安全管理。继续加强平安医院建设考核评价工作。全市11个县（市、区）启动医疗风险分担机制建设，共有2320所医疗机构参加医疗责任保险，二级以上公立医疗机构参加医疗责任保险100%。二级以上医院设置保卫机构33家，配备保安干部100人，配备安保人员457人，安防建设达标24家，二级以上医院设立警务室数量28家，监控系统与公安机关联网32家。将市直及驻市6所医院纳入河北省隐患排查治理信息系统，实现“互联网+”安全生产隐患自查自改自报管理。加强医疗技术临床应用管理。落实《医疗技术临床应用管理办法》，加强“限制类技术”备案管理、医疗技术临床应用质量控制和规范化培训，强化医疗机构主体责任，促进医疗机构不断提升医疗技术能力。严格人体器官捐献与移植管理。全市医疗机构开展限制类技术共计862例，其中造血干细胞移植技术类15例，放射性粒子植入治疗技术131例，肿瘤深部热疗和全身热疗技术589例，肿瘤消融治疗技术125例，心室辅助技术2例，按照国家和省级医疗技术临床应用信息化管理平台要求，及时、准确、完整、逐例报送限制类技术开展情况及相关数据信息。

【提升急救能力】 实施急危重症救治能力提升专项行动。中心城区3个120急救站设置完成（承德医学院附属医院南院区120急救站、承德市中医院120急救站和解放军联勤保障部队第981医院120急救站），于10月29日正式运行，由市120急救中心统一管理、调度。全市院前急救呼叫号码统一为“120”，分别由市、县（市、区）120指挥中心统一管理、调度，严禁各类医疗机构使用或对外公开其他急救号码。全市294辆从事院前急救的救护车安装GPS定位系统。承德医学院附属医院、市中心医院、981医院、市妇幼保健院根据本单位专业优势，分别成立胸痛、卒中、高危孕产妇、危重新生儿、严重创伤和急性中毒等急危重症救治中心，开展多学科会诊，提高急危重症患者医疗救治效率，市级急危重症救治中心累计收治外县（市、区）转诊患者674人次。全市二级以上医疗机构设立转诊服务办公室，配备专兼职工作人员72名，乡镇卫生院确定转诊服务联络员220名，负责上下级转诊沟通、联络和衔接等具体工作。

【疾病防控】 强化防控体系建设。在全市157个接种门诊基础上扩增接种点至310个，配备接种台720个，完成47万余剂次国家免疫规划疫苗常规接种，累计接种二类疫苗27种153213人次，以乡为单位儿童免疫规划疫苗接种率95%以上。加快结核病防治能力建设，完成“十三五”规划的终期评估工作。利用中央直达资金为全市12个疾病预防控制机构、254个乡镇（街道）接种门诊配备冷库、医用冰箱、冷藏箱等冷链设备，实现全天候实时温度监测。全市共报告预防接种异常反应（AEFI）病例1106例，市级审核率100%，无疫苗质量及接种事故报告，无群体性反应及死亡病例报告。联合成立心理咨询专家库，吸纳卫健、教育系统共计250名人员开展全域心理健康咨询服务。强化慢性病管理，国家级和省级慢性病综合防控示范区各项指标均达到国家和省要求，完成防治慢性病中长期规划（2017—2025年）中期评估，完成2021年度心血管病高危人群早期筛查与综合干预项目的复筛和高危干预工作，脑卒中高危人群院外筛查干预任务完成率122.18%，综合排名全国第22，省内第3。加大重大疾病防治力度。全市共报告18种8223例法定传染病，发病率229.52/10万，发病数较去年同期上升11.27%，死亡13例，死亡率0.36/10万，死亡数比去年同期上升18.18%，网络直报系统灵敏度和报告质量稳步提升。学校传染病聚集性疫情报告1起，得到有效处置。科学有效处置北京海淀报告承德市1例肺炭疽疑似病例。继续保持无脊灰状态。麻疹发病率1.77/10万，麻疹疫情得到较好控制。继续保持碘缺乏病消除状态和克山病达到消除状态。登记活动性肺结核1035例（结核性胸膜炎93例），病原学阳性率58.65%，报告肺结核患者应到定点医疗机构总体到位率97.41%，密接筛查率100%，成功治疗率93.97%。对国家平台承德市81个高氟村进行监测，氟斑牙指数为0.076，氟斑牙流行程度为阴性。以病区村为单位开展大骨节病监测，监测覆盖40个乡67个村，检诊率95%以上，未发现大骨节病新患。全市累计登记并录入《国家严重精神障碍信息系统》患者19079人，累计死亡3242人，在册患者15837人，在管患者15209人，平均报告率4.43‰。开展居民向心力健康素养水平调查，心理健康知晓率约40.05%。开展心理危机干预培训工作，全市共计培训131人，为每个乡镇培养2名心理卫生服务人员，每个县（市、区）培训10名心理危机干预人员，24名临床医生报名参加精神科转岗培训。全市有精神科执业医师95人。完成22所幼儿园、56所中小学、1所大学25485人常见病及近视、肥胖专项监测和336间教室教学生活环境监测。

【综合监督执法】 按照疫情防控要求，先后对19家单位、28家个体诊所和14家疫苗接种点进行专项督导检查及网格式监督巡查。对全市412家医疗机构、78家公共场所进行督导检查，责令改正50家，给予警告4家，普通程序立案28件。市本级共随机抽取检查对象233个，完成196户，关闭及无法监督数37户，完成率84.12%，完结率100%，案件29件，检查结果公示率100%。2021年市本级行政处罚简易程序54件，到位罚款3.5万元，一般程序立案18件，较2020年增长16.7%，结案18件，万元以上案件3件，到位罚款6.16万元。

【中医药发展】 提高中医药特色服务能力。全市二级以上公立中医医院全部成立治未病科，以“未病先防、已病防治、既病防变”为指导，构建具有中医养生防治特色的预防保健服务体系，承德市健康状态辨识、冬病夏治穴位贴敷、针灸、理疗、熏蒸、拔罐、推拿等技术得到广泛开展。引进治未病科服务能力提升项目资金100万元，持续提升全市治未病能力建设。联合医保、残联、体育局制定印发《承德市中医药康复服务能力提升工程实施方案》，全市9所公立中医医院已完成康复科建设8个。引进标准化康复科建设项目资金120万元，逐步推进县级中医医院康复科达到省级建设标准。持续开展二级以上中医医院绩效考核工作，2021年新纳入绩效考核管理中医院4个，公立中医医院绩效考核达到全覆盖。推动中医药传承创新发展。强化中医药人才培养，3名第六批全国老中医药专家学术经验继承人及1名第四批全国中医临床优秀人才通过考核结业；2名西医学中医、2名中医护理骨干、2名中药高级人才培养等中医药人才项目正在实施中；完成全省西学中项目培训报名审核工作，全市共审核通过369名学员；实施名医入冀计划，国医大师张大宁传承工作室、全国名中医陈宝贵传承工作室、全国名中医刘启全传承工作室共带徒20人，初步形成集临床、教学、科研为一体的专业学术平台。承德县许志效全国基层名老中医传承工作室建设项目通过省级验收。

【医学科技与教育】 全科医生和紧缺专业人才培养。免费培养签约农村订单定向医学生22人（其中本科16人，临床专科6人）。通过中央资金和自筹资金支持，开展全科医生转岗培训，全年共安排200名学员参加全科医生转岗培训。针对全科医学、儿科、麻醉、康复、急诊等紧缺专业，在住院医生规范化培训招生录取上予以政策倾斜，增加紧缺专业人员在住院医生规范化培训期间工资补助标准。在县级医院选派骨干医生参加紧缺专业人才培训，培养紧缺专业骨干医生5人。培养学科带头人及后备人才高层次卫生人才队伍，组织4名青年学科骨干报名参加“北大访问学者”高端人才培养项目。调整承德市病原微生物实验室生物安全管理领导小组，专家组由市直及驻市医疗卫生单位从事病原学、检验学、流行病学、实验室管理及卫生监督专业的副高职专家组成。实验室设立机构均建立生物安全管理委员会，设有专职生物安全管理员，做到分工明确，责任到人。印发《关于进一步加强一、二级病原微生物实验室调查摸底和备案的通知》，抽调专家对民营医院、门诊部的实验室进行拉网式督导。印发《关于严格管理第三方检测机构核酸检测行为的通知》，12家第三方检测机构分别与相关县（市、区）签订协议。实现实验室备案全覆盖。加强乡村医生后备人才培养。新注册上岗乡村医生417人，新入岗实习乡村医生324人。启动实施上医工程，印发定向培养乡村医生实施方案，新入学培养乡村医生52人。启动2021年基层人才培训项目，培训乡镇卫生院和社区卫生服务中心骨干人员67名、乡村医生288名。依托国家基层卫生人才能力提升培训、糖尿病和高血压培训、国家基本公共卫生服务培训等项目，采取线上培训和线下培训相结合的方式，提升乡镇卫生院和社区卫生服务中心管理人员、全科医生、临床医师、护士及乡村医生等基层医疗人员的服务能力，共培训48106人。围场满族蒙古族自治县医院确定为全科转岗培训基地。住院医师规范化培训基地在读学员总数145人（不含专硕），2021年新招录学员31人。2021年助理全科培训新招录学员10人。推进医学科研创新工作，在研项目6个，完成验收课题4项。

【爱国卫生行动】 推进健康河北行动。印发《2021年度健康河北承德行动工作计划》《重点工作任务台账》等文件，召开全市2021年度健康河北承德行动推进会议。推进健康村镇建设，实施健康社区、学校、企业等健康细胞工程，承德县38万元财政专项经费用于健康中国河北行动示范县创建工作。确定双滦区、平泉市、承德县为首批健康行动示范创建单位。推进慢性病综合防控示范区建设，承德县成为国家级慢性病综合防控示范区，双桥区、双滦区、宽城满族自治县、丰宁满族自治县、滦平县、平泉市成为省级示范区。双滦区、滦平县被评为国家级健康促进示范县（区），丰宁满族自治县、平泉市启动创建工作，全市已创建健康促进医院8所。持续开展卫生创建,创建省级卫生乡镇10个、卫生村121个。开展爱国卫生运动。制定《承德市贯彻落实〈国务院关于深入开展爱国卫生运动的意见〉具体方案》，组织集中时间开展“干干净净迎双节”爱卫活动、“防疫有我、爱卫同行”“文明健康绿色环保”为主题的爱卫月活动。全市统一开展“周五环境卫生清扫”活动，发动群众积极参与“绿色家园齐守护、文明健康始于心、低碳环保践于行、集中灭鼠灭蟑”等系列活动。市疫情防控办、爱卫办等4部门联合印发《关于全面开展爱国卫生运动助力新冠肺炎疫情防控工作的通知》，结合卫生城市创建，全市全域实施环境卫生综合整治，加强消毒消杀病媒防治工作，倡议科学规范戴口罩做好个人防护，广泛发动群众千方百计阻断疫情传播链条。制定印发《承德市推进国家卫生城市和国家卫生县城创建工作方案》《承德市迎接省级卫生城市复审验收工作方案》《承德市省级卫生城市复审工作目标和主要工作任务》等文件。共申报国家卫生乡镇5个，推荐省级卫生乡镇10个（平泉5个、承德县2个、滦平、兴隆、双滦各1个），推荐省级卫生村121个（丰宁、隆化、兴隆各30个，承德县25个，双滦6个）。全市共出动人员622510人次，各类清扫车辆70624辆次，对4251个（夏秋季3182个）市场进行重点整治，重点部位消杀8124.30万余平方米，清理各类垃圾409626.6吨。组织巾帼志愿者有序参与村庄整治、美丽庭院创建活动，有6万余户家庭参与其中，开展各类志愿服务活动800余次。发放宣传资料808671份，播放电视新闻节目5次，新闻资料100余篇。

【京津冀跨域合作】 积极推进与平谷区卫健委共建软硬镜微创医疗中心，努力打造以北京友谊医院为顶层、平谷区医院为枢纽、软硬镜微创医疗中心所在医院为成员的跨省市专科医联体，4家医疗机构正式建立软硬镜微创医疗中心。全市31家二级以上医疗机构（不包括军队医院）与51家京津医疗卫生单位签署合作协议，京津医疗机构下派521人次医疗专家到承德市进行技术指导、业务帮带，合作开展手术4883台，共建专科16个，建立中医传承工作室4个，开展新技术32项、新项目19个，其中10项技术填补承德市空白，组织专科技术培训202场次，参加培训医务人员1230人次，开展远程会诊676次，全市657人次业务骨干免费到合作医院进修学习，3.9万余人次患者接受京津专家诊治。承德市已有9所医疗机构被纳入京津冀医学影像检查资料共享医疗机构，10所医疗机构被纳入京津冀临床检验结果互认医疗机构。

【信息化建设】 完善卫生健康信息化服务体系。

《承德市人口健康信息平台（一期）》项目已基本完成并通过初验，三大数据库及各项业务系统正在逐步上线应用。31家二级及以上医疗机构实现数据上传和交换，全市乡镇以上医疗卫生机构专网建设覆盖率100%，卫生室专网建设覆盖率60%以上。全面推进基层医疗机构管理信息系统建设工作，各县（市、区）全部启用统一的公卫系统，共建立个人健康档案331万份，成功上传到市平台294万份。245个基层医疗机构启用统一的HIS系统，乡镇卫生院普及率99%。推进医疗就诊“一码通”建设，承德市电子健康卡卡管平台建设完成，具备发码验码功能，用户在“承德卫生健康”公众号注册领取承德市电子健康卡，中心城区6家公立医疗机构已完成院内受理环境改造，实现跨机构一码通用。推进远程医疗服务。在全市范围内运用互联网开展远程智慧医疗，着力解决基层群众看病就医问题。由承德医学院附属医院牵头组建的市级远程医疗服务综合管理与运营平台搭建完成，与国家远程医疗中心、河北省远程医疗中心实现对接，与6家省内三级医院、5家省外三级医院实现互联互通，可实时开展远程会诊、远程心电诊断、远程影像诊断、远程教育、培训等远程医疗服务。10个县（市、区）级远程医疗中心基本建设完成，全市所有乡镇卫生院（社区卫生服务中心）实现远程会诊。市级远程医疗中心完成远程影像诊断3659例，累计培训4360人次；县级远程医疗中心完成远程影像诊断17230例，心电诊断12285例。

人口健康

【概况】 2021年，全市期初人口376.50万人，期末人口376.84万人，出生人口19193人，符合政策生育率94.18%。人口出生率5.1‰，人口自然增长率0.46‰。全市网上办理一孩登记8213人、二孩登记8802人、三孩登记448人，再生育审批618人。落实计划生育初审制度，共审核拟提拔副处级以上干部156人，审核先进个人、先进单位100个。制发《关于建立婴幼儿照护服务报告制度的通知》，承德市托育机构试点在国家备案信息系统中申请备案36家。8个县（市、区）有托育试点，县级覆盖率60%以上。认定首批60家具有示范效应的婴幼儿照护服务机构，高新区爱悦堡国际早教中心和隆化县阳光鑫城幼儿园被评为河北省首批星级婴幼儿照护服务机构，双桥区北附托育服务有限公司、承德县金贝福托育服务有限公司、滦平县第一幼儿园、滦平县第三幼儿园被评为河北省第二批星级婴幼儿照护服务机构。印发《关于提高计划生育家庭特别扶助金标准的通知》，将独生子女伤残、死亡家庭由现行每人每月500元和700元，分别提高到700元和960元，自2022年1月1日起执行。发放特别扶助证2872个，三级联系人联系卡2913张。计划生育特殊家庭免费签约家庭医生2766人，覆盖率89%。全市二级以上医疗机构提供优先便利的医疗服务，计划生育特殊家庭本人持扶助证在挂号、就诊、取药、收费、综合诊疗等方面享受优先服务。各县（市、区）成立“亲情相伴 爱暖家园”驿站7个，让特殊家庭成员融入活动、融入环境、融入社区。承德市奖励扶助对象累计扶助74665人；特别扶助累计扶助3088人，其中伤残家庭917人、死亡家庭2171人。

【妇幼健康】 开展高危孕产妇专案管理，随访率和专案管理率均为100%，结案率95%。开展全市危重孕产妇和新生儿救治中心评估，确认市级危重孕产妇、危重新生儿救治中心各2个，县级中心各8个。全市孕妇建档20670人，筛查管理较高风险及高风险产妇2173人。孕产妇死亡率14.5/10万（3例），优于近5年平均水平，婴儿死亡率继续保持近10年持续降低趋势。开展以婚前保健、增补叶酸、孕前优生健康检查为主的一级预防，推进孕前优生健康检查项目和婚检工作的有效融合。开展以免费唐氏筛查、孕妇无创产前基因筛查、孕妇耳聋基因筛查为主的二级预防，孕妇耳聋基因免费筛查率84.01%，免费唐氏筛查和无创基因免费筛查率102.09%。巩固新生儿疾病筛查三级预防成果，新生儿疾病筛查率99.22%、听力筛查率98.74%，均优于目标要求。逐步扩大贫困地区农村妇女“两癌”检查覆盖面，免费宫颈癌检查33466人，乳腺癌检查22744人，检出宫颈癌15例、乳腺癌16例，均已转诊治疗。累计发放营养包156611盒，受益儿童约156611人，发放率69.02%，完成全年任务的94.05%,有效服用率94.05%。全市艾滋病、梅毒和乙肝母婴传播检测率均为100%；艾滋病阳性孕产妇用药率及干预率均为100%。新生儿访视率达90.73%，3岁以下儿童系统管理率86.80%，7岁以下儿童保健覆盖率90.03%。全市0～6岁儿童眼保健和近视筛查覆盖率90%，异常转诊率80%，托幼机构入园、在园儿童视力检查率100%。妇幼行业监管持续强化。开展出生医学证明管理优质示范单位创建工作，经初选推荐5家机构参评。首次签发率97.89%，废证率0.35%。

【老龄健康服务】 全面加强老龄健康服务。制定《承德市开展老年友好型社区创建与推选“全国示范性老年友好型社区”实施方案》，按照逐级推荐、优中选优的原则，经过省级审核推荐，双桥区府城社区、滦平县周台子村获评全国示范性老年友好型社区。制定印发《承德市第四届“敬老文明号”创建活动实施方案》，开启为期三年的创建活动，积极把创建活动推广到各个涉老部门和为老服务行业。建立解决老年人运用智能技术困难工作联席会议制度，并结合承德实际，调整新增市文物局、团市委、市妇联三个会议成员部门，在旅游窗口服务、青年志愿者服务、女性等群体增强为老服务意识和提高社会为老服务面，提升老年人满意度。二级以上综合性医疗机构开设老年医学科占比77%，所有二级以上医疗机构均为65周岁以上老年人开设优先挂号、优先就医等便利服务的绿色通道。举办以“庆祝中国共产党成立100周年，我们都是健康之星”为主题的承德市中老年健康之星遴选活动，确定99名老有所为式的中老年健康之星和10家敬老模范单位，于贵勤获评河北省中老年“健康之星”荣誉称号。联合市委老干部局、市民政局、市体育局、市妇联、承德广播电视台围绕“礼赞百年风华，乐享银龄健康”主题，举办承德赛区中老年才艺风采大赛，评选出40个具有承德地方特色、内容健康的作品报省级参加比赛。开展“老年健康宣传周”“敬老月”宣传活动，组织义诊、文艺演出等活动。加快推进医养、康养相结合的养老服务体系。根据省医养结合机构服务质量提升行动方案，认真组织机构2次自查、县级2次审查、市级实地复核，对卫生服务、制度建设、疫情防控等方面提出数十项整改意见及立行立改要求，组织参加国家医养结合人才能力提升线上培训，为有效实施医养结合质量提升行动。市卫健委、市民政局评选出双滦糖尿病医院等三家市级医养结合优质服务单位、爱孝社区医养结合服务中心等3家市级医养结合服务试点单位。会同市民政局继续在全市培育并分类别、分层次创建医养结合优质服务单位。

【职业健康检查】 辖区内粉尘危害严重的313家企业全部录入基础数据库，除长期停产的12家企业外，301家全部进行职业病危害申报，申报率96.2%。全市共报告重点职业健康检查个案卡55540人，较去年增加2.86%。共抽查企业4家，其中1家企业未开展上岗前职业健康检查工作，予以警告、行政处罚8万元。承德县、滦平县、围场满族蒙古族自治县3个尘肺病主动监测试点共完成679人监测，完成率113.17%。哨点医院承德医学院附属医院对呼吸系统疾病就诊患者开展尘肺病筛查试点工作，呼吸系统就诊人数

5684人，共筛查出尘肺样改变20人。2021年新成立4家尘肺病康复站，省卫生健康委通过统招分签的方式，为4家康复站采购总计240万元的康复治疗设备。对隆化县、承德县的省市级职业健康企业创建情况进行评估，其中将1家拟创建省级职业健康企业的单位调整为市级，将1家市级职业健康企业调整为省级。承德市共有14家用人单位的14名职工被评选为省级健康达人。

【健康扶贫】 加强农村贫困人口大病集中救治工作。制订具体的临床路径和诊疗管理方案，明确病种定点医院23家，农村贫困人口大病专项救治增加到30种。制定全市大病集中救治方案，组建救治专家组，负责全市疑难重症病例专业技术指导和质控工作。建立并完善大病集中救治工作台账，及时录入健康扶贫动态系统。大病集中需救治21328人，重病兜底需救治546人。落实贫困人口住院“先诊疗后付费”政策。全市县域内定点医疗机构全面实施贫困人口住院“先诊疗后付费”政策和一站式报销结算，执行住院日清单和日核查制度。建立防贫对象家庭医生签约管理台账，通过全省家庭医生签约服务信息统计系统填报边缘户人员基本信息和家庭医生签约团队组成人员信息。发挥家庭医生签约团队健康教育、健康管理和基层首诊作用，合理确定应签范围，做到签约一人、履约一人、服务一人，全市贫困人口做到应签尽签。全面消除村卫生室村医两个“空白点”。印发《关于进一步加强乡村医生队伍建设的实施意见》，准确掌握全市村卫生室建设和乡村医生配备现状，统筹实施，有序推进。除乡镇卫生院所在行政村外，全市所有行政村均有1所村卫生室，配备至少1名村医提供服务，实现村卫生室村医全覆盖。承德市健康扶贫工作实现国考、省考零问题，得到省卫健委领导的肯定并多次在全省健康扶贫会议上做典型发言。

【健康教育】 持续开展健康促进县（市、区）建设工作。滦平县获国家级优秀健康促进示范县区。丰宁满族自治县通过省级评估验收。全市创建健康促进医院8所、社区卫生服务机构2所，涵盖一、二、三级专业医疗机构。完成全市1个国家、5个省级监测点居民健康素养监测工作。制定健康科普专家管理办法（试行），建立首批有221名专家的健康促进、健康科普专家库。参加国家健康科普大赛参赛作品5件。市卫健委《接种新冠疫苗共筑免疫长城》获省健康科普大赛图文类作品二等奖。《承德日报》、承德广播电视台等4家市直新闻媒体、电视电台“聚焦疫情防控”、日报晚报“抗疫群英谱”等专题专栏，刊播疫情防控、新冠病毒疫苗接种新闻报道6000余篇；承德电视台3个频道播放关于疫情防控知识游走字幕20条，《承德日报》、《承德晚报》、承德广播电台、承德电视台刊播新冠肺炎防控知识公益广播30条；利用街头LED大屏、阅报栏、公交车、商超宣传栏和楼宇广告，在全市8条主干道和16家商超大屏、300辆公交车每天滚动播出900次；制作“新冠病毒疫苗接种”“戴口罩 勤洗手”等公益广告80余篇（幅），录制疫苗接种公益广告片5部，设计推出24组图案和2组视频宣传材料。“承德卫生与健康”公众号开设“科普专家话健康”专栏，共推送稿件1085篇，总阅读量达81.4万余次，分享4万余次，关注人数近2万人。处理网上微信、微博留言等反映有关卫生健康系统各类舆情事件31件，回应网民留言14次，被政府办通报表彰为“办理优秀单位”。

重点医院

【承德医学院附属医院】 2021年，医院有本部、南院两个院区，总占地面积218亩，建筑面积25万平方米，总资产20亿元，开放床位2400张。共拥有价值100万元以上医疗设备106台（套），10万元以上医疗设备952台（套）。设置有层流净化手术间33间（百级7间、千级4间、万级22间）。医院设有医疗、医技科室60个，职能部门47个。现有职工3616人，卫技2933人，正高194人，副高380人，博士43人，硕士995人，医师中研究生学历占比81.04%，享受国务院特殊津贴专家1名、河北省省管优秀专家2名、河北省政府特殊津贴专家2名、河北省"三三三人才工程"青年专家8名、承德市市管优秀专家28名。全年门诊、急诊189.97万人次，出院患者7.86万人次，完成住院手术2.6万台。

2021年1月，选派医护技骨干、管理专家28名，组建3批医疗队支援石家庄。援石医疗队员1人荣获"冀青之星——青春抗疫特别奖"，9人获评"河北省新时代冀青之星"。8月，承德市新冠肺炎疫情防控领导小组（指挥部）办公室确定南院区为市级新冠肺炎医疗救治定点医院，集中收治危重型病例；将承德市第三医院（承德市肿瘤医院、承德市传染病医院）由附属医院整体托管，作为南院区传染病区，集中收治轻型、普通型和重型病例。医院按照要求迅速对南院区进行"三区两通道"及部分病房改造，制定《新冠肺炎市级医疗救治定点医院筹建方案》《腾空方案》及医疗工作、护理管理、院感防控、医技管理等工作制度及流程50余项，完善工作机制，优化布局流程，组建重症病区、普通型病区医护队伍6个。对承德市第三医院进行重症救治病房改造及制度流程梳理，定点医院建设工作得到省、市卫健委的高度评价。

积极构建"平安医院"，建立完善安全生产管理制度、流程、应急预案等276项，设立环境秩序处，增配安保人员，新装安检门5扇、安检机4台、一键式报警装置343个、摄像头49个。11月，17家承德市市直及驻市卫生健康单位到院进行"双控"机制建设观摩学习。拓展"智慧管理"，完成PACS系统升级，上线肺结节智能辅助诊断系统、本部静脉配液中心系统、血气分析系统、移动医生查房系统、移动院长日报，河北省非税电子发票系统、合理用药前置处方审核系统。通过电子病历应用水平分级5级省级初审，进入国家复评。拓展"智慧服务"，完成国家医保信息平台切换，在省内率先实现国家统一医保信息平台直连，实现自助机医保挂号、医保缴费功能，就诊卡、社保卡、身份证、医保电子凭证、电子健康卡等实现"一码通"，患者就医便捷度大幅提高。2021年医院涌现出"全国五一劳动奖章""最美医护"等先进典型，获评"河北省模范职工之家""承德市十大青年文明号标杆"。在全国1183家三级公立医院绩效考核中获评A等级、排名第166位，在省直公立医院医改考核中获评"优秀"等次。

大力实施科教创新能力提升工程。扩建中心实验室，完成动物实验中心建设及验收，设置细胞室、基因室、蛋白室等专业实验室，为职工和学生提供实验平台服务。2021年共中标纵向课题134项，其中省部级课题13项，市厅局级指令性课题25项，指导性课题96项，获得专项经费资助1210.2万元，各级学科获得上级经费资助52万元；获中华中医药学会科学技术奖二等奖1项，市厅局级奖励42项，其中一等奖28项；完成科技成果转化1项，转化金额10万元；发表论文319篇，其中SCI收录论文80余篇。获批国家级继续医学教育项目11项、省级继续医学教育项目36项，开展院内学术活动120次。

指导硕士研究生发表SCI论文22篇，获批河北省研究生创新资助课题9项，5人获评国家级奖学金。完成儿科学专业申报工作。临床医学专业获批国家级一流本科专业建设点，康复治疗学专业获批省级一流本科专业建设点，医学影像专业及麻醉专业获评校级一流本科专业，内科学、外科学、神经病学等7门课程获批校级一流课程，获批河北省高等教育学会教育科学研究"十四五"规划课题1项，儿科获批首届校级课程思政培育项目；在全国大学生医学技术技能大赛中，护理学专业获东北华北赛区一等奖、全国总决赛铜奖，临床医学专业获华北赛区三等奖；2 人获得第二十五届全国教师教育教学信息化大赛河北赛区三等奖。举办全科医生转岗培训班，为各县（市、区）培养全科医师人才 30 名。2021 年共完成 140 名住培学员的培养工作，荣获河北省第三届住院医师规范化培训技能大赛团体三等奖。

1 月 17 日，市中心医院选派 9 名医护人员赴石家庄市第一人民医院支援新冠肺炎疫情救治

【承德市中心医院】 承德市中心医院位于承德市双桥区广仁大街 11 号，是一所集医疗、教学、科研、预防、保健为一体的综合性三级甲等医院。现为承德医学院第二临床学院、中国医师人文医学执业技能培训基地、全国脑卒中筛查与防治基地医院、国家级胸痛中心、国家级高级卒中中心、国家级住院医师规范化培训基地、承德市全科医生临床培养基地、承德市 120 急救中心指挥调度中心、承德市放化疗中心、承德市临床检验中心、承德市第一司法医学鉴定中心。医院占地面积 55 亩，建筑面积 8 万平方米，开放床位 968 张，设临床科室 36 个，医技科室 11 个。现有职工 1615 人，其中卫生技术人员 1358 人，正高职 115 人，副高职 225 人；博士、硕士 322 人；硕士研究生导师 76 人。医院分主院区和妇儿院区两个院区运行。拥有荷兰飞利浦 128 排 256 层螺旋 CT 机、美国 GE3.0T 磁共振仪、美国瓦里安 VitalBeam 智能化医用电子直线加速器、美国 GE 数字减影 C 型臂 X 光机等高精尖诊疗设备 200 余台。2021 年，服务门诊患者 95 万人次，比上年增加 153669 人次；服务出院患者 2.7 万人次，同比增加 408 人次；病床使用率 84%；平均住院日 8.96 天；全院总手术量 1.6 万例。

2021 年，医院坚决贯彻落实省、市委关于疫情防控的安排部署，紧紧围绕疫情防控关键环节，多措并举、持续发力，保障防控工作开展有的放矢、落地见效。现为河北省疑似或确诊新冠肺炎孕产妇产检和住院分娩定点医院、承德市新冠肺炎确诊病例后备收治医院、承德市核酸检测单位。按照新版《发热门诊设置管理规范》要求，完成发热门诊扩容改造和流程再造。在全市率先引进“方舱 CT”，形成发热患者闭环管理。落实疫情防控重点人群“应检尽检”、社会群体“愿检尽检”要求，及时实现 24 小时全天候核酸采集；每周为市财政局、商务局等 10 个党政机关和 10 所学校进行核酸检测。按照“外防输入、内防反弹”工作要求，规范住院病区门禁、陪护、应急隔离病房管理，构建常态化疫情防控安全屏障。坚持“优中选优”的原则，先后遴选 21 名医护人员支援石家庄、新疆疫情防控一线及冬奥会测试赛等核酸检测与医疗保障工作，两名医务人员圆满完成为期一年半的非洲刚果（金）医疗援助任务。全年门诊、急诊共筛查发热患者 3651 例；对各类人群实施核酸检测 722175 人份；接种疫苗 355314 剂次。

医院以《基本医疗与卫生健康促进法》《医疗质量管理办法》为遵循，以落实等级医院评审标准为抓手，坚持问题导向，进一步规范医疗服务行为、提高精细化管理水平。以 18 项核心制度和不良事件管理为重点，重新修订并形成医院《2021 版工作制度与岗位职责》及《应急预案》，持续改进质量安全体系建设；加强医务人员“三基三严”训练与考核，推进多学科团队协作诊疗模式，夯实基础质量。通过召开医疗质量与安全持续改进专题会议、典型病例分享会等多种形式，促进终末质量持续改进。作为承德市120急救中心指挥调度中心，履行中心城区院前医疗急救职责，按照“就近、就急、就能力、就患者意愿”的四原则，指挥、调度、指导4个急救站承担院前医疗急救任务。深入贯彻落实《药品管理法》、抗菌药物合理应用点评等制度，促进临床合理用药，保障患者用药安全。高度重视医院感染控制和预防工作，从基础感控入手，强化医院感染控制与预防的科学性，降低院内感染风险。

加强不同层级护士培训和考核，8人在省市级护理技能比赛中获奖。制定《承德市中心医院新冠疫情防控护理工作质量评价标准》，修订《病区陪护／探视制度》，进一步加强病区管理。

以分级诊疗制度为导向，立足社会医疗需求，持续强化“五大中心”建设，进一步提升“区域医疗中心”内涵质量。创新管理理念，强化“胸痛中心”“卒中中心”和“创伤中心”技术实力；继续推进“危重孕产妇救治中心”和“危重儿童和新生儿救治中心建设”。以“国家心脏中心、中国医学科学院阜外医院于存涛工作室”建设为契机，提升心脏大血管疾病患者诊疗质量，促进优势学科高质量发展，努力实现“大综合、强专科”的学科发展格局。急诊科为省级临床重点专科建设项目单位；心血管内科、消化血液科、呼吸内科、神经内科、重症医学科、妇科、产科、CT/MRI诊断室、普外科、超声诊断科、肿瘤外科、心胸外科、内分泌科、骨科二病区、老年病科、肾内科为市级医学重点学科；皮肤科、口腔科、麻醉科为市级重点发展学科，心胸外科、消化内科、放化疗中心、内分泌科、心血管内科为市级名科。

秉承“培养成才、广纳贤才、人尽其才、事业留才”的理念，结合学科发展方向，择优招录以医学硕士、护理本科为主体的毕业生68人，选派科主任、技术骨干37人到国内知名医院进修学习和短期培训，跟踪医学前沿、提高技术水平。开展学术沙龙、专科讲座、网络课程等继续医学教育活动，支持各学科牵头举办区域内及省级学术活动，促进人才队伍持续优化。

扎实推进本科教学、研究生培养和住院医师规范化培训工作，提升国家级住培基地内涵质量。举办第13期“急诊危重症方向班”，增强本科医学生的核心能力。搭建科研平台，促进科研能力提升。6月中心实验室正式运行，向全院科研课题及在院研究生提供研究平台、技术支持和服务。获批河北省卫健委科研立项3项，申报全科医学教育教学研究课题2项；申报承德市科技局自筹经费项目34项；获河北医学科技奖8项，其中二等奖7项，三等奖1项；获中华医学会创新发明三等奖1项。

扎实推进“人文型”医院建设，增强医院核心竞争力。在多年医院文化建设的基础上，结合新时代、新要求，传承与发展“雄鹰计划”，修订、完善医院价值理念，通过学习习近平总书记重要讲话和党的百年奋斗历史、举办第四届“不忘初心跟党走、牢记使命为人民”主题演讲会暨《中国医师誓言》宣誓仪式等多种途径，将医院文化与医疗服务有机融合，引导医务人员大力弘扬社会主义核心价值观，自觉传承优秀医院文化、践行医学人文精神，为患者提供优质、高效、人文的医疗服务。

以信息技术为支撑，优化诊疗服务流程，进一步方便患者就医。完成医院信息系统与国家医保平台对接。在河北省首家引进美国瓦里安新型智能化医用电子直线加速器、德国西门子大孔径CT模拟定位机等一整套国际领先的放疗设备。完成医院信息系统与医保平台对接，实行线上线下实时医保报销。升级门诊电子病历整体框架，实现结构化查询、定制化模板、检查检验结果引用等全新功能。在急诊大厅增加急诊挂号、收费窗口，进一步方便患者。

加强卫生应急管理，做好突发公共卫生事件和重大事故的紧急医疗救援工作。继续畅通急危重症患者救治“绿色通道”，坚持做好先治疗、

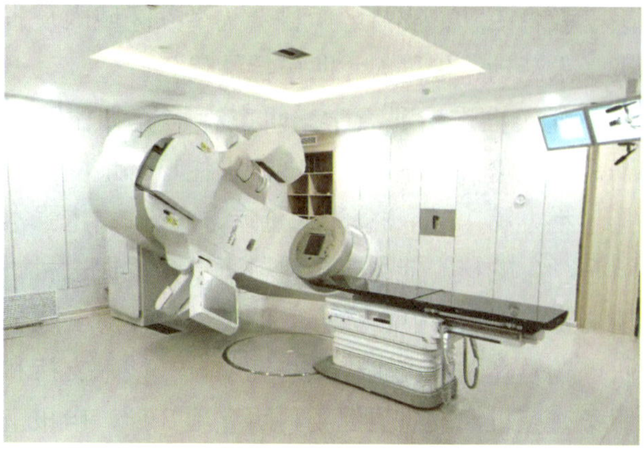

6月6日，在河北省首家引进的美国瓦里安智能化医用电子直线加速器及配套的计算机三维放射治疗计划系统、德国西门子新型放疗专用大孔径CT模拟定位机在市中心医院正式运行

后办理相关手续的绿色通道管理。通过义诊、健康讲座等多种形式提升公众健康素养，倡导健康生活方式。围绕“办实事、解难题、促提升”，广泛开展新时代文明实践志愿服务活动，助力全国文明城市创建。选派31名专业技术骨干赴13个基层医院开展定向精准技术帮扶，提高基层医院服务能力。2021年医院获评“河北省医疗保障工作先进集体”“河北省脱贫攻坚先进集体”“承德市先进基层党组织”。

【承德市中医院】 承德市中医院是一所集医疗、教学、科研、预防保健、社区卫生服务等于一体的市级现代化综合性三级甲等中医院。医院开放住院床位442张，占地面积23亩，建筑面积3.46万平方米，其中新建综合病房楼2.53万平方米。职工712人，其中卫生专业技术人员615人，高级职称人员106人，中职164人，研究生以上学历45人。省级名医3名，市级名医6名。科室65个，包括职能科室28个，临床科室26个，医技科室11个。国家级重点专科1个(康复科)；国家十二五重点专科培育单位1个（老年病科）；省级重点专科5个（康复科、脑病科、老年病科、肛肠科、护理科）；省级中医重点专科建设单位3个（肿瘤科、针灸科、皮肤科）；市级医学重点学科6个（骨伤科、脑病科、老年病科、针灸推拿科、肿瘤科）。河北省中医药脑血管病后遗症重点研究室1个；市级重点专科研究室4个(康复科中医药中风病重点研究室、老年病科中医药消渴痹症重点研究室、肛肠科中医药肛肠病重点研究室、脑病科中医药癫痫病重点研究室)。

医院拥有美国GE1.5T超导核磁、美国GE16排螺旋CT机、安健动态平板DR、卡姆移动式C型臂X射线机、美国飞利浦彩色超声诊断仪、迈瑞RESONA8彩色多普勒超声诊断仪、日立阿洛卡彩色多普勒超声诊断仪、德国“贝朗”血透机、血滤机、日本奥林巴斯电子胃肠检查治疗仪、德国STORZ高清腔镜系统、肿瘤免疫治疗系统、热化疗灌注系统、肿瘤热疗系统、迈瑞全自动生化分析仪、化学发光免疫分析仪、血液细胞分析仪、美国尼高力全数字精确癫痫定位系统和精密显微外科手术器械等先进的医疗设备。拥有6间层流手术间（开放4间，1间百级、2间万级、1间负压），能同时开展4台手术。先进的仪器设备极大地满足了临床需求，提升诊疗水平。

2021年，中医肿瘤科创立“六位一体”中西医结合治疗恶性肿瘤的模式，得到全国人大常委会、国家卫健委、国家中医药管理局、国家发改委、中国民族卫生协会、中国健康产业基金会、中国医师协会以及省市各级领导专家的充分肯定，并顺利通过中国民族卫生协会组织的权威专家团队的鉴定。

医院把握京津冀协同发展重大机遇，全面争取技术支持，扩大学术交流，开展业务合作，成果丰硕。先后成为河北中医学院附属中医院、承德医学院附属中医院、承德护理职业学院附属医院、北京中医药大学东方学院教学医院、首都医科大学附属北京中医医院协作医院、北京中医药大学东直门医院合作单位、中国中医科学院广安门医院合作单位、河北省肛肠病诊疗中心承德分中心、北京平谷软硬镜微创医疗中心。医院聘请石学敏院士、陈可冀院士为名誉院长，张大宁国医大师在医院设立肾病、脾胃病、内分泌病工作室，收徒授业，推动医院综合服务能力不断加强、服务项目进一步拓展、诊疗水平明显提升、患者满意度逐年提高。

医院秉承“厚德精术，承古纳新”的院训，践行“仁爱济世，服务健康”的宗旨，坚定“中医立院、名医兴院、特色办院、科教强院”的发展战略，坚持“弘扬中医文化，突出中医特色，强化中西医结合”的办院方向，强化“全面覆盖补短板、突出特色抓重点”的办院思路，力行“更新医技器、发展专特优”重大举措，紧紧抓住中医发展大好机遇，乘势而上，顺势而为，取得阶段性成果，为承德中医药事业，做出应有的贡献。

【承德市妇幼保健院】 承德市妇幼保健院是全市唯一一所集医疗、保健、预防、科研、教学于一体的妇幼保健专业机构。新院位于高新区冠峰大街9号，占地面积44.9亩，建筑面积55000平方米，兴隆街院区占地面积800平方米，建筑面积为2000平方米，医院外租工商联大厦面积2100平方米。现有固定资产4.92亿元，10万元以上的先进医疗设备204台（件）。医院设有行政、临床、保健、医技等43个科室，其中产科、新生儿科为市级重点学科，生殖医学中心获得开展人类辅助生殖技术资质。医院现有职工445人，其中卫计381人，占85.6%，高职112人，占25.1%。

2021年，医院紧紧围绕妇女儿童医疗保健服务需求，抓住京津冀协同发展战略机遇，与北医三院和北京复兴医院建立长期合作关系。通过采取有效整合资源，加强管理，提高工作效能；加强人才培养和学科建设，提升服务水平；加强医疗质量管控，保障患者就医安全；加强妇幼网络建设，提升全市妇幼医疗保健服务能力等有效措施，克服医院基础设施薄弱等制约医院发展的瓶颈问题，使医院得到健康平稳快速的发展。医院年门诊量、住院人次、业务收入逐年增长，先后被评为省级文明单位，全省妇幼卫生先进集体、白求恩杯竞赛优胜单位等荣誉称号。新建承德市儿童医院于2021年12月30日竣工并投入使用。

【承德市第三医院】 承德市第三医院承担本地区传染病和肿瘤的诊断、治疗、急救、科研、教学及重大公共卫生事件救治等任务。现为承德市新冠肺炎确诊患者定点收治医院、全面接诊新冠肺炎确诊患者及复工复产后定点区域的核酸检测任务。作为结核病质量控制中心、艾滋病质量控制中心，指导市区及各县区的结核病、艾滋病的防控及救治工作。

院本部占地面积82亩，已开发使用面积约2000平方米，实际建筑面积约15000平方米。设有感染综合科、肿瘤内科、外一科、外二科、妇瘤科、放疗科、放疗介入科等7个临床科室，麻醉手术科1个临床二级科室、预检分诊、发热门诊、功能科、放射科、检验科、病理科、加速器机房、内窥镜室等8个医技科室，另设五云桥门诊部。现全院职工340名，编制床位数400张。实际在编人数143人，其中高级职称人员46人，硕士以上学位人员14人。拥有市级重点学科1个，主持完成13项科研项目，分获省市级科研成果和科技进步奖22项，出版专业医学书籍33部，发表国家级核心期刊论著148篇。

医院拥有传染病、肿瘤特色治疗、检查设备：医科达直线加速器、1.5T磁共振、GE64排CT、DR、移动DR、GE、佳能彩色超声诊断仪、GE数字血管减影造影机、铱192后装治疗机、钼靶机、体外高频热疗机、奥林巴斯腹腔镜、宫腔镜、支气管镜、百特床旁血液净化机、2000速进口全自动生化仪、化学发光免疫分析仪、全自动细菌培养系统、罗氏生化免疫全自动定量分析仪、全自动血球分析仪、全自动多功能组织病理检测系统、富士电子胃肠镜、肝弹力纤维仪等医疗设备。

医院先后成为“天津市肿瘤医院承德分院”“首都医科大学附属北京佑安医院承德分院”“北京地坛医院合作医院”“中国人民解放军第二军医大学东方肝胆外科医院帮建医院”“石家庄市传染病医院协作医院”“承德医学院教学医院”“承德护理职业学院教学医院”，与北京佑安医院、中科院肿瘤医院建立长期合作关系，定期邀请以上各大医院专家来院出诊、查房、指导工作。开通“京津专家直通车门诊”，实现患者与专家间的无障碍咨询，搭建优质、高效、便捷的就医桥梁。

2021 年，医院定为承德市城镇职工医保、城乡居民医保定点医院，是全市抗癌谈判药品保障使用定点医院；是河北省感染性疾病专科联盟常务理事单位、承德医学院附属医院病理专科联盟、中国农村丙肝阳光计划定点医院、河北省肝病医疗救助定点医院、省宫颈癌救治定点医院、市乳腺癌救治定点医院、市总工会爱心医院。2021 年被评为承德市精神文明建设工作先进单位。

【承德市口腔医院】 承德市口腔医院为市属公立口腔专科医院，医疗保险、工伤保险定点医院，承德市口腔质控中心、首都医科大学附属北京口腔医院技术合作医院、承德护理职业学院教学医院、河北省口腔专科联盟单位。现已发展成集医疗、预防、教学为一体的标准化、信息化专科医院。医院设有口腔内科、口腔外科、口腔修复科、CAD/CAM 工作室、牙周黏膜科、口腔正畸科、特诊科、口腔种植科、口腔综合科、老年口腔病科、儿童口腔科、口腔预防科、医疗保健科、医学美容科共 14 个专业临床科室，并设有高新区院区、双滦区院区 2 个分院区。其中口腔修复科、儿童口腔科、口腔正畸科为承德市“市级名科”，口腔修复科、儿童口腔科、口腔内科、口腔种植科为承德市市级“医学重点学科”。医院现有口腔专业技术人员 190 余人，其中高级职称 48 人，“市级名医”10 人，市管优秀专家 1 人。

2021 年，医院现有口腔综合治疗机 89 台，同时设有手术显微镜、椅旁数字化修复设备、CBCT 影像系统、超声喷砂牙周治疗仪、超声骨刀等先进口腔医疗设备。医院积极推进口腔新技术、新项目的开展与应用，其中全口种植技术、医用胶原蛋白海绵在口腔软组织缺损手术中的应用、前牙美容树脂层塑技术、超声骨刀在口腔中的应用、金属预成冠技术、MRC 肌功能矫治技术、隐形矫正技术等先进口腔技术已经广泛开展应用。

承德市口腔医院作为“中国儿童口腔疾病综合干预项目”承办单位，免费为 3 ~ 6 岁儿童牙齿涂氟、免费为全市 6 ~ 9 岁适龄儿童窝沟封闭预防龋齿。同时医院秉承公立医院公益性宗旨，积极派出医师深入基层开展对口帮扶，通过帮建科室、提供技术支持，提升基层口腔医疗服务能力。通过深入社区、学校、部队、贫困村进行口腔健康宣教与义诊，通过实施复诊患者凭预约复诊单挂 1 元简易门诊号、为 60 岁以上全口无牙的低保老人免费镶牙等惠民政策，不断加强口腔专科品牌建设，提升医院社会知名度和影响力。

2021 年市卫健委领导名录

党组书记、主任：朱守仓（满族，2 月免）
刘雁翔（蒙古族，3 月任书记、主任，免副书记、副主任）
党组副书记、副主任：张秀玲（女，满族，3 月任）
党组成员、副主任：宋煜敏（女，满族）
刘　强
孙　臣（满族，7 月免）
屈　民（7 月免）

（于瑞强　供稿）

医疗保障

【概况】 2021年，承德市医疗保障工作深入贯彻落实中共中央总书记习近平视察承德重要讲话指示精神，全面深化医疗保障制度改革，圆满完成年度各项目标任务。印发《承德市“十四五”全民医疗保障规划》，推进“医路承伴”创新服务改革，制度化开展医保基金使用监督网格化管理，持续巩固提升长期护理保险试点，医保信息化建设、打击基金欺诈骗保、药品医用耗材集中带量采购工作位居全省前列。

4月1日，承德市人民政府召开新闻发布会宣布启动全市第三个医保基金监管宣传月

【城乡居民医保】 全民参保进一步巩固。深入贯彻实施基本医疗保险全民参保计划，做到应保尽保。截至2021年年末，全市基本医疗保险参保337.42万人，其中，职工参保50万人，居民参保287.42万人，参保率95.3%。全市统筹基金收入36.79亿元，其中职工11.3亿元、居民25.49亿元；支出34.77亿元，其中职工10.26亿元、居民24.51亿元；当年结余2.02亿元，其中职工1.04亿元、居民0.98亿元；累计结余28.28亿元，其中，职工13.96亿元，居民14.32亿元。全市职工个人账户收入9.74亿元，支出8.55亿元，当年结余1.19亿元，累计结余10.85亿元。坚持精准施策，做好农村低收入人口参保，脱贫人口参保率和个人缴费资助率均达到100%。

【待遇保障】 2021年，承德市基本医保分类统筹待遇基本统一。居民医保住院待遇标准：一、二、三级医院起付标准和报销比例200元、85%，400元、70%，1500元、55%；省外就医起付标准和报销比例为3000元、50%，最高支付限额45万元（基本医疗保险15万元＋大病保险30万元）；居民门诊待遇标准：不设起付标准，每年度累计在100元以内的，基金支付50%，个人自付50%。全年居民医保门诊报销412万人次、3.84亿元，住院报销40万人次、20.67亿元、人次均5125元。职工医保住院待遇标准：一、二、三级医院起付标准和报销比例300元、90%，200元、87%，200元、82%；省外就医起付标准和报销比例为300元、80%，最高支付限额35万元；职工门诊待遇标准：起付线100元，报销比例在职50%、退休60%，最高支付限额普通门诊1000元、门诊慢性病3000元。全年职工医保门诊报销155.5万人次、1.66亿元，住院报销91570人次、8.6亿元，人次均0.94万元。生育保险报销6500人次、1.1亿元。

9月，承德市成立医保咨询服务中心，集中统一进行医保政策线上、线下咨询和引导服务

【医保基金监管】 基金监管进一步强化。统筹推进打击欺诈骗保专项整治行动与全面排查整

治、存量问题“清零”行动和规范医保目录对应“四项行动”。完成对全市1579家医保定点医药机构检查2轮全覆盖，共查处违规医药机构949家，其中暂停医保服务35家、约谈911家、通报批评199家、限期整改358家、解除医保协议1家、行政立案处罚3家，追回和拒付医保基金4636.8万元，行政罚款68.17万元，公开曝光典型案件322起。

7月27日至29日，承德市医疗保障局举行全市医疗保障基金监管政策业务培训

【医保精准施策】 开展集中采购，先后跟进落实和组织实施国家、省、联盟城市13个批次药品以及医用耗材集中带量采购及续约工作，药品每批次平均降幅50%以上，单品种最大降幅98.7%，医用耗材每批次平均降幅60%以上，单品种最大降幅96.34%，全年累计采购金额1.78亿元，节省资金3.63亿元，其中，减轻患者用药负担3.32亿元，节省医保基金支出3076万元。调整支付范围，跟进执行《河北省基本医疗保险、工伤保险和生育保险药品目录（2021年版）》，收载西药和中成药共2860种。其中，常规药品2585种，协议期内谈判药品275种，另含中药饮片892种。强化价格管理，累计调整备案价格项目4962项，医疗机构增加收入2.7亿元。

【医保制度建设】 完善监管制度，推动出台基金监管制度体系改革、飞行检查、可追溯、网格化管理等一系列文件，为行政执法检查提供了可靠的制度保障。认真执行行政执法公示、行政执法全过程记录、重大执法决定法制审核三项制度。

【护理保险试点拓展】 制定长期护理保险国家试点优化提升方案，调整筹资机制和待遇政策。2021年全市长期护理保险参保50万人、收入9300万元、支出1880万元、落实待遇2634人，累计结余2.21亿元。全市共有定点护理服务机构36家，其中医疗机构12家、养老机构14家、家护服务机构10家，床位918张。国家医保局对承德市长期护理保险试点工作予以肯定。

【巩固医保脱贫成果】 落实“四个不摘”要求，全市脱贫人口45.6万人全部纳入基本医疗、大病保险、医疗救助三重保障范围。脱贫人口参保率和个人缴费资助率均达到100%，全市落实医疗保障扶贫政策提高待遇187.8万人次、4.24亿元。累计认定门诊慢（特）病6.9万人，落实待遇13.7万人次、3591万元。加强防贫监测，及时将全市脱贫人口822人、一般参保人3820人数据推送给乡村振兴部门，确保不发生因病返贫致贫情况。

【疫情防控保障】 安排专项预算6.66亿元，上解疫苗费用4.87亿元，拨付接种疫苗551.9万剂次、4691万元。及时调整核酸检测价格，单人核酸检测价格由85元降至40元，混合检测价格由40元降至8元。落实药品集中采购预付金和医保基金周转金制度，全年拨付预付金4160万元、周转金4.28亿元，为定点医药机构良性运转提供保障。

2021年市医疗保障局领导名录

局　　长：刘　杰（满族，7月任）

曹金岗（满族，7月免）

副 局 长：司景成（蒙古族）
王大伟（蒙古族）
丁　辉

（王万新　供稿）

体　育

【概况】　2021年，承德市体育系统深入贯彻落实中共中央总书记习近平关于体育工作的重要论述精神，扎实开展国家基地建设、冰雪运动、全民健身、竞技体育、体育产业等各项工作，取得可喜成绩，承德体育工作迈上新台阶。全力做好国家体育基地医疗、食品安全、电量增容、移动通信、交通改善等各项服务保障工作，为基地在训国家队训练和生活提供优质服务，圆满完成国家队近10次国内外保障任务，完成投资6.9亿元。基地自运营以来，已接待国家、省驻训队伍74支13万人次。曾在基地驻训、调整的国家队运动员在东京奥运会上取得5金2铜，在北京冬奥会上取得4金1银1铜的好成绩。基地服务保障工作得到国家体育总局和冬运中心高度认可。抓好冬季项目运动队建设，组建市青少年冰球预备队伍，在训人数70人。市体校短道速滑队、冰雪轮滑运动协会冰球队被省体育局列入冬季项目扶持名单。全年培训一级冰雪项目社会体育指导员157人、二级冰雪项目社会体育指导员1141人。完成冬季项目运动员注册300余人。省体育局授予高山滑雪、短道速滑、冰壶项目一级裁判员4人。

【开展冰雪赛事】　全年开展冰雪赛事活动52场，直接、间接带动184万人参与冰雪运动。积极参赛全力办赛。全项参加省第三届冰雪运动会，奖牌总数和排名均超上届，并获“最佳组织奖”“优秀成绩奖”等4个奖项。成功举办市、县（市）两级第三届冰雪运动会暨2021年冰雪嘉年华活动。

12月，承德市全项参加省第三届冰雪运动会，荣获“最佳组织奖”“优秀成绩奖”等4个奖项

【开展群众冰雪运动】　广泛开展社区冰雪运动会、乡村冰雪运动推广普及、“冰雪大篷车”体验等活动。社区冰雪运动会覆盖184个社区、“冰雪大篷车”覆盖185个乡镇和街道、1162个行政村，冰雪运动体验门店43家、公园体验区12处、商场11家。充分利用得天独厚自然条件和丰沛水资源，建设天然冰场、嬉雪场100余处，有效解决人民群众参与冰雪运动对场地需求。

【冰雪运动进校园】　组织开展“冰雪运动进校园”“万人万校行万里路　心往北京滑向冬奥”等系列主题冰雪进校园活动。全市604所中小学开展冰雪活动，“小手拉大手”带动冰雪运动开展效果显著。为破解农村中小学生冰雪运动器材少、参与冰雪运动难等问题，省体育局、市体育局为农村学校配发轮滑鞋5114双。

【冰雪运动宣传】　制作冰雪会客厅12期，推荐省市大众冰雪之星53人，市级以上媒体共刊发稿件1100余条，其中国家级媒体110条，省级470条。通过冬奥知识展、冰雪运动成果展、摄影展，制作冰雪运动宣传片、举办冬奥知识网络答题、悬挂道旗、张贴海报等多种形式，对冰雪运动、喜迎冬奥进行全方位、立体化宣传，营造浓厚的冰雪运动氛围，省体育局对承德市宣传信息工作进行通报表扬。

12月12日，承德市第三届冰雪运动会开幕式暨2021承德冰雪嘉年华启动仪式在承德冰上运动中心举行

【全民健身普及】 大力实施体育惠民工程。完成513处社区、村庄健身设施的安装使用，超额完成省定任务。扎实开展全民健身普及工程。全年共举办京津冀轮滑公开赛、金山岭长城马拉松比赛、广场舞大赛、健身气功展演等50项次大型群众体育赛事活动和14项品牌特色赛事活动，较好地丰富了市民体育文化生活。努力推动低免开放。积极推动公共体育场馆和学校体育场地向社会开放，不断丰富开放项目。高质量完成国民体质监测。2021年启动国民体质监测工作，全市共监测15105人，圆满完成省定目标任务。对推动全市国民体质监测工作向个性化、精准化发展，及时掌握国民体质状况和变化规律具有十分重要的意义。高标准启动中心城区体育设施补短板工作。为切实方便人民群众就近健身，解决中心城区健身场地不足问题，多次到中心城区深入开展调研，通过召开座谈会、实地踏查、问卷调查、网络征集、基层推荐等多种形式谋划研究中心城区新增体育设施规划。

【竞技体育组织】 印发《承德市关于深化体教融合促进青少年健康发展的实施方案》。承德市培养输送的射击运动员杨皓然在东京奥运会上获得1金1铜，在第十四届全运会上获得2金1银。组队参加省射击、田径、举重、摔跤等项目锦标赛，获得较好成绩。高水平赛事精彩纷呈，承办举办2021—2022年国际雪联越野滑雪FIS积分系列赛、全国速度滑冰长距离调赛、河北省第二届线上亲子运动会等10余项国家和省级赛事活动。命名19所体育传统项目学校、7个青少年体育俱乐部和7个青少年竞技项目后备人才基地。申请省级冬季项目俱乐部、体育传统项目学校、人才基地12个。

10月25日，2021—2022年国际雪联越野滑雪FIS积分系列赛在坝上河北承德国家雪上项目训练基地拉开帷幕。

【社会体育赛事活动】 全年举办2021年第八届金山岭长城马拉松比赛、河北省围棋段位赛承德分区赛和“我要上全运”第十四届全运会群众比赛围棋项目河北省选拔预赛、承德市中小学啦啦操比赛、“健康河北活力燕赵”河北省象棋城际争霸赛、全市篮球赛、承德市第八届职工足球赛等10多项赛事活动。共吸引各县（市、区）3000人直接参与。

【社会体育管理】 成立单项体育协会和体育类民办非企业单位审核小组，认真开展年检工作，审核通过并成立市体操运动协会等5个协会和市金斯冰球体育俱乐部等5个体育类民办非企业单位。加强县（市、区）社会体育组织指导。为县（市、区）协会脱钩过渡时期存在问题进行答疑解惑，为县（市、区）成立社会体育组织提供政策指导。开展全市足球改革发展专题调研。摸清全市足球项目底数，县级足协11个，足球俱乐部31个，注册球员1100人，以及教练、裁判、场地情况，为今后出台扶持政策提供依据。

【体育产业发展】 将“文旅康养体育”产业作为“3+3”主导产业之首，摆上重要位置。御道口牧场管理区被国家体育总局命名为“国家体育产业示范基地”。获评省体育旅游示范基地1处，省体育旅游精品线路1条。塞罕坝体育训练基地“2.5公里气膜赛道”获评省体育创新创业大赛冰雪类第一名。冰雪产业逆势增长。已完成投资24亿元的金山岭国际滑雪旅游度假区一期工程投入运营，启迪鸿星（承德）冰雪文体科技项目正式签约，全市冰雪产业总规模达到36.02亿元，创造增加值13.88亿元，实现逆势增长，全省排名第二。产业规模不断壮大。全市体育产业企业达到1524家，从业人数5万人。创建市级以上体育产业示范单位和示范项目达到40个。体育消费券发放提振消费。为激励体育企业及相关单位积极采取惠民利民措施，满足群众日益增长的体育需求，有效拉动体育消费。积极组织全市体育企业参加“2021年河北省体育消费季”活动。其中滦平畅乐游游泳健身中心和承德联玉实业有限公司被授予“2021年河北省体育消费季惠民企业”称号。

【服务功能发挥】 奥体中心充分发挥体育场馆的体育服务功能，更好满足人民群众开展体育活动的需要，持续做好全民健身、承接赛事及低免开放工作。奥体中心体育场全天免费对市民开放，同时为市体育运动学校训练、比赛和河北民族师范学院体育教学提供服务。奥体中心体育馆羽毛球场地使用率达100%。南广场、北广场、室外篮球、羽毛球、乒乓球场地及健身路径全天候免费开放。同时全力保障市卫健委疫苗接种工作。承德市体育局体育场在常态化疫情防控形势下，采取错峰开放，保证群众每天2小时免费健身时间，同时为市体育运动学校学生训练做好服务。奥林游泳馆努力提升服务质量，扩大宣传，吸引客源，增加收入。

承德奥体中心

【组织监督】 “双随机、一公开”有序推进。制定全年工作方案及随机抽查计划，细化监管平台，对监管平台内检查对象名录库和执法检查人员名录库进行分类标注，完善数据，达到督导考评标准。对全市范围内的经营性高危场所按“双随机、一公开”工作要求进行抽查，并对抽查情况依法进行公示。认真开展市场和公平竞争审查清理工作。加强消防安全标准化建设和“双控”机制建设。制定《承德市体育局关于开展2021年全市高危险性体育项目经营场所安全专项执法检查的通知》《承德市体育局关于做好2021—2022年雪季全市滑雪场所安全工作的通知》，对全市游泳场所和滑雪场所进行安全检查。

2021年市体育局领导名录

党组书记、局长：李战争（7月免）
孙成伟（7月任）
党组成员、副局长：王启宏（满族）
张　延（满族）
池景生
裴福斌

（乔超男　供稿）

收入与消费调查

【概况】 2021年，认真贯彻中央和省各项决策部署，坚持稳中求进工作总基调，统筹疫情防控和经济社会发展，全力做好“六稳”工作、全面落实“六保”任务，统筹推进稳增长、促改革、调结构、惠民生、防风险等各项重点任务。疫情防控得力，生产生活很快恢复正常，民生保障不断增强，居民收入与经济发展保持同步增长，为建设“生态强市、魅力承德”奠定坚实基础。

【城乡居民收入】 据抽样调查，2021年承德居民人均可支配收入25661元，同比增长10.5%，高于全省平均水平2.2个百分点，增幅位居全省第一位。分城乡看，城镇居民人均可支配收入36767元，同比增长8.4%，高于全省平均水平1.1个百分点；农村居民人均可支配收入14852元，同比增长12.6%，高于全省平均水平2.4个百分点。2021年城乡居民收入比值由上年的2.57缩小至2.47，城乡居民收入相对差距继续缩小。城镇居民人均可支配收入中，工资性收入22553元，转移净收入7845元，经营净收入3462元，财产净收入2905元。农村居民人均可支配收入中，工资性收入7666元，转移净收入2351元，经营净收入4776元，财产净收入203元。

政府部门积极协调，不断拓宽就业渠道，促进就业率提高，随着基础设施提升、城市改造等项目的推进，增加就业岗位也增加收入；机关事业单位工资改革不断推进，绩效奖励标准提升，精神文明奖人均9600元／人，文明城市奖人均1000元。行政事业人员占从业人员的19.5%。从2021年1月初起，部分县（丰宁、围场、隆化、平泉）执行边远地区补助；退休人员养老金上调4.5%，于2021年6月份执行；2021年承德市疫情防控形势较好，各项宏观经济指标都大大好于2020年，高于前几年平均水平。财政保障力度加大，各行业营业收入呈现恢复性增长。同时依托精准脱贫有利契机，各项惠农补贴加快落实。随着乡村振兴战略的推进，农业农村各领域改革不断深化，从而带动农民收入较快增长，城乡居民收入差距逐步缩小。

【城乡生活环境】 2021年，城镇居民家庭人均住房建筑面积33.3平方米，90%以上的家庭居住楼房、用上自来水、实现集体供暖、使用液化石油气或管道天然气，居民家庭住房比以前宽敞、配套设施更加完备，居住环境有明显改善。农村居民家庭人均住房建筑面积30.8平方米，比2020年增加0.7平方米，近几年在政府相关部门的大力帮扶下，对农村居民部分危旧住房进行翻建改造，大大改善农村居民居住条件。

家居门前实现道路硬化，92%的城乡居民户通有水泥和柏油路面。56%的城乡居民户使用经过净化处理的自来水，38%的城乡居民户使用受保护的井水和泉水，获取饮用水不存在困难，居民饮水安全有保障。通过美丽乡村建设和振兴乡村战略的实施，农村“厕所革命”使居民如厕有很大改变。调查中显示：使用水冲式卫生厕所占54.4%、卫生旱厕占13.8%、普通旱厕占31%。随着城乡一体化的不断深入，电信网、广播电视网、互联网三网融合覆盖全域。水、电、暖等生活条件正在逐步改进升级，城乡面貌发生较大变化。

【恩格尔系数】 2021年城镇居民生活消费支出25198元，居民人均食品消费支出6922元，占居民消费支出的27.47%，比2020年上涨0.61个百分点；农村居民生活消费支出12142元，居民人均食品消费支出3905元，占居民消费支出的32.17%，比2020年上升0.63个百分点。

【耐用消费品普及】 2021年，城镇居民家庭主要耐用消费品百户拥有量：家用汽车45.05辆、增长3.6%，洗衣机100.56台、增长0.05%，电冰箱103.07台、增长1.52%，彩色电视机105.03台、增长0.62%，计算机69.5台、减少17.64%，空调53.36台、增长8.69%，洗碗机2.41台、增长1142.78%，健身器材5.98台、增长21.72%，空气净化器3.89台、增长59.63%，吸尘器13.04台、增长47.11%。这几大项耐用消费品中，消费普及率较高的有：移动电话、电视机、洗衣机、电冰箱，几乎每个家庭都有。拥有量比上年都有所提升。增长比率较高的有：洗碗机、健身器材、空气净化器、吸尘器。说明城镇居民家庭现代化水平的不断普及和提升，但是拥有量还不高，市场潜力有待挖掘。

农村居民家庭主要耐用消费品百户拥有量：家用汽车24.9辆，摩托车63.48辆，洗衣机96.41台，电冰箱99.84台，彩色电视机106.14台，计算机29.93台，微波炉19.78台，热水器49.35台，移动电话245.93部，其中：接入互联网移动电话193.34部，所有主要耐用消费品都比2020年有不同程度的增长，城、乡生活用品水平差距在不断缩小，移动电话、电视机、洗衣机、电冰箱、通信设备城乡差距几乎不存在。

【消费结构】 城乡居民消费结构不断升级，食品消费在八大项消费中依然占最高比重。消费方式出现转变，消费观念逐渐从追求商品的实用价值转变为追求品质享受和服务体验。收入的提升带动“享受”领域的消费增长，消费档次不断提升。人们更加注重在身体健康、医疗保健、文化教育等方面的资金投入。

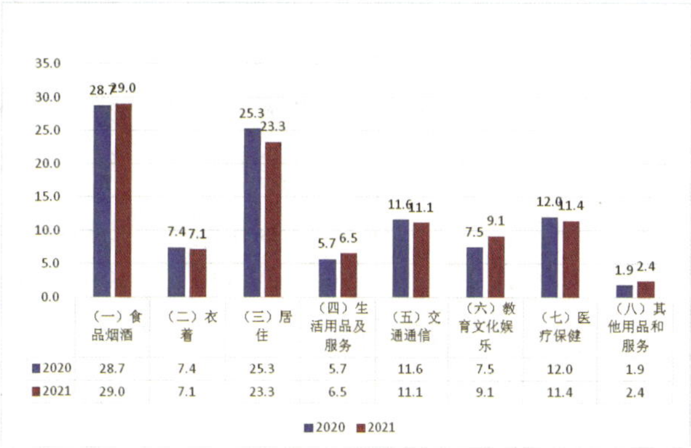

2020年、2021年八项消费占生活消费的比重图

2021年八大项消费占生活消费的比重为：食品烟酒占29.03%、衣着7.11%、居住23.26%、生活用品及服务6.54%、交通通信11.13%、教育文化娱乐9.13%、医疗保健11.43%、其他用品和服务2.37%。从2021年和2020年两年消费比重变化情况看，八大项消费占生活消费的比重呈现四升四降态势：衣着类、居住类、交通类、医疗保健类下降，其中居住类消费下降幅度最大，主要原因是近年来各项政策调控房地产市场，房屋价格稳中有降，使得购买、修缮、租赁消费下降。教育文化娱乐、生活用品及服务、其他用品和服务、食品烟酒上涨，其中教育文化娱乐上涨幅度最大，主要原因是随着居民收入水平的提高，人们更加追求高层次的精神生活，提升精神文化生活质量逐渐成为越来越多居民的选择。

2021年国家统计局承德调查队领导名录

党组书记、队长：刘长龙

党组成员、纪检组组长：郝立芬（女）

（迟宪辉　供稿）

人力资源和社会保障

【概况】 2021年，全市城镇新增就业4.97万人，城镇失业人员再就业1.56万人，就业困难人员就业8400人，城镇登记失业率3.3%，开展各类职业技能培训6.05万人次，脱贫人口外出务工18.92万人，开展创业服务6.32万人次，发放创业担保贷款和补贴资金1.27亿元。全市企业职工、工伤、失业、城乡居民养老保险分别新增参保3.6万人、7.39万人、3.9万人、2.64万人，各类保险待遇发放率达到100%。全年引进各类高端人才510人。

【就业创业】 全面强化就业优先导向，深入实施就业创业提升工程，千方百计稳就业。惠企惠民抓落实。全力打好“减负、稳岗、扩就业”政策组合拳，全市减免社保费、发放援企稳岗、就业补助、职业培训等资金3.5亿元，支持企业稳定就业岗位。全力促进重点群体就业，加强困难群体就业援助，发放失业保险待遇和失业补助金1.18亿元；持续优化就业服务水平，打造“承才金街”服务品牌，开展系列招聘活动187场，帮助5000余名群众找到就业岗位，零就业家庭保持动态清零。强化培训促发展。主动对接全市产业需求，大力实施职业技能提升行动，开展各类职业技能培训6.05万人次；积极推进公共实训基地等载体建设，全市高技能人才培训基地和技能大师工作室分别达到4家、9家；全力助推技工教育发展，宽城、滦平两县技工学校恢复招生。创优服务激活力。创新推行“136”创业服务模式，打造“承就你”全链条创业服务品牌，开展创业服务6.32万人次，发放创业担保贷款和补贴资金1.27亿元，直接帮扶群众4601人。精心参展第三届全国创业就业服务展示交流活动，获评人社部“城市创业精品展示项目”称号。

【社会保险】 狠抓社保扩面提质保平衡，社保制度建设取得新进展。社保制度改革持续深化。企业养老和工伤保险实现省级统收统支，征缴基金全部上缴省级国库。社会保险扩面任务超额完成，全市企业养老、工伤、失业、城居保分别新增参保3.6万人、7.39万人、3.9万人和2.64万人，排名全省前列，城居保参保率96.23%，始终保持在95%以上水平。提升社保待遇水平。企业养老金逐年上调，城乡居民基础养老金最低标准提高到116元，高于全省113元平均水平。机关事业养老保险基本完成2019年以前退休中人新办法待遇计发工作，8个县（市、区）全面启动被征地农民养老保险补贴落实工作，占全省44个启动县的18%，走在全省前列。社保卡待遇发放率全省靠前。社保基金总体安全稳定。集中开展社保基金专项整治系列活动，各类违规领取的基金全部追回，有效保障基金安全。

【招才引智】 聚焦建设“青年友好型城市”，深入推进政策制度改革创新。强化政策举措，出台实施《承德市“假日工程师”柔性引才实施办法》《促进人才创新创业加快高质量发展步伐的实施办法》两项政策，为97名高层次人才发放奖补资金131.4万元。招才引智更加精准。深入开展产业人才需求调查，定期发布紧缺人才需求名录，采取“2+6+N”模式开展系列招才引智活动35场次，引进各类高端人才510人。完善人才评价体系，全部完成27项职称制度改革任务，向省推荐各类优秀专家18人，职业技能等级认定制度全面推行，高技能人才与专技人才发展贯通领域扩大到8个系列，发展空间进一步拓宽。

【规范人事管理】 全面推行县以下事业单位管理岗位职员等级晋升制度，持续深化事业单位工资制度改革，创新建立“工资福利信息共享系统”，在高校、科研院所探索建立起灵活多样的分配办法，经验被省发改委专刊发表。疫情防控人员、义务教育教师等群体各项待遇得到有效落实。继续推行“四统一”招聘工作机制，为全市事业单位引进硕士研究生以上学历学位人才50名，完成各类事业单位招聘3378人，招募“三支一扶”志愿者140名。高标准完成“承德市2020年脱贫攻坚先进集体和先进个人”“承德国家可持续发展议程创新示范区创建工作先进集体和先进个人”等重大评选表彰活动，表彰奖励40个先进集体、160名先进个人，营造干事创业、争先创优的浓厚氛围。

【稳定劳动关系】 持续强化劳动矛盾调处，农民工欠薪问题实现“动态清零”。压茬开展根治欠薪系列专项整治活动，共调处各类欠薪问题631件，为1.01万名农民工追讨工资1.32亿元，保障农民工工资工作考核在全省地市级排名由上一年度的第9位上升至第7位。有序推进劳动关系“和谐同行”能力提升三年行动，加强劳动关系三方协调机制建设，持续深化国有企业负责人薪酬制度改革，开展企业最低工资标准抽查，规范企业劳动用工行为，备案企业劳动合同签订率达100%。有效化解信访风险，持续开展防范化解信访风险排查整治行动，共受理仲裁案件2459件，接收群众来信来访629件，仲裁结案率、调解成功率全省第一，保障重要敏感节点信访稳定。

【人社扶贫】 巩固拓展脱贫攻坚成果，服务乡村振兴战略。各级人社部门持续深化“5+5就业扶贫”“1+3+4技能扶贫”和“351劳务协作”就业扶贫模式，加大对重点地区、重点人群帮扶力度，全市脱贫人口实现务工就业18.92万人，易地搬迁脱贫劳动力就业1.41万人；继续落实城乡居民基本养老保险代缴政策，符合参保条件的47.16万人全部参保，脱贫人员参保率、政府代缴率和待遇发放率始终保持“三个100%”。

【优化公共服务】 持续深化“一网一窗一次”改革成果。大力开展“情满人社”专项行动，打造“一网一窗一次”改革3.0升级版，人社公共服务向更加“便民、智能、规范、温暖”转变，改革经验被中央深改办专期刊发，“全省社保统一经办系统”充分借鉴吸收了“承德模式”。大力开展人社服务快办行动。开设“承德人社帮你办”微信号，为企业和群众提供“一对一”帮办代办服务，打造“立等可办”业务新模式。大力推进全国社保卡“一卡通”创新应用示范市建设。推行社保卡在医疗就诊、政务服务、旅游服务等六大领域创新应用，真正实现“一卡在手，走遍承德”。在全省率先推行工伤认定“办事一次成”改革。所有工伤业务实现“一网办理”，改革经验在全省推广，成为全国首个工伤文书电子送达市。

【荣誉获得】 2021年，承德市人力资源和社会保障工作7项重大改革任务在国家和省部捧杯夺奖，14项工作得到省市肯定和表扬；承德市人社公共服务中心被评为“全国人力资源和社会保障系统优质服务窗口”；承德市就业服务局被评为“全市脱贫攻坚先进集体”；承德市人才中心被评为“承德国家可持续发展议程创新示范区创建工作先进集体”；市人力资源和社会保障局被评为全市精神文明建设先进单位；10人获评“全国根治欠薪工作先进个人”“全省脱贫攻坚先进个人”。

2021年市人力资源和社会保障局领导名录

党组书记、局长：王泽辉（7月任）
房宝占（7月免）
党组副书记、副局长：张铁军（女，满族）
党组成员：裘长安
党组成员、副局长：高秋波
董晓东（满族）
武卫东
副局长：张会武（满族，3月任）

（刘　美　供稿）

社会福利

【概况】 2021年，持续增强养老机构服务能力，开展养老服务提质增能工程，印发《养老服务提质增能工程实施方案》，确定指导思想、重点任务、工作分工、进度安排及保障措施。组织开展养老服务提质增能工程"推进月""大走访""回头看"活动，有效推进工作进度，全市共新增养老机构养老床位732张，改造康复护理型床位1464张。组织开展养老机构星级评定工作。依据《养老机构等级划分与评定》国家标准，组织养老机构对标整改、县（市、区）初审、市级复核、第三方评估，共培育星级示范养老机构11家，超额完成任务目标。按照《未成年人保护法》等法律法规规定，根据《河北省人民政府办公厅关于成立河北省未成年人保护工作领导小组的通知》要求，市、县（市、区）两级6月1日前均成立由政府主管领导任组长的未成年人保工作领导小组，未成年人保护工作协调机制实现市、县（市、区）两级全覆盖。

【养老机构疫情防控】 关注国内疫情发展状况、及时调整养老机构新冠肺炎疫情防控等级。7月29日，面对新一轮疫情防控压力，在全省率先调整疫情防控等级，执行《零星散发区域养老机构新冠肺炎疫情防控指南》，做好养老机构出入管理、老年人防护、内部管控，暂停接待外来人员探视和不必要人员出入。检查疫情防控落实。通过微信视频对全市所有养老机构疫情防控措施落实状况进行逐一检查，采取"四不两直"的方式抽取19家养老机构现场实地核查，共发现问题48处，全部整改到位。安排核酸检测及疫苗接种。将养老机构工作人员纳入33类重点保障范围，每周定期开展核酸检测，应检尽检。积极接种疫苗及加强针。养老机构工作人员接种新冠病毒肺炎疫苗1213人，已接种加强针的1023人，应接尽接；7008名入住老年人，完成加强针接种的1809人，完成第二针接种的3311人，仅完成第一针接种的152人，未接种1736人（其中，有禁忌症1078人，本人符合条件但有顾虑72人，监护人不同意接种503人，医疗部门认定不符合接种条件72人，其他原因不能接种11人）。

【居家养老】 印发《承德市全面提升社区和居家养老服务水平实施意见》，明确6个方面、16条具体措施和3条保障措施，为进一步做好全市社区居家养老服务提供政策保障。制定承德市《社区日间照料服务站（点）建设运营基本要求》，并在省级要求基础上将基本服务标准提高。其中，精品日间照料服务站需提供6项基本服务中至少5项（含）以上，其他非精品日间照料服务站（点）需提供至少4项（含）以上。组织召开全市社区居家养老服务现场观摩会议，市、县（市、区）党委、政府主要领导参加，推动全市学习借鉴先进经验。按市区50%以上、每个县（市）至少3个以上的工作目标，以高标准、高水平打造精品社区居家养老服务机构，全市共打造完成90个精品日间照料服务站（点）。每天调度一次工作进展情况、每周对各县（市、区）工作完成情况进行一次排名通报，层层压实责任。对已建成的精品机构按照30%的比例进行抽查，深入现场，发现问题及时整改。督促各县（市、区）提供每个精品机构的基本情况（15秒视频+5张照片），逐一进行核查，对于基本情况不清晰的通过微信视频连线方式全方位、无死角核查。全市共新（改）建社区日间照料服务设施217个，实现社区"全覆盖"。印发《关于第五批全国居家和社区养老服务试点资金分配的实施方案》，并下拨资金1587.7万元。社区日间照料服务站覆盖率由原计划80%达到100%；平泉市、高新区完成助餐试点；建设县级养老服务信息平台7个；建设12个农村互助幸福院；对776户老年人家庭完成居家适老化改造。按照试点实施方案要求，印发《关于厘清居家和社区养老服务清单制度的通知》。

【农村养老服务体系建设】 开展农村养老服务调研，摸清农村养老设施底数、存在问题、意见建议，完成调研报告上报。起草承德市农村养老服务体系建设基本情况。按照省民政厅《开展县乡村三级养老服务网络建设试点方案》的通知要求，结合承德实际，印发《承德市县乡村三级养老服务网络试点建设实施方案》，明确具体工作目标和建设任务，确定滦平县作为承德市试点。到年末，滦平县已基本完成县、乡、村三级养老服务网络建设试点任务。确定滦平县鸿福养老院为县级养老服务指导中心，按照 50% 以上乡镇建设有综合功能的区域养老服务中心的要求，已建设区域养老中心 10 个，覆盖率达 53%；按照 70% 以上行政村发展互助性养老服务的要求，共建 10 所农村互助幸福院，60 个邻里互助点，服务范围涉及 158 个行政村，覆盖率达 79%。印发《关于加快推进农村养老服务体系建设的实施意见》，明确 8 项基本任务，争取到 2025 年形成布局完善、功能互补、统筹衔接的县、乡、村三级养老服务网络，构建居家社区机构相协调、医养康养相结合的农村养老服务体系。

【养老服务人才队伍培养】 印发《关于进一步做好养老护理员免费培训的通知》，免费为全市护理员进行培训，确定各县（市、区）培训机构名单为养老行业从业人员培训。通过养老机构自行组织、市县民政、人社部门培训等方式，全市 2020—2021 年累计培训 4809 人。开展全市养老护理员技能选拔大赛。选拔赛分为理论考试和实操（技能）比赛两个环节，聘请承德市养老领域 6 名资深专家按照大赛制定的打分标准现场打分。经过竞赛后决出：个人奖一等奖 1 名、二等奖 2 名、三等奖 5 名、优胜奖 10 名；团体奖一等奖、二等奖、三等奖各 1 个，优秀组织奖 4 个。承德市 1 名优秀选手在省级大赛中获得三等奖。

【养老服务领域综合监管】 制定《关于建立健全养老服务综合监管制度 促进养老服务高质量发展的实施方案》，围绕“远离非法集资 安度幸福晚年”主题，全市开展养老服务领域非法集资宣传活动 30 场，覆盖全市全部养老机构和部分社区，累计发放宣传资料 1 万余份。全市全年未发生养老服务非法集资案件。根据省民政厅“金民工程”相关工作要求，严格按照时间节点安排，及时完成养老服务机构信息的录入工作。现有养老服务机构 104 家已全部完成上线注册，完成基础信息录入工作并持续做好后续更新，养老机构用户注册量及使用率达到 100%，录入信息及时、准确、有效。

【儿童福利保障】 印发《关于进一步做好事实无人抚养儿童保障有关工作的通知》，扩大事实无人抚养儿童保障范围，在原有基础上补充增加被撤销监护资格、被遣送（驱逐）出境两种情形。做好孤儿和事实无人抚养儿童身份认定工作，按照社会福利机构养育孤儿每人每月 1450 元、社会散居孤儿每人每月 1000 元、事实无人抚养儿童每人每月 1000 元的标准按时发放生活补贴。截至年底，全市共发放基本生活费 984.5 万元，切实保障孤儿和事实无人抚养儿童的基本生活。实施孤儿医疗康复明天计划。印发《关于做好“孤儿医疗康复明天计划”项目有关工作的通知》，确定“明天计划”项目资助范围，对全市范围内的孤儿进行排查，摸底。开展孤儿助学工程，保障孤儿顺利完成学业，对符合条件的孤儿发放助学金，全年共为 85 名孤儿发放资金 72.8 万元。

【未成年人保护】 建立健全未成年人工作协调机制。起草《关于加强未成年人保护工作的实施意见》（承未保组〔2021〕1 号）《承德市未成年人保护工作领导小组 2021 年工作要点》《承德市未成年人保护工作领导小组成员单位职责任务分工》《承德市未成年人保护工作领导小组工作规则》《承德市未成年人保护工作领导小组办公室规则》5个政策文件，征求24个部门意见，吸纳梳理。9月28日召开全市未成年人保护工作领导小组会议，36个成员部门参会，7个部门做典型发言。进一步加强未成年人救助保护机构“两中心一站一点”建设，截至年底，共建成未成年人救助保护机构11所，市本级1所，县级10所，县级未成年人救助保护机构覆盖率达到100%；乡镇（街道）设立未成年人保护工作站80个，覆盖率为36.8%；村（社区）设立未成年人保护工作点278个，覆盖率为10.50%。超额完成目标任务。印发《承德市未成年人救助保护机构工作制度（试行）》（承市民通字〔2021〕49号）的通知，制定承德市未成年人救助保护机构工作制度，涵盖安全工作管理制度、捐赠财产管理办法、业务档案管理制度、财务管理制度、“两中心一站一点”联动机制、未成年人救助保护机构工作职责及岗位设置办法等。常态化推进政策宣讲进村居活动，宣传未成年人保护法律法规和关爱政策，已开展8期。开展7期“我和孩子一起成长”活动，邀请学生前往儿保中心居住两天一晚，享受专业的辅导和培训，共210名孩子参与。开展5期“阳光成长”心理健康教育大讲堂活动，走进校园为学生开展专业的心理辅导。开展4期法制宣传教育活动进村居。与检察院联合开展2期预防未成年人犯罪心理帮扶与治疗，做好正确引导。开展“爱，是不放弃”脑瘫患儿家庭康复技能项目第二期，对28个家庭进行康复技能培训。通过全方位、多样化的活动，为孩子们构建更具特色、更富趣味、更加生动、更为立体的保护。

社会事务管理

【概况】 健全基层群众自治机制，坚持党管换届原则，依法推动村（居）民委员会换届选举工作。截至年末，全市共有2459个行政村、195个社区已全部完成村（居）民委员会换届选举任务，实现“两高一低”目标。加强村（居）务监督委员会、村（居）民会议和村（居）民代表会议等制度建设，健全“四议两公开”运行机制，修订完善村规民约和居民公约，引导广大村（居）民严格执行制度、遵守规定约定。截至2021年年底，市本级依法登记社会组织298个，其中：社会团体235个、社会服务机构62个、基金会1个，遍布城乡，涉及社会生活各个领域，形成门类齐全、层次不同、覆盖广泛的社会组织体系，在政治、经济、文化、社会和文明建设中发挥着越来越重要的作用。全市共有11个婚姻登记处，10个殡仪馆。2021年在全面加强疫情防控和安全生产工作的同时，积极推进婚姻登记机关规范化建设，稳步推动殡葬改革，不断完善残疾人福利保障，基本社会服务水平显著提升。

【社区建设】 提高城乡社区治理能力。做好易地扶贫搬迁后续帮扶工作，发挥村规民约和居民公约在搬迁社区中重要作用，引导群众广泛参与社区治理。双滦区全国农村社区治理实验区创建工作，专家组通过视频方式进行结项评估验收，待民政部确认。印发《深入推进城乡社区协商工作的实施方案》，推进城乡社区协商制度化、规范化和程序化。争取省级资金460万元，实施城乡社区办公服务用房建设项目18个。物业管理与社区治理融合发展。贯彻落实《关于理顺物业管理体制机制加强新时代城市社区治理的实施方案》。深入推进物业管理体制机制改革，协助立法工作，组织召开全市理顺物业管理体制机制加强新时代城市社区治理推进会，总结双桥、宽城两个县、区经验做法，在全市全面推开，社区党组织、居委会、业委会、物业服务企业、楼门长和综合服务站“六位一体”社区治理机制初步形成。

【社会组织】 专项整治。联合市公安局、市市场监督管理局等14家单位，共同开展进一步打击整治非法社会组织专项行动，对“中华智慧研究会、世界华人联合会五洲风水研究院承德分院，国际易学风水研究会承德分会”等3家涉嫌非法社会组织进行调查取证，固定证据后对其进行摘牌、取缔。开展“僵尸型”社会组织专项整治行动，全年对82家“僵尸型”社会组织采取整治措施，其中注销登记14家，撤销登记57家，限期整改11家。联合市发展改革委、市场监管局开展行业协会商会乱收费专项清理整治行动，实地检查行业商协会15家，发现2家行业协会商会在制定会费收取办法的程序存在问题，已经责令整改。开展“我为企业减负担”专项行动，动员75家行业协会商会减免会费214.495万元。开展违规评选评奖整治行动。

依法监管。全年共组织243家社会组织按时按要求参加年检，对95家未年检的下发整改通知。开展评估工作是社会组织规范化建设的重要手段之一，是促进社会组织健康有序发展的重要保证，全年有3家社会组织被评估为AAA级。通过“双随机、一公开”，实地检查17家社会组织。规范换届、备案等工作，坚持社会组织依法监管，加强综合监管举措，促进社会组织依法设立、自主办会、行为自律。

【社会事务】 婚姻登记。全市婚姻登记工作以“规范管理、完善设施、强化服务”为抓手，进一步加强婚姻登记规范化建设，全面提升婚姻登记服务水平，基本达到办公场所相对独立，候登大厅、结婚登记室、离婚登记室、档案室、婚姻家庭辅导室和颁证室等分区设置。2021年全市共办理结婚登记16214对，离婚登记5577对，涉外结婚登记6对，涉外离婚登记1对。

殡葬管理。全力推进市殡仪馆新建项目建设，有效提升主城区殡葬服务能力。做好清明节祭扫管理服务工作，引导广大群众自觉遵守疫情防控要求，提倡非实地祭扫，绿色文明祭祀。在编《承德市殡葬服务设施建设专项规划（2021—2035年）》，选址落位殡仪馆、经营性公墓、农村公益性公墓等殡葬设施，有效解决殡葬设施供需矛盾。积极推进节地生态安葬，加强农村公益性公墓建设。

残疾人补贴。强化残疾人福利保障，完善困难残疾人生活补贴和重度残疾人护理补贴制度，2021年共为63189人发放困难残疾人生活补贴5077.3万元，为49840人发放重度残疾人护理补贴3601.7万元。

社会救助

【概况】 2021年底，全市城镇低保年标准7800元／人；农村低保年标准4800元／人；城镇特困供养基本生活年标准10140元／人；农村特困供养基本生活年标准6240元／人。全市共有城镇低保对象1.58万人、农村低保对象17.55万人、城镇特困对象242人、农村特困对象2.61万人；实施临时救助2.5万人次。全年累计发放各类救助资金8.8亿元，其中城镇低保金0.77亿元、农村低保金5.43亿元、城乡特困金2.3亿元、临时救助金0.3亿元。

【完善社会救助政策】 及时转发《河北省特困人员认定办法》，拓展残疾种类和等级，完善认定条件，扩大救助范围；出台《承德市低保边缘家庭认定细则》，加强边缘家庭认定，按时完成低收入人口数据库信息录入；出台《承德市最低生活保障审核确认实施细则》，精简办理手续，压缩办理时限，提高办理速度。推进低保审批权下放试点工作。按照省厅开展低保审核确认权下放乡镇试点工作要求，承德市选取高新区、平泉市开展权力下放工作。全市乡镇（街道）全部建立并完善“一门受理、协同办理”综合服务窗口，窗口服务规范，受理、分办、转办、反馈等流程明确清晰。

【社会救助兜底脱贫回头看】 严格落实“四个不摘”要求，开展社会救助兜底脱贫成果“回头看”，全面排查人均收入低于7200元的低收入户家庭情况，加大未纳入低保、特困人员排查力度，及时将低收入户中的重病患者、重度残疾人等符合条件人口依规纳入救助范围。全面开展城乡低保复核，对所有保障对象进行入户走访和相关信息协查。全年全市退出农村低保对象16590人、新增农村低保对象12432人，退出城镇低保1977人、新增城镇低保444人，做到应退尽退、应保尽保。

【低收入人口常态化帮扶】 认真落实最低生活保障政策，重点抓好低收入家庭重病重残人员参照“单人户”纳入低保政策，做到应保尽保。持续落实特困供养政策，将有集中供养意愿的3347人收住特困供养机构集中供养。加强丧失劳动能力人员基本生活保障政策落实，将符合条件的失能困难群众及时纳入保障范围，老年人享受农村低保11.43万人、特困供养2.12万人，残疾人纳入农村低保6.05万人、特困供养1.09万人。及时启动价格临时补贴联动机制。根据价格上涨指数，市政府启动社会救助和保障标准与物价上涨联动机制，10月按照低保标准6%发放价格补贴、11月按照低保标准6.2%发放价格补贴，累计发放补贴资金975万元，惠及困难群众21.5万人次。

【助孤服务】 按照2021年省、市民生工程工作要求，印发实施方案，成立工作专班，加强督导检查，全力推进助残助孤服务工程。市、县（市、区）民政部门强化信息手段运用，开展民政、医保、残联等部门间的数据比对，针对因残因病等刚性支出较大等人群，将未纳入低保、特困范围的人员列为重点人群，建立台账，开展摸排核查，为符合条件的及时办理救助手续。全市兜底保障政策落实情况共核查34365人，已纳入保障范围的8161人，其中纳入低保6246人，纳入特困供养499人，给予临时救助1414人。按照省厅《“解忧暖心传党恩”行动实施方案》要求，开展民生大走访，组织对低保对象、特困人员中的重病、重残人员以及生活困难的退役军人党员、老党员、烈士遗属等特殊困难群众开展走访慰问1099人次，慰问物资折价43.5万元。

【防贫监测】 建立社会救助部门之间信息共享机制，以低保、特困、临时救助对象数据为基础，建立包括低保对象、特困供养人员监测台账，及时发现问题并发布预警信息，截至年底，对45个因病支出过大存在致贫风险家庭发布预警信息，并协调医保部门落实医疗救助相关政策。加强相关部门数据比对，对收入不稳定、持续增收能力较弱、返贫风险较高的脱贫户和非贫困边缘户（共29429人）进行全面排查，将符合条件的纳入兜底保障范围，年内脱贫不稳定户和非贫困边缘户享受社会救助政策人数达到10004人，兜底保障比例达到34%，充分发挥致贫返贫作用。

【社会救助基金救助】 按照市政府《关于设立社会救助基金的实施方案》要求，积极筹措初创引导资金6200万元，推动市、县（市、区）两级设立社会救助基金13家，对经各种救助后仍有困难的低保对象、特困人员、脱贫人口给予社会基金救助。市、县（市、区）基金会加快筹措社会资金，累计接受社会捐赠262.4万元，为多渠道、多形式帮扶困难群众提供重要保障，已救助困难群众963人，发放救助金84.1万元，救助基金在强化兜底保障和防止返贫致贫方面的作用日益显现。

2021年市民政局领导名录

党组书记、局长：刘树华

党组成员、副局长：丁朝东（满族）

窦立新
巴　江（蒙古族）
贾国军
（姚瑞军　李　利　秦　颖　王丽莉
王明军　供稿）

优抚安置

【概况】 2021年，承德市接收由政府安排工作退役士兵和退出消防员，按照属地管理的原则，由退役军人安置部门进行安置。坚持公平公正公开原则，把退役士兵服役期间的表现作为主要依据，通过“积分排序、按需选岗”的办法，确保服役时间长、贡献大的退役士兵优先选岗。对军转干部通过采取档案评分和文化考试相结合的方式，依据“双考”成绩，按照职务级别由高分到低分依次选岗。承德市共接收随调随军家属1人，参照随调家属原编制身份，共提供全额事业计划2个。军转干部及随调家属安置任务全部按时完成，安置率达到100%，满意率达到100%，取得良好的安置效果。继续落实好《河北省退役军人公共服务优待办法》，24个国家投资兴建的旅游景区和30个民营的旅游景区为退役军人免门票费。新悬挂及更换光荣牌12000余块，送立功喜报676份。

10月，市退役军人事务局举办全市2021年由政府安排工作退役士兵和退出消防员欢迎仪式

10月，承德市2021年市辖区由政府安排工作退役士兵和退出消防员选岗大会在市退役军人事务局举行

【创建退役军人服务中心】 2021年度承德市全国“示范型”退役军人服务中心（站）创建工作圆满完成。按照退役军人事务部关于全国“示范型”退役军人服务中心（站）创建工作要求，依据创建标准，截至2021年年末，全市参与示范创建工作的12家县级退役军人服务中心、222家乡级退役军人服务站和10家服务对象、村级退役军人服务站全部通过省部级验收，达到示范创建标准。全市示范创建工作扎实开展，创建单位设施完善、资料齐全，获得国家检查验收组的高度评价和认可。承德市双桥区石洞子沟办事处退役军人服务站站长鲁鹏涛作为全省示范创建工作先进代表，在全省退役军人事务厅局长（视频）会议上做典型发言，分享经验做法。通过参与示范创建工作，提升全市基层退役军人服务站人员的业务能力和软、硬件水平，提高全市退役军人基层服务保障体系能力，营造服务退役军人的良好氛围，切实打通服务保障退役军人的“最后一公里”。经市退役军人服务中心按照相关要求评选、推荐，全市有7家退役军人服务中心（站）和7名退役军人服务中心（站）主任（站长），获评河北省“百家优秀退役军人服务中心（站）”和“百名优秀退役军人服务中心（站）主任（站长）”荣誉称号。按照河北省退役军人事务厅关于红色精品服务中心（站）创建工作相关要求，

全市2021年度共打造10家有红色底蕴、红色故事、红色传承且服务质量高效的退役军人服务中心（站）参与创建工作，10家服务中心（站）全部通过省退役军人事务厅审核，并录入全省红色精品服务站图册。

12月，承德市双桥区石洞子沟办事处退役军人服务站站长鲁鹏涛（前）作为全省示范创建工作先进代表，在全省退役军人事务厅局长（视频）会议上做典型发言

【关爱退役军人基金会资助】 根据省民政厅社会组织评估工作要求，完成市本级基金会评估材料的上报工作，从基金会的基础条件、内部治理、工作绩效、社会评价4个方面，认真撰写报告，被省民政厅评为AAA级社会组织；市基金会走访12家关心关爱退役军人的爱心企业，现场颁发“关心关爱退役军人先进单位”牌匾；基金会第一届理事会第五、六次会议顺利召开；扎实开展“真情送暖——关爱退役军人困难党员”“情暖老兵——关爱帮扶”和“关爱1～4级分散供养困难残疾军人”资助活动。全年全市关爱退役军人基金会共资助困难退役军人911人，资助总金额234.54万元。

【免费医疗保险】 为进一步做好退役军人服务保障工作，帮助退役军人和其他优抚对象及家庭成员减轻就医用药负担，经省医疗保险中心联系，北京西花海棠公益基金会联合中国太平保险公司面向河北省退役军人和其他优抚对象及家庭成员捐赠一批免费医药保险——“补充医药报销蓝卡”（电子卡）。市退役军人服务中心高度重视，周密部署，第一时间逐级转发通知的同时，依托市退役军人事务局微信公众号发布公告，引起广泛关注，取得良好效果，单日阅读量达到1.4万人次。

【移动终端互联互通】 开展村级移动终端pad培训相关工作，完成信息和视频一体化平台数字证书的发放和账号管理。云视频平台基于省政务云平台部署，通过河北省电子政务外网实现全省五级贯通，2021年承德市建设开通市级1个、县级12个、乡级222个、村级2356个视频点位。村级终端通过PAD终端、采用4G无线加密通道接入政务外网的方式，做到村级全覆盖，实现省、市、县、乡、村5级互联互通。

【服务中心（站）地理信息录入】 为方便服务对象办理退役军人服务中心（站）相关业务，便于查找退役军人服务中心（站）所处位置，全市辖区内市、县、乡三级退役军人服务中心（站）共236家，按要求对所处地址进行实时更新，乡级以下的将服务站地址录入百度地图，并每周上报《河北省退役军人管理服务机构地理位置信息统计表》。全市乡级以上退役军人服务机构，已全部按退役军人事务部要求完成定位工作。

【精准帮扶】 全方位、多渠道，精准帮扶困难退役军人。对全国困难退役军人帮扶援助服务系统中困难退役军人实行动态管理，将符合帮扶援助条件的退役军人及时录入系统中，并及时采取适合的帮扶方式对其进行帮扶援助。“七一”期间，全市开展慰问走访困难退役军人党员活动，发放帮扶援助资金，共慰问困难退役军人党员2650人。“八一”期间，开展退役军人走访关爱活动，了解生活情况，发放慰问金，帮助退役军人解决实际问题1491件。

【“兵支书”建档立卡】 按照省厅对“兵支书”建档立卡的工作安排，承德市对“兵支书”建档立卡工作进行统一安排部署，并对各县（市、区）相关业务工作人员组织培训学习，为“兵支书”建档立卡工作的顺利开展奠定基础。此次“兵支书”建档立卡工作共采集人员信息1312人次，其中“兵支书”336人次，“兵委员”976人次，通过对所录信息的反复对比、排查，进一步保证“兵支书”建档立卡工作所录信息的真实性和完整性。

【党员教育管理】 与市委组织部联合下发《中共承德市委退役军人事务工作领导小组办公室 中共承德市委组织部〈关于加强退役军人党员教育管理服务的意见〉》，对承德市退役军人党员教育管理工作具有指导意义。2021年将全市退役军人党员纳入管理，其中，流出党员627人，流入党员201人，已全部建档立册。持续规范组织关系转接流程。根据中共中央组织部关于党员组织关系转接相关规定，依托“两站两中心”基层服务机构，及时设立专项工作窗口，确定“先转组织关系，再领退役补助”的工作程序，确保退役军人党员组织关系转接“一站式”办理，避免出现退役军人“口袋党员”等情况。强化正向激励，注重典型培树。按照省委宣传部、省退役军人事务厅开展的“千名优秀退役军人”风采宣传活动安排，经过组织推荐、考察公示、审核评议等程序，承德市范振喜等40名优秀退役军人光荣上榜。

【法律援助工作站成立】 10月27日，承德市退役军人法律援助工作站在市退役军人事务局挂牌成立。成立退役军人法律援助工作站既是深入贯彻中央、省关于做好退役军人服务保障工作的具体要求，也是承德市维护退役军人合法权益的一项重要举措。退役军人法律援助工作站为全市退役军人及其他优抚对象免费提供法律咨询、受理退役军人及其他优抚对象法律援助申请的初审工作、解答退役军人及其他优抚对象在法律方面的问题，为军人军属提供“一站式”维权法律服务平台。

10月27日，承德市退役军人法律援助工作站在市退役军人事务局挂牌成立

【法律培训】 采用视频授课的方式举办《中华人民共和国退役军人保障法》专题讲座，邀请骥腾律师事务所屈树彬律师授课，市、县、乡三级退役军人事务系统干部职工共计400余人参加。屈树彬律师从立法时间、原则规定、移交接收、退役安置、教育培训、就业创业、优恤优待、褒扬激励、服务管理、法律责任等方面对《中华人民共和国退役军人保障法》进行全面梳理和解读，让参会人员对《中华人民共和国退役军人保障法》有更深入的认识，为更好地服务退役军人提供了政策支撑。同时，开展宣传贯彻《中华人民共和国退役军人保障法》业务大讲堂活动，根据相关政策法规进行详细讲解，培养服务退役军人的行家里手。

【退役军人志愿服务】 根据国家、省关于退役军人志愿服务工作部署，为进一步弘扬“互助、友爱、奉献、进步”的志愿服务精神，激励广大退役军人践行“永葆军人本色”的优良传统，承德市将退役军人志愿服务作为构建服务保障体系的重要载体，有力展示全市退役军人的良好社会形象。全市各县（市、区）退役军人志愿服务工作有序开展，退役军人志愿服务队在疫情防控排查、新冠病毒肺炎疫苗接种宣传、乡村环境整治、中国共产党成立一百周年宣传等工作中发挥积极作用。截至年底，全市成立志愿服务领导机构13

个，退役军人志愿服务队 713 支，退役军人志愿者 3886 人。其中，村级志愿服务队 552 支，社区志愿服务队 74 支，开展志愿服务活动 5852 场次，直接服务群众 3.3 万余人。

【落实优抚对象生活待遇】 根据《省退役军人事务厅、省财政厅关于调整部分优抚对象等人员抚恤和生活补助标准的通知》，继续提高部分优抚对象抚恤和生活补助标准。2021 年调整后，残疾军人最高的一级因战、因公、因病抚恤金标准每人每年分别为 107870 元、104500 元、101110 元，最低的十级因战、因公抚恤金标准每人每年分别为 12580 元、11220 元。烈士遗属、因公牺牲军人遗属、病故军人遗属定期抚恤金标准每人每年分别为 34580 元、29800 元、28080 元。抗日战争时期的在乡复员军人生活补助标准每人每月提高到 1895 元，解放战争时期的在乡复员军人生活补助标准每人每月提高到 1850 元，1949 年后在乡复员军人生活补助标准每人每月提高到 1845 元。带病回乡退伍军人生活补助标准每人每月提高到 860 元，参战退役人员的生活补助标准每人每月提高到 850 元。居住在农村和城镇的无工作单位、年满 60 周岁的烈士子女的定期生活补助标准每人每月提高到 730 元。60 周岁以上农村籍退役士兵每服一年义务兵役每人每月补助标准提高到 50 元。及时足额发放义务兵家庭优待金，全年为 1924 户义务兵家庭发放优待金，总计下拨资金 4735 万元。

2021 年，市退役军人事务管理局为现役军人王猛家庭送立功喜报及物质奖励

【祭扫纪念活动】 全年组织开展“守护·2021 清明祭英烈”活动。在清明节之际下发《“守护·2021 清明祭英烈”活动倡议书》，引导广大群众广泛开展网上祭扫祭奠活动，全市 59 所学校组织开展网上祭英烈活动，64568 人参与，同时通过为每座烈士墓擦拭一遍墓碑、敬献一束鲜花、拍摄一组照片、书写一张寄语卡片等“四个一”祭扫服务，开展线下代祭活动，全市共代为祭扫 1476 座烈士墓，代为祭典 1705 位烈士。组织 2021 年“9•30”烈士纪念日向烈士敬献花篮仪式，市四大班子领导、军分区领导，市委秘书长、市法院院长、市检察院检察长，市直有关部门、人民团体、民主党派负责同志，双桥区负责同志，承德军分区和武警官兵代表、老战士代表、烈属代表和社会各界代表共约 240 人参加仪式，在全

9 月 30 日，承德市在热河革命烈士纪念馆举办“烈士纪念日”向人民英雄敬献花篮仪式

市营造缅怀先烈、传承红色基因的浓厚氛围。

【烈士评定】 2021年承德市评定（追认）烈士4名，分别是：邢中山，男，汉族，中共党员，承德县新杖子镇党委书记。冀凤学，男，汉族，中共党员，承德县新杖子镇党委委员、政府副镇长。7月12日至13日，承德县白河上游连降暴雨，邢中山和冀凤学在安排群众紧急疏散避险工作时牺牲。8月19日，经河北省人民政府批准，评定邢中山、冀凤学为烈士。赵龙曼，男，满族，原承德市腾飞中等专业学校汽车一系学生。2018年7月27日，赵龙曼在营救落入小清河的彭雨时溺水牺牲，时年17岁。2021年9月23日，经河北省人民政府批准，评定赵龙曼为烈士。朱全，男，中共党员，1903年出生，原青龙县龙须门公社王杖子村人。1933年参加革命工作，1943年加入中国共产党，曾任王杖子村贫协主席、农会主任、法官。1948年2月，被匪首程勇明杀害。2021年9月23日，经河北省人民政府批准，追认朱全为烈士。

【纪念设施保护】 深入开展烈士纪念设施数据校核工作，通过对陵园外烈士墓进行全面摸底，新摸排录入73座陵园外散葬烈士墓。争取中央资金192.4万元，对全市222处的县级以下烈士纪念设施进行全面整修。

【弘扬英烈精神及烈士寻亲】 组织开展退役军人英烈故事宣讲进机关、进院校、进社区，组建英烈故事志愿宣讲服务队12支，全年开展志愿宣讲活动195场，累计参与29433人。宣讲活动在新闻媒体报道18次，其中省级媒体报道1次，市、县（市、区）级媒体报道10次，通过抖音、美篇等自媒体宣传7次。依托“烈士寻亲政府公共服务平台”，通过线上线下多种形式，积极发动社会力量，为承德籍烈士寻找亲属，全年，已先后为6名承德籍1名张家口籍（原热河省籍贯）烈士找到亲属。

【双拥模范城创建】 市双拥办与双桥区爱国拥军联合会组织专业消杀队伍配备专用消杀工具，对所有驻承市区部队营区进行全面消毒弥雾机（二氧化氯）消杀工作，保障驻承部队官兵身体健康，

1月23日，市双拥办与承德军分区共同组织发起援助物资行动，共筹集总价值73.8万元的物资运抵邢台军分区，根据抗疫一线官兵需求进行精准发放

6月29日，市双拥办与驻承某部队举办捐资助学活动

7月13日，在承德金龙皇家购物广场举办第二届“百城万店拥军行”活动，引导社会拥军企业加入拥军队伍，为现役、退役军人提供优待优惠活动

为官兵营造一个干净、健康的工作生活环境。下发《关于做好新一届省级双拥模范城（县）创建有关工作的通知》。河北省召开社会化拥军培训会，市、县（市、区）两级双拥办及爱国拥军联合会赴邯郸市参加会议。为做好新一届河北省双拥模范创建工作，市政府召开协调会对创建工作进行安排部署。为巩固承德市双拥模范城创建成果，浓厚双拥氛围，在承德市双桥区世纪中路设立双拥主题一条街。5 月 7 日，市委书记董晓宇调研走访驻市部队，了解部队建设和官兵训练情况。承德市申报新一届省级双拥模范城，平泉市、丰宁满族自治县、兴隆县、滦平县、承德县申报新一届省级双拥模范县。省双拥模范城（县）考评组先后到平泉市、承德县、兴隆县、丰宁满族自治县、滦平县进行实地考评。

【就业创业】 退役军人专场招聘会。把退役军人作为重要人才资源，激励退役军人建立新功绩、续写新辉煌。全市各级退役军人事务部门先后精准开展 28 场退役军人专场招聘会，共有 560 余家市、内外优质企业提供多个不同类型的岗位，供退役军人面对面交流选择。退役军人及军属参加招聘活动，达成就业意向 300 多人。组织退役军人适应性培训，坚持教学与退役军人现实需要相结合的原则，从培训内容、授课教师、培训形式等方面作精心筹划和安排，邀请专家教授开展习近平新时代中国特色社会主义思想、退役军人法律理论与实务、职业生涯规划、承德市情、退役军人心理调适等专题授课。全年共培训 342 人。退役军人创业创新大赛。举办第二届“建行杯”退役军人创业创新大赛，助力优质项目脱颖而出、孵化成长，进一步激发广大退役军人的“双创”热情，展示退役军人“双创”风采，吸引更多企业家、社会组织关心关注退役军人就业创业工作。此次大赛共有 21 个退役军人创业项目报名参加，9 个项目进入决赛，最终评选出一等奖 1 名、二等奖 2 名、三等奖 3 名、优秀奖 3 名，网络投票评选最佳人气奖 1 名。

【军休服务】 2021 年度，认真做好军休干部（士官）接收安置工作，落实退休干部接收安置工作，全年共接收退休干部（士官）17 人。为更好地落实军休干部的生活待遇，全面、及时地了解其身体健康状况，组织 300 多名军休干部在承德市第九八一医院和附属医院进行体检，邀请保健专家作健康讲座，办健康板报宣传健康知识，着力打造“健康工程”，受到军休干部及家属的一致好评。为庆祝中国共产党建党 100 周年，学习西柏坡精神，永葆革命本色，承德市军休所组织百余位军休干部、职工赴西柏坡革命圣地开展“传承红色基因 庆祝建党百年”主题教育活动。军休中心组织军休干部前往塞罕坝林场，为符合条件的军休干部颁发“光荣在党 50 年”纪念章，并现场重温

6 月，组织 300 余名军休干部参加保健专家健康知识讲座

9 月，承德市军休所组织百余位军休干部、职工赴西柏坡革命圣地开展“传承红色基因 庆祝建党百年”主题教育活动

入党誓词。八一建军节前夕，举行庆祝中国人民解放军建军94周年座谈会暨表彰大会，对“2020年优秀共产党员”“优秀党务工作者”“先进军休干部”“和谐军休家庭”等进行表彰。

2021年市退役军人事务局领导名录
党组书记、局长：李树德（7月免）
庄爱新（7月任）
党组成员、副局长：高志祥
王　海

（梁东玉　郑　一　杜　丹　任树学　周立丹　张　炜　宋希悦　刘　杨　供稿）

民族宗教

【概况】　2021年，全市民族宗教工作深入学习贯彻中共中央总书记习近平关于民族宗教工作重要论述和考察承德讲话指示精神，凝心聚力，攻坚克难，较好完成各项工作任务，为推动承德高质量发展发挥重要作用。承德是民族大市，截至2021年年末，全市共有汉族、满族、蒙古族、回族等54个民族，少数民族人口177.4万人，占全市总人口的53.2%，占全省少数民族人口的47.2%。

全市有佛教、道教、伊斯兰教、天主教、基督教五大宗教，并有相应的宗教团体，分别是市佛教协会、市道教协会、市伊斯兰教协会、市天主教爱国会、市基督教三自爱国运动委员会（基督教协会），有信教群众21275人，教职人员188人，宗教活动场所145处。兴隆、平泉、双桥、围场、滦平、隆化、承德县为宗教工作重点县（市、区）。

【民族团结宣传教育】　开展“中华民族一家亲，同心共筑中国梦”系列主题教育活动；举办全市民族工作成就展，从不同侧面集中展现承德市在民族团结、民族经济、民族文化、民族和谐等各领域取得的丰硕成果和巨大成就；举办一系列民族政策法律法规宣讲活动，宣传党的民族政策；结合开展文明志愿行动，组织“民族团结一家亲志愿服务队”，先后前往帮建社区开展志愿服务活动30余次，为社区居民宣讲民族政策，累计发放宣传手册1500余本；首次拍摄“石榴花开心向党　民族团结谱华章”民族团结进步创建专题片，在《承德日报》开设专版宣传承德市民族工作。结合文明城市创建工作，在公交站点、电子屏幕、社区乡镇布置民族团结进步标识。9月份开展全市第十二个民族团结进步宣传月活动，市、县（市、区）同步启动，开展文艺演出、社区宣传、法治宣讲、知识问答、座谈培训、开设专栏和公众号等各项活动20余次，制作各类展板展牌100余块，制作宣传标语5000余条，发放宣传单、宣传品33000余份；在全省宣传月总结大会上宽城满族自治县代表承德市做典型汇报发言，受到省民族事务委员会领导的一致认可。巩固提升已创建单位的示范带动作用。承德市共有31个单位被命名为全省民族团结进步示范单位，全市省级示范单位达到47个，同时注重打造以双滦御祥园社区为代表的新典型，省民族事务委员会党组书记张少华、主任薛寒分别到承德市进行考察调研，对承德市工作充分肯定。中共中央总书记习近平到承德，对全国民族团结进步教育基地避暑山庄、全省民族团结进步教育基地承德博物馆、全国民族团结进步示范单位普宁寺进行考察调研，更激发了全市各族干部群众干事创业的热情。7月在围场御道口镇举行为民族地区送文化、送科技、送健康——走进围场暨全省“三送”现场观摩活动，省心连心艺术团、省电影公司、省心脑血管医疗专家及围场县医护和农牧科技人员50余人参与此次活动。组织种植养殖大户60余人参加培训，为120多人送医送药，整个“三送”活动现场受益群众400多人，受到群众的一致好评。

【民族文艺展演与交流】　聚力创作民族文艺精

品。提前谋划，精心排练，选送《塞罕坝上建奇观》等 4 个节目参加河北省第五届少数民族文艺调演，分获一、二、三等奖，同时在评选 10 个最受群众欢迎节目中，承德市 4 个节目全部入选，充分展现承德市民族文艺创作水平。河北民族师范学院新编歌舞剧《情系塞罕坝》在全省引起强烈社会反响。

广泛促进各民族交往交流交融。支持河北民族师范学院在民族政策理论研究、非遗产品保护传承、民族工艺品研发等方面取得突破性进展，河北民族师范学院向新疆地区输送援疆就业“星火计划”，有 60 名毕业生赴疆工作，通过交流活动，增进承德市同新疆的友好关系。河北蒙古族高级中学作为全省唯一一所蒙古族高级中学，向内蒙古、辽宁、吉林、黑龙江、新疆、甘肃、青海、河北的多所大学定向输送 120 名优秀毕业生。在全市中小学秋季开学季广泛开展“民族团结第一课”活动，增强中小学生中华民族一家亲的理解。尉犁县 20 名各民族学生代表到承德市与市实验小学、河北民族师范学院附属中学开展一对一“结对认亲”活动，建立长久亲情关系。发展民族体育项目。积极争取将河北民族师范学院等 5 个单位列入河北省少数民族传统体育项目基地规划。珍珠球、木球、陀螺等少数民族传统体育项目在民族地区普及开展，木球队代表河北省荣获全国“民族团结杯”比赛冠军。

【法治化建设】 提高民族事务治理体系和治理能力现代化水平，和谐稳定底线更加巩固。进一步健全少数民族人口定期统计摸底、少数民族流动人口跨区域协作、有关部门协调沟通、民族领域风险隐患预警、突发事件应急快速处置、少数民族流动人口服务管理六项机制，全力守住民族领域和谐稳定底线。城市民族工作顺利开展。以城市民族工作为重点，与唐山、天津、秦皇岛、廊坊等市建立少数民族流动人口跨区域协调合作机制，联合签署少数民族流动人口和宗教管理工作协作协议。以社区为单元，建立少数民族流动人口信息台账，完善少数民族流动人口服务管理体系，将其纳入全市流动人口服务管理体系。与新疆驻冀工作组建立对接机制，互通情况，与公安等有关部门密切配合，信息共享。依法管理民族宗教事务。组织民族政策法律法规知识竞赛活动和举办全市民族系统行政执法人员培训班，着力提高全市民族宗教干部法治思维和依法行政能力。清真食品管理全面实行告知承诺制，进一步摸清底数，开展“双随机、一公开”专项执法检查，全年市、县（市、区）两级累计开展检查 22 次，抽查清真企业 114 家，同时顺利完成省民委对全市 5 个县（市、区）的重点抽查工作。

【支持民族经济发展】 协调市直有关部门争取上级支持，以铸牢中华民族共同体意识为主线，着力促进民族地区高质量发展。深入贯彻落实上级政策措施，制定出台《关于对民族乡村进行重点帮扶的实施意见》；精心扎实做好省政府赴滦平、隆化现场办公的组织筹备和协调服务等工作，共争取支持两县项目 392 个，资金 64.2 亿元，截至年底，资金项目全部落实到位。启动市政府对承德县两家、岗子两个民族乡现场办公，共支持项目 40 个，资金 1.39 亿元。指导隆化、滦平两县政府对 14 个民族村现场办公，共支持项目 23 个，资金 3553 万元，经验做法被省民族事务委员会在官方网站推广。会同有关部门抓好民族乡村振兴工作，争取纳入国家级试点乡 1 个，省级试点乡 12 个；举办民族乡村振兴专题培训班 3 期，培训骨干人才 156 人。争取少数民族发展资金 5679 万元，占全年目标任务的 113.6%，资金共实施项目 152 个，惠及全市 153 个民族村，受益群众 30 余万人；落实好民贸民品企业贷款贴息政策，全市 24 家民贸民品企业共获得年度贷款贴息资金 1956.43 万元，比上年新增 398 万元，增长 25.5%。同时推荐 14 家企业新纳入全省民贸企业贷款贴息支持范围；结合承德国家可持续发展议程创新示范区创建工作，着力加强少数民族特色村寨建设。全年累计投入各类资金1.2亿元（其中争取省级专项资金716万元）用于各试点村建设，创建围场哈里哈镇—御道口牧场—丰宁大滩镇沿线少数民族特色村寨示范带，经过积极争取，另有6个民族村被新增纳入全省特色村寨试点范围，全市试点村总数达到54个，其中已有21个村被国家民委命名挂牌为“中国少数民族特色村寨”，试点村总数和被命名数居全省首位。

【宗教事务管理】 以“宗教工作保和谐稳定”为主线，以创新宗教管理，促进宗教关系和谐为重点，开展宗教系统治理和专项整治行动，全面提升宗教工作制度化、法治化、规范化水平。成立专项行动领导小组，集中开展基督教私设聚会点和各类非法宗教活动专项治理行动；派驻基层治理工作队，规范宗教秩序，治理各种非法宗教活动；推荐承德市滦平县和双滦区驻陈栅子乡二兴营村工作队为先进县、先进工作队典型；在滦平召开全市宗教工作专项整治和系统治理现场推进会议；认真贯彻落实全省、市、县统战部部长、民宗局局长会议精神，扎实有效地推进相关工作；制定并下发督导检查清单，安排12个专项督导组，对各县（市、区）检查指导，推动宗教领域专项整治和系统治理各项任务落到实处，并把宗教工作纳入全市重点工作大督查和政治巡察重点内容；召开全市深化宗教治理工作推进会，进一步推动宗教工作；深入推动“双创四进”全覆盖。逐步引导宗教活动场所在国家重大节日举行升旗仪式；逐步规范讲经布道的内容，引导宗教界把“四进”（宪法、国旗、社会主义核心价值观和中华优秀传统文化进宗教活动场所）内容融入讲经解经之中，内化于教义教规之中，不断增强中国宗教的自信；在全市选树“双创四进”示范场所16个，切实发挥和谐寺观教堂和先进宗教团体的示范带头作用。

组织全市宗教界和宗教团体副秘书长以上代表人士30余人，赴董存瑞烈士陵园、塞罕坝展览馆凭吊先烈、开展专题宣传教育。各宗教团体也分别组织不同形式的庆祝中国共产党成立100周年活动，纷纷表示“坚定不移听党话、跟党走”；核实完善宗教基础信息。

学习贯彻落实《宗教教职人员管理办法》，按照上级统一部署，对教职人员基本情况、现实表现、宗教造诣等情况重新核对、重新考核、重新登记，特别是充分发挥全市性宗教团体作用，严格考核，做到持证上岗，规范管理。进一步加强民族宗教领域信用体系建设，开展纠正宗教场所重错码、一码多赋问题和相关信息归集工作。

【提升宗教工作队伍素质】 组织不同层面的宗教工作队伍培训。在山庄宾馆举办全市基层治理工作队（所有驻村工作人员参加）培训班。选派乡镇（街道）宗教专职干部参加省委统战部、省社会主义学院组织的专职干部培训班，承德市共有50人分10期参加培训，进一步提升了宗教工作专职干部的业务水平和能力；做好安全隐患排查工作。随时了解和掌握各宗教活动场所和各类活动点疫情防控动态，实行“日报告”和“零报告”制度。加强承德市各宗教活动场所火灾风险防控工作，严格落实《承德市宗教活动场所消防安全专项整治三年行动实施方案》，坚决防范和遏制火灾事故发生。开展宗教领域风险隐患排查化解攻坚行动，对发现的矛盾纠纷问题，经过多轮化解工作，信访形势整体平稳，风险隐患得到有效化解。

2021年市民族宗教事务局领导名录

党组书记、局长：苗立田
党组副书记、副局长：苏玉友
党组成员、副局长：官向前
高海滨
郭玉琢

（白　杨　供稿）

县(市、区)发展概况

围场满族蒙古族自治县

【概况】 围场满族蒙古族自治县总面积9219平方千米，年末户籍总人口530973人，其中城镇人口113177人，乡村人口417796人，户籍人口城镇化率21.31%。2021年，全年地区生产总值为191.92亿元，同比增长8.4%；规模以上工业全年实现总产值53.41亿元，同比增长9.8%，增加值增长9.9%；固定资产投资（不含农户）增长6.1%；全社会消费品零售总额实现47.11亿元，同比增长6.0%；全部财政收入11.95亿元，比上年增长1.4%，其中县级公共财政预算收入6.85亿元，同比增长8.8%，公共财政预算支出47.60亿元，同比下降21.6%；城乡居民人均可支配收入分别达到30586元和12552元，同比分别增长8.4%和13.5%；直接利用外资3893万美元，比上年下降46.1%。

【民主法治建设】 加快法治围场建设。坚持科学立法，制定《围场满族蒙古族自治县2021—2025年立法规划》和《围场满族蒙古族自治县立法条例》，确定立法项目2件，修订项目3件。加强法治政府建设，严格执行重大行政决策合法性审查，推动政府各项工作始终在法治轨道上运行。持续深化司法责任制改革，全面充实一线办案精锐力量，“八五”普法全面铺开，312个行政村和9个社区全部实现村居法律顾问全覆盖。加快平安围场建设。构建立体化社会治安防控体系，强化社会矛盾源头化解，县、乡、村三级综治中心实现全覆盖，在全市率先建成智慧安防小区110个，3655路感知前端全部实现联网应用，得到省政府领导的肯定性批示，获评全省唯一公安部网综平台试点单位。聚焦电信网络诈骗、道路交通安全、生态环境保护等重点领域，始终保持严打高压态势，依法严厉打击各类违法犯罪，扎实开展政法队伍教育整顿。制定《全面加强政法队伍管理工作的实施意见》等长效机制20项，学习教育、查纠整改、总结提升“三大环节”一次性通过评估验收。

【深化重点领域改革】 坚持以改革添动力，持续深化“放管服”改革，111项高频事项实现“全天自助”网上办理、432项公共服务事项实现网上办理，累计网上办件11866件，代表承德市顺利通过省级年度考评。深化“拿地即开工”改革，政府投资类、社会投资核准类、社会投资备案类项目施工许可分别压缩6个、5个、4个工作日。深化金融财税体制改革，强化预算绩效观念和财政监督绩效，加强地方政府债务风险防范，不断提高财政管理水平，累计盘活固定资产5亿元以上，完成税收收入8.6亿元。农业农村、县域社会治理等重点领域改革稳步推进、取得扎实成效。扩大对外开放合作。坚持以开放增活力，发挥开发区引领发展的主引擎作用，强化与深圳盐田港等40余家优质企业的对接合作，积极引进战略投资者、产业龙头企业、科技领军企业，开发区新增入园企业25家，实现营业收入100亿元，增长25%。攻坚推进重点项目建设，深入开展“重点项目建设提升年”活动，73个省、市、县重点项目开工建设，完成投资45.3亿元，项目开工率、完成度均超过预期，全年两次全市重点项目观摩综合排名均位居第一。

【提升创新创业能力】 大力优化发展环境。坚持以环境挖潜力，出台《打造一流发展环境工作实施方案》及21个配套文件，制定六大领域30条针对措施，全面改善企业入驻、项目落地软硬件环境，全力打造诚实守信的市场环境、优质高效的政务环境和安全稳定的社会环境，形成亲商、安商、富商的浓厚氛围。全年新增限额以上商贸企业5家、规模以上工业企业6家、市场主体2665户。提升科技创新能力。坚持以创新强实力，主动融入、积极对接承德国家可持续发展议程创新示范区建设，制定"1+9+N"政策体系，落地科技项目14项，新增省级技术创新中心、产业技术研究院2家，打造领军型企业2家，转化科技成果7项，围场马铃薯研究所成功晋升为国家级种薯产业技术研究院。深度对接生态环境部、科技部、清华大学等高端资源，就中国中小城镇低碳能源示范县等3个项目成功达成合作意向，技术合同交易额达1.8亿元，有效促进全县科技创新能力实现大提升。

【生态环境建设】 坚决扛起"两区"建设政治责任，以更高标准加强生态环境保护，以更高质量加强生态环境建设，以更高层次推进生态产品价值实现，加快推动生态优势转化为产业优势、发展优势、富民强县优势。坚持标本兼治加强生态保护。坚持科学治污、精准治污、铁腕治污，攻坚打好"蓝天、碧水、净土"保卫战，深入开展非法采沙、采矿、采石和农村乱占耕地建房问题整改专项行动，科学有序推进清洁取暖，PM2.5浓度为19微克／立方米，下降32.1%，环境空气质量综合指数为2.85，下降16.4%，全年环境空气质量优良天数持续位居省市前列，水源地和出境断面水质全部达标，完成矿山覆绿700亩。坚持量质并举加强生态建设。坚持山水林田湖草沙一体化保护和修复，贯彻执行《塞罕坝森林草原防火条例》，实施大规模国土绿化行动，统筹抓好张承坝上地区植树造林、小流域综合治理、退化草地修复等重点生态工程，生态系统碳汇能力和生态环境涵养及承载能力全面提升，共完成植树造林16.3万亩、重点小流域治理40平方公里、湿地保护1000亩、退化草地治理3.8万亩，森林覆盖率达到60.25%，塞罕坝机械林场荣获防治荒漠化领域最高荣誉"土地生命奖"。坚持转化增值加强生态经营。抢抓"碳达峰、碳中和"重大机遇，实施"双碳＋"行动，与生态环境部、塞罕坝机械林场合作共同打造双碳产业发展的"塞罕碳谷"，强力推进塞罕坝双碳展示区、县城双碳体验区和兰旗卡伦双碳产业园区建设，实施低碳、碳中和示范项目，加快实现双碳与乡村振兴协同、减污与降碳协同，成功被清华大学碳中和研究院列为全国唯一一个县级区域合作单位。紧跟习近平总书记视察脚步，以四道沟至棋塞山门为主线，以沿线7个乡镇为重点，辐射带动全县其他30个乡镇，做优做强林下经济、高端苗木、中医药等特色产业，加快生态资源转化增值，全力打造一条生态好、产业强、农民富的二次创业路和乡村振兴先行路。

【绿色低碳循环发展】 牢牢把握高质量发展要求，围绕"1+2"主导产业，建立双碳、被动式超低能耗、新能源等八个产业链，推行双链长负责制，实施"工业设计赋能、标准体系建设、品牌培育培树"工程，延伸产业链、融通供应链、提升价值链，打造广泛联结、紧密互动、深度融合的现代化产业链条。做强文化旅游产业。以创建全国知名森林草原满族、蒙古族文化旅游示范县为引领，坚持冬夏互补、业态创新、融合发展，依托国家河北承德体育训练基地深度开发冬季旅游、冰雪运动等业态模式，大力发展民宿经济，钓鱼台湿地公园、塞罕坝生态科普园获评国家AAA级旅游景区，成功承办全国"生态文旅与乡村振兴实践创新"论坛等重大活动，累计接待游客215万人次，实现旅游收入15.69亿元，全景、全时、全业、全民、全域的旅游发展态势基本形成。做精食品医药产业。以创建京津冀绿色农产品特供基地为方向，坚持育品种、提品质、树品牌，实施净菜分选加工产业园等农业产业化项目21个，产业化经营率达到67%，市级以上龙头企业达到53家，成功创立“围场金莲花”“围场沙棘”区域公用品牌，有效提升“承德山水—画木兰”系列品牌影响力，形成了集农产品精深加工、展示展销、休闲旅游于一体的一、二、三产融合发展格局。做大能源环保产业。以创建国家级清洁能源融合发展示范县为目标，坚持高端化、集群化、品牌化方向，科学设定清洁能源企业“五个准入条件”，大西沟风电储氢、鑫宇鹏飞储能装备制造等重点项目顺利实施，总装机170万千瓦的9个保障性并网项目获省市批复，清洁能源产业正在加速由单纯投资型向多元资本运作型转变、由单一化向全链条发展转变。

【城乡全面发展】 实施防止返贫攻坚行动。聚力持续巩固脱贫成果，在全市率先成立县级防贫中心，严格落实“四个不摘”要求，全面加强防贫动态监测和帮扶，配备县、乡、村三级专职人员3596人，全县脱贫不稳定户、边缘易致贫户及其他稳定脱贫户人均收入全部达标，顺利通过国家防止返贫监测帮扶实地核查和省巩固脱贫成果后评估验收。巩固拓展稳定增收渠道，在全市率先成立乡村振兴学院，围绕“2+3”农业产业，以绿色种养循环农业试点县建设为引领，抓紧抓实产业培育和项目建设，新建农业标准化基地12个，拉动群众财产性收入、经营性收入和工资性收入持续增长，加快推动巩固拓展脱贫成果与乡村振兴有效衔接。实施乡村建设攻坚行动。坚持基础设施先行，累计投入28亿余元，大力优化路网结构、完善水网布局、提升电网质量、推进讯网升级，国道233棋盘山至围场北段改造提升、老窝铺至御道口牧场大道速滑馆10千伏电力专线工程等重点项目建成投用，新开通城乡公交线路3条，新建农村公路13条174千米，建成人饮安全工程115处，基础瓶颈制约加速破解。坚持以创建全国农村人居环境综合整治试点县为引领，总投资2.3亿元的静脉产业园垃圾焚烧发电项目、农村生活垃圾热解气化设施及垃圾转运站工程开工建设，改造公厕50座、无害化卫生厕所1.2万座，打造省级美丽乡村16个，全县农村生产生活环境显著改善。实施城市提升攻坚行动。坚持以国土空间总体规划为纲，配套完善县城建设、产业发展、基础提升等各专项规划，有效推进“多规合一”，强化规划刚性执行，确保一张蓝图绘到底。坚持以争创省级森林城市、省级园林城市为牵引，以城南新区、城北新区为重点，持续巩固省级文明县城创建成果，实施总投资2.23亿元的特色街区打造、路网结构优化、生态公园建设等8大类城建工程，新增供热面积130万平方米，完成棚户区改造5.27万平方米，城镇化率达到43%，城市更新步伐不断加快。创新城市运营管理模式，覆盖全域、力量集聚的综合执法全面铺开，重点领域、关键环节的整治力度明显加大，基础配套、环卫管理的长效机制不断完善，城市经济、区块产业的发展势头持续向好，县城综合承载能力、拉动发展能力、智慧服务能力全面提升。

【办好民生实事】 想民之所盼、办民之所忧，持续加大民生领域投入力度，全年民生领域支出达到40亿元，占一般公共预算支出的80%。常态化推进民生工程，省市28项民生工程、县15项民生实事全部达到序时进度。深入开展“我为群众办实事”实践活动，累计办理各类民生实事1300余件，广大人民群众的幸福感和满意度持续提升。千方百计发展社会事业。坚持教育优先发展，严格执行“双减”政策，实施教育振兴计划，新建改建学校13所，中高考成绩继续保持全市前列，高质量通过省政府教育履职督导评价。落实就业优先政策，拓宽灵活就业渠道，新建省级创业创新孵化基地 1 处，新增城镇就业 5183 人。深化医疗卫生改革，乡镇卫生院实现医共体建设和国医堂项目全覆盖，建立医疗救治远程分级诊疗系统，搭建乡镇卫生院—县医院—京津冀三甲医院的三级诊断平台，病有所医的“围场模式”得到省大督查组的高度认可。健全社会保障体系，社区和居家养老服务体系不断完善，住房公积金保障作用显著增强，养老、医保等五大社会保险应保尽保，社会救助、优抚安置等民生工作加快推进，社会保障、公共服务水平显著提升。坚持不懈抓好疫情防控。坚持人民至上、生命至上，优化调整一办 15 组防控指挥体系，严格落实十个常态化 30 项具体举措，突出抓好“三防一快”，筑牢“三道防线”，全面落实入境人员闭环转运、外来人员排查管控要求，共完成 35.36 万人全程免疫接种、20.83 万人加强免疫接种，累计集中隔离 1196 人、居家监测 11944 人，切实守好“外防输入、内防反弹”的围场阵地。

【思想文化建设】 深入开展中共党史学习教育。始终把党史学习教育作为一项重要政治任务，结合“四史”宣传教育，确定把干在实处走在前列等书籍列为必学重点，将塞罕坝精神作为身边教材，开设“班前党史学习十分钟”专题广播，加快塞罕坝生态文明实践教育基地建设，打造红色主题教育线路一条，成功举办庆祝中国共产党成立 100 周年围场党史图片展等系列活动，深入宣传宣讲党史和塞罕坝创业史 8000 余场次，受众 30 余万人次，切实做到学史明理、学史增信、学史崇德、学史力行。严格意识形态管控。全面落实意识形态工作责任制，建立健全突发事件预测预警、信息报告、应急处置运行机制，加强形势分析研判，引领正确舆论导向，媒体、网络、宗教、学校等重点领域管理全面加强，牢牢守住意识形态阵地。繁荣发展文化事业和文化产业。深入挖掘民族、生态、皇家文化，组织“永远跟党走”诗歌朗诵等系列活动 20 场次，开展送文化下乡演出 51 场次，送电影、图书下乡 3800 余场，创作《塞罕坝上建奇观》等精品佳作 15 个。加强文物和文化遗产传承，实施木兰御制碑科技保护、燕秦长城保护修复等重点工程，成功打造省级少数民族特色村寨 3 个。

2021 年围场满族蒙古族自治县领导名录

县委书记：刘众民（满族，5 月免）
刘　洋（5 月任）
副书记：甄毓敏（女，满族，5 月免）
于景国（5 月免）
孙立良（满族，5 月任）
王占平（5 月任）
县委常委：宋汉生（满族）
吕宝俭（满族）
王占平（5 月免）
韩淑珍（女，满族，5 月任）
姜长城（满族）
徐春鹏（满族，5 月免）
刘春辉（满族，5 月任）
王国志（满族，5 月免）
宋砚林（蒙古族，7 月任）
宋　利（满族）
赵永明（1 月免）
丁卫军（1 月任）
章　亮（挂职，5 月任）
张卫华（挂职，5 月免）
刘继群（挂职，5 月免）
安宝亮（挂职，5 月免）
县人大常委会主任：曹旭永（满族）
副主任：段云峰（蒙古族，7 月免）
张　开（满族）
李栓宁（7 月免）
李秀荣（女，蒙古族，7 月任）
康海坡（满族，7 月任）
肖瑞凡（满族，7 月任）

县政府县长：甄毓敏（女，满族，5月免）
孙立良（满族，5月任代理县长，7月任县长）
常务副县长：吕宝俭（满族）
副 县 长：张卫华（挂职，5月免）
刘继群（挂职，5月免）
安宝亮（挂职，5月免 ）
章 亮（挂职，5月任 ）
陆 媛（女，满族，5月免）
秦二利（满族）
郝立国（5月免）
王 宇（5月免）
宋砚林（蒙古族，5月免）
韩淑杰（女，蒙古族，7月任）
申 军（满族，7月任）
于建龙（7月任）
赵一鸣（7月任）
县政协主席：王金良（满族，1月任）
副 主 席：曲景友（满族）
李秀荣（女，蒙古族，7月免）
韩淑杰（女，蒙古族，7月免）
陆 媛（女，满族，7月任）
延禹龙（满族）
李栓宁（7月任）
县纪律检查委员会书记：宋汉生（满族）

（孙兆岭 供稿）

丰宁满族自治县

【概况】 丰宁满族自治县位于河北省北部、承德市西部，地处燕山北麓和内蒙古高原南缘。县域总面积8765平方千米。年平均气温0.9℃～6.2℃，全年无霜期110～145天，日照2903.6小时/年，昼夜温差大。年降水量350～550毫米。丰宁海拔在600～2213米，适合开发风电、光电。初步列入可利用能源储量约1400万千瓦，其中：水能500万千瓦，风能500万千瓦，太阳能400万千瓦，生物质能转换为能源的潜力约为60万吨标准煤。全县已经开发水电装机370万千瓦（在建360万千瓦）、风力发电装机190万千瓦（已建成140万千瓦，在建25万千瓦）、太阳能发电装机27万千瓦。12月30日，被誉为世界最大的“超级充电宝”的国网新源河北丰宁抽水蓄能电站正式投产发电。电站安装12台单机容量30万千瓦机组，总装机规模360万千瓦，年设计发电量66.12亿千瓦时，年抽水电量87.16亿千瓦时。作为中国自主设计和建设的世界在建最大抽水蓄能电站，丰宁创造四项“第一”。装机容量世界第一。共安装12台30万千瓦单级可逆式水泵水轮发电电动机组，总装机360万千瓦，为世界抽水蓄能电站之最；储能能力世界第一。12台机组满发利用小时数达到10.8小时，是华北地区唯一具有周调节性能的抽蓄电站；地下厂房规模世界第一。地下厂房单体总长度414米，高度54.5米，跨度25米，是最大的抽蓄地下厂房；地下洞室群规模世界第一。电站地下洞室多达190条，总长度50.14千米。此次共有两台机组投运，通过张北柔直电网和华北500千伏电网，随时为冬奥场馆提供60万千瓦绿色电力，不仅保障冬奥场馆绿电全覆盖，还可显著推动冬奥举办城市北京、张家口广泛使用清洁能源，为京津冀协同发展提供绵绵不绝的绿色动力。

全县有耕地106万亩，主要农产品有玉米、水稻、小麦、谷子、莜麦、胡麻、马铃薯、各种豆类等，是全国玉米商品粮基地县，杂粮杂豆基地县。全县林草资源丰富，有林地面积572万亩，草原面积736万亩。2021年，全县共辖11个镇15个乡、1个街道办事处、1个经济开发区，13个居民委员会，309个行政村，2767个村民小组。至年末，全县户籍总人口403616人；其中少数民族总人口293750人。少数民族所占比例72.78%，共有34个少数民族，比2020年减少1个哈萨克族，增加1个赫哲族，少数民族人口万人以上的是满族266734人，蒙古族23498人，其他32个少数民族人口合计3518人。少数民族人口比2020年增加363人。全县地区生产总值（GDP）141．70亿元，比上年增长8.4%。其中，第一产业增加值36.42亿元，比上年增长11%，第二产业增加值45.20亿元，比上年增长8.9%，第三产业增加值60.07亿元，比上年增长6.5%。产业结构调整继续优化，第一产业略有上升，第二产业略有上升、第三产业有所下降。三次产业比重由上年的25.6：30.8：43.6调整为25.7：31.9：42.4。规模以上工业企业个数比上年增长20.8%。实现利税22.44亿元，比上年增加4.49亿元，增长25%。完成固定资产投资（不含农户）89.64亿元，同比增长6.5%，建设项目完成固定资产投资58.44亿元，同比增长6.5%。全年进口总额190万美元；出口总额323万美元，增长52%。完成全部财政收入17.25亿元，比上年上升17.01%，一般公共财政预算收入8.41亿元，比上年增长7.6%。一般公共预算支出7.23亿元，比上年下降6.8%。全部财政收入占GDP的比重为11.2%，比上年降低2.6个百分点。年末全部金融机构各项存款余额248.84亿元，比年初增加16.80亿元，比上年增长7.2%。各项贷款余额278.12亿元，比年初增加33.46亿元，比上年增长13.7%。保费收入3.29亿元，比上年减少25.43%。给付赔款7694.69万元，比上年减少44.43%。全年开工千万元以上重点项目63个，完成投资74.34亿元。全县新增四上企业（指规模以上工业企业、资质等级建筑业企业、限额以上批零住宿餐饮企业、规模以上服务业企业等四类的统称）17家，千万元以上纳税大户19家，纳税总额9.5亿元，占全部财政收入的55%，创历史最高水平。

【脱贫攻坚】 严格落实“四个不摘”，全县174个脱贫村、9.66万名建档立卡脱贫人口全部落实精准帮扶措施，圆满通过国家和省考核。脱贫人口人均可支配收入达到1.19万元，增长10.9%，实现“两个高于”目标。义务教育全面提升、医疗保障更加健全、危房改造动态清零、饮水安全持续巩固。落实“五位一体”防贫机制，低保五保政策有效兜底，牢牢守住“不返贫”底线。创新实施易地搬迁“五心工程”，不动产证全部发放到位。实施乡村建设行动，新建农村公厕150座、户厕8000座，20户以上自然村道路硬化比例达到95%，乡镇垃圾压缩转运站实现全覆盖。云雾山省级乡村振兴示范片区建设全面启动，年内完成投资2.4亿元。

【生态环境建设】 深入践行“绿水青山就是金山银山”理念，举全县之力完成张承坝上地区植树造林等重点造林工程，完成营造林面积50万亩，成功创建省级森林城市，被评为全国造林绿化先进单位。全面推行“河长制”“林长制”，开展打击破坏环境行为专项行动。大力推进清洁取暖，改造“光伏＋电取暖”480户、生物质取暖8035户，洁净煤替代6.4万户，取缔燃煤锅炉20台。大气综合指数3.12，下降7.7%；PM2.5浓度均值24微克／立方米，下降11.1%；达标天数341天，增加15天，空气质量达到历史最好水平。清源污水处理厂提标改造一期工程建成试运行，7处乡镇污水处理厂正式运营，河流考核断面地表水水质达标率100%。深化矿山综合治理，取缔关停矿山4家，完成灭失迹地修复治理5处。加强固废、危废监管，开展土壤污染隐患排查和土壤监测，牢牢守住生态红线、耕地底线。

【特色农业经营】 全年完成投资9.4亿元，实施农业产业项目455个，其中千万元以上重点项目8个。围绕农业四大产业调结构，全县蔬菜种植达到15.4万亩，中药材种植达到2.9万亩，肉牛出栏15.7万头，肉羊出栏38万只，生猪出栏18.5万头，奶牛存栏1.6万头。有机认证企业达到35家，认证面积达到12万亩，被列为河北省首批有机产品认证试点县、成功入选全国农村创业创新典型县名单。丰宁国家农业科技园区顺利通过省中期评估。围绕建链补链强龙头，朴诚乳业高端乳品加工和万头奶牛牧场一期工程、华电生物质综合利用等项目竣工投产。市级以上龙头企业达到50家、产业化联合体达到6家，农业产业化经营率达到63.1%。

【工业转型升级】 紧紧抓住国家重大政策机遇，将清洁能源作为立县第一支撑产业强力推进。总装机360万千瓦的丰宁抽水蓄能电站，经过历时13年建设，实现2台机组投产发电，建设取得4个世界第一。成功争列国家第一批、全省唯一一个百万千瓦风光氢储一体化项目，总装机42万千瓦的大元滦北、西马群等4个平价光伏项目建成并网。全县累计建成、在建、申报的清洁能源装机达到1084万千瓦。规划建设清洁能源装备制造产业园，与高登赛、国华、北盛、协合等企业签订磷酸铁锂电池、钠离子电池、智能光伏组件等项目协议。开发区实现主营业务收入188亿元，增长34%。加快矿业高效集约发展，编制矿山整合重组方案，保留采矿权26个。成立砂石骨料行业协会，推动砂石骨料产业规范持续发展。全县新增规模以上工业企业10家，规上工业总产值达到81.5亿元。

【发展文化旅游】 修订《旅游业管理条例》，出台《扶持文旅康养产业发展暂行办法》，帮助企业抵御疫情寒冬。云漫疏林草原项目正式投入运营，京北草原天路、云雾山康养小镇等项目启动实施，中国马镇成功创建省级智慧景区示范点。与中国健康产业基金会签署战略协议，合力打造文旅农康产业示范县。文化事业健康发展，实施凤山关帝庙、戏楼古建筑群修复工程，开展“非遗”培训170余期，《满族民俗文化画卷》荣获“中华印制大奖”金奖。

【城乡面貌变化】 坚持规划先行，完成全县《国土空间规划》第四轮技术审查，编制《土地征收成片开发方案》，出台《旧城改造片区土地及房屋征收补偿安置方案》。改造老旧小区19个，新建改造雨污管网42.5千米，完成节点绿化面积4.75公顷，建设口袋公园8个、林荫停车位829个，安装路灯455盏，旱厕改水冲公厕12座，顺利通过省级园林城复检。建设5G基站80个，实现县城主城区5G信号全覆盖。建设64个智慧安防小区，城市精细化管理水平进一步提升。省道外金线凤山至金台子段路基工程全部完成。改造提升农村公路80.7公里，外沟门青石砬至苏家店、四岔口永利至苏家店干沟门等工程竣工通车，获批全省城乡客运一体化试点县。完成抽水蓄能电站500千伏输电二期27公里线路建设。万胜永110千伏变电站送出和小西沟开闭站新建项目竣工投运。

【重点领域改革创新】 扎实推进166项重点领域改革。全面梳理政务服务事项，1175项进驻县级大厅，112项赋权下放乡镇，39项村级事项和36项代办事项村级办理。持续简化审批流程，落实绿色通道、领办代办制度，落实减税降费政策，为企业减负增效。深入推进国家可持续发展议程创新示范区建设，高质量完成22项重点建设工程。大力实施县域科技创新跃升计划，科技创新能力全省综合排名前进14位。全面实施质量强县战略，隆兴防水和丰鑫实业获评市级质量标杆单位，平安高科参与低聚果糖国家标准修订。持续扩大对外开放，进出口总额完成371万美元，增长10.4%。

【办好民生实事】 全心全力实施省、市、县民心工程，高质量完成年度建设任务，民生投入占财政支出比例达到61.5%。举全县之力打好疫情防控阻击战，坚决落实常态化疫情防控各项措施，组建基层防控网格2658个，配备负压救护车29

辆，具备24小时全员核酸检测能力，3岁以上人群疫苗接种率达到93%，建立起丰宁群体免疫屏障。召开教育发展大会，出台《推进教育高质量发展十条措施》，投资4760万元，改善30所城乡中小学及幼儿园办学条件，获评省级教育先进县、体育工作优秀县称号。投资1.28亿元，实施中医院迁址新建、选将营乡中心卫生院改造提升工程，顺利通过省级健康促进县验收。不断推动民族工作高质量发展，被命名为“全省民族团结进步示范区”。健全养老服务体系，公建民营老年公寓建成投运，新建养老服务中心1处、养老服务站3所。严格落实安全生产责任制，深入开展风险隐患大排查大整治活动，扎实做好森林草原防灭火、食品安全、防汛抗旱等工作。圆满完成建党100周年庆祝活动等重要时期安保维稳任务。深入开展扫黑除恶专项斗争，被评为全省禁毒示范县。下大力解决涉房、涉农等领域遗留问题，社会大局保持和谐稳定，获评全国平安中国建设示范县称号。国防动员、双拥共建、退役军人保障等工作持续推进，连续九届荣膺省级双拥模范示范县。统计审计、广播电视、史志档案、外事侨务、气象地震、妇女儿童、老龄、残疾人等工作都取得了新成绩。

2021年丰宁满族自治县领导名录

县委书记：方志勇（满族，5月免）
　　　　　李　东（满族，5月任）
副书记：杨宪军（满族，5月免）
　　　　　曾庆鹏（满族，5月任）
　　　　　王荣昌（满族，5月免）
　　　　　张国强（满族，5月任）
县委常委：张胜勇（满族）
　　　　　张立民（满族）
　　　　　李文江（满族，5月免）
　　　　　韩　俊（满族，5月任）
　　　　　桑爱民（满族，5月免）
　　　　　王　宇（满族，5月任）
　　　　　晁明辉
　　　　　张国强（满族，5月免）
　　　　　袁卫国（满族，5月任）
　　　　　李秀华（女，满族，5月免）
　　　　　左文娟（女，5月任）
　　　　　李伟光（5月免）
　　　　　王青山（满族，5月任）
县人大常委会主任：刘海平（满族，7月免）
　　　　　李秀华（满族，女，7月任）
副主任：李兆春（6月免）
　　　　　孙明臣（满族，7月免）
　　　　　孙瑞芳（满族）
　　　　　闫兴祥（满族，7月任）
　　　　　李兆武（满族，7月任）
　　　　　孙海丰（满族，7月任）
县政府县长：杨宪军（满族，5月免）
　　　　　曾庆鹏（满族，7月任）
常务副县长：桑爱民（满族，6月免）
　　　　　王　宇（满族，6月任）
副县长：林树刚（蒙古族，1月免）
　　　　　孙海丰（满族，6月免）
　　　　　胡　滨（1月任）
　　　　　薛宏霞（女，5月免）
　　　　　王青山（满族，6月免）
　　　　　袁卫国（满族，6月免）
　　　　　姚洪涛（6月任）
　　　　　徐艳萍（女，满族，6月任）
　　　　　张亚东（蒙古族，6月任）
　　　　　王彦山（6月任）
　　　　　谭先将（挂职，6月任）
　　　　　高　苹（挂职，6月免）
　　　　　万　军（挂职，6月免）
　　　　　寇占英（挂职，6月免）
　　　　　孟德辉（挂职，6月免）
县政协主席：郭　锐（满族，7月免）
　　　　　李文江（满族，7月任）
副主席：韩世君（满族，7月免）

王　和（满族）
李明君（满族，7 月任）
孙仕林（满族，5 月免）
李景安（满族，7 月任）
李兆春（满族，7 月任）
县纪检委书记：李文江（满族，5 月免）
韩　俊（满族，5 月任）

（薛有岭　供稿）

隆化县

【概况】 隆化县下辖 24 个乡镇、1 个街道办事处、357 个行政村、11 个居委会；全县总面积 5473.45 平方千米，农作物播种面积 62429.05 公顷，粮食作物播种面积 34269.33 公顷，粮食总产量 21.23 万吨，同比增长 0.05%；总人口 443710 人，人口自然增长率 2.65‰；全年地区生产总值 165.3 亿元，同比增长 8.6%，其中第一产业增加值 63.1 亿元，同比增长 10.7%，第二产业增加值 32.1 亿元，同比增长 10.1%，第三产业增加值 70.1 亿元，同比增长 6.2%；规上工业增加值 19.8 亿元，同比增长 5%；完成全部财政收入 13.5 亿元，同比增长 16%，其中公共财政预算收入 6.9 亿元，同比增长 14.3%，公共财政预算支出 40.5 亿元，同比增长 −11.4%；社会消费品零售总额 34.6 亿元，同比增长 6.7%，全社会固定资产投资 50.5 亿元，同比增长 11.2%；农民人均可支配收入 12679 元，同比增长 13.3%；城镇居民人均可支配收入 32530 元，同比增长 8.7%；年末城乡居民储蓄存款余额 198.3 亿元，同比增长 13.1%。

【发展特色产业】 全力推动特色产业全面升级。文旅医疗康养产业高端发展，聚焦打造国家级热河皇家温泉旅游度假区，加强与中国城市规划设计研究院合作，精心编制七家—茅荆坝片区发展规划，热河山谷二期、金水湾等 6 个项目建成投用，七家镇温泉村入选第三批全国乡村旅游重点村。紧抓“盛世 100 民宿”品牌创建有利契机，高标准打造“玉龙川”等 12 个民宿示范村。全市“百村示范　千户带动”发展民宿经济助力乡村振兴启动仪式现场会在隆化召开。全年接待游客 90 万人次，实现综合收入 7 亿元。

【产业链式发展】 钒钛新材料及制品产业链式发展，打破定性思维，拓宽发展思路，把独特的资源优势转化为产业优势。钛通 4 万吨高钛渣技改项目建设完成，黎河肥业配套项目落地实施，有效促进了钛磷产业由初级采选向提高附加值全面转型升级。食品医药产业品牌发展，聚焦农业“一主两辅”产业，着力扩规模、提品质。全县市级以上龙头企业发展到 58 家，成功争创国家肉牛现代农业产业园创建县、国家中药材优势特色产业集群创建县，隆化被农业农村部评为第一批全国农作物病虫害统防统治百强县。

【产业集群发展】 特色装备制造产业集群发展，重点扶持风电设备、地源热泵、输送机械产业研发制造和规模扩张，金风电控成功迁建，凯风玻璃钢风力发电机舱等关联项目稳定生产，特色装备制造产业向高端发展。清洁能源产业集约发展，坚持“以资源换产业、以产业换发展”，以抽水蓄能电站项目为引领，科学开发风光资源，4 个风光电项目获批，总规模 57.8 万千瓦，“风光储”一体化实现破题发展。

【项目和园区建设】 全力提升项目建设质效。始终把项目建设作为经济发展的“生命线”，凝心聚力抓开放、上项目、促发展。挪宝中欧产业园、红色国防教育等 3 个项目列入省重点，金风电控迁建、百瑞农业等 8 个省市重点项目全部开工，完成年度投资 12.54 亿元，居全市第一，下半年全市重点项目观摩名列第二。特别是为营造全县上下“比学赶超抓项目”的浓厚氛围，全年共组织项目集中开工2次、重点项目观摩1次，真正比出差距、激发动力。全力加快园区高质量发展。聚焦园区主战场，突出企业帮扶，强化要素保障，着力推动园区经济高质量发展。特别是立足资源优势和产业基础，科学确定“一区四园”产业发展布局，为构筑以工业为主的现代产业体系奠定坚实基础。累计入园企业121家，全年实现主营业务收入48.3亿元，同比增长15.03%；实现税收5.34亿元，同比增长37.98%。建元科技公司12月份在北京交易所成功挂牌，是全省4家之一、全市唯一一家。

【招商引资签约落地】 百万千瓦抽水蓄能项目列入国家规划，总量居全省首位，上市公司史丹利成功引入并达成百万吨复合肥项目签约落地；与中电建、北京天润等央企、国企在装备制造、城市更新等领域达成战略合作；成功争列北方防沙带生态保护和修复重大工程建设规划，初列资金25亿元，为全县今后15年的生态修复和保护投资奠定基础；落实民族县现场办公项目191个、资金31.45亿元，债券资金6.17亿元。

【重点领域改革】 突出便民利企导向，持续深化“放管服”改革，推动“办事一次成”向“办事不用跑”提档升级。780个事项实现“办事一次成”，483项行政审批事项实现“不见面”审批。深化“证照分离”改革，“多证合一、照后减证、证照联办、联批快办”审批模式成型运用，“证照联办”“跨区域通办”“一业一证”改革拓展效果凸显。深化商事登记制度改革，企业开办实现4小时办结。严格落实“三帮四包六保五到位”制度，全力提高企业帮扶水平，持续优化发展环境，不断赋予改革新动力。

【生态环境建设】 认真践行习近平生态文明思想，坚决扛起“两区”建设政治责任，以高品质生态建设筑牢首都“生态护城河”，成功争创全国“绿水青山就是金山银山”实践创新基地。持续加强生态环境保护。突出精准、科学、依法治污，全力打好“蓝天、碧水、净土”保卫战。全县空气优良天数335天，PM2.5浓度降至20微克/立方米，国省考断面水质达标率均保持100%，全县无污染地块。着力提升生态环境质量。严格落实河长制、林长制，统筹推进山水林田湖草系统治理，持续提升水源涵养和生态支撑能力。全年完成营造林19.5万亩，义务植树80万株，治理水土流失面积70.5平方千米，成功创建省级森林城市。加快推动生态价值转化。坚持生态产业化、产业生态化，围绕“双碳”目标，健全生态文明体制机制，积极探索碳交易、林业碳汇等新业态、新模式，大力发展经济林、生态旅游、生态农业，加快推动生态优势向经济优势、发展优势转化。

【乡村振兴】 把巩固拓展脱贫成果作为乡村振兴的首要任务，健全机制，夯实责任，脱贫攻坚与乡村振兴实现有效衔接。防贫底线越筑越牢。严格落实“四个不摘”要求，紧紧围绕责任落实、政策落实、工作落实和巩固成效总要求，建立完善巩固拓展脱贫攻坚成果的体制机制，出台30余项具体衔接政策，深化产业就业及“三保障”各项工作，坚守防贫底线，保障工作成效进一步巩固。隆化县委获评全省“脱贫攻坚先进集体”，“345”防贫工作法受到省巩固拓展脱贫攻坚领导小组通报表扬并在《乡村振兴简报》刊发。坚持把产业振兴作为群众增收致富的重要途径，围绕“四区三带”产业布局，因地制宜发展特色产业，持续完善利益联结机制，不断拓宽农民增收渠道。累计整合资金3.5亿元，实施产业项目42个，脱贫人口人均收入达到10921元，增幅14.7%。聚焦“四型农业”，延长农业产业链条，深挖农业增收潜力，成功举办全省农业产业化联合体发展暨农业全产业链建设现场会，隆化代表承德作了典型发言，京东—北巡现代农业产业园项目成功签约。坚持把美丽乡村建设作为推进乡村振兴的关键一环，大力开展农村人居环境整治，全面推进厕所改造，污水、垃圾处理。改造户厕12503座，建设公厕50座，户厕改造工作在全省作典型发言；创建美丽庭院8769个，打造省级美丽乡村17个，4个行政村获评“省级森林乡村”，所有行政村全部实现生活垃圾统一收集转运处理。加快完善水电路信等基础设施，促进城乡公共服务一体化。新增2条城乡公交线路，隆化获评全国“四好农村路”示范县、省级“农村住房建设品质提升试点县”。

【文化建设】 坚持守正创新、主动作为，全力做好新时代宣传思想文化工作，为隆化高质量发展提供坚强思想保证和强大精神力量。坚定不移强化理论武装。扎实开展中共党史学习教育和“四史”宣传教育，持续掀起学习宣传贯彻中共中央总书记习近平“七一”重要讲话及系列重要讲话精神热潮，切实做到用党的创新理论武装头脑、指导实践、推动工作。充分发挥县委常委会、县委理论学习中心组主阵地作用，不断将党的创新理论学习引向深入、入脑入心，县委常委会专题学习15次，县委理论中心组学习13次，带动全县各级党组织专题学习600余次。落细落实意识形态工作责任制。牢牢把握意识形态领域领导权和主动权，建立健全突发事件预测预警、信息报告、应急处置运行机制，对乡镇（街道）和县直部门开展专项巡察督查。大力弘扬社会主义核心价值观，全面加强新闻媒体和网络阵地建设管理，组织开展“新风”“正道”“护苗”集中行动。深化新时代公民思想道德建设，推选市级道德模范11人、承德好人5人。繁荣发展文化文艺事业。大力推进文化惠民工程，积极开展庆祝中国共产党成立100周年系列活动，累计举办线上线下惠民演出151场。县文化馆被国家文化和旅游部评为一级馆，成功举办第三届冰雪运动会，小戏《承诺》获河北省第五届少数民族文艺调演一等奖，原创红色歌曲《我是共产党员》作为河北唯一入选作品，参加国家广电总局、中央广播电视台“唱支山歌给党听·一首歌一座城百城传唱”大型全媒体活动。加强非物质文化遗产保护与传承，非遗项目“王氏宫绣”“陈氏树皮画”参加全省“非遗”作品展，《土城子城址环境整治工作方案》通过省文物局批复。

【民生工程建设】 牢固树立以人民为中心的发展思想，坚定不移保障和改善民生，群众获得感幸福感明显提升。着力解决好群众“急难愁盼”问题，高标准完成城市公共停车、智慧平安社区等28项民生工程。全年民生支出37.8亿元，同比增长3.3%。抓牢抓实疫情防控，始终坚持人民至上、生命至上，建立1办15组防控指挥体系，全面落实落细10个常态化30项具体举措，关键环节和重点领域防控日益精准科学，切实守好“外防输入、内防反弹”的隆化阵地。千方百计稳定和扩大就业，新增城镇就业4847人，城镇登记失业率控制在3.63%以内。坚持办好人民满意的教育，不断提升教育教学质量，职中迁建项目加快推进，全县高考本科上线1202人，40余人被双一流名校录取。医疗服务水平大幅提高，妇幼保健院迁建、疾控中心改造等项目先后建成投用。持续完善基础设施，以宜居宜业为导向，以规划建设为龙头，扎实开展县城提质升级三年行动，完成老旧小区改造45个，兴洲路、工业路等8条路网建设及雨污分流改造工程扎实推进，供气、供水、供热等市政设施不断完善，冬季清洁取暖任务全部完成，安州街智能地下停车场建设成功启动，县城通往承德高铁站公交成功开通，成功创建省级“洁净城市”。

【打造平安隆化】 坚决扛牢安全发展责任，守好底线红线，不断打造更高水平的平安隆化和法治隆化。不断强化法治隆化建设。深入推进“八五”

普法，大力开展法治宣传教育，全民法治观念日益增强。坚持依法行政，决策质量和效率不断提高，法治政府建设持续加强。不断深化司法责任制改革，全面充实一线办案精锐力量。全县智慧安防小区达到84个，366个村（社区）实现法律顾问全覆盖。扎实开展政法队伍教育整顿。坚持把政法队伍教育整顿工作作为一项重大政治任务，围绕“三大主题”，紧盯“四项任务”，突出“三个环节”，先后制发各类规范性文件20件，完成谈心谈话1168人次，办结政法干警违纪违法问题线索73条，推出便民利民举措87项。群众满意度综合排位全市第三。全力以赴确保信访稳定。坚持和发展新时代“枫桥经验”，持续加大信访积案化解力度，信访工作在全市名列前茅。一以贯之加强基层治理。加强和创新社会治理，积极探索农村“五治融合”新路子，创新“和谐十二家”基层治理模式，有效破解基层治理瓶颈。“和谐十二家”基层治理模式，得到省市领导充分认可。统筹做好扫黑除恶、安全生产、防汛防火、食品药品安全工作，群众幸福感和安全感不断提升。

2021年隆化县领导名录

县委书记：陆文龙（5月免）
焦　军（5月任）
副书记：李　东（满族，6月免）
高春林（满族，5月免）
王国志（满族，5月任）
杨　琳（女，7月任）
县委常委：柴文成（满族）
杨桂珍（女，满族）
王建文（满族）
董　强（满族）
丁宇超
张　扬（满族，5月任）
王洪武（满族，7月任）
王张鹏（挂职，6月任）
高锋亮（挂职，5月任）
王东利（蒙古族，5月免）
韩淑珍（女，满族，5月免）
刘明杰（挂职，4月免）
刘士杰（挂职，5月免）
聂忆黄（挂职，5月免）
县人大常委会主任：王胜军（满族）
副主任：李　华（满族，5月免）
李大东（蒙古族，7月免）
徐奉军（7月免）
王彦林（满族，1月任）
代海宏（女，满族，1月任）
牛立学（满族，7月任）
王明华（蒙古族，7月任）
县政府县长：李　东（满族，6月免）
杨　琳（7月任）
常务副县长：王东利（蒙古族，6月免）
柴文成（满族，7月任）
副县长：刘明杰（挂职，6月免）
刘士杰（挂职，6月免）
苗立国（满族，6月免）
王　慧（女，满族，6月免）
俞虹霞（女，挂职，2月免）
聂忆黄（挂职，6月免）
高锋亮（挂职，5月任）
赵青林
张松明（满族）
黄智冬（满族）
范宝中
徐　伟（满族，7月任）
刘海涛（7月任）
段雪峰（挂职）
县政协主席：刘殿民（7月免）
迟运鹏（满族，7月任）
副主席：刘海明（7月免）
李　兵（7月免）
代海宏（1月免）
项　永（满族，7月任）

步艳军（满族，7 月任）
辛士刚（满族，7 月任）
候晓燕（满族，7 月任）
县纪检委书记：杨桂珍（满族）

（方瑞芬 供稿）

承德县

【概况】 承德县位于河北省东北部，总面积 3648 平方千米，辖 23 个乡镇，378 个行政村，总人口 42.76 万人。区位独特，交通便利。北接辽蒙、南邻京津，东南北环抱承德市区，京承、锦承、承隆、张唐 4 条铁路，承唐、承朝、承赤、承秦 4 条高速和 101、112 等国省干道穿境，承德普宁机场坐落境内，京哈高铁在承德县设两处客运站。县城中心 5 分钟上高速、15 分钟赶高铁、30 分钟到机场、2 小时达港口，立体化交通四通八达。融入协同，潜力巨大。积极融入京津冀协同发展，高新区下板城园区、六沟园区和临空经济区“三园支撑”，文旅康养、大数据电子信息和特色装备制造“三业主导”，省级森林城市、省级文明城市、国家级卫生城市“三城同创”。2021 年环境空气质量综合指数达标天数 330 天，PM2.5 平均浓度 23 微克 / 立方米，全县森林覆盖率 61.3%。文化与承德市同根同脉，朝梁子按语碑镌刻着毛主席谆谆教导，乔杖子（剪纸）被文化部命名为“中国民间艺术之乡”，承德国光苹果和“板城烧锅酒”被列入国家地理标志保护产品。

2021 年，全县地区生产总值完成 143.1 亿元，比上年增长 8.1%；固定资产投资同比增长 5.4%；全部财政收入完成 16.8 亿元；公共财政预算收入完成 7.9 亿元，同比增长 0.1%；规上工业增加值同比增长 7.2%；社会消费品零售总额 32.2 亿元，同比增长 5.4%；城镇居民人均可支配收入完成 34497 元，同比增长 8.5%；农村居民人均可支配收入完成 15214 元，同比增长 12.6%。获评“河北省优化营商环境推动高质量发展先进县”，实现“全省双拥模范县”八连冠，全省唯一（小城镇）标准化建设试点项目通过国家标准委评估验收；在国家重点生态功能区县域生态环境质量监测与评价中位列全国第 8 位。

【经济发展】 坚持“项目为王”，紧盯“两新一重”争策争资上项目。累计争取预算内投资 1.53 亿元，地方政府新增债券 7.17 亿元，位居全市第一；全年对接项目 109 个，争列省重点项目 3 个、市重点项目 13 个，实施县重点项目 68 个，总投资达 823 亿元；积极跑办对接，成功争列北方防沙带生态保护和修复重大工程建设规划。树牢新发展理念，第一产业增加值增长 6.3%，第二产业增加值增长 5.9%，第三产业增加值增长 10.7%；万人发明专利拥有量增长 32.6%，万元生产总值能耗下降 3%，规上工业增加值单位能耗下降 3.6%，绿色发展水平持续提升。

【产业升级】 “1+2”特色主导产业，国家图书馆国家文献战略储备库项目列入国家“十四五”规划，智慧城市、数字乡村、5G 等新基建项目陆续开工建设，华明服务外包产业园入驻企业 9 家，“京北声谷”品牌效应不断放大。高端装备制造业集群效应凸显，金龙输送机、绿草地宽温稀土锂电池等企业发展势头良好，完成天成印刷与中科院化学所高性能新材料技术创新专项。传统产业加快，累计完成技改投资 5.36 亿元，北塑管业环保节能塑料管材、金瑞名邦万吨钢结构等 12 个项目列入省级重点技改项目，位列全市第一。盛乾新型建材等尾矿综合利用项目建成投产，甲山石材物流园区入驻企业 21 家，冀东水泥千万吨级绿色砂石骨料生产基地等项目加快推进，矿山企业规模化开采、全资源化利用格局初步形成；板城酒业、顺天宫坊等食品饮料企业加快迭新升级、品牌知名度进一步提高。战略性新兴产业，积极布局新能源产业，争列保障性光伏发电项目3个、市场化光伏发电项目3个，源网荷储一体化和多能互补项目1个，装机容量达142万千瓦。

【乡村振兴】 持续抓好巩固拓展脱贫攻坚成果与乡村振兴有效衔接，不断夯实产业基础、加快乡村建设。严格执行“四个不摘”要求，保持过渡期内政策总体稳定，全县无一人致贫返贫，顺利通过省级巩固脱贫成果后评估验收。牢牢守住粮食安全，实施2万亩高标准农田建设项目，全年完成粮食播种面积47.6万亩，产量达3.8亿斤。深入实施“扶龙行动”，投资7715万元实施农业产业扶贫重点项目 26个，省、市级农业产业化龙头企业达到37家，果品、食用菌、蔬菜、肉鸡等产业基地260个，现代农业园区达到11个、入驻企业42家，满杖子苹果种植园被评为承德国光省级精品示范园，三融畜禽公司被农业农村部认定为全国首批“生态农场”。积极拓展扶贫产品销售渠道，“孟菇乡味”蘑菇酱入选北京“乡村振兴　品牌强农”主题巡展，全县扶贫产品年销售额达4.1亿元，脱贫人口人均收入11088元、增长14.2%。实施“农业+”战略，打造自然风光游、民俗风情游等5条乡村旅游线路，发展仓子七家村、下板城朝梁子村等民宿产业示范村4个，年接待游客3.6万余人次。深入实施农村人居环境整治提升行动，改造户厕9059座、公厕66座，建成省级美丽乡村11个，大杨树林村、两家村、庙梁新村、幸福村入围全省美丽乡村精品村评选，苇子峪村获评第二批全国乡村治理示范村。实施农村道路畅通、电网升级和公交一体化工程，高质量建设“四好农村路”110千米；顺利完成电网改造升级项目68项，新建改造农村10千伏电网线路60余千米；开通甲山、孟家院、六沟等13个乡镇5条公交线路，县城周边30千米范围公交化运行率90%以上。

【推进改革创新】 坚持更深层次改革和更高水平创新，为经济发展注入新动能。深化改革取得新成果，累计梳理全流程网办事项479项，为580家企业解决各类问题1150个，协调发放贷款110亿元，减税降费4150万元；实施国企改革三年行动，全民所有制企业改制稳步推进，完成县内4家国有企业公司制改革，企业活力和效率明显提升；持续加强基层治理体系和治理能力现代化建设，全县389个村（居）全部建立法律服务工作站，配备村（居）法律顾问和法治副主任；积极稳妥推进农村宅基地和集体产权制度改革，流转土地16万余亩，新增省、市级农业产业化联合体8家，承德熙野杂粮农民专业合作社被评为河北省“十佳”农民合作社，农村宅基地改革和管理工作被省评为优秀等次；稳步推进农业综合行政执法改革，县农业农村局荣获全省唯一“第三批全国农业综合行政执法示范单位”。科技创新实现新突破，积极融入承德国家可持续发展议程创新示范区建设，选派62名科技特派员开展驻村驻企帮扶，促进26家企业同国内30余家大中专院校开展技术合作，申报省市级科技项目10项，新认定省级技术创新中心2家、高新技术企业3家、科技型中小企业56家，省级农业科技园区在全省51家省级园区评估中获得第一名；县政府与河北科技大学签订战略合作协议。

【城市品质提质升级】 抢抓全市打造“1+7+N”城市发展格局重大机遇，投资1.57亿元新建改造管网84千米、改造提升城区道路7.35千米，县城四纵四横主干交通网络基本形成；县城供水系统升级改造、新建污水处理、绿源热电垃圾焚烧等项目稳步推进。52个老旧小区改造项目高标准完成，改造面积60余万平方米，县城西区棚户区改造912套回迁楼主体完工；拓展城市绿色空间，国家级园林县城创建成果不断巩固，省级森林城市创建工作扎实推进。启动实施总投资2.5亿元的智慧城市项目，严格落实“路长制”

等城市管理网格化制度，数字化城管监督指挥中心受理案件4029件、办结率100%。

【民生保障】 累计民生支出25.64亿元，占财政支出的88.6%，省、市24项民心工程和县级10件民生实事按序时进度完成。就业创业扩面提质，城乡新增就业8000余人，劳动人口就业率达93.9%。产教城园区全面建成投用，“双减”目标全面落实，素质教育成果明显。乡镇卫生院全部纳入医共体建设管理，县级公立医院综合改革示范创建中期评估位居全省第一档。圆满完成第四届承德市旅游产业发展大会承办工作，投资1.49亿元的综合文体活动中心投入使用，文化馆、博物馆、图书馆免费开放，组织各类惠民演出140场，发放惠民卡券1.2万张。累计发放城乡低保、特困供养等各类救助和保障金9626万元，城乡居民基本医疗保险参保率98%以上；新建保障性住房385套。养老事业产业协调发展，总投资3.5亿元的博爱颐园养老中心项目稳步推进，社区日间照料中心实现全覆盖，打造站北社区、滨河社区和老街社区3个精品服务中心（站所）。市委、市政府支持承德县民族乡现场办公会议顺利召开，争取项目40个、资金1.39亿元。

【底线坚守】 牢牢守住新冠肺炎“零感染”底线，县财政列支专项资金，全力保障疫情防控各类需求；完善应急处置预案并开展5次实战演练；购置人脸识别测温设备1301套，持续加强机关企事业单位等重点场所扫码、测温等防控举措；配齐发热门诊方舱CT，配强核酸检测设备，每周定期对39类重点人群开展常态化核酸检测，累计检测1252733人次，完成疫苗接种774509剂次，持续筑牢全县免疫屏障。生态环境质量持续改善，投资2500万元建设屋顶分布式“光伏+电取暖”项目，投资8000余万元完成21台35蒸吨以下燃煤锅炉改造，清洁取暖实现全覆盖；优良天数同比增加19天，PM2.5和PM10平均浓度改善率分别位居全市第二和第一；严格落实“河长制”“断面长制”，国、省、市考断面持续稳定达标，县城集中式饮用水水源地水质达标率保持100%；统筹做好山水林田湖草沙综合治理，投入5.3亿元完成矿山修复面积1.3万余亩，造林绿化面积达6.5万亩，治理水土流失面积10平方公里。孟家庄村获颁全国首张村集体“碳中和”证书，板城酒业入选工信部2021年度“绿色工厂”。安全稳定防线持续筑牢，纵深推进安全生产专项整治三年行动，持续开展安全生产隐患大排查大整治，完成378个行政村应急广播体系建设，安全形势稳定向好；积极应对20年一遇的“7·13”特大洪水，转移受灾群众1.8万余人，无一群众伤亡；顺利完成森林草原防灭火指挥机构职能划转，高标准组建森林草原消防专业队伍，防灭火能力和水平进一步提升；严格落实食品药品安全“四个最严”要求，全年未发生食品药品重大安全事故；坚决打好防范化解政府性债务风险主动仗，累计化解政府债务7.4亿元，持续开展打击非法集资等专项行动；圆满完成中国共产党成立100周年安保维稳任务。

【社会事业进步】 扎实开展城乡住户一体化、劳动力抽样、文明县城测评等专项调查，圆满完成第七次人口普查后续工作；充分发挥公积金作用，完成资金归集2.4亿元、发放住房贷款1.3亿元；全省民生类档案异地查档跨馆服务全面推行；工会“竞技板城”劳动技能竞赛，成为全省唯一县域劳动竞赛重点项目；退役军人服务保障水平全面提升，创建9个乡镇示范型退役军人服务站，为全县退役军人及优抚对象缴纳“荣军保”保险；民族团结进步事业全面发展，岗子、两家两个民族乡获评省级民族团结进步创建示范单位；农村计划生育家庭奖励扶助、独生子女伤残死亡家庭特别扶助和计划生育公益救助三项制度全面落实，承德市推进乡村振兴巾帼示范基地观摩会议在承德县召开；成功争创“全国县域共青团基层组织改革试点县”，试点成绩进入全省第一梯队；军队、国防动员、外事、气象等各项工作均取得显著进步。

2021 年承德县领导名录

县委书记：齐建文（满族，5 月免）
刘志琦（5 月任）
县委副书记：刘志琦（5 月免）
柳雪松（5 月任）
王亚君（满族，5 月免）
邢建军（满族，5 月任）
县委常委：刘金生（满族，5 月免）
程彦龙（满族，5 月任）
郑爱钧（7 月免）
辛士儒（满族，7 月免）
李立全（满族）
张立峰
杨大伟（蒙古族，5 月免）
徐　宏（女，5 月任）
张新旭（满族）
赵宝树（满族）
田　臻（蒙古族）
官树忠（满族，7 月任）
县政府县长：刘志琦（5 月免）
县政府代县长：柳雪松（5 月任）
县政府县长：柳雪松（7 月任）
常务副县长：杨大伟（蒙古族，5 月免）
李立全（满族，7 月任）
副县长：李淑金（女，7 月免）
李　银（5 月免）
曹义荣
罗凤涛
白永义（满族）
张元久（7 月任）
祝　英（女，满族，7 月任）
县人大常委会主任：许志忠（7 月免）
刘金生（满族，7 月任）
副主任：计德辉（满族，7 月免）
黄福林（蒙古族，7 月免）
孟令钧（2 月任）
刘秀丽（女，满族，2 月任）
辛士儒（满族，7 月任）
张淑珍（女，7 月任）
孟令钧
县政协主席：李文水（满族，7 月免）
李　银（7 月任）
副主席：孙德功（7 月免）
张淑珍（女，7 月免）
孟令钧（2 月免）
王占民（2 月任、7 月免）
孟凡东（7 月任）
计德辉（满族，7 月任）
李连君（女，7 月任）
张立国（7 月任）
县纪检委书记：李立全（满族，5 月免）
张新旭（满族，5 月任）

（张　宁　供稿）

平泉市

【概况】 平泉市位于河北省东北部，冀、辽、内蒙古三省交界处，市域面积 3294.1 平方千米。辖 15 个镇 4 个乡、18 个城市社区 241 个行政村，户籍人口 47.34 万人。2021 年，全市地区生产总值 157.12 亿元，增长 7%；其中，第一、二、三产业增加值分别为 52.33 亿元、30.52 亿元、74.27 亿元；规模以上工业增加值 21.34 亿元，增长 8.3%；民营经济增加值 103.79 亿元，增长 6.5%；全社会固定资产投资 57.06 亿元，增长 5.7%；社会消费品零售总额 46.62 亿元，增长 5.9%；粮食产量 23.01 万吨，增长 0.2%；蔬菜产量 74.29 万吨，增长 8.0%；食用菌产量 37.93 万吨，增长 10.5%；出口创汇

5430万美元，增长10.5%；财政收入16.0亿元，增长26.3%；一般公共预算收入7.23亿元，增长5.5%；公共财政预算支出34.7亿元，增长-11%；城镇居民人均可支配收入35857元，增长8.7%；农村居民人均可支配收入17411元，增长13.1%；城乡居民储蓄存款余额328.1亿元，增长5.6%。

【项目建设】 牢固树立“项目为王”理念，用生态增效、财政增长、就业增加的“三增”尺子把关新上项目，持续在抓招商、上项目、优平台上下功夫。招商引资扎实开展，成立由市领导任链长的8个产业链专班，出台《招商选资引智优惠政策》等系列文件，实行“五跑”工作法，近盯“京津冀”，远盯“长三角”“珠三角”，大力开展产业链招商、以商招商、代理招商；举办迎国庆招商推介会等活动8场，累计谋划千万元以上项目503个，总投资1156.9亿元，签约亿元以上项目50个；引进市外资金52.5亿元；争列15.8亿元的国家防沙带治理工程项目。累计实施傲森尔军用装具等亿元以上项目76个、完成投资31.6亿元，杏林春晓杏仁产业研发中心等20个项目竣工投产，达纯空气净化设备制造等30个项目达产达效；争列省、承德市重点项目18个，数量位居承德市首位；获批光伏风电项目6个、总装机容量90万千瓦，数量和装机容量均居承德市首位。开发区平台提档升级，整合各类资金7.7亿元，标准化厂房一期10栋10万平方米竣工投用；二期14栋19万平方米基本完成主体；“双创中心”顺利建成，南城区污水处理厂二期项目主体完工；累计入驻企业286家，实现营业收入138亿元，增长7.1%。

【产业结构调整】 紧扣供给侧结构性改革主线，坚持质量第一、效益优先，着力构建特色鲜明的现代化产业体系。农业产业提质增效，优化调整大田结构3366.67公顷，建成国家现代农业产业园，争列为国家农业现代化示范区创建市；新增国家级龙头企业1家、省级7家，累计实施华素菌菇合成肉等深加工项目9个；食用菌价格指数平台上线试运行，圆满承办“中国食用菌品牌集群”成立大会，“平泉香菇”成为中国农产品区域公用品牌之市场竞争力品牌，产业层级进一步提升。工业经济加快转型，累计实施金鹏新能源智能电力电容器等千万元以上项目54个，其中兰泉净水设备生产等新兴产业项目13个，列入省重点技改项目库7个，山庄集团蛋白饲料技术升级项目被列入省“百项示范”技改项目；国华益民、捷尔、军山等企业组成的机械加工产业园初具雏形；高新技术产业增加值占规上工业增加值比重达到12.5%。服务业蓬勃发展，尚品汇商业综合体等项目加快建设；完善提升山庄老酒工业旅游景区，打造乡村旅游重点村5个，全市实现旅游综合收入16.8亿元；本地特色产品网上零售额1.3亿元。

【巩固脱贫成果】 严格落实过渡期“四个不摘”总要求，推动脱贫攻坚成果持续巩固。健全完善防止返贫动态监测机制，畅通农户自主申报、基层干部排查、部门筛查预警渠道，确保做到防返贫监测对象应纳尽纳。高效落实防贫监测户帮扶工作，对具备产业发展能力和意愿的综合落实小额信贷、到户产业补贴等产业扶持政策；对具备就业能力的综合落实就业服务、安排公益岗等就业政策；对无劳动能力户加大社保政策保障力度，分类落实低保、特困供养等兜底保障政策和医疗、饮水等专项救助政策；继续实施防贫综合商业保险，解决脱贫不稳定户、边缘易致贫户因突发意外事件等原因返贫致贫问题。截至年末，义务教育阶段巩固率、基本医疗、住房安全和饮水安全保障率均达到100%；脱贫户年均纯收入11914.4元，增长11.9%；脱贫不稳定户中有73户186人风险已消除，边缘易致贫户中455户1159人风险已消除，风险消除比例达到

64.15%，风险消除“准确率”100%。

【乡村振兴】 乡村建设行动有效实施，建立“巩固脱贫攻坚成果和乡村振兴项目库”，储备项目297个、资金1.6亿元；完成12个美丽乡村提档升级，改造无害化厕所1.1万座，建设生活垃圾焚烧站14个，乡村环境更加宜居；杖子树社区省级乡村振兴示范区建设成果不断巩固，杖子树社区被评为省“百村示范带动”工程示范社区。乡村治理更加有效，全面落实“四议两公开”和村级议事协商制度，杖子树社区被评为“全国乡村治理示范社区”，党坝镇被评为“全国依法治理创建活动先进单位”，党坝社区被评为“全国民主法治示范村（社区）”。

【城乡建设】 以创建全国文明城市为抓手，以实施城市提升战略为重点，构建“以城带乡、城乡互动、一体推进”的融合发展格局。国土空间规划高质量编制，完成总体规划初步方案，“双评价”“双评估”等11个专题编制取得重要成果，为优化产业布局提供有力支撑。城市品质提档升级，实施瀑河生态治理等城建项目69个，完成投资26.8亿元，高速口至八家转盘绿化亮化工程高标准实施，安远大桥竣工；改造老旧小区49个，新建地上停车场8个、泊位1159个，建成“以克论净”示范街（路）10条，城市道路机械化清扫率90%，城市绿地率提高到46.9%，荣获“省人居环境进步奖”。城乡基础设施不断完善，“3+3”水利重点工程加快实施；新建10千伏输电线路16千米；重点区域实现5G信号全覆盖；国道508平泉城区段改建工程稳步推进，台头山镇、杖子树镇被命名为“四好农村路”省级示范镇，东四线被评为“省美丽农村精品示范路”，平泉市被评为“全国城乡交通运输一体化示范县”、省级“城乡客运一体化试点县”。

【改善生态环境】 强化“绿水青山就是金山银山”理念，生态环境持续向好。空气质量不断改善。推广洁净型煤取暖5.8万余户，完成电取暖改造5635户；“散乱污”企业实现动态清零。城区PM2.5平均浓度26微克／立方米，同比下降13.3%；优良天数328天，同比增加21天。水环境质量稳步提升，实施农村生活污水无害化治理项目52个，完成河道治理6.8千米，两个国考断面水质稳定达标，瀑河平泉段被省河长办评为“秀美河湖”。土壤污染防治扎实有效，修复治理矿山53.8公顷，42家矿山通过省级验收；完成有机肥替代化肥666.67公顷。国土绿化行动深入实施，完成人工造林、封山育林6666.67公顷；单杖子村、大窝铺村被评为“省级森林乡村”；省级森林城市创建通过专家评审，森林草原防火工作“防火码”典型做法受到省领导肯定性批示。

【改革创新】 重点领域改革扎实推进，“十办”（“专区办”提供菜单式服务；“网上办”推进办事不用跑；“精简办”打造审批新流程；“效能办”实行标准化管理；“替代办”开通政府直通车；“就近办”延伸全链条放权；“同一办”实现无差别受理；“同程办”实现招标电子化；“诚信办”构筑发展软实力；“试点办”先行先试解难题）。融合政务服务平台高效运行，平泉市作为唯一的县级代表，在全省深化“放管服”改革推进会议上作典型发言；国家宅基地制度改革试点工作扎实推进，探索有偿使用与有偿退出机制，多路径盘活闲置宅基地和农房；党坝镇围场沟村土地股份合作社被评为“国家级示范社”；城市信用监测排名首次进入全国百强。科技创新能力进一步增强，建成省级以上“星创天地”9家；新认定国家级高新技术企业5家、省级科技型中小企业37家；依托山庄集团建设的河北固态白酒酿造产业技术研究院批准立项；平泉市蝉联四届省创新创业大赛一等奖；全市万人发明专利拥有量1.2件，在全省县域科技创新能力监测中稳居B类；"1+3"可持续发展"平泉模式"被纳入省科技创新典型案例。

【办好民生事业】 民生投入占财政支出比重82.5%，发展成果更多更好地惠及人民群众。教育教学质量稳中有升，3名学子考入清华、北大；在承德市率先出台《推进教育高质量发展的实施意见》；科学布局整合教育资源，在城区设立小学1所；平泉市被评为"省教育工作先进县"。医疗卫生服务水平不断提高，市医院迁建二期工程完成主体，全市紧密型医共体实现全覆盖。文化体育事业繁荣发展，围绕中国共产党成立100周年，举办庆祝活动11项，开展文化惠民演出142场；市博物馆被命名为"省爱国主义教育基地"；河北蒙中木球队在全国"民体杯"木球比赛中夺得冠军。社会保障更加健全，累计发放各类救助和保障金1.2亿元，城镇新增就业5282人，发放养老、工伤等保险金9.7亿元；高标准建成华墅社区居家养老服务中心和18个社区服务站，实现社区日间照料全覆盖。

【疫情防控】 守牢新冠肺炎疫情防控"平泉阵地"。坚持人民至上、生命至上，严格落实"四早"要求，筑牢"三道防线"，建成核酸检测实验室3个，日单检能力1.9万人份，重点人群核酸检测常态化；疫苗接种覆盖率95.37%，构筑起人民健康免疫屏障。全年无新冠疫情发生。

2021年平泉市领导名录

书　　记：董正国（满族，5月免）
王贺民（满族，5月任）
副 书 记：曹佐金（5月免）
何会岭（5月任）
曹晋阳
市委常委：宋宇宁（1月免）
任　强（5月免）
黄冠毓（5月任）
祝万才（5月任）
王　明（满族，5月免）
汪振刚（5月免）
张彦华（满族，5月免）
王　力（满族，5月免）
佚金丛（满族）
苗立国（满族，5月任）
王　谆
黄有勇（挂职，2月免）
赵瑛楠（女，满族，5月任）
李　奇（女，7月任）
唐有源（7月任）
市人大常委会主任：王　忱（7月免）
张彦华（满族，7月任）
副 主 任：吴景寅（满族，7月任）
杨兆永（满族，7月任）
孙继安（满族，1月任）
王长银（蒙古族，7月任）
秦凤彬（1月任，7月免）
王景海（7月免）
张永志（满族，7月免）
孙树田（1月免）
市政府市长：曹佐金（5月免）
何会岭（7月任）
常务副市长：赵瑛楠（女，满族，7月任）
任　强（3月任，5月免）
宋宇宁（3月免）
副 市 长：李永星（7月任）
刘国权（7月任）
张　帅（3月任）
宋建福（5月任）
王　刚（满族，7月任）
黄冠毓（7月免）
曹　静（女，7月免）
张靖楠（满族，5月免）
孙长君（满族，5月免）
王占军（满族，3月免）

黄有勇(挂职，5月免)
张惠荣(女，挂职)
市政协主席：李　勇(蒙古族，7月免)
王　力(满族，7月任)
副　主　席：秦凤彬(7月任)
曹　静(女，7月任)
庞九峰(满族，7月任)
苗育材(满族，7月任)
刘国权(1月任，7月免)
吴景寅(满族，7月免)
李永星(7月免)
杨兆永(满族，7月免)
蒋宝维(1月免)
市纪检委书记：王　明(满族，5月免)
黄冠毓(5月任)

(路光文　于文良　供稿)

滦平县

【概况】 滦平县位于河北省东北部，承德市中西部。总面积2993平方千米。年末耕地22193公顷。下辖10个镇，10个乡(其中满族乡8个)，1个街道办事处。2021年末，全县有120611户，327995人，其中城镇人口103707人，乡村人口224288人，少数民族人口211230人，占总人口的64.1%。全县实现地区生产总值181.9亿元，同比增长7.4%。其中：第一产业增加值39.7亿元，同比增长11%；第二产业增加值74.3亿元，同比增长6.5%，第三产业增加值67.9亿元，同比增长6.1%。三次产业结构占比为21.8∶40.8∶37.4。农林牧渔业总产值64.2亿元，同比增长12.2%，其中：农业产值36亿元，同比增长20.9%，林业产值4.9亿元，同比下降23.4%，畜牧业产值22.1亿元，同比增长11.9%，渔业产值754万元，同比增长1.1%，农林牧渔服务业产值10067万元，同比增长4.4%。全年农作物总播种面积51.89万亩，其中粮食种植面积为25.72万亩，粮食总产量为84441.49吨，亩产为328.31千克／亩；油料种植面积达到5215.8亩，产量711.44吨；全年蔬菜播种面积125022.92亩，总产量达到641748.55吨。中草药种植面积127438.5亩，产量达到46610.02吨。规模以上工业利润总额28.4亿元，比2020年增长69.6%。城镇居民人均可支配收入37759元，同比增长8.6%。农村居民人均可支配收入14107元，同比增长13%。全年规模以上工业增加值增速7%；固定资产投资完成75.6亿元，增速5.8%；公共财政预算收入完成12.5亿元，增速8.6%；社会消费品零售总额完成28.37亿元，增速5.7%；进出口总值完成2.06亿元，增速5%，其中出口总值完成2.04亿元，增速6%；实际利用外资完成5565万美元，增速34.4%；发展的质量和效益不断提高。2021年，滦平县明确“以乡村振兴统揽经济社会发展全局”的发展思路，立足特色优势、产业基础、资源禀赋和人文资源，明晰发展路径，推动现代化“生态强县、美丽滦平”朝着更高质量目标迈进，真正绘出好蓝图、选出好干部、配强好班子、换出好风气。成功召开县第十六次党代会，高质高效完成省、市、县31项民生工程，取得全国脱贫攻坚先进集体、国家生态文明建设示范县等40余项荣誉，展现滦平干部干事创业的责任与担当。

【项目建设】 在重点项目建设基础上，争取谋划项目早签约、签约项目早落地、落地项目早建设、建设项目早投产。18个市重点项目完成投资22.17亿元，投资完成率127.27%。抢抓省政府民族现场办公会议契机，争取省政府支持项目201个、资金28.96亿元。抢抓习近平总书记视察承德重大历史机遇，积极承接北京非首都功能疏解和京津产业转移，主动对接国家发改委、农业农村部、生态环境部、教育部等国家部委和省直各厅局，获得央企国企承诺共谋共建项目200余个，以高新区为平台，大力支持企业创新发展，总投资12亿元、办公面积4.2万平方米、厂房面积12万平方米的创新创业产业园项目建设完成，成为高新区的“新地标”。中鸿记中央厨房、华朗食品二期等项目建设稳步推进，全县农产品集群化、工厂化进程更加迅猛。抽水蓄能电站项目成功签约；承德一诺年产150吨电触头项目、大地远通装配式建材一期工程建设完成；聚源矿业和宝通矿业被列为北京市建筑砂石绿色基地，获批省级工业固废综合利用示范基地，国家电子商务进农村综合示范项目通过验收，位列全省第二。

【生态环境治理】 年内治理水土流失面积58平方千米；恢复矿山地质环境987亩、复垦785亩；完成营造林面积26.5万亩，创成“省级森林乡村”14个，全县森林覆盖率达到62.38%；启动EOD模式试点申报工作；推动“碳汇”经济发展，完成森林固碳量12.4万吨、550万元的交易工作。全年优良天数达到323天，同比增加8天，PM2.5年均浓度降至28微克／立方米，同比下降3.4%；各断面水质均值和水源地水质达标率始终保持100%。精准实施减煤、治企、控车、抑尘等措施，圆满完成了占全市四分之一任务量的清洁取暖任务，有效保障群众清洁安全温暖过冬。以全省首批落实河湖长制典型示范县试点建设为抓手，统筹潮河、滦河两河共治，深化潮河流域生态环境联建联防联治机制，潮河入京断面水质均值稳定保持在Ⅱ类以上，滦河出境断面水质稳定保持在Ⅲ类以上。持续抓好农村面源污染治理，全县化肥使用量同比减少50吨，治理水土流失面积8.7万亩，土壤环境质量持续改善。统筹推进山水林田湖草沙系统修复治理，持续抓好潮河上游违法建设破坏生态环境问题整改，潮河区域及举一反三项目“三停”措施顺利解除。制定潮河滦河流域生态环境保护和高质量发展措施，成立四个工作专班，对全县所有矿山企业一个一个“过筛子”，全年治理恢复、复垦矿山地质环境近1050亩。在产矿山企业全部实现环保达标。全面落实“林长制”，完成营造林建设1.62万亩，全县森林覆盖率达到62.38%；大力实施京津风沙源治理，提前90天完成二期造林工程，有力有效筑牢了京津生态安全屏障。依托毗邻北京113千米的秀美山川河流，打造集生态治理、特色民宿、美丽乡村于一体的“百里潮河”乡村振兴示范区，成功入选18个省级重点乡村振兴示范片区。

【民生保障】 县委、县政府全力保障民生支出，全年财政民生领域支出21.18亿元，占一般公共预算支出的97.4%。健全“1+8”工作方案和“1+22”政策体系，完善防返贫动态监测和帮扶机制，对1411户4019名防贫监测对象精准识别、精准帮扶，守住了致贫返贫底线。持续深化产业、就业、消费、易地搬迁扶贫，扎实开展“百企兴百村”行动，脱贫户人均纯收入达到10872元，同比增长11.09%，被评为全省唯一“全国农村危房改造激励对象”，高质量通过省、市脱贫攻坚后评估实地验收。各项就业措施稳步落实，新增城镇就业4177人，登记失业率控制在4.5%以内。学前和小学教育落实“双减”政策，滦平一中被命名为“承德名校”。基层医疗卫生机构标准化建设全覆盖、省内就医住院无异地、县级医院“一码通”等措施全部落实。全市唯一省级县乡村三级养老服务网络试点建设完成，改扩建社区日间照料服务站7个，搭建了社区养老事业的新平台。着力做好退役军人事务工作，获评省“双拥模范县”称号。抓好省、市、县31项民生工程，第四中学投入使用，总投资58亿元的启臻教育基地项目成功签约。深化“四医联动”改革，与北京三甲医院战略合作，22项医疗技术空白得以填补，基层医疗卫生机构实现全覆盖。周台子村被授予“全国示范性老年友好型社区”，鸿福养老护理院获评“全国敬老文明号”和“省级医养结合优质服务单位”。

【城乡建设】 推进以人为核心的新型城镇化，深入开展旧城改造，西街棚改工作顺利推进。二中、七中过街天桥投入使用，学生安全得到有效保障；在全市率先开通县城至市区公交线路，有效降低群众出行成本；金山岭长城旅游公路荣获“全国最美乡村路”，完成停车位改造近1300个，初步缓解了县城“停车难”问题。新城建设展露新颜，庄普酒店通过五星级饭店评定；乡村面貌持续改善，列支整合涉农资金9000万元，农村基础设施得到有效改观；深入实施“厕所革命”，改造农村户厕6000座、公厕88座；打造美丽乡村9个。城乡承载力不断增强，完成德龙污水处理厂尾水提标工程，巴克什营集中污水处理工程投入运行；全县生活垃圾无害化处理率达到100%，基础设施建设日趋完善。国道101古北口至偏桥段一级公路改造工程、国道112至国道101连接线工程、县道步滦线、县道宫章线实现通车。

【政务改革】 全面深化放管服改革，巩固“办事一次成”改革成果，实现政务服务事项80%以上“最多跑一次”；全县政务服务事项网上可办率达到100%。不断推进“证照分离”改革，高标准完成213个村级综合服务站建设，下放村级政务服务事项21项；县行政审批局荣获河北省优化营商环境推动高质量发展先进集体。完成小营撤乡设镇、涝洼两间房并乡设镇工作，新型城镇化步伐进一步加快。

【发展环境优化】 着力推进信用体系建设，严重违法失信行为企业实现清零。不断强化财力支撑，争取上级专项资金15.4亿元、财力性补助资金3.8亿元；与省级金融机构达成全域乡村振兴建设深度合作，获得支持2亿元。科技支撑作用更加明显，新建产业技术创新联盟2家，被评为可持续发展示范县。激发市场主体活力，全县共新增市场主体2549户。县级领导带头包联重点企业、重点项目，设立驻企服务中心，派驻政府服务代表96名，累计受理解决企业各类实际问题468个，拉动融资2.4亿元。定期组织召开县贤、乡贤、村贤和企业家座谈会3次，引导各方能人志士带着感情、带着情怀、带着资源回乡创业，汇聚起全县发展的强大合力。

【发展特色农业】 紧盯北京市场需求，以中医农业、中药产业、营养健康套餐、功能食品为重点，推动中药材良种繁育、产品研发、食品加工、研学体验、民宿旅游全产业链发展。大力推进燕山中药材核心经济示范区建设，全县中药材种植面积达到13.5万亩。打造热河花海小镇特色产业模式，入选人民网“2021乡村振兴示范案例”。以潮河中药材、滦河特色林果、御路蔬菜等示范带建设为重点，引领农业供给侧结构性改革，加快5G珍稀菌业、有机果蔬产业园等一批农业产业化项目建设，建成省级农业产业化龙头企业10家，营收超30亿元。国家农业科技园区在全国77家园区验收评估中位列第一，为国家农高区创建奠定坚实基础。

【矿业转型】 抢抓“碳达峰、碳中和”机遇，在推动矿山整合重组和环境整治基础上，把绿能储能产业作为传统矿业转型升级的突破口，大力推动抽水蓄能电站和“农光互补”光伏项目，建设绿能进京的调节器、平衡器、保障器。作为首个利用现有矿坑开发建设、总规模300万千瓦的抽水蓄能电站项目加速推进，投资79亿元的一期120万千瓦已进入预审组卷阶段，为加快传统产业转型升级、保障北京绿能用电安全作出了滦平探索。大地远通装配式建材等尾矿综合利用项目建设全面推进，滦平高新区被评为省级工业固废综合利用示范基地。

【发展文旅产业】 以长城文化、冰雪运动、养生养老运动健身、普通话文化、周台子培训等特色小镇为抓手，精准对接北京市场需求，打造京北“大公园”“大花园”“大田园”“大乐园”。深入推进长城国家文化公园建设，长城保护修缮工程等18个项目顺利完成，金山岭长城入选“建党百年红色旅游百条精品线路”，《金山岭晨光》画卷30余次在国家重大外事活动上出镜，以金山岭长城为背景摄制的献礼建党百年歌曲《万疆》全网播放量突破200亿次，金山岭长城被冬奥组委授予全市唯一的冬奥文化广场，擦亮叫响了长城文化名片。抢抓冬奥会机遇，加快金山岭国际滑雪度假区建设，12条雪道2021年底正式开放，作为环京地区落差最大的滑雪休闲基地，成为滦平四季旅游“以冬补夏”的重要“杀手锏”。新建五道营子、长山峪、于营等特色民宿40余处，开发高端精品民宿620套；古城川村入选2021年全国最美休闲乡村，周台子村、花楼沟村入选“盛世100”民宿经济国际旅游示范村，乡村民宿成为北京市民休闲康养、养生养老的打卡新时尚。中组部、农业农村部培树的周台子“全国农村实用人才培训基地”初具规模，获评省级乡村旅游重点村，全国各地的研学、培训团队涌向滦平，全域乡村振兴的人气越来越旺。用好周台子培训中心、河北网络干部学院等线下线上资源，培训各类党员干部5000余人次，引进急需紧缺的全日制本科及以上学历人才371名，全面提升全县上下的凝聚力、感召力、战斗力。

【疫情防控】 面对不断变化的新冠肺炎疫情形势，“一办二十组”疫情防控指挥体系严阵以待，“十个常态化、三十项防控举措”全面落实。依托社区村组网格化管理开展群防群控。面对财政紧张的巨大压力，县委、县政府坚持人民至上、生命至上，特事特办优先保障防疫物资供应，设置集中隔离场所13个，新建方舱核酸检测基地1个、购置方舱CT 2台，采购流动核酸检测车1辆、负压救护车24辆、人脸识别测温设备995台。全县23.9万人完成全程免疫接种，疫情防控应对能力全面增强。面对环京113公里的特殊区位和京承通道的巨大人流，坚决织密筑牢“三道防线”，对2个环京检查站、13个火车站警务站、4条通车进京路口24小时严防死守，做到逢人必检、逢车必查，坚决防止疫情进入首都。在全力守好滦平净土基础上，选派37名医务人员驰援省会，全县1400余名在职党员深入社区网格参与疫情防控，3500余名党员干部、6400余名志愿者一线奋战，为全省抗疫大局作出滦平贡献。

【加强宣传推介】 深化精神文明创建活动，培树“河北好人”、省级道德模范等典型15人，范振喜获评第八届全国道德模范提名奖。开展庆祝建党100周年系列活动，重磅推出《范振喜》《最美的奋斗》《誓言》《万里长城读中国》等优秀文艺作品，《最美的奋斗》入选全省庆祝建党100周年献礼重点出版物。人民日报、新华社等国家级主流新闻媒体140余次宣传报道滦平，乡村振兴工作经验在“2021中国品牌论坛”上宣传推介，滦平知名度、美誉度、影响力进一步提升。

2021年滦平县领导名录

县委书记：赵振清（满族，5月免）
　　　　　高浚力（蒙古族，5月任）
副书记：于　山（满族，5月免）
　　　　马学敏（女，5月任）
　　　　孙立良（满族，5月免）
　　　　李国星（5月任）
县委常委：曾庆鹏（5月免）
　　　　　张云龙
　　　　　郭耀东
　　　　　李秀宏
　　　　　李希友（5月免）
　　　　　郝立国（5月任）
　　　　　金玉哲
　　　　　刘小平（5月任）

王江平（5月免）
李连祥（5月任）
曹　明
杨一枫（挂职，6月免）
王　雨（挂职，6月免）
张　雷（挂职，6月任）

县人大常委会主任：赵继成（满族，2月免）
朱铁铮（满族，2月任）

副　主　任：陈伟峰（满族，7月免）
郎贵福（满族，7月免）
赵喜树（满族，7月免）
霍　光（满族，7月任）
赵振芳（满族）
王　存（满族，7月任）
高亚东（满族，7月任）

县政府县长：于　山（满族，5月免）
马学敏（女，7月任）

常务副县长：曾庆鹏（满族，5月免）
张云龙（7月任）

副　县　长：石树俭（5月免）
李连祥（满族，5月免）
刘小平（7月免）
张　雷（挂职，5月任）
孙立侠（女，满族）
刘岳东（7月任）
安海斌（5月任）
孙占义（满族，7月任）
于佳乐（满族，7月任）
杨一枫（蒙古族，挂职，5月免）
王　雨（挂职，2月免）

县政协主席：王海隆（满族，2月免）
王连福（满族，2月任）

副　主　席：刘云利（满族）
王国平（满族，2月免）
左春兰（女，满族）
霍　光（满族，7月免）
冷雪松（2月任）
安国生（满族，7月任）

县纪检委书记：郭耀东（满族）

（刘云琳　施海燕　供稿）

宽城满族自治县

【概况】　宽城满族自治县位于河北省东北部，承德市南部。长城北侧，喜峰口外。西近京津，南邻唐山，东接秦皇岛，北靠辽蒙。全县总面积1932平方千米，耕地面积12.3万亩。县辖宽城镇、汤道河镇、板城镇、龙须门镇、亮甲台镇、松岭镇、峪耳崖镇、碾子峪镇、桲罗台镇、化皮溜子镇、大石柱子乡、苇子沟乡、大字沟门乡、铧尖乡、东黄花川乡、孟子岭乡、独石沟乡、塌山乡等18个乡镇(10镇8乡，顺序按中、东、南、西、北地理方位排列)、1个街道办事处（城区街道办事处），1个经济开发区（河北宽城经济开发区），205个行政村、5个社区（居民委员会）。到2021年末，全县总户数79312户。总人口260201人，比上年增加42人。其中，城镇人口97584人，乡村人口162617人。全县26个民族，其中满族人口最多，196462人，占总数的75%。汉族人口61759人，占23.7%。其他少数民族人口共2034人，占1.3%。面对钢铁去产能、疫情防控双重压力和严峻复杂的经济形势，县委、县政府带领全县人民竭尽全力补短板、挖潜能、优存量、扩增量，全力对冲去产能影响，各项主要经济指标超出预期。全年完成生产总值147.9亿元，虽然比2020年减少9.2亿元，但是超出年初计划27.2%。其中第一产业增加值218780万元，增长1.9%；第二产业增加值613769万元，减少29.3%；第三产业增加值646851万元，增加0.3%。全部财政收入37亿元，超出年初计划84.9%，比2020年增加9.41亿元，增长34%。一般公共预算收入13.4亿元，超出年初计划67.7%，比上年同期增加 1.78 亿元，同比增长 15%，一般公共预算支出 276996 万元。全年进出口总额 0.985 亿元。规模以上工业增加值 55.3 亿元，超出年初计划 12.5%，比 2020 年减少 7.6 亿元，降低 12%。社会消费品零售总额 44.1 亿元，超出年初计划 12.5%。全社会固定资产投资 38.2 亿元，与上年持平。城镇居民人均可支配收入 39426 元，比 2020 年增加 2920 元，增长 7%；农村居民人均可支配收入 16688 元，比 2020 年增加 1236 元，增长 7%。

【发展主导产业】 坚持把狠抓产业、大抓项目作为重要支撑，发展质效不断提升。突出主导产业提档，主动融入承德“三区两城”建设，在服务全市发展中找准宽城工作的结合点、着力点，既立足当下又着眼长远，传统与新兴并重、链式与集群并举，着力提升产业层级和竞争优势。年内实施总投资 34.6 亿元的技改升级和配套建设项目 23 个，在确保环保要求和安全生产的前提下，全力扩大产能，切实发挥稳定经济运行“压舱石”作用。

【发展新兴产业】 重点优化提升蟠龙湖、花溪城、天门山、清河源、淘金小镇等核心景区，建成西部文化旅游精品环线，展示文旅产业成就，展现干部群众良好风貌。依托开发区平台，大力招商引资，中瀚能源环保装备制造、人从众食品加工等 8 个重点新兴产业项目启动实施。产业集群加快壮大，依托升华、天海 2 家压力容器企业，总投资 2.5 亿元的鑫满压力容器、鑫华低温绝热气瓶生产线项目已建成投产，压力容器产业集群不断壮大。紧盯尾矿综合利用发展方向，谋划实施海绵城市系列产品、特种砂浆复合材料等项目，新型建材产业集群稳步发展。

【推动项目建设】 坚持以项目为引擎，一切围着项目转，一切盯着项目干，全力推动绿色发展、高质量发展。落实“两线四牵引”工作法，精准实施并动态调整县处级领导包保重点企业、亿元以上重点项目制度，确保工作围着项目转、服务跟着项目走。年内共开工重点项目 82 个，完成投资 42.5 亿元，其中 9 个省市重点项目全部开工，完成投资 11.26 亿元，完成年度计划的 132.9%。紧紧围绕“1+2”主导产业，按照“双五个一批”思路，各乡镇、各部门全员动员，各企业全员发动，千方百计谋划包装项目，分类建精、建实、建优项目库。严格落实项目包联机制，组织全县主要经济部门逐企业面对面、点对点解决项目审批、用地、资金等瓶颈制约，确保项目顺利推进。重点实施了总投资 34.6 亿元的金利、宝成、满山、京联等 23 个铁选技改项目，全部建成投产后，年可新增铁精粉产量 120 万吨。鑫满、鑫华压力容器一期等产业转型项目建成投产，新型建材产业加快发展，成功入选全国 50 个大宗固废综合利用示范基地。成功承办全市旅游产业发展大会，全面展示宽城旅游资源、旅游文化和旅游商品，旅游影响力、美誉度大幅提升。神栗二期项目扎实推进，生产基地被农业农村部认定为农业国际贸易高质量发展基地，全县新增绿色认证企业 2 家、省级示范社 3 个，农业产业化经营率达到 72%。

【生态环境保护】 坚持把水源涵养、环境整治作为历史使命，生态保护力度持续加大，打赢蓝天行动、碧水行动、净土行动等“三大攻坚战”。扎实开展蓝天保卫战和秋冬季大气污染防治攻坚行动，深入推进“减煤、治企、控车、抑尘、增绿”五大行动，完成 4713 户“分布式光伏 + 电取暖”任务，全力推进秸秆禁烧，全年 PM2.5 平均浓度 30 微克／立方米，同比下降 11.8%，二级以上天数达到 309 天，同比增加 10 天。全面落实河长制，完善河湖生态管护机制，强化河湖“清四乱”排查整治，完成河道治理 18 千米、小流域治理 20 平方千米，河湖生态环境进一步改善，

5个国省市控监测断面和清河口集中饮用水源地水质全部达标。实施土地整治项目9个，可新增耕地1788.8亩。统筹推进山水林田湖草沙系统治理，持续开展国土绿化，营造林6万亩，新增森林乡村4个，获评“河北省森林城市”。

【乡村振兴】 全面贯彻落实《乡村振兴法》，集群化发展特色优势农业产业，谋划实施重点农业产业项目15个，建设有机山楂示范园9个，新增绿色认证企业2家，入驻承德山水平台企业达到14家。神栗公司获批2021年首批农业国际贸易高质量发展基地。大力发展高端民宿，建设“盛世100”项目承载村12个，其中国际旅游示范村1个，新打造民宿24家。深入实施农村人居环境整治五年提升行动，改造户厕5800座、公厕72座，高标准建设省级美丽乡村14个。完成化皮溜子镇田园综合体项目规划编制。通过融资安排每个行政村60万元奖补资金，185个村完成环境整治。化皮溜子花果满乡省级乡村振兴示范区、孤山子乡村振兴示范村加快建设，孤山子村获批全国村级议事协商创新实验试点单位。全力推进农村破损道路改造提升，争取“白改黑”工程373.6公里，已改造330公里，群众出行条件大幅改善。

【新型城镇化建设】 紧紧围绕以人为核心的新型城镇化，加快编制国土空间规划，完成12个重大专题研究、《国土空间总体规划》阶段性成果编制等工作，“三区三线”划定更加科学合理。深入开展城市更新“六大行动”，完成15项市政基础设施维修、11个老旧小区和老城区5条胡同配套基础设施改造，解决800余户居民污水排放及出行问题，城市品质进一步提升。

【改革开放】 把深化改革创新和扩大开放作为推动发展的关键举措，确保在区域竞争中保持主动。农业农村、财税金融等改革扎实推进，“放管服”改革进一步深化，更多政务服务事项实现“掌上办”“指尖办”，营商环境持续优化，市场获得感、满意度、便利度不断提升。年内出台改革文件59件，建立推动工作的长效机制。争取改革试点6个，共青团基层组织改革、理顺物业管理体制、党建季度联查等一批改革经验做法被省市推广。开展僵尸企业专项整治行动，盘活近10万平方米闲置厂房，7家企业轻资产入驻。深化“放管服”“两集中、两到位”“承德办事一次成”等改革，河北政务服务网发布的1270项事项全部网上可办，有效激发了市场主体活力。发展环境进一步优化，深入实施创新驱动发展战略，成功申报省市科技项目8个，新认定国家级高新技术企业10家、省级科技型中小企业13家。受疫情影响，坚持线上线下相结合，积极采取网络招商、以商招商、小团体招商等方式，紧紧围绕建链、补链、强链、延链，广泛开展引资、引智、引技，全年引进签约落地项目7个。坚持对外招商引智与县内企业转型发展两手抓，着力推动园区产业集聚，重点发展压力容器、新型材料、食品加工、装备制造等四大主导产业，成功引进江苏聚天网、唐山玉坤等8家企业落户开发区。

【科技创新】 深入实施创新驱动发展战略，强力推动科技创新和科技研发平台建设，实施高新技术企业和科技型中小企业“双提升”计划，新增国家级“专精特新”小巨人企业1家、省级科技型中小企业9家、省级企业技术中心2家，认定国家高新技术企业10家，争取上级科技资金支持1040万元，成功列入2021年度承德国家可持续发展议程创新示范区、示范县。

【项目招商】 主动承接京津地区产业转移，成立县党政主要领导亲自挂帅的招商引资工作专班，围绕“1+2”县域特色主导产业，组织京津冀三地商会企业家回乡招商会、河北侨商会进宽城等活动，积极开展网络招商、以商招商和产业链招商，重点围绕氢能制储运、清洁能源、文化旅游等产业，接待外地客商来宽考察60余次，签约建设项目7个，达成合作意向9个。

【社会事业发展】 城乡教育资源配置进一步优化，新建、改造中小学、幼儿园8所。完成第六中学、第二中学改造二期及4所薄弱学校改扩建项目。河北工业大学与宽城一中签订“优秀生源基地”合作协议书，稳妥推进“双减”政策落实，教育软硬件水平持续改善，民办唯杰中学成绩突出，众望学校获准招生，一体两翼教育格局更加优化。大力实施“上医工程”，深化“四医联动”改革，加快医共体建设和“互联网+”技术应用，建立县级医院支援帮扶乡镇卫生院工作机制，基层卫生院诊疗水平不断提升。医疗条件和诊疗水平进一步提升，与安贞、阜外等京津医院合作开展医学检验和诊疗，县域医共体建设深入推进。投资3200余万元，完成县医院传染病房、PCR实验室建设，设置新冠疫苗接种点21个，首针接种率达到93.55%。文化事业繁荣发展，实施“七进文化惠民”演出232场次。体育事业健康发展，荣获全国群众体育先进单位。

【增进民生福祉】 始终不渝注重普惠共享，民生福祉持续增进。克服财政困难，8项民心工程、20件民生实事顺利实施，全县民生支出占财政支出的80%以上，在增进民生福祉上体现更大情怀、更深层次和更强力度。盘活存量资产5000万元，确保各项增资及民生政策有效落实；积极化解存量债务，全年争取政府债券14.2亿元、政策性银行贷款1.2亿元，偿还债券和银行贷款21.7亿元，积极协调域内外银行帮助企业融资12.8亿元，确保全县金融生态安全、企业健康发展。始终把群众冷暖挂在心上，在财政异常困难和煤价畸高的情况下，补贴5200余万元按期完成宽城镇、龙须门镇33个村4713户电取暖和板城镇、峪耳崖镇962户集中供暖工作；补贴4100余万元配送洁净煤、生物质煤2.65万吨，确保群众清洁、安全、温暖过冬。注重抓好就业再就业工作，城镇登记失业率控制在4.2%以下。人民生活水平稳步提升，城乡居民人均可支配收入增长7%，居民存款余额增长23.7亿元。社会保障能力全面提升，新增城镇企业职工养老、工伤、失业保险扩面8650人，城乡居民养老和医疗保险参保率稳定在95%以上，发放城乡低保、特困供养、残疾人补贴资金7400余万元。社会保障体系持续完善。实现低保对象应保尽保，特困供养人员和残疾人等特殊困难群体应救尽救。统筹做好重点群体就业工作，筹措再就业、职业技能提升专项资金4576万元，实现城镇新增就业5094人、脱贫劳动力就业7807人，零就业家庭保持动态清零。持续推进社区和居家养老服务设施建设，完成富丽湾居家养老服务中心和4个社区日间照料服务站改造，养老服务体系日趋完善。

【巩固脱贫攻坚成果】 以更高站位、更严标准落实“四个不摘”要求，保持帮扶政策总体稳定，健全动态监测帮扶机制，坚决防返贫。坚持聚焦群众期盼和民生痛点，千方百计增投入、补短板、强弱项。筹资6000余万元，健全防止返贫动态监测和帮扶机制，确保了教育、医疗、住房、就业等政策保障不落一人。实施特色种养等项目218个，全县脱贫户5992户产业帮扶全覆盖。筹资1.2亿元，深入实施“村庄清洁”行动和厕所革命，全县185个村、765个自然村完成了环境整治，改造户厕5800座、公厕72座，高标准建设省级美丽乡村10个、精品村4个。严格执行控辍保学“双线”责任制，义务教育阶段学生没有失辍学现象。集中救治大病贫困人口1037人，13866人享受慢性病医疗救助待遇，家庭医生应签尽签、全面履约。扎实开展农村房屋安全隐患排查整治，符合危改条件的120户房屋应改尽改。实施农村饮水工程8处，受益群众3.97万人，农村群众饮水安全有效保障。实施特色种养等项目218个，户均产业帮扶措施达到2.4个，脱贫劳动力就业率66.5%以上，顺利通过省巩固脱贫成果后评估。

【县城建设】 配套功能更加完善，坚持规划先行，科学合理划定“三区三线”，高标准完成《国土空间总体规划》阶段性成果编制，总体城市设计、控制性详规和各类专项规划统筹有序推进。以创建省级生态园林城市为统领，大力推进城市更新，推动城市共建、成果共享。市政配套功能进一步完善，实施了一街一区、4条路网及管网、11个老旧小区、31条胡同改造等一批市政工程。园林绿化大力推进，实施重点路段、景观节点绿化建设项目20个，新建口袋公园10处，新创建省级游园2个、市级园林式单位2家、绿色社区3个。

【基础设施建设】 筹资16亿元实施了国道G508、安唐公路孤山子段和117个村374千米“村村通”公路改造升级、干线公路绿化美化等一批交通项目，城乡客运一体化率达到90%以上，群众出行更加方便。电力增容配套工程稳步推进，实施了宽城镇、龙须门镇33个村4713户电网配套、民族街20千米高低压电缆入地、陆庄子输变电站出线、孤山子联络等10千伏新建线路和台区工程，新甸220千伏输变电工程已完成项目核准。加强人饮工程管护和改造提升，实施饮水工程8处、受益群众3.97万人，城乡居民用水安全保障能力进一步提高。燃气长输管线列入省“十四五”能源发展规划，5G信号基本实现核心城区和重点区域全覆盖。

【生态文明建设】 坚持把绿色矿山创建作为全县经济社会发展的生命线工程，深入开展矿山环境“亮剑行动”，高起点、全方位、全要素推进矿山生态环境倒逼整改，恢复治理点位181个、白茬山37处，通过国家级绿色矿山评估1家。道路扬尘治理扎实有效，农村清洁取暖推广1.7万户，PM2.5平均浓度下降至30微克／立方米，空气质量二级以上天数达到309天。林长制全面实施，完成营造林6万亩，林木覆盖率达到58.52%，省级森林乡村达到16个，成功获评河北省森林城市。河长制全面落实，实施总投资1.7亿元的中小河流、京津风沙源治理等工程，水质监测断面和集中饮用水源地水质持续稳定达标。

【新冠肺炎疫情防控】 全年全时段推进疫情常态化精准防控，全力抓实抓细10个常态化30项具体措施，坚决筑牢安全屏障。坚持全民抗疫，用心用情用力阻断疫情输入，发动1500余名县直部门干部包保170个小区，征召5000余名党员干部和3300余名网格员共同抗疫。创新打造防疫云平台，对全县人口、企业员工、往来密切的关联人员全面排查登统，实现对重点地区宽城人的“一键查找、提前管控、关口前移”。不断加大硬件设施投入，县医院感染性疾病病区改建、中医院方舱PCR实验室建成投用，各乡镇卫生院均新配备除颤仪等医疗抢救设备，购置移动核酸检测车1辆、负压救护车18辆，检测救治能力显著提升。全民动员，全面打好疫苗接种集中攻坚战，首针接种率达到93.4%，有效构筑起人民健康免疫屏障。

2021年宽城满族自治县领导名录

县 委 书 记：谷宏健（5月免）
　　　　　　张　成（满族，5月任）
县委副书记：张　成（满族，5月免）
　　　　　　孙成伟（满族，5月免）
　　　　　　张希跃（挂职，5月免）
　　　　　　王　猛（满族，5月任）
　　　　　　高春林（满族，5月任）
县 委 常 委：张利民（满族）

王彦明（满族）
王景强
王耀霆
关利强（满族）
李长海（满族）
杨瑞欣（女，满族）
叶支武（满族）
李长松（满族）
杨志荣（1976年12月生人）
县人大常委会主任：唐学成（满族，7月免）
张利民（满族，7月任）
副　主　任：葛月龙（满族，7月免）
张宝山（7月免）
刘瑞学（满族，7月任）
张志敏（满族）
李　丛（满族）
徐庆丰（满族，7月任）
县政府县长：张　成（满族，5月免）
高春林（满族，7月任）
常务副县长：王　猛（满族，5月免）
王耀霆（7月任）
副　县　长：白景军（满族，7月免）
苏艳华（女，满族，7月免）
赵　刚（7月免）
刘长清（满族）
李满顺
刘景田（满族）
项　超（满族，7月任）
庄玮玮（7月任）
王瑞磊（满族，7月任）
县政协主席：王玉荣（1月免）
王彦明（满族，7月任）
副　主　席：刘瑞学（满族，7月免）
刘瑞奇（满族，7月免）
冯力文（1月任）
张贺利（满族，7月任）
王廷兵（满族，7月任）
裴希彬（满族，7月任）
县纪检委书记：关利强（满族）

（谷盈林　供稿）

兴隆县

【概况】　兴隆县位于承德市最南端，地处京津唐承四城市结合部，形成“一县连三省”的独特区位，乘坐高铁从兴隆县西站到北京朝阳站37分钟可达。全年平均气温 6.5℃～10.3℃，夏季平均气温22℃，比北京、天津、唐山等地区低8℃～10℃，空气负氧离子含量每立方厘米高达8000～10000个，是京津“凉岛”和“天然氧吧”。全县总面积3116.4569平方千米，耕地总面积9620.84公顷。2021年，辖15个镇、5个乡，总人口32.33万人，人口自然增长率2.14‰。全年地区生产总值125.6亿元，同比增长9.2%；第一产业增加值26.6亿元，同比增长1.7%；第二产业增加值43.9亿元，同比增长16.9%；第三产业增加值55.1亿元，同比增长7.9%；民营经济增加值83.1亿元，同比增长9.8 %；粮食产量22456吨，同比增长0.13%；全部财政收入11.05亿元，同比下降4.88%；一般公共财政预算收入6.3亿元，同比下降14.0%；财政支出23.8亿元，同比下降22.7%；社会消费品零售总额26.5亿元，同比增长6.3%；固定资产投资同比增长6.7%；农村居民人均可支配收入17057元，同比增长13.0%；城镇居民人均可支配收入33063元，同比增长8.8%；年末城乡居民存款余额205.0亿元，同比增长10.9%。全县经济社会发展稳中有进，顺利实现“十四五”良好开局。

【项目建设】　坚持把财源建设作为重中之重，从加工制造、建筑、房地产、采矿、交通运输等重点行业发力，优选32家企业实行县级领导包联，推动希力药业股改扩能、铸合集团铷铯新兴材料技术创新中心、兴川高压配件、舒勒液压阀等项目加速推进，福成环保家居建材项目列入省重点项目，鑫澳食品技改扩能开工建设，思泰嘉业空压机、桦维食品技改一期等项目建成投产，依法合规审批复工复产矿山企业19家。扎实开展产业链招商、园区招商、以商招商，积极与北京海奥、北京红惠、杭州吉成、中林国控等企业对接洽谈，全年累计实施重点项目36个、总投资443亿元，引进士凯大数据创新产业基地项目并完成节能审查和项目选址，华太圣阳量子能供热项目签约落地。

【城建交通进展】 县城环境面貌和秩序发生明显变化。聚焦群众反映强烈的“脏乱差堵”问题，集中力量开展整治攻坚行动，依法拆除私搭乱建和违建71处、5000余平方米，改造市政道路6公里、老旧小区19个，新建口袋公园8个、运动场1个，增加停车位1200个，中冶新城等四个片区回迁楼建设加速推进，祥和家园等20个房地产开发小区办证难问题全部解决。重大交通基础设施建设取得新进展。承平高速完成投资30亿元，高效完成6488亩土地、450户房屋征拆任务，18处先期开工点全部开工建设。国道112线新改建工程通车试运行，省道李杨线（承唐高速白马川下道口到半壁山）、县道六陡线（六道河镇到陡子峪乡）改扩建工程加速推进，成功创建省级“四好农村路”示范县。总长22千米的南北两条外环线（“南外环线”，即国道233小东区至黄酒馆段；“北外环线”，即国道234小东区至前苇塘段）一级路改建工程列入交通部“十四五”规划储备项目，总长27.8千米的省道309申家胡同至拨西段和212黄门子至八卦岭段两条二级路改建工程列入省“十四五”规划。

【生态建设】 坚持“山水林田气污”系统治理，全面推行“林长制”，完成营林造林2.9万亩，关闭矿山企业5家，修复责任主体灭失矿山迹地4处，国家森林城市创建在国家林草局备案。涉及28个村的污水集中处理二期工程主体完工，六道河清水河流域污水综合处理等5个水环境治理项目加快推进，累计治理小流域30平方公里，全县17个地表水考核断面水质优良率始终保持100%，其中Ⅰ类水质标准的国考断面由2个增加到5个。严格落实大气污染防治举措，淘汰改造工业炉窑、燃煤锅炉59台，28家建筑工地全部安装PM10在线监控，推广清洁取暖1.2万户、洁净煤取暖2.2万户，全县PM2.5平均浓度降至26微克／立方米，同比下降18.8%。推广树下生草5000亩，受污染地块安全利用率达到95%以上。聘请中国环境科学研究院开展生态资产评估与价值核算，被列入全市生态产品价值实现机制试点县。

【旅游发展】 积极争取申报国家体育训练基地，省级全域旅游示范区创建通过省专家组评审，天门峡、雾灵山阿那亚休闲度假区、中冶长城十里春风镇等13个重点项目稳步推进，雾灵山、青松岭、兴隆镇、兴隆山、诗上庄等5个片区和雾灵山大安峪、大水泉迷子地等16个村被列入全市“盛世100”（承德市实施的“百村示范、千户带动”工程）乡村民宿重点片区和示范村，兴隆山景区被纳入全省智慧景区示范创建单位，诗上庄获评AAA级景区，安子岭乡被命名为“河北省民间文化艺术之乡”，成功承办全省休闲农业精品线路推介会，全年累计接待游客190万人次，实现旅游综合收入6.9亿元。

【乡村振兴】 坚持巩固拓展脱贫攻坚成果同乡村振兴有效衔接，严格落实“四个不摘”（摘帽不摘责任、摘帽不摘帮扶、摘帽不摘政策、摘帽不摘监管），防贫监测帮扶机制有效运转，脱贫人口人均可支配收入达到11792元，同比增长13.6%，全县无一人返贫致贫，接受国家和省级“后评估”验收。把产业振兴作为重中之重，明确重塑兴隆山楂、板栗品牌，重新打起中国山楂之乡、中国板栗之乡的旗帜，规划“两带三群10区20园”(“两带”,即北部10万亩山楂产业带、南部50万亩板栗产业带；“三群”，即雾灵山周边万亩山地苹果产业集群、澈河万亩食用菌产业集群、车河柳河万亩设施农业产业集群;“10区”，即10个现代农业产业示范区；“20园”，即20个现代农业产业精品园）农业产业发展布局，争取国家农民合作社质量提升整县试点、蓝旗营全国农业产业强镇、国家越夏食用菌优势特色产业集群等专项资金2300余万元，扶持25家新型经营主体发展壮大，全年新增和改劣换优果树1.2万亩，新发展食用菌1000万棒，成功举办山楂产业可持续发展研讨会暨表彰大会，11项研发成果达到国际先进、国内领先水平。高标准实施20个村的精品街工程，新改造户厕2000座、公厕95座，新创建省级美丽乡村22个，改厕经验做法作为全省唯一典型范例上报农业农村部，靳杖子村获评全国乡村治理示范村。

【办好民生事业】 19项省市民生工程和10项民生实事如期完成，民生支出占比稳定保持在80%以上。实行校长末位淘汰制和直管教研教学制，组建六道河中学教育集团,第二幼儿园建成投用，被市政府授予教育发展先进县。农村居民健康体检11.6万人，中医院易址新建完成主体，县医院传染病楼投入使用，远程智慧医疗系统实现试运行。全县新增城镇就业4135人，城镇登记失业率3.5%，各类保险参保率稳定在95%以上，农村低保对象、特困供养人员、易返贫致贫人员实现应保尽保。

【稳定社会大局】 严格落实“十个常态化”30条措施等疫情防控举措,规范设置发热门诊2个、发热筛查门诊20个，配备负压救护车24辆，核酸日检测能力达18万人份，组织引导24.4万人接种新冠疫苗，接种率达92%。坚持“放要有序放开、管要坚决管住”，创新推行“4+1”五方联动综合治矿机制，着力推动矿业安全、绿色、经济、有序发展。专业高效做好防火防汛工作，完成县森林草原防灭火指挥部办公室划转，积极应对“7·12”“8·15”大暴雨，实现平安度汛并争取灾后重建资金3636万元。深入开展重点行业领域排查整治，统筹推进安全生产、食药安全、信访稳定等安全工作，安全形势稳中向好。

2021年兴隆县领导名录

县委书记：薛青松（满族,5月免）
　　　　　王国辉（5月任）
副书记：尚晓辉（蒙古族）
　　　　焦　军（5月免）
　　　　李　剑（满族，5月任）
县委常委：王　勃（5月任）
　　　　　那　红（女，5月免）
　　　　　李雪原
　　　　　强占坡（5月任）
　　　　　赵　辉
　　　　　张东伟（5月免）
　　　　　李晓静（9月任）
　　　　　马建利（9月免）
　　　　　李晓军
　　　　　杨　振
　　　　　孙长君（满族，7月任）
　　　　　李　剑（满族，5月免）
县人大常委会主任：马德军（2月免）
　　　　　马建权（2月任）
副主任：高春青（7月任）
　　　　冯秀玲（女，满族）
　　　　徐冬梅（7月任）
　　　　蔡永宝（7月任）
　　　　贾海超（7月免）
　　　　王立群（7月免）
县人民政府县长：焦　军（5月免）
　　　　　尚晓辉（蒙古族，7月任）

常务副县长：李　剑（满族，5 月免）
孙长君（满族，7 月任）
副　县　长：王鹏飞（满族，7 月任）
季树军
孟庆华（女，7 月任）
杜志鹏（7 月任）
路　涛（7 月任）
马广春（5 月免）
杨文利（5 月免）
高春青（7 月免）
强占坡（7 月免）
县政协主席：马建权（1 月免）
孟凡春（1 月任）
副　主　席：郭宝君（满族）
刘素华（女）
史静远（7 月任）
李凤先（7 月任）
杨青山（7 月免）
徐冬梅（女，7 月免）
县纪检委书记：郝　红（5 月免）
王　勃（5 月任）

（白海霞　供稿）

双桥区

【概况】　双桥区为承德市中心区，北、东、南同承德县接壤，西部与双滦区毗邻。行政区域总面积 641.12 平方千米，其中双桥区管辖 361.49 平方千米，承德高新技术产业开发区托管 279.63 平方千米。全区常住人口 39.14 万人。2021 年，实现生产总值 161.1 亿元。其中，第一产业增加值 0.6 亿元，第二产业增加值 27.8 亿元，第三产业增加值 132.6 亿元。全社会固定资产投资 36.7 亿元，增速 6.4%。地方一般公共预算收入 15.3 亿元，地方一般公共预算支出 13.9 亿元，社会消费品零售总额 141.5 亿元。城镇居民人均可支配收入 42085 元，农村居民人均可支配收入 17501 元。

【经济发展】　2021 年，双桥区科学精准强化经济运行调度，扎实做好“六稳”“六保”工作，持续扩大投资消费，保持经济发展良好势头。有效投资持续扩大，全年实施重点项目 3 大类 68 个，永昌威秀国际度假区、魁星街古典商业步行街等 14 个新建项目全面开工，兆丰国际旅游高端接待中心、世纪城购物中心等 35 个续建项目加快推进，11 个省市重点项目完成投资 14.95 亿元，完成年度计划投资的 2.2 倍。企业帮扶扎实有效。制定引资引智、鼓励创新、支持产业升级系列措施，严格落实援企稳岗、减税降费政策，净增市场主体 2336 户，达到 3.87 万户，同比增长 6%，减轻企业负担 1.19 亿元，减税降费考核排名全市首位。产业升级步伐坚实，三产投资完成 33.4 亿元，同比增长 22.4%。文化旅游产业向全域全季迈进，金龙旅游休闲街区获评国家级旅游休闲街区，东南亚风情城、启迪冰雪文体科技小镇项目等一批文旅项目加速推进，智慧旅游大数据中心投入运营，“热河文旅”新媒体矩阵搭建完成，国家全域旅游示范区创建工作全面展开。现代高端服务业持续壮大，信息传输、软件和信息技术服务业税收增长 41.3%，科学研究和技术服务业税收增长 30.5%。完成辖区 52 万平方米楼宇摸排，梳理可招商楼宇 16 万平方米，运营楼宇 36 万平方米，碧达商务、名都广场、嘉和商务、汇强大厦等 4 座楼宇年纳税额达到千万元以上。

【生态环境建设】　严格执行生态环境分区管控要求，持续推进城市生态文明建设，努力以生态质量夯实绿色发展基础。水环境质量持续稳定达标，“一纵五横”生态水系建设稳步推进，滦河上游武烈河支流二仙居生态修复一期工程完成进度的 45%，各级河长巡河率保持在 98% 以上，国考断面和集中式饮用水水源地水质达标率持续保持100%。大气污染管控更加精细，建立大气污染防治综合协调联动机制，实施主城区道路水洗机扫、裸露土地苫盖、云微雾改造、中心城区油烟净化等精细化管控措施，城市和农村实现清洁取暖全覆盖，城区道路机械化洗扫面积达210万平方米，优良天数占比达到90.4%。土壤治理力度不断加大，高质量完成40个地块污染状况调查，114家企业纳入“河北省固体废物动态信息平台”管理。深入实施森林质量和城区园林绿化提升工程，完成营造林9100亩，新建口袋公园3处，新增城市绿地10万平方米，森林覆盖率、林木绿化率分别达到46.1%和59.5%。

【城乡协调发展】 以城市更新和乡村振兴为关键抓手，补短板、强弱项，全力构建城乡互补、协调发展、共同繁荣的城乡关系。城市更新步伐加快。完成历年来体量最大的老旧小区改造工程，75个片区、118个小区、142万平方米楼宇旧貌换新颜，惠及居民2.15万户，军兴小区、南兴隆小区分别荣获省级改造示范小区和优秀设计奖。基础设施短板问题得到有效改善，33座旱厕全部改为水冲公厕，城区旱厕实现“清零”。创建文明城市（城区）实现首年“开门红”，受到省市文明办通报表扬。城乡发展空间有序拓展。坚定不移加快“六点攻坚、两线拉动、四片区支撑”步伐，出让土地10宗535亩，储备红石峦C地块等具备出让条件土地6宗717亩，城市空间进一步拓展，城乡融合进一步加快。

【实施乡村振兴】 大力发展现代都市型农业，引进千万元以上涉农项目5个，双峰寺省级现代农业园区流转土地1300亩，墨铮有机蔬菜、承德畅远酱菜厂投入运行，产业化经营率达到77.85%，村集体收入全部达到5万元以上。乡村旅游民宿产业加速发展，叁拾壹宿获评全市首家四星级乡村民宿，陈家沟、双庙等5个村获评承德市第一批乡村旅游重点村，贾营、双峰寺等5个村纳入全市“盛世100”民宿项目，双庙村纳入全市重点发展的国际旅游示范村。大力实施乡村建设行动，改造农村厕所1700个，创建美丽庭院2250户，农村绿化率达到36.1%。行政村实现公交出行全覆盖，改造提升农村公路47条76千米，获评省级四好农村路建设示范区，大石庙镇、红庄线公路分别荣获省级四好农村路示范镇、省级美丽乡村精品示范路称号。脱贫攻坚成果持续巩固，脱贫人口纯收入达1.5万余元，同比增长13%。

【激活发展动力】 坚持以问题导向破解难题，推动改革、开放、创新迈出更大步伐，为高质量发展提供动力源。重点改革蹄疾步稳，不断深化“放管服”改革，成功争列全省政务服务事项标准化试点，全面推行高频事项“24小时不打烊”和“指尖办”，774项政务服务事项实现全流程网上办理，上线热点服务30个，企业开办网审率达到90%以上；纵深推进“承德办事一次成”改革成果，87项政务服务事项和79项行政处罚事项下放镇街，村（社区）综合服务站实现全覆盖。科技创新力度加大，积极培育创新主体，深入实施高新技术企业和科技型中小企业“双提升”计划，新增高新技术企业4家、科技型中小企业27家，技术合同交易额达到1.54亿元。其中，华富玻璃技术工程有限公司自主编写的《全电熔玻璃窑炉通用要求》国家行业标准正式发布，热力集团供热智能化技术等6个项目成功列入全市重点科技项目库。开放合作持续深化，大力开展精准招商，引进市外到位资金17亿元。积极参加“5•18”经洽会、百家名企进承德等招商活动，与清华启迪控股有限责任公司、中国青旅集团等多家企业对接联系，成功签订《中国冰雪（承德）启迪冰雪文体科技小镇项目投资合作协议》，冰雪运动产业延链扩能，北部新城文体旅融合发展初现雏形。

【办好民生实事】 始终把人民利益放在首位，全力保障和改善民生，民生投入占财政支出达到86%，省市区25项民心工程全部完成。教育优质均衡发展，转化普惠园11所，普惠性学前教育覆盖率达到82%，南营子小学获评全国中小学中华优秀传统文化传承学校，第十八中学、第三小学和石洞子沟小学投入使用，新增学位3960个。课后延时服务实现“城乡中小学校全覆盖、中小学生需求全覆盖”。积极推进“双减”政策落实，85家校外培训机构清理和规范监管实现全覆盖。社会保障扩面增效，城镇新增就业5197人，城镇登记失业率控制在3.91%以内。基层公共医疗服务能力进一步提高，新建双桥区核酸检测实验室，区属基层医疗机构标准化率达到100%，镇卫生院、社区卫生服务中心实现全覆盖。打造33个精品社区日间照料服务站，府城社区获评“全国示范性老年友好型社区”，永安街和碧园社区养老服务经验做法在省、市推广。住房保障扎实有力，发放保障性住房租赁补贴家庭7802户，政府产权公租房办理入住754户，鸿福御苑城中村改造1.5万平方米全部实现回迁。

【疫情防控】 2021年，全区上下坚守新冠肺炎疫情防控阵地，“一办十七组”高效运转，严格落实“十个常态化”30项措施，组建七级战斗单元8049个，应急队伍9支4319人，储备隔离房间2114间，核酸日检测能力达到全员核酸检测要求。积极推进疫苗接种工作，33.76万人接种新冠肺炎疫苗，进一步筑牢全区群体免疫屏障。

【确保社会稳定】 政府坚持依法行政，自觉接受人大监督、政协监督、社会监督和舆论监督，主动公开政府信息2800余条，受理行政复议案件8件，办理行政诉讼案件53起。组织各类普法宣讲百余场，办理人大建议、政协提案286件，办复率100%、满意率98%以上。全年未发生安全生产事故，火灾事故发生率下降16.3%。食品药品安全、动物疫情防控形势总体平稳。债务风险得到有效控制，偿付到期债务本息21.43亿元。社会治理能力不断提升，“扫黑除恶”常态化推进，严厉打击高发性信息网络犯罪，电信网络诈骗案发案率同比下降44%。高质量完成各类会议、重大活动安保任务，人民群众的获得感、幸福感、安全感进一步提升，确保全区社会大局安全稳定。

2021年双桥区领导名录

区委书记：杨海龙（满族）
副书记：杨　磊
马学敏（女，5月免）
赵海峰（5月任）
区委常委：张有余（5月免）
杨新蕾
关　越（满族）
周　群（满族）
关克民（满族）
吴国志（5月任）
崔志奎（满族，5月免）
李伟光（5月任）
庞力强（5月任）
区人大常委会主任：张　新（7月免）
刘延民（7月任）
副主任：刘　斌
韩志军（7月任）
方国忠（满族，7月免）
蒋志民
窦向红（女）
区政府区长：杨　磊
常务副区长：张友余（5月免）
吴国志（7月任）
副区长：关　越（5月免）
王文龙（满族）
赵瑛楠（女，满族，5月免）
任运阳
吕　伟

王鹿云
刘焕海（挂职）
刘永宏（女，满族，7 月任）
区政协主席：刘延民（7 月免）
张　新（7 月任）
副　主　席：韩智军（7 月免）
闫亚丽（女，满族，7 月免）
赵卫刚（7 月免）
康莲枝（女，7 月免）
刘全忠（7 月任）
高占峰（7 月任）
徐伟华（女，7 月任）
李　欢（女，7 月任）
区纪检委书记：赵海峰（5 月免）
李伟光（5 月任）

（郝洪喜　供稿）

双　滦　区

【概况】 双滦区为承德市中心区，区政府坐落在双塔山镇滨河大街 58 号，距市区 11.5 千米，距北京 210 千米、天津 320 千米。区域位于河北省东北部的燕山山脉的东段，系内蒙古东南部丘陵与华北地区衔接交汇地带。政区北接承德市隆化县，西连滦平县，东与承德市双桥区相交，南与承德县接壤。总体地势，北高南低。地形南北狭长。滦河自区内分布有丰富的铁、金、钒、钛、长石等资源。最大河流为滦河，境内流长 33.07 公里，流域面积 451 平方千米。京承、京沈、承赤、承唐、京张五条高速干线穿区而过，是承德市“两环十射”交通网的重要枢纽。市内公共汽车 5 路、12 路、15 路、2 路、3 路、25 路通达区内各地，有 51 路、52 路、53 路、54 路、55 路、56 路、57 路 7 条公交线路，在双滦区域内运行。2021 年，双滦区总面积451.74平方千米。区政府辖6个镇、3 个街道办事处，即双塔山镇、滦河镇、偏桥子镇、大庙镇；西地镇、陈栅子镇；秀水街道、钢城街道、元宝山街道。全区有村民委员会 63 个，居民社区 25 个。

年末全区总户数 56642 户，户籍总人口 148702 人，其中女性 73749 人，人口自然增长率 2.13‰；全年出生人口 985 人，人口出生率 6.84‰；全年死亡人口 679 人，人口死亡率 4.72‰。

全年城镇居民人均可支配收入 42668 元，比上年增长 8%；农村居民人均可支配收入 17583 元，比上年增长 12%。社会消费品零售总额41.2亿元，同比增长 6.6%。双滦区“全国农村社区治理试验区”顺利通过省市验收。区市场监管局、教体局、卫健局、行政审批局分别获评“全国食品安全工作先进集体”“全国群众体育工作先进单位”“全国计划生育优质服务先进单位”“河北省人民满意的公务员集体”；西地镇西地村获批“全国村级议事协商创新实验试点单位”。

【牢记总书记嘱托】 8 月 23 日至 24 日，中共中央总书记习近平考察承德，亲临双滦区偏桥子镇大贵口村。习近平十分关心当地推进乡土振兴情况，走进村山谷市集、卫生室，了解特色农产品市场销路，品牌打造，以及改善村民医疗卫生条件，做好常态化疫情防控等情况。习近平总书记的嘱托让双滦人民倍感荣光、倍受鼓舞、倍增动力，已成为烙印在双滦区人民记忆深处的幸福与温暖，必将永远载入双滦发展史册。

【经济平稳运行】 全年实施重点项目 191 个，总投资 647.6 亿元。全年地区生产总值完成 160.2 亿元，同比增长 8.8%；公共财政预算收入完成 12.2 亿元，同比增长 19.4%，增速居全市第一；社会消费品零售总额完成 41.2 亿元，同比增长 6.6%，增速居全市第二；进出口总额完成 6.3 亿元，同比增长 48.8%，增速居全市第一；城镇和农村居民人均可支配收入分别增长 8%、12%。

三次产业结构优化为2∶65.9∶32.1。主要经济指标好于预期，经济平稳运行。

【办好民生实事】 全年民生领域支出8.1亿元，占一般公共预算支出的76.4%；落实疫情常态化防控，实现新冠肺炎“零感染”；持续推进“双控”机制建设，安全生产形势总体稳定。城乡居民人均可支配收入均增长8%；脱贫人口年均收入同比增长13.7%，无一人返贫；全面兑现民生承诺，18项民心工程、10项民生实事全部完成年初目标，“我为群众办实事”活动成效显著。城镇新增就业4218人，城镇登记失业率低于4.5%；社区居家养老服务中心实现全覆盖；扎实开展“双减”工作，义务教育内涵发展全市领先，全区教育履职工作高标准通过省级验收。

【发展特色制造业】 河钢承德钒钛新材料有限公司获批承德市化工重点监测点，打破化工项目入园壁垒。实施工业重点项目22个，总投资52.1亿元，丰源铁矿石综合利用项目和滦宝机械铁矿粉精选项目取得实质性进展，承钢钛板轧制生产线签约落地，钒钛新材料产业园源网荷储一体化示范项目获批建设，锦滦钒氮合金项目有序推进，美富淦钒钛冷轧项目加快建设，北汽福田铸造生产线智能化改造完成。承钢亚熔盐清洁提钒生产线实现产业化，成为河北省“钢化融合”典范。双滦经济开发区再次获评河北省特色产业示范开发区。

【发展文旅康养业】 大力推进国家级文化产业示范园区建设，文化园区获评全国版权示范单位。实施文化旅游重点项目18个，总投资118.7亿元，好人健康养老、文体活动中心等项目加快建设，女企业家创业中心竣工验收，元宝街、莲花山景区（一期）建成运营。鼎盛文化产业园获评国家首批夜间文化和旅游消费集聚区、全省文明旅游示范单位，元宝街被授予省级旅游休闲街区称号，鼎盛梅园获评河北省十大文化产业项目。

【发展服务业】 实施商贸物流重点项目29个，总投资48.6亿元，物流园区发展空间向西区拓展延伸，产业布局进一步优化。省级重点项目物恋云仓小镇进出港日吞吐量突破85万单，年快递中转量达1.7亿件，成为全市物流集散中心。广益物恋团购配送中心、粮油智慧物流管理系统等4个项目纳入省级项目库。医药产业园二期积极推进，绿色产业创新走廊建成投用，医药、科技等产业蓄势待发，前景可期。承德国际商贸物流园区连续六年获评全国优秀物流园区。

【改革开放】 坚持“改革推动、开放带动、创新驱动”，发展活力持续迸发。着力完善全链条、全周期改革推进机制，力促十大领域200项改革任务顺利完成，“放管服”改革持续深化，深化“四个一”改革，政务服务事项“一次成”比例达到96%。持续推进“证照分离”改革，新增市场主体1440户。实施大规模减税降费政策，落实减税降费超7000万元。开展企业帮扶活动，解决企业难题900余件，帮助企业融资15.2亿元。在全市率先开展工业企业“亩均论英雄”改革试点工作。积极融入京津冀协同发展，抢抓北京非首都功能疏解机遇，与中铁、中冶等央企深度对接，达成初步合作意向。深入实施“一图导航、精准招商”模式，积极开展网络招商，全年引进落地项目182个，总投资60.3亿元。争取上级无偿资金3.7亿元，引进市外资金19.6亿元。

【创新发展活力】 大力推进承德国家可持续发展议程创新示范区建设，全年新增省级高新技术企业5家、科技型中小企业33家，承德市物联网技术中心获批市级技术创新中心，全区省级以上科研中心、研究院达到8家，企业发明专利达到298件，万人发明专利15.9件，为高质量发展注入新动能、塑造新优势。

【推进城乡建设】 全区常住人口城镇化率达到82.5%。实施城市建设项目32个，完成投资1.6亿元。新改建各类管网7.7千米，改造完成“三供一业”管网等重点工程。改造老旧小区8个，建成智慧安防小区124个。新增停车位4186个，新改建主城区旱厕24座。修缮市政设施3500余处，巡查处理各类问题8000余件。维护疏通雨污管网16.8千米，维护更换排水设施376处，城镇污水集中处理率达98.5%。实施元宝山山体公园等绿化美化工程6项，新增提升绿地面积3.7公顷，绿地率达到39%。生活垃圾无害化处理率、主干道机械化清扫率保持100%。修建市政道路4.5千米、农村公路30千米，国道112线八里庄至肖店段建成通车，公共交通实现行政村全覆盖，城乡交通网络日益畅达。陈栅子至高新区公路获批建设，总投资35亿元的国道233改线、国道112联络线获省交通厅批准上报，奠定“一环十射、一纵一横”交通路网立体化新格局。

【实施乡村振兴】 打造以偏桥子镇大贵口村为核心的省级乡村振兴示范区，高质量完成方案设计和规划编制，科学谋划并推动农业科技嘉年华等项目建设，“五网入地”工程按计划推进。大力发展“四个农业（科技、绿色、品牌、质量农业）”，调整农业种植结构1635亩，新增市级以上龙头企业2家、“承德山水”区域公共品牌2家。扎实开展农村人居环境整治提升行动，建成省级美丽乡村6个，维修老街巷道7万平方米，建成美丽庭院210个，卫生厕所覆盖率达90%。持续深化农村综合改革，村集体经济收入超过5万元的行政村达到90%。

【生态环境治理】 推动承钢、双福等4家工业企业开展超低排放改造；完成7家企业门禁监控系统安装，有效治理扬尘污染源52个；持续加大烟花爆竹禁限放和散煤管控力度，强化特殊气象条件管控措施；完成文化中心点位空气监测设备更换，精准监测空气质量状况。全区PM2.5年均浓度25微克／立方米，空气质量保持稳定。修复破损湿地22公顷，栽植水生植物2.3公顷，治理小流域面积5平方公里；布设河湖智能监控点位37个；严格规范管理涉水施工，开展尾矿砂清理工程，有效降低伊逊河总磷污染隐患。地表水国考、市考断面水质均达到Ⅲ类标准。对50家危废、固废产生单位实现全程监管；严格落实“净地”供应制度，坚决杜绝“毒地”开发利用；完成30处疑似污染地块调查和3座集中式农村污水处理设施提标改造；大力实施国土绿化行动，营造林6600亩。

【社会保障】 开展房地产遗留问题攻坚行动，完成925套保障性住房产权登记，化解1.2万余户居民“办证难”问题。城乡居民养老保险参保率达95%。取消省内异地就医备案，医疗费用结算更加便捷。持续加大社会兜底保障力度，城乡低保标准分别达到350元／月和300元／月，高于全省平均水平。深化双拥共建工作，累计发放各类补助金900万元，顺利通过国家级“示范型”退役军人服务中心（站）验收。

2021年双滦区领导名录

区委书记：王贺民（满族，5月免）
张抗震（5月任）
副书记：刘　洋（5月免）
辛国勇（5月任）
厉　辉（5月免）
郑洪波（5月任）
区委常委：赵旭东（满族）
董智慧
樊中华
崔志奎（5月任）
郑洪波（5月免）

张宝东（5 月任）
孙喜明（满族，5 月免）
董继超（5 月任）
程彦龙（满族，5 月免）
李立军
赵永明（1 月任）
王相申（1 月免）
人大常委会主任：傅云林（蒙古族）
区 副 主 任：徐小平（6 月免）
周建军（满族，6 月免）
王青春（6 月免）
上官承志（满族，7 月任）
田小峰（7 月任）
韩天福（满族，7 月任）
赵素娟（满族，女）
区政府区长：刘　洋（5 月免）
辛国勇（5 月任代区长，7 月任区长）
常务副区长：张宝东（5 月任）
孙喜明（满族，5 月免）
副 区 长：张宝东（5 月免）
刘啸林
黄新民
左文娟（女，5 月免）
刘　旭
王学良（6 月任）
孙晓鸥（女，6 月任）
区政协主席：刘凤宇（7 月免）
厉　辉（7 月任）
副 主 席：王青春（7 月任）
马卫兵（满族）
谢汉杰（满族）
赖朝华（满族，7 月任）
田　睿（蒙古族，7 月免）
冯瑞树（7 月免）
区纪检委书记：李立军

（王乃民　供稿）

鹰手营子矿区

【概况】 鹰手营子矿区位于河北省东北部，燕山山脉主峰雾灵山东麓，距承德市中心区 110 千米，周边与兴隆县和承德县相毗邻，为承德市远郊区。全区总面积 149.31 平方千米，共辖 4 个镇，15 个行政村，87 个村民小组，1 个街道办事处，10 个社区，区政府驻地鹰手营子镇。2021 年末，全区共有户籍人口 60259 人，其中男性 30255 人，女性 30004 人。人口出生率为 3.96‰，自然增长率为 −0.27‰。一般公共预算收入完成 2.93 亿元，同比下降 9%；全部财政收入完成 5.59 亿元；固定资产投资完成 19.5 亿元，同比下降 4.1%；地区生产总值达到 42.38 亿元，同比增长 7.6%，超目标 1.1 个百分点；第一产业增加值完成 10848 万元，同比增长 2.1%；第二产业增加值完成 274770 万元，同比增长 8.9%；第三产业增加值完成 138210 万元，同比增长 6.1%。社会消费品零售总额 44284 万元，同比增长 6.5%，全市排名第三。规上工业总产值首次突破 100 亿元大关，增加值同比增长 12%，超目标 6.5 个百分点，全市排名第二；进出口总额增长 8%；城镇、农村居民人均可支配收入分别增长 9.4% 和 13.7%；实际利用外资实现实质性突破，主要经济指标总体运行情况达到预期。

【产业发展】 “1+2”（医疗康养和全域旅游，钒钛新材料及制品、绿色健康食品）特色主导产业蓬勃发展。文旅康养产业初具规模。以工业研学游、三线记忆游为品牌，总投资 4500 万元的鹰手健康小镇一期建成投入运营，成功承办全市旅发大会，累计接待游客 3 万余人，带动旅游收入突破 300 万元，闯出工农旅融合特色发展的新路子，全面融入承德“全域旅游”大局。钒钛新材料产业日益壮大。总投资 23.5 亿元的钒钛新材料升级改造系列项目达产达效，实现科技赋能、扩大产能；总投资18亿元的钒钛高科无缝管装备一期项目顺利达产，成功入选国家级智能制造试点示范工厂；总投资5.3亿元的钒钛新材料超大圆坯连铸机项目加速推进，钒钛新材料系列产品型号、品质均达到国内领先水平，为承德建设"中国钒谷"提供重要支撑。绿色健康食品产业加快发展。总投资1200万元的怡达山楂籽低聚木糖中试生产线开工建设，功能性山楂食品加工关键技术研究及应用项目列入承德可持续发展议程创新示范区专项计划项目，两款新品登上北京始发的144列高铁，线上线下销售额突破4亿元，产业集聚效应持续增强。抢抓中共中央总书记习近平考察承德历史契机，用足用好资源枯竭城市、独立工矿区、采煤沉陷区"三大政策"，赴省进京积极争跑，累计争取资金5.8亿元。拼尽全力推动项目建设。深入实施重点项目建设"4622"工程，总投资105亿元的4个省重点项目、6个市重点项目、22个区重点项目全部开工建设，年内投产达效18个，在全省重点项目评价中，综合成绩位列全市第一，代表承德市参加全省重点项目建设巡礼。凝心聚力开展招商引资。围绕全市"3+3"和营子矿区"1+2"特色主导产业，编制招商地图，完善产业招商工作流程、指导目录、重点招商项目库，举办招商洽谈会，累计签约项目6个，总投资51亿元。全年新增市场主体703家，御味佳食品股份有限公司在河北股权交易所挂牌，承德金隅被认定为省级"专精特新"示范企业。

【农业农村工作】 全年引进新技术2项，新品种3个，完成110户脱贫户跟踪技术服务，指导调整种植结构400亩，完成市级下达山楂改良任务3000亩，打造精品果园50个，百亩示范基地3个，苹果实现增收10余万斤。推进民宿经济发展，确定金扇子村为全市民宿经济"盛世100"103个民宿经济集中承载村。搭建区镇村三级林长制平台，进一步提升森林资源管理水平。全区规模养殖场设施达标率100%，粪污利用率达95%以上。组织开展义务植树活动，实施京津风沙源治理工程，完成人工造林1000亩、封山育林1000亩，新建改建经济林200余亩，因地制宜开展镇村绿化，栽植树木2000余株。圆满完成冬季清洁取暖工作。年内，生物质炉具完成安装1303台，生物质燃料配送1700余吨，储备210吨。组织开展报警器大排查，新购买报警器3600台，全部发放到户、安装到位。

【生态环境建设】 全面提升生态系统质量。开展矿产资源整合，修复治理矿山335亩，矿山生态环境进一步改善。全面推行林长制，9.59万亩天然林公益林得到有效管护，治理水土流失4平方千米。节水型社会达标建设首年即通过省级验收，河长制绩效考核获得全市优秀等次。全面打好蓝天碧水净土保卫战。常态化开展环保督导检查，纠治问题47个。建龙投资8亿元实施系列环保升级改造项目，达到B级绩效企业标准；金隅、东晟热力完成超低排放相关环保工程。完成电代煤改造195户、生物质替代1303户，清洁取暖实现更高质量全覆盖。PM2.5浓度由36微克/立方米降至29微克/立方米，PM10浓度由75微克/立方米降至65微克/立方米，空气质量优良天数同比增加24天，达到历史最优水平。着力推动绿色低碳发展。制定《关于建立健全绿色低碳循环发展经济体系的落实意见》，做好碳中和碳达峰文章，谋划的300兆瓦风力发电项目指标获批，建龙余热发电等资源循环利用项目有序推进。

【城乡面貌改观】 致力于打造宜居城区和美丽乡村，逐步加大城乡建设投入力度，加快全域城镇化发展步伐。国土空间规划初步完成空间格局和"三区三线"划定，启动城区总体城市设计与风貌管控编制，绘制城市发展美丽蓝图。总投资3.5亿元的马圈棚改小区主体全部竣工，龙翔蓝湾、佳和富兴园等高品质小区加速建设，改造老旧小区 20 个、31 栋。投资 1100 万元推行城乡环卫保洁及绿化管护市场化运作，文明城市创建综合排名提升至全省第 27 位。承平高速征占拆迁等前期工作稳步推进，滨河西路全线贯通，投资 2900 万元完成 112 线中修和 16.5 公里的 8 条“四好农村路”建设，北山过街天桥、市政路建成投用，群众出行更加便利。完成营涝公路沿线绿化，改造提升“口袋公园”2 个。维修、铺设水、电、暖管网 50 余千米。描划、新增停车位 600 余个，多年杂乱的“飞线”得到有效治理，群众生活品质更高更优。投资 550 万元实施镇域卫生整治提升行动，农村垃圾全部实现村收集、镇转运，露天垃圾池全部取缔，完成农村厕所改造 200 座，村容村貌大为改观。

【办好民生事业】 坚持以人民为中心的发展思想，坚决把暖民心、利民生的好事办好、实事办实，高质量推进省、市、区 27 项民心工程和民生实事。疫情防控卓有成效。压实“四方”责任，加强人防物防技防力量，强化基层基础和社会面排查管控，坚持每周重点人群核酸检测不放松，安装人脸测温设备 261 台套，累计排查重点人员 1777 人，集中隔离 361 人、居家隔离 340 人、居家健康监测 1076 人。全区 3 岁以上人群新冠疫苗首针接种覆盖率和加强针接种率均超过 90%，成功构建起群体免疫屏障。社会事业持续繁荣。总投资 1.3 亿元的鹰城一中新校区建成并投入使用，实验幼儿园被评为全市“名校”，进一步提升教育优质均衡发展水平。第六医院传染病预防和医疗救治能力提升、铜城医院和疾控中心新建项目全部完成，医疗卫生硬件水平迈上新台阶。举办各类文艺演出 45 场次、体育赛事 11 场次，举办全区第三届冰雪运动会，获评全国群众体育工作先进单位。社会保障持续加强。城镇新增就业 2905 人，登记失业率降至 3.03%；开展各类培训 1309 人次，实现劳务输出 500 人。全区 5.4 万人参加医疗保险，参保率达 98.6%。改造提升综合性居家养老服务中心、站所 12 个，实现了社区全覆盖。设立未成年人救助保护中心、站、点 4 个，发放低保金 1541 万元，救助困难群众 968 人次。投入资金 720 万元，严格落实“四个不摘”要求，完善动态监测预警和防返贫保险等长效机制，实现“零返贫”；持续强化“1+6+N”产业扶贫成效，贫困群众年均收入达到 1.38 万元，高于全市平均水平 22 个百分点。

2021 年鹰手营子矿区领导名录

区委书记：高淩力（满族，5 月免）
　　　　　杨志勇（5 月任）
副书记：杨志勇（5 月免）
　　　　秦　涛
　　　　马增辉（5 月任）
区委常委：祝万才（5 月免）
　　　　　李国星（5 月免）
　　　　　王耀霆（5 月免）
　　　　　辛国勇（5 月免）
　　　　　韩　俊（5 月免）
　　　　　吴国志（5 月免）
　　　　　王金龙
　　　　　胡连成（蒙古族）
　　　　　李晓静（5 月任，9 月免）
　　　　　宋桂存（5 月任）
　　　　　武文娟（女，满族，5 月任）
　　　　　高立强（5 月任）
　　　　　李长荣（5 月任）
　　　　　王　慧（女，满族，5 月任）
　　　　　马建利（满族，9 月任）
区人大常委会主任：王　军
副主任：李瑞民（6 月免）
　　　　周辅民（6 月免）
　　　　邓会民（6 月免）
　　　　孙树军（6 月免）
　　　　董喜军（满族，2 月任）

张　炜（2 月任）
杨永水（7 月任）
田永卿（满族，7 月任）
区政府区长：杨志勇（5 月免）
马增辉（7 月任）
常务副区长：孙立良（2 月免）
辛国勇（2 月任，5 月免）
王　慧（女，满族，5 月任）
副　区　长：武文娟（女，满族，5 月免）
宋桂存（2 月任，7 月免）
谷晓辉
孙志强（2 月任）
王　宇（2 月免）
李晓静（5 月免）
白景军（5 月任）
张延东（5 月任）
孙永生（满族，5 月任）
区政协主席：张　杰
副　主　席：李瑞民（7 月任）
杨永水（7 月免）
朱克玉（7 月免）
董喜军（满族，2 月免）
赵　妍（女）
曹怀东（2 月任）
刘智慧（女，6 月任）
区纪检委书记：王耀霆（5 月免）
李长荣（5 月任）

（张淑琴　供稿）

承德高新技术产业开发区

【概况】　承德高新区位于承德市城南，滦河和武烈河交汇处，1992 年 6 月河北省政府批准成立，2012 年 8 月国务院批准升级为国家级高新区。现托管双桥区冯营子、上板城 2 个镇、38 个行政村和 12 个社区，托管面积 320 平方千米，规划面积 52 平方千米，建成区面积 15 平方千米，人口 13.5 万。区内有河北民族师范学院、河北旅游职业学院、河北石油职业技术大学、承德应用技术学院 4 所高等院校，在校生 4 万余人。2021 年地区生产总值完成 78.8 亿元，增长 9%；全部财政收入完成 23.03 亿元，增长 15.2%；规模以上工业增加值完成 42.3 亿元，增长 11.2%；固定资产投资完成 37.9 亿元，增长 5.5%；一般公共预算收入完成 9.99 亿元，增长 14.1%；社会消费品零售总额完成 19.6 亿元，增长 5.2%；出口总值 2785.5 万美元，增长 50.4%；实际利用外资 13 万美元，实现主要经济指标稳步增长。全年签约产业项目 20 个，协议引进市外资金 94.36 亿元，同比增加 98%。其中：10 亿元以上签约项目 3 个，总投资 75 亿元，同比增加 275%；落地项目 14 个，总投资 41.2 亿元，同比增加 3.7%；实现签约项目和引进资金双突破，取得“十三五”以来最好成绩。

【重点项目建设】　全年实施重点项目 102 个，总投资 520.17 亿元，年内完成投资 41.5 亿元，增长 5.8%。其中：总投资 110.7 亿元的特变电工（一期）、滑雪小镇、亚联云创园等 3 个省重点项目，年内完成投资 6.29 亿元；总投资 209.2 亿元的 15 个市重点项目，年内完成投资 20.66 亿元。2021 年谋划储备亿元以上项目 81 个，总投资 407 亿元，其中达到初设深度的项目 15 个。央联万贸承德食品产业互联网集成化 5.0 共享平台、数字化创新中心项目、中试车间项目等已正式运营。联东 U 谷承德高新智造园、吉成高端装备制造产业园、广仪科技产业园、国润 4 吉瓦高效光伏组件产业基地项目 4 个总投资 22 亿元的项目开工建设。重点项目投产运营有力推动高新区四个传统产业向“1+2”特色产业转型升级。

【基础设施】　2021 年实施千万元以上基础设施项目 20 个，总投资 72 亿元，其中：新开工项目

9个，总投资5.6亿元，完成投资2.9亿元；续建项目11个，总投资66亿元，年内完成投资7.8亿元，承秦高速上板城互通连接线、崔梨沟滨河路等8个项目竣工，“四桥七路”进入扫尾阶段，以高铁站前广场为核心的路网架构基本形成，上板城、东西营、南部新城园区路网、管网、污水等配套基础设施加速推进，现代化园区承载能力明显提升。

【深化改革】 推进“拿地即开工”改革，通过入场通知书、施工准备函、施工许可证递进式审批，实现工业项目签约拿地即进场。全年办理政务服务事项8.7万余件，保持“零投诉、零差评”。承德吉成高端装备制造产业园项目从设计方案落地到正式开工仅22天；联东U谷承德高新智造园项目从拿地到开工仅3天。上板城工业园18家企业产权登记遗留问题全部办理竣工验收备案，解决自2010年以来困扰企业融资难、发展难的“顽固”问题。高新区被科技部火炬中心评为2020年度火炬统计工作先进单位，在全国通报表扬；全市优化发展环境工作现场会在承德高新区召开。

【科技创新】 依托“众创空间—孵化器—加速器—科技园区”全链条孵化体系，着力促进主体创新，鼓励支持力度达到历史最高水平，累计为企业撬动银行资金3.4亿元、争取研发资金1280万元，兑付科技贷款贴息、奖励资金1800万元。微智园、大创园、科创中心等6大科技创新平台入驻企业达到180家，增长24.4%；新增入库国家级科技型中小企业24家（国家级科小1年1认定，总数与2020年持平）；新建省级创新中心、研究院3家，总数达到14家；全区省级科技小巨人企业新增2家，达到15家；新增国家级众创空间1家，达到2家。天大钒业、华远自动化获评国家级重点专精特新“小巨人”企业。研究与试验发展（R&D）经费投入稳步提升，总量位居全市第一。2021年国家级、省级孵化器考核由C类进入B类行列。

【转型升级】 持续推动传统产业转型升级，深化一企一策，引导和扶持企业在技改扩能上做加法、在高质量发展上做乘法，全年完成工业投资10.3亿元，同比增长113.9%，完成工业技改投资4.1亿元，增长212.4%，分别位居全市第一、第二位；苏垦银河连杆总部经济实现突破，2021年产值达4.9亿元，同比增长34.3%。

【生态环境建设】 深入打好污染防治攻坚战，加强对辖区重点施工场地、裸露地块、渣土等集中整治，累计清理、苫盖、复绿100余万平方米。完成1.14万户冬季清洁取暖任务，全年PM2.5平均浓度为29.8微克／立方米；达标天数329天，同比增加8天。积极谋划山水林田湖草沙保护与修复项目4个，清理河道垃圾2600余立方米，全区农村生活污水无害化处置实现全覆盖，城市集中式饮用水水源地水质达标率保持100%，国控上板城大桥断面水质达到Ⅲ类标准。土壤环境风险有效管控，全区49家危废、固废企业、危废运输单位均按要求纳入平台管理。启动土壤联动调查监管程序，土地安全利用率达到95%以上。

【统筹城乡建设】 统筹规划基础设施、公共服务设施建设，楼宇、街道景观靓化，市容市貌秩序管理等，系统制定城市更新行动方案。开展市容市貌清洁行动，加大停车秩序管理，新建停车场2座，可停放车辆1526个；在重点区域划定机动车停车位712个，非机动车停车位136个，新增非机动车停放3000余辆。加强全区园林绿化，新建口袋公园3处、整理绿化用地4.5万平方米、铺设草坪3.87万平方米。稳步推进滦河新城建设，成立城中村改造工作专班，完成三道弯、砖瓦窑等6个城中村改造基础数据摸底和改造成本测算。新改建农村公路57.1千米，全区行政村实现公交全覆盖；新建改建公交候车亭20个、公厕12座，建设便民市场2个，社区便利店12个，广大人民群众获得感、幸福感不断提升。投入产业扶持资金3400余万元实施狮子沟水环境整治、“原乡·自在洞天”民宿项目，引导乡村休闲旅游规模化发展。深入开展农村人居环境整治，全区农村垃圾清理实现市场化运营、生活污水无害化处置实现全覆盖。扎实推进农村集体产权制度改革，38个村全部成立集体经济合作社，搭建改革发展平台。

【民生保障】 全面打造全省一流社区养老服务体系，建成规范标准的居家养老服务中心1个、日间照料中心1个、高质量社区日间照料服务站10个，建成居家养老服务智慧信息化平台，实现老年食堂、社区卫生服务点社区全域覆盖；河北首家养老标杆实体网点项目到位资金500万元。做好脱贫攻坚与乡村振兴有效衔接，通过产业“三层”覆盖，实现贫困户稳定脱贫和有效防止返贫，脱贫人口人均收入达1.1万元，同比增长13.4%。依托秦家沟承秦5000亩御薯、陈家沟月光枣、松树沟羊肚蘑种植示范产业园等项目，带动村民就业960户。大力改善办学条件，新投用中小学校3所，新增普惠制幼儿园9所，学前教育普惠率达83.47%；高标准完成“双减”和校外培训机构清理整顿工作，高质量推进落实课后延时服务，全区16所小学课后延时服务率达100%。全面提升城乡医疗卫生服务水平，社区医院（冯营子卫生院）主体工程完工，市儿童医院、市妇幼保健院建成投用。就业形势保持稳定，城镇累计新增就业1810人，农村转移劳动力676人，开展就业培训2950人；切实维护农民工合法权益，排查处理拖欠农民工工资案件73起，涉及农民工2319人，解决拖欠工资2500余万元。严格落实疫情常态化防控十方面30项措施，织密疫情防控网，筑牢疫情防控屏障。全力推进疫苗接种，截至2021年年底，3岁以上人群已接种12.16万人，接种覆盖率92.59%，社会事业健康发展。

2021年高新技术产业开发区工委领导名录

区党工委书记：王国辉（5月免）
孙　潇（满族，7月任）
管委会主任：孙　潇（满族）
区党工委副书记：孙　潇（满族，7月免）
杨玉兴（满族，7月免）
区党工委委员、管委会副主任：
杨文东（挂职）
王志一
区党工委委员、纪工委书记、监察组组长：
王双清
区党工委委员、管委会副主任：徐树星
郭德启（满族）
区党工委委员：景联华（女）
王天一（11月免）
薛文忠（蒙古族）
白春龙
王中明
李秀香（女，满族）

（安　冉　供稿）

御道口牧场管理区

【概况】 御道口牧场管理区坐落在围场满族蒙古族自治县境内，职工群众来自全国四面八方，场内除汉族外，还有满族、蒙古族、回族、朝鲜族、高山族、拉祜族等少数民族。

2021年，管理区实现地区生产总值9.2亿元，增长10%；完成固定资产投资12.3亿元，增长163%；规上工业增加值8.1亿元，增长31.4%;财政收入1.2亿元，增长13.5%，其中，一般公共预算收入5826万元，增长14.4%，年初既定各项经济指标全部超额完成。集团公司全年实现营业收入7305万元，占任务7000

万元的104.36%，同比增长5%；实现净利润1207万元，占任务1000万元的120.7%，同比增长8.6%；纳税总额456万元，同比增长33.3%。职工人均年收入6万多元，人均年增长7000余元（不含2020年调整）。

【项目建设】 树牢“项目为王”理念，围绕主导产业、生态环保、民生改善和基础设施建设等领域，持续开展项目建设年行动。立足实际推项目。围绕基础设施薄弱、产业结构单一的发展实际，着力谋划和推进项目建设。全年共谋划实施项目27个，计划总投资51.8亿元。其中，承德·御道口金秋御园旅游度假区项目（一期）、天然气综合利用工程、新一代天气雷达站、承德塞罕坝220KV输变电工程等10个项目顺利开工建设，完成投资5.5亿元；翰墨林度假村、林洋二期、榆林别苑、垃圾综合处理厂等17个项目完成前期手续，具备开工条件10个。借势借力争项目。充分发挥比邻塞罕坝机械林场优势，持续跟进落实中共中央总书记习近平考察承德重要讲话精神和省市承诺事项对接，通过多方跑办、努力争取，成功获得国家科技部、省交通厅、省应急厅、省林业和草原局、省环保厅等部门在道路交通、应急管理、森林防火、民生改善、生态保护等方面承诺项目（政策）10个、资金3亿元，至年底已实际到位资金1400万元。健全要素保项目。突出规划引领作用，完成“十四五”、国土空间规划编制和生态保护红线、基本草原划定工作，为科学合理摆布项目创造空间。深入开展优化营商环境整治和“三包四帮六保五到位”活动，严格落实项目包联责任制，通过加强调度、跟踪服务，有效解决问题15个，破解用地需求558.5亩，为企业减负102万元，为企业发展、项目建设、商业活动营造良好环境。

【生态环境建设】 深入贯彻习近平生态文明思想，全面落实“三个植入”“四个转化”要求，传承塞罕坝精神、赋能御道口品质，牢牢扛起“水源涵养、生态支撑”职责使命，不断夯实发展根基。完善生态保护制度。将建立生态保护机制、健全保护体系、压实保护责任作为点亮绿色发展的关键。突出塞罕坝区域生态保护政治责任、使命责任，加强林草保护力度，建立健全“林长制”，划定基本草原46万亩，严格执行封山禁牧政策，森林资源得到有效保护；严格落实河（湖）长制，巡河率100%。强化生态建设力度。将加强生态建设作为筑牢“生态护城河”的重要手段。投资4400万元，实施张承坝上地区造林、草原生态修复等生态项目5个，完成草原修复治理3万亩、有害生物防治7万亩，拉设围栏3万延长米；完成造林1.3万亩，实现三年任务一年完成的目标。加大环境保护力度。将加强生态保护作为践行“两山理论”的重要保障。持续开展“保生态、优服务、塑形象”和“6+1”专项整治活动，建立健全网格化环境监管体系，扎实推动大气、水体、危险废物防治工作，开展各类检查58次。全力推进清洁取暖工作，区域清洁取暖率100%。探索发展生态产业。将推动生态产业发展作为经济增长的新引擎。抢抓“双碳”机遇，加快生态优势转化，完成第一笔降碳交易，售卖降碳产品13.65万吨、交易605.6万元，成为河北省首批固碳交易项目。接续启动降碳产品开发、申报、登记等工作，力争实现更大范围降碳产品生态价值。

【培育产业发展】 加快培育生态旅游＋清洁能源＋食品医药“1+2”特色产业，打造区域高质量发展新动能。大力发展生态旅游业。将“疫情之危”变为“转型之机”，围绕创建AAAAA级景区目标，将已开放景区和规划在建景区整体布局，加快推进“一核一带五区”建设。持续实施景区整体改造提升，投资7000万元，对月亮湖、桃山湖等核心景点进行全面升级改造，已具备开园条件。受疫情影响，全年入园人数4.5万人，实现旅游综合收入5000万元。重点培育食品医药业。支持三元和赛优两家企业智能牛场建设，奶牛存栏2944头，年产有机鲜奶1.9万吨，产值7163万元，利润924万元。积极推行舍饲禁牧和规模化养殖，做实做强肉牛、肉羊基地，补贴资金768万元升级改造规模养殖小区22万平方米，肉牛、肉羊出栏1.3万头（只），存栏分别保持在1.6万头（只）左右，实现产值1.5亿元。加大科研投入，与承德民族师范学院合作试种优质牧草320亩。加快发展清洁能源产业。风光电累计装机95.55万千瓦，年发电10.12亿千瓦时，产值6亿元，实现税收7700万元。与承德润弘启航新能源科技有限公司签订总投资4.8亿元的100兆瓦光伏开发协议，已经列入承德市保障性规划类并网项目实施计划。

【办好民生事业】 坚持以人民为中心的发展思想，始终把增进民生福祉作为发展的根本目的，努力让人民群众分享更多发展“红利”。加快补齐基础设施短板。本着“尽力而为、量力而行”的原则，多方筹措资金3.6亿元，实施污水处理、环境改善、清洁取暖、道路畅通等十项民生工程，其中，投资1.76亿元，启动实施承德塞罕坝220千伏智慧输变电工程，投资1570万元，实施10千伏电力专线建设，破解电力制约，提高塞罕坝区域供电可靠性；投资6550万元，实施污水处理厂项目，已完成主体及配套管网建设，具备试水运营条件；投资4500万元，实施高压电网改造，正在有序施工；投资2400余万元，对总场至神仙洞18千米道路进行改造，又增添一条连接围场坝下的新通道。着力推动保障和改善民生。不断完善社会救助体系，及时落实社会福利政策，守好民生兜底底线。按时发放低保、高龄、特困供养、残疾人“两项”、困难群众、退役军人慰问金等各类补贴15万余元。推动残联事业发展，将原由围场代管的残疾人工作顺利承接，发放残疾人证83本，投资9万余元完成22户困难残疾人家庭无障碍改造。全区城乡医疗保险参保率达到100%，城乡养老保险达到96%以上。牧场幼儿园免费入学、免费就餐率达到100%；不断提升群众医疗保障获得感，实现居民免费体检全覆盖，全部建立个人电子健康档案。常态化疫情防控成效显著。慎终如始抓好常态化疫情防控十项30个具体举措不放松。累计开展各类排查17万人次，核酸检测1.7万人次，接种疫苗1.2万剂次（其中接种第一针4541人、第二针5501人、加强针1790人，3～11岁本地人群接种210人）、完成率123%。列支防疫财政资金435万元、储备物资15.9万件，设置集中隔离点5处、床位303张，实现人脸识别红外测温设备全覆盖，未出现阳性确诊病例。

【备战冬奥】 充分发挥塞罕坝的独特优势，全力推进国家河北承德塞罕坝体育训练基地建设，积极融入服务国家冬奥备战。抓建设。年内投资2.5亿元，完成滑雪滑冰科研训练馆、越野滑雪赛道气膜、道路改造、5G网络全覆盖等10个工程项目建设，创造“两个世界首创”“三个世界一流”“四季上真雪、滑真冰”的特色亮点，已成为世界一流的综合训练基地。抓保障。在专项资金未到位情况下，垫付电费、天然气、设备等运维费910万元，保障各场馆正常使用和备训需求。严格落实疫情防控要求，主动上门核酸检测8000余人次，接种疫苗564人，完成隔离19人次。增设治安岗亭1处，派驻干警2人，保障运动员安全。年内累计接待27支国家队、14支省队共41553人次驻训，助力杨皓然等4名国家队运动员在东京奥运会上勇夺5金2铜的好成绩。因管理区服务及时、保障有力、措施有效，河北省体育局、国家体育总局先后致信感谢，管理区荣获全国群众体育先进单位称号，党工委委员、管委会副主任张宝儒同志荣获全国群众体育先进个人称号，并在西安受到习近平总书记接见。抓赛事。积极争取国家体育总局支持，圆满承办全国速度滑冰、国际雪联越野滑雪等7项重大赛事，基地的专业性、先进性得到业内人士普遍赞誉，知名度、美誉度不断提升，正加快向国际一流基地、世界冠军摇篮、重大赛事中心迈进。抓长远。推动基地做大做强，成功争取三期建设项目13个、资金1.16亿元。将2022年冬奥会前基地运维费用全额纳入国家预算"盘子"。启动体育运动休闲小镇规划编制工作。积极争取市级支持，批准成立国家河北承德塞罕坝体育训练基地管理中心，有效保障基地规范运营。2021年12月31日，国家体育总局将御道口牧场管理区评定为"御道口国家体育产业示范基地"，对管理区依托特色资源，着力推动体育产业发展，奠定更加坚实的基础。

【深化改革】 不断厘清对农垦集团的监管责任，进一步细化完善监管清单，明确审批、审核、备案、报告、管理等内容和办理流程，保障企业平稳健康发展。积极推进区属国有企业改革，针对供水、供热、物业、市政、人力资源服务保障能力不高的实际情况，细化职能分工，重新组建5个公司，按照现代企业管理模式正在有序推进。加快补齐医疗领域短板，积极与围场县医院合作，通过代管方式提升管理能力和医疗水平，在保障人民群众健康和抗击疫情方面发挥重要作用。积极推进辖区公安队伍建设，争取市公安局、市编委支持，承德市公安局御道口牧场管理区治安分局组建方案已经省编委同意批复。

【平安建设】 全力推进"双控"机制建设，扎实开展安全生产集中整治三年行动，安全生产形势保持总体稳定。全力抓好信访稳定工作，着力推动信访工作规范化、制度化，区级领导约访接访下访69批次、188人次，处理市长热线信息219次，切实解决群众难题。圆满完成"两会""七一"和中国共产党第十九届六中全会等重要时期维稳安保任务，社会大局和谐稳定。建立健全农民工讨薪制度，处理农民工工资纠纷84起，共为562名农民工解决拖欠工资689万元。

2021年御道口牧场管理区领导名录

党工委书记：刘众民（满族，兼，5月免）

党工委副书记、管委会主任：

刘　杰（满族，7月免）

王　明（7月任）

党工委副书记：冯志春（满族，3月免）

党工委委员、管委会副主任：张宝儒（满族）

王海岩（满族）

党工委委员：徐晓斌（满族）

徐艳东（满族）

杨　旭（蒙古族）

薛皓宇（满族）

管委会副主任：孔祥瑞（3月任）

（延国龙　供稿）

集体荣誉

全国脱贫攻坚楷模

河北省塞罕坝机械林场　自1962年建场以来，林场几代人听从党的召唤，响应国家号召，驰而不息、久久为功，为京津构筑起一道防风固沙、涵养水源的绿色生态屏障。与建场初期相比，林场森林面积由24万亩增加到115万亩，林木蓄积由33万立方米增加到1036立方米。获得了“地球卫士奖”“时代楷模”“最美奋斗者集体”等诸多荣誉。多年来，林场发扬塞罕坝精神，抽调精兵强将，加大资金投入，在区域脱贫攻坚中发挥带动作用。实施生态产业帮扶，充分发挥塞罕坝“绿水青山”的三大效益，带动周边区域发展森林生态旅游、绿化苗木、土特产加工等产业。充分利用塞罕坝在苗木培育方面的技术优势，传授技术、经验，带动了当地绿化苗木产业发展。实施就业创业帮扶，依托AAAA级旅游景区塞罕坝国家森林公园，开展就业创业扶贫，每年直接或间接为社会提供就业岗位10000多个；打造2个精品旅游示范区和5个旅游特色村，带动发展农家游120户，户均纯收入10万元以上；组织贫困户利用闲置房、菜园等建设共享庭院，户均增收8000～10000元。实施捐资助学帮扶，投入20万元，修建了姜家店乡塞罕坝希望小学；投入15万元，开展教育扶贫工作；为贫困学生捐赠各类学习用品达6万余元；实施定点包村帮扶，自帮扶围场满族蒙古族自治县哈里哈乡扣花营村以来，每年投入资金40万元完善基础设施；投入15万元租赁流转土地，种植万寿菊等观赏植物；帮助跑办项目，建设精品民宿2000平方米，建成养殖小区一处，投入60万元购买基础母牛，壮大村集体经济。2019年10月全村210户609口人全部脱贫出列，至2020年底全村贫困户人均纯收入9754元，较2016年底增加7405元。2021年2月，河北省塞罕坝机械林场被中共中央、国务院授予全国脱贫攻坚楷模荣誉称号，习近平总书记亲自颁发奖牌。

全国脱贫攻坚先进集体

中共滦平县委员会　始终把脱贫攻坚作为重大政治任务和第一民生工程，坚持以脱贫攻坚统揽经济社会发展全局，走出一条具有滦平特色的“生态优先、绿色发展、高质量发展”之路。坚持“三级书记抓扶贫，四个班子齐上阵”，坚定不移把握扶贫标准，确保“两不愁、三保障”政策全覆盖、无死角。突出生态特色，发展中药材、特色林果等扶贫主导产业，通过自主发展产业、入股分红、入园务工、土地流转等利益联结机制，实现贫困户产业扶贫全覆盖。实施产业发展拉动、职业介绍援助、技能培训促进、鼓励创业带动、公益岗位兜底的“五轮驱动”就业战略，使全县23892名有就业愿望的贫困劳动力就业。累计投入资金4.56亿元全面落实教育扶贫政策，实现义务教育阶段学生无失学、零辍学。实施基本医保＋大病保险＋医疗救助“三重保障”政策，贫困人口参保率、大病救治率、一站式结算率全部达到100%。实现农村危房动态清零，建成“一城两带”15个易地扶贫搬迁安置点，并配套产业园区。累计投入资金1.29亿元，有效提升12.7万农村人口饮水质量，安全饮水率均达到100%。严格落实“四个不摘”，建立防贫机制，巩固脱贫成果。建立“发展产业、就业增收、教育救助、保险减支、社会扶贫、保障兜底、救灾应急、扶智防贫”八道防贫防线。创新研发预警数据分析、人员动态调整、政策落实、信息查询“四位一体”的网格化防贫监测平台，精准识别防贫监测对象，逐户配备“一对一”防贫联络人。“产业精准扶贫模式”“中药材全产业链富民模式”“光伏产业与农业融合发展模式”，荣获“全国精准扶贫优秀案例”，“一地生四金”资产收益扶贫模式、“十有五进六到位”健康扶贫模式在全国推广。被确定为“文艺扶贫奔小康”志愿服务行动工作示范县、国家级电子商务进农村综合示范县、科技扶贫典型示范县。2019年5月退出国家贫困县序列。2020年农村居民人均可支配收入较2015年增长249%，全县脱贫攻坚取得决定性胜利。被河北省委、省政府评为“2020年脱贫攻坚先进集体”；2021年2月，中共滦平县委员会被中共中央、国务院授予全国脱贫攻坚先进集体荣誉称号。

丰宁满族自治县扶贫开发办公室　脱贫攻坚以来，紧盯“两不愁、三保障”，严格落实“四个不摘”，精准施策、狠抓落实。持续壮大脱贫产业，贫困户产业覆盖率达到100%，双重覆盖率达到92.93%，稳定实现“两不愁”。创建4大产业区、9家带贫产业园、30个产业示范村，培育发展185家种植、养殖规模企业，带动全县27个乡镇、174个脱贫村，实现“一乡一业”“一村一品”。实施壮大村集体经济攻坚行动，创新光伏＋因地制宜发展多种产业模式，推动集体经济扩面增量、提质增效，到2021年底，全县村集体经济年均收入达到28.8万元，集体经济收入5万元以上村297个，占比95.8%。围绕县城集中安置区7934名搬迁群众，创新实施“五心”工程，解决搬迁后续问题。实施“五位一体”防贫机制，牢牢守住防贫底线。建立标准化防贫台账，动态更新；建立多部门联合预警监测和跟踪救助机制，确保救助及时，政策落实到位；构筑了专项政策、临时救助、济困养老、防贫保险、社会救助五道防线；创新实施“防贫保险”，对经过各种救助后依然处于贫困边缘的农户，给予保险救助。制定督导细则，组织督查组巡回督查，坚持问题导向，奔着问题去，盯着问题改，为高质量脱贫提供坚强保障。全县174个贫困村、13.3万名贫困人口实现稳定脱贫，贫困发生率由2014年的39.44%降为零，贫困人口人均纯收入由2014年的2785元提高到2020年的10782元，翻了近两番，打赢了脱贫硬仗。2020年2月29日，省政府正式批准丰宁满族自治县退出贫困县序列。2021年2月，丰宁满族自治县扶贫开发办公室被中共中央、国务院授予全国脱贫攻坚先进集体荣誉称号。

平泉市农业农村局　依托“菌、菜、果”三大产业，实施“六抓工程”，实现精准脱贫。一抓科技支撑，与中国农科院合作，引进全国食用菌产业体系首席科学家张金霞研究员团队，投资8000万元，建立国家食用菌良种繁育中心。培养本市食用菌研究团队，组建农业特色产业精准扶贫县级专家团队，进村入户开展科技下乡服务。聘任84名产业发展指导员，帮助贫困村、贫困户联系项目，开展产业技术指导工作。至2021年，食用菌产业获各项专利63件，省级科研成果13项，国家认定自主研发品种4个，研发新技术30余项，农业科技进步贡献率达63%。二抓基地规模，推进特色产业基地规模化发展，菌菜果等特色扶贫产业较脱贫前增加10万多亩，发展扶贫产业基地264个，打造“一村一品”专业镇14个，专业村107个。三抓龙头带动，支持龙头企业提升加工和辐射带动能力，培育承德市级以上农业产业化重点龙头企业79家。四抓品牌建设，认证了“平泉香菇”“平泉滑子菇”“平泉黄瓜”国家地理标志农产品。“平泉香菇”入选中国农业品牌目录300强，品牌价值达20亿元。培育“山庄、菇芳源、亚欧、瀑河源”等中国驰名商标4个、省级以上著名商标 44个，认证绿色农产品企业7家11个产品、有机产品企业17家。五抓产销对接,组织龙头企业分别参加上海、天津、北京等地产销对接活动，展示展销“平泉八珍”旗下八大类农产品。与知名电商平台对接，打造“互联网＋扶贫”模式，先后开设了邮乐购平泉市扶贫地方馆、京东平泉特产馆、淘宝平泉特色产品馆，将食用菌、活性炭、杏仁等150余种特色产品推介到电商平台进行展销。六抓金融扶持，依托“政银企户保”扶贫融资平台，有效解决了贫困户和企业（合作社）发展产业“钱从哪儿来”的问题，累计发放担保贷款97751万元，带动贫困户9848户。2018年9月28日，平泉以“零漏评、零错退，群众认可度全省之首(97.71%)”的优异成绩，正式退出贫困县序列。探索创新的产业扶贫“三零模式”，2017年3月被农业部评为“全国十大产业扶贫范例”，国家扶贫办、农业部在平泉召开“全国产业扶贫现场会”。2021年2月,平泉市农业农村局被中共中央、国务院授予全国脱贫攻坚先进集体荣誉称号。

承德县农业农村局 紧紧“围绕脱贫产业定政策、围绕政策定项目、围绕项目抓落实”的工作思路，以发展“食用菌、肉鸡、果品、光伏扶贫”等主导特色产业为主，突出重点，狠抓落实,带动脱贫。脱贫攻坚战中,实施产业项目带动。制定出台种植、养殖、股份合作、光伏扶贫等一系列产业扶持政策，并每年拿出不低于50%的财政涉农整合资金，用于支持农业产业发展。近年来，全县共实施农业产业扶贫项目206个，投入资金7.12亿元,实现了产业扶贫100%全覆盖。培育龙头引领。全县省市级农业产业化龙头企业达到37家，省市级农业产业化联合体5家，省级以上示范农业合作社13家。全县工商注册专业合作社达到843家，实施以通过“公司＋合作社＋基地＋农户”的运营方式，建成食用菌产业园区60个、百亩以上蔬菜示范园区70个、百亩以上果品标准园区348个、10万只以上标准化肉鸡养殖场12个，带动4万多贫困人口脱贫。实施“万户阳光扶贫工程”。全县为2515户贫困户安装光伏发电设备，户均增收5000元以上，且有近20年的纯收益期；建设村级光伏电站22个，每个村年可增加集体经济收入5万元以上。此工程经验做法成为《人民日报》“大国攻坚决胜2020精准扶贫攻坚论坛暨精准扶贫优秀案例”。承德县获得河北省著名商标企业5家、中国驰名商标企业2家、绿色食品认证企业4家、有机认证企业8家，创建了承德国光苹果、黑木耳、香菇三大区域公用品牌，农业企业注册了“五渡水、御嘉农、素娃娃、大师伯”等商标品牌50余个，有21家扶贫农业企业成功入驻“承德山水”区域公用品牌。在省级扶贫各年度成效考核中,承德县产业扶贫工作全部位于全省“好”的行列。承德双承生物科技股份有限公司创新模式，发展产业，引领农民脱贫“摘帽”走上致富路的经验做法，编入农业部《农业企业产业扶贫范例汇编》。2021年2月，承德县农业农村局被中共中央、国务院授予全国脱贫攻坚先进集体荣誉称号。

河北省广播电视局驻围场满族蒙古族自治县城子镇八顷村工作队 驻村帮扶五年来,以“脱贫攻坚党旗红”活动为载体，以“四生四扶”为抓手，以“两不愁 三保障”为目标，以特色产业发展为龙头，与村委会一道带领当地干部群众蹚出一条符合当地实际、生态特点突出、能够持续发展的致富新路。通过“抓党建、强班子、兴产业、促脱贫”，迅速打开脱贫攻坚新局面。八顷村党组织被承德市委组织部评为“先进基层党组织”，连续五年被县委组织部评为“五星党支部”。发展特色产业，拓宽增收渠道，谋划高效项目，筹集资金960万元，推动实施玫瑰瓜、金莲花、富硒马铃薯、菊芋、菊苣、冷藏窖、光伏电站等扶贫产业项目，成立承德八顷农业开发有限公司和6个专业合作社，贫困户通过入股分红、入企就业、土地流转实现了人均年增收5500多元，村集体不仅还清外债，而且年均增收30万元。通过入股分红、土地流转和务工劳动实现多元化减贫增收。通过生态建设，实现环保减贫双赢，争取资金380万元实施生活污水处理、白色污染治理和垃圾分类环保项目，对全村2150亩草场、2万多亩林地实施保护建设规划和措施，被国家生态环境部确定为“生态环保扶贫示范村”。驻村第一书记郭安冶动员全家参与扶贫工作，先后荣获“全省扶贫脱贫优秀驻村第一书记”称号、“河北省脱贫攻坚贡献奖”“全省脱贫攻坚先进个人”，驻村工作队员王建军获“全省扶贫脱贫优秀驻村队员”称号。工作队连续5年考核获得“优秀等次”，中央电视台专题报道了工作队先进事迹。2020年该村被河北省司法厅、河北省民政厅命名为“河北省民主法治示范村”；被承德市委、市政府评为2018—2020年度“文明村”。2019年底八顷村实现整村脱贫摘帽，186户445人建档立卡贫困户实现高质量脱贫，集体经济收入连续三年累计达100多万元，人均收入达9600元，贫困发生率由39%降至零。2021年2月，河北省广播电视局驻围场满族蒙古族自治县城子镇八顷村工作队被中共中央、国务院授予全国脱贫攻坚先进集体荣誉称号。

国家税务总局承德市税务局驻隆化县茅荆坝乡团瓢村工作队 隆化县茅荆坝乡团瓢村是国家税务总局承德市税务局帮扶村，全村共363户1086人，建档立卡贫困户174户601人，综合贫困发生率55.34%。在四年的帮扶中，引进落实扶贫资金1500万元，投入到草莓种植、肉牛养殖、设施蔬菜、生态山楂等产业。引资1.5亿元，建立现代农业和生态观光有机融合的综合性农业生态观光示范区，9000余平方米的现代化智能温室投入使用。实施能人返乡工程，促成本村党员周向成回村创业，帮助协调落实空军扶贫资金140万元，成立隆化军成农业有限公司，共投资280万元，流转土地100亩，建设冷棚137个，种植返季草莓。承德市税务局先后为团瓢村投入帮扶资金90万元，购置装载机、垃圾清运车，改造路灯，修建村标、维修村部房屋，修建村民健身广场，改善村部硬件设施，优化人居环境。“113盏路灯的安装和改造，晚上村庄不再是黑灯瞎火，修建好的水泥路，再也不用一进小八沟、步步踩石头了”。2018年实现整村脱贫出列，2019年系统内174户594人全部退出，2020年贫困户人均纯收入由2014年的2930元增至9759元。2020年被评为省级文明村，被国家生态环境部确定为生态环境文明建设示范村，成为贫困山区持久性脱贫致富的成功范例。2021年2月，国家税务总局承德市税务局驻隆化县茅荆坝乡团瓢村工作队被中共中央、国务院授予全国脱贫攻坚先进集体荣誉称号。

国家电投集团河北电力有限公司驻丰宁满族自治县波罗诺镇老庙营村工作队 2016年2月，国家电投集团河北电力有限公司驻波罗诺镇老庙营村工作队开展帮扶工作。驻村几年来，坚持党建引领，创新“党建＋扶贫”工作机制，发挥第一书记党建工作优势，对支部进行标准化建设，把党支部建在产业链上，把党员身份亮出来，把社会帮扶力量聚起来。挑选21名优秀机关干部与128户结成帮扶对子，逢年过节慰问贫困户、孤寡老人等弱势群体，为贫困户送去价值50多万元生活必需品。实施产业扶贫，发展光伏发电产业，工作队先后13次组织公司技术人员上山勘察地形，8次向丰宁满族自治县有关领导汇报沟通，3次驱车500千米到总部汇报，最终争取到国家电投集团河北公司捐赠359万元，在老庙营村建设610千瓦光伏电站，每年创收

80多万元，每户贫困户增加收入约3000元，彻底改变了村集体零收入的状况。因地制宜，确定“合作社+基地+农户”的模式，筹集资金110万元建设61个蔬菜大棚，通过土地租赁、劳务收入等多种方式，彻底解决贫困户无力利用扶贫资金发展产业现状。扶智又扶志，为确保贫困家庭子女接受良好教育，协调承德市爱心组织，争取资助每年2万元学费，发动单位干部职工为老庙营村幼儿园、小学改善教学环境捐款8000元，“一对一”助学为村内贫困学生募集善款18万元。筹集9万多元购置设备，扶持老庙营村剧团和秧歌队。筹集36万元资金，组织成立“道德银行+扶贫爱心超市”。经过五年的努力，使扶贫村贫困发生率由49.3%降为零，128户377名贫困人口全部脱贫出列，老庙营村也于2019年底摘掉贫困帽子，人均纯收入由最初2200元提高到11000元。2021年2月，国家电投集团河北电力有限公司驻丰宁满族自治县波罗诺镇老庙营村工作队被中共中央、国务院授予全国脱贫攻坚先进集体荣誉称号。

隆化县中关镇北铺子村党支部 2014年底中关镇北铺子村被确定为国家级贫困村，整体处于贫困落后状态。当年共有375户1134人，其中贫困户274户705人，贫困发生率为62.17%。几年来，党支部、村委会、驻村工作队共争取政府等部门扶持资金1700多万元 ，实施了14类22个改造新建项目。经过几年的合力攻坚，北铺子村走上了以大樱桃种植产业为龙头、以光伏、矿业为辅助、以分散式种养植为补充的产业发展快车道。2018年全村户均年收入仅有8284元，到2021年全村人均可支配收入实现13000元。基础设施逐步完善，村容村貌大为改观。实施安全饮水项目，实现自来水入户，从根本解决了全村季节性缺水问题；实施危房改造项目，彻底消除村内危房；对村内道路和入户路全部进行硬化，安装了太阳能路灯，从根本解决了村民出行问题；实施护村护路堤坝项目，为群众生命和财产安全提供了有力保障；实施户厕改造项目，实现了“厕所革命”；村环境卫生保洁全部交付第三方，实现了集中收集处理；宽带、广播电视实现全覆盖；新建2个生活广场、3座公厕、1座旅游厕所和1个标准化卫生室，人们的获得感和幸福感进一步增强。2019年脱贫出列，历史性告别绝对贫困。2021年2月，隆化县中关镇北铺子村党支部被中共中央、国务院授予全国脱贫攻坚先进集体荣誉称号。

全国先进基层党组织

中共河北省塞罕坝机械林场委员会 塞罕坝机械林场于1962年建场，总经营面积140万亩，有林地面积115万亩，活立木蓄积1036万立方米，森林覆盖率82%。59年来，塞罕坝机械林场响应党的号召、以党建为引领，团结带领全体职工，艰苦奋斗、甘于奉献，创造了荒原变林海的人间奇迹。以王尚海、王凤明、于士涛为代表的三代塞罕坝党员干部，身先士卒、冲锋在前，顶风冒雪、忍饥受冻，把党赋予的使命责任化为自身的任务担当，时刻谨记“为首都阻沙源、为京津涵水源”的政治使命，顽强克服高寒、干旱、大风等恶劣的生存环境，集中攻克了一道道技术难关，使茫茫荒原变成了绿色林海。党的十八大以来，塞罕坝机械林场党委发挥领导核心作用，以基层党组织为引领，以党员干部为示范，团结带领全体干部职工采取人抬马驮、挖石换土、保水覆膜、栽植大规模容器苗等举措，对从未涉足的石质阳坡实施攻坚造林，实现了全场10万余亩石质荒山全部绿化。同时，党员干部带头创新、大胆实践，先后实施人工林天然化改良、落叶松中小径级培育、底效天然次生林改培等项目，大力提升森林质量，打造了高寒干旱地区造林营林的新样板，形成了“一个支部就是一座堡垒、一名党员就是一面旗帜”的生动局面。在三代塞罕坝党委的领导下，在全体党员干部的无私奉献中，与建场初期相比，林场林地面积由24万亩增加到115万亩，林木蓄积由33万立方米增加到1036万立方米，森林覆盖率由11.4%提高到82%，单位面积的林木蓄积量达到全国人工林平均水平的2.76倍。2017年8月，习近平总书记对河北塞罕坝林场建设者感人事迹作出重要指示，称赞塞罕坝机械林场是“推进生态文明建设的一个生动范例，铸就了牢记使命、艰苦创业、绿色发展的塞罕坝精神”，号召“全党全社会坚持绿色发展理念，弘扬塞罕坝精神，持之以恒推进生态文明建设”。塞罕坝机械林场先后获得联合国环保最高荣誉“地球卫士奖”、时代楷模、全国文明单位、全国五一劳动奖状、生态文明建设范例、全国脱贫攻坚楷模等多项荣誉。2021年7月，被中共中央授予全国先进基层党组织荣誉称号。

全国工人先锋号

河钢承钢板材经营中心连铸工艺乙班 发挥省级工人先锋号示范作用，加强隐患排查整治力度，实现连续安全生产738天的骄人成绩。通过运用PDCA工具，对影响生产的问题追根溯源，铸坯一检合格率达到99.9%，酸溶铝烧损率控制到11%以内，荣获“全国质量信得过班组”荣誉称号。采用“挂图作战”方式开展难点攻关，突破生产瓶颈，实现铸机拉速1.4米/秒，实现1.51万吨单日最高产量纪录，单流快换中包时间控制在1分59秒，达到国内先进水平。2021年中华全国总工会授予全国工人先锋号荣誉称号。

承德金隅水泥有限责任公司生产运行部余热发电生产工序甲班 余热发电生产工序甲班共有职工6人，2020年全年发电3158万千瓦时，为公司节约成本1579万元。积极推动数字化建设，开展班组全员创新活动，得到公司上下一致好评。严守安全红线，提升班组安全建设，全年消除安全隐患20余次，现场安全技能培训11次。加快绿色发展，推动绿色转型，大大减少了火力发电造成碳的排放量，进一步提高余热利用率。2016年获河北省安康杯竞赛优胜班组。2021年被中华全国总工会授予全国工人先锋号荣誉称号。

全国五一劳动奖状集体

承德市职工服务中心 把做好困难职工解困脱困工作作为重大政治任务和主要工作来抓，积极争取党政重视支持，加强组织领导，科学谋划，创新举措，精准施策，取得明显成效。全市原有全国级在档困难职工8573户，截至2020年12月底，8435户实现脱困注销，138户通过纳入政府兜底保障和工会常态化帮扶救助实现解困，承德市城市困难职工解困脱困工作得到很好落实，完成困难职工解困脱困工作目标任务。《河北工人报》先后在头版以《承德完成解困脱困任务》《办实实在在培训 帮困难职工端上“饭碗”》《吹响“冲锋号”坚决打赢脱贫攻坚收官战》等为题，多次宣传承德困难职工解困脱困工作做法，得到省总工会、市委、市政府的高度认可。2020年，省总工会聘请第三方对承德市困难职工解困脱困成效定向评估，全部达到河北省总工会要求，得到职工的普遍认可。2021年，承德市职工服务中心被中华全国总工会评为在城市困难职工解困脱困工作中作出重要贡献集体，并授予全国五一劳动奖状荣誉称号。

河北丰宁抽水蓄能有限公司 河北丰宁抽水蓄能电站是国家能源发展规划重点项目，电站总装机容量360万千瓦，是世界上装机容量最大的抽水蓄能电站。电站的建设将为京津及冀北电网安全稳定运行提供重要保障，能够有效消纳光伏、风电等清洁能源，并为北京冬奥会提供电力保障。公司坚持以习近平新时代中国特色社会主义思想为指导，认真贯彻国家创新驱动发展战略，积极发挥产业主导作用，强化现场管理，狠抓实体质量，深化提质增效，各项工作均取得显著成绩。2021年被中华全国总工会授予全国五一劳动奖状荣誉称号。

全国法院先进集体

双桥区法院大石庙人民法庭 大石庙人民法庭，作为“4+1”法庭布局模式中的现代化城镇法庭，坚持以“三个便于”“三个服务”“三个优化”工作原则为引领，不断创新为民举措，提升服务质量，满意人民群众日益多元的司法需求。深入农村开展巡回审判，解决赡养、邻里、土地等纠纷案件；积极开展送法进企业活动，走访辖区企业，为企业提供法律咨询。开通“农民工维权绿色通道”，简化农民工维权案件诉讼程序，依法审理农民工劳务合同纠纷、城镇建设发展过程中农村土地流转案件。组织辖区内人民调解员及时解答群众提出的问题，把人民调解委员会打造成法庭基层工作的支撑点；落实“三个一”工作机制，在辖区村、社区设立30个法官工作室，将法庭工作触角延伸到辖区各个村委会和社区；参与筹建大石庙镇石门沟村“法制乡村”示范村工作，帮助建立了村级法律咨询服务中心。以实际行动让人民群众感受到公平正义，树立了人民法庭良好形象，得到人民群众充分肯定，多次受到最高院、省高级法院和市中级法院表彰，被省高级法院记集体一等功1次、二等功1次，被市中院记集体三等功4次，2021年1月，被最高院授予全国法院先进集体荣誉称号。

全国五四红旗团委及支部

国家税务总局承德市税务局团委 创新团的活动，唱响税收战线青春之歌。实施“1+N”联培计划，采取“市局统筹、内外结合、精准实施”的方式，打造高素质专业化青年干部队伍，向省、市局党委推介输送优秀年轻干部40余人。派驻政府服务站青年税务代表61人，组织28名青年公职律师轮流到律师事务所挂职锻炼，组建20支点对点服务队精准辅导，全面落实减税降税政策。成立12个青年志愿服务集体，注册青年志愿者600余人，积极参与疫情防控、脱贫攻坚、文明城市争创等社会志愿服务活动。2021年，被共青团中央授予全国五四红旗团委荣誉称号。

承德医学院临床学院2016级临床医学青年突击队第十六团支部 新冠肺炎疫情发生后，组织全体团员积极投入抗击新冠肺炎疫情，组建青年疫情防控突击队，开展防疫宣传、志愿服务等工作，服务于14个乡村及街道。通过QQ、微信等媒体平台宣传推送疾病知识链接200余条，录制疫情防控、科普疫情宣传视频30余个，在《腾讯新闻》《爱奇艺》等多家媒体平台发布，播放、转发点赞量累计2000余次。支部团员积极向疫区捐款，发挥专业优势，开展疫情防控站岗执勤、社区村镇防疫宣传等服务工作2000多小时，志愿服务工作得到社会各界人士的高度肯定，支部团员的典型事迹被《河北共产党员网》《今日头条》等多家媒体报道。支部组织团员参加义务献血活动20多次。2019年被河北省教育厅评为“第九届河北省教育系统优秀志愿服务组织”；2018年被河北省教育厅评为“河北省教育系统优秀志愿服务品牌”；2019年被评为2018年度“承德市五四红旗团支部”；2020年被河北省教育厅评为“河北省先进班集体”；2021年被共青团中央授予全国五四红旗支部荣誉称号。

全国脱贫攻坚先进个人

吴清海　男，1963 年出生，中共党员，曾任平泉县委常委、县委办公室主任；滦平县委常委、常务副县长；承德市发展和改革委员会主任、党组书记；承德市政协党组副书记、副主席；承德市政府党组副书记、副市长；承德市委常委、农工委书记、统战部部长。2021 年 6 月任政协党组书记，8 月任政协主席。他奋战在脱贫攻坚一线，始终把打赢脱贫攻坚战作为重大政治任务和第一民生工程，提高政治站位，创新思路举措，压实工作责任，为走出一条具有承德特色的精准减贫之路发挥了重要领导作用。从围场津垦奥牧业公司扶贫养殖园区到隆化肉牛养殖基地；从丰宁乳品扶贫项目加工企业到平泉食用菌“全国十大产业扶贫范例”；从承德县国光苹果之乡到宽城万亩板栗种植园；从滦平中草药花海基地到兴隆山楂扶贫产业园，时时刻着他的身影。他主动请缨包联兴隆县安子岭乡上庄村和南天门满族乡杨树岭两个深度贫困村。经过调研，对两个村分别探索出脱贫路径，经过 5 年的努力，包联的上庄村和杨树岭村成为省市挂号的脱贫典型。他舍小家顾大家，老母亲、妻子患病住院未能陪伴在身边，始终奋战在田间地头，奔走于项目现场，深入到群众之中。2015 年到 2020 年，自吴清海分管全市脱贫攻坚以来，承德全域脱贫攻坚取得显著成果，至 2020 年年末，全市累计投入四级财政专项扶贫资金 88.86 亿元，产业帮扶一重覆盖率达到 100%、二重覆盖率达到 82%，搬迁安置群众 58346 人，全市 7 个贫困县、936 个贫困村、45.6 万贫困人口全部实现高质量脱贫，承德市连续五年在全省考核中名列前茅，为打赢脱贫攻坚战做出重大贡献，赢得干部群众广泛赞誉。2021 年 2 月，被中共中央、国务院授予全国脱贫攻坚先进个人荣誉称号。

张志民　男，1965 年出生，中共党员，曾任围场满族蒙古族自治县银窝沟乡党委副书记、乡长、县政府办主任、县委办主任、农工委书记、县委常委、副县长兼扶贫办主任，承德市委农村工作委员会副书记、市农委副主任、承德市扶贫开发办公室党组书记、主任。张志民以高度的政治责任感和使命感，将全部精力倾注到扶贫事业。他上任第一天，就扎进资料堆里，研究党中央、国家的重大决策部署、全市脱贫攻坚基本情况、各级各部门政策文件和工作安排。同时他又扎到基层做调研，仅仅 3 个月，走遍了全市重点乡镇和 72 个深度贫困村。为解决识别不精准、施策不到位、基础工作不规范等问题，深入一线蹲点调查，建立包联工作制度。瞄准承德的脱贫攻坚就是要走绿色发展之路，推动实施扶贫“三大行动”，在保护生态中益贫，在建设生态中带贫，在开发生态产业中脱贫，开创了生态与脱贫双赢共进的新局面。发挥市扶贫办统筹协调、督导落实的职能作用，当好市委、市政府参谋助手。为承德脱贫攻坚建立“1+N”指挥体系，完善“两不愁三保障”政策体系，强化“资金、资源、技术、人才”要素投入体系，实行“月对标季对表年对账”推进体系，健全“督考问用”制度体系。组织梳理精准扶贫政策包，强化培训促帮扶，使全市 5 万名帮扶干部人人懂扶贫、个个会帮扶。按照市委市政府要求，创新实施承德特色扶贫模式，推动帮扶水平、脱贫成效全面提升，走出一条生态减贫之路，多项经验做法成为典型案例，在全国、全省推广，为全市稳定脱贫做出了应有贡献。2021 年 2 月，被中共中央、国务院授予全国脱贫攻坚先进个人荣誉称号。

孙志强　男，1981 年出生，中共党员，曾任丰宁满族自治县土城镇镇长；王营、南关乡党委书记。2021 年 2 月任鹰手营子矿区人民政府副区长。2017 年被调至脱贫任务最重的丰宁南关蒙古族乡任党委书记，作出“扒掉三层皮，也要让乡亲们脱贫致富”的承诺。到南关乡工作后，先后争取资金 1.6 亿元，在全乡实施农村道路、垃圾治理、污水处理、村庄美化绿化亮化工程，乡村面貌焕然一新。实施特色果蔬采摘、中草药、食葵种植和观光农业等产业全覆盖项目，建成 5300 多亩现代化果蔬产业扶贫园区。建设平顶山、云雾山等旅游产业基地，开创“杜鹃花开映山红”山花节，成为省级乡村振兴示范区。发展扶贫车间和光伏产业，在全乡建设 6 个扶贫车间，全乡光伏发电装机总容量达到 4400 千瓦。实施“道德银行＋扶贫爱心超市”模式。在他的带领下，仅用 3 年时间，有 3 个村集体经济年收入突破 50 万元，全乡 10 个贫困村全部出列，累计减贫 8439 人，贫困发生率由最初的 54% 下降到 0%。贫困人口年人均纯收入由 2497.77 元提高到 11357.98 元，增幅达到 355%。2021 年 2 月，被中共中央、国务院授予全国脱贫攻坚先进个人荣誉称号。

张国军　男，1970 年出生，中共党员，先后在围场满族蒙古族自治县县委办、乡镇工作，曾任棋盘山镇党委副书记；广发永乡人大主任；城子乡、杨家湾乡党委副书记、乡长；育太河乡、黄土坎乡党委书记。2021 年 6 月任住房和城乡建设局党组书记、局长、人民防空办公室主任。近五年来，先后在育太和、黄土坎两个乡担任党委书记，作为脱贫攻坚战线的一名基层工作者，始终把战贫困、促脱贫作为一项神圣的政治任务，守初心、担使命，舍小家、顾大家，做党精准扶贫政策的坚定执行者，做扶贫脱贫攻坚战役的急先锋，做贫困群众小康路上的贴心人。特别是调任黄土坎乡党委书记后，进入扶贫攻坚主战场。沉下身子对建档立卡贫困户逐一走访，全面推行“党委书记＋包村领导干部＋村党支部书记＋驻村第一书记”为第一责任人的脱贫攻坚“组团式”工作模式；采用“支部＋合作社＋贫困户”等发展模式；要求相关责任人和责任单位挂图作战，对账销号，实行清单式管理。谋划产业，为贫困户争取贴息小额贷款 570 多万元，全乡有 286 户贫困户通过发展养殖业、种植业实现脱贫。落实“3+1 保障”等扶贫政策。全乡无因贫辍学学生；落实签约家庭医生、“一站式”服务、先诊疗后付费、代缴医疗保险等政策；全乡所有住房安全鉴定全覆盖。全乡 6 个涉及易地扶贫搬迁村全部完成搬迁。黄土坎乡 8 个贫困村脱贫出列、3500 余名贫困人口稳定脱贫。2021 年 2 月，被中共中央、国务院授予全国脱贫攻坚先进个人荣誉称号。

康海坡　男，满族，1971 年出生，中共党员，先后在围场乡镇、县直部门工作，历任乡镇长、党委书记，农开办主任、财政局局长、扶贫开发办公室党组副书记、主任等职务。2021 年 5 月任县人大副主任、党组成员。2016 年担任扶贫开发办公室主任以来，为掌握全县基层贫困情况，他深入 37 个乡镇、312 个行政村逐一走访调研，与驻村工作队、县直有关部门、当地干部群众共同研究脱贫路径，完善发展思路，兜清问题短板。为解决识别不精准问题，制定了《自治县农村贫困人口建党立卡“回头看”工作方案》，提出“三看三问三核”入户工作法，解决了识别标准难把握、识别标准难公正等问题，获得市领导认可，在全市范围内推广。坚持把“两不愁三保障”作为衡量贫困群众是否真正脱贫的唯一标准，因村因户因人精准施策。为有效防止致贫返贫，统筹落实医疗救助、教育救助、产业就业、结对帮扶、兜底保障、孝心养老等防贫措施。为压实责任，强化担当，丰富完善县委书记、县长任“双组长”的领导体系；与各乡镇签定脱贫“责任状”，推动责任落实到位。确定贫困村，村集体收入和群众精神面貌双提升，深度贫困村、一般贫困村、非贫困村均衡发展的脱贫思路，构建了产业扶贫、安居扶贫、智力扶贫、基础设施扶贫、政策兜底扶贫等五个“全覆盖”工程。围场满族蒙古族自治县“生态产业化、产业生态化”和“春雨工程＋智慧分级诊疗”模式入选全国扶贫优秀案例。2020年全县实现脱贫摘帽。康海波参加工作30年来，始终扎根围场扶贫开发和农业农村一线，统筹资源，汇集合力，抓产业、强基础、解民忧，亲力亲为、率先垂范、尽忠尽智，老父亲病危临终也未能陪伴最后一程，为全县脱贫攻坚做出贡献。2021年2月，被中共中央、国务院授予全国脱贫攻坚先进个人荣誉称号。

刘　福　男，1976年出生，中共党员，先后在隆化县张三营镇，县委办公室、督查室任秘书、副主任、主任；七家镇镇长；湾沟门乡、章吉营党委书记；2020年8月调任隆化县扶贫开发办公室党组书记、主任。他担任章吉营乡党委书记期间，抓基础、抓长远，以特色产业助力脱贫攻坚，打造“特色农业综合发展区”和“果蔬种植园区”，多个养殖小区，形成了“一村一品”的产业格局。支持龙头企业发展壮大，农民专业合作社发展到42家，带动农民增收。走村串户查实情、解民忧，亲自包联多个贫困户，为做好控辍学工作，有的家他亲走访20几次。带领章吉营乡东北沟村包村干部、驻村工作队和村干部，探索出产业扶贫5大片，该村群众由4000元增加到6800元，2018年该村稳定脱贫。担任县扶贫办主任后，为全面掌握贫困情况，逐乡镇走访贫困村，任职不到3个月，就将全县绝大部分贫困村走完。通过调研，为县委、县政府精准施策提供第一手资料。立足隆化区域优势和资源禀赋，将全县划分为隆东、隆北、隆西三大脱贫攻坚主战场，协调整合涉农资金，支持产业发展。探索建立全县“1+11”防贫长效机制，成立防贫返贫动态监测和帮扶工作专项小组，隆化县防返贫动态监测和帮扶工作经验被河北省乡村振兴局以简报形式在全省推广。刘福在脱贫攻坚工作上认真履职尽责，勇于探索，积极创新，得到了领导和群众的充分肯定。2021年2月，被中共中央、国务院授予全国脱贫攻坚先进个人荣誉称号。

鲁文学　男，汉族，1967年出生，中共党员，先后在平泉市教体局、督查考核办、扶贫办工作，曾任科长、副主任、主任，2021年8月任教育和体育局局长。2017年任扶贫开发办公室党组书记、主任。作为扶贫战线的“新兵”，他彻夜学习扶贫政策，先后3次辑印《精准扶贫政策汇编》，组织制定出台《脱贫攻坚决胜政策措施15条》等20多个政策文件，有效破解制约脱贫攻坚的体制机制障碍。无数次深入乡镇村户开展调查研究，探索出“标杆法”“公示法”，精准识别贫困户。协助主管领导探索出“零成本”投入、“零风险”经营、“零距离”就业的“三零”精准产业脱贫之路，让贫困群众积累发展基金、掌握劳动技能、找到脱贫路径、激发创业活力。2017年至2021年初，全市累计发展百亩以上园区143个，带动8107户脱贫，户均年增收2.9万元。他提出以贫困户实际脱贫需要为主导，引导、扶持贫困户自主发展庭院经济，推行委托经营、合作经营等模式，鼓励贫困户多条腿走路、多渠道增收。至2020年年末，贫困群众人均收入由2014年的2835元提高至10434元。为用足用好东西部扶贫协作资金，他大胆探索实施“资本合作”项目建设方式，得到国家考核组认可。为巩固提升脱贫攻坚成果，积极探索防贫返贫机制，将脱贫与防贫同步安排，贫困户与边缘户双轨帮扶。2018年7月平泉市实现脱贫摘帽。“宁愿自己脱皮，誓保百姓脱贫”，这是平泉扶贫干部的誓言，更是他的行动。他以饱满的热情投身到脱贫攻坚工作，“5+2”“白加黑”成为他的工作常态，为方便随时工作，他在库房里安放一张小床，经常是后半夜暂时休息一会儿，凌晨又赶去办公室。他舍小家、顾大家，妻子突发心脏病，他请朋友陪同去医院看病，父亲做手术，他推进手术室后立即奔向脱贫攻坚推进大会会场。他不惜余力，与全市扶贫人一道屡创佳绩。2021年2月，被中共中央、国务院授予全国脱贫攻坚先进个人荣誉称号。

孟凡东　男，1972年出生，中共党员，曾任承德县财政局副局长；甲山镇党委副书记、镇长；县财政局党组书记、局长。2021年7月任承德县政协党组副书记、副主席，县财政局党组书记、局长。作为全县“大管家”，面对县级财政收支现实困难，勇敢担起筹措扶贫资金重任，他不遗余力地争取到上级专项扶贫资金、东西部对口帮扶资金、农开行易地扶贫搬迁贷款、地方政府债券、政银企户保小额信贷等。面对被压减经费和整合项目资金的部门，他一遍遍苦口婆心地解释，承受着各方面的压力，坚持统筹整合各类涉农资金，集中支持扶贫项目建设。2014年以来，争取和筹措资金33.35亿元，保障了全县脱贫攻坚工作开展。建立“2+3+3”扶贫资金绩效管理机制，坚持扶贫资金绩效目标导向和结果导向，聚焦扶贫项目安排、扶贫资金使用和扶贫资金绩效三个精准，突出绩效目标、绩效执行和绩效评价三个落实。在他的带领下，实现了财政扶贫资金精准安排、精准使用、精准见效。2016年以来，承德县财政扶贫资金管理工作连续5年在全省考核中取得优异成绩。2019年，承德县被财政部、国务院扶贫办确定为全国财政扶贫资金绩效管理试点县。2020年6月，承德县在国务院扶贫办举办的“扶贫资金项目资产管理培训班”上做典型发言，扶贫资金绩效管理工作经验在全国推广。在脱贫攻坚工作中，他履职尽责，强化财政保障，当好扶贫“大管家”，让每一分扶贫资金用在“刀刃”上，提升了财政资金使用效益，为全县打赢脱贫攻坚战做出贡献。2021年2月，被中共中央、国务院授予全国脱贫攻坚先进个人荣誉称号。

张学松　男，1973年出生，中共党员，曾任滦平县组织部副部长；金沟屯镇党委副书记、镇长、党委书记；2019年7月任县扶贫开发办公室主任。2021年2月任县委组织部常务副部长。他奋战在扶贫脱贫第一线，攻坚克难，创新机制，探索脱贫攻坚新方法、新思路。建议县委、县政府成立“一办十八组”“21个战区”指挥部，明确县直部门、乡镇职责分工，责任分工，形成横向到边、纵向到底、全员上阵的脱贫攻坚新格局。他参与制定30多个脱贫攻坚政策性文件和68个项目资金管理等专件。研究制定了《决战决胜脱贫攻坚“1+22”工作方案》，细化21个乡镇（街道）31个成员单位407项具体任务。在脱贫攻坚的关键时期，他深入全县88个贫困村实地调研，创新“1+4+4”剩余贫困人口脱贫举措；创造了“四式合一”问题整改工作方法，确保了全县所有问题清仓见底；探索出“五三三”工作法，将滦平县“百企帮百村”工作抓实、抓细、抓出成效。在工作实践中探索的“一地生四金”资产收益扶贫模式、“户企联营微型菇房”产业扶贫模式、“十有五进六到位”健康扶贫模式在全国推广。张学松带领县扶贫办一班人，恪尽职守、苦干实干、进村入户、问计于民，取得令人瞩目的成绩。2020年获河北省委、省政府“脱贫攻坚创新奖”。2021年2月，被中共中央、国务院授予全国脱贫攻坚先进个人荣誉称号。

李学申 男，1976年出生，中共党员，曾任兴隆县政府办副主任、爱卫办主任。2018年调入扶贫和农业开发办公室，历任党组副书记、副主任、党组书记、主任。2021年5月转任乡村振兴局党组书记、局长。作为扶贫办主任，他坚持500多次下乡入户搞调研，跑遍了全县20个乡镇289个行政村，了解每个贫困村资源现状和每个贫困户实际情况，为基层扶贫工作提供指导。针对基层干部群众政策掌握不准问题，牵头组织编写了《兴隆县2018年“1+4+14”脱贫攻坚体系文件解读》；针对全县农户基本情况掌握不全面问题，创新推行农户分类管理模式，有效解决了“漏评、错评”问题，确保了“账账相符、账实相符”，为精准扶贫脱贫打下基础，兴隆县的数据质量和脱贫成效得到国家扶贫办领导的充分肯定。围绕贫困户持续稳定增收，推出以林果为主的多元产业格局；围绕解决贫困群众因病致贫返贫问题，创新推行了“前端预防抓体验，后端保障抓保险”的综合保障机制；围绕老有所养问题，探索推行以“三有一书双引导”为主要内容的孝心养老扶贫模式；围绕解决返贫和新致贫问题，创新采取“点面结合”“上下结合”“扶保结合”多元化精准帮扶方式。李学申面对全县脱贫摘帽的重任毫不退却，从精准识别“回头看”，到脱贫攻坚迎检冲刺，他带头制定政策，探索扶贫举措，起早贪黑，不辞辛苦，为全县脱贫攻坚作出贡献。2018年兴隆县实现脱贫摘帽，县扶贫办被授予“扶贫系统十佳公务员先进集体”“河北省脱贫攻坚先进集体”称号。2021年2月，被中共中央、国务院授予全国脱贫攻坚先进个人荣誉称号。

徐景升 男，1977年出生，中共党员，先后在国网冀北电力有限公司光源公司、辰飞公司、通用公司、监理公司任职。2017年调任丰宁满族自治县供电分公司副经理兼波罗诺镇官梁村驻村工作队第一书记。自2017年驻村以来，他从加强基础设施建设、改善居住环境入手，制订了官梁村“三年规划”，明确了年度“十件实事”和24项具体工作，积极到政府跑办、申领项目。他带领官梁村建起了承德市第一家4种光伏发电项目的“光伏村”，村里建设光伏板1634块，光伏发电408.4千瓦，可连续稳定增收20年，累计扶贫收入可达1346万元。帮助引入种植、养殖产业，使官梁村新增21个种植、养殖项目，年实现扶贫收益315万元。建立“农户＋合作社＋加工企业＋电商”的销售模式，注册运营扶贫电子商铺，累计销售当地特色农产品102万元。引进箱包加工、手工编织、小型汽车配件等特色产业项目，让村民在家门口就业。筹资5万元率先在全镇建起了官梁村“道德银行＋扶贫爱心超市”，抗击新冠疫情期间，他自掏腰包建成3个村口疫情检查点。在他的带领下，全村建起高标准水电路讯、党群服务中心、文化活动室、农家书屋、文化广场、篮球场，有了设施齐全的卫生所。徐景升带领村内党员干部群众苦干实干加巧干，从服务到扶贫，从输血到造血，全村年人均纯收入由1700多元增至8500多元，141个贫困户364人全部脱贫。2021年2月，被中共中央、国务院授予全国脱贫攻坚先进个人荣誉称号。

全国优秀共产党员

刘保朝 男，53岁，中共党员，宽城满族自治县邮政分公司桲罗台支局邮递员。1999年参加工作以来，他始终视工作如生命，视乡亲如亲人，用忠诚和汗水坚守共产党员初心。20年来，累计投递行程13万余千米，各类邮件15万余份，投递服务面积85平方千米，涵盖8个行政村，87个自然村。他牢记党的为人民服务宗旨，20年如一日义务承担村民的物资采购，为沿途的乡亲们采购、捎带物品、购买生活日用品1万余份。不仅如此，为了帮助在库区外上学的孩子们能早点回家，他还承担起义务接送孩子的“任务”，每周五他都要把20多名学生一个一个送到家中，久而久之他成为乡亲们口中的“运输大队长”，而他的船也成了许多人免费的“公交船”，多年来，义务搭载3500余人次。刘保朝不仅是运输队长，还是“赤脚医生”，他早年在承德地区卫校受过专业培训，掌握了一些护理技术，附近的乡亲们有头疼脑热或者打针输液不方便的，他就义务为乡亲们答疑解惑，打针输液不计其数。2001年5月在送邮件途中，遇上两位乡亲在行船时遇险掉入水中，他不顾个人安危跳入水中及时搭救了两人性命。他是一名扎根山区水路普普通通的邮递员，一个人、一条船、一辆自行车，在平凡的邮递员岗位上开创了不平凡的业绩，架起一座为民服务连心桥，被乡亲们亲切称为“库区鸿雁”。2007年至2019年多次受到省、全国总工会表彰，2021年6月，被中共中央授予全国优秀共产党员荣誉称号。

郭金智　男，1979年出生，中共党员，高级工程师，2019年8月，任国网承德供电公司党委副书记、总经理。他旗帜鲜明讲政治，倡导建立起党建“微课堂”“微讲堂”“微答题”三微教学新模式，深化党员教育培训。聚焦“双碳”目标落地，提出了“秉承国网、护航冀北、亮丽承德”的定位和“绿色发展、智慧赋能”的方位，提升服务清洁能源发展水平，在他的支持和推动下，承德市共建成新能源场站77座。构建清洁能源大规模送出通道，新建220千伏送出线路11条、500千伏送出通道5条。为贫困地区电网投资18.15亿元，1830项10千伏及以下配电网工程按计划投产，完成村级光伏扶贫电站并网服务、光伏扶贫电站配套电网建设工程，665个村级光伏扶贫电站项目及时并网发电，户用光伏电站4561个，累计支付电费及补贴6.42亿元，让4.45万户贫困户获得稳定收入，人均受益8000余元，8个精准帮扶村全部脱贫出列。他真情为民，抗击疫情期间带领电网精兵逆行战“疫”保电，全天候保障地方25家防疫单位用电无忧，第一时间对154万户居民全部实行“欠费不停供”，电网基建投资4.21亿元，9.5折电价惠及14.09万用户、减免电费2.6亿元，上交税费2.3亿元。在人民电业为人民企业宗旨的指引下，郭金智带领全体干部职工强基固本、争先创优，引领企业高质量发展，服务于经济建设大局，做出贡献。2010年荣获“第二十届北京优秀青年工程师”称号，2015年荣获“国家电网有限公司专业领军人才”称号，2019年荣获“河北省劳动模范”称号，2021年6月，被中共中央授予全国优秀共产党员荣誉称号。

全国优秀党务工作者

贾利民　男，汉族，1968年出生，中共党员，2009年8月任兴隆县六道河中学党支部书记、校长。任职以来，他坚持把党的领导贯穿办学治校、立德树人全过程，不断探索创新学校党建工作管理体制，大力实施“红烛耀六中、校园党旗红”工程。实行“一诺一数”管理制度，开展“四个一”工程。全方位推行“智慧教育”，构建“六道课堂”教学机制，开展立体化岗位竞赛，积累高质量教学成果，实现了党建工作与教学质量的“双促进、双提升”。先后有31名党员教师获得国家和省、市重要科研奖项63项，完成2项国家级课题，课题主持人均是党员教师。六道河中学连续七年中考成绩全县第一，被确定为承德市校长培训基地、河北师范大学教师发展基地、《中国教师报》课改访学基地、中国教师发展基金会全国重点试验基地；贵州水城县等6个县区的校长、教师培训基地。多次承办全国、省、市课改、积分管理、德育、素质教育、内涵发展现场会。国务院原总理温家宝曾先后6次到六道河中学，提出了“老师教的好，学生学得好”的高度评价。贾利民始终忠诚于党的教育事业，爱岗敬业、潜心育人、爱生如子、业务精湛、锐意创新，诠释了基层党务工作者的初心使命。先后获得“河北省优秀共产党员”“中国好校长”“全国特色教育先进工作者”等多项国家级和省级荣誉称号。2019 年被评为“全国教书育人十大楷模”，受到习近平总书记接见。2021 年 6 月，被中共中央授予全国优秀党务工作者荣誉称号。

全国五一劳动奖章荣誉获得者

张国民　男，1976 年出生，中共党员，本科学历，承德医学院附属医院教育处处长兼感染性疾病科副主任，副主任医师。他政治立场坚定，专业技术扎实，2020 年新冠肺炎疫情发生后，主动请缨支援湖北抗击疫情。被任命为承德医疗队队长，他带领 39 名队员与河北省第五批医疗队一起奔赴武汉参加抗击疫情工作并出色完成各项工作任务。曾先后获得全国卫生健康系统新冠肺炎疫情防控工作先进个人、河北省优秀共产党员、河北省抗击新冠肺炎疫情先进个人等荣誉称号。2021 年被中华全国总工会授予全国五一劳动奖章。

左爱东　男，1968 年出生，中共党员，本科学历，承德顺天食品有限公司技术总工，正高级工程师，高级技师，国家级技能大师工作室领办人。1996 年开始从事植物蛋白饮料研发、质检和生产工作，多年来坚守技改研发、质检及生产一线，致力于企业技术创新和质量强企工作，注重解决生产实践技术难题，先后获国家发明专利 8 项，实用新型专利 1 项，获河北省轻工业科学技术发明奖 2 项、科学技术进步奖 1 项，承德市科技进步三等奖 2 项。先后获河北省五一劳动奖章、河北省突出贡献技师、中国饮料业产品研发优秀工作者等荣誉称号。2021 年被中华全国总工会授予全国五一劳动奖章荣誉称号。

吴萍萍　女，32 岁，中共党员，2011 年毕业于南京信息工程大学海洋科学专业，大学本科学历。毕业后到围场满族蒙古族自治县气象局工作，曾任气象台台长，2021 年 8 月调任承德市气象局气象站副站长。她勤勉学习求上进，为了能快速掌握气象专业知识，每天都在查阅气象相关书籍，虚心同师傅和同事请教，并多次参加省、市组织的各类业务培训，很快成为行家里手。2018 年 12 月，在第十三届全国气象行业职业技能竞赛中，吴萍萍与来自全国 105 名气象工作者同台竞技，一路过关斩将，取得个人全能第一名的成绩，带领河北省代表队获得全国团体冠军。为熟练掌握气象仪器观测技能，她刻苦钻研万能表的端子安装、故障排除、使用等程序，边动手操作，边看书查找，终于从完全陌生，到熟练掌握观测仪器的观测原理、测量方法、日常维护、故障排查等装备保障技能。她以满腔热情投入工作，不管白天黑夜处理业务难题她总是以最快的速度到达现场分析查找原因，在重大天气过程来临前，总是亲自参与气象服务各个环节，为围场农业生产做出重要贡献。吴萍萍在平凡的岗位上默默耕耘，守望一片云天，练就了过硬本领，成为全国气象系统高级专业人才，曾被中国气象局授予“全国优秀质量测报员”“全国巾帼建功标兵”“全国技术能手”，2021 年 4 月，被中华全国总工会授予全国五一劳动奖章。

奥运金牌获得者

杨皓然　男，承德籍运动员，2021 年东京奥运会金牌获得者。7 月 27 日，在东京奥运会射击赛场上，杨皓然携手杨倩以 17∶13 击败美国组合，夺得 10 米气步枪混和团体金牌。混合团体比赛中，杨倩、杨皓然组合在第一阶段打出633.2环的好成绩，排名第一。第二阶段杨倩、杨皓然打出的成绩是419.7环，依然排名第一，进入了最后夺金牌的比赛。经过激烈角逐，最终，中国队以21.1环力压对手打出的19.8环，击败美国队，为中国代表团夺得第九枚金牌。

荣立二等功现役军人

王伟振 男，中共党员，承德县大营子乡人，1986年出生，2001年招飞入伍，现为空军某部上校副参谋长。王伟振入伍后飞过5种机型，为四种气象条件机长，安全飞行4000余小时。入伍以来忠诚无畏、苦练精飞，多次带队执行演习演练，中外联训，空投伞降，抢险救灾等大项任务。先后荣立嘉奖6次，三等功2次，多次被评为“优秀共产党员”“优秀基层干部”“优秀部队管理干部”，2016年被空军表彰为“双学活动”先进个人。2017年荣获“空军飞行人员银质荣誉奖章”。2021年3月，被空军授予二等功。

袁晓军 男，满族，41岁，党员，大学本科学历，滦平县西沟乡清水泉村人，1998年12月入伍，现服役于95507部队，一级军士长，现任职务为空中电子对抗员。自入伍以来，坚持学习，刻苦钻研，敢于创新，勇争先锋，时刻以一名优秀共产党员标准严格要求自己，对党忠诚，对国家忠诚，对人民忠诚。平时注意团结，乐于助人，遇到难题虚心向他人请教，不骄不躁，在实际工作中一直默默奉献，为人正直，吃苦耐劳。孝顺父母，尊敬师长，三观正确。2021年12月31日，因在执行年度战备训练中，表现突出，功绩显著，经中国人民解放军南部战区空军批准，荣立二等功。

李春权 男，43岁，中共党员，平泉市七沟镇圣佛庙村人，1998年8月入伍，在中国人民解放军93716部队服役。空军作战部队技术骨干，现任空军航空兵某旅质控室主任、工程师。曾赴东南沿海、西南边陲、塞外大漠、雪域高原执行重大任务，荣立二等功1次，三等功3次、多次受嘉奖，在平凡的岗位上默默奋斗。2019年参加国庆阅兵任务，把对党忠诚写满蓝天；2020年10月，在本职岗位上干满18年，为飞行训练安全做出较大贡献，2021年1月荣立二等功。

杨景皓 男，25岁，中共党员，平泉市椁椤树镇马杖子村人，2014年9月入伍，目前是中国人民解放军陆军步兵学院学员。他自入伍以来，多次参加陆军、战区陆军、集团军、旅各项比武竞赛均取得优异成绩，先后荣获优秀士兵四次、嘉奖二次、旅“训练尖子”、旅“安全标兵”、旅优秀“四会”教练员、集团军优秀“五会”教练员。2020年参加陆军某项比武竞赛中取得个人成绩第一名，被陆军评为“某专业技术能手”，被战区陆军评为“优秀士官标兵”。因工作表现突出，2021年2月荣立二等功，所带领班级荣立集体三等功1次。2021年，被评为战区陆军“强军先锋人物”。因成绩突出于2021年由士兵提干，保送至素有“将军摇篮”之称的陆军步兵学院。

张明伟 男，满族，1988年5月出生，围场满族蒙古族自治县兰旗卡伦乡砖瓦窑村人，中共党员，2007年12月入伍，现服役于北部战区陆军某边防旅32111部队，现任巡逻艇艇长，四级军士长军衔。张明伟平时注重积累工作经验，熟练掌握黑龙江上游900多千米巷道情况，连续3年担负船艇编队开进和收拢领航任务。界江执行巡逻执勤任务600余次，累计安全航行6万多公里，预防非法越界事件20余起。针对当前船艇装备更新换代快的实际，他结合多年经验总结成一套系统的船艇维修操作使用方法，极大地提升了部队战斗力。入伍以来，先后被评为优秀士兵5次、荣获嘉奖5次、荣立个人三等功1次，2013年被评为优秀共产党员；2020年被战区陆军表彰为“优秀士官标兵”，所带艇组连续7年被评为先进艇组；2021年荣立二等功。

姜　飞　男，汉族，河北承德市人，1985年6月出生，2004年8月入伍，现任陆军航空兵学院中校飞行教员（团级副职），一级飞行员，累计安全飞行3600小时。他聚焦备战打赢，以实战化教学为牵引，先后带教飞行学员11期共25人，为部队输送了大量的飞行战斗人才，妥善处置空中特情10余次，成功挽救国家上亿财产安全。2021年担任机长，带领机组成员千里奔袭，成功完成赴朱日和实弹打靶任务。先后多次被评为“优秀教员”“优秀基层干部”，荣立三等功3次，2021年12月20日，因出色完成训练任务，荣立二等功。

全国优秀法官

王玉杰　女，1972年出生，承德县人民法院刑事审判庭庭长。对法律负责、对人民负责是王玉杰执法的准则和誓言。在工作中，她勇挑重担，主动担当，先后承办多起市中级人民法院指定的社会关注度高、案情复杂、审理难度大的贪污、受贿、渎职等大案要案，得到上级法院的充分肯定。在刑事诉讼制度改革中，做好轻刑快判工作，庭审中做到简化审理，缩短庭审时间。坚持刑事审判与社会管理综合治理相结合，实现社区矫正无缝对接。由于工作实绩突出，近年来被最高法院记一等功1次、二等功1次、嘉奖1次，并先后获优秀共产党员、优秀审判长、平安建设先进个人、全省法院争做人民满意的公务员“十佳个人”荣誉称号。2021年被最高人民法院授予全国优秀法官荣誉称号。

全国三八红旗手

刘佩仿　女，中共党员，现任丰宁满族自治县黄旗镇城根营村党支部书记兼村委员会主任。自当选为村干部的第一天，她始终把“群众”两个字印在心中。在她的带领下，村民人均纯收入由2000元增长到1.2万元，村集体资产从无发展到1300多万元，村集体经济收入86万多元。她带领全村打造设施农业、有机品牌、杂粮种植、观光农业四个产业示范区，引进若亚、春播集团种植露地邮寄蔬菜，为乡村振兴打下坚实产业基础。她带头出资80万元，带动群众建冷棚发展设施农业，把群众从传统种植思维中解放出来，先后为村争取项目30个，资金2000多万元，建成“非遗＋扶贫”基地，让弱劳动能力甚至无劳动能力的村民通过制作满族剪纸实现稳定增收。完善幼儿园教学设施，改善村民中心办公条件，全村入户路全部实现水泥硬化，城根营村被评为省级美丽庭院创建示范村、市级美丽乡村。被全国妇联授予2021年度全国三八红旗手荣誉称号。

中国好人

杨惠莹　女，承德第六医院护师。8月7日中午，正在杨庄河西饭店吃饭的护士杨惠莹忽然听到外面“嘭”的一声巨响，职业的本能和敏感让她第一时间放下手中的碗筷，飞奔跑到外面，查看情况。当她看到两个小孩被小轿车撞倒躺在地上，满地鲜血，摩托车碎片满地时，具有多年工作经验的杨惠莹二话没说，跪在马路上用自己过硬的专业知识和多年来抢救经验开始抢救受伤严重的孩子，同时呼叫爱人拨打120电话，并同时负责看护伤情较轻的男孩，职业的素养和责任使得她一直坚守在事故现场，在120救护车到来之前，一直未离开。并选择在救护车到达后，与急救医护人员一起转运病重小男孩，经过救治两个男孩康复出院。9月29日，两个孩子的父亲黄先生经多番打听知道好心人是承德市第六医院健康管理部的一名护士，为了表示感谢，特地将一面写着“助人为乐 救死扶伤”的锦旗送到关键时刻伸出援手的杨惠莹手中。2021年被中共中央文明办授予中国好人荣誉称号。

刘福成 男，1963年出生，中共党员，丰宁满族自治县司法局大阁司法所所长。21年来，他白天走村串户，访民情、解民忧、倾听民声，夜晚奋笔疾书，学法律、写文书、梳理线索，就像一头永远有使不完力气、任劳任怨的“老黄牛”耕耘在大阁镇人民调解领域的“责任田”里，几乎不变的生活模式时时提醒他牢记自己的使命，用自己所学法律知识和职业担当，耕好“责任田”、当好“和事佬”，为守护一方平安再危险也要冲锋在前，刘福成总是这样以“救火队员”的身份出现在一个又一个险情中，在大阁镇所辖14个村中，哪里有重大矛盾纠纷，哪里就有他忙碌的身影。近五年来，全镇经他调解的纠纷有1358起，调解率达100%，调解成功率达到98%以上；排查矛盾纠纷2356件、化解2348件。刘福成作为一名人民调解员，尽心竭力服务群众，守护一方和谐安宁，向党和人民交出满意答卷。曾被评为“全国人民调解工作先进个人”“全国模范司法所长”“河北省行政系统先进工作者”“承德市模范人民调解员”“承德市优秀司法所长”。2021年被中共中央文明办授予中国好人荣誉称号。

刘 军、王 娟 夫妇二人是河北省塞罕坝机械林场月亮山望海楼瞭望员。1998年，交道口检查站缺人，在林场领导为选人发愁之际，年仅28岁的刘军主动请缨，和妻子王娟一同驻守检查站。他们先后担任过偏僻的防火检查站检查员，偏僻的营林区护林员，林海深处两座望火楼（又称望海楼）瞭望员。他们克服检查站只有三间平房、一根木杆、方圆十里不见人烟、无水井、山高坡陡路滑的艰苦条件。即便条件再艰苦、日子再枯燥，夫妇二人依然没有忘记肩上的责任，严格检查过往车辆仔细叮嘱不要带火种。在望火楼工作的13年里刘军、王娟夫妇没有睡过一个安稳觉，夜晚为了能准时瞭望汇报，他养成了和衣而睡的习惯。为了守护林子，几乎断绝了与亲戚朋友的往来，刚到检查站的时候，孩子刚满三岁，由于防火检查工作全年无休，他们只好把孩子送到内蒙古姥姥家，上小学的时候只能安排在寄宿学校。23年默默坚守，与寂寞相伴，与孤独为伍，过着“与世隔绝”的生活，只为守护塞罕坝百万亩林海，为塞罕坝森林资源保驾护航。夫妇二人以场为家，与艰苦作伴，无怨无悔，将美好青春年华全部奉献给了塞罕坝护林防火事业。2021年8月23日下午，习近平总书记到塞罕坝机械林场月亮山查看林场自然风貌，并走进望海楼看望了刘军、王娟夫妇。2021年他们被中共中央文明办授予中国好人荣誉称号。

张建军 女，1953年出生，中共党员，承德万利通实业集团有限公司党委书记、承德大歌帝文化发展有限公司董事长，兼任承德市女企业家协会会长、双滦区慈善总会会长。做为企业家，她带领大家经过多年攻关，全钒液流电池的“离子筛膜”与“电堆技术”荣获技术发明三等奖。做为女企业家协会会长，带领巾帼队伍战斗在经济发展一线，活跃在各种社会爱心活动中，走出去参加其他省市活动，引进京津冀女企业家签约合作。作为慈善总会会长，她带领和指挥工作人员，筹集善款救助贫困群体，一次性救助350人。创新扶贫模式，项目扶贫、一条龙扶贫，多形式多渠道助力扶贫攻坚。面对突如其来的疫情，她身先士卒、不畏艰险，被中国女企业家协会评为

“全国抗击疫情先进个人”。虽然年近 70，却一直以满腔的热情和勤奋敬业精神、正义善良的品德带领着身边的人为党的事业、为需要帮助的人努力奋斗着。她带领的企业曾先后荣获全国文明单位，河北省优秀基层党组织，河北省最具社会责任感企业，河北省关爱儿童贡献奖等荣誉称号。她个人先后荣获全国三八红旗手、河北省劳动模范、全国创先争优先进个人、河北省企业文化建设先进个人、河北省十大杰出创业女企业家、河北省十大爱心女企业家、全国第七届十大创业经济女性人物、河北省儿童贡献奖先进个人等称号。2021 年被中共中央文明办授予中国好人荣誉称号。

韩　锋　男，1974 年出生，滦平县政协委员，西沟满族乡三道沟村丰佳农牧合作社社长。韩锋高中毕业后，开始打工生涯，经过 20 多年的努力，成为拥有两家公司的小老板。2014 年，带着“回家乡、谋发展”的心愿，毅然回到家乡，带领大家脱贫致富。他利用半年的时间对周边环境进行实地考察，再与村两委和村民协商后，先后成立宏丰生态园、丰佳农牧合作社。通过承包村里山坡谷地，流转土地近 2000 亩，借助西构乡“立足生态、做强林果”的发展思路和林果产业基础，在承包地种植苹果、大枣、黄芩、曲麦等水果和中草药，不断增加村集体收入和群众的财产性收入。同时，以公司 + 合作社 + 基地 + 农户的形式，带动本村和邻村 30 人家门口就业，带领贫困户发展产业、拿租金、赚薪金、分股金。2019 年，他看到养猪业的红利，便开始规模化养殖生猪，并为本村村民低价提供生猪幼崽，还亲自到北京请养殖专家给农民授课，在合作社的推动下，全村生猪年产值近千万元。他不忘他人，诠释奉献之心，每逢年节都会带上米面油慰问贫困户、残疾人、困难党员、孤寡老人等困难群体。新冠肺炎疫情发生后，他第一时间加入志愿者行列，10 多次到执勤点为抗议执勤人员送去口罩、消毒液、食品饮品、被褥大衣等 5 万元防疫物资。2020 年被滦平县政协评为先进个人。2021 年被中共中央文明办授予中国好人荣誉称号。

全国优秀共青团员

孟令辉　男，1998 年出生，共青团员，河北省秦皇岛市人，2016 年成为承德市消防救援支队营子大队北环路救援站消防员。他忠实履行一名消防战士的职责和神圣使命，四年来，经过组织的培养和自身严格要求，成长为一名思想坚定、专业素质过硬、作风纪律严谨，完成任务出色的优秀消防员。入职以来，他忠实履行一名消防战士的职责和神圣使命，始终战斗在灭火救援保卫第一线，把最美好青春年华无私献给了消防事业，在艰苦的训练场上摸爬滚打，不怕磕、不怕碰、不达到规定的要求不休息，轻伤不下火线，活跃在训练场上，业务技能水平有很大提高。2019 年代表河北消防总队参加全国第一届“火焰蓝杯”比武竞赛并在枪炮协同操科目中取得全国第九名的好成绩，参加支队全市比武竞赛中获百米负重个人成绩第一名。2019 年孟令辉被共青团承德市委评为“优秀共青团员”；2020 年 6 月被共青团承德市委评为“承德好青年”，12 月被承德消防救援支队记个人三等功。被团中央授予 2021 年度全国优秀共青团员荣誉称号。

李思嫣　女，1997 年出生，共青团员，大学本科学历，承德市公安局双桥分局民警。她始终牢记全心全意为人民服务宗旨，履行一名警察的职责，保一方百姓平安。在派出所负责户籍及部分社区工作，所负责辖区为市内繁华地带，辖区内包含多所学校，人口众多，她以热心和耐心让群众满意，进校园、下社区，不厌其烦为辖区群众解答户籍问题，高标准做好户籍管理工作。同时还承担着警务进校园、进社区等多项工作，他深入基层，走访排查，切身想群众之所想，寻群众所需，开展法制宣传教育，加强警民联动，做百姓的知心人。加班加点，不辞辛苦，在法定节假日与暑期多次参加安保执勤活动。特别是在疫情防控期间迎难而上，不畏严寒，不畏疫情，不畏生死，积极参加新冠肺炎疫情防控工作，认真落实疫情防控措施，严守交通枢纽，保障人民群众健康安全，为抗击疫情作出贡献。由于工作实绩突出，2018 年被共青团承德市委评为“优秀共青团员”；2021 年被团中央授予全国优秀共青团员荣誉称号。

全国乡村振兴青年先锋

高慧颖 女，1987 年出生，大学本科学历，滦平县长山峪镇三道梁村人。2009 年 7 月从北京工业大学澳大利亚詹姆士库克大学毕业后到北京光大银行工作；2010 年 8 月到平泉县三棵树食品有限公司任副总经理；2015 年 5 月创办承德市蕴香园生态农业有限公司，任总经理。她创建的公司主要从事食用菌种植、销售。公司于 2016 年、2018 年、2020 年获得河北省扶贫龙头企业、承德市农业产业化重点龙头企业称号；2020 年获第三届中国优秀扶贫案例报告会产业扶贫优秀案例。高慧颖敢于大胆创业，为青年做出表率，2016 年共青团承德市委、承德市农牧局、承德市扶贫办和农业开发办公室授予承德市寻找脱贫攻坚青春榜样“农村青年致富带头人”荣誉称号；2019 年共青团河北省委宣传部授予“新时代燕赵最美青年”提名奖；2020 年共青团承德市委授予“承德好青年”荣誉称号，承德市委、市政府授予承德市第三批农村青年拔尖人才；2021 年被团中央、农业农村部授予全国乡村振兴青年先锋荣誉称号。

全国优秀县(市)气象局局长

朱国良 男，1964 年 12 月出生，中共党员，1983 年 7 月参加工作，2005 年 6 月任围场满族蒙古族自治县气象局局长。他以强烈的事业心和使命感，扎根基层，从事气象工作 38 年，他认真落实“监测精密、预报精准、服务精细”的总要求，抢抓机遇、科学谋划气象事业发展。借助塞罕坝及周边区域生态气象观测系统建设，建成覆盖全县 37 个乡镇和塞罕坝及周边生态功能区的多要素地面气象观测站 50 个，围场御道口天气雷达项目落地并已开工建设。联合县森林扑火大队组建了县级人工影响天气作业队伍，每年经费投入、作业规模、作业效果均居全市前列。加强人才培养，为职工创造各种学习进修机会，让新进来的人才留得住、有作为，涌现出以吴萍萍为典型的业务能手。积极开展本地特色优势产业马铃薯农业气象服务，建成 6 个自动土壤水分观测站、1 个可视农业气象观测站、3 个农田小气候站。组建县植保站、农业技术推广中心、河北农业大学等单位合作专家联盟。在他的带领下，围场气象局在全市综合目标考核中连续多年获得特别优秀达标单位、地方党委政府服务县域经济优秀单位、先进基层党组织、承德市级文明单位、河北省园林单位、河北省气象局气象服务突出贡献单位、全省气象观测工作优秀集体。2021 年 12 月 30 日，朱国良入选中国气象局“工作表现突出的县气象局局长”名录，荣获全国优秀县(市)气象局局长称号。

烈　士

邢中山、冀凤学 邢中山，男，汉族，中共党员，1972 年 7 月出生，承德县石灰窑镇石灰窑村人，牺牲时任承德县新杖子镇党委书记。

邢中山烈士

冀凤学烈士

冀凤学，男，汉族，中共党员，1972 年 2 月出生，承德县东小白旗乡八道沟村人，牺牲时任承德县新杖子镇党委委员、副镇长。7 月 12 日至 13 日，承德县白河上游连降暴雨，邢中山书记和冀凤学副镇长冒雨前往村里安排群众紧急疏散避险工作，在白河水已漫上滦线主公路路面，雨大天黑，视线受阻，山洪频发，路况难判的情况下，毅然选择继续赶赴南台子村转移群众。在车辆行驶途中，路基被掏空，车辆掉入河中，邢中山、冀凤学二人被洪水卷走。2021 年 8 月 19 日，经河北省人民政府批准，评定邢中山、冀凤学为烈士。

赵龙曼　赵龙曼，男，满族，2001 年 3 月 20 日出生，原隆化县荒地乡二沟门村村民，承德市腾飞中等专业学校汽车一系学生。2018 年 7 月 27 日，赵龙曼等 9 名同学在老师带领下到小清河游玩，1 名同学不慎滑入深水区，危急时刻，赵龙曼不顾个人安危立即跳进水中营救同学，在水流的冲击下，赵龙曼因体力不支，被水流越冲越远，最终溺水牺牲，时年 17 岁。2021 年 9 月 23 日，经河北省人民政府批准，评定赵龙曼为烈士。

朱　全　朱全，男，中共党员，1903 年出生，原青龙县龙须门公社王杖子村人。1933 年参加革命工作，1943 年加入中国共产党，曾任王杖子村贫协主席、农会主任。1948 年 2 月，匪首程勇明带领匪队活动到三道沟村，将朱全绑走，三天后，在平泉县大窑上（今平泉市小寺沟镇凤山新村）被杀害。2021 年 9 月 23 日，经河北省人民政府批准，追认朱全为烈士。

承德市2021年国民经济和社会发展统计公报

承德市统计局　国家统计局承德调查队

(2022年3月10日)

2021年是极不平凡的一年，在市委、市政府的坚强领导下，全市上下坚持以习近平新时代中国特色社会主义思想为指导，全面落实习近平总书记视察承德重要讲话指示精神，深入贯彻党的十九大和十九届历次全会精神，积极应对错综复杂的国内外发展环境，坚持稳中求进工作总基调，认真践行新发展理念，科学统筹疫情防控和经济社会发展，扎实做好“六稳”工作，全面落实“六保”任务，全市经济持续恢复发展，实现“十四五”良好开局。

一、综　合

初步核算，全年全市实现生产总值1697亿元，比上年增长6.1%。其中，第一产业增加值373.6亿元，增长7.8%；第二产业增加值577.1亿元，增长3.0%；第三产业增加值746.3亿元，增长7.3%。三次产业比例为22∶34∶44。

全年一般公共预算收入126亿元，比上年增长8.5%。一般公共预算支出421.2亿元，比上年下降6.2%。其中，一般公共服务支出42.2亿元，下降4%；教育支出81.7亿元，增长0.4%；社会保障和就业支出55.5亿元，增长2.6%；卫生健康支出51.6亿元，增长3.7%；节能环保支出19.4亿元，下降16.7%；交通运输支出24.5亿元，下降31%；文化旅游体育与传媒支出7.2亿元，下降15.7%。

全年实现民营经济增加值1050.5亿元，比上年增长6.5%，比生产总值增速快0.4个百分点。民营经济增加值占生产总值的比重为61.9%，比上年提高0.1个百分点。在民营经济中，第一产业增加值41.2亿元，增长6.6%；第二产业增加值510.3亿元，增长5.4%；第三产业增加值499亿元，增长2.5%。

据抽样调查，居民消费价格比上年上涨1.1%。其中，食品烟酒类上涨1.7%、居住类上涨0.8%、交通和通信类上涨4.1%、其他用品和服务类上涨1.0%；生活用品及服务类、教育文化和娱乐类与上年持平；衣着类下降0.1%、医疗保健类下降0.3%。

二、农　业

全年粮食播种面积427.8万亩，比上年增长0.5%。其中，谷物341.1万亩，增长2.1%；豆类9.0万亩，下降6.1%；薯类77.9万亩，下降5.3%。在谷物播种面积中，玉米261.5万亩，增长3.8%；稻谷8.4万亩，增长5.8%。蔬菜播种面积（播种并收获）98.9万亩，增长1.9%。中草药材播种面积32.4万亩，下降5.0%。瓜果播种面积2.9万亩，增长5.5%。

全年粮食总产量146.7万吨，粮食平均亩产343千克，与上年基本持平。在粮食总产量中，谷物111.1万吨，增长4.8%；豆类1.7万吨，增长8.2%；薯类（折粮）33.9万吨，下降13.1%。在谷物中，玉米95.7万吨，增长5.8%；稻谷3.7万吨，增长6.1%。蔬菜及食用菌总产量459.2万吨，增长6.4%，其中食用菌（干鲜混合）达到82.4万吨，增长8.8%。中草药材总产量20.9万吨，增长25.4%。瓜果总产量7.9万吨，增长13.3%。（主要农产品产量见附表1）

全年园林水果、食用坚果产量分别为112.0万吨、21.3万吨，比上年增长2.5%、3.1%。其中，苹果产量70.8万吨，比上年增加 2.8万吨，增长4.2%；梨产量12.3万吨，比上年增加0.2万吨，增长1.4%；红果22.8万吨，比上年增加0.4万吨，增长1.8%；板栗、核桃产量分别为18.5万吨、1.2万吨，增长3.9%、1.5%。

全年猪牛羊禽肉产量39.2万吨，比上年增长3.1%。其中，猪肉产量14.1万吨，增长9.8%；牛肉产量11.6万吨，增长1.9%；羊肉产量2.2万吨，下降0.9%；禽肉产量11.3万吨，下降2.6%。禽蛋产量9.9万吨，下降10.5%。生牛奶产量9.5万吨，下降11.0%。生猪存栏92.9万头，增长4.0%；牛存栏74.8万头，增长3.9%；羊存栏99.7万只，增长5.0%；家禽存栏2195.8万只，下降5.7%。生猪出栏182.4万头，增长11.9%；牛出栏71.2万头，增长4.8%；羊出栏160.3万只，增长2.3%；家禽出栏7903.2万只，增长0.6%。

水产品养殖面积2.4万亩，与上年基本持平。其中，水库养殖 1.9万亩，与上年持平。水产品总产量0.4万吨，增长39.4%。

三、工业和建筑业

403家规模以上工业企业实现工业增加值比上年增长2.6%。从门类看，采矿业增加值增长6.2%，制造业增加值下降1.9%，电力、热力、燃气及水生产和供应业增加值增长7.6%。从轻重工业看，轻工业增加值增长19.4%，重工业增加值增长1.2%。

在规模以上工业企业中，黑色金属矿采选业增加值增长6.3%；黑色金属冶炼及压延加工业增加值下降13.1%。食品制造业增加值增长27.0%，农副食品加工业增加值增长2.5%，酒和饮料制造业增加值增长28.2%，电力、热力生产和供应业增加值增长7.8%，装备制造业增加值下降0.1%，医药工业增加值增长4.3%，煤炭开采和洗选业、石油加工炼焦和核燃料加工业、化学原料和化学制品制造业、非金属矿物制品业、黑色金属冶炼和压延加工业、电力热力生产和供应业等六大高耗能行业增加值下降3.7%。107家规模以上工业高新技术产业企业实现增加值增长15.9%，其中新能源增加值占比达到58.7%。

规模以上工业企业实现营业收入1880.6亿元，比上年增长23.8%；实现利润总额142.4亿元，比上年增长30.2%。每百元营业收入中的成本为81.2元，比上年增加0.4元；工业企业资产负债率为70.5%，比上年下降1.8个百分点。年末亏损企业99家，累计亏损额17.6亿元，比上年增长113.9%。

规模以上工业企业产品销售率为98.9%，比上年提高0.8个百分点。规模以上工业企业产品产量中，铁矿石原矿33290.8万吨，增长25.9%；生铁900.9万吨，下降18.1%；粗钢889.3万吨，下降19.0%；钢材796.8万吨，下降23.4%；水泥1288.0万吨，增长13.2%；中成药2970.9吨，增长3.9%；白酒2083.6万升，增长14.5%。发电量246.8亿千瓦时，增长10.2%，其中风力发电量128.3亿千瓦时，增长24.2%；光伏发电量16.3亿千瓦时，增长13.3%。（规模以上工业企业主要产品产量见2021年承德市规模以上工业企业主要产品产量一览表）

初步核算，全年建筑业增加值110.2亿元，比上年下降2.5%。资质等级以上总承包及专业承包建筑企业276家，有施工活动的企业244家。签订合同总额319.8亿元，比上年增长11.6%，其中2021年新签订合同额166.1亿元，下降

8.1%。房屋建筑施工面积673.6万平方米，比上年下降10.3%。房屋建筑竣工产值64.8亿元，比上年下降31.0%。

四、固定资产投资

全年固定资产投资额（不含农户）比上年增长5.2%，其中城乡建设项目投资增长5.6%。从产业看，第一产业投资增长30.4%。第二产业投资增长14.8%，其中工业投资增长15.2%。在工业投资中，黑色金属矿采选业增长30.0%；黑色金属冶炼及压延业下降43.2%；医药制造业下降100%；农副食品加工业下降33.7%；汽车制造业下降37.9%；电力热力生产及供应业增长40.8%；工业技术改造下降13.2%。第三产业投资增长0.1%。其中，交通运输、仓储和邮政业增长53.7%；水利、环境和公共设施管理业下降29.0%。国有投资增长3.9%，民间投资增长5.3%。

全年房地产开发投资189.2亿元，比上年增长4.3%，其中商品住宅投资136.7亿元，增长3.8%。房屋施工面积1871.6万平方米，比上年下降4.9%；房屋竣工面积42.6万平方米，比上年下降81.2%。商品房屋销售面积215.8万平方米，比上年下降31.3%。

五、国内贸易与对外经济

全年实现社会消费品零售总额500.9亿元，比上年增长5.7%。其中，城镇消费品零售额412.6亿元，增长7.4%；乡村消费品零售额88.4亿元，下降1.9%。

226家限额以上企业（单位）全年实现消费品零售额119.8亿元，比上年增长6.5%。在限额以上批发零售企业零售额中，粮油、食品类23.0亿元，增长2.0%；烟酒类10.5亿元，增长15.3%；服装、鞋帽、针织品类7.2亿元，下降7.2%；日用品类3.9亿元，增长6.4%；金银珠宝类1.4亿元，增长9.7%；家用电器和音像器材类3.7亿元，增长11.0%；中西药品类4.4亿元，下降3.4 %；文化办公用品类2.4亿元，增长8%；石油及制品类25.4亿元，增长18.6%；汽车类22.8亿元，增长1.0%。

全市实际利用外资12026万美元，比上年下降44.1%。全年新批外商投资企业9家，比上年增长80%。新批合同外资额10348万美元，比上年下降13.9%。

全市进出口总值20.5亿元，比上年增长23.2%。其中，出口16.4亿元，增长36.8%；进口4.1亿元，下降11.8%。

六、文化和旅游

年末全市拥有广播电台11座，广播节目13套，中、短波发射台和转播台4座，广播覆盖率为98.0%；电视台节目20套，电视发射台和转播台12座，电视覆盖率为99.3%；有线电视用户数76.9万户，入户率达60.4%；拥有文化馆11个、文化站218个，艺术表演场所26个，公共图书馆图书总藏量达95.6万册。

成功举办第四届承德市旅游产业发展大会。推动承德隆承国际大马戏度假区等63个重点项目落地。培育国家及省级乡村旅游重点村24个、河北特色乡村旅游样板村落4个，打造乡村旅游精品线路近30条。“艰苦奋斗路·绿色塞罕坝”红色旅游线路入选文化和旅游部、中央宣传部、中央党史和文献研究院、国家发展改革委联合发布的“全国建党百年红色旅游百条精品线路”。鼎盛文化产业园成功创建第一批国家级夜间文化和旅游消费聚集区，金龙皇家购物街成功创建国家级旅游休闲街区，元宝街成功创建省级旅游休闲街区。《鼎盛王朝·康熙大典》《君临热河·隆承大马戏》《梦入避暑山庄》《承德剧场·演艺之夜》四台文化大戏点燃承德夜经济。全市首部原创音乐剧《青山谣》入选河北省建党百年20部优秀剧目。培训乡村（社区）文艺骨干2884名，培育乡村基层文艺团体205支，开展各类文化演出活动1976场，“高雅艺术进承德”演出52场。

据市旅游部门提供，全年共接待游客3605.1万人次，比上年增长28.7%；旅游综合收入386.9亿元，比上年增长28.7%。

七、交通、邮电

全年公路客运量615.6万人，客运周转量67717.4万人千米；公路货运量4700.0万吨，货运周转量1232617.1万吨千米。全年建成各等级公路1922千米，投资83.1亿元。其中，普通干线公路新建续建16条段392千米，建成通车95千米；农村公路新改建1827千米，总量全省第一。建成美丽农村路149.9千米。干线公路技术状况指数MQI达到93.2。城乡客运一体化加快推进，全市县城30公里范围内的农村客运线路公交化运行率达到90%；全市208个乡镇和2456个行政村全部开通班车（公交车），通车率达到100%。交通运输污染防治有力有序，市区新增及更换纯电动公交车200台，市中心城区新能源公交车占比达到80%。平泉市获评城乡交通运输一体化全国示范县，隆化县获评“四好农村路”全国示范县，双桥区、兴隆县获评“四好农村路”省示范县，金山岭长城旅游公路获评“全国美丽乡村路”，双滦区乡道大王线等6条段68.2公里路线被评为“省美丽农村精品示范路”。

全年实现邮政行业业务收入（不包括邮政储蓄银行直接营业收入）7.6亿元，比上年增长12.1%。快递业务总收入5.1亿元，比上年增长20.3%。电信业务总收入（移动、联通、电信公司）24.5亿元，比上年增长6.7%。移动电话年末用户399.3万户，比上年增长2.8%。互联网宽带接入用户130.2万户，比上年增长12.5%。

八、金融

年末金融机构人民币各项存款余额3380.7亿元，比年初增长5.2%。其中，住户存款2619.7亿元，增长10.6%；非金融企业存款367.0亿元，下降10.7%。金融机构人民币各项贷款余额2958.9亿元，比年初增长9.7%。住户贷款余额1238.4亿元，增长8.9%。其中，短期贷款438.5亿元，增长7.6%；中长期贷款799.9亿元，增长9.6%。非金融企业及机关团体贷款1715.5亿元，增长10.0%。

据市保险行业协会提供，全市人身险保费收入53.5亿元，比上年下降3.7%；赔款、给付金额11.3亿元，增长1.8%。财产险保费收入23.6亿元，下降2.0%；财产险赔付金额14.5亿元，增长23.3%。交强险保费收入5.1亿元，增长4.7%；交强险赔付金额3.1亿元，增长29.9%。

九、科学技术和教育

制定出台《关于高质量推进承德国家可持续发展议程创新示范区建设若干工作措施》，大力组织实施水源涵养能力提升、主导产业转型升级、乡村振兴战略推进、绿色低碳循环发展和创新驱动能力提升五大行动，推进16 项工程和83个重点项目建设，年度完成投资152 亿元。组织实施示范区科技专项项目 32 个，其中探索“揭榜挂帅”项目3个。平泉市精准扶贫“三零模式”等5个案例推荐列入科技部《2021可持续发展案例集》，丰宁县“母亲水窖”案例列入《中国城市人居蓝皮书（2021）》。全年新认定高新技术企业40家，科技型中小企业572家。全年完成技术合同成交额24.1亿元。新建省级以上创新平台15家。全社会研发投入达到 21.9 亿元，强度达到1.4%，研发投入增速排名跃升全省第二名。全年新增省级国际科技合作基地1家，院士工作站1家，院士合作重点单位3家。新建省级创新创业团队4个，认定科技型中小企业创新英才10名。

2021学年，全市拥有幼儿园1055所，其中省级城市示范性幼儿园34所，学前三年毛入学率达92.5%，在公办和普惠园就读幼儿占比达86.8%，75%的农村幼儿园达到农村二类园以上标准。义务教育阶段入学率达到100%，巩固率达到98.6%。高中阶段毛入学率达92.5%，省级示范性高中16所，在省级示范性高中就读学生数占高中学生数的比例达75%。适龄残疾儿童入学率达到97.2%。

全市拥有普通高等学校6所，专任教师3285人，在校学生6.1万人；中等职业教育学校24所，专任教师2768人，在校学生4.3万人；普通中学136所，专任教师15924人，在校学生21.6万人；小学456所，专任教师19367人，在校学生25.8万人。

十、体育、卫生和健康

全市拥有体育场馆62个。体校及业余体校3个，重点体校及业余体校1个。体育俱乐部6个，体育社团组织36个。新增二级运动员60人次，社会体育指导员（二级）1105人。全市开展群众体育活动96次、约195万人参与。承德市运动员在省及以上级别比赛中获金牌44枚、银牌47枚、铜牌49枚。承德市培养输送的射击运动员杨皓然在东京奥运会上取得1金1铜，杨皓然、葛丽娟获全国第十四届全运会2金1银1铜。

初步统计，年末全市拥有公立卫生健康机构2887个，其中医院36个；公立卫生健康机构医生（执业医师和执业助理医师）8933人，注册护士9176人；公立卫生健康机构实有床位2.3万张，其中医院拥有1.5万张；公立卫生健康机构在岗职工2.8万人，其中卫生技术人员2.2万人。创建国家卫生乡镇5个、省级卫生乡镇6个、卫生村121个。新建承德市儿童医院、迁建承德市妇幼保健院项目完成新院搬迁开始运营。承德市被评为“全国无偿献血先进城市”。

十一、居民生活和社会保障

据抽样调查，全市居民人均可支配收入25661元，比上年增长10.5%，增速位居全省首位。按常住地分，城镇居民人均可支配收入36767元，增长8.4%，增速位居全省首位；农村居民人均可支配收入14852元，增长12.6%，增速位居全省第2位。

年末全市城镇职工基本养老保险参保人数86.9万人，城乡居民社会养老保险参保人数178.9万人；城镇职工基本医疗保险参保人数50万人，城乡居民基本医疗保险参保人数287万人；工伤保险参保人数63.4万人；生育保险参保人数33万人；失业保险参保人数35.4万人。全年城镇新增就业人员49704人，年末城镇登记失业人员18489人，城镇登记失业率为3.3%。

全年城市居民最低生活保障人数1.6万人，农村居民最低生活保障人数17.6万人。年末养老机构104个，床位1.4万张。社会福利院1个，福利院床位220张。城市社区服务站116个，城市社区综合服务设施覆盖率100%。

十二、生态保护

市区空气质量达标天数为329天，占全年总天数的90.1%，比上年提高2.1个百分点。全市PM2.5浓度年均值为26微克每立方米，比上年减少4微克。全市2个国家考核点位城市集中式饮用水源地水质达标率保持100%。全年完成营造林142万亩，修复退化草地21.7万亩。高质量完成张承坝上造林项目55.3万亩，实现“三年任务一年完成”的建设目标。塞罕坝机械林场荣获联合国防治荒漠化最高荣誉“土地生命奖”。丰宁县、隆化县、宽城县成功创建省级森林城市，全市累计达到5个，建成比例62.5%，位居全省首位。

（说明：1.本公报中部分数据为快报数。部分数据因四舍五入的原因，存在总计与分项合计不等的情况；2.生产总值、各产业增加值绝对值按现行价格计算，增长速度按可比价格计算；3.本公报中一、五、六、七、八、九、十、十一、十二中部分数据由相关部门提供）

2021年承德市主要农产品产量一览表

产品名称	计量单位	绝对数	比上年增长（%）
粮食	万吨	146.7	0.1
#玉米	万吨	95.7	5.8
稻谷	万吨	3.7	6.1
豆类	万吨	1.7	8.2
薯类（折粮）	万吨	33.9	-13.1
油料	万吨	2.7	11.5
食用菌（干鲜混合）	万吨	82.4	8.8
食用坚果	万吨	21.3	3.1
园林水果	万吨	112.0	2.5
猪牛羊禽肉产量	万吨	39.2	3.1
#猪肉	万吨	14.1	9.8
牛肉	万吨	11.6	1.9
羊肉	万吨	2.2	-0.9
禽肉	万吨	11.3	-2.6
禽蛋	万吨	9.9	-10.5
生牛奶产量	万吨	9.5	-11.0
生猪出栏	万头	182.4	11.9
牛出栏	万头	71.2	4.8
羊出栏	万只	160.3	2.3
生猪存栏	万头	92.9	4.0
牛存栏	万头	74.8	3.9
羊存栏	万只	99.7	5.0

2021年承德市规模以上工业企业主要产品产量一览表

产品名称	计量单位	绝对数	比上年增长（%）
粗钢	万吨	889.3	−19.0
钢材	万吨	796.8	−23.4
生铁	万吨	900.9	−18.1
水泥	万吨	1288.0	13.2
白酒	万升	2083.6	14.5
饮料	万吨	54.5	26.6
中成药	吨	2970.9	3.9
发电量	亿千瓦时	246.8	10.2
#风电	亿千瓦时	128.3	24.2
光伏	亿千瓦时	16.3	13.3

2021年承德市居民消费价格指数一览表

类　别	累计同比指数（上年=100）
居民消费价格总指数	101.1
#食品烟酒	101.7
粮食	99.7
鲜菜	112.7
畜肉	86.1
水产品	114.2
蛋	113.8
鲜果	110.8
#衣着	99.9
#居住	100.8
#生活用品及服务	100.0
#交通和通信	104.1
#教育文化和娱乐	100.0
#医疗保健	99.7
#其他用品和服务	101.0

承德市与全省、全国主要指标对比

（2021年）

主要指标	绝对量(亿元)			比上年增长(%)			绝对量占全省比重(%)	绝对量占全国比重(%)
	承德市	河北省	全 国	承德市	河北省	全国		
地区生产总值	1697.0	40391.3	1143670	6.1	6.5	8.1	4.2	0.15
#一产增加值	373.6	4030.3	83086	7.8	6.3	7.1	9.3	0.45
二产增加值	577.1	16364.2	450904	3.0	4.8	8.2	3.5	0.13
三产增加值	746.3	19996.7	609680	7.3	7.7	8.2	3.7	0.12
规模以上工业增加值	–	–	–	2.6	4.9	9.6	–	–
规模以上工业利润总额	142.4	2294.3	87092.1	30.2	10.6	34.3	6.2	0.16
固定资产投资	–	–	544547	5.2	3.0	4.9	–	–
社会消费品零售总额	500.9	13509.9	440823	5.7	6.3	12.5	3.7	0.11
全体居民人均可支配收入（元）	25661	29383	35128	10.5	8.3	9.1	87.3	73.05
#城镇居民人均可支配收入(元)	36767	39791	47412	8.4	6.7	7.1	92.4	77.55
农村居民人均可支配收入(元)	14852	18179	18931	12.6	10.4	9.7	81.7	78.45
出口总值	16.4	3029.8	217348	36.8	20.2	21.2	0.5	0.01
一般公共预算收入	126.0	4167.6	202539	8.5	8.9	10.7	3.0	0.06

各市主要经济指标

（2021年）

	地区生产总值（亿元）				#第一产业（亿元）				第二产业（亿元）				第三产业（亿元）			
	绝对值	位次	增长(%)	位次	绝对值	位次	增长(%)	位次	绝对值	位次	增长(%)	位次	绝对值	位次	增长(%)	位次
全 省	40391.3	–	6.5	–	4030.3	–	6.3	–	16364.2	–	4.8	–	19996.7	–	7.7	–
石家庄市	6013.7	2	6.6	7	451.6	2	6.4	9	1797.0	3	2.8	10	3765.1	1	8.2	6
承德市	1697.0	11	6.1	11	373.6	5	7.8	1	577.1	10	3.0	9	746.3	11	7.3	10
张家口市	1727.8	9	6.3	9	278.3	8	6.7	5	478.7	11	1.7	11	970.8	8	8.3	4
秦皇岛市	1843.8	8	6.8	4	239.5	9	6.8	4	657.1	8	5.6	1	947.2	9	7.4	8
唐山市	8230.6	1	6.7	6	606.5	1	6.6	6	4546.8	1	4.1	8	3077.3	2	10.2	1
廊坊市	3553.1	6	6.6	7	216.3	11	4.2	11	1193.6	6	5.5	2	2143.1	3	7.4	8
保定市	3725.0	5	7.2	1	412.9	3	7.2	2	1352.0	5	5.2	4	1960.1	5	8.5	3
沧州市	4163.4	3	7.0	2	332.8	6	7.2	2	1728.4	4	5.1	5	2102.1	4	8.3	4
衡水市	1703.1	10	6.8	4	237.9	10	6.5	8	583.7	9	4.7	7	881.5	10	8.1	7
邢台市	2427.1	7	6.2	10	331.3	7	4.4	10	958.9	7	5.4	3	1136.9	7	7.3	10
邯郸市	4114.8	4	6.9	3	391.5	4	6.6	6	1911.4	2	4.8	6	1811.9	6	8.9	2

说明：石家庄市数据中不含辛集市，保定市数据中不含定州市、雄安新区

各市主要经济指标（续一）

（2021年）

	规模以上工业增加值		规模以上工业利润总额（亿元）				固定资产投资	
	增长(%)	位次	绝对值	位次	增长(%)	位次	增长(%)	位次
全　省	4.9	–	2294.3	–	10.6	–	3.0	–
石家庄市	4.4	9	345.7	2	15.8	4	−6.0	11
承 德 市	2.6	11	142.4	7	30.2	2	5.2	4
张家口市	3.1	10	37.8	11	−51.7	11	2.0	9
秦皇岛市	6.2	4	196.9	4	13.4	6	5.2	4
唐 山 市	4.9	8	565.0	1	14.3	5	7.0	1
廊 坊 市	8.3	2	103.6	9	−4.2	8	5.4	3
保 定 市	11.4	1	136.9	8	−13.0	10	6.9	2
沧 州 市	7.3	3	155.9	6	99.4	1	5.0	7
衡 水 市	5.7	5	67.0	10	−5.5	9	5.1	6
邢 台 市	5.7	5	157.8	5	29.2	3	−2.6	10
邯 郸 市	5.7	5	248.6	3	6.6	7	3.3	8

各市主要经济指标（续二）

（2021年）

	社会消费品零售总额（亿元）				#限额以上企业（单位）消费品零售额（亿元）				实际利用外资（万美元）			
	绝对值	位次	增长(%)	位次	绝对值	位次	增长(%)	位次	绝对值	位次	增长(%)	位次
全　省	13509.9	–	6.3	–	4132.9	–	9.9	–	1161405	–	5.3	–
石家庄市	2392.5	1	5.0	9	853.5	1	2.5	10	192647	2	5.2	5
承 德 市	500.9	11	5.7	5	119.8	11	6.5	6	12026	11	−44.1	11
张家口市	640.7	8	14.0	1	393.7	4	59.4	1	41186	9	−15.8	10
秦皇岛市	592.5	10	5.0	9	168.5	10	2.9	9	147729	4	11.6	2
唐 山 市	2143.2	2	5.7	5	380.5	5	7.7	5	209966	1	7.9	4
廊 坊 市	1403.1	4	5.5	8	495.8	3	5.0	8	122407	5	40.1	1
保 定 市	1490.5	3	9.5	2	508.3	2	15.1	2	94135	6	−8.7	9
沧 州 市	1114.7	6	6.0	4	358.0	6	8.3	4	74574	8	−7.0	7
衡 水 市	611.3	9	5.7	5	176.5	9	6.2	7	26095	10	−7.8	8
邢 台 市	1025.9	7	4.8	11	248.8	8	0.3	11	78654	7	2.1	6
邯 郸 市	1276.0	5	6.3	3	345.8	7	8.8	3	148946	3	10.8	3

说明：承德市实际利用外资和直接利用外资数据由市商务局提供

各市主要经济指标（续三）

（2021年）

	#外商直接投资（万美元）				进出口总值（亿元）（1—12月）				#出口总值（亿元）（1—12月）			
	绝对值	位次	增长(%)	位次	绝对值	位次	增长(%)	位次	绝对值	位次	增长(%)	位次
全　省	1128850	–	4.0	–	5415.6	–	21.5	–	3029.8	–	20.2	–
石家庄市	191412	2	5.6	5	1481.2	1	9.2	10	857.1	1	9.1	10
承 德 市	9513	11	−42.5	11	20.5	11	23.2	6	16.4	11	36.8	4
张家口市	40418	9	−16.9	10	51.5	10	31.5	3	43.8	10	43.1	2
秦皇岛市	147729	3	11.6	2	401.1	5	11.7	9	235.5	5	13.9	9
唐 山 市	206275	1	6.1	4	1420.9	2	36.3	2	416.6	2	19.0	8
廊 坊 市	107342	5	22.8	1	510.0	3	29.8	5	238.0	4	39.8	3
保 定 市	89956	6	−6.9	7	411.3	4	40.4	1	370.7	3	45.4	1
沧 州 市	74574	8	−7.0	8	373.8	6	14.8	8	229.3	6	33.6	5
衡 水 市	25772	10	−7.6	9	239.7	8	1.8	11	217.1	7	−1.2	11
邢 台 市	77866	7	1.3	6	206.1	9	21.3	7	183.2	9	21.3	7
邯 郸 市	145180	4	11.0	3	279.4	7	30.6	4	207.4	8	31.1	6

说明：承德市利用外资数据由市商务局提供

进出口数据由石家庄海关提供，石家庄市、保定市进出口总值为含辛集、定州数

各市主要经济指标（续四）

（2021年）

	一般公共预算收入（亿元）			
	绝对值	位次	增长（%）	位次
全　省	4167.6	–	8.9	–
石家庄市	654.1	1	8.1	9
承 德 市	126.0	11	8.5	6
张家口市	186.4	8	6.2	11
秦皇岛市	172.2	9	8.7	5
唐 山 市	552.7	2	9.0	3
廊 坊 市	390.5	3	8.4	8
保 定 市	312.5	5	11.3	1
沧 州 市	299.6	6	8.8	4
衡 水 市	136.6	10	7.4	10
邢 台 市	190.7	7	8.5	6
邯 郸 市	314.1	4	9.1	2

说明：承德市一般公共预算收入数据由市财政局提供

各市主要经济指标（续五）

（2021年）

	全体居民人均可支配收入（元）				#城镇居民人均可支配收入（元）				农村居民人均可支配收入（元）			
	绝对值	位次	增长(%)	位次	绝对值	位次	增长(%)	位次	绝对值	位次	增长(%)	位次
全　省	29383	–	7.2	–	39791	–	6.7	–	18179	–	10.4	–
石家庄市	33555	3	8.4	7	43024	3	6.9	7	18676	5	10.2	9
承德市	25661	10	10.5	1	36767	9	8.4	1	14852	11	12.6	2
张家口市	27983	8	9.0	4	38122	7	7.1	5	15979	10	12.8	1
秦皇岛市	30748	4	8.2	9	42567	4	6.6	9	17793	6	10.6	6
唐山市	37661	1	8.0	10	47264	2	6.6	9	22839	1	10.4	7
廊坊市	37347	2	8.7	6	48912	1	7.0	6	21735	2	10.2	9
保定市	28252	7	10.1	2	37314	8	7.9	2	18957	3	11.6	4
沧州市	29146	6	8.4	7	40411	5	6.8	8	17547	7	10.3	8
衡水市	25880	9	10.0	3	35748	10	7.6	3	16912	8	12.0	3
邢台市	25626	11	7.8	11	35228	11	6.4	11	16438	9	10.0	11
邯郸市	29287	5	8.8	5	38124	6	7.4	4	18796	4	11.3	5

分县（市、区）主要经济指标

（2021年）

县（市、区）	地区生产总值（亿元）				其中：第一产业（亿元）				第二产业（亿元）			
	绝对值	位次	增长(%)	位次	绝对值	位次	增长(%)	位次	绝对值	位次	增长(%)	位次
全　市	1697.0	—	6.1	—	373.6	—	7.8	—	577.1	—	3.0	—
双桥区	161.1	4	8.0	8	0.6	11	4.4	8	27.8	11	4.1	11
双滦区	160.2	5	8.8	3	3.2	9	12.9	1	105.6	1	7.2	7
营子区	42.4	12	7.6	9	1.1	10	2.1	9	27.5	12	8.9	5
承德县	143.1	8	8.1	7	52.9	3	6.3	7	30.2	10	5.9	9
兴隆县	125.6	10	9.2	1	26.6	7	1.7	11	43.9	7	16.9	1
滦平县	181.9	2	7.4	10	39.7	5	11.0	2	74.3	2	6.5	8
隆化县	165.3	3	8.6	4	63.1	2	10.7	4	32.1	8	10.1	4
丰宁县	141.7	9	8.4	5	36.4	6	11.0	2	45.2	6	8.9	5
宽城县	147.9	7	−12.8	12	21.9	8	1.9	10	61.4	3	−29.3	12
围场县	191.9	1	8.4	5	75.2	1	8.5	5	48.6	5	4.2	10
承德高新区	78.8	11	9.0	2	0.6	11	−4.2	12	50.1	4	10.8	3
平泉市	157.1	6	7.0	11	52.3	4	6.5	6	30.5	9	11.2	2

分县（市、区）主要经济指标（续一）

（2021年）

县（市、区）	第三产业（亿元）				规模以上工业增加值		规模以上工业利润总额（亿元）			
	绝对值	位次	增长(%)	位次	增长(%)	位次	绝对值	位次	增长(%)	位次
全　市	746.3	—	7.3	—	2.6	–	142.4	–	30.2	–
双桥区	132.6	1	8.8	4	7.9	7	0.7	12	63.5	5
双滦区	51.5	10	11.4	1	7.6	8	12.2	5	87.7	3
营子区	13.8	12	6.1	9	12.0	2	2.2	11	−37.1	12
承德县	60.0	8	10.7	3	7.2	9	6.7	9	26.0	7
兴隆县	55.1	9	7.9	5	17.1	1	10.6	6	122.2	1
滦平县	67.9	5	6.1	9	7.0	10	28.4	1	69.6	4
隆化县	70.1	3	6.2	7	8.2	6	10.1	7	61.4	6
丰宁县	60.1	7	6.5	6	4.0	11	18.4	3	22.8	8
宽城县	64.7	6	0.3	12	−32.5	12	24.8	2	5.7	9
围场县	68.1	4	10.9	2	9.9	4	13.6	4	1.3	10
承德高新区	28.1	11	6.2	7	11.2	3	8.3	8	−25.0	11
平泉市	74.3	2	5.8	11	8.3	5	6.6	10	115.3	2

分县（市、区）主要经济指标（续二）

（2021年）

县（市、区）	固定资产投资		社会消费品零售总额（亿元）				#限额以上企业（单位）消费品零售额（亿元）			
	增长(%)	位次	绝对值	位次	增长(%)	位次	绝对值	位次	增长(%)	位次
全　市	5.2	–	500.9	–	5.7	–	119.8	–	6.5	–
双桥区	6.4	3	141.5	1	5.8	8	57.0	1	8.8	8
双滦区	5.7	7	41.2	5	6.6	2	17.6	2	11.2	3
营子区	−4.1	12	4.4	12	6.5	3	0.2	12	13.1	1
承德县	5.4	10	32.2	8	5.4	10	2.1	10	8.0	10
兴隆县	6.7	1	26.5	10	6.3	4	1.1	11	11.2	3
滦平县	5.8	6	28.4	9	5.7	9	4.1	7	8.5	9
隆化县	5.9	5	34.6	7	6.7	1	4.5	6	12.1	2
丰宁县	6.5	2	34.8	6	6.2	5	4.0	8	10.2	5
宽城县	−0.9	11	44.1	4	2.5	12	2.9	9	−33.6	12
围场县	6.1	4	47.1	2	6.0	6	9.6	4	9.8	6
承德高新区	5.5	9	19.6	11	5.2	11	5.2	5	−15.7	11
平泉市	5.7	7	46.6	3	5.9	7	11.4	3	9.6	7

分县（市、区）主要经济指标（续三）

（2021年）

县（市、区）	外商直接投资（万美元）	
	绝对值	增长（%）
全　市	9513	−42.5
双桥区	–	–
双滦区	42	–
营子区	–	–
承德县	–	–
兴隆县	–	–
滦平县	5565	34.4
隆化县	–	–
丰宁县	–	–
宽城县	–	–
围场县	3893	−46.1
承德高新区	13.0	1200.0
平泉市	–	–

说明：外资数据由市商务局提供

分县（市、区）主要经济指标（续四）

（2021年）

县（市、区）	全部财政收入（万元）				#一般公共预算收入（万元）				一般公共预算支出（万元）			
	绝对值	位次	增长(%)	位次	绝对值	位次	增长(%)	位次	绝对值	位次	增长(%)	位次
全　市	2577367	–	17.4	–	1260077	–	8.5	–	4195618	–	−6.6	–
双桥区	329712	2	20.1	5	152678	1	6.5	8	139465	9	−15.8	10
双滦区	222291	5	17.9	7	121792	4	19.4	1	106011	10	4.8	2
营子区	55895	12	−19.2	12	29316	12	−8.8	11	65660	12	−3.4	4
承德县	168127	7	18.8	6	79001	7	0.1	10	299736	6	−9.1	7
兴隆县	110471	11	−4.9	11	62972	11	−14.0	12	238208	8	−22.7	12
滦平县	274388	3	23.4	3	125156	3	8.6	6	301616	5	−15.0	9
隆化县	140266	9	20.5	4	69059	9	14.3	3	405091	3	−11.4	8
丰宁县	172514	6	17.0	8	84054	6	7.9	7	515018	1	−6.8	5
宽城县	369857	1	34.0	1	134121	2	15.4	2	260866	7	14.5	1
围场县	119481	10	1.4	10	68507	10	8.8	5	475981	2	−21.6	11
承德高新区	228452	4	14.3	9	99858	5	14.1	4	86910	11	1.5	3
平泉市	159958	8	26.3	2	72290	8	5.5	9	346996	4	−7.0	6

说明：财政数据由市财政局提供

分县（市、区）主要经济指标（续五）

（2021年）

县（市、区）	城镇居民人均可支配收入(元)				农村居民人均可支配收入(元)			
	绝对值	位次	增长(%)	位次	绝对值	位次	增长(%)	位次
全　市	36767	–	8.4	–	14852	–	12.6	–
双桥区	42085	2	8.5	5	17501	2	12.8	6
双滦区	42668	1	8.0	11	17583	1	12.0	9
营子区	32886	8	8.2	9	14274	7	12.6	7
承德县	34497	6	8.5	5	15214	6	12.6	7
兴隆县	33063	7	8.8	1	17057	5	13.0	4
滦平县	37759	4	8.6	4	14107	8	13.0	4
隆化县	32530	9	8.7	2	12679	9	13.3	2
丰宁县	29132	11	8.3	8	11620	11	10.7	11
宽城县	39463	3	8.1	10	17245	4	11.6	10
围场县	30586	10	8.4	7	12552	10	13.5	1
平泉市	35857	5	8.7	2	17411	3	13.1	3

索引

使用说明：

一、本索引包含分目、主要条目，按照首字汉语拼音字母顺序排列。

二、索引文字采用宋体字，数字表示内容所在的页码。

A

B

C

D

E

F

G

H

J

K

L

M

N

P

Q

R

S

T

W

X

Z